UNIFICADO PF E PRF

VOLUME 2

EDITORA
AlfaCon
Concursos Públicos

Proteção de direitos

Todos os direitos autorais desta obra são reservados e protegidos pela Lei nº 9.610/1998. É proibida a reprodução de qualquer parte deste material didático, sem autorização prévia expressa por escrito do autor e da editora, por quaisquer meios empregados, sejam eletrônicos, mecânicos, videográficos, fonográficos, reprográficos, microfílmicos, fotográficos, gráficos ou quaisquer outros que possam vir a ser criados. Essas proibições também se aplicam à editoração da obra, bem como às suas características gráficas.

> **Diretor Geral**: Evandro Guedes
> **Diretor de TI**: Jadson Siqueira
> **Diretor Editorial**: Javert Falco
> **Gerente Editorial**: Mariana Passos
> **Editor(a)**: Mateus Ruhmke Vazzoller
> **Gerente de Editoração**: Alexandre Rossa
> **Diagramador(a)**: Emilly Lazarotto

Direito Constitucional
Daniel Sena, Gustavo Muzy

Direito Administrativo
Evandro Guedes, Newton Aprígio

Ética e Cidadania
Isabel Rossoni

Direito Penal
Eduardo Labruna, Evandro Guedes, Rafael Medeiros, Lucas Favero

Direito Processual Penal
Roberto Fernandes

Legislação de Trânsito
Maurício Cazarotto

Direitos Humanos
Diogo Medeiros, Nilton Matos

Legislação Especial
André Adriano, Fabyanne Cavaggioni, Filipe Ávila, Guilherme de Luca, Pedro Canezin, Norberto Junior, Rafael Medeiros,

Questões Comentadas
Tatiane Zmorzenski dos Santos, Barbara Monteiro Gomes de Campos, Wallace França de Melo, Luis Fernando de Menezes, Fabyanne Cavaggioni da Cruz, Andre Adriano do Nascimento da Silva, Guilherme Domingos de Luca, Larissa Fernandes de Carvalho, Higor Carlos Alves da Silva, Augusto César Quaresma Oliveira Santos

---

Dados Internacionais de Catalogação na Publicação (CIP)
Jéssica de Oliveira Molinari CRB-8/9852

U49

Unificado : PF,PRF : Vol. 2 / equipe de professores Alfacon. - Cascavel, PR : AlfaCon, 2023.
 500 p.

Bibliografia
ISBN 978-65-5918-643-3

1. Policial federal - Concursos - Brasil 2. Direito

23-0866   CDD 351.81076

Índices para catálogo sistemático:
1. Serviço público - Brasil - Concursos

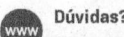 **Dúvidas?**
Acesse: www.alfaconcursos.com.br/atendimento

Núcleo Editorial:
 Rua: Paraná, nº 3193, Centro - Cascavel/PR
 CEP: 85810-010

Núcleo Comercial/Centro de Distribuição:
 Rua: Dias Leme, nº 489, Mooca - São Paulo/SP
 CEP: 03118-040

 SAC: (45) 3037-8888

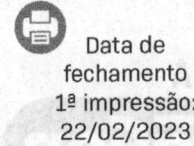 Data de fechamento 1ª impressão: 22/02/2023

www.alfaconcursos.com.br/apostilas

Atualizações e erratas
Esta obra é vendida como se apresenta. Atualizações - definidas a critério exclusivo da Editora AlfaCon, mediante análise pedagógica - e erratas serão disponibilizadas no site www.alfaconcursos.com.br/codigo, por meio do código disponível no final do material didático Ressaltamos que há a preocupação de oferecer ao leitor uma obra com a melhor qualidade possível, sem a incidência de erros técnicos e/ou de conteúdo. Caso ocorra alguma incorreção, solicitamos que o leitor, atenciosamente, colabore com sugestões, por meio do setor de atendimento do AlfaCon Concursos Públicos.

APRESENTAÇÃO

A sua chance de fazer parte do Serviço Público chegou, e a oportunidade está com a obra **Unificado – PF e PRF – Vol. 2**. Neste universo dos concursos públicos, estar bem-preparado faz toda a diferença e para ingressar nesta carreira, é fundamental que esteja preparado com os conteúdos que o AlfaCon julga mais importante cobrados na prova:

Aqui, você encontrará os conteúdos básicos de

- Direito Constitucional
- Direito Administrativo
- Ética e Cidadania
- Direito Penal
- Direito Processual Penal
- Legislação de Trânsito
- Direitos Humanos
- Legislação Especial

O AlfaCon preparou todo o material com explicações, reunindo os principais conteúdos relacionados a prova, dando ênfase aos tópicos mais cobrados. ESTEJA ATENTO AO CONTEÚDO ONLINE POR MEIO DO CÓDIGO DE RESGATE, para que você tenha acesso a todo conteúdo do solicitado pelo edital.

Desfrute de seu material o máximo possível, estamos juntos nessa conquista!

Bons estudos e rumo à sua aprovação!

APRESENTAÇÃO

A sua chance de fazer parte do Serviço Público chegou, e a oportunidade está com a obra **Unificado – PF e PRF – Vol. 2**. Neste universo dos concursos públicos, estar bem preparado faz toda a diferença e para ingressar nesta carreira, é fundamental que esteja preparado com os conteúdos que o AlfaCon julga mais importante cobrados na prova.

Aqui você encontrará os conteúdos básicos de:

> Direito Constitucional
> Direito Administrativo
> Ética e Cidadania
> Direito Penal
> Direito Processual Penal
> Legislação de Trânsito
> Direitos Humanos
> Legislação Especial

O AlfaCon preparou todo o material com explicações reunindo os principais conteúdos relacionados à prova dando ênfase aos tópicos mais cobrados. ESTEJA ATENTO AO CONTEÚDO ONLINE POR MEIO DO CÓDIGO DE RESGATE, para que você tenha acesso a todo conteúdo do solicitado pelo edital.

Desfrute de seu material o máximo possível, estamos juntos nessa conquista!

Bons estudos e rumo à sua aprovação!

EDITORA
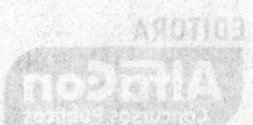

COMO ESTUDAR PARA UM CONCURSO PÚBLICO!

Para se preparar para um concurso público, não basta somente estudar o conteúdo. É preciso adotar metodologias e ferramentas, como plano de estudo, que ajudem o concurseiro em sua organização.

As informações disponibilizadas são resultado de anos de experiência nesta área e apontam que estudar de forma direcionada traz ótimos resultados ao aluno.

Curso on-line GRATUITO

- Como montar caderno
- Como estudar
- Como e quando fazer simulados
- O que fazer antes, durante e depois de uma prova!

Ou pelo link: alfaconcursos.com.br/cursos/material-didatico-como-estudar

ORGANIZAÇÃO

Organização é o primeiro passo para quem deseja se preparar para um concurso público.

Conhecer o conteúdo programático é fundamental para um estudo eficiente, pois os concursos seguem uma tendência e as matérias são previsíveis. Usar o edital anterior - que apresenta pouca variação de um para outro - como base é uma boa opção.

Quem estuda a partir desse núcleo comum precisa somente ajustar os estudos quando os editais são publicados.

PLANO DE ESTUDO

Depois de verificar as disciplinas apresentadas no edital, as regras determinadas para o concurso e as características da banca examinadora, é hora de construir uma tabela com seus horários de estudo, na qual todas as matérias e atividades desenvolvidas na fase preparatória estejam dispostas.

PASSO A PASSO

VEJA AS ETAPAS FUNDAMENTAIS PARA ORGANIZAR SEUS ESTUDOS

PASSO 1
Selecionar as disciplinas que erão estudadas.

PASSO 2
Organizar sua rotina diária: marcar pontualmente tudo o que é feito durante 24 horas, inclusive o tempo que é destinado para dormir, por exemplo.

PASSO 3
Organizar a tabela semanal: dividir o horário para que você estude 2 matérias por dia e também destine um tempo para a resolução de exercícios e/ou revisão de conteúdos.

PASSO 4
Seguir rigorosamente o que está na tabela, ou seja, destinar o mesmo tempo de estudo para cada matéria. Por exemplo: 2h/dia para cada disciplina.

PASSO 5
Reservar um dia por semana para fazer exercícios, redação e também simulados.

Esta tabela é uma sugestão de como você pode organizar seu plano de estudo. Para cada dia, você deve reservar um tempo para duas disciplinas e também para a resolução de exercícios e/ou revisão de conteúdos. Fique atento ao fato de que o horário precisa ser determinado por você, ou seja, a duração e o momento do dia em que será feito o estudo é você quem escolhe.

TABELA SEMANAL

SEMANA	SEGUNDA	TERÇA	QUARTA	QUINTA	SEXTA	SÁBADO	DOMINGO
1							
2							
3							
4							

SUMÁRIO

DIREITO CONSTITUCIONAL 21
    1 INTRODUÇÃO AO DIREITO CONSTITUCIONAL 22
        1.1 Noções gerais... 22
    2 TEORIA GERAL DA CONSTITUIÇÃO 23
        2.1 Conceito de constituição e princípio da supremacia da constituição 23
        2.2 Classificação das constituições 23
        2.3 Poder constituinte... 24
        2.4 Classificação das normas constitucionais quanto à sua eficácia 24
        2.5 Emendas constitucionais 25
    3 PRINCÍPIOS FUNDAMENTAIS 26
        3.1 Princípio da tripartição dos poderes 26
        3.2 Princípio federativo 26
        3.3 Princípio republicano 27
        3.4 Presidencialismo.. 27
        3.5 Regime democrático 27
        3.6 Fundamentos da República Federativa do Brasil 28
        3.7 Objetivos fundamentais da República Federativa do Brasil........28
        3.8 Princípios que regem as relações internacionais do Brasil..............28
    4 DIREITOS FUNDAMENTAIS – REGRAS GERAIS 30
        4.1 Conceito 30
        4.2 Classificação... 30
        4.3 Características.. 30
        4.4 Dimensões dos direitos fundamentais........................... 30
        4.5 Titulares dos direitos fundamentais 31
        4.6 Cláusulas pétreas fundamentais 31
        4.7 Eficácia dos direitos fundamentais 31
        4.8 Força normativa dos tratados internacionais................ 32
        4.9 Tribunal Penal Internacional (TPI) 32
        4.10 Direitos e garantias.. 32
    5 DIREITOS E DEVERES INDIVIDUAIS E COLETIVOS........................... 33
        5.1 Direito à vida.. 33
        5.2 Direito à igualdade 33
        5.3 Direito à liberdade 34
        5.4 Direito à propriedade 36
        5.5 Direito à segurança 37
        5.6 Remédios constitucionais 43
    6 DIREITOS SOCIAIS E NACIONALIDADE 45
        6.1 Direitos sociais 45
        6.2 Direitos de nacionalidade.. 47
    7 DIREITOS POLÍTICOS E PARTIDOS POLÍTICOS 50
        7.1 Direitos políticos... 50
        7.2 Partidos políticos.. 52

Sumário

8 ORGANIZAÇÃO POLÍTICO-ADMINISTRATIVA **53**
    8.1 Princípio federativo: entes federativos 53
    8.2 Intervenção 60

9 ADMINISTRAÇÃO PÚBLICA **63**
    9.1 Conceito 63
    9.2 Princípios expressos da Administração Pública 63
    9.3 Princípios implícitos da Administração Pública 64
    9.4 Regras aplicáveis aos servidores públicos 66
    9.5 Direitos sociais dos servidores públicos 67
    9.6 Regras para servidores em exercício de mandato eletivo 69
    9.7 Regras de remuneração dos servidores públicos 69
    9.8 Regras de aposentadoria 71
    9.9 Militares dos estados, Distrito Federal e territórios 72

10 PODER EXECUTIVO **73**
    10.1 Princípios constitucionais 73
    10.2 Presidencialismo 73

11 DEFESA DO ESTADO E DAS INSTITUIÇÕES DEMOCRÁTICAS **78**
    11.1 Sistema constitucional de crises 78
    11.2 Forças Armadas 80
    11.3 Órgãos de segurança pública 81

12 ORDEM SOCIAL **84**
    12.1 Seguridade social 84
    12.2 Saúde 84
    12.3 Previdência social 85
    12.4 Educação, cultura e desporto 85
    12.5 Ciência e tecnologia 87
    12.6 Meio ambiente 88
    12.7 Família, criança, adolescente, jovem e idoso 89

DIREITO ADMINISTRATIVO **91**

1 INTRODUÇÃO AO DIREITO ADMINISTRATIVO **92**
    1.1 Ramos do Direito 92
    1.2 Conceito de Direito Administrativo 92
    1.3 Objeto do Direito Administrativo 92
    1.4 Fontes do Direito Administrativo 92
    1.5 Sistemas Administrativos 93
    1.6 Regime jurídico administrativo 93
    1.7 Noções de Estado 93
    1.8 Noções de governo 94

2 ADMINISTRAÇÃO PÚBLICA **95**
    2.1 Classificação de Administração Pública 95
    2.2 Organização da Administração 95
    2.3 Administração Direta 95
    2.4 Administração Indireta 96

3 ÓRGÃO PÚBLICO **100**
    3.1 Teorias 100
    3.2 Características 100
    3.3 Classificação 100
    3.4 Estrutura 100
    3.5 Atuação funcional/composição 101
    3.6 Paraestatais 101
    3.7 Organizações da Sociedade Civil (OSC) 101
    3.8 Organizações Não Governamentais (ONGs) 102

4 AGENTES PÚBLICOS **103**
    4.1 Conceito 103
    4.2 Classificação 103

5 PRINCÍPIOS FUNDAMENTAIS DA ADMINISTRAÇÃO PÚBLICA **104**
    5.1 Classificação 104
    5.2 Princípios explícitos da Administração Pública 104
    5.3 Princípios implícitos da Administração Pública 105

6 DEVERES E PODERES ADMINISTRATIVOS **108**
    6.1 Deveres 108
    6.2 Poderes administrativos 108

7 ATO ADMINISTRATIVO **112**
    7.1 Conceito de ato administrativo 112
    7.2 Elementos de validade do ato administrativo 112
    7.3 Atributos do ato administrativo 112
    7.4 Classificação dos atos administrativos 113
    7.5 Extinção dos atos administrativos 115

8 IMPROBIDADE ADMINISTRATIVA **116**
    8.1 Sujeitos 116
    8.2 Regras gerais 116
    8.3 Atos de improbidade administrativa 116
    8.4 Efeitos da lei 117
    8.5 Sanções 117
    8.6 Prescrição 118

9 LEI Nº 14.133/2021 – NOVA LEI DE LICITAÇÕES **119**
    9.1 Aplicabilidade 119
    9.2 Princípios 119
    9.3 Objetivos da licitação 119
    9.4 Fases da licitação 119
    9.5 Modalidades de licitação 119
    9.6 Critérios de julgamento 120
    9.7 Inexigibilidade e dispensa de licitação – contratação direta 120

10 CONTROLE DA ADMINISTRAÇÃO PÚBLICA **123**
    10.1 Classificação 123

Sumário

    10.2 Controle administrativo 124
    10.3 Controle legislativo 124
    10.4 Controle judiciário 126

11 RESPONSABILIDADE CIVIL DO ESTADO 127
    11.1 Teoria do risco administrativo 127
    11.2 Teoria da culpa administrativa 127
    11.3 Teoria do risco integral 127
    11.4 Danos decorrentes de obras públicas 127
    11.5 Responsabilidade civil decorrente de atos legislativos 127
    11.6 Responsabilidade civil decorrente de atos jurisdicionais 127
    11.7 Ação de reparação de Danos 128
    11.8 Ação regressiva 128

12 LEI Nº 8.112/1990 – REGIME JURÍDICO DOS SERVIDORES DA UNIÃO 129
    12.1 Disposições preliminares 129
    12.2 Provimento, vacância, remoção, redistribuição e substituição 129
    12.3 Direitos e vantagens 134
    12.4 Regime disciplinar 144
    12.5 Processo administrativo disciplinar 148
    12.6 Seguridade social do servidor 152
    12.7 Contratação temporária de excepcional interesse público 158
    12.8 Disposições gerais 158
    12.9 Disposições transitórias e finais 158

ÉTICA E CIDADANIA 159

1 ÉTICA NO SERVIÇO PÚBLICO 160
    1.1 Ética e moral 160
    1.2 Ética: princípios e valores 161
    1.3 Ética e democracia: exercício da cidadania 161
    1.4 Ética e função pública 162
    1.5 Código de Ética Profissional do Serviço Público (Decreto nº 1.171/1994) 163
    1.6 Decreto nº 6.029/2007 164

2 CÓDIGO DE ÉTICA PROFISSIONAL DO SERVIÇO PÚBLICO CIVIL DO PODER EXECUTIVO FEDERAL 167

3 CÓDIGO DE CONDUTA DA ALTA ADMINISTRAÇÃO FEDERAL 169

DIREITO PENAL 171

1 TEORIA DA LEI PENAL 172
    1.1 Introdução ao estudo do Direito Penal 172
    1.2 Teoria do crime 172
    1.3 Interpretação da lei penal 173
    1.4 Conflito aparente de normas penais 174
    1.5 Lei penal no tempo 175
    1.6 Crimes permanentes ou continuados 175

1.7 Lei excepcional ou temporária 176
1.8 Tempo do crime 176
1.9 Lugar do crime 176
1.10 Lei penal no espaço 177
1.11 Pena cumprida no estrangeiro 179
1.12 Eficácia de sentença estrangeira 179
1.13 Contagem de prazo 179
1.14 Frações não computáveis da pena 179
1.15 Legislação especial 179

2 TEORIA GERAL DO CRIME 180
2.1 Relação de causalidade 180
2.2 Consumação e tentativa 180
2.3 Desistência voluntária e arrependimento eficaz 181
2.4 Arrependimento posterior 182
2.5 Crime impossível ("quase crime") 182
2.6 Crime doloso 182
2.7 Crime culposo 182
2.8 Preterdolo 183
2.9 Erro sobre elemento do tipo 183
2.10 Erro sobre a pessoa 184
2.11 Erro sobre a ilicitude do fato 184
2.12 Coação irresistível e obediência hierárquica 184
2.13 Exclusão da ilicitude 185
2.14 Imputabilidade penal 186
2.15 Concurso de pessoas 187
2.16 Circunstâncias incomunicáveis 188

3 CRIMES CONTRA A PESSOA 189
3.1 Crimes contra a vida 189
3.2 Lesões corporais 198
3.3 Periclitação da vida e da saúde 202
3.4 Rixa 204

4 CRIMES CONTRA A HONRA 206
4.1 Calúnia 206
4.2 Difamação 207
4.3 Injúria 207

5 CRIMES CONTRA LIBERDADE INDIVIDUAL 211
5.1 Constrangimento ilegal 211
5.2 Ameaça 211
5.3 Perseguição 211
5.4 Violência psicológica contra a mulher 211
5.5 Sequestro e cárcere privado 211
5.6 Redução à condição análoga à de escravo 212
5.7 Tráfico de pessoas 212

Sumário

6 CRIMES CONTRA A INVIOLABILIDADE DO DOMICÍLIO 213
   6.1 Violação de domicílio 213

7 CRIMES CONTRA A INVIOLABILIDADE DE CORRESPONDÊNCIA 214
   7.1 Violação de correspondência 214
   7.2 Sonegação ou destruição de correspondência 214
   7.3 Violação de comunicação telegráfica, radioelétrica ou telefônica 214
   7.4 Correspondência comercial 214

8 CRIMES CONTRA A INVIOLABILIDADE DOS SEGREDOS 215
   8.1 Divulgação de segredo 215
   8.2 Violação do segredo profissional 215
   8.3 Invasão de dispositivo informático 215

9 CRIMES CONTRA O PATRIMÔNIO 216
   9.1 Furto 216
   9.2 Roubo 219
   9.3 Extorsão 221
   9.4 Extorsão mediante sequestro 222
   9.5 Extorsão indireta 224
   9.6 Usurpação 224
   9.7 Dano 224
   9.8 Introdução ou abandono de animais em propriedade alheia 225
   9.9 Dano em coisa de valor artístico, arqueológico ou histórico 225
   9.10 Alteração de local especialmente protegido 226
   9.11 Apropriação indébita 226
   9.12 Estelionato e outras fraudes 229
   9.13 Duplicata simulada 232
   9.14 Abuso de incapazes 232
   9.15 Induzimento à especulação 232
   9.16 Fraude no comércio 232
   9.17 Outras fraudes 232
   9.18 Fraudes e abusos na fundação ou administração de sociedade por ações 232
   9.19 Emissão irregular de conhecimento de depósito ou warrant 233
   9.20 Fraude à execução 233
   9.21 Receptação 233
   9.22 Disposições gerais 234

10 CRIMES CONTRA A DIGNIDADE SEXUAL 236
   10.1 Crimes contra a liberdade sexual 236
   10.2 Crimes sexuais contra vulnerável 237
   10.3 Rapto 238
   10.4 Disposições gerais 238
   10.5 Lenocínio e tráfico de pessoa para fim de prostituição ou outra forma de exploração sexual 238
   10.6 Ultraje público ao pudor 239
   10.7 Disposições gerais 239

11 CRIMES CONTRA A INCOLUMIDADE PÚBLICA 240
   11.1 Crimes de perigo comum 240

12 CRIMES CONTRA A SEGURANÇA DOS MEIOS DE COMUNICAÇÃO E TRANSPORTE 245
   12.1 Perigo de desastre ferroviário 245
   12.2 Atentado contra a segurança de transporte marítimo, fluvial ou aéreo (art. 261, CP) 246
   12.3 Atentado contra a segurança de outro meio de transporte (art. 262, CP) 246
   12.4 Arremesso de projétil 247
   12.5 Atentado contra a segurança de serviço de utilidade pública 248
   12.6 Interrupção ou perturbação de serviço telegráfico, telefônico, informático, telemático ou de informação de utilidade pública 249

13 CRIMES CONTRA A SAÚDE PÚBLICA 251
   13.1 Epidemia 251
   13.2 Infração de medida sanitária preventiva 251
   13.3 Omissão de notificação de doença 251
   13.4 Envenenamento de água potável ou de substância alimentícia ou medicinal 252
   13.5 Corrupção ou poluição de água potável 252
   13.6 Falsificação, corrupção, adulteração ou alteração de substância ou produtos alimentícios 252
   13.7 Falsificação, corrupção, adulteração ou alteração de produto destinado a fins terapêuticos ou medicinais 253
   13.8 Emprego de processo proibido ou de substância não permitida 254
   13.9 Invólucro ou recipiente com falsa indicação 254
   13.10 Produto ou substância nas condições dos dois artigos anteriores .. 254
   13.11 Substância destinada à falsificação 254
   13.12 Outras substâncias nocivas à saúde pública 255
   13.13 Medicamento em desacordo com receita médica 255
   13.14 Exercício ilegal da Medicina, Arte Dentária ou Farmacêutica 255
   13.15 Charlatanismo 256
   13.16 Curandeirismo 256

14 CRIMES CONTRA A FÉ PÚBLICA 257
   14.1 Moeda falsa 257
   14.2 Falsidade de títulos e outros papéis públicos 257
   14.3 Falsidade documental 258
   14.4 Outras falsidades 261
   14.5 Fraudes em certames de interesse público 262

15 CRIMES CONTRA A ADMINISTRAÇÃO PÚBLICA 263
   15.1 Crimes praticados por funcionário público contra a administração em geral 263

16 CRIMES PRATICADOS POR PARTICULAR CONTRA A ADMINISTRAÇÃO EM GERAL 274
   16.1 Usurpação de função pública 274

16.2 Resistência ... 274
16.3 Desobediência ... 274
16.4 Desacato ... 275
16.5 Tráfico de influência ... 276
16.6 Corrupção ativa ... 276
16.7 Contrabando e descaminho ... 277

17 CRIMES PRATICADOS POR PARTICULAR CONTRA A ADMINISTRAÇÃO PÚBLICA ESTRANGEIRA ... 280
17.1 Corrupção ativa em transação comercial internacional ... 280
17.2 Tráfico de influência em transação comercial internacional ... 280
17.3 Funcionário público estrangeiro ... 280

18 CRIMES EM LICITAÇÕES E CONTRATOS ADMINISTRATIVOS ... 281
18.1 Contratação direta ilegal ... 281
18.2 Frustração do caráter competitivo de licitação ... 281
18.3 Patrocínio de contratação indevida ... 281
18.4 Modificação ou pagamento irregular em contrato administrativo ... 281
18.5 Perturbação de processo licitatório ... 281
18.6 Violação de sigilo em licitação ... 282
18.7 Afastamento de licitante ... 282
18.8 Fraude em licitação ou contrato ... 282
18.9 Contratação inidônea ... 282
18.10 Impedimento indevido ... 282
18.11 Omissão grave de dado ou de informação por projetista ... 282

19 CRIMES CONTRA A ADMINISTRAÇÃO DA JUSTIÇA ... 284
19.1 Reingresso de estrangeiro expulso ... 284
19.2 Denunciação caluniosa ... 284
19.3 Comunicação falsa de crime ou contravenção ... 284
19.4 Autoacusação falsa ... 285
19.5 Falso testemunho ou falsa perícia ... 285
19.6 Corrupção ativa de testemunha ou perito ... 287
19.7 Coação no curso do processo ... 287
19.8 Exercício arbitrário das próprias razões ... 287
19.9 Subtração ou dano de coisa própria em poder de terceiro ... 288
19.10 Fraude processual ... 288
19.11 Favorecimento pessoal ... 289
19.12 Favorecimento real ... 289
19.13 Favorecimento real impróprio ... 290
19.14 Exercício arbitrário ou abuso de poder ... 290
19.15 Fuga de pessoa presa ou submetida à medida de segurança ... 290
19.16 Evasão mediante violência contra a pessoa ... 290
19.17 Arrebatamento de preso ... 291
19.18 Motim de presos ... 291
19.19 Patrocínio infiel ... 291
19.20 Sonegação de papel ou objeto de valor probatório ... 291

19.21 Exploração de prestígio 291
19.22 Violência ou fraude em arrematação judicial 292
19.23 Desobediência à decisão judicial sobre perda ou suspensão de direito 292

20 CRIMES CONTRA AS FINANÇAS PÚBLICAS 293
20.1 Contração de operação de crédito 293
20.2 Inscrição de despesas não empenhadas em restos a pagar 293
20.3 Assunção de obrigação no último ano do mandato ou legislatura 293
20.4 Ordenação de despesa não autorizada 293
20.5 Prestação de garantia graciosa 293
20.6 Não cancelamento de restos a pagar 293
20.7 Aumento de despesa total com pessoal no último ano do mandato ou legislatura 293
20.8 Oferta pública ou colocação de títulos no mercado 293

DIREITO PROCESSUAL PENAL 294

1 INTRODUÇÃO AO DIREITO PROCESSUAL PENAL 295
1.1 Lei Processual Penal no espaço 295
1.2 Lei Processual Penal no tempo 295
1.3 Interpretação da Lei Processual Penal 295

2 INQUÉRITO POLICIAL 296
2.1 Conceito de inquérito policial 296
2.2 Natureza jurídica 296
2.3 Características do inquérito policial 296
2.4 Valor probatório do inquérito policial 297
2.5 Vícios 297
2.6 Procedimento investigatório face aos servidores vinculados aos órgãos da segurança da pública (art. 144, CF/1988) 297
2.7 Incomunicabilidade 298
2.8 Notícia crime 298
2.9 Prazos para conclusão do inquérito policial 298

3 AÇÃO PENAL 300
3.1 Condições da ação penal 300
3.2 Espécies de ação penal 300
3.3 Ação penal incondicionada 300
3.4 Princípios que regem a ação penal incondicionada 300
3.5 Ação penal pública condicionada 300
3.6 Ação penal privada exclusiva 301
3.7 Ação penal privada subsidiária da pública 301
3.8 Ação penal personalíssima 301
3.9 Denúncia e queixa 301
3.10 Acordo de não persecução penal 301
3.11 Da ação penal 302

Sumário

4 PROVAS **305**
    4.1 Conceito 305
    4.2 Cadeia de custódia 305
    4.3 Classificação das provas 306

5 PRISÕES **310**
    5.1 Conceito 310
    5.2 Espécies de prisão cautelar 310

LEGISLAÇÃO DE TRÂNSITO 313

1 LEI Nº 9.503/97 – CÓDIGO DE TRÂNSITO BRASILEIRO **314**
    1.1 Conceito 314
    1.2 Aplicação 314
    1.3 Sistema Nacional de Trânsito (SNT) 315

2 DAS NORMAS GERAIS DE CIRCULAÇÃO E CONDUTA **317**
    2.1 Regras gerais para colocar um veículo em circulação 317
    2.2 Regras de preferência de passagem em cruzamentos 317
    2.3 Regras para ultrapassagem 317
    2.4 Regras para manobras à esquerda, à direita e retornos 318
    2.5 Regras para o uso de luzes e buzina 319
    2.6 Regras de limites de velocidades máxima e mínima 319
    2.7 Regras de estacionamento, paradas e operações de carga e de descarga 320
    2.8 Regras para veículos de tração animal, propulsão humana, ciclos e motos 321
    2.9 Classificação de vias 321
    2.10 Regras para o uso do cinto de segurança 321
    2.11 Regras para pedestres e condutores de veículos não motorizados ... 322

3 DA SINALIZAÇÃO DE TRÂNSITO **325**
    3.1 Princípios da sinalização 325
    3.2 Sinalização vertical 325
    3.3 Sinalização horizontal 326
    3.4 Dispositivos de sinalização auxiliar – luminosos, sonoros e gestos ... 328
    3.5 Ordem de prevalência da sinalização 329
    3.6 Engenharia de tráfego 329

4 DOS VEÍCULOS **330**
    4.1 Classificação dos veículos 330
    4.2 Identificação do veículo 333
    4.3 Veículos em circulação internacional 334
    4.4 Registro de veículos 334
    4.5 Licenciamento 336
    4.6 Condução de escolares 336
    4.7 Condução de moto frete 337
    4.8 Habilitação 337

5 DAS INFRAÇÕES 341
    5.1 Dirigir, conduzir e transportar 341

6 DAS PENALIDADES 351

7 DAS MEDIDAS ADMINISTRATIVAS 354

8 DO PROCESSO ADMINISTRATIVO 356
    8.1 Julgamento das autuações e penalidades 356

9 DOS CRIMES DE TRÂNSITO 358
    9.1 Crimes em espécie 358

10 DISPOSIÇÕES FINAIS E TRANSITÓRIAS 360

11 COMPETÊNCIAS DOS ÓRGÃOS DO SISTEMA 363
    11.1 Contran 363
    11.2 Câmaras temáticas 363
    11.3 Cetran e Contrandife 364
    11.4 Jari 364
    11.5 Órgão executivo da União 364
    11.6 Polícia Rodoviária Federal 366
    11.7 Órgão executivo rodoviário da União, dos estados, Distrito Federal e dos municípios 366
    11.8 Órgãos executivos dos estados, Detrans e Ciretrans 367
    11.9 Polícia Militar 368
    11.10 Órgãos executivos de trânsito dos municípios 368
    11.11 Circunscrição Regional de Trânsito (Ciretran) 369

12 ANEXO I - CONCEITOS E DEFINIÇÕES 370

DIREITOS HUMANOS 373

1 CONSTITUIÇÃO BRASILEIRA E TRATADOS DE DIREITOS HUMANOS 374
    1.1 Contexto histórico 374
    1.2 A redemocratização e os tratados internacionais de Direitos Humanos 374
    1.3 Localização dos tratados internacionais dos Direitos Humanos na pirâmide de Hans Kelsen 374
    1.4 Declaração Universal dos Direitos Humanos (DUDH) 375
    1.5 Convenção Americana de Direitos Humanos (Pacto de São José da Costa Rica) 377

LEGISLAÇÃO ESPECIAL 380

1 LEI Nº 12.037/2009 - LEI DE IDENTIFICAÇÃO CRIMINAL 381
    1.1 Exclusão do banco de perfis genéticos 381
    1.2 Banco nacional multibiométrico 381

2 LEI Nº 8.069/1990 - ESTATUTO DA CRIANÇA E DO ADOLESCENTE 383
    2.1 Direito da criança e do adolescente 383
    2.2 Fases do direito da criança e do adolescente 383
    2.3 Conceito de criança e de adolescente 383

Sumário

2.4 Direitos Fundamentais 383
2.5 Direito à vida e à saúde 383
2.6 Direito à liberdade, ao respeito e à dignidade 384
2.7 Direito à convivência familiar 385
2.8 Direito à educação, à cultura, ao esporte e ao lazer 387
2.9 Direito à profissionalização e à proteção no trabalho 387

3 DA PREVENÇÃO NO ECA **388**
3.1 Prevenção especial referente à informação, à cultura, ao lazer, aos esportes, às diversões e aos espetáculos 388
3.2 Prevenção à venda de produtos e serviços 389
3.3 Autorização para viajar 389

4 POLÍTICA DE ATENDIMENTO E ENTIDADES DE ATENDIMENTO NO ECA **390**
4.1 Entidades de atendimento 390
4.2 Fiscalização das entidades 391

5 MEDIDAS DE PROTEÇÃO NO ECA **392**
5.1 Conceito e princípio 392
5.2 Medidas pertinentes aos pais e responsáveis 392
5.3 Ato Infracional 392
5.4 Garantias processuais 392
5.5 Medidas socioeducativas 393
5.6 Remissão 393

6 CONSELHO TUTELAR **394**

7 JUSTIÇA DA INFÂNCIA E DA JUVENTUDE **395**
7.1 Competência da justiça da infância e da juventude 395
7.2 Procedimentos 395

8 RECURSOS NO ECA **397**

9 MINISTÉRIO PÚBLICO, ADVOCACIA E TUTELA DE DIREITOS NO ECA **398**
9.1 Ministério público 398
9.2 Advocacia 398
9.3 Tutela de direitos individuais, difusos e coletivos 398
9.4 Legitimidade 399
9.5 Competência 399

10 CRIMES E INFRAÇÕES ADMINISTRATIVAS NO ECA **400**
10.1 Crimes em espécie 400
10.2 Infrações administrativas 402

11 SISTEMA NACIONAL DE ATENDIMENTO SOCIOEDUCATIVO **404**
11.1 Programas de atendimento 404
11.2 Programas de meio aberto 404
11.3 Programas em meio fechado 404
11.4 Execução das medidas socioeducativas 404
11.5 Plano individual de atendimento 405
11.6 Direito de visita a adolescente em unidade de internação 405

11.7 Extinção de medida socioeducativa..405
11.8 Regimes disciplinares 406

12 LEI Nº 9.099/1995 – JUIZADOS ESPECIAIS CÍVEIS E CRIMINAIS................407
12.1 Juizados Especiais Cíveis..407
12.2 Atos processuais..407
12.3 Juizados Especiais Criminais (JECRIM)...410

13 LEI Nº 9.455/1997 – LEI DE TORTURA..413
13.1 Lesão corporal de natureza grave 414
13.2 Lesão corporal de natureza gravíssima..414

14 LEI Nº 9.605/1998 – CRIMES CONTRA O AMBIENTE...................................417
14.1 Apreensão do produto e do instrumento de infração administrativa
ou de crime..417
14.2 Crimes contra o meio ambiente..417
14.3 Crimes contra a flora 420
14.4 Poluição e outros crimes ambientais..423
14.5 Crimes contra o ordenamento urbano e o patrimônio cultural 425
14.6 Crimes contra a administração ambiental..426

15 LEI Nº 10.826/2003 - ESTATUTO DO DESARMAMENTO 427
15.1 Conceitos introdutórios 427
15.2 Dos crimes e das penas...432

16 LEI Nº 11.343/2006 - LEI DE DROGAS (SISNAD) 440
16.1 Sistema nacional de políticas públicas sobre drogas...............................440
16.2 Formulação das políticas sobre drogas..441
16.3 Atividades de prevenção do uso indevido, Fique ligado e reinserção
social de usuários e dependentes de drogas...441
16.4 Repressão à produção não autorizada e ao tráfico ilícito de drogas .444
16.5 Cooperação internacional...448

17 LEI Nº 12.850/2013 – LEI DE ORGANIZAÇÃO CRIMINOSA.........................449
17.1 Breve histórico da organização criminosa..449
17.2 Convenção de Palermo 449
17.3 Conceito de organização criminosa 449
17.4 Meios de obtenção de prova 451
17.5 Ação controlada 454
17.6 Infiltração de agentes 455
17.7 Acesso a registros, dados cadastrais, documentos e informações ... 456
17.8 Crimes ocorridos na investigação e na obtenção da prova 456

18 LEI Nº 13.869/2019 – ABUSO DE AUTORIDADE...458
18.1 Aspectos gerais 458
18.2 Sujeitos do crime e características gerais...458
18.3 Bem jurídico e sujeito passivo 459
18.4 Elemento subjetivo 459

Sumário

18.5 Ação penal e competência 459
18.6 Efeitos da condenação e penas restritivas de direitos 460
18.7 Sanções de natureza civil e administrativa 460
18.8 Divergência na interpretação de lei ou na avaliação de fatos e provas 461
18.9 Procedimento 461
18.10 Crimes em espécie 461

19 LEI Nº 7.102/1983 - LEI DE SEGURANÇA PRIVADA 472
19.1 Objetivo 472
19.2 Órgão competente 472
19.3 Estabelecimentos financeiros 472
19.4 Sistema de segurança 472
19.5 Vigilância ostensiva e transporte de valores 473
19.6 Seguro contra roubo e furto 474
19.7 Segurança privada 474
19.8 Vigilante 475
19.9 Armas 476
19.10 Medidas administrativas 477
19.11 Competências do Ministério da Justiça 477

20 LEI Nº 10.357/2001 - CONTROLE E FISCALIZAÇÃO DE PRODUTOS QUÍMICOS 479
20.1 Generalidades das infrações administrativas 481
20.2 Infrações administrativas em espécie 482
20.3 Taxa de controle e fiscalização de produtos químicos 482
20.4 Síntese 483

21 LEI Nº 10.446/2002 - INFRAÇÕES PENAIS DE REPERCUSSÃO INTERESTADUAL 486

QUESTÕES COMENTADAS 487

DIREITO CONSTITUCIONAL

INTRODUÇÃO AO DIREITO CONSTITUCIONAL

1 INTRODUÇÃO AO DIREITO CONSTITUCIONAL

1.1 Noções gerais

Para iniciarmos o estudo do Direito Constitucional, alguns conceitos precisam ser esclarecidos.

Primeiramente, faz-se necessário conhecer qual será o objeto de estudo desta disciplina jurídica: **Constituição Federal**.

A Constituição Federal é a norma mais importante de todo o ordenamento jurídico brasileiro. Ela é a norma principal, a norma fundamental.

Se pudéssemos posicionar as espécies normativas na forma de uma pirâmide hierárquica, a Constituição Federal apareceria no topo desta pirâmide, ao passo que as outras espécies normativas estariam todas abaixo dela, como na ilustração:

Para que sua preparação seja adequada, é necessário ter em vista uma Constituição atualizada. Isso por conta de que a Constituição Federal atual foi promulgada em 1988, mas já sofreu diversas alterações. Significa dizer, numa linguagem mais jurídica, que ela foi **emendada**.

As emendas constitucionais são a única forma de alteração do texto constitucional. Portanto, uma lei ou outra espécie normativa hierarquicamente inferior à Constituição jamais poderá alterar o seu texto.

Neste ponto, caberia a seguinte pergunta: o que torna a Constituição Federal a norma mais importante do direito brasileiro? A resposta é muito simples: a Constituição possui alguns elementos que a distinguem das outras espécies normativas, por exemplo:

- **Princípios constitucionais;**
- **Direitos fundamentais;**
- **Organização do Estado;**
- **Organização dos Poderes.**

De nada adiantaria possuir uma Constituição Federal com tantos elementos essenciais ao Estado se não existisse alguém para protegê-la. O próprio texto constitucional previu um Guardião para a Constituição: o **Supremo Tribunal Federal (STF)**.

O STF é o órgão de cúpula do Poder Judiciário e possui como atribuição principal a guarda da Constituição. Ele é tão poderoso que, se alguém editar uma norma que contrarie o disposto no texto constitucional, o STF a declarará inconstitucional. Uma norma declarada inconstitucional pelo STF não produzirá efeitos na sociedade.

Além de guardião da Constituição Federal, o STF possui outra atribuição: a de intérprete do texto fundamental. É o STF quem define a melhor interpretação para esta ou aquela norma constitucional. Quando um Tribunal manifesta sua interpretação, dizemos que ele revelou sua **jurisprudência** (o pensamento dos tribunais), sendo a do STF a que mais interessa para o estudo do Direito Constitucional.

É exatamente neste ponto que se encontra a maior importância do STF para o objetivo que se tem em vista: é essencial conhecer sua jurisprudência, pois costuma cair em prova. Para se ter ideia da importância dessa matéria, é possível que alguma jurisprudência do STF seja contrária ao próprio texto constitucional. Dessa forma, o aluno precisa ter uma dupla percepção: conhecer o texto da Constituição e conhecer a jurisprudência do STF.

Contudo, ainda existe outra fonte de conhecimento essencial para o aprendizado em Direito Constitucional: a **doutrina**. A doutrina é o pensamento produzido pelos estudiosos do Direito Constitucional. Conhecer a doutrina também faz parte de sua preparação.

Em suma, para estudar Direito Constitucional é necessário estudar:

- **A Constituição Federal;**
- **A jurisprudência do Supremo Tribunal Federal;**
- **A doutrina do Direito Constitucional.**

Neste estudo, apresentaremos o conteúdo de Direito Constitucional atualizado, objetivo e necessário para prova, de forma que se tenha à mão um material suficiente ao estudo para concurso público.

> **Atenção**
>
> **Metodologia de Estudo**
> A preparação em Direito Constitucional precisa observar três passos:
> 1. Leitura da Constituição Federal;
> 2. Leitura de material teórico;
> 3. Resolução de exercícios.
> O aluno que seguir esses passos certamente chegará à aprovação em concurso público. Essa é a melhor orientação para quem está iniciando os estudos.

1.1.1 Classificações

A partir de algumas **características** que possuem as constituições, é possível classificá-las, agrupá-las. As classificações a seguir não são as únicas possíveis, realçando apenas aqueles elementos mais comumente cobrados nos concursos públicos.

- **Quanto à origem:** a Constituição Federal pode ser promulgada ou outorgada. A **promulgada** é aquela decorrente de um verdadeiro processo democrático para a sua elaboração, fruto de uma Assembleia Nacional Constituinte. A **outorgada** é aquela imposta, unilateralmente, por um governante ou por um grupo de pessoas, ao povo.
- **Quanto à possibilidade de alteração, mutação:** podem ser **flexíveis**, **rígidas** ou **semirrígidas**. As **flexíveis** não exigem, para sua alteração, qualquer processo legislativo especial. As **rígidas**, contudo, dependem de um processo legislativo de alteração mais difícil do que aquele utilizado para as normas ordinárias. Já as constituições **semirrígidas** são aquelas cuja parte de seu texto só pode ser alterada por um processo mais difícil, sendo que outra parte pode ser mudada sem qualquer processo especial.
- **Quanto à forma adotada:** podem ser **escritas/dogmáticas** e **costumeiras**. As **dogmáticas** são aquelas que apresentam um único texto, no qual encontramos sistematizadas e organizadas todas as disposições essenciais do Estado. As **costumeiras** são aquelas formadas pela reunião de diversos textos esparsos, reconhecidos pelo povo como fundamentais, essenciais.
- **Quanto à extensão:** podem ser **sintéticas** ou **analíticas**. As **sintéticas** são aquelas concisas, enxutas e que só trazem as disposições políticas essenciais a respeito da forma, organização, fundamentos e objetivos do Estado. As analíticas são aquelas que abordam diversos assuntos, não necessariamente relacionados com a organização do Estado e dos poderes.

A partir das classificações apresentadas acima, temos que a Constituição Federal de 1988 pode ser considerada por **promulgada**, **rígida**, **escrita** e **analítica**.

DIREITO CONSTITUCIONAL

2 TEORIA GERAL DA CONSTITUIÇÃO

2.1 Conceito de constituição e princípio da supremacia da constituição

Costuma-se dizer que a origem das constituições seria a chamada *Magna Charta Libertatum*, ou simplesmente *Magna Carta*, que foi assinada em 1215, pelo Rei João Sem Terra da Inglaterra, a qual aceitava limitações impostas à autoridade do rei por parte dos nobres locais.

Esse documento é considerado o embrião das constituições atuais porque, pela primeira vez, entendia-se que até mesmo o próprio rei teria de se submeter a um documento jurídico.

No entanto, embora se considere que essa seria a origem remota das constituições, o constitucionalismo, como ramo do Direito, surgiu juntamente com as constituições escritas e rígidas, sendo que as primeiras foram a dos Estados Unidos, em 1787, após a independência das 13 colônias inglesas, e a da França, em 1791, após a Revolução Francesa de 1789.

Essas duas constituições apresentavam dois traços marcantes: organização do Estado e limitação do poder estatal, por meio da previsão de direitos e garantias fundamentais.

Mas, o que vem a ser uma constituição?

A palavra "constituição" tem o significado de estrutura, formação, organização.

Pode ser definida como a lei fundamental e suprema de um Estado, que contém normas referentes à estruturação do Estado, forma de governo e aquisição do poder, direitos e garantias dos cidadãos.

Ou seja, a constituição vai definir, em normas gerais, o funcionamento do Estado, bem como os direitos fundamentais de seus cidadãos.

É o principal documento jurídico de uma nação e todas as leis lhe devem obediência, sendo que aquelas que contradisserem a constituição serão consideradas como aberrações jurídicas, e não devem produzir efeitos.

Essa ideia de superioridade da constituição em relação às leis é o que se chama de princípio da supremacia da constituição.

Para garantir tal supremacia, o Poder Judiciário se utiliza do chamado mecanismo de controle de constitucionalidade, afastando do ordenamento jurídico aquelas normas consideradas inconstitucionais.

2.1.1 Conceito ideal de constituição

Durante o século XIX, tendo em vista o surgimento de movimentos liberais em praticamente toda a Europa, exigindo que os respectivos monarcas de cada país aceitassem submeter-se a uma constituição, surgiram muitos textos com esse nome, mas que, na prática, serviam para legitimar o poder real.

Ou seja, funcionavam como "falsas constituições" para reforçar a autoridade dos reis.

Para combater isso, os constitucionalistas criaram o que ficou conhecido como "conceito ideal de Constituição".

Dessa forma, para que uma constituição possa ser considerada como tal, deve:
- Consagrar um sistema de garantias da liberdade (mecanismos de defesa do cidadão contra arbítrios estatais);
- Conter o princípio da divisão de poderes, permitindo o controle sistêmico do Estado por si mesmo;
- Ser escrita.

2.2 Classificação das constituições

As constituições podem ser classificadas por diversos critérios. Vejamos os principais deles.

2.2.1 Quanto ao conteúdo

Na verdade, não se trata de um critério de classificação de constituições, mas sim de normas constitucionais.

Por ele, as normas constitucionais podem ser agrupadas em dois grupos: **constituição material** e **constituição formal**.

- **Constituição material:** conjunto de regras substancialmente constitucionais, ou seja, são aquelas normas que tratam de assuntos propriamente constitucionais, como organização do Estado, direitos fundamentais etc.
- **Constituição formal:** o conjunto de todas as regras constantes da constituição escrita, consubstanciada em um documento solene, mesmo que algumas dessas regras tratem de matéria não propriamente constitucional. Ou seja, é tudo o que consta em uma constituição.

Existem normas que são formalmente constitucionais, porém materialmente não o são, porque tratam de assunto que poderia muito bem não estar da Constituição. Exemplo disso é a disposição constante no art. 242, § 2º:

> *§ 2º O Colégio Pedro II, localizado na cidade do Rio de Janeiro, será mantido na órbita federal.*

2.2.2 Quanto à forma

Quanto à sua forma, as constituições dividem-se em **escritas** e **costumeiras**.

- **Escritas:** conforme o próprio nome indica, caracterizam-se por se encontrarem consubstanciadas em textos legais formais. A maioria dos países ocidentais adota essa forma.

    Por exemplo: constituição brasileira, americana, francesa, alemã, portuguesa etc.).

- **Costumeiras:** são aquelas que não estão codificadas somente em textos legais formais, mas são formadas pelos costumes e decisões dos tribunais (a chamada jurisprudência) e em textos constitucionais esparsos.
    - Seu maior exemplo é o da Constituição Inglesa, pois aquele país não possui um documento intitulado "Constituição", sendo as normas organizadoras do Estado Inglês formadas ao longo de um extenso período.

2.2.3 Quanto ao modo de elaboração

Quanto a esse critério, podem as constituições ser **dogmáticas** ou **históricas**. Na verdade, essa classificação está muito ligada à classificação quanto à forma da constituição.

- **Dogmáticas:** são sempre escritas e são elaboradas por um órgão constituinte em um momento preciso e determinado, produzindo um documento que pode ser datado e que refletirá as ideias predominantes na sociedade em um determinado momento.
- Toda constituição escrita é dogmática e vice-versa.
- **Históricas:** estão associadas às constituições costumeiras, têm sua formação dispersa no tempo, sendo consolidadas por meio de um lento processo histórico, não havendo um momento em que se possa dizer: "eis a nossa Constituição pronta!", estando em um processo de contínua formação e alteração, uma vez que não estão consubstanciadas em um único documento.

TEORIA GERAL DA CONSTITUIÇÃO

- Uma vez mais, quem nos fornece o exemplo é a Constituição Inglesa.

2.2.4 Quanto à origem

Sob esse ponto de vista, as constituições podem ser **populares, outorgadas** ou **cesaristas**.

- **Populares:** são elaboradas por um órgão eleito pela vontade popular, chamado normalmente de Assembleia Constituinte, que assim delibera e aprova o documento como representante da vontade dos nacionais. Exemplo desse tipo é a nossa Constituição atual.
- **Outorgadas:** caracterizam-se por serem elaboradas sem a participação do povo, mas são impostas (outorgadas) por alguém ou um grupo que não recebeu do povo o poder constituinte originário.

Exemplo dessas constituições são as constituições brasileiras de 1824, 1937 e 1967.

Cesaristas ou plebiscitárias: representam um meio-termo entre os dois primeiros tipos, pois são elaboradas por alguém que não recebeu do povo a incumbência de elaborar a constituição, porém são submetidas posteriormente a um processo de aprovação popular (plebiscito).

2.2.5 Quanto à possibilidade de alteração

Nesse aspecto, as constituições podem ser: **imutáveis, rígidas, flexíveis** ou **semirrígidas**.

- **Imutáveis:** não admitem qualquer modificação por qualquer meio, tendo sempre o mesmo texto perpetuamente. Como se pode logo concluir, estão fadadas a uma existência de curta duração, uma vez que não podem ser alteradas para adaptarem-se às mudanças da sociedade.
- **Rígidas:** são aquelas que somente podem ser alteradas mediante um processo especial, mais solene e mais difícil do que o utilizado na elaboração das leis. A Constituição Brasileira de 1988 é rígida.
- **Flexíveis:** caracterizam-se por poderem ser modificadas sem a exigência de um processo qualificado diferente do adotado para a legislação ordinária. Ou seja, são aquelas que são alteradas da mesma forma que as leis.
- **Semirrígidas ou semiflexíveis:** são aquelas que contêm uma parte rígida, que somente pode ser alterada por um processo diferenciado, e uma parte flexível, que pode ser alterada por leis comuns. Quanto à extensão

De acordo com esse critério, as constituições podem ser **analíticas** ou **sintéticas**.

- **Analíticas:** também chamadas de dirigentes, têm esse nome por serem mais detalhadas, regendo todos os assuntos que entendam relevantes à formação, destinação e funcionamento do Estado. Por essa razão, são chamadas também de dirigentes. As constituições mais recentes tendem a ser analíticas.
- **Sintéticas:** também chamadas de negativas, preocupam-se somente com os princípios e as normas gerais de regência do Estado, organizando-o e limitando seu poder através dos direitos e garantias individuais. Ou seja, praticamente só possuem normas materialmente constitucionais. São chamadas de sintéticas por serem resumidas e tratarem somente dos assuntos materialmente constitucionais.

Um exemplo de constituição analítica é a nossa atual e um exemplo de constituição sintética é a norte-americana.

2.3 Poder constituinte

O poder constituinte pode ser definido como a manifestação soberana da suprema vontade política de um povo, social e juridicamente organizado, que se manifesta na elaboração e alteração da Constituição.

Ou seja, é o poder constituinte que elabora e altera a Constituição.

2.3.1 Titularidade

Em uma democracia, o poder constituinte pertence ao povo. Assim, a vontade constituinte é a vontade do próprio povo.

Porém, embora o povo seja o titular do direito, quem o exerce são seus representantes, uma vez que o exercício direto do poder constituinte pelo povo é inviável. Essa titularidade (mas não exercício direto) fica claro no preâmbulo de nossa Constituição: *"Nós, representantes do povo brasileiro, reunidos..."* e no parágrafo único do art. 1º. *"Todo o poder emana do povo, que o exerce por meio de representantes eleitos ou diretamente, nos termos desta Constituição"*.

2.3.2 Espécies de poder constituinte

O poder constituinte classifica-se em:

- **Poder constituinte originário**

O poder constituinte originário elabora a Constituição do Estado, organizando-o e criando seus poderes.

O exercício desse poder se manifesta na elaboração de uma nova constituição.

Pode-se identificar duas formas de expressão desse poder: através de uma Assembleia Constituinte eleita pelo povo, ato chamado de convenção (constituições populares, tendo como um dos exemplos a Constituição Federal de 1988) ou de um Movimento Revolucionário, através de um ato de outorga, como ocorreu com a Constituição de 1824.

O poder constituinte originário caracteriza-se por ser inicial (dá início ao ordenamento jurídico), ilimitado (não é limitado por qualquer norma jurídica anterior) e incondicionado (forma livre de exercício).

- **Poder constituinte derivado**

Tem esse nome porque deriva das normas estabelecidas pelo Poder Constituinte originário.

Além de derivado do Poder Constituinte originário, apresenta as características de subordinado ou limitado (encontra-se limitado pelas normas do texto constitucional, às quais deve obedecer, sob pena de inconstitucionalidade) e condicionado, uma vez que seu exercício deve seguir as regras estabelecidas pelo Poder Constituinte originário.

Por sua vez, o poder constituinte derivado subdivide-se em:

Poder constituinte derivado reformador: consiste na possibilidade de alterar-se o texto constitucional, respeitando-se os limites e a forma estabelecidos na Constituição.

Poder constituinte derivado decorrente: consiste na capacidade, em um Estado federal, de os estados membros se auto-organizarem por meio de constituições estaduais, respeitando as regras contidas na Constituição Federal.

Assim, no Brasil, por exemplo, cada estado possui a sua própria Constituição, e os municípios podem elaborar suas leis orgânicas.

2.4 Classificação das normas constitucionais quanto à sua eficácia

As normas constitucionais podem ser classificadas de acordo com sua aplicabilidade, ou seja, de acordo com sua capacidade de produzirem efeitos.

DIREITO CONSTITUCIONAL

A classificação tradicional é do jurista José Afonso da Silva, que divide as normas constitucionais em três categorias: normas de eficácia plena, de eficácia contida e de eficácia limitada.

- **Normas de eficácia plena:** são aquelas que, desde a entrada em vigor da Constituição, produzem ou podem produzir todos os seus efeitos essenciais, nos termos propostos pelo constituinte (por exemplo: os remédios constitucionais).
- **Normas de eficácia contida:** são aquelas que, embora produzam seus efeitos desde logo, foi deixada margem, pelo constituinte, de restrição, pelo legislador ordinário, de seus efeitos. Por exemplo: art. 5º, inciso XIII.
- **Normas de eficácia limitada:** somente produzem seus efeitos plenamente após a edição de lei ordinária ou complementar que lhes desenvolva a aplicabilidade. Ou seja, precisam ser regulamentadas. Por exemplo: art. 7º, inciso XI.

Além desses três tipos, podemos citar também as normas programáticas:

- **Normas programáticas:** caracterizam-se por expressarem valores que devem ser respeitados e perseguidos pelo legislador. Não têm a pretensão de serem de aplicação imediata, mas, sim, de aplicação diferida, paulatina, constituindo um norte ao legislador. Por isso, normalmente, trazem conceitos vagos e abertos. Um exemplo de norma programática seria o art. 7º, inciso IV, de nossa Constituição Federal, que trata do salário-mínimo:

> *Art. 7º São direitos dos trabalhadores urbanos e rurais, além de outros que visem à melhoria de sua condição social: [...]*
> *IV – Salário mínimo, fixado em lei, nacionalmente unificado, capaz de atender a suas necessidades vitais básicas e às de sua família com moradia, alimentação, educação, saúde, lazer, vestuário, higiene, transporte e previdência social, com reajustes periódicos que lhe preservem o poder aquisitivo, sendo vedada sua vinculação para qualquer fim;*

2.5 Emendas constitucionais

No exercício do **poder constituinte derivado**, o Estado pode alterar o texto constitucional, respeitados os limites impostos pelo **poder constituinte originário**.

Estas alterações se dão por meio das chamadas emendas constitucionais, as quais, uma vez aprovadas, passam a compor o texto original da Magna Carta, em pé de igualdade com as demais normas.

A emenda constitucional é expressamente prevista como espécie normativa no art. 59 da Constituição Federal.

No entanto, para sua aprovação, uma proposta de emenda constitucional não pode incidir em alguma das restrições previstas pelo constituinte.

2.5.1 Restrições às emendas constitucionais

As restrições às emendas constitucionais podem ser de dois tipos: materiais (também chamadas de cláusulas pétreas), temporais e formais.

- **Restrições materiais**

Têm esse nome porque são restrições de conteúdo (matéria). Ou seja, a Constituição proíbe a aprovação de emendas que tratem de determinadas matérias.

Essas matérias que não podem ser objeto de emendas estão previstas no art. 60, § 4º, e são chamadas pela doutrina de cláusulas pétreas.

Vejamos o texto deste dispositivo:

> *Art. 60 [...]*
> *§ 4º Não será objeto de deliberação a proposta de emenda tendente a abolir:*
> *I – A forma federativa de Estado;*
> *II – O voto direto, secreto, universal e periódico;*
> *III – A separação dos Poderes;*
> *IV – Os direitos e garantias individuais.*

> **Atenção**
>
> **Teoria da dupla revisão**
> O constitucionalista português José Gomes Canotilho, na obra *Direito Constitucional e Teoria da Constituição*, defendia ser possível a alteração das cláusulas pétreas, desde que antes fosse alterado o texto constitucional que as defina (teoria da dupla revisão). Ou seja, primeiro altera-se o rol das cláusulas pétreas e depois altera-se a constituição no particular.
> No entanto, a maioria dos doutrinadores brasileiros rejeita esta tese por ser uma forma de burlar a vontade soberana do Constituinte Originário.

- **Restrições temporais**

O art. 60, § 1º, estabelece que a Constituição não poderá ser emendada: na vigência de intervenção federal; na vigência de estado de defesa; na vigência de estado de sítio.

- **Restrições formais**

As restrições formais nada mais são do que os procedimentos necessários para que a emenda constitucional possa ser votada e aprovada.

Pelo fato de a nossa constituição ser rígida, a elaboração de emendas exige um processo legislativo mais rígido e dificultoso do que o ordinário.

Ou seja, as restrições formais são os requisitos que deverão ser observados para a aprovação da emenda. Estão ligados à iniciativa para a propositura da emenda, ao rito e ao quórum necessários para sua aprovação.

2.5.2 Iniciativa

De acordo com o art. 60 da Constituição Federal de 1988, ela poderá ser emendada mediante proposta:

> *I – De um terço, no mínimo, dos membros da Câmara dos Deputados ou do Senado Federal;*
> *II – Do Presidente da República;*
> *III – De mais da metade das Assembleias Legislativas das unidades da Federação, manifestando-se, cada uma delas, pela maioria relativa de seus membros.*

Ou seja, uma Proposta de Emenda Constitucional (PEC) somente pode ser apresentada por uma dessas pessoas ou entidades.

2.5.3 Rito e quórum de aprovação

A PEC terá sua constitucionalidade examinada pela Comissão de Constituição e Justiça da Casa onde foi proposta. Após isso, será colocada em plenário e será votada em dois turnos, sendo que, em cada um deles, deverá ser aprovada por três quintos dos votos dos membros daquela Casa (maioria qualificada de 60% dos membros).

Se a PEC for aprovada nestes dois turnos, será enviada para votação na outra Casa legislativa, onde também deverá ser aprovada em dois turnos com três quintos de aprovação.

Após isso, se aprovada, será então promulgada pelas mesas da Câmara dos Deputados e do Senado Federal.

PRINCÍPIOS FUNDAMENTAIS

3 PRINCÍPIOS FUNDAMENTAIS

Os Princípios fundamentais, também chamados de Princípios constitucionais, formam a **base de toda a organização do Estado Brasileiro**. Como bem citado por José Afonso da Silva, na obra *Curso de Direito Constitucional Positivo*, "os Princípios Fundamentais visam essencialmente definir e caracterizar a coletividade política e o Estado e enumerar as principais opções político-constitucionais".

Exatamente em razão de sua importância, a Constituição Federal os colocou logo no início, pois eles são a base de todo o texto. O que se segue a partir desses princípios é mero desdobramento de seu conteúdo.

Quem se prepara para concurso público deve saber que, quando esse tema é abordado, costuma-se trabalhar questões com o conteúdo previsto nos arts. 1º ao 4º do texto constitucional. Geralmente, aparece apenas texto constitucional puro, mas, dependendo do concurso, as bancas costumam cobrar questões doutrinárias mais difíceis.

Quais princípios serão abordados?
- Princípio da tripartição dos poderes;
- Princípio federativo;
- Princípio republicano;
- Presidencialismo;
- Princípio democrático;
- Fundamentos da República Federativa do Brasil;
- Objetivos fundamentais da República Federativa do Brasil;
- Princípios que regem as relações internacionais do Brasil.

3.1 Princípio da tripartição dos poderes

Esse princípio, também chamado de princípio da separação dos poderes, originou-se, historicamente, numa tentativa de limitar os poderes do Estado. Alguns filósofos perceberam que, se o poder do Estado estivesse dividido entre três entidades diferentes, seria possível que a sociedade exercesse um maior controle de sua utilização.

Na verdade, a divisão não é do poder estatal, haja vista ser ele uno, indivisível e indelegável, mas apenas uma divisão das suas funções. Nos dizeres de José Afonso da Silva, na obra *Curso de Direito Constitucional Positivo*:

> O poder político, uno, indivisível e indelegável, se desdobra e se compõe de várias funções, fato que permite falar em distinções das funções, que fundamentalmente são três: a legislativa, a executiva e a jurisdicional.

A previsão constitucional desse princípio encontra-se no art. 2º, que diz:

> *Art. 2º São Poderes da União, independentes e harmônicos entre si, o Legislativo, o Executivo e o Judiciário.*

Esses são os três poderes, cada qual responsável pelo desenvolvimento de uma função principal do Estado:
- **Poder Executivo:** função principal (típica) de administrar o Estado.
- **Poder Legislativo:** função principal (típica) de legislar e fiscalizar as contas públicas.
- **Poder Judiciário:** função principal (típica) jurisdicional.

Além da sua própria função, a Constituição criou uma sistemática que permite a cada um dos poderes o exercício da função do outro poder. Essa função acessória chamamos de **função atípica**:
- **Poder Executivo:** função atípica de legislar e julgar.
- **Poder Legislativo:** função atípica de administrar e julgar.
- **Poder Judiciário:** função atípica de administrar e legislar.

Dessa forma, pode-se dizer que além da própria função, cada poder exerce de forma acessória a função do outro poder.

Uma pergunta sempre surge na cabeça dos candidatos: qual dos três poderes é mais importante?

A única resposta possível é a inexistência de poder mais importante. Cada poder possui sua própria função de forma que não se pode afirmar que exista hierarquia entre os poderes do Estado.

Eles são independentes e harmônicos entre si, e para se garantir essa harmonia, a doutrina norte-americana desenvolveu um sistema que mantém a igualdade entre os poderes: **sistema de freios e contrapesos** *(checks and balances)*.

O sistema de freios e contrapesos adotado pela nossa Constituição, revela-se nas inúmeras medidas previstas no texto constitucional que condicionam a competência de um poder à apreciação de outro poder de forma a garantir o equilíbrio entre os três poderes. A seguir estão alguns exemplos delas:

- **Necessidade de sanção do chefe do Poder Executivo** para que um projeto de lei aprovado pelo Poder Legislativo possa entrar em vigor.
- **Processo do chefe do Poder Executivo** por crime de responsabilidade a ser realizado no Senado Federal, cuja sessão de julgamento é presidida pelo presidente do STF.
- **Necessidade de apreciação** pelo Poder Legislativo das Medidas Provisórias editadas pelo chefe do Poder Executivo.
- **Nomeação dos ministros** do STF é feita pelo Presidente da República depois de aprovada pelo Senado Federal.

Em todas as hipóteses acima apresentadas, faz-se necessária a participação de mais de um Poder para a consecução de um ato administrativo. Isso cria uma verdadeira relação de interdependência entre os poderes, o que garante o equilíbrio entre eles.

Por último, não se pode esquecer que a separação dos poderes é uma das cláusulas pétreas por força do art. 60, § 4º, inciso III, da Constituição Federal.

Significa dizer que a separação dos poderes não pode ser abolida do texto constitucional por meio de emenda:

> *Art. 60 [...]*
> *§ 4º Não será objeto de deliberação a proposta de emenda tendente a abolir: [...]*
> *III – A separação dos Poderes.*

3.2 Princípio federativo

Esse princípio apresenta a forma de Estado adotada no Brasil: federação. A forma de Estado reflete o modo de exercício do poder político em função do território. É uma forma composta ou complexa, visto que prevalece a pluralidade de poderes políticos internos. Está baseada na descentralização política do Estado, cuja representação se dá por meio de quatro entes federativos:
- **União;**
- **Estados;**
- **Distrito Federal;**
- **Municípios.**

Cada ente federativo possui sua **própria autonomia política**, o que **não** pode ser confundido com o atributo da soberania, pertencente ao Estado Federal.

A autonomia de cada ente confere-lhe a capacidade política de, inclusive, criar sua própria Constituição. Apesar de cada ente federativo possuir essa independência, não se pode esquecer que a existência do pacto federativo pressupõe a existência de uma Constituição Federal e

DIREITO CONSTITUCIONAL

da impossibilidade de separação (princípio da indissolubilidade do vínculo federativo). Havendo quebra do pacto federativo, a Constituição Federal prevê como instrumento de manutenção da forma de Estado a chamada Intervenção Federal, a qual será estudada em momento oportuno.

Não existe hierarquia entre os entes federativos. O que os distingue é a competência que cada um recebeu da Constituição Federal. Deve-se ressaltar que os estados e o Distrito Federal possuem direito de participação na formação da vontade nacional ao possuírem representantes no Senado Federal. Os municípios não possuem representantes no Senado Federal. Caracteriza-se, ainda, pela existência de um guardião da Constituição Federal, o Supremo Tribunal Federal (STF). A doutrina tem apontado para algumas características da forma federativa brasileira:

- **Tricotômica:** a Federação é constituída em três níveis: federal, estadual e municipal. O Distrito Federal não é considerado nessa classificação, haja vista possuir competência híbrida, ou seja, ora age como estado ora como município.
- **Centrífuga:** essa característica reflete a formação da federação brasileira. É a formação "de dentro para fora". A força de criação do estado federal brasileiro surgiu a partir de um Estado Unitário para a criação de um estado federado, ou seja, o poder centralizado que se torna descentralizado. O poder político era concentrado nas mãos de um só ente e, depois, passa a fazer parte de vários entes federativos.
- **Por desagregação:** ocorre quando um estado unitário resolve se descentralizar politicamente, desagregando o poder central em favor de vários entes titulares de poder político.

Como última observação, não menos importante, a **forma federativa de Estado** também é uma **cláusula pétrea.**

Depois de estudar os princípios da tripartição dos poderes e o poder federativo, passa-se a ver como eles estão estruturados dentro da República Federativa do Brasil. Uma informação importante antes disso: a autonomia política existente em cada ente federativo pode ser percebida por meio de existência dos poderes em cada um.

- União
  - Poder Executivo – Presidente da República.
  - Poder Legislativo – Congresso Nacional.
  - Poder Judiciário – STF e demais órgãos judiciais federais.
- Estados
  - Poder Executivo – Governador.
  - Poder Legislativo – Assembleia Legislativa.
  - Poder Judiciário – Tribunal de Justiça.
- Municípios
  - Poder Executivo – Prefeito.
  - Poder Legislativo – Câmara de Vereadores.
  - Poder Judiciário – Não existe.
- Distrito Federal
  - Poder Executivo – Governador.
  - Poder Legislativo – Câmara Legislativa.
  - Poder Judiciário – Tribunal de Justiça.

3.3 Princípio republicano

O princípio republicano representa a **forma de governo** adotada no Brasil. A forma de governo reflete o modo de aquisição e exercício do poder político, além de medir a relação existente entre o governante e o governado.

A melhor forma de entender esse instituto é conhecendo suas características. A primeira característica decorre da análise etimológica da expressão *res publica*. Essa expressão, que dá origem ao princípio ora estudado, significa coisa pública, ou seja, em um Estado republicano, o governante cuida da coisa pública, governa para o povo.

Outra característica importante é a temporariedade. Esse atributo revela o caráter temporário do exercício do poder político. Por causa desse princípio, em nosso Estado, o governante permanece no poder por tempo determinado.

Em uma República, o governante é escolhido pelo povo. Essa é a chamada eletividade. O poder político é adquirido pelas eleições, sendo que a vontade popular se concretiza nas urnas.

Por fim, em um Estado republicano, o governante pode ser responsabilizado por seus atos.

A forma de governo republicana se contrapõe à monarquia, cujas características são opostas às estudadas aqui.

É importante destacar que o princípio republicano não é uma cláusula pétrea, pois esse princípio não se encontra listado no rol das cláusulas pétreas do art. 60, § 4º, da Constituição Federal. Apesar disso, a Constituição o considerou como princípio sensível. Princípios sensíveis são aqueles que, se tocados, ensejarão a chamada Intervenção Federal, conforme previsto no art. 34, inciso VII, da Constituição Federal de 1988:

> *Art. 34 A União não intervirá nos Estados nem no Distrito Federal, exceto para: [...]*
>
> *VII – assegurar a observância dos seguintes princípios constitucionais:*
> *a) forma republicana, sistema representativo e regime democrático.*

3.4 Presidencialismo

O Presidencialismo é o sistema de governo adotado no Brasil. O sistema de governo rege a relação entre o Poder Executivo e o Legislativo medindo o grau de dependência entre eles. No presidencialismo, prevalece a separação entre os Poderes Executivo e Legislativo, os quais são independentes e harmônicos entre si.

A Constituição Federal de 1988 declara, em seu art. 76, que:

> *O Poder Executivo é exercido pelo Presidente da República, auxiliado pelos Ministros de Estado.*

O Presidencialismo possui uma característica muito importante, que é a concentração das funções executivas em uma só pessoa, o Presidente, o qual é eleito pelo povo, e exerce ao mesmo tempo três funções: chefe de Estado, chefe de governo, e chefe da Administração Pública.

A função de chefe de Estado diz respeito a todas as atribuições do presidente nas relações externas do País. Como chefe de governo, o presidente possui inúmeras atribuições internas no que tange à governabilidade do país. Já como chefe da Administração Pública, o presidente exercerá as funções relacionadas com a chefia da Administração Pública federal.

3.5 Regime democrático

Este princípio revela o regime de governo adotado no Brasil. Caracteriza-se pela existência do Estado Democrático de Direito e pela preservação da dignidade da pessoa humana.

PRINCÍPIOS FUNDAMENTAIS

A democracia significa o governo do povo, pelo povo e para o povo. É a chamada soberania popular. Sua fundamentação constitucional encontra-se no art. 1º da CF/1988/1988:

> *Art. 1º [...]*
> *Parágrafo único. Todo o poder emana do povo, que o exerce por meio de representantes eleitos ou diretamente, nos termos desta Constituição.*

Esse princípio também é conhecido como princípio sensível e, no Brasil, caracteriza-se por seu exercício se dar de forma direta e indireta. Por esse motivo, a democracia brasileira é conhecida como semidireta ou participativa. Esse tema, porém, será abordado na seção sobre **Direitos Políticos**.

- Forma de Estado → Federativa
- Forma de Governo → Republicana
- Sistema de Estado → Presidencialista
- Regime de Estado → Democrático

3.6 Fundamentos da República Federativa do Brasil

Entre os Princípios Constitucionais mais importantes, destacam-se os Fundamentos da República Federativa do Brasil, os quais estão elencados no art. 1º da Constituição Federal de 1988:

> *Art. 1º A República Federativa do Brasil, formada pela união indissolúvel dos Estados e Municípios e do Distrito Federal, constitui-se em Estado Democrático de Direito e tem como fundamentos:*
> *I – A soberania;*
> *II – A cidadania;*
> *III – A dignidade da pessoa humana;*
> *IV – Os valores sociais do trabalho e da livre iniciativa;*
> *V – O pluralismo político.*

- **Soberania:** é um fundamento que possui estreita relação com o Poder do Estado. É a capacidade que o Estado tem de impor sua vontade. Esse princípio possui uma dupla acepção: soberania interna e externa.
- **A soberania interna** é a capacidade de impor o poder estatal no âmbito interno, perante os administrados, sem se sujeitar a qualquer outro poder.
- **A soberania externa** é percebida pelo reconhecimento dos outros Estados soberanos de que o Estado Brasileiro possui sua própria autonomia no âmbito internacional.
- **Cidadania:** como princípio revela a condição jurídica de quem é titular de direitos políticos. Ela permite ao indivíduo que possui vínculo jurídico com o Estado participar de suas decisões e escolher seus representantes. O exercício da cidadania guarda estreita relação com a democracia, pois essa autoriza a participação popular na formação da vontade estatal.
- **Dignidade da pessoa humana:** é considerada o princípio com maior hierarquia axiológica da Constituição. Sua importância se traduz na medida em que deve ser assegurada, primordialmente, pelo Estado, mas também deve ser observada nas relações particulares. Como fundamento, embasa toda a gama de direitos fundamentais, os quais estão ligados em sua origem a esse princípio. A dignidade da pessoa humana representa o núcleo mínimo de direitos e garantias que devem ser assegurados aos seres humanos.
- **Valor social do trabalho e da livre iniciativa:** revela a adoção de uma economia capitalista ao mesmo tempo em que elege o trabalho como elemento responsável pela valorização social. Ao mesmo tempo em que a Constituição garante uma liberdade econômica, protege o trabalho como elemento relacionado à dignidade do indivíduo como membro da sociedade.
- **Pluralismo político:** ao contrário do que parece, não está relacionado apenas com a pluralidade de partidos políticos, devendo ser entendido sob um sentido mais amplo, pois revela uma sociedade em que pluralidade de ideias se torna um ideal a ser preservado. Liberdades, como de expressão, religiosa ou política estão entre as formas de manifestação desse princípio.

3.7 Objetivos fundamentais da República Federativa do Brasil

Outro grupo de princípios constitucionais que costuma ser cobrado em prova é o dos objetivos da República Federativa do Brasil, os quais estão previstos em um rol exemplificativo no art. 3º da Constituição Federal de 1988:

> *Art. 3º Constituem objetivos fundamentais da República Federativa do Brasil:*
> *I – Construir uma sociedade livre, justa e solidária;*
> *II – Garantir o desenvolvimento nacional;*
> *III – Erradicar a pobreza e a marginalização e reduzir as desigualdades sociais e regionais;*
> *IV – Promover o bem de todos, sem preconceitos de origem, raça, sexo, cor, idade e quaisquer outras formas de discriminação.*

Os objetivos são verdadeiras metas a serem perseguidas pelo Estado com o fim de garantir os ditames constitucionais. Deve-se ter muita atenção em relação a esses dispositivos, pois eles costumam ser cobrados em prova fazendo-se alterações dos termos constitucionais.

Outra característica que distingue os fundamentos dos objetivos é o fato de os fundamentos serem nominados com substantivos ao passo que os objetivos se iniciam com verbos. Essa diferença pode ajudar a perceber qual a resposta correta na prova.

3.8 Princípios que regem as relações internacionais do Brasil

Têm-se os princípios que regem as relações internacionais, os quais estão previstos no art. 4º da Constituição Federal de 1988:

> *Art. 4º A República Federativa do Brasil rege-se nas suas relações internacionais pelos seguintes princípios:*
> *I – Independência nacional;*
> *II – Prevalência dos direitos humanos;*
> *III – Autodeterminação dos povos;*
> *IV – Não intervenção;*
> *V – Igualdade entre os Estados;*
> *VI – Defesa da paz;*
> *VII – Solução pacífica dos conflitos;*
> *VIII – Repúdio ao terrorismo e ao racismo;*
> *IX – Cooperação entre os povos para o progresso da humanidade;*
> *X – Concessão de asilo político.*
>
> *Parágrafo único. A República Federativa do Brasil buscará a integração econômica, política, social e cultural dos povos da América Latina, visando à formação de uma comunidade latino-americana de nações.*

Esses princípios revelam características muito interessantes do Brasil, ressaltando sua soberania e independência em relação aos outros Estados do mundo.

- **Independência nacional:** destaca, no âmbito da soberania externa, a relação do país com os demais estados, uma relação de igualdade, sem estar subjugado a outro Estado.
- **Prevalência dos direitos humanos:** vai ao encontro do fundamento da dignidade da pessoa humana, característica muito importante que se revela por meio do grande rol de direitos e garantias fundamentais previstos na Constituição Federal.

- **Autodeterminação dos povos:** por esse princípio, respeitam-se as decisões e escolhas de cada povo. Entende-se que cada povo é capaz de escolher o seu próprio caminho político e de resolver suas crises internas sem necessidade de intervenção externa de outros países.
- **Não intervenção:** no mesmo sentido de preservação e respeito à soberania dos demais Estados.
- **Igualdade entre os Estados:** sendo que cada país é reconhecido como titular de soberania na mesma proporção que os demais, sem hierarquia entre eles.
- **Defesa da paz:** princípio fundamental que funciona como bandeira defendida pelo Brasil em suas relações internacionais.
- **Solução pacífica dos conflitos:** revela o lado conciliador do governo brasileiro, que por vezes intermedeia relações conturbadas entre outros chefes de estado.
- **Repúdio ao terrorismo e ao racismo:** é princípio decorrente da dignidade da pessoa humana; terrorismo e racismo são tomados como inaceitáveis em sociedades modernas.
- **Cooperação entre os povos para o progresso da humanidade:** envolvimento em pesquisas científicas para cura de doenças, bem como na defesa e preservação do meio ambiente, entre outros.
- **Concessão de asilo político:** como princípio constitucional, fundamenta a decisão brasileira de amparar estrangeiros que estejam sendo perseguidos em seus países por questões políticas ou de opinião.

Destaca-se, entre os princípios que regem as relações internacionais, um mandamento para que a República Federativa do Brasil busque a integração econômica, política, social e cultural dos povos da América Latina, visando à formação de uma comunidade latino-americana de nações. Repare que o texto constitucional mencionou América Latina, não América do Sul. Parece não haver muita diferença, mas esse tema já foi cobrado em prova e a troca dos termos é considerada errada.

DIREITOS FUNDAMENTAIS - REGRAS GERAIS

4 DIREITOS FUNDAMENTAIS - REGRAS GERAIS

4.1 Conceito

Os direitos e garantias fundamentais são institutos jurídicos que foram criados no decorrer do desenvolvimento da humanidade e se constituem de normas protetivas que formam um núcleo mínimo de prerrogativas inerentes à condição humana.

4.1.1 Amplitude horizontal e amplitude vertical

Possuem como objetivo principal a proteção do indivíduo diante do poder do Estado. Mas não só do Estado. Os direitos e garantias fundamentais também constituem normas de proteção do indivíduo em relação aos outros indivíduos da sociedade.

E é exatamente nesse ponto que surgem os conceitos de **amplitude vertical e amplitude horizontal.**

- **Amplitude vertical:** é o efeito protetor que as normas definidoras de direitos e garantias fundamentais produzem para um indivíduo diante do Estado.
- **Amplitude horizontal:** é o efeito protetor que as normas definidoras de direitos e garantias fundamentais produzem para um indivíduo diante dos outros indivíduos.

4.2 Classificação

A Constituição Federal, quando se refere aos direitos fundamentais, classifica-os em cinco grupos:

- Direitos e deveres individuais e coletivos;
- Direitos sociais;
- Direitos de nacionalidade;
- Direitos políticos;
- Partidos políticos.

Essa classificação encontra-se distribuída entre os arts. 5º e 17 do texto constitucional e é normalmente chamada pela doutrina de Conceito Formal dos Direitos Fundamentais. O Conceito Formal é o que a Constituição Federal resolveu classificar como sendo Direito Fundamental. É o rol de direitos fundamentais previstos expressamente no texto constitucional.

Costuma-se perguntar nas provas: "O rol de direitos fundamentais é um rol exaustivo? Ou melhor, taxativo?" O que se quer saber é se o rol de direitos fundamentais é só aquele que está expresso na Constituição ou não.

Responde-se a essa questão com o § 2º do art. 5º, que diz:

> *§ 2º Os direitos e garantias expressos nesta Constituição não excluem outros decorrentes do regime e dos princípios por ela adotados, ou dos tratados internacionais em que a República Federativa do Brasil seja parte.*

Isso significa que o rol não é taxativo, mas exemplificativo. A doutrina costuma chamar esse parágrafo de cláusula de abertura material, que é exatamente a possibilidade de existirem outros direitos fundamentais, ainda que fora do texto constitucional. Esse seria o conceito material dos direitos fundamentais, ou seja, todos os direitos fundamentais que possuem a essência fundamental, ainda que não estejam expressos no texto constitucional.

4.3 Características

O elemento jurídico acima abordado, além de explicar a possibilidade de se inserirem novos direitos fundamentais no rol dos que já existem expressamente na Constituição Federal, também constitui uma das características que serão abordadas a seguir:

- **Historicidade:** essa característica revela que os direitos fundamentais são frutos da evolução histórica da humanidade. Significa que eles evoluem com o passar do tempo.
- **Inalienabilidade:** os direitos fundamentais não podem ser alienados, não podem ser negociados, não podem ser transigidos.
- **Irrenunciabilidade:** os direitos fundamentais não podem ser renunciados.
- **Imprescritibilidade:** os direitos fundamentais não se sujeitam aos prazos prescricionais. Não se perde um direito fundamental pelo decorrer do tempo.
- **Universalidade:** os direitos fundamentais pertencem a todas as pessoas, independentemente da sua condição.
- **Máxima Efetividade:** essa característica é mais uma imposição ao Estado, que está coagido a garantir a máxima efetividade dos direitos fundamentais. Esses direitos não podem ser ofertados de qualquer forma. É necessário que eles sejam garantidos da melhor forma possível.
- **Concorrência:** os direitos fundamentais podem ser utilizados em conjunto com outros direitos. Não é necessário abandonar um para usufruir outro direito.
- **Complementariedade:** um direito fundamental não pode ser interpretado sozinho. Cada direito deve ser analisado juntamente com outros direitos fundamentais, bem como com outros institutos jurídicos.
- **Proibição do retrocesso:** essa característica proíbe que os direitos já conquistados sejam perdidos.
- **Limitabilidade:** não existe direito fundamental absoluto. São direitos relativos.
- **Não Taxatividade:** essa característica, já tratada anteriormente, diz que o rol de direitos fundamentais é apenas exemplificativo, tendo em vista a possibilidade de inserção de novos direitos.

4.4 Dimensões dos direitos fundamentais

As dimensões, também conhecidas por gerações de direitos fundamentais, são uma classificação adotada pela doutrina que leva em conta a ordem cronológica de reconhecimento desses direitos. São cinco as dimensões atualmente reconhecidas:

- **1ª dimensão:** foram os primeiros direitos conquistados pela humanidade. São direitos relacionados à liberdade, em todas as suas formas. Possuem um caráter negativo diante do Estado, tendo em vista ser utilizado como uma verdadeira limitação ao poder estatal, ou seja, o Estado, diante dos direitos de primeira dimensão, fica impedido de agir ou interferir na sociedade. São verdadeiros direitos de defesa com caráter individual. Estão entre estes direitos as liberdades públicas, civis e políticas.
- **2ª dimensão:** estes direitos surgem na tentativa de reduzirem as desigualdades sociais provocadas pela primeira dimensão. Por isso, são conhecidos como direitos de igualdade. Para reduzir as diferenças sociais, o Estado precisa interferir na sociedade: essa interferência reflete a conduta positiva adotada por meio de prestações sociais. São exemplos de direitos de segunda dimensão: os direitos sociais, econômicos e culturais.
- **3ª dimensão:** aqui estão os conhecidos direitos de fraternidade. São direitos que refletem um sentimento de solidariedade entre os povos na tentativa de preservarem os direitos de toda a coletividade. São de terceira geração o direito ao meio ambiente saudável, o direito ao progresso da humanidade, ao patrimônio comum, entre outros.
- **4ª dimensão:** esses direitos ainda não possuem um posicionamento pacífico na doutrina, mas costuma-se dizer que nesta dimensão ocorre a chamada globalização dos direitos fundamentais. São direitos que rompem com as fronteiras entre os Estados. São direitos de todos os seres humanos, independentemente de sua condição, como o direito à democracia, ao pluralismo político. São também considerados direitos de 4ª geração os direitos mais novos, que estão em construção, como o direito genético ou espacial.
- **5ª dimensão:** essa é a mais nova dimensão defendida por alguns doutrinadores. É formado basicamente pelo direito à paz. Esse seria o direito mais almejado pelo homem e que consubstancia a reunião de todos os outros direitos.

DIREITO CONSTITUCIONAL

Deve-se ressaltar que esses direitos, à medida que foram sendo conquistados, complementavam os direitos anteriores, de forma que não se pode falar em substituição ou superação de uma geração sobre a outra, mas em cumulação, de forma que hoje podemos usufruir de todos os direitos pertencentes a todas as dimensões.

Para não se esquecer das três primeiras dimensões é só lembrar-se do lema da Revolução Francesa: Liberdade (1ª dimensão), Igualdade (2ª dimensão) e Fraternidade (3ª dimensão).

4.5 Titulares dos direitos fundamentais

4.5.1 Quem são os titulares dos direitos fundamentais?

A própria Constituição Federal responde a essa pergunta quando diz no *caput* do art. 5º que são titulares "os brasileiros e estrangeiros residentes no país". Mas será que é necessário residir no país para que o estrangeiro tenha direitos fundamentais?

Imaginemos um avião cheio de alemães que está fazendo uma escala no Aeroporto Municipal de Cascavel-PR.

Nenhum dos alemães reside no país. Seria possível entrar no avião e matar todas aquelas pessoas, haja vista não serem titulares de direitos fundamentais por não residirem no país? É claro que não. Para melhor se compreender o termo "residente", o STF o tem interpretado de forma mais ampla no sentido de abarcar todos aqueles que estão no país. Ou seja, todos os que estão no território brasileiro, independentemente de residirem no país, são titulares de direitos fundamentais.

Mas será que, para ser titular de direitos fundamentais, é necessário ter a condição humana? Ao contrário do que parece, não é necessário. Tem-se reconhecido como titulares de direitos fundamentais as pessoas jurídicas. Ressalta-se que não só as pessoas jurídicas de direito privado, mas também as pessoas jurídicas de direito público.

Os animais não são considerados titulares de direitos fundamentais, mas isso não significa que seja possível maltratá-los. Na prática, a Constituição Federal de 1988 os protege contra situações de maus-tratos. O STF já se pronunciou sobre a "briga de galo" e a "farra do boi", declarando-as inconstitucionais. Quanto à "vaquejada", o Supremo se manifestou acerca da admissibilidade parcial, desde que não figure flagelação do animal. Por fim, o tema de "rodeios" ainda não foi pleiteado. De outro lado, mortos podem ser titulares de direitos fundamentais, desde que o direito seja compatível (por exemplo: honra).

4.6 Cláusulas pétreas fundamentais

O art. 60, § 4º da Constituição Federal de 1988, traz o rol das chamadas **Cláusulas Pétreas:**

> § 4º Não será objeto de deliberação a proposta de emenda tendente a abolir:
> I – A forma federativa de Estado;
> II – O voto direto, secreto, universal e periódico;
> III – A separação dos Poderes;
> IV – Os direitos e garantias individuais.

As Cláusulas Pétreas são núcleos temáticos formados por institutos jurídicos de grande importância, os quais não podem ser retirados da Constituição. Observe-se que o texto proíbe a abolição desses princípios, mas não impede que eles sejam modificados, no caso, para melhor. Isso já foi cobrado em prova. É importante notar que o texto constitucional prevê no inciso IV como sendo Cláusulas Pétreas apenas os direitos e garantias individuais. Pela literalidade da Constituição, não são todos os direitos fundamentais que são protegidos por esse instituto, mas apenas os de caráter individual. Parte da doutrina e da jurisprudência entende que essa proteção deve ser ampliada, abrangendo os demais direitos fundamentais. Deve-se ter atenção com esse tema em prova, pois já foram cobrados os dois posicionamentos.

4.7 Eficácia dos direitos fundamentais

O § 1º do art. 5º da Constituição Federal de 1988 prevê que:

> § 1º As normas definidoras dos direitos e garantias fundamentais têm aplicação imediata.

Quando a Constituição Federal de 1988 se refere à aplicação de uma norma, na verdade está falando da sua eficácia.

Esse tema é sempre cobrado em provas de concurso. Com o intuito de obter uma melhor compreensão, é necessário conceituar, classificar e diferenciar os vários níveis de eficácia das normas constitucionais.

Para que uma norma constitucional seja aplicada é indispensável que a ela possua eficácia, a qual é a capacidade que uma norma jurídica tem de produzir efeitos.

Se os efeitos produzidos se restringem ao âmbito normativo, tem-se a chamada **eficácia jurídica**, ao passo que, se os efeitos são concretos, reais, tem-se a chamada **eficácia social**. Eficácia jurídica, portanto, é a capacidade que uma norma constitucional tem de revogar todas as outras normas que com ela apresentem divergência. Já a eficácia social, também conhecida como efetividade, é a aplicabilidade na prática, concreta, da norma. Todas as normas constitucionais possuem eficácia jurídica, mas nem todas possuem eficácia social. Logo, é possível afirmar que todas as normas constitucionais possuem eficácia. O problema surge quando uma norma constitucional não pode ser aplicada na prática, ou seja, não possui eficácia social.

Para explicar esse fenômeno, foram desenvolvidas várias classificações acerca do grau de eficácia de uma norma constitucional. A classificação mais adotada pela doutrina e mais cobrada em prova é a adotada pelo professor José Afonso da Silva, na obra *Curso de Direito Constitucional Positivo*. Para esse estudioso, a eficácia social se classifica em:

- **Eficácia plena:** são aquelas **autoaplicáveis**. São normas que possuem aplicabilidade direta, imediata e integral. Seus efeitos práticos são plenos. É uma norma que não depende de complementação legislativa para produzir efeitos. Veja os exemplos: art. 1º; art. 5º, *caput* e incisos XXXV e XXXVI; art. 19; art. 21; art. 53; art. 60, § 1º e 4º; art. 69; art. 128, § 5º, incisos I e II; art. 145, § 2º; entre outros.

- **Eficácia contida:** também são **autoaplicáveis**. Assim como as normas de eficácia plena, elas possuem **aplicabilidade direta e imediata**. Contudo, sua aplicação não é integral. É neste ponto que a eficácia contida se diferencia da eficácia plena. A norma de eficácia contida nasce plena, mas pode ser restringida por outra norma.

- Daí a doutrina chamá-la de norma contível, restringível ou redutível. Essas espécies permitem que outra norma reduza a sua aplicabilidade. São normas que produzem efeitos imediatos, mas esses efeitos podem ser restringidos. Por exemplo: art. 5º, incisos VII, XII, XIII, XV, XXVII e XXXIII; art. 9º; art. 37, inciso I; art. 170, parágrafo único; entre outros.

- **Eficácia limitada:** são desprovidas de eficácia social. Diz-se que as normas de eficácia limitada não são autoaplicáveis, possuem aplicabilidade indireta, mediata e reduzida ou diferida.

- São normas que dependem de outra para produzirem efeitos. O que as difere das normas de eficácia contida é a dependência de outra norma para que produza efeitos sociais. Enquanto as de eficácia contida produzem efeitos imediatos, os quais poderão ser restringidos posteriormente, as de eficácia limitada dependem de outra norma para produzirem efeitos. Deve-se ter cuidado para não pensar que essas espécies normativas não possuem eficácia. Como se afirmou anteriormente, elas possuem eficácia jurídica, mas não possuem eficácia social. As normas de eficácia limitada são classificadas, ainda, em:

- **Normas de eficácia limitada de princípio institutivo:** são aquelas que dependem de outra norma para organizar ou instituir estruturas, entidades ou órgãos. Por exemplo: art. 18, § 2º; art. 22, parágrafo único; art. 25, § 3º; art. 33; art. 88; art. 90, § 2º; art. 102, § 1º; art. 107, § 1º; art. 113; art. 121; art. 125, § 3º; art. 128, § 5º; art. 131; entre outros.

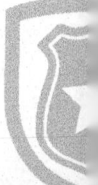

DIREITOS FUNDAMENTAIS - REGRAS GERAIS

- **Normas de eficácia limitada de princípio programático:** são aquelas que apresentam verdadeiros objetivos a serem perseguidos pelo Estado, programas a serem implementados. Em regra, possuem fins sociais. Por exemplo: art. 7º, incisos XI, XX e XXVII; art. 173, § 4º; arts. 196; 205; 215; 218; 227; entre outros.

O Supremo Tribunal Federal (STF) possui algumas decisões que conferiram o grau de eficácia limitada aos seguintes dispositivos: art. 5º, inciso LI; art. 37, inciso I; art. 37, inciso VII; art. 40, § 4º; art. 18, § 4º.

Feitas as considerações iniciais sobre esse tema, resta saber o que o § 1º do art. 5º da Constituição Federal de 1988 quis dizer com "aplicação imediata". Para traduzir essa expressão, basta analisar a explicação apresentada anteriormente. Segundo a doutrina, as normas que possuem aplicação imediata ou são de eficácia plena ou contida. Ao que parece, o texto constitucional quis restringir a eficácia dos direitos fundamentais em plena ou contida, não existindo, em regra, normas definidoras de direitos fundamentais com eficácia limitada. Entretanto, pelos próprios exemplos aqui apresentados, não é essa a realidade do texto constitucional. Certamente, existem normas de eficácia limitada entre os direitos fundamentais (art. 7º, incisos XI, XX e XXVII). A dúvida que surge então é: como responder na prova?

A doutrina e o STF têm entendido que, apesar do texto expresso na Constituição Federal, existem normas definidoras de direitos fundamentais que não possuem aplicabilidade imediata, as quais são de eficácia limitada. Diante dessa contradição, a doutrina tem orientado no sentido de se conferir a maior eficácia possível aos direitos fundamentais. Em prova, pode ser cobrada tanto uma questão abordando o texto puro da Constituição Federal quanto o posicionamento da doutrina. Deve-se responder conforme for perguntado.

A Constituição previu dois instrumentos para garantir a efetividade das normas de eficácia limitada: **Ação Direta de Inconstitucionalidade por Omissão** e o **Mandado de Injunção.**

4.8 Força normativa dos tratados internacionais

Uma regra muito importante para a prova é a que está prevista no § 3º do art. 5º da Constituição Federal de 1988:

> § 3º Os tratados e convenções internacionais sobre direitos humanos que forem aprovados, em cada Casa do Congresso Nacional, em dois turnos, por três quintos dos votos dos respectivos membros, serão equivalentes às emendas constitucionais.

Esse dispositivo constitucional apresenta a chamada força normativa dos tratados internacionais.

Segundo o texto constitucional, é possível que um tratado internacional possua força normativa de emenda constitucional, desde que preencha os seguintes requisitos:

- Deve falar de direitos humanos;
- Deve ser aprovado nas duas casas legislativas do Congresso Nacional, ou seja, na Câmara dos Deputados e no Senado Federal;
- Deve ser aprovado em dois turnos em cada casa;
- Deve ser aprovado por 3/5 dos membros em cada turno de votação, em cada casa.

Preenchidos esses requisitos, o Tratado Internacional terá força normativa de **Emenda à Constituição.**

Mas surge a seguinte questão: e se o Tratado Internacional for de Direitos Humanos e não preencher os requisitos constitucionais previstos no § 3º do art. 5º da Constituição? Qual será sua força normativa? Segundo o STF, caso o Tratado Internacional fale de direitos humanos, mas não preencha os requisitos do § 3º do art. 5º da CF/1988/1988, ele terá força normativa de **norma supralegal.**

Ainda há os tratados internacionais que não falam de direitos humanos. São tratados que falam de outros temas, por exemplo, o comércio. Esses tratados possuem força normativa de **lei ordinária.**

Em suma, são três as forças normativas dos Tratados Internacionais:
- Emenda à Constituição;
- Norma supralegal;
- Lei ordinária.

4.9 Tribunal Penal Internacional (TPI)

Há outra regra muito interessante prevista no § 4º do art. 5º da Constituição Federal de 1988:

> § 4º O Brasil se submete à jurisdição de Tribunal Penal Internacional a cuja criação tenha manifestado adesão.

É o chamado **Tribunal Penal Internacional**. Mas o que é o Tribunal Penal Internacional? É uma corte permanente, localizada em Haia, na Holanda, com competência de julgamento dos crimes contra a humanidade.

É um Tribunal, pois tem função jurisdicional; é penal porque só julga crimes; é internacional, haja vista sua competência não estar restrita à fronteira de um só Estado.

Mas uma coisa deve ser esclarecida. O TPI não julga qualquer tipo de crime. Só os crimes que tenham repercussão para toda a humanidade. Geralmente, são crimes de guerra, agressão estrangeira, genocídio, dentre outros.

Apesar de ser um tribunal com atribuições jurisdicionais, o TPI não faz parte do Poder Judiciário brasileiro. Sua competência é complementar à jurisdição nacional, não ofendendo, portanto, a soberania do Estado brasileiro. Isso significa que o TPI só age quando a Justiça Brasileira se omite ou é ineficaz.

4.10 Direitos e garantias

Muitos questionam se direitos e garantias são a mesma coisa, mas a melhor doutrina tem diferenciado esses dois institutos.

Os direitos são os próprios direitos previstos na Constituição Federal de 1988. São os bens jurídicos tutelados pela Constituição. Eles representam por si só esses bens.

As garantias são instrumentos de proteção dos direitos. São ferramentas disponibilizadas pela Constituição para a fruição dos direitos.

Apesar da diferença entre os dois institutos é possível afirmar que **toda garantia é um direito.**

DIREITO CONSTITUCIONAL

5 DIREITOS E DEVERES INDIVIDUAIS E COLETIVOS

A Constituição Federal, ao disciplinar os direitos individuais, os coloca basicamente no art. 5º. Logo no *caput* desse artigo, já aparece uma classificação didática dos direitos ali previstos:

> **Art. 5º** *Todos são iguais perante a lei, sem distinção de qualquer natureza, garantindo-se aos brasileiros e aos estrangeiros residentes no País a inviolabilidade do direito à vida, à liberdade, à igualdade, à segurança e à propriedade, nos termos seguintes:*

Para estudarmos os direitos individuais, utilizaremos os cinco grupos de direitos previstos no *caput* do art. 5º:

- Direito à vida;
- Direito à igualdade;
- Direito à liberdade;
- Direito à propriedade;
- Direito à segurança.

Percebe-se que os 78 incisos do art. 5º, de certa forma, decorrem de um desses direitos que podem ser chamados de **"direitos raízes"**. Utilizando essa divisão, a seguir serão abordados os incisos mais importantes desse artigo, tendo em vista a preparação para a prova. Logicamente, não conseguiremos abordar todos os incisos, o que não tira a responsabilidade de lê-los.

5.1 Direito à vida

Ao falar desse direito, que é considerado pela doutrina como o **direito mais fundamental de todos**, por ser um pressuposto para o exercício dos demais direitos, enfrenta-se um primeiro desafio: esse direito é absoluto?

Assim como os demais direitos, o direito à vida não é absoluto. São várias as justificativas existentes para considerá-lo um direito passível de flexibilização.

5.1.1 Pena de morte

Existe pena de morte no Brasil? A resposta é sim. A alínea "a" do inciso XLVII do art. 5º traz essa previsão expressamente:

> XLVII – Não haverá penas:
> a) de morte, salvo em caso de guerra declarada, nos termos do art. 84, XIX;

Todas as vezes que a Constituição traz uma negação acompanhada de uma exceção, estamos diante de uma possibilidade.

5.1.2 Aborto

A prática de aborto no Brasil é permitida? O art. 128 do Código Penal Brasileiro apresenta duas possibilidades de prática de aborto que são verdadeiras excludentes de ilicitude:

> **Art. 128** *Não se pune o aborto praticado por médico:*
> *Aborto necessário*
> *I – Se não há outro meio de salvar a vida da gestante;*
> *Aborto sentimental*
> *II – Se a gravidez resulta de estupro e o aborto é precedido de consentimento da gestante ou, quando incapaz, de seu representante legal.*

São os **abortos necessário e sentimental**. Aborto necessário é aquele praticado para salvar a vida da gestante e o aborto sentimental é utilizado nos casos de estupro. Essas duas exceções à prática do crime de aborto são hipóteses em que se permite a sua prática no direito brasileiro. Além dessas duas hipóteses previstas expressamente na legislação brasileira, o STF também reconhece a possibilidade da prática de aborto do feto anencéfalo (feto sem cérebro). Mais uma vez, o direito à vida encontra-se flexibilizado.

5.1.3 Legítima defesa e estado de necessidade

Esses dois institutos, também excludentes de ilicitude do crime, são outras possibilidades de limitação do direito à vida, conforme disposto no art. 23 do Código Penal Brasileiro:

> **Art. 23** *Não há crime quando o agente pratica o fato:*
> *I – Em estado de necessidade;*
> *II – Em legítima defesa;*

Em linhas gerais e de forma exemplificativa, o estado de necessidade permite que, diante de uma situação de perigo, uma pessoa possa, para salvar uma vida, tirar a vida de outra pessoa. Na legítima defesa, caso sua vida seja ameaçada por alguém, existe legitimidade em retirar a vida de quem o ameaçou.

Outro ponto que deve ser ressaltado é que o direito à vida não está subordinado apenas ao fato de se estar vivo. Quando a constituição protege o direito à vida, a faz em suas diversas acepções. Existem dispositivos constitucionais que protegem o direito à vida no que tange a sua preservação da integridade física e moral (art. 5º, incisos III, V, XLVII e XLIX; art. 199, § 4º). A Constituição também protege o direito à vida no que tange à garantia de uma vida com qualidade (arts. 6º; 7º, inciso IV; 196; 205; 215).

5.2 Direito à igualdade

5.2.1 Igualdade formal e igualdade material

Possui como sinônimo o termo Isonomia. A doutrina classifica esse direito em:

- **Igualdade formal:** traduz-se no termo "todos são iguais perante a lei, sem distinção de qualquer natureza". É o previsto no *caput* do art. 5º. É uma igualdade jurídica, que não se preocupa com a realidade, mas apenas evita que alguém seja tratado de forma discriminatória.
- **Igualdade material:** também chamada de igualdade efetiva ou substancial. É a igualdade que se preocupa com a realidade. Traduz-se na seguinte expressão: "tratar os iguais com igualdade e os desiguais com desigualdade, na medida das suas desigualdades". Esse tipo de igualdade confere um tratamento com justiça para aqueles que não a possuem.

A igualdade formal é a regra utilizada pelo Estado para conferir um tratamento isonômico entre as pessoas. Contudo, por diversas vezes, um tratamento igualitário não consegue atender a todas as necessidades práticas. Faz-se necessária a utilização da igualdade em seu aspecto material para que se consiga produzir um verdadeiro tratamento isonômico.

Imaginemos as relações entre homens e mulheres. A regra é que homem e mulher são tratados da mesma forma conforme previsto no inciso I do art. 5º:

> *I – Homens e mulheres são iguais em direitos e obrigações, nos termos desta Constituição;*

Contudo, em diversas situações, homens e mulheres serão tratados de forma diferente:

- **Licença-maternidade:** tem duração de 120 dias para a mulher. Para o homem, apenas 5 dias de licença-paternidade;
- **Aposentadoria:** a mulher se aposenta 5 anos mais cedo que o homem;
- **Serviço militar obrigatório:** só o homem está obrigado.

DIREITOS E DEVERES INDIVIDUAIS E COLETIVOS

Essas são algumas das situações em que são permitidos tratamentos desiguais entre as pessoas. As razões que justificam essa discriminação são as diferenças efetivas que existem entre os homens e as mulheres em cada uma das hipóteses. Exemplificando, a mulher tem mais tempo para se recuperar em razão da nítida distinção do desgaste feminino para o masculino no que tange ao parto. É indiscutível que, por mais desgastante que seja o nascimento de um filho para o pai, nada se compara ao sofrimento suportado pela mãe. Por essa razão, a licença-maternidade é maior que a licença-paternidade.

5.2.2 Igualdade nos concursos públicos

O tema diz respeito à igualdade nos concursos públicos. Seria possível restringir o acesso a um cargo público em razão do sexo de uma pessoa? Ou por causa de sua altura? Ou ainda, pela idade que possui?

Essas questões encontram a mesma resposta: sim! É possível, desde que os critérios discriminatórios preencham alguns requisitos:

- **Deve ser fixado em lei:** não basta que os critérios estejam previstos no edital, precisam estar previstos em lei, no seu sentido formal.
- **Deve ser necessário ao exercício do cargo:** o critério discriminatório deve ser necessário ao exercício do cargo. A título de exemplo: seria razoável exigir para um cargo de policial militar, altura mínima ou mesmo, idade máxima, que representam vigor físico, tendo em vista a natureza do cargo que exige tal condição. As mesmas condições não poderiam ser exigidas para um cargo de técnico judiciário, por não serem necessárias ao exercício do cargo.

Em suma, podem ser exigidos critérios discriminatórios desde que previstos em lei e que sejam necessários ao exercício do cargo, observados os critérios de proporcionalidade e razoabilidade.

Esse tema sempre tem sido alvo de questões em prova, principalmente sob o aspecto jurisprudencial.

5.2.3 Ações afirmativas

Como formas de concretização da igualdade material foram desenvolvidas políticas públicas de compensação dirigidas às minorias sociais chamadas de **ações afirmativas ou discriminações positivas**. São verdadeiras ações de cunho social que visam a compensar possíveis perdas que determinados grupos sociais tiveram ao longo da história de suas vidas. Quem nunca ouviu falar nas "quotas para os pobres nas Universidades" ou ainda, "reserva de vagas para deficientes em concursos públicos"? Essas são algumas das espécies de ações afirmativas desenvolvidas no Brasil.

Mas por que reservar vagas para deficientes em concursos públicos? O deficiente, qualquer que seja sua deficiência, quando se prepara para um concurso público possui muito mais dificuldade que uma pessoa que tem a plenitude de seu vigor físico. Em razão dessa diferença, o Estado, na tentativa de reduzir a desigualdade existente entre os concorrentes, resolveu compensar a limitação de um portador de necessidades especiais reservando-lhe vagas especiais.

Perceba que, ao contrário do que parece, quando se reservam vagas num concurso público para deficientes estamos diante de um nítido tratamento discriminatório, que nesse caso é justificável pelas diferenças naturais entre o concorrente sadio e o concorrente deficiente. Lembre-se de que igualdade material é tratar iguais com igualdade e desiguais com desigualdade. O que se faz por meio dessas políticas de compensação é tratar os desiguais com desigualdade, na medida de suas desigualdades. Só dessa forma é possível alcançar um verdadeiro tratamento isonômico entre os candidatos.

Por fim, destaca-se o fato de o STF ter declarado constitucional a política de cotas étnico-raciais para seleção de estudantes em universidades públicas pacificando uma discussão antiga sobre esse tipo de ação afirmativa.

5.3 Direito à liberdade

O direito à liberdade pertence à primeira geração de direitos fundamentais por expressarem os direitos mais ansiados pelos indivíduos como forma de defesa diante do Estado. O que se verá a seguir são algumas das acepções desse direito que podem ser cobradas em prova.

5.3.1 Liberdade de ação

O inciso II do art. 5º apresenta aquilo que a doutrina chama de liberdade de ação:

II – Ninguém será obrigado a fazer ou deixar de fazer alguma coisa senão em virtude de lei;

Essa é a liberdade por excelência. Segundo o texto constitucional, a liberdade só pode ser restringida por lei. Por isso, dizemos que esse inciso também apresenta o **princípio da legalidade**.

A liberdade pode ser entendida de duas formas, a depender do destinatário da mensagem:

- **Para o particular:** liberdade significa "fazer tudo que não for proibido".
- **Para o agente público:** liberdade significa "poder fazer tudo o que for determinado ou permitido pela lei".

5.3.2 Liberdade de locomoção

Uma das liberdades mais almejadas pelos indivíduos durante as lutas sociais é o grande carro-chefe na limitação dos poderes do Estado. O inciso XV do art. 5º já diz:

XV – É livre a locomoção no território nacional em tempo de paz, podendo qualquer pessoa, nos termos da lei, nele entrar, permanecer ou dele sair com seus bens;

Perceba-se que o direito explanado nesse inciso não possui caráter absoluto, haja vista ter sido garantido em tempo de paz. Isso significa que em momentos sem paz seriam possíveis restrições às liberdades de locomoção. Destaca-se o Estado de Sítio que pode ser decretado nos casos previstos no art. 137 da Constituição Federal de 1988. Nessas circunstâncias, seriam possíveis maiores restrições à chamada liberdade de locomoção por meio de medidas autorizadas pela própria Constituição Federal:

Art. 137 O Presidente da República pode, ouvidos o Conselho da República e o Conselho de Defesa Nacional, solicitar ao Congresso Nacional autorização para decretar o estado de sítio nos casos de:
I – Comoção grave de repercussão nacional ou ocorrência de fatos que comprovem a ineficácia de medida tomada durante o estado de defesa;
II – Declaração de estado de guerra ou resposta a agressão armada estrangeira.

Art. 139 Na vigência do estado de sítio decretado com fundamento no art. 137, I, só poderão ser tomadas contra as pessoas as seguintes medidas:
I – Obrigação de permanência em localidade determinada;
II – Detenção em edifício não destinado a acusados ou condenados por crimes comuns;

Outro ponto interessante refere-se à possibilidade de qualquer pessoa entrar, permanecer ou sair do país com seus bens. Esse direito também não pode ser encarado de forma absoluta, haja vista a possibilidade de se exigir declaração de bens ou pagamento de imposto quando da entrada no país com bens. Nesse caso, liberdade de locomoção não se confunde com imunidade tributária.

Caso a liberdade de locomoção seja restringida por ilegalidade ou abuso de poder, a Constituição reservou um poderoso instrumento garantidor, o chamado *Habeas corpus*.

> *Art. 5º [...]*
> *LXVIII – conceder-se-á "Habeas corpus" sempre que alguém sofrer ou se achar ameaçado de sofrer violência ou coação em sua liberdade de locomoção, por ilegalidade ou abuso de poder;*

5.3.3 Liberdade de pensamento

Essa liberdade serve de amparo para uma série de possibilidades no que tange ao pensamento. Assim como os demais direitos fundamentais, a manifestação do pensamento não possui caráter absoluto, sendo restringido pela própria Constituição Federal, que proíbe seu exercício de forma anônima:

> *Art. 5º [...]*
> *IV – É livre a manifestação do pensamento, sendo vedado o anonimato;*

A vedação ao anonimato, além de ser uma garantia ao exercício da manifestação do pensamento, possibilita o exercício do direito de resposta caso alguém seja ofendido.

Sobre Denúncia Anônima, é importante fazer uma observação. Diante da vedação constitucional ao anonimato, poder-se-ia imaginar que essa ferramenta de combate ao crime fosse considerada inconstitucional. Contudo, não tem sido esse o entendimento do STF. A denúncia anônima pode até ser utilizada como ferramenta de comunicação do crime, mas não pode servir como amparo para a instauração do Inquérito Policial, muito menos como fundamento para condenação de quem quer que seja.

5.3.4 Liberdade de consciência e crença religiosa

Uma primeira pergunta deve ser feita acerca da liberdade religiosa em nosso país: qual a religião oficial do Brasil? A única resposta possível: é nenhuma. A liberdade religiosa do Estado brasileiro é incompatível com a existência de uma religião oficial. É o que apresenta o inciso VI do art. 5º:

> *VI – É inviolável a liberdade de consciência e de crença, sendo assegurado o livre exercício dos cultos religiosos e garantida, na forma da lei, a proteção aos locais de culto e a suas liturgias;*

Esse inciso marca a liberdade religiosa existente no Brasil. Por esse motivo, dizemos que o Brasil é um Estado laico, leigo ou não confessional. Isso significa, basicamente, que no Brasil existe uma relação de separação entre Estado e Igreja. Essa relação entre o Estado e a Igreja encontra, inclusive, vedação expressa no texto constitucional:

> *Art. 19 É vedado à União, aos Estados, ao Distrito Federal e aos Municípios:*
> *I – Estabelecer cultos religiosos ou igrejas, subvencioná-los, embaraçar-lhes o funcionamento ou manter com eles ou seus representantes relações de dependência ou aliança, ressalvada, na forma da lei, a colaboração de interesse público;*

Por causa da liberdade religiosa, é possível exercer qualquer tipo de crença no país. É possível ser católico, protestante, mulçumano, ateu ou satanista. Isso é liberdade de crença ou consciência. Liberdade de crer ou não crer. Perceba que o inciso VI, além de proteger as crenças e cultos, também protege as suas liturgias. Apesar do amparo constitucional, não se pode utilizar esse direito para praticar atos contrários às demais normas do direito brasileiro como, por exemplo, sacrificar seres humanos como forma de prestar culto a determinada divindade. Isso a liberdade religiosa não ampara.

Outro dispositivo importante é o previsto no inciso VII:

> *Art. 5º [...]*
> *VII – É assegurada, nos termos da lei, a prestação de assistência religiosa nas entidades civis e militares de internação coletiva;*

Nesse inciso, a Constituição Federal de 1988 garantiu a assistência religiosa nas entidades de internação coletivas, sejam elas civis ou militares. Entidades de internação coletivas são quartéis, hospitais ou hospícios. Em razão dessa garantia constitucional, é comum encontrarmos nesses estabelecimentos capelas para que o direito seja exercido.

Apesar da importância dos dispositivos analisados anteriormente, nenhum é mais cobrado em prova que o inciso VIII:

> *Art. 5º [...]*
> *VIII – Ninguém será privado de direitos por motivo de crença religiosa ou de convicção filosófica ou política, salvo se as invocar para eximir-se de obrigação legal a todos imposta e recusar-se a cumprir prestação alternativa, fixada em lei;*

Estamos diante do instituto da Escusa de Consciência. Esse direito permite a qualquer pessoa que, em razão de sua crença ou consciência, deixe de cumprir uma obrigação imposta sem que com isso sofra alguma consequência em seus direitos. Tal permissivo constitucional encontra uma limitação prevista expressamente no texto em análise. No caso de uma obrigação imposta a todos, se o indivíduo se recusar ao seu cumprimento, ser-lhe-á oferecida uma prestação alternativa. Não a cumprindo também, a Constituição permite que direitos sejam restringidos. O art. 15 prescreve que os direitos restringidos serão os direitos políticos:

> *Art. 15 É vedada a cassação de direitos políticos, cuja perda ou suspensão só se dará nos casos de: [...]*
> *IV – Recusa de cumprir obrigação a todos imposta ou prestação alternativa, nos termos do art. 5º, VIII;*

5.3.5 Liberdade de reunião

Acerca dessa liberdade, é importante ressaltar as condições estabelecidas pelo texto constitucional:

> *Art. 5º [...]*
> *XVI – Todos podem reunir-se pacificamente, sem armas, em locais abertos ao público, independentemente de autorização, desde que não frustrem outra reunião anteriormente convocada para o mesmo local, sendo apenas exigido prévio aviso à autoridade competente;*

Enumerando-as, de forma a facilitar o estudo, tem-se que as condições estabelecidas para o exercício do direito à reunião são:

- **Reunião pacífica:** não se legitima uma reunião que tenha fins não pacíficos.
- **Sem armas:** para evitar a violência ou coação por meio de armas.
- **Locais abertos ao público:** encontra-se subentendida a reunião em local fechado.
- **Independente de autorização:** não precisa de autorização.
- **Necessidade de prévio aviso.**
- **Não frustrar outra reunião convocada anteriormente para o mesmo local:** garantia de isonomia no exercício do direito prevalecendo o de quem exerceu primeiro.

Sobre o exercício da liberdade de reunião é importante saber que ele não depende de autorização, mas necessita de prévio aviso.

Outro ponto que já foi alvo de questão de prova é a possibilidade de restrição desse direito no Estado de Sítio e no Estado de Defesa. O problema está na distinção entre as limitações que podem ser adotadas em cada uma das medidas:

DIREITOS E DEVERES INDIVIDUAIS E COLETIVOS

Art. 136 [...]

§ 1º O decreto que instituir o estado de defesa determinará o tempo de sua duração, especificará as áreas a serem abrangidas e indicará, nos termos e limites da lei, as medidas coercitivas a vigorarem, dentre as seguintes:

I – Restrições aos direitos de:

a) reunião, ainda que exercida no seio das associações;

Art. 139. Na vigência do estado de sítio decretado com fundamento no art. 137, I, só poderão ser tomadas contra as pessoas as seguintes medidas: [...]

IV – Suspensão da liberdade de reunião;

Ao passo que no **estado de defesa** ocorrerão **restrições** ao direito de reunião, no **estado de sítio** ocorrerá a **suspensão** desse direito.

5.3.6 Liberdade de associação

São vários os dispositivos constitucionais que regulam a liberdade de associação:

Art. 5º [...]

XVII – É plena a liberdade de associação para fins lícitos, vedada a de caráter paramilitar;

XVIII – A criação de associações e, na forma da lei, a de cooperativas independem de autorização, sendo vedada a interferência estatal em seu funcionamento;

XIX – As associações só poderão ser compulsoriamente dissolvidas ou ter suas atividades suspensas por decisão judicial, exigindo-se, no primeiro caso, o trânsito em julgado;

XX – Ninguém poderá ser compelido a associar-se ou a permanecer associado;

XXI – As entidades associativas, quando expressamente autorizadas, têm legitimidade para representar seus filiados judicial ou extrajudicialmente;

O primeiro ponto que dever ser lembrado é que a liberdade de associação só poderá ser usufruída para fins lícitos sendo proibida a criação de associação paramilitar.

Entende-se como associação de caráter paramilitar toda organização paralela ao Estado, sem legitimidade, com estrutura e organização tipicamente militar. São as facções criminosas, milícias ou qualquer outra organização que possua fins ilícitos e alheios aos do Estado.

Destaca-se, com a mesma importância, a dispensa de autorização e interferência estatal no funcionamento e criação das associações.

Maior destaque deve ser dado ao inciso XIX, que condiciona qualquer limitação às atividades associativas a uma decisão judicial. As associações podem ter suas atividades **suspensas** ou **dissolvidas**. Em qualquer um dos casos deve haver **decisão judicial**. No caso da **dissolução**, por ser uma medida mais grave, não basta qualquer decisão judicial, tem que ser **transitada em julgado**. Isso significa uma decisão definitiva, à qual não caiba mais recurso.

O inciso XX tutela a chamada liberdade associativa, pela qual ninguém será obrigado a se associar ou mesmo a permanecer associado a qualquer entidade associativa.

Por fim, temos o inciso XXI, que permite às associações que representem seus associados tanto na esfera judicial quanto na administrativa desde que possuam expressa autorização. Expressa autorização significa por escrito, por meio de instrumento legal que comprove a autorização.

Vale destacar que, para suspender as atividades de uma associação, basta qualquer decisão judicial; para dissolver, tem que haver decisão judicial transitada em julgado.

5.4 Direito à propriedade

Quando se fala em direito à propriedade, alguns atributos que lhe são inerentes aparecem imediatamente. Propriedade é a faculdade que uma pessoa tem de usar, gozar dispor de um bem. O texto constitucional garante esse direito de forma expressa:

Art. 5º [...]

XXII – É garantido o direito de propriedade.

Apesar de esse direito aparentar possuir um caráter absoluto, quando se investiga mais a fundo esse tema, percebe-se que ele possui vários limitadores no próprio texto constitucional. E é isso que se passa a analisar agora.

5.4.1 Limitações

Dentre as limitações existentes na Constituição, estão: função social, requisição administrativa, desapropriação, bem de família, propriedade imaterial e direito à herança.

5.4.2 Função social

A Constituição Federal de 1988 exige, em seu art. 5º, que a propriedade atenda a sua função social:

XXIII – A propriedade atenderá a sua função social;

Isso significa que a propriedade não é tão individual quanto pensamos. A necessidade de observância da função social demonstra que a propriedade é muito mais que uma titularidade privada. Esse direito possui reflexos em toda a sociedade. É só imaginar uma propriedade imóvel, um terreno urbano, que, apesar de possuir um proprietário, fica abandonado. Cresce o mato, as pessoas começam a jogar lixo naquele lugar, alguns criminosos começam a utilizar aquele ambiente para prática de atividades ilícitas. Veja quantas coisas podem acontecer numa propriedade e que importarão em consequências gravosas para o meio social mais próximo. É por isso que a propriedade tem que atender a sua função social.

5.4.3 Requisição administrativa

Consta no inciso XXV do art. 5º:

XXV – No caso de iminente perigo público, a autoridade competente poderá usar de propriedade particular, assegurada ao proprietário indenização ulterior, se houver dano;

Essa é a chamada Requisição Administrativa. Esse instituto permite que a propriedade seja limitada pela necessidade de se solucionar situação de perigo público. Não se trata de uma forma de desapropriação, pois o dono da propriedade requisitada não a perde, apenas a empresta para uso público, sendo garantido, posteriormente, havendo dano, direito a indenização. Esse instituto limita o caráter absoluto da propriedade.

5.4.4 Desapropriação

É a perda da propriedade. Esse é o limitador por excelência do direito, restringindo o caráter perpétuo da propriedade. A seguir, estão exemplificadas as três modalidades de desapropriação.

- **Desapropriação pelo mero interesse público:** essa modalidade é utilizada pelo Estado quando o interesse social ou a utilidade pública prevalecem sobre o direito individual. Nesse tipo de desapropriação, destaca-se que o proprietário nada fez para merecê-la, contudo, o interesse público exige que determinada área seja desapropriada. É o caso de construção de uma rodovia que exige a desapropriação de várias propriedades para o asfaltamento da via.

- Deve ser destacado que essa modalidade de desapropriação gera direito à indenização, que deve ser paga em dinheiro, previamente e com valor justo.

- Conforme o texto da Constituição Federal de 1988:

Art. 5º [...]

XXIV – A lei estabelecerá o procedimento para desapropriação por necessidade ou utilidade pública, ou por interesse social, mediante justa e prévia indenização em dinheiro, ressalvados os casos previstos nesta Constituição;

- **Desapropriação-sanção:** nesta modalidade, o proprietário, por algum motivo, não observou a função social da propriedade. Por esse motivo, é chamada de Desapropriação-sanção, haja vista ser uma verdadeira punição. Segundo a Constituição Federal de 1988, essa desapropriação gera direito à indenização, que deverá ser paga em títulos da dívida pública ou agrária. Segundo os arts. 182, § 4º, inciso III e 184 da Constituição Federal de 1988:

    Art. 182 [...]
    § 4º É facultado ao Poder Público municipal, mediante lei específica para área incluída no plano diretor, exigir, nos termos da lei federal, do proprietário do solo urbano não edificado, subutilizado ou não utilizado, que promova seu adequado aproveitamento, sob pena, sucessivamente, de:
    I – Parcelamento ou edificação compulsórios;
    II – Imposto sobre a propriedade predial e territorial urbana progressivo no tempo;
    III – Desapropriação com pagamento mediante títulos da dívida pública de emissão previamente aprovada pelo Senado Federal, com prazo de resgate de até dez anos, em parcelas anuais, iguais e sucessivas, assegurados o valor real da indenização e os juros legais.
    Art. 184 Compete à União desapropriar por interesse social, para fins de reforma agrária, o imóvel rural que não esteja cumprindo sua função social, mediante prévia e justa indenização em títulos da dívida agrária, com cláusula de preservação do valor real, resgatáveis no prazo de até vinte anos, a partir do segundo ano de sua emissão, e cuja utilização será definida em lei.

- **Desapropriação confiscatória:** *é a desapropriação que ocorre com a propriedade utilizada para cultivo de plantas psicotrópicas. Nesse caso, não haverá indenização, mas o proprietário poderá ser processado pela prática de ilícito penal.*

    Art. 243 As propriedades rurais e urbanas de qualquer região do País onde forem localizadas culturas ilegais de plantas psicotrópicas ou a exploração de trabalho escravo na forma da lei serão expropriadas e destinadas à reforma agrária e a programas de habitação popular, sem qualquer indenização ao proprietário e sem prejuízo de outras sanções previstas em lei, observado, no que couber, o disposto no art. 5º.
    Parágrafo único. Todo e qualquer bem de valor econômico apreendido em decorrência do tráfico ilícito de entorpecentes e drogas afins e da exploração de trabalho escravo será confiscado e reverterá a fundo especial com destinação específica, na forma da lei.

> **Atenção!**
> **Desapropriação por interesse público** → indenizada em dinheiro.
> **Desapropriação-sanção** → indenizada em títulos da Dívida Pública.
> **Desapropriação confiscatória** → não tem direito à indenização.

5.4.5 Bem de família

A Constituição consagra uma forma de proteção às pequenas propriedades rurais chamada de bem de família:

Art. 5º [...]
XXVI – A pequena propriedade rural, assim definida em lei, desde que trabalhada pela família, não será objeto de penhora para pagamento de débitos decorrentes de sua atividade produtiva, dispondo a lei sobre os meios de financiar o seu desenvolvimento; =

O mais importante para prova é atentar para os requisitos estabelecidos no inciso, quais sejam:

- **Pequena propriedade rural:** não se trata de qualquer propriedade.
- **Definida em lei:** não em outra espécie normativa.
- **Trabalhada pela família:** não por qualquer pessoa.
- **Débitos decorrentes da atividade produtiva:** não por qualquer débito.

5.4.6 Propriedade imaterial

Além das propriedades sobre bens materiais, a Constituição também consagra normas de proteção sobre a propriedade de bens imateriais. São duas as propriedades consagradas: autoral e industrial.

- **Propriedade autoral:** encontra-se protegida nos incisos XXVII e XXVIII do art. 5º:

    XXVII – Aos autores pertence o direito exclusivo de utilização, publicação ou reprodução de suas obras, transmissível aos herdeiros pelo tempo que a lei fixar;
    XXVIII – São assegurados, nos termos da lei:
    a) a proteção às participações individuais em obras coletivas e à reprodução da imagem e voz humanas, inclusive nas atividades desportivas;
    b) o direito de fiscalização do aproveitamento econômico das obras que criarem ou de que participarem aos criadores, aos intérpretes e às respectivas representações sindicais e associativas;

- **Propriedade industrial:** encontra-se protegida no inciso XXIX:

    XXIX – A lei assegurará aos autores de inventos industriais privilégio temporário para sua utilização, bem como proteção às criações industriais, à propriedade das marcas, aos nomes de empresas e a outros signos distintivos, tendo em vista o interesse social e o desenvolvimento tecnológico e econômico do País;

Uma relação muito interessante entre a propriedade autoral e a industrial está no tempo de proteção previsto na Constituição Federal de 1988. Observe-se que na propriedade autoral o direito do autor é vitalício, tendo em vista a previsão de possibilidade de transmissão desses direitos aos herdeiros. Contudo, quando nas mãos dos sucessores, a proteção será pelo tempo que a lei fixar, ou seja, temporário.

Já na propriedade industrial, a proteção do próprio autor já possui caráter temporário.

5.4.7 Direito à herança

De nada adiantaria tanta proteção à propriedade se esse bem jurídico não pudesse ser transmitido por meio da sucessão de bens aos herdeiros após a morte. O direito à herança, consagrado expressamente na Constituição, traduz-se no coroamento do direito de propriedade. É a grande força motriz desse direito. Só faz sentido ter direito à propriedade se esse direito possa ser transferido aos herdeiros.

Art. 5º [...]
XXX – É garantido o direito de herança;
XXXI – A sucessão de bens de estrangeiros situados no País será regulada pela lei brasileira em benefício do cônjuge ou dos filhos brasileiros, sempre que não lhes seja mais favorável a lei pessoal do de cujus;

Destaque especial deve ser dado ao inciso XXXI, que prevê a possibilidade de aplicação de lei estrangeira no país em casos de sucessão de bens de pessoa estrangeira desde que esses bens estejam situados no Brasil. A Constituição Federal permite que seja aplicada a legislação mais favorável aos herdeiros, quer seja a lei brasileira, quer seja a lei estrangeira.

5.5 Direito à segurança

Ao se referir à segurança como direito individual, o art. 5º pretende significar "segurança jurídica" que trata de normas de pacificação social e que produzem uma maior segurança nas relações sociais. Esse é o ponto alto dos direitos individuais. Sem dúvida, aqui está a maior quantidade de questões cobradas em prova.

5.5.1 Princípio da segurança nas relações jurídicas

Este princípio tem como objetivo garantir a estabilidade das relações jurídicas. Veja o que diz a Constituição:

DIREITOS E DEVERES INDIVIDUAIS E COLETIVOS

Art. 5º [...]
XXXVI – A lei não prejudicará o direito adquirido, o ato jurídico perfeito e a coisa julgada;

Os três institutos aqui protegidos encontram seu conceito formalizado na *Lei de Introdução às Normas do Direito brasileiro*.

Art. 6º [...]
§ 1º Reputa-se ato jurídico perfeito o já consumado segundo a lei vigente ao tempo em que se efetuou.
§ 2º Consideram-se adquiridos assim os direitos que o seu titular, ou alguém por ele, possa exercer, como aqueles cujo começo do exercício tenha termo pré-fixo, ou condição pré-estabelecida inalterável, a arbítrio de outrem.
§ 3º Chama-se coisa julgada ou caso julgado a decisão judicial de que já não caiba recurso.

Em linhas gerais, pode-se assim conceituá-los:
- **Direito adquirido:** direito já incorporado ao patrimônio do titular.
- **Ato jurídico perfeito:** ato jurídico que já atingiu seu fim. Ato jurídico acabado, aperfeiçoado, consumado.
- **Coisa julgada:** sentença judicial transitada em julgado. Aquela sentença em relação à qual não cabe mais recurso.

De uma coisa não se pode esquecer: a proibição de retroatividade da lei nos casos aqui estudados não se aplica às leis mais benéficas, ou seja, uma lei mais benéfica poderá produzir efeitos em relação ao direito adquirido, ao ato jurídico perfeito e à coisa julgada.

5.5.2 Devido processo legal

O devido processo legal possui como objetivo principal limitar o poder do Estado. Esse princípio condiciona a restrição da liberdade ou dos bens de um indivíduo à existência de um procedimento estatal que respeite todos os direitos e garantias processuais previstos na lei. É o que diz o inciso LIV do art. 5º:

LIV – Ninguém será privado da liberdade ou de seus bens sem o devido processo legal;

A exigência constitucional de existência de processo aplica-se tanto aos processos judiciais quanto aos procedimentos administrativos.

Desse princípio, surge a garantia constitucional à **proporcionalidade e razoabilidade**. Da mesma forma, é durante o devido processo legal que poderão ser exercidos os direitos ao contraditório e à ampla defesa, que serão analisados a seguir.

5.5.3 Contraditório e ampla defesa

Essas garantias constitucionais, conforme já salientado, decorrem do devido processo legal. São utilizadas como ferramenta de defesa diante das acusações impostas pelo Estado ou por um particular nos processos judiciais e administrativos:

Art. 5º [...]
LV – Aos litigantes, em processo judicial ou administrativo, e aos acusados em geral são assegurados o contraditório e ampla defesa, com os meios e recursos a ela inerentes;

Mas o que significam o contraditório e a ampla defesa?

Contraditório é o direito de contradizer, contrariar, contraditar. Se alguém diz que você é ou fez alguma coisa, o contraditório lhe permite dizer que não é e que não fez o que lhe foi imputado. É simplesmente o direito de contrariar. Já **ampla defesa** é a possibilidade de utilização de todos os meios admitidos em direito para se defender de uma acusação.

Em regra, o contraditório e a ampla defesa são garantidos em todos os processos judiciais ou administrativos, contudo, a legislação brasileira previu alguns procedimentos administrativos incompatíveis com o exercício desse direito:
- Inquérito policial.
- Sindicância investigativa.
- Inquérito civil.

Em suma, nos procedimentos investigatórios que não possuem o condão de punir o investigado não serão garantidos o contraditório e a ampla defesa.

Observem-se as Súmulas Vinculantes do Supremo Tribunal Federal que versam sobre esse tema:

Súmula Vinculante nº 3 – STF Nos processos perante o Tribunal de Contas da União asseguram-se o contraditório e a ampla defesa quando da decisão puder resultar anulação ou revogação de ato administrativo que beneficie o interessado, excetuada a apreciação da legalidade do ato de concessão inicial de aposentadoria, reforma e pensão.

Súmula Vinculante nº 5 – STF A falta de defesa técnica por advogado no processo administrativo disciplinar não ofende a Constituição.

Súmula Vinculante nº 14 – STF É direito do defensor, no interesse do representado, ter acesso amplo aos elementos de prova que, já documentados em procedimento investigatório realizado por órgão com competência de polícia judiciária, digam respeito ao exercício do direito de defesa.

Súmula Vinculante nº 21 – STF É inconstitucional a exigência de depósito ou arrolamento prévios de dinheiro ou bens para admissibilidade de recurso administrativo.

5.5.4 Proporcionalidade e razoabilidade

Eis uma garantia fundamental que não está expressa no texto constitucional apesar de ser um dos institutos mais utilizados pelo Supremo em suas decisões atuais. Trata-se de um princípio implícito, cuja fonte é o princípio do devido processo legal. Esses dois institutos jurídicos são utilizados como parâmetro de ponderação quando adotadas medidas pelo Estado, principalmente no que tange à restrição de bens e direitos dos indivíduos. Duas palavras esclarecem o sentido dessas garantias: necessidade e adequação.

Para saber se um ato administrativo observou os critérios de proporcionalidade e razoabilidade, deve-se questionar se o ato foi necessário e se foi adequado à situação.

Para exemplificar, imaginemos que um determinado fiscal sanitário, ao inspecionar um supermercado, depara-se com um pote de iogurte com a data de validade vencida há um dia. Imediatamente, ele prende o dono do mercado, dá dois tiros para cima, realiza revista manual em todos os clientes e funcionários do mercado e aplica uma multa de dois bilhões de reais. Pergunta-se: será que a medida adotada pelo fiscal foi necessária? Foi adequada? Certamente que não. Logo, a medida não observou os princípios da razoabilidade e proporcionalidade.

É importante deixar claro que os princípios da proporcionalidade e da razoabilidade estão implícitos no texto constitucional, ou seja, não estão previstos expressamente.

5.5.5 Inadmissibilidade das provas ilícitas

Uma das garantias mais importantes do direito brasileiro é a inadmissibilidade das provas ilícitas. Encontra-se previsto expressamente no inciso LVI do art. 5º:

LVI – São inadmissíveis, no processo, as provas obtidas por meios ilícitos.

Em razão dessa garantia, é proibida a produção de provas ilícitas num processo sob pena de nulidade processual. Em regra, a prova ilícita produz nulidade de tudo o que a ela estiver relacionado. Esse efeito decorre da chamada **Teoria dos Frutos da Árvore Envenenada**. Segundo a teoria, se a árvore está envenenada, os frutos também o serão. Se uma prova foi produzida de forma ilícita, as demais provas dela decorrentes também serão ilícitas (ilicitude por derivação). Contudo, deve-se ressaltar que essa teoria é aplicada de forma restrita no direito brasileiro, ou seja, encontrada uma prova ilícita num processo, não significa que todo o processo será anulado, mas apenas os atos e demais provas que decorreram direta ou indiretamente daquela produzida de forma ilícita.

Caso existam provas autônomas produzidas em conformidade com a lei, o processo deve prosseguir ainda que tenham sido encontradas e retiradas as provas ilícitas. Logo, é possível afirmar que a existência de uma prova ilícita no processo não anula de pronto todo o processo.

Deve-se destacar, ainda, a única possibilidade já admitida de prova ilícita nos tribunais brasileiros: a produzida em legítima defesa.

DIREITO CONSTITUCIONAL

5.5.6 Inviolabilidade domiciliar

Essa garantia protege o indivíduo em seu recinto mais íntimo: a casa. A Constituição dispõe que:

> *Art. 5º [...]*
>
> *XI – A casa é asilo inviolável do indivíduo, ninguém nela podendo penetrar sem consentimento do morador, salvo em caso de flagrante delito ou desastre, ou para prestar socorro, ou, durante o dia, por determinação judicial.*

Como regra, só se pode entrar na casa de uma pessoa com o seu consentimento. Excepcionalmente, a Constituição Federal admite a entrada sem consentimento do morador nos casos de:

- Flagrante delito.
- Desastre.
- Prestar socorro.
- Determinação Judicial – só durante o dia.

No caso de determinação judicial, a entrada se dará apenas durante o dia. Nos demais casos, a entrada será permitida a qualquer hora.

Alguns conceitos importantes: o que é casa? O que pode ser entendido como casa para efeito de inviolabilidade? A jurisprudência tem interpretado o conceito de casa de forma ampla, em consonância com o disposto nos arts. 245 e 246 do Código de Processo Penal:

> *Art. 245 As buscas domiciliares serão executadas de dia, salvo se o morador consentir que se realizem à noite, e, antes de penetrarem na casa, os executores mostrarão e lerão o mandado ao morador, ou a quem o represente, intimando-o, em seguida, a abrir a porta.*
>
> *Art. 246 Aplicar-se-á também o disposto no artigo anterior, quando se tiver de proceder a busca em compartimento habitado ou em aposento ocupado de habitação coletiva ou em compartimento não aberto ao público, onde alguém exercer profissão ou atividade.*

O STF já considerou como casa, para efeitos de inviolabilidade, oficina mecânica, quarto de hotel ou escritório profissional.

Outra questão relevante é saber o que é dia? Dois são os posicionamentos adotados na doutrina:

- Das 6 h às 18 h.
- Da aurora ao crepúsculo.

Segundo a jurisprudência, isso deve ser resolvido no caso concreto, tendo em vista variação de fusos horários existentes em nosso país, bem como a ocorrência do horário de verão. Na prática, é possível entrar na casa independentemente do horário, desde que seja durante o dia.

Em caso de flagrante delito, desastre ou para prestar socorro, pode-se entrar a qualquer momento

Entrada somente para pessoas autorizadas

Mas se for para cumprir determinação judicial só durante o dia

Casa – Asilo Inviolável

5.5.7 Princípio da inafastabilidade da jurisdição

Esse princípio, também conhecido como princípio do livre acesso ao poder judiciário ou direito de ação, garante, nos casos de necessidade, o acesso direto ao Poder Judiciário. Também, decorre desse princípio a ideia de que não é necessário o esgotamento das vias administrativas para ingressar com uma demanda no Poder Judiciário. Assim prevê a Constituição Federal:

> *Art. 5º [...]*
>
> *XXXV – A lei não excluirá da apreciação do Poder Judiciário lesão ou ameaça a direito;*

Perceba que a proteção possui sentido duplo: lesão ou ameaça à lesão. Significa dizer que a garantia pode ser utilizada tanto de forma preventiva como de forma repressiva. Tanto para prevenir a ofensa a direito como para reprimir a ofensa já cometida.

Quanto ao acesso ao Judiciário independentemente do esgotamento das vias administrativas, há algumas peculiaridades previstas na legislação brasileira:

- **Justiça desportiva:** a Constituição Federal de 1988 prevê no art. 217 que o acesso ao Poder Judiciário está condicionado ao esgotamento das vias administrativas.

    > *Art. 217 [...]*
    >
    > *§ 1º O Poder Judiciário só admitirá ações relativas à disciplina e às competições desportivas após esgotarem-se as instâncias da justiça desportiva, regulada em lei.*

- **Compromisso arbitral:** a Lei nº 9.307/1996 prevê que as partes, quando em discussão patrimonial, poderão optar pela arbitragem como forma de resolução de conflito. Não se trata de uma instância administrativa de curso forçado, mas de uma opção facultada às partes.

- *Habeas data:* o art. 8º da Lei nº 9.507/1997 exige, para impetração do *habeas data*, a comprovação da recusa ao acesso à informação. Parte da doutrina não considera isso como exigência de prévio esgotamento da via administrativa, mas condição da ação. Veja-se a súmula nº 2 do STJ:

    > *Súmula nº 2 – STJ Não cabe "Habeas Data" se não houve recusa de informações por parte da autoridade administrativa.*

- **Reclamação Constitucional:** o art. 7º, § 1º da Lei nº 11.417/2006, que regula a edição de Súmulas Vinculantes, prevê que só será possível a Reclamação Constitucional nos casos de omissão ou ato da Administração Pública que contrarie ou negue vigência à Súmula Vinculante, após o esgotamento das vias administrativas.

5.5.8 Gratuidade das certidões de nascimento e de óbito

A Constituição Federal de 1988 traz expressamente que:

> *Art. 5º, LXXVI. São gratuitos para os reconhecidamente pobres, na forma da lei:*
>
> *a) o registro civil de nascimento;*
>
> *b) a certidão de óbito;*

Observe-se que o texto constitucional condiciona o benefício da gratuidade do registro de nascimento e da certidão de óbito apenas para os reconhecidamente pobres. Entretanto, a Lei nº 6.015/1973 prevê que:

> *Art. 30 Não serão cobrados emolumentos pelo registro civil de nascimento e pelo assento de óbito, bem como pela primeira certidão respectiva.*
>
> *§ 1º Os reconhecidamente pobres estão isentos de pagamento de emolumentos pelas demais certidões extraídas pelo cartório de registro civil.*

Perceba que essa lei amplia o benefício garantido na Constituição para todas as pessoas no que tange ao registro e à aquisição da primeira certidão de nascimento e de óbito. Quanto às demais vias, só serão garantidas aos reconhecidamente pobres. Deve-se ter cuidado com essa questão em prova, pois deve ser levado em conta se a pergunta tem como referência a Constituição ou não.

5.5.9 Celeridade processual

Traz o texto constitucional:

> *Art. 5º [...]*
>
> *LXXVIII – A todos, no âmbito judicial e administrativo, são assegurados a razoável duração do processo e os meios que garantam a celeridade de sua tramitação.*

DIREITOS E DEVERES INDIVIDUAIS E COLETIVOS

Essa é a garantia da celeridade processual. Decorre do princípio da eficiência que obriga o Estado a prestar assistência em tempo razoável. Celeridade quer dizer rapidez, mas uma rapidez com qualidade. Esse princípio é aplicável nos processos judiciais e administrativos, visa dar maior efetividade a prestação estatal. Deve-se garantir o direito antes que o seu beneficiário deixe de precisar. Após a inclusão desse dispositivo entre os direitos fundamentais, várias medidas para acelerar a prestação jurisdicional foram adotadas, dentre as quais destacam-se:

- Juizados especiais;
- Súmula vinculante;
- Realização de inventários e partilhas por vias administrativas;
- Informatização do processo.

Essas são algumas das medidas que foram adotadas para trazer mais celeridade ao processo.

5.5.10 Erro judiciário

Dispositivo de grande utilidade social que funciona como limitador da arbitrariedade estatal. O Estado, no que tange à liberdade do indivíduo, não pode cometer erros sob pena de ter que indenizar o injustiçado. Isso é o que prevê o inciso LXXV do art. 5º:

LXXV – O Estado indenizará o condenado por erro judiciário, assim como o que ficar preso além do tempo fixado na sentença;

5.5.11 Publicidade dos atos processuais

Em regra, os atos processuais são públicos. Essa publicidade visa a garantir maior transparência aos atos administrativos bem como permite a fiscalização popular. Além disso, atos públicos possibilitam um exercício efetivo do contraditório e da ampla defesa. Entretanto, essa publicidade comporta algumas exceções:

Art. 5º [...]
LX – A lei só poderá restringir a publicidade dos atos processuais quando a defesa da intimidade ou o interesse social o exigirem;

Nos casos em que a intimidade ou o interesse social exigirem, a publicidade poderá ser restringida apenas aos interessados. Imaginemos uma audiência em que estejam envolvidas crianças; nesse caso, como forma de preservação da intimidade, o juiz poderá restringir a participação na audiência apenas aos membros da família e demais interessados.

5.5.12 Sigilo das comunicações

Uma das normas mais importantes da Constituição Federal que versa sobre segurança jurídica é esta:

Art. 5º [...]
XII – É inviolável o sigilo da correspondência e das comunicações telegráficas, de dados e das comunicações telefônicas, salvo, no último caso, por ordem judicial, nas hipóteses e na forma que a lei estabelecer para fins de investigação criminal ou instrução processual penal;

Esse dispositivo prevê quatro formas de comunicação que possuem proteção constitucional:

- Sigilo da correspondência;
- Comunicação telegráfica;
- Comunicação de dados;
- Comunicações telefônicas.

Dessas quatro formas de comunicação, apenas uma obteve autorização de violação do sigilo pelo texto constitucional: as comunicações telefônicas. Deve-se tomar cuidado com esse tema em prova. Segundo o texto expresso, só as comunicações telefônicas poderão ter o seu sigilo violado. E só o juiz poderá fazê-lo, com fins definidos também pela Constituição, os quais são para investigação criminal e instrução processual penal.

Entretanto, considerando a inexistência de direito fundamental absoluto, a jurisprudência tem considerado a possibilidade de quebra dos demais sigilos, desde que seja determinada por ordem judicial.

No que tange ao sigilo dos dados bancários, fiscais, informáticos e telefônicos, a jurisprudência tem permitido sua quebra por determinação judicial, determinação de Comissão Parlamentar de Inquérito, requisição do Ministério Público, solicitação da autoridade fazendária.

5.5.13 Tribunal do Júri

O Tribunal do Júri é uma instituição pertencente ao Poder Judiciário, que possui competência específica para julgar determinados tipos de crime. O Júri é formado pelo Conselho de Sentença, que é presidido por um Juiz Togado e por sete jurados que efetivamente farão o julgamento do acusado. A ideia do Tribunal do Júri é que o acusado seja julgado por seus pares.

A Constituição Federal apresenta alguns princípios que regem esse tribunal:

Art. 5º [...]
XXXVIII – É reconhecida a instituição do júri, com a organização que lhe der a lei, assegurados:
a) a plenitude de defesa;
b) o sigilo das votações;
c) a soberania dos veredictos;
d) a competência para o julgamento dos crimes dolosos contra a vida.

Segundo esse texto, o Tribunal do Júri é regido pelos seguintes princípios:

- **Plenitude de defesa:** esse princípio permite que no júri sejam utilizadas todas as provas permitidas em direito. Aqui, o momento probatório é bastante explorado haja vista a necessidade de se convencer os jurados que são pessoas comuns da sociedade.
- **Sigilo das votações:** o voto é sigiloso. Durante o julgamento não é permitido que um jurado converse com o outro sobre o julgamento sob pena de nulidade;
- **Soberania dos veredictos:** o que for decidido pelos jurados será considerado soberano. Nem o Juiz presidente poderá modificar o julgamento. Aqui quem decide são os jurados;
- **Competência para julgar os crimes dolosos contra a vida:** o júri não julga qualquer tipo de crime, mas apenas os dolosos contra a vida. Crimes dolosos, em simples palavras, são aqueles praticados com intenção, com vontade. São diferentes dos crimes culposos, os quais são praticados sem intenção.

5.5.14 Princípio da anterioridade

O inciso XXXIX do art. 5º da Constituição Federal de 1988 apresenta o chamado princípio da anterioridade penal:

XXXIX – Não há crime sem lei anterior que o defina, nem pena sem prévia cominação legal.

Esse princípio decorre na necessidade de se prever antes da aplicação da pena, a conduta que é considerada como crime e a pena que deverá ser cominada. Mais uma regra de segurança jurídica.

5.5.15 Princípio da irretroatividade

Esse princípio também possui sua importância ao prever que a lei penal não poderá retroagir, salvo se for para beneficiar o réu.

Art. 5º [...]
XL – A lei penal não retroagirá, salvo para beneficiar o réu.

5.5.16 Crimes imprescritíveis, inafiançáveis e insuscetíveis de graça e anistia

Os dispositivos a seguir estão entre os mais cobrados em prova. O ideal é que sejam memorizados na ordem proposta no quadro abaixo:

> *Art. 5º [...]*
>
> *XLII – A prática do racismo constitui crime inafiançável e imprescritível, sujeito à pena de reclusão, nos termos da lei;*
>
> *XLIII – A lei considerará crimes inafiançáveis e insuscetíveis de graça ou anistia a prática da tortura, o tráfico ilícito de entorpecentes e drogas afins, o terrorismo e os definidos como crimes hediondos, por eles respondendo os mandantes, os executores e os que, podendo evitá-los, se omitirem;*
>
> *XLIV – Constitui crime inafiançável e imprescritível a ação de grupos armados, civis ou militares, contra a ordem constitucional e o Estado Democrático.*

Atenção

Crimes imprescritíveis → racismo; ação de grupos armados.
Crimes inafiançáveis → racismo; ação de grupos armados; tráfico; terrorismo, tortura; crimes hediondos.
Crimes insuscetíveis de graça e anistia → tráfico; terrorismo; tortura; crimes hediondos.

Os crimes inafiançáveis englobam todos os crimes previstos no art. 5º, incisos XLII, XLIII e XLIV.

Os crimes que são insuscetíveis de graça e anistia não são imprescritíveis, e vice e versa. Dessa forma, nunca pode existir, na prova, uma questão que trabalhe com as duas classificações ao mesmo tempo.

Nunca, na prova, pode haver uma questão em que se apresentem as três classificações ao mesmo tempo.

5.5.17 Princípio da personalidade da pena

Assim diz o inciso XLV, do art. 5º da Constituição Federal de 1988:

> *XLV – Nenhuma pena passará da pessoa do condenado, podendo a obrigação de reparar o dano e a decretação do perdimento de bens ser, nos termos da lei, estendidas aos sucessores e contra eles executadas, até o limite do valor do patrimônio transferido.*

Esse inciso diz que a pena é pessoal, quem comete o crime responde pelo crime, de forma que não é possível que uma pessoa cometa um crime e outra responda pelo crime em seu lugar, porque a pena é pessoal.

É necessário prestar atenção ao tema, pois já apareceu em prova tanto na forma de um problema quanto com a modificação do próprio texto constitucional. Esse princípio da personalidade da pena diz que a pena é pessoal, isto é, a pena não pode passar para outra pessoa, mas permite que a responsabilidade pelos danos civis possa passar para seus herdeiros. Para exemplificar, imaginemos que uma determinada pessoa assalta uma padaria e consegue roubar uns R$ 50.000,00.

Em seguida, a polícia prende o ladrão por ter roubado a padaria. Em regra, todo crime cometido gera uma responsabilidade penal prevista no Código Penal brasileiro. Ainda, deve-se ressarcir os danos causados à vítima. Se ele roubou R$50.000,00, tem que devolver, no mínimo, esse valor à vítima.

É muito difícil conseguir o montante voluntariamente, por isso, é necessário entrar com uma ação civil *ex delicto* para reaver o dinheiro referente ao crime cometido. O dono da padaria entra com a ação contra o bandido pedindo os R$ 50.000,00 acrescidos juros e danos morais. Enquanto ele cumpre a pena, a ação está tramitando. Ocorre que o preso se envolve numa confusão dentro da penitenciária e acaba morrendo.

O preso possui alguns filhos, os quais são seus herdeiros. Quando os bens passam aos herdeiros, chamamos isso de sucessão. Quando foram contabilizar os bens que o bandido tinha, perceberam que sobraram apenas R$ 30.000,00, valor que deve ser dividido entre os herdeiros. Pergunta:

O homem que cometeu o crime estava cumprindo pena, mas ele morreu. Qual filho assume o lugar dele? O mais velho ou o mais novo?

Nenhum dos dois, porque a pena é personalíssima. Só cumpre a pena quem praticou o crime.

É possível que a responsabilidade de reparar os danos materiais exigidos pelo dono da padaria recaia sobre seus herdeiros?

Sim. A Constituição diz que os herdeiros respondem com o valor do montante recebido, até o limite da herança recebida.

O dono da padaria pediu R$ 50.000,00, mas só sobraram R$ 30.000,00. Os filhos terão que inteirar esse valor até completar os R$ 50.000,00?

Não, pois a Constituição diz que os sucessores respondem até o limite do patrimônio transferido. Ou seja, se só são transferidos R$ 30.000,00, então os herdeiros só vão responder pela indenização com esses R$ 30.000,00. E o os outros R$ 20.000,00, quem vai pagar? Ninguém. O dono da padaria fica com esse prejuízo.

5.5.18 Penas proibidas e permitidas

Vejamos agora dois incisos do art. 5º da Constituição Federal de 1988, que sempre caem em prova juntos: incisos XLVI e XLVII. Há no inciso XLVI as penas permitidas e no XLVII as penas proibidas. Mas como isso cai em prova? O examinador pega uma pena permitida e diz que é proibida ou pega uma proibida e diz que é permitida. Conforme os incisos:

> *Art. 5º [...]*
>
> *XLVI – A lei regulará a individualização da pena e adotará, entre outras, as seguintes:*
>
> *a) privação ou restrição da liberdade;*
>
> *b) perda de bens;*
>
> *c) multa;*
>
> *d) prestação social alternativa;*
>
> *e) suspensão ou interdição de direitos.*

Aqui há o rol de penas permitidas. Memorize essa lista para lembrar quais são as penas permitidas. Atenção para uma pena que é pouco comum e que geralmente em prova é colocada como pena proibida, que é a pena de perda de bens.

Veja o próximo inciso com o rol de penas proibidas:

> *XLVII – Não haverá penas:*
>
> *a) de morte, salvo em caso de guerra declarada, nos termos do art. 84, XIX;*
>
> *b) de caráter perpétuo;*
>
> *c) de trabalhos forçados;*
>
> *d) de banimento;*
>
> *e) cruéis.*

Essas são as penas que não podem ser aplicadas no Brasil. E, na prova, é cobrado da seguinte forma: existe pena de morte no Brasil? Deve-se ter muita atenção com esse tema, pois apesar de a Constituição ter dito que é proibida, existe uma exceção: no caso de guerra declarada. Essa exceção é uma verdadeira possibilidade, de forma que se deve afirmar que existe pena de morte no Brasil. Apesar de a regra ser a proibição, existe a possibilidade de sua aplicação. Só como curiosidade, a pena de morte no Brasil é regulada pelo Código Penal Militar, a qual será executada por meio de fuzilamento.

DIREITOS E DEVERES INDIVIDUAIS E COLETIVOS

A próxima pena proibida é a de caráter perpétuo. Não existe esse tipo de pena no Brasil, pois as penas aqui são temporárias. No Brasil, uma pessoa só fica presa por, no máximo, 40 anos.

A outra pena é a de trabalhos forçados. É aquela pena em que o sujeito é obrigado a trabalhar de forma a denegrir a sua condição como ser humano. Esse tipo de pena não é permitido no Brasil.

Há ainda a pena de banimento, que é a expulsão do brasileiro, tanto nato como naturalizado.

Por fim, a Constituição veda a aplicação de penas cruéis. Pena cruel é aquela que denigre a condição humana, expõe o indivíduo a situações desumanas, vexatórias, que provoquem intenso sofrimento.

5.5.19 Princípio da individualização da pena

Nos termos do art. 5º, inciso XLVIII, da Constituição Federal de 1988:

> XLVIII – A pena será cumprida em estabelecimentos distintos, de acordo com a natureza do delito, a idade e o sexo do apenado;

Esse dispositivo traz uma regra muito interessante, o princípio da individualização da pena. Significa que a pessoa, quando cumprir sua pena, deve cumpri-la em estabelecimento e condições compatíveis com a sua situação. Se mulher, deve cumprir com mulheres; se homem, cumprirá com homens; se reincidente, com reincidentes; se réu primário, com réus primários; e assim por diante. O ideal é que cada situação possua um cumprimento de pena adequado que propicie um melhor acompanhamento do poder público e melhores condições para a ressocialização.

5.5.20 Regras sobre prisões

São vários os dispositivos constitucionais previstos no art. 5º, da Constituição Federal de 1988, que se referem às prisões:

> LXI – Ninguém será preso senão em flagrante delito ou por ordem escrita e fundamentada de autoridade judiciária competente, salvo nos casos de transgressão militar ou crime propriamente militar, definidos em lei;
>
> LXII – A prisão de qualquer pessoa e o local onde se encontre serão comunicados imediatamente ao juiz competente e à família do preso ou à pessoa por ele indicada;
>
> LXIII – O preso será informado de seus direitos, entre os quais o de permanecer calado, sendo-lhe assegurada a assistência da família e de advogado;
>
> LXIV – O preso tem direito à identificação dos responsáveis por sua prisão ou por seu interrogatório policial;
>
> LXV – A prisão ilegal será imediatamente relaxada pela autoridade judiciária;
>
> LXVI – Ninguém será levado à prisão ou nela mantido, quando a lei admitir a liberdade provisória, com ou sem fiança;
>
> LXVII – Não haverá prisão civil por dívida, salvo a do responsável pelo inadimplemento voluntário e inescusável de obrigação alimentícia e a do depositário infiel.

Como destaque para provas, é importante enfatizar o disposto no inciso LXVII, o qual prevê duas formas de prisão civil por dívida:

- **Devedor de pensão alimentícia;**
- **Depositário infiel.**

Apesar de a Constituição Federal de 1988 apresentar essas duas possibilidades de prisão civil por dívida, o STF tem entendido que só existe uma: a prisão do devedor de pensão alimentícia. Isso significa que o depositário infiel não poderá ser preso. Essa é a inteligência da Súmula Vinculante nº 25:

> **Súmula Vinculante nº 25** É ilícita a prisão civil de depositário infiel, qualquer que seja a modalidade do depósito.

Em relação a esse assunto, deve-se ter muita atenção ao resolver a questão. Se a Banca perguntar conforme a Constituição Federal, responde-se segundo a Constituição Federal. Mas se perguntar à luz da jurisprudência, responde-se conforme o entendimento do STF.

> **Atenção**
>
> **Constituição Federal** → duas formas de prisão civil → depositário infiel e devedor de pensão alimentícia.
> **STF** → uma forma de prisão civil → devedor de pensão alimentícia.

5.5.21 Extradição

Fruto de acordo internacional de cooperação, a extradição permite que determinada pessoa seja entregue a outro país para que seja responsabilizada pelo cometimento de algum crime. Existem duas formas de extradição:

- **Extradição ativa:** quando o Brasil pede para outro país a extradição de alguém.
- **Extradição passiva:** quando algum país pede para o Brasil a extradição de alguém.

A Constituição Federal preocupou-se em regular apenas a extradição passiva por meios dos incisos LI e LII do art. 5º:

> LI – Nenhum brasileiro será extraditado, salvo o naturalizado, em caso de crime comum, praticado antes da naturalização, ou de comprovado envolvimento em tráfico ilícito de entorpecentes e drogas afins, na forma da lei;
>
> LII – Não será concedida extradição de estrangeiro por crime político ou de opinião.

De acordo com a inteligência desses dispositivos, três regras podem ser adotadas em relação à extradição passiva:

- **Brasileiro nato:** nunca será extraditado.
- **Brasileiro naturalizado:** será extraditado em duas hipóteses: crime comum cometido antes da naturalização comprovado envolvimento com o tráfico ilícito de drogas, antes ou depois da naturalização.
- **Estrangeiro:** poderá ser extraditado salvo em dois casos: **crime político e crime de opinião.**

Na **extradição ativa**, qualquer pessoa pode ser extraditada, inclusive o brasileiro nato. Deve-se ter muito cuidado com essa questão em prova. Lembre-se de que a extradição ativa ocorre quando o Brasil pede a extradição de um criminoso para outro país. Isso pode ser feito pedindo a extradição de qualquer pessoa que o Brasil queira punir.

Quais princípios que regem a extradição no país?

- **Princípio da reciprocidade:** o Brasil só extradita ao país que extradita para o Brasil. Deve haver acordo ou tratado de extradição entre o país requerente e o Brasil.
- **Princípio da especialidade:** o extraditando só poderá ser processado e julgado pelo crime informado no pedido de extradição.
- **Comutação da pena:** o país requerente deverá firmar um compromisso de comutar a pena prevista em seu país quando a pena a ser aplicada for proibida no Brasil.
- **Dupla tipicidade ou dupla incriminação:** só se extradita se a conduta praticada for considerada crime no Brasil e no país requerente.

Deve-se ter muito cuidado para não confundir extradição com entrega, deportação, expulsão ou banimento.

- **Extradição:** a extradição, como se viu, é instituto de cooperação internacional entre países soberanos para a punição de criminosos. Pela extradição, um país entrega o criminoso a outro país para que ele seja punido pelo crime praticado.

DIREITO CONSTITUCIONAL

- **Entrega:** é o ato por meio do qual o país entrega uma pessoa para ser julgada no Tribunal Penal Internacional.
- **Deportação:** é a retirada do estrangeiro que tenha entrado de forma irregular no território nacional.
- **Expulsão:** é a retirada do estrangeiro que tenha praticado um ato ofensivo ao interesse nacional conforme as regras estabelecidas no Estatuto do Estrangeiro (art. 65, Lei nº 6.815/1980).
- **Banimento:** é uma das penas proibidas no direito brasileiro que consiste na expulsão de brasileiros para fora do território nacional.

5.5.22 Princípio da presunção da inocência

Também conhecido como princípio da não culpabilidade, essa regra de segurança jurídica garante que ninguém poderá ser condenado sem antes haver uma sentença penal condenatória transitada em julgado. Ou seja, uma sentença judicial condenatória definitiva:

Art. 5º [...]
LVII – Ninguém será considerado culpado até o trânsito em julgado de sentença penal condenatória.

5.5.23 Identificação criminal

Art. 5º [...]
LVIII – O civilmente identificado não será submetido a identificação criminal, salvo nas hipóteses previstas em lei.

A Constituição garante que não será identificado criminalmente quem possuir identificação pública capaz de identificá-lo. Contudo, a Lei nº 12.037/2009 prevê hipóteses nas quais será possível a identificação criminal mesmo de quem apresentar outra identificação:

Art. 3º Embora apresentado documento de identificação, poderá ocorrer identificação criminal quando:
I – O documento apresentar rasura ou tiver indício de falsificação;
II – O documento apresentado for insuficiente para identificar cabalmente o indiciado;
III – O indiciado portar documentos de identidade distintos, com informações conflitantes entre si;
IV – A identificação criminal for essencial às investigações policiais, segundo despacho da autoridade judiciária competente, que decidirá de ofício ou mediante representação da autoridade policial, do Ministério Público ou da defesa;
V – Constar de registros policiais o uso de outros nomes ou diferentes qualificações;
VI – O estado de conservação ou a distância temporal ou da localidade da expedição do documento apresentado impossibilite a completa identificação dos caracteres essenciais.

5.5.24 Ação penal privada subsidiária da pública

Art. 5º [...]
LIX – Será admitida ação privada nos crimes de ação pública, se esta não for intentada no prazo legal.

Em regra, nos crimes de ação penal pública, o titular da ação penal é o Ministério Público. Contudo, havendo omissão ou mesmo desídia por parte do órgão ministerial, o ofendido poderá promover a chamada ação penal privada subsidiária da pública. Esse tema encontra-se disciplinado no art. 29 do Código de Processo Penal:

Art. 29 Será admitida ação privada nos crimes de ação pública, se esta não for intentada no prazo legal, cabendo ao Ministério Público aditar a queixa, repudiá-la e oferecer denúncia substitutiva, intervir em todos os termos do processo, fornecer elementos de prova, interpor recurso e, a todo tempo, no caso de negligência do querelante, retomar a ação como parte principal.

5.6 Remédios constitucionais

Os remédios constitucionais são espécies de garantias constitucionais que visam a proteger determinados direitos e até outras garantias fundamentais. São poderosas ações constitucionais que estão disciplinadas no texto da Constituição.

5.6.1 Habeas corpus

Sem dúvida, esse remédio constitucional é o mais importante para prova, haja vista a sua utilização para proteger um dos direitos mais ameaçados do indivíduo: a liberdade de locomoção. Vejamos o que diz o texto constitucional:

Art. 5º [...]
LXVIII – Conceder-se-á "Habeas corpus" sempre que alguém sofrer ou se achar ameaçado de sofrer violência ou coação em sua liberdade de locomoção, por ilegalidade ou abuso de poder.

É essencial, conhecer os elementos necessários para a utilização dessa ferramenta.

Deve-se compreender que o *Habeas corpus* é utilizado para proteger a liberdade de locomoção. Em relação a isso, é preciso estar atento, pois ele não tutela qualquer liberdade, mas apenas a liberdade de locomoção.

Outro ponto fundamental é que ele poderá ser utilizado tanto de forma preventiva quanto de forma repressiva.

- *Habeas corpus* **preventivo:** é aquele utilizado para prevenir a violência ou coação à liberdade de locomoção.
- *Habeas corpus* **repressivo:** é utilizado para reprimir à violência ou coação a liberdade de locomoção, ou seja, é utilizado quando a restrição da liberdade de locomoção já ocorreu.

Percebe-se que não é a qualquer tipo de restrição à liberdade de locomoção que caberá o remédio, mas apenas àquelas cometidas com ilegalidade ou abuso de poder.

Nas relações processuais que envolvem a utilização do *Habeas corpus*, é possível identificar a participação de três figurantes: o impetrante, o paciente e a autoridade coatora.

- **Impetrante:** o impetrante é a pessoa que impetra a ação. Quem entra com a ação. A titularidade dessa ferramenta é Universal, pois qualquer pessoa pode impetrar o HC. Não precisa sequer de advogado. Sua possibilidade é tão ampla que não precisa possuir capacidade civil ou mesmo qualquer formalidade. Esse remédio é desprovido de condições que impeçam sua utilização da forma mais ampla possível. Poderá impetrar essa ação tanto uma pessoa física quanto jurídica.
- **Paciente:** o paciente é quem teve a liberdade de locomoção restringida. Ele será o beneficiário do *Habeas corpus*. Pessoa jurídica não pode ser paciente de *Habeas corpus*, pois a liberdade de locomoção é um direito incompatível com sua natureza jurídica.
- **Autoridade coatora:** é quem restringiu a liberdade de locomoção com ilegalidade ou abuso de poder. Poderá ser tanto uma autoridade privada quanto uma autoridade pública.

Outra questão interessante que está prevista na Constituição é a gratuidade dessa ação:

Art. 5º [...]
LXXVII – São gratuitas as ações de Habeas corpus e Habeas Data, e, na forma da lei, os atos necessários ao exercício da cidadania.

A Constituição Federal de 1988 proíbe a utilização desse remédio constitucional em relação às punições disciplinares militares. É o que prevê o art. 142, § 2º:

§ 2º Não caberá "Habeas corpus" em relação a punições disciplinares militares.

DIREITOS E DEVERES INDIVIDUAIS E COLETIVOS

Contudo, o STF tem admitido o remédio quando impetrado por razões de ilegalidade da prisão militar. Quanto ao mérito da prisão, deve-se aceitar a vedação Constitucional, mas em relação às legalidades da prisão, prevalece o entendimento de que o remédio seria possível.

Também não cabe *Habeas corpus* em relação às penas pecuniárias, multas, advertências ou, ainda, nos processos administrativos disciplinares e no processo de *Impeachment*. Nesses casos, o não cabimento deve-se ao fato de que as medidas não visam restringir a liberdade de locomoção.

Por outro lado, a jurisprudência tem admitido o cabimento para impugnar inserção de provas ilícitas no processo ou quando houver excesso de prazo na instrução processual penal.

Por último, cabe ressaltar que o magistrado poderá concedê-lo de ofício.

5.6.2 Habeas data

O *habeas data* cuja previsão está no inciso LXXII do art. 5º tem como objetivo proteger a liberdade de informação:

> *LXXII – conceder-se-á "Habeas Data":*
> *a) para assegurar o conhecimento de informações relativas à pessoa do impetrante, constantes de registros ou bancos de dados de entidades governamentais ou de caráter público;*
> *b) para a retificação de dados, quando não se prefira fazê-lo por processo sigiloso, judicial ou administrativo.*

Duas são as formas previstas na Constituição para utilização desse remédio:
- **Para conhecer a informação.**
- **Para retificar a informação.**

É importante ressaltar que só caberá o remédio em relação às informações do próprio impetrante.

As informações precisam estar em um banco de dados governamental ou de caráter público, o que significa que seria possível entrar com um *habeas data* contra um banco de dados privado desde que tenha caráter público.

Da mesma forma que o *habeas corpus*, o *habeas data* também é gratuito:

> *Art. 5º [...]*
> *LXXVII – São gratuitas as ações de "Habeas corpus" e "Habeas Data", e, na forma da lei, os atos necessários ao exercício da cidadania.*

5.6.3 Mandado de segurança

O mandado de segurança é um remédio muito cobrado em prova em razão dos seus requisitos:

> *Art. 5º, CF/1988/1988 [...]*
> *LXIX – Conceder-se-á mandado de segurança para proteger direito líquido e certo, não amparado por "Habeas corpus" ou "Habeas Data", quando o responsável pela ilegalidade ou abuso de poder for autoridade pública ou agente de pessoa jurídica no exercício de atribuições do Poder Público.*

Como se pode ver, o mandado de segurança será cabível proteger direito líquido e certo desde que não amparado por *Habeas corpus* ou *habeas data*. O que significa dizer que será cabível desde que não seja para proteger a liberdade de locomoção e a liberdade de informação. Esse é o chamado caráter subsidiário do mandado de segurança.

O texto constitucional exigiu também para a utilização dessa ferramenta a ilegalidade e o abuso de poder praticado por autoridade pública ou privada, desde que esteja no exercício de atribuições do poder público.

O mandado de segurança possui prazo decadencial para ser utilizado: 120 dias.

Existe também o mandado de segurança coletivo:

> *Art. 5º [...]*
> *LXX – O mandado de segurança coletivo pode ser impetrado por:*
> *a) partido político com representação no Congresso Nacional;*
> *b) organização sindical, entidade de classe ou associação legalmente constituída e em funcionamento há pelo menos um ano, em defesa dos interesses de seus membros ou associados.*

Observadas as regras do mandado de segurança individual, o mandado de segurança coletivo possui alguns requisitos que lhe são peculiares: os legitimados para propositura.

São legitimados para propor o mandado de segurança coletivo:
- **Partidos políticos com representação no Congresso Nacional:** para se ter representação no Congresso Nacional, basta um membro em qualquer uma das casas.
- **Organização sindical.**
- **Entidade de classe.**
- **Associação.**

Desde que legalmente constituída e em funcionamento há, pelo menos, um ano. Segundo o STF, a necessidade de estar constituída e em funcionamento há pelo menos um ano só se aplica às associações. A Banca FCC entende que esse requisito se aplica a todas as entidades.

5.6.4 Mandado de injunção

O mandado de injunção é uma ferramenta mais complexa para se entender. Vejamos o que diz a Constituição Federal de 1988:

> *Art. 5º [...]*
> *LXXI – Conceder-se-á mandado de injunção sempre que a falta de norma regulamentadora torne inviável o exercício dos direitos e liberdades constitucionais e das prerrogativas inerentes à nacionalidade, à soberania e à cidadania.*

O seu objetivo é suprir a omissão legislativa que impede o exercício de direitos fundamentais. Algumas normas constitucionais para que produzam efeitos dependem da edição de outras normas infraconstitucionais. Essas normas são conhecidas por sua eficácia como normas de eficácia limitada. O mandado de injunção visa a corrigir a ineficácia das normas com eficácia limitada.

Todas as vezes que um direito deixar de ser exercido pela ausência de norma regulamentadora, será cabível esse remédio.

No que tange à efetividade da decisão, deve-se esclarecer a possibilidade de adoção por parte do STF de duas correntes doutrinárias:
- **Teoria concretista geral:** o Poder Judiciário concretiza o direito no caso concreto aplicando seu dispositivo com efeito *erga omnes*, para todos os casos iguais;
- **Teoria concretista individual:** o Poder Judiciário concretiza o direito no caso concreto aplicando seu dispositivo com efeito *inter partes*, ou seja, apenas com efeito entre as partes.

5.6.5 Ação popular

A ação popular é uma ferramenta fiscalizadora utilizada como espécie de exercício direto dos direitos políticos. Por isso, só poderá ser utilizada por cidadãos. Segundo o inciso LXXIII do art. 5º da Constituição Federal de 1988:

> *LXXIII – Qualquer cidadão é parte legítima para propor ação popular que vise a anular ato lesivo ao patrimônio público ou de entidade de que o Estado participe, à moralidade administrativa, ao meio ambiente e ao patrimônio histórico e cultural, ficando o autor, salvo comprovada má-fé, isento de custas judiciais e do ônus da sucumbência.*

Além da previsão constitucional, essa ação encontra-se regulamentada pela Lei nº 4.717/1965. Percebe-se que seu objetivo consiste em proteger o patrimônio público, a moralidade administrativa, o meio ambiente e o patrimônio histórico e cultural.

O autor não precisa pagar custas judiciais ou ônus de sucumbência, salvo se houver má-fé.

6 DIREITOS SOCIAIS E NACIONALIDADE

6.1 Direitos sociais

6.1.1 Prestações positivas

Os direitos sociais encontram-se previstos a partir do art. 6º até o art. 11 da Constituição Federal de 1988. São normas que se concretizam por meio de prestações positivas por parte do Estado, haja vista objetivarem reduzir as desigualdades sociais.

Deve-se dar destaque para o art. 6º, que foi alterado pela Emenda Constitucional nº 90/2015 e que possivelmente será objeto de questionamento em concurso público:

> *Art. 6º São direitos sociais a educação, a saúde, a alimentação, o trabalho, a moradia, o transporte, o lazer, a segurança, a previdência social, a proteção à maternidade e à infância, a assistência aos desamparados, na forma desta Constituição.*
>
> *Parágrafo único. Todo brasileiro em situação de vulnerabilidade social terá direito a uma renda básica familiar, garantida pelo poder público em programa permanente de transferência de renda, cujas normas e requisitos de acesso serão determinados em lei, observada a legislação fiscal e orçamentária. (Incluído pela EC nº 114/2021)*

Boa parte dos direitos aqui previstos necessita de recursos financeiros para serem implementados, o que acaba por dificultar sua plena eficácia.

No entanto, antes de avançar nessa parte do conteúdo, faz-se necessário dizer que costumam ser cobradas questões de provas que abordam apenas o texto puro da Constituição Federal de 1988. A principal orientação, portanto, é que se dedique tempo à leitura da Constituição Federal, mais precisamente, do art. 7º, que possui vários dispositivos que podem ser trabalhados em prova.

6.1.2 Reserva do possível

Seria possível exigir do Estado a concessão de um direito social quando tal direito não fosse assegurado de forma condizente com sua previsão constitucional? A título de exemplo, veremos um dispositivo dos direitos sociais dos trabalhadores:

> *Art. 7º [...]*
>
> *IV – Salário-mínimo, fixado em lei, nacionalmente unificado, capaz de atender a suas necessidades vitais básicas e às de sua família com moradia, alimentação, educação, saúde, lazer, vestuário, higiene, transporte e previdência social, com reajustes periódicos que lhe preservem o poder aquisitivo, sendo vedada sua vinculação para qualquer fim.*

Observe-se que a Constituição Federal de 1988 garante que o salário-mínimo deve atender às necessidades vitais básicas do trabalhador e de sua família com moradia, alimentação, educação, saúde, lazer, vestuário, higiene, transporte e previdência social. Entendendo que os direitos sociais são espécies de direitos fundamentais e, analisando-os sob o dispositivo previsto no § 1º do art. 5º, segundo o qual "as normas definidoras de direitos e garantias fundamentais têm aplicação imediata", pergunta-se: seria possível entrar com uma ação visando a garantir o disposto no inciso IV, que está sendo analisado?

Certamente não. Para se garantir tudo o que está previsto no referido inciso, seria necessário que o salário-mínimo valesse, em média, por volta de R$ 3.000,00. Agora, imagine se algum trabalhador conseguisse esse benefício por meio de uma decisão judicial, o que não fariam todos os demais trabalhadores do país.

Se o Estado fosse obrigado a pagar esse valor para todos os trabalhadores, os cofres públicos rapidamente quebrariam. Para se garantir essa estabilidade, foi desenvolvida a **Teoria da Reserva do Possível**, por meio da qual o Estado pode alegar essa impossibilidade financeira para atender algumas demandas, como o aumento do salário-mínimo. Quando o poder público for demandado para garantir algum benefício de ordem social, poderá ser alegada, previamente, a impossibilidade financeira para concretização do direito sob o argumento da reserva do possível.

6.1.3 Mínimo existencial

Por causa da Reserva do Possível, o Estado passou a se esconder atrás dessa teoria, eximindo-se da sua obrigação social de garantia dos direitos tutelados na Constituição Federal. Tudo o que era pedido para o Estado era negado sob o argumento de que "não era possível". Para trazer um pouco de equilíbrio a essa relação, foi desenvolvida outra teoria chamada de Mínimo Existencial. Essa teoria permite que os poderes públicos deixem de atender algumas demandas em razão da reserva do possível, mas exige que seja garantido o mínimo existencial.

6.1.4 Princípio da proibição ou retrocesso ou efeito cliquet

Uma regra que funciona com caráter de segurança jurídica é a proibição do retrocesso. Esse dispositivo proíbe que os direitos sociais já conquistados sejam esvaziados ou perdidos sob pena de desestruturação social do país.

6.1.5 Salário-mínimo

Feitas algumas considerações iniciais sobre a doutrina social, segue-se à análise de alguns dispositivos que se encontram no art. 7º da Constituição Federal de 1988:

> *IV – Salário-mínimo, fixado em lei, nacionalmente unificado, capaz de atender a suas necessidades vitais básicas e às de sua família com moradia, alimentação, educação, saúde, lazer, vestuário, higiene, transporte e previdência social, com reajustes periódicos que lhe preservem o poder aquisitivo, sendo vedada sua vinculação para qualquer fim.*

Vários pontos são relevantes nesse inciso. Primeiramente, é importante comentar o trecho "fixado em lei". Segundo o texto constitucional, o salário-mínimo só poderá ser fixado em Lei; entretanto, no dia 25 de fevereiro de 2011 foi publicada a Lei nº 12.382, que prevê a possibilidade de fixação do salário-mínimo por meio de Decreto do Poder Executivo. Questionado no STF, o guardião da Constituição considerou constitucional a fixação de salário-mínimo por meio de Decreto Presidencial.

Outro ponto interessante diz respeito ao salário-mínimo ser nacionalmente unificado. Muitos acham que alguns estados da federação fixam valores referentes ao salário-mínimo maiores do que o fixado nacionalmente. O STF já afirmou que os Estados não podem fixar salário-mínimo diferente do nacionalmente unificado. O que cada Estado pode fixar é o piso salarial da categoria de trabalhadores com valor maior que o salário-mínimo.

Algumas súmulas vinculantes do STF são importantes, pois se referem ao salário-mínimo:

> **Súmula Vinculante nº 4** *Salvo nos casos previstos na Constituição, o salário-mínimo não pode ser usado como indexador de base de cálculo de vantagem de servidor público ou de empregado, nem ser substituído por decisão judicial.*
>
> **Súmula Vinculante nº 6** *Não viola a Constituição o estabelecimento de remuneração inferior ao salário-mínimo para as praças prestadoras de serviço militar inicial.*
>
> **Súmula Vinculante nº 15** *O cálculo de gratificações e outras vantagens do servidor público não incide sobre o abono utilizado para se atingir o salário-mínimo.*

DIREITOS SOCIAIS E NACIONALIDADE

Súmula Vinculante 16: *Os Arts. 7º, IV, e 39, § 3º (redação da EC nº 19/1998) da Constituição referem-se ao total da remuneração percebida pelo servidor público.*

6.1.6 Prescrição trabalhista

Um dos dispositivos previstos no art. 7º da Constituição Federal de 1988 mais cobrados em prova é o inciso XXIX:

> *XXIX – Ação, quanto aos créditos resultantes das relações de trabalho, com prazo prescricional de cinco anos para os trabalhadores urbanos e rurais, até o limite de dois anos após a extinção do contrato de trabalho.*

Imaginemos, por exemplo, uma pessoa que tenha exercido sua função no período noturno, em uma empresa, durante 20 anos. Contudo, em todos esses anos de trabalho, ela não recebeu nenhum adicional noturno. Ao ter seu contrato de trabalho rescindido, ela poderá ingressar em juízo pleiteando as verbas trabalhistas não pagas. Tendo em vista a existência de prazo prescricional para reaver seus direitos, o trabalhador terá o prazo de 2 anos para entrar com a ação, e só terá direito aos últimos 5 anos de adicional noturno.

Ressalta-se que esses 5 anos são contados a partir do dia em que se entrou com a ação. Se ele entrar com a ação no último dia do prazo de 2 anos, só terá direito a 3 anos de adicional noturno.

Nesse exemplo, se o trabalhador entrar com a ação no dia 01/01/2021, receberá os últimos 5 anos de adicional noturno, ou seja, até o dia 01/01/2016. Mas se o trabalhador entrar com a ação no dia 01/01/2023, último dia do prazo prescricional de 2 anos, ele terá direito aos últimos 5 anos de adicional noturno a contar do dia em que entrou com a ação. Isso significa que se depare o adicional noturno até o dia 01/01/2018. Perceba que, se o trabalhador demorar a entrar com a ação, ele perde os direitos trabalhistas anteriores ao prazo dos últimos 5 anos.

6.1.7 Proibição do trabalho noturno, perigoso e insalubre

Este inciso também é muito cotado para ser cobrado em prova. É importante lê-lo para que, em seguida, se possa responder a uma pergunta que fará entender o motivo de ele ser tão abordado em testes:

> *Art. 7º [...]*
> *XXXIII – Proibição de trabalho noturno, perigoso ou insalubre a menores de dezoito e de qualquer trabalho a menores de dezesseis anos, salvo na condição de aprendiz, a partir de quatorze anos.*

A pergunta é muito simples: a partir de qual idade pode trabalhar no Brasil? Você deve estar em dúvida: entre 16 e 14 anos. Isso é o que acontece com a maioria dos candidatos. Por isso, nunca esqueça: se temos uma regra e essa regra está acompanhada de uma exceção; temos, então, uma possibilidade.

Se a Constituição diz que é proibido o trabalho para os menores de 16 e, em seguida, excepciona essa regra dizendo que é possível a partir dos 14, na condição de aprendiz, ela quis dizer que o trabalho no Brasil se inicia aos 14 anos. Esse entendimento se fortalece à luz do art. 227, § 3º, inciso I:

> *Art. 227 [...]*
> *§ 3º O direito a proteção especial abrangerá os seguintes aspectos:*
> *I – Idade mínima de quatorze anos para admissão ao trabalho, observado o disposto no art. 7º, XXXIII.*

6.1.8 Direitos dos empregados domésticos

O parágrafo único, do art. 7º, da Constituição Federal de 1988 assegurava ao trabalhador doméstico um número reduzido de direitos, se comparado com os demais empregados, urbanos ou rurais.

Nos termos da CF/1988/1988, estariam garantidos à categoria dos trabalhadores domésticos apenas os direitos previstos nos incisos IV, VI, VIII, XV, XVII, XVIII, XIX, XXI e XXIV, do art. 7º, bem como a sua integração à previdência social.

Com a promulgação da Emenda Constitucional nº 72, de 2 de abril de 2013, aquele parágrafo foi alterado para estender aos empregados domésticos praticamente todos os demais direitos constantes nos incisos, do art. 7º, da CF/1988.

A nova redação do parágrafo único, do art. 7º, da CF/1988 dispõe:

> *Art. 7º [...]*
> ***Parágrafo único.*** *São assegurados à categoria dos trabalhadores domésticos os direitos previstos nos incisos IV, VI, VII, VIII, X, XIII, XV, XVI, XVII, XVIII, XIX, XXI, XXII, XXIV, XXVI, XXX, XXXI e XXXIII e, atendidas as condições estabelecidas em lei e observada a simplificação do cumprimento das obrigações tributárias, principais e acessórias, decorrentes da relação de trabalho e suas peculiaridades, os previstos nos incisos I, II, III, IX, XII, XXV e XXVIII, bem como a sua integração à previdência social.*

6.1.9 Direitos coletivos dos trabalhadores

São basicamente os direitos relacionados à criação e organização das associações e sindicatos que estão previstos no art. 8º.

- **Princípio da unicidade sindical**

O primeiro direito coletivo refere-se ao princípio da unicidade sindical. Esse dispositivo proíbe a criação de mais de uma organização sindical, representativa de categoria profissional ou econômica, em uma mesma base territorial:

> *Art. 8º [...]*
> *II – É vedada a criação de mais de uma organização sindical, em qualquer grau, representativa de categoria profissional ou econômica, na mesma base territorial, que será definida pelos trabalhadores ou empregadores interessados, não podendo ser inferior à área de um Município.*

Em cada base territorial (federal, estadual, municipal ou distrital) só pode existir um sindicato representante da mesma categoria, lembrando que a base territorial mínima se refere à área de um município.

Exemplificando: só pode existir **um** sindicato municipal de pescadores no município de Cascavel. Só pode existir **um** sindicato estadual de pescadores no estado do Paraná. Só pode existir **um** sindicato federal de pescadores no Brasil. Contudo, é possível existirem vários sindicatos municipais de pescadores no Estado do Paraná.

- **Contribuição confederativa e sindical**

Essa questão costuma enganar até mesmo os mais preparados. Vejamos o que diz a Constituição Federal de 1988 no art. 8º, inciso IV:

> *IV – A assembleia geral fixará a contribuição que, em se tratando de categoria profissional, será descontada em folha, para custeio do sistema confederativo da representação sindical respectiva, independentemente da contribuição prevista em lei.*

A primeira coisa que se deve perceber é a existência de duas contribuições nesse inciso. Uma chamada de **contribuição confederativa** a outra de **contribuição sindical**.

A **contribuição confederativa** é a prevista nesse inciso, fixada pela assembleia geral, descontada em folha para custear o sistema confederativo. Essa contribuição é aquela paga às organizações sindicais e que só é obrigada aos filiados e aos sindicatos. Não possui natureza tributária, por isso obriga apenas as pessoas que voluntariamente se filiam a uma entidade sindical.

A **contribuição sindical**, que é a contribuição prevista em lei, mais precisamente na Consolidação das Leis Trabalhistas (Decreto-Lei nº 5.452/1943), deve ser paga por todos os trabalhadores ainda que profissionais liberais. Sua natureza é tributária, não possuindo caráter facultativo.

CONTRIBUIÇÃO	
Confederativa	Sindical
Fixada pela Assembleia	Fixada pela CLT
Natureza não tributária	Natureza tributária
Obrigada apenas aos filiados a sindicatos	Obrigada a todos os trabalhadores

- **Liberdade de associação**

Esse inciso costuma ser cobrado em prova devido às inúmeras possibilidades de se modificar o seu texto:

Art. 8º [...]
V – Ninguém será obrigado a filiar-se ou a manter-se filiado a sindicato.

É a liberdade de associação que permite aos trabalhadores escolherem se desejam ou não se filiar a um determinado sindicato. Ninguém será obrigado a filiar-se ou a manter-se filiado.

- **Participação do aposentado no sindicato**

Esse inciso também possui aplicação semelhante ao anterior, portanto, deve haver uma leitura atenta aos detalhes que podem ser modificados em prova:

Art. 8º [...]
VII – O aposentado filiado tem direito a votar e ser votado nas organizações sindicais.

- **Estabilidade sindical**

A estabilidade sindical constitui norma de proteção aos dirigentes sindicais que possui grande utilidade ao evitar o cometimento de arbitrariedades por partes das empresas em retaliação aos representantes dos empregados:

Art 8º [...]
VIII – É vedada a dispensa do empregado sindicalizado a partir do registro da candidatura a cargo de direção ou representação sindical e, se eleito, ainda que suplente, até um ano após o final do mandato, salvo se cometer falta grave nos termos da lei.

O importante aqui é entender o período de proteção que a Constituição Federal de 1988 garantiu aos dirigentes sindicais. A estabilidade se inicia com o registro da candidatura e permanece, com o candidato eleito, até um ano após o término do seu mandato. Ressalte-se que essa proteção contra despedida arbitrária não prospera diante do cometimento de falta grave.

6.2 Direitos de nacionalidade

A nacionalidade é um vínculo jurídico existente entre um indivíduo e um Estado. Esse vínculo jurídico é a ligação existente capaz de gerar direitos e obrigações entre a pessoa e o Estado.

A aquisição da nacionalidade decorre do nascimento ou da manifestação de vontade. Quando a nacionalidade é adquirida pelo nascimento, estamos diante da chamada **nacionalidade originária**. Mas, se for adquirida por meio da manifestação de vontade, estamos diante de uma **nacionalidade secundária**.

A **nacionalidade originária**, também chamada de aquisição de nacionalidade primária, é aquela involuntária. Decorre do nascimento desde que preenchidos os requisitos previstos na legislação. Um brasileiro que adquire nacionalidade originária é chamado de nato.

Dois critérios foram utilizados em nossa Constituição para se conferir a nacionalidade originária: *jus solis* e *jus sanguinis*.

- ***Jus solis:*** esse é critério do solo, critério territorial. Serão considerados brasileiros natos as pessoas que nascerem no território nacional. Esse é o critério adotado como regra no texto constitucional.
- ***Jus sanguinis:*** esse é o critério do sangue. Serão considerados brasileiros natos os descendentes de brasileiros, ou seja, aqueles que possuem o sangue brasileiro.

A **nacionalidade secundária** ou adquirida é a aquisição que depende de uma manifestação de vontade. É voluntária e, quem a adquire, possui a qualificação de naturalizado.

6.2.1 Conflito de nacionalidade

Alguns países adotavam apenas o critério *jus sanguinis*, outros somente o critério *jus solis*, e isso gerou alguns problemas que a doutrina nominou de conflito de nacionalidade. O conflito de nacionalidade pode ser de duas formas: positivo e negativo.

- **Conflito positivo:** ocorre quando o indivíduo adquire várias nacionalidades. Ele será chamado de polipátrida.
- **Conflito negativo:** ocorre quando o indivíduo não adquire qualquer nacionalidade. Esse será chamado de apátrida (*heimatlos*).

Para evitar a ocorrência desses tipos de conflito, os países têm adotado critérios mistos de aquisição de nacionalidade originária, a exemplo do próprio Brasil.

A seguir, serão analisadas várias hipóteses previstas no art. 12 da Constituição Federal de aquisição de nacionalidade tanto originária quanto secundária.

6.2.2 Nacionalidade originária

As hipóteses de aquisição da nacionalidade originária estão previstas no art. 12, I da Constituição Federal, e são:

Art. 12 São brasileiros:
I – Natos:
a) os nascidos na República Federativa do Brasil, ainda que de pais estrangeiros, desde que estes não estejam a serviço de seu país;
b) os nascidos no estrangeiro, de pai brasileiro ou mãe brasileira, desde que qualquer deles esteja a serviço da República Federativa do Brasil;
c) os nascidos no estrangeiro de pai brasileiro ou de mãe brasileira, desde que sejam registrados em repartição brasileira competente ou venham a residir na República Federativa do Brasil e optem, em qualquer tempo, depois de atingida a maioridade, pela nacionalidade brasileira.

A primeira hipótese, prevista na alínea "a", adotou para aquisição o critério *jus solis*, ou seja, serão considerados brasileiros natos aqueles que nascerem no país ainda que de pais estrangeiros, desde que, os pais não estejam a serviço do seu país. Para que os filhos de pais estrangeiros fiquem impedidos de adquirirem a nacionalidade brasileira, é preciso que ambos os pais sejam estrangeiros, mas basta que apenas um deles esteja a serviço do seu país. Se os pais estrangeiros estiverem a serviço de outro país, a doutrina tem entendido que não se aplicará a vedação.

Já a segunda hipótese, adotada na alínea "b", utilizou o critério *jus sanguinis* para fixação da nacionalidade originária. Serão brasileiros natos os nascidos fora do país, filho de pai ou mãe brasileira, desde que qualquer deles esteja a serviço da República Federativa do Brasil. Estar a serviço do país significa estar a serviço de qualquer ente federativo

DIREITOS SOCIAIS E NACIONALIDADE

(União, estados, Distrito Federal ou municípios) incluídos os órgãos e entidades da administração indireta (fundações, autarquias, empresas públicas e sociedades de economia mista).

A terceira hipótese, prevista na alínea "c", apresenta, na verdade, duas possibilidades: uma depende do registro a outra depende da opção confirmativa.

Primeiro, temos a regra aplicada aos nascidos no estrangeiro, filho de pai brasileiro ou mãe brasileira, condicionada à aquisição da nacionalidade ao registro em repartição brasileira competente. Nessa hipótese, adota-se o critério *jus sanguinis* acompanhado do registro em repartição brasileira.

Em seguida, temos a segunda possibilidade destinada aos nascidos no estrangeiro de pai brasileiro ou de mãe brasileira, que venham a residir na República Federativa do Brasil e optem (opção confirmativa), em qualquer tempo, depois de atingida a maioridade, pela nacionalidade brasileira.

Essa é a chamada nacionalidade protestativa, pois depende da manifestação de vontade por parte do interessado. Deve-se ter cuidado com a condição para a manifestação da vontade que só pode ser exercida depois de atingida a maioridade, apesar de não existir tempo limite para o exercício desse direito.

6.2.3 Nacionalidade secundária

A seguir, serão apresentadas as hipóteses de aquisição de nacionalidade secundária:

Art. 12 [...]
II – Naturalizados:
a) Os que, na forma da lei, adquiram a nacionalidade brasileira, exigidas aos originários de países de língua portuguesa apenas residência por um ano ininterrupto e idoneidade moral;
b) os estrangeiros de qualquer nacionalidade, residentes na República Federativa do Brasil há mais de quinze anos ininterruptos e sem condenação penal, desde que requeiram a nacionalidade brasileira.

A primeira hipótese de naturalização, prevista na alínea "a" do inciso II, é a chamada naturalização ordinária. Essa naturalização apresenta uma forma de aquisição prevista em lei. Esta Lei é a nº 6.815/1980, que traz algumas regras para aquisição de nacionalidade, as quais não serão estudadas neste momento. O que interessa agora para a prova é a segunda parte da alínea, que confere um tratamento diferenciado para os originários de países de língua portuguesa, para quem será exigida apenas residência por um ano ininterrupto e idoneidade moral. Entende-se país de língua portuguesa qualquer país que possua a língua portuguesa como língua oficial (Angola, Portugal, Timor Leste, entre outros). Essa forma de naturalização não gera direito subjetivo ao estrangeiro, o que significa que ele poderá pleitear sua naturalização e essa poderá ser indeferida pelo Chefe do Poder Executivo, haja vista se tratar de um ato discricionário.

A alínea "b" do inciso II apresenta a chamada naturalização extraordinária ou quinzenária. Essa hipótese é destinada a qualquer estrangeiro e será exigida residência ininterrupta pelo prazo de 15 anos e não existência de condenação penal. Nessa espécie, não há discricionariedade em conceder a naturalização, pois ela gera direito subjetivo ao estrangeiro que tenha preenchido os requisitos.

O melhor é não esquecer que a ausência temporária da residência não quebra o vínculo ininterrupto exigido para a naturalização no país. Também deve ser ressaltado que não existe naturalização tácita ou automática, sendo exigido requerimento de quem desejar se naturalizar no Brasil.

6.2.4 Português equiparado

Art. 12 [...]
§ 1º Aos portugueses com residência permanente no País, se houver reciprocidade em favor de brasileiros, serão atribuídos os direitos inerentes ao brasileiro, salvo os casos previstos nesta Constituição.

Trata-se do chamado português equiparado ou quase nacional. Segundo o dispositivo, a Constituição assegura aos portugueses tratamento diferenciado, como se fossem brasileiros. Não se trata de uma hipótese de naturalização, nesse caso são atribuídos os mesmos direitos inerentes ao brasileiro.

Essa condição depende de reciprocidade por parte de Portugal. O Brasil possui um acordo internacional com Portugal por meio do Decreto nº 3.927/2001 que promulgou o Tratado de Cooperação, Amizade e Consulta Brasil/Portugal. Havendo o mesmo tratamento a um brasileiro quando estiver no país português, serão garantidos tratamentos diferenciados aos portugueses que aqui estiverem desde que manifestem interesse no recebimento desse tratamento diferenciado. Ressalta-se que para requerer esse tipo de tratamento será necessária, além do requerimento, a constituição de residência permanente no Brasil.

Por fim, não se pode esquecer de que o tratamento dado aos portugueses os equipara aos brasileiros naturalizados.

6.2.5 Tratamento diferenciado entre brasileiros

O § 2º do art. 12 proíbe o tratamento diferenciado entre brasileiros natos e naturalizados:

§ 2º A lei não poderá estabelecer distinção entre brasileiros natos e naturalizados, salvo nos casos previstos nesta Constituição.

O próprio dispositivo excepciona a regra permitindo que a Constituição Federal estabeleça tratamento diferenciado entre brasileiros natos e naturalizados. São quatro os tratamentos diferenciados estabelecidos pelo texto constitucional:

- **Cargos privativos de brasileiros natos;**
- **Funções privativas de brasileiros natos;**
- **Regras de extradição;**
- **Propriedade de empresas de jornalística ou de radiodifusão.**

O § 3º apresenta a primeira hipótese de distinção dentre brasileiros natos e naturalizados:

§ 3º São privativos de brasileiro nato os cargos:
I – De Presidente e Vice-Presidente da República;
II – De Presidente da Câmara dos Deputados;
III – De Presidente do Senado Federal;
IV – De Ministro do Supremo Tribunal Federal;
V – Da carreira diplomática;
VI – de oficial das Forças Armadas;
VII – De Ministro de Estado da Defesa.

Os cargos privativos aos brasileiros natos são muito incidentes em provas. Por esse motivo, sugere-se que sejam memorizados. Dois critérios foram utilizados para escolha desses cargos. O primeiro está relacionado com os cargos que sucedem o Presidente da República (presidente e vice-Presidente da República, presidente da Câmara dos Deputados, presidente do Senado Federal e ministro do Supremo Tribunal Federal). O segundo critério diz respeito à segurança nacional (carreira diplomática, oficial das forças armadas e ministro do Estado da Defesa).

As funções privativas de brasileiros natos estão previstas no art. 89, inciso VII da Constituição Federal de 1988:

Art. 89 O Conselho da República é órgão superior de consulta do Presidente da República, e dele participam:
I – O Vice-Presidente da República;
II – O Presidente da Câmara dos Deputados;
III – O Presidente do Senado Federal;
IV – Os líderes da maioria e da minoria na Câmara dos Deputados;
V – Os líderes da maioria e da minoria no Senado Federal;
VI – O Ministro da Justiça;
VII – Seis cidadãos brasileiros natos, com mais de trinta e cinco anos de idade, sendo dois nomeados pelo Presidente da República, dois eleitos pelo Senado Federal e dois eleitos pela Câmara dos Deputados, todos com mandato de três anos, vedada a recondução.

A terceira possibilidade de tratamento diferenciado diz respeito às regras de extradição previstas no inciso LI do art. 5º da Constituição Federal de 1988:

LI – Nenhum brasileiro será extraditado, salvo o naturalizado, em caso de crime comum, praticado antes da naturalização, ou de comprovado envolvimento em tráfico ilícito de entorpecentes e drogas afins, na forma da lei.

A quarta previsão está no art. 222 da Constituição Federal de 1988:

Art. 222 A propriedade de empresa jornalística e de radiodifusão sonora e de sons e imagens é privativa de brasileiros natos ou naturalizados há mais de dez anos, ou de pessoas jurídicas constituídas sob as leis brasileiras e que tenham sede no País.

6.2.6 Perda da nacionalidade

A seguir serão trabalhadas as hipóteses de perda da nacionalidade. Uma pergunta: brasileiro nato pode perder a nacionalidade?

Vejamos o que diz a Constituição Federal:

Art. 12, § 4º Será declarada a perda da nacionalidade do brasileiro que:
I – Tiver cancelada sua naturalização, por sentença judicial, em virtude de atividade nociva ao interesse nacional;
II – Adquirir outra nacionalidade, salvo nos casos:
a) de reconhecimento de nacionalidade originária pela lei estrangeira;
b) de imposição de naturalização, pela norma estrangeira, ao brasileiro residente em estado estrangeiro, como condição para permanência em seu território ou para o exercício de direitos civis.

Ao se analisar o dispositivo do *caput* desse parágrafo, é possível concluir que as regras são para os brasileiros natos ou naturalizados.

Mas vale a pena verificar cada hipótese:

- O inciso I deixa claro que é uma hipótese aplicada apenas aos brasileiros naturalizados (cancelamento de naturalização). Se o indivíduo tem seu vínculo com o Estado cancelado por decisão judicial, não há que se falar em permanência da nacionalidade brasileira;
- O inciso II já não permite a mesma conclusão, haja vista ter considerado qualquer brasileiro. Logo, ao brasileiro, seja ele nato ou naturalizado, que adquirir outra nacionalidade, será declarada a perda da nacionalidade, pelo menos em regra. Essa regra possui duas exceções: nos casos de reconhecimento de nacionalidade originária estrangeira ou de imposição de naturalização, não será declarada a perda da nacionalidade brasileira. É nestas hipóteses que se encontram permitidas as situações de dupla nacionalidade que conhecemos.

Uma questão interessante surge: seria possível a reaquisição da nacionalidade brasileira?

Uma vez perdida a nacionalidade, tem-se entendido que é possível a sua reaquisição depende da forma que foi perdida.

Se o indivíduo perde a nacionalidade com fundamento no inciso I, por cancelamento de naturalização, só seria possível a reaquisição por meio de ação rescisória.

Caso o indivíduo perca a nacionalidade por ter adquirido outra, que revela a hipótese do inciso II, também será possível a reaquisição por decreto presidencial (art. 36, Lei nº 818/1949).

Apesar da divergência doutrinária, prevalece o entendimento de que o brasileiro, após a reaquisição, volta à condição anterior, ou seja, se era brasileiro nato, volta a ser nato, se era naturalizado, volta como naturalizado.

7 DIREITOS POLÍTICOS E PARTIDOS POLÍTICOS

7.1 Direitos políticos

Os direitos políticos são um conjunto de direitos fundamentais que permitem ao indivíduo participar da vontade política do Estado. Para se falar de direitos políticos, alguns conceitos são indispensáveis.

7.1.1 Cidadania, democracia e soberania popular

A Cidadania é a condição conferida ao indivíduo que possui direito político. É o exercício desse direito. Essa condição só é possível em nosso país por causa do regime de governo adotado, a Democracia. A democracia parte do pressuposto de que o poder do Estado decorre da vontade popular, da Soberania Popular. Conforme o parágrafo único do art. 1º da Constituição:

> *Art. 1º [...]*
> *Parágrafo único. Todo o poder emana do povo, que o exerce por meio de representantes eleitos ou diretamente, nos termos desta Constituição.*

A democracia brasileira é classificada como semidireta ou participativa, haja vista poder ser exercida tanto de forma direta como de forma indireta. Como forma de exercício direto temos o previsto no art. 14 da CF/1988/1988:

> *Art. 14 A soberania popular será exercida pelo sufrágio universal e pelo voto direto e secreto, com valor igual para todos, e, nos termos da lei, mediante:*
> *I – Plebiscito;*
> *II – Referendo;*
> *III – Iniciativa popular.*

Mas ainda há a ação popular que também é forma de exercício direto dos direitos políticos:

> *Art. 5º [...]*
> *LXXIII – Qualquer cidadão é parte legítima para propor ação popular que vise a anular ato lesivo ao patrimônio público ou de entidade de que o Estado participe, à moralidade administrativa, ao meio ambiente e ao patrimônio histórico e cultural, ficando o autor, salvo comprovada má-fé, isento de custas judiciais e do ônus da sucumbência.*

Entendamos o que significa cada uma das formas de exercício direto dos direitos políticos.

- **Plebiscito:** consulta popular realizada antes da tomada de decisão. O representante do poder público quer tomar uma decisão, mas, antes de tomá-la, ele pergunta para os cidadãos quem concorda. O que os cidadãos decidirem será feito.
- **Referendo:** consulta popular realizada depois da tomada de decisão. O representante do poder público toma uma decisão e depois pergunta o que os cidadãos acharam.
- **Iniciativa Popular:** essa é uma das formas de se iniciar o processo legislativo no Brasil. A legitimidade para propor criação de lei pelo eleitorado encontra amparo no art. 61, § 2º da CF/1988:

> *Art. 61 [...]*
> *§ 2º A iniciativa popular pode ser exercida pela apresentação à Câmara dos Deputados de projeto de lei subscrito por, no mínimo, um por cento do eleitorado nacional, distribuído pelo menos por cinco Estados, com não menos de três décimos por cento dos eleitores de cada um deles.*

- **Ação popular:** remédio constitucional previsto no inciso LXXIII que funciona como instrumento de fiscalização dos poderes públicos nos termos do inciso citado.

Quando se fala em exercício indireto, significa exercício por meio dos representantes eleitos que representarão a vontade popular.

Todas essas ferramentas disponibilizadas acima constituem formas de exercício dos direitos políticos no Brasil.

7.1.2 Classificação dos direitos políticos

A doutrina costuma classificar os direitos políticos em **direitos políticos positivos e direitos políticos negativos.**

- **Direitos políticos positivos**

Os direitos políticos positivos se mostram pela possibilidade de participação na vontade política do Estado. Esses direitos políticos se materializam por meio da Capacidade Eleitoral Ativa e da Capacidade Eleitoral Passiva. O primeiro é a possibilidade de votar. O segundo, de ser votado.

Para que se possa exercer a capacidade eleitoral ativa, faz-se necessário o chamado alistamento eleitoral. É, simplesmente, inscrever-se como eleitor, o que acontece quando obtemos o título de eleitor. A Constituição apresenta três regras para o alistamento e o voto:

- **Voto Obrigatório:** maiores de 18 anos.
- **Voto Facultativo:** maiores de 16 e menores de 18; analfabetos e maiores de 70 anos.
- **Voto Proibido:** estrangeiros e conscritos.

Vejamos estas regras previstas no texto constitucional:

> *Art. 14. [...]*
> *§ 1º O alistamento eleitoral e o voto são:*
> *I – Obrigatórios para os maiores de dezoito anos;*
> *II – Facultativos para:*
> *a) os analfabetos;*
> *b) os maiores de setenta anos;*
> *c) os maiores de dezesseis e menores de dezoito anos.*
> *§ 2º Não podem alistar-se como eleitores os estrangeiros e, durante o período do serviço militar obrigatório, os conscritos.*

A capacidade eleitoral passiva é a capacidade de ser eleito. É uma das formas de participação política em que o cidadão aceita a incumbência de representar os interesses dos seus eleitores. Para que alguém possa ser eleito se faz necessário o preenchimento das condições de elegibilidade. São condições de elegibilidade as previstas no art. 14, § 3º da Constituição Federal de 1988:

> *Art. 14 [...]*
> *§ 3º São condições de elegibilidade, na forma da lei:*
> *I – a nacionalidade brasileira;*
> *II – o pleno exercício dos direitos políticos;*
> *III – o alistamento eleitoral;*
> *IV – o domicílio eleitoral na circunscrição;*
> *V – a filiação partidária;*
> *VI – a idade mínima de:*
> *a) trinta e cinco anos para Presidente e Vice-Presidente da República e Senador;*
> *b) trinta anos para Governador e Vice-Governador de Estado e do Distrito Federal;*
> *c) vinte e um anos para Deputado Federal, Deputado Estadual ou Distrital, Prefeito, Vice-Prefeito e juiz de paz;*
> *d) dezoito anos para Vereador.*

- **Direitos políticos negativos**

Os direitos políticos negativos são verdadeiras vedações ao exercício da cidadania. São inelegibilidades, hipóteses de perda ou suspensão dos direitos políticos que se encontram previstos expressamente no texto constitucional. Só não se pode esquecer a possibilidade prevista no § 9º do art. 14 da Constituição, que admite que sejam criadas outras inelegibilidades por Lei Complementar, desde possuam caráter relativo. Inelegibilidade absoluta, segundo a doutrina, só na Constituição Federal de 1988.

A primeira inelegibilidade está prevista no art. 14, § 4º:

> *Art. 14 [...]*
> *§ 4º São inelegíveis os inalistáveis e os analfabetos.*

Trata-se de uma inelegibilidade absoluta que impede os inalistáveis e analfabetos a concorrerem a qualquer cargo eletivo. Nota-se primeiramente que a Constituição se refere aos inalistáveis como "inelegíveis". Todas as vezes que se encontrar o termo inalistável, deve-se pensar automaticamente em estrangeiros e conscritos. Logo, são inelegíveis os estrangeiros, conscritos e analfabetos.

Quanto aos analfabetos, uma questão merece atenção: os analfabetos podem votar, mas não podem receber votos.

Em seguida, tem-se o § 5º, que traz a chamada regra da reeleição. Trata-se de uma espécie de inelegibilidade relativa por meio do qual alguns titulares de cargos políticos ficam impedidos de se reelegerem por mais de duas eleições consecutivas, ou seja, é permitida apenas uma reeleição:

> *Art. 14 [...]*
> *§ 5º O Presidente da República, os Governadores de Estado e do Distrito Federal, os Prefeitos e quem os houver sucedido, ou substituído no curso dos mandatos poderão ser reeleitos para um único período subsequente.*

O primeiro ponto interessante desse parágrafo está na restrição que só ocorre para os membros do Poder Executivo (presidente, governador e prefeito). Logo, um membro do Poder Legislativo poderá se reeleger quantas vezes ele quiser, enquanto o membro do Poder Executivo só poderá se reeleger uma única vez. Ressalte-se que o impedimento se aplica também a quem suceder ou substituir o titular dos cargos supracitados.

Mais uma regra de inelegibilidade relativa encontra-se no § 6º:

> *Art. 14 [...]*
> *§ 6º Para concorrerem a outros cargos, o Presidente da República, os Governadores de Estado e do Distrito Federal e os Prefeitos devem renunciar aos respectivos mandatos até seis meses antes do pleito.*

Estamos diante da chamada regra de **desincompatibilização**. Da mesma forma que o dispositivo anterior só se aplica aos membros do Poder Executivo, e essa norma exige que os representantes desse Poder, para que possam concorrer a outro cargo, devem renunciar os respectivos mandatos até seis meses antes do pleito.

Ainda há a chamada inelegibilidade reflexa, ou em razão do parentesco. Essa hipótese gera um impedimento, não ao titular do cargo político, mas aos seus parentes até segundo grau. Também se aplica apenas aos membros do Poder Executivo:

> *Art. 14 [...]*
> *§ 7º São inelegíveis, no território de jurisdição do titular, o cônjuge e os parentes consanguíneos ou afins, até o segundo grau ou por adoção, do Presidente da República, de Governador de Estado ou Território, do Distrito Federal, de Prefeito ou de quem os haja substituído dentro dos seis meses anteriores ao pleito, salvo se já titular de mandato eletivo e candidato à reeleição.*

O impedimento gerado está relacionado ao território de jurisdição do titular da seguinte forma:

- O prefeito gera inelegibilidade aos cargos de Prefeito e vereador do mesmo município;
- O governador gera inelegibilidade aos cargos de prefeito, vereador, deputado estadual, deputado federal, senador da República e governador do mesmo Estado Federativo;
- O Presidente gera inelegibilidade a todos os cargos eletivos do país.

São parentes de 1º grau: pai, mãe, filho, sogro. São parentes de 2º grau: avô, irmão, neto, cunhado.

O STF editou a Súmula Vinculante nº 18, que diz:

> **Súmula Vinculante nº 18** *A dissolução da sociedade ou do vínculo conjugal, no curso do mandato, não afasta a inelegibilidade prevista no § 7º do art. 14 da Constituição Federal.*

Lei complementar pode estabelecer novas hipóteses de inelegibilidade relativa. É o que dispõe o § 9º do art. 14:

> *Art. 14 [...]*
> *§ 9º Lei complementar estabelecerá outros casos de inelegibilidade e os prazos de sua cessação, a fim de proteger a probidade administrativa, a moralidade para exercício de mandato considerada vida pregressa do candidato, e a normalidade e legitimidade das eleições contra a influência do poder econômico ou o abuso do exercício de função, cargo ou emprego na administração direta ou indireta.*

Com base no texto, é possível concluir que o rol de inelegibilidades relativas previstas na Constituição Federal de 1988 é meramente exemplificativo. Há ainda a Lei Complementar nº 64/1990 que traz várias hipóteses de inelegibilidade.

7.1.3 Condições para eleição do militar

O militar pode se candidatar a cargo político eletivo desde que observadas as regras estabelecidas no § 8º do art. 14:

> *Art. 14 [...]*
> *§ 8º O militar alistável é elegível, atendidas as seguintes condições:*
> *I – se contar menos de dez anos de serviço, deverá afastar-se da atividade;*
> *II – se contar mais de dez anos de serviço, será agregado pela autoridade superior e, se eleito, passará automaticamente, no ato da diplomação, para a inatividade.*

Primeiramente, deve-se ressaltar que a Constituição veda a filiação partidária aos militares:

> *Art. 142 [...]*
> *§ 3º [...]*
> *V – O militar, enquanto em serviço ativo, não pode estar filiado a partidos políticos.*

Recordando as condições de elegibilidade, tem-se que é necessária a filiação partidária para ser elegível, contudo, no caso do militar, o TSE tem entendido que o registro da candidatura supre a falta de prévia filiação partidária.

Um segundo ponto interessante decorre da própria interpretação do § 8º, que prevê duas regras para eleição dos militares em razão do tempo de serviço:

- **Militar com menos de dez anos:** deve se afastar da atividade;
- **Militar com mais de dez anos:** deve ficar agregado pela autoridade superior e se eleito, passado para inatividade.

Esse prazo de dez anos escolhido pela Constituição decorre da garantia de estabilidade para os militares.

7.1.4 Impugnação de mandato eletivo

Estes parágrafos dispensam explicação e, quando aparecem em prova, costumam cobrar o próprio texto constitucional. Deve-se ter cuidado com o prazo de 15 dias para impugnação:

> *Art. 14 [...]*
> *§ 10 O mandato eletivo poderá ser impugnado ante a Justiça Eleitoral no prazo de quinze dias contados da diplomação, instruída a ação com provas de abuso do poder econômico, corrupção ou fraude.*

DIREITOS POLÍTICOS E PARTIDOS POLÍTICOS

§ 11 A ação de impugnação de mandato tramitará em segredo de justiça, respondendo o autor, na forma da lei, se temerária ou de manifesta má-fé.

7.1.5 Cassação, suspensão e perda dos direitos políticos

Uma coisa é certa: não existe cassação de direitos políticos no Brasil. Isso não pode ser esquecido, pois sempre é cobrado em prova. Apesar dessa norma protetiva, são permitidas a perda e a suspensão desses direitos, conforme disposto no art. 15 da Constituição:

Art. 15 É vedada a cassação de direitos políticos, cuja perda ou suspensão só se dará nos casos de:

I – Cancelamento da naturalização por sentença transitada em julgado;

II – Incapacidade civil absoluta;

III – Condenação criminal transitada em julgado, enquanto durarem seus efeitos;

IV – Recusa de cumprir obrigação a todos imposta ou prestação alternativa, nos termos do art. 5º, VIII;

V – Improbidade administrativa, nos termos do art. 37, § 4º.

Observe-se que o texto constitucional não esclareceu muito bem quais são as hipóteses de perda ou suspensão, trabalho esse que ficou a cargo da doutrina fazer. Seguem abaixo as hipóteses de perda ou suspensão:

- **Cancelamento da naturalização por sentença transitada em julgado:** trata-se de perda dos direitos políticos. Ora, se o indivíduo teve cancelado seu vínculo com o Estado Brasileiro, não há sentido em lhe garantir os direitos políticos.
- **Incapacidade civil absoluta:** apesar de ser absoluta, essa incapacidade civil pode cessar dependendo da situação. Logo, é hipótese de suspensão dos direitos políticos.
- **Condenação criminal transitada em julgado, enquanto durarem seus efeitos:** condenação criminal é suspensão, pois dura enquanto durar a pena. Deve-se ter cuidado com essa questão em prova. O efeito da suspensão sobre os direitos políticos independe do tipo de pena aplicada ao cidadão.
- **Recusa de cumprir obrigação a todos imposta ou prestação alternativa, nos termos do art. 5º, inciso VIII:** essa é a famosa hipótese da escusa de consciência. Em relação a esse tema, existe divergência na doutrina. Parte da doutrina Constitucional entende que é hipótese de perda, outra parte da doutrina, principalmente eleitoral, entende que seja hipótese de suspensão.
- **Improbidade administrativa, nos termos do art. 37, § 4º, CF/1988/1988:** essa é mais uma hipótese de suspensão dos direitos políticos.

7.1.6 Princípio da anterioridade eleitoral

Este princípio exige o prazo de um ano para aplicação de lei que altere processo eleitoral. Isso visa a evitar que os candidatos sejam pegos de surpresa com as regras eleitorais. O art. 16 da Constituição Federal de 1988 diz:

Art. 16 A lei que alterar o processo eleitoral entrará em vigor na data de sua publicação, não se aplicando à eleição que ocorra até um ano da data de sua vigência.

7.2 Partidos políticos

7.2.1 Natureza jurídica dos partidos políticos

Os partidos políticos, segundo previsão expressa da Constituição Federal de 1988, possuem natureza jurídica de direito privado. Segundo o disposto no art. 17, § 2º:

§ 2º Os partidos políticos, após adquirirem personalidade jurídica, na forma da lei civil, registrarão seus estatutos no Tribunal Superior Eleitoral.

Quando a Constituição determina que os partidos devem adquirir sua personalidade jurídica na forma da lei civil, praticamente, afirma que é uma pessoa jurídica de direito privado apesar de ser exigido seu registro no TSE.

7.2.2 Direitos dos partidos

Os partidos possuem vários direitos previstos expressamente na Constituição Federal de 1988, dentre os quais destacam-se:
- **Recursos do fundo partidário;**
- **Acesso gratuito ao rádio e à televisão (Lei nº 9.096/1995).**

7.2.3 Limitações aos partidos

Apesar da liberdade estampada no *caput* do art. 17 da CF/1988/1988, é possível perceber que a criação dos partidos políticos possui algumas limitações:

Art. 17 É livre a criação, fusão, incorporação e extinção de partidos políticos, resguardados a soberania nacional, o regime democrático, o pluripartidarismo, os direitos fundamentais da pessoa humana e observados os seguintes preceitos:

I – Caráter nacional;

II – Proibição de recebimento de recursos financeiros de entidade ou governo estrangeiros ou de subordinação a estes;

III – Prestação de contas à Justiça Eleitoral;

IV – Funcionamento parlamentar de acordo com a lei. [...]

§ 4º É vedada a utilização pelos partidos políticos de organização paramilitar.

7.2.4 Verticalização

Antes da Emenda Constitucional nº 52/2006, era utilizada a chamada Verticalização, que significava a necessidade de vinculação das candidaturas do nível nacional, estadual, distrital ou municipal. Vejamos como está escrito agora:

§ 1º É assegurada aos partidos políticos autonomia para definir sua estrutura interna e estabelecer regras sobre escolha, formação e duração de seus órgãos permanentes e provisórios e sobre sua organização e funcionamento e para adotar os critérios de escolha e o regime de suas coligações nas eleições majoritárias, vedada a sua celebração nas eleições proporcionais, sem obrigatoriedade de vinculação entre as candidaturas em âmbito nacional, estadual, distrital ou municipal, devendo seus estatutos estabelecer normas de disciplina e fidelidade partidária.

Significa dizer que não é mais preciso haver vinculação das candidaturas nos diversos níveis federativos (União, Estados, Distrito Federal e Municípios).

8 ORGANIZAÇÃO POLÍTICO-ADMINISTRATIVA

Para que se possa compreender a organização político-administrativa do Estado brasileiro, faz-se necessário, primeiramente, entender como se deu essa formação. Para isso, será abordado o princípio federativo.

8.1 Princípio federativo: entes federativos

A forma de Estado adotada no Brasil é a federativa. Quando se afirma que o nosso Estado é uma Federação, quer-se dizer como se dá o exercício do poder político em função do território. Em um Estado Federal, existe pluralidade de poderes políticos internos, os quais se organizam de forma descentralizada. No Brasil, são quatro poderes políticos, também chamados de entes federativos:

- União;
- Estados;
- Distrito Federal;
- Municípios.

Essa organização é baseada na autonomia política de cada ente federativo. Deve-se estar atento a esse tema em prova, pois as bancas gostam de trocar autonomia por soberania. Cada ente possui sua própria autonomia, enquanto o Estado Federal possui a soberania. A autonomia de cada ente federativo se dá no âmbito político, financeiro, orçamentário, administrativo e em qualquer outra área permitida pela Constituição Federal:

> *Art. 18 A organização político-administrativa da República Federativa do Brasil compreende a União, os Estados, o Distrito Federal e os Municípios, todos autônomos, nos termos desta Constituição.*

Deve-se destacar, inclusive, que o pacto federativo sobrevive em torno da Constituição Federal, que impede sua dissolução sob pena de se decretar Intervenção Federal:

> *Art. 34 A União não intervirá nos Estados nem no Distrito Federal, exceto para:*
> *I – Manter a integridade nacional.*

A proibição de secessão, que impede a separação de um ente federativo, também é conhecida como princípio da indissolubilidade.

Outro ponto muito cobrado em prova diz respeito à inexistência de hierarquia entre os entes federativos. O que distingue um ente federativo do outro não é a superioridade, mas a distribuição de competências feita pela própria Constituição Federal de 1988. Não se deve esquecer também que as Unidades da Federação possuem representação junto ao Poder Legislativo da União, mais precisamente, no Senado Federal.

Em razão dessa organização completamente diferenciada, a doutrina classifica a federação brasileira de várias formas:

- **Tricotômica:** federação constituída em três níveis: federal, estadual e municipal. O Distrito Federal não é considerado nessa classificação, haja vista possuir competência híbrida, agindo tanto como um Estado quanto como Município.
- **Centrífuga:** característica que reflete a formação da federação brasileira. É a formação "de dentro para fora". O movimento é de centrifugadora. A força de criação do estado federal brasileiro surgiu a partir de um Estado Unitário para a criação de um estado federado, ou seja, o poder centralizado que se torna descentralizado. O poder político era concentrado nas mãos de um só ente e depois passa a fazer parte de vários entes federativos.
- **Por desagregação:** ocorre quando um Estado Unitário resolve se descentralizar politicamente, desagregando o poder central em favor de vários entes titulares de poder político.

Mais uma característica que não pode ser ignorada em prova: a forma Federativa de Estado é uma **cláusula pétrea**, conforme dispõe o art. 60, § 4º, inciso I:

> *Art. 60 [...]*
> *§ 4º Não será objeto de deliberação a proposta de emenda tendente a abolir:*
> *I – A forma federativa de Estado.*

Cumpre lembrar de que a capital do Brasil é Brasília. Deve-se ter cuidado: há questão de prova que diz que a capital é o Distrito Federal. O Distrito Federal é um ente federativo, ao passo que Brasília é uma região administrativa dentro do Distrito Federal:

> *Art. 18 [...]*
> *§ 1º Brasília é a Capital Federal.*

Outra coisa com a qual se deve ter cuidado diz respeito aos territórios federais:

> *Art. 18 [...]*
> *§ 2º Os Territórios Federais integram a União, e sua criação, transformação em Estado ou reintegração ao Estado de origem serão reguladas em lei complementar.*

Esses não são entes federativos, pois não possuem autonomia política. São pessoas jurídicas de direito público que possuem apenas capacidade administrativa. Sua natureza jurídica é de autarquia federal e só podem ser criados por lei federal. Para sua criação se faz necessária a aprovação das populações diretamente envolvidas, por meio de plebiscito, parecer da Assembleia Legislativa e lei complementar federal. Os territórios são administrados por governadores escolhidos pelo Presidente da República e podem ser divididos em municípios. Cada território elegerá quatro deputados federais, mas não poderá eleger Senador da República. Seguem abaixo vários dispositivos da Constituição Federal de 1988 que regulamentam os territórios:

> *Art. 18 [...]*
> *§ 3º Os Estados podem incorporar-se entre si, subdividir-se ou desmembrar-se para se anexarem a outros, ou formarem novos Estados ou Territórios Federais, mediante aprovação da população diretamente interessada, através de plebiscito, e do Congresso Nacional, por lei complementar.*
>
> *Art. 45 [...]*
> *§ 2º Cada Território elegerá quatro Deputados.*
>
> *Art. 48 Cabe ao Congresso Nacional, com a sanção do Presidente da República, não exigida esta para o especificado nos Arts. 49, 51 e 52, dispor sobre todas as matérias de competência da União, especialmente sobre: [...]*
> *VI – Incorporação, subdivisão ou desmembramento de áreas de Territórios ou Estados, ouvidas as respectivas Assembleias Legislativas.*
>
> *Art. 84 Compete privativamente ao Presidente da República: [...]*
> *XIV – Nomear, após aprovação pelo Senado Federal, os Ministros do Supremo Tribunal Federal e dos Tribunais Superiores, os Governadores de Territórios, o Procurador-geral da República, o presidente e os diretores do banco central e outros servidores, quando determinado em lei.*

A Constituição Federal autoriza a divisão dos Territórios em Municípios. Os Territórios com mais de 100.000 habitantes possuirão Poder Judiciário próprio, bem como membros do Ministério Público e Defensores Públicos Federais. Poderão ainda eleger membros para Câmara Territorial:

> *Art. 33 [...]*
> *§ 1º Os Territórios poderão ser divididos em Municípios, aos quais se aplicará, no que couber, o disposto no Capítulo IV deste Título. [...]*
> *§ 3º Nos Territórios Federais com mais de cem mil habitantes, além do Governador nomeado na forma desta Constituição, haverá órgãos judiciários de primeira e segunda instância, membros do Ministério Público e defensores públicos federais; a lei disporá sobre as eleições para a Câmara Territorial e sua competência deliberativa.*

ORGANIZAÇÃO POLÍTICO-ADMINISTRATIVA

8.1.1 Vedações constitucionais

A Constituição Federal de 1988 fez questão de estabelecer algumas vedações expressas aos entes federativos, as quais estão previstas no art. 19:

> *Art. 19 É vedado à União, aos Estados, ao Distrito Federal e aos Municípios:*
> *I – Estabelecer cultos religiosos ou igrejas, subvencioná-los, embaraçar-lhes o funcionamento ou manter com eles ou seus representantes relações de dependência ou aliança, ressalvada, na forma da lei, a colaboração de interesse público;*
> *II – Recusar fé aos documentos públicos;*
> *III – Criar distinções entre brasileiros ou preferências entre si.*

A primeira vedação decorre da laicidade do Estado brasileiro, ou seja, não possuímos religião oficial no Brasil, em razão da situação de separação entre Estado e Igreja. A segunda vedação decorre da presunção de veracidade dos documentos públicos. E, por último, contemplando o princípio da isonomia, o qual será tratado em momento oportuno, fica vedado estabelecer distinções entre brasileiros ou preferências entre si. Atente-se a esta questão.

8.1.2 Características dos entes federativos

- **União**

Muitos sentem dificuldade em visualizar a União, tendo em vista ser um ente meio abstrato. O que se precisa saber é que a União é uma pessoa jurídica de direito público interno ao mesmo tempo em que é pessoa jurídica de direito público externo. É o Poder Central responsável por assuntos de interesse geral do Estado e que representa os demais entes federativos. Apesar de não possuir o atributo de soberania, a União exerce essa soberania em nome do Estado Federal. É só pensar na representação internacional do Estado. Quem celebra tratados internacionais? É o chefe do executivo da União, o Presidente da República.

Um dos temas mais cobrados em prova são os Bens da União. Os bens da União estão previstos no art. 20 da Constituição Federal:

> *Art. 20 São bens da União:*
> *I – Os que atualmente lhe pertencem e os que lhe vierem a ser atribuídos;*
> *II – As terras devolutas indispensáveis à defesa das fronteiras, das fortificações e construções militares, das vias federais de comunicação e à preservação ambiental, definidas em lei;*
> *III – Os lagos, rios e quaisquer correntes de água em terrenos de seu domínio, ou que banhem mais de um Estado, sirvam de limites com outros países, ou se estendam a território estrangeiro ou dele provenham, bem como os terrenos marginais e as praias fluviais;*
> *IV – As ilhas fluviais e lacustres nas zonas limítrofes com outros países; as praias marítimas; as ilhas oceânicas e as costeiras, excluídas, destas, as que contenham a sede de Municípios, exceto aquelas áreas afetadas ao serviço público e a unidade ambiental federal, e as referidas no art. 26, II;*
> *V – Os recursos naturais da plataforma continental e da zona econômica exclusiva;*
> *VI – O mar territorial;*
> *VII – Os terrenos de marinha e seus acrescidos;*
> *VIII – os potenciais de energia hidráulica;*
> *IX – Os recursos minerais, inclusive os do subsolo;*
> *X – As cavidades naturais subterrâneas e os sítios arqueológicos e pré-históricos;*
> *XI – As terras tradicionalmente ocupadas pelos índios.*
> *§ 1º É assegurada, nos termos da lei, à União, aos Estados, ao Distrito Federal e aos Municípios a participação no resultado da exploração de petróleo ou gás natural, de recursos hídricos para fins de geração de energia elétrica e de outros recursos minerais no respectivo território, plataforma continental, mar territorial ou zona econômica exclusiva, ou compensação financeira por essa exploração. (Redação dada pela Emenda Constitucional nº 102/2019)*
> *§ 2º A faixa de até cento e cinquenta quilômetros de largura, ao longo das fronteiras terrestres, designada como faixa de fronteira, é considerada fundamental para defesa do território nacional, e sua ocupação e utilização serão reguladas em lei.*

Esse artigo, quando cobrado em prova, costuma ser trabalhado apenas com o texto literal da Constituição. A dica de estudo é a memorização dos bens que são considerados da União. Contudo, alguns bens necessitam de uma explicação maior para que sejam compreendidos.

- **Terras devolutas**

O inciso II fala das chamadas terras devolutas, mas o que significa terras devolutas? São terras que estão sob o domínio da União sem qualquer destinação, nem pública nem privada. Serão da União apenas as terras devolutas indispensáveis à defesa das fronteiras, das fortificações e construções militares, das vias federais de comunicação e à preservação ambiental, conforme definição em lei. As demais terras devolutas serão de propriedade dos Estados Membros nos termos do art. 26, incisos IV:

> *Art. 26 Incluem-se entre os bens dos Estados: [...]*
> *IV – As terras devolutas não compreendidas entre as da União.*

- **Mar Territorial, Plataforma Continental e Zona Econômica Exclusiva (ZEE)**

Os incisos IV e V apresentam três bens que são muito interessantes e que se confundem nas cabeças dos alunos: mar territorial, plataforma continental e Zona Econômica Exclusiva. A Lei nº 8.617/1993 esclarece as diferenças entre esses institutos.

O mar territorial é formado por uma faixa de água marítima ao longo da costa brasileira, com uma dimensão de 12 milhas marítimas, contadas a partir da linha base. A plataforma continental é o prolongamento natural do território terrestre, compreendidos o leito e o subsolo do mar até a distância de 200 milhas marítimas ou até o bordo exterior da margem continental.

A ZEE é a extensão situada além do mar territorial até o limite das 200 milhas marítimas.

Acerca desse tema sempre há confusão. O mar territorial é extensão do território nacional sobre qual o Estado exerce sua soberania. Já a plataforma continental e a zona econômica exclusiva são águas internacionais onde o direito à soberania do Estado se limita à exploração e ao aproveitamento, à conservação e a gestão dos recursos naturais, vivos ou não vivos, das águas sobrejacentes ao leito do mar, do leito do mar e seu subsolo, e no que se refere a outras atividades com vistas à exploração e ao aproveitamento da zona para fins econômicos.

- **Estados**

Os estados são pessoas jurídicas de direito público interno, entes federativos detentores de autonomia própria. Essa autonomia se percebe pela sua capacidade de auto-organização, autogoverno, autoadministração. Destaca-se, ainda, o seu poder de criação da própria Constituição Estadual, bem como das demais normas de sua competência:

> *Art. 25 Os Estados organizam-se e regem-se pelas Constituições e leis que adotarem, observados os princípios desta Constituição.*

Percebe-se, ainda, o seu autogoverno à medida que cada Estado organiza seus próprios Poderes: Poder Legislativo (Assembleia Legislativa), Poder Executivo (Governador) e Poder Judiciário (Tribunal de Justiça). Destacam-se também suas autonomias administrativa, tributária e financeira.

Segundo o art. 18, § 3º, da Constituição Federal de 1988:

Art. 18 [...]

§ 3º Os Estados podem incorporar-se entre si, subdividir-se ou desmembrar-se para se anexarem a outros, ou formarem novos Estados ou Territórios Federais, mediante aprovação da população diretamente interessada, através de plebiscito, e do Congresso Nacional, por lei complementar.

O que se precisa lembrar para a prova é que, para se criar outro Estado, faz-se necessária a aprovação da população diretamente interessada por meio de plebiscito e que essa criação depende de lei complementar federal. A Constituição Federal de 1988 prevê ainda a oitiva das Assembleias Legislativas envolvidas na modificação:

Art. 48 Cabe ao Congresso Nacional, com a sanção do Presidente da República, não exigida esta para o especificado nos Arts. 49, 51 e 52, dispor sobre todas as matérias de competência da União, especialmente sobre: [...]

IV – Incorporação, subdivisão ou desmembramento de áreas de Territórios ou Estados, ouvidas as respectivas Assembleias Legislativas.

Em razão de sua autonomia, a Constituição Federal de 1988 apresentou um rol de bens que pertencem aos Estados:

Art. 26 Incluem-se entre os bens dos Estados:

I – As águas superficiais ou subterrâneas, fluentes, emergentes e em depósito, ressalvadas, neste caso, na forma da lei, as decorrentes de obras da União;

II – As áreas, nas ilhas oceânicas e costeiras, que estiverem no seu domínio, excluídas aquelas sob domínio da União, Municípios ou terceiros;

III – As ilhas fluviais e lacustres não pertencentes à União;

IV – As terras devolutas não compreendidas entre as da União.

Algumas regras em relação à Organização dos Poderes Legislativo e Executivo no âmbito dos Estados também aparecem na Constituição Federal de 1988. Quando cobradas em prova, a leitura e memorização dos artigos abaixo se tornam essenciais:

Art. 27 O número de Deputados à Assembleia Legislativa corresponderá ao triplo da representação do Estado na Câmara dos Deputados e, atingido o número de trinta e seis, será acrescido de tantos quantos forem os Deputados Federais acima de doze.

§ 1º Será de quatro anos o mandato dos Deputados Estaduais, aplicando-se-lhes as regras desta Constituição sobre sistema eleitoral, inviolabilidade, imunidades, remuneração, perda de mandato, licença, impedimentos e incorporação às Forças Armadas.

§ 2º O subsídio dos Deputados Estaduais será fixado por lei de iniciativa da Assembleia Legislativa, na razão de, no máximo, setenta e cinco por cento daquele estabelecido, em espécie, para os Deputados Federais, observado o que dispõem os Arts. 39, § 4º, 57, § 7º, 150, II, 153, III, e 153, § 2º, I.

§ 3º Compete às Assembleias Legislativas dispor sobre seu regimento interno, polícia e serviços administrativos de sua secretaria, e prover os respectivos cargos.

§ 4º A lei disporá sobre a iniciativa popular no processo legislativo estadual.

Art. 28 A eleição do Governador e do Vice-Governador de Estado, para mandato de quatro anos, realizar-se-á no primeiro domingo de outubro, em primeiro turno, e no último domingo de outubro, em segundo turno, se houver, do ano anterior ao do término do mandato de seus antecessores, e a posse ocorrerá em primeiro de janeiro do ano subsequente, observado, quanto ao mais, o disposto no art. 77.

§ 1º Perderá o mandato o Governador que assumir outro cargo ou função na Administração Pública direta ou indireta, ressalvada a posse em virtude de concurso público e observado o disposto no art. 38, I, IV e V.

§ 2º Os subsídios do Governador, do Vice-Governador e dos Secretários de Estado serão fixados por lei de iniciativa da Assembleia Legislativa, observado o que dispõem os Arts. 37, XI, 39, § 4º, 150, II, 153, III, e 153, § 2º, I.

- **Municípios**

Os municípios são elencados pela Constituição Federal de 1988 como entes federativos dotados de autonomia, a qual se percebe pela sua capacidade de auto-organização, autogoverno e autoadministração. São regidos por lei orgânica e possui Executivo e Legislativo próprio, os quais são representados, respectivamente, pela Prefeitura e pela Câmara Municipal e que são regulamentados pelos arts. 29 e 29-A da Constituição Federal de 1988. O examinador pode explorar, em prova de concurso público, questões que requeiram a memorização desses artigos. Para entender por que ele faria isso, recomenda-se a leitura:

Art. 29 O Município reger-se-á por lei orgânica, votada em dois turnos, com o interstício mínimo de dez dias, e aprovada por dois terços dos membros da Câmara Municipal, que a promulgará, atendidos os princípios estabelecidos nesta Constituição, na Constituição do respectivo Estado e os seguintes preceitos:

I – Eleição do Prefeito, do Vice-Prefeito e dos Vereadores, para mandato de quatro anos, mediante pleito direto e simultâneo realizado em todo o País;

II – Eleição do Prefeito e do Vice-Prefeito realizada no primeiro domingo de outubro do ano anterior ao término do mandato dos que devam suceder, aplicadas as regras do art. 77, no caso de Municípios com mais de duzentos mil eleitores;

III – Posse do Prefeito e do Vice-Prefeito no dia 1º de janeiro do ano subsequente ao da eleição;

IV – Para a composição das Câmaras Municipais, será observado o limite máximo de:

a) 9 (nove) Vereadores, nos Municípios de até 15.000 (quinze mil) habitantes;

b) 11 (onze) Vereadores, nos Municípios de mais de 15.000 (quinze mil) habitantes e de até 30.000 (trinta mil) habitantes;

c) 13 (treze) Vereadores, nos Municípios com mais de 30.000 (trinta mil) habitantes e de até 50.000 (cinquenta mil) habitantes;

d) 15 (quinze) Vereadores, nos Municípios de mais de 50.000 (cinquenta mil) habitantes e de até 80.000 (oitenta mil) habitantes;

e) 17 (dezessete) Vereadores, nos Municípios de mais de 80.000 (oitenta mil) habitantes e de até 120.000 (cento e vinte mil) habitantes;

f) 19 (dezenove) Vereadores, nos Municípios de mais de 120.000 (cento e vinte mil) habitantes e de até 160.000 (cento sessenta mil) habitantes;

g) 21 (vinte e um) Vereadores, nos Municípios de mais de 160.000 (cento e sessenta mil) habitantes e de até 300.000 (trezentos mil) habitantes;

h) 23 (vinte e três) Vereadores, nos Municípios de mais de 300.000 (trezentos mil) habitantes e de até 450.000 (quatrocentos e cinquenta mil) habitantes;

i) 25 (vinte e cinco) Vereadores, nos Municípios de mais de 450.000 (quatrocentos e cinquenta mil) habitantes e de até 600.000 (seiscentos mil) habitantes;

j) 27 (vinte e sete) Vereadores, nos Municípios de mais de 600.000 (seiscentos mil) habitantes e de até 750.000 (setecentos cinquenta mil) habitantes;

k) 29 (vinte e nove) Vereadores, nos Municípios de mais de 750.000 (setecentos e cinquenta mil) habitantes e de até 900.000 (novecentos mil) habitantes;

l) 31 (trinta e um) Vereadores, nos Municípios de mais de 900.000 (novecentos mil) habitantes e de até 1.050.000 (um milhão e cinquenta mil) habitantes;

m) 33 (trinta e três) Vereadores, nos Municípios de mais de 1.050.000 (um milhão e cinquenta mil) habitantes e de até 1.200.000 (um milhão e duzentos mil) habitantes;

n) 35 (trinta e cinco) Vereadores, nos Municípios de mais de 1.200.000 (um milhão e duzentos mil) habitantes e de até 1.350.000 (um milhão e trezentos e cinquenta mil) habitantes;

ORGANIZAÇÃO POLÍTICO-ADMINISTRATIVA

o) 37 (trinta e sete) Vereadores, nos Municípios de 1.350.000 (um milhão e trezentos e cinquenta mil) habitantes e de até 1.500.000 (um milhão e quinhentos mil) habitantes;

p) 39 (trinta e nove) Vereadores, nos Municípios de mais de 1.500.000 (um milhão e quinhentos mil) habitantes e de até 1.800.000 (um milhão e oitocentos mil) habitantes;

q) 41 (quarenta e um) Vereadores, nos Municípios de mais de 1.800.000 (um milhão e oitocentos mil) habitantes e de até 2.400.000 (dois milhões e quatrocentos mil) habitantes;

r) 43 (quarenta e três) Vereadores, nos Municípios de mais de 2.400.000 (dois milhões e quatrocentos mil) habitantes e de até 3.000.000 (três milhões) de habitantes;

s) 45 (quarenta e cinco) Vereadores, nos Municípios de mais de 3.000.000 (três milhões) de habitantes e de até 4.000.000 (quatro milhões) de habitantes;

t) 47 (quarenta e sete) Vereadores, nos Municípios de mais de 4.000.000 (quatro milhões) de habitantes e de até 5.000.000 (cinco milhões) de habitantes;

u) 49 (quarenta e nove) Vereadores, nos Municípios de mais de 5.000.000 (cinco milhões) de habitantes e de até 6.000.000 (seis milhões) de habitantes;

v) 51 (cinquenta e um) Vereadores, nos Municípios de mais de 6.000.000 (seis milhões) de habitantes e de até 7.000.000 (sete milhões) de habitantes;

w) 53 (cinquenta e três) Vereadores, nos Municípios de mais de 7.000.000 (sete milhões) de habitantes e de até 8.000.000 (oito milhões) de habitantes; e

x) 55 (cinquenta e cinco) Vereadores, nos Municípios de mais de 8.000.000 (oito milhões) de habitantes;

V – Subsídios do Prefeito, do Vice-Prefeito e dos Secretários Municipais fixados por lei de iniciativa da Câmara Municipal, observado o que dispõem os Arts. 37, XI, 39, § 4º, 150, II, 153, III, e 153, § 2º, I;

VI – O subsídio dos Vereadores será fixado pelas respectivas Câmaras Municipais em cada legislatura para a subsequente, observado o que dispõe esta Constituição, observados os critérios estabelecidos na respectiva Lei Orgânica e os seguintes limites máximos:

a) em Municípios de até dez mil habitantes, o subsídio máximo dos Vereadores corresponderá a vinte por cento do subsídio dos Deputados Estaduais;

b) em Municípios de dez mil e um a cinquenta mil habitantes, o subsídio máximo dos Vereadores corresponderá a trinta por cento do subsídio dos Deputados Estaduais;

c) em Municípios de cinquenta mil e um a cem mil habitantes, o subsídio máximo dos Vereadores corresponderá a quarenta por cento do subsídio dos Deputados Estaduais;

d) em Municípios de cem mil e um a trezentos mil habitantes, o subsídio máximo dos Vereadores corresponderá a cinquenta por cento do subsídio dos Deputados Estaduais;

e) em Municípios de trezentos mil e um a quinhentos mil habitantes, o subsídio máximo dos Vereadores corresponderá a sessenta por cento do subsídio dos Deputados Estaduais;

f) em Municípios de mais de quinhentos mil habitantes, o subsídio máximo dos Vereadores corresponderá a setenta e cinco por cento do subsídio dos Deputados Estaduais;

VII – O total da despesa com a remuneração dos Vereadores não poderá ultrapassar o montante de cinco por cento da receita do Município;

VIII – Inviolabilidade dos Vereadores por suas opiniões, palavras e votos no exercício do mandato e na circunscrição do Município;

IX – Proibições e incompatibilidades, no exercício da vereança, similares, no que couber, ao disposto nesta Constituição para os membros do Congresso Nacional e na Constituição do respectivo Estado para os membros da Assembleia Legislativa;

X – Julgamento do Prefeito perante o Tribunal de Justiça;

XI – Organização das funções legislativas e fiscalizadoras da Câmara Municipal;

XII – Cooperação das associações representativas no planejamento municipal;

XIII – Iniciativa popular de projetos de lei de interesse específico do Município, da cidade ou de bairros, através de manifestação de, pelo menos, cinco por cento do eleitorado;

XIV – Perda do mandato do Prefeito, nos termos do art. 28, parágrafo único.

Art. 29-A *O total da despesa do Poder Legislativo Municipal, incluídos os subsídios dos Vereadores e excluídos os gastos com inativos, não poderá ultrapassar os seguintes percentuais, relativos ao somatório da receita tributária e das transferências previstas no § 5º do art. 153 e nos arts. 158 e 159, efetivamente realizado no exercício anterior: (Conforme Emenda Constitucional nº 109/2021) [...]*

I – 7% (sete por cento) para Municípios com população de até 100.000 (cem mil) habitantes;

II – 6% (seis por cento) para Municípios com população entre 100.000 (cem mil) e 300.000 (trezentos mil) habitantes;

III – 5% (cinco por cento) para Municípios com população entre 300.001 (trezentos mil e um) e 500.000 (quinhentos mil) habitantes;

IV – 4,5% (quatro inteiros e cinco décimos por cento) para Municípios com população entre 500.001 (quinhentos mil e um) e 3.000.000 (três milhões) de habitantes;

V – 4% (quatro por cento) para Municípios com população entre 3.000.001 (três milhões e um) e 8.000.000 (oito milhões) de habitantes;

VI – 3,5% (três inteiros e cinco décimos por cento) para Municípios com população acima de 8.000.001 (oito milhões e um) habitantes.

§ 1º A Câmara Municipal não gastará mais de setenta por cento de sua receita com folha de pagamento, incluído o gasto com o subsídio de seus Vereadores.

§ 2º Constitui crime de responsabilidade do Prefeito Municipal:

I – Efetuar repasse que supere os limites definidos neste artigo;

II – Não enviar o repasse até o dia vinte de cada mês; ou

III – Enviá-lo a menor em relação à proporção fixada na Lei Orçamentária.

§ 3º. Constitui crime de responsabilidade do Presidente da Câmara Municipal o desrespeito ao § 1º deste artigo.

Mesmo sendo dotada de autonomia federativa, sua organização possui algumas limitações impostas pela própria Constituição. Entre essas limitações, deve-se destacar a ausência de Poder Judiciário no âmbito municipal, cuja função jurisdicional é exercida pelos órgãos do Judiciário federal e estadual. É importante lembrar que não existe representante municipal no Congresso Nacional.

A Constituição Federal de 1988 permite que sejam criados novos municípios, conforme as regras estabelecidas no art. 18, § 4º:

Art. 18 [...]

§ 4º A criação, a incorporação, a fusão e o desmembramento de Municípios, far-se-ão por lei estadual, dentro do período determinado por Lei Complementar Federal, e dependerão de consulta prévia, mediante plebiscito, às populações dos Municípios envolvidos, após divulgação dos Estudos de Viabilidade Municipal, apresentados e publicados na forma da lei.

Perceba que as regras são um pouco diferentes das necessárias para a criação de Estados. A primeira coisa que deve ser lembrada é que a criação será por lei ordinária estadual, desde que haja autorização emanada de lei complementar federal. As populações diretamente envolvidas na modificação devem ser consultadas por meio de plebiscito. E, por último, não se pode esquecer a exigência de Estudo de Viabilidade Municipal. Para prova, memorize essas condições.

Um fato curioso é que apesar de não existir ainda uma Lei Complementar Federal autorizando o período de criação de Municípios, vários Municípios foram criados na vigência de Constituição Federal, o que obrigou o Congresso Nacional a aprovar a Emenda Constitucional nº

57/2008, que acrescentou o art. 96 ao Ato das Disposições Constitucionais Transitórias (ADCT), convalidando a criação dos Municípios até 31 de dezembro de 2006:

> *Art. 96 Ficam convalidados os atos de criação, fusão, incorporação e desmembramento de Municípios, cuja lei tenha sido publicada até 31 de dezembro de 2006, atendidos os requisitos estabelecidos na legislação do respectivo Estado à época de sua criação.*

- **Distrito Federal**

Se questionarem se o Distrito Federal é um Estado ou é um Município, a resposta será: "O Distrito Federal não é Estado nem Município, é Distrito Federal."

A Constituição Federal afirma que o Distrito Federal é ente federativo assim como a União, os Estados e os Municípios. Esse ente federativo é conhecido pela sua autonomia e por sua competência híbrida. Quando se fala em competência híbrida, quer-se dizer que o DF pode exercer competências tanto de Estado quanto de Município:

> *Art. 32 [...]*
> *§ 1º Ao Distrito Federal são atribuídas as competências legislativas reservadas aos Estados e Municípios.*

Caracteriza a sua autonomia o fato de poder criar a sua própria lei orgânica, bem como a existência do Poder Executivo (governador), Legislativo (Câmara Legislativa) e Judiciário (Tribunal de Justiça do Distrito Federal e Territórios):

> *Art. 32 O Distrito Federal, vedada sua divisão em Municípios, reger-se-á por lei orgânica, votada em dois turnos com interstício mínimo de dez dias, e aprovada por dois terços da Câmara Legislativa, que a promulgará, atendidos os princípios estabelecidos nesta Constituição.*
> *§ 2º A eleição do Governador e do Vice-Governador, observadas as regras do art. 77, e dos Deputados Distritais coincidirá com a dos Governadores e Deputados Estaduais, para mandato de igual duração.*
> *§ 3º Aos Deputados Distritais e à Câmara Legislativa aplica-se o disposto no art. 27.*

Como se pode depreender da leitura do artigo, a autonomia do DF possui algumas limitações, por exemplo, a vedação da sua divisão em Municípios. Nesse mesmo sentido, deve-se lembrar que o Distrito Federal não possui competência para organizar e manter as Polícias Civil e Militar, o Corpo de Bombeiros Militar, o Poder Judiciário, o Ministério Público e a Defensoria Pública. Nesses casos, a competência foi conferida à União:

> *Art. 32 [...]*
> *§ 4º Lei federal disporá sobre a utilização, pelo Governo do Distrito Federal, da polícia civil, da polícia penal, da polícia militar e do corpo de bombeiros militar. (Redação dada pela Emenda Constitucional nº 104/2019)*
> *Art. 21 Compete à União:[...]*
> *XIII – organizar e manter o Poder Judiciário, o Ministério Público do Distrito Federal e dos Territórios e a Defensoria Pública dos Territórios;*
> *XIV – organizar e manter a polícia civil, a polícia penal, a polícia militar e o corpo de bombeiros militar do Distrito Federal, bem como prestar assistência financeira ao Distrito Federal para a execução de serviços públicos, por meio de fundo próprio; (Redação dada pela Emenda Constitucional nº 104/2019)*

Por fim, é importante lembrar que o Distrito Federal não se confunde com Brasília. Isso é facilmente percebido pela leitura do art. 18:

> *Art. 18 A organização político-administrativa da República Federativa do Brasil compreende a União, os Estados, o Distrito Federal e os Municípios, todos autônomos, nos termos desta Constituição.*
> *§ 1º Brasília é a Capital Federal.*

O Distrito Federal é ente federativo, ao passo que Brasília é a capital federal. Sob a ótica da organização administrativa do DF, pode-se afirmar que Brasília é uma das regiões administrativas do Distrito Federal, haja vista não poder o DF ser dividido em municípios.

8.1.3 Competências dos entes federativos

Como já foi visto, entre os entes federativos não existe hierarquia. Mas o que diferencia um ente federativo do outro? A diferença está na distribuição das competências pela Constituição. Cada ente federativo possui sua parcela de responsabilidades estabelecidas dentro da Constituição Federal de 1988.

Para a fixação dessas competências, a Constituição fez uso do princípio da predominância de interesse. Esse princípio define a abrangência das competências de cada ente com base na predominância de interesse. Para a União, em regra, foram previstas competências de interesse geral, de toda a coletividade. Para os Estados, a Constituição reservou competências de interesse regional. Aos municípios, competências de interesse local. E, por fim, ao Distrito Federal, foram reservadas competências de interesse local e regional, razão pela qual a doutrina chama de competência híbrida.

As competências são classificadas em dois tipos:

- **Competências materiais ou administrativas:** são aquelas que preveem ações a serem desempenhadas pelos entes federativos.
- **Competências legislativas:** estão relacionadas com a capacidade que um ente federativo possui de criar leis, inovar o ordenamento jurídico. Primeiramente, serão analisadas as competências administrativas de todos os entes federativos. De início, será abordada a União.

8.1.4 Competências administrativas

A União possui duas formas de competências materiais: exclusiva e comum. As competências exclusivas estão previstas no art. 21 da Constituição Federal de 1988:

> *Art. 21 Compete à União:*
> *I – Manter relações com Estados estrangeiros e participar de organizações internacionais;*
> *II – Declarar a guerra e celebrar a paz;*
> *III – Assegurar a defesa nacional;*
> *IV – Permitir, nos casos previstos em lei complementar, que forças estrangeiras transitem pelo território nacional ou nele permaneçam temporariamente;*
> *V – Decretar o estado de sítio, o estado de defesa e a intervenção federal;*
> *VI – Autorizar e fiscalizar a produção e o comércio de material bélico;*
> *VII – Emitir moeda;*
> *VIII – Administrar as reservas cambiais do País e fiscalizar as operações de natureza financeira, especialmente as de crédito, câmbio e capitalização, bem como as de seguros e de previdência privada;*
> *IX – Elaborar e executar planos nacionais e regionais de ordenação do território e de desenvolvimento econômico e social;*
> *X – Manter o serviço postal e o correio aéreo nacional;*
> *XI – Explorar, diretamente ou mediante autorização, concessão ou permissão, os serviços de telecomunicações, nos termos da lei, que disporá sobre a organização dos serviços, a criação de um órgão regulador e outros aspectos institucionais;*
> *XII – Explorar, diretamente ou mediante autorização, concessão ou permissão:*
> *a) os serviços de radiodifusão sonora, e de sons e imagens;*
> *b) os serviços e instalações de energia elétrica e o aproveitamento energético dos cursos de água, em articulação com os Estados onde se situam os potenciais hidroenergéticos;*
> *c) a navegação aérea, aeroespacial e a infraestrutura aeroportuária;*

ORGANIZAÇÃO POLÍTICO-ADMINISTRATIVA

d) os serviços de transporte ferroviário e aquaviário entre portos brasileiros e fronteiras nacionais, ou que transponham os limites de Estado ou Território;

e) os serviços de transporte rodoviário interestadual e internacional de passageiros;

f) os portos marítimos, fluviais e lacustres;

XIII – organizar e manter o Poder Judiciário, o Ministério Público do Distrito Federal e dos Territórios e a Defensoria Pública dos Territórios;

XIV – organizar e manter a polícia civil, a polícia penal, a polícia militar e o corpo de bombeiros militar do Distrito Federal, bem como prestar assistência financeira ao Distrito Federal para a execução de serviços públicos, por meio de fundo próprio; (Redação dada pela Emenda Constitucional nº 104/2019)

XV – Organizar e manter os serviços oficiais de estatística, geografia, geologia e cartografia de âmbito nacional;

XVI – Exercer a classificação, para efeito indicativo, de diversões públicas e de programas de rádio e televisão;

XVII – Conceder anistia;

XVIII – Planejar e promover a defesa permanente contra as calamidades públicas, especialmente as secas e as inundações;

XIX – Instituir sistema nacional de gerenciamento de recursos hídricos e definir critérios de outorga de direitos de seu uso;

XX – Instituir diretrizes para o desenvolvimento urbano, inclusive habitação, saneamento básico e transportes urbanos;

XXI – Estabelecer princípios e diretrizes para o sistema nacional de viação;

XXII – Executar os serviços de polícia marítima, aeroportuária e de fronteiras;

XXIII – Explorar os serviços e instalações nucleares de qualquer natureza e exercer monopólio estatal sobre a pesquisa, a lavra, o enriquecimento e reprocessamento, a industrialização e o comércio de minérios nucleares e seus derivados, atendidos os seguintes princípios e condições:

a) toda atividade nuclear em território nacional somente será admitida para fins pacíficos e mediante aprovação do Congresso Nacional;

b) sob regime de permissão, são autorizadas a comercialização e a utilização de radioisótopos para pesquisa e uso agrícolas e industriais; (Redação dada pela Emenda Constitucional nº 118, de 2022)

c) sob regime de permissão, são autorizadas a produção, a comercialização e a utilização de radioisótopos para pesquisa e uso médicos; (Redação dada pela Emenda Constitucional nº 118, de 2022)

d) a responsabilidade civil por danos nucleares independe da existência de culpa;

XXIV – organizar, manter e executar a inspeção do trabalho;

XXV – estabelecer as áreas e as condições para o exercício da atividade de garimpagem, em forma associativa.

XXVI – organizar e fiscalizar a proteção e o tratamento de dados pessoais, nos termos da lei. (Incluído pela Emenda Constitucional nº 115/2022)

Essas competências são exclusivas, pois a União exclui a possibilidade de outro ente federativo realizá-la. Por isso, diz-se que são indelegáveis. Só a União pode fazer.

A outra competência material da União é a comum. Ela é comum a todos os entes federativos, União, estados, Distrito Federal e municípios. Vejamos o que diz o art. 23 da Constituição Federal de 1988:

Art. 23 É competência comum da União, dos Estados, do Distrito Federal e dos Municípios:

I – Zelar pela guarda da Constituição, das leis e das instituições democráticas e conservar o patrimônio público;

II – Cuidar da saúde e assistência pública, da proteção e garantia das pessoas portadoras de deficiência;

III – Proteger os documentos, as obras e outros bens de valor histórico, artístico e cultural, os monumentos, as paisagens naturais notáveis e os sítios arqueológicos;

IV – Impedir a evasão, a destruição e a descaracterização de obras de arte e de outros bens de valor histórico, artístico ou cultural;

V – Proporcionar os meios de acesso à cultura, à educação, à ciência, à tecnologia, à pesquisa e à inovação;

VI – Proteger o meio ambiente e combater a poluição em qualquer de suas formas;

VII – Preservar as florestas, a fauna e a flora;

VIII – Fomentar a produção agropecuária e organizar o abastecimento alimentar;

IX – Promover programas de construção de moradias e a melhoria das condições habitacionais e de saneamento básico;

X – Combater as causas da pobreza e os fatores de marginalização, promovendo a integração social dos setores desfavorecidos;

XI – Registrar, acompanhar e fiscalizar as concessões de direitos de pesquisa e exploração de recursos hídricos e minerais em seus territórios;

XII – Estabelecer e implantar política de educação para a segurança do trânsito.

Parágrafo único. *Leis complementares fixarão normas para a cooperação entre a União e os Estados, o Distrito Federal e os Municípios, tendo em vista o equilíbrio do desenvolvimento e do bem-estar em âmbito nacional.*

Agora vejamos as competências materiais dos Estados. A primeira de que já se falou, é a competência comum prevista no art. 23, analisada anteriormente.

Os Estados também possuem a chamada competência residual, reservada ou remanescente. Está prevista no art. 25, § 1º, o qual cita que estão reservadas aos Estados as competências que não lhe sejam vedadas pela Constituição. Significa dizer que os Estados poderão fazer tudo aquilo que não for competência da União ou do Município:

Art. 25 [...]

§ 1º São reservadas aos Estados as competências que não lhes sejam vedadas por esta Constituição.

Em relação às competências administrativas dos Municípios, a Constituição previu duas espécies: Comum e Exclusiva. A competência comum está prevista no art. 23 e já foi vista anteriormente. A competência exclusiva está no art. 30, incisos III a IX da Constituição Federal de 1988:

Art. 30 Compete aos Municípios:[...]

III – Instituir e arrecadar os tributos de sua competência, bem como aplicar suas rendas, sem prejuízo da obrigatoriedade de prestar contas e publicar balancetes nos prazos fixados em lei;

IV – Criar, organizar e suprimir distritos, observada a legislação estadual;

V – Organizar e prestar, diretamente ou sob regime de concessão ou permissão, os serviços públicos de interesse local, incluído o de transporte coletivo, que tem caráter essencial;

VI – Manter, com a cooperação técnica e financeira da União e do Estado, programas de educação infantil e de ensino fundamental;

VII – Prestar, com a cooperação técnica e financeira da União e do Estado, serviços de atendimento à saúde da população;

VIII – Promover, no que couber, adequado ordenamento territorial, mediante planejamento e controle do uso, do parcelamento e da ocupação do solo urbano;

IX – Promover a proteção do patrimônio histórico-cultural local, observada a legislação e a ação fiscalizadora federal e estadual.

No âmbito das competências administrativas, temos as competências do Distrito Federal que são chamadas de híbridas. O Distrito Federal pode fazer tudo o que for de competência dos Estados ou dos Municípios.

8.1.5 Competências legislativas

Vejamos agora as competências legislativas de cada ente federativo. Primeiramente, no que diz respeito às competências legislativas da União, elas podem ser privativas ou concorrentes.

As competências privativas da União estão previstas no art. 22 da Constituição Federal de 1988 e possuem como característica principal a possibilidade de delegação mediante Lei Complementar aos Estados:

Art. 22 *Compete privativamente à União legislar sobre:*
I – Direito civil, comercial, penal, processual, eleitoral, agrário, marítimo, aeronáutico, espacial e do trabalho;
II – Desapropriação;
III – Requisições civis e militares, em caso de iminente perigo e em tempo de guerra;
IV – Águas, energia, informática, telecomunicações e radiodifusão;
V – Serviço postal;
VI – Sistema monetário e de medidas, títulos e garantias dos metais;
VII – Política de crédito, câmbio, seguros e transferência de valores;
VIII – Comércio exterior e interestadual;
IX – Diretrizes da política nacional de transportes;
X – Regime dos portos, navegação lacustre, fluvial, marítima, aérea e aeroespacial;
XI – Trânsito e transporte;
XII – Jazidas, minas, outros recursos minerais e metalurgia;
XIII – Nacionalidade, cidadania e naturalização;
XIV – Populações indígenas;
XV – Emigração e imigração, entrada, extradição e expulsão de estrangeiros;
XVI – Organização do sistema nacional de emprego e condições para o exercício de profissões;
XVII – Organização judiciária, do Ministério Público do Distrito Federal e dos Territórios e da Defensoria Pública dos Territórios, bem como organização administrativa destes;
XVIII – Sistema estatístico, sistema cartográfico e de geologia nacionais;
XIX – Sistemas de poupança, captação e garantia da poupança popular;
XX – Sistemas de consórcios e sorteios;
XXI – normas gerais de organização, efetivos, material bélico, garantias, convocação, mobilização, inatividades e pensões das polícias militares e dos corpos de bombeiros militares; (Redação dada pela Emenda Constitucional nº 103/2019)
XXII – Competência da polícia federal e das polícias rodoviária e ferroviária federais;
XXIII – Seguridade social;
XXIV – Diretrizes e bases da educação nacional;
XXV – Registros públicos;
XXVI – Atividades nucleares de qualquer natureza;
XXVII – Normas gerais de licitação e contratação, em todas as modalidades, para as administrações públicas diretas, autárquicas e fundacionais da União, Estados, Distrito Federal e Municípios, obedecido o disposto no art. 37, XXI, e para as empresas públicas e sociedades de economia mista, nos termos do art. 173, § 1º, III;
XXVIII – Defesa territorial, defesa aeroespacial, defesa marítima, defesa civil e mobilização nacional;
XXIX – Propaganda comercial.
XXX – proteção e tratamento de dados pessoais. (Incluído pela Emenda Constitucional nº 115/2022)
Parágrafo único. *Lei complementar poderá autorizar os Estados a legislar sobre questões específicas das matérias relacionadas neste artigo.*

As competências concorrentes, previstas no art. 24 da Constituição, podem ser exercidas de forma concorrentes pela União, pelos Estados e pelo Distrito Federal. Atenção: Município não possui competência concorrente. Vejamos o que diz o citado artigo:

Art. 24 *Compete à União, aos Estados e ao Distrito Federal legislar concorrentemente sobre:*
I – Direito tributário, financeiro, penitenciário, econômico e urbanístico;
II – Orçamento;
III – Juntas comerciais;
IV – Custas dos serviços forenses;
V – Produção e consumo;
VI – Florestas, caça, pesca, fauna, conservação da natureza, defesa do solo e dos recursos naturais, proteção do meio ambiente e controle da poluição;
VII – Proteção ao patrimônio histórico, cultural, artístico, turístico e paisagístico;
VIII – Responsabilidade por dano ao meio ambiente, ao consumidor, a bens e direitos de valor artístico, estético, histórico, turístico e paisagístico;
IX – Educação, cultura, ensino, desporto, ciência, tecnologia, pesquisa, desenvolvimento e inovação;
X – Criação, funcionamento e processo do juizado de pequenas causas;
XI – Procedimentos em matéria processual;
XII – Previdência social, proteção e defesa da saúde;
XIII – Assistência jurídica e Defensoria pública;
XIV – Proteção e integração social das pessoas portadoras de deficiência;
XV – Proteção à infância e à juventude;
XVI – Organização, garantias, direitos e deveres das polícias civis.
§ 1º No âmbito da legislação concorrente, a competência da União limitar-se-á a estabelecer normas gerais.
§ 2º A competência da União para legislar sobre normas gerais não exclui a competência suplementar dos Estados.
§ 3º Inexistindo lei federal sobre normas gerais, os Estados exercerão a competência legislativa plena, para atender a suas peculiaridades.
§ 4º A superveniência de lei federal sobre normas gerais suspende a eficácia da lei estadual, no que lhe for contrário.

No âmbito das competências concorrentes, algumas regras são fundamentais para a prova. Aqui, a participação da União é no sentido de fixar normas gerais, ficando os Estados com a competência de suplementar a legislação federal. Caso a União não legisle sobre determinada matéria de competência concorrente, nasce para o Estado o direito de legislar de forma plena sobre a matéria. Contudo, resolvendo a União legislar sobre matéria já regulada pelo Estado, a lei estadual ficará com sua eficácia suspensa pela lei federal nos pontos discordantes. Deve-se ter cuidado com esse último ponto. Não ocorre revogação da lei estadual pela lei federal, haja vista não existir hierarquia entre leis de entes federativos distintos. O que ocorre, como bem explicitou a Constituição Federal, é a suspensão da eficácia.

Quanto às competências dos Estados, há as seguintes espécies: residual, por delegação da União, concorrente suplementar e expressa.

A competência residual dos Estados é também chamada de competência remanescente ou reservada. Está prevista no art. 25, § 1º, que prevê que aos estados serão reservadas todas as competências que não sejam previstas a União ou aos municípios. Deve-se lembrar que esse dispositivo fundamenta tanto as competências materiais quanto as legislativas:

Art. 25 *[...]*
§ 1º São reservadas aos Estados as competências que não lhes sejam vedadas por esta Constituição.

Outra competência dos Estados é a por delegação da União, que decorre da possibilidade de serem delegadas as competências privativas

ORGANIZAÇÃO POLÍTICO-ADMINISTRATIVA

da União mediante Lei Complementar. Encontra-se prevista no art. 22, parágrafo único:

> *Art. 22 [...]*
>
> **Parágrafo único.** *Lei complementar poderá autorizar os Estados a legislar sobre questões específicas das matérias relacionadas neste artigo.*

Temos ainda as competências concorrentes suplementares previstas no art. 24, § 2º da Constituição Federal de 1988. Essas suplementam a competência legislativa da União no âmbito das competências concorrentes permitindo, inclusive, que os Estados legislem de forma plena quando não existir lei federal sobre o assunto:

> *Art. 24 [...]*
>
> *§ 2º A competência da União para legislar sobre normas gerais não exclui a competência suplementar dos Estados.*
>
> *§ 3º Inexistindo lei federal sobre normas gerais, os Estados exercerão a competência legislativa plena, para atender a suas peculiaridades.*

Há também as competências expressas dos Estados, as quais podem ser encontradas nos art. 18, § 4º e 25, §§ 2º e 3º da Constituição Federal:

> *Art. 18 [...]*
>
> *§ 4º A criação, a incorporação, a fusão e o desmembramento de Municípios, far-se-ão por lei estadual, dentro do período determinado por Lei Complementar Federal, e dependerão de consulta prévia, mediante plebiscito, às populações dos Municípios envolvidos, após divulgação dos Estudos de Viabilidade Municipal, apresentados e publicados na forma da lei.*
>
> *Art. 25, § 2º Cabe aos Estados explorar diretamente, ou mediante concessão, os serviços locais de gás canalizado, na forma da lei, vedada a edição de medida provisória para a sua regulamentação.*
>
> *§ 3º Os Estados poderão, mediante lei complementar, instituir regiões metropolitanas, aglomerações urbanas e microrregiões, constituídas por agrupamentos de municípios limítrofes, para integrar a organização, o planejamento e a execução de funções públicas de interesse comum.*

Para os Municípios, a Constituição previu dois tipos de competência legislativa: exclusiva e suplementar. A legislativa exclusiva dos Municípios está prevista no art. 30, I, o qual menciona que os Municípios possuem competência para legislar sobre assuntos de interesse local:

> *Art. 30 Compete aos Municípios:*
>
> *I – Legislar sobre assuntos de interesse local.*

A competência legislativa suplementar está prevista no art. 30, II, que permite aos Municípios legislar de forma suplementar a Legislação Federal e Estadual:

> *Art. 30 Compete aos Municípios: [...]*
>
> *II – Suplementar a legislação federal e a estadual no que couber.*

Por fim, nós há a competência legislativa do Distrito Federal que, conforme já dito, é híbrida, permitindo ao Distrito Federal legislar sobre as matérias de competência dos estados e dos municípios. Apesar dessa competência ampla, a Constituição resolveu estabelecer algumas limitações a sua autonomia legislativa excluindo algumas matérias de sua competência. Segundo o art. 21, incisos XIII e XIV da Constituição Federal de 1988, o Distrito Federal não possui competência para organizar e legislar sobre alguns dos seus órgãos: Poder Judiciário, Polícia Militar, Corpo de Bombeiros Militar e Polícia Civil.

> *Art. 21 Compete à União:[...]*
>
> *XIII – Organizar e manter o Poder Judiciário, o Ministério Público do Distrito Federal e dos Territórios e a Defensoria Pública dos Territórios.*
>
> *XIV – organizar e manter a polícia civil, a polícia penal, a polícia militar e o corpo de bombeiros militar do Distrito Federal, bem como prestar assistência financeira ao Distrito Federal para a execução de serviços públicos, por meio de fundo próprio;*

> **Dicas para os concursos**
>
> Não se deve confundir as competências exclusivas com as privativas da União. **Competência exclusiva** é administrativa e indelegável. **Competência privativa** é legislativa e delegável. Não se deve confundir as **competências comuns** com as **concorrentes**. **Competência comum** é comum a todos os entes e é administrativa. **Competência concorrente** é só para União, estados e o Distrito Federal além de ser legislativa. Município tem competência comum, mas não tem concorrente.

Competências administrativas
- União
  - Exclusiva (art. 21)
  - Comum (art. 23)
- Estados
  - Comum (art. 23)
  - Residual, reservada, remanescente (art. 25, §1º)
- Municípios
  - Comum (art. 23)
  - Exclusiva (art. 30, III-IX)
- Distrito Federal
  - Competência híbrida

Competências legislativas
- União
  - Privativa (art. 22)
  - Concorrente (art. 24)
- Estados
  - Concorrente suplementar (art. 24)
  - Residual reservada remanescente (art. 25, §1º)
  - Por delegação da União (art. 22, parágrafo único)
  - Expressos (art. 25, §§2º e 3º)
- Municípios
  - Exclusiva (art. 30, I)
  - Suplementar ao Estado (art. 30, II)
- Distrito Federal
  - Competência híbrida (Estados e Municípios)

8.2 Intervenção

A Constituição Federal de 1988 está assentada no princípio federativo como forma de Estado adotada no Brasil. O fato de sermos uma federação reflete inúmeras características, dentre as quais se destaca a autonomia de cada ente federativo. A autonomia é atributo inerente aos entes federativos que exclui a possibilidade de hierarquia entre eles bem como a possibilidade de intervenção de um ente federativo no outro.

A regra constitucional é a da não intervenção. Contudo, excepcionalmente, a Constituição Federal de 1988 previu hipóteses taxativas que permitem a um ente federativo intervir em outro ente em situações que visem à preservação da unidade do pacto federativo, a garantia da soberania nacional e de princípios fundamentais.

A União poderá intervir nos estados e no Distrito Federal e os estados poderão intervir em seus Municípios. A União não pode intervir em município, salvo se for um município pertencente a Território Federal. Destaca-se, novamente, que a possibilidade de intervenção é uma exceção e só poderá ocorrer nas hipóteses taxativamente elencadas na Constituição Federal de 1988.

Outra regra comum às intervenções é que a competência para as decretar é exclusiva do chefe do Poder Executivo. Se a intervenção é federal, a competência para decretar é do Presidente da República. Se a intervenção é estadual, a competência é do Governador de Estado.

A seguir serão abordadas as espécies de intervenção.

8.2.1 Intervenção federal

A intervenção federal é a intervenção da União nos Estados ou nos Municípios pertencentes aos Territórios Federais e será decretada pelo Presidente da República.

Como dito anteriormente, a possibilidade de intervenção federal constitui exceção prevista em rol taxativo, conforme disposto no art. 34:

> *Art. 34 A União não intervirá nos Estados nem no Distrito Federal, exceto para:*
>
> *I – Manter a integridade nacional;*
>
> *II – Repelir invasão estrangeira ou de uma unidade da Federação em outra;*
>
> *III – Pôr termo a grave comprometimento da ordem pública;*
>
> *IV – Garantir o livre exercício de qualquer dos Poderes nas unidades da Federação;*
>
> *V – Reorganizar as finanças da unidade da Federação que:*
>
> *a) suspender o pagamento da dívida fundada por mais de dois anos consecutivos, salvo motivo de força maior;*
>
> *b) deixar de entregar aos Municípios receitas tributárias fixadas nesta Constituição, dentro dos prazos estabelecidos em lei;*
>
> *VI – Prover a execução de lei federal, ordem ou decisão judicial;*
>
> *VII – Assegurar a observância dos seguintes princípios constitucionais:*
>
> *a) forma republicana, sistema representativo e regime democrático;*
>
> *b) direitos da pessoa humana;*
>
> *c) autonomia municipal;*
>
> *d) prestação de contas da Administração Pública, direta e indireta;*
>
> *e) aplicação do mínimo exigido da receita resultante de impostos estaduais, compreendida a proveniente de transferências, na manutenção e desenvolvimento do ensino e nas ações e serviços públicos de saúde.*

A partir desse artigo, a doutrina classificou a intervenção federal em dois tipos:

- **Intervenção federal espontânea:** ou de ofício, é aquela em que o Chefe do Poder Executivo, de forma discricionária, decreta a intervenção independentemente de provocação de outros órgãos. A decretação de ofício ocorrerá nas hipóteses previstas nos incisos I, II, III do art. 34:

> *Art. 34 A União não intervirá nos Estados nem no Distrito Federal, exceto para:*
>
> *I – Manter a integridade nacional;*
>
> *II – Repelir invasão estrangeira ou de uma unidade da Federação em outra;*
>
> *III – Pôr termo a grave comprometimento da ordem pública.*

- **Intervenção federal provocada:** é aquela que depende da provocação dos órgãos legitimados pela Constituição Federal de 1988, conforme o art. 36:

> *Art. 36 A decretação da intervenção dependerá:*
>
> *I – No caso do art. 34, IV, de solicitação do Poder Legislativo ou do Poder Executivo coacto ou impedido, ou de requisição do Supremo Tribunal Federal, se a coação for exercida contra o Poder Judiciário;*
>
> *II – No caso de desobediência a ordem ou decisão judiciária, de requisição do Supremo Tribunal Federal, do Superior Tribunal de Justiça ou do Tribunal Superior Eleitoral;*
>
> *III – De provimento, pelo Supremo Tribunal Federal, de representação do Procurador-geral da República, na hipótese do art. 34, VII, e no caso de recusa à execução de lei federal.*

A provocação se dá por meio de solicitação ou requisição. A solicitação não obriga o Presidente da República a decretar a medida, ao contrário da requisição, que está revestida de obrigatoriedade na qual caberá ao presidente apenas executá-la.

A decretação de intervenção federal por solicitação ocorrerá na hipótese do art. 34, inciso IV, a qual compete ao Poder Executivo ou Legislativo das Unidades da Federação solicitar a execução da medida quando se acharem coagidos ou impedidos de executarem suas atribuições constitucionais.

A decretação de intervenção federal por requisição ocorrerá nas hipóteses previstas no art. 34, incisos IV, VI e VII. No inciso IV, a requisição caberá ao Supremo Tribunal Federal quando a coação for exercida contra o Poder Judiciário. No inciso VI, a requisição virá do STF, STJ ou do TSE quando houver desobediência de ordem judicial. Nos incisos VI e VII, a requisição será do Supremo quando houver representação interventiva feita pelo Procurador Geral da República nos casos de recusa de execução de lei federal ou ofensa aos princípios sensíveis.

O decreto interventivo especificará todas as condições em que ocorrerá a medida e terá eficácia imediata após a sua decretação pelo Presidente da República. Após sua decretação, a medida será submetida a apreciação do Congresso Nacional no prazo de 24 horas:

> *Art. 36 [...]*
>
> *§ 1º O decreto de intervenção, que especificará a amplitude, o prazo e as condições de execução e que, se couber, nomeará o interventor, será submetido à apreciação do Congresso Nacional ou da Assembleia Legislativa do Estado, no prazo de vinte e quatro horas.*
>
> *§ 2º Se não estiver funcionando o Congresso Nacional ou a Assembleia Legislativa, far-se-á convocação extraordinária, no mesmo prazo de vinte e quatro horas.*

Caberá ao Congresso Nacional aprovar ou suspender a execução da Intervenção:

> *Art. 49 É da competência exclusiva do Congresso Nacional:[...]*
>
> *IV – Aprovar o estado de defesa e a intervenção federal, autorizar o estado de sítio, ou suspender qualquer uma dessas medidas.*

Nas hipóteses de intervenção decretada por requisição do Poder Judiciário previstas no art. 34, VI e VII, a Constituição dispensou a necessidade e apreciação do Congresso Nacional, destacando que, nesses casos, o decreto limitar-se-á à suspensão do ato impugnado, caso essa medida seja suficiente para conter a crise. Se a mera suspensão do ato não restabelecer a normalidade, poderão ser adotadas outras medidas com o mesmo objetivo:

> *Art. 36 [...]*
>
> *§ 3º Nos casos do art. 34, VI e VII, ou do art. 35, IV, dispensada a apreciação pelo Congresso Nacional ou pela Assembleia Legislativa, o decreto limitar-se-á a suspender a execução do ato impugnado, se essa medida bastar ao restabelecimento da normalidade.*

Não podemos esquecer que nos casos de intervenção espontânea ou provocada por solicitação, o Presidente deverá consultar, antes da decretação, o Conselho da República e o Conselho da Defesa Nacional que emitirão parecer opinativo sobre a situação:

> *Art. 90 Compete ao Conselho da República pronunciar-se sobre:*
>
> *I – Intervenção federal, estado de defesa e estado de sítio;*
>
> *Art. 91 [...]*
>
> *§ 1º Compete ao Conselho de Defesa Nacional:[...]*
>
> *II – Opinar sobre a decretação do estado de defesa, do estado de sítio e da intervenção federal.*

ORGANIZAÇÃO POLÍTICO-ADMINISTRATIVA

Cessando a crise, a ordem será restabelecida, inclusive com o retorno das autoridades públicas afastadas, caso não possuam outra incompatibilidade:

> *Art. 36 [...]*
>
> *§ 4º Cessados os motivos da intervenção, as autoridades afastadas de seus cargos a estes voltarão, salvo impedimento legal.*

Apesar de a Constituição Federal não mencionar sobre a possibilidade de controle judicial da intervenção, seria possível que ocorresse este controle caso os limites constitucionais estabelecidos fossem desrespeitados. Ressalta-se que contra a intervenção em si não cabe atuação do Poder Judiciário, considerando ser essa uma medida de natureza política.

8.2.2 Intervenção estadual

A intervenção estadual poderá ocorrer nos Municípios localizados em seu território mediante decreto do Governador do Estado nas hipóteses previstas no art. 35:

> *Art. 35 O Estado não intervirá em seus Municípios, nem a União nos Municípios localizados em Território Federal, exceto quando:*
>
> *I – Deixar de ser paga, sem motivo de força maior, por dois anos consecutivos, a dívida fundada;*
>
> *II – Não forem prestadas contas devidas, na forma da lei;*
>
> *III – Não tiver sido aplicado o mínimo exigido da receita municipal na manutenção e desenvolvimento do ensino e nas ações e serviços públicos de saúde;*
>
> *IV – O Tribunal de Justiça der provimento a representação para assegurar a observância de princípios indicados na Constituição Estadual, ou para prover a execução de lei, de ordem ou de decisão judicial.*

Devem ser atendidos os mesmos requisitos da intervenção federal: temporariedade, controle político pelo legislativo e decreto do Chefe do Executivo.

Na hipótese do inciso IV, a intervenção dependerá de representação interventiva do Procurador-geral de Justiça, sendo dispensada a apreciação da Assembleia Legislativa. Segundo o STF, essa decisão do Tribunal de Justiça que autoriza a intervenção do Estado no Município possui natureza político-administrativa e tem caráter definitivo, sendo insuscetível de recurso extraordinário para o STF.

9 ADMINISTRAÇÃO PÚBLICA

9.1 Conceito

Primeiramente, faz-se necessário conceituar a Administração Pública, remetendo ao *caput* do art. 37, Constituição Federal de 1988.

> *Art. 37 A Administração Pública direta e indireta de qualquer dos Poderes da União, dos Estados, do Distrito Federal e dos Municípios obedecerá aos princípios de legalidade, impessoalidade, moralidade, publicidade e eficiência e, também, ao seguinte:*

Neste primeiro momento, deve-se entender que alguns termos que aparecem no art. 37. O conceito da Administração Pública deve ser visto sob dois aspectos. Sob a perspectiva objetiva, a Administração Pública constitui a atividade desenvolvida pelo poder público, que tem como função a satisfação do interesse público. Sob a perspectiva subjetiva, Administração Pública é o conjunto de órgãos e pessoas jurídicas que desempenham a atividade administrativa. Interessa aqui conhecer a Administração Pública sob essa última perspectiva, a qual se classifica em Administração Direta e Indireta.

- **Administração Pública Direta**: é formada por pessoas jurídicas de direito público, ou pessoas políticas, entes que possuem personalidade jurídica e autonomia própria. São entes da Administração Pública Direta a União, os Estados, o Distrito Federal e os municípios. Esses entes são pessoas jurídicas de Direito Público que exercem as atividades administrativas por meio dos órgãos e agentes pertencentes aos Poderes Executivo, Legislativo e Judiciário. Os órgãos não são dotados de personalidade jurídica própria, pois agem em nome da pessoa jurídica a qual estão vinculados.
- **Administração Pública Indireta**: é formada por pessoas jurídicas próprias, de direito público ou privado, que executam atividades do Estado por meio da descentralização administrativa. São os entes da Administração Indireta as Autarquias, Fundações Públicas, Sociedades de Economia Mista e Empresas Públicas.

Segundo a Constituição Federal de 1988, a Administração Pública, seja ela direta ou indireta, pertencente a qualquer dos Poderes, deverá obedecer aos Princípios da legalidade, impessoalidade, moralidade, publicidade e eficiência, os quais serão estudados agora.

9.2 Princípios expressos da Administração Pública

Os princípios que regem a Administração Pública são verdadeiros parâmetros que orientam o desenvolvimento da atividade administrativa, os quais são de observância obrigatória. A Administração é regida por princípios expressos e princípios implícitos. Primeiramente vamos analisar os princípios expressos no texto constitucional, que são: legalidade, impessoalidade, moralidade, publicidade e eficiência.

9.2.1 Legalidade

Esse é o primeiro princípio expresso na Constituição Federal para a Administração Pública. Para se entender o princípio da legalidade, é preciso analisar suas duas acepções: a legalidade em relação aos particulares e a legalidade em relação à Administração Pública.

Para os particulares, a legalidade remete ao art. 5º da Constituição: significa que ele poderá fazer tudo o que não for proibido por lei, conforme já previa o art. 5º, inciso II da Constituição Federal de 1988:

> *II – ninguém será obrigado a fazer ou deixar de fazer alguma coisa senão em virtude de lei.*

Já em relação à Administração Pública, a legalidade impõe uma conduta mais rigorosa exigindo que se faça apenas o que estiver determinado por lei ou que seja permitido pela lei: quando se fala em lei, trata-se daquela em sentido estrito, ou em sentido formal, porque há exceções à aplicação do princípio da legalidade que já apareceram em prova, como a medida provisória, o estado de defesa e o estado de sítio; por isso, esse princípio não deve ser encarado de forma absoluta.

A medida provisória é exceção, pois é ato emitido pelo chefe do Poder Executivo, porque com sua publicação já produz efeitos na sociedade; em seguida, temos os sistemas constitucionais de crises, sendo exceções, porque o decreto que rege essas medidas prevê algumas situações excepcionais, com amparo constitucional, então são exceções à legalidade, mas com fundamento constitucional. O agente público, ao agir, deverá pautar sua conduta segundo a lei.

9.2.2 Impessoalidade

Esse princípio exige do administrador uma postura isenta de interesses pessoais. Ele não poderá agir com o fim de atender suas próprias vontades. Agir de forma impessoal é agir visando a atender o interesse público. A impessoalidade deve ser enxergada sob duas perspectivas: finalidade da atuação administrativa e proibição da promoção pessoal. A impessoalidade deve ser vista sob duas perspectivas: primeiro, a impessoalidade se confunde com interesse público; segundo, a impessoalidade é a proibição da autopromoção, ou seja, vedação à promoção pessoal.

A título exemplificativo, para a finalidade da atuação administrativa, que será sempre a satisfação do interesse público em benefício da coletividade, é que se realizam os concursos públicos para contratação de pessoal e licitação para contratação dos serviços pela Administração Pública, são formas exigidas por lei que garantem o referido princípio. Isso impede que o administrador atue satisfazendo seus interesses pessoais.

Nesse sentido, fica proibida a vinculação da imagem do administrador a obras e propagandas não se permitindo também a vinculação da sigla do partido. Ressalte-se ainda o teor da Súmula Vinculante nº 13 do STF, que veda a prática de nepotismo:

> *Súmula Vinculante nº 13 A nomeação de cônjuge, companheiro ou parente em linha reta, colateral ou por afinidade, até o terceiro grau, inclusive, da autoridade nomeante ou de servidor da mesma pessoa jurídica, investido em cargo de direção, chefia ou assessoramento, para o exercício de cargo em comissão ou de confiança, ou, ainda, de função gratificada na Administração Pública direta e indireta, em qualquer dos Poderes da União, dos Estados, do Distrito Federal e dos municípios, compreendido o ajuste mediante designações recíprocas, viola a Constituição Federal.*

A impessoalidade também proíbe a promoção pessoal. O administrador público não poderá se utilizar da máquina administrativa para promover sua própria imagem. Veja o que diz o art. 37, § 1º diz:

> *§1º A publicidade dos atos, programas, obras, serviços e campanhas dos órgãos públicos deverá ter caráter educativo, informativo ou de orientação social, dela não podendo constar nomes, símbolos ou imagens que caracterizem promoção pessoal de autoridades ou servidores públicos.*

Notemos que esse parágrafo tem como objetivo trazer de forma expressa a proibição da vinculação da imagem do agente público com as obras e serviços realizadas durante seu mandato, nesse sentido, já existe proibição da utilização inclusive da sigla do partido.

9.2.3 Moralidade

Não é possível se definir o que é, mas é possível compreender por meio da interpretação das normas. Esse princípio prevê que o administrador deve agir conforme os fins públicos. Por esse princípio, ao administrador não basta fazer tudo conforme a lei. É importante o faça de boa-fé, respeitando os preceitos éticos, com probidade e justiça. E aqui não se fala em moral comum, mas em uma moral jurídica ou política.

A não observância do referido princípio poderá ser combatida por meio da Ação Popular, conforme prevê o art. 5º, inciso LXXIII da Constituição Federal de 1988:

> LXXIII – Qualquer cidadão é parte legítima para propor ação popular que vise a anular ato lesivo ao patrimônio público ou de entidade de que o Estado participe, à moralidade administrativa, ao meio ambiente e ao patrimônio histórico e cultural, ficando o autor, salvo comprovada má-fé, isento de custas judiciais e do ônus da sucumbência.

Ressalte-se também que, se o agente público agir em desconformidade com o princípio de moralidade, sua conduta poderá ensejar a ação de improbidade administrativa, a qual é punida nos termos do art. 37, § 4º:

> § 4º Os atos de improbidade administrativa importarão a suspensão dos direitos políticos, a perda da função pública, a indisponibilidade dos bens e o ressarcimento ao erário, na forma e gradação previstas em lei, sem prejuízo da ação penal cabível.

9.2.4 Publicidade

A publicidade como princípio também poderá ser analisada sob duas acepções: a primeira delas é a publicidade como condição de eficácia do ato administrativo; a segunda, como forma de se garantir a transparência destes mesmos atos.

Como condição de eficácia do ato administrativo, a publicidade muito aparece em prova; o examinador costuma dizer que a publicidade é requisito de validade do ato administrativo, mas isso é errado, porque validade e eficácia são diferentes. A publicidade é necessária, pois é a forma de tornar conhecido o conteúdo do ato, principalmente se esse ato for capaz de produzir efeitos externos ou que ensejem ônus para o patrimônio público. Em regra, a publicidade se dá pelos meios de comunicação oficiais, como o Diário Oficial da União.

A publicidade também tem a função de garantir a transparência do ato administrativo. É uma forma dos administrados fiscalizarem a atuação do poder público. Apesar de sua importância, nesse aspecto a publicidade encontra limitação na própria Constituição que prevê a possibilidade de sigilo dos atos administrativos todas as vezes que for necessário para preservar a segurança da sociedade e do Estado:

> Art. 5º [...]
> XXXIII – Todos têm direito a receber dos órgãos públicos informações de seu interesse particular, ou de interesse coletivo ou geral, que serão prestadas no prazo da lei, sob pena de responsabilidade, ressalvadas aquelas cujo sigilo seja imprescindível à segurança da sociedade e do Estado.

9.2.5 Eficiência

O princípio da eficiência foi o último incluído no rol dos princípios, em razão da reforma administrativa promovida pela Emenda Constitucional nº 19/1998. A sua inserção como princípio expresso está relacionada a necessidade de produção de resultados satisfatórios a sociedade. A Administração Pública deve ter produtividade em suas atividades como se fosse iniciativa privada.

Como forma de garantir uma nova postura na prestação dos seus serviços, esse princípio exige que as ações sejam praticadas com celeridade, perfeição, visando a atingir ótimos resultados, sempre tendo como destinatário o bem-estar do administrado. A celeridade dos processos encontra-se prevista no art. 5º, inciso LXXVIII da Constituição Federal de 1988:

> LXXVIII – A todos, no âmbito judicial e administrativo, são assegurados a razoável duração do processo e os meios que garantam a celeridade de sua tramitação.

Em respeito ao princípio da eficiência, a Constituição Federal previu formas de participação do administrado como fiscal da Administração Pública:

> Art. 37 [...]
> § 3º A lei disciplinará as formas de participação do usuário na Administração Pública direta e indireta, regulando especialmente:
> I – As reclamações relativas à prestação dos serviços públicos em geral, asseguradas a manutenção de serviços de atendimento ao usuário e a avaliação periódica, externa e interna, da qualidade dos serviços;
> II – O acesso dos usuários a registros administrativos e a informações sobre atos de governo, observado o disposto no art. 5º, X e XXXIII;
> III – A disciplina da representação contra o exercício negligente ou abusivo de cargo, emprego ou função na Administração Pública.

Decorre desse princípio, ainda, a necessidade de avaliação de desempenho para concessão da estabilidade ao servidor público em estágio probatório, bem como a existência da avaliação periódica de desempenho como uma das condições para perda do cargo nos termos do art. 41 da Constituição Federal de 1988:

> Art. 41 São estáveis após três anos de efetivo exercício os servidores nomeados para cargo de provimento efetivo em virtude de concurso público.
> § 1º O servidor público estável só perderá o cargo:
> I – Em virtude de sentença judicial transitada em julgado;
> II – Mediante processo administrativo em que lhe seja assegurada ampla defesa;
> III – Mediante procedimento de avaliação periódica de desempenho, na forma de lei complementar, assegurada ampla defesa.
> § 2º Invalidada por sentença judicial a demissão do servidor estável, será ele reintegrado, e o eventual ocupante da vaga, se estável, reconduzido ao cargo de origem, sem direito a indenização, aproveitado em outro cargo ou posto em disponibilidade com remuneração proporcional ao tempo de serviço.
> § 3º Extinto o cargo ou declarada a sua desnecessidade, o servidor estável ficará em disponibilidade, com remuneração proporcional ao tempo de serviço, até seu adequado aproveitamento em outro cargo.
> § 4º Como condição para a aquisição da estabilidade, é obrigatória a avaliação especial de desempenho por comissão instituída para essa finalidade.

Princípios expressos

Legalidade → fazer aquilo que a lei determina.
Impessoalidade → agir conforme fins públicos/vedação à promoção pessoal.
Moralidade → agir conforme a ética, a probidade e a justiça.
Publicidade → condição de eficácia dos atos/garantia da transparência.
Eficiência → gestão de bons resultados.

9.3 Princípios implícitos da Administração Pública

Além dos princípios expressamente previstos no *caput* do art. 37 da Constituição Federal de 1988 (legalidade, impessoalidade, moralidade, publicidade e eficiência), a doutrina elenca outros como princípios gerais de direito que decorrem da interpretação constitucional. Vejamos a seguir.

9.3.1 Supremacia do interesse público

Esse princípio é tido pela doutrina como um dos pilares do regime jurídico administrativo. Nesse sentido, o Estado representa o interesse público ou da coletividade, e a coletividade, em regra, deve prevalecer sobre o interesse privado. A Administração Pública, em sua relação com os administrados tem prevalência sobre o interesse privado.

O Regime Democrático adotado no Estado brasileiro confere à Administração Pública o poder de representar os interesses da sociedade, é nessa relação que vamos desenvolver a supremacia do interesse público, que decorre da relação de verticalidade entre o Estado e os particulares.

Esse princípio não goza de caráter absoluto, pois o Estado também age como se fosse particular em suas relações jurídicas, geralmente econômicas, por exemplo, o Estado não pode abusar da autoridade estatal sobre os direitos e princípios fundamentais dos administrados, já que esses são os limites da supremacia do interesse público.

Decorre desse princípio o poder de império exercido pela Administração Pública, a qual poderá impor sua vontade ao particular de forma coercitiva, podendo inclusive restringir seus direitos e impor obrigações, como ocorre no caso da desapropriação e requisição administrativa. Logicamente, esse princípio não goza de caráter absoluto, não tendo aplicabilidade nos atos praticados de mera gestão administrativa ou quando o poder público atua como particular nas relações econômicas.

9.3.2 Indisponibilidade do interesse público

Juntamente com a Supremacia do interesse público, o Princípio da indisponibilidade do interesse público forma a base do regime jurídico-administrativo. Por esse princípio, a Administração Pública não pode ser vista como dona da coisa pública, mas apenas gestora. A coisa pública pertence ao povo, e o Estado é o responsável pelo cuidado ou gestão da coisa pública.

Como limitação a esse princípio, existe o princípio da legalidade, que determina os passos e em que condições a Administração Pública pode se utilizar dos bens públicos, sempre respeitando a indisponibilidade do interesse público. Destaca-se ainda o papel que esse princípio exerce como limitador do princípio da supremacia do interesse público.

Um ponto importante a respeito desse princípio é que os bens públicos são indisponíveis, não pertencendo aos seus administradores ou aos seus agentes os quais estão proibidos, inclusive de renunciar a qualquer direito ou prerrogativa inerente ao Poder Público.

Na desapropriação, a Administração Pública pode retirar o bem de uma pessoa pelo fundamento da Supremacia do interesse público, por outro lado, em razão da Indisponibilidade do interesse público, há vedação à Administração Pública no sentido de não se apropriar de tal bem sem que o particular seja indenizado.

9.3.3 Razoabilidade e proporcionalidade

Esses princípios são, por vezes, vistos em separado pela doutrina; eles servem para a limitação da atuação administrativa, e devem ser vistos em conjunto, como unidade. A razoabilidade e a proporcionalidade decorrem do princípio do devido processo legal e são utilizados, principalmente, como limitador da discricionariedade administrativa, ainda mais quando o ato limitado restringe os direitos do administrado. Trata-se, portanto, de uma ferramenta para controle de legalidade que pode gerar a nulidade do ato administrativo. Ao pensar em razoabilidade e proporcionalidade, deve-se pensar em dois elementos que os identificam: adequação e necessidade.

A melhor forma de verificar a sua utilização prática é no caso concreto. Imagine uma fiscalização sanitária realizada pelo poder público em que o administrado é flagrado cometendo um ilícito sanitário, ou seja, encontra um produto com o prazo de validade vencido. Dependendo da infração cometida, será aplicada uma penalidade administrativa maior ou não. Com a aplicação dos princípios em tela, a penalidade deve ser necessária, adequada e equivalente à infração cometida. Os princípios garantem que a sanção aplicada não seja maior que a necessária para atingir o fim proposto pelo poder público. O que se busca é uma adequação entre os meios e os fins necessários, proibindo o excesso na aplicação das medidas.

Sem dúvida, esses princípios gerais de direito estão entre os mais utilizados atualmente nas decisões do Supremo Tribunal Federal, pois esses princípios são utilizados nas decisões para se adequar à lei ao caso concreto.

Em suma, esses princípios são a adequação dos meios com a finalidade proposta pela Administração Pública, com o fim de evitar os excessos cometidos pelo agente público. Em razão disso, também são conhecidos como a proibição do excesso, por isso, deve-se trabalhar a razoabilidade e a proporcionalidade como unidade.

9.3.4 Continuidade dos serviços públicos

Esse princípio se traduz pelo próprio nome. Ele exige que a atividade administrativa seja contínua, não sofra interrupções e seja adequada, com qualidade, para que não ocorram prejuízos tanto para a Administração quanto para os administrados. Apesar disso, há situações excepcionais, em que se permite a interrupção do serviço público. Existem limitações a esse princípio, tanto para a Administração, quanto para o particular que está incumbido de executar o serviço público, e sua atuação pode ser percebida no próprio direito de greve do servidor público que se encontra condicionado à observância da lei para ser exercido.

O poder de vinculação desse princípio é tão grande que o particular, ao prestar o serviço público por delegação, não poderá interrompê-lo ainda que a Administração Pública não cumpra sua parte no contrato. Significa dizer que o particular prejudicado no contrato administrativo **não poderá opor a exceção do contrato não cumprido**, ficando desobrigado apenas por decisão judicial transitada em julgado, ou seja, o particular não pode deixar de cumprir sua obrigação pelo não cumprimento por parte da administração, mas o particular pode deixar de prestar o serviço público quando determinado por decisão judicial.

O responsável pela prestação do serviço público só ficaria desobrigado da sua prestação em caso de emergência e desde que haja aviso prévio em situações de **segurança**, de **ordem técnica** ou mesmo por **inadimplência do usuário**.

9.3.5 Autotutela

Esse princípio permite que a Administração avalie e reveja seus próprios atos, tanto em relação à legalidade do ato, quanto ao aspecto do mérito. Essa possibilidade não impede o ato de ser apreciado pelo Poder Judiciário, limitando a verificação da legalidade, nunca o mérito. Quando o ato for revisto em razão de vício de legalidade, ocorre a anulação do ato, se a questão é de mérito (discricionariedade e oportunidade), a administração revoga seus atos.

Este princípio foi consagrado pelo Supremo por meio da Súmula Vinculante nº 473:

> *Súmula Vinculante nº 473, STF A administração pode anular seus próprios atos, quando eivados de vícios que os tornam ilegais, porque deles não se originam direitos; ou revogá-los, por motivo de conveniência ou oportunidade, respeitados os direitos adquiridos, e ressalvada, em todos os casos, a apreciação judicial.*

A autotutela dos atos administrativos não depende de provocação, podendo a administração analisar de ofício seus próprios atos. Essa é a ideia primordial da autotutela.

ADMINISTRAÇÃO PÚBLICA

9.3.6 Segurança jurídica

Esse princípio tem fundamento inicial já no art. 5º da Constituição Federal de 1988, que decorre da própria garantia fundamental à Segurança Jurídica; no que tange a sua aplicabilidade na Administração Pública, esse princípio evoca a impossibilidade de a lei nova prejudicar o direito adquirido, o ato jurídico perfeito e a coisa julgada, ou seja, esse princípio veda a aplicação retroativa de nova interpretação da norma administrativa, para que o administrado não seja surpreendido com inovações jurídicas.

Por se tratar de um direito fundamental, a Administração Pública fica obrigada a assegurar o seu cumprimento sob pena de ser responsabilizada.

9.4 Regras aplicáveis aos servidores públicos

Passamos agora a analisar as regras aplicáveis aos servidores públicos, as quais estão previstas nos arts. 37 a 41 da Constituição Federal de 1988.

9.4.1 Cargos, empregos e funções

Os primeiros dispositivos relacionados aos servidores públicos e que foram apresentados pela Constituição Federal regulamentam o acesso a cargos, empregos e funções públicas. Vejamos o que diz o art. 37, I e II da Constituição Federal de 1988:

> I – Os cargos, empregos e funções públicas são acessíveis aos brasileiros que preencham os requisitos estabelecidos em lei, assim como aos estrangeiros, na forma da lei;
>
> II – A investidura em cargo ou emprego público depende de aprovação prévia em concurso público de provas ou de provas e títulos, de acordo com a natureza e a complexidade do cargo ou emprego, na forma prevista em lei, ressalvadas as nomeações para cargo em comissão declarado em lei de livre nomeação e exoneração.

Ao iniciarmos este estudo, uma distinção se faz necessária: qual a diferença entre cargo, emprego e função pública?

- **Cargo público** é a unidade de competência ofertada por uma pessoa jurídica de direito público e ocupada por um agente público que tenha sido criado por lei com denominação específica e quantidade certa. Quem ocupa um cargo público fez concurso público e é submetido a um regime estatutário e pode ser de provimento efetivo ou em comissão.
- **Emprego público**, por sua vez, é a unidade de competência desempenhada por agentes contratados sob regime celetista, ou seja, quem ocupa um emprego público possui uma relação trabalhista com a Administração Pública.
- **Função pública** é a atribuição ocupada por quem não possui cargo ou emprego público. Ocorre em duas situações: nas contratações temporárias e nas atividades de confiança.

Os cargos, empregos e funções são acessíveis a todos os brasileiros e estrangeiros que preencherem os requisitos previstos em lei. Aos estrangeiros, o acesso é limitado, essa é norma de eficácia limitada, pois depende de regulamentação, como professores ou pesquisadores em universidades e instituições de pesquisa científica e tecnológica. Destaca-se ainda que existem cargos privativos de brasileiros natos, os quais estão previstos no art. 12, § 3º da Constituição Federal de 1988: presidente e vice-Presidente da República, presidente da Câmara dos Deputados, Presidente do Senado Federal, ministro do STF, oficial das forças armadas, carreira diplomática e ministro do estado da defesa.

O acesso aos cargos e empregos públicos depende de aprovação em concurso público de provas ou de provas e títulos dependendo do cargo a ser ocupado. A realização do concurso não será necessária para o preenchimento de cargos em comissão, haja vista serem de livre nomeação e exoneração. Estão obrigados a contratar por meio de concurso toda a Administração Pública direta e indireta, seja do Poder Executivo, Legislativo, ou Judiciário, seja da União, estados, Distrito Federal e municípios.

É importante ressaltar, neste momento, que a função pública aqui tratada não pode ser confundida com a função que todo agente da Administração Pública detém, que é aquele conjunto de atribuições inerentes ao cargo ou emprego; neste momento a função pública foi tratada como diferenciação do cargo e do emprego públicos. Em seguida, é necessário ressaltar que os cargos em comissão dispensam o concurso público, que é meio exigido para que se ocupe um cargo ou empregos públicos.

9.4.2 Validade do concurso público

A Constituição Federal de 1988 previu prazo de validade para os concursos públicos. Vejamos o que diz o art. 37, incisos III e IV:

> Art. 37 [...]
>
> III – O prazo de validade do concurso público será de até dois anos, prorrogável uma vez, por igual período;
>
> IV – Durante o prazo improrrogável previsto no edital de convocação, aquele aprovado em concurso público de provas ou de provas e títulos será convocado com prioridade sobre novos concursados para assumir cargo ou emprego, na carreira.

O prazo de validade será de **até dois anos**, podendo ser prorrogado apenas uma vez, por igual período. O prazo de validade passa a ser contado a partir da homologação do resultado. Este é o prazo que a Administração Pública terá para contratar ou nomear os aprovados para o preenchimento do emprego ou do cargo público, respectivamente.

Segundo posicionamento do STF, quem é aprovado dentro do número de vagas previstas no edital possui direito subjetivo à nomeação durante o prazo de validade do concurso. Uma forma de burlar esse sistema encontrado pela Administração Pública tem sido a publicação de edital com cadastro de reserva, que gera apenas uma expectativa de direito para quem foi classificado no concurso público.

Segundo a Constituição Federal de 1988, durante o prazo improrrogável do concurso, os aprovados terão prioridade na convocação diante dos novos concursados, o que não impede a abertura de novos certames apesar de a Lei nº 8.112/1990 proibir a abertura de novo concurso enquanto houver candidato aprovado no concurso anterior e desde que esteja dentro do prazo de validade. Na prova, deve-se responder conforme for perguntado. Se for segundo a Constituição Federal, não há proibição de realização de novo concurso enquanto existir outro com prazo de validade aberto. Se perguntar segundo a Lei nº 8.112/1990, não se abrirá novo concurso enquanto houver candidato aprovado em concurso anterior com prazo de validade não expirado.

9.4.3 Reserva de vaga para deficiente

Essa regra sobre concurso público é uma das mais importantes de inclusão social previstas no texto constitucional; é regra de ação afirmativa que visa à inserção social dos portadores de necessidades especiais, e compensar a perda social que alguns grupos têm. Possuindo valor social relevante, diz respeito à reserva de vagas para pessoas com necessidades especiais, que não podem ser tratados da mesma forma que as pessoas que estão em pleno vigor físico. Aqui, a isonomia deve ser material observando a nítida diferença entre os deficientes e os que não são. Vejamos o que dispõe a Constituição a respeito desse tema:

> Art. 37 [...]
>
> VIII – A lei reservará percentual dos cargos e empregos públicos para as pessoas portadoras de deficiência e definirá os critérios de sua admissão.

Por se tratar de norma de eficácia limitada, a Constituição exigiu regulamentação para este dispositivo o que foi feito, no âmbito federal, pela Lei nº 8.112/1990:

> *Art. 5 [...]*
>
> *§ 2º Às pessoas portadoras de deficiência é assegurado o direito de se inscrever em concurso público para provimento de cargo cujas atribuições sejam compatíveis com a deficiência de que são portadoras; para tais pessoas serão reservadas até 20% (vinte por cento) das vagas oferecidas no concurso.*

Esse dispositivo garante a reserva de até 20% das vagas oferecidas no concurso para os deficientes. Complementando esta norma, foi publicado o Decreto Federal nº 3.298/1999 que fixou o mínimo de 5% das vagas para deficientes, exigindo nos casos em que esse percentual gerasse número fracionado, que fosse arredondado para o próximo número inteiro. Essa proteção gerou um inconveniente nos concursos com poucas vagas, fazendo com que o STF interviesse e decidisse no sentido de que se a observância do mínimo de 5% ultrapassar o máximo de 20% não será necessário fazer a reserva da vaga. Isso é perfeitamente visível em concursos com duas vagas. Se fosse reservado o mínimo, ter-se-ia pelo menos 1 vaga para deficiente, o que corresponderia a 50% das vagas, ultrapassando assim o limite de 20% estabelecido em lei.

9.4.4 Funções de confiança e cargos em comissão

A Constituição Federal de 1988 prevê a existência das funções de confiança e os cargos em comissão:

> *Art. 37 [...]*
>
> *V – As funções de confiança, exercidas exclusivamente por servidores ocupantes de cargo efetivo, e os cargos em comissão, a serem preenchidos por servidores de carreira nos casos, condições e percentuais mínimos previstos em lei, destinam-se apenas às atribuições de direção, chefia e assessoramento.*

Existem algumas peculiaridades entre esses dois institutos que sempre são cobrados em prova. As funções de confiança são privativas de ocupantes de cargo efetivo, ou seja, para aquele que fez concurso público; já os cargos em comissão podem ser ocupados por qualquer pessoa, apesar de a Constituição estabelecer que deve se reservar um percentual mínimo para os ocupantes de cargo efetivo. Tanto as funções de confiança como os cargos em comissão destinam-se às atribuições de **direção, chefia** e **assessoramento**.

- **Funções de confiança:** livres designação e livres dispensa – são apenas para servidores públicos ocupantes de cargos efetivos, os quais serão designados para seu exercício podendo ser dispensados a critério da Administração Pública.
- **Cargos em comissão:** são de livre nomeação e livre exoneração, podendo ser ocupados por qualquer pessoa, servidor público ou não. A ocupação de um cargo em comissão por pessoa não detentora de cargo de provimento efetivo não gera direito de ser efetivado, muito menos de adquirir a estabilidade.

9.4.5 Contratação por tempo determinado

Outra forma de ingresso no serviço público é por meio de contratação por tempo determinado. A Constituição prevê:

> *Art. 37, IX. A lei estabelecerá os casos de contratação por tempo determinado para atender a necessidade temporária de excepcional interesse público.*

Nesse caso, temos uma norma de eficácia limitada, pois a Constituição não regulamenta, apenas prevê que uma lei vai regulamentar. Na contratação por tempo determinado, o contratado não ocupa cargo público nem possui vínculo trabalhista. Ele exercerá função pública de caráter temporário. Essa contratação tem que ser embasada em excepcional interesse público, questão emergencial. Em regra, faz-se o processo seletivo simplificado, podendo ser feito por meio de provas, entrevista ou até mesmo entrega de currículo; esse processo simplificado não pode ser confundido com o concurso público.

O seu contrato com a Administração Pública é regido por norma específica de regime especial que, no caso da esfera federal, será a Lei nº 8.745/1993. A referida lei traz várias hipóteses de contratação temporária para atender a essa necessidade excepcional.

9.5 Direitos sociais dos servidores públicos

Quando se fala em direitos sociais aplicáveis aos servidores públicos, significa dizer uma parcela dos direitos de natureza trabalhista prevista no art. 7º da Constituição Federal de 1988. Vejamos quais direitos sociais trabalhistas foram destinados a esses trabalhadores ocupantes de cargos públicos.

9.5.1 Direitos trabalhistas

A Constituição Federal não concedeu todos os direitos trabalhistas aos servidores públicos, mas apenas os previstos expressamente no texto constitucional no art. 39, § 3º:

> *Art. 39 [...]*
>
> *§ 3º Aplica-se aos servidores ocupantes de cargo público o disposto no art. 7º, IV, VII, VIII, IX, XII, XIII, XV, XVI, XVII, XVIII, XIX, XX, XXII e XXX, podendo a lei estabelecer requisitos diferenciados de admissão quando a natureza do cargo o exigir.*

Segundo esse dispositivo, foram garantidos os seguintes direitos sociais aos servidores públicos:

> *IV – Salário-mínimo, fixado em lei, nacionalmente unificado, capaz de atender a suas necessidades vitais básicas e às de sua família com moradia, alimentação, educação, saúde, lazer, vestuário, higiene, transporte e previdência social, com reajustes periódicos que lhe preservem o poder aquisitivo, sendo vedada sua vinculação para qualquer fim;*
>
> *VII – Garantia de salário, nunca inferior ao mínimo, para os que percebem remuneração variável;*
>
> *VIII – Décimo terceiro salário com base na remuneração integral ou no valor da aposentadoria;*
>
> *IX – Remuneração do trabalho noturno superior à do diurno;*
>
> *XII – Salário-família pago em razão do dependente do trabalhador de baixa renda nos termos da lei;*
>
> *XIII – Duração do trabalho normal não superior a oito horas diárias e quarenta e quatro semanais, facultada a compensação de horários e a redução da jornada, mediante acordo ou convenção coletiva de trabalho;*
>
> *XV – Repouso semanal remunerado, preferencialmente aos domingos;*
>
> *XVI – Remuneração do serviço extraordinário superior, no mínimo, em cinquenta por cento à do normal;*
>
> *XVII – Gozo de férias anuais remuneradas com, pelo menos, um terço a mais do que o salário normal;*
>
> *XVIII – Licença à gestante, sem prejuízo do emprego e do salário, com a duração de cento e vinte dias;*
>
> *XIX – Licença-paternidade, nos termos fixados em lei;*
>
> *XX – Proteção do mercado de trabalho da mulher, mediante incentivos específicos, nos termos da lei;*
>
> *XXII – Redução dos riscos inerentes ao trabalho, por meio de normas de saúde, higiene e segurança;*
>
> *XXX – Proibição de diferença de salários, de exercício de funções e de critério de admissão por motivo de sexo, idade, cor ou estado civil.*

A experiência de ler os incisos destinados aos servidores públicos é muito importante para que você acerte em prova. O fato de outros direitos trabalhistas do art. 7º não terem sido previstos no art. 39 não significa que tais direitos não sejam concedidos aos servidores públicos.

ADMINISTRAÇÃO PÚBLICA

Ocorre que alguns direitos trabalhistas conferidos aos servidores públicos estão disciplinados em outros lugares na própria Constituição ou em leis esparsas. A título de exemplo, pode-se citar o direito à aposentadoria, que apesar de não ter sido referido no art. 39, § 3º, encontra-se previsto expressamente no art. 40 da Constituição Federal de 1988.

9.5.2 Liberdade de associação sindical

A Constituição Federal garante aos servidores públicos o direito à associação sindical:

> *Art. 37 [...]*
> *VI – É garantido ao servidor público civil o direito à livre associação sindical.*

A Constituição Federal de 1988 concede ao servidor público civil o direito à associação sindical. Dessa forma, a livre associação profissional ou sindical não é garantida aos militares em razão da peculiaridade do seu regime jurídico, cuja vedação está prevista na própria Constituição Federal:

> *Art. 142 [...]*
> *IV – Ao militar são proibidas a sindicalização e a greve.*

Segundo a doutrina, trata-se de uma norma autoaplicável, a qual não depende de regulamentação para ser exercida, pois o servidor pode prontamente usufruir desse direito.

9.5.3 Direito de greve

Segundo o art. 37, inciso VII, da Constituição Federal de 1988:

> *VII – O direito de greve será exercido nos termos e nos limites definidos em lei específica;*

O direito de greve, previsto na Constituição Federal aos servidores públicos, condiciona o seu exercício a uma norma regulamentadora, por isso é uma norma de eficácia limitada.

Como até o presente momento a necessária lei não foi publicada, o Supremo Tribunal Federal adotou a Teoria Concretista Geral, a partir da análise do Mandado de Injunção, e fez com que o direito de greve tivesse efetividade e conferiu efeito *erga omnes* à decisão, ou seja, os seus efeitos atingem todos os servidores públicos, ainda que aquele não tenha ingressado com ação judicial para exercer seu direito de greve.

A partir disso, segundo o STF, os servidores públicos de todo o país poderão se utilizar do seu direito de greve nos termos da Lei nº 7.783/1989, a qual regulamenta o direito de greve dos trabalhadores da iniciativa privada.

Ressalte-se que o direito de greve, juntamente com o de associação sindical, não se aplica aos militares pelos mesmos motivos já apresentados ao analisarmos o direito de liberdade de associação sindical.

9.5.4 Vedação à acumulação de cargos, empregos e funções públicas

A Constituição achou por bem regular a acumulação de cargos públicos no art. 37, incisos XVI e XVII:

> *XVI – É vedada a acumulação remunerada de cargos públicos, exceto, quando houver compatibilidade de horários, observado em qualquer caso o disposto no inciso XI:*
> *a) a de dois cargos de professor;*
> *b) a de um cargo de professor com outro técnico ou científico;*
> *c) a de dois cargos ou empregos privativos de profissionais de saúde, com profissões regulamentadas;*
> *XVII – A proibição de acumular estende-se a empregos e funções e abrange autarquias, fundações, empresas públicas, sociedades de economia mista, suas subsidiárias, e sociedades controladas, direta ou indiretamente, pelo poder público;*

Segundo o texto constitucional, em regra, é vedada a acumulação de cargos públicos, ressalvadas as hipóteses previstas na própria Constituição Federal de 1988 e quando houver compatibilidade de horário.

Além dessas hipóteses, a CF/1988/1988 também previu a acumulação lícita em outros casos, observemos:

- **Magistrado + magistério:** é permitida a acumulação de um cargo de juiz com um de professor:

> *Art. 95 [...]*
> *Parágrafo único. Aos juízes é vedado:*
> *I – Exercer, ainda que em disponibilidade, outro cargo ou função, salvo uma de magistério.*

- **Membro do Ministério Público + Magistério:** é permitida a acumulação de um cargo de Membro do Ministério Público com um de professor:

> *Art. 128 [...]*
> *§ 5º. Leis complementares da União e dos Estados, cuja iniciativa é facultada aos respectivos Procuradores-Gerais, estabelecerão a organização, as atribuições e o estatuto de cada Ministério Público, observadas, relativamente a seus membros: [...]*
> *II – As seguintes vedações:*
> *d) exercer, ainda que em disponibilidade, qualquer outra função pública, salvo uma de magistério.*

- **Cargo Eletivo + cargo, emprego ou função pública:** é permitida a acumulação de um cargo eletivo com um cargo emprego ou função pública:

> *Art. 38 Ao servidor público da administração direta, autárquica e fundacional, no exercício de mandato eletivo, aplicam-se as seguintes disposições:*
> *I – Tratando-se de mandato eletivo federal, estadual ou distrital, ficará afastado de seu cargo, emprego ou função;*
> *II – Investido no mandato de Prefeito, será afastado do cargo, emprego ou função, sendo-lhe facultado optar pela sua remuneração;*
> *III – Investido no mandato de Vereador, havendo compatibilidade de horários, perceberá as vantagens de seu cargo, emprego ou função, sem prejuízo da remuneração do cargo eletivo, e, não havendo compatibilidade, será aplicada a norma do inciso anterior;*
> *IV – Em qualquer caso que exija o afastamento para o exercício de mandato eletivo, seu tempo de serviço será contado para todos os efeitos legais, exceto para promoção por merecimento;*
> *V – Na hipótese de ser segurado de regime próprio de previdência social, permanecerá filiado a esse regime, no ente federativo de origem.*

A proibição de acumular se estende à percepção de remuneração e aposentadoria. Vejamos o que diz o §10º do art. 37:

> *§ 10 É vedada a percepção simultânea de proventos de aposentadoria decorrentes do art. 40 ou dos Arts. 42 e 142 com a remuneração de cargo, emprego ou função pública, ressalvados os cargos acumuláveis na forma desta Constituição, os cargos eletivos e os cargos em comissão declarados em lei de livre nomeação e exoneração.*

Aqui, a acumulação dos proventos da aposentadoria com a remuneração será permitida nos casos em que são autorizadas a acumulação dos cargos, ou, ainda, quando acumular com cargo em comissão e cargo eletivo. Significa dizer ser possível a acumulação dos proventos da aposentadoria de um cargo, emprego ou função pública com a remuneração de cargo, emprego ou função pública.

A Constituição Federal de 1988 também vedou a percepção de mais de uma aposentadoria, ressalvados os casos de acumulação de cargos permitida, ou seja, o indivíduo pode acumular as aposentadorias dos cargos que podem ser acumulados:

> *Art. 40 [...]*
> *§ 6º Ressalvadas as aposentadorias decorrentes dos cargos acumuláveis na forma desta Constituição, é vedada a percepção de mais de uma aposentadoria à conta de regime próprio de previdência social, aplicando-se outras vedações, regras e condições para a acumulação de benefícios previdenciários estabelecidas no Regime Geral de Previdência Social.*

9.5.5 Estabilidade

Um dos maiores desejos de quem faz concurso público é alcançar a Estabilidade. Essa é a garantia que se dá aos titulares de cargo público, ou seja, ao servidor público. Essa garantia faz que o servidor tenha certa tranquilidade para usufruir do seu cargo com maior tranquilidade; o servidor passa exercer suas atividades sem a preocupação de perder seu cargo por qualquer simples motivo. Vejamos o que diz a Constituição Federal:

> **Art. 41** São estáveis após três anos de efetivo exercício os servidores nomeados para cargo de provimento efetivo em virtude de concurso público.
>
> § 1º. O servidor público estável só perderá o cargo:
>
> I – Em virtude de sentença judicial transitada em julgado;
>
> II – Mediante processo administrativo em que lhe seja assegurada ampla defesa;
>
> III – Mediante procedimento de avaliação periódica de desempenho, na forma de lei complementar, assegurada ampla defesa.
>
> § 2º Invalidada por sentença judicial a demissão do servidor estável, será ele reintegrado, e o eventual ocupante da vaga, se estável, reconduzido ao cargo de origem, sem direito a indenização, aproveitado em outro cargo ou posto em disponibilidade com remuneração proporcional ao tempo de serviço.
>
> § 3º Extinto o cargo ou declarada a sua desnecessidade, o servidor estável ficará em disponibilidade, com remuneração proporcional ao tempo de serviço, até seu adequado aproveitamento em outro cargo.
>
> § 4º Como condição para a aquisição da estabilidade, é obrigatória a avaliação especial de desempenho por comissão instituída para essa finalidade.

O primeiro ponto relevante é que a estabilidade se adquire após três anos de efetivo exercício. Só adquire estabilidade quem ocupa um cargo público de provimento efetivo, após a aprovação em concurso público. Essa garantia não se estende aos titulares de emprego público nem aos que ocupam cargos em comissão de livre nomeação e exoneração.

Não confunda a estabilidade com estágio probatório. Esse é o período de avaliação inicial dentro do novo cargo a que o servidor concursado se sujeita antes de adquirir sua estabilidade. A Constituição Federal de 1988 não fala nada de estágio probatório, mas, para os servidores públicos federais, aplica-se o prazo previsto na Lei nº 8.112/1990. Aqui temos um problema. O referido estatuto dos servidores públicos federais prevê o prazo de 24 meses para o estágio probatório.

Contudo, tem prevalecido, na doutrina e na jurisprudência, o entendimento de que não tem como se dissociar o prazo do estágio probatório da aquisição da estabilidade, de forma que até o próprio STF e o STJ reconhecem que o prazo do estágio probatório foi revogado tacitamente pela Emenda Constitucional nº 19/1998 que alterou o prazo de aquisição da estabilidade para 3 anos. Reforça esse entendimento o fato de que a Advocacia-Geral da União já emitiu parecer vinculante determinando a aplicação do prazo de **três anos para o estágio probatório** em todo o Poder Executivo Federal, o que de fato acontece. Dessa forma, para prova o prazo do estágio probatório é de 3 anos.

Segundo o texto constitucional, é condição para a aquisição da estabilidade a avaliação especial de desempenhos aplicada por comissão instituída para essa finalidade.

O servidor estável só perderá o cargo nas hipóteses previstas na Constituição, as quais são:

- **Sentença judicial transitada em julgado.**
- **Procedimento administrativo disciplinar.**
- **Insuficiência de desempenho comprovada na avaliação periódica.**
- **Excesso de despesas com pessoal nos termos do art. 169, § 3º.**

9.6 Regras para servidores em exercício de mandato eletivo

Para os servidores públicos que estão no exercício de mandato eletivo, aplicam-se as seguintes regras:

> **Art. 38** Ao servidor público da administração direta, autárquica e fundacional, no exercício de mandato eletivo, aplicam-se as seguintes disposições:
>
> I – Tratando-se de mandato eletivo federal, estadual ou distrital, ficará afastado de seu cargo, emprego ou função;
>
> II – Investido no mandato de Prefeito, será afastado do cargo, emprego ou função, sendo-lhe facultado optar pela sua remuneração;
>
> III – Investido no mandato de Vereador, havendo compatibilidade de horários, perceberá as vantagens de seu cargo, emprego ou função, sem prejuízo da remuneração do cargo eletivo, e, não havendo compatibilidade, será aplicada a norma do inciso anterior;
>
> IV – Em qualquer caso que exija o afastamento para o exercício de mandato eletivo, seu tempo de serviço será contado para todos os efeitos legais, exceto para promoção por merecimento;
>
> V – Na hipótese de ser segurado de regime próprio de previdência social, permanecerá filiado a esse regime, no ente federativo de origem.

Em suma:

- **Mandato Eletivo Federal, Estadual ou Distrital:** afasta-se do cargo, emprego ou função;
- **Mandato Eletivo Municipal**
  - **Prefeito:** Afasta-se do cargo, mas pode optar pela remuneração;
  - **Vereador:** Havendo compatibilidade de horário, pode exercer os dois cargos e cumular as duas remunerações respeitando os limites legais. Não havendo compatibilidade de horário, deverá afastar-se do cargo podendo optar pela remuneração de um dos dois.

Havendo o afastamento, a Constituição Federal de 1988 determina ainda que esse período seja contabilizado como tempo de serviço gerando todos seus efeitos legais, com exceção da promoção de merecimento, além de ser contabilizado para efeito de benefício previdenciário.

9.7 Regras de remuneração dos servidores públicos

A Constituição Federal de 1988 previu várias regras referentes a remuneração dos servidores públicos, que consta no art. 37, da CF/1988/1988, as quais são bem interessantes para serem cobradas em sua prova:

> X – A remuneração dos servidores públicos e o subsídio de que trata o § 4º do art. 39 somente poderão ser fixados ou alterados por lei específica, observada a iniciativa privativa em cada caso, assegurada revisão geral anual, sempre na mesma data e sem distinção de índices;

O primeiro ponto importante sobre a remuneração dos servidores é que ela só pode ser fixada por meio de lei específica, se a Constituição Federal de 1988 não estabelece qualquer outro critério, essa lei é ordinária. Além disso, a iniciativa da lei também é específica, ou seja, cada poder tem competência para propor a lei que altere o quadro remuneratório dos seus servidores. Por exemplo, no âmbito do Poder Executivo Federal o Presidente da República é quem tem a iniciativa para propor o projeto de lei.

Ainda há que se fazer a revisão geral anual, sem distinção de índices e sempre na mesma data, que serve para suprir as perdas inflacionárias que ocorrem com a remuneração dos servidores. No que tange à revisão geral anual, o STF entende que a competência para a iniciativa é privativa do Presidente da República, com base no art. 61, § 1º, II, "a" da CF/1988:

> § 1º São de iniciativa privativa do Presidente da República as leis que: [...]
> II – Disponham sobre:
> a) criação de cargos, funções ou empregos públicos na administração direta e autárquica ou aumento de sua remuneração.

Outro ponto importante é o **teto constitucional**, que é o limite imposto para fixação das tabelas remuneratórias dos servidores; conforme o inciso XI do art. 37 da Constituição Federal de 1988:

> XI – A remuneração e o subsídio dos ocupantes de cargos, funções e empregos públicos da administração direta, autárquica e fundacional, dos membros de qualquer dos Poderes da União, dos Estados, do Distrito Federal e dos Municípios, dos detentores de mandato eletivo e dos demais agentes políticos e os proventos, pensões ou outra espécie remuneratória, percebidos cumulativamente ou não, incluídas as vantagens pessoais ou de qualquer outra natureza, não poderão exceder o subsídio mensal, em espécie, dos Ministros do Supremo Tribunal Federal, aplicando-se como limite, nos Municípios, o subsídio do Prefeito, e nos Estados e no Distrito Federal, o subsídio mensal do Governador no âmbito do Poder Executivo, o subsídio dos Deputados Estaduais e Distritais no âmbito do Poder Legislativo e o subsídio dos Desembargadores do Tribunal de Justiça, limitado a noventa inteiros e vinte e cinco centésimos por cento do subsídio mensal, em espécie, dos Ministros do Supremo Tribunal Federal, no âmbito do Poder Judiciário, aplicável este limite aos membros do Ministério Público, aos Procuradores e aos Defensores Públicos.

Vamos entender essa regra, analisando os diversos tipos de limites previstos no texto constitucional.

O primeiro limite é o Teto Geral, que, segundo a Constituição, corresponde ao subsídio do Ministro do Supremo Tribunal Federal. Isso significa que nenhum servidor público no Brasil pode receber remuneração maior que o subsídio do Ministro do Supremo Tribunal Federal. Esse limite se aplica a todos os poderes em todos os entes federativos. Ressalte-se que a iniciativa de proposta legislativa para fixação da remuneração dos Ministros pertence aos próprios membros do STF.

Em seguida, nós temos os subtetos, que são limites aplicáveis a cada poder e em cada ente federativo. Vejamos de forma sistematizada as regras previstas na Constituição Federal:

9.7.1 Estados e DF

Poder Executivo: subsídio do governador.

Poder Legislativo: subsídio do deputado estadual ou distrital.

Poder Judiciário: subsídio do desembargador do Tribunal de Justiça. Aplica-se este limite aos membros do Ministério Público e da Defensoria Pública dos Estados e Distrito Federal.

9.7.2 Municípios

Poder Executivo: subsídio do prefeito.

A Constituição Federal de 1988 permite que os estados e o Distrito Federal poderão, por iniciativa do governador, adotar limite único nos termos do art. 37, § 12, mediante emenda à Constituição Estadual ou a lei orgânica do Distrito Federal, o qual não poderá ultrapassar 90,25% do subsídio do ministro do STF. Ressalte-se que, se porventura for criado este limite único, ele não será aplicado a alguns membros do Poder Legislativo, como aos deputados distritais e vereadores.

A seguir, são abordados alguns limites específicos que também estão previstos no texto constitucional, mas em outros artigos, pois são determinados a algumas autoridades:

- **Governador e Prefeito:** subsídio do ministro do STF;
- **Deputado Estadual e Distrital:** 75% do subsídio do Deputado Federal;
- **Vereador:** 75% do subsídio do Deputado Estadual para os municípios com mais de 500.000 habitantes. Nos municípios com menos habitantes, aplica-se a regra proporcional a população conforme o art. 29, VI da Constituição Federal.
- **Magistrados dos Tribunais Superiores:** 95% do subsídio dos ministros do STF. Dos demais magistrados, o subteto é 95% do subsídio dos ministros dos Tribunais Superiores.

> Art. 93 [...]
> V – O subsídio dos Ministros dos Tribunais Superiores corresponderá a noventa e cinco por cento do subsídio mensal fixado para os Ministros do Supremo Tribunal Federal e os subsídios dos demais magistrados serão fixados em lei e escalonados, em nível federal e estadual, conforme as respectivas categorias da estrutura judiciária nacional, não podendo a diferença entre uma e outra ser superior a dez por cento ou inferior a cinco por cento, nem exceder a noventa e cinco por cento do subsídio mensal dos Ministros dos Tribunais Superiores, obedecido, em qualquer caso, o disposto nos Arts. 37, XI, e 39, § 4º.

Tetos específicos
Governador e prefeito → subsídio do Ministro do STF.
Deputado estadual e distrital → 75% do subsídio do Deputado Federal.
Vereador → 75% do subsídio do Deputado Estadual (municípios + de 500 mil habitantes).
Magistrados dos Tribunais Superiores → 95% do subsídio dos ministros do STF.

Lembre-se de que esses limites se aplicam quando for possível a acumulação de cargos prevista no texto constitucional, ressalvados os seguintes casos:

- **Magistratura + magistério:** a resolução nº 14/2006 do Conselho Nacional de Justiça prevê que não se sujeita ao teto a remuneração oriunda no magistério exercido pelos juízes;
- Exercício cumulativo de funções no Supremo Tribunal Federal e Tribunal Superior Eleitoral.

Os limites aplicam-se as empresas públicas e sociedades de economia mista desde que recebam recursos da União dos Estados e do Distrito Federal para pagamento do pessoal e custeio em geral:

> Art. 37 [...]
> § 9º O disposto no inciso XI aplica-se às empresas públicas e às sociedades de economia mista, e suas subsidiárias, que receberem recursos da União, dos Estados, do Distrito Federal ou dos Municípios para pagamento de despesas de pessoal ou de custeio em geral.

A Constituição Federal também trouxe previsão expressa vedando qualquer equiparação ou vinculação de remuneração de servidor público:

> Art. 37, XIII. É vedada a vinculação ou equiparação de quaisquer espécies remuneratórias para o efeito de remuneração de pessoal do serviço público.

Antes da Emenda Constitucional nº 19/1998, muitos servidores incorporavam vantagens pecuniárias calculadas sobre outras vantagens, gerando aumento desproporcional da remuneração. Isso acabou com a alteração do texto constitucional:

> Art. 37 [...]
> XIV – Os acréscimos pecuniários percebidos por servidor público não serão computados nem acumulados para fins de concessão de acréscimos ulteriores.

Destaque-se, ainda, a regra constitucional que prevê a irredutibilidade da remuneração dos servidores públicos:

> Art. 37 [...]
> XV – O subsídio e os vencimentos dos ocupantes de cargos e empregos públicos são irredutíveis, ressalvado o disposto nos incisos XI e XIV deste artigo e nos Arts. 39, § 4º, 150, II, 153, III, e 153, § 2º, I.

A irredutibilidade aqui é meramente nominal, não existindo direito à preservação do valor real em proteção a perda do poder aquisitivo. A irredutibilidade também não impede a alteração da composição remuneratória; significa dizer que podem ser retiradas as gratificações, mantendo-se o valor nominal da remuneração, nem mesmo a supressão de parcelas ou gratificações; é preciso considerar que o STF entende não haver direito adquirido a regime jurídico.

9.8 Regras de aposentadoria

Esse tema costuma ser trabalhado em Direito Previdenciário devido às inúmeras regras de transição que foram editadas, além das previstas no texto constitucional. Para as provas de Direito Constitucional, é importante a leitura atenta dos dispositivos abaixo:

Art. 40 O regime próprio de previdência social dos servidores titulares de cargos efetivos terá caráter contributivo e solidário, mediante contribuição do respectivo ente federativo, de servidores ativos, de aposentados e de pensionistas, observados critérios que preservem o equilíbrio financeiro e atuarial.

§ 1º O servidor abrangido por regime próprio de previdência social será aposentado:

I – por incapacidade permanente para o trabalho, no cargo em que estiver investido, quando insuscetível de readaptação, hipótese em que será obrigatória a realização de avaliações periódicas para verificação da continuidade das condições que ensejaram a concessão da aposentadoria, na forma de lei do respectivo ente federativo;

II – compulsoriamente, com proventos proporcionais ao tempo de contribuição, aos 70 (setenta) anos de idade, ou aos 75 (setenta e cinco) anos de idade, na forma de lei complementar;

III – no âmbito da União, aos 62 (sessenta e dois) anos de idade, se mulher, e aos 65 (sessenta e cinco) anos de idade, se homem, e, no âmbito dos Estados, do Distrito Federal e dos Municípios, na idade mínima estabelecida mediante emenda às respectivas Constituições e Leis Orgânicas, observados o tempo de contribuição e os demais requisitos estabelecidos em lei complementar do respectivo ente federativo.

§ 2º Os proventos de aposentadoria não poderão ser inferiores ao valor mínimo a que se refere o § 2º do art. 201 ou superiores ao limite máximo estabelecido para o Regime Geral de Previdência Social, observado o disposto nos §§ 14 a 16.

§ 3º As regras para cálculo de proventos de aposentadoria serão disciplinadas em lei do respectivo ente federativo.

§ 4º É vedada a adoção de requisitos ou critérios diferenciados para concessão de benefícios em regime próprio de previdência social, ressalvado o disposto nos §§ 4º-A, 4º-B, 4º-C e 5º.

§ 4º-A Poderão ser estabelecidos por lei complementar do respectivo ente federativo idade e tempo de contribuição diferenciados para aposentadoria de servidores com deficiência, previamente submetidos a avaliação biopsicossocial realizada por equipe multiprofissional e interdisciplinar.

§ 4º-B Poderão ser estabelecidos por lei complementar do respectivo ente federativo idade e tempo de contribuição diferenciados para aposentadoria de ocupantes do cargo de agente penitenciário, de agente socioeducativo ou de policial dos órgãos de que tratam o inciso IV do caput do art. 51, o inciso XIII do caput do art. 52 e os incisos I a IV do caput do art. 144.

§ 4º-C Poderão ser estabelecidos por lei complementar do respectivo ente federativo idade e tempo de contribuição diferenciados para aposentadoria de servidores cujas atividades sejam exercidas com efetiva exposição a agentes químicos, físicos e biológicos prejudiciais à saúde, ou associação desses agentes, vedada a caracterização por categoria profissional ou ocupação.

§ 5º Os ocupantes do cargo de professor terão idade mínima reduzida em 5 (cinco) anos em relação às idades decorrentes da aplicação do disposto no inciso III do § 1º, desde que comprovem tempo de efetivo exercício das funções de magistério na educação infantil e no ensino fundamental e médio fixado em lei complementar do respectivo ente federativo.

§ 6º Ressalvadas as aposentadorias decorrentes dos cargos acumuláveis na forma desta Constituição, é vedada a percepção de mais de uma aposentadoria à conta de regime próprio de previdência social, aplicando-se outras vedações, regras e condições para a acumulação de benefícios previdenciários estabelecidas no Regime Geral de Previdência Social.

§ 7º Observado o disposto no § 2º do art. 201, quando se tratar da única fonte de renda formal auferida pelo dependente, o benefício de pensão por morte será concedido nos termos de lei do respectivo ente federativo, a qual tratará de forma diferenciada a hipótese de morte dos servidores de que trata o § 4º-B decorrente de agressão sofrida no exercício ou em razão da função.

§ 8º É assegurado o reajustamento dos benefícios para preservar-lhes, em caráter permanente, o valor real, conforme critérios estabelecidos em lei.

§ 9º O tempo de contribuição federal, estadual, distrital ou municipal será contado para fins de aposentadoria, observado o disposto nos §§ 9º e 9º-A do art. 201, e o tempo de serviço correspondente será contado para fins de disponibilidade.

§ 10 A lei não poderá estabelecer qualquer forma de contagem de tempo de contribuição fictício.

§ 11 Aplica-se o limite fixado no art. 37, XI, à soma total dos proventos de inatividade, inclusive quando decorrentes da acumulação de cargos ou empregos públicos, bem como de outras atividades sujeitas a contribuição para o regime geral de previdência social, e ao montante resultante da adição de proventos de inatividade com remuneração de cargo acumulável na forma desta Constituição, cargo em comissão declarado em lei de livre nomeação e exoneração, e de cargo eletivo.

§ 12 Além do disposto neste artigo, serão observados, em regime próprio de previdência social, no que couber, os requisitos e critérios fixados para o Regime Geral de Previdência Social.

§ 13 Aplica-se ao agente público ocupante, exclusivamente, de cargo em comissão declarado em lei de livre nomeação e exoneração, de outro cargo temporário, inclusive mandato eletivo, ou de emprego público, o Regime Geral de Previdência Social.

§ 14 A União, os Estados, o Distrito Federal e os Municípios instituirão, por lei de iniciativa do respectivo Poder Executivo, regime de previdência complementar para servidores públicos ocupantes de cargo efetivo, observado o limite máximo dos benefícios do Regime Geral de Previdência Social para o valor das aposentadorias e das pensões em regime próprio de previdência social, ressalvado o disposto no § 16.

§ 15 O regime de previdência complementar de que trata o § 14 oferecerá plano de benefícios somente na modalidade contribuição definida, observará o disposto no art. 202 e será efetivado por intermédio de entidade fechada de previdência complementar ou de entidade aberta de previdência complementar.

§ 16 Somente mediante sua prévia e expressa opção, o disposto nos §§ 14 e 15 poderá ser aplicado ao servidor que tiver ingressado no serviço público até a data da publicação do ato de instituição do correspondente regime de previdência complementar.

§ 17 Todos os valores de remuneração considerados para o cálculo do benefício previsto no § 3° serão devidamente atualizados, na forma da lei.

§ 18 Incidirá contribuição sobre os proventos de aposentadorias e pensões concedidas pelo regime de que trata este artigo que superem o limite máximo estabelecido para os benefícios do regime geral de previdência social de que trata o art. 201, com percentual igual ao estabelecido para os servidores titulares de cargos efetivos.

§ 19 Observados critérios a serem estabelecidos em lei do respectivo ente federativo, o servidor titular de cargo efetivo que tenha completado as exigências para a aposentadoria voluntária e que opte por permanecer em atividade poderá fazer jus a um abono de permanência equivalente, no máximo, ao valor da sua contribuição previdenciária, até completar a idade para aposentadoria compulsória.

§ 20 É vedada a existência de mais de um regime próprio de previdência social e de mais de um órgão ou entidade gestora desse regime em cada ente federativo, abrangidos todos os poderes, órgãos e entidades autárquicas e fundacionais, que serão responsáveis pelo seu financiamento, observados os critérios, os parâmetros e a natureza jurídica definidos na lei complementar de que trata o § 22.

§ 21 (Revogado)

ADMINISTRAÇÃO PÚBLICA

§ 22 Vedada a instituição de novos regimes próprios de previdência social, lei complementar federal estabelecerá, para os que já existam, normas gerais de organização, de funcionamento e de responsabilidade em sua gestão, dispondo, entre outros aspectos, sobre:

I – requisitos para sua extinção e consequente migração para o Regime Geral de Previdência Social;

II – modelo de arrecadação, de aplicação e de utilização dos recursos;

III – fiscalização pela União e controle externo e social;

IV – definição de equilíbrio financeiro e atuarial;

V – condições para instituição do fundo com finalidade previdenciária de que trata o art. 249 e para vinculação a ele dos recursos provenientes de contribuições e dos bens, direitos e ativos de qualquer natureza;

VI – mecanismos de equacionamento do déficit atuarial;

VII – estruturação do órgão ou entidade gestora do regime, observados os princípios relacionados com governança, controle interno e transparência;

VIII – condições e hipóteses para responsabilização daqueles que desempenhem atribuições relacionadas, direta ou indiretamente, com a gestão do regime;

IX – condições para adesão a consórcio público;

X – parâmetros para apuração da base de cálculo e definição de alíquota de contribuições ordinárias e extraordinárias.

9.9 Militares dos estados, Distrito Federal e territórios

A Constituição Federal distingue duas espécies de servidores, os civis e os militares, sendo que a estes reserva um regime jurídico diferenciado, previsto especialmente no art. 42 (Polícias Militares e Corpos de Bombeiros Militares) e no art. 142, § 3º (Forças Armadas – Exército, Marinha e Aeronáutica).

As Polícias Militares, os Corpos de Bombeiros Militares e as Forças Armadas são instituições organizadas com base na **hierarquia** e na **disciplina**.

Tomando de empréstimo o conceito constante do art. 14, § 1º e 2º, da Lei nº 6.880/1980 (Estatuto dos Militares das Forças Armadas), temos que a **hierarquia** militar é a ordenação da autoridade, em níveis diferentes, dentro da estrutura militar e a **disciplina** é a rigorosa observância e o acatamento integral das leis, regulamentos, normas e disposições que fundamentam o organismo militar e coordenam seu funcionamento regular e harmônico, traduzindo-se pelo perfeito cumprimento do dever por parte de todos e de cada um dos componentes desses organismos.

A hierarquia e a disciplina estão presentes em todo o serviço público. No entanto, no seio militar, elas são muito mais rígidas, objetivando garantir pronta e irrestrita obediência de seus membros, o que é imprescindível para o exercício das suas atividades.

As Polícias Militares e os Corpos de Bombeiros Militares são **órgãos de segurança pública** (art. 144, da Constituição Federal de 1988), organizados e mantidos pelos Estados.

Às Polícias Militares cabem as atribuições de polícia administrativa, ostensiva e a preservação da ordem pública. Aos Corpos de Bombeiros Militares cabe, além das atribuições definidas em lei (atividades de combate a incêndio, busca e resgate de pessoas etc.), a execução de atividades de defesa civil (art. 144, § 5º, da CF/1988/1988).

Segundo o § 6º, do art. 144, da CF/1988/1988, as Polícias Militares e os Corpos de Bombeiros Militares são forças auxiliares e reserva do Exército e subordinam-se aos governadores dos estados, do Distrito Federal e dos territórios.

Apesar de estarem subordinadas ao Governador do Distrito Federal, a organização e a manutenção da Polícia Militar e do Corpo de Bombeiros Militares do Distrito Federal são de competência da União (art. 21, inciso XIV, da CF/1988/1988).

No art. 42, a Constituição Federal estende aos policiais militares e aos bombeiros militares praticamente as mesmas **disposições** aplicáveis aos integrantes das Forças Armadas, militares da União, previstas no art. 142, § 2º e 3º, da Constituição Federal de 1988. Assim, entre outros:

- **O militar que seja alistável é elegível.** No entanto, se contar menos de dez anos de serviço, deverá afastar-se da atividade; se contar mais de dez anos de serviço será agregado pela autoridade superior e, se eleito, passará automaticamente, no ato da diplomação, para a inatividade.
- **Não cabe** *Habeas corpus* em relação a punições disciplinares militares.
- **Ao militar são proibidas** a sindicalização e a greve.
- O militar, **enquanto em serviço ativo,** não pode estar filiado a partidos políticos.

10 PODER EXECUTIVO

O Poder Executivo, tem como função principal administrar o Estado. Para entender como o Poder Executivo brasileiro está organizado, a seguir serão analisados alguns princípios constitucionais que o influenciam.

10.1 Princípios constitucionais

10.1.1 Princípio republicano

O primeiro princípio que será estudado é o Republicano que representa a forma de governo adotada no Brasil. A forma de governo reflete o modo de aquisição e exercício do poder político, além de medir a relação existente entre o governante e o governado.

A melhor forma de entender esse instituto é conhecendo suas características. A primeira característica decorre da análise etimológica da expressão *res publica*. Essa expressão, que dá origem ao princípio ora estudado, significa coisa pública, ou seja, em um Estado republicano o governante governa a coisa pública, governa para o povo.

Na república, o governante é escolhido pelo povo. Essa é a chamada eletividade. O poder político é adquirido pelas eleições, cuja vontade popular se concretiza nas urnas.

Outra característica importante é a temporariedade. Esse atributo revela o caráter temporário do exercício do poder político. Por causa desse princípio, em nosso Estado, o governante permanece por quatro anos no poder, sendo permitida apenas uma reeleição.

Por fim, num Estado Republicano, o governante pode ser responsabilizado por seus atos.

Quando se fala dessas características da forma de governo republicana, remete-se imediatamente ao regime político adotado no Brasil, que permite a participação popular nas decisões estatais: **democracia**.

10.1.2 Princípio democrático

Esse princípio revela o **regime de governo** adotado no Brasil, também chamado de **regime político**. Caracteriza-se por um governo do povo, pelo povo e para o povo.

10.2 Presidencialismo

O **presidencialismo** é o **sistema de governo** adotado no Brasil. O sistema de governo rege a relação entre o Poder Executivo e o Legislativo, medindo o grau de dependência entre eles. No Presidencialismo, prevalece a separação entre os Poderes Executivo e Legislativo os quais são independentes e harmônicos entre si.

A Constituição declara que o Poder Executivo da União é exercido pelo Presidente da República, auxiliado por seus Ministros de Estado:

> *Art. 76 O Poder Executivo é exercido pelo Presidente da República, auxiliado pelos Ministros de Estado.*

O presidencialismo possui uma característica muito importante para prova: o presidente, que é eleito pelo povo, exerce ao mesmo tempo três funções: chefe de Estado, chefe de governo e chefe da Administração Pública.

A função de chefe de Estado diz respeito a todas as atribuições do Presidente nas relações externas do País. Como chefe de governo, o presidente possui inúmeras atribuições internas, no que tange à governabilidade do país. Já como chefe da Administração Pública, o presidente exercerá as funções relacionadas com a chefia da Administração Pública Federal, ou seja, apenas da União.

Esses princípios que regem o Poder Executivo e costumam ser cobrados em prova.

Sistema de Governo →	Presidencialismo.
Chefe de Estado →	Relações externas do Brasil com outros Estados.
Chefe da Administração Pública →	Chefe da Administração Pública Federal.
Chefe de Governo →	Ações Internas de Governabilidade.

Partindo de discussões sobre o presidencialismo, que caracteriza as funções exercidas pelo Presidente da República, a seguir serão estudadas suas atribuições, que aparecem praticamente em todos os editais que contêm o Poder Executivo.

10.2.1 Atribuições do Presidente

As atribuições do Presidente da República encontram-se arroladas no art. 84 da Constituição Federal de 1988:

> *Art. 84 Compete privativamente ao Presidente da República:*
>
> *I – Nomear e exonerar os Ministros de Estado;*
>
> *II – Exercer, com o auxílio dos Ministros de Estado, a direção superior da administração federal;*
>
> *III – Iniciar o processo legislativo, na forma e nos casos previstos nesta Constituição;*
>
> *IV – Sancionar, promulgar e fazer publicar as leis, bem como expedir decretos e regulamentos para sua fiel execução;*
>
> *V – Vetar projetos de lei, total ou parcialmente;*
>
> *VI – Dispor, mediante decreto, sobre:*
>
> *a) Organização e funcionamento da administração federal, quando não implicar aumento de despesa nem criação ou extinção de órgãos públicos;*
>
> *b) Extinção de funções ou cargos públicos, quando vagos;*
>
> *VII – Manter relações com Estados estrangeiros e acreditar seus representantes diplomáticos;*
>
> *VIII – Celebrar tratados, convenções e atos internacionais, sujeitos a referendo do Congresso Nacional;*
>
> *IX – Decretar o estado de defesa e o estado de sítio;*
>
> *X – Decretar e executar a intervenção federal;*
>
> *XI – Remeter mensagem e plano de governo ao Congresso Nacional por ocasião da abertura da sessão legislativa, expondo a situação do País e solicitando as providências que julgar necessárias;*
>
> *XII – Conceder indulto e comutar penas, com audiência, se necessário, dos órgãos instituídos em lei;*
>
> *XIII – Exercer o comando supremo das Forças Armadas, nomear os Comandantes da Marinha, do Exército e da Aeronáutica, promover seus oficiais-generais e nomeá-los para os cargos que lhes são privativos;*
>
> *XIV – Nomear, após aprovação pelo Senado Federal, os Ministros do Supremo Tribunal Federal e dos Tribunais Superiores, os Governadores de Territórios, o Procurador-geral da República, o presidente e os diretores do banco central e outros servidores, quando determinado em lei;*
>
> *XV – Nomear, observado o disposto no art. 73, os Ministros do Tribunal de Contas da União;*
>
> *XVI – Nomear os magistrados, nos casos previstos nesta Constituição, e o Advogado-Geral da União;*
>
> *XVII – Nomear membros do Conselho da República, nos termos do art. 89, VII;*
>
> *XVIII – Convocar e presidir o Conselho da República e o Conselho de Defesa Nacional;*
>
> *XIX – Declarar guerra, no caso de agressão estrangeira, autorizado pelo Congresso Nacional ou referendado por ele, quando ocorrida no intervalo das sessões legislativas, e, nas mesmas condições, decretar, total ou parcialmente, a mobilização nacional;*

PODER EXECUTIVO

XX – Celebrar a paz, autorizado ou com o referendo do Congresso Nacional;

XXI – Conferir condecorações e distinções honoríficas;

XXII – Permitir, nos casos previstos em lei complementar, que forças estrangeiras transitem pelo território nacional ou nele permaneçam temporariamente;

XXIII – Enviar ao Congresso Nacional o plano plurianual, o projeto de lei de diretrizes orçamentárias e as propostas de orçamento previstos nesta Constituição;

XXIV – Prestar, anualmente, ao Congresso Nacional, dentro de sessenta dias após a abertura da sessão legislativa, as contas referentes ao exercício anterior;

XXV – Prover e extinguir os cargos públicos federais, na forma da lei;

XXVI – Editar medidas provisórias com força de lei, nos termos do art. 62;

XXVII – Exercer outras atribuições previstas nesta Constituição.

XXVIII – propor ao Congresso Nacional a decretação do estado de calamidade pública de âmbito nacional previsto nos arts. 167-B, 167-C, 167-D, 167-E, 167-F e 167-G desta Constituição. (Incluído pela Emenda Constitucional nº 109/2021)

Parágrafo único: O Presidente da República poderá delegar as atribuições mencionadas nos incisos VI, XII e XXV, primeira parte, aos Ministros de Estado, ao Procurador-geral da República ou ao Advogado-Geral da União, que observarão os limites traçados nas respectivas delegações.

Atenção!
Esse tema, quando cobrado em prova, costuma trabalhar com a memorização do texto constitucional. A dica é memorizar o art. 84 da Constituição Federal de 1988.

As atribuições do presidente são de chefe de Estado, chefe de governo ou chefe da Administração Pública. Procurou-se, abaixo, adequar, conforme a melhor doutrina, as atribuições do art. 84 às funções desenvolvidas pelo Presidente no exercício de seu mandato:

- **Como chefe de Estado:** o Presidente representa o Estado nas suas relações internacionais. São funções de Chefe de Estado as previstas nos incisos VII, VIII, XIX, XX, XXII e XXVII do art. 84.
- **Como chefe de governo:** o Presidente exerce sua liderança política representando e gerindo os negócios internos nacionais. São funções de Chefe de Governo as previstas nos incisos I, III, IV, V, IX, X, XI, XII, XIII, XIV, XV, XVI, XVII, XVIII, XXI, XXIII, XXIV, XXVI e XXVII.
- **Como chefe da Administração Pública:** o Presidente gerencia os negócios internos administrativos da Administração Pública federal. São funções de Chefe da Administração Pública as previstas nos incisos II, VI, XXV e XXVII.

Uma característica interessante é que esse rol de competências é meramente exemplificativo, por força do inciso XXVII, que abre a possibilidade de o Presidente exercer outras atribuições além das previstas expressamente no texto constitucional.

Outra questão amplamente trabalhada em prova é a possibilidade de delegação de algumas de suas atribuições, conforme prescrição do parágrafo único do art. 84. Nem todas as atribuições do presidente são delegáveis, apenas as previstas nos incisos **VI, XII e XXV, primeira parte**:

VI – Dispor, mediante decreto, sobre:

a) Organização e funcionamento da administração federal, quando não implicar aumento de despesa nem criação ou extinção de órgãos públicos;

b) Extinção de funções ou cargos públicos, quando vagos; [...]

XII – Conceder indulto e comutar penas, com audiência, se necessário, dos órgãos instituídos em lei; [...]

XXV – Prover os cargos públicos federais, na forma da lei.

São três competências que podem ser delegadas para três pessoas: ministro de Estado, procurador-geral da República e advogado-geral da União.

Ministro de Estado é qualquer ministro que auxilie o Presidente da República na administração do Estado. São exemplos: ministro da Justiça, ministro da Fazenda e ministro da Agricultura.

10.2.2 Processo eleitoral

O processo de eleição do Presidente da República também encontra regulação expressa no texto constitucional:

Art. 77 A eleição do Presidente e do Vice-Presidente da República realizar-se-á, simultaneamente, no primeiro domingo de outubro, em primeiro turno, e no último domingo de outubro, em segundo turno, se houver, do ano anterior ao do término do mandato presidencial vigente.

§ 1º A eleição do Presidente da República importará a do Vice-Presidente com ele registrado.

§ 2º Será considerado eleito Presidente o candidato que, registrado por partido político, obtiver a maioria absoluta de votos, não computados os em branco e os nulos.

§ 3º Se nenhum candidato alcançar maioria absoluta na primeira votação, far-se-á nova eleição em até vinte dias após a proclamação do resultado, concorrendo os dois candidatos mais votados e considerando-se eleito aquele que obtiver a maioria dos votos válidos.

§ 4º Se, antes de realizado o segundo turno, ocorrer morte, desistência ou impedimento legal de candidato, convocar-se-á, dentre os remanescentes, o de maior votação.

§ 5º Se, na hipótese dos parágrafos anteriores, remanescer, em segundo lugar, mais de um candidato com a mesma votação, qualificar-se-á o mais idoso.

Algumas considerações são importantes acerca desse tema. Primeiramente, deve-se registrar que a Constituição Federal de 1988 regulou até o dia em que deve ocorrer a eleição:

- Primeiro turno: **primeiro domingo de outubro.**
- Segundo turno: **último domingo de outubro.**

Uma coisa chama a atenção no *caput* do art. 77. A Constituição Federal de 1988 diz que as eleições ocorrem no ano anterior ao do término do mandato presidencial vigente. Pergunta-se: será que essa regra é aplicável no direito brasileiro?

É claro que esse dispositivo é aplicado nos dias de hoje. A eleição ocorre no ano anterior ao do término do mandato presidencial vigente, pois o mandato acaba no dia 1º de janeiro, conforme dispõe o art. 82:

Art. 82 O mandato do Presidente da República é de 4 (quatro) anos e terá início em 5 de janeiro do ano seguinte ao de sua eleição. (Redação dada pela Emenda Constitucional nº 111/2021)

Se o novo mandato tem início no dia cinco de janeiro, significa que o mandato antigo acaba neste dia. Logo, está correto afirmar que as eleições ocorrem no ano anterior ao do término do mandato presidencial vigente.

Quando votamos para presidente, só votamos no presidente. O vice é eleito como consequência da eleição do presidente. Esse será eleito se tiver a maioria absoluta dos votos, não computados os votos brancos e nulos, ou seja, será eleito aquele que possuir a maioria absoluta dos

DIREITO CONSTITUCIONAL

votos válidos. Maioria absoluta dos votos significa dizer que o eleito obteve o primeiro número inteiro após a metade dos votos válidos. Se ninguém obtiver maioria absoluta, deve-se convocar nova eleição – segundo turno. Para o segundo turno, são chamados os dois candidatos mais votados. Se, porventura, ocorrer empate no segundo lugar, a Constituição determina que seja convocado o mais idoso.

O critério de idade é para a situação de desempate. Ocorrendo morte, desistência ou impedimento de algum candidato do segundo turno, deverá ser convocado o próximo mais votado.

Finalizada a eleição, o presidente e o vice terão prazo de dez dias a contar da posse, para assumir o cargo. Caso não seja assumido, o cargo será declarado vago. Se o presidente assume e o vice não, o cargo do vice é declarado vago, ficando o presidente sem vice até o fim do mandato. Caso o vice assuma e o presidente não, o cargo de presidente será declarado vago, assumindo o vice a função de presidente e permanecendo durante o seu mandato sem vice.

> **Art. 78** *O Presidente e o Vice-Presidente da República tomarão posse em sessão do Congresso Nacional, prestando o compromisso de manter, defender e cumprir a Constituição, observar as leis, promover o bem geral do povo brasileiro, sustentar a união, a integridade e a independência do Brasil.*
>
> **Parágrafo único.** *Se, decorridos dez dias da data fixada para a posse, o Presidente ou o Vice-Presidente, salvo motivo de força maior, não tiver assumido o cargo, este será declarado vago.*

10.2.3 Impedimento e vacância

O impedimento e a vacância são espécies de ausência do Presidente da República. São circunstâncias em que o presidente não está no exercício de sua função. A diferença entre os dois institutos está no fato de que, na vacância a ausência é definitiva, enquanto no impedimento a ausência é temporária. São exemplos de vacância: morte, perda do cargo, renúncia. São exemplos de impedimento: doença, viagem, férias. Na vacância, ocorre sucessão; no impedimento, ocorre substituição. Tanto no caso de impedimento como no de vacância, a Constituição Federal determina que o vice-presidente ficará no lugar do Presidente, pois essa é a sua função precípua:

> **Art. 79** *Substituirá o Presidente, no caso de impedimento, e suceder-lhe-á, no de vaga, o Vice-Presidente.*
>
> **Parágrafo único.** *O Vice-Presidente da República, além de outras atribuições que lhe forem conferidas por lei complementar, auxiliará o Presidente, sempre que por ele convocado para missões especiais.*

O problema maior surge quando o Presidente e o Vice se ausentam ao mesmo tempo. Nesse caso, a Constituição determina que se convoquem outros sucessores: Presidente da Câmara dos Deputados, Presidente do Senado Federal e Presidente do Supremo Tribunal Federal. Esses são os legitimados a sucederem o Presidente da República e o vice-presidente de forma sucessiva e temporária quando ocorrer a ausência dos dois ao mesmo tempo:

> **Art. 80** *Em caso de impedimento do Presidente e do Vice-Presidente, ou vacância dos respectivos cargos, serão sucessivamente chamados ao exercício da Presidência o Presidente da Câmara dos Deputados, o do Senado Federal e o do Supremo Tribunal Federal.*

Uma coisa deve ser observada: o vice-presidente é o único legitimado a suceder o presidente de forma definitiva. O presidente da Câmara, do Senado e do STF só substituem o presidente em caráter temporário. Isso significa que, se o presidente morrer, quem assume o cargo é o vice.

Agora, se ocorrer vacância dos cargos de presidente e de vice ao mesmo tempo, a Constituição determina que sejam realizadas novas eleições:

> **Art. 81** *Vagando os cargos de Presidente e Vice-Presidente da República, far-se-á eleição noventa dias depois de aberta a última vaga.*
>
> *§ 1º Ocorrendo a vacância nos últimos dois anos do período presidencial, a eleição para ambos os cargos será feita trinta dias depois da última vaga, pelo Congresso Nacional, na forma da lei.*
>
> *§ 2º Em qualquer dos casos, os eleitos deverão completar o período de seus antecessores.*

Caso a vacância se dê nos dois primeiros anos de mandato, a eleição será direta, ou seja, com a participação do povo e deverá ocorrer no prazo de 90 dias a contar da última vacância. Mas, se a vacância se der nos dois últimos anos do mandato, a eleição será indireta (realizada pelo Congresso Nacional) no prazo de 30 dias a contar da última vacância. Quem for eleito permanecerá no cargo até o fim do mandato de quem ele sucedeu. Não se inicia um novo mandato. Esse mandato é chamado pela doutrina de Mandato-Tampão.

Em qualquer uma das duas situações, enquanto não forem eleitos os novos presidente e vice-presidente, quem permanece no cargo é um dos sucessores temporários: presidente da Câmara, do Senado ou do STF.

10.2.4 Perda do cargo no caso de saída do país sem autorização do Congresso Nacional

Esse artigo prevê a possibilidade de perda do cargo do Presidente e Vice-Presidente nos casos de ausência do País por período superior a 15 dias sem licença do Congresso Nacional:

> **Art. 83** *O Presidente e o Vice-Presidente da República não poderão, sem licença do Congresso Nacional, ausentar-se do País por período superior a quinze dias, sob pena de perda do cargo.*

Vejamos que a Constituição Federal de 1988 não proíbe que o Presidente ou o Vice se ausentem do país sem licença do Congresso Nacional. Mas se a ausência se der por mais de 15 dias, nesse caso será indispensável a autorização da Casa Legislativa.

10.2.5 Órgãos auxiliares do Presidente da República

A Constituição nos apresenta três órgãos auxiliares do Presidente da República: ministros de Estado, Conselho da República e Conselho de Defesa Nacional. Os ministros de Estados são os auxiliares diretos do Presidente da República. Os arts. 87 e 88 trazem várias regras que podem ser trabalhadas em prova:

> **Art. 87** *Os Ministros de Estado serão escolhidos dentre brasileiros maiores de vinte e um anos e no exercício dos direitos políticos.*
>
> **Parágrafo único.** *Compete ao Ministro de Estado, além de outras atribuições estabelecidas nesta Constituição e na lei:*
>
> *I – Exercer a orientação, coordenação e supervisão dos órgãos e entidades da administração federal na área de sua competência e referendar os atos e decretos assinados pelo Presidente da República;*
>
> *II – Expedir instruções para a execução das leis, decretos e regulamentos;*
>
> *III – Apresentar ao Presidente da República relatório anual de sua gestão no Ministério;*
>
> *IV – Praticar os atos pertinentes às atribuições que lhe forem outorgadas ou delegadas pelo Presidente da República.*
>
> **Art. 88** *A lei disporá sobre a criação e extinção de Ministérios e órgãos da Administração Pública.*

O Conselho da República e o Conselho de Defesa Nacional também são órgãos auxiliares do Presidente da República, mas que possuem atribuição consultiva. Em situações determinadas pela Constituição, o presidente, antes de tomar alguma decisão, precisa consultar esses dois órgãos.

PODER EXECUTIVO

Seguem os arts. 89, 90 e 91, cujas regras também podem ser cobradas em prova. Destacam-se as composições e as competências desses órgãos:

Art. 89 O Conselho da República é órgão superior de consulta do Presidente da República, e dele participam:

I – O Vice-Presidente da República;

II – O Presidente da Câmara dos Deputados;

III – O Presidente do Senado Federal;

IV – Os líderes da maioria e da minoria na Câmara dos Deputados;

V – Os líderes da maioria e da minoria no Senado Federal;

VI – O Ministro da Justiça;

VII – Seis cidadãos brasileiros natos, com mais de trinta e cinco anos de idade, sendo dois nomeados pelo Presidente da República, dois eleitos pelo Senado Federal e dois eleitos pela Câmara dos Deputados, todos com mandato de três anos, vedada a recondução.

Art. 90 Compete ao Conselho da República pronunciar-se sobre:

I – Intervenção federal, estado de defesa e estado de sítio;

II – As questões relevantes para a estabilidade das instituições democráticas.

§ 1º O Presidente da República poderá convocar Ministro de Estado para participar da reunião do Conselho, quando constar da pauta questão relacionada com o respectivo Ministério.

§ 2º A lei regulará a organização e o funcionamento do Conselho da República.

Art. 91 O Conselho de Defesa Nacional é órgão de consulta do Presidente da República nos assuntos relacionados com a soberania nacional e a defesa do Estado democrático, e dele participam como membros natos:

I – O Vice-Presidente da República;

II – O Presidente da Câmara dos Deputados;

III – O Presidente do Senado Federal;

IV – Ministro da Justiça;

V – O Ministro de Estado da Defesa;

VI – O Ministro das Relações Exteriores;

VII – O Ministro do Planejamento;

VIII – Os Comandantes da Marinha, do Exército e da Aeronáutica.

§ 1º Compete ao Conselho de Defesa Nacional:

I – Opinar nas hipóteses de declaração de guerra e de celebração da paz, nos termos desta Constituição;

II – Opinar sobre a decretação do estado de defesa, do estado de sítio e da intervenção federal;

III – Propor os critérios e condições de utilização de áreas indispensáveis à segurança do território nacional e opinar sobre seu efetivo uso, especialmente na faixa de fronteira e nas relacionadas com a preservação e a exploração dos recursos naturais de qualquer tipo;

IV – Estudar, propor e acompanhar o desenvolvimento de iniciativas necessárias a garantir a independência nacional e a defesa do Estado democrático.

§ 2º A lei regulará a organização e o funcionamento do Conselho de Defesa Nacional.

10.2.6 Responsabilidades do Presidente

A forma de governo adotada no país é a República e, por essa razão, é possível responsabilizar o Presidente da República por seus atos. A Constituição Federal de 1988 tratou de regular a responsabilização por crime de responsabilidade e por infrações penais comuns.

Antes de trabalhar com cada uma das responsabilidades, serão analisadas as chamadas imunidades.

Imunidades são prerrogativas inerentes aos cargos mais importantes do Estado. Cargos que são estratégicos e essenciais à manutenção da ordem constitucional. Entre vários, se destaca o de Presidente da República.

A imunidade pode ser:

- **Material:** é a conhecida irresponsabilidade penal absoluta. Essa imunidade protege o titular contra a responsabilização penal.
- **Formal:** são prerrogativas de cunho processual.

Um primeiro ponto essencial que precisa ser estabelecido: o presidente não possui imunidade material, contudo, em razão da importância do seu cargo, possui imunidades formais. Apesar de o Presidente não possuir imunidade material, outros cargos a possuem, por exemplo, os parlamentares.

Ao todo, pode-se elencar **quatro prerrogativas processuais** garantidas pela Constituição Federal ao Chefe do Executivo da União:

10.2.7 Prerrogativas processuais garantidas ao Presidente

- **Processo**

A Constituição exige juízo de admissibilidade emitido pela Câmara para que o presidente possa ser processado durante o seu mandato. Isso significa que o Presidente da República só poderá ser processado se a Câmara dos Deputados autorizar pelo voto de 2/3 dos membros:

Art. 86 Admitida a acusação contra o Presidente da República, por dois terços da Câmara dos Deputados, será ele submetido a julgamento perante o Supremo Tribunal Federal, nas infrações penais comuns, ou perante o Senado Federal, nos crimes de responsabilidade.

- **Prerrogativa de Foro**

O presidente não pode ser julgado por qualquer juiz, haja vista a importância da função que exerce no Estado.

Diante disso, a Constituição estabeleceu dois foros competentes para julgar o Presidente:

Supremo Tribunal Federal: será julgado pelas infrações penais comuns.

Senado Federal: será julgado pelos crimes de responsabilidade.

Analisando essas duas primeiras prerrogativas, não se pode esquecer o previsto no art. 86, § 1º:

§ 1º O Presidente ficará suspenso de suas funções:

I – Nas infrações penais comuns, se recebida a denúncia ou queixa-crime pelo Supremo Tribunal Federal;

II – Nos crimes de responsabilidade, após a instauração do processo pelo Senado Federal.

§ 2º Se, decorrido o prazo de cento e oitenta dias, o julgamento não estiver concluído, cessará o afastamento do Presidente, sem prejuízo do regular prosseguimento do processo.

A Constituição determina que, após iniciado o processo, tanto por infração penal comum quanto por crime de responsabilidade, o Presidente fique suspenso de suas funções pelo prazo de 180 dias, tempo necessário para que se finalize o processo. Caso o Presidente não seja julgado nesse período, ele poderá retornar ao exercício de suas funções sem prejuízo de continuidade do processo. Deve-se ter muito cuidado em prova com o início do prazo de suspensão:

- **Infração penal comum:** o prazo de suspensão inicia-se **a partir do recebimento da denúncia ou queixa.**
- **crime de responsabilidade:** o prazo de suspensão inicia-se **a partir da instauração do processo.**

Caso a Câmara autorize o processo do Presidente por crime de responsabilidade, o Senado deverá processá-lo, pois não assiste discricionariedade ao Senado em processar ou não. Sua decisão é vinculada à decisão da Câmara, pelo fato de as duas Casas serem políticas. Contudo, nos casos de infração penal comum, o STF não está obrigado a processar o Presidente em respeito à Separação dos Poderes.

Vamos aproveitar o momento para entender o que são infração penal comum e crime de responsabilidade.

> **Infração penal comum:** é qualquer crime ou contravenção penal cometida pelo Presidente da República na função ou em razão da sua função de Presidente. Seu processamento se dará no Supremo Tribunal Federal.
>
> **crime de responsabilidade:** a primeira coisa que se precisa saber sobre o crime de responsabilidade é que ele não é um crime. O crime de responsabilidade é uma infração de natureza **político-administrativa.** O nome crime é impróprio para esse instituto. O processo que visa a esse tipo de responsabilização é o *impeachment.*

O presidente responderá por esse tipo de infração caso sua conduta se amolde ao previsto no art. 85 da Constituição Federal de 1988:

> *Art. 85 São crimes de responsabilidade os atos do Presidente da República que atentem contra a Constituição Federal e, especialmente, contra:*
>
> *I – A existência da União;*
>
> *II – O livre exercício do Poder Legislativo, do Poder Judiciário, do Ministério Público e dos Poderes constitucionais das unidades da Federação;*
>
> *III – O exercício dos direitos políticos, individuais e sociais;*
>
> *IV – A segurança interna do País;*
>
> *V – A probidade na administração;*
>
> *VI – A lei orçamentária;*
>
> *VII – O cumprimento das leis e das decisões judiciais.*
>
> *Parágrafo único. Esses crimes serão definidos em lei especial, que estabelecerá as normas de processo e julgamento.*

Esse rol de condutas, consideradas como crime de responsabilidade estabelecido na Constituição Federal de 1988, é meramente exemplificativo, já que é a Lei nº 1.079/1950 o dispositivo regulador do crime de responsabilidade. Deve-se destacar sua relevância na fixação de outras autoridades que respondem por esse crime, novos crimes além dos procedimentos adotados nesse processo, principalmente na competência exclusiva do cidadão para denunciar o Presidente. Destaca-se ainda que, para haver condenação, o Senado deve proferi-la pelo voto de 2/3 dos seus membros.

Considerando que não se trata de um crime, essa infração não pode resultar numa pena privativa de liberdade. Quem pratica crime de responsabilidade não pode ser preso. A consequência estabelecida no art. 52, parágrafo único da Constituição Federal de 1988, é a perda do cargo e a inabilitação para o exercício de qualquer função pública pelo prazo de oito anos:

> *Art. 52 [...]*
>
> *Parágrafo único. Nos casos previstos nos incisos I e II, funcionará como Presidente o do Supremo Tribunal Federal, limitando-se a condenação, que somente será proferida por dois terços dos votos do Senado Federal, à perda do cargo, com inabilitação, por oito anos, para o exercício de função pública, sem prejuízo das demais sanções judiciais cabíveis.*

- **Prisão**

O presidente só pode ser preso pela prática de infração penal comum e somente se sobrevier sentença condenatória:

> *Art. 86 [...]*
>
> *§ 3º Enquanto não sobrevier sentença condenatória, nas infrações comuns, o Presidente da República não estará sujeito a prisão.*

- **Irresponsabilidade penal relativa**

Também conhecida na doutrina como **Imunidade Formal Temporária**, essa prerrogativa afirma que o Presidente não poderá ser responsabilizado por atos alheios aos exercícios de suas funções:

> *Art. 86 [...]*
>
> *§ 4º O Presidente da República, na vigência de seu mandato, não pode ser responsabilizado por atos estranhos ao exercício de suas funções.*

Para melhor compreender as imunidades conferidas ao Presidente da República, analisemos as seguintes situações hipotéticas:

Suponhamos que o Presidente da República seja flagrado após ter cometido o assassinado de duas pessoas por motivos particulares.

Poderia ele, no momento em que é flagrado, ser preso pelo crime? Não. O presidente só pode ser preso se tiver uma sentença condenatória.

Poderia o presidente ser processado pelo crime de duplo homicídio durante o se mandato? O presidente não pode ser responsabilizado por atos alheios aos exercícios de suas funções. Ao matar duas pessoas, ele não comete o crime na condição de presidente, ou seja, esse crime não possui relação com sua função de presidente. Por esse motivo, ele não pode ser processado durante o seu mandato. Não significa que ficará impune pelo crime cometido, apenas será responsabilizado normalmente após o mandato, nesse caso, sem nenhuma prerrogativa. Apesar de não haver previsão legal, a jurisprudência entende que o prazo prescricional, nesse caso, ficará suspenso, não prejudicando a responsabilização do presidente.

Suponhamos agora que, em reunião com os Ministros, o presidente tenha discutido com um deles. Em meio à confusão, o presidente mata o ministro. Poderia ele ser preso por esse crime? O presidente não pode ser preso enquanto não sobrevier sentença condenatória. É a imunidade em relação às prisões.

O presidente poderá ser processado por esse crime enquanto estiver no seu mandato? Nesse caso sim. Perceba que o crime cometido foi em razão da função de presidente, visto que não estaria na reunião com Ministros se não fosse o Presidente da República. Dessa forma, ele será processado por essa infração penal comum no Supremo Tribunal Federal, caso a Câmara dos Deputados autorize o processo. Havendo sentença condenatória, ele poderá ser preso. A possibilidade de responsabilização do Presidente da República por infração penal comum só ocorre se o crime cometido estiver ligado à sua função de presidente.

Já em relação a outras esferas do direito, como cíveis, administrativas, trabalhistas ou qualquer outra área, o presidente não possui prerrogativa. Isso significa que o presidente responderá normalmente, sem nenhum privilégio, nas outras esferas do Direito. O tema das responsabilidades do Presidente tem sido alvo de inúmeras questões de prova. As questões podem ser trabalhadas a partir da literalidade do texto constitucional ou mesmo invocando caso concreto para verificação das regras e prerrogativas do presidente.

Imunidade Formal
Processo → autorização da câmara dos deputados = 2/3 dos votos.
Prerrogativa de foro → STF: crime comum/Senado: crime de responsabilidade.
Prisão → só depois da sentença penal condenatória.
Responsabilidade penal relativa → não responde por ato alheio a sua função.

11 DEFESA DO ESTADO E DAS INSTITUIÇÕES DEMOCRÁTICAS

No título V, arts. 136 a 144, a Constituição Federal de 1988 apresenta instrumentos eficazes na proteção do Estado e de toda estrutura democrática. Os instrumentos disponibilizados são o Sistema Constitucional de Crises que compreende o Estado de Defesa e o Estado de Sítio, Forças Armadas e Segurança Pública, os quais serão analisados a partir de agora.

11.1 Sistema constitucional de crises

O Sistema constitucional de crises é um conjunto de medidas criadas pela Constituição Federal para restabelecer a ordem constitucional em momentos de crises político-institucionais. Antes de tratar das espécies em si, deve-se ressaltar algumas características essenciais desses institutos.

É necessário partir do pressuposto de que o **estado de sítio é mais grave que o estado de defesa**. Essa compreensão permite entender que as medidas adotadas no estado de sítio serão mais gravosas que no estado de defesa.

Outro ponto interessante são os princípios que regem o Sistema constitucional de crises. As duas medidas devem observar os seguintes princípios:

- **Necessidade:** as medidas só podem ser decretadas em último caso.
- **Proporcionalidade:** as medidas adotadas devem ser proporcionais aos problemas existentes.
- **Temporariedade:** as medidas do sistema constitucional de crises devem ser temporárias. Devem durar apenas o tempo necessário para resolver a crise.
- **Legalidade:** as medidas devem guardar respeito à lei. E aqui é possível vislumbrar duas perspectivas acerca da legalidade:
- *Stricto sensu:* as medidas devem respeitar os limites estabelecidos nos Decretos Presidenciais que autorizam a execução. É uma perspectiva mais restrita da legalidade;
- *Lato sensu:* as medidas precisam respeitar a lei em sentido amplo, ou seja, toda a legislação brasileira, incluindo a Constituição Federal.

11.1.1 Estado de defesa

O estado de defesa está regulamentado no art. 136 da Constituição e o seu *caput* apresenta algumas informações importantíssimas:

> **Art. 136** O Presidente da República pode, ouvidos o Conselho da República e o Conselho de Defesa Nacional, decretar estado de defesa para preservar ou prontamente restabelecer, em locais restritos e determinados, a ordem pública ou a paz social ameaçadas por grave e iminente instabilidade institucional ou atingidas por calamidades de grandes proporções na natureza.

Esse dispositivo enumera as **hipóteses de cabimento da medida ou quais são os seus objetivos**: preservar ou prontamente restabelecer a ordem pública ou a paz social ameaçadas por grave e iminente instabilidade institucional ou atingidas por calamidades de grandes proporções na natureza. Qualquer circunstância dessas autoriza a decretação de estado de defesa. Lembre-se de que esse rol é taxativo. Só essas situações podem autorizar a medida.

Um detalhe interessante e que pode funcionar como ponto de distinção entre o Estado de Sítio e de Defesa é a área abrangida. O texto constitucional apresentado determina que as áreas abrangidas pela medida sejam locais restritos e determinados.

Outro ponto importante e que é frequente cobrado em prova diz respeito ao tempo de duração do Estado de Defesa. Segundo o art. 136, § 2º, essa medida de contenção de crises poderá durar 30 dias, podendo prorrogar mais uma vez por igual período:

> § 2º O tempo de duração do estado de defesa não será superior a trinta dias, podendo ser prorrogado uma vez, por igual período, se persistirem as razões que justificaram a sua decretação.

Não se esqueça de que o prazo só poderá ser prorrogado uma única vez.

Como característica principal da execução do estado de defesa está a possibilidade de se restringirem alguns direitos, os quais estão previamente definidos nos §§ 1º a 3º do art. 136 da Constituição Federal de 1988:

> § 1º O decreto que instituir o estado de defesa determinará o tempo de sua duração, especificará as áreas a serem abrangidas e indicará, nos termos e limites da lei, as medidas coercitivas a vigorarem, dentre as seguintes:
> I – restrições aos direitos de:
> a) reunião, ainda que exercida no seio das associações;
> b) sigilo de correspondência;
> c) sigilo de comunicação telegráfica e telefônica;
> II – ocupação e uso temporário de bens e serviços públicos, na hipótese de calamidade pública, respondendo a União pelos danos e custos decorrentes.
> § 3º. Na vigência do estado de defesa:
> I – a prisão por crime contra o Estado, determinada pelo executor da medida, será por este comunicada imediatamente ao juiz competente, que a relaxará, se não for legal, facultado ao preso requerer exame de corpo de delito à autoridade policial;
> II – a comunicação será acompanhada de declaração, pela autoridade, do estado físico e mental do detido no momento de sua autuação;
> III – a prisão ou detenção de qualquer pessoa não poderá ser superior a dez dias, salvo quando autorizada pelo Poder Judiciário;
> IV – é vedada a incomunicabilidade do preso.

Alguns pontos merecem um destaque especial. Devido à gravidade da situação e à excepcionalidade das medidas, a Constituição Federal de 1988 autoriza a restrição de vários direitos fundamentais, por exemplo, o direito de reunião, o sigilo das correspondências, das comunicações telegráficas e telefônicas.

Essas medidas restritivas dispensam autorização judicial, inclusive a decretação de prisão que será determinada pela própria autoridade executora do estado de defesa e poderá durar até dez dias. A prisão deverá ser comunicada imediatamente ao juiz o qual poderá prorrogá-la por período superior.

Não se deve esquecer que, mesmo em um momento de crise, como esse em que muitos direitos constitucionais são flexibilizados, é vedada pela Constituição Federal de 1988 a incomunicabilidade do preso. A ele deverá ser garantido o direito de falar com seu familiar ou advogado, além do direito de ter preservada sua integridade.

Para que seja decretado o estado de defesa, a Constituição previu alguns procedimentos. Primeiramente, deve-se lembrar que a decretação é competência do Presidente da República. Antes de executar a medida, ele deverá consultar o Conselho de Defesa Nacional e o Conselho da República os quais emitirão um parecer acerca da situação. Apesar da obrigatoriedade em ouvir os conselhos, o presidente não está vinculado aos seus pareceres. Significa dizer que os pareceres emitidos pelos conselhos são meramente opinativos.

Ouvidos os conselhos, o presidente decreta a medida e imediatamente submete o decreto ao Congresso Nacional para aprovação.

A decisão do Congresso Nacional é definitiva. Caso o decreto seja rejeitado, o estado de defesa cessa imediatamente.

> *Art. 136 [...]*
>
> *§ 4º Decretado o estado de defesa ou sua prorrogação, o Presidente da República, dentro de vinte e quatro horas, submeterá o ato com a respectiva justificação ao Congresso Nacional, que decidirá por maioria absoluta.*
>
> *§ 5º Se o Congresso Nacional estiver em recesso, será convocado, extraordinariamente, no prazo de cinco dias.*
>
> *§ 6º O Congresso Nacional apreciará o decreto dentro de dez dias contados de seu recebimento, devendo continuar funcionando enquanto vigorar o estado de defesa.*
>
> *§ 7º Rejeitado o decreto, cessa imediatamente o estado de defesa.*

Apesar de ser caracterizado por medidas excepcionais, que restringem sobremaneira os direitos e garantias fundamentais, o controle constitucional de crises não está imune à fiscalização por parte dos poderes públicos. Havendo excessos nas medidas adotadas, a Constituição Federal de 1988 prevê a possibilidade de responsabilização dos agentes por seus atos. A doutrina constitucional prevê duas formas de controle: controle político e controle jurisdicional.

O controle político é realizado basicamente pelo Congresso Nacional, que o efetuará de três formas:

- **Imediato:** ocorre logo após a decretação da medida conforme o § 4º do art. 136.
- **Concomitante:** ocorre durante a execução do estado de defesa conforme § 6º do art. 136 e art. 140.

> *Art. 140 A Mesa do Congresso Nacional, ouvidos os líderes partidários, designará Comissão composta de cinco de seus membros para acompanhar e fiscalizar a execução das medidas referentes ao estado de defesa e ao estado de sítio.*

- **Sucessivo (posterior):** ocorre após a execução da medida nos termos do art. 141:

> *Art. 141 Cessado o estado de defesa ou o estado de sítio, cessarão também seus efeitos, sem prejuízo da responsabilidade pelos ilícitos cometidos por seus executores ou agentes.*
>
> *Parágrafo único. Logo que cesse o estado de defesa ou o estado de sítio, as medidas aplicadas em sua vigência serão relatadas pelo Presidente da República, em mensagem ao Congresso Nacional, com especificação e justificação das providências adotadas, com relação nominal dos atingidos e indicação das restrições aplicadas.*

O Controle Jurisdicional é o realizado pelo Poder Judiciário, e ocorrerá de duas formas:

- **Concomitante:** durante a execução da medida. Veja-se o disposto no art. 136, § 3º.
- **Sucessivo (Posterior):** após a execução da medida nos termos do art. 141.

11.1.2 Estado de sítio

O estado de sítio é mais gravoso que o estado de defesa. Por consequência, as medidas adotadas nesse caso terão maior efeito restritivo aos direitos fundamentais.

Primeiramente são abordadas às hipóteses de cabimento do estado de sítio, que estão previstas no art. 137, incisos I e II:

> *I – comoção grave de repercussão nacional ou ocorrência de fatos que comprovem a ineficácia de medida tomada durante o estado de defesa;*
>
> *II – declaração de estado de guerra ou resposta a agressão armada estrangeira.*

A doutrina faz uma distinção interessante entre os dois incisos, classificando-os em **repressivo** e **defensivo**. O **estado de sítio repressivo** está previsto no inciso I, haja vista ser necessária a atuação dos poderes públicos para conter a situação de crise. Já o inciso II, é chamado de **estado de sítio defensivo**, pois o poder público utiliza a medida como forma de se defender de agressões externas.

Um ponto distintivo entre o **estado de defesa** e o **estado de sítio**, muito cobrado em prova, refere-se à área abrangida. Segundo o inciso I do art. 137, será decretada a medida quando a crise tiver repercussão nacional. Quando o candidato encontrar na prova o termo "repercussão nacional", deve associar com o **estado de sítio**. Diferentemente, se estiver escrito "local restrito e determinado", relacionar o dispositivo com **estado de defesa**.

Um tema muito cobrado em prova é o tempo de duração do estado de sítio. Vejamos o que diz o §1º do art. 138:

> *§ 1º O estado de sítio, no caso do art. 137, I, não poderá ser decretado por mais de trinta dias, nem prorrogado, de cada vez, por prazo superior; no do inciso II, poderá ser decretado por todo o tempo que perdurar a guerra ou a agressão armada estrangeira.*

Qual o prazo de duração do estado de sítio? Depende da hipótese de cabimento.

Segundo o § 1º, se a hipótese for a do inciso I do art. 137, o prazo será de 30 dias prorrogáveis por mais 30 dias enquanto for necessário para conter a situação. Cuidado com este prazo, pois a Constituição deixou transparecer que ele não pode ser prorrogado, contudo, o que ela quis dizer é que não pode ser prorrogado por mais de 30 dias todas as vezes que for prorrogado. Dessa forma, ele poderá ser prorrogado indefinidamente, enquanto for necessário.

Já no caso do inciso II, a Constituição regula o estado de sítio em caso de guerra ou agressão estrangeira e prevê que a medida durará enquanto for necessária para repelir a agressão estrangeira ou acabar com a guerra. Logo, o estado de sítio nestes casos não possui prazo certo para terminar.

No que tange às medidas coercitivas que podem ser adotadas no Estado de Sítio, a Constituição prevê no art. 139:

> *Art. 139 Na vigência do estado de sítio decretado com fundamento no art. 137, I, só poderão ser tomadas contra as pessoas as seguintes medidas:*
>
> *I – obrigação de permanência em localidade determinada;*
>
> *II – detenção em edifício não destinado a acusados ou condenados por crimes comuns;*
>
> *III – restrições relativas à inviolabilidade da correspondência, ao sigilo das comunicações, à prestação de informações e à liberdade de imprensa, radiodifusão e televisão, na forma da lei;*
>
> *IV – suspensão da liberdade de reunião;*
>
> *V – busca e apreensão em domicílio;*
>
> *VI – intervenção nas empresas de serviços públicos;*
>
> *VII – requisição de bens.*
>
> *Parágrafo único. Não se inclui nas restrições do inciso III a difusão de pronunciamentos de parlamentares efetuados em suas Casas Legislativas, desde que liberada pela respectiva Mesa.*

O dispositivo só regulamentou as restrições adotadas na hipótese do inciso I do art. 137, qual seja: comoção grave de repercussão nacional ou ocorrência de fatos que comprovem a ineficácia de medida tomada durante o estado de defesa. Esse rol de medidas é taxativo, restringindo a atuação do poder público durante sua aplicação. No caso do art. 137, inciso II, a Constituição nada disse, o que levou a doutrina a concluir a possibilidade de adoção de qualquer medida necessária para conter a situação, desde que compatíveis com a ordem constitucional e com as leis brasileiras.

Como se pode perceber, as medidas aqui são mais gravosas que as adotadas no **estado de defesa**, e isso pode ser muito bem notado pela distinção feita entre o estado de defesa e de sítio no que se refere

DEFESA DO ESTADO E DAS INSTITUIÇÕES DEMOCRÁTICAS

à liberdade de reunião. Enquanto no **estado de defesa** a liberdade de reunião sofre restrições, aqui ela será suspensa.

Outro dispositivo importante é o previsto no parágrafo único, que isenta os pronunciamentos dos parlamentares efetuados em suas Casas das restrições impostas no inciso III do artigo em análise, desde que liberadas pelas respectivas mesas. As demais restrições devem ser lidas e memorizadas, pois podem ser cobradas em prova.

Vejamos agora como é o procedimento de decretação do estado de sítio:

> *Art. 137 O Presidente da República pode, ouvidos o Conselho da República e o Conselho de Defesa Nacional, solicitar ao Congresso Nacional autorização para decretar o estado de sítio nos casos de:*
>
> *Parágrafo único. O Presidente da República, ao solicitar autorização para decretar o estado de sítio ou sua prorrogação, relatará os motivos determinantes do pedido, devendo o Congresso Nacional decidir por maioria absoluta.*
>
> *Art. 138 O decreto do estado de sítio indicará sua duração, as normas necessárias a sua execução e as garantias constitucionais que ficarão suspensas, e, depois de publicado, o Presidente da República designará o executor das medidas específicas e as áreas abrangidas.[...]*
>
> *§ 2º Solicitada autorização para decretar o estado de sítio durante o recesso parlamentar, o Presidente do Senado Federal, de imediato, convocará extraordinariamente o Congresso Nacional para se reunir dentro de cinco dias, a fim de apreciar o ato.*
>
> *§ 3º O Congresso Nacional permanecerá em funcionamento até o término das medidas coercitivas.*

A **decretação do estado de sítio** fica a cargo do Presidente da República após ouvir o Conselho da República e o Conselho de Defesa Nacional. A consulta é obrigatória, mas os pareceres dos conselhos não vinculam o presidente. Apesar da similaridade de procedimentos, aqui o presidente tem que solicitar autorização do Congresso Nacional antes de decretar o estado de sítio. Essa diferença é bastante cobrada em prova.

Ao passo que, **no estado de defesa**, o presidente decreta a medida e depois apresenta para o Congresso avaliar. No **estado de sítio**, antes de decretar, o presidente deve sujeitar a medida à apreciação do Congresso Nacional.

Essa característica demonstra que, assim como no estado de defesa, a medida está sujeita a controle dos outros poderes. Sendo assim, verifica-se que a fiscalização será feita tanto pelos órgãos políticos quanto pelos órgãos jurisdicionais.

Tem-se controle político quando realizado pelo Congresso Nacional, o qual se dará de forma:

- **Prévio:** ocorre quando o Congresso Nacional autoriza a execução da medida;
- **Concomitante:** ocorre durante a execução da medida;

> *Art. 140 A Mesa do Congresso Nacional, ouvidos os líderes partidários, designará Comissão composta de cinco de seus membros para acompanhar e fiscalizar a execução das medidas referentes ao estado de defesa e ao estado de sítio.*

- **Sucessivo (posterior):** ocorre após a execução da medida;

> *Art. 141 Cessado o estado de defesa ou o estado de sítio, cessarão também seus efeitos, sem prejuízo da responsabilidade pelos ilícitos cometidos por seus executores ou agentes.*
>
> *Parágrafo único. Logo que cesse o estado de defesa ou o estado de sítio, as medidas aplicadas em sua vigência serão relatadas pelo Presidente da República, em mensagem ao Congresso Nacional, com especificação e justificação das providências adotadas, com relação nominal dos atingidos e indicação das restrições aplicadas.*

Também existe o controle jurisdicional executado pelos órgãos do Poder Judiciário, o qual se dará de forma:

- **Concomitante:** durante a execução da medida. Apesar de não haver previsão constitucional expressa, qualquer lesão ou ameaça a direito poderá ser apreciada pelo Poder Judiciário;
- **Sucessiva (posterior):** após a execução da medida nos termos do art. 141.

11.2 Forças Armadas

11.2.1 Instituições

As Forças Armadas são formadas por instituições que compõem a estrutura de defesa do Estado, a Marinha, o Exército e a Aeronáutica. Possuem como funções principais a defesa da pátria, a garantia dos poderes constitucionais, da lei e da ordem. Apesar de sua vinculação à União, suas atribuições têm caráter nacional e podem ser exercidas em todo o território brasileiro:

> *Art. 142 As Forças Armadas, constituídas pela Marinha, pelo Exército e pela Aeronáutica, são instituições nacionais permanentes e regulares, organizadas com base na hierarquia e na disciplina, sob a autoridade suprema do Presidente da República, e destinam-se à defesa da Pátria, à garantia dos poderes constitucionais e, por iniciativa de qualquer destes, da lei e da ordem.*

Segundo o *caput* do art. 142, são classificadas como instituições permanentes e regulares. Estão sempre prontas para agir. São regulares, pois desempenham funções sistemáticas e dependem de um efetivo de servidores para realizá-las.

Ainda, destaca-se a base de sua organização na hierarquia e na disciplina. Esses atributos típicos da Administração Pública são ressaltados nessas instituições devido ao caráter militar que possuem. As Forças Armadas valorizam demasiadamente essa estrutura hierárquica, com regulamentos que garantem uma distribuição do efetivo em diversos níveis de escalonamento, cujo comando supremo está nas mãos do Presidente da República.

Em linhas gerais, a Constituição Federal de 1988 previu algumas regras para o funcionamento das instituições militares:

> *Art. 142 [...]*
>
> *§ 1º Lei complementar estabelecerá as normas gerais a serem adotadas na organização, no preparo e no emprego das Forças Armadas.*
>
> *§ 3º Os membros das Forças Armadas são denominados militares, aplicando-se-lhes, além das que vierem a ser fixadas em lei, as seguintes disposições:*
>
> *I – as patentes, com prerrogativas, direitos e deveres a elas inerentes, são conferidas pelo Presidente da República e asseguradas em plenitude aos oficiais da ativa, da reserva ou reformados, sendo-lhes privativos os títulos e postos militares e, juntamente com os demais membros, o uso dos uniformes das Forças Armadas;*
>
> *II – o militar em atividade que tomar posse em cargo ou emprego público civil permanente, ressalvada a hipótese prevista no art. 37, inciso XVI, alínea "c", será transferido para a reserva, nos termos da lei;*
>
> *III – o militar da ativa que, de acordo com a lei, tomar posse em cargo, emprego ou função pública civil temporária, não eletiva, ainda que da administração indireta, ressalvada a hipótese prevista no art. 37, inciso XVI, alínea "c", ficará agregado ao respectivo quadro e somente poderá, enquanto permanecer nessa situação, ser promovido por antiguidade, contando-se-lhe o tempo de serviço apenas para aquela promoção e transferência para a reserva, sendo depois de dois anos de afastamento, contínuos ou não, transferido para a reserva, nos termos da lei;*
>
> *IV – ao militar são proibidas a sindicalização e a greve;*
>
> *V – o militar, enquanto em serviço ativo, não pode estar filiado a partidos políticos;*
>
> *VI – o oficial só perderá o posto e a patente se for julgado indigno do oficialato ou com ele incompatível, por decisão de tribunal militar*

DIREITO CONSTITUCIONAL

de caráter permanente, em tempo de paz, ou de tribunal especial, em tempo de guerra;

VII – o oficial condenado na justiça comum ou militar a pena privativa de liberdade superior a dois anos, por sentença transitada em julgado, será submetido ao julgamento previsto no inciso anterior;

VIII – aplica-se aos militares o disposto no art. 7º, incisos VIII, XII, XVII, XVIII, XIX e XXV, e no art. 37, incisos XI, XIII, XIV e XV, bem como, na forma da lei e com prevalência da atividade militar, no art. 37, inciso XVI, alínea "c";

IX – (Revogado pela Emenda Constitucional nº 41, de 19.12.2003).

X – a lei disporá sobre o ingresso nas Forças Armadas, os limites de idade, a estabilidade e outras condições de transferência do militar para a inatividade, os direitos, os deveres, a remuneração, as prerrogativas e outras situações especiais dos militares, consideradas as peculiaridades de suas atividades, inclusive aquelas cumpridas por força de compromissos internacionais e de guerra.

11.2.2 Habeas corpus

A Constituição declarou expressamente o não cabimento de *Habeas corpus* nas punições disciplinares militares:

Art. 142 [...]

§ 2º Não caberá Habeas corpus em relação a punições disciplinares militares.

Essa vedação decorre do regime constritivo rigoroso existente nas instituições castrenses, o qual permite como sanção administrativa a prisão. Deve-se ter muito cuidado com isso em prova. Segundo o STF, se o *Habeas corpus* versar sobre a ilegalidade da prisão, ele será admitido, ficando a vedação subordinada apenas ao seu mérito.

11.2.3 Vedações

Como foi dito anteriormente, o regime militar é bem rigoroso e a Constituição apresentou algumas vedações que sempre caem em prova:

Art. 142 [...]

IV – ao militar são proibidas a sindicalização e a greve;

V – o militar, enquanto em serviço ativo, não pode estar filiado a partidos políticos;

A sindicalização e a greve são medidas que dificultam o trabalho do militar, pois o influencia a questionar as ordens recebidas de seus superiores. As atribuições dos militares dependem de uma obediência irrestrita, por essa razão a Constituição os impediu de se organizarem em sindicatos e de realizarem movimentos paredistas.

Quanto à vedação de filiação ao partido político, deve-se destacar que o militar, para que desenvolva suas atividades com eficiência, não pode se sujeitar às correntes político-partidárias. O militar deve obedecer apenas à Constituição Federal e executar suas atividades com determinação. Essa vedação não o impede de se candidatar a cargo eletivo, desde que não seja conscrito. Aqui cabe citar o art. 14, § 8º da Constituição Federal de 1988:

§ 8º O militar alistável é elegível, atendidas as seguintes condições:

I – se contar menos de dez anos de serviço, deverá afastar-se da atividade;

II – se contar mais de dez anos de serviço, será agregado pela autoridade superior e, se eleito, passará automaticamente, no ato da diplomação, para a inatividade.

11.2.4 Serviço militar obrigatório

Outro tema importante acerca das Forças Armadas é a existência do serviço militar obrigatório, previsto no art. 143:

Art. 143 O serviço militar é obrigatório nos termos da lei.

§ 1º Às Forças Armadas compete, na forma da lei, atribuir serviço alternativo aos que, em tempo de paz, após alistados, alegarem imperativo de consciência, entendendo-se como tal o decorrente de crença religiosa e de convicção filosófica ou política, para se eximirem de atividades de caráter essencialmente militar.

§ 2º as mulheres e os eclesiásticos ficam isentos do serviço militar obrigatório em tempo de paz, sujeitos, porém, a outros encargos que a lei lhes atribuir.

A lei que regula o serviço militar obrigatório é a Lei nº 4.375/1964, a qual obriga todos os brasileiros a se alistarem. Destaca-se que essa obrigatoriedade não se aplica aos eclesiásticos (líderes religiosos) e às mulheres, em tempos de paz, o que nos conduz à conclusão de que eles poderiam ser convocados em momentos de guerra ou mobilização nacional.

O § 1º apresenta um tema que já foi cobrado em prova: a dispensa do serviço obrigatório pela escusa de consciência. Isso ocorre quando o indivíduo se recusa a cumprir a obrigação essencialmente militar que é imposta pela Constituição Federal em razão da sua convicção filosófica, religiosa ou política. O referido parágrafo, em consonância com o inciso VIII do art. 5º, permite que nesses casos o interessado tenha respeitado o seu direito de escolha e de livre consciência desde que cumpra a prestação alternativa regulamentada na Lei nº 8.239/1991, a qual consiste no desempenho de atribuições de caráter administrativo, assistencial, filantrópico ou produtivo, em substituição às atividades de caráter essencialmente militar. Não havendo o cumprimento da atividade obrigatória ou da prestação alternativa fixada em lei, o art. 15 prevê como consequência a restrição dos direitos políticos:

Art. 15 É vedada a cassação de direitos políticos, cuja perda ou suspensão só se dará nos casos de:[...]

IV – recusa de cumprir obrigação a todos imposta ou prestação alternativa, nos termos do art. 5º, VIII.

Acerca desse tema, um problema surge na doutrina. A Constituição não estabelece de forma clara qual consequência deverá ser aplicada ao indivíduo que se recusa a cumprir a obrigação ou a prestação alternativa. A Lei nº 8.239/1991, que regula a prestação alternativa ao serviço militar obrigatório, prevê que será declarada a suspensão dos direitos políticos de quem se recusar a cumprir a obrigação e a prestação alternativa. A doutrina tem se dividido entre as duas possibilidades: perda ou suspensão dos direitos políticos.

11.3 Órgãos de segurança pública

Conforme prescrito no *caput* do art. 144, a segurança pública é dever do Estado e tem como objetivo a preservação da ordem pública e da incolumidade das pessoas e do patrimônio. Esse tema é certo em concursos públicos da área de Segurança Pública e deve ser estudado com o foco na memorização de todo o artigo. Um dos pontos mais importantes está na definição de quais órgãos compõem a chamada segurança pública, os quais estão listados de forma taxativa no art. 144:

Art. 144 A segurança pública, dever do Estado, direito e responsabilidade de todos, é exercida para a preservação da ordem pública e da incolumidade das pessoas e do patrimônio, através dos seguintes órgãos:

I – polícia federal;

II – polícia rodoviária federal;

III – polícia ferroviária federal;

IV – polícias civis;

V – polícias militares e corpos de bombeiros militares.

VI – polícias penais federal, estaduais e distrital.

O STF já decidiu que esse rol é taxativo e que os demais entes federativos estão vinculados à classificação proposta pela Constituição. Diante disso, conclui-se que os estados, Distrito Federal e municípios estão proibidos de criar outros órgãos de segurança pública diferentes dos estabelecidos na Constituição Federal.

Ainda, como fruto dessa taxatividade, deve-se afirmar que nenhum outro órgão além dos estabelecidos nesse artigo poderá ser

DEFESA DO ESTADO E DAS INSTITUIÇÕES DEMOCRÁTICAS

considerado como sendo de Segurança Pública. Isso se aplica às Guardas Municipais, aos Agentes Penitenciários, aos Agentes de Trânsito e aos Seguranças Privados.

Há ainda a chamada Força Nacional de Segurança, instituição criada como fruto de um acordo de cooperação entre os estados e o Distrito Federal que possui o objetivo de apoiar ações de segurança pública nesses locais. Apesar de ser formado por membros dos órgãos de segurança pública de todo o país, não se pode afirmar, principalmente numa prova de concurso, que essa instituição faça parte dos órgãos de Segurança Pública.

Não se pode esquecer das Polícias Legislativas criadas no âmbito da Câmara dos Deputados e do Senado Federal, previstas nos arts. 51, inciso IV e 52, inciso XIII. Também não entram na classificação de órgãos de Segurança Pública para a prova, pois não estão no rol do art. 144:

> *Art. 51 Compete privativamente à Câmara dos Deputados:[...]*
> *IV – dispor sobre sua organização, funcionamento, polícia, criação, transformação ou extinção dos cargos, empregos e funções de seus serviços, e a iniciativa de lei para fixação da respectiva remuneração, observados os parâmetros estabelecidos na lei de diretrizes orçamentárias.*
> *Art. 52 Compete privativamente ao Senado Federal: [...]*
> *XIII – dispor sobre sua organização, funcionamento, polícia, criação, transformação ou extinção dos cargos, empregos e funções de seus serviços, e a iniciativa de lei para fixação da respectiva remuneração, observados os parâmetros estabelecidos na lei de diretrizes orçamentárias.*

Cada um dos órgãos será organizado em estatuto próprio, conforme preleciona o § 7º do art. 144:

> *§ 7º. A lei disciplinará a organização e o funcionamento dos órgãos responsáveis pela segurança pública, de maneira a garantir a eficiência de suas atividades.*

11.3.1 Polícia Administrativa e Polícia Judiciária

Antes de iniciar uma análise mais detida do artigo em questão, uma importante distinção doutrinária deve ser feita em relação às polícias de segurança pública: Polícia Administrativa e Polícia Judiciária.

- **Polícia Administrativa** é a polícia preventiva. Sua atividade ocorre antes do cometimento da infração penal com o intuito de impedir a sua ocorrência. Sua atuação é ostensiva, ou seja, visível pelos membros da sociedade. É aquela polícia a que recorremos quando temos um problema. Uma característica marcante das polícias ostensivas é o seu uniforme. É a vestimenta que identifica um policial ostensivo. O maior exemplo de polícia administrativa é a Polícia Militar. Também são consideradas como polícia preventiva: Polícia Federal (em situações específicas), Polícia Rodoviária Federal, Polícia Ferroviária Federal e Corpo de Bombeiros Militar.
- **Polícia Judiciária** é a polícia repressiva. Sua atividade ocorre após o cometimento da infração penal, quando a atuação da polícia preventiva não surtiu efeito. Sua atividade é investigativa com o fim de encontrar os elementos comprobatórios do ilícito penal cometido. O resultado do trabalho das polícias judiciárias é utilizado posteriormente pelo Ministério Público para subsidiar sua atuação junto ao Poder Judiciário. Daí a razão do nome ser Polícia Judiciária. O resultado de seu trabalho é utilizado pelo Poder Judiciário em seus julgamentos. Atente-se para a seguinte diferença, pois já caiu em prova de concurso: a Polícia Judiciária não faz parte do Poder Judiciário, mas do Poder Executivo. São consideradas como Polícia Judiciária a Polícia Civil e a Polícia Federal. A Polícia Militar também possui atribuições repressivas quando atua na investigação de crimes cometidos por policiais militares.

Além dessa classificação, pode-se distinguir os órgãos do art. 144 em federais e estaduais, a depender da sua vinculação federativa:
- **Federais:** Polícia Federal, Polícia Rodoviária Federal e Polícia Ferroviária Federal;
- **Estaduais:** Polícia Civil, Polícia Militar e Corpo de Bombeiro Militar.

Feitas essas considerações iniciais, prossegue-se agora com a análise de cada um dos órgãos de segurança pública do art. 144.

11.3.2 Polícia Federal

A Polícia Federal é o órgão de segurança pública com maior quantidade de atribuições previstas na Constituição Federal, razão pela qual é a mais cobrada em prova:

> *§ 1º A polícia federal, instituída por lei como órgão permanente, organizado e mantido pela União e estruturado em carreira, destina-se a:*
> *I – apurar infrações penais contra a ordem política e social ou em detrimento de bens, serviços e interesses da União ou de suas entidades autárquicas e empresas públicas, assim como outras infrações cuja prática tenha repercussão interestadual ou internacional e exija repressão uniforme, segundo se dispuser em lei;*
> *II – prevenir e reprimir o tráfico ilícito de entorpecentes e drogas afins, o contrabando e o descaminho, sem prejuízo da ação fazendária e de outros órgãos públicos nas respectivas áreas de competência;*
> *III – exercer as funções de polícia marítima, aeroportuária e de fronteiras;*
> *IV – exercer, com exclusividade, as funções de polícia judiciária da União.*

Deve-se destacar, como característica principal, a sua atuação como Polícia Judiciária exclusiva da União. É ela quem atuará na repressão dos crimes cometidos contra a União e suas entidades autárquicas e empresas públicas. Apesar de mencionar algumas entidades da administração indireta, não se mencionou as sociedades de economia mista. Isso força uma conclusão de que a Polícia Federal não tem atribuição nos crimes que envolvam interesses de sociedades de economia mista.

As demais atribuições serão exercidas concomitantemente com outros órgãos, limitando a exclusividade de sua atuação apenas à função investigativa no âmbito da União.

11.3.3 Polícia Rodoviária Federal

A Polícia Rodoviária Federal é órgão da União responsável pelo patrulhamento das rodovias federais:

> *§ 2º A polícia rodoviária federal, órgão permanente, organizado e mantido pela União e estruturado em carreira, destina-se, na forma da lei, ao patrulhamento ostensivo das rodovias federais.*

Eventualmente, sua atuação se estenderá às rodovias estaduais ou distritais mediante convênio firmado entre os entes federativos. Não havendo esse convênio, o patrulhamento das rodovias estaduais e distritais fica a cargo das Polícias Militares. É comum no âmbito das Polícias Militares a criação de batalhões ou companhias com essa atribuição específica, as chamadas Polícias Rodoviárias.

11.3.4 Polícia Ferroviária Federal

A Polícia Ferroviária Federal é o órgão da União responsável pelo patrulhamento das ferrovias federais:

> *§ 3º. A polícia ferroviária federal, órgão permanente, organizado e mantido pela União e estruturado em carreira, destina-se, na forma da lei, ao patrulhamento ostensivo das ferrovias federais.*

Diante da pouca relevância das ferrovias no Brasil, esse órgão ficou no esquecimento durante vários anos. No dia 5 agosto de 2011, a presidente Dilma sancionou a Lei nº 12.462, que criou no âmbito do Ministério da Justiça a Polícia Ferroviária Federal. O efetivo que comporá essa nova estrutura se originará das instituições que anteriormente cuidavam das ferrovias:

> **Art. 48** *A Lei nº 10.683, de 28 de maio de 2003, passa a vigorar com as seguintes alterações:*
> **Art. 29** *[...]*
> *XIV – Do Ministério da Justiça: o Conselho Nacional de Política Criminal e Penitenciária, o Conselho Nacional de Segurança Pública, o Conselho Federal Gestor do Fundo de Defesa dos Direitos Difusos, o Conselho Nacional de Combate à Pirataria e Delitos contra a Propriedade Intelectual, o Conselho Nacional de Arquivos, o Conselho Nacional de Políticas sobre Drogas, o Departamento de Polícia Federal, o Departamento de Polícia Rodoviária Federal, o Departamento de Polícia Ferroviária Federal, a Defensoria Pública da União, o Arquivo Nacional e até 6 (seis) Secretarias;*
> *§ 8º Os profissionais da Segurança Pública Ferroviária oriundos do grupo Rede, Rede Ferroviária Federal (RFFSA), da Companhia Brasileira de Trens Urbanos (CBTU) e da Empresa de Trens Urbanos de Porto Alegre (Trensurb) que estavam em exercício em 11 de dezembro de 1990, passam a integrar o Departamento de Polícia Ferroviária Federal do Ministério da Justiça (NR).*

11.3.5 Polícia Civil

Essa é a Polícia Judiciária no âmbito dos estados e do Distrito Federal. É dirigida por delegados de polícia de carreira e possui atribuição subsidiária à da Polícia Federal e à da Polícia Militar. Significa dizer que o que não for atribuição da Polícia Federal ou da Polícia Militar será da Polícia Civil:

> *§ 4º. às polícias civis, dirigidas por delegados de polícia de carreira, incumbem, ressalvada a competência da União, as funções de polícia judiciária e a apuração de infrações penais, exceto as militares.*

11.3.6 Polícia Militar e Corpo de Bombeiros Militar

Essas duas instituições possuem caráter essencialmente ostensivo dentro das atribuições próprias. A Polícia Militar é responsável pelo policiamento ostensivo e preservação da ordem pública.

É a Polícia Militar quem exerce a função principal de prevenção do crime. Quando se pensa em polícia, certamente é a primeira que vem à mente, pois é vista pela sociedade. Já o Corpo de Bombeiros Militar, apesar de não ser órgão policial, possui atribuição de segurança pública à medida que executa atividades de defesa civil. São responsáveis por uma atuação voltada para a proteção da sociedade, prestação de socorro, atuação em incêndios e acidentes. Destaca-se pela agilidade no atendimento, o que muitas vezes acaba por coibir maiores tragédias:

> *§ 5º às polícias militares cabem a polícia ostensiva e a preservação da ordem pública; aos corpos de bombeiros militares, além das atribuições definidas em lei, incumbe a execução de atividades de defesa civil.*
> *§ 6º As polícias militares e corpos de bombeiros militares, forças auxiliares e reserva do Exército, subordinam-se, juntamente com as polícias civis, aos Governadores dos Estados, do Distrito Federal e dos Territórios.*

Por serem corporações militares, a eles se aplicam as mesmas regras que são aplicadas às Forças Armadas, como a proibição de greve, filiação partidária e sindicalização.

São ainda consideradas forças auxiliares e reserva do Exército. Significa que, em um momento de necessidade de efetivo, seria possível a convocação de Policiais e Bombeiros Militares como força reserva e de apoio.

Estão subordinados aos governadores dos estados, a Distrito Federal e dos territórios a quem compete a gestão da Segurança Pública em cada ente federativo.

No que tange à Polícia Militar, ao Corpo de Bombeiros Militares e à Polícia Civil do Distrito Federal, há um detalhe que não pode ser esquecido, pois já foi cobrado em prova. Apesar da subordinação destas forças ao governador do Distrito Federal, a competência para legislar e manter estas corporações é da União.

Aqui há uma exceção na autonomia federativa do Distrito Federal, que está prevista expressamente na Constituição no art. 21, XIV:

> **Art. 21** *Compete à União:*
> *XIV – organizar e manter a polícia civil, a polícia penal, a polícia militar e o corpo de bombeiros militar do Distrito Federal, bem como prestar assistência financeira ao Distrito Federal para a execução de serviços públicos, por meio de fundo próprio; (Redação dada pela Emenda Constitucional nº 104/2019)*

11.3.7 Polícias penais

A Emenda Constitucional nº 104/2019 introduziu no rol de entidades de segurança pública as chamadas polícias penais.

De acordo com o art. 144, § 5º-A da Constituição Federal de 1988, cabe às polícias penais, vinculadas ao órgão administrador do sistema penal da unidade federativa a que pertencem, a segurança dos estabelecimentos penais.

ORDEM SOCIAL

12 ORDEM SOCIAL

A ordem social é um conjunto de ações desencadeadas por meio de prestações positivas do Estado que visam a reduzir as desigualdades sociais e a garantir um tratamento mínimo, com o fim de tornar efetivo o fundamento constitucional da dignidade da pessoa humana. Perceba este sentimento expresso no art. 193 da Constituição Federal de 1988:

> *Art. 193 A ordem social tem como base o primado do trabalho, e como objetivo o bem-estar e a justiça sociais.*

O trabalho é considerado como a base de toda a teia social. É ele que garante a dignidade para as pessoas. Além disso, o citado artigo deixa claro o objetivo da Ordem Social, qual seja, garantir o bem-estar e a justiça sociais.

Esses direitos decorrem dos direitos sociais trabalhados anteriormente no art. 6º da Constituição. São direitos implementados por meio de políticas públicas.

A Constituição Federal de 1988 estabeleceu alguns grupos de direitos que são trabalhados na ordem social:
- Seguridade social;
- Educação, cultura e desporto;
- Ciência e tecnologia;
- Comunicação social;
- Meio ambiente;
- Família, criança, adolescente, jovem e idoso; e
- Indígena.

Esse tema, quando cobrado em prova, costuma ter uma abordagem próxima da literalidade da Constituição. Significa dizer que, para o candidato acertar questões sobre Ordem Social, será necessária a leitura repetida dos artigos que compõem essa parte da Constituição Federal. Apesar de o mais cobrado ser o próprio texto, tratar-se-á de cada um desses temas sob uma abordagem doutrinária e jurisprudencial.

12.1 Seguridade social

A Seguridade Social está prevista no art. 194 e constitui um conjunto de ações que visam a garantir o mínimo existencial para a população, objetivando melhores condições de vida. É composta de três ações: a saúde, a Previdência Social e a Assistência Social.

A implementação dessas ações são obrigação não só do Estado, mas também da sociedade, conforme estabelece o art. 194 da Constituição Federal de 1988:

> *Art. 194 A seguridade social compreende um conjunto integrado de ações de iniciativa dos Poderes Públicos e da sociedade, destinadas a assegurar os direitos relativos à saúde, à previdência e à assistência social.*

Apesar da ação conjunta, a obrigação de organizar a seguridade social é do Estado, que deve fazer amparada nos seguintes objetivos:
- Universalidade da cobertura e do atendimento;
- Uniformidade e equivalência dos benefícios e serviços às populações urbanas e rurais;
- Seletividade e distributividade na prestação dos benefícios e serviços;
- Irredutibilidade do valor dos benefícios;
- Equidade na forma de participação no custeio;
- Diversidade da base de financiamento, identificando-se, em rubricas contábeis específicas para cada área, as receitas e as despesas vinculadas a ações de saúde, previdência e assistência social, preservado o caráter contributivo da previdência social;
- Caráter democrático e descentralizado da administração, mediante gestão quadripartite, com participação dos trabalhadores, dos empregadores, dos aposentados e do Governo nos órgãos colegiados.

A **universalidade** de cobertura representa a cobertura sobre qualquer situação de risco social enquanto a universalidade de atendimento está relacionada com a cobertura para todos os que necessitarem.

A **uniformidade e equivalência** de benefícios e serviços às populações urbanas e rurais deixa claro que não existe tratamento diferenciado entre os trabalhadores urbanos e rurais. Ambos são tratados da mesma forma.

A **seletividade e a distributividade** visam a redistribuir os benefícios sociais na tentativa de atender a quem mais dele necessitar. Em tese, esses princípios permitem um tratamento desigual sob o enfoque da igualdade material.

A **Irredutibilidade** do valor dos benefícios garante ao beneficiário a manutenção do valor nominal dos benefícios.

A **equidade na forma de participação no custeio** apresenta a ideia de distribuição justa levando em consideração a capacidade de contribuição e a isonomia entre os contribuintes. A ideia aqui para a manutenção da seguridade é que o custeio seja distribuído de forma justa entre os vários agentes contributivos. Esse princípio nos conduz ao seguinte, que é a **diversidade da base de financiamento**, o qual conta com a participação de vários agentes responsáveis pela manutenção financeira da Seguridade Social, especialmente, os trabalhadores, as empresas e os entes estatais.

Por fim, há o último objetivo, que é o **caráter democrático e descentralizado da administração, mediante gestão quadripartite**, com participação dos trabalhadores, dos empregadores, dos aposentados e do Governo nos órgãos colegiados. Aqui, há uma questão que já apareceu várias vezes em prova, principalmente por causa da palavra quadripartite, que significa a participação na gestão de forma democrática, envolvendo quatro atores sociais: trabalhadores, empregadores, aposentados e Governo.

Agora serão analisados os três serviços que compõem a seguridade social: saúde, previdência social e assistência social. Aqui se propõe analisar apenas os pontos mais importantes, envolvendo esses temas. Como já sinalizado anteriormente, na ordem social o mais cobrado em prova é o próprio texto constitucional.

12.2 Saúde

12.2.1 Caráter não contributivo

O direito à saúde é uma norma de proteção do direito à vida destinada a todas as pessoas, independentemente de contribuição à Previdência Social. Por isso, dizemos que não possui caráter contributivo, ou seja, quem quiser ser beneficiado pela saúde pública poderá utilizar dos seus serviços independentemente de filiação ou contribuição à previdência social. Observando a leitura do *caput* do art. 196, percebe-se que esse direito de caráter social é garantido a todos:

> *Art. 196 A saúde é direito de todos e dever do Estado, garantido mediante políticas sociais e econômicas que visem à redução do risco de doença e de outros agravos e ao acesso universal e igualitário às ações e serviços para sua promoção, proteção e recuperação.*

12.2.2 Vinculação ao direito à vida

O direito à saúde decorre do próprio direito à vida, como forma de garantir qualidade à vida em sua modalidade de existência humana. De nada adianta garantir ao indivíduo o direito de viver se essa vida não possuir o mínimo de dignidade. Garantir saúde é cumprir os ditames constitucionais que protegem o indivíduo em sua existência, em perfeita consonância com o princípio da dignidade da pessoa humana.

12.2.3 Remoção de órgãos, tecidos e substâncias humanas

Outra norma muito interessante e que pode cair em prova é a proteção constitucional à remoção de órgãos, tecidos e substâncias humanas. A Constituição Federal de 1988, em seu art. 199, § 4º, traz expressamente a vedação para a comercialização de órgãos, apesar de não regulamentar as formas de remoção, pesquisa, coleta e processamento de sangue. A falta de regulamentação ocorre porque a Constituição deixou para a legislação infraconstitucional o dever de fazê-la.

O dispositivo em questão é um exemplo de norma de eficácia limitada, o qual foi regulamentado pelas Leis nºs 10.205/2001, 9.434/1997 e 11.105/2005:

> *Art. 199 [...]*
>
> *§ 4º A lei disporá sobre as condições e os requisitos que facilitem a remoção de órgãos, tecidos e substâncias humanas para fins de transplante, pesquisa e tratamento, bem como a coleta, processamento e transfusão de sangue e seus derivados, sendo vedado todo tipo de comercialização.*

12.3 Previdência social

- Caráter contributivo e filiação obrigatória.

Sem dúvida, uma das questões mais cobradas em prova está no próprio *caput* do art. 201, que afirma ser a previdência social de caráter contributivo e filiação obrigatória:

> *Art. 201 A previdência social será organizada sob a forma do Regime Geral de Previdência Social, de caráter contributivo e de filiação obrigatória, observados critérios que preservem o equilíbrio financeiro e atuarial, e atenderá, na forma da lei, a:*
>
> *I – cobertura dos eventos de incapacidade temporária ou permanente para o trabalho e idade avançada;*
>
> *II – proteção à maternidade, especialmente à gestante;*
>
> *III – proteção ao trabalhador em situação de desemprego involuntário;*
>
> *IV – salário-família e auxílio-reclusão para os dependentes dos segurados de baixa renda;*
>
> *V – pensão por morte do segurado, homem ou mulher, ao cônjuge ou companheiro e dependentes, observado o disposto no § 2º.*

Ter caráter contributivo significa dizer que só poderá ser beneficiado pela previdência social quem contribuir previamente com o sistema de previdência público. Além da contribuição, a Constituição exige a filiação ao sistema, na qualidade de segurado. Esse tema está regulamentado na Lei nº 8.213/1991.

12.3.1 Regras para aposentadoria

As regras de aposentadoria são o ponto forte desse tema; e deve ser aprofundado na disciplina de Direito Previdenciário.

> *Art. 201 [...]*
>
> *§ 7º É assegurada aposentadoria no regime geral de previdência social, nos termos da lei, obedecidas as seguintes condições:*
>
> *I – 65 (sessenta e cinco) anos de idade, se homem, e 62 (sessenta e dois) anos de idade, se mulher, observado tempo mínimo de contribuição;*
>
> *II – 60 (sessenta) anos de idade, se homem, e 55 (cinquenta e cinco) anos de idade, se mulher, para os trabalhadores rurais e para os que exerçam suas atividades em regime de economia familiar, nestes incluídos o produtor rural, o garimpeiro e o pescador artesanal.*
>
> *§ 8º O requisito de idade a que se refere o inciso I do § 7º será reduzido em 5 (cinco) anos, para o professor que comprove tempo de efetivo exercício das funções de magistério na educação infantil e no ensino fundamental e médio fixado em lei complementar.*

O destaque fica para a redução do período de contribuição para quem exerce a função de magistério. Observe-se que a Constituição Federal de 1988 reduziu em cinco anos o tempo de contribuição necessário para aposentadoria para o professor que comprove o tempo de efetivo exercício previsto em lei complementar nas funções de magistério na educação infantil e no ensino fundamental e médio. Anteriormente, o texto constitucional exigia tempo exclusivo de dedicação a essas atividades.

12.3.2 Previdência privada

Outra regra que já foi cobrada em prova diz respeito à possibilidade de o regime de previdência ser organizado pela iniciativa privada. Algumas palavras-chave definem essa relação de previdência privada: complementar, autonomia e facultativo. Vejamos o que diz o art. 202 da CF/1988/1988:

> *Art. 202 O regime de previdência privada, de caráter complementar e organizado de forma autônoma em relação ao regime geral de previdência social, será facultativo, baseado na constituição de reservas que garantam o benefício contratado, e regulado por lei complementar.*
>
> *§ 1º A lei complementar de que trata este artigo assegurará ao participante de planos de benefícios de entidades de previdência privada o pleno acesso às informações relativas à gestão de seus respectivos planos.*
>
> *§ 2º As contribuições do empregador, os benefícios e as condições contratuais previstas nos estatutos, regulamentos e planos de benefícios das entidades de previdência privada não integram o contrato de trabalho dos participantes, assim como, à exceção dos benefícios concedidos, não integram a remuneração dos participantes, nos termos da lei.*
>
> *§ 3º É vedado o aporte de recursos a entidade de previdência privada pela União, Estados, Distrito Federal e Municípios, suas autarquias, fundações, empresas públicas, sociedades de economia mista e outras entidades públicas, salvo na qualidade de patrocinador, situação na qual, em hipótese alguma, sua contribuição normal poderá exceder a do segurado.*
>
> *§ 4º Lei complementar disciplinará a relação entre a União, Estados, Distrito Federal ou Municípios, inclusive suas autarquias, fundações, sociedades de economia mista e empresas controladas direta ou indiretamente, enquanto patrocinadores de planos de benefícios previdenciários, e as entidades de previdência complementar.*
>
> *§ 5º A lei complementar de que trata o § 4º aplicar-se-á, no que couber, às empresas privadas permissionárias ou concessionárias de prestação de serviços públicos, quando patrocinadoras de planos de benefícios em entidades de previdência complementar.*
>
> *§ 6º Lei complementar estabelecerá os requisitos para a designação dos membros das diretorias das entidades fechadas de previdência complementar instituídas pelos patrocinadores de que trata o § 4º e disciplinará a inserção dos participantes nos colegiados e instâncias de decisão em que seus interesses sejam objeto de discussão e deliberação.*

Quando se diz complementar, quer se dizer que complementa o regime geral de previdência. A autonomia representa a não vinculação do regime privado ao público. E, por fim, a faculdade de se aderir, haja vista não constituir obrigação a nenhum trabalhador.

12.3.3 Assistência social

O art. 203 prevê os benefícios e serviços da Assistência Social. São várias as prestações oferecidas a quem precisa de assistência, geralmente aos hipossuficientes. A Assistência Social não depende de contribuição à previdência social:

> *Art. 203 A assistência social será prestada a quem dela necessitar, independentemente de contribuição à seguridade social, e tem por objetivos:*
>
> *I – a proteção à família, à maternidade, à infância, à adolescência e à velhice;*
>
> *II – o amparo às crianças e adolescentes carentes;*
>
> *III – a promoção da integração ao mercado de trabalho;*
>
> *IV – a habilitação e reabilitação das pessoas portadoras de deficiência e a promoção de sua integração à vida comunitária;*
>
> *V – a garantia de um salário mínimo de benefício mensal à pessoa portadora de deficiência e ao idoso que comprovem não possuir meios de prover à própria manutenção ou de tê-la provida por sua família, conforme dispuser a lei.*
>
> *VI – a redução da vulnerabilidade socioeconômica de famílias em situação de pobreza ou de extrema pobreza. (Incluído pela Emenda Constitucional nº 114/2021)*

12.4 Educação, cultura e desporto

12.4.1 Educação

O acesso à educação é um dos grandes serviços de ordem social e deverá ser garantido segundo os princípios previstos no art. 206, que costuma ser muito cobrado em prova:

> *Art. 206 O ensino será ministrado com base nos seguintes princípios:*
>
> *I – igualdade de condições para o acesso e permanência na escola;*
>
> *II – liberdade de aprender, ensinar, pesquisar e divulgar o pensamento, a arte e o saber;*

ORDEM SOCIAL

III – pluralismo de ideias e de concepções pedagógicas, e coexistência de instituições públicas e privadas de ensino;

IV – gratuidade do ensino público em estabelecimentos oficiais;

V – valorização dos profissionais da educação escolar, garantidos, na forma da lei, planos de carreira, com ingresso exclusivamente por concurso público de provas e títulos, aos das redes públicas;

VI – gestão democrática do ensino público, na forma da lei;

VII – garantia de padrão de qualidade;

VIII – piso salarial profissional nacional para os profissionais da educação escolar pública, nos termos de lei federal.

IX – garantia do direito à educação e à aprendizagem ao longo da vida.

- **Gratuidade do ensino público**

Como consequência da regra constitucional, que prevê gratuidade do ensino público, o STF editou a Súmula Vinculante nº 12, proibindo a cobrança de taxa de matrícula nas universidades públicas:

Súmula Vinculante nº 12 A cobrança de taxa de matrícula nas universidades públicas viola o disposto no art. 206, IV, da Constituição Federal.

- **Igualdade de condições e acesso meritocrático**

Outros dois princípios que se destacam nos Arts. 206 e 208, da CF/1988, são a igualdade de condições de acesso e permanência na escola e o acesso meritocrático aos níveis mais elevados de ensino:

Art. 206 [...]
I – igualdade de condições para o acesso e permanência na escola;
Art. 208 [...]
V – acesso aos níveis mais elevados do ensino, da pesquisa e da criação artística, segundo a capacidade de cada um;

Entende-se por acesso meritocrático aquele que privilegia o mérito de cada estudante na obtenção da vaga para universidades e demais cursos de pós-graduação, o que justifica a utilização de vestibulares para seleção dos candidatos.

O STF entende que, quando o servidor é removido *ex-ofício* de uma localidade de trabalho, o direito a transferências de uma universidade para outra só vale se a transferência for para universidade congênere. Ou seja, de privada para privada e de pública para pública. Segundo esse entendimento, o direito à matrícula na universidade não contempla a transferência de um aluno de universidade privada para a pública.

- **Direito público subjetivo à educação**

Quando a Constituição prevê que o acesso ao ensino obrigatório é gratuito como Direito Público Subjetivo, ela quer dizer que se você precisar, poderá exigir na Justiça o fornecimento desse direito social sob pena de responsabilização do Poder Público pelo descaso, se houver. Vejamos os **parágrafos** 1º e 2º do art. 208:

Art. 208 [...]
§ 1º O acesso ao ensino obrigatório e gratuito é direito público subjetivo.
§ 2º. O não oferecimento do ensino obrigatório pelo Poder Público, ou sua oferta irregular, importa responsabilidade da autoridade competente.

- **Estrangeiro**

Um tema bastante cobrado em prova é a possibilidade de contratação de servidores estrangeiros por universidades e instituições de pesquisa científica e tecnológica em decorrência da sua autonomia:

Art. 207 As universidades gozam de autonomia didático-científica, administrativa e de gestão financeira e patrimonial, e obedecerão ao princípio de indissociabilidade entre ensino, pesquisa e extensão.
§ 1º É facultado às universidades admitir professores, técnicos e cientistas estrangeiros, na forma da lei.
§ 2º O disposto neste artigo aplica-se às instituições de pesquisa científica e tecnológica.

- **Ensino religioso**

Este tema invoca a laicidade do Estado, isto é, a relação de separação entre Estado e Igreja. Diante dessa separação, a Constituição considerou a matrícula na matéria de Ensino Religioso como sendo facultativa:

Art. 210 [...]
§ 1º O ensino religioso, de matrícula facultativa, constituirá disciplina dos horários normais das escolas públicas de ensino fundamental.

12.4.2 Cultura

Um dos direitos de Ordem Social com maior impacto sobre a sociedade é o direito cultural. Historicamente, o acesso à cultura sempre se mostrou uma grande ferramenta de satisfação social e a garantia do seu acesso a todos os grupos sociais é um dos grandes desafios do Estado:

Art. 215 O Estado garantirá a todos o pleno exercício dos direitos culturais e acesso às fontes da cultura nacional, e apoiará e incentivará a valorização e a difusão das manifestações culturais.

- **Direito à manifestação popular**

Um dos princípios constitucionais que protegem esse direito social é a pluralidade política. Pluralidade política é pluralidade de ideias, multiplicidade de percepções. Esse princípio garante à sociedade o acesso a diversas manifestações culturais de todos os grupos participantes da formação cultural nacional:

Art. 215 [...]
§ 1º O Estado protegerá as manifestações das culturas populares, indígenas e afro-brasileiras, e das de outros grupos participantes do processo civilizatório nacional.

- **Datas comemorativas**

Esse dispositivo constitui uma justificativa para a existência de feriados religiosos no Brasil. Apesar de o Estado viver uma relação de separação com a Religião, tem-se permitido a criação, por meio de lei, dos feriados religiosos sob o argumento de garantia das manifestações culturais:

Art. 215 [...]
§ 2º A lei disporá sobre a fixação de datas comemorativas de alta significação para os diferentes segmentos étnicos nacionais.

- **Patrimônio cultural brasileiro**

Questão para prova é o rol de elementos culturais que constituem o patrimônio cultural brasileiro, o qual abrange a manifestação cultural sob várias perspectivas:

Art. 216 Constituem patrimônio cultural brasileiro os bens de natureza material e imaterial, tomados individualmente ou em conjunto, portadores de referência à identidade, à ação, à memória dos diferentes grupos formadores da sociedade brasileira, nos quais se incluem:
I – as formas de expressão;
II – os modos de criar, fazer e viver;
III – as criações científicas, artísticas e tecnológicas;
IV – as obras, objetos, documentos, edificações e demais espaços destinados às manifestações artístico-culturais;
V – os conjuntos urbanos e sítios de valor histórico, paisagístico, artístico, arqueológico, paleontológico, ecológico e científico.

12.4.3 Desportos

Aqui também existem algumas questões que podem ser trabalhadas em prova. Por exemplo, a diferença entre práticas desportivas formais e não formais. Práticas desportivas formais são aqueles esportes clássicos, olímpicos, como o futebol, vôlei, basquete, atletismo, entre outros. Já os esportes não formais são aqueles que crianças praticam, como pique-esconde, pique-bandeirinha, queimada, entre outros que, na prática, possuem o mesmo fim dos esportes formais: o desenvolvimento físico e mental do indivíduo. Ambas as atividades desportivas são amparadas pela Constituição:

Art. 217 É dever do Estado fomentar práticas desportivas formais e não formais, como direito de cada um, observados:

Outra questão importantíssima está no regramento da chamada Justiça Desportiva. Apesar do nome "justiça", trata-se de uma instância de natureza jurídico-administrativa. A Constituição Federal de 1988 exige o esgotamento dessa instância quando houver questões desportivas a serem resolvidas. Aqui temos uma exceção ao princípio da Inafastabilidade da Jurisdição, sendo que o esgotamento das vias administrativas é de curso forçado:

> *Art. 217 [...]*
> *§ 1º O Poder Judiciário só admitirá ações relativas à disciplina e às competições desportivas após esgotarem-se as instâncias da justiça desportiva, regulada em lei.*

É preciso ressaltar ainda que, segundo o STF, os membros do Poder Judiciário não podem exercer suas funções na Justiça Desportiva. E, ainda, segundo o Tribunal Superior do Trabalho, a Justiça Desportiva não tem competência para processar e julgar questões trabalhistas envolvendo os atletas e suas entidades profissionais desportivas.

12.5 Ciência e tecnologia

Acerca desse tema, é importante ressaltar a diferença apresentada pela Constituição para Pesquisa Científica Básica e a Pesquisa Tecnológica, conforme se depreende dos §§1º e §2º do art. 218 da Constituição Federal de 1988:

> *Art. 218 O Estado promoverá e incentivará o desenvolvimento científico, a pesquisa, a capacitação científica e tecnológica e a inovação.*
> *§ 1º A pesquisa científica básica e tecnológica receberá tratamento prioritário do Estado, tendo em vista o bem público e o progresso da ciência, tecnologia e inovação.*
> *§ 2º A pesquisa tecnológica voltar-se-á preponderantemente para a solução dos problemas brasileiros e para o desenvolvimento do sistema produtivo nacional e regional.*

Destaca-se no art. 218, da CF/1988/1988, também, o apoio que deve ser fornecido pelo Estado na formação e capacitação de recursos humanos nas áreas de ciência, pesquisa e tecnologia, bem como no estímulo às empresas para que invistam nessas áreas:

> *§ 3º O Estado apoiará a formação de recursos humanos nas áreas de ciência, pesquisa, tecnologia e inovação, inclusive por meio do apoio às atividades de extensão tecnológica, e concederá aos que delas se ocupem meios e condições especiais de trabalho;*
> *§ 4º A lei apoiará e estimulará as empresas que invistam em pesquisa, criação de tecnologia adequada ao País, formação e aperfeiçoamento de seus recursos humanos e que pratiquem sistemas de remuneração que assegurem ao empregado, desvinculada do salário, participação nos ganhos econômicos resultantes da produtividade de seu trabalho.*

12.5.1 Vinculação da receita dos estados e do Distrito Federal

Há aqui tema pertinente à prova. O previsto no § 5º do art. 218, da CF/1988/1988, que faculta aos Estados e ao Distrito Federal a possibilidade de vinculação de parte de sua receita orçamentária a entidades públicas de pesquisa científica e tecnológica. Não estão incluídos nessa possibilidade a União e os municípios:

> *§ 5º É facultado aos Estados e ao Distrito Federal vincular parcela de sua receita orçamentária a entidades públicas de fomento ao ensino e à pesquisa científica e tecnológica.*

12.5.2 Patrimônio nacional

E, ainda, não se deve esquecer que o Mercado Interno integra o chamado patrimônio nacional.

> *Art. 219 O mercado interno integra o patrimônio nacional e será incentivado de modo a viabilizar o desenvolvimento cultural e sócio-econômico, o bem-estar da população e a autonomia tecnológica do País, nos termos de lei federal.*

12.5.3 Comunicação social

A comunicação social decorre do direito fundamental à liberdade e acaba por concretizar o princípio da pluralidade, ao prever a manifestação do pensamento como um direito não sujeito a restrições abusivas por parte do Estado. O art. 220 trata desse direito, aparentemente, de forma absoluta, entretanto, não é demais relembrar que não existe direito fundamental absoluto. Caso a manifestação ao pensamento ofenda outro direito fundamental, é possível a sua restrição diante de um conflito de interesses. Não se pode esquecer também que a Constituição foi promulgada em 1988, momento histórico de transição da ditadura para o regime democrático. Era de se esperar que a Constituição Federal de 1988 se preocupasse demasiadamente com a garantia da manifestação do pensamento:

> *Art. 220 A manifestação do pensamento, a criação, a expressão e a informação, sob qualquer forma, processo ou veículo não sofrerão qualquer restrição, observado o disposto nesta Constituição.*
> *§ 1º Nenhuma lei conterá dispositivo que possa constituir embaraço à plena liberdade de informação jornalística em qualquer veículo de comunicação social, observado o disposto no art. 5º, IV, V, X, XIII e XIV.*
> *§ 2º É vedada toda e qualquer censura de natureza política, ideológica e artística.*

Com base nessa liberdade de informação, o STF entendeu que para a profissão de jornalista não seria necessária a obtenção de grau superior de Jornalismo, sob pena de limitar-se esse direito que, como dito, não é absoluto, mas goza de ampla proteção constitucional.

12.5.4 Competência legislativa

Segundo o § 3º e o art. 21, inciso XVI, a competência para legislar sobre esta matéria é da União, questão essa já cobrada em prova:

> *§ 3º Compete à lei federal:*
> *I – regular as diversões e espetáculos públicos, cabendo ao Poder Público informar sobre a natureza deles, as faixas etárias a que não se recomendem, locais e horários em que sua apresentação se mostre inadequada;*
> *II – estabelecer os meios legais que garantam à pessoa e à família a possibilidade de se defenderem de programas ou programações de rádio e televisão que contrariem o disposto no art. 221, bem como da propaganda de produtos, práticas e serviços que possam ser nocivos à saúde e ao meio ambiente.*
> *Art. 21 Compete à União:[...]*
> *XVI – exercer a classificação, para efeito indicativo, de diversões públicas e de programas de rádio e televisão.*

Propriedade de empresa jornalística, radiodifusão sonora e de sons e imagens. Aqui tem-se uma questão que eventualmente aparece em provas:

> *Art. 222 A propriedade de empresa jornalística e de radiodifusão sonora e de sons e imagens é privativa de brasileiros natos ou naturalizados há mais de dez anos, ou de pessoas jurídicas constituídas sob as leis brasileiras e que tenham sede no País.*
> *§ 1º Em qualquer caso, pelo menos setenta por cento do capital total e do capital votante das empresas jornalísticas e de radiodifusão sonora e de sons e imagens deverá pertencer, direta ou indiretamente, a brasileiros natos ou naturalizados há mais de dez anos, que exercerão obrigatoriamente a gestão das atividades e estabelecerão o conteúdo da programação.*
> *§ 2º A responsabilidade editorial e as atividades de seleção e direção da programação veiculada são privativas de brasileiros natos ou naturalizados há mais de dez anos, em qualquer meio de comunicação social.*
> *§ 3º Os meios de comunicação social eletrônica, independentemente da tecnologia utilizada para a prestação do serviço, deverão observar os princípios enunciados no art. 221, na forma de lei específica, que também garantirá a prioridade de profissionais brasileiros na execução de produções nacionais.*
> *§ 4º Lei disciplinará a participação de capital estrangeiro nas empresas de que trata o § 1º.*
> *§ 5º As alterações de controle societário das empresas de que trata o § 1º serão comunicadas ao Congresso Nacional.*

O art. 222 da Constituição Federal exige, para ser proprietário de empresa jornalística, que o titular seja brasileiro nato ou naturalizado há mais de 10 anos. Essa regra não impede que estrangeiros sejam proprietários de empresas de comunicação no Brasil, haja vista a possibilidade desses estrangeiros integrarem uma pessoa jurídica desde que a administração seja feita por brasileiros natos ou naturalizados há mais de dez anos e a pessoa jurídica seja constituída sobre as leis brasileiras.

A Constituição limita em 30 % a possibilidade de capital votante estrangeiro.

Seguem abaixo alguns outros artigos que já foram alvos de questões de prova:

> *Art. 223 Compete ao Poder Executivo outorgar e renovar concessão, permissão e autorização para o serviço de radiodifusão sonora e de sons e imagens, observado o princípio da complementaridade dos sistemas privado, público e estatal.*
>
> *§ 1º O Congresso Nacional apreciará o ato no prazo do art. 64, § 2º e § 4º, a contar do recebimento da mensagem.*
>
> *§ 2º A não renovação da concessão ou permissão dependerá de aprovação de, no mínimo, dois quintos do Congresso Nacional, em votação nominal.*
>
> *§ 3º O ato de outorga ou renovação somente produzirá efeitos legais após deliberação do Congresso Nacional, na forma dos parágrafos anteriores.*
>
> *§ 4º O cancelamento da concessão ou permissão, antes de vencido o prazo, depende de decisão judicial.*
>
> *§ 5º O prazo da concessão ou permissão será de dez anos para as emissoras de rádio e de quinze para as de televisão.*
>
> *Art. 224 Para os efeitos do disposto neste capítulo, o Congresso Nacional instituirá, como seu órgão auxiliar, o Conselho de Comunicação Social, na forma da lei.*

12.6 Meio ambiente

Nossa Constituição é uma das normas mais garantistas do Meio Ambiente. Essa postura tem colocado o país à frente de muitos outros nas questões de preservação ambiental. É muito interessante a forma como esse direito social é apresentado sendo bem de uso comum do povo cuja preservação visa a garantir um meio ambiente sadio para as presentes e futuras gerações:

> *Art. 225 Todos têm direito ao meio ambiente ecologicamente equilibrado, bem de uso comum do povo e essencial à sadia qualidade de vida, impondo-se ao Poder Público e à coletividade o dever de defendê-lo e preservá-lo para as presentes e futuras gerações.*

12.6.1 Atribuições do Poder Público

Para que esse ideal de preservação seja garantido, a Constituição exigiu uma série de condutas dos Poderes Públicos, as quais estão previstas no § 1º do art. 225 da CF/1988/1988:

> *§ 1º Para assegurar a efetividade desse direito, incumbe ao Poder Público:*
>
> *I – preservar e restaurar os processos ecológicos essenciais e prover o manejo ecológico das espécies e ecossistemas;*
>
> *II – preservar a diversidade e a integridade do patrimônio genético do País e fiscalizar as entidades dedicadas à pesquisa e manipulação de material genético;*
>
> *III – definir, em todas as unidades da Federação, espaços territoriais e seus componentes a serem especialmente protegidos, sendo a alteração e a supressão permitidas somente através de lei, vedada qualquer utilização que comprometa a integridade dos atributos que justifiquem sua proteção;*
>
> *IV – exigir, na forma da lei, para instalação de obra ou atividade potencialmente causadora de significativa degradação do meio ambiente, estudo prévio de impacto ambiental, a que se dará publicidade;*
>
> *V – controlar a produção, a comercialização e o emprego de técnicas, métodos e substâncias que comportem risco para a vida, a qualidade de vida e o meio ambiente;*
>
> *VI – promover a educação ambiental em todos os níveis de ensino e a conscientização pública para a preservação do meio ambiente;*
>
> *VII – proteger a fauna e a flora, vedadas, na forma da lei, as práticas que coloquem em risco sua função ecológica, provoquem a extinção de espécies ou submetam os animais a crueldade.*

12.6.2 Responsabilização pela atividade lesiva ao meio ambiente

Os dois parágrafos que se seguem, ambos do art. 225 da Constituição Federal de 1988, são muito importantes, pois trazem a possibilidade de responsabilização pelo dano ambiental tanto na esfera administrativa quanto na esfera penal. Ou seja, quem polui o meio ambiente pode ser responsabilizado penalmente, incluindo a pessoa jurídica. Aqui fica claro que pessoa jurídica pode praticar crime:

> *§ 2º Aquele que explorar recursos minerais fica obrigado a recuperar o meio ambiente degradado, de acordo com solução técnica exigida pelo órgão público competente, na forma da lei.*
>
> *§ 3º As condutas e atividades consideradas lesivas ao meio ambiente sujeitarão os infratores, pessoas físicas ou jurídicas, a sanções penais e administrativas, independentemente da obrigação de reparar os danos causados.*

Se uma pessoa jurídica praticar crime ambiental ela será punida com uma sanção compatível com sua natureza jurídica.

12.6.3 Patrimônio nacional

Esse parágrafo já foi abordado várias vezes em prova e requer a memorização do candidato dos ecossistemas que são considerados patrimônio nacional. Os examinadores costumam incluir outro tipo de ecossistema não previsto nesse parágrafo. Por exemplo, em 2010 afirmou-se numa prova da banca CESPE/CEBRASPE que os "pampas gaúchos" também integravam o patrimônio nacional. Estes elementos devem ser memorizados:

> *Art. 225 [...]*
>
> *§ 4º A Floresta Amazônica brasileira, a Mata Atlântica, a Serra do Mar, o Pantanal Mato-Grossense e a Zona Costeira são patrimônio nacional, e sua utilização far-se-á, na forma da lei, dentro de condições que assegurem a preservação do meio ambiente, inclusive quanto ao uso dos recursos naturais.*

12.6.4 Limitação para utilização do meio ambiente

Como forma de limitar a utilização do Meio Ambiente, a Constituição instituiu algumas restrições à utilização das terras devolutas ou arrecadadas. Essas terras são consideradas bens dos Estados e, por esse motivo, indisponíveis:

> *Art. 225 [...]*
>
> *§ 5º São indisponíveis as terras devolutas ou arrecadadas pelos Estados, por ações discriminatórias, necessárias à proteção dos ecossistemas naturais.*

Outro dispositivo limitador é o § 6º, que restringe a instalação de reatores nucleares, os quais, antes de serem instalados, terão sua localização definida em legislação federal:

> *Art. 225 [...]*
>
> *§ 6º As usinas que operem com reator nuclear deverão ter sua localização definida em lei federal, sem o que não poderão ser instaladas.*

Patrimônio Nacional
Floresta Amazônica Brasileira;
Pantanal Mato-Grossense;
Zona Costeira;
Serra do Mar;
Mata Atlântica.

DIREITO CONSTITUCIONAL

12.7 Família, criança, adolescente, jovem e idoso

12.7.1 Família

Esse é um dos temas sobre a Ordem Social que aparecem em abundância em provas, veja-se:

> **Art. 226** *A família, base da sociedade, tem especial proteção do Estado.*
> *§ 1º. O casamento é civil e gratuita a celebração.*
> *§ 2º. O casamento religioso tem efeito civil, nos termos da lei.*
> *§ 3º Para efeito da proteção do Estado, é reconhecida a união estável entre o homem e a mulher como entidade familiar, devendo a lei facilitar sua conversão em casamento.*
> *§ 4º Entende-se, também, como entidade familiar a comunidade formada por qualquer dos pais e seus descendentes.*
> *§ 5º Os direitos e deveres referentes à sociedade conjugal são exercidos igualmente pelo homem e pela mulher.*
> *§ 6º O casamento civil pode ser dissolvido pelo divórcio.*
> *§ 7º Fundado nos princípios da dignidade da pessoa humana e da paternidade responsável, o planejamento familiar é livre decisão do casal, competindo ao Estado propiciar recursos educacionais e científicos para o exercício desse direito, vedada qualquer forma coercitiva por parte de instituições oficiais ou privadas.*
> *§ 8º O Estado assegurará a assistência à família na pessoa de cada um dos que a integram, criando mecanismos para coibir a violência no âmbito de suas relações.*

O primeiro destaque é o fim da separação judicial. De acordo com a nova redação do § 6º, a partir de agora o casamento se dissolve com o divórcio, sem a necessidade de efetivar-se primeiro a separação judicial.

Outro destaque é a recente decisão do Supremo Tribunal Federal (STF) que reconheceu a possibilidade de União Estável entre casais homoafetivos, ampliando a compreensão do § 3º. Sobre esse tema deve-se ter muito cuidado. A Constituição Federal entende que União Estável ocorre entre homem e mulher, enquanto o STF entende que pode ocorrer entre casais do mesmo sexo. Diante dessa pluralidade de entendimentos, caso em prova haja uma pergunta que tenha como base a Constituição Federal, deve-se responder que é só entre homem e mulher. Mas se a questão perguntar segundo o STF, nesse caso a União Estável poderá ocorrer entre pessoas do mesmo sexo. É bom lembrar também das entidades familiares reconhecidas pela Constituição Federal:

- **Casamento civil ou religioso:** quando ocorre a formalização da união entre um homem e mulher segundo as leis civis ou religiosas;
- **União estável:** união informal entre pessoas (do mesmo sexo ou não) com efeitos jurídicos iguais aos do casamento;
- **Monoparental:** quando a família é formada por qualquer um dos pais e seus descendentes.

Embora ainda não seja assegurado por lei, o STF, em 2011, reconheceu a união estável entre casais homoafetivos, e em 2013 uma resolução do Conselho Nacional de Justiça garantiu o casamento homoafetivo no Brasil.

12.7.2 Criança, adolescente e jovem

O art. 227 possui várias normas de proteção para a criança, o adolescente e jovem, que podem ser cobradas em prova. A Constituição também sofreu alterações nesse artigo por meio da Emenda Constitucional nº 65, que inseriu o Jovem entre os indivíduos que possuem proteção especial da Constituição Federal. Merece destaque especial no § 3º, I, que prevê como idade mínima para o trabalho da criança 14 anos:

> **Art. 227** *É dever da família, da sociedade e do Estado assegurar à criança, ao adolescente e ao jovem, com absoluta prioridade, o direito à vida, à saúde, à alimentação, à educação, ao lazer, à profissionalização, à cultura, à dignidade, ao respeito, à liberdade e à convivência familiar e comunitária, além de colocá-los a salvo de toda forma de negligência, discriminação, exploração, violência, crueldade e opressão.*
> *§ 1º O Estado promoverá programas de assistência integral à saúde da criança, do adolescente e do jovem, admitida a participação de entidades não governamentais, mediante políticas específicas e obedecendo aos seguintes preceitos:*
> *I – aplicação de percentual dos recursos públicos destinados à saúde na assistência materno-infantil;*
> *II – criação de programas de prevenção e atendimento especializado para as pessoas portadoras de deficiência física, sensorial ou mental, bem como de integração social do adolescente e do jovem portador de deficiência, mediante o treinamento para o trabalho e a convivência, e a facilitação do acesso aos bens e serviços coletivos, com a eliminação de obstáculos arquitetônicos e de todas as formas de discriminação.*
> *§ 2º A lei disporá sobre normas de construção dos logradouros e dos edifícios de uso público e de fabricação de veículos de transporte coletivo, a fim de garantir acesso adequado às pessoas portadoras de deficiência.*
> *§ 3º O direito a proteção especial abrangerá os seguintes aspectos:*
> *I – idade mínima de quatorze anos para admissão ao trabalho, observado o disposto no art. 7º, XXXIII;*
> *II – garantia de direitos previdenciários e trabalhistas;*
> *III – garantia de acesso do trabalhador adolescente e jovem à escola;*
> *IV – garantia de pleno e formal conhecimento da atribuição de ato infracional, igualdade na relação processual e defesa técnica por profissional habilitado, segundo dispuser a legislação tutelar específica;*
> *V – obediência aos princípios de brevidade, excepcionalidade e respeito à condição peculiar de pessoa em desenvolvimento, quando da aplicação de qualquer medida privativa da liberdade;*
> *VI – estímulo do Poder Público, através de assistência jurídica, incentivos fiscais e subsídios, nos termos da lei, ao acolhimento, sob a forma de guarda, de criança ou adolescente órfão ou abandonado;*
> *VII – programas de prevenção e atendimento especializado à criança, ao adolescente e ao jovem dependente de entorpecentes e drogas afins.*
> *§ 4º A lei punirá severamente o abuso, a violência e a exploração sexual da criança e do adolescente.*
> *§ 5º A adoção será assistida pelo Poder Público, na forma da lei, que estabelecerá casos e condições de sua efetivação por parte de estrangeiros.*
> *§ 6º Os filhos, havidos ou não da relação do casamento, ou por adoção, terão os mesmos direitos e qualificações, proibidas quaisquer designações discriminatórias relativas à filiação.*
> *§ 7º. No atendimento dos direitos da criança e do adolescente levar-se-á em consideração o disposto no art. 204.*
> *§ 8º A lei estabelecerá:*
> *I – o estatuto da juventude, destinado a regular os direitos dos jovens;*
> *II – o plano nacional de juventude, de duração decenal, visando à articulação das várias esferas do poder público para a execução de políticas públicas.*

- **Imputabilidade penal**

> **Art. 228** *São penalmente inimputáveis os menores de dezoito anos, sujeitos às normas da legislação especial.*

Dizer que são inimputáveis os menores de 18 anos significam dizer que a eles não podem ser imputada a prática de crime e nem podem ser punidos segundo o Código Penal. Por isso, o próprio dispositivo determina que a conduta ilícita dos menores de 18 anos seja regulada por legislação especial, a qual já existe: Lei nº 8.069/1990, Estatuto da Criança e do Adolescente.

- **Responsabilidade dos pais para com os filhos e dos filhos para com os pais**

> **Art. 229** *Os pais têm o dever de assistir, criar e educar os filhos menores, e os filhos maiores têm o dever de ajudar e amparar os pais na velhice, carência ou enfermidade.*

Atente-se nesse dispositivo para o dever recíproco de cuidado que a Constituição impõe tanto aos pais quanto aos filhos. Uma verdadeira lição de moral que não necessitaria sequer estar prevista na Constituição Federal. Contudo, as práticas abusivas de violência e desrespeito registradas em nosso país são tantas que o Legislador Originário não se excedeu em prever tais normas de proteção.

12.7.3 Idoso

Quanto à proteção constitucional ao idoso, veja-se o disposto no art. 230, o qual contém várias informações que podem se tornar questões de prova:

> *Art. 230 A família, a sociedade e o Estado têm o dever de amparar as pessoas idosas, assegurando sua participação na comunidade, defendendo sua dignidade e bem-estar e garantindo-lhes o direito à vida.*
>
> *§ 1º Os programas de amparo aos idosos serão executados preferencialmente em seus lares.*
>
> *§ 2º Aos maiores de sessenta e cinco anos é garantida a gratuidade dos transportes coletivos urbanos.*

Chama-se a atenção para a realização de programas de amparo aos idosos que se realizarão preferencialmente em seus lares. Preferencialmente, não é obrigatoriamente!

Outra questão que sempre aparece em prova é acerca da idade para a concessão de transporte gratuito: maior de 65 anos de idade. É muito comum as bancas tentarem confundir o candidato colocando a idade de 60 ou 70 anos. Apesar de todas as idades se referirem ao idoso, cada uma tem uma consequência jurídica diferente.

12.7.4 Indígenas

Os artigos que falam sobre os indígenas estão entre os mais cobrados da ordem social. Primeiramente, serão abordadas as Terras tradicionalmente ocupadas. É importante que memorize os elementos que caracterizam as terras tradicionalmente ocupadas, que estão previstas no § 1º do art. 231 da Constituição Federal de 1988:

> *Art. 231 São reconhecidos aos índios sua organização social, costumes, línguas, crenças e tradições, e os direitos originários sobre as terras que tradicionalmente ocupam, competindo à União demarcá-las, proteger e fazer respeitar todos os seus bens.*
>
> *§ 1º São terras tradicionalmente ocupadas pelos índios as por eles habitadas em caráter permanente, as utilizadas para suas atividades produtivas, as imprescindíveis à preservação dos recursos ambientais necessários a seu bem-estar e as necessárias a sua reprodução física e cultural, segundo seus usos, costumes e tradições.*

Não se deve esquecer de que os indígenas não possuem a propriedade das terras tradicionalmente por eles habitadas, mas apenas a posse, conforme o § 2º do art. 231. Não se confunde a propriedade com a posse. A propriedade dessas terras é da União, conforme previsto no art. 20, inciso XI, da Constituição Federal de 1988:

> *Art. 231, § 2º As terras tradicionalmente ocupadas pelos índios destinam-se a sua posse permanente, cabendo-lhes o usufruto exclusivo das riquezas do solo, dos rios e dos lagos nelas existentes.*
>
> *Art. 20 São bens da União:[...]*
>
> *XI as terras tradicionalmente ocupadas pelos índios.*

Várias regras constitucionais objetivam a proteção dessas terras:

> *Art. 231, § 3º O aproveitamento dos recursos hídricos, incluídos os potenciais energéticos, a pesquisa e a lavra das riquezas minerais em terras indígenas só podem ser efetivados com autorização do Congresso Nacional, ouvidas as comunidades afetadas, ficando-lhes assegurada participação nos resultados da lavra, na forma da lei.*
>
> *§ 4º As terras de que trata este artigo são inalienáveis e indisponíveis, e os direitos sobre elas, imprescritíveis.*
>
> *[...]*
>
> *§ 6º São nulos e extintos, não produzindo efeitos jurídicos, os atos que tenham por objeto a ocupação, o domínio e a posse das terras a que se refere este artigo, ou a exploração das riquezas naturais do solo, dos rios e dos lagos nelas existentes, ressalvado relevante interesse público da União, segundo o que dispuser lei complementar, não gerando a nulidade e a extinção direito a indenização ou a ações contra a União, salvo, na forma da lei, quanto às benfeitorias derivadas da ocupação de boa fé.*
>
> *§ 7º Não se aplica às terras indígenas o disposto no art. 174, § 3º e § 4º.*

- **Remoção dos indígenas**

Uma norma de proteção e que demonstra a preocupação do constituinte originário com a preservação da cultura indígena é a que proíbe a remoção obrigatória dos indígenas sem que seja referendada pelo Congresso Nacional. O STF, em uma interpretação ampliativa desse instituto, entende que o indígena não pode ser intimado por comissão parlamentar de inquérito na condição de testemunha para prestar depoimento fora do seu habitat:

> *Art. 231, § 5º É vedada a remoção dos grupos indígenas de suas terras, salvo, ad referendum do Congresso Nacional, em caso de catástrofe ou epidemia que ponha em risco sua população, ou no interesse da soberania do País, após deliberação do Congresso Nacional, garantido, em qualquer hipótese, o retorno imediato logo que cesse o risco.*

- **Defesa dos Direitos Indígenas**

O art. 232 delega ao Ministério Público como função institucional o dever de acompanhar os processos que tenham como partes os indígenas, suas comunidades e organização, os quais possuem legitimidade para ingressar em juízo em defesa dos seus direitos e interesses. A atribuição Ministerial encontra reforço no art. 129, inciso V da CF/1988/1988:

> *Art. 232 Os índios, suas comunidades e organizações são partes legítimas para ingressar em juízo em defesa de seus direitos e interesses, intervindo o Ministério Público em todos os atos do processo.*
>
> *Art. 129 São funções institucionais do Ministério Público: [...]*
>
> *V – defender judicialmente os direitos e interesses das populações indígenas.*

DIREITO ADMINISTRATIVO

INTRODUÇÃO AO DIREITO ADMINISTRATIVO

1 INTRODUÇÃO AO DIREITO ADMINISTRATIVO

Na introdução ao Direito Administrativo, conheceremos algumas características do Direito Administrativo, seu conceito, sua finalidade e seu regime jurídico peculiar que orienta toda a sua atividade administrativa, seja ela exercida pelo próprio Estado-administrador, ou por particular. Para entendermos melhor tudo isso, é preciso iniciar os estudos pela compreensão adequada do papel do Direito na vida social.

O Direito é um conjunto de normas (regras e princípios) impostas coativamente pelo Estado que regulam a vida em sociedade, possibilitando a coexistência pacífica das pessoas.

1.1 Ramos do Direito

O Direito é historicamente dividido em dois grandes ramos: o **direito público** e o **direito privado**.

Em relação ao **direito privado**, vale o princípio da igualdade (isonomia) entre as partes; aqui não há que se falar em superioridade de uma parte sobre a outra. Por esse motivo, dizemos que estamos em uma relação jurídica horizontal ou em uma horizontalidade nas relações jurídicas.

O **direito privado** é regulado pelo princípio da autonomia da vontade, o que traduz a regra que diz que o particular pode fazer tudo aquilo que não é proibido (art. 5º, inciso II, da Constituição Federal de 1988).

No **direito público**, temos uma relação jurídica vertical, com o Estado em um dos polos, representando os interesses da coletividade, e um particular no outro, desempenhando seus próprios interesses. O Estado é tratado com superioridade ante ao particular, pois o Estado é o procurador da vontade da coletividade, que, representada pelo próprio Estado, deve ser tratada de forma prevalente ante a vontade do particular.

O fundamento dessa relação jurídica vertical é encontrado no princípio da supremacia do interesse público, que estudaremos com mais detalhes no tópico referente aos princípios. Já podemos, no entanto, adiantar que, o interesse público é supremo. Desse modo, são disponibilizadas ao Estado prerrogativas especiais para que este possa atingir os seus objetivos. Essas prerrogativas são os poderes da Administração Pública.

Os dois princípios norteadores do Direito Administrativo são: Supremacia do Interesse Público (gera os poderes) e Indisponibilidade do Interesse Público (gera os deveres da administração).

1.2 Conceito de Direito Administrativo

Na doutrina, podem ser encontrados vários conceitos para o Direito Administrativo. A seguir, descreveremos dois deles, trazidos pela doutrina contemporânea:

- O Direito Administrativo é o ramo do direito público que tem por objeto órgãos, agentes e pessoas jurídicas administrativas que integram a Administração Pública. A atividade jurídica não contenciosa que exerce e os bens que se utiliza para a consecução de seus fins são de natureza pública.
- O Direito Administrativo é o conjunto harmônico de princípios jurídicos que regem órgãos, agentes e atividades públicas que tendem a realizar concreta, direta e imediatamente os fins desejados pelo Estado.

Os conceitos de Direito Administrativo foram desenvolvidos de forma que se desdobram em uma sequência natural de tópicos que devem ser estudados ponto a ponto para que a matéria seja corretamente entendida.

1.3 Objeto do Direito Administrativo

Por meio desses conceitos, podemos constatar que o objeto do Direito Administrativo são as relações da Administração Pública, sejam elas de natureza interna entre as entidades que a compõem, seus órgãos e agentes, ou de natureza externa entre a administração e os administrados.

Além de ter por objeto a atuação da Administração Pública, também é foco do Direito Administrativo o desempenho das atividades públicas quando exercidas por algum particular, como no caso das concessões, permissões e autorizações de serviços públicos.

Resumidamente, podemos dizer que o Direito Administrativo tem por objeto a Administração Pública e as atividades administrativas, independentemente de quem as exerçam.

1.4 Fontes do Direito Administrativo

É o lugar de onde provêm algo, no nosso caso, no qual emanam as regras do Direito Administrativo. Esse não está codificado em um único livro. Dessa forma, para o estudarmos de maneira completa, temos que recorrer às fontes, ou seja, a institutos esparsos. Por esse motivo, dizemos que o Direito Administrativo está tipificado (escrito), mas não está codificado em um único instituto.

- **Lei:** fonte principal do Direito Administrativo. A lei deve ser compreendida em seu sentido amplo, o que inclui a Constituição Federal, as normas supralegais, as leis e também os atos normativos da própria Administração Pública. Temos como exemplo os arts. 37 ao 41 da Constituição Federal, as Leis nºs 8.666/1993, 14.133/2021, 8.112/1990, 8.429/1992 (Lei de Improbidade Administrativa), 14.230/2021, 9.784/1999 (Processo Administrativo Federal) etc.
- **Súmulas Vinculantes:** são instruções jurídicas que norteiam a interpretação e aplicação das normas constitucionais. Ou seja, as decisões trazidas pelo STF nas súmulas devem ser seguidas pelo Poder Judiciário e pela Administração Pública.
- **Jurisprudência:** são decisões que são editadas pelos tribunais e não possuem efeito vinculante; são resumos numerados que servem de fonte de pesquisa do direito materializados em livros, artigos e pareceres.
- **Doutrina:** tem a finalidade de tentar sistematizar e melhor explicar o conteúdo das normas de Direito Administrativo. A doutrina pode ser utilizada como critério de interpretação de normas, bem como para auxiliar a produção normativa.
- **Costumes:** conjunto de regras não escritas, porém, observadas de maneira uniforme, as quais suprem a omissão legislativa acerca de regras internas da Administração Pública.

Segundo o doutrinador do Direito Administrativo, Hely Lopes Meirelles, em razão da deficiência da legislação, a prática administrativa vem suprindo o texto escrito e, sedimentada na consciência dos administradores e administrados, a praxe burocrática passa a saciar a lei e atuar como elemento informativo da doutrina.

Leis e súmulas vinculantes são consideradas fontes principais do Direito Administrativo. Jurisprudência, súmulas, doutrinas e costumes são considerados fontes secundárias.

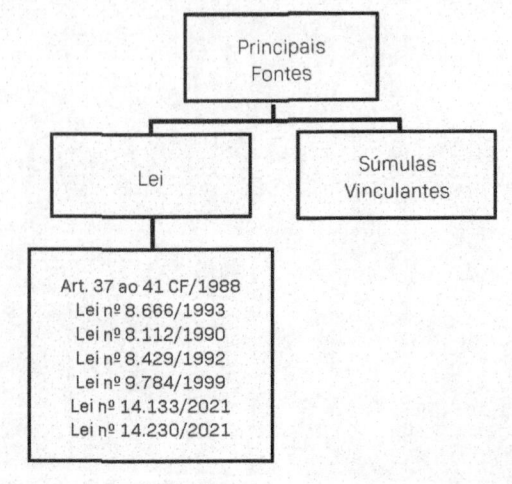

```
               Principais
                Fontes
               /        \
             Lei      Súmulas
                      Vinculantes
              |
    Art. 37 ao 41 CF/1988
    Lei nº 8.666/1993
    Lei nº 8.112/1990
    Lei nº 8.429/1992
    Lei nº 9.784/1999
    Lei nº 14.133/2021
    Lei nº 14.230/2021
```

DIREITO ADMINISTRATIVO

```
              Fontes
            Secundárias
    ┌───────────┼───────────┐
Jurisprudência  Doutrina   Súmulas
```

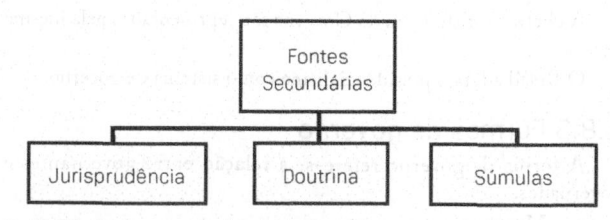

1.5 Sistemas Administrativos

É o regime que o Estado adota para o controle dos atos administrativos ilegais praticados pelo poder público nas diversas esferas e em todos os poderes. Existem dois sistemas que são globalmente utilizados:

- O **sistema francês** (do contencioso administrativo), não utilizado no Brasil, determina que as lides administrativas podem transitar em julgado, ou seja, as decisões administrativas têm força de definibilidade. Nesse sentido, falamos em dualidade de jurisdição, já que existem tribunais administrativos e judiciais, cada qual com suas competências.
- O **sistema inglês** (do não contencioso administrativo), também chamado de jurisdicional único ou unicidade da jurisdição, é o sistema que atribui somente ao Poder Judiciário a capacidade de tomar decisões sobre a legalidade administrativa com caráter de coisa julgada ou definitividade.

> **Atenção!**
> A Constituição Federal de 1988 adotou o Sistema Inglês, do não contencioso administrativo.

O Direito Administrativo, no nosso sistema, não pode fazer coisa julgada e todas as decisões administrativas podem ser revistas pelo Poder Judiciário, pois somente ele pode dar resolução em caráter definitivo. Ou seja, não cabem mais recursos, por isso, falamos em trânsito em julgado das decisões judiciais e nunca das decisões administrativas.

1.5.1 Via administrativa de curso forçado

São situações em que o particular é obrigado a seguir todas as vias administrativas até o fim, antes de recorrer ao Poder Judiciário. Isso é exceção, pois a regra é que, ao particular, é facultado recorrer-se ao Poder Judiciário, por força do art. 5º, inciso XXXV, da Constituição Federal de 1988.

Aqui, o indivíduo deve esgotar as esferas administrativas obrigatoriamente antes de ingressar com ação no Poder Judiciário.

> *XXXV - A lei não excluirá da apreciação do Poder Judiciário lesão ou ameaça a direito.*

Exemplos:
- **Justiça Desportiva:** só são admitidas pelo Poder Judiciário ações relativas à disciplina e às competições desportivas depois de esgotadas as instâncias da Justiça Desportiva. Art. 217, § 1º, CF/1988.
- **Ato administrativo ou omissão da Administração Pública que contrarie súmula vinculante:** só pode ser alvo de reclamação ao STF depois de esgotadas as vias administrativas. Lei nº 11.417/2006, art. 7º, § 1º.
- *Habeas data*: é indispensável para caracterizar o interesse de agir no *habeas data* a prova anterior do indeferimento do pedido de informação de dados pessoais ou da omissão em atendê-lo sem que se confirme situação prévia de pretensão. (STF, HD, 22-DF Min. Celso de Mello).

1.6 Regime jurídico administrativo

É o conjunto de normas e princípios de direito público que regulam a atuação da Administração Pública. Tais regras se fundamentam nos princípios da Supremacia e da Indisponibilidade do Interesse Público, conforme estudaremos adiante.

O princípio da supremacia do interesse público é o fundamento dos poderes da Administração Pública, afinal de contas, qualquer pessoa que tenha como fim máximo da sua atuação o interesse da coletividade, somente conseguirá atingir esses objetivos se dotadas de poderes especiais.

O princípio da indisponibilidade do interesse público é o fundamento dos deveres da Administração Pública, pois essa tem o dever de nunca abandonar o interesse público e de usar os seus poderes com a finalidade de satisfazê-lo.

Desses dois princípios, decorrem todos os outros princípios e regras que se desdobram no regime jurídico administrativo.

1.7 Noções de Estado

1.7.1 Conceito de Estado

- **Estado:** é a pessoa jurídica territorial soberana.
- **Pessoa:** capacidade para contrair direitos e obrigações.
- **Jurídica:** é constituída por meio de uma formalidade documental e não por uma mulher, tal como a pessoa física.
- **Territorial soberana:** quer dizer que, dentro do território do Estado, esse detém a soberania, ou seja, sua vontade prevalece ante a das demais pessoas (sejam elas físicas ou jurídicas). Podemos definir soberania da seguinte forma: soberania é a independência na ordem internacional (lá fora ninguém manda no Estado) e supremacia na ordem interna (aqui dentro quem manda é o Estado).

1.7.2 Elementos do Estado

- **Território:** é a base fixa do Estado (solo, subsolo, mar, espaço aéreo).
- **Povo:** é o componente humano do Estado.
- **Governo soberano:** é o responsável pela condução do Estado. Por ser tal governo soberano, ele não se submete a nenhuma vontade externa, apenas aos desígnios do povo.

1.7.3 Formas de Estado

- **Estado unitário:** é caracterizado pela centralização política; não existe divisão em Estados-membros ou municípios, há somente uma esfera política central que emana sua vontade para todo o país. É o caso do Uruguai.
- **Estado federado:** caracteriza-se pela descentralização política. Existem diferentes entidades políticas autônomas que são distribuídas regionalmente e cada uma exerce o poder político dentro de sua área de competência. É o caso do Brasil.

1.7.4 Poderes do Estado

Os poderes do Estado estão previstos no texto Constitucional.

> *Art. 2º São Poderes da União, independentes e harmônicos entre si, o Legislativo, o Executivo e o Judiciário.*

Os poderes podem exercer as funções para que foram investidos pela Constituição Federal (funções típicas) ou executar cargos diversos das suas competências constitucionais (funções atípicas). Por esse motivo, não há uma divisão absoluta entre os poderes, e sim relativa, pois o Poder Executivo pode executar suas funções típicas (administrar) e pode também iniciar o processo legislativo em alguns casos (pedido de vagas para novos cargos). Além disso, é possível até mesmo legislar no caso de medidas provisórias com força de lei.

INTRODUÇÃO AO DIREITO ADMINISTRATIVO

Poderes	Funções típicas	Funções atípicas
Legislativo	Criar leis / Fiscalizar (Tribunal de Contas)	Administrar / Julgar conflitos
Executivo	Administrar	Criar leis / Julgar conflitos
Judiciário	Julgar conflitos	Administrar / Criar leis

É importante notar que a atividade administrativa está presente nos três poderes. Por isso, o Direito Administrativo, por ser um dos ramos do Direito Público, disciplina não somente a atividade administrativa do Poder Executivo, mas também as do Poder Legislativo e do Judiciário.

1.8 Noções de governo

Governar é atividade política e discricionária, tendo conduta independente. O ato de governar está relacionado com as funções políticas do Estado: de comandar, coordenar, direcionar e fixar planos e diretrizes de atuação do Estado.

O governo é o conjunto de Poderes e órgãos constitucionais responsáveis pela função política do Estado. Ele está diretamente ligado às decisões tomadas pelo Estado, exercendo direção suprema e geral. Ao fazer uma analogia, podemos dizer que o governo é o cérebro do Estado.

1.8.1 Função de governo e função administrativa

É comum aparecer em provas de concursos públicos questões que confundem as ideias de governo e de Administração Pública. Para evitar esse erro, analisaremos as diferenças entre as expressões.

O governo é uma atividade política e discricionária e que possui conduta independente. Para ele, a administração é uma atividade neutra, normalmente vinculada à lei ou à norma técnica, e exercida mediante conduta hierarquizada.

Não podemos confundir governo com Administração Pública, pois o governo se encarrega de definir os objetivos do Estado e as políticas para o alcance desses objetivos. A Administração Pública, por sua vez, se encarrega de atingir os objetivos traçados pelo governo.

O governo atua mediante atos de soberania ou, ao menos, de autonomia política na condução dos negócios públicos. A administração é atividade neutra, normalmente vinculada à lei ou à norma técnica. Governo é conduta independente, enquanto a administração é hierarquizada.

O governo deve comandar com responsabilidade constitucional e política, mas sem responsabilidade técnica e legal pela execução. A administração age sem responsabilidade política, mas com responsabilidade técnica e legal pela execução dos serviços públicos.

1.8.2 Sistemas de governo

Sistema de governo refere-se ao grau de dependência entre o Poder Legislativo e Executivo.

- **Parlamentarismo**

É caracterizado por uma grande relação de dependência entre o Poder Legislativo e o Executivo.

A chefia do Estado e a do Governo são desempenhadas por pessoas distintas.

Chefe de Estado: responsável pelas relações internacionais.

Chefe de governo: responsável pelas relações internas, o chefe de governo é o da Administração Pública.

- **Presidencialismo**

É caracterizado por não existir dependência, ou quase nenhuma, entre os Poderes Legislativo e Executivo.

A chefia do Estado e a do Governo são representadas pela mesma pessoa.

O Brasil adota o presidencialismo como sistema de governo.

1.8.3 Formas de governo

A forma de governo refere-se à relação entre governantes e governados.

- **Monarquia**

Hereditariedade: o poder é passado de pai para filho.

Vitaliciedade: o detentor do poder fica no cargo até a morte e não necessita prestar contas.

- **República**

Eletividade: o governante precisa ser eleito para chegar ao poder.

Temporalidade: ao chegar ao poder, o governante ficará no cargo por tempo determinado e deve prestar contas.

O Brasil adota a república como forma de governo.

DIREITO ADMINISTRATIVO

2 ADMINISTRAÇÃO PÚBLICA

Antes de fazermos qualquer conceituação doutrinária sobre Administração Pública, podemos entendê-la como a ferramenta utilizada pelo Estado para atingir os seus objetivos. O Estado possui objetivos, e quem escolhe quais são eles é seu governo, pois a esse é que cabe a função política (atividade eminentemente discricionária) do Estado e que determina as suas vontades, ou seja, o Governo é o cérebro do Estado. Para poder atingir esses objetivos, o Estado precisa fazer algo, e o faz por meio de sua Administração Pública. Assim, essa é a responsável pelo exercício das atividades públicas do Estado.

2.1 Classificação de Administração Pública

2.1.1 Sentido material/objetivo

Em sentido material ou objetivo, a Administração Pública compreende o exercício de atividades pelas quais se manifesta a função administrativa do Estado.

Compõe a Administração Pública material qualquer pessoa jurídica, seus órgãos e agentes que exercem as atividades administrativas do Estado. Como exemplo de tais atividades, há a prestação de serviços públicos, o exercício do poder de Polícia, o fomento, a intervenção e as atividades da Administração Pública.

Essas são as chamadas atividades típicas do Estado e, pelo critério formal, qualquer pessoa que exerce alguma dessas é de Administração Pública, não importa quem seja. Por esse critério, teríamos, por exemplo, as seguintes pessoas na Administração Pública: União, estados, municípios, Distrito Federal, Autarquias, Fundações Públicas prestadoras de serviços públicos, Empresa Pública prestadora de serviço público, Sociedade de Economia Mista prestadora de serviços públicos e, ainda, as concessionárias, autorizatárias e permissionárias de serviço público.

Esse critério não é o adotado pelo Brasil. Assim sendo, a classificação feita acima não descreve a Administração Pública brasileira, que, conforme veremos a seguir, adota o modelo formal de classificação.

2.1.2 Sentido formal/subjetivo

Em sentido formal ou subjetivo, a Administração Pública compreende o conjunto de órgãos e pessoas jurídicas encarregadas, por determinação legal, do exercício da função administrativa do Estado.

Pelo modelo formal, segundo Meirelles, a Administração Pública é o conjunto de entidades (pessoas jurídicas, seus órgãos e agentes) que o nosso ordenamento jurídico identifica como Administração Pública, pouco interessa a sua área de atuação, ou seja, pouco importa a atividade, mas, sim, quem a desempenha. A Administração Pública brasileira que adota o modelo formal é classificada em Administração Direta e Indireta.

2.2 Organização da Administração

A Administração Pública foi definida pela Constituição Federal de 1988 no art. 37.

> *Art. 37 A Administração Pública Direta e indireta de qualquer dos Poderes da União, dos Estados, do Distrito Federal e dos Municípios obedecerá aos princípios de legalidade, impessoalidade, moralidade, publicidade e eficiência e, também, ao seguinte [...].*

O Decreto-lei nº 200/1967 determina quem é Administração Pública Direta e Indireta.

> *Art. 4º A Administração Federal compreende:*
> *I - A Administração Direta, que se constitui dos serviços integrados na estrutura administrativa da Presidência da República e dos Ministérios.*
> *II - A Administração Indireta, que compreende as seguintes categorias de entidades, dotadas de personalidade jurídica própria:*
> *a) Autarquias;*
> *b) Empresas Públicas;*
> *c) Sociedades de Economia Mista.*
> *d) Fundações públicas.*

Dessa forma, temos somente quatro pessoas que representam a Administração Direta. Elas são consideradas pessoas jurídicas de direito público e possuem várias características. As pessoas da Administração Direta recebem o nome de pessoas políticas do estado.

A Administração Indireta também representa um rol taxativo e não cabe ampliação. Existem quatro pessoas da Administração Indireta e nenhuma outra. Elas possuem características marcantes, contudo, não possuem a mais importante e que as diferencia das pessoas políticas do Estado: a capacidade de legislar (capacidade política).

2.3 Administração Direta

A Administração Direta é representada pelas entidades políticas. São elas: União, estados, Distrito Federal e municípios.

A definição no Brasil foi feita pelo Decreto-lei nº 200/1967, que dispõe sobre a organização da Administração Federal e estabelece diretrizes para a Reforma Administrativa.

É importante observar que esse decreto dispõe somente sobre a Administração Pública Federal, todavia, pela aplicação do princípio da simetria, tal regra é aplicada uniformemente por todo o território nacional. Assim sendo, tal classificação utilizada nesse decreto define expressamente a Administração Pública Federal e também, implicitamente, a Administração Pública dos demais entes da federação.

Os entes políticos possuem autonomia política (capacidade de legislar), administrativa (capacidade de se auto-organizar) e capacidade financeira (capacidade de julgar as próprias contas). Não podemos falar aqui em hierarquia entre os entes, mas sim em cooperação, pois um não dá ordens aos outros, visto que eles são autônomos.

As principais características da Administração Direta são:
- São pessoas jurídicas de direito público interno – têm autonomia.
- Unidas formam a República Federativa do Brasil: pessoa jurídica de direito público externo – tem soberania (independência na ordem externa e supremacia na interna).
- Regime jurídico de direito público.
- **Autonomia política:** administrativa e financeira.
- **Sem subordinação:** atuam por cooperação.
- **Competências:** extraídas da CF/1988.
- Responsabilidade civil – regra – objetiva.
- **Bens:** públicos, não podem ser objeto de sequestro, arresto, penhora etc.
- **Débitos judiciais:** são pagos por precatórios.
- **Regime de pessoal:** regime jurídico único.
- Competência para julgamento de ações judiciais da União é a Justiça Federal; dos demais Entes Políticos é a Justiça Estadual.

Algumas noções de centralização, descentralização e desconcentração são importantes para compreender a Administração Direta:
- **Centralização Administrativa:** órgãos e agentes trabalhando para a Administração Direta.
- **Descentralização administrativa:** técnica administrativa em que a Administração Direta passa a atividade administrativa, serviço ou obra pública para outras pessoas jurídicas ou físicas (para pessoa física somente por delegação por colaboração). A descentralização pode ser feita por outorga legal (titularidade + execução) ou diante delegação por colaboração (somente execução). A outorga legal cria as pessoas da Administração Indireta. A Delegação por colaboração gera os concessionários, permissionários e autorizatários de serviços públicos.
- **Descentralização por outorga legal:** também chamada de descentralização técnica, por serviços, ou funcional, é feita por lei e transfere a titularidade e a execução da atividade administrativa por prazo indeterminado para uma pessoa jurídica integrante da Administração Indireta.

ADMINISTRAÇÃO PÚBLICA

- **Descentralização por delegação:** também chamada de descentralização por colaboração, é feita em regra por um contrato administrativo e, nesses casos, depende de licitação. Também pode acontecer descentralização por delegação por meio de um ato administrativo. Transfere somente a execução da atividade administrativa, e não a sua titularidade, por prazo determinado para um particular, pessoa física ou jurídica.

▷ **Outorga legal:**
- Feita por lei;
- Transfere a titularidade e a execução do serviço público;
- Não tem prazo.

▷ **Delegação:**
- Feita por contrato, exceto as autorizações;
- Os contratos dependem de licitação;
- Transfere somente a execução do serviço público e não a titularidade;
- À fiscalização do Poder Público. Tal fiscalização decorre do exercício do poder disciplinar;
- Tem prazo.

- **Desconcentração administrativa:** técnica de subdivisão de órgãos públicos para que melhor desempenhem o serviço público ou atividade administrativa. Em outras palavras, na desconcentração, a pessoa jurídica distribui competências no âmbito de sua própria estrutura. É a distribuição de competências entre os diversos órgãos integrantes da estrutura da uma pessoa jurídica da Administração Pública. Somente ocorre na Administração Direta ou Indireta, jamais para particulares, uma vez que não existem órgãos públicos entre particulares.

2.4 Administração Indireta

Pessoas/entes/entidades administrativas
- Fundações públicas;
- Autarquias;
- Sociedades de economia mista;
- Empresas públicas.

Características
- Tem personalidade jurídica própria;
- Tem patrimônio e receita próprios;
- Tem autonomia: administrativa, técnica e financeira.
- Não tem autonomia política;
- Finalidade definida em lei;
- Controle do Estado.

Não há subordinação nem hierarquia entre os entes da Administração Direta e indireta, mas sim vinculação que se manifesta por meio da **supervisão ministerial** realizada pelo ministério ou secretaria da pessoa política responsável pela área de atuação da entidade administrativa. Tal supervisão tem por finalidade o exercício do denominado **controle finalístico** ou **poder de tutela**.

Em alguns casos, a entidade administrativa pode estar diretamente vinculada à chefia do Poder Executivo e, nesse contexto, caberá a essa chefia o exercício do controle finalístico de tal entidade.

Nomeação de dirigentes: os dirigentes das entidades administrativas são nomeados pelo chefe do poder a que está vinculada a respectiva entidade, ou seja, as entidades administrativas ligadas ao Poder Executivo Federal têm seus dirigentes nomeados pelo chefe de tal poder, que, nesse caso, é o Presidente da República.

É válido lembrar que, em todos os poderes, existe a função administrativa no Executivo, de forma típica, e nos demais poderes, de forma atípica. Além disso, a função administrativa de todos os poderes é exercida pela sua Administração Pública (Administração Direta e Indireta), assim, existe Administração Pública Direta e Indireta nos três poderes e, caso uma entidade administrativa seja vinculada ao Poder Legislativo ou Judiciário, caberá ao chefe do respectivo poder a nomeação de tal dirigente.

Excepcionalmente, a nomeação de um dirigente pode depender ainda de aprovação do Poder Legislativo. Na esfera federal, temos como exemplo a nomeação dos dirigentes das agências reguladoras. Tais nomeações são feitas pelo Presidente da República e, para terem efeito, dependem de aprovação do Senado Federal.

Via de regra, lembraremos que a nomeação do dirigente de uma entidade administrativa é feita pelo chefe do Poder Executivo, sendo que, em alguns casos, é necessária a prévia aprovação de outro poder. Excepcionalmente, o Judiciário e o Legislativo poderão nomear dirigentes para essas entidades, desde que vinculadas ao respectivo poder.

Criação dos entes da Administração Indireta: a instituição das entidades administrativas depende sempre de uma lei ordinária específica. Essa lei pode criar a entidade administrativa. Nesse caso, nasce uma pessoa jurídica de direito público, a autarquia. A lei também pode autorizar a criação das entidades administrativas. Nessa circunstância, nascem as demais entidades da Administração Indireta: fundações públicas, empresas públicas e sociedades de economia mista. Pelo fato dessas entidades serem autorizadas por lei, elas são pessoas jurídicas de direito privado.

A lei que cria ou que autoriza a criação de uma entidade administrativa é uma **lei ordinária específica**.

Quando a lei autoriza a criação de uma entidade da Administração Indireta, a sua construção será consumada após o registro na serventia registral pertinente (cartório ou junta comercial, conforme o caso).

Ocorre extinção dos entes da Administração Indireta nas seguintes condições:
- Só lei revoga lei.
- Se a lei cria, a lei extingue.
- Se a lei autoriza a criação, autoriza também a extinção.

Relação da Administração Pública Direta com a Indireta: as entidades compreendidas na Administração Indireta vinculam-se ao Ministério em cuja área de competência estiver enquadrada sua principal atividade. Dessa forma, não há que se falar em hierarquia ou subordinação, mas, sim em vinculação.

A vinculação entre a Administração Direta e a Administração Indireta gera o chamado controle finalístico ou supervisão ministerial. Assim, a Administração Direta não pode intervir nas decisões da Indireta, salvo se ocorrer a chamada fuga de finalidade.

2.4.1 Autarquias

Autarquia é a pessoa jurídica de direito público, criada por lei, com capacidade de autoadministração, para o desempenho de serviço público descentralizado (atividade típica do Estado). É o próprio serviço público personificado.

Vejamos a seguir as suas características:
- **Personalidade jurídica:** direito público.
- Recebem todas as prerrogativas do direito público.
- **Finalidade:** atividade típica do Estado.
- **Regime jurídico:** público.
- **Responsabilidade civil:** objetiva.
- **Bens públicos:** não podem ser objeto de penhora, arresto ou sequestro.
- Ao serem constituídas, recebem patrimônio do ente instituidor e, a partir desse momento, seguem com sua autonomia.
- **Débitos judiciais:** pagamento por precatórios.
- **Regime de pessoal:** regime jurídico único.
- Competência para o julgamento de suas ações judiciais:
  - Autarquia Federal = Justiça Federal.
  - Outras Esferas = Justiça Estadual. Por exemplo: Instituto Nacional do Seguro Social (INSS), Banco Central do Brasil.

DIREITO ADMINISTRATIVO

A seguir estão presentes as espécies de autarquias:

- **Comum ou ordinária (de acordo com Decreto-lei nº 200/1967):** são as autarquias que recebem as características principais, ou seja, criadas diretamente por lei, pessoas jurídicas de direito público e que desempenham um serviço público especializado; seu ato constitutivo é a própria lei.
- **Sob regime especial:** as autarquias em regime especial são submetidas a um regime jurídico peculiar, diferente do jurídico relativo às autarquias comuns. Por autarquia comum deve-se entender as ordinárias, aquelas que se submetem a regime jurídico comum das autarquias. Na esfera federal, o regime jurídico comum das autarquias é o Decreto-lei nº 200/1967. Se a autarquia, além das regras do regime jurídico comum, ainda é alcançada por alguma regra especial, peculiar às suas atividades, será considerada uma autarquia em regime especial.
- **Agências reguladoras:** são responsáveis por regular, normatizar e fiscalizar determinados serviços públicos que foram delegados ao particular. Em razão dessa característica, elas têm mais liberdade e maior autonomia, se comparadas com as Autarquias comuns. Por exemplo: Agência Nacional do Cinema (Ancine); Agência Nacional de Águas e Saneamento Básico (ANA); Agência Nacional de Aviação Civil (Anac); Associação Nacional de Tecnologia do Ambiente Construído (Antaq); Agência Nacional de Telecomunicações (Anatel); Agência Nacional de Energia Elétrica (Aneel); Agência Nacional do Petróleo, Gás Natural e Biocombustíveis (ANP); Agência Nacional de Transportes Terrestres (ANTT) etc.
- **Autarquia territorial:** é classificado como Autarquia Territorial o espaço que faça parte do território da União, mas que não se enquadre na definição de Estado-membro, Distrito Federal ou município. No Brasil atual, não existem exemplos de autarquias territoriais, mas elas podem vir a ser criadas. Nesse caso, esses territórios fazem parte da Administração Direta e são autarquias territoriais, pois são criados por lei e assumem personalidade jurídica de direito público.
- **Associações públicas (autarquias interfederativas ou multifederativas):** também chamadas de consórcio público de Direito Público. O consórcio público é a pessoa jurídica formada exclusivamente por entes da Federação, na forma da Lei nº 11.107/2005, para estabelecer relações de cooperação federativa, inclusive a realização de objetivos de interesse comum, constituída como associação pública, com personalidade jurídica de direito público e natureza autárquica, ou como pessoa jurídica de direito privado, sem fins econômicos. Assim, não é todo consórcio público que representa uma autarquia interfederativa, mas somente os públicos de Direito Público.
- **Autarquia fundacional ou fundação autárquica:** as fundações públicas de Direito Público (exceção) são consideradas, na verdade, uma espécie de autarquia.
- **Agências executivas:** as agências executivas não se configuram como pessoas jurídicas, menos ainda outra classificação qualquer. Representam, na prática, um título que é dado às autarquias e fundações públicas que assinam contrato de gestão com a Administração Pública, conforme art. 37, § 8º, CF/1988.
- **Conselhos fiscalizadores de profissões:** são considerados autarquias, contudo, comportam uma exceção muito importante:

    ADI 3.026-DF Min. Eros Graus. 08/06/2006. OAB: Considerada entidade sui generis, um serviço independente não sujeita ao controle finalístico da Administração Direta.

2.4.2 Fundação Pública

A Fundação Pública é a entidade dotada de personalidade jurídica de direito privado, sem fins lucrativos, criada em virtude de autorização legislativa, para o desenvolvimento de atividades que não exijam execução por órgãos ou entidades de direito público, com autonomia administrativa, patrimônio próprio gerido pelos respectivos órgãos de direção e funcionamento custeado por recursos da União e de outras fontes.

Regra
- Autorizada por lei;
- Pessoa jurídica de direito privado;
- Depende de registro dos atos constitutivos na junta comercial;
- Depende de lei complementar que especifique o campo de atuação.

Exceção
- Criada diretamente por lei;
- Pessoa jurídica de direito público;
- Possui um capital personalizado (diferença meramente conceitual);
- Considerada pela doutrina como autarquia fundacional.

> **Atenção!**
> As fundações públicas de Direito Público, são espécie de autarquia, sendo chamadas pela doutrina como autarquias fundacionais.

Características
- **Personalidade jurídica:** direito privado.
- **Finalidade:** lei complementar definirá – sem fins lucrativos.
- **Regime jurídico:** híbrido (regras de Direito Público + direito privado) incontroverso.
- **Responsabilidade civil:** se for prestadora de serviço público, é objetiva; caso contrário, é subjetiva.
- **Bens privados, com exceção:** bens diretamente ligados à prestação de serviço público são bens públicos.
- **Débitos judiciais:** são pagos por meio do seu patrimônio, com exceção dos bens diretamente ligados à prestação de serviços públicos, que são bens públicos e não se submetem a pagamento de débitos judiciais.
- **Regime de pessoal:** Regime Jurídico Único (RJU).

Competência para o julgamento de suas ações judiciais:
- Justiça Federal.
- Outras esferas = Justiça Estadual.
- Instituto Brasileiro de Geografia e Estatística (IBGE), Biblioteca Nacional, Fundação Nacional do Índio (Funai).

2.4.3 Empresas Públicas e Sociedades de Economia Mista

São pessoas jurídicas de direito privado, criadas pela Administração Direta por meio de autorização da lei, com o respectivo registro, para a prestação de serviços públicos ou a exploração da atividade econômica.

A Lei nº 13.303/2016 dispõe sobre o estatuto jurídico da empresa pública, da sociedade de economia mista e de suas subsidiárias, no âmbito da União, dos estados, do Distrito Federal e dos municípios.

A referida lei apresenta os seguintes conceitos:

Art. 3º Empresa pública é a entidade dotada de personalidade jurídica de direito privado, com criação autorizada por lei e com patrimônio próprio, cujo capital social é integralmente detido pela União, pelos Estados, pelo Distrito Federal ou pelos Municípios.

Art. 4º Sociedade de economia mista é a entidade dotada de personalidade jurídica de direito privado, com criação autorizada por lei, sob a forma de sociedade anônima, cujas ações com direito a voto pertençam em sua maioria à União, aos Estados, ao Distrito Federal, aos Municípios ou a entidade da Administração Indireta.

ADMINISTRAÇÃO PÚBLICA

2.4.4 Empresas Públicas e Sociedades de Economia Mista Exploradoras da Atividade Econômica

> **Art. 173** Ressalvados os casos previstos nesta Constituição, a exploração direta de atividade econômica pelo Estado só será permitida quando necessária aos imperativos da segurança nacional ou a relevante interesse coletivo, conforme definidos em lei.
>
> **§ 1º** A lei estabelecerá o estatuto jurídico da Empresa Pública, da sociedade de economia mista e de suas subsidiárias que explorem atividade econômica de produção ou comercialização de bens ou de prestação de serviços, dispondo sobre:
>
> I – Sua função social e formas de fiscalização pelo Estado e pela sociedade;
>
> II – A sujeição ao regime jurídico próprio das empresas privadas, inclusive quanto aos direitos e obrigações civis, comerciais, trabalhistas e tributários;
>
> III –. Licitação e contratação de obras, serviços, compras e alienações, observados os princípios da Administração Pública;
>
> IV – A constituição e o funcionamento dos conselhos de administração e fiscal, com a participação de acionistas minoritários;
>
> V – Os mandatos, a avaliação de desempenho e a responsabilidade dos administradores.
>
> **§ 2º** As empresas públicas e as sociedades de economia mista não poderão gozar de privilégios fiscais não extensivos às do setor privado.
>
> **§ 3º** A lei regulamentará as relações da Empresa Pública com o Estado e a sociedade.
>
> **§ 4º** A lei reprimirá o abuso do poder econômico que vise à dominação dos mercados, à eliminação da concorrência e ao aumento arbitrário dos lucros.
>
> **§ 5º** A lei, sem prejuízo da responsabilidade individual dos dirigentes da pessoa jurídica, estabelecerá a responsabilidade desta, sujeitando-a as punições compatíveis com sua natureza, nos atos praticados contra a ordem econômica e financeira e contra a economia popular.

2.4.5 Empresas Públicas e Sociedades de Economia Mista Prestadoras de Serviço Público

Essas entidades são criadas para a exploração da atividade econômica em sentido amplo, o que inclui o exercício delas em sentido estrito e também a prestação de serviços públicos que podem ser explorados com o intuito de lucro.

Segundo o art. 175 da Constituição Federal de 1988:

> **Art. 175** Incumbe ao Poder Público, na forma da lei, diretamente ou sob regime de concessão ou permissão, sempre através de licitação, a prestação de serviços públicos.
>
> **Parágrafo único.** A lei disporá sobre:
>
> I – O regime das empresas concessionárias e permissionárias de serviços públicos, o caráter especial de seu contrato e de sua prorrogação, bem como as condições de caducidade, fiscalização e rescisão da concessão ou permissão;
>
> II – Os direitos dos usuários;
>
> III – Política tarifária;
>
> IV – A obrigação de manter serviço adequado.

Não se inclui nessa categoria os serviços públicos relativos aos direitos sociais, pois esses não podem ser prestados com o intuito de lucro pelo Estado e, também, não são de titularidade exclusiva do Estado, podendo ser livremente explorados por particulares.

2.4.6 Sociedade de Economia Mista

A sociedade de economia mista é uma entidade dotada de personalidade jurídica de direito privado, autorizada por lei para a exploração de atividade econômica, sob a forma de sociedade anônima, cujas ações com direito a voto pertençam em sua maioria à União ou a entidade da Administração Indireta:

- Autorizada por lei;
- Pessoa jurídica de direito privado;
- Capital 50% + 1 ação no controle da Administração Pública;
- Constituição obrigatória por Sociedade Anônima (SA);
- Competência da Justiça Estadual.

2.4.7 Empresa Pública

Entidade dotada de personalidade jurídica de direito privado, com patrimônio próprio e capital exclusivo da União, autorizado por lei para a exploração de atividade econômica que o governo seja levado a exercer por força de contingência ou de conveniência administrativa, podendo revestir-se de qualquer das formas admitidas em direito.

Principais características:

- Autorizado por lei;
- Pessoa jurídica de direito privado;
- 100% na constituição de capital público;
- Constituído de qualquer forma admitido em direito;
- Competência da Justiça Federal.

Algumas características comuns das empresas públicas e sociedades de economia mista:

- **Personalidade jurídica:** direito privado.
- **Finalidade:** prestação de serviço público ou a exploração da atividade econômica.
- **Regime jurídico híbrido:** se for prestadora de serviço público, o regime jurídico é mais público; se for exploradora da atividade econômica, o regime jurídico é mais privado.
- **Responsabilidade civil:** se for prestadora de serviço público, a responsabilidade civil é objetiva, se for exploradora da atividade econômica, a civil é subjetiva.
- **Bens privados, com exceção:** bens diretamente ligados à prestação de serviço público são bens públicos.
- **Débitos judiciais:** são pagos por meio do seu patrimônio, com exceção dos bens diretamente ligados à prestação de serviços públicos, que são bens públicos e não se submetem a pagamento de débitos judiciais.
- **Regime de pessoal:** Consolidação das Leis do Trabalho (CLT) – Emprego Público.
- **Exemplos de empresas públicas:** Caixa Econômica Federal, Correios.
- **Exemplo de sociedades de economia mista:** Banco do Brasil e Petrobras.

O quadro a seguir foi desenvolvido para memorização das características mais importantes das pessoas da Administração Pública Indireta.

DIREITO ADMINISTRATIVO

Tabela comparativa das características dos entes da Administração Pública

Característica	Entidades políticas	Autarquia	Fundação pública	Empresa pública	Sociedade de economia mista
Personalidade jurídica	Direito Público	Direito Público	direito privado	direito privado	direito privado
Finalidade	Competências constitucionais	Atividade típica do Estado	Lei complementar definirá	Exploração da atividade econômica ou prestação de serviço público	Exploração da atividade econômica ou prestação de serviço público
Regime jurídico	Direito Público	Direito Público	Híbrido: se PSP + público. Caso desenvolva outra atividade, mais privado.	Híbrido: se EAE + privado; se PSP + público	Híbrido: se EAE + privado; se PSP + público
Responsabilidade civil	Objetiva: ação Subjetiva: omissão	Objetiva: ação Subjetiva: omissão	PSP = Objetiva, nos demais casos, subjetiva	PSP = Objetiva, EAE = Subjetiva	PSP = Objetiva, EAE = Subjetiva
Bens	Públicos	Públicos	Privados, exceção: bens diretamente ligados à prestação de serviços públicos são bens públicos.	Privados, exceção: bens diretamente ligados à prestação de serviços públicos são bens públicos.	Privados, exceção: bens diretamente ligados à prestação de serviços públicos são bens públicos.
Débitos judiciais	Precatórios	Precatórios	Patrimônio	Patrimônio	Patrimônio
Regime de pessoal	Regime Jurídico Único	Regime Jurídico Único	Regime Jurídico Único	CLT	CLT
Competência para Julgamento	União: Justiça Federal; Demais: Justiça Estadual.	Federal: Justiça Federal; Demais: Justiça Estadual.	Federal: Justiça Federal; Demais: justiça Estadual.	Federal: Justiça Federal; Demais: justiça Estadual.	Todas: Justiça Estadual.

* EAE: Exploração da Atividade Econômica.
* PSP: Prestação de Serviço Público.

ÓRGÃO PÚBLICO

3 ÓRGÃO PÚBLICO

É importantíssimo para o estudo do Direito Administrativo estudar a respeito dos órgãos públicos, sua finalidade, seu papel na estrutura da Administração Pública, bem como as diversas teorias e classificações relativas ao tema. Começaremos a partir das teorias que buscam explicar o que é o órgão público.

3.1 Teorias

São três as teorias criadas para caracterizar e conceituar a ideia de órgão público: a Teoria do Mandato, Teoria da Representação e Teoria Geral do Órgão.

3.1.1 Teoria do mandato

Essa teoria preceitua que o agente, pessoa física, funciona como o mandatário da pessoa jurídica, agindo sob seu nome e com a responsabilidade dela, em razão de outorga específica de poderes (não adotado).

3.1.2 Teoria da representação

O agente funciona como um tutor ou curador do Estado.

3.1.3 Teoria geral do órgão

Tem-se a presunção de que a pessoa jurídica exterior a sua vontade por meio dos órgãos, os quais são parte integrante da própria estrutura da pessoa jurídica, de tal modo que, quando os agentes que atuam nesses órgãos manifestam sua vontade, considera-se que essa foi manifestada pelo próprio Estado. Falamos em imputação da atuação do agente, pessoa natural, à pessoa jurídica (adotado pela Constituição Federal de 1988).

Alguns órgãos possuem uma pequena capacidade de impetrar mandado de segurança para garantir prerrogativas próprias. Contudo, somente os órgãos independentes e autônomos têm essa capacidade.

Os órgãos não possuem personalidade jurídica, tampouco vontade própria, agem em nome da entidade a que pertencem, mantendo relações entre si e com terceiros, e não possuem patrimônio próprio. Os órgãos manifestam a vontade da pessoa jurídica à qual pertencem. Dizemos que os agentes, quando atuam para o Estado, estão em imputação à pessoa jurídica à qual estão efetivamente ligados. Assim, falamos em imputação à pessoa jurídica.

Constatamos que órgãos são meros centros de competência, e que os agentes que trabalham nesses órgãos estão em imputação à pessoa jurídica a que estão ligados; suas ações são imputadas ao ente federativo. Assim, quando um servidor público federal atua, suas ações são imputadas (como se o próprio Estado estivesse agindo) à União, pois o agente é ligado a um órgão que pertence a esse ente.

Por exemplo: quando um policial federal está trabalhando, ele é um agente público que atua dentro de um órgão (Departamento de Polícia Federal) e suas ações, quando feitas, são consideradas como se a União estivesse agindo. Por esse motivo, os atos que gerem prejuízo a terceiros são imputados à União, ou seja, é a União que paga o prejuízo e, depois, entra com ação regressiva contra o agente público.

3.2 Características

3.2.1 Não possui personalidade jurídica

Muitas pessoas se assustam com essa regra devido ao fato de o órgão público ter Cadastro Nacional da Pessoa Jurídica (CNPJ), realizar licitações e também por celebrar contratos públicos. Todavia, essas situações não devem ser levadas em consideração nesse momento.

O CNPJ não é suficiente para conferir personalidade jurídica para o órgão público, a sua instituição está ligada ao direito tributário. O órgão faz licitação, celebra contratos, no entanto, ele não possui direitos, não é responsável pela conduta dos seus agentes e tudo isso porque não possui personalidade jurídica, uma vez que órgão público não é pessoa.

3.2.2 Integram a estrutura da pessoa jurídica a que pertencem

O órgão público é o integrante essencial da estrutura corporal (orgânica) da pessoa jurídica a que está ligado.

Algumas características sobre o tema:
- Não possui capacidade processual, salvo os órgãos independentes e autônomos que podem impetrar Mandado de Segurança em defesa de suas prerrogativas constitucionais, quando violadas por outro órgão.
- Não possui patrimônio próprio.
- É hierarquizado.
- É fruto da desconcentração.
- Está presente na Administração Direta e Indireta.
- **Criação e extinção:** por meio de Lei.
- **Estruturação:** pode ser feita por meio de decreto autônomo, desde que não implique em aumento de despesas.
- Os agentes que trabalham nos órgãos estão em imputação à pessoa jurídica que estão ligados.

3.3 Classificação

Dentre as diversas classificações pertinentes ao tema, a partir de agora, abordaremos as classificações quanto à posição estatal que leva em consideração a relação de subordinação e hierarquia, a estrutura que se relaciona com a desconcentração e a composição ou atuação funcional que se relaciona com a quantidade de agentes que agem e manifestam vontade em nome do órgão.

3.3.1 Posição estatal

Quanto à posição estatal, os órgãos são classificados em independentes, autônomos, superiores e subalternos:

- **Órgãos independentes**
  - São considerados o mais alto escalão do Governo.
  - Não exercem subordinação.
  - Seus agentes são inseridos por eleição.
  - Têm suas competências determinadas pelo texto constitucional.
  - Possuem alguma capacidade processual.

- **Órgãos autônomos**
  - São classificados como órgãos diretivos.
  - Possuem capacidade administrativa, financeira e técnica.
  - São exemplos os ministérios e as secretarias.
  - Possuem alguma capacidade processual.

- **Órgãos superiores**
  - São órgãos de direção, controle e decisão.
  - Não possuem autonomia administrativa ou financeira.
  - Exemplos são as coordenadorias, gabinetes etc.

- **Subalternos**
  - Exercem atribuições de mera execução.
  - Exercem reduzido poder decisório.
  - São exemplos as seções de expediente ou de materiais.

3.4 Estrutura

A classificação quanto à estrutura leva em consideração, a partir do órgão analisado, se existe ou não um processo de desconcentração, se há ramificações que levam a órgãos subordinados ao órgão analisado.

- **Simples:** são aqueles que representam um só centro de competências, sem ramificações, independentemente do número de cargos.
- **Compostos:** são aqueles que reúnem em sua estrutura diversos órgãos, ou seja, existem ramificações.

A Presidência da República é um órgão composto, pois dela se originam outros órgãos de menor hierarquia, dentre esses o Ministério da Justiça, por exemplo, que também é órgão composto, pois, a partir dele, tem-se novas ramificações, como o Departamento Penitenciário Nacional, o Departamento de Polícia Federal, entre outros.

A partir da Presidência da República, tem-se também um órgão chamado de gabinete. Ele é considerado simples, pois, a partir dele, não há novos órgãos, ou seja, não nasce nenhuma ramificação a partir do gabinete da Presidência da República.

3.5 Atuação funcional/composição

Os órgãos públicos podem ser classificados em singulares ou colegiados:
- **Órgãos singulares ou unipessoais:** a sua atuação ou decisões são atribuições de um único agente. Por exemplo: Presidência da República.
- **Órgãos colegiados ou pluripessoais:** a atuação e as decisões dos órgãos colegiados acontecem mediante obrigatória manifestação conjunta de seus membros. Por exemplo: Congresso Nacional, Tribunais de Justiça.

3.6 Paraestatais

A expressão "paraestatais" gera divergência em nosso ordenamento jurídico, sendo que podemos mencionar três posicionamentos:
- As paraestatais são as autarquias – posição de José Cretella Júnior – entendimento ultrapassado.
- As paraestatais são: as fundações públicas, empresas públicas, sociedades de economia mista e os serviços sociais autônomos – posição de Hely Lopes Meirelles – corrente minoritária.
- As paraestatais são os serviços sociais autônomos, as fundações de apoio, as Organizações Sociais (OSs), as Organizações da Sociedade Civil de Interesse Público (Oscips) e as Organizações da Sociedade Civil (OSCs) – posição de Maria Silvia Zanella Di Pietro, entre outros – é o entendimento majoritário.
- Observação: nesse terceiro sentido, as paraestatais equivalem ao chamado terceiro setor. O primeiro setor é o Estado e o segundo setor é o mercado (iniciativa privada que visa ao lucro).

Serviços sociais autônomos: são pessoas jurídicas de direito privado sem fins lucrativos, instituídas por lei e vinculadas a categorias profissionais, sendo mantidas por dotações orçamentárias ou contribuições parafiscais. É o chamado sistema "S".

Por exemplo: Serviço Social da Indústria (Sesi), Serviço Social do Comércio (Sesc), Serviço Nacional de Aprendizagem Industrial (Senai), Serviço Nacional de Aprendizagem Comercial (Senac), Serviço Brasileiro de Apoio às Micro e Pequenas Empresas (Sebrae) etc. Não integram a Administração Pública nem direta e nem indireta.

Fundações de apoio: são pessoas jurídicas de direito privado que se destinam a colaborar com instituições de ensino e pesquisa, sendo instituídas por professores, pesquisadores ou universitários (Lei nº 8.958/1994). Por exemplo: Fundação Universitária para o Vestibular (Fuvest), Fundação Instituto de Pesquisas Econômicas (Fipe), Conselho Nacional de Desenvolvimento Científico e Tecnológico (CNPQ) etc.

Organizações Sociais (OSs) e Organizações da Sociedade Civil de Interesse Público (Oscips): são pessoas jurídicas de direito privado sem fins lucrativos, instituídas por particulares que desempenham serviços não exclusivos de Estado, como a saúde, cultura, preservação do meio ambiente etc.

Existem **características comuns** entre as Organizações Sociais (Lei nº 9.637/1998) e as Organizações da Sociedade Civil de Interesse Público (Lei nº 9.790/1999):
- São pessoas jurídicas de direito privado.
- Não têm fins lucrativos.
- Instituídas por particulares.
- Desempenham serviços não exclusivos de Estado.
- Não integram a Administração Pública (seja direta ou indireta).
- Integram o chamado terceiro setor.
- Sujeitam-se ao controle da Administração Pública e do Tribunal de Contas.
- Gozam de imunidade tributária, desde que atendidos os requisitos legais, conforme prevê o art. 150, inciso VI, alínea "c", da Constituição Federal de 1988.

Principais diferenças entre OS e OSCIP

Organizações Sociais: o vínculo com o Estado se dá por contrato de gestão; o ato de qualificação é discricionário, dado pelo ministro da pasta competente; pode ser contratada pela Administração com dispensa de licitação (hipótese de licitação dispensável); o conselho deve ser formado por representantes do poder público; regulada pela Lei nº 9.637/1998.
Exs.: Associação Roquette Pinto, Instituto Nacional de Matemática Pura e Aplicada (IMPA).

Organizações da Sociedade Civil de Interesse Público: o vínculo com o Estado se dá por Termo de Parceria; o ato de qualificação é vinculado, dado pelo Ministro da Justiça; não há essa previsão; não há essa exigência; regulada pela Lei nº 9.790/1999.
Exs.: Amigo do Índio (AMI), Associação de Amparo às Mães de Alto Risco (AMAR).

Observações sobre as Organizações Sociais (OSs)
- O poder público pode destinar para as OSs recursos orçamentários e bens necessários ao cumprimento do contrato de gestão, mediante permissão de uso.
- O poder público pode ceder servidores públicos para as OSs com ônus para a origem.
- A Administração poderá dispensar a licitação nos contratos de prestação de serviços celebrados com as OSs (art. 24, inciso XXIV da Lei nº 8.666/1993).

3.7 Organizações da Sociedade Civil (OSC)

As Organizações da Sociedade Civil (OSCs) são entidades do terceiro setor criadas com a finalidade de atuar junto ao Poder Público, em regime de mútua cooperação, na execução de serviços públicos e tem o seu regime jurídico regulado pela Lei nº 13.019/2014.

Essas entidades atuam na prestação de serviço público não exclusivo do Estado e têm vínculo com a Administração Pública, de modo que essa conexão se dá mediante celebração de Termo de Fomento, Termo de Colaboração e Acordo de Cooperação. Vejamos tais conceitos:
- **Termo de Colaboração (art. 2º, inciso VII e art. 16):** instrumento por meio do qual são formalizadas as parcerias estabelecidas pela Administração Pública com organizações da sociedade civil para a consecução de finalidades de interesse público e recíproco propostas pela Administração Pública que envolvam a transferência de recursos financeiros. Assim, o Termo de Colaboração é utilizado para a execução de políticas públicas nas mais diversas áreas, para consecução de **planos de trabalho de iniciativa da própria Administração**, nos casos em que esta já tem parâmetros consolidados, com indicadores e formas de avaliação conhecidos, abarcando, reitere-se, o **repasse de valores por parte do erário**;

ÓRGÃO PÚBLICO

- **Termo de Fomento (art. 2º, inciso VIII, e art. 17):** instrumento por meio do qual são formalizadas as parcerias estabelecidas pela Administração Pública com organizações da sociedade civil para a consecução de finalidades de interesse público e recíproco propostas pelas organizações da sociedade civil, que envolvam a transferência de recursos financeiros. Note, portanto, que o Termo de Fomento, ao contrário do Termo de Colaboração, tem como objetivo **incentivar iniciativas das próprias OSCs, para consecução de planos de trabalho por elas propostos**, buscando albergar nas políticas públicas tecnologias sociais inovadoras, promover projetos e eventos nas mais diversas áreas e expandir o alcance das ações desenvolvidas pelas organizações. Assim como no Termo de Colaboração, o Termo de Fomento também enseja a transferência de recursos financeiros por parte da Administração Pública;
- **Acordo de Cooperação (art. 2º, inciso VIII-A):** instrumento por meio do qual são formalizadas as parcerias estabelecidas pela Administração Pública com organizações da sociedade civil para a consecução de finalidades de interesse público e recíproco que não envolvam a transferência de recursos financeiros. Portanto, o grande diferencial do Acordo de Cooperação com os demais é justamente a **ausência de repasse de valores financeiros**. O acordo, como regra, também não exige prévia realização de chamamento público como ocorre no caso do Termo de Fomento e do Termo de Colaboração, salvo quando envolver alguma forma de compartilhamento de recurso patrimonial (comodato, doação de bens etc.).
- **Chamamento público:** trata-se do procedimento que o poder público deverá realizar, obrigatoriamente, na prospecção de organizações. É a partir desse chamamento que serão avaliadas diferentes propostas para escolher a OSC mais adequada à parceria, ou ainda um grupo de OSCs trabalhando em rede, a fim de tornar mais eficaz a execução do objeto. Tal procedimento deverá adotar métodos claros, objetivos e simplificados que orientem os interessados e facilitem o acesso direto aos órgãos e às instâncias decisórias.
- **Observação:** não se aplicará a Lei nº 8.666/1993 às relações de parceria com as OSCs (art. 84 da Lei nº 13.019/2014), uma vez que agora há lei própria.

3.8 Organizações Não Governamentais (ONGs)

A ONG é uma entidade civil sem fins lucrativos, formada por pessoas interessadas em determinado tema, o qual se constitui em seu objetivo e interesse principal. Por exemplo: Instituto Brasileiro de Defesa do Consumidor (Idec).

Normalmente, são iniciativas de pessoas ou grupos que visam colaborar com a solução de problemas da comunidade, como mobilizações, educação, conscientização e organização de serviços ou programas para o atendimento de suas necessidades.

Do ponto de vista jurídico, o termo ONG não se aplica. O Código Civil brasileira prevê apenas dois formatos institucionais para entidades civis sem fins lucrativos, sendo a Associação Civil (art. 44, inciso I e art. 53, ambos do Código Civil) e a Fundação Privada (art. 44, III e 62, ambos do Código Civil).

4 AGENTES PÚBLICOS

Estudaremos a seguir os agentes públicos, sua finalidade, seu papel na estrutura da Administração Pública, bem como as diversas classificações relativas ao tema.

4.1 Conceito

Considera-se agente público toda pessoa física que exerça, ainda que transitoriamente ou sem remuneração, por eleição, nomeação, designação, contratação ou qualquer outra forma de investidura ou vínculo, mandato, cargo, emprego ou função pública.

4.2 Classificação

- Agentes políticos.
- Agentes administrativos.
- Particulares em colaboração com o poder público.

4.2.1 Agentes políticos

Os agentes políticos estão nos mais altos escalões do Poder Público. São responsáveis pela elaboração das diretrizes governamentais e pelas funções de direção, orientação e supervisão geral da Administração Pública.

- **Características**
- Sua competência é haurida da Constituição Federal.
- Não se sujeitam às regras comuns aplicáveis aos servidores públicos em geral.
- Normalmente, são investidos em seus cargos por meio de eleição, nomeação ou designação.
- Não são hierarquizados, subordinando-se tão somente à Constituição Federal.

Exceção: auxiliares imediatos dos chefes do Executivo são, hierarquizados, pois se subordinam ao líder desse poder.

Exemplos: ministros de Estado e secretários estaduais e municipais.

Tabela de Agentes Políticos

Poder	Federal	Estadual	Municipal
Executivo	Presidente da República; Ministros de estados	Governadores; secretários estaduais	Prefeitos; secretários municipais
Legislativo	Deputados federais; senadores	Deputados estaduais	Vereadores
Judiciário	Membros do Poder Judiciário Federal	Membros do Poder Judiciário Estadual	Não há
Ministério Público	Membros do Ministério Público Federal	Membros do Ministério Público Estadual	Não há

4.2.2 Agentes administrativos

São as pessoas que exercem atividade pública de natureza profissional, permanente e remunerada, estão sujeitos à hierarquia funcional e ao regime jurídico estabelecido pelo ente ao qual pertencem. O vínculo entre esses agentes e o ente ao qual estão ligados é um vínculo de natureza permanente.

- **Servidores públicos (estrito):** são os titulares de cargos públicos (efetivos e comissionados), são vinculados ao seu cargo por meio de um estatuto estabelecido pelo ente contratante.
- **Empregados públicos:** são os ocupantes de Emprego Público; são vinculados ao seu emprego por meio da Consolidação das Leis do Trabalho (CLT).
- **Temporários:** são contratados por tempo determinado para atender necessidade temporária de excepcional interesse público. Exercem função pública temporária e remunerada, estão vinculados à Administração Pública por meio de um contrato de direito público e não de natureza trabalhista. O meio utilizado pelo Estado para selecionar os temporários é o processo seletivo simplificado e não o concurso público.

Algumas doutrinas dividem a classificação dos servidores públicos em sentido amplo e em estrito. Nesse último caso, servidor público é o que consta acima, ou seja, somente os titulares de cargos públicos; já em sentido amplo, adota-se a seguinte regra: servidor público é um gênero que comporta três espécies: os servidores estatutários, os empregados públicos e os servidores temporários. Então, caso se adote o conceito de servidor público em sentido amplo, este será sinônimo de agente administrativo.

Servidor público (amplo)
Servidor estatutário = servidor público (estrito)
Empregado público = empregado público
Servidor temporário = temporário

4.2.3 Particulares em colaboração com o Poder Público

- **Agentes honoríficos:** são cidadãos que transitoriamente são requisitados ou designados para prestar certos serviços públicos específicos em razão da sua honra, da sua conduta cívica ou de sua notória capacidade profissional. Geralmente atuam sem remuneração. São os mesários, jurados, entre outros.
- **Agentes delegados:** são particulares que recebem a incumbência de exercer determinada atividade, obra ou serviço, por sua conta e risco e em nome próprio, sob permanente fiscalização do poder contratante, ou seja, são aquelas pessoas que recebem a incumbência de prestar certas atividades do Estado por meio da descentralização por delegação. São elas:
  - Autorizatárias de serviços públicos;
  - Concessionárias de serviços públicos;
  - Permissionárias de serviços públicos.
- **Agentes credenciados:** são os particulares que recebem a incumbência de representar a administração em determinado ato ou praticar certa atividade específica, mediante remuneração do poder público credenciante.

5 PRINCÍPIOS FUNDAMENTAIS DA ADMINISTRAÇÃO PÚBLICA

Neste momento, o objetivo é conhecer o rol de princípios fundamentais que norteiam e orientam toda a atividade administrativa do Estado, bem como toda a atuação da Administração Pública Direta e indireta.

Tais princípios são de observância obrigatória para toda a Administração Pública, quer da União, dos estados, do Distrito Federal, quer dos municípios. São considerados expressos, pois estão descritos expressamente no *caput* do art. 37 da Constituição Federal de 1988.

> **Art. 37** *A Administração Pública Direta e indireta de qualquer dos Poderes da União, dos Estados, do Distrito Federal e dos Municípios obedecerá aos princípios de legalidade, impessoalidade, moralidade, publicidade e eficiência e, também, ao seguinte. (Ver CF/1988)*

5.1 Classificação

Os princípios da Administração Pública são classificados como princípios explícitos (expressos) e implícitos.

É importante apontar que não existe relação de subordinação e de hierarquia entre os princípios expressos e os implícitos; na verdade, essa relação não existe entre nenhum princípio.

Isso quer dizer que, em um aparente conflito entre os princípios, um não exclui o outro, pois deve o administrador público observar ambos ao mesmo tempo, devendo nortear sua decisão na obediência de todos os princípios fundamentais pertinentes ao caso em concreto.

Como exemplo, não pode o administrador público deixar de observar o princípio da legalidade para buscar uma atuação mais eficiente (de acordo com o princípio da eficiência), devendo ele, na colisão entre os dois princípios, observar a lei e ainda buscar a eficiência conforme os meios que lhes seja possível.

Os **princípios explícitos** ou expressos são aqueles que estão descritos no *caput* do art. 37 da CF/1988. São eles:

- Legalidade;
- Impessoalidade;
- Moralidade;
- Publicidade;
- Eficiência.

Os **princípios implícitos** são aqueles que não estão descritos no *caput* do art. 37 da Constituição Federal. São eles:

- Supremacia do interesse público;
- Indisponibilidade do interesse público;
- Motivação;
- Razoabilidade;
- Proporcionalidade;
- Autotutela;
- Continuidade dos serviços públicos;
- Segurança jurídica, entre outros.

A seguir, analisaremos as características dos princípios fundamentais da Administração Pública que mais aparecem nas provas de concurso público.

5.2 Princípios explícitos da Administração Pública

5.2.1 Princípio da legalidade

O princípio da legalidade está previsto em dois lugares distintos na Constituição Federal. Em primeiro plano, no art. 5º, inciso II: *ninguém será obrigado a fazer ou deixar de fazer alguma coisa senão em virtude de lei*. O princípio da legalidade regula a vida dos particulares e, ao particular, é facultado fazer tudo que a lei não proíbe; é o chamado princípio da autonomia da vontade. Essa regra não deve ser aplicada à Administração Pública.

Em segundo plano, o art. 37, *caput* do texto Constitucional, determina que a Administração Pública somente pode fazer aquilo que a lei determina ou autoriza. Assim, em caso de omissão legislativa (falta de lei), a Administração Pública está proibida de agir.

Nesse segundo caso, a lei deve ser entendida em sentido amplo, o que significa que a Administração Pública deve obedecer aos mandamentos constitucionais, às leis formais e materiais (leis complementares, leis delegadas, leis ordinárias, medidas provisórias) e também às normas infralegais (decretos, resoluções, portarias, entre outros), e não somente a lei em sentido estrito.

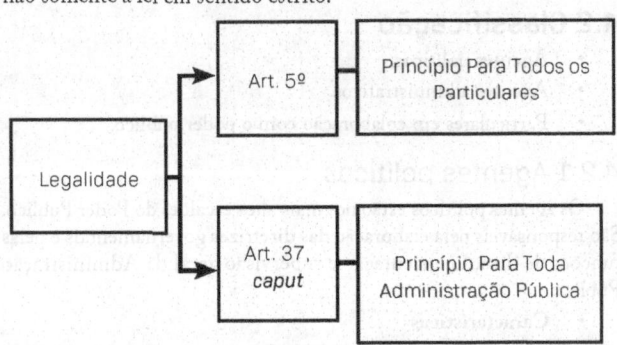

```
                    ┌─────────┐      ┌──────────────────────────┐
                    │ Art. 5º │─────▶│ Princípio Para Todos os  │
                    └─────────┘      │      Particulares        │
    ┌────────────┐                   └──────────────────────────┘
    │ Legalidade │
    └────────────┘
                    ┌─────────┐      ┌──────────────────────────┐
                    │ Art. 37,│─────▶│ Princípio Para Toda      │
                    │  caput  │      │  Administração Pública   │
                    └─────────┘      └──────────────────────────┘
```

5.2.2 Princípio da impessoalidade

O princípio da impessoalidade determina que todas as ações da Administração Pública devem ser revestidas de finalidade pública. Além disso, como segunda vertente, proíbe a promoção pessoal do agente público, como determina o art. 37, § 1º da Constituição Federal de 1988:

> **Art. 37, § 1º** *A publicidade dos atos, programas, obras, serviços e campanhas dos órgãos públicos deverá ter caráter educativo, informativo ou de orientação social, dela não podendo constar nomes, símbolos ou imagens que caracterizem promoção pessoal de autoridades ou servidores públicos.*

O princípio da impessoalidade é tratado sob dois prismas, a saber:

- Como determinante da finalidade de toda atuação administrativa (também chamado de princípio da **finalidade**, considerado constitucional implícito, inserido no princípio expresso da impessoalidade).
- Como vedação a que o agente público se promova à custa das realizações da Administração Pública (vedação à promoção pessoal do administrador público pelos serviços, obras e outras realizações efetuadas pela Administração Pública).

É pelo princípio da impessoalidade que dizemos que o agente público age em imputação à pessoa jurídica a que está ligado, ou seja, pelo princípio da impessoalidade as ações do agente público são determinadas como se o próprio Estado estivesse agindo.

```
                              ┌──────────────────┐
                       ┌─────▶│  FINS PÚBLICOS   │
                       │      └──────────────────┘
   ┌────────────────┐  │
   │ IMPESSOALIDADE │──┤
   └────────────────┘  │
                       │      ┌──────────────────────────┐
                       └─────▶│ PROIBIÇÃO DE PROMOÇÃO    │
                              │ PESSOAL § 1º, ART. 37    │
                              └──────────────────────────┘
```

5.2.3 Princípio da moralidade

O princípio da moralidade é um complemento ao da legalidade, pois nem tudo que é legal é moral. Dessa forma, o Estado impõe a sua administração a atuação segundo a lei e também segundo a moral administrativa. Tal princípio traz para o agente público o dever de probidade. Esse dever é sinônimo de atuação com ética, decoro, honestidade e boa-fé.

O princípio da moralidade determina que o agente deva sempre trabalhar com ética e em respeito aos princípios morais da Administração Pública. O princípio está intimamente ligado ao dever de probidade (honestidade) e sua não observação acarreta a aplicação do art. 37, § 4º da Constituição Federal de 1988 e a Lei nº 8.429/1992 (Lei de Improbidade Administrativa).

> *Art. 37, § 4º Os atos de improbidade administrativa importarão a suspensão dos direitos políticos, a perda da função pública, a indisponibilidade dos bens e o ressarcimento ao erário, na forma e gradação previstas em lei, sem prejuízo da ação penal cabível.*

O desrespeito ao princípio da moralidade afeta a própria legalidade do ato administrativo, ou seja, leva a anulação do ato, e ainda pode acarretar a responsabilização dos agentes por improbidade administrativa.

O princípio da moralidade não se refere ao senso comum de moral, que é formado por meio das instituições que passam pela vida da pessoa, como família, escola, igreja, entre outras. Para a Administração Pública, esse princípio refere-se à moralidade administrativa, que está inserida no corpo das normas de Direito Administrativo.

5.2.4 Princípio da publicidade

Esse princípio deve ser entendido como aquele que determina que os atos da Administração sejam claros quanto à sua procedência. Por esse motivo, em regra, os atos devem ser publicados em diário oficial e, além disso, a Administração deve tornar o fato acessível (público). Tornar público é, além de publicar em diário oficial, apresentar os atos na internet, pois esse meio, hoje, é o que deixa todas as informações acessíveis.

O princípio da publicidade apresenta dupla acepção em face do sistema constitucional vigente:

- Exigência de publicação em órgão oficial como requisito de eficácia dos atos administrativos que devam produzir efeitos externos e dos atos que impliquem ônus para o patrimônio público.

Essa regra não é absoluta, pois, em defesa da intimidade e também do Estado, alguns atos públicos não precisam ser publicados:

> *Art. 5º, X, CF/1988 São invioláveis a intimidade, a vida privada, a honra e a imagem das pessoas, assegurado o direito a indenização pelo dano material ou moral decorrente de sua violação.*
>
> *Art. 5º, XXXIII, CF/1988 Todos têm direito a receber dos órgãos públicos informações de seu interesse particular, ou de interesse coletivo ou geral, que serão prestadas no prazo da lei, sob pena de responsabilidade, ressalvadas aquelas cujo sigilo seja imprescindível à segurança da sociedade e do Estado.*

Assim, o ato que tiver em seu conteúdo uma informação sigilosa ou relativa à intimidade da pessoa tem de ser resguardado no devido sigilo.

- Exigência de transparência da atuação administrativa:

> *Art. 5º, XXXIII, CF/1988 Todos têm direito a receber dos órgãos públicos informações de seu interesse particular, ou de interesse coletivo ou geral, que serão prestadas no prazo da lei, sob pena de responsabilidade, ressalvadas aquelas cujo sigilo seja imprescindível à segurança da sociedade e do Estado.*

O princípio da publicidade orientou o poder legislativo nacional a editar a Lei nº 12.527/2011, que regulamenta o dispositivo do art. 5º, inciso XXXIII, da Constituição Federal de 1988. Dispõe sobre o acesso à informação pública, sobre a informação sigilosa, sua classificação, bem como a informação pessoal, entre outras providências. Tal dispositivo merece ser lido, pois essa lei transpassa toda a essência do princípio da publicidade.

Podemos inclusive afirmar que esse princípio foi materializado em lei após a edição da Lei nº 12.527/2011. Veja a seguir a redação do art. 3º dessa lei:

> *Art. 3º Os procedimentos previstos nesta Lei destinam-se a assegurar o direito fundamental de acesso à informação e devem ser executados em conformidade com os princípios básicos da Administração Pública e com as seguintes diretrizes:*
>
> *I - Observância da publicidade como preceito geral e do sigilo como exceção;*
>
> *II - Divulgação de informações de interesse público, independentemente de solicitações;*
>
> *III - Utilização de meios de comunicação viabilizados pela tecnologia da informação;*
>
> *IV - Fomento ao desenvolvimento da cultura de transparência na Administração Pública;*
>
> *V - Desenvolvimento do controle social da Administração Pública.*

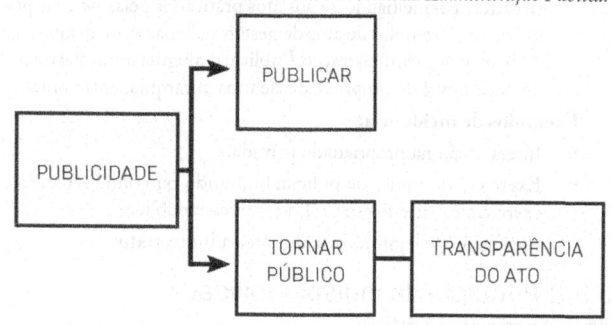

```
                          ┌──────────────┐
                     ───► │   PUBLICAR   │
                    /     └──────────────┘
┌─────────────┐    /
│ PUBLICIDADE │────
└─────────────┘    \
                    \     ┌──────────────┐     ┌───────────────┐
                     ───► │    TORNAR    │────►│ TRANSPARÊNCIA │
                          │    PÚBLICO   │     │    DO ATO     │
                          └──────────────┘     └───────────────┘
```

5.2.5 Princípio da eficiência

O princípio da eficiência foi o último a ser inserido no bojo do texto constitucional. Esse princípio foi incluído com a Emenda Constitucional nº 19/1998), e apresenta dois aspectos principais:

- Relativamente à forma de atuação do agente público, espera-se o melhor desempenho possível de suas atribuições, a fim de obter os melhores resultados.

- Quanto ao modo de organizar, estruturar e disciplinar a Administração Pública, exigiu-se que esse seja o mais racional possível, no intuito de alcançar melhores resultados na prestação dos serviços públicos.

> *Art. 37, § 8º, CF/1988 A autonomia gerencial, orçamentária e financeira dos órgãos e entidades da Administração Direta e indireta poderá ser ampliada mediante contrato, a ser firmado entre seus administradores e o poder público, que tenha por objeto a fixação de metas de desempenho para o órgão ou entidade, cabendo à lei dispor sobre.*

O princípio da eficiência orienta a atuação da Administração Pública de forma que essa busque o melhor custo-benefício no exercício de suas atividades, ou seja, os serviços públicos devem ser prestados com adequação às necessidades da sociedade que o custeia.

A atuação da Administração Pública tem que ser eficiente, o que acarreta ao agente público o dever de agir com presteza, esforço, rapidez e rendimento funcional. Seu descumprimento poderá acarretar a perda do seu cargo por baixa produtividade apurada em procedimento da avaliação periódica de desempenho, tanto antes da aquisição da estabilidade, como também após.

5.3 Princípios implícitos da Administração Pública

5.3.1 Princípio da supremacia do interesse público sobre o privado

Esse princípio é também considerado o norteador do Direito Administrativo. Ele determina que o Estado, quando trabalhando com o interesse público, se sobrepõe ao particular. Devemos lembrar que esse princípio deve ser utilizado pelo administrador público de forma razoável e proporcional para que o ato não se transforme em arbitrário e, consequentemente, ilegal.

PRINCÍPIOS FUNDAMENTAIS DA ADMINISTRAÇÃO PÚBLICA

É o fundamento das prerrogativas do Estado, ou seja, da relação jurídica desigual ou vertical entre o Estado e o particular. A exemplo, temos o poder de império do Estado (também chamado de poder extroverso), que se manifesta por meio da imposição da lei ao administrado, admitindo até o uso da força coercitiva para o cumprimento da norma. Assim sendo, a Administração Pública pode criar obrigações, restringir ou condicionar os direitos dos administrados.

Limitações:
- Respeito aos demais princípios.
- Não está presente diretamente nos atos de gestão (atos de gestão são praticados pela administração na qualidade de gestora de seus bens e serviços, sem exercício de supremacia sobre os particulares, assemelhando-se aos atos praticados pelas pessoas privadas. São exemplos de atos de gestão a alienação ou a aquisição de bens pela Administração Pública, o aluguel a um particular de um imóvel de propriedade de uma autarquia, entre outros).

Exemplos de incidência:
- Intervenção na propriedade privada.
- Exercício do poder de polícia, limitando ou condicionando o exercício de direito em prol do interesse público.
- Presunção de legitimidade dos atos administrativos.

5.3.2 Princípio da indisponibilidade do interesse público

Conforme dito anteriormente, o princípio da indisponibilidade do interesse público juntamente com o da supremacia do interesse público, formam os pilares do regime jurídico administrativo.

Esse princípio é o fundamento das **restrições** do Estado. Assim sendo, apesar de o princípio da supremacia do interesse público prever prerrogativas especiais para a Administração Pública em determinadas relações jurídicas com o administrado, tais poderes são ferramentas que a ordem jurídica confere aos agentes públicos para alcançar os objetivos do Estado. E o uso desses poderes, então, deve ser balizado pelo interesse público, o que impõe restrições legais a sua atuação, garantindo que a utilização do poder tenha por finalidade o interesse público e não o do administrador.

Assim, é vedada a renúncia do exercício de competência pelo agente público, pois a atuação desse não é balizada por sua vontade pessoal, mas, sim, pelo interesse público, também chamado de interesse da lei. Os poderes conferidos aos agentes públicos têm a finalidade de auxiliá-los a atingir tal interesse. Com base nessa regra, concluímos que esses agentes não podem dispor do interesse público, por não ser o seu proprietário, e sim o povo. Ao agente público cabe a gestão da Administração Pública em prol da coletividade.

5.3.3 Princípios da razoabilidade e proporcionalidade

Os princípios da razoabilidade e da proporcionalidade não se encontram expressos no texto constitucional. Esses são classificados como princípios gerais do Direito e são aplicáveis a vários ramos da ciência jurídica. São chamados de princípios da proibição de excesso do agente público.

A razoabilidade diz que toda atuação da Administração tem que seguir a teoria do homem médio, ou seja, as decisões devem ser tomadas segundo o critério da maioria das pessoas "racionais", sem exageros ou deturpações.

- **Razoabilidade:** adequação entre meios e fins. O princípio da proporcionalidade diz que o agente público deve ser proporcional no uso da força para o cumprimento do bem público, ou seja, nas aplicações de penalidades pela Administração deve ser levada em conta sempre a gravidade da falta cometida.
- **Proporcionalidade:** vedação de imposição de obrigações, restrições e sanções em medida superior àquela estritamente necessária ao interesse público.

Podemos dar como exemplo a atuação de um fiscal sanitário, que esteja vistoriando dois estabelecimentos e, em um deles, encontre um quilo de carne estragada e, no outro, encontre uma tonelada.

Na aplicação da penalidade, deve ser respeitada tanto a razoabilidade quanto a proporcionalidade, ou seja, aplica-se, no primeiro, uma penalidade pequena, uma multa, por exemplo, e, no segundo, uma penalidade grande, suspensão de 90 dias.

Veja que o administrador não pode fazer menos ou mais do que a lei determina, isso em obediência ao princípio da legalidade, senão cometerá abuso de poder.

5.3.4 Princípio da autotutela

O princípio da autotutela propicia o controle da Administração Pública sob seus próprios atos em dois pontos específicos:

- **De legalidade:** em que a Administração Pública pode controlar seus próprios atos quando eivados de vício de ilegalidade, sendo provocado ou de ofício.
- **De mérito:** em que a Administração Pública pode revogar seus atos por conveniência e oportunidade.

> *Súmula nº 473 – STF A Administração pode anular seus próprios atos, quando eivados de vícios que os tornam ilegais, porque deles não se originam direitos; ou revogá-los, por motivo de conveniência ou oportunidade, respeitados os direitos adquiridos, e ressalvada, em todos os casos, a apreciação judicial.*

O princípio da autotutela não exclui a possibilidade de controle jurisdicional do ato administrativo previsto no art. 5º, inciso XXXV, da Constituição Federal de 1988: a lei não excluirá da apreciação do Poder Judiciário lesão ou ameaça a direito.

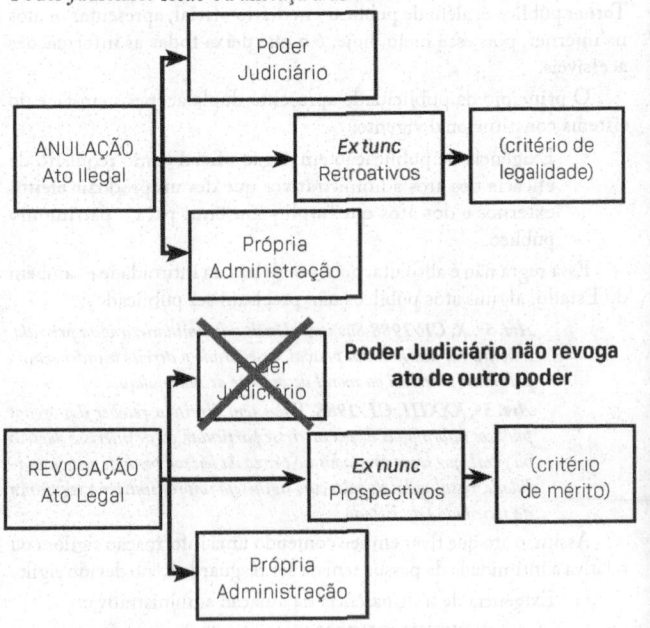

```
                          ┌─────────────┐
                          │    Poder    │
                          │  Judiciário │
                          └─────────────┘
                                 
┌──────────┐              ┌─────────────┐      ┌──────────────┐
│ ANULAÇÃO │─────────────▶│   Ex tunc   │─────▶│ (critério de │
│Ato Ilegal│              │ Retroativos │      │ legalidade)  │
└──────────┘              └─────────────┘      └──────────────┘
                                 
                          ┌─────────────┐
                          │    Própria  │
                          │Administração│
                          └─────────────┘

                          ╳ Poder          Poder Judiciário não revoga
                            Judiciário     ato de outro poder

┌──────────┐              ┌─────────────┐      ┌──────────────┐
│REVOGAÇÃO │─────────────▶│   Ex nunc   │─────▶│  (critério   │
│ Ato Legal│              │Prospectivos │      │  de mérito)  │
└──────────┘              └─────────────┘      └──────────────┘
                                 
                          ┌─────────────┐
                          │    Própria  │
                          │Administração│
                          └─────────────┘
```

5.3.5 Princípio da ampla defesa

A ampla defesa determina que todos que sofrerem medidas de caráter de pena terão direito a se defender de todos os meios disponíveis legais em direito. Está previsto nos processos administrativos disciplinares:

> *Art. 5º, LV, CF/1988 Aos litigantes, em processo judicial ou administrativo, e aos acusados em geral são assegurados o contraditório e ampla defesa, com os meios e recursos a ela inerentes;*

5.3.6 Princípio da continuidade do serviço público

O princípio da continuidade do serviço público tem como escopo (objetivo) não prejudicar o atendimento dos serviços essenciais à população. Assim, evitam que esses sejam interrompidos.

Regra
- Os serviços públicos devem ser adequados e ininterruptos.

Exceção
- Aviso prévio;
- Situações de emergência.

Alcance
- Todos os prestadores de serviços públicos;
- Administração Direta;
- Administração Indireta;
- Concessionárias, autorizatárias e permissionárias de serviços públicos.

Efeitos
- Restrição de direitos das prestadoras de serviços públicos, bem como dos agentes envolvidos na prestação desses serviços, a exemplo do direito de greve.

Dessa forma, quem realiza o serviço público se submete a algumas restrições:
- Restrição ao direito de greve, art. 37, inciso VII, da Constituição Federal de 1988;
- Suplência, delegação e substituição – casos de funções vagas temporariamente;
- Impossibilidade de alegar a exceção do contrato não cumprido, somente em casos em que se configure uma impossibilidade de realização das atividades;
- Possibilidade da encampação da concessão do serviço, retomada da administração do serviço público concedido no prazo na concessão, quando o serviço não é prestado de forma adequada.

O Código de Defesa do Consumidor, em seu art. 22, assegura ao consumidor que os serviços essenciais devem ser contínuos, caso contrário, aos responsáveis, caberá indenização. O referido código não diz quais seriam esses serviços essenciais. Podemos usar, como analogia, o art. 10 da Lei nº 7.783/1989, que enumera os que seriam considerados fundamentais:

> *Art. 10 São considerados serviços ou atividades essenciais:*
>
> *I – Tratamento e abastecimento de água; produção e distribuição de energia elétrica, gás e combustíveis;*
>
> *II – Assistência médica e hospitalar;*
>
> *III – Distribuição e comercialização de medicamentos e alimentos;*
>
> *IV – Funerários;*
>
> *V – Transporte coletivo;*
>
> *VI – Captação e tratamento de esgoto e lixo;*
>
> *VII – Telecomunicações;*
>
> *VIII – Guarda, uso e controle de substâncias radioativas, equipamentos e materiais nucleares;*
>
> *IX – Processamento de dados ligados a serviços essenciais;*
>
> *X – controle de tráfego aéreo e navegação aérea;*
>
> *XI – Compensação bancária.*

5.3.7 Princípio da segurança jurídica

Esse princípio veda a aplicação retroativa da nova interpretação da norma.

Caso uma regra tenha a sua redação ou interpretação revogada ou alterada, os atos praticados durante a vigência da norma antiga continuam valendo, pois tal princípio visa resguardar o direito adquirido, o ato jurídico perfeito e a coisa julgada.

Assim, temos que a nova interpretação da norma, via de regra, somente terá efeitos prospectivos, ou seja, da data em que for revogada para frente, não atingindo os atos praticados na vigência da norma antiga.

6 DEVERES E PODERES ADMINISTRATIVOS

Para um desempenho adequado do papel que compete à Administração Pública, o ordenamento jurídico confere a ela poderes e deveres especiais. Conheceremos seus deveres e poderes de modo a diferenciar a aplicabilidade de um ou de outro poder ou dever na análise de casos concretos, bem como apresentado nas questões de concurso público.

6.1 Deveres

Os deveres da Administração Pública são um conjunto de obrigações de direito público que a ordem jurídica confere aos agentes públicos com o objetivo de permitir que o Estado alcance seus fins.

O fundamento desses deveres é o princípio da indisponibilidade do interesse público, pois, como a Administração Pública é uma ferramenta do Estado para alcançar seus objetivos, não é permitido ao agente público usar dos seus poderes para satisfazer interesses pessoais ou de terceiros. Com base nessa regra, concluímos que esses agentes não podem dispor do interesse público, por não ser o seu proprietário, e sim o povo. A ele cabe a gestão da Administração Pública em prol da coletividade.

A doutrina, de modo geral, enumera como alguns dos principais deveres impostos aos agentes administrativos pelo ordenamento jurídico quatro obrigações administrativas, a saber:

- Poder-dever de agir;
- Dever de eficiência;
- Dever de probidade;
- Dever de prestar contas.

6.1.1 Poder-dever de agir

O poder-dever de agir determina que toda a Administração Pública tem que agir em caso de determinação legal. Contudo, essa é temperada, uma vez que o administrador precisa ter possibilidade real de atuar.

> *Art. 37, § 6º, CF/1988 Policiais em serviço que presenciam um cidadão ser assaltado e morto e nada fazem. Nessa situação, além do dever imposto por lei, havia a possibilidade de agir. Nesse caso concreto, gera-se a possibilidade de indenização por parte do Estado, com base na responsabilidade civil do Estado.*

Enquanto, no direito privado, agir é uma faculdade do administrador, no direito público, agir é um dever legal do agente público.

Em decorrência dessa regra temos que os **poderes** administrativos são **irrenunciáveis**, devendo ser **obrigatoriamente exercidos** por seus titulares nas situações cabíveis.

A inércia do agente público acarreta responsabilização a ela por abuso de poder na modalidade omissão. A Administração Pública também responderá pelos danos patrimoniais ou morais decorrentes da omissão na esfera cível.

6.1.2 Dever de eficiência

A Constituição implementou o dever de eficiência com a introdução da Emenda Constitucional nº 19 de 1998, a chamada reforma administrativa. Esse novo modelo instituiu a denominada "administração gerencial", tendo vários exemplos dispostos no corpo do texto constitucional, como:

- Possibilidade de perda do cargo de servidor estável em razão de insuficiência de desempenho (art. 41, § 1º, inciso III);
- O estabelecimento como condição para o ganho da estabilidade de avaliação de desempenho (art. 41, § 4º);
- A possibilidade da celebração de contratos de gestão (art. 37, § 8º);
- A exigência de participação do servidor público em cursos de aperfeiçoamento profissional como um dos requisitos para a promoção na carreira (art. 39, § 2º).

6.1.3 Dever de probidade

O dever de probidade determina que todo administrador público, no desempenho de suas atividades, atue sempre com ética, honestidade e boa-fé, em consonância com o princípio da moralidade administrativa.

> *Art. 37, § 4º, CF/1988 Os atos de improbidade administrativa importarão a suspensão dos direitos políticos, a perda da função pública, a indisponibilidade dos bens e o ressarcimento ao erário, na forma e gradação previstas em lei, sem prejuízo da ação penal cabível.*

Efeitos

- A suspensão dos direitos políticos;
- Perda da função pública;
- Ressarcimento ao erário;
- Indisponibilidade dos bens.

6.1.4 Dever de prestar contas

O dever de prestar contas decorre diretamente do princípio da indisponibilidade do interesse público, sendo pertinente à função do agente público, que é simples gestão da coisa pública.

> *Art. 70, Parágrafo único, CF/1988 Prestará contas qualquer pessoa física ou jurídica, pública ou privada, que utilize, arrecade, guarde, gerencie ou administre dinheiros, bens e valores públicos ou pelos quais a União responda, ou que, em nome dessa, assuma obrigações de natureza pecuniária.*

6.2 Poderes administrativos

São mecanismos que, utilizados isoladamente ou em conjunto, permitem que a Administração Pública possa cumprir suas finalidades. Dessa forma, os poderes administrativos representam um conjunto de prerrogativas de direito público que a ordem jurídica confere aos agentes administrativos para o fim de permitir que o Estado alcance os seus fins.

O fundamento desses poderes é o princípio da supremacia do interesse público, pois, como a Administração Pública é uma ferramenta do Estado para alcançar seus objetivos, e tais objetivos são de interesse de toda coletividade, é necessário que o Estado possa ter prerrogativas especiais na busca de seus objetivos. Como exemplo, podemos citar a aplicação de uma multa de trânsito. Imagine que a lei fale que ultrapassar o sinal vermelho é errado, mas que o Estado não tenha o poder de aplicar a multa. De nada vale a previsão da infração na lei.

São poderes administrativos descritos pela doutrina pátria:

- Poder vinculado;
- Poder discricionário;
- Poder hierárquico;
- Poder disciplinar;
- Poder regulamentar;
- Poder de polícia.

6.2.1 Poder vinculado

O poder vinculado determina que o administrador somente pode fazer o que a lei determina; aqui não se gera poder de escolha, ou seja, está o administrador preso (vinculado) aos ditames da lei.

O agente público não pode fazer considerações de conveniência e oportunidade. Caso descumpra a única hipótese prevista na lei para orientar a sua conduta, praticará um ato ilegal, assim, deve o ato ser anulado.

6.2.2 Poder discricionário

O poder discricionário gera a margem de escolha, que é a conveniência e a oportunidade, o mérito administrativo. Diz-se que o agente público pode agir com liberdade de escolha, mas sempre respeitando os parâmetros da lei.

Duas são as vertentes que autorizam o poder discricionário: a lei e os conceitos jurídicos indeterminados. Esses últimos são determinações da própria lei, por exemplo: quando a lei prevê a boa-fé, quem decide se o administrado está de boa ou má-fé é o agente público, sempre sendo razoável e proporcional.

6.2.3 Poder hierárquico

Manifesta a noção de um escalonamento vertical da Administração Pública, já que temos a subordinação entre órgãos e agentes, sempre no âmbito de uma mesma pessoa jurídica.

É interessante salientar que não há subordinação nem hierarquia:
- Entre pessoas distintas.
- Entre os poderes da república.
- Entre a administração e o administrado.

Suas prerrogativas são:
- **Dar ordens:** cabe ao subordinado o dever de obediência, salvo nos casos de ordens manifestamente ilegais.
- Fiscalizar a atuação dos subordinados.
- Revisar os atos dos subordinados e, nessa atribuição:
- Manter os atos vinculados legais e os atos discricionários legais convenientes e oportunos.
- Convalidar os atos com defeitos sanáveis.
- Anular os atos ilegais.
- Revogar os atos discricionários legais inconvenientes e inoportunos.
- Aplicar sanções aos servidores que praticarem infrações funcionais.

A caraterística marcante é o grau de subordinação entre órgãos e agentes, sempre dentro da estrutura da mesma pessoa jurídica. O controle hierárquico permite que o superior aprecie todos os aspectos dos atos de seus subordinados (quanto à legalidade e quanto ao mérito administrativo) e pode ocorrer de ofício ou a pedido, quando for interesse de terceiros, por meio de recurso hierárquico.

- **Delegação**

Competência: é o ato discricionário, revogável a qualquer tempo, mediante qual o superior hierárquico confere o exercício temporário de algumas de suas atribuições, originariamente pertencentes ao seu cargo, a um subordinado.

É importante alertar que, excepcionalmente, a lei admite a delegação para outro órgão que não seja hierarquicamente subordinado ao delegante, conforme podemos constatar da redação do art. 12 da Lei nº 9.784/1999:

> *Art. 12 Um órgão administrativo e seu titular poderão, se não houver impedimento legal, delegar parte da sua competência a outros órgãos ou titulares, ainda que estes não lhe sejam hierarquicamente subordinados, quando for conveniente, em razão de circunstâncias de índole técnica, social, econômica, jurídica ou territorial.*

São características da delegação:
- **Não podem ser delegados:**
  - Edição de atos de caráter normativo;
  - A decisão de recursos administrativos;
  - As matérias de competência exclusiva do órgão ou autoridade.
- **Consequências:**
  - **Não acarreta renúncia de competências;**
  - Transfere o exercício da atribuição e não a titularidade, pois pode ser revogada a delegação a qualquer tempo pela autoridade delegante;
  - O ato de delegação e sua revogação deverão ser publicados em meio oficial.
- **Avocação.**

Competência: avocar é o ato discricionário mediante o qual o superior hierárquico traz para si o exercício temporário de determinada competência, atribuída por lei a um subordinado.

Cabimento: é uma medida excepcional e deve ser fundamentada.

Restrições: não podem ser avocadas competências exclusivas do subordinado.

Consequências: desonera o agente de qualquer responsabilidade relativa ao ato praticado pelo superior hierárquico.

```
                    ┌──────────┐   ┌──────────────┐
                    │          │──▶│ Somente os   │
                    │Delegação │   │ atos adminis-│
                    │          │   │ trativos,    │
   ┌──────────┐    └──────────┘   │ nunca os atos│
   │  Poder   │───┤                │ políticos.   │
   │hierárqui-│   │                └──────────────┘
   │    co    │   │
   └──────────┘    ┌──────────┐   ┌──────────────┐
                    │          │   │ Medida       │
                    │ Avocação │──▶│ excepcional  │
                    │          │   │ que deve ser │
                    └──────────┘   │ fundamentada.│
                                    └──────────────┘
```

> **Atenção!**
> Segundo a Lei nº 9.784/1999, que trata do processo administrativo federal:
> ***Art. 13.*** *Não podem ser objeto de delegação:*
> *I – a edição de atos de caráter normativo;*
> *II – a decisão de recursos administrativos;*
> *III – as matérias de competência exclusiva do órgão ou autoridade.*

6.2.4 Poder disciplinar

O poder disciplinar é uma espécie de poder-dever de agir da Administração Pública. Dessa forma, o administrador público atua de forma a punir internamente as infrações cometidas por seus agentes e, em exceção, atua de forma a punir particulares que mantenham um vínculo jurídico específico com a Administração.

O poder disciplinar não pode ser confundido com o *jus puniendi* do Estado, ou seja, com o poder do Estado de aplicar a lei penal a quem comete uma infração penal.

Em regra, o poder disciplinar é discricionário, algumas vezes, é vinculado. Essa discricionariedade se encontra na escolha da quantidade de sanção a ser aplicada dentro das hipóteses previstas na lei, e não na faculdade de punir ou não o infrator, pois puni-lo é um dever. Assim, a punição não é discricionária, quantidade de punição que em regra é, porém, é importante lembrar que, quando a lei apontar precisamente a penalidade ou a quantidade dela que deve ser aplicada para determinada infração, o poder disciplinar será vinculado.

6.2.5 Poder regulamentar

Quando a Administração atua punindo particulares (comuns) que cometeram falta, ela está usando o poder de polícia. Contudo, quando atua penalizando particulares que mantenham um vínculo jurídico específico (plus), estará utilizando o poder disciplinar.

Existem duas formas de manifestação do poder regulamentar: o decreto regulamentar e o autônomo, sendo que o primeiro é a regra e o segundo é a exceção.

- **Decreto regulamentar**

Também denominado decreto executivo ou regulamento executivo.

O decreto regulamentar é uma prerrogativa dos chefes do poder executivo de regulamentar a lei para garantir a sua fiel aplicação.

- **Restrições**
  - Não inova o ordenamento jurídico;
  - Não pode alterar a lei;
  - Não pode criar direitos e obrigações;
  - Caso o decreto regulamentar extrapole os limites da lei, haverá quebra do princípio da legalidade. Nessa situação, se do decreto regulamentar for federal, caberá ao Congresso Nacional sustar os seus dispositivos violadores da lei.

DEVERES E PODERES ADMINISTRATIVOS

- **Exercício**
  - Somente por decretos dos chefes do poder Executivo (presidente da República, governadores e prefeitos), sendo uma competência exclusiva, indelegável a qualquer outra autoridade.
- **Natureza**
  - Decreto: natureza secundária ou derivada;
  - Lei: natureza primária ou originária.
- **Prazo para regulamentação**
  - A ausência do prazo é inconstitucional;
  - Enquanto não regulamentada, a lei é inexequível (não pode ser executada);
  - Se o chefe do Executivo descumprir o prazo, a lei se torna exequível (pode ser executada);
  - A competência para editar decreto regulamentar não pode ser objeto de delegação.
- **Decreto autônomo**

A Emenda Constitucional nº 32, alterou o art. 84 da Constituição Federal e deu ao seu inciso VI a seguinte redação:

> *Art. 84 Compete privativamente ao Presidente da República: [...]*
> *VI. dispor, mediante decreto, sobre:*
> *a) organização e funcionamento da administração federal, quando não implicar aumento de despesa nem criação ou extinção de órgãos públicos;*
> *b) extinção de funções ou cargos públicos, quando vagos; [...]*

Essa previsão se refere ao que a doutrina chama de decreto autônomo, pois se refere à predição para o presidente da república tratar mediante decreto de determinados assuntos, sem lei anterior, balizando a sua atuação, pois a baliza foi a própria Constituição Federal. O decreto é autônomo porque não depende de lei.

Características:

- Inova o ordenamento jurídico;
- O decreto autônomo tem natureza primária ou originária;
- Somente pode tratar das matérias descritas no art. 84, inciso VI, da Constituição Federal de 1988;
- O presidente da República poderá delegar as atribuições mencionadas para edição de decretos autônomos aos ministros de Estado, ao procurador-geral da República ou ao advogado-geral da União, que observarão os limites traçados nas respectivas delegações, conforme prevê o inciso único do art. 84.

As regras relativas às competências do presidente da República no uso do decreto regulamentar e do autônomo são estendidas aos demais chefes do executivo nacional dentro das suas respectivas administrações públicas. Assim, governadores e prefeitos podem tratar, mediante decreto autônomo, dos temas estaduais e municipais de suas respectivas administrações que o presidente da República pode resolver, mediante decreto autônomo, na esfera da Administração Pública federal.

6.2.6 Poder de polícia

O Código Tributário Nacional, em seu art. 78, ao tratar dos fatos geradores das taxas, assim conceitua poder de polícia:

> *Art. 78 Considera-se poder de polícia atividade da Administração Pública que, limitando ou disciplinando direito, interesse ou liberdade, regula a prática de ato ou abstenção de fato, em razão de interesse público concernente à segurança, à higiene, à ordem, aos costumes, à disciplina da produção e do mercado, ao exercício de atividades econômicas dependentes de concessão ou autorização do Poder Público, à tranquilidade pública ou ao respeito à propriedade e aos direitos individuais ou coletivos.*

O **conceito** de poder de polícia é a faculdade que dispõe a Administração Pública para condicionar, restringir o uso, o gozo de bens, atividades e direitos individuais, em benefício da coletividade ou do próprio Estado.

É competente para exercer o poder de polícia administrativa sobre uma dada atividade o ente federado, ao qual a Constituição da República atribui competência para legislar sobre essa mesma atividade, para regular a prática dessa.

Assim, podemos dizer que o poder de polícia é discricionário em regra, podendo ser vinculado nos casos em que a lei determinar. Ele dispõe que toda a Administração Pública pode condicionar ou restringir os direitos dos administrados em caso de não cumprimento das determinações legais.

O poder de polícia **fundamenta-se no império** do Estado (**poder extroverso**), que decorre do princípio da supremacia do interesse público, pois, por meio de imposições limitando ou restringindo a esfera jurídica dos administrados, visa à Administração Pública à defesa de um bem maior, que é proteção dos direitos da coletividade, pois o interesse público prevalece sobre os particulares.

- **Atributos do Poder de Polícia**

Discricionariedade: o poder de polícia, em regra, é discricionário, pois dá margem de liberdade dentro dos parâmetros legais ao administrador público para agir; contudo, se a lei exigir, tal poder pode ser vinculado.

O Estado escolhe as atividades que sofrerão as fiscalizações da polícia administrativa. Essa escolha é manifestação da discricionariedade do poder de polícia do Estado. Também é manifestação da discricionariedade do poder de polícia a majoração da quantidade de pena aplicada a quem cometer uma infração sujeita à disciplina do poder de polícia.

Nos casos em que a lei prevê uma pena que tenha duração no tempo e não fixar exatamente a quantidade, dando uma margem de escolha de quantidade ao julgador, temos o exercício do poder discricionário na atuação de polícia e, como limite desse poder de punir, temos a própria lei que traz a ordem de polícia e ainda os princípios da razoabilidade e da proporcionalidade que vedam a aplicação da pena em proporção superior à gravidade do fato ilícito praticado.

O cabimento se aplica em autorização da lei e medida urgente.

Autoexecutoriedade: é a prerrogativa da Administração Pública de executar diretamente as decisões decorrentes do poder de polícia, por seus próprios meios, sem precisar recorrer ao judiciário.

A autoexecutoriedade no uso do poder de polícia não é absoluta, tendo natureza relativa, ou seja, não são todos os atos decorrentes do poder de polícia que são autoexecutórios. Para que um ato assim ocorra, é necessário que ele seja exigível e executório ao mesmo tempo.

Exigibilidade: exigível é aquela conduta prevista na norma que, caso seja infringida, pode ser aplicada uma **coerção indireta**, ou seja, caso a pessoa venha a sofrer uma penalidade e se recuse a aceitar a aplicação da sanção, a aplicação dessa somente poderá ser executada por decisão judicial. É o caso das multas, por exemplo, que podem ser lançadas a quem comete uma infração de trânsito, a administração não pode receber o valor devido por meio da coerção, caso a pessoa penalizada se recuse a pagar a multa, o seu recebimento dependerá de execução judicial pela Administração Pública. A exigibilidade é uma característica de todos os atos praticados no exercício do poder de polícia.

Executoriedade: executória é a norma que, caso seja desrespeitada, permite a aplicação de uma **coerção direta**, ou seja, a administração pode utilizar da força coercitiva para garantir a aplicação da penalidade, sem precisar recorrer ao Judiciário.

É o caso das sanções de interdição de estabelecimentos comerciais, suspensão de direitos, entre outras. Não são todas as medidas decorrentes do poder de polícia executórias.

O ato de polícia para ser autoexecutório precisa ser ao mesmo tempo exigível e executório, ou seja, nem todos os atos decorrentes do poder de polícia são autoexecutórios.

Coercibilidade: esse atributo informa que as determinações da Administração Pública podem ser impostas coercitivamente ao administrado, ou seja, o particular é obrigado a observar os ditames da administração. Caso ocorra resistência por parte desse, a Administração Pública estará autorizada a usar força, independentemente de autorização judicial, para fazer com que seja cumprida a regra de polícia. Todavia, os meios utilizados pela administração devem ser legítimos, humanos e compatíveis com a urgência e a necessidade da medida adotada.

- **Classificação**

O poder de polícia pode ser originário, no caso da Administração Pública Direta e derivada. Quando diz respeito às autarquias, a doutrina orienta que fundações públicas, sociedade de economia mista e empresas públicas não possuem o poder de polícia em suas ações.

Poder de polícia originário:
- Dado à Administração Pública Direta.

Poder de polícia delegado:
- Dado às pessoas da Administração Pública Indireta que possuem personalidade jurídica de direito público. Esse poder somente é proporcionado para as autarquias ligadas à Administração Indireta.

O poder de polícia não pode ser exercido por particulares ou por pessoas jurídicas de direito privado da Administração Indireta, entretanto, o STJ em uma recente decisão entendeu que os atos de consentimento de polícia e de fiscalização dessa, que por si só não têm natureza coercitiva, podem ser delegados às pessoas jurídicas de direito privado da Administração Indireta.

- **Meios de atuação**

O poder de polícia pode ser exercido tanto preventivamente quanto repressivamente.

Prevenção: manifesta-se por meio da edição de atos normativos de alcance geral, como leis, decretos, resoluções, entre outros, e também por meio de várias medidas administrativas, como a fiscalização, a vistoria, a notificação, a licença, a autorização, entre outras.

Repressão: manifesta-se por meio da aplicação de punições, como multas, interdição de direitos, destruição de mercadorias etc.

- **Ciclo de polícia**

O ciclo de polícia se refere às fases de atuação desse poder, ordem de polícia, consentimento, fiscalização e sanção de polícia. Para se completar, esse ciclo pode passar por quatro fases distintas:

Ordem de polícia: é a lei inovadora que tem trazido limites ou condições ao exercício de atividades privadas ou uso de bens.

Consentimento: é a autorização prévia fornecida pela Administração para a prática de determinada atividade privada ou para usar um bem.

Fiscalização: é a verificação, por parte da Administração Pública, para certificar-se de que o administrado está cumprindo as exigências contidas na ordem de polícia para a prática de determinada atividade privada ou uso de bem.

Sanção de Polícia: é a coerção imposta pela administração ao particular que pratica alguma atividade regulada por ordem de polícia em descumprimento com as exigências contidas.

É importante destacar que o ciclo de polícia não precisa necessariamente comportar essas quatro fases, pois as de ordem e fiscalização devem sempre estar presentes em qualquer atuação de polícia administrativa, todavia, as fases de consentimento e de sanção não estarão presentes em todos os ciclos de polícia.

- **Prescrição**

O prazo de prescrição das ações punitivas decorrentes do exercício do poder de polícia é de **5 anos** para a esfera federal, conforme constata-se na redação do art. 1º da Lei nº 9.873/1999:

> *Art. 1º Prescreve em cinco anos a ação punitiva da Administração Pública Federal, direta e indireta, no exercício do poder de polícia, objetivando apurar infração à legislação em vigor, contados da data da prática do ato ou, no caso de infração permanente ou continuada, do dia em que tiver cessado.*

Polícia Administrativa x Polícia Judiciária

Polícia Administrativa: atua visando evitar a prática de infrações administrativas, tem natureza preventiva, entretanto, em alguns casos ela pode ser repressiva. A polícia administrativa atua sobre atividades privadas, bens ou direitos.

Polícia Judiciária: atua com o objetivo de reprimir a infração criminal, tem natureza repressiva, mas, em alguns casos, pode ser preventiva. Ao contrário da polícia administrativa que atua sobre atividades privadas, bens ou direitos, a atuação da judiciária recai sobre as pessoas.

- **Poder de polícia prestação de serviços públicos**

Não podemos confundir toda atuação estatal com a prestação de serviços públicos, pois, dentre as diversas atividades desempenhadas pela Administração Pública, temos, além da prestação de serviços públicos, o exercício do poder de polícia, o fomento, a intervenção na propriedade privada, entre outras.

Distingue-se o poder de polícia da prestação de serviços públicos, pois essa é uma atividade positiva, que se manifesta numa obrigação de fazer.

Poder de polícia: atividade negativa, que traz a noção de não fazer, proibição, excepcionalmente pode trazer uma obrigação de fazer. Seu exercício sofre tributação mediante taxa e é indelegável a particulares.

Serviço público: atividade positiva, que traz a noção de fazer algo. Sua remuneração se dá por meio da tarifa, que não é um tributo, mas, sim, uma espécie de preço público, e o serviço público, mesmo sendo de titularidade exclusiva do Estado, é delegável a particulares.

6.2.7 Abuso de poder

O administrador público tem de agir, obrigatoriamente, em obediência aos princípios constitucionais, do contrário, sua ação pode ser arbitrária e, consequentemente, ilegal, o que gerará o chamado abuso de poder.

- **Excesso de poder:** quando o agente público atua fora dos limites de sua esfera de competência.
- **Desvio de poder:** quando a atuação do agente, embora dentro de sua órbita de competência, contraria a finalidade explícita ou implícita na lei que determinou ou autorizou a sua atuação, tanto é desvio de poder a conduta contrária à finalidade geral (ou mediata) do ato – o interesse público –, quanto a que discrepe de sua finalidade específica (ou imediata).
- **Omissão de poder:** ocorre quando o agente público fica inerte diante de uma situação em que a lei impõe o uso do poder.

Atenção!

Todos os atos que forem praticados com abuso de poder são ilegais e devem ser anulados; essa anulação pode acontecer tanto pela via administrativa quanto pela via judicial.
O remédio constitucional para combater o abuso de poder é o Mandado de Segurança.

7 ATO ADMINISTRATIVO

7.1 Conceito de ato administrativo

Ato administrativo é toda manifestação unilateral de vontade da Administração Pública, que, agindo nessa qualidade, tenha por fim imediato adquirir, resguardar, transferir, modificar, extinguir e declarar direitos, ou impor obrigações aos administrados ou a si própria.

Da prática dos atos administrativos gera-se superioridade e efeitos jurídicos.

7.2 Elementos de validade do ato administrativo

7.2.1 Competência

Poderes que a lei confere aos agentes públicos para exercer funções com o mínimo de eficácia. A competência tem caráter instrumental, ou seja, é um instrumento outorgado para satisfazer interesses públicos – finalidade pública.

Características da competência:

- **Obrigatoriedade:** ela é obrigatória para todos os agentes e órgãos públicos.
- **Irrenunciabilidade:** a competência é um poder-dever de agir e não pode ser renunciada pelo detentor do poder-dever. Contudo, tem caráter relativo uma vez que a competência pode ser delegada ou pode ocorrer a avocação.
- **Intransferível:** mesmo após a delegação, a competência pode ser retomada a qualquer tempo pelo titular do poder-dever, por meio da figura da revogação.
- **Imodificável:** pela vontade do agente, pois somente a lei determina competências.
- **Imprescritível:** a competência pode ser executada a qualquer tempo. Somente a lei pode exercer a função de determinar prazos prescricionais. Por exemplo: o art. 54 da Lei nº 9.784/1999 determina o prazo decadência de cinco anos para anular atos benéficos para o administrado de boa-fé.

7.2.2 Finalidade

Visa sempre ao interesse público e à finalidade específica prevista em lei. Por exemplo: remoção de ofício.

7.2.3 Forma

O ato administrativo é, em regra, formal e escrito.

7.2.4 Motivo

O motivo é a causa imediata do ato administrativo. É a situação de fato e de direito que determina ou autoriza a prática do ato, ou, em outras palavras, o pressuposto fático e jurídico (ou normativo) que enseja a prática do ato.

> *Art. 40, § 1º, II, "a", CF/1988* Trata da aposentadoria por tempo de contribuição.

Atenção!

A Lei nº 9.784/1999, que trata dos processos administrativos no âmbito da União, reza pelo princípio do informalismo, admitindo que existam atos verbais ou por meio de sinais (de acordo com o contexto).

7.2.5 Objeto

É o ato em si, ou seja, no caso da remoção o ato administrativo é o próprio instituto da remoção.

Por exemplo: demissão – quanto ao ato de demissão deve ter o agente competente para determiná-lo (competência), depois disso, deve ser revertido de forma escrita (forma), a finalidade deve ser o interesse público (finalidade), o motivo deve ser embasado em lei, ou seja, os casos do art. 132 da Lei nº 8.112/1990, o objeto é o próprio instituto da demissão que está prescrito em lei.

7.2.6 Motivação

É a exteriorização por escrito dos motivos que levaram a produção do ato.

- Faz parte do elemento "forma" e não do "motivo".
- Teoria dos motivos determinantes.

A motivação é elemento de controle de validade dos atos administrativos. Se ela for falsa, o ato é ilegal, independentemente da sua qualidade (discricionário ou vinculado).

Devem ser motivados:

- Todos os atos administrativos vinculados;
- Alguns atos administrativos discricionários (atos punitivos, que geram despesas, dentre outros).

A Lei nº 9.784/1999, em seu art. 50, traz um rol dos atos que devem ser motivados:

> *Art. 50* Os atos administrativos deverão ser motivados, com indicação dos fatos e dos fundamentos jurídicos, quando:
>
> *I – Neguem, limitem ou afetem direitos ou interesses;*
>
> *II – Imponham ou agravem deveres, encargos ou sanções;*
>
> *III – Decidam processos administrativos de concurso ou seleção pública;*
>
> *IV – Dispensem ou declarem a inexigibilidade de processo licitatório;*
>
> *V – Decidam recursos administrativos;*
>
> *VI – Decorram de reexame de ofício;*
>
> *VII – Deixem de aplicar jurisprudência firmada sobre a questão ou discrepem de pareceres, laudos, propostas e relatórios oficiais;*
>
> *VIII – Importem anulação, revogação, suspensão ou convalidação de ato administrativo.*
>
> *§ 1º A motivação deve ser explícita, clara e congruente, podendo consistir em declaração de concordância com fundamentos de anteriores pareceres, informações, decisões ou propostas, que, nesse caso, serão parte integrante do ato.*
>
> *§ 2º Na solução de vários assuntos da mesma natureza, pode ser utilizado meio mecânico que reproduza os fundamentos das decisões, desde que não prejudique direito ou garantia dos interessados.*
>
> *§ 3º A motivação das decisões de órgãos colegiados e comissões ou de decisões orais constará da respectiva ata ou de termo escrito.*

7.3 Atributos do ato administrativo

São as qualidades especiais dos atos administrativos que lhes asseguram uma qualidade jurídica superior à dos atos de direito privado.

7.3.1 Presunção de legitimidade e veracidade

Presume-se, em caráter relativo, que os atos da administração foram produzidos em conformidade com a lei e os fatos deles. Para os administrados, são obrigatórios. Ocorre, aqui, a inversão do ônus da prova (cabe ao administrado provar que o ato é vicioso).

7.3.2 Consequências

Imediata executoriedade do ato administrativo, mesmo impugnado pelo administrado. Até decisão que reconhece o vício ou susta os efeitos do ato.

Impossibilidade de o Poder Judiciário analisar, de ofício, elementos de validade do ato não expressamente impugnados pelo administrado.

7.3.3 Imperatividade

Imperativo, ou seja, é impositivo e independe da anuência do administrado, com exceção de:

- **Atos negociais:** a Administração concorda com uma pretensão do administrado ou reconhece que ela satisfaz os requisitos para o exercício de certo direito (autorização e permissão – discricionário; licença – vinculado).

- **Atos enunciativos:** declaram um fato ou emitem uma opinião sem que tal manifestação produza por si só efeitos jurídicos.

> **Atenção!**
> Relacionado ao *poder extroverso* do Estado (expressão italiana do autor Renato Aless), esse poder é usado como sinônimo para imperatividade nas provas de concurso.

7.3.4 Autoexecutoriedade

O ato administrativo, uma vez produzido pela Administração, é passível de execução imediata, independentemente de manifestação do Poder Judiciário.

Deve haver previsão legal, a exceção existe em casos de emergência. Esse atributo incide em todos os atos, com exceção dos enunciativos e negociais. A Administração não goza de autoexecutoriedade na cobrança de débito, quando o administrado resiste ao pagamento.

7.3.5 Tipicidade

O ato deve observar a forma e o tipo previsto em lei para sua produção.

7.4 Classificação dos atos administrativos

- **Atos vinculados:** são os que a Administração pratica sem margem alguma de liberdade de decisão, pois a lei previamente determinou o único comportamento possível a ser obrigatoriamente adotado sempre que se configure a situação objetiva descrita na lei. Não cabe ao agente público apreciar a situação objetiva descrita nela.
- **Atos discricionários:** a Administração pode praticar, com certa liberdade de escolha, nos termos e limites da lei, quanto ao seu conteúdo, seu modo de realização, sua oportunidade e sua conveniência administrativa.
- **Atos gerais:** caracterizam-se por não possuir destinatários determinados. Os atos gerais são sempre determinados e prevalecem sobre os individuais. Podem ser revogados a qualquer tempo. Por exemplo: são os decretos regulamentares. Esses atos necessitam ser publicados em meio oficial.
- **Atos individuais:** são aqueles que possuem destinatários certos (determinados), produzindo diretamente efeitos concretos, constituindo ou declarando situação jurídicas subjetivas. Por exemplo: nomeação em concurso público e exoneração. Os atos podem ser discricionários ou vinculados e sua revogação somente é passível caso não tenha gerado direito adquirido.
- **Atos simples:** decorrem de uma única manifestação de vontade, de um único órgão.
- **Atos complexos:** necessitam, para formação de seu conteúdo, da manifestação de vontade de dois ou mais órgãos.
- **Atos compostos:** o seu conteúdo depende de manifestação de vontade de um único órgão, contudo, para funcionar, necessita de outro ato que o aprove.

Diferenças entre Ato Complexo e Ato Composto

Ato Complexo
1 ato, 2 vontades e 2 ou + órgãos

Ato Composto
2 atos, 2 vontades, 1 órgão com aprovação de outro

Ato complexo	Ato composto
1 ato	2 atos
2 vontades	2 vontades
2 ou + órgãos	1 órgão com a aprovação de outro

Espécies de Atos Administrativos
- Normativo;
- Ordinatórios;
- Negociais;
- Enunciativos;
- Punitivos.

7.4.1 Atos normativos

São atos caracterizados pela generalidade e pela abstração, isto é, um ato normativo não é prescrito para uma situação determinada, mas para todos os eventos assemelhados; a abstração deriva do fato desse ato não representar um caso concreto, determinado, mas, sim, um caso abstrato, descrito na norma e possível de acontecer no mundo real. A regra abstrata deve ser aplicada no caso concreto.

Finalidade: regulamentar as leis e uniformizar procedimentos administrativos.

Características:
- Não possuem destinatários determinados;
- Correspondem aos atos gerais;
- Não pode inovar o ordenamento jurídico;
- Controle.

Regra: os atos administrativos normativos não podem ser atacados mediante recursos administrativos ou judiciais.

Exceção: atos normativos que gerarem efeitos concretos para determinado destinatário podem ser impugnados pelo administrado na via judicial ou administrativa. Por exemplo: decretos regulamentares, instruções normativas, atos declaratórios normativos.

7.4.2 Atos ordinários

São atos administrativos endereçados aos servidores públicos em geral.

Finalidade: divulgar determinações aplicáveis ao adequado desempenho de suas funções.

Características
- Atos internos;
- Decorrem do exercício do poder hierárquico;
- Vinculam os servidores subordinados ao órgão que o expediu;
- Não atingem os administrados;
- Estão hierarquicamente abaixo dos atos normativos;
- Devem obediência aos atos normativos que tratem da mesma matéria relacionada ao ato ordinatório.
- Por exemplo: instruções, circulares internas, portarias, ordens de serviço.

7.4.3 Atos negociais

São atos administrativos editados quando o ordenamento jurídico exige que o particular obtenha anuência prévia da Administração para realizar determinada atividade de interesse dele ou exercer determinado direito.

Finalidade: satisfação do interesse público, ainda que essa possa coincidir com o interesse do particular que requereu o ato.

Características:
- Os atos negociais não são imperativos, coercitivos e autoexecutórios;
- Os atos negociais não podem ser confundidos com contratos, pois, nesses existe manifestação de vontade bilateral e, nos atos negociais, nós temos uma manifestação de vontade unilateral da Administração Pública, que é provocada mediante requerimento do particular.

Os atos negociais também são divididos em vinculados, discricionários, definitivos e precários:

ATO ADMINISTRATIVO

- **Atos negociais vinculados:** reconhecem um direito subjetivo do particular, mediante um requerimento, desse particular, comprovando preencher os requisitos que a lei exige para a anuência do direito, a Administração obrigatoriamente deve praticar o ato.
- **Atos negociais discricionários:** não reconhecem um direito subjetivo do particular, pois, mesmo que esse atenda às exigências necessárias para a obtenção do ato, a Administração poderá não o praticar, decidindo se executa ou não o ato por juízo de conveniência e oportunidade.
- **Atos negociais definitivos:** não comportam revogação, são atos vinculados, mas podem ser anulados ou cassados. Assim, esses atos geram, ao particular, apenas uma expectativa de definitividade.
- **Atos negociais precários:** podem ser revogados a qualquer tempo, são atos discricionários; geralmente, a revogação do ato negocial não gera direito de indenização ao particular.

Os atos negociais apresentam as seguintes espécies:

- **Licença:** fundamenta-se no poder de polícia da Administração. É ato vinculado e definitivo, pois reconhece um direito subjetivo do particular, mediante um requerimento desse, comprovando preencher os requisitos que a lei exige. Para a anuência do direito, a Administração, obrigatoriamente, deve praticar o ato. A licença não comporta revogação, mas ela pode ser anulada ou cassada. Assim, esses atos geram, ao particular, apenas uma expectativa de definitividade.

    Por exemplo: alvará para a realização de uma obra, alvará para o funcionamento de um estabelecimento comercial, licença para dirigir, licença para exercer uma profissão.

- **Admissão:** é o ato unilateral e vinculado pelo qual a Administração faculta a alguém a inclusão em estabelecimento governamental para o gozo de um serviço público. O ato de admissão não pode ser negado aos que preencham as condições normativas requeridas.

    Por exemplo: ingresso em estabelecimento oficial de ensino na qualidade de aluno; o desfrute dos serviços de uma biblioteca pública como inscrito entre seus usuários.

- **Aprovação:** é o ato unilateral e discricionário pelo qual a Administração faculta a prática de ato jurídico (aprovação prévia) ou manifesta sua concordância com ato jurídico já praticado (aprovação *a posteriori*).
- **Homologação:** é o ato unilateral e vinculado de controle pelo qual a Administração concorda com um ato jurídico ou série de atos (procedimento) já praticados, verificando a consonância deles com os requisitos legais condicionadores de sua válida emissão.
- **Autorização:** na maior parte das vezes em que é praticado, fundamenta-se no poder de polícia do Estado quando a lei exige a autorização como condicionante para prática de uma determinada atividade privada ou para o uso de bem público. Todavia, a autorização também pode representar uma forma de descentralizar, por delegação, serviços públicos para o particular.
    - A autorização é caracterizada por uma predominância do interesse do particular que solicita o ato, todavia, também existe interesse público na prática desse ato.
    - É um ato discricionário, pois não reconhece um direito subjetivo do particular; mesmo que esse atenda às exigências necessárias para a obtenção do ato, a Administração poderá não o praticar, decidindo se desempenha ou não o ato por juízo de conveniência e oportunidade.
    - É um ato precário, pois pode ser revogado a qualquer tempo. Via de regra, a revogação da autorização não gera direito de indenização ao particular, mas, caso a autorização tenha sido concedida por prazo certo, pode haver o direito de indenização para o particular.
    - **Prazo:** a autorização é concedida sem prazo determinado, todavia, pode havê-la outorgada por prazo certo.
        - Por exemplo: atividades potencialmente perigosas e que podem colocar em risco a coletividade, por isso, a necessidade de regulação do Estado; autorização para porte de arma de fogo; autorização para a prestação de serviços privados de educação e saúde; autorização de uso de bem público; autorização de serviço público: prestação de serviço de táxi.

- **Permissão:** é o ato administrativo discricionário e precário, pelo qual a Administração Pública consente ao particular o exercício de uma atividade de interesse predominantemente da coletividade.
    - A permissão apresenta as seguintes características: pode ser concedida por prazo certo e pode ser imposta condições ao particular.
    - A permissão é um ato precário, pois pode ser revogada a qualquer tempo. Via de regra, a revogação da permissão não gera direito de indenização ao particular, mas, caso a autorização tenha sido concedida por prazo certo ou sob condições, pode haver o direito de indenização para o particular.
    - A permissão concedida ao particular, por meio de um ato administrativo, não se confunde com a permissão para a prestação de serviços públicos. Nesse último caso, representa uma espécie de descentralização por delegação realizada por meio de contrato.
    - Por exemplo: permissão de uso de bem público.

7.4.4 Atos enunciativos

São atos administrativos enunciativos aqueles que têm por finalidade declarar um juízo de valor, uma opinião ou um fato.

Características:
- Não produzem efeitos jurídicos por si só;
- Não contêm uma manifestação de vontade da administração.

Seguem alguns exemplos de atos enunciativos:

- **Certidão:** é uma cópia de informações registradas em banco de dados da Administração. Geralmente, é concedida ao particular mediante requerimento da informação registrada pela Administração.
- **Atestado:** declara uma situação de que a Administração tomou conhecimento em virtude da atuação de seus agentes. O atestado não se assemelha à certidão, pois essa declara uma informação constante em banco de dados e aquele declara um fato que não corresponde a um registro de um arquivo da Administração.
- **Parecer:** é um documento técnico, confeccionado por órgão especializado na respectiva matéria tema do parecer, em que o órgão emite sua opinião relativa ao assunto.
- **Apostila:** apostilar significa corrigir, emendar, complementar um documento. É o aditamento de um contrato administrativo ou de um ato administrativo. É um ato de natureza aditiva, pois sua finalidade é adicionar informações a um registro já existente.
    - Por exemplo: anotar alterações na situação funcional de um servidor.

7.4.5 Atos punitivos

São os atos administrativos por meio dos quais a Administração Pública impõe sanções a seus servidores ou aos administrados.

Fundamento:
- **Poder disciplinar:** quando o ato punitivo atinge servidores públicos e particulares ligados à Administração por algum vínculo jurídico específico.

- **Poder de polícia:** quando o ato punitivo atinge particulares não ligados à Administração Pública por um vínculo jurídico específico.

Os atos punitivos podem ser internos e externos:

- **Atos punitivos internos:** têm como destinatários os servidores públicos e aplicam penalidades disciplinares, ou seja, os atos punitivos internos decorrem sempre do poder disciplinar.
- **Atos punitivos externos:** têm como destinatários os particulares. Podem ter fundamento decorrente do poder disciplinar, quando punem particulares sujeitos à disciplina administrativa, ou podem ter fundamento no poder de polícia, quando punem particulares não ligados à Administração Pública.

Todo ato punitivo interno decorre do poder disciplinar, mas nem todo ato que decorre do poder punitivo que surge do poder disciplinar é um ato punitivo interno, pois, quando a Administração Pública aplica punição aos particulares ligados à administração, essa punição decorre do poder disciplinar, mas também representa um ato punitivo externo.

Todo ato punitivo decorrente do poder de polícia é um ato punitivo externo, pois, nesse caso, temos a Administração punindo sempre o particular.

7.5 Extinção dos atos administrativos

7.5.1 Anulação ou controle de legalidade

É o desfazimento do ato administrativo que decorre de vício de legalidade ou de legitimidade na prática do ato.

Cabimento
- Ato discricionário;
- Ato vinculado.

Competência para anular
- **Entidade da Administração Pública que praticou o ato:** pode anular o ato a pedido do interessado ou de ofício em razão do princípio da autotutela.
- **Poder Judiciário:** pode anular somente por provocação do interessado.

Efeitos da anulação: *ex tunc*, retroagem desde a data da prática do ato, impugnando a validade do ato.

Prazo: 5 anos.
- Contagem;
- Prática do ato.

No caso de efeitos patrimoniais contínuos, a partir do primeiro pagamento.

7.5.2 Revogação ou controle de mérito

É o desfazimento do ato administrativo por motivos de conveniência e oportunidade.

Cabimento
- Ato discricionário legal, inconveniente e inoportuno;
- Não é cabível a revogação de ato vinculado.

A competência para revogar é apenas a entidade da Administração Pública que praticou o ato.

Não pode o controle de mérito ser feito pelo Poder Judiciário na sua função típica de julgar. Todavia, a Administração Pública está presente nos três poderes da União e, caso uma entidade dos Poderes Judiciário, Legislativo ou Executivo pratique ato discricionário legal, que com o passar do tempo, se mostre inconveniente e inoportuno, somente a entidade que criou o ato tem competência para revogá-lo.

Assim, o Poder Judiciário não tem competência para exercer o controle de mérito dos atos da Administração Pública, mas essa prática atos administrativos e cabe somente a ela a revogação de seus atos.

Efeitos da revogação: *ex nunc*, não retroagem, ou seja, a revogação gera efeitos prospectivos, para frente.

7.5.3 Cassação

É o desfazimento do ato administrativo decorrente do descumprimento dos requisitos que permitem a manutenção do ato. Na maioria das vezes, a cassação representa uma sanção aplicada ao particular que deixou de atender às condições exigidas para a manutenção do ato.

Como exemplo, temos a cassação da carteira de motorista, que nada mais é do que a cassação de um ato administrativo classificado como licença. A cassação da licença para dirigir decorre da prática de infrações de trânsito praticadas pelo particular, assim, nesse caso, essa cassação é uma punição.

7.5.4 Convalidação

Convalidação é a correção com efeitos retroativos do ato administrativo com defeito sanável, o qual pode ser considerado:

- **Vício de competência relativo à pessoa**
    - **Exceção:** competência exclusiva (não cabe convalidação).
    - O vício de competência relativo à matéria não é considerado um defeito sanável e também não cabe convalidação.
- **Vício de forma**
    - **Exceção:** a lei determina que a forma seja elemento essencial de validade de determinado ato (também não cabe convalidação).
- **Convalidação tácita**
    - O art. 54 da Lei nº 9.784/1999 prevê que a Administração tem o direito de anular os atos administrativos de que decorram efeitos favoráveis para os destinatários. O prazo é de 5 anos, contados da data em que forem praticados, salvo comprovada má-fé. Transcorrido esse prazo, o ato foi convalidado, pois não pode ser mais anulado pela Administração.
- **Convalidação expressa**

    Art. 55, Lei nº 9.784/1999 Em decisão na qual se evidencie não acarretarem lesão ao interesse público nem prejuízo a terceiros, os atos que apresentarem defeitos sanáveis poderão ser convalidados pela própria Administração.

8 IMPROBIDADE ADMINISTRATIVA

A improbidade administrativa está prevista no texto constitucional em seu art. 37, § 4º, que prevê:

> *Art. 37, § 4º, CF/1988 Os atos de improbidade administrativa importarão a suspensão dos direitos políticos, a perda da função pública, a indisponibilidade dos bens e o ressarcimento ao erário, na forma e gradação previstas em lei, sem prejuízo da ação penal cabível.*

A norma constitucional determinou que os atos de improbidade administrativa deveriam ser regulamentados para a sua execução, o que ocorreu com a edição da Lei nº 8.429/1992 por meio da Lei nº 14.230/2021, que dispõe sobre as sanções aplicáveis aos agentes públicos nos casos de enriquecimento ilícito no exercício de mandato, cargo, emprego ou função na Administração Pública Direta, Indireta ou fundacional e dá outras providências.

8.1 Sujeitos

8.1.1 Sujeito passivo (vítima)

A Administração Direta, Indireta ou fundacional de qualquer dos Poderes da União, dos estados, do Distrito Federal, dos municípios, de território, de empresa incorporada ao patrimônio público ou de entidade para cuja criação ou custeio o erário haja concorrido ou concorra com mais de 50% do patrimônio ou da receita anual.

Entidade que receba subvenção, benefício ou incentivo, fiscal ou creditício, de órgão público, bem como daquelas para cuja criação ou custeio o erário haja concorrido ou concorra com menos de cinquenta por cento do patrimônio ou da receita anual, limitando-se, nesses casos, a sanção patrimonial à repercussão do ilícito sobre a contribuição dos cofres públicos.

8.1.2 Sujeito ativo (pessoa que pratica o ato de improbidade administrativa)

Agente público (exceção agente político sujeito a crime de responsabilidade Supremo Tribunal Federal), servidores ou não, com algum tipo de vínculo nas entidades que podem ser vítimas de improbidade administrativa.

> **Conceito de agente público para aplicação da lei**
>
> Reputa-se agente público, para os efeitos dessa lei, todo aquele que exerce, ainda que transitoriamente ou sem remuneração, por eleição, nomeação, designação, contratação ou qualquer outra forma de investidura ou vínculo, mandato, cargo, emprego ou função nas entidades mencionadas no artigo anterior.
> Qualquer pessoa que induza ou concorra com o agente público ou que se beneficie do ato.
> As disposições dessa lei são aplicáveis, no que couber, àquele que, mesmo não sendo agente público, induza ou concorra para a prática do ato de improbidade ou dele se beneficie sob qualquer forma direta ou indireta.

8.2 Regras gerais

Os agentes públicos de qualquer nível ou hierarquia são obrigados a velar pela estrita observância dos princípios de legalidade, impessoalidade, moralidade e publicidade no trato dos assuntos que lhe são afetos.

Ocorrendo lesão ao patrimônio público por ação ou omissão, dolosa ou culposa, do agente ou de terceiros, dar-se-á o integral ressarcimento do dano.

No caso de enriquecimento ilícito, o agente público ou terceiro beneficiário perderá os bens ou valores acrescidos ao seu patrimônio.

Quando o ato de improbidade causar lesão ao patrimônio público ou ensejar enriquecimento ilícito, como medida cautelar, caberá à autoridade administrativa responsável pelo inquérito representar ao Ministério Público, para a indisponibilidade dos bens do indiciado.

O sucessor daquele que causar lesão ao patrimônio público ou se enriquecer ilicitamente está sujeito às cominações dessa lei até o limite do valor da herança.

8.3 Atos de improbidade administrativa

As modalidades estão previstas do art. 9º ao 11, da Lei nº 8.429/1992, e constituem um rol exemplificativo, ou seja, no caso concreto, podem existir outras situações capituladas como improbidade que não estão expressamente previstas no texto da lei.

8.3.1 Enriquecimento ilícito

> *Art. 9º Constitui ato de improbidade administrativa importando em enriquecimento ilícito auferir, mediante a prática de ato doloso, qualquer tipo de vantagem patrimonial indevida em razão do exercício de cargo, de mandato, de função, de emprego ou de atividade nas entidades referidas no art. 1º desta Lei, e notadamente:*
>
> *I – Receber, para si ou para outrem, dinheiro, bem móvel ou imóvel, ou qualquer outra vantagem econômica, direta ou indireta, a título de comissão, percentagem, gratificação ou presente de quem tenha interesse, direto ou indireto, que possa ser atingido ou amparado por ação ou omissão decorrente das atribuições do agente público;*
>
> *II – Perceber vantagem econômica, direta ou indireta, para facilitar a aquisição, permuta ou locação de bem móvel ou imóvel, ou a contratação de serviços pelas entidades referidas no art. 1º por preço superior ao valor de mercado;*
>
> *III – Perceber vantagem econômica, direta ou indireta, para facilitar a alienação, permuta ou locação de bem público ou o fornecimento de serviço por ente estatal por preço inferior ao valor de mercado;*
>
> *IV – Utilizar, em obra ou serviço particular, qualquer bem móvel, de propriedade ou à disposição de qualquer das entidades referidas no art. 1º desta Lei, bem como o trabalho de servidores, de empregados ou de terceiros contratados por essas entidades;*
>
> *V – Receber vantagem econômica de qualquer natureza, direta ou indireta, para tolerar a exploração ou a prática de jogos de azar, de lenocínio, de narcotráfico, de contrabando, de usura ou de qualquer outra atividade ilícita, ou aceitar promessa de tal vantagem;*
>
> *VI – Receber vantagem econômica de qualquer natureza, direta ou indireta, para fazer declaração falsa sobre qualquer dado técnico que envolva obras públicas ou qualquer outro serviço ou sobre quantidade, peso, medida, qualidade ou característica de mercadorias ou bens fornecidos a qualquer das entidades referidas no art. 1º desta Lei;*
>
> *VII – Adquirir, para si ou para outrem, no exercício de mandato, de cargo, de emprego ou de função pública, e em razão deles, bens de qualquer natureza, decorrentes dos atos descritos no caput deste artigo, cujo valor seja desproporcional à evolução do patrimônio ou à renda do agente público, assegurada a demonstração pelo agente da licitude da origem dessa evolução;*
>
> *VIII – Aceitar emprego, comissão ou exercer atividade de consultoria ou assessoramento para pessoa física ou jurídica que tenha interesse suscetível de ser atingido ou amparado por ação ou omissão decorrente das atribuições do agente público, durante a atividade;*
>
> *IX – Perceber vantagem econômica para intermediar a liberação ou aplicação de verba pública de qualquer natureza;*
>
> *X – Receber vantagem econômica de qualquer natureza, direta ou indiretamente, para omitir ato de ofício, providência ou declaração a que esteja obrigado;*
>
> *XI – Incorporar, por qualquer forma, ao seu patrimônio, bens, rendas, verbas ou valores integrantes do acervo patrimonial das entidades mencionadas no art. 1º dessa lei;*
>
> *XII – Usar, em proveito próprio, bens, rendas, verbas ou valores integrantes do acervo patrimonial das entidades mencionadas no art. 1º dessa lei.*

8.3.2 Prejuízo ao erário

Dos atos de improbidade administrativa que causam prejuízo ao erário:

> *Art. 10 Constitui ato de improbidade administrativa que causa lesão ao erário qualquer ação ou omissão dolosa, que enseje, efetiva e comprovadamente, perda patrimonial, desvio, apropriação, malbaratamento*

ou dilapidação dos bens ou haveres das entidades referidas no art. 1º desta Lei, e notadamente:

I - Facilitar ou concorrer, por qualquer forma, para a indevida incorporação ao patrimônio particular, de pessoa física ou jurídica, de bens, de rendas, de verbas ou de valores integrantes do acervo patrimonial das entidades referidas no art. 1º desta Lei;

II - Permitir ou concorrer para que pessoa física ou jurídica privada utilize bens, rendas, verbas ou valores integrantes do acervo patrimonial das entidades mencionadas no art. 1º desta lei, sem a observância das formalidades legais ou regulamentares aplicáveis à espécie;

III - Doar à pessoa física ou jurídica bem como ao ente despersonalizado, ainda que de fins educativos ou assistências, bens, rendas, verbas ou valores do patrimônio de qualquer das entidades mencionadas no art. 1º desta lei, sem observância das formalidades legais e regulamentares aplicáveis à espécie;

IV - Permitir ou facilitar a alienação, permuta ou locação de bem integrante do patrimônio de qualquer das entidades referidas no art. 1º desta lei, ou ainda a prestação de serviço por parte delas, por preço inferior ao de mercado;

V - Permitir ou facilitar a aquisição, permuta ou locação de bem ou serviço por preço superior ao de mercado;

VI - Realizar operação financeira sem observância das normas legais e regulamentares ou aceitar garantia insuficiente ou inidônea;

VII - Conceder benefício administrativo ou fiscal sem a observância das formalidades legais ou regulamentares aplicáveis à espécie;

VIII - Frustrar a licitude de processo licitatório ou de processo seletivo para celebração de parcerias com entidades sem fins lucrativos, ou dispensá-los indevidamente, acarretando perda patrimonial efetiva;

IX - Ordenar ou permitir a realização de despesas não autorizadas em lei ou regulamento;

X - Agir ilicitamente na arrecadação de tributo ou de renda, bem como no que diz respeito à conservação do patrimônio público;

XI - Liberar verba pública sem a estrita observância das normas pertinentes ou influir de qualquer forma para a sua aplicação irregular;

XII - Permitir, facilitar ou concorrer para que terceiro se enriqueça ilicitamente;

XIII - Permitir que se utilize, em obra ou serviço particular, veículos, máquinas, equipamentos ou material de qualquer natureza, de propriedade ou à disposição de qualquer das entidades mencionadas no art. 1º desta lei, bem como o trabalho de servidor público, empregados ou terceiros contratados por essas entidades;

XIV - Celebrar contrato ou outro instrumento que tenha por objeto a prestação de serviços públicos por meio da gestão associada sem observar as formalidades previstas na lei;

XV - Celebrar contrato de rateio de consórcio público sem suficiente e prévia dotação orçamentária, ou sem observar as formalidades previstas na lei.

XVI - Facilitar ou concorrer, por qualquer forma, para a incorporação, ao patrimônio particular de pessoa física ou jurídica, de bens, rendas, verbas ou valores públicos transferidos pela Administração Pública a entidades privadas mediante celebração de parcerias, sem a observância das formalidades legais ou regulamentares aplicáveis à espécie;

XVII - Permitir ou concorrer para que pessoa física ou jurídica privada utilize bens, rendas, verbas ou valores públicos transferidos pela Administração Pública a entidade privada mediante celebração de parcerias, sem a observância das formalidades legais ou regulamentares aplicáveis à espécie;

XVIII - Celebrar parcerias da Administração Pública com entidades privadas sem a observância das formalidades legais ou regulamentares aplicáveis à espécie;

XIX - Agir para a configuração de ilícito na celebração, na fiscalização e na análise das prestações de contas de parcerias firmadas pela Administração Pública com entidades privadas;

XX - Liberar recursos de parcerias firmadas pela Administração Pública com entidades privadas sem a estrita observância das normas pertinentes ou influir de qualquer forma para a sua aplicação irregular.

XXI – (Revogado pela Lei nº 14.230/2021).

8.3.3 Atos que atentem aos princípios da Administração Pública

Art. 11 Constitui ato de improbidade administrativa que atenta contra os princípios da Administração Pública a ação ou omissão dolosa que viole os deveres de honestidade, de imparcialidade e de legalidade, caracterizada por uma das seguintes condutas:

I e II (Revogados pela Lei nº 14.230/2021).

III - Revelar fato ou circunstância de que tem ciência em razão das atribuições e que deva permanecer em segredo, propiciando beneficiamento por informação privilegiada ou colocando em risco a segurança da sociedade e do Estado;

IV - Negar publicidade aos atos oficiais, exceto em razão de sua imprescindibilidade para a segurança da sociedade e do Estado ou de outras hipóteses instituídas em lei;

V - Frustrar, em ofensa à imparcialidade, o caráter concorrencial de concurso público, de chamamento ou de procedimento licitatório, com vistas à obtenção de benefício próprio, direto ou indireto, ou de terceiros;

VI - Deixar de prestar contas quando esteja obrigado a fazê-lo, desde que disponha das condições para isso, com vistas a ocultar irregularidades;

VII - Deixar de prestar contas quando esteja obrigado a fazê-lo, desde que disponha das condições para isso, com vistas a ocultar irregularidades;

VIII - Descumprir as normas relativas à celebração, fiscalização e aprovação de contas de parcerias firmadas pela Administração Pública com entidades privadas. (Redação dada pela Lei nº 13.019, de 2014)

IX e X -(Revogados pela Lei nº 14.230/2021).

8.4 Efeitos da lei

A lei de improbidade administrativa gera quatro efeitos.
- Suspensão dos direitos políticos;
- Perda da função pública;
- Indisponibilidade dos bens;
- Ressarcimento ao erário.

A suspensão dos direitos políticos e a perda da função pública somente se dão depois do trânsito em julgado da sentença condenatória. A indisponibilidade dos bens não constitui penalidade, mas, sim medida cautelar e pode se dar mesmo antes do início da ação.

O ressarcimento ao erário, por sua vez, constitui a responsabilidade civil do agente, ou seja, a obrigação de reparar o dano.

8.5 Sanções

8.5.1 Natureza das sanções

Administrativa
- Perda da função pública;
- Proibição de contratar com o poder público;
- Proibição de receber benefícios ou incentivos fiscais do poder público.

Civil
- Ressarcimento ao erário;
- Perda dos bens;
- Multa.

Política
- Suspensão dos direitos políticos.

Medida cautelar
- A indisponibilidade dos bens visa à garantia da aplicação das penalidades civis.
- Não estabelece sanções penais, mas, se o fato também for tipificado como crime, haverá tal responsabilidade.

IMPROBIDADE ADMINISTRATIVA

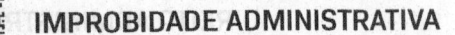

8.5.2 Penalidades

- **Enriquecimento ilícito:** perda dos bens ou valores acrescidos ilicitamente ao patrimônio; perda da função pública; suspensão dos direitos políticos até 14 anos; pagamento de multa civil equivalente ao valor do acréscimo patrimonial; e proibição de contratar com o Poder Público ou receber benefícios ou incentivos fiscais ou creditícios, direta ou indiretamente, ainda que por intermédio de pessoa jurídica da qual seja sócio majoritário, por prazo não superior a 14 anos.
- **Prejuízo ao erário:** perda dos bens ou valores acrescidos ilicitamente ao patrimônio, se concorrer essa circunstância; perda da função pública; suspensão dos direitos políticos até 12 anos; pagamento de multa civil equivalente ao valor do dano; e proibição de contratar com o poder público ou receber benefícios ou incentivos fiscais ou creditícios, direta ou indiretamente, ainda que por intermédio de pessoa jurídica da qual seja sócio majoritário, por prazo não superior a 12 anos.
- **Atos que atentem contra os princípios da Administração Pública:** pagamento de multa civil de até 24 vezes o valor da remuneração percebida pelo agente; e proibição de contratar com o Poder Público ou receber benefícios ou incentivos fiscais ou creditícios, direta ou indiretamente, ainda que por intermédio de pessoa jurídica da qual seja sócio majoritário, por prazo não superior a 4 anos.

8.5.3 Punições

Art. 12 da Lei nº 8.429/1992			
Modalidades Sanções	Enriquecimento Ilícito (art. 9º)	Prejuízo ao Erário (art. 10)	Afronta os princípios (art. 11)
Suspensão dos direitos políticos	Até 14 anos	Até 12 anos	–
Multa civil	Equivalente ao valor do acréscimo	Equivalente ao valor do dano	Até 24X o valor da remuneração
Proibição de contratar com a administração	Não superior a 14 anos	Não superior a 12 anos	Não superior a 4 anos

Aplicação das sanções: na fixação das penas previstas, o juiz levará em conta a extensão do dano causado, assim como o proveito patrimonial obtido pelo agente.

Independe de aprovação ou rejeição de contas pelos órgãos de controle.

8.6 Prescrição

Os atos de improbidade administrativa prescrevem, segundo o art. 23 da Lei nº 8.429/1992:

> *Art. 23 A ação para a aplicação das sanções previstas nesta Lei prescreve em 8 (oito) anos, contados a partir da ocorrência do fato ou, no caso de infrações permanentes, do dia em que cessou a permanência.*
> *I a III Revogados pela Lei nº 14.230/2021.*
> *§ 1º A instauração de inquérito civil ou de processo administrativo para apuração dos ilícitos referidos nesta Lei suspende o curso do prazo prescricional por, no máximo, 180 (cento e oitenta) dias corridos, recomeçando a correr após a sua conclusão ou, caso não concluído o processo, esgotado o prazo de suspensão.*
> *§ 2º O inquérito civil para apuração do ato de improbidade será concluído no prazo de 365 (trezentos e sessenta e cinco) dias corridos, prorrogável uma única vez por igual período, mediante ato fundamentado submetido à revisão da instância competente do órgão ministerial, conforme dispuser a respectiva lei orgânica.*
> *§ 3º Encerrado o prazo previsto no § 2º deste artigo, a ação deverá ser proposta no prazo de 30 (trinta) dias, se não for caso de arquivamento do inquérito civil.*
> *§ 4º O prazo da prescrição referido no caput deste artigo interrompe-se:*
> *I - Pelo ajuizamento da ação de improbidade administrativa;*
> *II - Pela publicação da sentença condenatória;*
> *III - Pela publicação de decisão ou acórdão de Tribunal de Justiça ou Tribunal Regional Federal que confirma sentença condenatória ou que reforma sentença de improcedência;*
> *IV - Pela publicação de decisão ou acórdão do Superior Tribunal de Justiça que confirma acórdão condenatório ou que reforma acórdão de improcedência;*
> *V - Pela publicação de decisão ou acórdão do Supremo Tribunal Federal que confirma acórdão condenatório ou que reforma acórdão de improcedência.*
> *§ 5º Interrompida a prescrição, o prazo recomeça a correr do dia da interrupção, pela metade do prazo previsto no caput deste artigo.*
> *§ 6º A suspensão e a interrupção da prescrição produzem efeitos relativamente a todos os que concorreram para a prática do ato de improbidade.*
> *§ 7º Nos atos de improbidade conexos que sejam objeto do mesmo processo, a suspensão e a interrupção relativas a qualquer deles estendem-se aos demais.*
> *§ 8º O juiz ou o tribunal, depois de ouvido o Ministério Público, deverá, de ofício ou a requerimento da parte interessada, reconhecer a prescrição intercorrente da pretensão sancionadora e decretá-la de imediato, caso, entre os marcos interruptivos referidos no § 4º, transcorra o prazo previsto no § 5º deste artigo.*

> **Atenção!**
> As ações de ressarcimento ao erário dos prejuízos causados por atos dolosos de improbidade administrativa são imprescritíveis.

9 LEI Nº 14.133/2021 – NOVA LEI DE LICITAÇÕES

9.1 Aplicabilidade

A Lei nº 14.133/2021 aplica-se à União, aos estados, ao Distrito Federal e aos municípios, ou seja, é uma norma de caráter nacional. Assim, prevê a nova Lei:

> *Art. 1º Esta Lei estabelece normas gerais de licitação e contratação para as Administrações Públicas diretas, autárquicas e fundacionais da União, dos Estados, do Distrito Federal e dos Municípios, e abrange:*
> *I - Os órgãos dos Poderes Legislativo e Judiciário da União, dos Estados e do Distrito Federal e os órgãos do Poder Legislativo dos Municípios, quando no desempenho de função administrativa;*
> *II - Os fundos especiais e as demais entidades controladas direta ou indiretamente pela Administração Pública.*
> *§ 1º Não são abrangidas por esta Lei as empresas públicas, as sociedades de economia mista e as suas subsidiárias, regidas pela Lei nº 13.303, de 30 de junho de 2016, ressalvado o disposto no art. 178 desta Lei.*
> *Art. 2º Esta Lei aplica-se a:*
> *I - Alienação e concessão de direito real de uso de bens;*
> *II - Compra, inclusive por encomenda;*
> *III - Locação;*
> *IV - Concessão e permissão de uso de bens públicos;*
> *V - Prestação de serviços, inclusive os técnico-profissionais especializados;*
> *VI - Obras e serviços de arquitetura e engenharia;*
> *VII - Contratações de tecnologia da informação e de comunicação.*
> *Art. 3º Não se subordinam ao regime desta Lei:*
> *I - Contratos que tenham por objeto operação de crédito, interno ou externo, e gestão de dívida pública, incluídas as contratações de agente financeiro e a concessão de garantia relacionadas a esses contratos;*
> *II - Contratações sujeitas a normas previstas em legislação própria.*

9.2 Princípios

O art. 5º da Lei nº 14.133/2021 estabelece os seguintes preceitos:

> *Art. 5º Na aplicação desta Lei, serão observados os princípios da legalidade, da impessoalidade, da moralidade, da publicidade, da eficiência, do interesse público, da probidade administrativa, da igualdade, do planejamento, da transparência, da eficácia, da segregação de funções, da motivação, da vinculação ao edital, do julgamento objetivo, da segurança jurídica, da razoabilidade, da competitividade, da proporcionalidade, da celeridade, da economicidade e do desenvolvimento nacional sustentável, assim como as disposições do Decreto-lei nº 4.657, de 4 de setembro de 1942 (Lei de Introdução às Normas do Direito Brasileiro).*

Percebe-se que a nova disposição abrange princípios já consolidados no art. 37 da Constituição Federal de 1988 e na Lei nº 8.666/1993. Contudo, merece destaque a inovação trazida pela Lei nº 14.133/2021 acerca do princípio da segregação de funções. O novo preceito objetiva evitar a concentração de competências em um ou em poucos agentes públicos, ou seja, o princípio busca evitar que a mesma pessoa seja responsável por diversas fases do procedimento licitatório, a fim de reduzir os riscos presentes nos controles internos da Administração Pública.

Nesse sentido, vale destacar o art. 7º, § 1º da nova Lei de Licitação:

> *Art. 7º Caberá à autoridade máxima do órgão ou da entidade, ou a quem as normas de organização administrativa indicarem, promover gestão por competências e designar agentes públicos para o desempenho das funções essenciais à execução desta Lei que preencham os seguintes requisitos:*
> *[...]*
> *§ 1º A autoridade referida no caput deste artigo deverá observar o princípio da segregação de funções, vedada a designação do mesmo agente público para atuação simultânea em funções mais suscetíveis a riscos, de modo a reduzir a possibilidade de ocultação de erros e de ocorrência de fraudes na respectiva contratação.*

9.3 Objetivos da licitação

A Lei nº 14.133/2021 dispõe em seu art. 11 que o procedimento licitatório possui os seguintes objetivos:

> *Art. 11 O processo licitatório tem por objetivos:*
> *I - Assegurar a seleção da proposta apta a gerar o resultado de contratação mais vantajoso para a Administração Pública, inclusive no que se refere ao ciclo de vida do objeto;*
> *II - Assegurar tratamento isonômico entre os licitantes, bem como a justa competição;*
> *III - Evitar contratações com sobrepreço ou com preços manifestamente inexequíveis e superfaturamento na execução dos contratos;*
> *IV - Incentivar a inovação e o desenvolvimento nacional sustentável.*
> *Parágrafo único. A alta administração do órgão ou entidade é responsável pela governança das contratações e deve implementar processos e estruturas, inclusive de gestão de riscos e controles internos, para avaliar, direcionar e monitorar os processos licitatórios e os respectivos contratos, com o intuito de alcançar os objetivos estabelecidos no caput deste artigo, promover um ambiente íntegro e confiável, assegurar o alinhamento das contratações ao planejamento estratégico e às leis orçamentárias e promover eficiência, efetividade e eficácia em suas contratações.*

9.4 Fases da licitação

De acordo com o art. 17 da nova Lei de Licitações, a licitação desenvolve-se nas seguintes fases:

> *Art. 17 O processo de licitação observará as seguintes fases, em sequência:*
> *I - Preparatória;*
> *II - De divulgação do edital de licitação;*
> *III - De apresentação de propostas e lances, quando for o caso;*
> *IV - De julgamento;*
> *V - De habilitação;*
> *VI - Recursal;*
> *VII - De homologação.*

Ao contrário da disposição da Lei nº 8.666/1993, a fase de habilitação, como regra geral, ocorre posteriormente às etapas de apresentação de propostas e lances e de julgamento. No entanto, o § 1º do art. 17, prevê que a fase de habilitação poderá, mediante ato motivado com explicitação dos benefícios decorrentes, anteceder as fases de apresentação de propostas e lances e de julgamento, desde que expressamente previsto no edital de licitação.

Ademais, as licitações serão realizadas preferencialmente sob a forma eletrônica, admitida a utilização da forma presencial, desde que motivada, devendo a sessão pública ser registrada em ata e gravada em áudio e vídeo.

Também, é importante mencionar que a Administração poderá convocar, com antecedência mínima de 8 dias úteis, **audiência pública**, presencial ou a distância, na forma eletrônica, sobre licitação que pretenda realizar, com disponibilização prévia de informações pertinentes, inclusive de estudo técnico preliminar e elementos do edital de licitação, e com possibilidade de manifestação de todos os interessados.

9.5 Modalidades de licitação

De acordo com o art. 28 da Lei nº 14.133/2021, são cinco as modalidades de licitação:

> *Art. 28 São modalidades de licitação:*
> *I - Pregão;*
> *II - Concorrência;*
> *III - Concurso;*
> *IV - Leilão;*
> *V - Diálogo competitivo.*

Destaca-se que a lei veda a criação de outras modalidades de licitação ou, ainda, a combinação das previstas no art. 28.

Como se observa, merece destaque algumas diferenças entre a Lei nº 8.666/1993 e a Lei nº 14.133/2021. Veja que o **pregão** passou

LEI Nº 14.133/2021 - NOVA LEI DE LICITAÇÕES

expressamente a constar como modalidade de licitação, sendo a sua utilização obrigatória para aquisição de bens e serviços comuns, e quanto ao critério de julgamento, não há restrição quanto ao de menor preço, pois foi acrescentado a possibilidade de se utilizar o critério de maior desconto.

A **concorrência** não mais pode ser utilizada para alienações, nem para a aquisição de bens e serviços comuns.

Ademais, o **leilão** passou a ser a única modalidade utilizada para alienações da Administração Pública. A modalidade **concurso**, agora está sujeita aos critérios de julgamento de melhor técnica ou conteúdo artístico.

Ainda, dentre a previsão do art. 28, merece destaque "o **diálogo competitivo**". A nova modalidade de licitação é aplicada para a contratação de obras, serviços e compras em que a Administração Pública realiza diálogos com licitantes previamente selecionados mediante critérios objetivos, com o intuito de desenvolver uma ou mais alternativas capazes de atender às suas necessidades, devendo os licitantes apresentar proposta final após o encerramento dos diálogos.

O diálogo competitivo é restrito a determinadas situações, conforme estabelece o art. 32 da Lei nº 14.133/2021:

> *Art. 32 A modalidade diálogo competitivo é restrita a contratações em que a Administração:*
> *I - Vise a contratar objeto que envolva as seguintes condições:*
> *a) inovação tecnológica ou técnica;*
> *b) impossibilidade de o órgão ou entidade ter sua necessidade satisfeita sem a adaptação de soluções disponíveis no mercado; e*
> *c) impossibilidade de as especificações técnicas serem definidas com precisão suficiente pela Administração;*
> *II - Verifique a necessidade de definir e identificar os meios e as alternativas que possam satisfazer suas necessidades, com destaque para os seguintes aspectos:*
> *a) a solução técnica mais adequada;*
> *b) os requisitos técnicos aptos a concretizar a solução já definida;*
> *c) a estrutura jurídica ou financeira do contrato;*
> *III - (Vetado).*

9.6 Critérios de julgamento

Conforme prevê o art. 33 da Lei nº 14.133/2021, o julgamento das propostas será realizado de acordo com os seguintes critérios:

> *I - Menor preço;*
> *II - Maior desconto;*
> *III - Melhor técnica ou conteúdo artístico;*
> *IV - Técnica e preço;*
> *V - Maior lance, no caso de leilão;*
> *VI - Maior retorno econômico.*

O julgamento por **menor preço** ou **maior desconto** e, quando couber, por técnica e preço considerará o menor dispêndio para a Administração, atendidos os parâmetros mínimos de qualidade definidos no edital de licitação.

O julgamento **por maior desconto** terá como referência o preço global fixado no edital de licitação, e o desconto será estendido aos eventuais termos aditivos.

Já o julgamento por **melhor técnica** ou conteúdo artístico considerará exclusivamente as propostas técnicas ou artísticas apresentadas pelos licitantes, e o edital deverá definir o prêmio ou a remuneração que será atribuída aos vencedores.

9.7 Inexigibilidade e dispensa de licitação – contratação direta

Assim como a Lei nº 8.666/1993, a Lei nº 14.133/2021 prevê as situações que permitem a contratação direta pela Administração Pública. Trata-se da inexigibilidade e dispensa de licitação.

A inexigibilidade configura-se quando inviável a competição, ou seja, a licitação não é juridicamente possível.

Por sua vez, a dispensa ocorre quando a competição é possível, mas a licitação poderá deixar de ocorrer. A dispensa pode ser subdividida em: licitação dispensável e licitação dispensada.

Na **licitação dispensável**, o administrador possui discricionariedade (conveniência e oportunidade) para, em cada caso, decidir se realizará, ou não, a licitação.

Por outro lado, na **licitação dispensada** não há discricionariedade, a lei, desde logo, dispensa a licitação.

O art. 74 da Lei nº 14.133/2021 prevê as hipóteses de **inexigibilidade** da licitação:

> *Art. 74 É inexigível a licitação quando inviável a competição, em especial nos casos de:*
> *I - Aquisição de materiais, de equipamentos ou de gêneros ou contratação de serviços que só possam ser fornecidos por produtor, empresa ou representante comercial exclusivos;*
> *II - Contratação de profissional do setor artístico, diretamente ou por meio de empresário exclusivo, desde que consagrado pela crítica especializada ou pela opinião pública;*
> *III - Contratação dos seguintes serviços técnicos especializados de natureza predominantemente intelectual com profissionais ou empresas de notória especialização, vedada a inexigibilidade para serviços de publicidade e divulgação:*
> *a) estudos técnicos, planejamentos, projetos básicos ou projetos executivos;*
> *b) pareceres, perícias e avaliações em geral;*
> *c) assessorias ou consultorias técnicas e auditorias financeiras ou tributárias;*
> *d) fiscalização, supervisão ou gerenciamento de obras ou serviços;*
> *e) patrocínio ou defesa de causas judiciais ou administrativas;*
> *f) treinamento e aperfeiçoamento de pessoal;*
> *g) restauração de obras de arte e de bens de valor histórico;*
> *h) controles de qualidade e tecnológico, análises, testes e ensaios de campo e laboratoriais, instrumentação e monitoramento de parâmetros específicos de obras e do meio ambiente e demais serviços de engenharia que se enquadrem no disposto neste inciso;*
> *IV - Objetos que devam ou possam ser contratados por meio de credenciamento;*
> *V - Aquisição ou locação de imóvel cujas características de instalações e de localização tornem necessária sua escolha.*

O art. 75 estabelece as hipóteses de licitação dispensável:

> *Art. 75 É dispensável a licitação:*
> *I - Para contratação que envolva valores inferiores a R$ 100.000,00 (cem mil reais), no caso de obras e serviços de engenharia ou de serviços de manutenção de veículos automotores; (Vide Decreto nº 10.922, de 2021)*
> *II - Para contratação que envolva valores inferiores a R$ 50.000,00 (cinquenta mil reais), no caso de outros serviços e compras; (Vide Decreto nº 10.922, de 2021) (Vigência)*
> *III - Para contratação que mantenha todas as condições definidas em edital de licitação realizada há menos de 1 (um) ano, quando se verificar que naquela licitação:*
> *a) não surgiram licitantes interessados ou não foram apresentadas propostas válidas;*
> *b) as propostas apresentadas consignaram preços manifestamente superiores aos praticados no mercado ou incompatíveis com os fixados pelos órgãos oficiais competentes;*
> *IV - Para contratação que tenha por objeto:*
> *a) bens, componentes ou peças de origem nacional ou estrangeira necessários à manutenção de equipamentos, a serem adquiridos do fornecedor original desses equipamentos durante o período de garantia técnica, quando essa condição de exclusividade for indispensável para a vigência da garantia;*
> *b) bens, serviços, alienações ou obras, nos termos de acordo internacional específico aprovado pelo Congresso Nacional, quando as condições ofertadas forem manifestamente vantajosas para a Administração;*

c) produtos para pesquisa e desenvolvimento, limitada a contratação, no caso de obras e serviços de engenharia, ao valor de R$ 300.000,00 (trezentos mil reais); (Vide Decreto nº 10.922, de 2021)

d) transferência de tecnologia ou licenciamento de direito de uso ou de exploração de criação protegida, nas contratações realizadas por instituição científica, tecnológica e de inovação (ICT) pública ou por agência de fomento, desde que demonstrada vantagem para a Administração;

e) hortifrutigranjeiros, pães e outros gêneros perecíveis, no período necessário para a realização dos processos licitatórios correspondentes, hipótese em que a contratação será realizada diretamente com base no preço do dia;

f) bens ou serviços produzidos ou prestados no País que envolvam, cumulativamente, alta complexidade tecnológica e defesa nacional;

g) materiais de uso das Forças Armadas, com exceção de materiais de uso pessoal e administrativo, quando houver necessidade de manter a padronização requerida pela estrutura de apoio logístico dos meios navais, aéreos e terrestres, mediante autorização por ato do comandante da força militar;

h) bens e serviços para atendimento dos contingentes militares das forças singulares brasileiras empregadas em operações de paz no exterior, hipótese em que a contratação deverá ser justificada quanto ao preço e à escolha do fornecedor ou executante e ratificada pelo comandante da força militar;

i) abastecimento ou suprimento de efetivos militares em estada eventual de curta duração em portos, aeroportos ou localidades diferentes de suas sedes, por motivo de movimentação operacional ou de adestramento;

j) coleta, processamento e comercialização de resíduos sólidos urbanos recicláveis ou reutilizáveis, em áreas com sistema de coleta seletiva de lixo, realizados por associações ou cooperativas formadas exclusivamente de pessoas físicas de baixa renda reconhecidas pelo poder público como catadores de materiais recicláveis, com o uso de equipamentos compatíveis com as normas técnicas, ambientais e de saúde pública;

k) aquisição ou restauração de obras de arte e objetos históricos, de autenticidade certificada, desde que inerente às finalidades do órgão ou com elas compatível;

l) serviços especializados ou aquisição ou locação de equipamentos destinados ao rastreamento e à obtenção de provas previstas nos incisos II e V do caput do art. 3º da Lei nº 12.850, de 2 de agosto de 2013, quando houver necessidade justificada de manutenção de sigilo sobre a investigação;

m) aquisição de medicamentos destinados exclusivamente ao tratamento de doenças raras definidas pelo Ministério da Saúde;

V - Para contratação com vistas ao cumprimento do disposto nos arts. 3º, 3º-A, 4º, 5º e 20 da Lei nº 10.973, de 2 de dezembro de 2004, observados os princípios gerais de contratação constantes da referida Lei;

VI - Para contratação que possa acarretar comprometimento da segurança nacional, nos casos estabelecidos pelo Ministro de Estado da Defesa, mediante demanda dos comandos das Forças Armadas ou dos demais ministérios;

VII - Nos casos de guerra, estado de defesa, estado de sítio, intervenção federal ou de grave perturbação da ordem;

VIII - Nos casos de emergência ou de calamidade pública, quando caracterizada urgência de atendimento de situação que possa ocasionar prejuízo ou comprometer a continuidade dos serviços públicos ou a segurança de pessoas, obras, serviços, equipamentos e outros bens, públicos ou particulares, e somente para aquisição dos bens necessários ao atendimento da situação emergencial ou calamitosa e para as parcelas de obras e serviços que possam ser concluídas no prazo máximo de 1 (um) ano, contado da data de ocorrência da emergência ou da calamidade, vedadas a prorrogação dos respectivos contratos e a recontratação de empresa já contratada com base no disposto neste inciso;

IX - Para a aquisição, por pessoa jurídica de direito público interno, de bens produzidos ou serviços prestados por órgão ou entidade que integrem a Administração Pública e que tenham sido criados para esse fim específico, desde que o preço contratado seja compatível com o praticado no mercado;

X - Quando a União tiver que intervir no domínio econômico para regular preços ou normalizar o abastecimento;

XI - Para celebração de contrato de programa com ente federativo ou com entidade de sua Administração Pública Indireta que envolva prestação de serviços públicos de forma associada nos termos autorizados em contrato de consórcio público ou em convênio de cooperação;

XII - Para contratação em que houver transferência de tecnologia de produtos estratégicos para o Sistema Único de Saúde (SUS), conforme elencados em ato da direção nacional do SUS, inclusive por ocasião da aquisição desses produtos durante as etapas de absorção tecnológica, e em valores compatíveis com aqueles definidos no instrumento firmado para a transferência de tecnologia;

XIII - Para contratação de profissionais para compor a comissão de avaliação de critérios de técnica, quando se tratar de profissional técnico de notória especialização;

XIV - Para contratação de associação de pessoas com deficiência, sem fins lucrativos e de comprovada idoneidade, por órgão ou entidade da Administração Pública, para a prestação de serviços, desde que o preço contratado seja compatível com o praticado no mercado e os serviços contratados sejam prestados exclusivamente por pessoas com deficiência;

XV - Para contratação de instituição brasileira que tenha por finalidade estatutária apoiar, captar e executar atividades de ensino, pesquisa, extensão, desenvolvimento institucional, científico e tecnológico e estímulo à inovação, inclusive para gerir administrativa e financeiramente essas atividades, ou para contratação de instituição dedicada à recuperação social da pessoa presa, desde que o contratado tenha inquestionável reputação ética e profissional e não tenha fins lucrativos;

XVI - Para aquisição, por pessoa jurídica de direito público interno, de insumos estratégicos para a saúde produzidos por fundação que, regimental ou estatutariamente, tenha por finalidade apoiar órgão da Administração Pública Direta, sua autarquia ou fundação em projetos de ensino, pesquisa, extensão, desenvolvimento institucional, científico e tecnológico e de estímulo à inovação, inclusive na gestão administrativa e financeira necessária à execução desses projetos, ou em parcerias que envolvam transferência de tecnologia de produtos estratégicos para o SUS, nos termos do inciso XII do caput deste artigo, e que tenha sido criada para esse fim específico em data anterior à entrada em vigor desta Lei, desde que o preço contratado seja compatível com o praticado no mercado.

XV - Para contratação de instituição brasileira que tenha por finalidade estatutária apoiar, captar e executar atividades de ensino, pesquisa, extensão, desenvolvimento institucional, científico e tecnológico e estímulo à inovação, inclusive para gerir administrativa e financeiramente essas atividades, ou para contratação de instituição dedicada à recuperação social da pessoa presa, desde que o contratado tenha inquestionável reputação ética e profissional e não tenha fins lucrativos;

XVI - Para aquisição, por pessoa jurídica de direito público interno, de insumos estratégicos para a saúde produzidos por fundação que, regimental ou estatutariamente, tenha por finalidade apoiar órgão da Administração Pública Direta, sua autarquia ou fundação em projetos de ensino, pesquisa, extensão, desenvolvimento institucional, científico e tecnológico e de estímulo à inovação, inclusive na gestão administrativa e financeira necessária à execução desses projetos, ou em parcerias que envolvam transferência de tecnologia de produtos estratégicos para o SUS, nos termos do inciso XII do caput deste artigo, e que tenha sido criada para esse fim específico em data anterior à entrada em vigor desta Lei, desde que o preço contratado seja compatível com o praticado no mercado.

No que se refere às hipóteses de **licitação dispensada**, o art. 76, incisos I e II da Lei nº14.133/2021 prevê o seguinte:

Art. 76 A alienação de bens da Administração Pública, subordinada à existência de interesse público devidamente justificado, será precedida de avaliação e obedecerá às seguintes normas:

I - Tratando-se de bens imóveis, inclusive os pertencentes às autarquias e às fundações, exigirá autorização legislativa e dependerá de licitação na modalidade leilão, dispensada a realização de licitação nos casos de:

a) dação em pagamento;

b) doação, permitida exclusivamente para outro órgão ou entidade da Administração Pública, de qualquer esfera de governo, ressalvado o disposto nas alíneas "f", "g" e "h" deste inciso;

c) permuta por outros imóveis que atendam aos requisitos relacionados às finalidades precípuas da Administração, desde que a diferença apurada não ultrapasse a metade do valor do imóvel que será ofertado pela União, segundo avaliação prévia, e ocorra a torna de valores, sempre que for o caso;

d) investidura;

e) venda a outro órgão ou entidade da Administração Pública de qualquer esfera de governo;

f) alienação gratuita ou onerosa, aforamento, concessão de direito real de uso, locação e permissão de uso de bens imóveis residenciais construídos, destinados ou efetivamente usados em programas de habitação ou de regularização fundiária de interesse social desenvolvidos por órgão ou entidade da Administração Pública;

g) alienação gratuita ou onerosa, aforamento, concessão de direito real de uso, locação e permissão de uso de bens imóveis comerciais de âmbito local, com área de até 250 m² (duzentos e cinquenta metros quadrados) e destinados a programas de regularização fundiária de interesse social desenvolvidos por órgão ou entidade da Administração Pública;

h) alienação e concessão de direito real de uso, gratuita ou onerosa, de terras públicas rurais da União e do Instituto Nacional de Colonização e Reforma Agrária (Incra) onde incidam ocupações até o limite de que trata o § 1º do art. 6º da Lei nº 11.952, de 25 de junho de 2009, para fins de regularização fundiária, atendidos os requisitos legais;

i) legitimação de posse de que trata o art. 29 da Lei nº 6.383, de 7 de dezembro de 1976, mediante iniciativa e deliberação dos órgãos da Administração Pública competentes;

j) legitimação fundiária e legitimação de posse de que trata a Lei nº 13.465, de 11 de julho de 2017;

II - tratando-se de bens móveis, dependerá de licitação na modalidade leilão, dispensada a realização de licitação nos casos de:

a) doação, permitida exclusivamente para fins e uso de interesse social, após avaliação de oportunidade e conveniência socioeconômica em relação à escolha de outra forma de alienação;

b) permuta, permitida exclusivamente entre órgãos ou entidades da Administração Pública;

c) venda de ações, que poderão ser negociadas em bolsa, observada a legislação específica;

d) venda de títulos, observada a legislação pertinente;

e) venda de bens produzidos ou comercializados por entidades da Administração Pública, em virtude de suas finalidades;

f) venda de materiais e equipamentos sem utilização previsível por quem deles dispõe para outros órgãos ou entidades da Administração Pública.

DIREITO ADMINISTRATIVO

10 CONTROLE DA ADMINISTRAÇÃO PÚBLICA

O Controle da Administração Pública é um conjunto de instrumentos que o ordenamento jurídico estabelece a fim de que a própria Administração Pública, os três poderes, e, ainda, o povo, diretamente ou por meio de órgãos especializados, possam exercer o poder de fiscalização, orientação e revisão da atuação de todos os órgãos, entidades e agentes públicos, em todas as esferas do poder.

10.1 Classificação

10.1.1 Quanto à origem

Controle Interno: acontece dentro do próprio poder, decorrente do princípio da autotutela.

Finalidade:

> *Art. 74, CF/1988 Os Poderes Legislativo, Executivo e Judiciário manterão, de forma integrada, sistema de controle interno com a finalidade de:*
> *I - Avaliar o cumprimento das metas previstas no plano plurianual, a execução dos programas de governo e dos orçamentos da União;*
> *II - Comprovar a legalidade e avaliar os resultados, quanto à eficácia e eficiência, da gestão orçamentária, financeira e patrimonial nos órgãos e entidades da administração federal, bem como da aplicação de recursos públicos por entidades de direito privado;*
> *III - Exercer o controle das operações de crédito, avais e garantias, bem como dos direitos e haveres da União;*
> *IV - Apoiar o controle externo no exercício de sua missão institucional.*
> *§ 1º Os responsáveis pelo controle interno, ao tomarem conhecimento de qualquer irregularidade ou ilegalidade, dela darão ciência ao Tribunal de Contas da União, sob pena de responsabilidade solidária.*

Por exemplo:

- Pode ser exercido no âmbito hierárquico ou por órgãos especializados (sem hierarquia);
- O controle finalístico (controvérsia doutrinária, alguns autores falam que é modalidade de controle externo);
- A fiscalização realizada por um órgão da Administração Pública do Legislativo sobre a atuação dela própria;
- O controle realizado pela Administração Pública do Poder Judiciário nos atos administrativos praticados pela própria Administração Pública desse poder.

Controle externo: é exercido por um poder sobre os atos administrativos de outro poder.

A exemplo, temos o controle judicial dos atos administrativos, que analisa aspectos de legalidade dos atos da Administração Pública dos demais poderes; ou o controle legislativo realizado pelo poder legislativo, nos atos da Administração Pública dos outros poderes.

Controle popular: é o controle exercido pelos administrados na atuação da Administração Pública dos três poderes, seja por meio da ação popular, do direito de petição ou de outros.

É importante lembrar que os atos administrativos devem ser publicados, salvo os sigilosos. Todavia, uma outra finalidade da publicidade dos atos administrativos é o desenvolvimento do controle social da Administração Pública.

10.1.2 Quanto ao momento de exercício

Controle prévio: é exercido antes da prática ou antes da conclusão do ato administrativo.

Finalidade: é um requisito de validade do ato administrativo.

Por exemplo: a aprovação do Senado Federal da escolha de ministros do STF ou de dirigente de uma agência reguladora federal. Em tais situações, a referida aprovação antecede a nomeação de tais agentes.

Controle concomitante: é exercido durante a prática do ato.

Finalidade: possibilitar a aferição do cumprimento das formalidades exigidas para a formação do ato administrativo.

Por exemplo: fiscalização da execução de um contrato administrativo; acompanhamento de uma licitação pelos órgãos de controle.

Controle subsequente/corretivo/posterior: é exercido após a conclusão do ato.

Finalidade:

- Correção dos defeitos sanáveis do ato;
- Declaração de nulidade do ato;
- Revogação do ato discricionário legal inconveniente e inoportuno;
- Cassação do ato pelo descumprimento dos requisitos que são exigidos para a sua manutenção;
- Conferir eficácia ao ato.

Por exemplo: homologação de um concurso público.

10.1.3 Quanto ao aspecto controlado

Controle de legalidade: sua finalidade é verificar se o ato foi praticado em conformidade com o ordenamento jurídico, e, por esse, entendemos que o ato tem que ser praticado de acordo com as leis e também com os princípios fundamentais da Administração Pública.

A lei deve ser entendida, nessa situação, em sentido amplo, ou seja, a Constituição Federal, as leis ordinárias, complementares, delegadas, medidas provisórias e as normas infralegais.

▷ **Exercício:** são três as possibilidades:

- **Própria Administração Pública:** pode realizar o controle de legalidade a pedido ou de ofício. Em decorrência do princípio da autotutela, é espécie de controle interno.
- **Poder Judiciário:** no exercício da função jurisdicional, pode exercer o controle de legalidade somente por provocação. Nesse caso, é uma espécie de inspeção externo.
- **Poder Legislativo:** somente pode exercer controle de legalidade nos casos previstos na Constituição Federal. É forma de controle externo.

▷ **Consequências:** são três as possibilidades:

- **Confirmação** da validade do ato.
- **Anulação** do ato com vício de validade (ilegal).
- Um ato administrativo pode ser anulado pela própria Administração que o praticou, por provocação ou de ofício (controle interno) ou pelo Poder Judiciário. Nesse caso, somente por provocação (controle externo). A anulação gera efeitos retroativos (*ex tunc*), desfazendo todas as relações do ato resultadas, salvo, entretanto, os efeitos produzidos para os terceiros de boa-fé.
- Prazo para anulação na via administrativa: 5 anos, contados a partir da prática do ato, salvo comprovada má-fé.
- Segundo o STF, quando o controle interno acarretar o desfazimento de um ato administrativo que implique em prejuízo à situação jurídica do administrado, a administração deve antes instaurar um procedimento que garanta a ele o contraditório e a ampla-defesa, para que, dessa forma, possa defender os seus interesses.
- **Convalidação:** é a correção do ato com efeitos retroativos do ato administrativo com defeito sanável. Considera-se problema reparável:
    - **Vício de competência relativo à pessoa**
        - Exceção: competência exclusiva (também não cabe convalidação).
        - O vício de competência relativo à matéria não é caracterizado como um defeito sanável.
    - **Vício de forma**
        - Exceção: lei determina que a forma seja elemento essencial de validade de determinado ato (também não cabe convalidação).

CONTROLE DA ADMINISTRAÇÃO PÚBLICA

Assim, somente os vícios nos elementos forma e competência podem ser convalidados. Em todos os demais casos, a administração somente pode anular o ato.

Mesmo quando o defeito admite convalidação, a Administração Pública tem a possibilidade de anular, pois a regra é a anulação e a convalidação uma faculdade disponível ao agente público em hipóteses excepcionais.

Convalidação tácita: o art. 54 da Lei nº 9.784/1999 prevê que a Administração tem o direito de anular os atos administrativos de que decorram efeitos favoráveis; para os destinatários, decai em cinco anos, contados da data em que forem praticados, salvo comprovada má-fé. Transcorrido esse prazo, o ato foi convalidado, pois não pode ser mais anulado pela administração.

Convalidação expressa: o prazo que a Administração Pública tem para convalidar um ato é o mesmo que ela tem para anular, ou seja, 5 anos contados a partir da data da prática do feito. Como analisamos, a convalidação, se trata de um controle de legalidade que verificou que o ato foi praticado com vício, todavia, na hipótese descrita no art. 55 da Lei nº 9.784/1999, a autoridade com competência para anular tal ato, pode optar pela sua convalidação.

Art. 55, Lei nº 9.784/1999 Em decisão na qual se evidencie não acarretar lesão ao interesse público nem prejuízo a terceiros, os atos que apresentarem defeitos sanáveis poderão ser convalidados pela própria Administração.

Controle de mérito: sua finalidade é verificar a conveniência e a oportunidade dos atos administrativos discricionários.

Exercício: em regra, é exercido discricionariamente pelo próprio poder que praticou o feito.

Excepcionalmente, o Poder Legislativo tem competência para verificar o mérito de atos administrativos dos outros poderes, esse é um controle de mérito de natureza política.

Não pode ser exercido pelo Poder Judiciário na sua função típica, mas pode ser executado pela Administração Pública do Poder Judiciário nos atos dela própria.

Consequências
- Manutenção do ato discricionário legal, conveniente e oportuno.
- Revogação do ato discricionário legal, inconveniente e inoportuno.

Nas hipóteses em que o Poder Legislativo exerce controle de mérito da atuação administrativa dos outros poderes, não lhe é permitida a revogação de tais atos.

10.1.4 Quanto à amplitude

Controle hierárquico: decorre da hierarquia presente na Administração Pública, que se manifesta na subordinação entre órgãos e agentes, sempre no âmbito de uma mesma pessoa jurídica. Acontece na Administração Pública dos três poderes.

Consequências: é um controle interno permanente (antes/durante/após a prática do ato) e irrestrito, pois verifica aspectos de legalidade e de mérito de um ato administrativo praticado pelos agentes e órgãos subordinados.

Esse controle está relacionado às atividades de supervisão, coordenação, orientação, fiscalização, aprovação, revisão, avocação e aplicação de meios corretivos dos desvios e irregularidades verificados.

Controle finalístico/tutela administrativa/supervisão ministerial: é exercido pela Administração Direta sobre as pessoas jurídicas da Administração Indireta.

Efeitos: depende de norma legal que o estabeleça, não se enquadrando como um controle específico, e sua finalidade é verificar se a entidade está atingindo as suas intenções estatutárias.

10.2 Controle administrativo

É um controle interno, fundado no poder de autotutela, exercido pelo Poder Executivo e pelos órgãos administrativos dos poderes legislativo e judiciário sobre suas próprias condutas, tendo em vista aspectos de legalidade e de mérito administrativo.

Súmula nº 473 – STF A Administração pode anular seus próprios atos, quando eivados de vícios que os tornam ilegais, porque deles não se originam direitos; ou revogá-los, por motivo de conveniência ou oportunidade, respeitados os direitos adquiridos, e ressalvada, em todos os casos, a apreciação judicial.

O controle administrativo é sempre interno. Pode ser hierárquico, quando é feito entre órgãos verticalmente escalonados integrantes de uma mesma pessoa jurídica, seja da Administração Direta ou Indireta; ou não hierárquico, quando exercido entre órgãos que, embora integrem uma só pessoa jurídica, não estão na mesma linha de escalonamento vertical e também no controle finalístico exercido entre a Administração Direta e a Indireta.

O controle administrativo é um controle permanente, pois acontece antes, durante e depois da prática do ato; também é irrestrito, pois como já foi dito, analisa aspectos de legalidade e de mérito.

Ainda é importante apontar que o controle administrativo pode acontecer de ofício ou a pedido do administrado.

Quando interessado em provocar a atuação da Administração Pública, o administrado pode se valer da reclamação administrativa, que é uma expressão genérica para englobar um conjunto de instrumentos, como o direito de petição, a representação, a denúncia, o recurso, o pedido de reconsideração, a revisão, dentre outros meios.

O meio utilizado pela Administração Pública para processar o pedido do interessado é o processo administrativo, que, na esfera federal, é regulado pela Lei nº 9.784/1999.

10.3 Controle legislativo

É a fiscalização realizada pelo Poder Legislativo, na sua função típica de fiscalizar, na atuação da Administração Pública dos três poderes.

Quando exercido na atuação administrativa dos outros poderes, é espécie de controle externo; quando realizado na Administração Pública do próprio poder legislativo, é espécie de controle interno.

10.3.1 Hipóteses de controle legislativo

O controle legislativo na atuação da Administração Pública somente pode ocorrer nas hipóteses previstas na Constituição Federal, não sendo permitidas às Constituições Estaduais ou às leis orgânicas criarem novas modalidades de controle legislativo no respectivo território de sua competência. Caso se crie nova forma de controle legislativo por instrumento legal diverso da Constituição Federal, tal norma será inconstitucional.

Como as normas estaduais e municipais não podem criar novas modalidades de controle legislativo, nessas esferas, pelo princípio da simetria, são aplicadas as hipóteses de controle legislativo previstas na Constituição Federal para os estados e municípios. Todavia, vale ressaltar que como o sistema legislativo federal adota o bicameralismo, as hipóteses de controle do Congresso Nacional, do Senado, das comissões e do Tribunal de Contas da União são aplicadas às assembleias legislativas na esfera estadual e às câmaras de vereadores nas esferas municipais.

O controle legislativo apresenta as seguintes modalidades:

Controle de legalidade: quando se analisa aspectos de legalidade da atuação da Administração Pública dos três poderes, como dos atos e contratos administrativos.

Controle de mérito (político): é um controle de natureza política, que possibilita ao Poder Legislativo, nas hipóteses previstas na Constituição Federal, a intervir na atuação da Administração Pública do Poder Executivo, controlando aspectos de eficiência da atuação e também de conveniência da tomada de determinadas decisões do poder executivo.

Por exemplo: quando o Senado tem que aprovar o ato do presidente da República, que nomeia um dirigente de uma agência reguladora.

Efeitos: não acarreta revogação do ato, pois esse ainda não conclui o seu processo de formação enquanto não for aprovado pelo poder

DIREITO ADMINISTRATIVO

legislativo, ou seja, tal ato não gera efeitos até a aprovação, por isso, não há o que se falar em revogação.

Controle exercido pelo Congresso Nacional: a competência exclusiva do Congresso Nacional vem descrita no art. 40 da Constituição Federal de 1988:

> V - Sustar os atos normativos do Poder Executivo que exorbitem do poder regulamentar ou dos limites de delegação legislativa;

Tal situação acontece quando, no exercício do poder regulamentar, o presidente da R

epública edite um decreto para complementar determinada lei e, nesse decreto, ele venha a inovar o ordenamento jurídico, ultrapassando os limites da lei. Todavia, a sustação do ato normativo pelo Congresso Nacional não invalida todo o decreto, mas somente o trecho dele que esteja exorbitando do exercício do poder regulamentar.

> IX - Julgar anualmente as contas prestadas pelo Presidente da República e apreciar os relatórios sobre a execução dos planos de governo;
>
> X - Fiscalizar e controlar, diretamente, ou por qualquer de suas Casas, os atos do Poder Executivo, incluídos os da Administração Indireta;

Controle exercido privativamente pelo Senado Federal: as competências privativas do Senado Federal vêm descritas no art. 52 da Constituição Federal, dentre essas, algumas se referem ao exercício de atividades de controle:

> I - Processar e julgar o Presidente e o Vice-Presidente da República nos crimes de responsabilidade, bem como os Ministros de Estado e os Comandantes da Marinha, do Exército e da Aeronáutica nos crimes da mesma natureza conexos com aqueles;
>
> II - Processar e julgar os Ministros do Supremo Tribunal Federal, os membros do Conselho Nacional de Justiça e do Conselho Nacional do Ministério Público, o Procurador-Geral da República e o Advogado-Geral da União nos crimes de responsabilidade;

Nesses dois primeiros casos, o julgamento será presidido pelo presidente do STF, limitando-se este à condenação, que somente será proferida por dois terços dos votos do Senado Federal.

> III - Aprovar previamente, por voto secreto, após arguição pública, a escolha de:
>
> a) Magistrados, nos casos estabelecidos nesta Constituição;
> b) Ministros do Tribunal de Contas da União indicados pelo Presidente da República;
> c) Governador de Território;
> d) Presidente e diretores do Banco Central;
> e) Procurador-Geral da República;
> f) titulares de outros cargos que a lei determinar.
>
> IV - Aprovar previamente, por voto secreto, após arguição em sessão secreta, a escolha dos chefes de missão diplomática de caráter permanente;
>
> V - Autorizar operações externas de natureza financeira, de interesse da União, dos Estados, do Distrito Federal, dos Territórios e dos Municípios;
>
> VI - Fixar, por proposta do Presidente da República, limites globais para o montante da dívida consolidada da União, dos Estados, do Distrito Federal e dos Municípios;
>
> VII - Dispor sobre limites globais e condições para as operações de crédito externo e interno da União, dos Estados, do Distrito Federal e dos Municípios, de suas autarquias e demais entidades controladas pelo Poder Público Federal;
>
> VIII - dispor sobre limites e condições para a concessão de garantia da União em operações de crédito externo e interno;
>
> IX - Estabelecer limites globais e condições para o montante da dívida mobiliária dos Estados, do Distrito Federal e dos Municípios;
>
> X - Aprovar, por maioria absoluta e por voto secreto, a exoneração, de ofício, do Procurador-Geral da República antes do término de seu mandato;
>
> XI - Avaliar periodicamente a funcionalidade do Sistema Tributário Nacional, em sua estrutura e seus componentes, e o desempenho das administrações tributárias da União, dos Estados e do Distrito Federal e dos Municípios.

Controle exercido pela Câmara dos Deputados: a competência da Câmara dos Deputados vem descrita no art. 51 da Constituição Federal, e nesse momento analisaremos as competências relativas à área de controle da administração:

> Compete privativamente à Câmara dos Deputados:
>
> I - Autorizar, por dois terços de seus membros, a instauração de processo contra o Presidente e o Vice-Presidente da República e os Ministros de Estado;
>
> II - Proceder à tomada de contas do Presidente da República, quando não apresentadas ao Congresso Nacional dentro de sessenta dias após a abertura da sessão legislativa;

Fiscalização Contábil, Financeira e Orçamentária na Constituição Federal: também chamado de Controle Financeiro Amplo, vem descrito no art. 70 da CF/1988, que traz as seguintes regras:

> Art. 70, CF/1988 A fiscalização contábil, financeira, orçamentária, operacional e patrimonial da União e das entidades da Administração Direta e indireta, quanto à legalidade, legitimidade, economicidade, aplicação das subvenções e renúncia de receitas, será exercida pelo Congresso Nacional, mediante controle externo, e pelo sistema de controle interno de cada Poder.

Como podemos observar, segundo os ditames do art. 70 da Constituição Federal, a fiscalização contábil, financeira e orçamentária é realizada tanto por meio de controle interno como de externo.

Áreas alcançadas pelo controle financeiro (amplo):

- **Contábil:** controla o cumprimento das formalidades no registro de receitas e despesas.
- **Financeira:** controla a entrada e a saída de capital, sua destinação.
- **Orçamentária:** fiscaliza e acompanha a execução do orçamento anual, plurianual.
- **Operacional:** controla a atuação administrativa, observando se estão sendo respeitadas as diretrizes legais que orientam a atuação da Administração Pública, bem como avaliando aspectos de eficiência e economicidade.
- **Patrimonial:** controle do patrimônio público, seja ele móvel ou imóvel.
- **Aspectos controlados:** as áreas alcançadas pelo controle financeiro (sentido amplo) abrangem os seguintes aspectos:
- **Legalidade:** atuação conforme a lei.
- **Legitimidade:** atuação conforme os princípios orientadores da atuação da Administração Pública.

O controle financeiro realizado pelo Congresso Nacional não analisa aspectos de mérito.

Para que o controle financeiro seja eficiente, é necessária a prestação de contas por parte das pessoas físicas ou jurídicas que, de qualquer forma, administrem dinheiro ou direito patrimonial público; tal regra vem descrita no parágrafo único do art. 70:

> Art. 70 [...]
>
> Parágrafo único. Prestará contas qualquer pessoa física ou jurídica, pública ou privada, que utilize, arrecade, guarde, gerencie ou administre dinheiros, bens e valores públicos ou pelos quais a União responda, ou que, em nome desta, assuma obrigações de natureza pecuniária.

Controle exercido pelos Tribunais de Contas: os Tribunais de Contas são órgãos de controle vinculados ao Poder Legislativo. A finalidade que possuem é auxiliar na função de exercer o controle externo da Administração Pública.

Apesar da expressão órgãos auxiliares, os tribunais de contas não se submetem ao Poder Legislativo, ou seja, não existe hierarquia nem subordinação entre os tribunais de contas e o Poder Legislativo.

A Constituição Federal, no art. 71, estabelece as competências do Tribunal de Contas da União (TCU), e, pelo princípio da simetria, os tribunais de contas estaduais e municipais detêm as mesmas competências nas suas esferas de fiscalização, não sendo permitidas às Constituições Estaduais e às leis orgânicas municipais criar novas hipóteses de controle. Veja as competências dos Tribunais de Contas a seguir.

CONTROLE DA ADMINISTRAÇÃO PÚBLICA

Art. 71 O controle externo, a cargo do Congresso Nacional, será exercido com o auxílio do Tribunal de Contas da União, ao qual compete:

I - Apreciar as contas prestadas anualmente pelo Presidente da República, mediante parecer prévio que deverá ser elaborado em sessenta dias a contar de seu recebimento;

II - Julgar as contas dos administradores e demais responsáveis por dinheiros, bens e valores públicos da Administração Direta e indireta, incluídas as fundações e sociedades instituídas e mantidas pelo Poder Público federal, e as contas daqueles que derem causa a perda, extravio ou outra irregularidade de que resulte prejuízo ao erário público;

III - Apreciar, para fins de registro, a legalidade dos atos de admissão de pessoal, a qualquer título, na Administração Direta e indireta, incluídas as fundações instituídas e mantidas pelo Poder Público, excetuadas as nomeações para cargo de provimento em comissão, bem como a das concessões de aposentadorias, reformas e pensões, ressalvadas as melhorias posteriores que não alterem o fundamento legal do ato concessório;

IV - Realizar, por iniciativa própria, da Câmara dos Deputados, do Senado Federal, de Comissão técnica ou de inquérito, inspeções e auditorias de natureza contábil, financeira, orçamentária, operacional e patrimonial, nas unidades administrativas dos Poderes Legislativo, Executivo e Judiciário, e demais entidades referidas no inciso II;

V - Fiscalizar as contas nacionais das empresas supranacionais de cujo capital social a União participe, de forma direta ou indireta, nos termos do tratado constitutivo;

VI - Fiscalizar a aplicação de quaisquer recursos repassados pela União mediante convênio, acordo, ajuste ou outros instrumentos congêneres, a Estado, ao Distrito Federal ou a Município;

VII - Prestar as informações solicitadas pelo Congresso Nacional, por qualquer de suas Casas, ou por qualquer das respectivas Comissões, sobre a fiscalização contábil, financeira, orçamentária, operacional e patrimonial e sobre resultados de auditorias e inspeções realizadas;

VIII - Aplicar aos responsáveis, em caso de ilegalidade de despesa ou irregularidade de contas, as sanções previstas em lei, que estabelecerá, entre outras cominações, multa proporcional ao dano causado ao erário;

IX - Assinar prazo para que o órgão ou entidade adote as providências necessárias ao exato cumprimento da lei, se verificada ilegalidade;

X - Sustar, se não atendido, a execução do ato impugnado, comunicando a decisão à Câmara dos Deputados e ao Senado Federal;

XI - Representar ao Poder competente sobre irregularidades ou abusos apurados.

§ 1º No caso de contrato, o ato de sustação será adotado diretamente pelo Congresso Nacional, que solicitará, de imediato, ao Poder Executivo as medidas cabíveis.

§ 2º Se o Congresso Nacional ou o Poder Executivo, no prazo de noventa dias, não efetivar as medidas previstas no parágrafo anterior, o Tribunal decidirá a respeito.

§ 3º As decisões do Tribunal de que resulte imputação de débito ou multa terão eficácia de título executivo.

§ 4º O Tribunal encaminhará ao Congresso Nacional, trimestral e anualmente, relatório de suas atividades.

10.3.2 Pontos relevantes

A partir dessas regras, analisaremos alguns aspectos relevantes referentes ao controle da Administração Pública quando feito pelos tribunais de contas, nas suas respectivas áreas de competências.

Apreciação e julgamento das contas públicas: o TCU tem a competência de apreciar e julgar as contas dos administradores públicos.

> **Atenção!**
> Contas do Presidente da República são somente apreciadas mediante parecer prévio do tribunal de contas, a competência para julgá-las é do Congresso Nacional.

O julgamento das contas feito pelo Tribunal de Contas da União (TCU) não depende de homologação ou parecer do Poder Legislativo, pois, lembrando, os Tribunais de Contas não são subordinados ao Poder Legislativo.

Julgamento das contas do próprio Tribunal de Contas: como a Constituição Federal não se preocupou em estabelecer quem é que detém a competência para julgar as contas dos Tribunais de Contas, o Supremo Tribunal Federal (STF) entendeu que podem as Constituições Estaduais e Leis Orgânicas Municipais submeterem as contas dos Tribunais de Contas a julgamentos das suas respectivas casas legislativas.

Controle dos atos administrativos: o TCU tem o poder de sustar a execução do ato e, nesse caso, deve dar ciência dessa decisão à Câmara dos Deputados e ao Senado Federal.

Súmula Vinculante nº 3 Nos processos perante ao Tribunal de Contas da União, asseguram-se o contraditório e a ampla defesa quando da decisão puder resultar anulação ou revogação de ato administrativo que beneficie o interessado, excetuada a apreciação da legalidade do ato de concessão inicial de aposentadoria, reforma e pensão.

Controle dos Contratos Administrativos

- **Regra:** o TCU não pode sustar os contratos administrativos, pois tal competência é do Congresso Nacional, que deve solicitar de imediato ao Poder Executivo a adoção das medidas cabíveis.
- **Exceção:** caso o Congresso Nacional ou o Poder Executivo não tomem as medidas necessárias para a sustação do contrato em 90 dias, o TCU terá competência para efetuar a sua sustação.

Declaração de inconstitucionalidade das leis: segundo o STF, os tribunais de contas, no exercício de suas competências, podem declarar uma norma inconstitucional e afastar a sua aplicação nos processos de sua apreciação. Todavia, tal declaração de inconstitucionalidade deve ser feita pela maioria absoluta dos membros dos tribunais de contas.

Súmula nº 347 – STF O Tribunal de Contas, no exercício de suas atribuições, pode apreciar a constitucionalidade das leis e dos atos do poder público.

10.4 Controle judiciário

É um controle de legalidade (nunca de mérito) realizado pelo Poder Judiciário, na sua função típica de julgar, nos atos praticados pelas Administração Pública de qualquer poder.

Esse controle por abranger somente aspectos de legalidade, fica restrito à possibilidade de anulação dos atos administrativos ilegais, não podendo o Poder Judiciário realizar o controle de mérito dos atos administrativos e, em consequência, não podendo revogar os atos administrativos praticados pela Administração Pública.

O controle judiciário somente será exercido por meio da provocação do interessado, não podendo o Poder Judiciário apreciar um ato administrativo de ofício, em decorrência do atributo da presunção de legitimidade dos atos administrativos.

É importante lembrar que a própria Administração Pública faz o controle de legalidade da sua própria atuação, todavia as decisões administrativas não fazem coisa julgada. Assim sendo, a decisão administrativa pode ser reformada pelo Poder Judiciário, pois somente as decisões desse poder é que tem o efeito de coisa julgada.

Os meios para provocar a atuação do Poder Judiciário são vários, dentre eles, encontramos:

- Mandado de Segurança.
- Ação Popular.
- Ação Civil Pública.
- Dentre outros.

11 RESPONSABILIDADE CIVIL DO ESTADO

A Responsabilidade Civil consubstancia-se na obrigação de indenizar um dano patrimonial decorrente de um fato lesivo voluntário. É modalidade de obrigação extracontratual e, para que ocorra, são necessários alguns elementos previstos no art. 37, § 6º, da Constituição Federal:

> *§ 6º As pessoas jurídicas de direito público e as pessoas jurídicas de direito privado prestadoras de serviço público responderão pelos danos seus agentes, nessa qualidade, causarem a terceiros, assegurado o direito de regresso contra o responsável nos casos de dolo ou culpa.*

11.1 Teoria do risco administrativo

É a responsabilidade objetiva do Estado, que paga o terceiro lesado, desde que ocorra o dano por ação praticada pelo agente público, mesmo o agente não agindo com dolo ou culpa.

Enquanto para a Administração a responsabilidade independe da culpa, para o servidor, ela depende: aquela é objetiva, esta é subjetiva e se apura pelos critérios gerais do Código Civil.

> **Atenção!**
> As pessoas jurídicas de direito privado prestadoras de serviço público estão também sob a responsabilidade na modalidade risco administrativo.

11.1.1 Requisitos

- O fato lesivo causado pelo agente em decorrência de culpa em sentido amplo, a qual abrange o dolo (intenção), e a culpa em sentido estrito, que engloba a negligência, a imprudência e a imperícia.
- A ocorrência de um dano patrimonial ou moral.
- O nexo de causalidade entre o dano havido e o comportamento do agente, o que significa ser necessário que o dano efetivamente haja decorrido diretamente, da ação ou omissão indevida do agente.
- Situações de quebra do nexo causal da Administração Pública (Rompimento do Nexo Causal). Veja os casos a seguir:
- **Caso I:** culpa exclusiva de terceiros ou da vítima.

    Por exemplo: Marco, agente federal, dirigindo regularmente viatura oficial em escolta, atropela Sérgio, um suicida. Nessa situação, a Administração Pública não está obrigada a indenizar, pois o prejuízo foi causado exclusivamente pela vítima.

- **Caso II:** caso fortuito, evento da natureza imprevisível e inevitável.

    Por exemplo: a Polícia Rodoviária Federal (PRF) apreende um veículo em depósito. No local, cai um raio e destrói por completo o veículo apreendido. Nessa situação, a Administração não estará obrigada a indenizar o prejuízo sofrido, uma vez que não ocorreu culpa.

- **Caso III:** motivo de força maior, evento humano imprevisível e inevitável.

    Por exemplo: a PRF apreende um veículo em depósito. Uma manifestação popular intensa invade-o e depreda todo o veículo, inutilizando-o. Nessa situação, a Administração não estará obrigada a indenizar o prejuízo sofrido, uma vez que não ocorreu culpa.

> **Atenção!**
> Estão incluídas todas as pessoas jurídicas de direito público, ou seja, a Administração Direta, as autarquias e as fundações públicas de direito público, independentemente de suas atividades.

11.2 Teoria da culpa administrativa

Segundo a teoria da culpa administrativa, também conhecida como teoria da culpa anônima ou falta de serviço, o dever do Estado de indenizar o dano sofrido pelo particular somente existe caso seja comprovada a existência de falta de serviço. É possível, ainda, ocorrer a responsabilização do Estado aos danos causados por fenômenos da natureza quando ficar comprovado que o Estado concorreu de alguma maneira para que se produzisse o evento danoso, seja por dolo ou culpa. Nessa situação, vigora a responsabilidade subjetiva, pois temos a condição de ter ocorrido com dolo ou culpa. A culpa administrativa pode decorrer de uma das três formas possíveis de falta do serviço:

- Inexistência do serviço.
- Mau funcionamento do serviço.
- Retardamento do serviço.

Cabe sempre ao particular prejudicado pela falta comprovar sua ocorrência para fazer justa indenização.

Para os casos de omissão, a regra geral é a responsabilidade subjetiva. No entanto, há casos em que mesmo na omissão a responsabilidade do Estado será objetiva, por exemplo, no caso de atendimento hospitalar deficiente e de pessoas sob a custódia do Estado, ou seja, o preso, pois, nesse caso, o Estado tem o dever de assegurar integridade física e mental do custodiado.

11.3 Teoria do risco integral

A Teoria do risco integral representa uma exacerbação da responsabilidade civil da Administração. Segundo essa teoria, basta a existência de evento danoso e do nexo causal para que surja a obrigação de indenizar para a administração, mesmo que o dano decorra de culpa exclusiva do particular.

Alguns autores consideram essa teoria para o caso de acidente nuclear.

11.4 Danos decorrentes de obras públicas

Só o fato da obra: sem qualquer irregularidade na sua execução.
- Responsabilidade Civil Objetiva da Administração Pública ou particular (tanto faz quem execute a obra).

Má execução da obra
- **Administração Pública:** responsabilidade civil objetiva, com direito de ação regressiva.
- **Particular:** responsabilidade civil subjetiva.

11.5 Responsabilidade civil decorrente de atos legislativos

Regra: irresponsabilidade do Estado.

Exceção 1: leis inconstitucionais:
- Depende de declaração de inconstitucionalidade do STF;
- Depende de ajuizamento de ação de reparação de danos.

Exceção 2: leis de efeitos concretos.

11.6 Responsabilidade civil decorrente de atos jurisdicionais

Regra: irresponsabilidade do Estado.

Exceção: erro judiciário – esfera penal, ou seja, erro do judiciário que acarretou a prisão de um inocente ou na manutenção do preso no cárcere por tempo superior ao prolatado na sentença, art. 5º, inciso LXXV, da Constituição Federal de 1988. Segundo o STF, essa responsabilidade não alcança outras esferas.

Caso seja aplicada uma prisão cautelar a um acusado criminal e ele venha a ser absolvido, o Estado não responderá pelo erro judiciário, pois se entende que a aplicação da medida não constitui erro do judiciário, mas, sim, uma medida cautelar pertinente ao processo.

RESPONSABILIDADE CIVIL DO ESTADO

11.7 Ação de reparação de Danos

Administração Pública Particular
- Pode ser amigável ou judicial.
- Não pode ser intentada contra o agente público cuja ação acarretou o dano.

Ônus da prova
- **Particular:** nexo de causalidade direto e imediato entre o fato lesivo e o dano.
- **Administração Pública**
  - Culpa exclusiva da vítima.
  - Força maior.
  - Culpa concorrente da vítima.

Valor da indenização destina-se à cobertura das seguintes despesas:
- O que a vítima perdeu;
- O que a vítima gastou (advogados);
- O que a vítima deixou de ganhar.
- **Em caso de morte:**
  - Sepultamento;
  - Pensão alimentícia para os dependentes com base na expectativa de vida da vítima.

Prescrição

De acordo com o art. 1º da Lei nº 9.494/1997: 5 anos.

Tal prazo aplica-se inclusive às delegatárias de serviço público.

11.8 Ação regressiva

Administração Pública agente público

O art. 37, § 6º, da CF/1988 permite à Administração Pública ou delegatária (concessionárias, autorizatárias e permissionárias) de serviço público a ingressar com uma ação regressiva contra o agente cuja atuação acarretou o dano, desde que comprovado dolo ou culpa.

Requisitos
- Trânsito em julgado da sentença que condenou a Administração ou delegatária a indenizar.
- Culpa ou dolo do agente público (responsabilidade civil subjetiva).

Regras especiais
- O dever de reparação se estende aos sucessores até o limite da herança recebida.
- Pode acontecer após a quebra do vínculo entre o agente público e a Administração Pública.
- A ação de ressarcimento ao erário é imprescritível.

O agente ainda pode ser responsabilizado nas esferas administrativa e criminal se a conduta que gerou o prejuízo ainda incorrer em crime ou em falta administrativa, conforme o caso, podendo as penalidades serem aplicadas de forma cumulativa.

DIREITO ADMINISTRATIVO

12 LEI Nº 8.112/1990 – REGIME JURÍDICO DOS SERVIDORES DA UNIÃO

12.1 Disposições preliminares

Art. 1º Esta Lei institui o Regime Jurídico dos Servidores Públicos Civis da União, das autarquias, inclusive as em regime especial, e das fundações públicas federais.

A doutrina distingue lei nacional e lei federal. A lei **nacional** é aplicável a todos os entes Federados (por exemplo, Lei de Licitações). A lei **federal** só é aplicável no âmbito da União, por exemplo, a Lei nº 8.112/1990.

Alcance: servidores da administração direta, autárquica e fundacional (efetivos e comissionados). Não se aplica a empregados públicos (regidos pela CLT).

Art. 2º Para os efeitos desta Lei, servidor é a pessoa legalmente investida em cargo público.

Servidor: pessoa legalmente investida em cargo público.

Art. 3º Cargo público é o conjunto de atribuições e responsabilidades previstas na estrutura organizacional que devem ser cometidas a um servidor.

Parágrafo único. Os cargos públicos, acessíveis a todos os brasileiros, são criados por lei, com denominação própria e vencimento pago pelos cofres públicos, para provimento em caráter efetivo ou em comissão.

Cargo público: conjunto de atribuições e responsabilidades previstas na estrutura organizacional que devem ser cometidas a um servidor. Os cargos públicos, acessíveis a todos os brasileiros, são criados por lei, para provimento em caráter efetivo ou em comissão.

Cargo efetivo: ingresso por concurso público.

Cargo em comissão: de livre nomeação e exoneração – qualquer pessoa (servidor efetivo ou não) pode ser nomeada, respeitados os percentuais mínimos destinados aos servidores efetivos.

Art. 4º É proibida a prestação de serviços gratuitos, salvo os casos previstos em lei.

Serviços gratuitos: em regra, não pode haver prestação de serviços gratuitos, mas pode haver exceção se prevista em lei.

12.2 Provimento, vacância, remoção, redistribuição e substituição

12.2.1 Provimento

Seção I – Disposições Gerais

Art. 5º São requisitos básicos para investidura em cargo público:
I – a nacionalidade brasileira;
II – o gozo dos direitos políticos;
III – a quitação com as obrigações militares e eleitorais;
IV – o nível de escolaridade exigido para o exercício do cargo;
V – a idade mínima de dezoito anos;
VI – aptidão física e mental.
§ 1º As atribuições do cargo podem justificar a exigência de outros requisitos estabelecidos em lei.

Outros requisitos podem ser estabelecidos em lei se as atribuições do cargo os justificarem. Por exemplo, exigência de psicotécnico.

> **Fique ligado**
>
> Jurisprudência:
> **Súmula Vinculante nº 44 – STF:** pode-se sujeitar a exame psicotécnico a habilitação de candidato a cargo público.
> **Súmula nº 14 – STF:** não é admissível, por ato administrativo, restringir, em razão da idade, inscrição em concurso para cargo público.
> **Súmula nº 683 – STF:** o limite de idade para a inscrição em concurso público só se legitima em face do art. 7º, inc. XXX, da Constituição, quando possa ser justificado pela natureza das atribuições do cargo a ser preenchido.
> **Tatuagem – STF (RE 898.450):** editais de concurso público não podem estabelecer restrição a pessoas com tatuagem, salvo situações excepcionais em razão de conteúdo que viole valores constitucionais.

*§ 2º Às pessoas portadoras de deficiência é assegurado o direito de se inscrever em concurso público para provimento de cargo cujas atribuições sejam compatíveis com a deficiência de que são portadoras; para tais pessoas serão reservadas **até 20% (vinte por cento)** das vagas oferecidas no concurso.*

A Lei nº 8.112/1990 não fixou percentual para reserva de vagas. Nos concursos para provimento de cargo efetivo e nos processos seletivos para contratação temporária, o Decreto nº 9.508/2018 determina a reserva de, no mínimo, 5% das vagas (art. 1º, § 1º). Combinando o Decreto e a lei, temos um percentual entre 5% e 20%.

§ 3º As universidades e instituições de pesquisa científica e tecnológica federais poderão prover seus cargos com professores, técnicos e cientistas estrangeiros, de acordo com as normas e os procedimentos desta Lei.

O art. 37, I, da CF/1988, estabelece que cargos, empregos e funções são acessíveis aos brasileiros que preenchem os requisitos estabelecidos em lei (**norma de eficácia contida**), assim como aos estrangeiros, na forma da lei (**norma de eficácia limitada**). Além disso, o art. 207, § 1º, da CF/1988, dispõe que é facultado às universidades admitir professores, técnicos e cientistas estrangeiros, na forma da lei (**norma de eficácia limitada**).

Art. 6º O provimento dos cargos públicos far-se-á mediante ato da autoridade competente de cada Poder.

*Art. 7º A investidura em cargo público ocorrerá com a **posse**.*

Provimento: no Direito Administrativo significa, em linhas gerais, forma de assumir um cargo público. Só existe uma forma de provimento originário (nomeação), as demais formas representam provimento derivado.

Investidura: o provimento (originário) só se concretiza com a investidura, a qual só se completa com a posse.

Art. 8º São formas de provimento de cargo público:
I – nomeação;
II – promoção;
III e IV (Revogados);
V – readaptação;
VI – reversão;
VII – aproveitamento;
VIII – reintegração;
IX – recondução.

O provimento dos cargos públicos se fará mediante ato da autoridade competente de cada poder (art. 6º). A autoridade competente de cada um dos poderes (Executivo, Legislativo ou Judiciário) será responsável pelo ato de provimento.

A doutrina classifica as formas de provimento, como **originária** ou **derivada** (vertical, horizontal ou por reingresso).

▷ Nomeação: nomeio quem vai tomar posse – *originária*.
▷ Promoção: promovo o merecido – *derivada vertical*.
▷ Aproveitamento: aproveito o disponível – *derivada reingresso*.
▷ ReaDaptação: readapto o Doente – *derivada horizontal*.
▷ ReVersão: reverto o Velhinho – *derivada reingresso*.

LEI Nº 8.112/1990 – REGIME JURÍDICO DOS SERVIDORES DA UNIÃO

▷ Reintegração: reintegro o demitido – *derivada reingresso*.
▷ Recondução: reconduzo o aspirante – *derivada reingresso*.

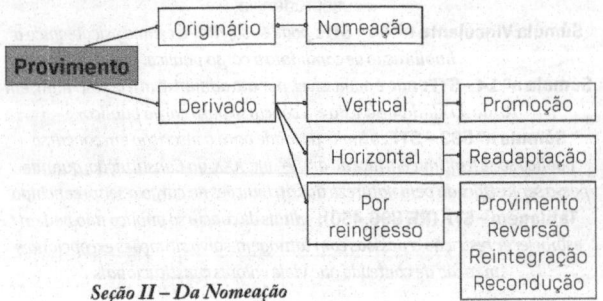

Provimento
- Originário → Nomeação
- Derivado
  - Vertical → Promoção
  - Horizontal → Readaptação
  - Por reingresso → Provimento Reversão / Reintegração / Recondução

Seção II – Da Nomeação

Art. 9º A nomeação far-se-á:
I – em caráter efetivo, quando se tratar de cargo isolado de provimento efetivo ou de carreira;
II – em comissão, inclusive na condição de interino, para cargos de confiança vagos.
Parágrafo único. O servidor ocupante de cargo em comissão ou de natureza especial poderá ser nomeado para ter exercício, interinamente, em outro cargo de confiança, sem prejuízo das atribuições do que atualmente ocupa, hipótese em que deverá optar pela remuneração de um deles durante o período da interinidade.

A nomeação pode se dar em:
▷ Caráter efetivo: cargo isolado de provimento efetivo ou de carreira (necessária aprovação em concurso).
▷ Comissão: inclusive na condição de interino, para cargos de confiança vagos (livre nomeação e exoneração).

Cargo de confiança	Cargo em comissão
São conferidas atribuições e responsabilidade a um servidor.	É atribuído um cargo (lugar) nos quadros da administração.
Exercidas, exclusivamente, por servidores ocupantes de cargo efetivo.	Em regra, pode ser exercida por qualquer pessoa (há um percentual mínimo destinado a servidor de carreira).
Depende de aprovação em concurso público.	Não depende de aprovação em concurso (há um percentual mínimo destinado a servidor de carreira).
Atribuições de direção, chefia e assessoramento.	Atribuições de direção, chefia e assessoramento.
Livre nomeação e extinção (em relação à função, não ao cargo efetivo).	Livre nomeação e exoneração.

Art. 10 A nomeação para cargo de carreira ou cargo isolado de provimento efetivo depende de prévia habilitação em concurso público de provas ou de provas e títulos, obedecidos a ordem de classificação e o prazo de sua validade.
Parágrafo único. Os demais requisitos para o ingresso e o desenvolvimento do servidor na carreira, mediante promoção, serão estabelecidos pela lei que fixar as diretrizes do sistema de carreira na Administração Pública Federal e seus regulamentos.

Durante a interinidade deve-se **optar** pela remuneração.

Seção III – Do Concurso Público

Art. 11 O concurso será de provas ou de provas e títulos, podendo ser realizado em duas etapas, conforme dispuserem a lei e o regulamento do respectivo plano de carreira, condicionada a inscrição do candidato ao pagamento do valor fixado no edital, quando indispensável ao seu custeio, e ressalvadas as hipóteses de isenção nele expressamente previstas.

A CF/1988 trata sobre concurso no art. 37, II: *A investidura em cargo ou emprego público depende de aprovação prévia em concurso público de provas ou de provas e títulos, de acordo com a natureza e a complexidade do cargo ou emprego, na forma prevista em lei, ressalvadas as nomeações para cargo em comissão declarado em lei de livre nomeação e exoneração.*

> **Fique ligado**
>
> Jurisprudência:
> **Provas de títulos – STF:** as provas de títulos devem ter caráter exclusivamente classificatório, nunca eliminatório.
> **Concurso regionalizado – STF:** não há ofensa ao princípio da isonomia, a realização de concursos em que a classificação seja feita por região.
> **Cláusula de barreira – STF:** é válida a previsão em editais das chamadas cláusulas de barreira.
> **Remarcação de TAF – STF:** candidato não possui direito de remarcar a prova de testes físicos em razão de circunstâncias pessoais, ainda que de caráter fisiológico ou de força maior, salvo disposição expressa em sentido contrário no respectivo edital.
> **Remarcação de TAF (gestante) – STF:** possui direito à remarcação das provas [...] a condição de gestante goza de proteção constitucional reforçada [...] a gravidez não pode causar prejuízo às candidatas, sob pena de malferir os princípios da isonomia e da razoabilidade.
> **Escusa de consciência – STF:** a fixação, por motivos de crença religiosa do candidato em concurso público, de data e/ou horário alternativos para realização de etapas do certame deve ser permitida, dentro de limites de adaptação razoável, após manifestação prévia e fundamentada de objeção de consciência por motivos religiosos.

Art. 12 O concurso público terá validade de **até 2 (dois) anos**, podendo ser prorrogado uma única vez, por igual período.
§ 1º O prazo de validade do concurso e as condições de sua realização serão fixados em edital, que será publicado no Diário Oficial da União e em jornal diário de grande circulação.
§ 2º Não se abrirá novo concurso enquanto houver candidato aprovado em concurso anterior com prazo de validade não expirado.

Diferentemente da CF/1988, que prevê a possibilidade de abertura de novo concurso dentro do prazo de validade desde obedecida a prioridade de convocação (art. 37, III e IV), a Lei nº 8.112/1990 veda, expressamente, a possibilidade de abertura de novo concurso se houver aprovado no anterior com prazo de validade não expirado.

> **Art. 37, CF/1988 [...]**
> III – o prazo de validade do concurso público será de até dois anos, prorrogável uma vez, por igual período;
> IV – durante o prazo improrrogável previsto no edital de convocação, aquele aprovado em concurso público de provas ou de provas e títulos será convocado com prioridade sobre novos concursados para assumir cargo ou emprego, na carreira;

> **Fique ligado**
>
> Jurisprudência:
> **Súmula nº 15 – STF:** dentro do prazo de validade do concurso, o candidato aprovado tem o direito à nomeação, quando o cargo for preenchido sem observância da classificação.
> **Súmula nº 16 – STF:** funcionário nomeado por concurso tem direito à posse.
> **RE 598.099 – STF:** candidato aprovado dentro do número das vagas previstas no edital do concurso tem direito à nomeação (exceto em situações excepcionais).
> Segundo o STF, o direito subjetivo à nomeação também se estende ao candidato aprovado fora do número de vagas previstas no edital, mas que passe a figurar entre as vagas em decorrência da desistência de candidatos classificados em colocação superior.

Seção IV – Da Posse e do Exercício

Art. 13 A posse dar-se-á pela assinatura do respectivo termo, no qual deverão constar as atribuições, os deveres, as responsabilidades e os direitos inerentes ao cargo ocupado, que **não poderão ser alterados unilateralmente**, por qualquer das partes, ressalvados os atos de ofício previstos em lei.

No momento da assinatura do termo de posse ocorre a investidura do servidor ao cargo público (art. 7º). No termo de posse deve constar: atribuições, deveres, responsabilidades e direitos inerentes ao cargo e, em regra, não podem ser alterados unilateralmente.

> *§ 1º A **posse** ocorrerá no prazo de **trinta dias** contados da publicação do ato de provimento.*

Após a nomeação, o candidato possui 30 dias para tomar posse.

> *§ 2º Em se tratando de servidor, que esteja na data de publicação do ato de provimento, em licença prevista nos incisos I, III e V do art. 81, ou afastado nas hipóteses dos incisos I, IV, VI, VIII, alíneas "a", "b", "d", "e" e "f", IX e X do art. 102, o prazo será contado do término do impedimento.*

Em se tratando de servidor, a contagem do prazo deve levar em consideração as situações de afastamentos, licenças e férias, sendo que o prazo de 30 dias será contado a partir do término do impedimento.

> *§ 3º A posse poderá dar-se mediante procuração específica.*

É possível posse por procuração.

> *§ 4º Só haverá **posse** nos casos de provimento de cargo por **nomeação**.*
>
> *§ 5º No ato da **posse**, o servidor apresentará **declaração de bens e valores** que constituem seu patrimônio e **declaração quanto ao exercício ou não de outro cargo**, emprego ou função pública.*
>
> *§ 6º Será tornado sem efeito o ato de provimento se a posse não ocorrer no prazo previsto no § 1º deste artigo.*

Se a posse não ocorrer no prazo de 30 dias, o ato de provimento torna-se sem efeito.

> ***Art. 14*** *A posse em cargo público dependerá de **prévia inspeção médica oficial**.*
>
> ***Parágrafo único.*** *Só poderá ser empossado aquele que for julgado apto física e mentalmente para o exercício do cargo.*
>
> ***Art. 15*** *Exercício é o efetivo desempenho das atribuições do cargo público ou da função de confiança*
>
> *§ 1º É de **quinze dias** o prazo para o servidor empossado em cargo público **entrar em exercício**, contados da data da posse.*

Nomeação	Posse	Exercício
(provimento originário) →	(30 dias após a nomeação) *Não cumprir o prazo: nomeação sem efeito. →	(15 dias após a posse) *Não cumprir o prazo: exoneração.

Os prazos citados são improrrogáveis.

> *§ 2º O servidor será exonerado do cargo ou será tornado sem efeito o ato de sua designação para função de confiança, se não entrar em exercício nos prazos previstos neste artigo, observado o disposto no art. 18.*

O prazo para entrar em exercício é de 15 dias. O servidor que não entrar em exercício durante esse prazo será exonerado. Se for para função de confiança e não respeitar o prazo citado, a designação será tornada sem efeito.

	Servidor nomeado	Servidor designado para função de confiança
Prazo para entrar em exercício	15 dias (a contar da posse)	Na data da designação (salvo licença ou afastamento)
Consequência do não cumprimento do prazo	Exoneração	A designação torna-se sem efeito

> ***Art. 16*** *O início, a suspensão, a interrupção e o reinício do exercício serão registrados no assentamento individual do servidor.*
>
> ***Parágrafo único.*** *Ao entrar em exercício, o servidor apresentará ao órgão competente os elementos necessários ao seu assentamento individual.*
>
> ***Art. 17*** *A promoção não interrompe o tempo de exercício, que é contado no novo posicionamento na carreira a partir da data de publicação do ato que promover o servidor.*

A promoção não interrompe o tempo de exercício.

> ***Art. 18*** *O servidor que deva ter exercício em outro município em razão de ter sido removido, redistribuído, requisitado, cedido ou posto em exercício provisório terá, no mínimo, dez e, no máximo, trinta dias de prazo, contados da publicação do ato, para a retomada do efetivo desempenho das atribuições do cargo, incluído nesse prazo o tempo necessário para o deslocamento para a nova sede.*
>
> *§ 1º Na hipótese de o servidor encontrar-se em licença ou afastado legalmente, o prazo a que se refere este artigo será contado a partir do término do impedimento.*
>
> *§ 2º É facultado ao servidor declinar dos prazos estabelecidos no caput.*

Nos casos de remoção, redistribuição, cedência e requisição, o servidor terá, no mínimo, 10 e, no máximo, 30 dias para entrar em exercício. O servidor pode renunciar a esses prazos.

> ***Art. 19*** *Os servidores cumprirão jornada de trabalho fixada em razão das atribuições pertinentes aos respectivos cargos, respeitada a duração máxima do trabalho semanal de **quarenta horas** e observados os limites mínimo e máximo de seis horas e oito horas diárias, respectivamente.*
>
> *§ 1º O ocupante de cargo em comissão ou função de confiança submete-se a regime de integral dedicação ao serviço, observado o disposto no art. 120, podendo ser convocado sempre que houver interesse da Administração.*
>
> *§ 2º O disposto neste artigo não se aplica a duração de trabalho estabelecida em leis especiais.*
>
> ***Art. 20*** *Ao entrar em exercício, o servidor nomeado para cargo de provimento efetivo ficará sujeito a estágio probatório por período de 24 (vinte e quatro) meses, durante o qual a sua aptidão e capacidade serão objeto de avaliação para o desempenho do cargo, observados os seguintes fatores:*
>
> *I – assiduidade;*
>
> *II – disciplina;*
>
> *III – capacidade de iniciativa;*
>
> *IV – produtividade;*
>
> *V – responsabilidade.*

A EC nº 19/1998 alterou o art. 41 da CF/1988 e estabeleceu que o prazo para o servidor adquirir estabilidade é de 3 anos. Diante disso, o STF se posicionou no sentido de que esse também é o prazo do estágio probatório.

> *§ 1º **4 (quatro) meses** antes de findo o período do estágio probatório, será submetida à homologação da autoridade competente a **avaliação do desempenho do servidor**, realizada por **comissão constituída para essa finalidade**, de acordo com o que dispuser a lei ou o regulamento da respectiva carreira ou cargo, sem prejuízo da continuidade de apuração dos fatores enumerados nos incisos I a V do caput deste artigo.*
>
> *§ 2º O servidor **não aprovado** no estágio probatório será **exonerado** ou, **se estável, reconduzido** ao cargo anteriormente ocupado, observado o disposto no parágrafo único do art. 29.*

Reprovação no estágio probatório	
Não estável	Exoneração
Estável	Recondução ao cargo de origem

LEI Nº 8.112/1990 – REGIME JURÍDICO DOS SERVIDORES DA UNIÃO

§ 3º O servidor em estágio probatório poderá exercer quaisquer cargos de provimento em comissão ou funções de direção, chefia ou assessoramento no órgão ou entidade de lotação, e somente poderá ser cedido a outro órgão ou entidade para ocupar cargos de Natureza Especial, cargos de provimento em comissão do Grupo-Direção e Assessoramento Superiores – DAS, de níveis 6, 5 e 4, ou equivalentes.

§ 4º Ao servidor em estágio probatório somente poderão ser concedidas as licenças e os afastamentos previstos nos arts. 81, incisos I a IV, 94, 95 e 96, bem assim afastamento para participar de curso de formação decorrente de aprovação em concurso para outro cargo na Administração Pública Federal

Não podem ser concedidas as seguintes licenças durante o estágio:

▷ Probatório:
- **Mandato classista.**
- **Tratar de interesses particulares.**
- **Capacitação.**
- **Macete:** use o mnemônico **MA – TRA – CA**

▷ Afastamentos permitidos:
- Art. 94 – Mandato eletivo.
- Art. 95 – Afastamento para estudo ou missão no exterior.
- Art. 96 – Afastamento de servidor para servir em organismo internacional de que o Brasil participe (com perda total da remuneração).

§ 5º O estágio probatório ficará suspenso durante as licenças e os afastamentos previstos nos arts. 83, 84, § 1º, 86 e 96, bem assim na hipótese de participação em curso de formação, e será retomado a partir do término do impedimento.

Suspensão do estágio probatório:

▷ Art. 83: motivo de doença do cônjuge ou companheiro, dos pais, dos filhos, do padrasto ou madrasta e enteado, ou dependente que viva a suas expensas e conste do seu assentamento funcional.

▷ Art. 84: licença por motivo de afastamento do cônjuge (prazo indeterminado e sem remuneração).

▷ Art. 86: licença para atividade política.

▷ Art. 96: afastamento de servidor para servir em organismo internacional de que o Brasil participe (com perda total da remuneração).

O estágio probatório volta a correr normalmente, de onde parou, após o término destas licenças e afastamentos citados.

Seção V – Da Estabilidade

Art. 21 O servidor habilitado em concurso público e empossado em cargo de provimento efetivo adquirirá estabilidade no serviço público ao completar 2 (dois) anos de efetivo exercício. (prazo 3 anos – vide EMC nº 19)

Art. 22 O servidor estável só perderá o cargo em virtude de sentença judicial transitada em julgado ou de processo administrativo disciplinar no qual lhe seja assegurada ampla defesa.

Art. 41, CF/1988 São estáveis após três anos de efetivo exercício os servidores nomeados para cargo de provimento efetivo em virtude de concurso público.
§ 1º O servidor público estável só perderá o cargo:
I – em virtude de sentença judicial transitada em julgado;
II – mediante processo administrativo em que lhe seja assegurada ampla defesa;
III – mediante procedimento de avaliação periódica de desempenho, na forma de lei complementar, assegurada ampla defesa.
§ 2º Invalidada por sentença judicial a demissão do servidor estável, será ele reintegrado, e o eventual ocupante da vaga, se estável, reconduzido ao cargo de origem, sem direito a indenização, aproveitado em outro cargo ou posto em disponibilidade com remuneração proporcional ao tempo de serviço.

---

§ 3º Extinto o cargo ou declarada a sua desnecessidade, o servidor estável ficará em disponibilidade, com remuneração proporcional ao tempo de serviço, até seu adequado aproveitamento em outro cargo.
Os requisitos cumulativos para aquisição de estabilidade são:
I – Concurso público;
II – Cargo público de provimento efetivo;
III – Três anos de efetivo exercício.
IV – Aprovação em avaliação especial de desempenho.

Outro detalhe importante citado pela doutrina refere-se ao fato de a estabilidade acontecer por ente federativo. Nessa ótica, um servidor que passa em um concurso federal, regido pela Lei nº 8.112/1990, conquistando sua estabilidade, será estável na União, mas não em relação ao Estado e Município onde reside.

Seção VI – Da Transferência
Art. 23 (Revogado).

Seção VII – Da Readaptação

Art. 24 Readaptação é a investidura do servidor em cargo de atribuições e responsabilidades compatíveis com a limitação que tenha sofrido em sua capacidade física ou mental verificada em inspeção médica.

§ 1º Se julgado incapaz para o serviço público, o readaptando será aposentado.

§ 2º A readaptação será efetivada em cargo de atribuições afins, respeitada a habilitação exigida, nível de escolaridade e equivalência de vencimentos e, na hipótese de inexistência de cargo vago, o servidor exercerá suas atribuições como excedente, até a ocorrência de vaga.

Readaptação – forma de provimento derivado horizontal: ela se dá quando o servidor não tem mais aptidão física ou mental para exercer o cargo.

A readaptação será feita:
a) Em cargo de atribuições afins;
b) Respeitada a habilitação exigida;
c) Respeitado o nível de escolaridade;
d) Com equivalência de vencimentos.

Na hipótese de inexistência de cargo vago, o servidor exercerá suas atribuições como **excedente**, até a ocorrência de vaga.

Seção VIII – Da Reversão

Art. 25 Reversão é o retorno à atividade de servidor aposentado:
I – por invalidez, quando junta médica oficial declarar insubsistentes os motivos da aposentadoria;
II – no interesse da administração, desde que:
a) tenha solicitado a reversão;
b) a aposentadoria tenha sido voluntária;
c) estável quando na atividade;
d) a aposentadoria tenha ocorrido nos cinco anos anteriores à solicitação;
e) haja cargo vago.

§ 1º A reversão far-se-á no mesmo cargo ou no cargo resultante de sua transformação.

§ 2º O tempo em que o servidor estiver em exercício será considerado para concessão da aposentadoria.

*§ 3º No caso do inciso I, encontrando-se provido o cargo, o servidor exercerá suas **atribuições como excedente**, até a ocorrência de vaga*

*§ 4º O servidor que retornar à atividade por interesse da administração **perceberá, em substituição aos proventos da aposentadoria, a remuneração do cargo que voltar a exercer**, inclusive com as vantagens de natureza pessoal que percebia anteriormente à aposentadoria.*

§ 5º O servidor de que trata o inciso II somente terá os proventos calculados com base nas regras atuais se permanecer pelo menos cinco anos no cargo.

§ 6º O Poder Executivo regulamentará o disposto neste artigo.

Art. 26 (Revogado)

Art. 27 Não poderá reverter o aposentado que já tiver completado 70 (setenta) anos de idade.

▷ **Compulsória**: servidor aposentado por invalidez – quando insubsistente motivo declarado por junta médica.

Na hipótese de reversão compulsória, caso o cargo esteja ocupado, o servidor revertido exercerá suas atribuições como **excedente**.

O art. 40, I, CF/1988, diz que o servidor pode ser aposentado: *Por **incapacidade permanente** para o trabalho, no cargo em que estiver investido, **quando insuscetível de readaptação**, hipótese em que será obrigatória **a realização de avaliações periódicas** para verificação da continuidade das condições que ensejaram a concessão da aposentadoria.*

O servidor aposentado deverá passar por avaliações médicas periódicas, para comprovar que sua incapacidade se mantém. Caso essa incapacidade cesse, o servidor será **revertido compulsoriamente**.

▷ **Voluntária**: no interesse da administração.

A aposentadoria e a solicitação de reversão devem ser voluntárias.

Nesse caso, os requisitos são: servidor tenha solicitado a reversão; aposentadoria tenha sido voluntária; servidor seja **estável** quando na atividade; a aposentadoria tenha ocorrido nos **cinco anos anteriores** à solicitação; haja cargo vago.

Em qualquer caso, não poderá reverter quem já tiver completado 70 anos de idade.

A idade de aposentadoria compulsória é 75 anos, porém a idade máxima para reverter é 70 anos.

Seção IX – Da Reintegração

Art. 28 A reintegração é a reinvestidura do servidor estável no cargo anteriormente ocupado, ou no cargo resultante de sua transformação, quando invalidada a sua demissão por decisão administrativa ou judicial, com ressarcimento de todas as vantagens.

§ 1º Na hipótese de o cargo ter sido extinto, o servidor ficará em disponibilidade, observado o disposto nos arts. 30 e 31.

§ 2º Encontrando-se provido o cargo, o seu eventual ocupante será reconduzido ao cargo de origem, sem direito à indenização ou aproveitado em outro cargo, ou, ainda, posto em disponibilidade.

Trata-se do retorno do servidor estável ao cargo anteriormente ocupado, ou no cargo resultante de sua transformação, quando invalidada a sua demissão:

a) Por decisão administrativa ou judicial;
b) Com ressarcimento de todas as vantagens.

Caso o cargo for extinto, o servidor ficará em **disponibilidade**.

Seção X – Da Recondução

Art. 29 Recondução é o retorno do servidor estável ao cargo anteriormente ocupado e decorrerá de:

I – inabilitação em estágio probatório relativo a outro cargo;

II – reintegração do anterior ocupante.

Parágrafo único. Encontrando-se provido o cargo de origem, o servidor será aproveitado em outro, observado o disposto no art. 30.

Retorno do servidor estável ao cargo anteriormente ocupado e decorrerá de:

a) Inabilitação em estágio probatório relativo a outro cargo;
b) Desistência estágio probatório (jurisprudência[1]);
c) Reintegração do anterior ocupante.

Após reconduzido, encontrando-se provido o cargo de origem, o servidor será:

a) Aproveitado em outro cargo;
b) Posto em disponibilidade.

---

[1] A jurisprudência entende que a recondução pode se dar por desistência do novo cargo, durante o período de estágio probatório (não tem previsão expressa na lei).

Seção XI – Da Disponibilidade e do Aproveitamento

Art. 30 O retorno à atividade de servidor em disponibilidade far-se-á mediante aproveitamento obrigatório em cargo de atribuições e vencimentos compatíveis com o anteriormente ocupado.

Art. 31 O órgão Central do Sistema de Pessoal Civil determinará o imediato aproveitamento de servidor em disponibilidade em vaga que vier a ocorrer nos órgãos ou entidades da Administração Pública Federal.

Parágrafo único. Na hipótese prevista no § 3º do art. 37, o servidor posto em disponibilidade poderá ser mantido sob responsabilidade do órgão central do Sistema de Pessoal Civil da Administração Federal – SIPEC, até o seu adequado aproveitamento em outro órgão ou entidade

O servidor fica em disponibilidade em razão da extinção do cargo ou da declaração de sua desnecessidade. Colocar o servidor em disponibilidade é o último recurso da administração pública, uma vez que não é interessante manter um servidor sem trabalhar e recebendo remuneração. A disponibilidade, normalmente, ocorre quando o cargo for **extinto** ou declarado **desnecessário** para a administração pública, além dos casos já vistos provenientes de **reintegração** ou **recondução**.

Art. 32 Será tornado sem efeito o aproveitamento e cassada a disponibilidade se o servidor não entrar em exercício no prazo legal, salvo doença comprovada por junta médica oficial.

12.2.2 Vacância

Art. 33 A vacância do cargo público decorrerá de:

I – exoneração;

II – demissão;

III – promoção;

IV e V (Revogados);

VI – readaptação;

VII – aposentadoria;

VIII – posse em outro cargo inacumulável;

IX – falecimento.

A vacância ocorre quando um servidor desocupa o seu cargo.

Promoção, readaptação e posse em outro cargo inacumulável são, simultaneamente, formas de **provimento** e **vacância**.

A demissão possui caráter punitivo.

*Art. 34 A exoneração de **cargo efetivo** dar-se-á a pedido do servidor, ou de ofício.*

Parágrafo único. A exoneração de ofício dar-se-á:

I – quando não satisfeitas as condições do estágio probatório;

II – quando, tendo tomado posse, o servidor não entrar em exercício no prazo estabelecido.

*Art. 35 A exoneração de **cargo em comissão e a dispensa de função de confiança** dar-se-á:*

I – a juízo da autoridade competente;

II – a pedido do próprio servidor.

A Exoneração, quando se trata de **cargo efetivo**, pode se dar de duas formas:

a) A pedido: ocorre quando o servidor decide deixar o serviço público e solicita o seu desligamento
b) De ofício:

▷ Quando as condições não são satisfeitas para o estágio probatório.

Não se trata de aplicação de penalidade, mas de consequência legal prevista quando constatada a inadequação do servidor ao cargo.

▷ Quando, tendo tomado posse, o servidor não entrar em exercício no prazo estabelecido.

O prazo para o servidor entrar em exercício após a posse é de 15 dias.

LEI Nº 8.112/1990 – REGIME JURÍDICO DOS SERVIDORES DA UNIÃO

12.2.3 Remoção e redistribuição

Seção I – Da Remoção

Art. 36 *Remoção é o deslocamento do servidor, a pedido ou de ofício, no âmbito do mesmo quadro, com ou sem mudança de sede.*

A remoção de ofício pode ocorrer sem mudança de sede.

> **Art. 242** Para os fins desta Lei, **considera-se sede o município onde a repartição estiver instalada** e onde o servidor tiver exercício, em caráter permanente.

Parágrafo único. Para fins do disposto neste artigo, entende-se por modalidades de remoção:

I – de ofício, no interesse da Administração;

II – a pedido, a critério da Administração;

III – a pedido, para outra localidade, independentemente do interesse da Administração:

a) para acompanhar cônjuge ou companheiro, também servidor público civil ou militar, de qualquer dos Poderes da União, dos Estados, do Distrito Federal e dos Municípios, que foi deslocado no interesse da Administração;

b) por motivo de saúde do servidor, cônjuge, companheiro ou dependente que viva às suas expensas e conste do seu assentamento funcional, condicionada à comprovação por junta médica oficial;

c) em virtude de processo seletivo promovido, na hipótese em que o número de interessados for superior ao número de vagas, de acordo com normas preestabelecidas pelo órgão ou entidade em que aqueles estejam lotados.

A remoção não é forma de provimento, ela é o deslocamento do servidor, no âmbito do mesmo quadro de pessoal, **com** ou **sem** mudança de sede.

A remoção pode ser feita de três maneiras distintas, sendo estas:

a) A pedido – a critério da administração: quando o servidor solicita, simplesmente, a mudança de sede, por motivos pessoais. A administração **não** é obrigada a atender o pedido.

b) De ofício – no interesse da administração: quando a administração decide para onde o servidor deve ir. É a única situação em que é devida ajuda de custo ao servidor.

c) A pedido – independente do interesse da administração.

Para outra localidade:

a) Para acompanhar cônjuge ou companheiro, também servidor público civil ou militar, de qualquer dos Poderes da União, dos Estados, do Distrito Federal e dos Municípios, que foi deslocado no interesse da Administração.

b) Por motivo de saúde do servidor, cônjuge, companheiro ou dependente que viva às suas expensas e conste do seu assentamento funcional, condicionada à comprovação por junta médica oficial.

c) Em virtude de processo seletivo promovido, na hipótese em que o número de interessados for superior ao número de vagas, de acordo com normas preestabelecidas pelo órgão ou entidade em que aqueles estejam lotados.

Seção II – Da Redistribuição

Art. 37 *Redistribuição é o deslocamento de cargo de provimento efetivo, ocupado ou vago no âmbito do quadro geral de pessoal, para outro órgão ou entidade do mesmo Poder, com prévia apreciação do órgão central do SIPEC, observados os seguintes preceitos:*

I – interesse da administração

II – equivalência de vencimentos

III – manutenção da essência das atribuições do cargo;

IV – vinculação entre os graus de responsabilidade e complexidade das atividades;

V – mesmo nível de escolaridade, especialidade ou habilitação profissional;

VI – compatibilidade entre as atribuições do cargo e as finalidades institucionais do órgão ou entidade.

Redistribuição é o deslocamento de cargo de provimento efetivo, **ocupado** ou **vago** no âmbito do quadro geral de pessoal, para outro órgão ou entidade do mesmo poder.

O cargo redistribuído para outro órgão/entidade deve ser semelhante ao cargo de origem.

§ 1º A redistribuição ocorrerá ex officio para ajustamento de lotação e da força de trabalho às necessidades dos serviços, inclusive nos casos de reorganização, extinção ou criação de órgão ou entidade

§ 2º A redistribuição de cargos efetivos vagos se dará mediante ato conjunto entre o órgão central do SIPEC e os órgãos e entidades da Administração Pública Federal envolvidos.

§ 3º Nos casos de reorganização ou extinção de órgão ou entidade, extinto o cargo ou declarada sua desnecessidade no órgão ou entidade, o servidor estável que não for redistribuído será colocado em disponibilidade, até seu aproveitamento na forma dos arts. 30 e 31.

§ 4º O servidor que não for redistribuído ou colocado em disponibilidade poderá ser mantido sob responsabilidade do órgão central do SIPEC, e ter exercício provisório, em outro órgão ou entidade, até seu adequado aproveitamento.

Nos casos de reorganização ou extinção de órgão ou entidade, extinto o cargo ou declarada sua desnecessidade no órgão ou entidade, o servidor estável que ocupava o cargo redistribuído e não acompanhar o cargo será:

a) Colocado em disponibilidade, até seu aproveitamento;

b) Mantido sob responsabilidade do órgão central do Sipec, e ter exercício provisório, em outro órgão ou entidade, até seu adequado aproveitamento.

12.2.4 Substituição

Art. 38 *Os servidores investidos em cargo ou função de direção ou chefia e os ocupantes de cargo de Natureza Especial terão substitutos indicados no regimento interno ou, no caso de omissão, previamente designados pelo dirigente máximo do órgão ou entidade.*

Trata-se de quem assume um cargo de direção, chefia ou natureza especial, na ausência do titular.

Todos os servidores que estiverem nas funções de direção ou chefia terão substitutos. Os cargos não podem ficar desprovidos.

§ 1º O substituto assumirá automática e cumulativamente, sem prejuízo do cargo que ocupa, o exercício do cargo ou função de direção ou chefia e os de Natureza Especial, nos afastamentos, impedimentos legais ou regulamentares do titular e na vacância do cargo, hipóteses em que deverá optar pela remuneração de um deles durante o respectivo período.

Durante a substituição, o substituto exercerá cumulativamente os dois cargos, o seu e o cargo na condição de substituto, devendo optar pela remuneração de um deles.

§ 2º O substituto fará jus à retribuição pelo exercício do cargo ou função de direção ou chefia ou de cargo de Natureza Especial, nos casos dos afastamentos ou impedimentos legais do titular, superiores a trinta dias consecutivos, paga na proporção dos dias de efetiva substituição, que excederem o referido período.

Quando a substituição for superior a 30 dias, o substituto fará jus à retribuição pelo exercício do cargo de chefia, durante o período que exceder 30 dias.

Art. 39 *O disposto no artigo anterior aplica-se aos titulares de unidades administrativas organizadas em nível de assessoria.*

12.3 Direitos e vantagens

12.3.1 Vencimento e remuneração

Art. 40 *Vencimento é a retribuição pecuniária pelo exercício de cargo público, com valor **fixado em lei**.*

Art. 41 *Remuneração é o **vencimento** do cargo efetivo, **acrescido das vantagens pecuniárias permanentes** estabelecidas em lei.*

DIREITO ADMINISTRATIVO

▷ Vencimento: retribuição pecuniária pelo exercício de cargo público, com valor fixado em lei.
▷ Remuneração: vencimento do cargo efetivo, acrescido das vantagens pecuniárias permanentes estabelecidas em lei.
▷ Subsídio: modalidade de retribuição pecuniária paga a certos agentes públicos, em parcela única, sendo vedado o acréscimo de qualquer gratificação, adicional, abono, prêmio, verba de representação ou outra espécie remuneratória (não está definido na Lei nº 8.112/1990).

> § 1º A remuneração do servidor investido em função ou cargo em comissão será paga na forma prevista no art. 62.
> § 2º O servidor investido em **cargo em comissão de órgão ou entidade diversa** da de sua lotação receberá a remuneração de acordo com o estabelecido no § 1º do art. 93.
> § 3º O **vencimento** do cargo efetivo, **acrescido das vantagens** de caráter permanente, **é irredutível**.

Trata o referido parágrafo da irredutibilidade da remuneração.

Esta irredutibilidade não é absoluta, sendo que o art. 37, XV, CF/1988, apresenta algumas exceções, como: *o subsídio e os vencimentos dos ocupantes de cargos e empregos públicos são irredutíveis, ressalvado o disposto nos incisos XI e XIV deste artigo e nos arts. 39, § 4º, 150, II, 153, III, e 153, § 2º, I.*

> § 4º É assegurada a isonomia de vencimentos para cargos de atribuições iguais ou assemelhadas do mesmo Poder, ou entre servidores dos três Poderes, ressalvadas as vantagens de caráter individual e as relativas à natureza ou ao local de trabalho.

Súmula Vinculante nº 37 – STF: *Não cabe ao poder Judiciário, que não tem função legislativa, aumentar vencimentos de servidores públicos sob o fundamento de isonomia.*

> § 5º Nenhum servidor receberá remuneração inferior ao salário-mínimo.

O vencimento pode ser inferior ao salário-mínimo, a vedação se refere à remuneração.

Fique ligado
Jurisprudência:
Súmula Vinculante nº 4 – STF: *Salvo nos casos previstos na Constituição, o salário-mínimo não pode ser usado como indexador de base de cálculo de vantagem de servidor público ou de empregado, nem ser substituído por decisão judicial.*
Súmula Vinculante nº 42 – STF: *É inconstitucional a vinculação do reajuste de vencimentos de servidores estaduais ou municipais a índices federais de correção monetária.*
Súmula nº 679 – STF: *A fixação de vencimentos dos servidores públicos não pode ser objeto de convenção coletiva.*

> Art. 42 Nenhum servidor poderá perceber, mensalmente, a título de remuneração, importância superior à soma dos valores percebidos como remuneração, em espécie, a qualquer título, no âmbito dos respectivos Poderes, pelos Ministros de Estado, por membros do Congresso Nacional e Ministros do Supremo Tribunal Federal.
> **Parágrafo único.** Excluem-se do teto de remuneração as vantagens previstas nos incisos II a VII do art. 61.

Teto remuneratório:

Trata-se do valor máximo que um servidor federal pode receber, de acordo com o art. 37, XI, da CF/1988.

As verbas indenizatórias, como diárias e auxílio moradia, não são computadas para o cálculo do teto remuneratório.

Excluem-se do teto de remuneração:
Art. 61, Lei nº 8.112/1990 (Gratificações e adicionais).
II – gratificação natalina;
III – (Revogado);
IV – adicional pelo exercício de atividades insalubres, perigosas ou penosas;
V – adicional pela prestação de serviço extraordinário;
VI – adicional noturno;
VII – adicional de férias;

> Art. 43 (Vetado).
> Art. 44 O servidor **perderá**:
> I – a **remuneração do dia** em que faltar ao serviço, sem motivo justificado;
> II – a **parcela de remuneração diária**, proporcional aos atrasos, ausências justificadas, ressalvadas as concessões de que trata o art. 97, e saídas antecipadas, salvo na hipótese de compensação de horário, até o mês subseqüente ao da ocorrência, a ser estabelecida pela chefia imediata.
> **Parágrafo único.** As **faltas justificadas** decorrentes de caso fortuito ou de força maior **poderão ser compensadas** a critério da chefia imediata, sendo assim consideradas como efetivo exercício.

Desconto da remuneração

a) Caso falte ao serviço, sem motivo justificado – perderá o dia de remuneração.
b) Caso atrase, saia antecipadamente – perderá a remuneração proporcional.

> Art. 45 Salvo por imposição legal, ou mandado judicial, nenhum desconto incidirá sobre a remuneração ou provento.
> §§ 1º e 2º (Revogados pela Medida Provisória nº 1.132/2022)

Medida Provisória nº 1.132/2022
Art. 1º Os servidores públicos federais regidos pela Lei nº 8.112, de 11 de dezembro 1990, poderão autorizar a consignação em folha de pagamento em favor de terceiros, a critério da administração e com reposição de custos, na forma definida em regulamento.
Parágrafo único. O total de consignações facultativas de que trata caput não excederá a **quarenta por cento** da remuneração mensal, sendo que cinco por cento serão reservados exclusivamente para:
I – amortização de despesas contraídas por meio de cartão de crédito; ou
II – utilização com finalidade de saque por meio do cartão de crédito.

> Art. 46 As reposições e indenizações ao erário, atualizadas até 30 de junho de 1994, serão previamente comunicadas ao servidor ativo, aposentado ou ao pensionista, para **pagamento, no prazo máximo de trinta dias**, podendo ser parceladas, a pedido do interessado.
> § 1º O valor de cada parcela **não poderá ser inferior** ao correspondente a **dez por cento da remuneração**, provento ou pensão.
> § 2º Quando o pagamento indevido houver ocorrido no mês anterior ao do processamento da folha, a reposição será feita imediatamente, em uma única parcela.
> § 3º Na hipótese de valores recebidos em decorrência de cumprimento a decisão liminar, a tutela antecipada ou a sentença que venha a ser revogada ou rescindida, serão eles atualizados até a data da reposição.

Reposições e indenizações ao erário:

a) Pagamento, no prazo máximo de trinta dias, podendo ser parcelado.
b) Parcela não poderá ser inferior a 10% da remuneração/provento/pensão.
c) Pagamento indevido ocorrido no mês anterior ao do processamento da folha, a reposição será feita imediatamente, em uma única parcela.

LEI Nº 8.112/1990 – REGIME JURÍDICO DOS SERVIDORES DA UNIÃO

*Art. 47 O servidor em débito com o erário, que for **demitido**, exonerado ou que tiver sua aposentadoria ou disponibilidade cassada, terá o prazo de sessenta dias para quitar o débito.*

*Parágrafo único. A **não quitação** do débito no prazo previsto implicará sua **inscrição em dívida ativa**.*

*Art. 48 O vencimento, a remuneração e o provento não serão objeto de arresto, sequestro ou penhora, **exceto nos casos de prestação de alimentos** resultante de decisão judicial*

Excluindo-se os casos de pagamento de pensão alimentícia, decidida judicialmente, não poderá haver sequestro, arresto ou penhora do vencimento ou remuneração do servidor.

12.3.2 Vantagens

Art. 49 Além do vencimento, poderão ser pagas ao servidor as seguintes vantagens:
I – indenizações;
II – gratificações;
III – adicionais.

*§ 1º As **indenizações não se incorporam ao vencimento ou provento** para qualquer efeito.*

As indenizações são eventuais, ou seja, não têm caráter permanente.

*§ 2º As **gratificações e os adicionais incorporam-se ao vencimento ou provento**, nos casos e condições indicados em lei.*

As gratificações e os adicionais podem ter caráter permanente, incorporando-se à remuneração.

Art. 50 As vantagens pecuniárias não serão computadas, nem acumuladas, para efeito de concessão de quaisquer outros acréscimos pecuniários ulteriores, sob o mesmo título ou idêntico fundamento.

Vedação ao efeito cascata:

O art. 37, XIV, apresenta uma regra semelhante, porém, mais restrita: *os acréscimos pecuniários percebidos por servidor público não serão computados nem acumulados para fins de concessão de acréscimos ulteriores.*

Esse inciso, basicamente, proíbe que gratificações, adicionais e outras vantagens incidam uns sobre outros, cumulando-se.

Exemplo: vencimento básico – R$ 2.000,00 + função de chefe – R$ 1.000,00. Determinada lei institui um adicional de atividade a ser pago um percentual de 30%. Esse adicional só poderá incidir sobre o vencimento básico.

Vantagens
- Indenização
  - a) Ajuda de custo
  - b) Diárias
  - c) Transporte
  - d) Auxílio-moradia
- Gratificações e adicionais
  - a) Função de direção, chefia e assessoramento
  - b) Gratificação natalina
  - c) Adicional de insalubridade (periculosidade e penosidade)
  - d) Adicional de serviço extraoridnário (hora extra)
  - e) Adicional noturno
  - f) Adicional de férias
  - g) Gratificação por encargo de curso ou concurso
  - h) Outros, relativos ao local ou à natureza do trabalho

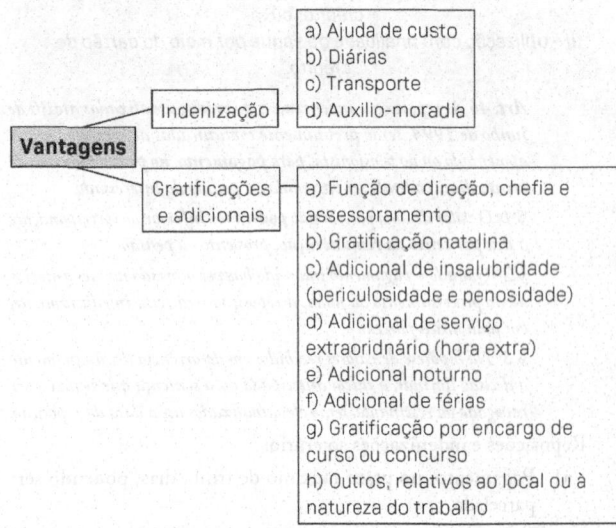

Seção I – Das Indenizações

Art. 51 Constituem indenizações ao servidor:
I – ajuda de custo;
II – diárias;
III – transporte;
IV – (Revogado);
IV – auxílio-moradia.

Art. 52 Os valores das indenizações estabelecidas nos incisos I a III do art. 51, assim como as condições para a sua concessão, serão estabelecidos em regulamento.

As indenizações não são computadas para o cálculo do teto remuneratório.

Subseção I – Da Ajuda de Custo

Art. 53 A ajuda de custo destina-se a compensar as despesas de instalação do servidor que, no interesse do serviço, passar a ter exercício em nova sede, com mudança de domicílio em caráter permanente, vedado o duplo pagamento de indenização, a qualquer tempo, no caso de o cônjuge ou companheiro que detenha também a condição de servidor, vier a ter exercício na mesma sede

§ 1º Correm por conta da administração as despesas de transporte do servidor e de sua família, compreendendo passagem, bagagem e bens pessoais.

§ 2º À família do servidor que falecer na nova sede são assegurados ajuda de custo e transporte para a localidade de origem, dentro do prazo de 1 (um) ano, contado do óbito.

§ 3º Não será concedida ajuda de custo nas hipóteses de remoção previstas nos incisos II e III do parágrafo único do art. 36.

a) A ajuda de custo é devida, em caso de remoção de ofício, no interesse da administração, para nova sede, em caráter permanente.
b) As hipóteses previstas nos incisos II e III do art. 36 referem-se à remoção a pedido.
c) Vedado o duplo pagamento, a qualquer tempo, caso cônjuge/companheiro venha a ter exercício na mesma sede do servidor outrora removido e que já recebeu ajuda de custo.
d) Caso o servidor venha a falecer é devido ajuda de custo e transporte para a família do servidor, para retorno à localidade de origem, pelo prazo de 1 ano da data do óbito.

Art. 54 A ajuda de custo é calculada sobre a remuneração do servidor, conforme se dispuser em regulamento, não podendo exceder a importância correspondente a 3 (três) meses.

Valor máximo de 3 vezes mais da remuneração.

Art. 55 Não será concedida ajuda de custo ao servidor que se afastar do cargo, ou reassumi-lo, em virtude de mandato eletivo.

Art. 56 Será concedida ajuda de custo àquele que, não sendo servidor da União, for nomeado para cargo em comissão, com mudança de domicílio.

Pode ser paga para não servidor da União, nomeado para Cargo em Comissão, quando exigir mudança de domicílio.

Parágrafo único. No afastamento previsto no inciso I do art. 93, a ajuda de custo será paga pelo órgão cessionário, quando cabível.

Quando o servidor for cedido para Cargo em Comissão ou Cargo de Confiança, e exigir mudança de sede, a ajuda de custo será paga pelo cessionário.

Art. 57 O servidor ficará obrigado a restituir a ajuda de custo quando, injustificadamente, não se apresentar na nova sede no prazo de 30 (trinta) dias.

Subseção II – Das Diárias

*Art. 58 O servidor que, a serviço, afastar-se da sede em caráter eventual ou transitório para outro ponto do território nacional ou para o exterior, fará jus a passagens e diárias destinadas a **indenizar as parcelas de despesas extraordinária** com **pousada, alimentação e locomoção urbana**, conforme dispuser em regulamento.*

No caso das diárias, o afastamento da sede do servidor não se dá em caráter permanente, mas em caráter **eventual** ou **transitório**.

DIREITO ADMINISTRATIVO

§ 1º A diária será concedida por dia de afastamento, sendo devida pela metade quando o deslocamento não exigir pernoite fora da sede, ou quando a União custear, por meio diverso, as despesas extraordinárias cobertas por diárias

§ 2º Nos casos em que o deslocamento da sede constituir exigência permanente do cargo, o servidor não fará jus a diárias.

*§ 3º Também não fará jus a diárias o servidor que se deslocar dentro da **mesma região metropolitana**, aglomeração urbana ou microrregião, constituídas por **municípios limítrofes** e regularmente instituídas, ou em áreas de **controle integrado mantidas com países limítrofes**, cuja jurisdição e competência dos órgãos, entidades e servidores brasileiros considera-se estendida, **salvo se houver pernoite fora da sede**, hipóteses em que as diárias pagas serão sempre as fixadas para os afastamentos dentro do território nacional.*

Art. 59 O servidor que receber diárias e não se afastar da sede, por qualquer motivo, fica obrigado a restituí-las integralmente, no prazo de 5 (cinco) dias.

***Parágrafo único.** Na hipótese de o servidor retornar à sede em prazo menor do que o previsto para o seu afastamento, restituirá as diárias recebidas em excesso, no prazo previsto no **caput**.*

O prazo de restituição das diárias é de 5 dias.

Subseção III – Da Indenização de Transporte

Art. 60 Conceder-se-á indenização de transporte ao servidor que realizar despesas com a utilização de meio próprio de locomoção para a execução de serviços externos, por força das atribuições próprias do cargo, conforme se dispuser em regulamento.

Não confunda com o chamado auxílio-transporte, pago em razão do deslocamento de casa para o trabalho (e vice-versa).

A indenização de que trata o artigo é devida quando o servidor utiliza meio próprio para realizar uma atribuição de seu cargo. Exemplo: oficial de justiça que utiliza seu próprio veículo para realizar diligências.

Subseção IV – Do Auxílio-Moradia

*Art. 60-A O auxílio-moradia consiste no ressarcimento das despesas comprovadamente realizadas pelo servidor **com aluguel de moradia ou com meio de hospedagem** administrado por empresa hoteleira, **no prazo de um mês após a comprovação da despesa** pelo servidor.*

a) Destinado ao ressarcimento das despesas realizadas com aluguel ou hospedagem.

b) Diferentemente da ajuda de custo ou diárias, o recebimento deste auxílio ocorre após a comprovação de despesa, no prazo de um mês.

*Art. 60-B Conceder-se-á **auxílio-moradia** ao servidor se atendidos os seguintes **requisitos**:*

I – não exista imóvel funcional disponível para uso pelo servidor;

II – o cônjuge ou companheiro do servidor não ocupe imóvel funcional;

III – o servidor ou seu cônjuge ou companheiro não seja ou tenha sido proprietário, promitente comprador, cessionário ou promitente cessionário de imóvel no Município aonde for exercer o cargo, incluída a hipótese de lote edificado sem averbação de construção, nos doze meses que antecederem a sua nomeação;

IV – nenhuma outra pessoa que resida com o servidor receba auxílio-moradia;

V – o servidor tenha se mudado do local de residência para ocupar cargo em comissão ou função de confiança do Grupo-Direção e Assessoramento Superiores – DAS, níveis 4, 5 e 6, de Natureza Especial, de Ministro de Estado ou equivalentes;

a) Só é devido para que tenha de se mudar para assumir Cargos em Comissão ou Cargos de Confiança (DAS 4, 5 e 6), Cargos de Natureza Especial ou Equivalentes.

b) Não confunda com auxílio-moradia de juízes ou membros do Ministério Público, esses são regidos por leis próprias.

VI – o Município no qual assuma o cargo em comissão ou função de confiança não se enquadre nas hipóteses do art. 58, § 3º, em relação ao local de residência ou domicílio do servidor.

> **Art. 58, § 3º** Também **não fará jus a diárias** o servidor que se deslocar dentro da **mesma região metropolitana**, aglomeração urbana ou microrregião, constituídas por **municípios limítrofes** e regularmente instituídas, **ou em áreas de controle integrado mantidas com países limítrofes**, cuja jurisdição e competência dos órgãos, entidades e servidores brasileiros considera-se estendida, salvo se houver pernoite fora da sede, hipóteses em que as diárias pagas serão sempre as fixadas para os afastamentos dentro do território nacional.

VII – o servidor não tenha sido domiciliado ou tenha residido no Município, nos últimos doze meses, aonde for exercer o cargo em comissão ou função de confiança, desconsiderando-se prazo inferior a sessenta dias dentro desse período; e

VIII – o deslocamento não tenha sido por força de alteração de lotação ou nomeação para cargo efetivo.

IX – (Revogado).

IX – o deslocamento tenha ocorrido após 30 de junho de 2006.

***Parágrafo único.** Para fins do inciso VII, não será considerado o prazo no qual o servidor estava ocupando outro cargo em comissão relacionado no inciso V.*

Art. 60-D O valor mensal do auxílio-moradia é limitado a 25% (vinte e cinco por cento) do valor do cargo em comissão, função comissionada ou cargo de Ministro de Estado ocupado.

§ 1º O valor do auxílio-moradia não poderá superar 25% (vinte e cinco por cento) da remuneração de Ministro de Estado.

§ 2º Independentemente do valor do cargo em comissão ou função comissionada, fica garantido a todos os que preencherem os requisitos o ressarcimento até o valor de R$ 1.800,00 (mil e oitocentos reais).

O valor mensal do auxílio-moradia é limitado a 25% da remuneração do cargo. Sendo:

a) Valor máximo: 25% da remuneração de ministro de Estado.
b) Valor mínimo: R$ 1.800,00.

A fixação de valor mínimo demonstra que é possível extrapolar os 25% da remuneração do cargo.

Art. 60-E No caso de falecimento, exoneração, colocação de imóvel funcional à disposição do servidor ou aquisição de imóvel, o auxílio-moradia continuará sendo pago por um mês.

Seção II – Das Gratificações e Adicionais

Art. 61 Além do vencimento e das vantagens previstas nesta Lei, serão deferidos aos servidores as seguintes retribuições, gratificações e adicionais:

I – retribuição pelo exercício de função de direção, chefia e assessoramento;

II – gratificação natalina;

III – (Revogado);

IV – adicional pelo exercício de atividades insalubres, perigosas ou penosas;

V – adicional pela prestação de serviço extraordinário;

VI – adicional noturno;

VII – adicional de férias;

VIII – outros, relativos ao local ou à natureza do trabalho.

IX – gratificação por encargo de curso ou concurso.

Esse rol não é taxativo. A lei prevê que podem ser criados outros adicionais e gratificações, de acordo com a localidade ou a natureza do trabalho.

Em que pese a nomenclatura ser diferente, tanto as **gratificações** como os **adicionais** podem ser somados ao vencimento ou provento, nos casos previstos em lei.

Subseção I – Da Retribuição pelo Exercício de Função de Direção, Chefia e Assessoramento

LEI Nº 8.112/1990 – REGIME JURÍDICO DOS SERVIDORES DA UNIÃO

Art. 62 Ao servidor ocupante de cargo efetivo investido em função de **direção, chefia ou assessoramento**, cargo de provimento em comissão ou de Natureza Especial é devida **retribuição pelo seu exercício**.

Parágrafo único. Lei específica estabelecerá a remuneração dos cargos em comissão de que trata o inciso II do art. 9o.

Art. 62-A Fica transformada em Vantagem Pessoal Nominalmente Identificada – VPNI a incorporação da retribuição pelo exercício de função de direção, chefia ou assessoramento, cargo de provimento em comissão ou de Natureza Especial a que se referem os arts. 3º e 10 da Lei nº 8.911, de 11 de julho de 1994, e o art. 3º da Lei nº 9.624, de 2 de abril de 1998.

Parágrafo único. A VPNI de que trata o caput deste artigo somente estará sujeita às revisões gerais de remuneração dos servidores públicos federais.

Antigamente, essa vantagem era denominada gratificação. Depois de certo tempo no exercício de função de chefe, diretor ou assessor, havia a possibilidade de se incorporar a gratificação permanentemente. Atualmente, essa incorporação é vedada. Porém, as que foram incorporadas geraram direito adquirido aos beneficiados e foram transformadas em Vantagem Pessoal Nominalmente Identificada (VPNI).

Subseção II – Da Gratificação Natalina

Art. 63 A gratificação natalina corresponde a 1/12 (um doze avos) da remuneração a que o servidor fizer jus no mês de dezembro, por mês de exercício no respectivo ano.

Parágrafo único. A fração igual ou superior a 15 (quinze) dias será considerada como mês integral.

Art. 64 A gratificação será paga até o dia 20 (vinte) do mês de dezembro de cada ano.

Parágrafo único. (Vetado).

Art. 65 O servidor exonerado perceberá sua gratificação natalina, proporcionalmente aos meses de exercício, calculada sobre a remuneração do mês da exoneração.

Art. 66 A gratificação natalina não será considerada para cálculo de qualquer vantagem pecuniária.

Essa gratificação é mais conhecida como 13º salário. Lembre-se:

a) Fração igual ou superior a 15 dias será considerada como mês integral.
b) Servidor exonerado perceberá proporcionalmente.
c) Não será considerada para cálculo de qualquer vantagem pecuniária.

Subseção III – Do Adicional por Tempo de Serviço
Art. 67 (Revogado).

Subseção IV – Dos Adicionais de Insalubridade, Periculosidade ou Atividades Penosas

Art. 68 Os servidores que trabalhem com habitualidade em locais insalubres ou em contato permanente com substâncias tóxicas, radioativas ou com risco de vida, fazem jus a um adicional sobre o vencimento do cargo efetivo.

§ 1º O servidor que fizer jus aos adicionais de insalubridade e de periculosidade **deverá optar por um deles**.

§ 2º O direito ao adicional de insalubridade ou periculosidade cessa com a eliminação das condições ou dos riscos que deram causa a sua concessão.

Art. 69 Haverá permanente controle da atividade de servidores em operações ou locais considerados penosos, insalubres ou perigosos.

Parágrafo único. A servidora **gestante** ou lactante **será afastada**, enquanto durar a **gestação e a lactação**, das operações e locais previstos neste artigo, exercendo suas atividades em local salubre e em serviço não penoso e não perigoso.

Art. 70 Na concessão dos adicionais de atividades penosas, de insalubridade e de periculosidade, serão observadas as situações estabelecidas em legislação específica.

Art. 71 O adicional de **atividade penosa** será devido aos servidores em exercício em **zonas de fronteira** ou em **localidades cujas condições de vida o justifiquem**, nos termos, condições e limites fixados em regulamento.

Art. 72 Os locais de trabalho e os servidores que operam com **Raios X** ou **substâncias radioativas** serão mantidos sob controle permanente, de modo que as doses de radiação ionizante não ultrapassem o nível máximo previsto na legislação própria.

Esses servidores têm direito a 20 dias de férias a cada semestre.

> **Art. 79** O servidor que opera direta e permanentemente com raios X ou substâncias radioativas **gozará 20 (vinte) dias consecutivos de férias**, por semestre de atividade profissional, proibida em qualquer hipótese a acumulação.

Parágrafo único. Os servidores a que se refere este artigo serão submetidos a exames médicos a cada 6 (seis) meses.

Adicional de insalubridade: compensação ao trabalhador que atua por períodos de trabalho exposto a agentes nocivos, com potencial para prejudicar a sua saúde de alguma forma.

Adicional de periculosidade: devido no serviço que, por sua natureza ou métodos de trabalho, impliquem risco acentuado de vida do servidor.

Adicional de penosidade: será devido aos servidores em exercício em zonas de fronteira ou em localidades cujas condições de vida o justifiquem, nos termos, condições e limites fixados em regulamento.

A **habitualidade** é uma condição para a concessão do adicional. A Lei nº 8.112/1990 nivela o adicional de insalubridade e periculosidade, e assevera que caso o servidor exerça atividade insalubre e perigosa, deverá optar por um deles. Por outro lado, não há nenhuma menção sobre a impossibilidade de acumulação destes com o adicional de penosidade.

Subseção V – Do Adicional por Serviço Extraordinário

Art. 73 O serviço extraordinário será remunerado com acréscimo de 50% (cinquenta por cento) em relação à hora normal de trabalho.

Art. 74 Somente será permitido serviço extraordinário para atender a situações excepcionais e temporárias, respeitado o limite máximo de 2 (duas) horas por jornada.

Trata-se da hora extra, que será permitida:

a) Para atender situações excepcionais e temporárias e será limitada a, no máximo, de 2 horas por jornada.
b) Acréscimo de 50% (em relação a hora normal).

Subseção VI – Do Adicional Noturno

Art. 75 O serviço noturno, prestado em horário compreendido entre 22 (vinte e duas) horas de um dia e 5 (cinco) horas do dia seguinte, terá o valor-hora acrescido de 25% (vinte e cinco por cento), computando-se cada hora como cinquenta e dois minutos e trinta segundos.

Parágrafo único. Em se tratando de serviço extraordinário, o acréscimo de que trata este artigo incidirá sobre a remuneração prevista no art. 73.

a) Das 22h as 5h: cada hora será computada 52 minutos e 30 segundos.
b) Acréscimo de 25% (valor-hora).
c) Se for hora-extra incide sobre o valor do acréscimo. Exemplo: servidor faz 2 horas extras no período noturno, será acrescido 50% sobre as horas excedentes. E sobre esse valor (acrescido), incide os 25% pelo período noturno.

Subseção VII – Do Adicional de Férias
Art. 76 *Independentemente de solicitação, será pago ao servidor, por ocasião das férias, um adicional correspondente a 1/3 (um terço) da remuneração do período das férias.*
Parágrafo único. *No caso de o servidor exercer função de direção, chefia ou assessoramento, ou ocupar cargo em comissão, a respectiva vantagem será considerada no cálculo do adicional de que trata este artigo.*

Trata-se do terço de férias, que será pago:
a) Independentemente de solicitação do servidor.
b) Por ocasião das férias.
c) Valor correspondente a 1/3 da remuneração.
d) Quem exerce função de direção, chefia ou assessoramento, o valor é calculado considerando a vantagem.

Subseção VIII – Da Gratificação por Encargo de Curso ou Concurso
Art. 76-A *A Gratificação por Encargo de Curso ou Concurso é devida ao servidor que, em **caráter eventual**:*
*I – atuar como **instrutor em curso de formação**, de desenvolvimento ou de treinamento regularmente instituído no âmbito da administração pública federal;*
*II – participar de **banca examinadora ou de comissão** para exames orais, para análise curricular, para correção de provas discursivas, para elaboração de questões de provas ou para julgamento de recursos intentados por candidatos;*
*III – participar da **logística de preparação e de realização de concurso público** envolvendo atividades de planejamento, coordenação, supervisão, execução e avaliação de resultado, quando tais atividades não estiverem incluídas entre as suas atribuições permanentes;*
*IV – participar da **aplicação, fiscalizar ou avaliar provas de exame vestibular** ou de concurso público ou supervisionar essas atividades.*
§ 1º Os critérios de concessão e os limites da gratificação de que trata este artigo serão fixados em regulamento, observados os seguintes parâmetros:
*I – o valor da gratificação será **calculado em horas**, observadas a natureza e a complexidade da atividade exercida;*
*II – a retribuição **não poderá ser superior ao equivalente a 120 (cento e vinte) horas de trabalho anuais**, ressalvada situação de excepcionalidade, devidamente justificada e **previamente aprovada pela autoridade máxima do órgão ou entidade**, que poderá autorizar o acréscimo de até 120 (cento e vinte) horas de trabalho anuais;*
III – o valor máximo da hora trabalhada corresponderá aos seguintes percentuais, incidentes sobre o maior vencimento básico da administração pública federal:
a) 2,2% (dois inteiros e dois décimos por cento), em se tratando de atividades previstas nos incisos I e II do caput deste artigo;
b) 1,2% (um inteiro e dois décimos por cento), em se tratando de atividade prevista nos incisos III e IV do caput deste artigo.

a) 2,2%: instrutor e banca examinadora/comissão;
b) 1,2%: participação de logística ou aplicação de provas.

§ 2º A Gratificação por Encargo de Curso ou Concurso somente será paga se as atividades referidas nos incisos do caput deste artigo forem exercidas sem prejuízo das atribuições do cargo de que o servidor for titular, devendo ser objeto de compensação de carga horária quando desempenhadas durante a jornada de trabalho, na forma do § 4º do art. 98 desta Lei.
*§ 3º A Gratificação por Encargo de Curso ou Concurso **não se incorpora ao vencimento ou salário do servidor para qualquer efeito e não poderá ser utilizada como base de cálculo para quaisquer outras vantagens**, inclusive para fins de cálculo dos proventos da aposentadoria e das pensões.*

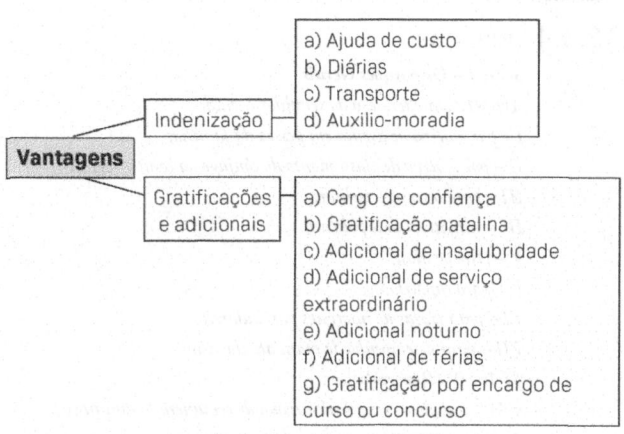

Vantagens
- Indenização
  a) Ajuda de custo
  b) Diárias
  c) Transporte
  d) Auxílio-moradia
- Gratificações e adicionais
  a) Cargo de confiança
  b) Gratificação natalina
  c) Adicional de insalubridade
  d) Adicional de serviço extraordinário
  e) Adicional noturno
  f) Adicional de férias
  g) Gratificação por encargo de curso ou concurso

12.3.3 Férias

Art. 77 *O servidor fará jus a **trinta dias de férias**, que podem ser acumuladas, até o máximo de dois períodos, no caso de necessidade do serviço, ressalvadas as hipóteses em que haja legislação específica.*
§ 1º Para o primeiro período aquisitivo de férias serão exigidos 12 (doze) meses de exercício.
§ 2º É vedado levar à conta de férias qualquer falta ao serviço.
*§ 3º As férias poderão ser **parceladas** em até **três etapas**, desde que assim **requeridas** pelo servidor, e no **interesse da administração pública**.*
Art. 78 *O pagamento da remuneração das férias será efetuado até 2 (dois) dias antes do início do respectivo período, observando-se o disposto no § 1º deste artigo.*
§§ 1º e 2º (Revogados).
§ 3º O servidor exonerado do cargo efetivo, ou em comissão, perceberá indenização relativa ao período das férias a que tiver direito e ao incompleto, na proporção de um doze avos por mês de efetivo exercício, ou fração superior a quatorze dias.
§ 4º A indenização será calculada com base na remuneração do mês em que for publicado o ato exoneratório.
§ 5º Em caso de parcelamento, o servidor receberá o valor adicional previsto no inciso XVII do art. 7º da Constituição Federal quando da utilização do primeiro período.

Férias é um direito do servidor. A seguir, os principais pontos:
a) 30 dias a cada período de 12 meses.
b) Pode acumular até 2 períodos (necessidade do serviço) – ressalvadas leis específicas.
c) Podem ser parceladas em até 3 etapas – requeridas pelo servidor e no interesse da administração pública.
d) No parcelamento o adicional de férias (1/3) é pago na 1ª etapa.
e) É vedado levar à conta de férias qualquer falta ao serviço.
f) Servidor exonerado receberá férias proporcionais.

Art. 79 *O servidor que opera direta e permanentemente com Raios X ou substâncias radioativas gozará **20 (vinte) dias consecutivos de férias**, por semestre de atividade profissional, proibida em qualquer hipótese a acumulação.*
Art. 80 *As férias somente poderão ser interrompidas por motivo de calamidade pública, comoção interna, convocação para júri, serviço militar ou eleitoral, ou por necessidade do serviço declarada pela autoridade máxima do órgão ou entidade.*
Parágrafo único. *O restante do período interrompido será gozado de uma só vez, observado o disposto no art. 77.*

A interrupção das férias só ocorre em situações excepcionais:
a) Calamidade pública;
b) Comoção interna;
c) Convocação para júri, serviço militar ou eleitoral;
d) Necessidade declarada pela autoridade máxima do órgão/entidade.

LEI Nº 8.112/1990 – REGIME JURÍDICO DOS SERVIDORES DA UNIÃO

12.3.4 Licenças

Seção I – Disposições Gerais

Art. 81 Conceder-se-á ao servidor licença:

I – por motivo de doença em pessoa da família;
II – por motivo de afastamento do cônjuge ou companheiro;
III – para o serviço militar;
IV – para atividade política;
V – (Revogado);
V – para capacitação;
VI – para tratar de interesses particulares;
VII – para desempenho de mandato classista.

§§ 1º e 2º (Revogados).

§ 3º É vedado o exercício de atividade remunerada durante o período da licença prevista no inciso I deste artigo.

Art. 82 A licença concedida dentro de 60 (sessenta) dias do término de outra da mesma espécie será considerada como **prorrogação**.

a) As Licenças para **MA**ndato classista, **TRA**tar de interesses particulares e **CA**pacitação (**MA-TRA-CA**), **não podem** ser concedidas a servidor em **estágio probatório**.

b) As licenças por motivo em doença da pessoa da família, afastamento de cônjuge ou companheiro e para atividade política **suspendem** a contagem do tempo de estágio probatório.

Seção II – Da Licença por Motivo de Doença em Pessoa da Família

Art. 83 Poderá ser concedida licença ao servidor por **motivo de doença do cônjuge ou companheiro, dos pais, dos filhos, do padrasto ou madrasta e enteado**, ou dependente que viva a suas expensas e conste do seu assentamento funcional, mediante comprovação por perícia médica oficial.

§ 1º A licença somente será deferida **se a assistência direta do servidor for indispensável** e não puder ser prestada simultaneamente com o exercício do cargo ou mediante compensação de horário, na forma do disposto no inciso II do art. 44.

> **Art. 44** O servidor perderá:
> II – a parcela de remuneração diária, proporcional aos atrasos, ausências justificadas, ressalvadas as concessões de que trata o art. 97, e saídas antecipadas, salvo na hipótese de compensação de horário, até o mês subsequente ao da ocorrência, a ser estabelecida pela chefia imediata.

a) Doença do cônjuge/companheiro, pais, filhos, padrasto, madrasta, enteado.
b) Doença do dependente que viva as suas expensas e conste do assentamento funcional.
c) Comprovação por perícia médica oficial.
d) Assistência direta do servidor seja indispensável.
e) Quando a assistência não puder ser simultânea com as atividades ou com compensação de horário.

§ 2º A licença de que trata o caput, incluídas as prorrogações, poderá ser concedida a cada período de doze meses nas seguintes condições:
I – por até 60 (sessenta) dias, consecutivos ou não, mantida a remuneração do servidor; e
II – por até 90 (noventa) dias, consecutivos ou não, sem remuneração.

a) Por até **60 dias**, consecutivos ou não – **com remuneração**.
b) Por até **90 dias**, consecutivos ou não – **sem remuneração**.

§ 3º O início do interstício de 12 (doze) meses será contado a partir da data do deferimento da primeira licença concedida.

§ 4º A soma das licenças remuneradas e das licenças não remuneradas, incluídas as respectivas prorrogações, concedidas em um mesmo período de 12 (doze) meses, observado o disposto no § 3º, não poderá ultrapassar os limites estabelecidos nos incisos I e II do § 2º.

A soma das licenças, remuneradas ou não, bem como suas prorrogações, **não** poderá exceder 150 dias, consecutivos ou não, a cada 12 meses.

Seção III – Da Licença por Motivo de Afastamento do Cônjuge

Art. 84 Poderá ser concedida licença ao servidor para acompanhar cônjuge ou companheiro que foi deslocado para outro ponto do território nacional, para o exterior ou para o exercício de mandato eletivo dos Poderes Executivo e Legislativo.

§ 1º A licença será por **prazo indeterminado e sem remuneração**.

Licença ao servidor para acompanhar cônjuge ou companheiro que:
a) Foi deslocado para outro ponto do território nacional;
b) Foi deslocado para o exterior;
c) Foi deslocado para o exercício de mandato eletivo dos Poderes Executivo e Legislativo.

Será por prazo indeterminado e sem remuneração.

§ 2º No deslocamento de servidor cujo cônjuge ou companheiro também seja servidor público, civil ou militar, de qualquer dos Poderes da União, dos Estados, do Distrito Federal e dos Municípios, poderá haver **exercício provisório** em órgão ou entidade da Administração Federal direta, autárquica ou fundacional, desde que para o **exercício de atividade compatível com o seu cargo**.

Seção IV – Da Licença para o Serviço Militar

Art. 85 Ao **servidor convocado para o serviço militar** será concedida licença, na forma e condições previstas na legislação específica.

Parágrafo único. Concluído o serviço militar, o servidor terá até 30 (trinta) dias **sem remuneração** para reassumir o exercício do cargo.

São sete licenças:
a) Licença para o serviço militar não possui nenhuma restrição quanto ao estágio probatório;
b) 3 licenças suspendem: doença família, afastamento cônjuge e política;
c) 3 licenças não podem – **ma**ndato classista, **tra**tar interesses particulares e **ca**pacitação.

Seção V – Da Licença para Atividade Política

Art. 86 O servidor terá direito a licença, sem remuneração, durante o período que mediar entre a sua escolha em convenção partidária, como candidato a cargo eletivo, e a véspera do registro de sua candidatura perante a Justiça Eleitoral.

§ 1º O servidor candidato a cargo eletivo na localidade onde desempenha suas funções e que exerça cargo de direção, chefia, assessoramento, arrecadação ou fiscalização, dele será afastado, a partir do dia imediato ao do registro de sua candidatura perante a Justiça Eleitoral, até o décimo dia seguinte ao do pleito.

§ 2º A partir do registro da candidatura e até o décimo dia seguinte ao da eleição, o servidor fará jus à licença, assegurados os vencimentos do cargo efetivo, somente pelo período de três meses.

Não confunda com o afastamento para exercício de mandato eletivo previsto no art. 94.

A licença para atividade política é concedida antes do início do mandato, com um período sem remuneração e um período com remuneração.

Sem remuneração, no período entre:
a) Sua escolha em convenção partidária, como candidato;
b) Véspera do registro de sua candidatura perante a Justiça Eleitoral.

O servidor pode optar por não tirar a licença e continuar trabalhando normalmente neste período.

Com remuneração, no período entre:
a) Registro da candidatura;
b) Décimo dia após a eleição.

O servidor fará jus aos seus vencimentos pelo período de até 3 meses.

Seção VI – Da Licença para Capacitação

Art. 87 Após cada **quinquênio** de efetivo exercício, o servidor poderá, **no interesse da Administração**, afastar-se do exercício do cargo efetivo, **com a respectiva remuneração**, por **até três meses**, para participar de **curso de capacitação profissional**

Parágrafo único. Os períodos de licença de que trata o caput não são acumuláveis.

Art. 88 e 89 (Revogados).

Art. 90 (Vetado).

Seção VII – Da Licença para Tratar de Interesses Particulares

Art. 91 A critério da Administração, poderão ser concedidas ao servidor ocupante de cargo efetivo, **desde que não esteja em estágio probatório**, licenças para o trato de assuntos particulares pelo **prazo de até três** anos consecutivos, **sem remuneração**.

Parágrafo único. A licença **poderá ser interrompida, a qualquer tempo**, a pedido do servidor ou no interesse do serviço.

Seção VIII – Da Licença para o Desempenho de Mandato Classista

Art. 92 É assegurado ao servidor o direito à **licença sem remuneração** para o desempenho de mandato em confederação, federação, associação de classe de âmbito nacional, sindicato representativo da categoria ou entidade fiscalizadora da profissão ou, ainda, para participar de gerência ou administração em sociedade cooperativa constituída por servidores públicos para prestar serviços a seus membros, observado o disposto na alínea c do inciso VIII do art. 102 desta Lei, conforme disposto em regulamento e observados os seguintes limites:

Esta licença somente poderá ser concedida aos servidores eleitos para cargos de **direção** ou **representação** nas entidades.

I – para entidades com até 5.000 (cinco mil) associados, 2 (dois) servidores;

II – para entidades com 5.001 (cinco mil e um) a 30.000 (trinta mil) associados, 4 (quatro) servidores;

III – para entidades com mais de 30.000 (trinta mil) associados, 8 (oito) servidores.

§ 1º Somente poderão ser licenciados os servidores eleitos para cargos de direção ou de representação nas referidas entidades, desde que cadastradas no órgão competente.

§ 2º A licença terá duração igual à do mandato, podendo ser renovada, no caso de reeleição.

12.3.5 Afastamentos

Seção I – Do Afastamento para Servir a Outro Órgão ou Entidade

Art. 93 O servidor poderá ser cedido para ter exercício em outro órgão ou entidade dos Poderes da União, dos Estados, ou do Distrito Federal e dos Municípios, nas seguintes hipóteses:

I – para exercício de cargo em comissão ou função de confiança;

II – em casos previstos em leis específicas.

§ 1º Na hipótese do inciso I, sendo a cessão para órgãos ou entidades dos Estados, do Distrito Federal ou dos Municípios, o ônus da remuneração será do órgão ou entidade cessionária, mantido o ônus para o cedente nos demais casos.

Cessionário: o que recebe o servidor.

Cedente: quem cede o servidor.

Ônus para o cessionário: quando cedido para outro ente federado.

§ 2º Na hipótese de o servidor cedido a empresa pública ou sociedade de economia mista, nos termos das respectivas normas, optar pela remuneração do cargo efetivo ou pela remuneração do cargo efetivo acrescida de percentual da retribuição do cargo em comissão, a entidade cessionária efetuará o reembolso das despesas realizadas pelo órgão ou entidade de origem.

Se o servidor for cedido para uma empresa pública (sociedade de economia mista), a entidade, como regra, será responsável pelo pagamento do servidor. Contudo, caso servidor opte pela remuneração do cargo efetivo (exercido antes da cessão) ou, ainda, pela remuneração do cargo acrescida de parcela da retribuição pelo exercício do cargo em comissão, deverá a entidade cessionária (aquela que recebeu o servidor) reembolsar os cofres públicos da União.

§ 3º A cessão far-se-á mediante Portaria publicada no Diário Oficial da União.

§ 4º Mediante autorização expressa do Presidente da República, o servidor do Poder Executivo poderá ter exercício em outro órgão da Administração Federal direta que não tenha quadro próprio de pessoal, para fim determinado e a prazo certo.

§ 5º Aplica-se à União, em se tratando de empregado ou servidor por ela requisitado, as disposições dos §§ 1º e 2º deste artigo.

§ 6º As cessões de empregados de empresa pública ou de sociedade de economia mista, que receba recursos de Tesouro Nacional para o custeio total ou parcial da sua folha de pagamento de pessoal, independem das disposições contidas nos incisos I e II e §§ 1º e 2º deste artigo, ficando o exercício do empregado cedido condicionado a autorização específica do Ministério do Planejamento, Orçamento e Gestão, exceto nos casos de ocupação de cargo em comissão ou função gratificada.

§ 7º O Ministério do Planejamento, Orçamento e Gestão, com a finalidade de promover a composição da força de trabalho dos órgãos e entidades da Administração Pública Federal, poderá determinar a lotação ou o exercício de empregado ou servidor, independentemente da observância do constante no inciso I e nos §§ 1º e 2º deste artigo.

Seção II – Do Afastamento para Exercício de Mandato Eletivo

Art. 94 Ao servidor investido em mandato eletivo aplicam-se as seguintes disposições:

Este afastamento pode ser solicitado por qualquer servidor, inclusive os que se encontram em estágio probatório.

I – tratando-se de mandato federal, estadual ou distrital, ficará afastado do cargo;

II – investido no mandato de Prefeito, será afastado do cargo, sendo-lhe facultado optar pela sua remuneração;

III – investido no mandato de vereador:

a) havendo compatibilidade de horário, perceberá as vantagens de seu cargo, sem prejuízo da remuneração do cargo eletivo;

b) não havendo compatibilidade de horário, será afastado do cargo, sendo-lhe facultado optar pela sua remuneração.

Mandato	Situação do cargo	Remuneração
Federal, estadual ou distrital (senador, deputado, governador)	Afastado do cargo	Só recebe a remuneração do cargo eletivo
Prefeito	Afastado do cargo	É facultativo optar pela remuneração
Vereador	Pode permanecer no cargo, se tiver compatibilidade de horários	Nessa situação receberá a remuneração do cargo eletivo e do cargo efetivo
Vereador	Afastado do cargo, se não houver compatibilidade de horário	É facultativo optar pela remuneração

§ 1º No caso de afastamento do cargo, o servidor contribuirá para a seguridade social como se em exercício estivesse.

§ 2º O servidor investido em mandato eletivo ou classista não poderá ser removido ou redistribuído de ofício para localidade diversa daquela onde exerce o mandato.

Seção III – Do Afastamento para Estudo ou Missão no Exterior

Art. 95 O servidor não poderá ausentar-se do País para estudo ou missão oficial, sem autorização do Presidente da República, Presidente dos Órgãos do Poder Legislativo e Presidente do Supremo Tribunal Federal.

Depende da autorização do:
a) Presidente da República;
b) Presidente dos Órgãos do Poder Legislativo;
c) Presidente do Supremo Tribunal Federal (STF).

*§ 1º A ausência **não excederá a 4 (quatro) anos**, e finda a missão ou estudo, somente decorrido igual período, será permitida nova ausência.*

*§ 2º Ao servidor beneficiado pelo disposto neste artigo **não será concedida exoneração ou licença para tratar de interesse particular** antes de decorrido período igual ao do afastamento, **ressalvada a hipótese de ressarcimento** da despesa havida com seu afastamento.*

O afastamento terá duração, máxima, de 4 anos. Após o retorno, apenas decorrido igual prazo, poderá ser concedida nova licença.

O servidor que utilizar esse afastamento, não poderá, antes de decorrido igual prazo (4 anos), ressalvado o ressarcimento de despesa:
a) Exonerar-se;
b) Tirar licença para interesses particulares.

*§ 3º O disposto neste artigo **não se aplica aos servidores da carreira diplomática**.*

§ 4º As hipóteses, condições e formas para a autorização de que trata este artigo, inclusive no que se refere à remuneração do servidor, serão disciplinadas em regulamento.

*Art. 96 O afastamento de servidor para servir em organismo internacional de que o Brasil participe ou com o qual coopere dar-se-á com **perda total da remuneração**.*

Seção IV – Do Afastamento para Participação em Programa de Pós-Graduação Stricto Sensu no País

*Art. 96-A O servidor poderá, **no interesse da Administração**, e desde que a participação **não possa ocorrer simultaneamente com o exercício do cargo** ou mediante compensação de horário, afastar-se do exercício do cargo efetivo, com a respectiva remuneração, para participar em programa de pós-graduação stricto sensu em instituição de ensino superior no País.*

§ 1º Ato do dirigente máximo do órgão ou entidade definirá, em conformidade com a legislação vigente, os programas de capacitação e os critérios para participação em programas de pós-graduação no País, com ou sem afastamento do servidor, que serão avaliados por um comitê constituído para este fim

§ 2º Os afastamentos para realização de programas de mestrado e doutorado somente serão concedidos aos servidores titulares de cargos efetivos no respectivo órgão ou entidade há pelo menos 3 (três) anos para mestrado e 4 (quatro) anos para doutorado, incluído o período de estágio probatório, que não tenham se afastado por licença para tratar de assuntos particulares para gozo de licença capacitação ou com fundamento neste artigo nos 2 (dois) anos anteriores à data da solicitação de afastamento.

Afastamento para realização de cursos de:
a) Mestrado;
b) Doutorado;
c) Pós-doutorado.

Este afastamento é devido, desde que:
a) Não possa ocorrer simultaneamente com o exercício das atribuições;
b) Seja no interesse da administração.

Este afastamento se dá **com** remuneração. **Poderá** gozar deste afastamento, o servidor de cargo efetivo que tenha, de exercício, no órgão ou entidade, incluído o período de estágio probatório:
a) 3 anos: afastamento para Mestrado;
b) 4 anos: afastamento para Doutorado;
c) 4 anos: afastamento para Pós-Doutorado.

Além desse tempo de exercício, o servidor, nos 2 anos anteriores ao afastamento, não pode:
a) Ter tirado licença capacitação;
b) Ter tirado licença para tratar de interesses particulares;
c) Ter tirado o mesmo afastamento.

§ 3º Os afastamentos para realização de programas de pós-doutorado somente serão concedidos aos servidores titulares de cargos efetivo no respectivo órgão ou entidade há pelo menos quatro anos, incluído o período de estágio probatório, e que não tenham se afastado por licença para tratar de assuntos particulares ou com fundamento neste artigo, nos quatro anos anteriores à data da solicitação de afastamento.

*§ 4º Os servidores beneficiados pelos afastamentos previstos nos §§ 1º, 2º e 3º deste artigo **terão que permanecer no exercício de suas funções após o seu retorno por um período igual ao do afastamento concedido**.*

*§ 5º Caso o servidor venha a solicitar **exoneração** do cargo ou aposentadoria, antes de cumprido o período de permanência previsto no § 4º deste artigo, **deverá ressarcir o órgão ou entidade**, na forma do art. 47 da Lei nº 8.112, de 11 de dezembro de 1990, dos gastos com seu aperfeiçoamento.*

§ 6º Caso o servidor não obtenha o título ou grau que justificou seu afastamento no período previsto, aplica-se o disposto no § 5º deste artigo, salvo na hipótese comprovada de força maior ou de caso fortuito, a critério do dirigente máximo do órgão ou entidade.

*§ 7º Aplica-se à participação em programa de **pós-graduação no Exterior**, autorizado **nos termos do art. 95 desta Lei**, o disposto nos §§ 1º a 6º deste artigo.*

Aplica-se à participação em programa de pós-graduação no exterior, autorizada nos termos do art. 95 desta Lei (Autorização para Missão ou Estudo no Exterior), as mesmas disposições que para os cursos no país.

12.3.6 Concessões

Art. 97 Sem qualquer prejuízo, poderá o servidor ausentar-se do serviço:

*I – por **1 (um)** dia, para **doação de sangue**;*

*II – pelo período comprovadamente necessário para alistamento ou recadastramento **eleitoral**, **limitado**, em qualquer caso, a **2 (dois)** dias;*

*III – por **8 (oito)** dias consecutivos em razão de:*

a) casamento;

b) falecimento do cônjuge, companheiro, pais, madrasta ou padrasto, filhos, enteados, menor sob guarda ou tutela e irmãos.

Prazo	Motivo
1 dia	Doação de sangue.
Pelo período necessário, sendo, no máximo, 2 dias	Alistamento ou recadastramento eleitoral.
8 dias	I – Casamento. II – (licença nojo) – falecimento do cônjuge/companheiro, pais, madrasta, padrasto, filhos, enteados, menor sobre guarda ou tutela e irmãos.

*Art. 98 Será concedido **horário especial** ao **servidor estudante**, quando **comprovada a incompatibilidade** entre o horário escolar e o da repartição, sem prejuízo do exercício do cargo.*

§ 1º Para efeito do disposto neste artigo, será exigida a compensação de horário no órgão ou entidade que tiver exercício, respeitada a duração semanal do trabalho.

*§ 2º Também será concedido **horário especial** ao servidor **portador de deficiência**, quando comprovada a necessidade por junta médica oficial, **independentemente de compensação de horário**.*

§ 3º As disposições constantes do § 2º são extensivas ao servidor que tenha cônjuge, filho ou dependente com deficiência.

Será concedido horário especial ao servidor portador de deficiência, extensivas ao servidor que tenha cônjuge, filho ou dependente com deficiência, sendo, em todo caso, necessária a comprovação da necessidade por junta médica oficial.

Não é necessária a compensação de horário.

§ 4º Será igualmente concedido horário especial, vinculado à compensação de horário a ser efetivada no prazo de até 1 (um) ano, ao servidor que desempenhe atividade prevista nos incisos I e II do caput do art. 76-A desta Lei.

a) Atuar como **instrutor em curso de formação**, de desenvolvimento ou de treinamento regularmente instituído no âmbito da administração pública federal.

b) Participar de **banca examinadora ou de comissão** para exames orais, para análise curricular, para correção de provas discursivas, para elaboração de questões de provas ou para julgamento de recursos intentados por candidatos.

*Art. 99 Ao servidor estudante que mudar de sede **no interesse da administração** é assegurada, na localidade da nova residência ou na mais próxima, **matrícula em instituição de ensino congênere**, em qualquer época, independentemente de vaga.*

Parágrafo único. O disposto neste artigo estende-se ao cônjuge ou companheiro, aos filhos, ou enteados do servidor que vivam na sua companhia, bem como aos menores sob sua guarda, com autorização judicial.

12.3.7 Tempo de serviço

Art. 100 É contado para todos os efeitos o tempo de serviço público federal, inclusive o prestado às Forças Armadas.

*Art. 101 A apuração do tempo de serviço **será feita em dias**, que serão convertidos em anos, **considerado o ano como de trezentos e sessenta e cinco dias**.*

Art. 102 Além das ausências ao serviço previstas no art. 97, são considerados como de efetivo exercício os afastamentos em virtude de:

É considerado como efetivo exercício as concessões (art. 97).

I – férias;

II – exercício de cargo em comissão ou equivalente, em órgão ou entidade dos Poderes da União, dos Estados, Municípios e Distrito Federal;

III – exercício de cargo ou função de governo ou administração, em qualquer parte do território nacional, por nomeação do Presidente da República;

IV – participação em programa de treinamento regularmente instituído ou em programa de pós-graduação stricto sensu no País, conforme dispuser o regulamento;

*V – desempenho de mandato eletivo federal, estadual, municipal ou do Distrito Federal, **exceto para promoção por merecimento**;*

VI – júri e outros serviços obrigatórios por lei;

VII – missão ou estudo no exterior, quando autorizado o afastamento, conforme dispuser o regulamento;

VIII – licença:

a) à gestante, à adotante e à paternidade;

b) para tratamento da própria saúde, até o limite de vinte e quatro meses, cumulativo ao longo do tempo de serviço público prestado à União, em cargo de provimento efetivo;

*c) para o desempenho de mandato classista ou participação de gerência ou administração em sociedade cooperativa constituída por servidores para prestar serviços a seus membros, **exceto para efeito de promoção por merecimento**;*

d) por motivo de acidente em serviço ou doença profissional;

As três licenças são relativas à seguridade social do servidor:

a) Gestante/adotante/paternidade;
b) Tratamento da própria saúde [...];
c) Por motivo de acidente [...].

e) para capacitação, conforme dispuser o regulamento;

f) por convocação para o serviço militar;

As três licenças fazem parte das sete licenças que **não** estão listadas no capítulo destinado à seguridade social do servidor:

a) Desempenho de mandato classista;
b) Licença capacitação;
c) Licença para o serviço militar.

IX – deslocamento para a nova sede de que trata o art. 18;

X – participação em competição desportiva nacional ou convocação para integrar representação desportiva nacional, no País ou no exterior, conforme disposto em lei específica;

XI – afastamento para servir em organismo internacional de que o Brasil participe ou com o qual coopere.

*Art. 103 Contar-se-á **apenas para efeito de aposentadoria e disponibilidade**:*

I – o tempo de serviço público prestado aos Estados, Municípios e Distrito Federal;

*II – a **licença para tratamento de saúde de pessoal da família do servidor**, com remuneração, que exceder a 30 (trinta) dias em período de 12 (doze) meses.*

A referida licença pode ser tirada por 60 dias, com remuneração. A previsão evidencia que os primeiros 30 dias valem para qualquer efeito.

III – a licença para atividade política, no caso do art. 86, § 2º;

> **Art. 86, § 2º** A partir do registro da candidatura e até o décimo dia seguinte ao da eleição, o servidor fará jus à licença, **assegurados os vencimentos do cargo efetivo**, somente pelo período de **três meses**.

*IV – o tempo correspondente ao desempenho de mandato eletivo federal, estadual, municipal ou distrital, **anterior ao ingresso no serviço público federal**;*

*V – o tempo de serviço em **atividade privada**, vinculada à Previdência Social;*

*VI – o tempo de serviço relativo a **tiro de guerra**;*

Não confunda o tempo relativo a Tiro de Guerra (que vale apenas para aposentadoria e disponibilidade) com o tempo prestado às Forças Armadas (que vale para qualquer efeito).

VII – o tempo de licença para tratamento da própria saúde que exceder o prazo a que se refere a alínea "b" do inciso VIII do art. 102.

A licença para tratamento da própria saúde, até 24 meses, vale como efetivo exercício. O tempo superior a esse período será contado apenas para aposentaria e disponibilidade.

§ 1º O tempo em que o servidor esteve aposentado será contado apenas para nova aposentadoria.

*§ 2º Será contado em **dobro o tempo de serviço prestado às Forças Armadas em operações de guerra**.*

§ 3º É vedada a contagem cumulativa de tempo de serviço prestado concomitantemente em mais de um cargo ou função de órgão ou entidades dos Poderes da União, Estado, Distrito Federal e Município, autarquia, fundação pública, sociedade de economia mista e empresa pública.

12.3.8 Direito de petição

Art. 104 É assegurado ao servidor o direito de requerer aos Poderes Públicos, em defesa de direito ou interesse legítimo.

*Art. 105 O requerimento será **dirigido à autoridade competente** para decidi-lo e encaminhado por intermédio daquela a que estiver imediatamente subordinado o requerente.*

Art. 106 Cabe pedido de reconsideração à autoridade que houver expedido o ato ou proferido a primeira decisão, não podendo ser renovado.

*Parágrafo único. O requerimento e o pedido de reconsideração de que tratam os artigos anteriores deverão ser **despachados no prazo de 5 (cinco) dias** e **decididos dentro de 30 (trinta) dias**.*

A Lei nº 8.112/1990 regulamentou o direito de petição (art. 5º, XXXIV, CF/1988) para os servidores federais.

LEI Nº 8.112/1990 – REGIME JURÍDICO DOS SERVIDORES DA UNIÃO

Art. 5º, XXIV, CF/1988 São a todos assegurados, independentemente do pagamento de taxas:
a) o direito de petição aos Poderes Públicos em defesa de direitos ou contra ilegalidade ou abuso de poder;

Art. 107 Caberá recurso:
I – do indeferimento do pedido de reconsideração;
II – das decisões sobre os recursos sucessivamente interpostos.
§ 1º O recurso será dirigido à autoridade imediatamente superior à que tiver expedido o ato ou proferido a decisão, e, sucessivamente, em escala ascendente, às demais autoridades.
§ 2º O recurso será encaminhado por intermédio da autoridade a que estiver imediatamente subordinado o requerente.

Art. 108 O prazo para interposição de pedido de reconsideração ou de recurso é de 30 (trinta) dias, a contar da publicação ou da ciência, pelo interessado, da decisão recorrida.

Art. 109 O recurso poderá ser recebido com efeito suspensivo, a juízo da autoridade competente.
Parágrafo único. Em caso de provimento do pedido de reconsideração ou do recurso, os efeitos da decisão retroagirão à data do ato impugnado.

Art. 110 O direito de requerer *prescreve*:
I – **em 5 (cinco) anos**, quanto aos atos de demissão e de cassação de aposentadoria ou disponibilidade, ou que afetem interesse patrimonial e créditos resultantes das relações de trabalho;
II – em **120 (cento e vinte)** dias, nos demais casos, salvo quando outro prazo for fixado em lei.
Parágrafo único. O prazo de prescrição será contado da data da publicação do ato impugnado ou da data da ciência pelo interessado, quando o ato não for publicado.

Art. 111 O pedido de reconsideração e o recurso, quando cabíveis, interrompem a prescrição.

Art. 112 A prescrição é de ordem pública, **não podendo ser relevada** pela administração.

Prescrição	
5 anos	• Demissão ou cassação de aposentadoria. • Interesse patrimonial e créditos das relações de trabalho.
120 dias	Demais casos, salvo outro prazo legal.
Início da contagem	• Da data da publicação do ato. • Da data da ciência quando não for publicado.
Interrupção	• Pedido de reconsideração. • Apresentação de recurso.

Art. 113 Para o exercício do direito de petição, é assegurada vista do processo ou documento, na repartição, ao servidor ou a procurador por ele constituído.

Art. 114 A administração deverá rever seus atos, a qualquer tempo, quando eivados de ilegalidade.

Fique ligado
Jurisprudência:
Súmula nº 473 – STF: A administração pode anular seus próprios atos, quando eivados de vícios que os tornam ilegais, porque deles não se originam direitos; ou revogá-los, por motivo de conveniência ou oportunidade, respeitados os direitos adquiridos, e ressalvada, em todos os casos, a apreciação judicial.

Art. 115 São **fatais e improrrogáveis** os prazos estabelecidos neste Capítulo, salvo motivo de força maior.

12.4 Regime disciplinar

12.4.1 Deveres

Art. 116 São deveres do servidor:
I – exercer com zelo e dedicação as atribuições do cargo;
II – ser leal às instituições a que servir;
III – observar as normas legais e regulamentares;
IV – cumprir as ordens superiores, exceto quando manifestamente ilegais;
V – atender com presteza:
a) ao público em geral, prestando as informações requeridas, ressalvadas as protegidas por sigilo;
b) à expedição de certidões requeridas para defesa de direito ou esclarecimento de situações de interesse pessoal;
c) às requisições para a defesa da Fazenda Pública.
VI – levar as irregularidades de que tiver ciência em razão do cargo ao conhecimento da autoridade superior ou, quando houver suspeita de envolvimento desta, ao conhecimento de outra autoridade competente para apuração;
VII – zelar pela economia do material e a conservação do patrimônio público;
VIII – guardar sigilo sobre assunto da repartição;
IX – manter conduta compatível com a moralidade administrativa;
X – ser assíduo e pontual ao serviço;
XI – tratar com urbanidade as pessoas;
XII – representar contra ilegalidade, omissão ou abuso de poder.
Parágrafo único. A representação de que trata o inciso XII será encaminhada pela via hierárquica e apreciada pela autoridade superior àquela contra a qual é formulada, assegurando-se ao representando ampla defesa.

No caso de inobservância dos deveres funcionais, será aplicada a penalidade de advertência.

Art. 129 A **advertência** será aplicada por escrito, nos casos de violação de proibição constante do art. 117, incisos I a VIII e XIX, e de **inobservância de dever funcional** previsto em lei, regulamentação ou norma interna, que não justifique imposição de penalidade mais grave.

12.4.2 Proibições

Art. 117 Ao servidor é proibido:
I – ausentar-se do serviço durante o expediente, sem prévia autorização do chefe imediato;
II – retirar, sem prévia anuência da autoridade competente, qualquer documento ou objeto da repartição;
III – recusar fé a documentos públicos;
IV – opor resistência injustificada ao andamento de documento e processo ou execução de serviço;
V – promover manifestação de apreço ou desapreço no recinto da repartição;
VI – cometer a pessoa estranha à repartição, fora dos casos previstos em lei, o desempenho de atribuição que seja de sua responsabilidade ou de seu subordinado;
VII – coagir ou aliciar subordinados no sentido de filiarem-se a associação profissional ou sindical, ou a partido político;
VIII – manter sob sua chefia imediata, em cargo ou função de confiança, cônjuge, companheiro ou parente até o segundo grau civil;

No caso de violação das proibições, previstas nos incisos I a VIII e XIX, será aplicada a penalidade de **advertência**.

IX – valer-se do cargo para lograr proveito pessoal ou de outrem, em detrimento da dignidade da função pública;
X – participar de gerência ou administração de sociedade privada, personificada ou não personificada, exercer o comércio, exceto na qualidade de acionista, cotista ou comanditário;

DIREITO ADMINISTRATIVO

XI – atuar, como procurador ou intermediário, junto a repartições públicas, salvo quando se tratar de benefícios previdenciários ou assistenciais de parentes até o segundo grau, e de cônjuge ou companheiro;

XII – receber propina, comissão, presente ou vantagem de qualquer espécie, em razão de suas atribuições;

XIII – aceitar comissão, emprego ou pensão de estado estrangeiro;

XIV – praticar usura sob qualquer de suas formas;

XV – proceder de forma desidiosa;

XVI – utilizar pessoal ou recursos materiais da repartição em serviços ou atividades particulares;

No caso de violação das proibições, previstas nos incisos IX a VI, será aplicada a penalidade de **demissão**.

XVII – cometer a outro servidor atribuições estranhas ao cargo que ocupa, exceto em situações de emergência e transitórias;

XVIII – exercer quaisquer atividades que sejam incompatíveis com o exercício do cargo ou função e com o horário de trabalho;

De acordo com o art. 130 da Lei nº 8.112/1990, será aplicada a penalidade de **suspensão** nos casos de reincidência das faltas punidas, com advertência e de violação das demais proibições que não tipifiquem infração sujeita a penalidade de demissão (nesse ponto, temos que a violação as proibições dos incisos XVII e XVIII são apenadas com suspensão).

XIX – recusar-se a atualizar seus dados cadastrais quando solicitado.

No caso de violação das proibições, previstas nos incisos I a VIII e XIX, será aplicada a penalidade de **advertência**.

Parágrafo único. A vedação de que trata o inciso X do caput deste artigo não se aplica nos seguintes casos:

I – participação nos conselhos de administração e fiscal de empresas ou entidades em que a União detenha, direta ou indiretamente, participação no capital social ou em sociedade cooperativa constituída para prestar serviços a seus membros; e

II – gozo de licença para o trato de interesses particulares, na forma do art. 91 desta Lei, observada a legislação sobre conflito de interesses.

Resumo
Proibições e Consequências

Advertência	Incisos I a VIII e XIX.
Suspensão	Incisos XVII e XVIII e nos casos de reincidência das faltas punidas com advertência. Prazo máximo: 90 dias.
Demissão	Incisos IX a XVI.

Na hipótese do inciso X, não haverá aplicação da penalidade nos casos de:
a) Participação nos conselhos de administração de empresas que a União detenha participação.
b) Gozo de licença para tratar de interesse particular.

12.4.3 Acumulação

*Art. 118 Ressalvados os casos previstos na Constituição, **é vedada a acumulação remunerada de cargos públicos**.*

> **Art. 37, XVI, CF/1988** É vedada a acumulação remunerada de cargos públicos, exceto, quando houver compatibilidade de horários, observado em qualquer caso o disposto no inciso XI:
> a) a de dois cargos de professor;
> b) a de um cargo de professor com outro técnico ou científico;
> c) a de dois cargos ou empregos privativos de profissionais de saúde, com profissões regulamentadas;

§ 1º A proibição de acumular estende-se a cargos, empregos e funções em autarquias, fundações públicas, empresas públicas, sociedades de economia mista da União, do Distrito Federal, dos Estados, dos Territórios e dos Municípios.

*§ 2º A acumulação de cargos, ainda que lícita, **fica condicionada à comprovação da compatibilidade de horários**.*

§ 3º Considera-se acumulação proibida a percepção de vencimento de cargo ou emprego público efetivo com proventos da inatividade, salvo quando os cargos de que decorram essas remunerações forem acumuláveis na atividade.

Art. 119 O servidor não poderá exercer mais de um cargo em comissão, exceto no caso previsto no parágrafo único do art. 9º, nem ser remunerado pela participação em órgão de deliberação coletiva.

> **Art. 9º, parágrafo único, Lei nº 8.112/1990** O servidor ocupante de cargo em comissão ou de natureza especial **poderá ser nomeado para ter exercício, interinamente**, em outro cargo de confiança, sem prejuízo das atribuições do que atualmente ocupa, hipótese em que **deverá optar pela remuneração de um** deles durante o período da interinidade.

Parágrafo único. O disposto neste artigo não se aplica à remuneração devida pela participação em conselhos de administração e fiscal das empresas públicas e sociedades de economia mista, suas subsidiárias e controladas, bem como quaisquer empresas ou entidades em que a União, direta ou indiretamente, detenha participação no capital social, observado o que, a respeito, dispuser legislação específica.

Art. 120 O servidor vinculado ao regime desta Lei, que acumular licitamente dois cargos efetivos, quando investido em cargo de provimento em comissão, ficará afastado de ambos os cargos efetivos, salvo na hipótese em que houver compatibilidade de horário e local com o exercício de um deles, declarada pelas autoridades máximas dos órgãos ou entidades envolvidos.

12.4.4 Responsabilidades

Art. 121 O servidor responde civil, penal e administrativamente pelo exercício irregular de suas atribuições.

Independência das instâncias:

Pela prática de um único ato ilícito, o servidor pode sofrer sanções diversas (administrativas/penais/civis), sendo admitida a **cumulação** dessas sanções, pois cada uma das instâncias tem seu fundamento próprio.

Art. 122 A responsabilidade civil decorre de ato omissivo ou comissivo, doloso ou culposo, que resulte em prejuízo ao erário ou a terceiros.

*§ 1º A indenização de **prejuízo dolosamente causado ao erário somente será liquidada na forma prevista no art. 46**, na falta de outros bens que assegurem a execução do débito pela via judicial.*

> **Art. 46, Lei nº 8.112/1990** As reposições e indenizações ao erário, atualizadas até 30 de junho de 1994, serão previamente comunicadas ao servidor ativo, aposentado ou ao pensionista, para pagamento, no prazo máximo de trinta dias, podendo ser parceladas, a pedido do interessado.
> § 1º O valor de cada parcela não poderá ser inferior ao correspondente a dez por cento da remuneração, provento ou pensão.

*§ 2º Tratando-se de **dano causado a terceiros**, responderá o servidor perante a Fazenda Pública, em ação regressiva.*

O servidor responde de forma subjetiva, vale dizer que a administração pública deverá comprovar o dolo ou a culpa do agente público para fazer jus ao ressarcimento.

§ 3º A obrigação de reparar o dano estende-se aos sucessores e contra eles será executada, até o limite do valor da herança recebida.

Art. 123 A responsabilidade penal abrange os crimes e contravenções imputadas ao servidor, nessa qualidade.

*Art. 124 A responsabilidade civil-administrativa resulta de **ato omissivo ou comissivo** praticado no desempenho do cargo ou função.*

*Art. 125 As sanções civis, penais e administrativas **poderão cumular-se, sendo independentes entre si**.*

*Art. 126 A responsabilidade administrativa do servidor será **afastada** no caso de **absolvição criminal que negue a existência do fato ou sua autoria**.*

LEI Nº 8.112/1990 – REGIME JURÍDICO DOS SERVIDORES DA UNIÃO

Trata-se de uma exceção à independência das instâncias.

Se na esfera penal, verificar que **não** foi o servidor que cometeu o ato (Negativa de Autoria), ou que o objeto de apuração não aconteceu (Inexistência do Fato), isso acarreta a **absolvição** nas instâncias administrativa e civil.

Se o servidor for absolvido do processo penal por falta de provas, nada impede que sele seja responsabilizado nas esferas administrativa e civil.

Art. 126-A Nenhum servidor poderá ser responsabilizado civil, penal ou administrativamente por dar ciência à autoridade superior ou, quando houver suspeita de envolvimento desta, a outra autoridade competente para apuração de informação concernente à prática de crimes ou improbidade de que tenha conhecimento, ainda que em decorrência do exercício de cargo, emprego ou função pública

12.4.5 Penalidades

Art. 127 São penalidades disciplinares:

I – advertência;
II – suspensão;
III – demissão;
IV – cassação de aposentadoria ou disponibilidade;
V – destituição de cargo em comissão;
VI – destituição de função comissionada.

Art. 128 Na aplicação das penalidades serão consideradas a natureza e a gravidade da infração cometida, os danos que dela provierem para o serviço público, as circunstâncias agravantes ou atenuantes e os antecedentes funcionais.

***Parágrafo único.** O ato de imposição da penalidade mencionará sempre o fundamento legal e a causa da sanção disciplinar.*

Exigência de justificativa (motivação).

*Art. 129 A **advertência** será aplicada **por escrito**, nos casos de violação de proibição constante do **art. 117**, incisos **I a VIII e XIX**, e de **inobservância de dever funcional** previsto em lei, regulamentação ou norma interna, que não justifique imposição de penalidade mais grave.*

Aplica-se advertência no caso de inobservância dos deveres (art. 116) e de violação das proibições do art. 117 elencadas a seguir:

▷ Ausentar-se do serviço durante o expediente, sem prévia autorização do chefe imediato;

▷ Retirar, sem prévia anuência da autoridade competente, qualquer documento ou objeto da repartição;

▷ Recusar fé a documentos públicos;

▷ Opor resistência injustificada ao andamento de documento e processo ou execução de serviço;

▷ Promover manifestação de apreço ou desapreço no recinto da repartição;

▷ Cometer a pessoa estranha à repartição, fora dos casos previstos em lei, o desempenho de atribuição que seja de sua responsabilidade ou de seu subordinado;

▷ Coagir ou aliciar subordinados no sentido de filiarem-se a associação profissional ou sindical, ou a partido político;

▷ Manter sob sua chefia imediata, em cargo ou função de confiança, cônjuge, companheiro ou parente até o segundo grau civil;

▷ Recusar-se a atualizar seus dados cadastrais quando solicitado.

*Art. 130 A suspensão será aplicada em caso de reincidência das faltas punidas com advertência e de violação das demais proibições que não tipifiquem infração sujeita a penalidade de demissão, **não podendo exceder de 90 (noventa) dias.***

Violação das proibições do art. 117 elencadas a seguir:

▷ Cometer a outro servidor atribuições estranhas ao cargo que ocupa, exceto em situações de emergência e transitórias;

▷ Exercer quaisquer atividades que sejam incompatíveis com o exercício do cargo ou função e com o horário de trabalho.

No caso de reincidência das faltas será punida com advertência.

*§ 1º Será punido com **suspensão** de até **15 (quinze) dias** o servidor que, injustificadamente, **recusar-se a ser submetido a inspeção médica determinada pela autoridade competente**, cessando os efeitos da penalidade uma vez cumprida a determinação.*

§ 2º Quando houver conveniência para o serviço, a penalidade de suspensão poderá ser convertida em multa, na base de 50% (cinquenta por cento) por dia de vencimento ou remuneração, ficando o servidor obrigado a permanecer em serviço.

A penalidade de suspensão poderá ser convertida em multa, de 50% do vencimento ou remuneração, ficando o servidor obrigado a permanecer em serviço.

*Art. 131 As penalidades de advertência e de suspensão terão seus **registros cancelados**, após o decurso de **3 (três) e 5 (cinco) anos de efetivo exercício**, respectivamente, se o servidor não houver, nesse período, praticado nova infração disciplinar.*

***Parágrafo único.** O cancelamento da penalidade não surtirá efeitos retroativos.*

Correlacionando com o Direito Penal, após esse período, se não houver praticado nova infração, o servidor volta à condição de réu primário.

Art. 132 A demissão será aplicada nos seguintes casos:

I – crime contra a administração pública;
II – abandono de cargo;
III – inassiduidade habitual;
IV – improbidade administrativa;
V – incontinência pública e conduta escandalosa, na repartição;
VI – insubordinação grave em serviço;
VII – ofensa física, em serviço, a servidor ou a particular, salvo em legítima defesa própria ou de outrem;
VIII – aplicação irregular de dinheiros públicos;
IX – revelação de segredo do qual se apropriou em razão do cargo;
X – lesão aos cofres públicos e dilapidação do patrimônio nacional;
XI – corrupção;
XII – acumulação ilegal de cargos, empregos ou funções públicas;
XIII – transgressão dos incisos IX a XVI do art. 117.

> **Art. 117** (Violação das proibições):
> *IX – valer-se do cargo para lograr proveito pessoal ou de outrem, em detrimento da dignidade da função pública;*
> *X – participar de gerência ou administração de sociedade privada, personificada ou não personificada, exercer o comércio, exceto na qualidade de acionista, cotista ou comanditário;*
> *XI – atuar, como procurador ou intermediário, junto a repartições públicas, salvo quando se tratar de benefícios previdenciários ou assistenciais de parentes até o segundo grau, e de cônjuge ou companheiro;*
> *XII – receber propina, comissão, presente ou vantagem de qualquer espécie, em razão de suas atribuições;*
> *XIII – aceitar comissão, emprego ou pensão de estado estrangeiro;*
> *XIV – praticar usura sob qualquer de suas formas;*
> *XV – proceder de forma desidiosa;*
> *XVI – utilizar pessoal ou recursos materiais da repartição em serviços ou atividades particulares.*

*Art. 133 Detectada a qualquer tempo a **acumulação ilegal de cargos, empregos ou funções públicas**, a autoridade a que se refere o art. 143 notificará o servidor, por intermédio de sua chefia imediata, para **apresentar opção no prazo improrrogável de dez dias**, contados da data da ciência e, na hipótese de omissão, adotará procedimento sumário para a sua apuração e regularização imediata, cujo processo administrativo disciplinar se desenvolverá nas seguintes fases:*

DIREITO ADMINISTRATIVO

> **Art. 143** A autoridade que tiver ciência de irregularidade no serviço público é obrigada a promover a sua apuração imediata, mediante sindicância ou processo administrativo disciplinar, assegurada ao acusado ampla defesa.

I – instauração, com a publicação do ato que constituir a comissão, a ser composta por dois servidores estáveis, e simultaneamente indicar a autoria e a materialidade da transgressão objeto da apuração

*II – **instrução sumária**, que compreende indiciação, defesa e relatório;*

III – julgamento.

§ 1º A indicação da autoria de que trata o inciso I dar-se-á pelo nome e matrícula do servidor, e a materialidade pela descrição dos cargos, empregos ou funções públicas em situação de acumulação ilegal, dos órgãos ou entidades de vinculação, das datas de ingresso, do horário de trabalho e do correspondente regime jurídico

*§ 2º A comissão lavrará, até **três dias** após a publicação do ato que a constituiu, **termo de indiciação** em que serão transcritas as informações de que trata o parágrafo anterior, bem como promoverá a **citação pessoal do servidor** indiciado, ou por intermédio de sua chefia imediata, para, no prazo de cinco dias, apresentar defesa escrita, assegurando-se-lhe vista do processo na repartição, observado o disposto nos arts. 163 e 164.*

> **Art. 163** Achando-se o **indiciado em lugar incerto e não sabido**, será citado por **edital**, publicado no Diário Oficial da União e em jornal de grande circulação na localidade do último domicílio conhecido, para apresentar defesa.
> **Parágrafo único**. Na hipótese deste artigo, **o prazo para defesa será de 15 (quinze) dias** a partir da última publicação do edital.
> **Art. 164** Considerar-se-á **revel** o indiciado que, regularmente citado, **não apresentar defesa no prazo legal**.
> § 1º A revelia será declarada, por termo, nos autos do processo e devolverá o prazo para a defesa.
> § 2º Para defender o indiciado revel, a autoridade instauradora do processo **designará um servidor como defensor dativo, que deverá ser ocupante de cargo efetivo superior ou de mesmo nível, ou ter nível de escolaridade igual ou superior** ao do indiciado.

*§ 3º **Apresentada a defesa**, a comissão elaborará **relatório conclusivo** quanto à inocência ou à responsabilidade do servidor, em que resumirá as peças principais dos autos, opinará sobre a licitude da acumulação em exame, indicará o respectivo dispositivo legal e remeterá o processo à autoridade instauradora, para julgamento*

*§ 4º No **prazo de cinco dias**, contados do recebimento do processo, **a autoridade julgadora proferirá a sua decisão**, aplicando-se, quando for o caso, o disposto no § 3º do art. 167.*

> **Art. 167, § 3º, Lei nº 8.112/1990** Se a penalidade prevista for a **demissão ou cassação de aposentadoria ou disponibilidade**, o julgamento caberá às autoridades de que trata o inciso I do art. 141.
> **Art. 141** As penalidades disciplinares serão aplicadas:
> I – pelo Presidente da República, pelos Presidentes das Casas do Poder Legislativo e dos Tribunais Federais e pelo Procurador-Geral da República, quando se tratar de demissão e cassação de aposentadoria ou disponibilidade de servidor vinculado ao respectivo Poder, órgão ou entidade;

*§ 5º A **opção pelo servidor até o último dia de prazo para defesa** configurará sua boa-fé, **hipótese em que se converterá automaticamente em pedido de exoneração do outro cargo.***

Até o último dia de prazo para a defesa, o servidor pode optar por um cargo, momento em que será realizada a exoneração (caráter não punitivo) do outro cargo.

*§ 6º **Caracterizada a acumulação ilegal** e provada a má-fé, **aplicar-se-á a pena de demissão, destituição ou cassação de aposentadoria ou disponibilidade em relação aos cargos, empregos ou funções públicas em regime de acumulação ilegal**, hipótese em que os órgãos ou entidades de vinculação serão comunicados.*

*§ 7º O **prazo para a conclusão** do processo administrativo disciplinar submetido ao **rito sumário não excederá trinta dias**, contados da data de publicação do ato que constituir a comissão, **admitida a sua prorrogação por até quinze dias**, quando as circunstâncias o exigirem.*

§ 8º O procedimento sumário rege-se pelas disposições deste artigo, observando-se, no que lhe for aplicável, subsidiariamente, as disposições dos Títulos IV e V desta Lei.

Processo Sumário (acumulação ilícita de cargos ou empregos):

a) Aplicação: acumulação ilícita de cargos ou empregos.
b) O servidor, até o último dia de prazo para defesa, pode optar por um dos cargos (o que gerará exoneração em relação ao outro.
c) Se não optar e for provada má-fé, será aplicada demissão, destituição ou cassação de aposentaria ou disponibilidade em relação aos dois cargos.
d) Prazo máximo do processo 30 dias e prorrogáveis por mais 15 dias.

*Art. 134 Será **cassada a aposentadoria** ou a disponibilidade do **inativo** que houver praticado, na atividade, **falta punível com a demissão**.*

Art. 135 A destituição de cargo em comissão exercido por não ocupante de cargo efetivo será aplicada nos casos de infração sujeita às penalidades de suspensão e de demissão.

Servidor não ocupante de cargo efetivo que comete infração apenada com suspensão ou demissão será destituído do cargo.

*Parágrafo único. Constatada a hipótese de que trata este artigo, a **exoneração** efetuada nos termos do art. 35 **será convertida em destituição de cargo em comissão.***

> **Art. 35** A **exoneração** de cargo em comissão e a dispensa de função de confiança dar-se-á:
> I – a juízo da autoridade competente;
> II – a pedido do próprio servidor.

*Art. 136 A demissão ou a destituição de cargo em comissão, nos casos dos incisos IV, VIII, X e XI do art. 132, implica a **indisponibilidade dos bens e o ressarcimento ao erário**, sem prejuízo da ação penal cabível.*

> **Art. 132** [...]
> IV – improbidade administrativa;
> VIII – aplicação irregular de dinheiros públicos;
> X – lesão aos cofres públicos e dilapidação do patrimônio nacional;
> XI – corrupção;

*Art. 137 A demissão ou a destituição de cargo em comissão, por infringência do art. 117, incisos IX e XI, **incompatibiliza o ex-servidor para nova investidura em cargo público federal, pelo prazo de 5 (cinco) anos**.*

> **Art. 117** [...]
> IX – valer-se do cargo para lograr proveito pessoal ou de outrem, em detrimento da dignidade da função pública;
> XI – atuar, como procurador ou intermediário, junto a repartições públicas, salvo quando se tratar de benefícios previdenciários ou assistenciais de parentes até o segundo grau, e de cônjuge ou companheiro;

Parágrafo único. Não poderá retornar ao serviço público federal o servidor que for demitido ou destituído do cargo em comissão por infringência do art. 132, incisos I, IV, VIII, X e XI.

No bojo da ADI 2.975, o STF declarou o parágrafo único inconstitucional a seguir:

O parágrafo único do art. 137 da Lei nº 8.112/1990 proíbe, para sempre, o retorno ao serviço público federal de servidor que for demitido ou destituído por prática de crime contra a Administração Pública, improbidade administrativa, aplicação irregular de dinheiro público, lesão aos cofres públicos e dilapidação do patrimônio nacional e corrupção. Essa previsão viola o art. 5º, XLVII, "b", da CF/88, que afirma que **não haverá penas de caráter perpétuo**. STF. Plenário. ADI 2975, Rel. Min. Gilmar Mendes, julgado em 04/12/2020 (Info 1.001).

*Art. 138 Configura **abandono de cargo** a ausência intencional do servidor ao serviço por mais de **trinta dias consecutivos**.*

*Art. 139 Entende-se por **inassiduidade habitual** a falta ao serviço, **sem causa justificada**, por sessenta dias, interpoladamente, durante o período de doze meses.*

a) Abandono de cargo: ausência intencional (30 dias consecutivos).
b) Inassiduidade habitual: falta, sem justificativa (60 dias interpoladamente no período de 12 meses).

*Art. 140 Na apuração de abandono de cargo ou inassiduidade habitual, também será adotado o **procedimento sumário** a que se refere o art. 133, observando-se especialmente que:*

I – a indicação da materialidade dar-se-á

a) na hipótese de abandono de cargo, pela indicação precisa do período de ausência intencional do servidor ao serviço superior a trinta dias;

b) no caso de inassiduidade habitual, pela indicação dos dias de falta ao serviço sem causa justificada, por período igual ou superior a sessenta dias interpoladamente, durante o período de doze meses;

II – após a apresentação da defesa a comissão elaborará relatório conclusivo quanto à inocência ou à responsabilidade do servidor, em que resumirá as peças principais dos autos, indicará o respectivo dispositivo legal, opinará, na hipótese de abandono de cargo, sobre a intencionalidade da ausência ao serviço superior a trinta dias e remeterá o processo à autoridade instauradora para julgamento.

Art. 141 As penalidades disciplinares serão aplicadas:

I – pelo Presidente da República, pelos Presidentes das Casas do Poder Legislativo e dos Tribunais Federais e pelo Procurador-Geral da República, quando se tratar de demissão e cassação de aposentadoria ou disponibilidade de servidor vinculado ao respectivo Poder, órgão ou entidade;

II – pelas autoridades administrativas de hierarquia imediatamente inferior àquelas mencionadas no inciso anterior quando se tratar de suspensão superior a 30 (trinta) dias;

III – pelo chefe da repartição e outras autoridades na forma dos respectivos regimentos ou regulamentos, nos casos de advertência ou de suspensão de até 30 (trinta) dias;

IV – pela autoridade que houver feito a nomeação, quando se tratar de destituição de cargo em comissão.

Autoridade	Penalidade
• Presidente da República. • Presidentes das Casas do Poder Legislativo. • Presidentes dos Tribunais Federais. • Procurador Geral da República.	• Demissão. • Cassação de aposentadoria ou disponibilidade.
Autoridades administrativas de hierarquia imediatamente inferior.	Suspensão **acima** de 30 dias.
Chefe da repartição e outras autoridades.	Suspensão de **até** 30 dias.
Autoridade que houver feito a nomeação.	Destituição de cargo em Comissão.

Art. 142 A ação disciplinar prescreverá:

I – em 5 (cinco) anos, quanto às infrações puníveis com demissão, cassação de aposentadoria ou disponibilidade e destituição de cargo em comissão;

II – em 2 (dois) anos, quanto à suspensão;

III – em 180 (cento e oitenta) dias, quanto à advertência.

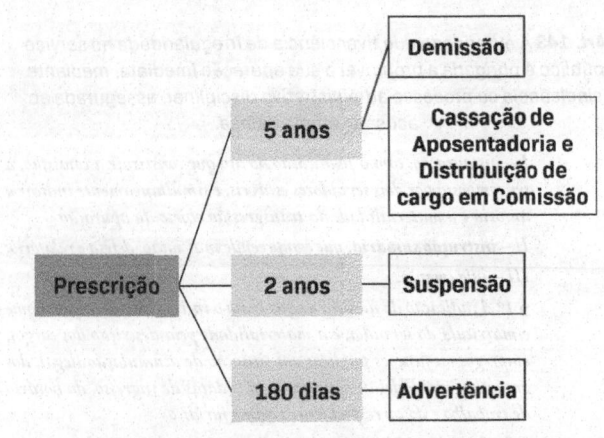

Prescrição:
- 5 anos → Demissão / Cassação de Aposentadoria e Distribuição de cargo em Comissão
- 2 anos → Suspensão
- 180 dias → Advertência

*§ 1º O prazo de prescrição **começa a correr da data em que o fato se tornou conhecido**.*

§ 2º Os prazos de prescrição previstos na lei penal aplicam-se às infrações disciplinares capituladas também como crime.

O prazo prescricional previsto na Lei Penal será aplicado ao processo administrativo, independentemente de existir (ou não) ação penal sobre o tema.

Para se aplicar a regra do § 2º do art. 142 da Lei nº 8.112/1990 não se exige que o fato esteja sendo apurado na esfera penal (não se exige que tenha havido oferecimento de denúncia ou instauração de inquérito policial).

Se a infração disciplinar praticada for, em tese, também crime, deve ser aplicado o prazo prescricional previsto na legislação penal independentemente de qualquer outra exigência. STJ. 1ª Seção. MS 20.857-DF, Rel. Min. Napoleão Nunes Maia Filho, Rel. Acd. Min. Og Fernandes, julgado em 22/05/2019 (Info 651).

*§ 3º **A abertura de sindicância ou a instauração de processo disciplinar interrompe a prescrição**, até a decisão final proferida por autoridade competente.*

Interrupção da prescrição:
a) Processo Administrativo Disciplinar (PAD);
b) Sindicância;
c) A interrupção zera o prazo prescricional e o prazo ficará interrompido até a decisão final.

*§ 4º Interrompido o curso da prescrição, **o prazo começará a correr a partir do dia em que cessar a interrupção**.*

Após a cessão da interrupção o prazo prescricional volta a contar do zero.

12.5 Processo administrativo disciplinar

12.5.1 Disposições gerais

*Art. 143 A autoridade que tiver ciência de irregularidade no serviço público é obrigada a promover a sua apuração imediata, mediante **sindicância ou processo administrativo** disciplinar, assegurada ao acusado ampla defesa.*

A autoridade dispõe de dois procedimentos para apurar irregularidades:
a) Sindicância;
b) Processo Administrativo Disciplinar (PAD).

§§ 1º e 2º (Revogados).

*§ 3º A apuração de que trata o caput, por solicitação da autoridade a que se refere, **poderá ser promovida por autoridade de órgão ou entidade diverso** daquele em que tenha ocorrido a irregularidade, mediante competência específica para tal finalidade, **delegada em caráter permanente ou temporário pelo Presidente da República**,*

pelos presidentes das Casas do Poder Legislativo e dos Tribunais Federais e pelo Procurador-Geral da República, no âmbito do respectivo Poder, órgão ou entidade, preservadas as competências para o julgamento que se seguir à apuração.

Art. 144 *As denúncias sobre irregularidades serão objeto de apuração,* **desde que** *contenham a* **identificação e o endereço do denunciante** *e sejam formuladas por escrito, confirmada a autenticidade.*

Parágrafo único*. Quando o fato narrado não configurar evidente infração disciplinar ou ilícito penal, a denúncia será arquivada, por falta de objeto.*

Fique ligado

Jurisprudência:

Súmula nº 611 – STJ: *Desde que devidamente motivada e com amparo em investigação ou sindicância,* **é permitida a instauração de processo** *administrativo disciplinar com base em* **denúncia anônima**, *em face do poder-dever de autotutela imposto à administração.*

Art. 145 *Da sindicância poderá resultar:*

I – arquivamento do processo;

II – aplicação de penalidade de advertência ou suspensão de até 30 (trinta) dias;

III – instauração de processo disciplinar.

Parágrafo único*. O prazo para* **conclusão** *da sindicância* **não excederá 30 (trinta) dias**, *podendo ser prorrogado por igual período,* **a critério da autoridade superior**.

Penalidades possíveis na sindicância*:

a) Advertência;

b) Suspensão máxima de 30 dias.

* Prazo para conclusão da sindicância: 30 dias (prorrogável por igual período, a critério da autoridade).

Art. 146 *Sempre que o ilícito praticado pelo* **servidor ensejar a imposição de penalidade de suspensão por mais de 30 (trinta) dias, de demissão, cassação de aposentadoria ou disponibilidade, ou destituição de cargo em comissão**, *será obrigatória a instauração de processo disciplinar.*

Não é obrigatória a instauração de sindicância. A autoridade pode determinar a abertura do processo administrativo sem que haja sindicância prévia.

A sindicância é uma forma simplificada do Processo Administrativo Disciplinar (PAD), sendo usada para investigação ou para a apuração de infrações que resultem em penalidades menos gravosas.

12.5.2 Afastamento preventivo

Art. 147 *Como medida cautelar e a fim de que o servidor não venha a influir na apuração da irregularidade, a autoridade instauradora do processo disciplinar poderá determinar o seu afastamento do exercício do cargo, pelo prazo de até 60 (sessenta) dias, sem prejuízo da remuneração.*

Parágrafo único*. O afastamento poderá ser prorrogado por igual prazo, findo o qual cessarão os seus efeitos, ainda que não concluído o processo.*

a) O afastamento preventivo não configura penalidade.

b) Trata-se de uma medida preventiva para que o servidor não interfira no processo.

c) Prazo de 60 dias, podendo ser prorrogado por mais 60 (prazo máximo total 120 dias) ainda que o processo não tenha sido concluído.

d) O servidor afastado preventivamente continua recebendo.

12.5.3 Processo disciplinar

Art. 148 *O processo disciplinar é o instrumento destinado a apurar responsabilidade de servidor por infração praticada no exercício de suas atribuições, ou que tenha relação com as atribuições do cargo em que se encontre investido.*

Art. 149 *O processo disciplinar será conduzido por* **comissão composta de três servidores estáveis** *designados pela autoridade competente, observado o disposto no § 3º do art. 143, que indicará, dentre eles, o seu presidente, que deverá ser ocupante de cargo efetivo superior ou de mesmo nível, ou ter nível de escolaridade igual ou superior ao do indiciado.*

Art. 143, § 3º A apuração de que trata o caput, por solicitação da autoridade a que se refere, **poderá ser promovida por autoridade de órgão ou entidade diverso daquele em que tenha ocorrido a irregularidade**, mediante competência específica para tal finalidade, delegada em caráter permanente ou temporário pelo Presidente da República, pelos presidentes das Casas do Poder Legislativo e dos Tribunais Federais e pelo Procurador-Geral da República, no âmbito do respectivo Poder, órgão ou entidade, preservadas as competências para o julgamento que se seguir à apuração.

---

§ 1º A Comissão terá como secretário servidor designado pelo seu presidente, podendo a indicação recair em um de seus membros.

§ 2º Não poderá participar de comissão de sindicância ou de inquérito, cônjuge, companheiro ou parente do acusado, consanguíneo ou afim, em linha reta ou colateral, **até o terceiro grau**.

Art. 150 *A Comissão exercerá suas atividades com independência e imparcialidade, assegurado o sigilo necessário à elucidação do fato ou exigido pelo interesse da administração.*

Parágrafo único*. As reuniões e as audiências das comissões terão caráter reservado.*

Art. 151 *O processo disciplinar se desenvolve nas seguintes fases:*

I – instauração, com a publicação do ato que constituir a comissão;

II – inquérito administrativo, que compreende instrução, defesa e relatório;

III – julgamento.

Fases do Processo Administrativo Disciplinar (PAD): instauração; inquérito e julgamento.

Observe que a sindicância não consta como fase do PAD.

Art. 152 *O prazo para a conclusão do processo disciplinar não excederá 60 (sessenta) dias, contados da data de publicação do ato que constituir a comissão, admitida a sua prorrogação por igual prazo, quando as circunstâncias o exigirem.*

Prazo para conclusão do PAD:

a) 60 dias contados da publicação do ato de constituição da comissão.

b) Prorrogável por mais 60 dias.

Este artigo **não** trata do prazo para julgamento (que é de mais 20 dias).

§ 1º **Sempre que necessário**, *a comissão dedicará* **tempo integral** *aos seus trabalhos, ficando seus membros dispensados do ponto, até a entrega do relatório final.*

§ 2º As reuniões da comissão serão registradas em atas que deverão detalhar as deliberações adotadas.

Seção I – Do Inquérito

Art. 153 *O* **inquérito administrativo** *obedecerá ao princípio do contraditório, assegurada ao acusado ampla defesa, com a utilização dos meios e recursos admitidos em direito.*

Diferentemente do inquérito policial que é inquisitivo, no inquérito administrativo é assegurada ampla defesa.

Art. 154 *Os autos da sindicância integrarão o processo disciplinar, como peça informativa da instrução.*

Parágrafo único*. Na hipótese de o relatório da sindicância concluir que a infração está capitulada como ilícito penal, a autoridade competente*

LEI Nº 8.112/1990 – REGIME JURÍDICO DOS SERVIDORES DA UNIÃO

encaminhará cópia dos autos ao Ministério Público, independentemente da imediata instauração do processo disciplinar.

Art. 155 *Na fase do inquérito, a comissão promoverá a tomada de depoimentos, acareações, investigações e diligências cabíveis, objetivando a coleta de prova, recorrendo, quando necessário, a técnicos e peritos, de modo a permitir a completa elucidação dos fatos.*

Art. 156 É assegurado ao servidor *o direito de acompanhar o processo pessoalmente ou por intermédio de procurador, arrolar e reinquirir testemunhas, produzir provas e contraprovas e formular quesitos, quando se tratar de prova pericial.*

Fique ligado

Jurisprudência:
Súmula Vinculante nº 5 – STF: A falta de defesa técnica por advogado no processo administrativo disciplinar não ofende a Constituição.

§ 1º O presidente da comissão poderá denegar pedidos considerados impertinentes, meramente protelatórios, ou de nenhum interesse para o esclarecimento dos fatos.

§ 2º Será indeferido o pedido de prova pericial, quando a comprovação do fato independer de conhecimento especial de perito.

Art. 157 *As testemunhas serão intimadas a depor mediante mandado expedido pelo presidente da comissão, devendo a segunda via, com o ciente do interessado, ser anexado aos autos.*

Parágrafo único *Se a testemunha for servidor público, a expedição do mandado será imediatamente comunicada ao chefe da repartição onde serve, com a indicação do dia e hora marcados para inquirição.*

Art. 158 *O **depoimento será prestado oralmente** e reduzido a termo, **não sendo lícito à testemunha trazê-lo por escrito**.*

É vedado à testemunha a apresentação de depoimento por escrito.

*§ 1º **As testemunhas serão inquiridas** separadamente.*

*§ 2º Na hipótese de depoimentos contraditórios ou que se infirmem, proceder-se-á à **acareação** entre os depoentes.*

A acareação é um procedimento para se buscar a verdade em que as partes são confrontadas frente a frente. Exemplo: depoimentos contraditórios sobre o mesmo fato.

Art. 159 *Concluída a inquirição das testemunhas, a comissão promoverá o **interrogatório do acusado**, observados os procedimentos previstos nos arts. 157 e 158.*

O acusado será ouvido depois das testemunhas e o procedimento adotado no seu interrogatório será o mesmo utilizado com as testemunhas.

§ 1º No caso de mais de um acusado, cada um deles será ouvido separadamente, e sempre que divergirem em suas declarações sobre fatos ou circunstâncias, será promovida a acareação entre eles.

Se houver mais de um acusado, o interrogatório será separado, se existir divergência nas declarações, a comissão pode promover acareação entre eles.

*§ 2º **O procurador do acusado poderá assistir ao interrogatório**, bem como à inquirição das testemunhas, sendo-lhe vedado interferir nas perguntas e respostas, facultando-se lhe, porém, reinquiri-las, por intermédio do presidente da comissão.*

O procurador do acusado pode reinquirir as testemunhas por intermédio do presidente da comissão (nunca diretamente).

Art. 160 *Quando houver dúvida sobre a **sanidade mental do acusado**, a comissão proporá à autoridade competente que ele seja submetido a **exame por junta médica oficial**, da qual participe pelo menos um médico psiquiatra.*

Parágrafo único. *O **incidente de sanidade mental** será processado em auto apartado e apenso ao processo principal, após a expedição do laudo pericial.*

Art. 161 Tipificada a infração disciplinar, *será formulada a indiciação do servidor, com a especificação dos fatos a ele imputados e das respectivas provas.*

*§ 1º O indiciado será citado por mandado expedido pelo presidente da comissão para apresentar **defesa escrita**, no prazo de **10 (dez) dias**, assegurando-se lhe vista do processo na repartição.*

§ 2º Havendo dois ou mais indiciados, o prazo será comum e de 20 (vinte) dias.

§ 3º O prazo de defesa poderá ser prorrogado pelo dobro, para diligências reputadas indispensáveis.

Defesa:
a) A defesa será apresentada de forma escrita.
b) Prazo: 10 dias.
c) Se houver mais de um acusado: prazo comum de 20 dias.
d) Pode ser prorrogado pelo dobro – diligências indispensáveis.

*§ 4º No caso de recusa do indiciado em apor o ciente na cópia da citação, o prazo para defesa contar-se-á da data declarada, em termo próprio, **pelo membro da comissão** que fez a citação, com a assinatura de (2) duas testemunhas.*

Art. 162 *O indiciado que mudar de residência fica **obrigado a comunicar à comissão** o lugar onde poderá ser encontrado.*

Art. 163 *Achando-se o **indiciado em lugar incerto e não sabido, será citado por edital**, publicado no Diário Oficial da União e em jornal de grande circulação na localidade do último domicílio conhecido, para apresentar defesa.*

Parágrafo único. *Na hipótese deste artigo, o prazo para defesa será de 15 (quinze) dias a partir da última publicação do edital.*

Defesa:
a) A defesa será apresentada de forma escrita.
b) Prazo: 10 dias.
c) Se houver mais de um acusado: prazo comum de 20 dias.
d) Pode ser prorrogado pelo dobro – diligências indispensáveis.
e) Se não for localizado – citado por edital – prazo para defesa: 15 dias.

Art. 164 *Considerar-se-á **revel** o indiciado que, regularmente citado, **não apresentar defesa no prazo legal**.*

§ 1º A revelia será declarada, por termo, nos autos do processo e devolverá o prazo para a defesa.

*§ 2º **Para defender o indiciado revel**, a autoridade instauradora do processo designará um servidor como defensor dativo, que **deverá ser ocupante de cargo efetivo superior ou de mesmo nível**, ou ter nível de escolaridade igual ou superior ao do indiciado.*

Defensor do indiciado revel:
a) Ocupante de cargo efetivo superior ou mesmo nível;
b) Possuir nível de escolaridade igual ou superior ao do indiciado.

Art. 165 *Apreciada a defesa, a comissão elaborará relatório minucioso, onde resumirá as peças principais dos autos e mencionará as provas em que se baseou para formar a sua convicção.*

*§ 1º O **relatório será sempre conclusivo** quanto à inocência ou à responsabilidade do servidor.*

*§ 2º **Reconhecida a responsabilidade do servidor**, a comissão indicará o dispositivo legal ou regulamentar transgredido, bem como as circunstâncias agravantes ou atenuantes.*

Art. 166 *O processo disciplinar, com o relatório da comissão, será remetido à autoridade que determinou a sua instauração, para julgamento.*

Seção II – Do Julgamento

Art. 167 *No prazo de 20 (vinte) dias, contados do recebimento do processo, a autoridade julgadora proferirá a sua decisão.*

*§ 1º Se a penalidade a ser aplicada exceder a alçada da autoridade instauradora do processo, este será encaminhado à autoridade competente, **que decidirá em igual prazo**.*

*§ 2º Havendo **mais de um indiciado** e diversidade de sanções, o julgamento **caberá à autoridade competente para a imposição da pena mais grave**.*

DIREITO ADMINISTRATIVO

§ 3º Se a penalidade prevista for a demissão ou cassação de aposentadoria ou disponibilidade, o julgamento caberá às autoridades de que trata o inciso I do art. 141.

Autoridade	Penalidade
• Presidente da República. • Presidentes das Casas do Poder Legislativo. • Presidentes dos Tribunais Federais. • Procurador Geral da República.	• Demissão. • Cassação de aposentadoria ou disponibilidade.

*§ 4º Reconhecida pela comissão a inocência do servidor, a autoridade instauradora do processo determinará o seu **arquivamento**, salvo se flagrantemente contrária à prova dos autos.*

***Art. 168** O julgamento acatará o **relatório da comissão**, salvo quando contrário às **provas dos autos**.*

***Parágrafo único.** Quando o relatório da comissão **contrariar as provas** dos autos, a **autoridade julgadora poderá**, motivadamente, **agravar a penalidade proposta, abrandá-la ou isentar o servidor de responsabilidade**.*

A autoridade julgadora, em regra, acatará o relatório da comissão, a não ser que ele seja contrário às provas dos autos. Neste caso, poderá a autoridade julgadora (motivadamente):

a) Agravar a penalidade proposta;
b) Abrandar a penalidade proposta;
c) Isentar o servidor da responsabilidade.

***Art. 169** Verificada a ocorrência de vício insanável, a autoridade que determinou a instauração do processo ou outra de hierarquia superior declarará a sua **nulidade, total ou parcial**, e ordenará, no mesmo ato, a constituição de outra comissão para instauração de novo processo.*

*§ 1º O **julgamento fora do prazo** legal **não implica nulidade** do processo.*

§ 2º A autoridade julgadora que der causa à prescrição de que trata o art. 142, § 2º, será responsabilizada na forma do Capítulo IV do Título IV.

***Art. 170** Extinta a punibilidade pela prescrição, a autoridade julgadora determinará o registro do fato nos assentamentos individuais do servidor.*

O STF reconheceu a inconstitucionalidade do art. 170:

4. Reconhecida a prescrição da pretensão punitiva, há impedimento absoluto de ato decisório condenatório ou de formação de culpa definitiva por atos imputados ao investigado no período abrangido pelo PAD. 5. O status de inocência deixa de ser presumido somente após decisão definitiva na seara administrativa, ou seja, não é possível que qualquer consequência desabonadora da conduta do servidor decorra tão só da instauração de procedimento apuratório ou de decisão que reconheça a incidência da prescrição antes de deliberação definitiva de culpabilidade. 6. Segurança concedida, com a declaração de inconstitucionalidade incidental do art. 170 da Lei nº 8.112/1990. (MS 23262, Relator(a): Min. DIAS TOFFOLI, Tribunal Pleno, julgado em 23/04/2014, Acórdão Eletrônico DJe-213 divulgado 29-10-2014 publicado 30-10-2014).

***Art. 171** Quando a **infração estiver capitulada como crime**, o processo disciplinar será remetido ao **Ministério Público** para instauração da ação penal, ficando trasladado na repartição.*

***Art. 172** O **servidor que responder a processo disciplinar** só poderá ser exonerado a pedido, ou aposentado voluntariamente, após a conclusão do processo **e o cumprimento da penalidade**, acaso aplicada.*

***Parágrafo único.** Ocorrida a exoneração de que trata o parágrafo único, inciso I do art. 34, o ato **será convertido em demissão**, se for o caso.*

Art. 34 A exoneração de cargo efetivo dar-se-á a pedido do servidor, ou de ofício.
Parágrafo único. A exoneração de ofício dar-se-á:
I – quando não satisfeitas as condições do estágio probatório;

***Art. 173** Serão assegurados transporte e diárias:*

I – ao servidor convocado para prestar depoimento fora da sede de sua repartição, na condição de testemunha, denunciado ou indiciado;

II – aos membros da comissão e ao secretário, quando obrigados a se deslocarem da sede dos trabalhos para a realização de missão essencial ao esclarecimento dos fatos.

Seção III – Da Revisão do Processo

***Art. 174** O processo disciplinar poderá ser revisto, a qualquer tempo, a pedido ou de ofício, quando **se aduzirem fatos novos** ou circunstâncias suscetíveis de justificar a inocência do punido ou a inadequação da penalidade aplicada.*

a) A revisão representa um novo processo (ficará apenso ao original): art. 178.
b) Não há prazo limite para solicitar a revisão (a qualquer tempo).
c) Dependerá do surgimento de fatos novou ou circunstâncias que justifiquem a inocência do punido ou a inadequação da penalidade.

*§ 1º Em caso de **falecimento**, ausência ou desaparecimento do servidor, qualquer pessoa da família poderá requerer a revisão do processo.*

§ 2º No caso de incapacidade mental do servidor, a revisão será requerida pelo respectivo curador.

***Art. 175** No processo revisional, o ônus da prova cabe ao requerente.*

***Art. 176** A **simples alegação de injustiça da penalidade não constitui fundamento para a revisão**, que requer elementos novos, ainda não apreciados no processo originário.*

O processo de revisão não representa uma segunda instância, mas um processo novo, razão pela qual requer elementos novos não apreciados no processo original.

***Art. 177** O requerimento de revisão do processo será dirigido ao Ministro de Estado ou autoridade equivalente, que, se autorizar a revisão, encaminhará o pedido ao dirigente do órgão ou entidade onde se originou o processo disciplinar.*

***Parágrafo único.** Deferida a petição, a autoridade competente providenciará a constituição de comissão, na forma do art. 149.*

Art. 149 O processo disciplinar será conduzido por comissão composta de três servidores estáveis designados pela autoridade competente, observado o disposto no § 3º do art. 143, que indicará, dentre eles, o seu presidente, que deverá ser ocupante de cargo efetivo superior ou de mesmo nível, ou ter nível de escolaridade igual ou superior ao do indiciado.
§ 1º A Comissão terá como secretário servidor designado pelo seu presidente, podendo a indicação recair em um de seus membros.
§ 2º Não poderá participar de comissão de sindicância ou de inquérito, cônjuge, companheiro ou parente do acusado, consanguíneo ou afim, em linha reta ou colateral, até o terceiro grau.

***Art. 178** A revisão correrá em **apenso ao processo originário**.*

***Parágrafo único.** Na petição inicial, o requerente pedirá dia e hora para a produção de provas e inquirição das testemunhas que arrolar.*

***Art. 179** A comissão revisora terá **60 (sessenta) dias** para a conclusão dos trabalhos.*

***Art. 180** Aplicam-se aos trabalhos da comissão revisora, no que couber, as normas e procedimentos próprios da comissão do processo disciplinar.*

***Art. 181** O **julgamento caberá à autoridade que aplicou a penalidade**, nos termos do art. 141.*

O art. 141 refere-se às autoridades competentes para aplicar as penalidades.

***Parágrafo único.** O **prazo para julgamento será de 20 (vinte) dias**, contados do recebimento do processo, no curso do qual a autoridade julgadora poderá determinar diligências.*

***Art. 182** **Julgada procedente a revisão, será declarada sem efeito a penalidade aplicada**, restabelecendo-se todos os direitos do servidor, **exceto em relação à destituição do cargo em comissão, que será convertida em exoneração**.*

***Parágrafo único.** Da revisão do **processo não poderá resultar agravamento de penalidade**.*

LEI Nº 8.112/1990 – REGIME JURÍDICO DOS SERVIDORES DA UNIÃO

Resumo:
a) A revisão é um novo processo (apenso ao original).
b) Pode ser solicitada a qualquer tempo.
c) Exigem-se fatos novos não apurados no processo original.
d) Pode ser realizada de ofício pela administração.
e) Pode ser realizada a pedido do servidor ou pessoa da família no caso de falecimento ou curador no caso de incapacidade mental.
f) Requerimento deve ser enviado ao Ministro de Estado (ou equivalente).
g) O ônus da prova é do requerente.
h) A comissão será designada nos moldes do PAD.
i) O prazo para conclusão dos trabalhos será de 60 dias.
j) O julgamento é realizado pela autoridade que aplicou a pena (prazo de 20 dias).
k) Se procedente a pena aplicada restará sem efeito (se for destituição de cargo em Comissão será convertida em exoneração).
l) Não pode resultar agravamento da penalidade.

12.6 Seguridade social do servidor

12.6.1 Disposições gerais

*Art. 183 A União manterá **Plano de Seguridade Social** para o servidor e sua família.*

*§ 1º O servidor ocupante de **cargo em comissão** que não seja, simultaneamente, ocupante de cargo ou emprego efetivo na administração pública direta, autárquica e fundacional não terá direito aos benefícios do Plano de Seguridade Social, **com exceção da assistência à saúde.***

O ocupante do Cargo de Confiança terá acesso à seguridade social de forma plena, pois as funções de confiança são exclusivas de servidores efetivos.

Resumo:
a) Se o ocupante de cargo em Comissão também ocupar cargo efetivo ele será beneficiário do Plano de Seguridade Social da União.
b) Se ele só ocupa o cargo em Comissão, contribuirá para o Regime Geral de Previdência Social.

*§ 2º O servidor **afastado ou licenciado** do cargo efetivo, sem direito à remuneração, inclusive para servir em organismo oficial internacional do qual o Brasil seja membro efetivo ou com o qual coopere, ainda que contribua para regime de previdência social no exterior, **terá suspenso o seu vínculo com o regime do Plano de Seguridade Social do Servidor Público enquanto durar o afastamento ou a licença**, não lhes assistindo, neste período, os benefícios do mencionado regime de previdência.*

*§ 3º Será **assegurada ao servidor licenciado ou afastado sem remuneração** a manutenção da vinculação ao regime do Plano de Seguridade Social do Servidor Público, mediante o recolhimento mensal da respectiva contribuição, no mesmo percentual devido pelos servidores em atividade, incidente sobre a remuneração total do cargo a que faz jus no exercício de suas atribuições, computando-se, para esse efeito, inclusive, as vantagens pessoais.*

*§ 4º O recolhimento de que trata o § 3º **deve ser efetuado até o segundo dia útil após a data do pagamento das remunerações dos servidores públicos**, aplicando-se os procedimentos de cobrança e execução dos tributos federais quando não recolhidas na data de vencimento*

Art. 184 O Plano de Seguridade Social visa a dar cobertura aos riscos a que estão sujeitos o servidor e sua família, e compreende um conjunto de benefícios e ações que atendam às seguintes finalidades:

I – garantir meios de subsistência nos eventos de doença, invalidez, velhice, acidente em serviço, inatividade, falecimento e reclusão;

II – proteção à maternidade, à adoção e à paternidade;

III – assistência à saúde.

Parágrafo único. Os benefícios serão concedidos nos termos e condições definidos em regulamento, observadas as disposições desta Lei.

*Art. 185 Os **benefícios** do Plano de Seguridade Social do servidor compreendem:*

I – quanto ao servidor:
a) aposentadoria;
b) auxílio-natalidade;
c) salário-família;
d) licença para tratamento de saúde;
e) licença à gestante, à adotante e licença-paternidade;
f) licença por acidente em serviço;
g) assistência à saúde;
h) garantia de condições individuais e ambientais de trabalho satisfatórias;

II – quanto ao dependente:
a) pensão vitalícia e temporária;
b) auxílio-funeral;
c) auxílio-reclusão;
d) assistência à saúde.

§ 1º As aposentadorias e pensões serão concedidas e mantidas pelos órgãos ou entidades aos quais se encontram vinculados os servidores, observado o disposto nos arts. 189 e 224.

*§ 2º O recebimento indevido de benefícios havidos por **fraude**, **dolo ou má-fé**, implicará **devolução ao erário** do total auferido, sem prejuízo da ação penal cabível.*

Benefícios aos servidores	Benefícios aos dependentes
• Aposentadoria; • Auxílio-natalidade; • Salário-família; • Licença para tratamento de saúde; • Licença à gestante, à adotante e licença-paternidade; • Licença por acidente em serviço; • Assistência à saúde; • Garantia de condições individuais e ambientais de trabalho satisfatórias.	• Pensão vitalícia e temporária; • Auxílio-funeral; • Auxílio-reclusão; • Assistência à saúde.

12.6.2 Benefícios

Seção I – Da Aposentadoria

Art. 186 O servidor será aposentado:

*I – por **invalidez permanente**, sendo os **proventos integrais** quando decorrente de acidente em serviço, moléstia profissional ou doença grave, contagiosa ou incurável, especificada em lei, e **proporcionais nos demais casos**;*

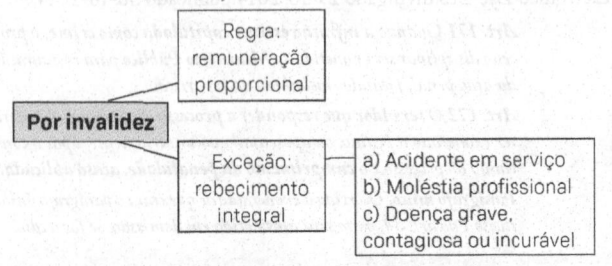

Por invalidez:
- Regra: remuneração proporcional
- Exceção: rebecimento integral
  - a) Acidente em serviço
  - b) Moléstia profissional
  - c) Doença grave, contagiosa ou incurável

Ver alterações promovidas pela EC nº 103/2009 (a seguir).

*II – **compulsoriamente**, aos setenta anos de idade, com proventos proporcionais ao tempo de serviço;*

Ver alterações promovidas pela EC nº 103/2009 (a seguir).

*III – **voluntariamente**:*

a) aos 35 (trinta e cinco) anos de serviço, se homem, e aos 30 (trinta) se mulher, com proventos integrais;

b) aos 30 (trinta) anos de efetivo exercício em funções de magistério se professor, e 25 (vinte e cinco) se professora, com proventos integrais;

c) aos 30 (trinta) anos de serviço, se homem, e aos 25 (vinte e cinco) se mulher, com proventos proporcionais a esse tempo;

d) aos 65 (sessenta e cinco) anos de idade, se homem, e aos 60 (sessenta) se mulher, com proventos proporcionais ao tempo de serviço.

Ver alterações promovidas pela EC nº 103/2009 (a seguir).

Formas de aposentadoria:

a) Invalidez permanente (incapacidade permanente);
b) Compulsoriamente;
c) Voluntária.

EC nº 103/2019, CF/1988

Art. 40 O regime próprio de previdência social dos servidores titulares de cargos efetivos terá caráter contributivo e solidário, mediante contribuição do respectivo ente federativo, de servidores ativos, de aposentados e de pensionistas, observados critérios que preservem o equilíbrio financeiro e atuarial.

§ 1º O servidor abrangido por regime próprio de previdência social será aposentado:

I – por incapacidade permanente para o trabalho, no cargo em que estiver investido, quando insuscetível de readaptação, hipótese em que será obrigatória a realização de avaliações periódicas para verificação da continuidade das condições que ensejaram a concessão da aposentadoria, na forma de lei do respectivo ente federativo;

II – compulsoriamente, com proventos proporcionais ao tempo de contribuição, aos 70 (setenta) anos de idade, ou aos 75 (setenta e cinco) anos de idade, na forma de lei complementar;

III – no âmbito da União, aos 62 (sessenta e dois) anos de idade, se mulher, e aos 65 (sessenta e cinco) anos de idade, se homem, e, no âmbito dos Estados, do Distrito Federal e dos Municípios, na idade mínima estabelecida mediante emenda às respectivas Constituições e Leis Orgânicas, observados o tempo de contribuição e os demais requisitos estabelecidos em lei complementar do respectivo ente federativo.

Compulsória: ocorre quando o se atinge a idade limite (prevista em lei) para permanecer em exercício.

Lei complementar nº 152/2015

Art. 2º Serão aposentados compulsoriamente, com proventos proporcionais ao tempo de contribuição, aos 75 (setenta e cinco) anos de idade:

I – os servidores titulares de cargos efetivos da União, dos Estados, do Distrito Federal e dos Municípios, incluídas suas autarquias e fundações;
II – os membros do Poder Judiciário;
III – os membros do Ministério Público;
IV – os membros das Defensorias Públicas;
V – os membros dos Tribunais e dos Conselhos de Contas.

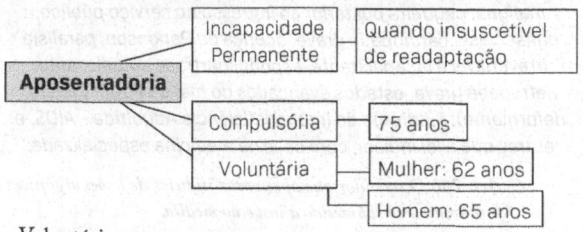

Aposentadoria
- Incapacidade Permanente → Quando insuscetível de readaptação
- Compulsória → 75 anos
- Voluntária → Mulher: 62 anos / Homem: 65 anos

Voluntária:
a) No âmbito da União: 62 anos (mulher), 65 anos (homem).
b) Nos Estados, Distrito Federal e Municípios: definição nas respectivas constituições e leis orgânicas.
c) Redução de 5 anos se for professor (art. 40, § 5º, CF/1988).

Art. 40, § 5º, CF/1988 Os ocupantes do cargo de **professor** terão idade mínima reduzida em 5 (cinco) anos em relação às idades decorrentes da aplicação do disposto no inciso III do § 1º, desde que comprovem tempo de efetivo exercício das funções de magistério na educação infantil e no ensino fundamental e médio fixado em lei complementar do respectivo ente federativo.

---

§ 1º Consideram-se doenças graves, contagiosas ou incuráveis, a que se refere o inciso I deste artigo, tuberculose ativa, alienação mental, esclerose múltipla, neoplasia maligna, cegueira posterior ao ingresso no serviço público, hanseníase, cardiopatia grave, doença de Parkinson, paralisia irreversível e incapacitante, espondiloartrose anquilosante, nefropatia grave, estados avançados do mal de Paget (osteíte deformante), Síndrome de Imunodeficiência Adquirida – AIDS, e outras que a lei indicar, com base na medicina especializada.

§ 2º Nos casos de exercício de atividades consideradas insalubres ou perigosas, bem como nas hipóteses previstas no art. 71, a aposentadoria de que trata o inciso III, "a" e "c", observará o disposto em lei específica.

§ 3º Na hipótese do inciso I o servidor será submetido à junta médica oficial, que atestará a invalidez quando caracterizada a incapacidade para o desempenho das atribuições do cargo ou a impossibilidade de se aplicar o disposto no art. 24.

Art. 187 A *aposentadoria compulsória* será **automática**, e declarada por ato, com vigência a partir do dia imediato àquele em que o servidor atingir a idade-limite de permanência no serviço ativo.

Art. 188 A aposentadoria voluntária ou por invalidez vigorará **a partir da data da publicação do respectivo ato**.

§ 1º A aposentadoria por invalidez será **precedida** de licença para tratamento de saúde, por período não excedente a 24 (vinte e quatro) meses.

§ 2º Expirado o período de licença e **não estando em condições de reassumir o cargo ou de ser readaptado**, o servidor será aposentado.

§ 3º O lapso de tempo compreendido entre o término da licença e a publicação do ato da aposentadoria será considerado como de prorrogação da licença.

§ 4º Para os fins do disposto no § 1º deste artigo, serão consideradas apenas as licenças motivadas pela enfermidade ensejadora da invalidez ou doenças correlacionadas.

§ 5º A critério da Administração, o servidor em licença para tratamento de saúde ou aposentado por invalidez **poderá ser convocado a qualquer momento, para avaliação das condições que ensejaram o afastamento ou a aposentadoria**.

Art. 189 O provento da aposentadoria será calculado com observância do disposto no § 3º do art. 41, e revisto na mesma data e proporção, sempre que se modificar a remuneração dos servidores em atividade.

Parágrafo único. São estendidos aos inativos quaisquer benefícios ou vantagens posteriormente concedidas aos servidores em atividade, inclusive quando decorrentes de transformação ou reclassificação do cargo ou função em que se deu a aposentadoria.

Art. 41, § 3º, Lei nº 8.112/90: o vencimento do cargo efetivo, acrescido das vantagens de caráter permanente, é irredutível.

Ocorre que, com o advento da EC nº 41/2003, a chamada paridade foi extinta.

Integralidade: é a percepção dos proventos em valor igual à totalidade da remuneração que o servidor público recebia quando no cargo efetivo em que se deu a aposentadoria ou falecimento (no caso de pensão). Dessa forma, caso o servidor tivesse um salário de R$ 20.000,00 como sua última remuneração, se aposentaria com este valor, sem nenhuma redução.

Paridade: é a concessão dos aumentos e reajustes atribuídos aos servidores ativos, também aos proventos de aposentadoria. Dessa forma, vantagens e benefícios que fossem devidos aos ativos (trabalhando) seriam estendidos de maneira automática aos inativos (aposentados).

LEI Nº 8.112/1990 – REGIME JURÍDICO DOS SERVIDORES DA UNIÃO

Todos os servidores que ingressaram no serviço público após 2004, esses benefícios foram **perdidos**.

Art. 190 O servidor aposentado com provento proporcional ao tempo de serviço se acometido de qualquer das moléstias especificadas no **§ 1º do art. 186 desta Lei** e, por esse motivo, for considerado inválido por junta médica oficial passará a perceber **provento integral**, calculado com base no fundamento legal de concessão da aposentadoria.

Art. 191 **Quando proporcional ao tempo de serviço**, o provento não será inferior a 1/3 (um terço) da remuneração da atividade.

Art. 192 e 193 (Revogados).

Art. 194 Ao servidor aposentado será paga a gratificação natalina, até o dia vinte do mês de dezembro, em valor equivalente ao respectivo provento, deduzido o adiantamento recebido.

Art. 195 Ao ex-combatente que tenha efetivamente participado de operações bélicas, durante a Segunda Guerra Mundial, nos termos da Lei nº 5.315, de 12 de setembro de 1967, será concedida aposentadoria com provento integral, aos 25 (vinte e cinco) anos de serviço efetivo.

Seção II – Do Auxílio-Natalidade

Art. 196 O auxílio-natalidade é devido à servidora por motivo de nascimento de filho, em quantia equivalente ao menor vencimento do serviço público, inclusive no caso de natimorto.

§ 1º Na hipótese de **parto múltiplo**, o valor será **acrescido de 50%** (cinquenta por cento), **por nascituro**.

§ 2º O auxílio será pago ao cônjuge ou companheiro servidor público, quando a parturiente não for servidora.

Seção III – Do Salário-Família

Art. 197 O salário-família é devido ao **servidor ativo ou ao inativo, por dependente econômico**.

Parágrafo único. Consideram-se dependentes econômicos para efeito de percepção do salário-família:

I – o cônjuge ou companheiro e os **filhos, inclusive os enteados até 21** (vinte e um) anos de idade ou, **se estudante, até 24** (vinte e quatro) anos ou, **se inválido, de qualquer idade**;

II – o menor de 21 (vinte e um) anos que, mediante autorização judicial, viver na companhia e às expensas do servidor, ou do inativo;

III – a mãe e o pai sem economia própria.

Art. 198 Não se configura a dependência econômica quando o beneficiário do salário-família perceber rendimento do trabalho ou de qualquer outra fonte, inclusive pensão ou provento da aposentadoria, em valor igual ou superior ao salário-mínimo.

Art. 199 Quando o pai e mãe forem servidores públicos e viverem em comum, o salário-família **será pago a um deles**; quando separados, será pago a um e outro, de acordo com a distribuição dos dependentes.

Parágrafo único. Ao pai e à mãe equiparam-se o padrasto, a madrasta e, na falta destes, os representantes legais dos incapazes.

Art. 200 O salário-família **não está sujeito a qualquer tributo**, nem servirá de base para qualquer contribuição, inclusive para a Previdência Social.

Art. 201 O **afastamento do cargo efetivo, sem remuneração**, não acarreta a suspensão do pagamento do salário-família.

Seção IV – Da Licença para Tratamento de Saúde

Art. 202 Será concedida ao servidor **licença para tratamento de saúde**, a pedido ou de ofício, com base em perícia médica, sem prejuízo da remuneração a que fizer jus.

Art. 203 A licença de que trata o art. 202 desta Lei será concedida com base em perícia oficial.

§ 1º Sempre que necessário, a inspeção médica será realizada na residência do servidor ou no estabelecimento hospitalar onde se encontrar internado.

§ 2º Inexistindo médico no órgão ou entidade no local onde se encontra ou tenha exercício em caráter permanente o servidor, e não se configurando as hipóteses previstas nos parágrafos do art. 230, **será aceito atestado passado por médico particular**.

Art. 230 A assistência à saúde do servidor, ativo ou inativo, e de sua família compreende assistência médica, hospitalar, odontológica, psicológica e farmacêutica, terá como diretriz básica o implemento de ações preventivas voltadas para a promoção da saúde e **será prestada pelo Sistema Único de Saúde – SUS**, diretamente pelo órgão ou entidade ao qual estiver vinculado o servidor, ou mediante convênio ou contrato, ou ainda na forma de auxílio, mediante ressarcimento parcial do valor despendido pelo servidor, ativo ou inativo, e seus dependentes ou pensionistas com planos ou seguros privados de assistência à saúde, na forma estabelecida em regulamento.

§ 1º Nas hipóteses previstas nesta Lei em que seja exigida perícia, avaliação ou inspeção médica, **na ausência de médico ou junta médica oficial**, para a sua realização o órgão ou entidade celebrará, preferencialmente, convênio com unidades de atendimento do sistema público de saúde, entidades sem fins lucrativos declaradas de utilidade pública, ou com o Instituto Nacional do Seguro Social – INSS.

§ 2º **Na impossibilidade, devidamente justificada**, da aplicação do disposto no parágrafo anterior, o órgão ou entidade promoverá a contratação da prestação de serviços por pessoa jurídica, que constituirá junta médica especificamente para esses fins, indicando os nomes e especialidades dos seus integrantes, com a comprovação de suas habilitações e de que não estejam respondendo a processo disciplinar junto à entidade fiscalizadora da profissão.

---

§ 3º No caso do § 2º deste artigo, o **atestado somente produzirá efeitos depois de recepcionado pela unidade de recursos humanos do órgão ou entidade**.

§ 4º A licença que exceder o prazo de **120 (cento e vinte) dias** no período de 12 (doze) meses a contar do primeiro dia de afastamento **será concedida mediante avaliação por junta médica oficial**.

§ 5º A perícia oficial para concessão da licença de que trata o caput deste artigo, bem como nos demais casos de perícia oficial previstos nesta Lei, será efetuada por cirurgiões-dentistas, nas hipóteses em que abranger o campo de atuação da odontologia.

Art. 204 A licença para tratamento de saúde **inferior a 15 (quinze) dias**, dentro de 1 (um) ano, **poderá ser dispensada de perícia oficial**, na forma definida em regulamento.

Resumo:

a) Licença inferior a 15 dias – no prazo de 1 ano (dispensa perícia oficial).

b) Licença por prazo acima de 15 dias e inferior a 120 dias (precisa de perícia médica oficial).

c) Licença acima de 120 dias será concedida mediante avaliação por junta médica oficial.

Art. 205 O atestado e o laudo da junta médica não se referirão ao nome ou natureza da doença, salvo quando se tratar de lesões produzidas por acidente em serviço, doença profissional ou qualquer das doenças especificadas no art. 186, § 1o.

Art. 186, § 1º, Lei nº 8.112/1990 Consideram-se doenças graves, contagiosas ou incuráveis, a que se refere o inciso I deste artigo, tuberculose ativa, alienação mental, esclerose múltipla, neoplasia maligna, cegueira posterior ao ingresso no serviço público, hanseníase, cardiopatia grave, doença de Parkinson, paralisia irreversível e incapacitante, espondiloartrose anquilosante, nefropatia grave, estados avançados do mal de Paget (osteíte deformante), Síndrome de Imunodeficiência Adquirida – AIDS, e outras que a lei indicar, com base na medicina especializada.

Art. 206 O servidor que apresentar indícios de lesões orgânicas ou funcionais será submetido a inspeção médica.

Art. 206-A O servidor será submetido a exames médicos periódicos, nos termos e condições

Parágrafo único. Para os fins do disposto no caput, a União e suas entidades autárquicas e fundacionais poderão:

I – prestar os exames médicos periódicos diretamente pelo órgão ou entidade à qual se encontra vinculado o servidor;

II – celebrar convênio ou instrumento de cooperação ou parceria com os órgãos e entidades da administração direta, suas autarquias e fundações

III – celebrar convênios com operadoras de plano de assistência à saúde, organizadas na modalidade de autogestão, que possuam autorização de funcionamento do órgão regulador, na forma do art. 230; ou

IV – prestar os exames médicos periódicos mediante contrato administrativo, observado o disposto na Lei nº 8.666, de 21 de junho de 1993, e demais normas pertinentes.

Seção V – Da Licença à Gestante, à Adotante e da Licença-Paternidade

Art. 207 Será concedida licença à servidora gestante por 120 (cento e vinte) dias consecutivos, sem prejuízo da remuneração.

O Decreto nº 6.690/2008 permite a prorrogação da licença por mais 60 dias.

> **Art. 1º** Fica instituído, no âmbito da Administração Pública federal direta, autárquica e fundacional, o **Programa de Prorrogação da Licença à Gestante e à Adotante**.
> **Art. 2º** Serão beneficiadas pelo Programa de Prorrogação da Licença à Gestante e à Adotante as servidoras públicas federais lotadas ou em exercício nos órgãos e entidades integrantes da Administração Pública federal direta, autárquica e fundacional.
> **§ 1º** A prorrogação será garantida à servidora pública que requeira o benefício até o final do primeiro mês após o parto e terá duração de **sessenta dias**.

Com a prorrogação, a licença gestante poderá ter duração total de 180 dias.

§ 1º A licença poderá ter início no primeiro dia do nono mês de gestação, salvo antecipação por prescrição médica.

*§ 2º No caso de nascimento **prematuro, a licença terá início a partir do parto**.*

*§ 3º No caso de **natimorto**, decorridos **30 (trinta) dias** do evento, a servidora será submetida a exame médico, e se julgada apta, reassumirá o exercício.*

*§ 4º No caso de **aborto** atestado por médico oficial, a servidora terá direito a **30 (trinta) dias** de repouso remunerado.*

Art. 208 Pelo nascimento ou adoção de filhos, o servidor terá direito à licença-paternidade de 5 (cinco) dias consecutivos.

O Decreto nº 8.737/2016 permite a prorrogação da licença por mais 15 dias.

> **Art. 1º** Fica instituído o Programa de Prorrogação da Licença Paternidade para os servidores regidos pela Lei nº 8.112, de 11 de dezembro de 1990.
> **Art. 2º** A prorrogação da licença-paternidade **será concedida ao servidor público que requeira o benefício** no prazo de dois dias úteis após o nascimento ou a adoção e terá **duração de quinze dias**, além dos cinco dias concedidos pelo art. 208 da Lei nº 8.112/1990.

Com a prorrogação, a licença-paternidade poderá ter duração total de 20 dias.

Art. 209 Para amamentar o próprio filho, até a idade de seis meses, a servidora lactante terá direito, durante a jornada de trabalho, a uma hora de descanso, que poderá ser parcelada em dois períodos de meia hora.

Art. 210 À servidora que adotar ou obtiver guarda judicial de criança até 1 (um) ano de idade, serão concedidos 90 (noventa) dias de licença remunerada.

Parágrafo único. No caso de adoção ou guarda judicial de criança com mais de 1 (um) ano de idade, o prazo de que trata este artigo será de 30 (trinta) dias.

DIREITO ADMINISTRATIVO

> **Fique ligado**
> Jurisprudência:
> **RE 778.889 – STF:** Os prazos da licença adotante não podem ser inferiores aos prazos da licença gestante, o mesmo valendo para as respectivas prorrogações. Em relação à licença adotante, não é possível fixar prazos diversos em função da idade da criança adotada.

Seção VI – Da Licença por Acidente em Serviço

*Art. 211 Será licenciado, com **remuneração integral**, o servidor **acidentado em serviço**.*

Art. 212 Configura acidente em serviço o dano físico ou mental sofrido pelo servidor, que se relacione, mediata ou imediatamente, com as atribuições do cargo exercido.

Parágrafo único. Equipara-se ao acidente em serviço o dano:

I – decorrente de agressão sofrida e não provocada pelo servidor no exercício do cargo;

II – sofrido no percurso da residência para o trabalho e vice-versa.

Equipara-se a acidente de serviço:
a) Agressão sofrida e não provocada no exercício do cargo;
b) No percurso da residência para o trabalho e vice-versa.

Art. 213 O servidor acidentado em serviço que necessite de tratamento especializado poderá ser tratado em instituição privada, à conta de recursos públicos.

Parágrafo único. O tratamento recomendado por junta médica oficial constitui medida de exceção e somente será admissível quando inexistirem meios e recursos adequados em instituição pública.

Art. 214 A prova do acidente será feita no prazo de 10 (dez) dias, prorrogável quando as circunstâncias o exigirem.

Seção VII – Da Pensão

Art. 215 Por morte do servidor, os seus dependentes, nas hipóteses legais, fazem jus à pensão por morte, observados os limites estabelecidos no inciso XI do caput do art. 37 da Constituição Federal e no art. 2º da Lei nº 10.887, de 18 de junho de 2004.

Art. 216 (Revogado).

Art. 217 São beneficiários das pensões:

I – o cônjuge;

a) a e) (Revogadas);

II – o cônjuge divorciado ou separado judicialmente ou de fato, com percepção de pensão alimentícia estabelecida judicialmente;

a) a d) (Revogadas);

III – o companheiro ou companheira que comprove união estável como entidade familiar;

IV – o filho de qualquer condição que atenda a um dos seguintes requisitos

a) seja menor de 21 (vinte e um) anos;

b) seja inválido;

c) tenha deficiência grave; ou

d) tenha deficiência intelectual ou mental;

V – a mãe e o pai que comprovem dependência econômica do servidor; e

VI – o irmão de qualquer condição que comprove dependência econômica do servidor e atenda a um dos requisitos previstos no inciso IV.

§ 1º A concessão de pensão aos beneficiários de que tratam os incisos I a IV do caput exclui os beneficiários referidos nos incisos V e VI.

§ 2º A concessão de pensão aos beneficiários de que trata o inciso V do caput exclui o beneficiário referido no inciso VI.

§ 3º O enteado e o menor tutelado equiparam-se a filho mediante declaração do servidor e desde que comprovada dependência econômica, na forma estabelecida em regulamento.

§ 4º (Vetado).

LEI Nº 8.112/1990 - REGIME JURÍDICO DOS SERVIDORES DA UNIÃO

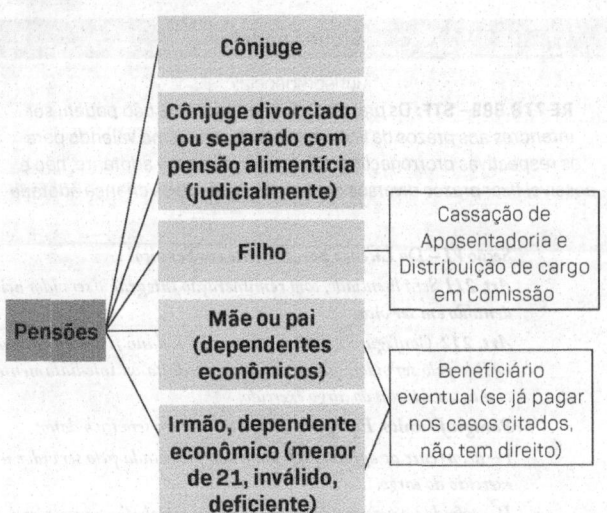

Pensões:
- Cônjuge
- Cônjuge divorciado ou separado com pensão alimentícia (judicialmente)
- Filho → Cassação de Aposentadoria e Distribuição de cargo em Comissão
- Mãe ou pai (dependentes econômicos)
- Irmão, dependente econômico (menor de 21, inválido, deficiente)
- Beneficiário eventual (se já pagar nos casos citados, não tem direito)

Art. 218 Ocorrendo *habilitação de vários titulares* à pensão, o seu valor será distribuído em partes iguais entre os beneficiários habilitados.

Art. 219 *A pensão por morte será devida ao conjunto dos dependentes do segurado que falecer, aposentado ou não, a contar da data:*

I – *do óbito, quando requerida em até 180 (cento e oitenta dias) após o óbito, para os filhos menores de 16 (dezesseis) anos, ou em até 90 (noventa) dias após o óbito, para os demais dependentes;*

II – **do requerimento, quando requerida após o prazo previsto no inciso I** do **caput** deste artigo; ou

Filhos menores de 16:
a) Começa a contar após o falecimento se apresentada dentro de 180 dias.
b) Começa a contar a partir do requerimento, se for após 180 dias.

Demais dependentes:
a) Começa a contar após falecimento se apresentar dentro dos 90 dias.
b) Começa a contar a partir do requerimento, se for após os 90 dias.

III – *da **decisão judicial**, na hipótese de **morte presumida**.*

§ 1º *A concessão da pensão por morte não será protelada pela falta de habilitação de outro possível dependente e a habilitação posterior que importe em exclusão ou inclusão de dependente só produzirá efeito a partir da data da publicação da portaria de concessão da pensão ao dependente habilitado.*

§ 2º *Ajuizada a ação judicial para reconhecimento da condição de dependente, este poderá requerer a sua habilitação provisória ao benefício de pensão por morte, exclusivamente para fins de rateio dos valores com outros dependentes, vedado o pagamento da respectiva cota até o trânsito em julgado da respectiva ação, ressalvada a existência de decisão judicial em contrário.*

§ 3º *Nas ações em que for parte o ente público responsável pela concessão da pensão por morte, este poderá proceder de ofício à habilitação excepcional da referida pensão, apenas para efeitos de rateio, descontando-se os valores referentes a esta habilitação das demais cotas, vedado o pagamento da respectiva cota até o trânsito em julgado da respectiva ação, ressalvada a existência de decisão judicial em contrário.*

§ 4º *Julgada improcedente a ação prevista no § 2º ou § 3º deste artigo, o valor retido será corrigido pelos índices legais de reajustamento e será pago de forma proporcional aos demais dependentes, de acordo com as suas cotas e o tempo de duração de seus benefícios.*

§ 5º *Em qualquer hipótese, fica assegurada ao órgão concessor da pensão por morte a cobrança dos valores indevidamente pagos em função de nova habilitação.*

Art. 220 Perde o direito *à pensão por morte:*

I – *após o trânsito em julgado, **o beneficiário condenado pela prática de crime de que tenha dolosamente resultado a morte do servidor;***

II – *o **cônjuge, o companheiro ou a** companheira se comprovada, a qualquer tempo, simulação ou fraude no casamento ou na união estável, ou a formalização desses com o fim exclusivo de constituir benefício previdenciário, apuradas em processo judicial no qual será assegurado o direito ao contraditório e à ampla defesa.*

Art. 221 *Será concedida **pensão provisória por morte presumida do servidor**, nos seguintes casos:*

I – *declaração de ausência, pela autoridade judiciária competente;*

II – *desaparecimento em desabamento, inundação, incêndio ou acidente não caracterizado como em serviço;*

III – *desaparecimento no desempenho das atribuições do cargo ou em missão de segurança.*

Parágrafo único. *A **pensão provisória será transformada em vitalícia ou temporária, conforme o caso, decorridos 5 (cinco) anos de sua vigência**, ressalvado o eventual reaparecimento do servidor, hipótese em que o benefício será automaticamente cancelado.*

Art. 222 *Acarreta **perda da qualidade de beneficiário**:*

I – *o seu falecimento;*

II – *a anulação do casamento, quando a decisão ocorrer após a concessão da pensão ao cônjuge;*

III – *a cessação da invalidez, em se tratando de beneficiário inválido, ou o afastamento da deficiência, em se tratando de beneficiário com deficiência, respeitados os períodos mínimos decorrentes da aplicação das alíneas a e b do inciso VII do caput deste artigo;*

IV – *o implemento da idade de 21 (vinte e um) anos, pelo filho ou irmão;*

V – *a acumulação de pensão na forma do art. 225;*

VI – *a renúncia expressa; e*

VII – *em relação aos beneficiários de que tratam os incisos I a III do caput do art. 217*

a) *o decurso de 4 (quatro) meses, se o óbito ocorrer sem que o servidor tenha vertido 18 (dezoito) contribuições mensais ou se o casamento ou a união estável tiverem sido iniciados em menos de 2 (dois) anos antes do óbito do servidor;*

b) *o decurso dos seguintes períodos, estabelecidos de acordo com a idade do pensionista na data de óbito do servidor, depois de vertidas 18 (dezoito) contribuições mensais e pelo menos 2 (dois) anos após o início do casamento ou da união estável:*

1) *3 (três) anos, com menos de 21 (vinte e um) anos de idade;*
2) *6 (seis) anos, entre 21 (vinte e um) e 26 (vinte e seis) anos de idade;*
3) *10 (dez) anos, entre 27 (vinte e sete) e 29 (vinte e nove) anos de idade;*
4) *15 (quinze) anos, entre 30 (trinta) e 40 (quarenta) anos de idade;*
5) *20 (vinte) anos, entre 41 (quarenta e um) e 43 (quarenta e três) anos de idade;*
6) *vitalícia, com 44 (quarenta e quatro) ou mais anos de idade.*

Perda da condição de beneficiário:
Art. 217, I a III
I – cônjuge.
II – cônjuge divorciado ou separado (pensão alimentícia).
III – companheiro(a) (união estável).

Decurso de 4 meses:
a) se o óbito ocorrer sem que o servidor tenha vertido 18 contribuições mensais;
b) ou se o casamento ou a união estável tiverem sido iniciados em menos de 2 anos antes do óbito do servidor.

Períodos seguintes, de acordo com:
a) idade do pensionista;
b) pelo menos 18 contribuições;
c) 2 anos de casamento ou união estável, no mínimo.

Tempo de concessão	Idade do beneficiário
3 anos	Com menos de 21 anos
6 anos	Entre 21 e 26 anos

10 anos	Entre 27 e 29 anos
15 anos	Entre 30 e 40 anos
20 anos	Entre 41 e 43 anos
Vitalícia	Com 44 ou mais anos

§ 1º A critério da administração, o beneficiário de pensão cuja preservação seja motivada por invalidez, por incapacidade ou por deficiência poderá ser convocado a qualquer momento para avaliação das referidas condições.

*§ 2º Serão aplicados, conforme o caso, a regra contida no inciso III ou os prazos previstos na alínea "b" do inciso VII, ambos do caput, se o óbito do servidor decorrer de acidente de qualquer natureza ou de doença profissional ou do trabalho, **independentemente do recolhimento de 18 (dezoito) contribuições mensais ou da comprovação de 2 (dois) anos de casamento ou de união estável.***

§ 3º Após o transcurso de pelo menos 3 (três) anos e desde que nesse período se verifique o incremento mínimo de um ano inteiro na média nacional única, para ambos os sexos, correspondente à expectativa de sobrevida da população brasileira ao nascer, poderão ser fixadas, em números inteiros, novas idades para os fins previstos na alínea "b" do inciso VII do caput, em ato do Ministro de Estado do Planejamento, Orçamento e Gestão, limitado o acréscimo na comparação com as idades anteriores ao referido incremento.

§ 4º O tempo de contribuição a Regime Próprio de Previdência Social (RPPS) ou ao Regime Geral de Previdência Social (RGPS) será considerado na contagem das 18 (dezoito) contribuições mensais referidas nas alíneas "a" e "b" do inciso VII do caput.

§ 5º Na hipótese de o servidor falecido estar, na data de seu falecimento, obrigado por determinação judicial a pagar alimentos temporários a ex-cônjuge, ex-companheiro ou ex-companheira, a pensão por morte será devida pelo prazo remanescente na data do óbito, caso não incida outra hipótese de cancelamento anterior do benefício.

§ 6º O beneficiário que não atender à convocação de que trata o § 1º deste artigo terá o benefício suspenso, observado o disposto nos incisos I e II do caput do art. 95 da Lei nº 13.146, de 6 de julho de 2015.

§ 7º O exercício de atividade remunerada, inclusive na condição de microempreendedor individual, não impede a concessão ou manutenção da cota da pensão de dependente com deficiência intelectual ou mental ou com deficiência grave.

§ 8º No ato de requerimento de benefícios previdenciários, não será exigida apresentação de termo de curatela de titular ou de beneficiário com deficiência, observados os procedimentos a serem estabelecidos em regulamento.

***Art. 223** Por morte ou perda da qualidade de beneficiário, a respectiva cota reverterá para os cobeneficiários.*

***Art. 224** As pensões serão automaticamente atualizadas na mesma data e na mesma proporção dos reajustes dos vencimentos dos servidores, aplicando-se o disposto no parágrafo único do art. 189.*

Sobre a paridade, o art. 189, parágrafo único, da Lei nº 8.112/1990 dispõe que *são estendidos aos inativos quaisquer benefícios ou vantagens posteriormente concedidas aos servidores em atividade, inclusive quando decorrentes de transformação ou reclassificação do cargo ou função em que se deu a aposentadoria.*

Não é aplicável desde 2014.

Art. 225** Ressalvado o direito de opção, **é vedada a percepção cumulativa de pensão deixada por mais de um cônjuge ou companheiro ou companheira e de mais de 2 (duas) pensões.

Seção VIII – Do Auxílio-Funeral

***Art. 226** O **auxílio-funeral** é devido à família do servidor falecido na atividade ou aposentado, em valor equivalente a **um mês da remuneração ou provento**.*

§ 1º No caso de acumulação legal de cargos, o auxílio será pago somente em razão do cargo de maior remuneração.

§ 2º (Vetado).

*§ 3º O auxílio será pago no prazo de 48 (quarenta e oito) horas, por meio de **procedimento sumaríssimo, à pessoa da família que houver custeado o funeral**.*

***Art. 227** Se o funeral for custeado por terceiro, este será indenizado, observado o disposto no artigo anterior.*

***Art. 228** Em caso de falecimento de servidor **em serviço** fora do local de trabalho, inclusive no exterior, as despesas de transporte do corpo correrão à conta de recursos da União, autarquia ou fundação pública.*

Seção IX – Do Auxílio-Reclusão

***Art. 229** À família do **servidor ativo** é devido o auxílio-reclusão, nos seguintes valores:*

*I – **dois terços da remuneração**, quando afastado por motivo de prisão, em flagrante ou preventiva, determinada pela autoridade competente, enquanto perdurar a prisão;*

*II – **metade da remuneração**, durante o afastamento, em virtude de condenação, por sentença definitiva, a pena que não determine a perda de cargo.*

*§ 1º Nos casos previstos no inciso I deste artigo, o servidor terá direito à integralização da remuneração, desde que **absolvido**.*

§ 2º O pagamento do auxílio-reclusão cessará a partir do dia imediato àquele em que o servidor for posto em liberdade, ainda que condicional.

*§ 3º Ressalvado o disposto neste artigo, o auxílio-reclusão será devido, **nas mesmas condições da pensão por morte**, aos dependentes do segurado recolhido à prisão.*

12.6.3 Assistência à saúde

***Art. 230** A assistência à saúde do servidor, ativo ou inativo, e de sua família compreende assistência médica, hospitalar, odontológica, psicológica e farmacêutica, terá como diretriz básica o implemento de ações preventivas voltadas para a promoção da saúde e será prestada pelo Sistema Único de Saúde – SUS, diretamente pelo órgão ou entidade ao qual estiver vinculado o servidor, ou mediante convênio ou contrato, ou ainda na forma de auxílio, mediante ressarcimento parcial do valor despendido pelo servidor, ativo ou inativo, e seus dependentes ou pensionistas com planos ou seguros privados de assistência à saúde, na forma estabelecida em regulamento.*

§ 1º Nas hipóteses previstas nesta Lei em que seja exigida perícia, avaliação ou inspeção médica, na ausência de médico ou junta médica oficial, para a sua realização o órgão ou entidade celebrará, preferencialmente, convênio com unidades de atendimento do sistema público de saúde, entidades sem fins lucrativos declaradas de utilidade pública, ou com o Instituto Nacional do Seguro Social – INSS

§ 2º Na impossibilidade, devidamente justificada, da aplicação do disposto no parágrafo anterior, o órgão ou entidade promoverá a contratação da prestação de serviços por pessoa jurídica, que constituirá junta médica especificamente para esses fins, indicando os nomes e especialidades dos seus integrantes, com a comprovação de suas habilitações e de que não estejam respondendo a processo disciplinar junto à entidade fiscalizadora da profissão.

§ 3º Para os fins do disposto no caput deste artigo, ficam a União e suas entidades autárquicas e fundacionais autorizadas a:

I – celebrar convênios exclusivamente para a prestação de serviços de assistência à saúde para os seus servidores ou empregados ativos, aposentados, pensionistas, bem como para seus respectivos grupos familiares definidos, com entidades de autogestão por elas patrocinadas por meio de instrumentos jurídicos efetivamente celebrados e publicados até 12 de fevereiro de 2006 e que possuam autorização de funcionamento do órgão regulador, sendo certo que os convênios celebrados depois dessa data somente poderão sê-lo na forma da regulamentação específica sobre patrocínio de autogestões, a ser publicada pelo mesmo órgão regulador, no prazo de 180 (cento e oitenta) dias da vigência desta Lei, normas essas também aplicáveis aos convênios existentes até 12 de fevereiro de 2006;

II – contratar, mediante licitação, na forma da Lei nº 8.666, de 21 de junho de 1993, operadoras de planos e seguros privados de assistência à saúde que possuam autorização de funcionamento do órgão regulador;

LEI Nº 8.112/1990 – REGIME JURÍDICO DOS SERVIDORES DA UNIÃO

§ 4º (Vetado).

§ 5º O valor do ressarcimento fica limitado ao total despendido pelo servidor ou pensionista civil com plano ou seguro privado de assistência à saúde.

12.6.4 Custeio

Art. 231 (Revogado).

12.7 Contratação temporária de excepcional interesse público

Art. 232 a 235 (Revogados).

12.8 Disposições gerais

Art. 236 O Dia do Servidor Público será comemorado a vinte e oito de outubro.

Art. 237 Poderão ser instituídos, no âmbito dos Poderes Executivo, Legislativo e Judiciário, os seguintes incentivos funcionais, além daqueles já previstos nos respectivos planos de carreira:

I – prêmios pela apresentação de idéias, inventos ou trabalhos que favoreçam o aumento de produtividade e a redução dos custos operacionais;

II – concessão de medalhas, diplomas de honra ao mérito, condecoração e elogio.

Art. 238 Os prazos previstos nesta Lei serão contados em dias corridos, excluindo-se o dia do começo e incluindo-se o do vencimento, ficando prorrogado, para o primeiro dia útil seguinte, o prazo vencido em dia em que não haja expediente.

Formas de contagem dos prazos da Lei nº 8.112/1990:

a) Serão contados em dias corridos;
b) Exclui-se o dia do começo e inclui-se o do vencimento;
c) Prorrogado, para o primeiro dia útil seguinte, o prazo vencido em dia em que não haja expediente.

Art. 239 Por motivo de crença religiosa ou de convicção filosófica ou política, o servidor não poderá ser privado de quaisquer dos seus direitos, sofrer discriminação em sua vida funcional, nem eximir-se do cumprimento de seus deveres.

Art. 240 Ao servidor público civil é assegurado, nos termos da Constituição Federal, o direito à **livre associação sindical** e os seguintes direitos, entre outros, dela decorrentes:

a) De ser representado pelo sindicato, inclusive como substituto processual;
b) De inamovibilidade do dirigente sindical, até um ano após o final do mandato, exceto se a pedido;
c) De descontar em folha, sem ônus para a entidade sindical a que for filiado, o valor das mensalidades e contribuições definidas em assembleia geral da categoria.
d) e e) (Vetados).

Art. 241 Consideram-se da **família** do servidor, além do cônjuge e filhos, quaisquer pessoas que vivam às suas expensas e constem do seu assentamento individual.

Parágrafo único. Equipara-se ao cônjuge a companheira ou companheiro, que comprove união estável como entidade familiar.

Art. 242 Para os fins desta Lei, considera-se sede o município onde a repartição estiver instalada e onde o servidor tiver exercício, em caráter permanente.

Conceito de sede:

▷ O município onde a repartição estiver instalada e onde o servidor tiver exercício, em caráter permanente.

12.9 Disposições transitórias e finais

Art. 243 Ficam submetidos ao regime jurídico instituído por esta Lei, na qualidade de servidores públicos, os servidores dos Poderes da União, dos ex-Territórios, das autarquias, inclusive as em regime especial, e das fundações públicas, regidos pela Lei nº 1.711, de 28 de outubro de 1952 – Estatuto dos Funcionários Públicos Civis da União, ou pela Consolidação das Leis do Trabalho, aprovada pelo Decreto-Lei nº 5.452, de 1º de maio de 1943, exceto os contratados por prazo determinado, cujos contratos não poderão ser prorrogados após o vencimento do prazo de prorrogação.

§ 1º Os empregos ocupados pelos servidores incluídos no regime instituído por esta Lei ficam transformados em cargos, na data de sua publicação.

§ 2º As funções de confiança exercidas por pessoas não integrantes de tabela permanente do órgão ou entidade onde têm exercício ficam transformadas em cargos em comissão, e mantidas enquanto não for implantado o plano de cargos dos órgãos ou entidades na forma da lei.

§ 3º As Funções de Assessoramento Superior – FAS, exercidas por servidor integrante de quadro ou tabela de pessoal, ficam extintas na data da vigência desta Lei.

§ 4º (Vetado).

§ 5º O regime jurídico desta Lei é extensivo aos serventuários da Justiça, remunerados com recursos da União, no que couber.

§ 6º Os empregos dos servidores estrangeiros com estabilidade no serviço público, enquanto não adquirirem a nacionalidade brasileira, passarão a integrar tabela em extinção, do respectivo órgão ou entidade, sem prejuízo dos direitos inerentes aos planos de carreira aos quais se encontrem vinculados os empregos.

§ 7º Os servidores públicos de que trata o caput deste artigo, não amparados pelo art. 19 do Ato das Disposições Constitucionais Transitórias, poderão, no interesse da Administração e conforme critérios estabelecidos em regulamento, ser exonerados mediante indenização de um mês de remuneração por ano de efetivo exercício no serviço público federal.

§ 8º Para fins de incidência do imposto de renda na fonte e na declaração de rendimentos, serão considerados como indenizações isentas os pagamentos efetuados a título de indenização prevista no parágrafo anterior

§ 9º Os cargos vagos em decorrência da aplicação do disposto no § 7º poderão ser extintos pelo Poder Executivo quando considerados desnecessários

Art. 244 Os adicionais por tempo de serviço, já concedidos aos servidores abrangidos por esta Lei, ficam transformados em anuênio.

Art. 245 A licença especial disciplinada pelo art. 116 da Lei nº 1.711, de 1952, ou por outro diploma legal, fica transformada em licença-prêmio por assiduidade, na forma prevista nos arts. 87 a 90.

Art. 246 (Vetado).

Art. 247 Para efeito do disposto no Título VI desta Lei, haverá ajuste de contas com a Previdência Social, correspondente ao período de contribuição por parte dos servidores celetistas abrangidos pelo art. 243.

Art. 248 As pensões estatutárias, concedidas até a vigência desta Lei, passam a ser mantidas pelo órgão ou entidade de origem do servidor.

Art. 249 Até a edição da lei prevista no § 1o do art. 231, os servidores abrangidos por esta Lei contribuirão na forma e nos percentuais atualmente estabelecidos para o servidor civil da União conforme regulamento próprio.

Art. 250 O servidor que já tiver satisfeito ou vier a satisfazer, dentro de 1 (um) ano, as condições necessárias para a aposentadoria nos termos do inciso II do art. 184 do antigo Estatuto dos Funcionários Públicos Civis da União, Lei nº 1.711, de 28 de outubro de 1952, aposentar-se-á com a vantagem prevista naquele dispositivo. (Mantido pelo Congresso Nacional)

Art. 251 (Revogado).

Art. 252 Esta Lei entra em vigor na data de sua publicação, com efeitos financeiros a partir do primeiro dia do mês subseqüente.

Art. 253 Ficam revogadas a Lei nº 1.711, de 28 de outubro de 1952, e respectiva legislação complementar, bem como as demais disposições em contrário.

Brasília, 11 de dezembro de 1990; 169º da Independência e 102º da República.

FERNANDO COLLOR

Jarbas Passarinho

ÉTICA E CIDADANIA

1 ÉTICA NO SERVIÇO PÚBLICO

Nesta unidade, trabalharemos o seguinte conteúdo: ética e moral; ética, princípios e valores; ética e democracia: exercício da cidadania; ética e função pública; ética no setor público: Código de Ética Profissional do Serviço Público (Decreto nº 1.171/1994). Acrescentamos, ao final, o Decreto nº 6.029/2007, que revogou o Decreto nº 1.171/1994 em parte, e que, muito embora não seja mencionado no edital, tem sido cobrado.

O Código de Ética Profissional do Serviço Público (Decreto nº 1.171/1994) contempla essencialmente duas partes.

A primeira, dita de ordem substancial (fundamental), fala sobre os princípios morais e éticos a serem observados pelo servidor, e constitui o Capítulo I, que abrange as regras deontológicas (Seção I), os principais deveres do servidor público (Seção II), bem como as vedações (Seção III).

Já a segunda parte, de ordem formal, dispõe sobre a criação e funcionamento de Comissões de Ética, e constitui o Capítulo II, que trata das Comissões de Ética em todos os órgãos do Poder Executivo Federal (Exposição de Motivos nº 001/94-CE).

Este conteúdo, referente ao Código de Ética Profissional do Serviço Público, considerando os últimos conteúdos cobrados, é um dos mais relevantes e que mais deve ser estudado.

1.1 Ética e moral

1.1.1 Ética

A palavra "ética" vem do grego *ethos*, que significa "modo de ser" ou "caráter" (índole).

A ética é a parte da filosofia que estuda a moralidade das ações humanas, isto é, se são boas ou más. É uma reflexão crítica sobre a moralidade.

A ética faz parte do nosso dia a dia. Em todas as nossas ações e relações, em algum grau, utilizamos nossos valores éticos. Isso não quer dizer que o homem já nasça com consciência plena do que é bom ou mau. Essa consciência existe, mas se desenvolve a partir do relacionamento com o meio e do autodescobrimento.

De acordo com o autor espanhol, Adolfo Vázquez, a ética representa uma abordagem científica sobre as constantes morais, ou seja, refere-se àquele conjunto de valores e costumes mais ou menos permanente no tempo e no espaço. Em outras palavras, a ética é a ciência da moral, isto é, de uma esfera do comportamento humano.

A ética pode ser definida como a teoria ou a ciência do comportamento moral, que busca explicar, compreender, justificar e criticar a moral ou as morais de uma sociedade. Compete à ética chegar, por meio de investigações científicas, à explicação de determinadas realidades sociais, ou seja, ela investiga o sentido que o homem dá a suas ações para ser verdadeiramente feliz. A ética é, portanto, filosófica e científica.

Entretanto, a ética não é puramente teoria; é um conjunto de princípios e disposições voltados para a ação, historicamente produzidos, cujo objetivo é balizar (limitar) as ações humanas.

Todavia, segundo Vázquez, não cabe à ética formular juízos de valor sobre a prática moral de outras sociedades, ou de outras épocas, em nome de uma moral absoluta e universal, mas deve antes explicar a razão de ser desta pluralidade e das mudanças de moral; isto é, deve esclarecer o fato de os homens terem recorrido a práticas morais diferentes e até opostas.

Em um sentido mais amplo, a ética engloba um conjunto de regras e preceitos de ordem valorativa, que estão ligados à prática do bem e da justiça, aprovando ou desaprovando a ação dos homens de um grupo social ou de uma sociedade.

Em suma, a ética é um conjunto de normas que rege a boa conduta humana.

Para que uma conduta possa ser considerada ética, três elementos essenciais devem ser ponderados: a ação (ato moral), a intenção (finalidade), e as circunstâncias (consequências) do ato. Se um único desses três elementos não for bom, correto e certo, o comportamento não é ético.

A norma ética é aquela que prescreve como o homem deve agir. Possui, como uma de suas características, a possibilidade de ser violada, ao contrário da norma legal (lei).

A ética não deve ser confundida com a lei, embora, com certa frequência, a lei tenha como base princípios éticos. Ao contrário da lei, nenhum indivíduo pode ser compelido, pelo Estado ou por outros indivíduos, a cumprir as normas éticas, nem sofrer qualquer sanção pela desobediência a estas.

Para o autor Lázaro Lisboa, a ética tem por objeto o comportamento humano no interior de cada sociedade, e o estudo desse comportamento com o fim de estabelecer níveis aceitáveis que garantam a convivência pacífica dentro das sociedades e entre elas, constitui o objetivo da Ética.

O estudo da ética demonstra que a consciência moral nos inclina para o caminho da virtude, que seria uma qualidade própria da natureza humana. Logo, um homem para ser ético precisa necessariamente ser virtuoso, ou seja, praticar o bem usando a liberdade com responsabilidade constantemente.

Segundo a classificação de Eduardo Garcia Maýnez, são quatro as formas de manifestação do pensamento ético ocidental:

▷ Ética empírica.
▷ Ética dos bens.
▷ Ética formal.
▷ Ética de valores.

A ética empírica está dividida em:

Ética Anarquista: só tem valor o que não contraria as tendências naturais;

Ética Utilitarista: é bom o que é útil;

Ética Ceticista: não se pode dizer com certeza o que é certo ou errado, bom ou mau, pois ninguém jamais será capaz de desvendar os mistérios da natureza.

Ética Subjetivista: "o homem é a medida de todas as coisas existentes ou inexistentes" (Protágoras).

Já a ética dos bens divide-se em:

Ética Socrática: para Sócrates (469 - 399 a.C.), o supremo bem, a virtude máxima é a sabedoria. As duas máximas de Sócrates são: "Só sei que nada sei" e "Conhece-te a ti mesmo".

Ética Platônica: para Platão (427 - 347 a.C.), todos os fenômenos naturais são meros reflexos de formas eternas, imutáveis, sugerindo o "mundo das ideias".

Ética Aristotélica: para Aristóteles (384 - 322 a.C.), a felicidade só pode ser conseguida com a integração de suas três formas: prazer, virtude (cidadania responsável), sabedoria (filosofia/ciência).

Ética Epicurista: para Epicuro (341 - 270 a.C.), o bem supremo é a felicidade, a ser atingido por meio dos prazeres (eudaimonismo hedonista) e os do espírito são mais elevados que os do corpo. Seu objetivo maior era afastar a dor e os sofrimentos.

Ética Estoica: Zenão (300 a.C.) fundou esta filosofia que ensina a ética da virtude como fim: o estoico não aspira ser feliz, mas ser bom.

Para a ética formal, segundo Kant, uma ação é boa, tem valor, deve ser feita, se obedece ao "princípio categórico", que está baseado na ideia do dever (vale sempre e é uma ordem).

Por fim, para a ética de valores, uma ação é boa (e consequentemente é um dever) se estiver fundamentada em um valor.

1.1.2 Moral

Os romanos traduziram o ethos grego para o latim mos, de onde vem a palavra "moral".

ÉTICA E CIDADANIA

O termo "moral", portanto, deriva do latim "mos" ou "mores", que significa "costume" ou "costumes".

A moral é definida como o conjunto de normas, princípios, preceitos, costumes, valores que norteiam o comportamento do indivíduo no seu grupo social. A moral é normativa.

Em outras palavras, a moral é um conjunto de regras de conduta adotadas pelos indivíduos de um grupo social e tem a finalidade de organizar as relações interpessoais segundo os valores do bem e do mal.

A moral é a "ferramenta" de trabalho da ética. Sem os juízos de valor aplicados pela moral seria impossível determinar se a ação do homem é boa ou má.

A moral ocupa-se basicamente de questões subjetivas, abstratas e de interesses particulares do indivíduo e da sociedade, relacionando-se com valores ou condutas sociais.

A moral possui, portanto, um caráter subjetivo, que faz com que ela seja influenciada por vários fatores, alterando, assim, os conceitos morais de um grupo para outro. Esses fatores podem ser sociais, históricos, geográficos etc. Observa-se, então, que a moral é dinâmica, ou seja, ela pode mudar seus juízos de valor de acordo com o contexto em que esteja inserida.

Sendo assim, para Vázquez a moral é mutável e varia historicamente, de acordo com o desenvolvimento de cada sociedade e, com ela, variam os seus princípios e as suas normas. Ela norteia os valores éticos na Administração Pública.

Aristóteles, em seu livro "A Política", assevera que "os pais sempre parecerão antiquados para os seus filhos". Essa afirmação demonstra que, na passagem de uma geração para outra, os valores morais mudam.

Para que um ato seja considerado moral, ou seja, bom, deve ser livre, consciente, intencional e solidário. O ato moral tem, em sua estrutura, dois importantes aspectos: o normativo e o factual. O normativo são as normas e imperativos que enunciam o "dever ser". Ex.: cumpra suas obrigações, não minta, não roube etc. O factual são os atos humanos que se realizam efetivamente, ou seja, é a aplicação da norma no dia a dia, no convívio social.

Apesar de se assemelharem, e mesmo por vezes se confundirem, ética e moral são termos aplicados diferentemente. Enquanto o primeiro trata o comportamento humano como objeto de estudo e normatização, procurando tomá-lo de forma mais abrangente possível, o segundo se ocupa de atribuir um valor à ação. Esse valor tem como referências as normas e conceitos do que vem a ser bom ou mau, baseados no senso comum.

No contexto da ação pública, ética e moral não são considerados termos sinônimos. Portanto, não devem ser confundidos.

Enquanto a ética é teórica e busca explicar e justificar os costumes de uma determinada sociedade, a moral é normativa. Enquanto a ética tem caráter científico, a moral tem caráter prático imediato, visto que é parte integrante da vida cotidiana das sociedades e dos indivíduos. A moral é a aplicação da ética no cotidiano, é a prática concreta. A moral, portanto, não é ciência, mas objeto da ciência; e, neste sentido, é por ela estudada e investigada.

1.2 Ética: princípios e valores

1.2.1 Princípios

Segundo o dicionário Houaiss, princípio pode ser considerado o primeiro momento da existência (de algo) ou de uma ação ou processo. Pode também ser definido como um conjunto de regras ou código de (boa) conduta, com base no qual se governa a própria vida e ações.

Dados esses conceitos, percebe-se que os princípios que regem a conduta em sociedade são aqueles conceitos ou regras que se aprendem por meio do convívio, passados de geração para geração.

Esses conhecimentos se originaram, em algum momento, no grupo social em que estão inseridos, convencionando-se que sua aplicação é boa, e assim aceita pelo grupo.

Quando uma pessoa afirma que determinada ação fere seus princípios, ela está se referindo a um conceito ou regra, que foi originado em algum momento em sua vida ou na vida do grupo social em que está inserida, e que foi aceito como ação moralmente boa.

1.2.2 Valores

O conceito de valor tem sido investigado e definido em diferentes áreas do conhecimento (filosofia, sociologia, ciências econômicas, marketing etc.).

Os valores são as normas, princípios ou padrões sociais aceitos ou mantidos por indivíduos, classe ou sociedade. Dizem, portanto, respeito a princípios que merecem ser buscados.

O valor exprime uma relação entre as necessidades do indivíduo (respirar, comer, viver, posse, reproduzir, prazer, domínio, relacionar, comparar) e a capacidade das coisas, objetos ou serviços de satisfazê-las.

É na apreciação desta relação que se explica a existência de uma hierarquia de valores, segundo a urgência/prioridade das necessidades e a capacidade dos mesmos objetos para as satisfazerem, diferenciadas no espaço e no tempo.

Nas mais diversas sociedades, independentemente do nível cultural, econômico ou social em que estejam inseridas, os valores são fundamentais para se determinar quais são as pessoas que agem tendo por finalidade o bem.

O caráter dos seres, pelo qual são mais ou menos desejados ou estimados por uma pessoa ou grupo, é determinado pelo valor de suas ações.

Todos os termos que servem para qualificar uma ação ou o caráter de uma pessoa têm um peso bom e um peso ruim. Cite-se, como exemplo, os termos verdadeiro e falso, generoso e egoísta, honesto e desonesto, justo e injusto. Os valores dão "peso" à ação ou ao caráter de uma pessoa ou grupo.

Kant afirmava que toda ação considerada boa moralmente deveria ser universal, ou seja, ser boa em qualquer tempo e em qualquer lugar. Infelizmente, o ideal kantiano de valor e moralidade está muito longe de ser alcançado, pois as diversidades culturais e sociais fazem com que o valor dado a determinadas ações mude de acordo com o contexto.

O complexo de normas éticas se alicerça em valores, normalmente designados valores do "bem".

Segundo Felix Ruiz López:

> Valores éticos são indicadores da relevância ou do grau de atendimento aos princípios éticos". Por exemplo, a dignidade da pessoa sugere e exige que se valorize o respeito às pessoas. Esses valores éticos só podem ser atribuídos a pessoas, pois elas são os únicos seres que agem com conhecimento de certo e errado, bem e mal, e com liberdade para agir. Algumas condutas podem ferir os valores éticos. A prática constante de respeito aos valores éticos conduz as pessoas às virtudes morais. (Fonte: ALONSO, Felix Ruiz; LÓPEZ, Francisco Granizo; CASTRUCCI, Plínio de Laura – Curso de Ética em Administração. São Paulo: Atlas, 2008. [Adaptado]).

1.3 Ética e democracia: exercício da cidadania

1.3.1 Ética e democracia

O Brasil ainda caminha a passos muito lentos no que diz respeito à ética, principalmente no cenário político.

Vários são os fatores que contribuíram para esta realidade, dentre eles, principalmente, os golpes de Estado, a saber, o Golpe de 1930 e o Golpe de 1964.

Durante o período em que o país vivenciou a ditadura militar e em que a democracia foi colocada de lado, tivemos a suspensão do ensino da filosofia e, consequentemente, da ética, nas escolas e universidades; além disso, os direitos políticos do cidadão foram suspensos, a liberdade de expressão caçada e cresceu o medo da repressão.

Como consequência dessa série de medidas autoritárias e arbitrárias, nossos valores morais e sociais foram perdendo espaço para os

ÉTICA NO SERVIÇO PÚBLICO

valores que o Estado queria impor, levando a sociedade a uma espécie de "apatia" social.

Nos dias atuais, estamos presenciando uma nova fase em nosso país, no que tange à aplicabilidade das leis e da ética no poder.

Os crimes de corrupção envolvendo desvio de dinheiro estão sendo mais investigados e a polícia tem trabalhado com mais liberdade de atuação em prol da moralidade e do interesse público, o que tem levado os agentes públicos a refletir mais sobre seus atos antes ainda de praticá-los.

Essa nova fase se deve principalmente à democracia, implantada como regime político com a Constituição de 1988.

Etimologicamente, o termo democracia vem do grego demokratía, em que kratía significa governo e demo, povo. Logo, a democracia, por definição, é o "governo do povo".

A democracia confere ao povo o poder de influenciar na administração do Estado. Por meio do voto, o povo é que determina quem vai ocupar os cargos de direção do Estado. Logo, insere-se nesse contexto a responsabilidade tanto do povo, que escolhe seus dirigentes, quanto dos escolhidos, que deverão prestar contas de seus atos no poder.

A ética exerce papel fundamental em todo esse processo, regulamentando e exigindo dos governantes comportamento adequado à função pública, que lhe foi confiada por meio do voto, e conferindo ao povo as noções e os valores necessários tanto para o exercício e cobrança dos seus direitos quanto para atendimento de seus deveres.

É por meio dos valores éticos e morais, determinados pela sociedade, que podemos perceber se os atos cometidos pelos ocupantes de cargos públicos estão visando ao bem comum e ao interesse público.

1.3.2 Exercício da cidadania

Em se tratando do exercício da cidadania, podemos afirmar que todo cidadão tem direito a exercer a cidadania, isto é, seus direitos de cidadão; direitos esses garantidos constitucionalmente.

Direitos e deveres andam juntos no que tange ao exercício da cidadania. Não se pode conceber um direito que não seja precedido de um dever a ser cumprido; é uma via de mão dupla.

Os direitos garantidos constitucionalmente, individuais, coletivos, sociais ou políticos, são precedidos de responsabilidades que o cidadão deve ter perante a sociedade. Por exemplo, a Constituição garante o direito à propriedade privada, mas exige-se que o proprietário seja responsável pelos tributos que o exercício desse direito gera, como, por exemplo, o pagamento do Imposto Predial e Territorial Urbano (IPTU).

Exercer a cidadania, por consequência, é ser probo (íntegro, honrado, justo, reto), agir com ética assumindo a responsabilidade que advém de seus deveres enquanto cidadão inserto no convívio social.

1.4 Ética e função pública

Função pública é a competência, atribuição ou encargo para o exercício de determinada função. Ressalta-se que essa função não é livre, devendo, portanto, estar o seu exercício sujeito ao interesse público, ou seja, da coletividade.

No exercício das mais diversas funções públicas, os servidores devem respeitar, além das normatizações vigentes nos órgãos e entidades públicas que regulamentam e determinam a forma de agir dos agentes públicos, os valores éticos e morais que a sociedade impõe para o convívio em grupo. A não observação desses valores acarreta a uma série de erros e problemas no atendimento ao público e aos usuários do serviço, o que contribui de forma significativa para uma imagem negativa do órgão ou entidade e do serviço público.

O padrão ético dos servidores públicos, no exercício da função pública, advém de sua natureza, ou seja, do caráter público e de sua relação com o público.

O servidor deve estar atento a esse padrão não apenas no exercício de suas funções, mas também na vida particular. O caráter público do seu serviço deve se incorporar à sua vida privada, a fim de que os valores morais e a boa-fé, amparados constitucionalmente como princípios básicos e essenciais a uma vida equilibrada, sejam inseridos e se tornem uma constante em seu relacionamento com os usuários do serviço bem como com os colegas.

Os princípios constitucionais devem ser observados para que a função pública se integre de forma indissociável ao direito. Os princípios são:

▷ **Legalidade:** todo ato administrativo deve seguir fielmente os meandros da lei.
▷ **Impessoalidade:** aplicado como sinônimo de igualdade – todos devem ser tratados de forma igualitária e respeitando o que a lei prevê.
▷ **Moralidade:** respeito ao padrão moral para não comprometer os bons costumes da sociedade.
▷ **Publicidade:** refere-se à transparência de todo ato público, salvo os casos previstos em lei.
▷ **Eficiência:** ser o mais eficiente possível na utilização dos meios que são postos a sua disposição para a execução do seu mister (cargo ou função).

1.4.1 Ética no setor público

As questões éticas estão cada vez mais em voga na cena pública brasileira, dada à multiplicação de casos de corrupção e, sobretudo, à reação da sociedade frente a um tal grau de desmoralização das relações políticas e sociais.

Com os escândalos e denúncias de corrupção expostas pela mídia, refletir sobre essas questões traz à tona os conceitos éticos que envolvem a busca por melhores ações tanto na vida pessoal como na vida pública.

A ética é pautada na conduta responsável das pessoas. Daí a importância da escolha de um político com esse caráter, a fim de diminuir o mau uso da máquina pública e evitar que se venha auferir ganhos e vantagens pessoais.

Porém, as normas morais apenas fornecem orientações, cabendo ao político determinar quais são as exigências e limitações e decidir pela melhor alternativa de ação, que detém a responsabilidade em atender as demandas, no papel de representantes democráticos, com integridade e eficiência.

Durante as últimas décadas, o setor público foi alvo, tanto por parte da mídia quanto do senso comum vigente, de um processo deliberado de formação de uma caricatura, que transformou sua imagem no estereótipo de um setor muito burocrático, que não funciona e custa caro à população.

O cidadão, mesmo bem atendido por um servidor público, não consegue sustentar uma boa imagem do servidor e do serviço público, pois o que faz a imagem de um órgão ou entidade pública parecer boa diante da população é o atendimento de seus funcionários, e, por mais que os servidores sérios e responsáveis se esforcem, existe uma minoria que consegue facilmente acabar com todos os esforços levados a cabo por aqueles bons funcionários.

Nesse ponto, a ética se insere de maneira determinante para contribuir e melhorar a qualidade do atendimento, inserindo no âmbito do poder público os princípios e regras necessários ao bom andamento do serviço e ao respeito aos usuários.

Os novos códigos de ética, além de regulamentar a qualidade e o trato dispensados aos usuários e ao serviço público e de trazer punições para os que descumprem as suas normas, também têm a função de proteger a imagem e a honra do servidor que trabalha seguindo fielmente as regras nele contidas, contribuindo, assim, para uma melhoria na imagem do servidor e do órgão ou entidade perante a população.

Em se tratando da ética no serviço público, destacamos o Código de Ética Profissional do Servidor Público do Poder Executivo Federal, aprovado pelo Decreto nº 1.171/1994, que foi revogado em parte pelo Decreto nº 6.029, de 1º de fevereiro de 2007, que institui Sistema de Gestão da Ética do Poder Executivo Federal. Ambos os Decretos seguem na íntegra.

1.5 Código de Ética Profissional do Serviço Público (Decreto nº 1.171/1994)

Decreto nº 1.171, de 22 de Junho de 1994.

Aprova o Código de Ética Profissional do Servidor Público Civil do Poder Executivo Federal.

O PRESIDENTE DA REPÚBLICA, no uso das atribuições que lhe confere o art. 84, incisos IV e VI, e ainda tendo em vista o disposto no art. 37 da Constituição, bem como nos arts. 116 e 117 da Lei nº 8.112, de 11 de dezembro de 1990, e nos arts. 10, 11 e 12 da Lei nº 8.429, de 2 de junho de 1992, decreta:

Art. 1º *Fica aprovado o Código de Ética Profissional do Servidor Público Civil do Poder Executivo Federal, que com este baixa.*

Art. 2º *Os órgãos e entidades da Administração Pública Federal direta e indireta implementarão, em sessenta dias, as providências necessárias à plena vigência do Código de Ética, inclusive mediante a Constituição da respectiva Comissão de Ética, integrada por três servidores ou empregados titulares de cargo efetivo ou emprego permanente.*

Parágrafo único. *A constituição da Comissão de Ética será comunicada à Secretaria da Administração Federal da Presidência da República, com a indicação dos respectivos membros titulares e suplentes.*

Art. 3º *Este decreto entra em vigor na data de sua publicação.*

Brasília, 22 de junho de 1994, 173º da Independência e 106º da República.

ITAMAR FRANCO
Romildo Canhim

Anexo

Código de Ética Profissional do Servidor Público Civil do Poder Executivo Federal

Capítulo I

Seção I – Das Regras Deontológicas

I – *A dignidade, o decoro, o zelo, a eficácia e a consciência dos princípios morais são primados maiores que devem nortear o servidor público, seja no exercício do cargo ou função, ou fora dele, já que refletirá o exercício da vocação do próprio poder estatal. Seus atos, comportamentos e atitudes serão direcionados para a preservação da honra e da tradição dos serviços públicos.*

II – *O servidor público não poderá jamais desprezar o elemento ético de sua conduta. Assim, não terá que decidir somente entre o legal e o ilegal, o justo e o injusto, o conveniente e o inconveniente, o oportuno e o inoportuno, mas principalmente entre o honesto e o desonesto, consoante as regras contidas no art. 37, caput, e § 4º, da Constituição Federal.*

III – *A moralidade da Administração Pública não se limita à distinção entre o bem e o mal, devendo ser acrescida da ideia de que o fim é sempre o bem comum. O equilíbrio entre a legalidade e a finalidade, na conduta do servidor público, é que poderá consolidar a moralidade do ato administrativo.*

IV – *A remuneração do servidor público é custeada pelos tributos pagos direta ou indiretamente por todos, até por ele próprio, e por isso se exige, como contrapartida, que a moralidade administrativa se integre no Direito, como elemento indissociável de sua aplicação e de sua finalidade, erigindo-se, como consequência, em fator de legalidade.*

V – *O trabalho desenvolvido pelo servidor público perante a comunidade deve ser entendido como acréscimo ao seu próprio bem-estar, já que, como cidadão, integrante da sociedade, o êxito desse trabalho pode ser considerado como seu maior patrimônio.*

VI – *A função pública deve ser tida como exercício profissional e, portanto, se integra na vida particular de cada servidor público. Assim, os fatos e atos verificados na conduta do dia a dia em sua vida privada poderão acrescer ou diminuir o seu bom conceito na vida funcional.*

VII – *Salvo os casos de segurança nacional, investigações policiais ou interesse superior do Estado e da Administração Pública, a serem preservados em processo previamente declarado sigiloso, nos termos da lei, a publicidade de qualquer ato administrativo constitui requisito de eficácia e moralidade, ensejando sua omissão comprometimento ético contra o bem comum, imputável a quem a negar.*

VIII – *Toda pessoa tem direito à verdade. O servidor não pode omiti-la ou falseá-la, ainda que contrária aos interesses da própria pessoa interessada ou da Administração Pública. Nenhum Estado pode crescer ou estabilizar-se sobre o poder corruptivo do hábito do erro, da opressão ou da mentira, que sempre aniquilam até mesmo a dignidade humana quanto mais a de uma Nação.*

IX – *A cortesia, a boa vontade, o cuidado e o tempo dedicados ao serviço público caracterizam o esforço pela disciplina. Tratar mal uma pessoa que paga seus tributos direta ou indiretamente significa causar-lhe dano moral. Da mesma forma, causar dano a qualquer bem pertencente ao patrimônio público, deteriorando-o, por descuido ou má vontade, não constitui apenas uma ofensa ao equipamento e às instalações ou ao Estado, mas a todos os homens de boa vontade que dedicaram sua inteligência, seu tempo, suas esperanças e seus esforços para construí-los.*

X – *Deixar o servidor público ou qualquer pessoa à espera de solução que compete ao setor em que exerça suas funções, permitindo a formação de longas filas, ou qualquer outra espécie de atraso na prestação do serviço, não caracteriza apenas atitude contra a ética ou ato de desumanidade, mas principalmente grave dano moral aos usuários dos serviços públicos.*

XI – *O servidor deve prestar toda a sua atenção às ordens legais de seus superiores, velando atentamente por seu cumprimento, e, assim, evitando a conduta negligente. Os repetidos erros, o descaso e o acúmulo de desvios tornam-se, às vezes, difíceis de corrigir e caracterizam até mesmo imprudência no desempenho da função pública.*

XII – *Toda ausência injustificada do servidor de seu local de trabalho é fator de desmoralização do serviço público, o que quase sempre conduz à desordem nas relações humanas.*

XIII – *O servidor que trabalha em harmonia com a estrutura organizacional, respeitando seus colegas e cada concidadão, colabora e de todos pode receber colaboração, pois sua atividade pública é a grande oportunidade para o crescimento e o engrandecimento da Nação.*

Seção II – Dos Principais Deveres do Servidor Público

XIV – *São deveres fundamentais do servidor público:*

a) *desempenhar, a tempo, as atribuições do cargo, função ou emprego público de que seja titular;*

b) *exercer suas atribuições com rapidez, perfeição e rendimento, pondo fim ou procurando prioritariamente resolver situações procrastinatórias, principalmente diante de filas ou de qualquer outra espécie de atraso na prestação dos serviços pelo setor em que exerça suas atribuições, com o fim de evitar dano moral ao usuário;*

c) *ser probo, reto, leal e justo, demonstrando toda a integridade do seu caráter, escolhendo sempre, quando estiver diante de duas opções, a melhor e a mais vantajosa para o bem comum;*

d) *jamais retardar qualquer prestação de contas, condição essencial da gestão dos bens, direitos e serviços da coletividade a seu cargo;*

e) *tratar cuidadosamente os usuários dos serviços aperfeiçoando o processo de comunicação e contato com o público;*

f) *ter consciência de que seu trabalho é regido por princípios éticos que se materializam na adequada prestação dos serviços públicos;*

g) *ser cortês, ter urbanidade, disponibilidade e atenção, respeitando a capacidade e as limitações individuais de todos os usuários do serviço público, sem qualquer espécie de preconceito ou distinção de raça, sexo, nacionalidade, cor, idade, religião, cunho político e posição social, abstendo-se, dessa forma, de causar-lhes dano moral;*

h) *ter respeito à hierarquia, porém sem nenhum temor de representar contra qualquer comprometimento indevido da estrutura em que se funda o Poder Estatal;*

i) *resistir a todas as pressões de superiores hierárquicos, de contratantes, interessados e outros que visem obter quaisquer favores, benesses ou vantagens indevidas em decorrência de ações imorais, ilegais ou aéticas e denunciá-las;*

j) *zelar, no exercício do direito de greve, pelas exigências específicas da defesa da vida e da segurança coletiva;*

l) *ser assíduo e frequente ao serviço, na certeza de que sua ausência provoca danos ao trabalho ordenado, refletindo negativamente em todo o sistema;*

ÉTICA NO SERVIÇO PÚBLICO

m) comunicar imediatamente a seus superiores todo e qualquer ato ou fato contrário ao interesse público, exigindo as providências cabíveis;

n) manter limpo e em perfeita ordem o local de trabalho, seguindo os métodos mais adequados à sua organização e distribuição;

o) participar dos movimentos e estudos que se relacionem com a melhoria do exercício de suas funções, tendo por escopo a realização do bem comum;

p) apresentar-se ao trabalho com vestimentas adequadas ao exercício da função;

q) manter-se atualizado com as instruções, as normas de serviço e a legislação pertinentes ao órgão onde exerce suas funções;

r) cumprir, de acordo com as normas do serviço e as instruções superiores, as tarefas de seu cargo ou função, tanto quanto possível, com critério, segurança e rapidez, mantendo tudo sempre em boa ordem;

s) facilitar a fiscalização de todos atos ou serviços por quem de direito;

t) exercer com estrita moderação as prerrogativas funcionais que lhe sejam atribuídas, abstendo-se de fazê-lo contrariamente aos legítimos interesses dos usuários do serviço público e dos jurisdicionados administrativos;

u) abster-se, de forma absoluta, de exercer sua função, poder ou autoridade com finalidade estranha ao interesse público, mesmo que observando as formalidades legais e não cometendo qualquer violação expressa à lei;

v) divulgar e informar a todos os integrantes da sua classe sobre a existência deste Código de Ética, estimulando o seu integral cumprimento.

Seção III – Das Vedações ao Servidor Público

XV – É vedado ao servidor público:

a) o uso do cargo ou função, facilidades, amizades, tempo, posição e influências, para obter qualquer favorecimento, para si ou para outrem;

b) prejudicar deliberadamente a reputação de outros servidores ou de cidadãos que deles dependam;

c) ser, em função de seu espírito de solidariedade, conivente com erro ou infração a este Código de Ética ou ao Código de Ética de sua profissão;

d) usar de artifícios para procrastinar ou dificultar o exercício regular de direito por qualquer pessoa, causando-lhe dano moral ou material;

e) deixar de utilizar os avanços técnicos e científicos ao seu alcance ou do seu conhecimento para atendimento do seu mister;

f) permitir que perseguições, simpatias, antipatias, caprichos, paixões ou interesses de ordem pessoal interfiram no trato com o público, com os jurisdicionados administrativos ou com colegas hierarquicamente superiores ou inferiores;

g) pleitear, solicitar, provocar, sugerir ou receber qualquer tipo de ajuda financeira, gratificação, prêmio, comissão, doação ou vantagem de qualquer espécie, para si, familiares ou qualquer pessoa, para o cumprimento da sua missão ou para influenciar outro servidor para o mesmo fim;

h) alterar ou deturpar o teor de documentos que deva encaminhar para providências;

i) iludir ou tentar iludir qualquer pessoa que necessite do atendimento em serviços públicos;

j) desviar servidor público para atendimento a interesse particular;

l) retirar da repartição pública, sem estar legalmente autorizado, qualquer documento, livro ou bem pertencente ao patrimônio público;

m) fazer uso de informações privilegiadas obtidas no âmbito interno de seu serviço, em benefício próprio, de parentes, de amigos ou de terceiros;

n) apresentar-se embriagado no serviço ou fora dele habitualmente;

o) dar o seu concurso a qualquer instituição que atente contra a moral, a honestidade ou a dignidade da pessoa humana;

p) exercer atividade profissional aética ou ligar o seu nome a empreendimentos de cunho duvidoso.

Capítulo II – Das Comissões de Ética

XVI – Em todos os órgãos e entidades da Administração Pública Federal direta, indireta autárquica e fundacional, ou em qualquer órgão ou entidade que exerça atribuições delegadas pelo poder público, deverá ser criada uma Comissão de Ética, encarregada de orientar e aconselhar sobre a ética profissional do servidor, no tratamento com as pessoas e com o patrimônio público, competindo-lhe conhecer concretamente de imputação ou de procedimento susceptível de censura.

XVII – (Revogado pelo Decreto nº 6.029, de 2007)

XVIII – À Comissão de Ética incumbe fornecer, aos organismos encarregados da execução do quadro de carreira dos servidores, os registros sobre sua conduta ética, para o efeito de instruir e fundamentar promoções e para todos os demais procedimentos próprios da carreira do servidor público.

XIX – (Revogado pelo Decreto nº 6.029, de 2007)

XX – (Revogado pelo Decreto nº 6.029, de 2007)

XXI – (Revogado pelo Decreto nº 6.029, de 2007)

XXII – A pena aplicável ao servidor público pela Comissão de Ética é a de censura e sua fundamentação constará do respectivo parecer, assinado por todos os seus integrantes, com ciência do faltoso.

XXIII – (Revogado pelo Decreto nº 6.029, de 2007)

XXIV – Para fins de apuração do comprometimento ético, entende-se por servidor público todo aquele que, por força de lei, contrato ou de qualquer ato jurídico, preste serviços de natureza permanente, temporária ou excepcional, ainda que sem retribuição financeira, desde que ligado direta ou indiretamente a qualquer órgão do poder estatal, como as autarquias, as fundações públicas, as entidades paraestatais, as empresas públicas e as sociedades de economia mista, ou em qualquer setor onde prevaleça o interesse do Estado.

XXV – (Revogado pelo Decreto nº 6.029, de 2007)

1.6 Decreto nº 6.029/2007

Considerando que os incisos XVII, XIX, XX, XXI, XXIII e XXV, do Decreto nº 1.171/1994 foram revogados pelo Decreto nº 6.029/2007, e que, muito embora este último não tenha sido mencionado expressamente no edital, seu conteúdo tem sido cobrado, transcrevemo-lo na íntegra a seguir.

Decreto nº 6.029, de 1º de fevereiro de 2007

Institui Sistema de Gestão da Ética do Poder Executivo Federal, e dá outras providências.

O PRESIDENTE DA REPÚBLICA, no uso da atribuição que lhe confere o art. 84, inciso VI, alínea "a", da Constituição, decreta:

Art. 1º Fica instituído o Sistema de Gestão da Ética do Poder Executivo Federal com a finalidade de promover atividades que dispõem sobre a conduta ética no âmbito do Executivo Federal, competindo-lhe:

I – integrar os órgãos, programas e ações relacionadas com a ética pública;

II – contribuir para a implementação de políticas públicas tendo a transparência e o acesso à informação como instrumentos fundamentais para o exercício de gestão da ética pública;

III – promover, com apoio dos segmentos pertinentes, a compatibilização e interação de normas, procedimentos técnicos e de gestão relativos à ética pública;

IV – articular ações com vistas a estabelecer e efetivar procedimentos de incentivo e incremento ao desempenho institucional na gestão da ética pública do Estado brasileiro.

Art. 2º Integram o Sistema de Gestão da Ética do Poder Executivo Federal:

I – a Comissão de Ética Pública – CEP, instituída pelo Decreto de 26 de maio de 1999;

II – as Comissões de Ética de que trata o Decreto nº 1.171, de 22 de junho de 1994;

III – as demais Comissões de Ética e equivalentes nas entidades e órgãos do Poder Executivo Federal.

Art. 3º A CEP será integrada por sete brasileiros que preencham os requisitos de idoneidade moral, reputação ilibada e notória experiência em administração pública, designados pelo Presidente da República, para mandatos de três anos, não coincidentes, permitida uma única recondução.

§ 1º A atuação no âmbito da CEP não enseja qualquer remuneração para seus membros e os trabalhos nela desenvolvidos são considerados prestação de relevante serviço público.

ÉTICA E CIDADANIA

§ 2º O Presidente terá o voto de qualidade nas deliberações da Comissão.

§ 3º Os mandatos dos primeiros membros serão de um, dois e três anos, estabelecidos no decreto de designação.

Art. 4º À CEP compete:

I – atuar como instância consultiva do Presidente da República e Ministros de Estado em matéria de ética pública;

II – administrar a aplicação do Código de Conduta da Alta Administração Federal, devendo:

a) submeter ao Presidente da República medidas para seu aprimoramento;

b) dirimir dúvidas a respeito de interpretação de suas normas, deliberando sobre casos omissos;

c) apurar, mediante denúncia, ou de ofício, condutas em desacordo com as normas nele previstas, quando praticadas pelas autoridades a ele submetidas;

III – dirimir dúvidas de interpretação sobre as normas do Código de Ética Profissional do Servidor Público Civil do Poder Executivo Federal de que trata o Decreto nº 1.171, de 1994;

IV – coordenar, avaliar e supervisionar o Sistema de Gestão da Ética Pública do Poder Executivo Federal;

V – aprovar o seu regimento interno; e

VI – escolher o seu Presidente.

Parágrafo único. A CEP contará com uma Secretaria-Executiva, vinculada à Casa Civil da Presidência da República, à qual competirá prestar o apoio técnico e administrativo aos trabalhos da Comissão.

Art. 5º Cada Comissão de Ética de que trata o Decreto nº 1171, de 1994, será integrada por três membros titulares e três suplentes, escolhidos entre servidores e empregados do seu quadro permanente, e designados pelo dirigente máximo da respectiva entidade ou órgão, para mandatos não coincidentes de três anos.

Art. 6º É dever do titular de entidade ou órgão da Administração Pública Federal, direta e indireta:

I – assegurar as condições de trabalho para que as Comissões de Ética cumpram suas funções, inclusive para que o exercício das atribuições de seus integrantes não lhes resulte qualquer prejuízo ou dano;

II – conduzir em seu âmbito a avaliação da gestão da ética conforme processo coordenado pela Comissão de Ética Pública.

Art. 7º Compete às Comissões de Ética de que tratam os incisos II e III do art. 2º:

I – atuar como instância consultiva de dirigentes e servidores no âmbito de seu respectivo órgão ou entidade;

II – aplicar o Código de Ética Profissional do Servidor Público Civil do Poder Executivo Federal, aprovado pelo Decreto 1.171, de 1994, devendo:

a) submeter à Comissão de Ética Pública propostas para seu aperfeiçoamento;

b) dirimir dúvidas a respeito da interpretação de suas normas e deliberar sobre casos omissos;

c) apurar, mediante denúncia ou de ofício, conduta em desacordo com as normas éticas pertinentes;

d) recomendar, acompanhar e avaliar, no âmbito do órgão ou entidade a que estiver vinculada, o desenvolvimento de ações objetivando a disseminação, capacitação e treinamento sobre as normas de ética e disciplina;

III – representar a respectiva entidade ou órgão na Rede de Ética do Poder Executivo Federal a que se refere o art. 9º; e

IV – supervisionar a observância do Código de Conduta da Alta Administração Federal e comunicar à CEP situações que possam configurar descumprimento de suas normas.

§ 1º Cada Comissão de Ética contará com uma Secretaria-Executiva, vinculada administrativamente à instância máxima da entidade ou órgão, para cumprir plano de trabalho por ela aprovado e prover o apoio técnico e material necessário ao cumprimento das suas atribuições.

§ 2º As Secretarias-Executivas das Comissões de Ética serão chefiadas por servidor ou empregado do quadro permanente da entidade ou órgão, ocupante de cargo de direção compatível com sua estrutura, alocado sem aumento de despesas.

Art. 8º Compete às instâncias superiores dos órgãos e entidades do Poder Executivo Federal, abrangendo a administração direta e indireta:

I – observar e fazer observar as normas de ética e disciplina;

II – constituir Comissão de Ética;

III – garantir os recursos humanos, materiais e financeiros para que a Comissão cumpra com suas atribuições; e

IV – atender com prioridade às solicitações da CEP.

Art. 9º Fica constituída a Rede de Ética do Poder Executivo Federal, integrada pelos representantes das Comissões de Ética de que tratam os incisos I, II e III do art. 2º, com o objetivo de promover a cooperação técnica e a avaliação em gestão da ética.

Parágrafo único. Os integrantes da Rede de Ética se reunirão sob a coordenação da Comissão de Ética Pública, pelo menos uma vez por ano, em fórum específico, para avaliar o programa e as ações para a promoção da ética na administração pública.

Art. 10. Os trabalhos da CEP e das demais Comissões de Ética devem ser desenvolvidos com celeridade e observância dos seguintes princípios:

I – proteção à honra e à imagem da pessoa investigada;

II – proteção à identidade do denunciante, que deverá ser mantida sob reserva, se este assim o desejar; e

III – independência e imparcialidade dos seus membros na apuração dos fatos, com as garantias asseguradas neste Decreto.

Art. 11 Qualquer cidadão, agente público, pessoa jurídica de direito privado, associação ou entidade de classe poderá provocar a atuação da CEP ou de Comissão de Ética, visando à apuração de infração ética imputada a agente público, órgão ou setor específico de ente estatal.

Parágrafo único. Entende-se por agente público, para os fins deste Decreto, todo aquele que, por força de lei, contrato ou qualquer ato jurídico, preste serviços de natureza permanente, temporária, excepcional ou eventual, ainda que sem retribuição financeira, a órgão ou entidade da administração pública federal, direta e indireta. (grifo da autora)

Art. 12 O processo de apuração de prática de ato em desrespeito ao preceituado no Código de Conduta da Alta Administração Federal e no Código de Ética Profissional do Servidor Público Civil do Poder Executivo Federal será instaurado, de ofício ou em razão de denúncia fundamentada, respeitando-se, sempre, as garantias do contraditório e da ampla defesa, pela Comissão de Ética Pública ou Comissões de Ética de que tratam os incisos II e III do art. 2º, conforme o caso, que notificará o investigado para manifestar-se, por escrito, no prazo de dez dias.

§ 1º O investigado poderá produzir prova documental necessária à sua defesa.

§ 2º As Comissões de Ética poderão requisitar os documentos que entenderem necessários à instrução probatória e, também, promover diligências e solicitar parecer de especialista.

§ 3º Na hipótese de serem juntados aos autos da investigação, após a manifestação referida no caput deste artigo, novos elementos de prova, o investigado será notificado para nova manifestação, no prazo de dez dias.

§ 4º Concluída a instrução processual, as Comissões de Ética proferirão decisão conclusiva e fundamentada.

§ 5º Se a conclusão for pela existência de falta ética, além das providências previstas no Código de Conduta da Alta Administração Federal e no Código de Ética Profissional do Servidor Público Civil do Poder Executivo Federal, as Comissões de Ética tomarão as seguintes providências, no que couber:

I – encaminhamento de sugestão de exoneração de cargo ou função de confiança à autoridade hierarquicamente superior ou devolução ao órgão de origem, conforme o caso;

II – encaminhamento, conforme o caso, para a Controladoria-Geral da União ou unidade específica do Sistema de Correição do Poder Executivo Federal de que trata o Decreto nº 5.480, de 30 de junho de 2005, para exame de eventuais transgressões disciplinares; e

ÉTICA NO SERVIÇO PÚBLICO

III – recomendação de abertura de procedimento administrativo, se a gravidade da conduta assim o exigir.

Art. 13 Será mantido com a chancela de "reservado", até que esteja concluído, qualquer procedimento instaurado para apuração de prática em desrespeito às normas éticas.

§ 1º Concluída a investigação e após a deliberação da CEP ou da Comissão de Ética do órgão ou entidade, os autos do procedimento deixarão de ser reservados.

§ 2º Na hipótese de os autos estarem instruídos com documento acobertado por sigilo legal, o acesso a esse tipo de documento somente será permitido a quem detiver igual direito perante o órgão ou entidade originariamente encarregado da sua guarda.

§ 3º Para resguardar o sigilo de documentos que assim devam ser mantidos, as Comissões de Ética, depois de concluído o processo de investigação, providenciarão para que tais documentos sejam desentranhados dos autos, lacrados e acautelados.

Art. 14 A qualquer pessoa que esteja sendo investigada é assegurado o direito de saber o que lhe está sendo imputado, de conhecer o teor da acusação e de ter vista dos autos, no recinto das Comissões de Ética, mesmo que ainda não tenha sido notificada da existência do procedimento investigatório.

Parágrafo único. O direito assegurado neste artigo inclui o de obter cópia dos autos e de certidão do seu teor.

Art. 15 Todo ato de posse, investidura em função pública ou celebração de contrato de trabalho, dos agentes públicos referidos no parágrafo único do art. 11, deverá ser acompanhado da prestação de compromisso solene de acatamento e observância das regras estabelecidas pelo Código de Conduta da Alta Administração Federal, pelo Código de Ética Profissional do Servidor Público Civil do Poder Executivo Federal e pelo Código de Ética do órgão ou entidade, conforme o caso.

Parágrafo único. A posse em cargo ou função pública que submeta a autoridade às normas do Código de Conduta da Alta Administração Federal deve ser precedida de consulta da autoridade à Comissão de Ética Pública, acerca de situação que possa suscitar conflito de interesses.

Art. 16 As Comissões de Ética não poderão escusar-se de proferir decisão sobre matéria de sua competência alegando omissão do Código de Conduta da Alta Administração Federal, do Código de Ética Profissional do Servidor Público Civil do Poder Executivo Federal ou do Código de Ética do órgão ou entidade, que, se existente, será suprida pela analogia e invocação aos princípios da legalidade, impessoalidade, moralidade, publicidade e eficiência.

§ 1º Havendo dúvida quanto à legalidade, a Comissão de Ética competente deverá ouvir previamente a área jurídica do órgão ou entidade.

§ 2º Cumpre à CEP responder a consultas sobre aspectos éticos que lhe forem dirigidas pelas demais Comissões de Ética e pelos órgãos e entidades que integram o Executivo Federal, bem como pelos cidadãos e servidores que venham a ser indicados para ocupar cargo ou função abrangida pelo Código de Conduta da Alta Administração Federal.

Art. 17 As Comissões de Ética, sempre que constatarem a possível ocorrência de ilícitos penais, civis, de improbidade administrativa ou de infração disciplinar, encaminharão cópia dos autos às autoridades competentes para apuração de tais fatos, sem prejuízo das medidas de sua competência.

Art. 18 As decisões das Comissões de Ética, na análise de qualquer fato ou ato submetido à sua apreciação ou por ela levantado, serão resumidas em ementa e, com a omissão dos nomes dos investigados, divulgadas no sítio do próprio órgão, bem como remetidas à Comissão de Ética Pública.

Art. 19 Os trabalhos nas Comissões de Ética de que tratam os incisos II e III do art. 2º são considerados relevantes e têm prioridade sobre as atribuições próprias dos cargos dos seus membros, quando estes não atuarem com exclusividade na Comissão.

Art. 20 Os órgãos e entidades da Administração Pública Federal darão tratamento prioritário às solicitações de documentos necessários à instrução dos procedimentos de investigação instaurados pelas Comissões de Ética.

§ 1º Na hipótese de haver inobservância do dever funcional previsto no caput, a Comissão de Ética adotará as providências previstas no inciso III do § 5º do art. 12.

§ 2º As autoridades competentes não poderão alegar sigilo para deixar de prestar informação solicitada pelas Comissões de Ética.

Art. 21 A infração de natureza ética cometida por membro de Comissão de Ética de que tratam os incisos II e III do art. 2º será apurada pela Comissão de Ética Pública.

Art. 22 A Comissão de Ética Pública manterá banco de dados de sanções aplicadas pelas Comissões de Ética de que tratam os incisos II e III do art. 2º e de suas próprias sanções, para fins de consulta pelos órgãos ou entidades da administração pública federal, em casos de nomeação para cargo em comissão ou de alta relevância pública.

Parágrafo único. O banco de dados referido neste artigo engloba as sanções aplicadas a qualquer dos agentes públicos mencionados no parágrafo único do art. 11 deste Decreto.

Art. 23 Os representantes das Comissões de Ética de que tratam os incisos II e III do art. 2º atuarão como elementos de ligação com a CEP, que disporá em Resolução própria sobre as atividades que deverão desenvolver para o cumprimento desse mister.

Art. 24 As normas do Código de Conduta da Alta Administração Federal, do Código de Ética Profissional do Servidor Público Civil do Poder Executivo Federal e do Código de Ética do órgão ou entidade aplicam-se, no que couber, às autoridades e agentes públicos neles referidos, mesmo quando em gozo de licença.

Art. 25 Ficam revogados os incisos XVII, XIX, XX, XXI, XXIII e XXV do Código de Ética Profissional do Servidor Público Civil do Poder Executivo Federal, aprovado pelo Decreto nº 1.171, de 22 de junho de 1994, os arts. 2º e 3º do Decreto de 26 de maio de 1999, que cria a Comissão de Ética Pública, e os Decretos de 30 de agosto de 2000 e de 18 de maio de 2001, que dispõem sobre a Comissão de Ética Pública.

Art. 26 Este Decreto entra em vigor na data da sua publicação.

Brasília, 1º de fevereiro de 2007; 186º da Independência e 119º da República.

LUIZ INÁCIO LULA DA SILVA
Dilma Rousseff

2 CÓDIGO DE ÉTICA PROFISSIONAL DO SERVIÇO PÚBLICO CIVIL DO PODER EXECUTIVO FEDERAL

Decreto nº 1.171/1994

O conteúdo do presente capítulo se refere ao Código de Ética Profissional do Servidor Público do Poder Executivo Federal, aprovado pelo Decreto nº 1.171/1994, o qual contempla essencialmente duas partes.

A primeira, dita de ordem substancial (fundamental), fala sobre os princípios morais e éticos a serem observados pelo servidor, e constitui o Capítulo I, que abrange as regras dos deveres e da moral (Seção I), os principais deveres do servidor público (Seção II), bem como as vedações (Seção III).

Já a segunda parte, de ordem formal, dispõe sobre a criação e funcionamento de Comissões de Ética, e constitui o Capítulo II, que trata das Comissões de Ética em todos os órgãos do Poder Executivo Federal (Exposição de Motivos nº 001/94-CE).

Os conteúdos mais relevantes tratam das Regras Deontológicas e dos Principais Deveres do Servidor Público.

Código de Ética Profissional do Servidor Público Civil do Poder Executivo Federal

Aprova o Código de Ética Profissional do Servidor Público Civil do Poder Executivo Federal.

O PRESIDENTE DA REPÚBLICA, no uso das atribuições que lhe confere o art. 84, incisos IV e VI, e ainda tendo em vista o disposto no art. 37 da Constituição, bem como nos arts. 116 e 117 da Lei nº 8.112, de 11 de dezembro de 1990, e nos arts. 10, 11 e 12 da Lei nº 8.429, de 2 de junho de 1992,

Decreta:

Art. 1º *Fica aprovado o Código de Ética Profissional do Servidor Público Civil do Poder Executivo Federal, que com este baixa.*

Art. 2º *Os órgãos e entidades da Administração Pública Federal direta e indireta implementarão, em sessenta dias, as providências necessárias à plena vigência do Código de Ética, inclusive mediante a Constituição da respectiva Comissão de Ética, integrada por três servidores ou empregados titulares de cargo efetivo ou emprego permanente.*

Parágrafo único. *A constituição da Comissão de Ética será comunicada à Secretaria da Administração Federal da Presidência da República, com a indicação dos respectivos membros titulares e suplentes.*

Art. 3º *Este decreto entra em vigor na data de sua publicação.*

Brasília, 22 de junho de 1994.

Itamar Franco

CAPÍTULO I

Seção I – Das Regras Deontológicas

I – A dignidade, o decoro, o zelo, a eficácia e a consciência dos princípios morais são primados maiores que devem nortear o servidor público, seja no exercício do cargo ou função, ou fora dele, já que refletirá o exercício da vocação do próprio poder estatal. Seus atos, comportamentos e atitudes serão direcionados para a preservação da honra e da tradição dos serviços públicos.

II – O servidor público não poderá jamais desprezar o elemento ético de sua conduta. Assim, não terá que decidir somente entre o legal e o ilegal, o justo e o injusto, o conveniente e o inconveniente, o oportuno e o inoportuno, mas principalmente entre o honesto e o desonesto, consoante as regras contidas no art. 37, caput, e § 4º, da Constituição Federal.

III – A moralidade da Administração Pública não se limita à distinção entre o bem e o mal, devendo ser acrescida da ideia de que o fim é sempre o bem comum. O equilíbrio entre a legalidade e a finalidade, na conduta do servidor público, é que poderá consolidar a moralidade do ato administrativo.

IV – A remuneração do servidor público é custeada pelos tributos pagos direta ou indiretamente por todos, até por ele próprio, e por isso se exige, como contrapartida, que a moralidade administrativa se integre no Direito, como elemento indissociável de sua aplicação e de sua finalidade, erigindo-se, como consequência, em fator de legalidade.

V – O trabalho desenvolvido pelo servidor público perante a comunidade deve ser entendido como acréscimo ao seu próprio bem-estar, já que, como cidadão, integrante da sociedade, o êxito desse trabalho pode ser considerado como seu maior patrimônio.

VI – A função pública deve ser tida como exercício profissional e, portanto, se integra na vida particular de cada servidor público. Assim, os fatos e atos verificados na conduta do dia-a-dia em sua vida privada poderão acrescer ou diminuir o seu bom conceito na vida funcional.

VII – Salvo os casos de segurança nacional, investigações policiais ou interesses superiores do Estado e da Administração Pública, a serem preservados em processo previamente declarado sigiloso, nos termos da lei, a publicidade de qualquer ato administrativo constitui requisito de eficácia e moralidade, ensejando sua omissão comprometimento ético contra o bem comum, imputável a quem a negar.

VIII – Toda pessoa tem direito à verdade. O servidor não pode omiti-la ou falseá-la, ainda que contrária aos interesses da própria pessoa interessada ou da Administração Pública. Nenhum Estado pode crescer ou estabilizar-se sobre o poder corruptivo do hábito do erro, da opressão ou da mentira, que sempre aniquilam até mesmo a dignidade humana quanto mais a de uma Nação.

IX – A cortesia, a boa vontade, o cuidado e o tempo dedicados ao serviço público caracterizam o esforço pela disciplina. Tratar mal uma pessoa que paga seus tributos direta ou indiretamente significa causar-lhe dano moral. Da mesma forma, causar dano a qualquer bem pertencente ao patrimônio público, deteriorando-o, por descuido ou má vontade, não constitui apenas uma ofensa ao equipamento e às instalações ou ao Estado, mas a todos os homens de boa vontade que dedicaram sua inteligência, seu tempo, suas esperanças e seus esforços para construí-los.

X – Deixar o servidor público qualquer pessoa à espera de solução que compete ao setor em que exerça suas funções, permitindo a formação de longas filas, ou qualquer outra espécie de atraso na prestação do serviço, não caracteriza apenas atitude contra a ética ou ato de desumanidade, mas principalmente grave dano moral aos usuários dos serviços públicos.

XI – O servidor deve prestar toda a sua atenção às ordens legais de seus superiores, velando atentamente por seu cumprimento, e, assim, evitando a conduta negligente. Os repetidos erros, o descaso e o acúmulo de desvios tornam-se, às vezes, difíceis de corrigir e caracterizam até mesmo imprudência no desempenho da função pública.

XII – Toda ausência injustificada do servidor de seu local de trabalho é fator de desmoralização do serviço público, o que quase sempre conduz à desordem nas relações humanas.

XIII – O servidor que trabalha em harmonia com a estrutura organizacional, respeitando seus colegas e cada concidadão, colabora e de todos pode receber colaboração, pois sua atividade pública é a grande oportunidade para o crescimento e o engrandecimento da Nação.

Seção II – Dos Principais Deveres do Servidor Público

XIV – São deveres fundamentais do servidor público:

a) desempenhar, a tempo, as atribuições do cargo, função ou emprego público de que seja titular;

b) exercer suas atribuições com rapidez, perfeição e rendimento, pondo fim ou procurando prioritariamente resolver situações procrastinatórias, principalmente diante de filas ou de qualquer outra espécie de atraso na prestação dos serviços pelo setor em que exerça suas atribuições, com o fim de evitar dano moral ao usuário;

c) ser probo, reto, leal e justo, demonstrando toda a integridade do seu caráter, escolhendo sempre, quando estiver diante de duas opções, a melhor e a mais vantajosa para o bem comum;

d) jamais retardar qualquer prestação de contas, condição essencial da gestão dos bens, direitos e serviços da coletividade a seu cargo;

e) tratar cuidadosamente os usuários dos serviços aperfeiçoando o processo de comunicação e contato com o público;

CÓDIGO DE ÉTICA PROFISSIONAL DO SERVIÇO PÚBLICO CIVIL DO PODER EXECUTIVO FEDERAL

f) ter consciência de que seu trabalho é regido por princípios éticos que se materializam na adequada prestação dos serviços públicos;

g) ser cortês, ter urbanidade, disponibilidade e atenção, respeitando a capacidade e as limitações individuais de todos os usuários do serviço público, sem qualquer espécie de preconceito ou distinção de raça, sexo, nacionalidade, cor, idade, religião, cunho político e posição social, abstendo-se, dessa forma, de causar-lhes dano moral;

h) ter respeito à hierarquia, porém sem nenhum temor de representar contra qualquer comprometimento indevido da estrutura em que se funda o Poder Estatal;

i) resistir a todas as pressões de superiores hierárquicos, de contratantes, interessados e outros que visem obter quaisquer favores, benesses ou vantagens indevidas em decorrência de ações imorais, ilegais ou aéticas e denunciá-las;

j) zelar, no exercício do direito de greve, pelas exigências específicas da defesa da vida e da segurança coletiva;

k) ser assíduo e frequente ao serviço, na certeza de que sua ausência provoca danos ao trabalho ordenado, refletindo negativamente em todo o sistema;

l) comunicar imediatamente a seus superiores todo e qualquer ato ou fato contrário ao interesse público, exigindo as providências cabíveis;

m) manter limpo e em perfeita ordem o local de trabalho, seguindo os métodos mais adequados à sua organização e distribuição;

n) participar dos movimentos e estudos que se relacionem com a melhoria do exercício de suas funções, tendo por escopo a realização do bem comum;

o) apresentar-se ao trabalho com vestimentas adequadas ao exercício da função;

p) manter-se atualizado com as instruções, as normas de serviço e a legislação pertinentes ao órgão onde exerce suas funções;

q) cumprir, de acordo com as normas do serviço e as instruções superiores, as tarefas de seu cargo ou função, tanto quanto possível, com critério, segurança e rapidez, mantendo tudo sempre em boa ordem;

r) facilitar a fiscalização de todos atos ou serviços por quem de direito;

s) exercer com estrita moderação as prerrogativas funcionais que lhe sejam atribuídas, abstendo-se de fazê-lo contrariamente aos legítimos interesses dos usuários do serviço público e dos jurisdicionados administrativos;

t) abster-se, de forma absoluta, de exercer sua função, poder ou autoridade com finalidade estranha ao interesse público, mesmo que observando as formalidades legais e não cometendo qualquer violação expressa à lei;

u) divulgar e informar a todos os integrantes da sua classe sobre a existência deste Código de Ética, estimulando o seu integral cumprimento.

Seção III – Das Vedações ao Servidor Público

XV – É vedado ao servidor público:

a) o uso do cargo ou função, facilidades, amizades, tempo, posição e influências, para obter qualquer favorecimento, para si ou para outrem;

b) prejudicar deliberadamente a reputação de outros servidores ou de cidadãos que deles dependam;

c) ser, em função de seu espírito de solidariedade, conivente com erro ou infração a este Código de Ética ou ao Código de Ética de sua profissão;

d) usar de artifícios para procrastinar ou dificultar o exercício regular de direito por qualquer pessoa, causando-lhe dano moral ou material;

e) deixar de utilizar os avanços técnicos e científicos ao seu alcance ou do seu conhecimento para atendimento do seu mister;

f) permitir que perseguições, simpatias, antipatias, caprichos, paixões ou interesses de ordem pessoal interfiram no trato com o público, com os jurisdicionados administrativos ou com colegas hierarquicamente superiores ou inferiores;

g) pleitear, solicitar, provocar, sugerir ou receber qualquer tipo de ajuda financeira, gratificação, prêmio, comissão, doação ou vantagem de qualquer espécie, para si, familiares ou qualquer pessoa, para o cumprimento da sua missão ou para influenciar outro servidor para o mesmo fim;

h) alterar ou deturpar o teor de documentos que deva encaminhar para providências;

i) iludir ou tentar iludir qualquer pessoa que necessite do atendimento em serviços públicos;

j) desviar servidor público para atendimento a interesse particular;

k) retirar da repartição pública, sem estar legalmente autorizado, qualquer documento, livro ou bem pertencente ao patrimônio público;

l) fazer uso de informações privilegiadas obtidas no âmbito interno de seu serviço, em benefício próprio, de parentes, de amigos ou de terceiros;

m) apresentar-se embriagado no serviço ou fora dele habitualmente;

n) dar o seu concurso a qualquer instituição que atente contra a moral, a honestidade ou a dignidade da pessoa humana;

o) exercer atividade profissional aética ou ligar o seu nome a empreendimentos de cunho duvidoso.

CAPÍTULO II – DAS COMISSÕES DE ÉTICA

XVI – Em todos os órgãos e entidades da Administração Pública Federal direta, indireta autárquica e fundacional, ou em qualquer órgão ou entidade que exerça atribuições delegadas pelo poder público, deverá ser criada uma Comissão de Ética, encarregada de orientar e aconselhar sobre a ética profissional do servidor, no tratamento com as pessoas e com o patrimônio público, competindo-lhe conhecer concretamente de imputação ou de procedimento susceptível de censura.

XVII – (Revogado pelo Decreto nº 6.029, de 2007)

XVIII – À Comissão de Ética incumbe fornecer, aos organismos encarregados da execução do quadro de carreira dos servidores, os registros sobre sua conduta ética, para o efeito de instruir e fundamentar promoções e para todos os demais procedimentos próprios da carreira do servidor público.

XIX – (Revogado pelo Decreto nº 6.029, de 2007)

XX – (Revogado pelo Decreto nº 6.029, de 2007)

XXI – (Revogado pelo Decreto nº 6.029, de 2007)

XXII – A pena aplicável ao servidor público pela Comissão de Ética é a de censura e sua fundamentação constará do respectivo parecer, assinado por todos os seus integrantes, com ciência do faltoso.

XXIII – (Revogado pelo Decreto nº 6.029, de 2007)

XXIV – Para fins de apuração do comprometimento ético, entende-se por servidor público todo aquele que, por força de lei, contrato ou de qualquer ato jurídico, preste serviços de natureza permanente, temporária ou excepcional, ainda que sem retribuição financeira, desde que ligado direta ou indiretamente a qualquer órgão do poder estatal, como as autarquias, as fundações públicas, as entidades paraestatais, as empresas públicas e as sociedades de economia mista, ou em qualquer setor onde prevaleça o interesse do Estado

XXV – (Revogado pelo Decreto nº 6.029, de 2007)

3 CÓDIGO DE CONDUTA DA ALTA ADMINISTRAÇÃO FEDERAL

(Alta Administração Pública)

O conteúdo do presente capítulo, em suma, diz respeito ao Código de Conduta da Alta Administração Federal ou também chamado Código de Conduta da Alta Administração Pública.

Os conteúdos mais relevantes que serão abordados ao longo deste capítulo são atinentes às finalidades do referido Código de Conduta, vedações às autoridades públicas a ele submetidas e processo de apuração de prática de ato em desrespeito ao preceituado no mencionado Código.

Código de Conduta da Alta Administração Federal

Art. 1º Fica instituído o Código de Conduta da Alta Administração Federal, com as seguintes finalidades:

I – tornar claras as regras éticas de conduta das autoridades da alta Administração Pública Federal, para que a sociedade possa aferir a integridade e a lisura do processo decisório governamental;

II – contribuir para o aperfeiçoamento dos padrões éticos da Administração Pública Federal, a partir do exemplo dado pelas autoridades de nível hierárquico superior;

III – preservar a imagem e a reputação do administrador público, cuja conduta esteja de acordo com as normas éticas estabelecidas neste Código;

IV – estabelecer regras básicas sobre conflitos de interesses públicos e privados e limitações às atividades profissionais posteriores ao exercício de cargo público;

V – minimizar a possibilidade de conflito entre o interesse privado e o dever funcional das autoridades públicas da Administração Pública Federal;

VI – criar mecanismo de consulta, destinado a possibilitar o prévio e pronto esclarecimento de dúvidas quanto à conduta ética do administrador.

Art. 2º As normas deste Código aplicam-se às seguintes autoridades públicas:

I – Ministros e Secretários de Estado;

II – titulares de cargos de natureza especial, secretários executivos, secretários ou autoridades equivalentes ocupantes de cargo do Grupo-Direção e Assessoramento Superiores – DAS, nível seis;

III – presidentes e diretores de agências nacionais, autarquias, inclusive as especiais, fundações mantidas pelo Poder Público, empresas públicas e sociedades de economia mista.

Art. 3º No exercício de suas funções, as autoridades públicas deverão pautar-se pelos padrões da ética, sobretudo no que diz respeito à integridade, à moralidade, à clareza de posições e ao decoro, com vistas a motivar o respeito e a confiança do público em geral.

Parágrafo único. Os padrões éticos de que trata este artigo são exigidos da autoridade pública na relação entre suas atividades públicas e privadas, de modo a prevenir eventuais conflitos de interesses.

Art. 4º (Revogado pelo Decreto nº 10.571/2020)

Art. 5º As alterações relevantes no patrimônio da autoridade pública deverão ser imediatamente comunicadas à CEP, especialmente quando se tratar de:

I – atos de gestão patrimonial que envolvam:

a) transferência de bens a cônjuge, ascendente, descendente ou parente na linha colateral;

b) aquisição, direta ou indireta, do controle de empresa;

c) outras alterações significativas ou relevantes no valor ou na natureza do patrimônio.

II – atos de gestão de bens, cujo valor possa ser substancialmente alterado por decisão ou política governamental.

§ 1º É vedado o investimento em bens cujo valor ou cotação possa ser afetado por decisão ou política governamental a respeito da qual a autoridade pública tenha informações privilegiadas, em razão do cargo ou função, inclusive investimentos de renda variável ou em commodities, contratos futuros e moedas para fim especulativo, excetuadas aplicações em modalidades de investimento que a CEP venha a especificar.

§ 2º Em caso de dúvida, a CEP poderá solicitar informações adicionais e esclarecimentos sobre alterações patrimoniais a ela comunicadas pela autoridade pública ou que, por qualquer outro meio, cheguem ao seu conhecimento.

§ 3º A autoridade pública poderá consultar previamente a CEP a respeito de ato específico de gestão de bens que pretenda realizar.

§ 4º A fim de preservar o caráter sigiloso das informações pertinentes à situação patrimonial da autoridade pública, as comunicações e consultas, após serem conferidas e respondidas, serão acondicionadas em envelope lacrado, que somente poderá ser aberto por determinação da Comissão.

Art. 6º A autoridade pública que mantiver participação superior a cinco por cento do capital de sociedade de economia mista, de instituição financeira, ou de empresa que negocie com o Poder Público, tornará público este fato.

Art. 7º A autoridade pública não poderá receber salário ou qualquer outra remuneração de fonte privada em desacordo com a lei, nem receber transporte, hospedagem ou quaisquer favores de particulares de forma a permitir situação que possa gerar dúvida sobre a sua probidade ou honorabilidade.

Parágrafo único. É permitida a participação em seminários, congressos e eventos semelhantes, desde que tornada pública eventual remuneração, bem como o pagamento das despesas de viagem pelo promotor do evento, o qual não poderá ter interesse em decisão a ser tomada pela autoridade.

Art. 8º É permitido à autoridade pública o exercício não remunerado de encargo de mandatário, desde que não implique a prática de atos de comércio ou quaisquer outros incompatíveis com o exercício do seu cargo ou função, nos termos da lei.

Art. 9º É vedada à autoridade pública a aceitação de presentes, salvo de autoridades estrangeiras nos casos protocolares em que houver reciprocidade.

Parágrafo único. Não se consideram presentes para os fins deste artigo os brindes que:

I – não tenham valor comercial; ou

II – distribuídos por entidades de qualquer natureza a título de cortesia, propaganda, divulgação habitual ou por ocasião de eventos especiais ou datas comemorativas, não ultrapassem o valor de R$ 100,00 (cem reais).

Art. 10 No relacionamento com outros órgãos e funcionários da Administração, a autoridade pública deverá esclarecer a existência de eventual conflito de interesses, bem como comunicar qualquer circunstância ou fato impeditivo de sua participação em decisão coletiva ou em órgão colegiado.

Art. 11 As divergências entre autoridades públicas serão resolvidas internamente, mediante coordenação administrativa, não lhes cabendo manifestar-se publicamente sobre matéria que não seja afeta a sua área de competência.

Art. 12 É vedado à autoridade pública opinar publicamente a respeito:

I – da honorabilidade e do desempenho funcional de outra autoridade pública federal;

II – do mérito de questão que lhe será submetida, para decisão individual ou em órgão colegiado.

Art. 12-A É vedado à autoridade pública divulgar, sem autorização do órgão competente da empresa estatal federal, informação que possa causar impacto na cotação dos títulos da referida empresa e em suas relações com o mercado ou com consumidores e fornecedores, à qual caberá: (Incluído pelo Decreto nº 10.478/2020)

I – resguardar o sigilo das informações relativas a ato ou fato relevante às quais tenha acesso privilegiado em razão do cargo, função ou emprego público que ocupe até a divulgação ao mercado; e (Incluído pelo Decreto nº 10.478/2020)

II – comunicar qualquer ato ou fato relevante de que tenha conhecimento ao Diretor de Relações com Investidores da empresa estatal federal, que promoverá sua divulgação, ou, na hipótese de omissão deste, à Comissão de Valores Mobiliários – CVM. (Incluído pelo Decreto nº 10.478/2020)

CÓDIGO DE CONDUTA DA ALTA ADMINISTRAÇÃO FEDERAL

Art. 12-B *Aplicam-se, também, às autoridades públicas abrangidas por este código ocupantes de cargos em órgãos estatutários de empresas públicas e de sociedades de economia mista as regras previstas no Código de Conduta e Integridade das respectivas empresas e sociedades, nos termos do disposto no § 1º do art. 9º da Lei nº 13.303, de 30 de junho de 2016. (Incluído pelo Decreto nº 10.478/2020)*

Art. 13 *As propostas de trabalho ou de negócio futuro no setor privado, bem como qualquer negociação que envolva conflito de interesses, deverão ser imediatamente informadas pela autoridade pública à CEP, independentemente da sua aceitação ou rejeição.*

Art. 14 *Após deixar o cargo, a autoridade pública não poderá:*

I – atuar em benefício ou em nome de pessoa física ou jurídica, inclusive sindicato ou associação de classe, em processo ou negócio do qual tenha participado, em razão do cargo;

II – Prestar consultoria à pessoa física ou jurídica, inclusive sindicato ou associação de classe, valendo-se de informações não divulgadas publicamente a respeito de programas ou políticas do órgão ou da entidade da Administração Pública Federal a que esteve vinculado ou com que tenha tido relacionamento direto e relevante nos seis meses anteriores ao término do exercício de função pública.

Art. 15 *Na ausência de lei dispondo sobre prazo diverso, será de quatro meses, contados da exoneração, o período de interdição para atividade incompatível com o cargo anteriormente exercido, obrigando-se a autoridade pública a observar, neste prazo, as seguintes regras:*

I – não aceitar cargo de administrador ou conselheiro, ou estabelecer vínculo profissional com pessoa física ou jurídica com a qual tenha mantido relacionamento oficial direto e relevante nos seis meses anteriores à exoneração;

II – não intervir, em benefício ou em nome de pessoa física ou jurídica, junto a órgão ou entidade da Administração Pública Federal com que tenha tido relacionamento oficial direto e relevante nos seis meses anteriores à exoneração.

Art. 16 *Para facilitar o cumprimento das normas previstas neste Código, a CEP informará à autoridade pública as obrigações decorrentes da aceitação de trabalho no setor privado após o seu desligamento do cargo ou função.*

Art. 17 *A violação das normas estipuladas neste Código acarretará, conforme sua gravidade, as seguintes providências:*

I – advertência, aplicável às autoridades no exercício do cargo;

II – censura ética, aplicável às autoridades que já tiverem deixado o cargo.

Parágrafo único. *As sanções previstas neste artigo serão aplicadas pela CEP, que, conforme o caso, poderá encaminhar sugestão de demissão à autoridade hierarquicamente superior.*

Art. 18 *O processo de apuração de prática de ato em desrespeito ao preceituado neste Código será instaurado pela CEP, de ofício ou em razão de denúncia fundamentada, desde que haja indícios suficientes.*

§ 1º A autoridade pública será oficiada para manifestar-se no prazo de cinco dias.

§ 2ª O eventual denunciante, a própria autoridade pública, bem assim a CEP, de ofício, poderão produzir prova documental.

§ 3º A CEP poderá promover as diligências que considerar necessárias, bem assim solicitar parecer de especialista quando julgar imprescindível.

§ 4ª Concluídas as diligências mencionadas no parágrafo anterior, a CEP oficiará a autoridade pública para nova manifestação, no prazo de três dias.

§ 5º Se a CEP concluir pela procedência da denúncia, adotará uma das penalidades previstas no artigo anterior, com comunicação ao denunciado e ao seu superior hierárquico.

Art. 19 *A CEP, se entender necessário, poderá fazer recomendações ou sugerir ao Presidente da República normas complementares, interpretativas e orientadoras das disposições deste Código, bem assim responderá às consultas formuladas por autoridades públicas sobre situações específicas.*

Este tópico é questionado normalmente com base na letra das disposições do Código de Conduta da Alta Administração Federal, no que tange a permissões e vedações a que se submetem as autoridades públicas federais.

DIREITO PENAL

1 TEORIA DA LEI PENAL

1.1 Introdução ao estudo do Direito Penal

A **infração penal** é um gênero que se divide em duas espécies: crimes (conduta mais gravosa) e contravenções penais (conduta de menor gravidade). Essa divisão é chamada de dicotômica. A diferença básica incide sobre as penas aplicáveis aos infratores: enquanto o crime é punível com pena de reclusão e detenção, as contravenções penais implicam em prisão simples e multa, que pode ser aplicada de forma cumulativa ou não.

Para que a conduta seja definida como crime, tem de estar tipificada (escrita) em alguma norma penal. Não somente o próprio Código Penal as descreve, mas também as leis complementares penais ou leis especiais, ex.: Lei nº 10.826/2003 (Estatuto do Desarmamento), Lei nº 9.455/1997 (Lei de Tortura), entre outras. Por conseguinte, o Decreto-lei nº 3.688/1941 prevê as contravenções penais, que também são conhecidas como crime anão ou delito liliputiano, visto seu reduzido potencial ofensivo. Como essa espécie de infração não é o objetivo do estudo, não convém aprofundar o assunto, basta apenas ressaltar que contravenção penal não admite tentativa. No entanto, no crime, a modalidade tentada é punível, desde que exista previsão legal (Código Penal).

▷ Para configurar infração penal, são necessários alguns pressupostos:
- Deve ser uma **conduta humana**, ou seja, o simples ataque de um animal não configura crime, porém, caso ele seja instigado por uma pessoa, o animal passa a ser um mero objeto utilizado na prática da conduta do agressor.
- Deve ser uma **ação consciente**, possível de ser prevista pelo agente. Quando a conduta do agente se der com imprudência, negligência ou imperícia, responderá de forma **culposa**. Entretanto, se realmente houver intenção, ou seja, se a conduta do indivíduo for motivada por desejo ou propósito específico, tem-se a conduta **dolosa**.
- Necessita ser **voluntária**. Caso o agente, por exemplo, venha a agredir alguém por conta de um espasmo muscular, essa conduta é tida como involuntária.

▷ A infração penal sempre gera um resultado que pode ser:
- **Naturalístico:** quando ocorre efetivamente a lesão de um bem jurídico tutelado. Por exemplo, no crime de homicídio, o resultado naturalístico ocorre com a interrupção da vida da vítima, pois a conduta modificou o mundo exterior, tanto do *de cujus* (falecido) como de seus familiares.
- **Jurídico:** ocorre quando a lesão não se consuma. Utilizando o mesmo exemplo apresentado anteriormente, ocorreria caso o agressor não tivesse êxito na sua conduta. Ele responderia pela tentativa de homicídio, desde que não tivesse causado lesão corporal. Convém ressaltar que, embora o agente não obtenha êxito no resultado pretendido, o Código Penal sempre punirá por aquilo que o agente queria fazer (elemento subjetivo), contudo, nesse caso, gerou apenas um resultado jurídico.

> **Fique ligado**
> Todo crime gera um resultado, porém nem todo crime gera um resultado naturalístico (lesão).

1.2 Teoria do crime

Sendo o crime (delito) espécie da infração penal, possui uma nova divisão. Nesse caso, existem diversas correntes doutrinárias que definem esse conceito, entretanto, adotaremos a majoritária, a qual vigora no Direito Penal brasileiro, classificada como Teoria Finalista Tripartida ou Tripartite.

▷ Crime delito:

> Fato típico (está escrito, definido como crime)
>
> +
>
> Ilícito (antijurídico, contrário à lei)
>
> +
>
> Culpável (culpabilidade)

1.2.1 Conceito de crime no Direito Penal brasileiro

▷ **Fato típico:** para ser considerado fato típico, é fundamental que a conduta esteja tipificada, ou seja, escrita em alguma norma penal. Não obstante, é necessário que exista:
- **Conduta:** é a ação do agente, seja ela culposa (descuidada) ou dolosa, intencional; comissiva (ação) ou omissiva (deixar de fazer).
- **Resultado:** naturalístico (modificação provocada no mundo exterior pela conduta) ou jurídico (quando não houver resultado jurídico, não há crime).
- **Nexo causal:** é o elo entre a ação e o resultado, ou seja, se o resultado foi provocado diretamente pela ação do agente, há nexo causal.
- **Tipicidade:** a conduta tem de ser considerada crime e deve estar tipificada, ou seja, escrita na norma penal.

▷ **Ilícito (antijurídico):** a ação do agente tem de ser ilícita, pois nosso ordenamento jurídico prevê legalidade em determinadas situações que, mesmo sendo antijurídicas, serão permissivas. São as chamadas excludentes de ilicitude ou de antijuridicidade, sendo elas: legítima defesa, estado de necessidade, estrito cumprimento do dever legal ou exercício regular de um direito.

> **Fique ligado**
> Caso não existam alguns desses elementos na conduta, pode-se dizer que o fato é atípico.

▷ **Culpável (culpabilidade):** é o juízo de reprovação que recai na conduta típica e ilícita. Em alguns casos, mesmo o agente cometendo um fato típico e ilícito, ele não poderá ser culpável, ou seja, não poderá receber uma sanção penal, pois incidirá nas excludentes de culpabilidade. A mais conhecida é a inimputabilidade em razão da idade, ou seja, é o agente menor de 18 anos em conflito com a lei, o qual não comete crime, mas ato infracional análogo aos delitos previstos no Código Penal. É quando, no momento da ação ou da omissão, o agente é totalmente incapaz de entender o caráter ilícito do fato ou de determinar-se de acordo com esse entendimento. Ainda dentro dessa espécie, haverá três desdobramentos: imputabilidade, potencial consciência da ilicitude e exigibilidade de conduta diversa.

Para que o crime ocorra, é necessário preencher todos os requisitos anteriores. Caso haja exclusão de alguns dos elementos do fato típico ou se não for ilícito/antijurídico, tem-se a exclusão do crime. Caso não possa ser culpável, o agente será **isento** de pena.

Pode ocorrer de o agente cometer um fato descrito como crime – matar alguém – e esse fato não ser considerado crime. Ex.: quem mata em legítima defesa comete um fato típico, ou seja, escrito e definido como crime. Contudo, esse fato não é ilícito, pois a própria lei autoriza o sujeito a matar em certos casos pré-definidos.

Pode ocorrer também de o agente cometer um fato definido como crime, ou seja, fato típico – escrito e definido no Código Penal – e ilícito, o ordenamento jurídico não autorizar aquela conduta, e mesmo assim ficar **isento de pena**. Assim, pode o sujeito cometer um crime e não ter pena. Ex.: quem é obrigado a cometer um crime, uma pessoa encosta a arma carregada na cabeça de outra e diz que, se ela não cometer tal crime, morrerá.

1.2.2 Princípio da legalidade (anterioridade – reserva legal)

Art. 1º, CP Não há crime sem lei anterior que o defina. Não há pena sem prévia cominação legal.

Somente haverá crime quando existir perfeita correspondência entre a conduta praticada e a previsão legal (Reserva Legal), que não pode ser vaga, ou seja, deve ser específica. Exige-se que a lei esteja em vigor no momento da prática da infração penal (Anterioridade). O fundamento constitucional é o art. 5º, inciso XXXIX.

Art. 5º, XXXIX, CF/1988 não há crime sem lei anterior que o defina, nem pena sem prévia cominação legal;

▷ Princípio: *nullum crimen, nulla poena sine praevia lege* (não há crime nem pena sem lei prévia).

As normas penais incriminadoras não são proibitivas, mas descritivas. Ex.: o art. 121 dispõe que matar alguém, no Código Penal, não é proibitivo, ou seja, não descreve "não matar". O tipo penal prevê uma conduta, que, se cometida, possuirá uma sanção (punição).

A analogia no Direito Penal só é aceita para beneficiar o agente. Ex.: no antigo ordenamento jurídico, só era permitido realizar o aborto em decorrência do estupro, entretanto, a norma penal não abrangia o caso de atentado violento ao pudor (qualquer outro contato íntimo que não seja relação sexual vaginal). Caso a mulher viesse a engravidar em decorrência disso, realizava-se a analogia *in bonam partem*, permitindo também, nesse caso, o aborto. Contudo, cabe destacar que, atualmente, não há mais previsão do crime de atentado violento ao pudor no Código Penal, visto que hoje a conduta é tipificada no delito de estupro.

> **Fique ligado**
> Medida provisória não pode dispor sobre matéria penal, criar crimes e cominar penas, art. 62, § 1º, I, "b", da Constituição Federal de 1988, somente lei ordinária.

▷ Analogia no Direito Penal:
- *In malan partem* (prejudicar): não é aceita.
- *In bonam partem* (beneficiar): aceita.

Normas penais em branco são aquelas que precisam ser complementadas para que analisemos o caso concreto. Ex.: a vigente Lei nº 11.343/2006 (Lei de Drogas) dispõe sobre diversas condutas ilícitas, entretanto, o que é droga? Para constatar se determinada substância é droga ou não, o tipo penal deve ser complementado pela Portaria nº 344/1998 da Agência Nacional de Vigilância Sanitária (Anvisa), em que todas as substâncias que estiverem descritas serão consideradas como droga.

> **Fique ligado**
> O princípio da reserva legal admite o uso de normas penais em branco.

A **analogia penal** é diferente de **interpretação analógica**. Nessa situação, a conduta do agente é analisada dentro da própria norma penal, ou seja, é observado a forma como a conduta foi praticada, quais os meios utilizados. Assim, a interpretação analógica sempre será possível, ainda que mais gravosa para o agente.

Art. 121, CP Matar alguém:
Pena – Reclusão, de seis a vinte anos. [...]
§ 2º Se o homicídio é cometido: [...]
III – Com emprego de veneno, fogo, explosivo, asfixia, tortura ou outro meio insidioso ou cruel, ou de que possa resultar perigo comum; [...]
Pena – Reclusão, de doze a trinta anos.

Nessa situação, caso o agente tenha cometido o homicídio utilizando de alguma das formas expostas no inciso III, ocorrerá a aplicação de uma pena mais gravosa, visto que a conduta qualifica o crime.

1.3 Interpretação da lei penal

A matéria **interpretação da lei penal** passou a ser abordada com mais frequência pelos editais de concursos públicos. No entanto, quando cobrada, não costuma gerar muita dificuldade. Isso porque, geralmente, a banca examinadora aborda uma espécie de interpretação e questiona o seu significado na questão.

A interpretação da lei penal consiste em buscar o significado e a extensão da letra da lei em relação à realidade e à vontade do legislador. Assim, a interpretação da lei penal se divide em relação ao sujeito, ao modo e ao resultado.

1.3.1 Quanto ao sujeito

Autêntica ou legislativa

É aquela realizada pelo mesmo órgão da qual emana, podendo vir no próprio texto legislativo ou em lei posterior. Ex.: conceito de funcionário público previsto no art. 327 do CP.

Art. 327, CP Considera-se funcionário público, para os efeitos penais, quem, embora transitoriamente ou sem remuneração, exerce cargo, emprego ou função pública.

Doutrina

É aquela realizada pelos doutrinadores – estudiosos do Direito Penal – normalmente encontrada em livros, artigos e documentos. Ex.: Código Penal comentado.

Jurisprudencial ou judicial

É aquela realizada pelo Poder Judiciário na aplicação do caso concreto, na busca pela vontade da lei. É a análise das decisões reiteradas sobre determinado assunto legal. Ex.: súmulas do Tribunais Superiores e súmulas vinculantes.

1.3.2 Quanto ao modo

Literal ou gramatical

É aquela que busca o sentido literal das palavras.

Teleológica

É aquela que busca compreender a intenção ou a vontade da lei.

Histórica

É aquela que busca compreender o sentido da lei por meio da análise de momento e contexto histórico em que foi editada.

Sistemática

É aquela que analisa o sentido da lei em conjunto com todo o ordenamento jurídico (as legislações em vigor, os princípios gerais de Direito, a doutrina e a jurisprudencial).

Progressiva

É aquela que busca adaptar a lei aos progressos obtidos pela sociedade.

1.3.3 Quanto ao resultado

Declarativa

É aquela em que se encontra a perfeita correspondência entre a letra da lei e a intenção do legislador.

Restritiva

É aquela em que se restringe o alcance da letra da lei para que corresponda à real intenção do legislador. A lei diz mais do que deveria dizer.

Extensiva

É aquela em que se amplia o alcance da letra da lei para que corresponda à real intenção do legislador. A lei diz menos do que deveria dizer.

Analógica

É aquela em que a lei penal permite a ampliação de seu conteúdo por meio da utilização de uma expressão genérica ou aberta pelo legislador. Ex.:

> *Art. 121, § 2º, III, CP* Homicídio qualificado por emprego de veneno, fogo, explosivo, asfixia, tortura ou outro meio insidioso ou cruel, ou de que possa resultar perigo comum.

1.4 Conflito aparente de normas penais

Fala-se em conflito aparente de normas penais quando duas ou mais normas aparentemente parecem reger o mesmo tema. Na prática, uma conduta pode se enquadrar em mais de um tipo penal, mas isso é tão somente aparente, pois os princípios do Direito Penal resolvem esse fato. São eles:

▷ Princípio da especialidade;
▷ Princípio da subsidiariedade;
▷ Princípio da consunção;
▷ Princípio da alternatividade.

1.4.1 Princípio da especialidade

A regra, nesse caso, é que a norma especial prevalecerá sobre a norma geral. Dessa forma, a norma no tipo penal incriminador é mais completa que a prevista na norma geral.

Isso ocorre, por exemplo, no crime de homicídio e infanticídio. O crime de infanticídio possui, em sua elementar, dados complementares que o tornam mais especial – completo – que a norma geral. Repare nas elementares do art. 123 do CP:

▷ Matar o próprio filho;
▷ Logo após o parto;
▷ Sob o estado puerperal.

Esses são dados que, se presentes, tornam a conduta de matar alguém um crime específico, diferente do homicídio. Logo, o art. 123 (infanticídio) é considerado especial em relação ao art. 121 (homicídio), que pode ser entendido, nesse caso, como uma conduta genérica.

1.4.2 Princípio da subsidiariedade

Esse princípio é utilizado sempre que a norma principal mais grave não puder ser utilizada. Nesse caso, usamos a norma subsidiária menos gravosa.

A subsidiariedade pode ser expressa ou tácita. Será expressa sempre que o próprio artigo de lei assim determinar. Um bom exemplo é o art. 239, que trata da simulação de casamento. O tipo penal prevê pena de detenção, de 1 a 3 anos, se o fato não constituir elemento de crime mais grave. Assim, caso não tenha ocorrido crime mais grave, será aplicada a pena expressa em lei. Porém, se ocorrer crime mais grave, deve ser aplicado somente esse, ficando atípico o fato menos grave.

A subsidiariedade tácita ocorre quando não há expressa referência na lei, mas se um fato mais grave ocorrer, a norma subsidiária ficará afastada. Isso ocorre, por exemplo, no crime do art. 311 do Código de Trânsito Brasileiro (CTB). O artigo expressa a proibição da conduta de trafegar em velocidade incompatível com a segurança nas proximidades de escolas, hospitais, estações de embarques e desembarques de passageiros, logradouros estreitos ou onde houver grande movimentação ou concentração de pessoas, gerando perigo de dano.

Contudo, se o agente estiver conduzindo nessas condições e acabar por atropelar e matar alguém, responderá pelo crime do art. 302 do CTB, que descreve a figura do homicídio culposo na direção de veículo automotor. Assim, esse crime – mais grave – afastará aquele crime de perigo.

1.4.3 Princípio da consunção

Esse princípio pode ocorrer quando um crime "meio" é necessário ou durante a fase normal de preparação para outro crime. Ex.: o crime de lesão corporal fica absorvido pelo crime de homicídio, ou mesmo o crime de invasão de domicílio que fica absorvido pelo crime de furto.

Não estamos falando em norma especial ou geral, mas no crime mais grave que absorveu o crime menos grave, que simplesmente foi um meio necessário para a execução da conduta mais gravosa.

Ocorre também o princípio da consunção quando, por exemplo, o agente falsifica um documento com o intuito de cometer o crime de estelionato. Como o crime de falsificação é o meio necessário para o crime de estelionato, funcionando como a elementar fraude, fica por esse absorvido.

Nesse sentido, o Superior Tribunal de Justiça (STJ) editou a Súmula nº 17, que diz o seguinte:

> *Súmula nº 17 – STJ* Quando o falso se exaure no estelionato, sem mais potencialidade lesiva, é por este absorvido.

Outro ponto importante é quando se trata do assunto de crime progressivo e progressão criminosa. No **crime progressivo**, o agente tem um fim específico mais grave, contudo, necessariamente deve passar por fases anteriores menos graves. No final das contas, o crime progressivo é um meio para um fim. Isso ocorre no caso do dolo de matar, em que o agente obrigatoriamente tem de ferir a vítima antes, causando lesões corporais.

Aqui, tem-se a aplicação do princípio da consunção. Por outro lado, a progressão criminosa ocorre quando o dolo inicial é menos grave e, no decorrer da conduta, o agente muda sua intenção para uma conduta mais grave (repare que há dois dolos). Tem-se como exemplo do agente que inicia a conduta com o dolo de lesionar e desfere socos na vítima; contudo, no decorrer da ação, muda de intenção lhe desfere golpes de faca, causando o resultado morte. Veja que há duas intenções, contudo, o Código Penal punirá o agente somente pelo crime mais grave. Assim, no caso exemplificado, também se aplica o princípio da consunção.

No entanto, pode ocorrer progressão criminosa com a incidência do concurso material, ou seja, aplicação de mais de um crime. Isso ocorre, por exemplo, no crime de roubo em que o agente, no meio da conduta, resolve estuprar a vítima, ou seja, tem-se a progressão criminosa com dois dolos, em que o agente responderá por dois crimes diversos.

1.4.4 Princípio da alternatividade

Esse princípio é aplicado nos chamados crimes de ação múltipla ou de conteúdo variado. Tem-se como exemplo o art. 33 da Lei nº 11.343/2006:

> **Art. 33, Lei nº 11.343/2006** *Importar, exportar, remeter, preparar, produzir, fabricar, adquirir, vender, expor à venda, oferecer, ter em depósito, transportar, trazer consigo, guardar, prescrever, ministrar, entregar a consumo ou fornecer drogas, ainda que gratuitamente, sem autorização ou em desacordo com determinação legal ou regulamentar:*
> *Pena – Reclusão de 5 (cinco) a 15 (quinze) anos e pagamento de 500 (quinhentos) a 1.500 (mil e quinhentos) dias-multa.*

Assim, pode-se afirmar que, se o agente tiver um depósito e vender a droga, não responderá por dois crimes, mas somente por crime único. Isso ocorre porque qualquer ação nuclear do tipo representa o mesmo crime. Na prática, não há concurso material, respondendo o agente por uma pena somente.

> **Fique ligado**
> Costume **não** revoga nem altera lei.

Pode-se dizer que há três princípios intrínsecos no art. 1º do Código Penal: da legalidade, da anterioridade e da reserva legal. É importante ressaltar que apenas a lei ordinária pode versar sobre matéria penal, tanto para criá-las quanto para extingui-las.

Não obstante, convém ressaltar os preceitos existentes nos tipos penais. Ex.: art. 121, do Código Penal - matar alguém -, cuja pena é de 6 a 20 anos. O preceito primário seria a conduta do agente - matar alguém - e o preceito secundário seria a cominação da pena de 6 a 20 anos. Para ser considerado crime, é fundamental que existam os dois preceitos.

1.5 Lei penal no tempo

> **Art. 2º, CP** *Ninguém pode ser punido por fato que lei posterior deixa de considerar crime, cessado em virtude dela a execução e os efeitos penais da sentença condenatória.*
>
> **Parágrafo único.** *A Lei posterior, que de qualquer forma modo favorecer o agente, aplica-se aos fatos anteriores, ainda que decididos por sentença transitada em julgado.*

1.5.1 Conflito temporal

Regra: irretroatividade da lei.

Exceção: retroatividade para beneficiar o réu.

1.5.2 Retroatividade da lei

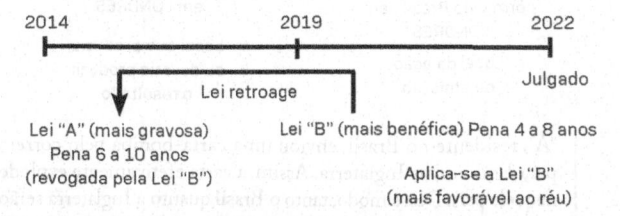

2014 — 2019 — 2022
Lei retroage | Julgado
Lei "A" (mais gravosa) Pena 6 a 10 anos (revogada pela Lei "B") | Lei "B" (mais benéfica) Pena 4 a 8 anos | Aplica-se a Lei "B" (mais favorável ao réu)

Em regra, o Código Penal sempre adota a lei vigente ("A") no momento da ação ou omissão do agente. Assim, se um crime for cometido nessa época, o agente responderá pelo fato descrito no tipo penal. Contudo, por vezes, o processo estende-se no tempo, e o julgamento do agente demora a acontecer. Nesse lapso temporal, caso sobrevenha uma nova lei ("B"), que torne mais branda a sanção aplicada, esta retroagirá ao tempo do fato, beneficiando o réu.

1.5.3 Ultratividade da lei

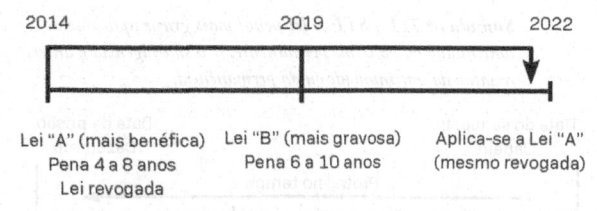

2014 — 2019 — 2022
Lei "A" (mais benéfica) Pena 4 a 8 anos Lei revogada | Lei "B" (mais gravosa) Pena 6 a 10 anos | Aplica-se a Lei "A" (mesmo revogada)

▷ Lei "A" (mais benéfica). Pena de 4 a 8 anos. Lei revogada.
▷ Lei "B" (mais gravosa). Pena de 6 a 10 anos.
▷ Aplica-se a Lei "A" (mesmo revogada).

Não obstante a regra da irretroatividade, pode ocorrer a chamada ultratividade de lei mais benéfica. Seria o caso que, no momento da ação, vigorava a lei "A", entretanto, no decorrer do processo, entrou em vigência nova lei "B", revogando a Lei "A", tornando mais gravosa a conduta anteriormente praticada pelo agente.

Assim, no momento do julgamento, ocorrerá a ultratividade da lei, ou seja, a lei "A", mesmo não estando mais em vigor, ultra-agirá ao momento do julgamento para beneficiar o réu, por ser menos gravosa a punição que o agente receberá.

1.5.4 *Abolitio criminis* (abolição do crime)

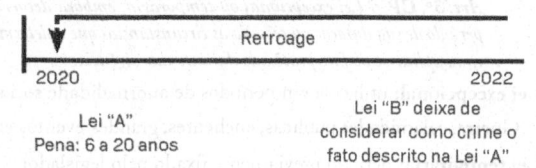

Retroage
2020 — 2022
Lei "A" Pena: 6 a 20 anos | Lei "B" deixa de considerar como crime o fato descrito na Lei "A"

▷ Lei "A". Pena de 6 a 20 anos.
▷ Lei "B" deixa de considerar como crime o fato descrito na Lei "A".

Consequências:
▷ Tranca e extingue o inquérito policial e a ação penal;
▷ Cassa imediatamente a execução de todos os efeitos penais;
▷ Não alcança os efeitos civis da condenação.

Em relação à *abolitio criminis*, ocorre o seguinte fato: quando uma conduta que antes era tipificada como crime pelo Código Penal deixa de existir, ou seja, passa a não ser mais considerada crime, dizemos que ocorreu a abolição do crime. Diante disso, cessam imediatamente todos os efeitos penais que incidiam sobre o agente: tranca e extingue o inquérito policial. Caso o acusado esteja preso, deve ser posto em liberdade. Entretanto, não extingue os efeitos civis, ou seja, caso o agente tenha sido impelido em ressarcir a vítima da sua conduta mediante o pagamento de multa, essa ainda assim deverá ser paga.

É importante ressaltar que a lei que beneficia o réu não se trata de uma faculdade do juiz, mas de um dever que deve ser adotado em benefício do acusado.

1.6 Crimes permanentes ou continuados

Nos crimes permanentes, ou seja, naqueles em que a consumação se prolonga no tempo, aplica-se ao fato a lei que estiver em vigência quando cessada a atividade, mesmo que mais grave (severa) que a lei em vigência quando da prática do primeiro ato executório. O crime se perpetua no tempo, enquanto não cessada a permanência. É o que ocorre, por exemplo, com o crime de sequestro e cárcere privado. Assim, será aplicada a lei que estiver em vigência quando da libertação da vítima. Observa-se, então, o momento em que cessa a permanência, para daí se

TEORIA DA LEI PENAL

determinar qual é a norma a ser aplicada. É o que estabelece a Súmula nº 711 do Supremo Tribunal Federal (STF).

> *Súmula nº 711 – STF A lei penal mais grave aplica-se ao crime continuado ou ao crime permanente, se a sua vigência é anterior à cessação da continuidade ou da permanência.*

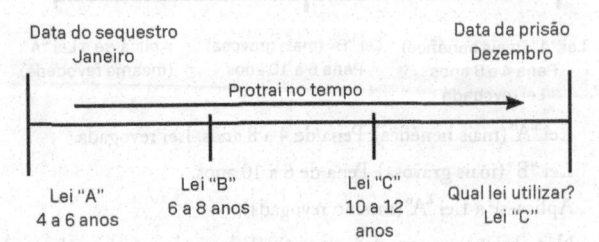

```
Data do sequestro                                Data da prisão
Janeiro                                          Dezembro
    |————————— Protrai no tempo —————————→
    |              |              |              |
  Lei "A"       Lei "B"        Lei "C"      Qual lei utilizar?
 4 a 6 anos   6 a 8 anos      10 a 12           Lei "C"
                                anos
```

O sequestro é um crime que se protrai no tempo, ou seja, a todo instante ele está se consumando; qualquer que seja o momento da prisão, o agente estará em flagrante. Assim, nos casos de crimes permanentes ou continuados, aplica-se a pena quando cessar a conduta do agente, ainda que mais grave ou mais branda. Independe, nessa circunstância, a quantificação da pena, isto é, a lei vigente será considerada no momento que cessou a conduta do agente ou a privação de liberdade da vítima, com a prisão dos acusados.

1.7 Lei excepcional ou temporária

> *Art. 3º, CP A Lei excepcional ou temporária, embora decorrido o período de sua duração ou cessada as circunstâncias que a determinaram, aplica-se ao fato praticado durante sua vigência.*

▷ **Lei excepcional:** utilizada em períodos de anormalidade social.
   | Guerra, calamidades públicas, enchentes, grandes eventos etc.
▷ **Lei temporária:** período previamente fixado pelo legislador.

Lei que configura o crime de pescar em certa época do ano (Piracema). Após lapso de tempo previamente determinado, a lei deixa de considerar tal conduta como crime.

De 2005 a 2006, o fato "A" era considerado crime. Aqueles que infringiram a lei responderam posteriormente, mesmo o fato não sendo considerado mais crime.

Só ocorre retroatividade se a lei posterior expressamente determinar.

É importante ressaltar que são leis excepcionais e temporárias, ou seja, a lei vigorará por determinado tempo. Após o prazo determinado, tal conduta não será mais considerada crime. Entretanto, durante a sua vigência, todos aqueles que cometerem o fato tipificado em tais normas, mesmo encerrada sua vigência, serão punidos.

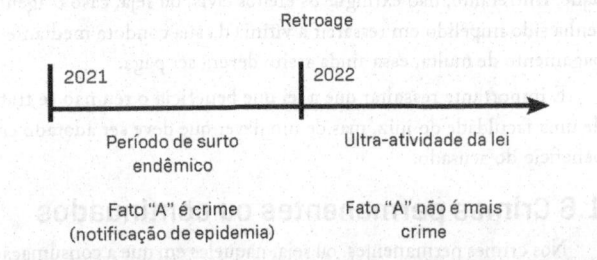

```
              Retroage
    |—————————————————————————→
    |                    |
   2021                 2022

  Período de surto    Ultra-atividade da lei
    endêmico

  Fato "A" é crime     Fato "A" não é mais
 (notificação de epidemia)   crime
```

> **Fique ligado**
> Não existe *abolitio criminis* de lei temporária ou excepcional.

1.8 Tempo do crime

> *Art. 4º, CP Considera-se praticado o crime no momento da ação ou omissão, ainda que outro seja o momento do resultado.*

▷ **Teoria da atividade:** o crime reputa-se praticado no momento da conduta (momento da execução).

> **Fique ligado**
> A imputabilidade do agente deve ser aferida quando o crime é praticado.

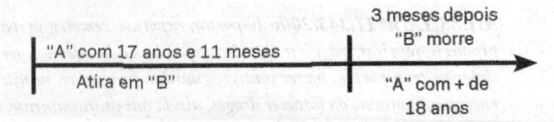

```
"A" com 17 anos e 11 meses        3 meses depois
                                    "B" morre
     Atira em "B"                 "A" com + de
                                    18 anos
```

Esse princípio traz o momento da ação do crime, ou seja, independentemente do resultado, para aplicação da lei penal, é considerado o momento exato da prática delituosa, seja ela comissiva (ação) ou omissiva (omissão). Ex.: o menor "A" comete disparos de arma de fogo contra "B", vindo a feri-lo. Entretanto, devido às lesões causadas pelos disparos, três meses depois do fato, "B" vem a falecer. Nessa época, mesmo "A" tendo completado sua maioridade penal (18 anos), ainda assim não poderá ser punido, pois, quando praticou a conduta (disparos contra "B") era inimputável.

Devemos, contudo, ficar atentos aos crimes permanentes e continuados. É o caso do sequestro, por exemplo, em que o crime se consuma a todo instante em que houver a privação de liberdade da vítima.

```
"A" com 17 anos e 11 meses        3 meses depois
     Sequestra "B"                Preso com 18
                ↓                     anos
           Crime de
           sequestro
```

No exemplo em questão, "A" não será mais inimputável, pois, no momento de sua prisão, já completou 18 anos, não sendo considerado o momento em que se iniciou a ação, mas, sim, quando cessou.

1.9 Lugar do crime

> *Art. 6º, CP Considera-se praticado o crime no lugar em que ocorreu a ação ou omissão, no todo ou em parte, bem como onde se produziu ou deveria produzir-se o resultado.*

▷ **Teoria da ubiquidade:** utilizada no caso de um crime ser praticado em território nacional e o resultado ser produzido no estrangeiro. O foro competente será tanto o lugar da ação ou omissão quanto o local em que produziu ou deveria produzir-se o resultado.

```
Ambos os lugares são competentes para jugar o processo
    |—————————————————————————→
    |                           |
 "A", manda uma            A carta explode
 carta bomba pelo          efetivamente
 correio do Brasil para    em LONDRES.
     LONDRES.

  Local da ação            Local que produziu
  ou omissão               ou deveria produzir
                           o resultado
```

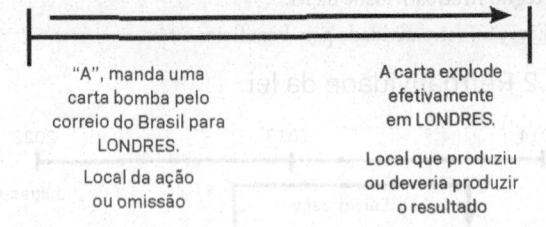

"A", residente no Brasil, enviou uma carta-bomba pelo correio para Londres, na Inglaterra. Assim, a carta efetivamente explode naquele país. Desse modo, tanto o Brasil quanto a Inglaterra serão competentes para julgar "A". Não se aplica a teoria do "resultado".

> **Fique ligado**
> Não confundir os artigos:
> - Lugar/ubiquidade: art. 6º;
> - Tempo/atividade: art. 4º.

DIREITO PENAL

1.10 Lei penal no espaço

▷ Código Penal (CP):
- Territorialidade (art. 5º);
- Extraterritorialidade (art. 7º).

▷ Código Processual Penal (CPP): regras específicas.

A territorialidade refere-se à aplicação da lei penal dentro do próprio Estado que a editou. Dessa forma, quando se aplica a lei brasileira em território nacional, utiliza-se o conceito de territorialidade.

A territorialidade é tratada no art. 5º do CP:

> **Art. 5º, CP** Aplica-se a lei brasileira, sem prejuízo de convenções, tratados e regras de Direito Internacional, ao crime cometido no território nacional.

1.10.1 Territorialidade

Antes de iniciar o estudo deste tópico, tenha em mente que estudaremos a Lei Penal e não a Lei Processual Penal, que segue outra regra específica. Aqui, trataremos de como se comporta a lei penal brasileira quando ocorrerem crimes no exterior, ou seja, a extraterritorialidade da lei penal. Portanto, a extraterritorialidade abrange apenas a lei penal, excluindo-se a lei processual pena

1.10.2 Território nacional próprio

▷ Lei brasileira:
- Sem prejuízo;
- Convenções, tratados e regras internacionais;
- Imunidades.

> **Art. 5º, § 1º, CP** Para os efeitos penais, consideram-se como extensão do território nacional as embarcações e aeronaves brasileiras, de natureza pública ou a serviço do governo brasileiro onde quer que se encontrem, bem como as aeronaves e as embarcações brasileiras, mercantes ou de propriedade privada, que se achem, respectivamente, no espaço aéreo correspondente ou em alto-mar.

Considera-se como território nacional:
- Embarcação ou aeronave brasileira pública (em qualquer lugar);
- Embarcação ou aeronave brasileira privada a serviço do Estado brasileiro (em qualquer lugar);
- Embarcação ou aeronave brasileira mercante ou privada, desde que não esteja em território alheio.

A extraterritorialidade é tratada no art. 7º, CP.

1.10.3 Território nacional

Território nacional é o espaço onde determinado Estado possui sua soberania.

Os elementos que constituem um Estado soberano são:
▷ Território;
▷ Povo;
▷ Soberania – governo autônomo e independente.

Considera-se como território nacional as limitações geográficas do país, incluindo o mar territorial, que representa a extensão de 12 milhas do mar a contar da costa, sempre na maré baixa. O Código Penal considera também como território nacional o espaço aéreo respectivo e o espaço aéreo correspondente ao território nacional. Esse sempre deve ser considerado como território próprio.

É preciso considerar também como território nacional o chamado território por extensão, assimilação ou impróprio, que é descrito no § 1º do art. 5º do Código Penal.

> **Art. 5º, CP** [...]
> § 1º Para os efeitos penais, consideram-se como extensão do território nacional as embarcações e aeronaves brasileiras, de natureza pública ou a serviço do governo brasileiro, onde quer que se encontrem, bem como as aeronaves e as embarcações brasileiras, mercantes ou de natureza privada, que se achem, respectivamente no espaço aéreo correspondente ou em alto mar.
>
> § 2º É também aplicável a lei brasileira aos crimes praticados a bordo de aeronaves ou embarcações estrangeiras, de propriedade privada, achando-se aquelas em pouso no território nacional ou em voo no espaço aéreo correspondente, e estas em porto ou mar territorial do Brasil.

A lei penal aplica-se em todo o território nacional próprio ou por assimilação. Por esse princípio, aplica-se aos nacionais ou estrangeiros (mesmo que irregulares) a lei penal brasileira. Contudo, em alguns casos, mesmo o fato sendo praticado no Brasil, não se aplica a lei penal. Isso se dá em razão de convenções, tratados e regras de Direito Internacional em que o Brasil desiste de punir a conduta, ou seja, nesses casos não se aplicará a lei brasileira.

Dessa forma, o princípio da territorialidade da lei penal é mitigado, isto é, não é adotado de forma absoluta e, sim, temperada. Por esse motivo denomina-se princípio da territorialidade temperada.

Pode-se citar como exemplo as imunidades diplomáticas e consulares concedidas aos diplomatas e aos cônsules que exercem suas atividades no Brasil, por meio de adesão do Brasil às convenções de Viena (1961 e 1963).

Quando se fala em território nacional, obrigatoriamente devem ser analisadas algumas regras: todas as embarcações ou aeronaves brasileiras de natureza pública, onde quer que se encontrem, são consideradas extensão do território nacional.

Embarcações e aeronaves de natureza privada serão consideradas extensão do território nacional quando estiverem, respectivamente, em alto mar, no mar territorial brasileiro ou no espaço aéreo correspondente.

> **Fique ligado**
>
> As embarcações e aeronaves de natureza privada que não estiverem a serviço do Brasil somente responderão pela lei brasileira se estiverem em território nacional.

Um navio brasileiro privado que se encontre no mar territorial da Argentina se submeterá às leis penais argentinas, ou seja, caso um brasileiro mate alguém naquele local, a lei a ser aplicada é a lei penal argentina, pois o navio não está a serviço do Brasil. Por outro lado, se o navio estiver em alto mar ("terra de ninguém"; aplica-se o princípio do pavilhão ou da bandeira) e ostentar a bandeira brasileira e lá um tripulante matar o outro, a competência é da lei brasileira.

A mesma regra aplica-se às aeronaves. Outra questão interessante é o caso de uma aeronave a serviço do Brasil (Força Aérea Brasileira) pousar em um país distinto e o piloto cometer um crime. Nesse caso, aplica-se a lei brasileira. Caso a aeronave seja particular, aplica-se a lei do país onde a aeronave tiver pousado.

Outra questão interessante é se o piloto sair do aeroporto e cometer um crime do lado de fora. Nesse caso, deve ser questionado se o piloto estava em serviço oficial ou não, pois, caso esteja, aplica-se a lei penal brasileira; em caso contrário, aplica-se a lei do país onde o crime foi cometido.

Resumo dos conceitos

▷ **Território nacional:** é o espaço onde determinado Estado exerce com exclusividade sua soberania.

TEORIA DA LEI PENAL

- **Território próprio:** toda a extensão territorial geográfica (o mapa), acrescida do mar territorial, que possui a extensão de 12 milhas mar adentro, a contar da baixa maré (litoral).
- **Território por extensão:** embarcações e aeronaves brasileiras – públicas ou a serviço do Estado (qualquer lugar do mundo) e privadas em águas ou terras de ninguém.
- **Territorialidade:** aplicação da lei penal no território nacional.
- **Territorialidade absoluta:** impossibilidade para aplicação de convenções, tratados e regras de Direito Internacional ao crime cometido no território nacional.
- **Territorialidade temperada:** adota como regra a aplicação da lei penal brasileira no território nacional. Entretanto, com determinadas hipóteses, permite a aplicação de lei penal estrangeira a fatos cometidos no Brasil (art. 5º, CP).
- **Imunidade:** exclusão da aplicação da lei penal.
- **Imunidade diplomática e consular:** são imunidades previstas em convenções internacionais chanceladas pelo Brasil.
- **Imunidade parlamentar:** previstas na Constituição Federal aos membros do Poder Legislativo.

1.10.4 Princípios da aplicação da lei penal no espaço

Princípio da territorialidade

A lei penal de um país será aplicada aos crimes cometidos dentro de seu território. O Estado soberano tem o dever de exercer jurisdição sobre as pessoas que estejam sem seu território.

Princípio da nacionalidade

É classificado também como **princípio da personalidade**. Os cidadãos de determinado país devem obediência às suas leis, onde quer que se encontrem. Esse princípio pode ser dividido em:

- **Princípio da nacionalidade ativa:** aplica-se a lei nacional ao cidadão que comete crime no estrangeiro, independentemente da nacionalidade do sujeito passivo ou do bem jurídico lesado.
- **Princípio da nacionalidade passiva:** o fato praticado pelo cidadão nacional deve atingir um bem jurídico de seu próprio estado ou de um concidadão.

Princípio da defesa, real ou de proteção

Considera-se a nacionalidade do bem jurídico lesado (sujeito passivo), independentemente da nacionalidade do sujeito ativo ou do local da prática do crime.

Princípio da justiça penal universal ou da universalidade

Todo Estado tem o direito de punir todo e qualquer crime, independentemente da nacionalidade do criminoso, do bem jurídico lesado ou do local em que o crime foi praticado, bastando que o criminoso encontre-se dentro de seu território. Assim, qualquer pessoa que cometa crime dentro do território nacional será processada e julgada aqui.

Princípio da representação

A lei penal brasileira também será aplicada aos delitos cometidos em aeronaves e embarcações privadas brasileiras quando se encontrarem no estrangeiro e não venham a ser julgadas.

> **Fique ligado**
>
> O Código Penal brasileiro adota o **princípio da territorialidade** como regra e os outros como exceção. Assim, os outros princípios visam disciplinar a aplicação extraterritorial da lei penal brasileira.

1.10.5 Extraterritorialidade

Art. 7º, CP Ficam sujeitos à lei brasileira, embora cometidos no estrangeiro:
I – Os crimes:
a) contra a vida ou a liberdade do Presidente da República;
b) contra o patrimônio ou a fé pública da União, do Distrito Federal, de Estado, de Território, de Município, de empresa pública, sociedade de economia mista, autarquia ou fundação instituída pelo Poder Público;
c) contra a administração pública, por quem está a seu serviço;
d) de genocídio, quando o agente for brasileiro ou domiciliado no Brasil;
II – Os crimes:
a) que, por tratado ou convenção, o Brasil se obrigou a reprimir;
b) praticados por brasileiro;
c) praticados em aeronaves ou embarcações brasileiras, mercantes ou de propriedade privada, quando em território estrangeiro e aí não sejam julgados.
§ 1º Nos casos do inciso I, o agente é punido segundo a lei brasileira, ainda que absolvido ou condenado no estrangeiro.
§ 2º Nos casos do inciso II, a aplicação da lei brasileira depende do concurso das seguintes condições:
a) entrar o agente no território nacional;
b) ser o fato punível também no país em que foi praticado;
c) estar o crime incluído entre aqueles pelos quais a lei brasileira autoriza a extradição;
d) não ter sido o agente absolvido no estrangeiro ou não ter aí cumprido a pena;
e) não ter sido o agente perdoado no estrangeiro ou, por outro motivo, não estar extinta a punibilidade, segundo a lei mais favorável.
§ 3º A lei brasileira aplica-se também ao crime cometido por estrangeiro contra brasileiro fora do Brasil, se, reunidas as condições previstas no parágrafo anterior:
a) não foi pedida ou foi negada a extradição;
b) houve requisição do Ministro da Justiça.

A regra é que a lei penal brasileira aplica-se apenas aos crimes praticados no Brasil (conforme estudado no art. 5º do Código Penal). No entanto, há situações em que, por força do art. 7º, o Estado pode aplicar sua legislação penal no estrangeiro. Nessa norma, encontram-se diversos princípios. São eles:

- **Princípio da defesa ou real:** amplia a aplicação da lei penal em decorrência da gravidade da lesão. É o aplicável no art. 7º, nas alíneas do inciso I:

    a) contra a vida ou a liberdade do Presidente da República.

    Caso seja a prática de latrocínio, não há a extensão da lei brasileira, visto que o latrocínio é considerado crime contra o patrimônio.

    b) contra o patrimônio ou a fé pública da União, do Distrito Federal, de Estado, de Território, de Município, de empresa pública, sociedade de economia mista, autarquia ou fundação instituída pelo Poder Público;
    c) contra a administração pública, por quem está a seu serviço;
    d) de genocídio, quando o agente for brasileiro ou domiciliado no Brasil.

    Há discussão sobre qual é o princípio aplicável nesse caso, havendo quem sustente ser o princípio da defesa, o da nacionalidade ativa ou o da justiça penal universal.

DIREITO PENAL

Princípio da justiça penal universal (também chamada de justiça cosmopolita): amplia a aplicação da legislação penal brasileira em decorrência da de tratado ou convenção que o Brasil é signatário. Vem normatizada pelo art. 7º, II, "a":

a) Que, por tratado ou convenção, o Brasil se obrigou a reprimir.

Princípio da nacionalidade ativa: amplia a aplicação da legislação penal brasileiro ao exterior caso o crime seja praticado por brasileiro. Está prevista no art. 7º, II, "b":

b) Praticados por brasileiro.

Princípio da representação (também chamado de pavilhão ou da bandeira ou da substituição): amplia a aplicação da legislação penal brasileira em decorrência do local em que o crime é praticado. Vem normatizada pelo art. 7º, II, "c":

c) Praticados em aeronaves ou embarcações brasileiras, mercantes ou de propriedade privada, quando em território estrangeiro e aí não sejam julgados.

Princípio da nacionalidade passiva: amplia a aplicação da legislação penal brasileira em decorrência da nacionalidade da vítima do crime. Vem normatizada pelo art. 7º, § 3º:

§ 3º A lei brasileira aplica-se também ao crime cometido por estrangeiro contra brasileiro fora do Brasil.

A regra de que a legislação penal brasileira será aplicada no exterior vale apenas para os crimes e nunca para as contravenções penais. Apesar de a lei prever, no art. 7º, que a lei brasileira também será aplicada no exterior, há determinadas regras para essa aplicação, também normatizadas pelos parágrafos do artigo em questão.

▷ **Extraterritorialidade incondicionada:** é a prevista para os casos normatizados no art. 7º, I, "a" a "d". Segundo o Código Penal, o agente será processado de acordo com a lei brasileira, mesmo se for absolvido ou condenado no exterior (conforme normatizado pelo § 1º do art. 7º). Não exige qualquer condição.

▷ **Extraterritorialidade condicionada:** é a prevista para os casos normatizados no art. 7º, § 2º, alíneas "a" até "e". São as condições:

a) Entrar o agente no território nacional.
b) Ser o fato punível também no país em que foi praticado.
c) Estar o crime incluído entre aqueles pelos quais a lei brasileira autoriza a extradição.
d) Não ter sido o agente absolvido no estrangeiro ou cumprido a pena.
e) Não ter sido o agente perdoado no estrangeiro.

Não estará extinta a punibilidade do agente, seja pela brasileira ou pela lei estrangeira.

▷ **Extraterritorialidade hipercondicionada:** é prevista para os casos normatizados no art. 7º, § 3º. É chamado pela doutrina de hipercondicionada porque exige, além das condições da extraterritorialidade condicionada, outras duas. São condições:

- Não ser pedida ou, se pleiteada, negada a extradição;
- Requisição do ministro da justiça.

1.11 Pena cumprida no estrangeiro

Art. 8º, CP A pena cumprida no estrangeiro atenua a pena imposta no Brasil pelo mesmo crime, quando diversas, ou nela é computada, quando idênticas.

Caso o agente seja processado, condenado e tenha cumprido pena no exterior, estipula-se no art. 7º que, caso venha a ser condenado pelo mesmo fato no Brasil (no caso da extraterritorialidade incondicionada), deverá se verificar.

Se as penas são idênticas, ou seja, da mesma natureza, deverá ser computada como cumprida no Brasil. Ex.: as duas são privativas de liberdade.

Se as penas são diversas, ou seja, de natureza diferente, deverá haver uma atenuação. Ex.: no exterior, o agente cumpriu pena restritiva de liberdade e, no Brasil, foi condenado e teve sua pena substituída pela prestação de serviços comunitários. Nesse caso, deverá ser atenuada a pena no Brasil.

1.12 Eficácia de sentença estrangeira

Art. 9º, CP A sentença estrangeira, quando a aplicação da lei brasileira produz na espécie as mesmas consequências, pode ser homologada no Brasil para:
I – Obrigar o condenado à reparação do dano, a restituições e a outros efeitos civis;
II – Sujeitá-lo a medida de segurança.
Parágrafo único. A homologação depende:
a) para os efeitos previstos no inciso I, de pedido da parte interessada;
b) para os outros efeitos, da existência de tratado de extradição com o país de cuja autoridade judiciária emanou a sentença, ou, na falta de tratado, de requisição do Ministro da Justiça.

A regra geral é de que a sentença penal estrangeira não precisa ser homologada para produzir efeitos no Brasil. No entanto, o art. 9º traz duas situações que necessitam da homologação para que a sentença produza efeitos no Brasil. São elas:

▷ Para a produção de efeitos civis (por exemplo, reparação de danos, restituições, entre outros): nesse caso, depende do pedido da parte interessada.

▷ Para a aplicação de medida de segurança ao agente da infração penal: caso exista tratado de extradição, necessita de requisição do procurador-geral da República. Caso inexista tratado de extradição, necessita de requisição do ministro da Justiça.

1.13 Contagem de prazo

Art. 10, CP O dia do começo inclui-se no cômputo do prazo. Contam-se os dias, os meses e os anos pelo calendário comum.

A regra aqui é diferente da processual, visto que o dia em que se começa a contar o prazo penal é incluído no cômputo do prazo. Ex.: imagine que determinado agente tenha praticado uma infração penal em 10 de agosto de 2014. Supondo que essa infração penal possui um prazo prescricional de 8 anos, a pretensão punitiva prescreverá em 9 de agosto de 2022.

1.14 Frações não computáveis da pena

Art. 11, CP Desprezam-se, nas penas privativas de liberdade e nas restritivas de direitos, as frações de dia, e, na pena de multa, as frações de cruzeiro.

Caso após o cálculo da pena, remanesçam frações de dia. Ex.: o agente é condenado à pena de 15 dias de detenção, com uma causa de aumento de 1/2, sendo a pena final de 22,5 dias. Com a aplicação do art. 11, despreza-se a fração de metade e a pena final é de 22 dias. Do mesmo modo, aplica-se a regra à pena de multa, não sendo condenado o agente a pagar os centavos do valor aplicado.

1.15 Legislação especial

Art. 12, CP As regras gerais deste Código aplicam-se aos fatos incriminados por lei especial, se esta não dispuser de modo diverso.

As infrações penais não estão descritas apenas no Código Penal, mas também em outras leis, chamadas de leis especiais. Nesses casos, são aplicadas as regras gerais do Código Penal, desde que a legislação especial não disponha de modo diverso.

2 TEORIA GERAL DO CRIME

2.1 Relação de causalidade

2.1.1 Teoria da equivalência dos antecedentes

A ação ou omissão tem que dar causa ao resultado.

Relação de causalidade

Art. 13, CP *O resultado, de que depende a existência do crime, somente é imputável a quem lhe deu causa. Considera-se causa a ação ou omissão sem a qual o resultado não teria ocorrido.*

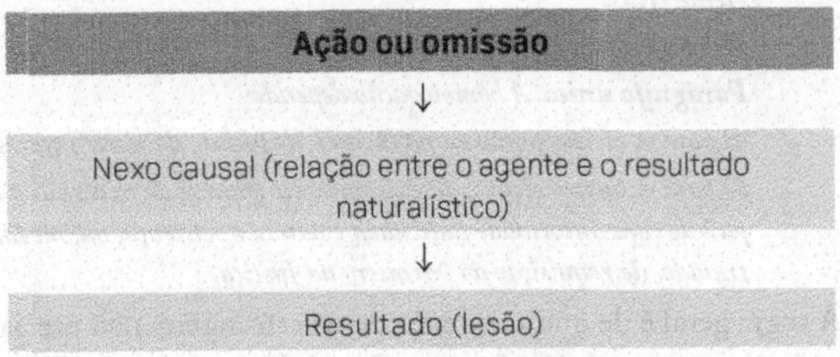

Ação ou omissão
↓
Nexo causal (relação entre o agente e o resultado naturalístico)
↓
Resultado (lesão)

Nesse caso, antes de tudo, é importante mencionar sobre a responsabilidade do agente. Para o Código Penal, existem duas formas de responsabilidade: subjetiva e objetiva.

▷ **Subjetiva:** o agente pode ser punido na modalidade culposa, quando não queria o resultado. É o imperito, imprudente ou negligente. A modalidade dolosa ocorre quando o agente quis ou assumiu o risco do resultado. O Código Penal sempre punirá sobre aquilo que o agente queria causar, sobre a intenção no momento da conduta.

▷ **Objetiva:** a responsabilidade objetiva não é mais adotada, visto que sempre haveria a punição por dolo, não se admitindo a forma culposa.

"A" dispara dois tiros em "B". Os tiros efetivamente acertam "B" causando sua morte. Nessa situação, a ação de "A" deu causa ao resultado (morte de "B"), mantendo uma relação de causa × efeito, com resultado naturalístico: morte.

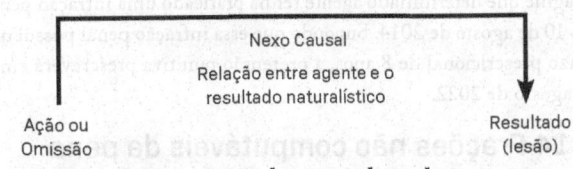

Ação ou Omissão → Nexo Causal (Relação entre agente e o resultado naturalístico) → Resultado (lesão)

Superveniência de causa independente

Art. 13, § 1º, CP *A superveniência de causa relativamente independente exclui a imputação quando, por si só, produziu o resultado; os fatos anteriores, entretanto, imputam-se a quem os praticou.*

Ex. 1: "A" atira em "B", contudo, "B" morre devido a um veneno ingerido anteriormente. A causa efetiva da morte de "B" foi envenenamento e não o disparo efetuado por "A". Nessa situação, "A" responderá apenas por tentativa de homicídio. Neste exemplo, a causa da morte não foi efetivamente o tiro disparado por "A", mas o veneno ingerido anteriormente. Assim, não foi efetivamente o disparo que causou o resultado naturalístico da morte de "B".

Ex. 2: "A" atira na cabeça de "B", que é socorrido por uma ambulância e, no trajeto para o hospital, o veículo capota causando a morte de "B". Mesmo "A" tendo concorrido diretamente para que "B" estivesse na ambulância, o Código Penal manda que "A" responda somente por tentativa de homicídio. O fato que ocorre após a conduta do agente, entretanto, não ocorreria se a ação ou omissão não tivesse acontecido.

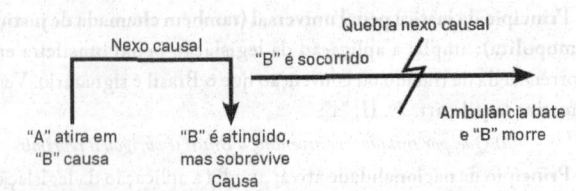

"A" atira em "B" causa → "B" é atingido, mas sobrevive (Causa) → Nexo causal → "B" é socorrido → Quebra nexo causal → Ambulância bate e "B" morre

No exemplo anterior, digamos que "B" tenha sido socorrido com sucesso. Entretanto, devido ao ferimento na cabeça, precisou submeter-se a uma intervenção cirúrgica imprescindível e, durante o procedimento, devido a complicações, vem a falecer. Nessa situação, "A" responderá por homicídio consumado, pois ninguém está obrigado a submeter-se a intervenções cirúrgicas. A mesma situação ocorre se, devido à internação, "B" contraia infecção hospitalar, vindo a falecer. Nessas duas hipóteses, "A" responderá pelo crime consumado, segundo entendimento do Superior Tribunal de Justiça (STJ). Cabe ressaltar que mesmo "B" estando no hospital, se ele falecer devido a um desmoronamento provocado por um terremoto, haverá novamente a quebra do nexo causal, como no acidente com a ambulância. Assim, "A" responderá somente pela tentativa de homicídio.

2.1.2 Relevância da omissão

O "dever" de agir é um dever jurídico. Quando da omissão, o agente tem a possibilidade e o dever jurídico de agir, mas se omite. Ex.: dois policiais observam uma pessoa sendo vítima de roubo e nada fazem. Nesse caso, os agentes, tendo a possibilidade e o dever de agir, omitiram-se. Nessa situação, ambos responderão pelo resultado, ou seja, por roubo.

Art. 13, § 2º, CP *A omissão é penalmente relevante quando o omitente devia e podia agir para evitar o resultado. O dever de agir incumbe a quem:*

a) Tenha por Lei obrigação de cuidado, proteção ou vigilância; (dever legal)

Pai que deixa de alimentar o filho, que vem a morrer de inanição; carcereiro que observa o preso agonizando à beira da morte e nada faz.

b) De outra forma, assumiu a responsabilidade de impedir o resultado; (dever do garantidor)

Babá que descuida da criança e a deixa morrer; salva-vidas que observa banhista se afogar e nada faz.

c) Com seu comportamento anterior, criou o risco da ocorrência do resultado.

Homem propõe-se a ajudar um idoso a atravessar a rua, porém, no meio do caminho, o homem abandona o idoso, que morre atropelado.

Esses crimes são chamados de crimes omissivos impróprios, comissivos por omissão ou ainda participação por omissão. Em todos esses casos, o omitente responderá pelo resultado, a não ser que este não lhe possa ser atribuído nem por dolo nem por culpa. O agente deve ter consciência de que se encontra na função de agente garantidor.

2.2 Consumação e tentativa

Art. 14, CP *Diz-se do crime:*

I – Consumado, quando nele se reúnem todos os elementos de sua definição legal.

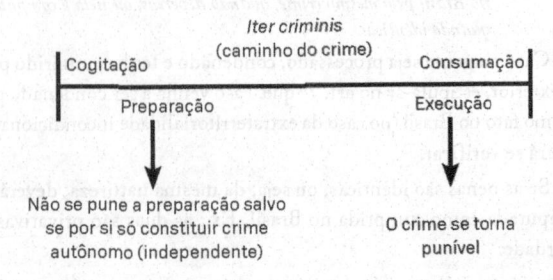

Iter criminis (caminho do crime)

Cogitação	Consumação
Preparação	Execução

Não se pune a preparação salvo se por si só constituir crime autônomo (independente)

O crime se torna punível

Para que o crime seja consumado, é necessário que ele percorra todas as fases do *iter criminis*: cogitação, preparação, execução e consumação. O agente, com sua conduta, "caminha" por todas as fases até atingir o resultado.

> Fabrício tem vontade de matar (*animus necandi*) Marcelo, e pensa em uma forma de consumar seu desejo (cogitação). Para isso, compra um revólver e munições (preparação) e desloca-se até a casa da vítima. Ao avistar Marcelo, inicia os disparos (execução) contra ele, ferindo-o mortalmente (consumação).

O Código Penal não admite a punição nas fases de **cogitação** e **preparação**, salvo se constituírem **crimes autônomos**. No caso citado anteriormente, se Fabrício fosse preso quando estava com o revólver, deslocando-se à casa de Marcelo para matá-lo, configuraria apenas o crime de porte ilegal de arma de fogo, não podendo ser, de forma alguma, punido pela tentativa de matar Marcelo. Só é possível punir a intenção do agente a partir do momento que entra na esfera de **execução**.

Outro exemplo seria a união de três ou mais pessoas que planejam assaltar um banco e, para isso, compram ferramentas (picaretas, pás, marretas), conseguem a planta do banco e alugam uma casa nas proximidades. Contudo, quando planejavam o assalto, já munidos com toda parafernália, são surpreendidos pela polícia. Nesse caso, essas pessoas não responderão pelo crime de "roubo" (art. 157, CP), na forma tentada, mas pelo crime de associação criminosa (art. 288, CP). Mesmo com a posse de todos os materiais que seriam utilizados, eles não haviam entrado na esfera de execução do roubo.

Por conseguinte, o Código Penal sempre punirá o agente por aquilo que ele queria cometer (**elemento subjetivo**), ou seja, qual era a intenção do agente, ainda que o resultado seja outro. Ex.: "A", com intenção de matar "B", efetua vários disparos em sua direção, contudo, acerta apenas um tiro no dedo do pé de "B". Independentemente desse resultado, "A" responderá por tentativa de homicídio, pois essa era sua intenção inicial.

É importante sempre atentar-se para a vontade do agente, pois o Código Penal irá puni-lo somente pelo resultado ao qual quis causar, ou seja, sempre pelo elemento subjetivo do agente.

2.2.1 Tentativa

Diz-se que o crime é tentado quando iniciada a execução, que não se consuma por circunstâncias alheias à vontade do agente.

Não se admite tentativa para:
▷ Crime culposo;
▷ Contravenções Penais (art. 4º, L, CP);
▷ Mera conduta;
▷ Crime preterdoloso.

Alguns tipos penais não aceitam a forma "tentada". Assim, o fato de iniciar a execução já o torna consumado, como o crime de concussão (art. 316, CP). Nessas situações, a consumação é um mero exaurimento.

Os crimes "tentados" são aqueles que iniciam a fase de execução, mas não chegam à consumação por circunstâncias alheias à vontade do agente, ou seja, o autor quer praticar a conduta, mas é impedido de alguma forma.

> Ex. 1: "A", com intenção de matar "B", compra um revólver, mas, ao encontrar "B", quando iniciaria os disparos, é flagrado por um policial, que o impede.
> Ex. 2: "A", com intenção de matar "B", compra um revólver, mas, ao encontrar "B" do outro lado da rua, atinge uma caçamba de entulhos que trafegava pela via quando começa a efetuar os disparos.

As circunstâncias alheias à vontade do agente podem ser quaisquer fatos que impeçam a consumação do crime.

2.2.2 Pena do crime tentado

É a mesma do crime consumado, contudo, deve ser reduzida de 1/3 a 2/3. Quanto mais próximo o crime chegar da consumação, maior deve ser a pena aplicada e menor será a redução de tempo.

Se, quando iniciada a execução, o crime não se consumar por circunstâncias alheias à vontade do agente, incidirá a pena do crime consumado, com redução no *quantum* da pena.

Homicídio: pena de 6 a 20 anos.

> Lucas fez disparos contra José causando sua morte. Pena: 12 anos.

Tentativa de homicídio: pena de 6 a 20 anos reduzida de 1/3 a 2/3.

> Ex. 1: Lucas fez disparos contra José, que foi ferido, socorrido e sobreviveu. Pena: de 4 anos (melhor cenário) a 8 anos (pior cenário).
> Ex. 2: Lucas, armado de pistola, efetua 15 disparos contra José, ficando este em coma por 40 dias, quase vindo a falecer, mas consegue sobreviver. Pena: mesmo nesse caso, haverá redução de pena. Porém, a pena mínima (8 anos ou 1/3) deve ser aplicada.

Existem dois tipos de tentativa: a perfeita e a imperfeita. Ambas podem ser cruentas e incruentas.

A **tentativa perfeita** (crime falho) ocorre quando o agente esgotar todos os meios, vindo a acertar ou não a vítima. A **tentativa imperfeita** ocorre quando o agente NÃO esgotou todos os meios, mesmo que já tenha atingido a vítima ou ainda sem feri-la, por circunstâncias alheias à sua vontade.

A doutrina ainda classifica a tentativa em idônea ou inidônea (também apelidada de "crime impossível") quanto à possibilidade de alcançar o resultado.

2.3 Desistência voluntária e arrependimento eficaz

> *Art. 15, CP* O agente que, voluntariamente, desiste de prosseguir na execução ou impede que o resultado se produza, só responde pelos atos já praticados.

Não se consuma por vontade do próprio agente

Execução
|———————————————————————|——————————|
Cogitação   Preparação   Consumação

- Início;
- Não consumação;
- Interferência da vontade do próprio agente.

▷ **Desistência voluntária:** o agente interrompe voluntariamente a execução do crime, impedindo a consumação. Nessa situação, o agente poderia efetuar mais disparos, porém desiste de continuar a efetuá-los e vai embora. É importante ressaltar que a desistência não teve influência de nenhuma outra circunstância, senão a vontade do próprio agente.

Efetua dois disparos contra "B", acertando ambos na perna da vítima. Podendo continuar, desiste voluntariamente

(A) ——————————————————→ (B)

"A" possui um revólver com 6 munições   "A" responderá por lesão corporal

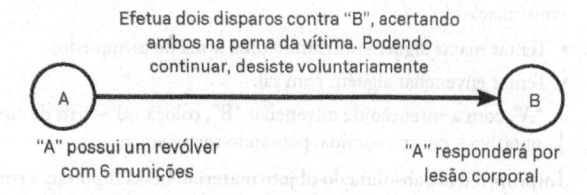

▷ **Arrependimento eficaz:** encerrada a execução do crime, o agente voluntariamente impede o resultado. Aqui, ele leva a execução até o fim, contudo, com sua ação, impede que o resultado seja produzido.

TEORIA GERAL DO CRIME

Nessa situação, o agente esgota os meios, efetuando todos os disparos, mas, após finalizá-los, arrepende-se do que fez e socorre a vítima, levando-a para um hospital, o que garante que ela seja salva.

A "desistência voluntária" (ato negativo) e o "arrependimento eficaz" (ato positivo) têm como consequência a desclassificação da figura típica, ou seja, exclui a modalidade tentada. Dessa forma, o agente responderá pelos atos até então praticados. Nessas situações, considera-se a lesão corporal.

Cogitação	Preparação	Execução		Consumação
		Na **tentativa**, o agente inicia a execução e é **interrompido** por circunstâncias **alheias** à sua vontade		
		Na **desistência voluntária**, o agente pode prosseguir, mas **interrompe voluntariamente** sua conduta, não termina a execução	No **arrependimento eficaz**, o agente **termina o ato de execução**. Contudo, **evita voluntariamente** que o resultado se produza	

▷ **Tentativa:** após o início da execução, o crime não se consuma por circunstâncias alheias à vontade do agente.

▷ **Desistência voluntária:** mesmo podendo prosseguir, o agente desiste, interrompe por sua vontade própria.

▷ **Arrependimento eficaz:** finalizados todos os atos de execução, o agente, por vontade própria, socorre a vítima, impedindo que o resultado (morte) ocorra.

2.4 Arrependimento posterior

Art. 16, CP Nos crimes cometidos sem violência ou grave ameaça à pessoa, reparado o dano ou restituída a coisa, até o recebimento da denúncia ou da queixa, por ato voluntário do agente, a pena será reduzida de um a dois terços.

É requisito fundamental que não ocorra violência ou ameaça grave. Após a consumação do crime, antes do recebimento da denúncia ou queixa (início da ação penal), o agente repara o dano causado anteriormente. Ex.: um rapaz é preso pelo furto (art. 155, CP) de uma televisão de 14 polegadas, mas, antes do recebimento da denúncia, seu advogado ou representante legal repara à vítima todos os danos que o agente causou quando subtraiu o bem. Nessa hipótese, a pena do agente será reduzida.

Caso a reparação do dano ocorra após o recebimento da denúncia, não se fala mais em arrependimento posterior, mas em circunstância atenuante (prevista no art. 65, III, "b", do Código Penal). Da mesma forma, o arrependimento posterior não é reconhecido quando o bem é apreendido pela autoridade policial e restituído à vítima, pois depende da voluntariedade do agente.

2.5 Crime impossível ("quase crime")

Art. 17, CP Não se pune a tentativa quando, por ineficácia absoluta do meio ou por absoluta impropriedade do objeto, é impossível consumar-se o crime.

▷ **Ineficácia absoluta do meio:** o meio empregado ou o instrumento utilizado para a execução do crime jamais levarão o agente à consumação.

- Tentar matar alguém utilizando uma arma de brinquedo;
- Tentar envenenar alguém com sal.

"A", com a intenção de envenenar "B", coloca sal – erro de tipo putativo – em sua comida, pensando ser arsênico.

▷ **Impropriedade absoluta do objeto material:** nessa hipótese, a pessoa ou a coisa sobre a qual recai a conduta é absolutamente inidônea para produção de algum resultado lesivo.

- Matar quem já está morto.

"A", com intenção de matar "B" enquanto este está dormindo, efetua vários disparos. Contudo, "B" já estava morto devido ao veneno administrado por "C" horas atrás.

Embora o elemento subjetivo do agente seja o dolo (homicídio), a conduta não será punível, pois o meio empregado "sal" ou o objeto material tornam o crime impossível de ser consumado.

Caso a ineficácia absoluta do meio seja relativa, será considerado crime. Ex.: a quase impossibilidade de cometer um crime com uma arma antiga de colecionador, usada na Segunda Guerra Mundial. Entretanto, caso a arma tenha potencial para causar lesão (esteja funcionando), o crime que o agente tentou praticar com a arma será considerado punível.

2.6 Crime doloso

Art. 18, CP Diz-se o crime:
I – doloso, quando o agente quis o resultado ou assumiu o risco de produzi-lo.

▷ **Dolo direto:** o agente quis o resultado.

▷ **Doloso indireto ou indeterminado:** o agente assumiu o risco de produzir o resultado (dolo eventual).

Ex. 1: "A" atira em direção de "B" querendo matá-lo.

Ex. 2: o caçador "A" efetua vários disparos a fim de abater um animal. Contudo, "A" é advertido por "B" que há um local habitado na direção em que está atirando. "A" não se importa e continua os disparos, mesmo consciente de que pode acertar alguém. Um de seus projéteis acerta "C", um inocente morador das redondezas. Nessa situação, deverá "A" responder por homicídio doloso (eventual), pois assumiu o risco de produzir o resultado não observando a advertência que "B" lhe havia feito. O agente sabe o que pode vir a causar, mas não se importa com o resultado.

Ex. 3: "A", dirigindo em altíssima velocidade e disputando um racha com amigos perto de uma movimentada escola, atropela "B", estudante, no momento que este atravessava a via. "A" tinha consciência de que sua conduta poderia matar alguém, contudo, não se importou em continuar. Novamente, o agente sabe que pode acontecer, mas não se importa.

▷ **Dolo direto:** teoria da vontade – quer o resultado.

▷ **Dolo eventual:** teoria do assentimento – assume o risco de produzir o resultado.

2.7 Crime culposo

Art. 18, CP Diz-se o crime: [...]
II – culposo, quando o agente deu causa ao resultado por imprudência, negligência ou imperícia.
Parágrafo único. Salvo os casos expressos em lei, ninguém pode ser punido por fato previsto como crime, senão quando o pratica dolosamente.

2.7.1 Culpa

Na conduta culposa, há uma ação voluntária dirigida a uma finalidade lícita, mas, pela quebra do dever de cuidado a todos exigidos, sobrevém um resultado ilícito não desejado, cujo risco nem sequer foi assumido.

2.7.2 Requisitos do crime culposo

▷ **Quebra do dever objetivo de cuidado:** a culpa decorre da comparação que se faz entre o comportamento realizado pelo sujeito no plano concreto e aquele que uma pessoa de prudência normal, mediana, teria naquelas mesmas circunstâncias. Haverá a conduta culposa sempre que o evento decorrer da quebra do dever de cuidado por parte do agente mediante uma conduta imperita, negligente ou imprudente.

DIREITO PENAL

▷ **Previsibilidade:** não basta tão somente a quebra do dever de cuidado para que o agente responda pela modalidade culposa, pois é necessário que as consequências de sua ação descuidada sejam previsíveis.

2.7.3 Modalidades do crime culposo

▷ **Imprudência:** é o fazer sem a obrigação de cuidado. É a culpa de quem age, ou seja, aquela que surge durante a realização de um fato sem o cuidado necessário. Ex.: ultrapassagem em local proibido, excesso de velocidade, trafegar na contramão, manejar arma carregada, atravessar o sinal vermelho etc.

▷ **Imperícia:** é a falta de conhecimento técnico ou habilitação para o exercício de profissão ou atividade. Ex.: médico que, ao realizar uma cirurgia, esquece uma pinça dentro do abdômen do paciente; atirador de elite que acerta a vítima em vez de acertar o criminoso; médico que faz uma cirurgia de lipoaspiração e causa a morte de paciente etc.

▷ **Negligência:** é o não fazer sem a obrigação de cuidado. É a culpa na sua forma omissiva. Consiste em deixar alguém não tomar o cuidado devido antes de começar a agir. Ex.: deixar de conferir os pneus antes de viajar ou realizar a devida manutenção do veículo; deixar substância tóxica ao alcance de crianças etc.

2.7.4 Culpa consciente

Na culpa consciente, o agente antevê o resultado, mas não o aceita, não se conforma com ele. O agente age na crença de que não causará o resultado danoso. Ex.: o atirador de facas do circo atira as facas na crença de que, habilidoso, acertará a maçã. Mas, ao contrário do que acreditava, ele acerta uma espectadora.

2.8 Preterdolo

Art. 19, CP Pelo resultado que agrava especialmente a pena, só responde o agente que o houver causado ao menos culposamente.

Quando o resultado agravador for imputado a título de culpa, tem-se o crime preterdoloso. Nele, o agente quer praticar determinado crime, mas acaba excedendo-se e produzindo culposamente um resultado mais gravoso do que o desejado. Ex.: o agente desfere um soco no rosto da vítima com a intenção de lesioná-la, no entanto, ela perde o equilíbrio, bate a cabeça e morre.

Veja a previsão de latrocínio, que admite a figura do preterdolo, e da lesão corporal seguida de morte, que se aplica ao exemplo mencionado.

*Art. 157, CP Subtrair coisa móvel alheia, para si ou para outrem, mediante grave ameaça ou violência à pessoa, ou depois de havê-la, por qualquer meio, reduzido a impossibilidade de resistência: [...]
Pena – Reclusão, de quatro a dez anos, e multa.
§ 3º Se da violência resulta lesão corporal grave, a pena é de reclusão, de sete a quinze anos, além da multa; se resulta morte, a reclusão é de vinte a trinta anos, sem prejuízo da multa.
Art. 129, CP Ofender a integridade corporal ou a saúde de outrem: [...]
§ 3º Se resulta morte e as circunstâncias evidenciam que o agente não quis o resultado, nem assumiu o risco de produzi-los;
Pena – Reclusão, de quatro a doze anos.*

2.9 Erro sobre elemento do tipo

Art. 20, CP O erro sobre elemento constitutivo do tipo legal de crime exclui o dolo, mas permite a punição por crime culposo, se previsto em lei.

▷ **Elementares:** é a descrição típica do crime. Geralmente o próprio *caput*. Quando ausente a elementar, o crime não existe.

Art. 155, CP Subtrair coisa alheia móvel:

Caso o indivíduo subtraia coisa própria por engano não haverá o crime, pouco importando sua intenção. Assim, se o agente subtrai sua própria bicicleta por engano, pensando que está a subtrair bicicleta de seu vizinho não comete crime algum. Não há como punir uma pessoa que subtrai suas próprias coisas.

▷ **Circunstâncias:** são dados assessórios do crime, que, se suprimidos, não impedem a punição do agente. Só servem para aumentar ou diminuir a pena. Ex.: ladrão que furta um bem de pequeno valor pensando ser de grande valor. Ele responderá pelo furto simples sem redução de pena do privilégio.

2.9.1 Erro essencial

Incide sobre situação e tem tal importância para o tipo que, se o erro não existisse, o agente não teria cometido o crime ou, pelo menos, não naquelas circunstâncias.

2.9.2 Erro inevitável (invencível ou escusável)

É aquele que não podia ter sido evitado, nem mesmo com o emprego de uma diligência mediana.

Nessas duas situações (invencível ou escusável), exclui-se o dolo e a culpa do agente. Assim, exclui-se o crime.

Ex. 1: o agente furta caneta pensando que é dele próprio.

Ex. 2: sujeito que mantém conjunção carnal com uma menor de 13 anos que aparenta ter 20 anos pela sua proporção física.

Ex. 3: bêbado que sai de uma festa e liga carro alheio com sua chave, sendo o carro de mesma cor e modelo que o seu.

2.9.3 Erro evitável (vencível ou inescusável)

É aquele que poderia ser evitado pela prudência normal do homem médio. Exclui o dolo, mas permite a modalidade culposa se prevista em lei. Quando não prevista a modalidade culposa, não ocorre o crime.

Ex. 1: caçador confunde vulto em uma moita com o animal que caçava e atira, vindo a causar a morte de um lavrador. Nessa situação, caso o fato seja previsível, deverá o caçador responder por homicídio culposo.

Ex. 2: o agente bêbado sai de uma festa e, ao observar um carro idêntico ao seu, tenta abri-lo com a chave do próprio carro. Não obtendo êxito, quebra o vidro com uma pedra, força a ignição e vai para casa. Nesse caso, ainda que a conduta do agente seja reprovável, não há que se falar em crime, pois o furto não prevê a modalidade culposa. Assim, tem-se a exclusão da tipicidade.

2.9.4 Erro de tipo acidental

Já o erro de tipo acidental não exclui o crime, visto que o agente manifesta o elemento subjetivo do tipo e apenas erra na execução da ação criminosa.

▷ **Erro sobre o objeto (*error in objeto*):** o agente furta um quadro que acredita ser verdadeiro, mas no outro dia descobre que é falso. Aqui, ele responde como se tivesse furtado o quadro verdadeiro.

▷ **Erro sobre a pessoa (*error in persona*):** o agente tenta matar "A", mas mata "B", executando fielmente o que havia planejado. Nesse caso, responde normalmente pelo homicídio da vítima desejada.

▷ **Erro sobre a execução (*aberratio ictus*):** o agente tenta matar sua namorada ao vê-la com outro, mas por não saber manusear a arma, acerta em pessoa diversa quando atira. Nesse caso, responderá como se tivesse matado a namorada. Possui previsão no art. 73 do CP.

▷ **Resultado diverso do pretendido (*aberratio criminis*):** ocorre resultado diverso do pretendido. A consequência para o agente é responder pelo crime, a título de culpa (se houver), conforme art. 74 do CP. Se ocorrer também o resultado pretendido, haverá concurso formal (1 ação = 2 crimes).

▷ **Erro sucessivo (dolo geral ou *aberratio causae*):** o agente, após acreditar ter matado a sogra por veneno, "desova" o corpo em um lago. Após a perícia analisar o caso, é constatado que não houve morte por envenenamento, mas por afogamento. Nessa situação, o agente responde como se tivesse envenenado a vítima.

2.10 Erro sobre a pessoa

Art. 20, CP [...]
§ 3º O erro quanto à pessoa contra a qual o crime é praticado não isenta de pena. Não se consideram, neste caso, as condições ou qualidades da vítima, senão as da pessoa contra quem o agente queria praticar o crime.

É o erro na representação do agente, que olha um desconhecido e o confunde com a pessoa que quer atingir. O erro é tão irrelevante, que o legislador determinou que o autor fosse punido pelo crime que efetivamente cometeu contra o terceiro inocente (vítima efetiva), como se tivesse atingido a pretendida (vítima virtual). Ex.: "A" atira em "B" por engano, pois pensava que "B" fosse seu pai, quem realmente queria matar. Nessa situação, será considerado para aplicação da pena como se "A" tivesse matado seu pai.

Essa situação é considerada um irrelevante penal, ou seja, o agente quer cometer uma coisa (matar "C"), entretanto, acaba matando "B". Porém, independentemente do resultado, o Código Penal sempre adota o elemento subjetivo, ou seja, punirá o agente pelo fato que ele realmente quis praticar. Como no exemplo o agente queria matar seu pai, incidirá ainda aumento de pena – agravante genérica (art. 61, II, "e", CP).

2.11 Erro sobre a ilicitude do fato

2.11.1 Erro de proibição

Art. 21, CP O desconhecimento da lei é inescusável. O erro sobre a ilicitude do fato, se inevitável, isenta de pena; se evitável, poderá diminui-la de um sexto a um terço.

É a compreensão errada de determinada regra legal pode levar o agente a supor que certa conduta seja lícita. Ex.: um rústico aldeão, que nasceu e passou toda a sua vida em um vilarejo afastado no sertão, agride levemente sua mulher, por suspeitar de traição. É de irrelevante importância se o aldeão sabia ou não que sua conduta era ilícita.

Nesse caso, há crime, porém o CP determina que, devido às circunstâncias (por força do ambiente onde vive e as experiências acumuladas do agente), o sujeito não terá pena, ou seja, exclui-se a culpabilidade. Nessa situação, como o agente é de lugar ermo e não possui conhecimento suficiente sobre fatos que não são permitidos, o juiz não aplicará pena, embora a conduta seja criminosa.

2.11.2 Tipos de erro de proibição

▷ **Erro inevitável ou escusável:** é isento de pena. Ex.: o caso de uma dona de casa de prostituição, cujo funcionamento era de pleno conhecimento das autoridades fiscais e com alvará de funcionamento fornecido pela prefeitura, apresenta circunstância que sugeriam o desempenho de atividade lícita.

Art. 21, CP [...]
Parágrafo único. Considera-se evitável o erro se o agente atua ou se omite sem consciência da ilicitude do fato, quando lhe era possível, nas circunstâncias, ter ou atingir essa consciência.

▷ **Erro evitável ou inescusável:** não isenta de pena, mas terá direito a uma redução de pena de 1/6 a 1/3. Ex.: atendente de farmácia que, apesar de ter ciência de que a venda de medicamentos com tarja preta configura transgressão administrativa, não tem consciência de que tal prática, com relação a alguns dos medicamentos controlados, caracteriza também crime de tráfico de drogas.

Observe o quadro a seguir.

Erro de tipo		Erro de proibição
O agente erra sobre dados do próprio crime. Isento do dolo e culpa, se inevitável, e isento de dolo, mas permite a punição por culpa se evitável.	×	O agente acha que sua conduta é legal, quando na verdade é ilegal. Aqui o agente comete crime, mas não tem pena, pois a culpabilidade fica excluída.

É importante diferenciarmos bem a relação entre erro de tipo (exclui o crime) e erro de proibição (isento de pena). No erro de tipo, o agente sabe que sua conduta é ilícita, entretanto, erra sobre o próprio tipo penal, ou seja, sua intenção é realizar uma conduta, mas acaba cometendo outra. No erro de proibição, o agente desconhece o caráter ilícito do fato, imagina estar praticando uma conduta lícita, quando na verdade é ilícita (criminosa).

2.12 Coação irresistível e obediência hierárquica

Art. 22, CP Se o fato é cometido sob coação irresistível ou em estrita obediência a ordem, não manifestamente ilegal, de superior hierárquico, só é punível o autor da coação ou da ordem.

Para que se possa considerar alguém culpado do cometimento de uma infração penal, é necessário que o ato tenha sido praticado em condições e circunstâncias normais, pois, do contrário, não será possível exigir do sujeito conduta diferente daquela que acabou efetivamente praticando.

Nessa situação, o agente (autor mediato) obriga uma terceira pessoa (autor imediato) a cometer um crime ou cumprir uma ordem ilegal. A pessoa coagida não será punida; a punição será de quem a coagiu e a obrigou a realizar a conduta contra seu consentimento.

2.12.1 Coação irresistível

É o emprego de força física ou de grave ameaça para que alguém faça ou deixe de fazer alguma coisa.

▷ **Coação física (*vis absoluta*):** o sujeito não comete crime. Ex.: "A" imobiliza "B"; em seguida, "A" coloca uma arma na mão de "B" e o força a apertar o gatilho, sendo que o disparo acerta "C", que morre. Nessa situação, devido à coação física irresistível, "B" não comete crime. "A" responderá por homicídio. A coação física recai sobre a conduta do agente (elemento do fato típico), pois este foi forçado. Nessa situação, exclui-se o crime.

▷ **Coação moral (*vis relativa*):** o sujeito comete um crime, mas ocorre isenção de pena. Ex.: "A" encosta uma arma carregada na cabeça "B" e ordena que ele atire em "C". Caso contrário, quem morrerá é "B". Assim, "B" atira e "C" morre. Nessa situação, ambos cometem crime ("A" e "B"). Contudo, somente "A" terá pena. "B" estará **isento de pena devido a coação moral irresistível** e inexigibilidade de conduta diversa.

Assim, mesmo "B" tendo praticado o ato, sua conduta foi forçada mediante grave ameaça moral, e, temendo por sua própria vida, cometeu o crime. Nessa situação, a conduta de "B" é típica e ilícita, contudo, não culpável, pois ficará isento de pena.

2.12.2 Obediência hierárquica

É a obediência à ordem não manifestamente ilegal de superior hierárquico, tornando viciada a vontade do subordinado e afastando a exigência de conduta diversa. Também exclui a culpabilidade.

DIREITO PENAL

▷ **Ordem de superior hierárquico:** é a manifestação de vontade do titular de uma função pública a um funcionário que lhe é subordinado.

> Um delegado de polícia manda seu subordinado, aspirante recém-chegado à corporação, que prenda um desafeto do agente, para que esse aprenda uma lição. Caso o aspirante cumpra a ordem ilegal de seu superior, ambos cometerão crime (abuso de autoridade), pois embora haja ordem de superior, o aspirante não é obrigado a cumpri-la.

▷ **Ordem manifestamente não ilegal:** a ordem deve ser aparentemente legal. Se for manifestamente ilegal, deve o subordinado responder pelo crime.

> Um delegado de polícia determina que o agente prenda Antônio, indiciado por crime de latrocínio, alegando que Antônio tem contra si um mandado de prisão expedido pela autoridade judiciária. O agente prende Antônio e o conduz até a delegacia. Acontece que não existia mandado algum contra Antônio. Nessa situação, o delegado e o agente cometeram crime de abuso de autoridade. Contudo, somente o delegado terá pena, enquanto o agente ficará isento devido à "aparência" de ordem manifestamente não ilegal.

Nessa conduta, o agente pensava estar praticando uma ação lícita, entretanto, foi enganado por seu superior, sob alegação de posse de falso mandado de prisão.

2.13 Exclusão da ilicitude

Art. 23, CP Não há crime quando o agente pratica o fato:
I – Em estado de necessidade;
II – Em legítima defesa;
III – Em estrito cumprimento de dever legal ou no exercício regular de direito.

2.13.1 Excesso punível

Art. 23, CP [...]
Parágrafo único. O agente, em qualquer das hipóteses deste artigo, responderá pelo excesso doloso ou culposo.

O agente que extrapolar os limites das excludentes deve responder pelo resultado produzido de forma dolosa ou culposa.

> Lucas saca sua arma para matar Manoel, que, prevendo o ocorrido, pega sua própria arma e atira primeiro, ferindo Lucas. Mesmo após a cessação da agressão por parte de Lucas, Manoel efetua mais dois disparos para garantir o resultado. Nessa situação, Manoel excedeu-se e deverá responder por homicídio na modalidade dolosa.

```
                    Excesso - responderá
                    por homicídio doloso

              Legítima defesa
      A ─────────────────────────► B
           "B" é atingido e cessa a agressão

                              "A", mesmo depois de
  "A" atira em "B" para se    cessada a agressão de "B",
  defender de injusta agressão efetua mais dois disparos
                              para garantir o resultado
```

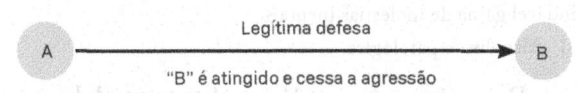

Não obstante, as excludentes de ilicitude, como o próprio nome já diz, excluem o caráter ilícito do fato, tornando a conduta lícita e jurídica.

Crime
▷ Fato típico.
▷ Ilícito (antijurídico):
- Estado de necessidade;
- Estrito cumprimento do dever legal;
- Legítima defesa;
- Exercício regular do direito.

Ocorrendo o fato diante de uma dessas excludentes, exclui-se também o crime.

São situações em que a norma penal permite que se cometa crime em determinadas situações, pois, apesar de serem condutas ilícitas, o agente não será punido.

2.13.2 Estado de necessidade

Art. 24, CP Considera-se em estado de necessidade quem pratica o fato para salvar de perigo atual, que não provocou por sua vontade, nem podia de outro modo evitar, direito próprio ou alheio, cujo sacrifício, nas circunstâncias, não era razoável exigir-se.

Ocorre quando um bem é lesado para se salvar outro bem em perigo de ser igualmente ofendido. Ambos os possuidores desses bens têm direito de agir para se proteger.

Requisitos para configuração do estado de necessidade:
▷ Perigo atual;
▷ Direito próprio ou alheio;
▷ Perigo não causado voluntariamente pelo agente;
▷ Inevitabilidade de comportamento;
▷ Razoabilidade do sacrifício;
▷ Requisito subjetivo.

> Ex. 1: em um cruzeiro marítimo, 10 passageiros estão a bordo de um navio. No entanto, só existem 9 salva-vidas e o navio está afundando em alto-mar. O único que ficou sem o apetrecho não sabe nadar e, para salvar sua vida do perigo atual, desfere facadas em outro passageiro para conseguir se salvar.
>
> Ex. 2: trabalhador desempregado vê os filhos passarem fome, entra em supermercado e furta dois pacotes de arroz e um pedaço de carne seca (furto famélico).
>
> Ex. 3: cidadão não tem carteira de motorista e observa um motorista em avançado estado de infarto. Nessa situação, toma a direção de veículo automotor e dirige perigosamente até o hospital, gerando perigo de dano.

Não incidirá em estado de necessidade caso o agente dê causa ao acontecimento.

Art. 24, § 1º, CP Não pode alegar estado de necessidade quem tinha o deve legal de enfrentar o perigo.

> Um exemplo disso é o bombeiro. Ele poderá recusar-se a participar de uma situação perigosa, quando for impossível o salvamento ou quando o risco for inútil.

2.13.3 Legítima defesa

A lei não permite o emprego da violência física como meio para repelir injúrias ou palavras caluniosas, visto que não existe legítima defesa da honra. Somente a vida ou a integridade física são abrangidas pelo instituto da legítima defesa.

Admite-se a excludente de legítima defesa real contra quem pratica o fato acobertado por causa de exclusão da culpabilidade, como o inimputável.

Nos termos do Código Penal e na descrição da excludente de ilicitude, haverá legítima defesa sucessiva na hipótese de excesso, que permite a defesa legítima do agressor inicial.

É possível legítima defesa de provocações por meio de injúrias verbais, segundo sua intensidade e conforme as circunstâncias, que podem ou não ser agressão.

▷ Agressão de inimputável constitui legítima defesa.
▷ Agressão decorrente de desafio, duelo, convite para briga não constitui legítima defesa.

TEORIA GERAL DO CRIME

- Agressão passada constitui vingança, e não, legítima defesa.
- Agressão futura não autoriza legítima defesa (mal futuro).
- Não existe legítima defesa da honra.
- O agente tem de saber que está na legítima defesa.

Legítima defesa e porte ilegal de arma de fogo: se portar anteriormente, responde pelo crime do art. 14 ou art. 16, *caput* do Estatuto do Desarmamento (Lei nº 10.826/2003). Se for contemporâneo, não responde pelo crime dos artigos mencionados.

> **Art. 25, CP** *Entende-se em legítima defesa quem, usando moderadamente dos meios necessários, repele injusta agressão, atual ou iminente, a direito seu ou de outrem.*
>
> **Parágrafo único.** *Observados os requisitos previstos no caput deste artigo, considera-se também em legítima defesa o agente de segurança pública que repele agressão ou risco de agressão a vítima mantida refém durante a prática de crimes.*

Há uma previsão de legítima defesa para agentes de segurança pública que repelem agressão ou risco de agressão atual ou iminente à vítima mantida refém durante a prática de crimes.

Conclui-se que não há nada de novo, senão já preenchidos todos os requisitos da legítima defesa do *caput* do art. 25 do Código Penal (CP). No entanto, a novidade está no novíssimo art. 14-A do Código de Processo Penal (também introduzido pelo Pacote Anticrime). Esses agentes terão um inquérito **privilegiado** e com direito a contraditório (direito a serem **citados em 48 horas** e ampla defesa com direito a **defensor**).

Ocorre um efetivo ataque ilícito contra o agente ou terceiro, legitimando repulsa.

Requisitos para que subsista a legítima defesa:
- Agressão humana;
- Agressão injusta;
- Agressão atual ou iminente;
- Agressão a direito próprio ou a terceiro;
- Meios necessários;
- Requisito subjetivo.

> Ex. 1: "A", desafeto de "B", arma-se com um machado e, prestes a desferir um golpe, é surpreendido pela reação de "B", que saca um revólver e efetua um disparo.
>
> Ex. 2: "A", munido de um cão, atiça o animal na direção de "B", que, para repelir a injusta agressão, atira no enfurecido animal.
>
> Ex. 3: "A", menor de idade, pega um fuzil e, prestes a atirar em "B", é surpreendido por esse, que pega uma bazuca, único meio de proteção disponível no momento, vindo a "explodir" "A".

Os meios necessários para conter a injusta agressão podem ser quaisquer que estejam disponíveis, inexistindo equiparação dos meios utilizados.

É necessário que seja atual e iminente. Caso "B", ferido por "A", desloque-se até sua casa depois de sofrida agressão para apanhar revólver com intuito de se defender, não será mais válido, caso venha efetuar disparos contra "A".

Não configura legítima defesa:

> Ex. 1: "A", marido traído, chega à casa e surpreende "C", sua esposa, em conjunção carnal com "B". Enfurecido, pega sua arma e dispara contra a esposa traidora.
>
> Ex. 2: "A", surpreendido por cão feroz, dispara para que não seja atacado.
>
> Ex. 3: "A", desafeto de "B", sai à procura dele e efetua disparo. Mais tarde, provou-se que "B" também estava armado e queria igualmente executar "A".

2.13.4 Estrito cumprimento do dever legal

Em síntese, é a ação praticada por um dever imposto por lei. É necessário que o cumprimento seja nos exatos ditames da lei. Do contrário, o agente incorrerá em excesso, podendo responder criminalmente.

> Ex. 1: policial que prende foragido da justiça, vindo a causar-lhe lesões devido à sua resistência.
>
> Ex. 2: soldado que, em tempos de guerra, executa inimigo.
>
> Ex. 3: a execução efetuada pelo carrasco, quando o ordenamento jurídico admite.

2.13.5 Exercício regular de direito

É o desempenho de uma atividade ou prática de uma conduta autorizada em lei.

> Ex. 1: tratamento médico ou intervenção cirúrgica, em que o médico comete lesão corporal para realizar o ato cirúrgico.
>
> Ex. 2: ofendículos (exercício regular do direito de defesa da propriedade), cerca elétrica, cacos de vidro, arame farpado etc.

2.14 Imputabilidade penal

> **Art. 26, CP** *É isento de pena o agente que, por doença mental ou desenvolvimento mental incompleto ou retardado, era, ao tempo da ação ou da omissão, inteiramente incapaz de entender o caráter ilícito do fato ou de determinar-se de acordo com esse entendimento.*
>
> **Redução de pena**
>
> **Parágrafo único.** *A pena pode ser reduzida de um a dois terços, se o agente, em virtude de perturbação de saúde mental ou por desenvolvimento mental incompleto ou retardado não era inteiramente capaz de entender o caráter ilícito do fato ou de determinar-se de acordo com esse entendimento.*

Imputabilidade é a capacidade de entender o caráter ilícito do fato e de determinar-se de acordo com esse entendimento. É a capacidade de entendimento e a faculdade de controlar e comandar suas próprias ações, ou seja, é a capacidade de compreensão do agente de que sua conduta é ilícita, inapropriada. É um dos elementos da culpabilidade, a qual é substrato do conceito analítico de crime.

- **Imputável (regra):** pode-se imputar (aplicar) pena ao sujeito.
- **Inimputável (exceção):** não pode sofrer pena.

2.14.1 Exclusão da imputabilidade

Doença mental

Inclui-se doença mental de qualquer ordem, compreendendo a infindável gama de moléstias mentais.

| Alcoolismo patológico.

Desenvolvimento mental incompleto ou retardado

| Silvícola inadaptado (índio) menor de 18 anos.

Sistema adotado pela legislação brasileira

Regra: biopsicológico. Não basta ter a enfermidade. No momento da ação ou omissão, o sujeito precisa estar inteiramente incapaz de entender e compreender o caráter ilícito do fato e determinar-se de acordo com esse entendimento.

Exceção: biológico. Basta tão somente a menoridade (menos de 18 anos) para configurar a inimputabilidade (art. 27, CP).

Embriaguez

> **Art. 28, CP** *[...]*
>
> *II – A embriaguez, voluntária ou culposa, pelo álcool ou substância de efeitos análogos.*

§ 1º É isento de pena o agente que, por embriaguez completa, proveniente de caso fortuito ou força maior, era, ao tempo da ação ou da omissão, inteiramente incapaz de entender o caráter ilícito do fato ou de determinar-se de acordo com esse entendimento.

▷ **Não exclui a imputabilidade:** voluntária, culposa, preordenada.
▷ **Exclui a imputabilidade:** caso fortuito, força maior.

A embriaguez não exclui a imputabilidade, quais sejam: a voluntária (toma bebida alcoólica por conta própria); a culposa (toma além da conta) e a preordenada (toma para criar coragem), sendo que a última é causa de aumento de pena (agravante genérica – art. 61, II, "l"). Nesse caso, aplica-se a teoria da *actio libera in causa*.

Art. 28, § 2º, CP A pena pode ser reduzida de um a dois terços, se o agente, por embriaguez, proveniente de caso fortuito ou força maior, não possuía, ao tempo da ação ou da omissão, a plena capacidade de entender o caráter ilícito do fato ou de determinar-se de acordo com esse entendimento.

No caso da embriaguez por caso fortuito, caso ela seja completa, será causa de isenção de pena; caso seja semicompleta (semi-imputabilidade), incidirá em diminuição de pena (redução de culpabilidade) de 1/3 a 2/3.

Emoção e paixão

Art. 28, CP Não excluem a imputabilidade penal:
I – A emoção ou a paixão;

A emoção pode, em alguns casos, servir como diminuição de pena (privilégio), como no caso do homicídio e lesão corporal privilegiados. São requisitos: a emoção deve ser intensa; o agente deve estar sob o domínio dessa emoção; deve ter sido provocado por ato injusto da vítima; a reação do agente deve ocorrer logo após a provocação.

A injusta provocação pode ser de forma indireta. Ex.: alguém que maltrata um animal, com intenção de provocar o agente, utilizando desse objeto (um cachorro) para obter seu desejo.

Menores de 18 anos

Art. 27, CP Os menores de 18 (dezoito) anos são penalmente inimputáveis, ficando sujeitos às normas estabelecidas na legislação especial.

2.14.2 Fundamento constitucional

O art. 228 da Constituição Federal de 1988 prevê que são penalmente inimputáveis os menores de 18 anos, sujeitos às normas de legislação especial.

2.14.3 Critério adotado pelo Código Penal – sistema biológico

Os menores de 18 anos não sofrem sanção penal pela prática do ato ilícito, em decorrência da ausência de culpabilidade. Estão sujeitos ao procedimento e às medidas socioeducativas previstas no Estatuto da Criança e do Adolescente (ECA - Lei nº 8.069/1990) em virtude das condutas descritas como crime e contravenção penal, se consideradas ato infracional.

Para auxiliar, convém lembrar as excludentes de imputabilidade.

Excluída imputabilidade (inimputabilidade)

▷ Menoridade;
▷ Doença mental;
▷ Desenvolvimento mental:
 • Incompleto;
 • Retardado.
▷ Embriaguez completa:
 • Caso fortuito;
 • Força maior.

De acordo com entendimento, essas são as causas justificantes para a exclusão da imputabilidade; podemos dizer que são elementos da culpabilidade. Esta é substrato que compõe o conceito analítico de crime, juntamente com fato típico e a ilicitude.

2.15 Concurso de pessoas

Art. 29, CP Quem, de qualquer modo, concorre para o crime incide nas penas a este cominadas, na medida de sua culpabilidade.

Sujeitos da infração penal:
▷ Sujeito ativo (quem comete a ação);
▷ Sujeito passivo (quem sofre a ação).

Quem pode ser sujeito ativo da infração penal:
▷ Maiores de 18 anos – o menor comete ato infracional (tudo que representa crime, para o menor de idade é ato infracional, que, na verdade, constitui um tipo específico tratado no ECA).
▷ Pessoas jurídicas em atos lesivos ao meio ambiente.
▷ As pessoas jurídicas podem ser responsabilizadas penalmente.

O **concurso de pessoas**, também conhecido como **concurso de agentes**, ocorre quando duas ou mais pessoas concorrem para o mesmo crime. Colaborar ou concorrer para o crime é praticar o ato (moral ou material) que tenha relevância para a perpetração do ilícito.

2.15.1 Requisitos para concursos de pessoas

Pluralidade de agentes

Quem participa da execução do crime é coautor. Quem não executa o verbo do tipo é partícipe.

> Ex. 1: "A" segura "B" enquanto "C" o esfaqueia até a morte. "A" e "C" são coautores do crime de homicídio. Há divisão de tarefas no crime, pois ambos participam da execução.
>
> Ex. 2: "A" empresta arma para "B", que utiliza a arma para executar "C". Assim, "B" é autor (executou) e "A" é partícipe (auxiliou de forma material).

O Código Penal adotou a **teoria monista de agentes**, ou seja, todos responderão pelo mesmo crime, independentemente de qual seja a sua participação.

Relevância causal

A conduta deverá ser relevante. Do contrário, não ocorrerá o concurso de pessoas.

> "A" empresta arma para "B", que, para matar, "C" usa um pedaço de pau. Nessa situação, o auxílio de "A" foi irrelevante para que o crime acontecesse e somente "B" responde por homicídio. Contudo, se, ao emprestar a arma, "A" de qualquer forma incentivou moralmente a atitude de "B", esse será partícipe do crime de homicídio. Se não houve nexo entre o homicídio e o empréstimo da arma, nessa situação, a conduta de "A" é atípica.

Liame subjetivo

É a vontade de participar do crime. Pelo menos um agente tem de querer participar do crime do outro.

> "A", desafeto de "B", posiciona-se para matá-lo. "C", também inimigo mortal de "B", sabendo da vontade de "A", adere à vontade dele e juntos disparam a arma. Ambos responderão por homicídio como coautores.

Identidade de infração

O Código Penal adotou a **teoria unitária ou monista**, em que todos que concorrem para o crime responderão pelo mesmo crime, na medida de sua culpabilidade (responsabilidade).

TEORIA GERAL DO CRIME

2.15.2 Teorias do concurso de pessoas

Teoria do *caput*

- **Regra:** monista/igualitária/unitária.
- **Exceção:** pluralista (não tem concurso de pessoas).
  | Corrupção passiva e ativa.

Teoria do autor

- **Regra:** restritiva (Código Penal). Quem pratica o núcleo do tipo (verbo).
- **Exceção:** domínio do fato (doutrina e jurisprudência); Teoria do Partícipe.
- Acessoriedade limitada.
  Não pratica o verbo; contudo, auxilia de qualquer forma.
- Moral: instigado ou induzido.
- Material: qualquer auxílio.
- Não ocorre concurso de pessoas.
- Autor mediato (homem por trás).
- Autoria colateral.
- Participação inócua (ineficaz).
- Crimes de concurso necessário.

Autoria sucessiva ou participação sucessiva tem concurso de pessoas.

| Associação criminosa, de acordo com o art. 288 do CP.

A exceção é a teoria pluralista.

| Corrupção passiva e ativa.

Autor (teoria restrita), quem pratica o núcleo do tipo (verbo).

Partícipe, não pratica o verbo; contudo, auxilia de qualquer forma.

- Moral: instigado ou induzido.
- Material: qualquer auxílio.

Mandante = partícipe.

Autor mediato (não ocorre concurso).

São usados como instrumentos do crime:

- Inimputável;
- Doente mental;
- Coação irresistível;
- Obediência hierárquica.

Exceção: teoria pluralista.

2.15.3 Participação em crime diverso

Art. 29, CP [...]

§ 1º Se a participação for de menor importância, a pena pode ser diminuída de um sexto a um terço.

§ 2º Se algum dos concorrentes quis participar de crime menos grave, ser-lhe-á aplicada a pena deste; essa pena será aumentada até metade, na hipótese de ter sido previsível o resultado mais grave.

Há hipóteses, todavia, em que o partícipe colabora com um crime e o autor, no momento da prática do ilícito, vai além do imaginado pelo partícipe.

> Dois indivíduos combinam um furto. Um deles fica no carro esperando pela fuga e o outro entra na residência. No interior da casa, o autor, além de furtar, encontra a moradora e dispara vários tiros contra ela. Nessa situação, por força do art. 29, § 2º, do CP, os agentes deverão responder por crimes diferentes. O que ficou no carro responde por furto (pois era esse ato que queria praticar) e, o autor, por latrocínio.

2.16 Circunstâncias incomunicáveis

Art. 30, CP Não se comunicam as circunstâncias e as condições de caráter pessoal, salvo quando elementares do crime.

"A", funcionário público, convida "B" para furtar a repartição pública em que trabalha. "B", desconhecendo a função de "A", acaba aceitando. Nesse caso, "A" responderá por peculato (art. 312, CP) e "B" por furto (art. 155, CP). Porém, caso "B" soubesse da função pública de "A", ambos responderiam por peculato.

Art. 31, CP O ajuste, a determinação ou instigação e o auxílio, salvo disposição expressa em contrário, não são puníveis, se o crime não chega, pelo menos, a ser tentado.

Atualmente, o induzimento, a instigação e o auxílio material ao suicídio ou à automutilação configuraram o crime, com ou sem resultados. De crime eminentemente material, converteu-se, por força da Lei nº 13.968/2019, em crime formal.

> **Fique ligado**
>
> No crime culposo, admite-se coautoria, mas não participação. Não existe tentativa em crime preterdoloso.

3 CRIMES CONTRA A PESSOA

Os direitos e as garantias individuais não têm caráter absoluto, por esse motivo, o direito à vida é relativo.

A única exceção sobre a pena de morte é em caso de guerra externa (art. 5º, XLVII, "a", CF/1988).

O crime de homicídio, por sua vez, capitulado nos crimes contra a vida, está descrito no art. 121 do Código Penal, e versa sobre a eliminação da vida humana extrauterina.

Vejamos no quadro a seguir quais são os crimes dolosos contra a vida, e suas principais peculiaridades:

Crimes contra a vida	
Homicídio (art. 121, CP)	São todos crimes processados mediante ação penal pública incondicionada. São julgados pelo Tribunal do Júri. Obs.: o homicídio culposo é julgado pelo juízo singular (vara criminal).
Participação em suicídio ou a automutilação (art. 122, CP)	
Infanticídio (art. 123, CP)	
Aborto (arts. 124 a 126, CP)	

Dos crimes culposos contra a vida, só há o homicídio. Os demais não comportam a modalidade culposa, o aborto culposo pode ser resultado qualificado, mas ele não é crime autônomo. Também não há infanticídio culposo. Apenas o homicídio admite a forma culposa.

3.1 Crimes contra a vida

3.1.1 Homicídio

Art. 121, CP Matar alguém:

Pena – Reclusão, de seis a vinte anos.

Caso de diminuição de pena

§ 1º Se o agente comete o crime impelido por motivo de relevante valor social ou moral, ou sob o domínio de violenta emoção, logo em seguida a injusta provocação da vítima, o juiz pode reduzir a pena de um sexto a um terço.

Homicídio qualificado

§ 2º Se o homicídio é cometido:

I – mediante paga ou promessa de recompensa, ou por outro motivo torpe;

II – por motivo fútil;

III – com emprego de veneno, fogo, explosivo, asfixia, tortura ou outro meio insidioso ou cruel, ou de que possa resultar perigo comum;

IV – à traição, de emboscada, ou mediante dissimulação ou outro recurso que dificulte ou torne impossível a defesa do ofendido;

V – para assegurar a execução, a ocultação, a impunidade ou vantagem de outro crime:

Pena – Reclusão, de doze a trinta anos.

Feminicídio

VI – contra a mulher por razões da condição de sexo feminino:

VII – contra autoridade ou agente descrito nos arts. 142 e 144 da Constituição Federal, integrantes do sistema prisional e da Força Nacional de Segurança Pública, no exercício da função ou em decorrência dela, ou contra seu cônjuge, companheiro ou parente consanguíneo até terceiro grau, em razão dessa condição:

VIII – com emprego de arma de fogo de uso restrito ou proibido:

Pena – Reclusão, de doze a trinta anos.

§ 2º-A Considera-se que há razões de condição de sexo feminino quando o crime envolve:

I – violência doméstica e familiar;

II – menosprezo ou discriminação à condição de mulher.

Homicídio culposo

§ 3º Se o homicídio é culposo:

Pena – Detenção, de um a três anos.

Aumento de pena

§ 4º No homicídio culposo, a pena é aumentada de 1/3 (um terço), se o crime resulta de inobservância de regra técnica de profissão, arte ou ofício, ou se o agente deixa de prestar imediato socorro à vítima, não procura diminuir as consequências do seu ato, ou foge para evitar prisão em flagrante. Sendo doloso o homicídio, a pena é aumentada de 1/3 (um terço) se o crime é praticado contra pessoa menor de 14 (quatorze) ou maior de 60 (sessenta) anos.

§ 5º Na hipótese de homicídio culposo, o juiz poderá deixar de aplicar a pena, se as consequências da infração atingirem o próprio agente de forma tão grave que a sanção penal se torne desnecessária.

§ 6º A pena é aumentada de 1/3 (um terço) até a metade se o crime for praticado por milícia privada, sob o pretexto de prestação de serviço de segurança, ou por grupo de extermínio.

§ 7º A pena do feminicídio é aumentada de 1/3 (um terço) até a metade se o crime for praticado:

I – durante a gestação ou nos 3 (três) meses posteriores ao parto;

II – contra pessoa menor de 14 (catorze) anos, maior de 60 (sessenta) anos, com deficiência ou portadora de doenças degenerativas que acarretem condição limitante ou de vulnerabilidade física ou mental;

III – na presença física ou virtual de descendente ou de ascendente da vítima;

IV – em descumprimento das medidas protetivas de urgência previstas nos incisos I, II e III do caput do art. 22 da Lei nº 11.340, de 7 de agosto de 2006.

O homicídio é a morte injusta de uma pessoa praticada por outrem. De acordo com Nelson Hungria, é o crime por excelência.

No art. 121, *caput*, tem-se o chamado homicídio doloso simples. No art. 121, § 1º, tem-se o chamado homicídio doloso privilegiado (causa de diminuição de pena); o § 2º traz o homicídio doloso qualificado; no § 3º, prevê o homicídio culposo; no § 4º, o Código Penal (CP) estabelece hipóteses de causa de aumento (majorantes) de pena no homicídio culposo; e, por fim, o § 5º traz o Perdão Judicial.

O homicídio preterdoloso está previsto no art. 129, § 3º do CP: é a lesão corporal seguida de morte.

Homicídio não é genocídio, são dois crimes distintos. Nem todo homicídio em massa será considerado genocídio. Para ser genocídio, a conduta deve se enquadrar na Lei nº 2.889/1956, o agente deve ter a vontade/propósito de exterminar total ou parcialmente um grupo étnico, social ou religioso. Se o objetivo não for esse, não há se falar em genocídio. Pode ser genocídio segregando membros de um grupo, impedindo o nascimento no seio de um grupo. Foi o que Saddam Hussein fez com os curdos no Iraque, por exemplo.

3.1.2 Homicídio simples

Art. 121, CP Matar alguém.

▷ **Sujeito ativo:** é crime comum, pode ser praticado por qualquer pessoa.

▷ **Sujeito passivo:** da mesma forma, pode ser qualquer pessoa. Magalhães Noronha entende que o Estado também figura como vítima do homicídio, justificando existir um interesse do ente político na conservação da vida humana, sua condição de existência.

Conduta punida

A conduta punível nesse tipo penal nada mais é que tirar a vida de alguém. Atente-se para a diferença:

▷ **Vida intrauterina:** abortamento – aborto.

▷ **Vida extrauterina:** homicídio ou infanticídio.

CRIMES CONTRA A PESSOA

Quanto ao início do parto, existem três correntes:
- **1ª corrente:** dá-se com o completo e total desprendimento do feto das entranhas maternas;
- **2ª corrente:** ocorre desde as dores do parto;
- **3ª corrente:** ocorre com a dilatação do colo do útero.

Forma de execução: trata-se de delito de execução livre, podendo ser praticado por ação ou omissão, meios de execução diretos ou indiretos.

Vale ressaltar que a finalidade do agente pode servir como privilégio ou como qualificadora.

Tipo subjetivo: o art. 121, *caput* é punido a título de dolo direto ou dolo eventual.

Verifica-se o dolo eventual quando o agente assumiu o risco de praticar a conduta delituosa. Atualmente, os tribunais entendem que, quando o agente, embriagado, pratica homicídio de trânsito, pode ser condenado pelo homicídio do art. 121 do CP, tendo em vista que, ao ingerir bebida alcoólica e tomar a direção de um veículo, assumiu o risco de produzir o evento danoso.

Consumação e tentativa

Trata-se de delito material ou de resultado, ou seja, o delito consuma-se com a morte. A morte dá-se com a cessação da atividade encefálica. Cessando a atividade encefálica, o agente será considerado morto, conforme se extrai da Lei nº 9.434/1997 (Lei de Transplantes). A tentativa é possível, considerando que o homicídio se trata de crime plurissubsistente, permitindo o fracionamento da execução.

O homicídio simples pode ser considerado crime hediondo quando praticado em atividade típica de grupo de extermínio, conforme prevê o art. 1º da Lei nº 8.072/1990 (Lei dos Crimes Hediondos). É o chamado homicídio condicionado. O homicídio também pode ser praticado através de relações sexuais ou atos libidinosos.

> "A", portador do vírus HIV (Aids) e sabedor desta condição, com a intenção de matar, tem relação sexual com "B", com o fim de transmitir voluntária e dolosamente o vírus a este último. Nesta situação, após a transmissão, enquanto "B" não morrer, "A" responderá por tentativa de homicídio, após a morte de "B", "A" responderá por homicídio consumado.

3.1.3 Homicídio privilegiado

> *Art. 121, § 1º, CP Se o agente comete o crime impelido por motivo de relevante valor social ou moral, ou sob o domínio de violenta emoção, logo em seguida a injusta provocação da vítima, ou juiz pode reduzir a pena de um sexto a um terço.*

O homicídio privilegiado é causa de diminuição de pena, havendo a redução de 1/6 a 1/3. Essa diminuição de pena é direito subjetivo do réu, sendo que, presentes os requisitos, o juiz deve reduzir a pena.

Hipóteses privilegiadoras

- Se o agente comete o crime por motivo de relevante valor social.

No valor social, o agente mata para atender os interesses de toda coletividade.

> Matar estuprador do bairro; matar um assassino que aterroriza a cidade.

- **Se o agente comete o crime por relevante valor moral:** o agente mata para atender interesses particulares, diferente do valor social.

Esses interesses morais são ligados aos sentimentos de compaixão, misericórdia ou piedade.

> Eutanásia; "A" mata "B", porque este matou seu filho.

- Se o agente comete o crime sob o domínio de violenta emoção, logo em seguida a injusta provocação da vítima – homicídio emocional.

Atente-se que domínio não se confunde com mera influência. A mera influência é uma atenuante de pena prevista no art. 65 do CP.

É necessário observar que o homicídio deve ocorrer logo após a injusta provocação da vítima, ou seja, deve haver imediatidade da reação (reação sem intervalo temporal). A jurisprudência entende que, enquanto perdurar o domínio da violenta emoção, a reação será considerada imediata.

Observa-se, ainda, que a provocação da vítima deve ser injusta, e isso não traduz, necessariamente, um fato típico. Pode haver injusta provocação sem configurar fato típico, mas serve para configurar o homicídio emocional. Ex.: adultério.

Vale ressaltar que se for injusta a agressão da vítima, será caso de legítima defesa.

O privilégio é sempre circunstância do crime. As circunstâncias subjetivas são incomunicáveis, nos termos do art. 30 do CP. Já as circunstâncias objetivas são comunicáveis, nos termos do art. 30, *in fine*.

Circunstâncias subjetivas	Circunstâncias objetivas
Não se comunicam.	Comunicam-se
Ligam-se ao motivo ou estado anímico do agente.	Ligam-se ao meio/modo de execução
Como as privilegiadoras aqui citadas são subjetivas, não haverá comunicabilidade em relação aos demais autores do crime, logo não se aplica ao coautor se não restarem comprovados os mesmos requisitos.	

3.1.4 Homicídio qualificado

O homicídio qualificado é sempre crime hediondo.

> **Homicídio qualificado**
> *Art. 121, CP [...]*
> *§ 2º Se o homicídio é cometido:*
> *I – Mediante paga ou promessa de recompensa, ou por outro motivo torpe;*
> *II – Por motivo fútil;*
> *III – Com emprego de veneno, fogo, explosivo, asfixia, tortura ou outro meio insidioso ou cruel, ou de que possa resultar perigo comum;*
> *IV – À traição, de emboscada, ou mediante dissimulação ou outro recurso que dificulte ou torne impossível a defesa do ofendido;*
> *V – Para assegurar a execução, a ocultação, a impunidade ou vantagem de outro crime:*
> *Pena – Reclusão, de doze a trinta anos.*

Motivo torpe

É o motivo abjeto, ignóbil, vil, espelhando ganância.

É indagado se a qualificadora da torpeza se aplica também ao mandante, ou apenas para o executor.

Alguns autores dizem que a resposta depende se a qualificadora for compreendida como elementar ou circunstância. Entendendo que se trata de circunstância, somente o executor responde pelo homicídio qualificado já que a circunstância subjetiva não se comunica. Por outro lado, entendendo que se trata de elementar subjetiva do crime, haverá comunicabilidade, estendendo-se a qualificadora ao mandante (ambos respondem pela qualificadora – mandante e executor).

Atualmente, prevalece a segunda hipótese, ou seja, que se trata de elementar subjetiva do crime, respondendo o mandante e o executor pelo crime qualificado.

Mediante pagamento ou promessa de recompensa

> **Fique ligado**
>
> **Ciúme** não é considerado motivo torpe.
> **Ausência** de motivo não é considerado motivo fútil.
> Um motivo não pode ser **fútil** e **torpe** ao mesmo tempo, pois um exclui o outro.

No caso de o agente matar mediante pagamento ou promessa de recompensa de natureza diversa da econômica, por exemplo, sexual, continua se tratando de motivo torpe, pois não deixa de se ajustar ao encerramento genérico, somente não configurando o exemplo dado no início do inciso. É o chamado homicídio mercenário.

O homicídio mercenário nada mais é que um exemplo de torpeza. O executor é chamado de matador de aluguel.

O crime, mediante pagamento ou promessa, é crime de concurso necessário (plurissubsistente – plurilateral – plurissubjetivo), exigindo-se pelo menos duas pessoas (mandante e executor).

Neste caso, necessariamente a natureza é econômica, logo, se a vantagem era promessa sexual, entre outras, não incidirá a qualificadora.

No inciso I, o legislador encerrou de forma genérica, o que permite a interpretação analógica, ou seja, permite ao juiz a análise de outras situações que aqui podem se enquadrar.

Motivo fútil

Segundo alguns especialistas, é aquele que ocorre quando o móvel apresenta real desproporção entre o delito e a sua causa moral. Tem-se a pequeneza do motivo (matar por pouca coisa). Ex.: briga de trânsito.

Tem caráter **subjetivo**, pois se refere à motivação do agente para cometer o crime.

É um motivo insignificante, de pouca importância, completamente desproporcional à natureza do crime praticado.

Atente-se que, motivo fútil não se confunde com motivo injusto, uma vez que a injustiça é característica de todo e qualquer crime – injusto penal.

Se não há motivo comprovado nos autos, poderá ser denunciado por homicídio qualificado pelo motivo fútil? Aqui há duas correntes:

▷ **1ª corrente:** a ausência de motivos equipara-se ao motivo fútil, pois seria um contrassenso conceber que o legislador punisse com pena mais grave quem mata por futilidade, permitindo que o que age sem qualquer motivo receba sanção mais branda. (**majoritária**)

▷ **2ª corrente:** a ausência de motivos não pode ser equiparada ao motivo fútil, sob pena de se ofender o princípio da reserva legal. É o que entende Cezar Roberto Bitencourt. Para ele, o legislador deve incluir a ausência de motivo no rol das qualificadoras.

Com emprego de veneno, fogo, explosivo, asfixia, tortura ou outro meio insidioso ou cruel, ou de que possa resultar em perigo comum, no inciso III, novamente é possível a interpretação analógica, tendo como exemplos o emprego de veneno, fogo, explosivo, asfixia ou tortura.

Tem caráter objetivo, pois se refere aos meios empregados pelo agente para o cometimento do homicídio.

No caso do emprego de veneno, é imprescindível que a vítima desconheça estar ingerindo a substância letal.

No caso de tortura, o agente emprega crueldade na conduta, provocando na vítima sofrimento desnecessário antes da morte.

Homicídio qualificado pela tortura (art. 121, § 2º, III, CP)	Tortura com resultado morte (art. 1º, § 3º, Lei nº 9.455/1997)
Morte **dolosa**	Morte **preterdolosa**
O agente utiliza a tortura para provocar a morte da vítima.	O agente tem o dolo de torturar a vítima, e da tortura resulta culposamente sua morte.
Competência do Tribunal do Júri.	Competência do Juízo Singular (vara criminal).
A tortura foi o meio utilizado para a morte.	A tortura foi o fim desejado, mas a morte foi culposa.

A traição, de emboscada, ou mediante dissimulação ou outro recurso que dificulte ou torne impossível a defesa do ofendido

No inciso IV, o legislador prevê como exemplos a traição, emboscada ou dissimulação, finalizando de maneira genérica, o que também permite a interpretação analógica.

Tem caráter objetivo (modo de execução do crime).

▷ **Traição:** ataque desleal, quebra de confiança.
▷ **Emboscada:** aquele que ataca a vítima com surpresa. Ele se oculta para surpreender a vítima.
▷ **Dissimulação:** significa fingimento, disfarçando o agente a sua intenção hostil.

> Aquele que convida para ir à casa de outrem e, lá chegando, mata o convidado.

Para assegurar a execução, ocultação, a impunidade ou vantagem de outro crime

O inciso V possui caráter subjetivo (refere-se aos motivos do crime). Trata das hipóteses de conexão teleológica e consequencial.

Quando se comete o crime para assegurar a execução, classifica-se o homicídio como qualificado teleológico.

> "A", pretendendo cometer um crime de extorsão mediante sequestro contra uma pessoa muito importante e para assegurar a execução, mata o segurança do empresário.

Já o homicídio consequencial apresenta as seguintes hipóteses:

▷ **Ocultação:** quer evitar a descoberta do crime cometido pelo agente. Ex.: ocultar o cadáver após o homicídio;
▷ **Impunidade:** o criminoso procura evitar que se descubra que ele foi o autor do crime. Ex.: matar a testemunha ocular de um crime;
▷ **Vantagem:** o agente quer usufruir a vantagem decorrente da prática de outro crime. Ex.: um ladrão mata o outro para ficar com todo o dinheiro do roubo praticado por ambos.

O STF tem admitido a coexistência do privilégio (caráter subjetivo) com as qualificadoras de caráter objetivo (chamado homicídio privilegiado-qualificado).

> "A" matou "B" envenenado porque este estuprou a filha daquele.

O homicídio privilegiado-qualificado não é considerado hediondo (pois a existência do privilégio afasta a hediondez do homicídio qualificado).

> **Fique ligado**
>
> Matar para assegurar uma contravenção penal não qualifica o crime nesta modalidade, mas pode qualificá-lo pelo motivo fútil.

Matar por ocasião de outro crime, sem vínculo finalístico, não qualifica o crime.

CRIMES CONTRA A PESSOA

O crime futuro deve ocorrer para gerar a conexão teleológica? O crime futuro não precisa ocorrer para gerar esta qualificadora, bastando matar para essa finalidade.

Há possibilidades de o homicídio qualificado ser privilegiado quando as qualificadoras são objetivas. Ou seja, uma das privilegiadoras e uma das qualificadoras do meio cruel ou da torpeza (objetivas).

Para a maioria da doutrina, o homicídio qualificado, quando também for privilegiado, não será hediondo, uma vez que o privilégio é preponderante.

3.1.5 Feminicídio

Art. 121, § 2º, CP [...]
VI – Contra a mulher por razões da condição de sexo feminino:
Pena – Reclusão, de doze a trinta anos.
§ 2º-A Considera-se que há razões de condição de sexo feminino quando o crime envolve:
I – Violência doméstica e familiar;
II – Menosprezo ou discriminação à condição de mulher. [...]
§ 7º A Pena do feminicídio é aumentada de 1/3 (um terço) até a metade se o crime for praticado:
I – Durante a gestação ou nos 3 (três) meses posteriores ao parto;
II – Contra pessoa menor de 14 (catorze) anos, maior de 60 (sessenta) anos, com deficiência ou portadora de doenças degenerativas que acarretem condição limitante ou de vulnerabilidade física ou mental;
III – Na presença física ou virtual de descendente ou de ascendente da vítima;
IV – Em descumprimento das medidas protetivas de urgência previstas nos incisos I, II e III do caput do art. 22 da Lei nº 11.340, de 7 de agosto de 2006.
Pena – Reclusão, de doze a trinta anos.

A Lei nº 13.104/2015 introduziu no Código Penal uma nova figura típica: o feminicídio. A pena para o homicídio qualificado é de 12 a 30 anos de prisão, e será aumentada em um terço se o crime acontecer durante a gestação ou nos três meses posteriores ao parto; se for contra pessoa menor de 14 anos, maior de 60 anos, com deficiência ou portadora de doenças degenerativas que acarretem condição limitante ou de vulnerabilidade física ou mental. Também se o homicídio for cometido na presença física ou virtual de descendente ou ascendente da vítima, e se for durante o descumprimento das medidas protetivas de urgência previstas nos incisos I, II e III do *caput* do art. 22 da Lei nº 11.340/2006.

Pode-se definir como uma qualificadora do crime de homicídio motivada pelo ódio contra as mulheres, tendo como motivador as circunstâncias específicas em que o pertencimento da mulher ao sexo feminino é central na prática do delito. Entre essas circunstâncias estão incluídos: os assassinatos em contexto de violência doméstica ou familiar e o menosprezo ou discriminação à condição de mulher.

O feminicídio é qualificadora conhecida como crime fétido.

Razões de gênero: a qualificadora do feminicídio não poderá ser provada por um laudo pericial ou exame cadavérico, porque nem sempre um assassinado de uma mulher será considerado feminicídio. Assim, para ser configurada a qualificadora do feminicídio, a acusação tem de provar que o crime foi cometido contra a mulher por razões da condição de sexo feminino.

O § 2º-A foi acrescentado como norma explicativa para esclarecer as situações em que a morte da mulher ocorreu em razão da condição de sexo feminino, podendo se dar em duas situações:

▷ Violência doméstica e familiar;
▷ Menosprezo ou discriminação à condição de mulher;

O art. 121, § 7º, do CP, estabelece causas de aumento de pena para o crime de feminicídio.

A pena será aumentada de 1/3 até a metade se for praticado:

▷ Durante a gravidez ou nos 3 meses posteriores ao parto;
▷ Contra pessoa menor de 14 anos, maior de 60 anos, com deficiência ou portadora de doenças degenerativas que acarretem condição limitante ou de vulnerabilidade física ou mental;
▷ Na presença física ou virtual de ascendente ou descendente da vítima;
▷ Em descumprimento das medidas protetivas de urgência previstas nos incisos I, II e III do *caput* do art. 22 da Lei nº 11.340, de 7 de agosto de 2006.

Art. 1º, Lei nº 8.072/1990 São considerados hediondos os seguintes crimes, todos tipificados no Decreto-lei nº 2.848, de 7 de dezembro de 1940 – Código Penal, consumados ou tentados:
I – homicídio (art. 121), quando praticado em atividade típica de grupo de extermínio, ainda que cometido por um só agente, e homicídio qualificado (art. 121, § 2º, incisos I, II, III, IV, V, VI e VII e VIII);

Como todo homicídio qualificado, o feminicídio também é considerado hediondo de acordo com o art. 1º da Lei nº 8.072/1990 (Lei de Crimes Hediondos).

3.1.6 Homicídio funcional

Essa qualificadora foi inserida pelas Leis nº 13.142/2015 e nº 13.964/2019, que acrescentaram objetivamente essa conduta no rol dos crimes hediondos (art. 1º, I e I-A, da Lei nº 8.072/1990) e também aumentou a pena de 1/3 a 2/3 no art. 129, § 12 (lesão corporal).

Art. 121, VII, CP Contra autoridade ou agente descrito nos arts. 142 e 144 da Constituição Federal, integrantes do sistema prisional e da Força Nacional de Segurança Pública, no exercício da função ou em decorrência dela, ou contra seu cônjuge, companheiro ou parente consanguíneo até terceiro grau, em razão dessa condição:

▷ São autoridades previstas no art. 142 da CF/1988:

Art. 142, CF/1988 As Forças Armadas, constituídas pela Marinha, pelo Exército e pela Aeronáutica, são instituições nacionais permanentes e regulares, organizadas com base na hierarquia e na disciplina, sob a autoridade suprema do Presidente da República, e destinam-se à defesa da Pátria, à garantia dos poderes constitucionais e, por iniciativa de qualquer destes, da lei e da ordem.

▷ São autoridades do art. 144 da CF/1988:

Art. 144, CF/1988 A segurança pública, dever do Estado, direito e responsabilidade de todos, é exercida para a preservação da ordem pública e da incolumidade das pessoas e do patrimônio, através dos seguintes órgãos:
I – Polícia federal;
II – Polícia rodoviária federal;
III – Polícia ferroviária federal;
IV – Polícias civis;
V – Polícias militares e corpos de bombeiros militares.
VI – polícias penais federal, estaduais e distrital.

A qualificadora do inciso VII objetiva prevenir ou reduzir crimes contra pessoas que atuam na área de segurança pública, no combate à criminalidade. É norma penal em branco, pois precisa ser complementada pelos arts. 142 e 144 da Constituição Federal (CF), mencionados anteriormente.

▷ Homicídio com emprego de arma de fogo de uso restrito ou proibido.

O inciso VIII foi acrescentado pela Lei nº 13.964/2019 (Pacote Anticrime). Foi objeto de veto pelo presidente da República, mas, em 19/04/2021, foi afastado pelo Congresso Nacional (em vigência).

Trata-se de qualificadora objetiva, ou seja, refere-se ao meio de execução utilizado pelo agente (arma de fogo de uso restrito/proibido).

É norma penal em branco ao quadrado: necessita de complemento normativo, a fim de definir quais armas são de uso restrito/proibido. No caso, a definição é extraída do Decreto nº 10.030/2019.

Trata-se de qualificadora com natureza de crime hediondo, por força do art. 1º, I, da Lei nº 8.072/1990.

3.1.7 Homicídio culposo

Art. 121, § 3º, CP Se o homicídio é culposo:
Pena – Detenção, de um a três anos.

> **Fique ligado**
> Não incide aumento quando o agente foge em razão de sérias ameaças de linchamento.

Ocorre o homicídio culposo quando o agente realiza uma conduta voluntária, com violação de dever objetivo de cuidado imposto a todos, por negligência, imprudência ou imperícia, produzindo, por consequência, um resultado (morte) involuntário, não previsto nem querido, mas objetivamente previsível, que podia ter sido evitado caso observasse a devida atenção.

Modalidades de culpa:

▷ **Negligência:** culpa negativa. O agente deixa de fazer aquilo que a cautela manda. Ex.: viajar de carro com os freios danificados.

▷ **Imprudência: culpa positiva.** O agente pratica um ato perigoso. Ex.: trafegar com veículo no centro da cidade a 180 km/h.

▷ **Imperícia:** culpa profissional. É a falta de aptidão para o exercício de arte, profissão ou ofício para a qual o agente, apesar de autorizado a exercê-la, não possui conhecimentos teóricos ou práticos para tanto. Ex.: Médico ginecologista que começa a realizar cirurgias plásticas sem especialização para tanto.

Por se tratar de infração de médio potencial ofensivo (já que a pena mínima é de um ano), há possibilidade de suspensão condicional do processo.

Já quando ocorre o delito previsto no art. 302 do Código de Trânsito Brasileiro (CTB) – homicídio culposo na condução de veículo automotor – a pena é detenção de 2 a 4 anos + a suspensão ou proibição da permissão de conduzir veículo.

Art. 121, § 3º, CP	Art. 302, CTB
Norma geral	Norma especial: na direção de veículo automotor
Pena varia de 1 a 3 anos – infração penal de médio potencial ofensivo	A pena é de 2 a 4 anos à infração penal de grande potencial ofensivo
Admite a suspensão do processo	Não admite suspensão condicional do processo

Aumento de pena

Art. 121, § 4º, CP No homicídio culposo, a pena é aumentada de 1/3 (um terço), se o crime resulta de inobservância de regra técnica de profissão, arte ou ofício, ou se o agente deixa de prestar imediato socorro à vítima, não procura diminuir as consequências do seu ato, ou foge para evitar prisão em flagrante. Sendo doloso o homicídio, a pena é aumentada de 1/3 (um terço) se o crime é praticado contra pessoa menor de 14 (quatorze) ou maior de 60 (sessenta) anos.

Aqui, tem-se o rol das majorantes do homicídio doloso e o rol das majorantes do homicídio culposo.

Aumento de pena de 1/3:

▷ **Se o crime resulta de inobservância de regra técnica de profissão, arte ou ofício:** neste caso, apesar do agente dominar a técnica, não observa o caso concreto. É diferente da imperícia, pois nessa hipótese, o agente não domina a técnica.

▷ **Se o agente deixa de prestar imediato socorro à vítima:** neste caso, é necessário para a incidência da majorante que o socorro seja possível, e que o agente não tenha risco pessoal na conduta.

Não incide aumento quando terceiros prestarem socorro ou morte instantânea incontestável: neste caso, não incide também o art. 135 do CP (omissão de socorro), para evitar o *bis in idem*.

De acordo com o STF, se o autor do crime, apesar de reunir condições de socorrer a vítima não o faz, concluindo pela inutilidade da ajuda em face da gravidade da lesão, sofre a majorante do art. 121, § 4º, do CP:

▷ Se não procura diminuir as consequências do seu ato;

▷ **Se foge para evitar prisão em flagrante:** para a maioria da doutrina esta majorante é aplicável, pois o agente demonstra, ao fugir do flagrante, ausência de escrúpulo e diminuta responsabilidade moral, lembrando que prejudica as investigações.

Para a doutrina moderna, essa majorante não deveria incidir, pois a pessoa estaria obrigada, nessa hipótese, a produzir prova contra si mesma, o que vai de encontro ao instituto de liberdade, e já que a fuga sem violência não é crime e daí que não poderia também incidir essa majorante.

No homicídio doloso, a pena é aumentada de 1/3 se o crime é praticado contra:

▷ Menor de 14 anos;

▷ Maior de 60 anos (não abrange aquele que tem idade igual a 60 anos).

A idade da vítima deve ser conhecida pelo agente.

E se, quando do disparo de arma de fogo, a vítima tenha menos de 14 anos, e quando falece já é maior de 14, incide a majorante? Sim, neste caso, analisa-se se na ocasião da ação a vítima era menor de 14 anos (teoria da atividade).

Perdão judicial

Art. 121, § 5º, CP Na hipótese de homicídio culposo, o juiz poderá deixar de aplicar a pena, se as consequências da infração atingirem o próprio agente de forma tão grave que a sanção penal se torne desnecessária.

Segundo alguns autores, o perdão judicial é o instituto pelo qual o Juiz, não obstante a prática de um fato típico e ilícito, por um agente comprovadamente culpado, deixa de lhe aplicar, nas hipóteses taxativamente previstas em lei, o preceito sancionador cabível, levando em consideração determinadas circunstâncias que concorrem para o evento.

O perdão judicial somente é concedido após a sentença, é uma causa extintiva da punibilidade. Caso seja indagado pelo examinador acerca da diferença do perdão judicial para o perdão do ofendido, é necessário observar que:

▷ **Perdão judicial:**
- É ato unilateral (não precisa ser aceito pelo agente);
- Homicídio culposo ou lesão corporal culposa.

▷ **Perdão do ofendido:**
- É ato bilateral (precisa ser aceito pelo agente);
- Somente na ação penal privada.

> O perdão judicial somente ocorre no homicídio culposo, se as circunstâncias da infração atingirem o agente de forma tão grave que a sanção penal se torne desnecessária. Pai culposamente atropela filho na garagem de casa.

CRIMES CONTRA A PESSOA

Natureza jurídica da sentença concessiva de perdão judicial de acordo com a Súmula nº 18 do STJ: a sentença concessiva do perdão judicial é declaratória da extinção da punibilidade, não subsistindo qualquer efeito condenatório.

> **Fique ligado**
>
> O art. 120 do CP prevê que a sentença que conceder perdão judicial não será considerada para efeitos de reincidência.

▷ **Perdão judicial e Código de Trânsito Brasileiro:** o perdão judicial no CTB estava previsto no art. 300, mas este foi vetado.

Causa específica de aumento de pena

Art. 121, § 6º, CP A pena é aumentada de 1/3 (um terço) até a metade se o crime for praticado por milícia privada, sob o pretexto de prestação de serviço de segurança, ou por grupo de extermínio.

Esse parágrafo foi introduzido no Código Penal pela Lei nº 12.720/2012, juntamente com a mudança no § 7º do crime de lesão corporal (art. 129, CP) e o novo crime de constituição de milícia privada (art. 288-A, CP).

É uma majorante de concurso necessário, visto que um grupo não pode ser constituído por uma ou duas pessoas.

O legislador omitiu qual o número mínimo exigido para a configuração desses grupos de extermínio ou milícias, mas a interpretação que predomina é de no mínimo 3 pessoas.

Para que ocorra essa causa especial de aumento de pena, faz-se necessário um especial fim de agir do grupo de milícia privada (pretexto de prestação de serviço de segurança). Essa majorante também é aplicada se for cometida por somente um integrante do grupo, somente se o referido homicídio já teria sido planejado pela milícia anteriormente. Um exemplo seria o que ocorre nas favelas do Rio de Janeiro.

3.1.8 Induzimento, instigação ou auxílio ao suicídio ou à automutilação

Art. 122, CP Induzir ou instigar alguém a suicidar-se ou a praticar automutilação ou prestar-lhe auxílio material para que o faça:
Pena – Reclusão, de 6 (seis) meses a 2 (dois) anos.
§ 1º Se da automutilação ou da tentativa de suicídio resulta lesão corporal de natureza grave ou gravíssima, nos termos dos §§ 1º e 2º do art. 129 deste Código:
Pena – Reclusão, de 1 (um) a 3 (três) anos.
§ 2º Se o suicídio se consuma ou se da automutilação resulta morte:
Pena – Reclusão, de 2 (dois) a 6 (seis) anos.
§ 3º A pena é duplicada:
I – se o crime é praticado por motivo egoístico, torpe ou fútil;
II – se a vítima é menor ou tem diminuída, por qualquer causa, a capacidade de resistência.
§ 4º A pena é aumentada até o dobro se a conduta é realizada por meio da rede de computadores, de rede social ou transmitida em tempo real.
§ 5º Aumenta-se a pena em metade se o agente é líder ou coordenador de grupo ou de rede virtual.
§ 6º Se o crime de que trata o § 1º deste artigo resulta em lesão corporal de natureza gravíssima e é cometido contra menor de 14 (quatorze) anos ou contra quem, por enfermidade ou deficiência mental, não tem o necessário discernimento para a prática do ato, ou que, por qualquer outra causa, não pode oferecer resistência, responde o agente pelo crime descrito no § 2º do art. 129 deste Código.
§ 7º Se o crime de que trata o § 2º deste artigo é cometido contra menor de 14 (quatorze) anos ou contra quem não tem o necessário discernimento para a prática do ato, ou que, por qualquer outra causa, não pode oferecer resistência, responde o agente pelo crime de homicídio, nos termos do art. 121 deste Código.

Para o Direito Penal brasileiro, não é passível de punição a conduta do agente que tem como objetivo o extermínio da sua própria vida, ou seja, aquele que comete o suicídio (autocídio/autoquiria), bem como a possível lesão que o sujeito venha a sofrer caso sua tentativa não obtenha sucesso, devido à falta de previsão legal para tal conduta.

Contudo, o objetivo da norma penal ao tipificar essa conduta é punir o agente que participa na ocorrência do crime, auxiliando, induzindo ou instigando alguém a cometer o suicídio.

Classificação

É crime simples, comum, e formal, pois sua consumação independe de resultado. É crime de forma livre. Pode ser praticado por ação ou por **omissão imprópria**, quando presente o dever de agir (art. 13, § 2º, CP).

Condutas acessórias à prática do suicídio:

▷ **Induzir:** implantar a ideia.
▷ **Instigar:** reforçar a ideia preexistente.
▷ **Auxiliar:** intromissão no processo físico de causação.

> **Fique ligado**
>
> O crime previsto no art. 122 do CP é um crime condicionado ao resultado (morte ou lesão), pois se não se consumar, não terá relevância penal alguma e, portanto, não admite tentativa.

Sujeitos

Sujeito ativo: crime comum, pode ser praticado por qualquer um.

Sujeito passivo: alguém que tenha capacidade para agir, pois, caso contrário, será crime de homicídio. Se ela tiver relativa capacidade (de 14 até fazer 18 anos – art. 224, "a", e 217-A, CP), incorrerá na pena do art. 122, § 3º, II, do CP.

Natureza jurídica do art. 122 do CP: de acordo com Nelson Hungria, Luiz Regis Prado, Aníbal Bruno e Rogério Greco é uma condição objetiva de punibilidade porque o crime se perfaz quando se instiga, induz ou auxilia. Entretanto, cabe destacar que a nova redação do art. 122 não mais condiciona a existência do crime ao resultado lesão grave ou morte. Assim, a prática de umas condutas de induzir, instigar ou auxiliar o suicídio ou à automutilação já é suficiente para configurar o crime, com ou sem resultado.

Art. 13, § 2º, CP A omissão é penalmente relevante quando o omitente devia e podia agir para evitar o resultado. O dever de agir incumbe a quem:
a) Tenha por lei obrigação de cuidado, proteção ou vigilância;
b) De outra forma, assumiu a responsabilidade de impedir o resultado;
c) Com seu comportamento anterior, criou o risco da ocorrência do resultado.

A conduta só é punida na forma dolosa (o agente que participa), não existindo previsão para modalidade culposa.

Descrição do crime: é conhecido também como o crime de participação em suicídio. Ademais, a participação deve dirigir-se a pessoa(as) determinada(as), pois não é punível a participação genérica (um filme, livro, que estimule o pensamento suicida).

Sendo a conduta criminosa composta por vários verbos (induzir, instigar, auxiliar), ainda que o agente realize as três condutas, o crime será único, respondendo desta forma, apenas pelo art. 122 do CP.

> Na participação material, o auxílio deve ser acessório, pois, caso seja direto e imediato, o crime será o de homicídio, visto que o sujeito não pode, em hipótese alguma, realizar uma conduta apta a eliminar a vida da vítima. "A" empresta sua arma de fogo para "B", contudo, "B" solicita para que esse ("A") efetue o disparo em sua cabeça.

O auxílio deve ser eficaz, ou seja, precisa contribuir efetivamente para o suicídio. Desse modo, se "A" empresta uma arma de fogo para "B" se matar, mas este acaba utilizando uma corda (enforcamento), nesse caso, a conduta de "A" será atípica.

Exige-se que o agente imprima seriedade em sua conduta, querendo que a vítima efetivamente se suicide (dolo).

Não há crime se o agente fala, por brincadeira, para a vítima se matar e esta realmente se mata.

> Não caracteriza constrangimento ilegal a coação (força) exercida para impedir o suicídio (art. 146, § 3º, II, CP). "A" induz "B" a suicidar-se e "C" empresta a arma de fogo. "B" se mata. "A" e "C" responderão como autores do crime previsto no art. 122 do CP.

▷ **Pacto de morte ou suicídio a dois**

Duas pessoas resolvem se suicidar conjuntamente. Ex.: câmara de gás. Podem ocorrer as seguintes situações:		
"A" e "B" sobreviveram e não ocorreu lesão corporal grave (ou gravíssima)	Os dois abriram a torneira de gás	Os dois responderão por tentativa de homicídio
"A" e "B" sobreviveram e não ocorreu lesão corporal grave (ou gravíssima)	"A" abriu a torneira	"A" responderá por tentativa de homicídio e "B" não responderá por nada (fato atípico)
"A" e "B" sobreviveram, mas "B" ficou com lesão corporal grave (ou gravíssima)	"A" abriu a torneira	"A" responderá por tentativa de homicídio e "B" responderá por participação em suicídio (art. 122)
"A" morreu e "B" sobreviveu	"A" abriu a torneira	"B" responderá por participação em suicídio (art. 122)
"A" morreu e "B" sobreviveu	"B" abriu a torneira	"B" responderá por homicídio

Roleta-russa e duelo americano

Os sobreviventes responderão pelo crime	
Roleta-russa	A arma de fogo (revólver) é municiada com um único projétil, sendo o gatilho acionado por ambos os participantes – conforme sua ordem – girando o "tambor" da arma a cada nova tentativa. "A" gira o tambor, mira em sua cabeça, e aciona o gatilho
Duelo-americano	Existem duas armas, sendo que apenas uma está municiada, cada um escolhe a sua e efetiva o disparo contra si mesmo, desconhecendo qual efetivamente está carregada

Formas qualificadas

Verifica-se que, com as modificações introduzidas no referido crime, tem-se agora as qualificadoras de lesão grave ou gravíssima (que antes tornava atípico o crime) e morte, em que ambas eram apenas consideradas como condição para a tipificação do crime:

▷ Se da automutilação ou da tentativa de suicídio resulta lesão corporal de natureza grave ou gravíssima, nos termos dos §§ 1º e 2º do art. 129 deste Código – pena de 1 a 3 anos;

▷ Se o suicídio se consuma ou se da automutilação resulta morte – pena de 2 a 6 anos.

Formas majoradas

A pena é duplicada (aqui o aumento será aplicado em dobro, o que não é até o dobro, mas, sim, em dobro):

▷ Se o crime é praticado por motivo egoístico, torpe ou fútil;

▷ Se a vítima é menor ou tem diminuída, por qualquer causa, a capacidade de resistência.

A pena é aumentada até o dobro se a conduta é realizada por meio da rede de computadores, de rede social ou transmitida em tempo real.

Aumenta-se a pena em metade se o agente é líder ou coordenador de grupo ou de rede virtual.

O que antes também não era previsto, agora se tem uma maior punição dos líderes/administradores/fundadores de grupos de comunicação, devido ao seu imenso poder de persuasão sobre seus "seguidores".

3.1.9 Infanticídio

Art. 123, CP *Matar, sob a influência do estado puerperal, o próprio filho, durante o parto ou logo após:*
Pena – Detenção, de dois a seis anos.

O art. 123 do CP é um homicídio especial, dotado de especializantes, possuindo pena menor, o que implica o fato de ser considerado homicídio privilegiado.

Requisitos

▷ Praticado pela própria mãe contra seu filho.
▷ Durante ou logo após o parto.
▷ Contra recém-nascido (neonato).
▷ Sob influência de estado puerpério (lapso temporal até que a mulher volte ao ciclo menstrual normal).

Trata-se de crime próprio (praticado pela própria mãe).

É um crime comissivo (ação) ou omissivo (omissão imprópria), sendo também um crime material, consuma-se, efetivamente, com a morte da vítima.

Sujeitos

Sujeito ativo: o sujeito ativo aqui é a mãe, sob influência do estado puerperal.

Indaga-se se o crime em questão admite concurso de pessoas (coautoria e participação)? Sobre essa pergunta existem duas correntes:

▷ **1ª corrente:** o estado puerperal é condição personalíssima incomunicável, logo, não admite concurso de pessoas. Mas se atente que o CP não reconhece essa condição personalíssima – não tem previsão do art. 30 do CP.

▷ **2ª corrente:** o estado puerperal é condição pessoal comunicável, pelo que é admitido o concurso de agentes (majoritária).

Alguns autores dividem dessa forma:

▷ **1ª situação:** parturiente e médico matam o nascente ou o neonato. Parturiente responde pelo art. 123 e médico também responde pelo art. 123 em coautoria.

▷ **2ª situação:** parturiente, auxiliada pelo médico, mata nascente ou neonato. A parturiente responde pelo art. 123 e o médico também, como partícipe.

CRIMES CONTRA A PESSOA

▷ **3ª situação:** médico, auxiliado pela parturiente, mata nascente ou neonato. O médico responderá pelo crime de homicídio e a parturiente, também responderá pelo art. 121 do CP na qualidade de partícipe. Mas aqui surgem duas correntes em face da injustiça existente. Corrente majoritária: o médico responde pelo art. 121 do CP e a parturiente responde pelo art. 123 para sanar a injustiça existente.

Sujeito passivo: é o próprio filho, ou seja, somente aquele que é o nascente (durante o parto) ou neonato (logo após o parto).

Diante da especialidade, tanto do sujeito ativo como do sujeito passivo, o crime é considerado bipróprio.

Supondo que a mãe mate aquele que supõe ser seu filho, mas na verdade é filho de outrem. Nesse caso continuará respondendo pelo crime de infanticídio, diante da aplicação do art. 20, § 3º, do CP (erro quanto à pessoa) que determina a consideração das qualidades da vítima virtual.

Conduta

A conduta punível é tirar a vida extrauterina do próprio filho, durante ou logo após o parto.

Tem-se o **matar** + as seguintes especializantes: elemento temporal constitutivo do tipo – durante ou logo após o parto. Se for antes do parto, o crime é de aborto. Se, após o parto, o crime é de homicídio.

▷ **Influência do estado puerperal:** a doutrina afirma que, o "logo após" perdura enquanto presente a influência do estado puerperal. Enquanto a gestante estiver sob a influência do estado puerperal, o elemento temporal constitutivo estará presente. Estado puerperal é um desequilíbrio fisio-psíquico.

▷ **Estado puerperal:** conforme Sanches, é o estado que envolve a parturiente durante a expulsão da criança do ventre materno, produzindo profundas alterações psíquicas e físicas.

Puerpério é o período que se estende do início do parto até a volta da mulher às condições pré-gravidez.

É preciso, também, que haja uma relação de causa e efeito entre o estado puerperal e o crime, pois nem sempre ele produz perturbações psíquicas na parturiente. Esse alerta se encontra na exposição de motivos do CP.

Dependendo do grau do estado puerperal, é possível que a parturiente seja tratada como inimputável ou semi-imputável. Dependendo do grau de desequilíbrio fisio-psíquico, a parturiente pode sofrer o mesmo tratamento do inimputável ou semi-imputável. Essa é a posição de Mirabete.

Tipo subjetivo

O crime descrito no art. 123 é punido a título de dolo, não havendo possibilidade de punição na modalidade culposa.

Consumação e tentativa: o crime consuma-se com a morte, sendo perfeitamente possível a tentativa.

3.1.10 Aborto provocado pela gestante ou com seu consentimento

> **Art. 124, CP** *Provocar aborto em si mesma ou consentir que outrem lhe provoque:*
> *Pena – Detenção, de um a três anos.*

O crime de aborto ocorre quando há a interrupção da gravidez, ocasionando a morte do produto da geração, procriação, concepção, ou seja, é a eliminação da vida intrauterina.

Sob o aspecto jurídico, a gravidez tem início com a nidação (implantação do óvulo fecundado no útero – parede uterina).

Portanto, não há crime de aborto quando da utilização de meios que inibem a fixação do ovo na parede uterina. É o que ocorre com o diafragma intrauterino (DIU).

▷ **Espécies de aborto:**
- **Criminoso:** interrupção dolosa da gravidez (arts. 124 a 127, CP).
- **Legal ou permitido:** não há crime por expressa previsão legal (art. 128, CP):
- Quando não há outro meio para salvar a vida da gestante (aborto necessário ou terapêutico);
- Quando a gravidez resulta de estupro (aborto sentimental ou humanitário).
- **Natural:** interrupção espontânea da gravidez. Não há crime.
- **Acidental:** a gestante sofre um acidente qualquer e perde o bebê. Não é crime, por ausência de dolo.
- **Eugênico ou eugenésico:** interrupção da gravidez quando há anomalia ou algum defeito genético. É crime, exceto o aborto de anencéfalo.
- **Econômico ou social:** interrupção da gravidez para não agravar a situação de miséria enfrentada pela mãe ou por sua família. É crime.

Objetividade jurídica

A objetividade jurídica é a vida humana. No aborto provocado por terceiro sem o consentimento da gestante (art. 125), protege-se também a integridade física e psíquica da gestante.

Objeto material

O objeto material é o produto da concepção (óvulo fecundado, embrião ou feto).

Deve haver prova da gravidez, pois se a mulher não está grávida, ou se o feto já havia morrido por outro motivo qualquer, será crime impossível por absoluta impropriedade do objeto (art. 17, CP).

O feto deve estar alojado no útero materno. Desse modo, se ocorrer a destruição de um tubo de ensaio que contém um óvulo fertilizado *in vitro*, não haverá aborto.

O feto não necessita ter viabilidade; basta que esteja vivo antes do crime.

Sujeitos do crime

▷ **Sujeito ativo:** os crimes do art. 124 do CP são de mão própria, pois somente a gestante pode provocar aborto em si mesma ou consentir que um terceiro lhe provoque. Não admitem coautoria, mas admite participação. É crime comum nos demais casos.

▷ **Sujeito passivo:** é o feto. No aborto provocado por terceiro sem o consentimento da gestante (art. 125), as vítimas são o feto e a gestante.

É crime de forma livre. Pode ser praticado de forma comissiva ou omissiva (ex.: deixar dolosamente de ingerir medicamentos necessários para a preservação da gravidez). Se, contudo, o meio de execução for absolutamente ineficaz será crime impossível (ex.: despachos, rezas e simpatias).

Elemento subjetivo

É o dolo direto ou eventual. Não existe o crime de aborto culposo.

Se a própria gestante agir culposamente e ensejar o aborto, o fato será atípico. Já o terceiro que provoca aborto por culpa responde por lesão corporal culposa contra a gestante.

Consumação e tentativa

Ocorre com a morte do feto. É dispensável a expulsão do produto da concepção. É admitida a tentativa. Ex.: realizou manobras abortivas e o feto foi expulso com vida: tentativa de aborto.

Ex. 1: o agente quer ferir a gestante e realiza manobras abortivas e o feto é expulso com vida – lesão corporal grave (aceleração de parto – art. 129, § 1º, IV, CP).

Ex. 2: realizou manobras abortivas e o feto foi expulso com vida. Logo em seguida, o agente mata o feto – tentativa de aborto e homicídio em concurso material.

Ex. 3: realizou manobras abortivas e o feto foi expulso com vida, mas morreu alguns dias depois em razão da manobra realizada – aborto consumado.

Classificação doutrinária

O aborto é crime material, próprio e de mão própria ou comum, instantâneo, comissivo ou omissivo, de dano, unissubjetivo, unilateral ou de concurso eventual, plurissubjetivo ou de concurso necessário, plurissubsistente, de forma livre, progressivo.

O art. 20 da Lei Contravenções Penais diz que constitui contravenção penal a conduta de anunciar processo, substância ou objeto destinado a provocar aborto.

Análise do tipo penal

▷ **1ª parte:** provocar aborto em si.

É o autoaborto, um crime próprio e de mão própria.

Admite participação:

> Mulher gestante ingere medicamento abortivo que lhe foi dado por seu namorado e provoca o aborto. Nessa situação, a gestante é autora de autoaborto e seu namorado é partícipe (induzir, instigar ou auxiliar) desse crime. Todavia, se o namorado tivesse executado qualquer ato de provocação do aborto seria autor do crime previsto no art. 126 do CP (aborto com o consentimento da gestante).

O partícipe do autoaborto, além de responder por esse crime, pratica ainda homicídio culposo ou lesão corporal culposa se ocorrer morte ou lesão corporal grave em relação à gestante, pois o disposto no art. 127 não se aplica ao crime do art. 124.

Quanto à gestante que provoca aborto em si mesma, o aborto legal ou permitido, duas situações podem ocorrer:

- Se for aborto necessário ou terapêutico: não há crime (estado de necessidade);
- Se for aborto sentimental ou humanitário: há crime, pois nesta modalidade somente é autorizado no aborto praticado pelo médico.

▷ **2ª parte:** consentir para que terceiro lhe provoque o aborto.

O legislador criou uma exceção à teoria monista ou unitária no concurso de pessoas (art. 29, *caput*, CP) e criou crimes distintos: a gestante responde pelo art. 124, 2ª parte, do CP, e o terceiro que provoca o aborto responde pelo art. 126 do CP.

Esse crime é de mão própria, pois somente a gestante pode prestar o consentimento. Não admite coautoria, mas admite participação.

A gestante dever ter capacidade e discernimento para consentir (ser maior de 14 anos e ter integridade mental). E o consentimento deve ser válido (isento de fraude e não tenha sido obtido por meio de violência ou grave ameaça).

3.1.11 Aborto provocado por terceiro

> **Art. 125, CP** *Provocar aborto, sem o consentimento da gestante:*
> *Pena – Reclusão, de três a dez anos.*

Sujeito ativo: qualquer pessoa.

Sujeito passivo: produto da concepção feto e a gestante.

Trata-se da forma mais grave do crime de aborto, pois é cometido sem o consentimento da gestante.

De acordo com a jurisprudência, aquele que desfere chute no ventre de mulher, sabendo de sua gravidez, responde pelo crime de aborto (art. 127, CP).

> **Art. 126, CP** *Provocar aborto com o consentimento da gestante:*
> *Pena – Reclusão, de um a quatro anos.*
> **Parágrafo único.** *Aplica-se a pena do artigo anterior, se a gestante não é maior de quatorze anos, ou é alienada ou débil mental, ou se o consentimento é obtido mediante fraude, grave ameaça ou violência.*

Considerações

É crime de concurso necessário.

O legislador criou uma exceção à teoria monista ou unitária no concurso de pessoas (art. 29, *caput*, CP) e criou crimes distintos: a gestante responde pelo art. 124, 2ª parte, CP, e o terceiro que provoca o aborto responde pelo art. 126 do CP.

O consentimento da gestante (expresso ou tácito) deve subsistir até a consumação do aborto. Se durante a prática do crime ela se arrepender e solicitar ao terceiro a paralisação das manobras letais, mas não for obedecida, para ela o fato será atípico, e o terceiro responderá pelo crime do art. 125 do CP.

Se três ou mais pessoas associarem-se para o fim de praticarem abortos, responderão pelo crime de associação criminosa (art. 288, CP) em concurso material com os abortos efetivamente realizados.

Se não tiver o consentimento da gestante responde pelo art. 125 do CP.

Caso a gestante consentir, mas seu consentimento não seja válido, por se enquadrar em alguma das hipóteses do parágrafo único do art. 126 (gestante não maior de 14 anos ou alienada mental ou consentimento obtido por meio de fraude, grave ameaça ou violência), os agentes responderão pelo crime do art. 125 do CP.

3.1.12 Forma qualificada

> **Art. 127, CP** *As penas cominadas nos dois artigos anteriores são aumentadas de um terço, se, em consequência do aborto ou dos meios empregados para provocá-lo, a gestante sofre lesão corporal de natureza grave; e são duplicadas, se, por qualquer dessas causas, lhe sobrevém a morte.*

Fique ligado
O aborto de feto anencefálico é uma espécie de aborto eugênico.

Esses resultados são preterdolosos advindos da prática abortiva, ou seja, são resultados que só poderão ser imputados a título de culpa. Se houver dolo em relação a esses resultados, haverá concurso.

3.1.13 Aborto necessário

> **Art. 128, CP** *Não se pune o aborto praticado por médico:*
> **Aborto necessário**
> *I – se não há outro meio de salvar a vida da gestante;*

Depende de dois requisitos:

▷ Que a vida da gestante corra perigo em razão da gravidez;

▷ Que não exista outro meio de salvar sua vida.

O risco para a vida da gestante não precisa ser atual. Basta que exista, isto é, que no futuro possa colocar em perigo a vida da mulher.

Não necessita do consentimento da gestante e não haverá crime quando a gestante se recusa a fazê-lo e o médico provoca o aborto necessário.

Se o aborto necessário for realizado por **enfermeira**, ou por qualquer pessoa que não o médico, duas situações podem ocorrer:

▷ Há perigo atual para a gestante: estado de necessidade (art. 24, CP);

▷ Não há perigo atual: há crime de aborto.

CRIMES CONTRA A PESSOA

3.1.14 Aborto no caso de gravidez resultante de estupro

Art. 127, II, CP Se a gravidez resulta de estupro e o aborto é precedido de consentimento da gestante ou quando incapaz, de seu representante legal.

Necessita de três requisitos:
▷ Ser praticado por médico;
▷ Consentimento válido da gestante ou de seu representante legal (se for incapaz);
▷ Gravidez resultante de estupro.

Nesta hipótese, como não há perigo atual para a vida da gestante, haverá o crime de aborto se praticado por qualquer pessoa que não seja o médico.

O aborto será permitido mesmo que a gravidez resulte de ato libidinoso diverso da conjunção carnal (ex.: sexo anal, estupro de vulnerável) em razão da mobilidade dos espermatozoides. É considerada uma hipótese de analogia *in bonam partem*.

Não se exige autorização judicial para a realização desta espécie de aborto permitido.

São causas especiais de exclusão da ilicitude. Embora o aborto praticado em tais situações seja fato típico, não há crime pelo fato de serem hipóteses admitidas pelo ordenamento jurídico.

Ambos devem ser praticados por médico (este não precisa de autorização judicial para realizar estas espécies de aborto).

▷ **Aborto sentimental:** também é autorizado quando a gravidez decorrer de estupro de vulnerável (analogia *in bonam partem*).
▷ **Aborto econômico:** não está previsto no ordenamento jurídico. Se praticado, será crime de aborto.

De acordo com o Código Penal, existem apenas duas modalidades permissivas de aborto previstas no art. 128 do CP: aborto necessário e aborto sentimental.

No entanto, em abril de 2012, o STF, no julgamento da ADPF nº 54, passou a admitir uma terceira modalidade: o aborto de feto anencefálico (malformação fetal que leva à ausência de cérebro e à impossibilidade de vida).

Para tanto, não há necessidade de autorização judicial. Basta um laudo formal do médico atestando a anencefalia e a inviabilidade de vida.

3.2 Lesões corporais

Art. 129, CP Ofender a integridade corporal ou a saúde de outrem:
Pena – Detenção, de três meses a um ano.

Lesão corporal de natureza grave
§ 1º Se resulta:
I – Incapacidade para as ocupações habituais, por mais de trinta dias;
II – Perigo de vida;
III – Debilidade permanente de membro, sentido ou função;
IV – Aceleração de parto:
Pena – Reclusão, de um a cinco anos.
§ 2º Se resulta:
I – Incapacidade permanente para o trabalho;
II – Enfermidade incurável;
III – Perda ou inutilização do membro, sentido ou função;
IV – Deformidade permanente;
V – Aborto:
Pena – Reclusão, de dois a oito anos.

Lesão corporal seguida de morte
§ 3º Se resulta morte e as circunstâncias evidenciam que o agente não quis o resultado, nem assumiu o risco de produzi-lo:
Pena – Reclusão, de quatro a doze anos.

Diminuição de pena
§ 4º Se o agente comete o crime impelido por motivo de relevante valor social ou moral ou sob o domínio de violenta emoção, logo em seguida a injusta provocação da vítima, o juiz pode reduzir a pena de um sexto a um terço.

Substituição da Pena:
§ 5º O juiz, não sendo graves as lesões, pode ainda substituir a pena de detenção pela de multa, de duzentos mil réis a dois contos de réis:
I – Se ocorre qualquer das hipóteses do parágrafo anterior;
II – Se as lesões são recíprocas.

Lesão Corporal Culposa
§ 6º Se a lesão é culposa:
Pena – Detenção, de dois meses a um ano.

Aumento de pena
§ 7º Aumenta-se a pena de 1/3 (um terço) se ocorrer qualquer das hipóteses dos §§ 4º e 6º do art. 121 deste Código.
§ 8º Aplica-se à lesão culposa o disposto no § 5º do art. 121.

Violência doméstica
§ 9º Se a lesão for praticada contra ascendente, descendente, irmão, cônjuge ou companheiro, ou com quem conviva ou tenha convivido, ou, ainda, prevalecendo-se o agente das relações domésticas, de coabitação ou de hospitalidade.
Pena – Detenção, de 3 (três) meses a 3 (três) anos.
§ 10 Nos casos previstos nos §§ 1º a 3º deste artigo, se as circunstâncias são as indicadas no § 9º deste artigo, aumenta-se a pena em 1/3 (um terço).
§ 11 Na hipótese do § 9º deste artigo, a pena será aumentada de um terço se o crime for cometido contra pessoa portadora de deficiência.
§ 12 Se a lesão for praticada contra autoridade ou agente descrito nos arts. 142 e 144 da Constituição Federal, integrantes do sistema prisional e da Força Nacional de Segurança Pública, no exercício da função ou em decorrência dela, ou contra seu cônjuge, companheiro ou parente consanguíneo até terceiro grau, em razão dessa condição, a pena é aumentada de um a dois terços.

Essa qualificadora foi inserida pela Lei nº 13.142/2015.

São autoridades previstas na Constituição Federal:

Art. 142, CF/1988 As Forças Armadas, constituídas pela Marinha, pelo Exército e pela Aeronáutica, são instituições nacionais permanentes e regulares, organizadas com base na hierarquia e na disciplina, sob a autoridade suprema do presidente da República, e destinam-se à defesa da Pátria, à garantia dos poderes constitucionais e, por iniciativa de qualquer destes, da lei e da ordem. [...]

Art. 144, CF A segurança pública, dever do Estado, direito e responsabilidade de todos, é exercida para a preservação da ordem pública e da incolumidade das pessoas e do patrimônio, através dos seguintes órgãos: [...]
I – Polícia federal;
II – Polícia rodoviária federal;
III – Polícia ferroviária federal;
IV – Polícias civis;
V – Polícias militares e corpos de bombeiros militares;
VI – polícias penais federal, estaduais e distrital (EC nº 104/2019).
§ 8º Guardas municipais.

Art. 129, § 13, CP Se a lesão for praticada contra a mulher, por razões da condição do sexo feminino, nos termos do § 2º-A do art. 121 deste Código: (Incluído pela Lei nº 14.188, de 2021)
Pena – Reclusão, de 1 (um) a 4 (quatro anos). (Incluído pela Lei nº 14.188, de 2021)

Lesão corporal é a ofensa humana direcionada à integridade corporal ou à saúde de outra pessoa, quer do ponto de vista anatômico, quer do ponto de vista fisiológico ou mental. A dor, por si só, não caracteriza lesão corporal.

No crime de lesão corporal, protege-se a incolumidade física em sentido amplo: saúde física ou corporal; saúde fisiológica (correto funcionamento do organismo) e saúde mental (psicológica).

Topografia do art. 129	
caput	Lesão dolosa leve
§ 1º	Lesão dolosa grave – Atenção! O § 1º não traz somente a lesão dolosa grave. Ele também tem lesão preterdolosa grave.
§ 2º	Lesão dolosa gravíssima – também no § 2º tem preterdolo
§ 3º	Lesão seguida de morte – está genuinamente preterdolosa
§ 4º	Lesão dolosa privilegiada
§ 5º	Lesão culposa
§ 6º	Majorantes
§ 7º	Perdão judicial
§§ 9º, 10 e 11	Violência doméstica e familiar – aqui não é só contra mulher
§ 12	Praticada contra autoridade policial
§ 13	Praticada contra a mulher, por razões da condição do sexo feminino

Classificação

Pode ser praticado por ação ou omissão, quando presente o dever de agir para evitar o resultado, art. 13, § 2º, do CP. A mãe que deixa o filho pequeno sozinho na cama, desejando que ele caísse e se machucasse.

É crime de forma livre. Pode ser praticado por ação ou omissão. Pratica lesão quem cria ferimento ou quem agrava o ferimento que já existe.

Elemento subjetivo é o dolo (direto ou eventual) conhecido como *animus laedendi*, mas há também a culpa no § 6º (lesão corporal culposa) e o preterdolo no § 3º (lesão corporal seguida de morte).

Fique ligado
Qual crime é praticado pelo policial militar que agride uma pessoa? Abuso de autoridade e lesão corporal.

Sujeitos do crime

Sujeito ativo: é crime comum, podendo ser praticado por qualquer pessoa.

Sujeito passivo: em regra, qualquer pessoa.

Exceções: art. 129, § 1º, IV (aceleração de parto) e art. 129, § 2º, V (lesão que resulta aborto). Nessas duas hipóteses, as vítimas são, necessariamente, gestantes. Também na lesão qualificada pela violência doméstica a vítima precisa ser ascendente, descendente, irmã, cônjuge ou companheira do agressor. No § 13, da Lei nº 14.188/2021, a vítima, necessariamente, é mulher.

Consumação e tentativa

Por ser crime material, consuma-se com a efetiva lesão da vítima. A pluralidade de lesões contra a mesma vítima e no mesmo contexto temporal caracteriza crime único, mas deve influenciar na dosimetria da pena-base (art. 59, CP).

A tentativa só é cabível nas modalidades dolosas. Não cabe tentativa na lesão culposa e na lesão corporal seguida de morte.

▷ **Lesão corporal (art. 29, CP):** lesionar a vítima.
▷ **Contravenção penal de vias de fato (art. 21, Lei das Contravenções Penais):** agredir a vítima, sem lesioná-la. Ex.: empurrão, puxão de cabelo.

Lesão corporal leve

A ação penal é pública condicionada à representação da vítima, de competência dos juizados especiais criminais (art. 88, Lei nº 9.099/1995).

O conceito de lesão leve é considerado por exclusão: será de natureza leve se não for a lesão de natureza grave ou gravíssima.

Há jurisprudência admitindo o princípio da insignificância na lesão corporal, quanto às lesões levíssimas. Na doutrina, esse posicionamento é adotado por José Henrique Pierangeli.

3.2.1 Lesão corporal de natureza grave

Art. 129, § 1º, CP Se resulta:
I – Incapacidade para as ocupações habituais, por mais de trinta dias;
II – Perigo de vida;
III – Debilidade permanente de membro, sentido ou função;
IV – Aceleração de parto:
Pena – Reclusão, de um a cinco anos.

Trata-se de infração de médio potencial ofensivo, considerando que a pena mínima é de 1 ano. A ação penal é pública incondicionada.

Incapacidade para as ocupações habituais por mais de 30 dias

As ocupações habituais são aquelas rotineiras, físicas ou mentais, do cotidiano do ofendido e não apenas seu trabalho. É suficiente tratar-se de ocupação concreta, pouco importando se lucrativa ou não.

A atividade deve ser lícita, sendo indiferente se moral ou imoral.

Um bebê de tenra idade pode ser vítima dessa lesão? A resposta é afirmativa e há jurisprudência nesse sentido, trazendo como exemplo a hipótese em que o bebê, em razão da agressão não pode ser alimentado, pelo prazo de 30 dias.

É irrelevante a idade da vítima (pode ser idosa ou criança).

São exigidos dois exames periciais: um inicial realizado logo após o crime; e um exame complementar realizado logo que decorra o prazo de 30 dias da data do crime.

Supondo que a vítima sofra uma lesão ficando com um hematoma no olho, e, por vergonha não saiu de casa pelo prazo superior a 30 dias, nessa hipótese, restou configurado o delito de lesões corporais graves? Ensina a doutrina, seguida pela jurisprudência, que a relutância por vergonha de praticar as ocupações habituais não agrava o crime. É a lesão que deve incapacitar o agente e não a vergonha da lesão.

Perigo de vida

Perigo de vida é a possibilidade grave, concreta e imediata de a vítima morrer em consequência das lesões sofridas. Trata-se de perigo concreto, comprovado por perícia médica, que deve indicar, de modo preciso e fundamentado, no que consistiu o perigo de vida proporcionado à vítima. Nesta hipótese, é crime tipicamente preterdoloso, pois o resultado agravador deve resultar de culpa do agente.

Se o agente, ao praticar a lesão, quis o resultado ou assumiu o risco de produzi-lo, responderá por tentativa de homicídio.

CRIMES CONTRA A PESSOA

O crime preterdoloso não está apenas na lesão corporal seguida de morte. O perigo de vida é um resultado necessariamente preterdoloso.

Debilidade permanente de membro, sentido ou função

Debilidade é a diminuição ou o enfraquecimento da capacidade funcional. Há de ser permanente, isto é, duradoura e de recuperação incerta. Não se exige perpetuidade. Ex.: o agente não fica cego, mas tem reduzida a capacidade visual.

Membros	São os braços, as pernas, as mãos e os pés.
Sentidos	São os mecanismos sensoriais por meio dos quais percebemos o mundo externo: visão, audição, tato, olfato e paladar.
Função	É a atividade inerente a um órgão ou aparelho do corpo humano: respiratória, circulatória, digestiva etc.

A perda ou inutilização de membro sentido ou função é lesão corporal gravíssima (art. 129, § 2º, III, CP).

Órgãos duplos (como rins, olhos, pulmões): a perda de um deles caracteriza lesão grave pela debilidade permanente. Já a perda de ambos configura lesão corporal gravíssima pela perda ou inutilização.

A recuperação do membro, sentido ou função por meio cirúrgico ou ortopédico não exclui a qualificadora, pois a vítima não é obrigada a submeter-se a tais procedimentos.

Aceleração de parto

É a antecipação do parto, o parto prematuro. A criança nasce com vida e continua a viver.

Para incidir essa qualificadora do inciso IV, é imprescindível que o agente saiba ou pudesse saber que a vítima da lesão era gestante, sob pena de restar caracterizada a responsabilidade penal objetiva, vedada pelo ordenamento jurídico. É necessário observar ainda que, em nenhuma dessas hipóteses o agente aceita ou quer o abortamento.

Se em consequência da lesão o feto for expulso morto do ventre materno, o crime será de lesão corporal gravíssima em razão do aborto (art. 129, § 2º, V, CP).

3.2.2 Lesão corporal dolosa gravíssima

Art. 129, § 2º, CP Se resulta:
I – Incapacidade permanente para o trabalho;
II – Enfermidade incurável;
III – Perda ou inutilização do membro, sentido ou função;
IV – Deformidade permanente;
V – Aborto.
Pena – Reclusão, de dois a oito anos.

Em concurso, restou indagado se a expressão gravíssima era criação da lei, doutrina ou jurisprudência. Referida expressão é criação da doutrina que foi seguida pela jurisprudência.

A Lei nº 9.455/1997, que é a lei de tortura, adotou a expressão doutrinária gravíssima. Na lei de tortura, no art. 1º, § 3º, há expressa menção à lesão grave ou gravíssima.

Incapacidade permanente para o trabalho

Deve tratar-se de incapacidade genérica para o trabalho, ou seja, a vítima fica impossibilitada de exercer qualquer tipo de atividade laborativa remunerada.

A incapacidade não significa perpetuidade, basta que seja uma incapacidade duradoura, dilatada no tempo.

Enfermidade incurável

É a alteração prejudicial da saúde por processo patológico, físico ou psíquico, que não pode ser eficazmente combatida com os recursos da medicina à época do crime. Deve ser provada por exame pericial.

Também é considerada incurável a enfermidade que somente pode ser enfrentada por procedimento cirúrgico complexo ou mediante tratamentos experimentais ou penosos, pois a vítima não pode ser obrigada a enfrentar tais situações.

A transmissão intencional do vírus da Aids no Brasil é tida como de natureza letal, pelo que é considerada tentativa de homicídio. O certo seria a criação de tipo penal específico sobre a transmissão intencional do vírus da Aids.

Em recente julgado, o STF afastou essa ideia. A Suprema Corte entendeu, recentemente, que não se trata de tentativa de homicídio a transmissão intencional do vírus da Aids.

Perda ou inutilização de membro, sentido ou função

▷ **Perda:** é a amputação, a destruição ou privação de membro (ex.: arrancar um braço), sentido (ex.: perda da audição), função (ex.: ablação do pênis que extingue a função reprodutora). Pode concretizar-se por meio de mutilação (o membro, sentido ou função é eliminado diretamente pela conduta do agressor) ou amputação (resulta da intervenção médico-cirúrgica realizada para salvar a vida do ofendido).

▷ **Inutilização:** falta de aptidão do órgão para desempenhar sua função específica. O membro ou órgão continua ligado ao corpo da vítima, mas incapacitado para desempenhar as atividades que lhe são próprias. Ex.: a vítima ficou paraplégica.

A correção corporal da vítima por meios ortopédicos ou próteses não afasta a qualificadora, ao contrário do reimplante realizado com êxito.

A perda de parte do movimento de um membro (braço, perna, mão ou pé) configura lesão grave pela debilidade permanente. Todavia, a perda de todo o movimento caracteriza lesão corporal gravíssima pela inutilização.

Deformidade permanente

Segundo doutrina, a jurisprudência majoritária, essa qualificadora está intimamente relacionada a questões estéticas. Desse modo, precisa ser visível, mas não necessariamente na face, e capaz de causar impressão vexatória em quem olha a vítima.

A vítima não é obrigada a se submeter a intervenção cirúrgica para a reparação da deformidade. Caso, no entanto, submeta-se e a deformidade seja corrigida, desaparecerá a qualificadora, sendo cabível, inclusive, a revisão criminal. A correção da deformidade com o uso de prótese (ex.: olho de vidro, orelha de borracha ou aparelho ortopédico) não exclui a qualificadora.

Aborto

Essa qualificadora é necessariamente preterdolosa. Há dolo na lesão e culpa no aborto. Se o agente quer, ou assume o risco do aborto, haverá concurso de crimes.

A interrupção da gravidez, com a consequente morte do produto da concepção, deve ter sido provocada culposamente, pois se trata de crime preterdoloso. Se a morte do feto foi proposital, o sujeito responderá por dois crimes: lesão corporal em concurso formal impróprio com aborto sem o consentimento da gestante (art. 125). É obrigatório o conhecimento da gravidez por parte do agressor.

3.2.3 Lesão corporal seguida de morte

Art. 129, § 3º, CP Se resulta morte e as circunstâncias evidenciam que o agente não quis o resultado, nem assumiu o risco de produzi-lo.
Pena – Reclusão, de quatro a doze anos.

É crime exclusivamente preterdoloso (dolo no antecedente [lesão] e culpa no consequente [morte]). Esse crime não vai a júri, considerando que não há dolo na morte.

A morte foi ocasionada a título culposo – temos o típico caso de crime preterdoloso (dolo na conduta antecedente e culpa na posterior).

Se presente o dolo direto ou dolo eventual quanto ao resultado morte, o sujeito responderá por homicídio doloso.

Essa modalidade de lesão corporal não admite tentativa.

3.2.4 Lesão corporal privilegiada

Diminuição de pena
Art. 129, § 4º, CP Se o agente comete o crime impelido por motivo de relevante valor social ou moral ou sob o domínio de violenta emoção, logo em seguida a injusta provocação da vítima, o juiz pode reduzir a pena de um sexto a um terço.

Esse privilégio se aplica a todos os tipos de lesão dolosa, contudo, é incabível nas lesões culposas.

São as mesmas características do homicídio privilegiado (art. 121, § 1º, CP).

Substituição da pena
Art. 129, § 5º, CP O juiz, não sendo graves as lesões, pode ainda substituir a pena de detenção pela de multa:
I – Se ocorre qualquer das hipóteses do parágrafo anterior;
II – Se as lesões são recíprocas.

A situação da substituição de penas somente se aplica ao *caput*, considerando que exige que as lesões corporais não sejam graves. A possibilidade de substituição, assim, somente se dá com a hipótese de lesões leves.

▷ Quando a lesão corporal leve for privilegiada: desse modo, caso as lesões sejam leves, o juiz terá duas opções: reduzir a pena de 1/6 a 1/3 (§ 4º) ou substituí-la por multa (§ 5º);

▷ Se as lesões leves forem recíprocas: uma pessoa agride outra e, cessada essa primeira agressão, ocorre uma outra lesão pela primeira vítima.

3.2.5 Lesão corporal culposa

Art. 129, § 6º, CP Se a lesão é culposa:
Pena – Detenção, de dois meses a um ano.

Ocorre lesão corporal culposa quando o agente faltou com seu dever de cuidado objetivo por meio de imprudência, negligência ou imperícia. Desse modo, as consequências, embora previsíveis, não foram previstas pelo agente, ou se foram, ele não assumiu o risco de produzir o resultado.

Essa espécie de lesão depende de representação da vítima ou de seu representante legal (art. 88, Lei nº 9.099/1995), pois é crime de ação penal pública condicionada a representação e infração penal de menor potencial ofensivo (pena máxima menor que 2 anos).

Diferentemente do que ocorre com as lesões dolosas (que podem ser leves, graves ou gravíssimas), o CP não fez distinção com relação às lesões culposas. Desse modo, qualquer que seja a intensidade da lesão, o agente responderá por lesão corporal culposa. A gravidade da lesão será levada em consideração na fixação da pena-base (art. 59).

3.2.6 Aumento de pena

Art. 129, § 7º, CP Aumenta-se a pena de um terço, se ocorrer qualquer das hipóteses do art. 121, §§ 4º e 6º.
Art. 121, § 4º, CP No homicídio culposo, a pena é aumentada de 1/3 (um terço), se o crime resulta de inobservância de regra técnica de profissão, arte ou ofício, ou se o agente deixa de prestar imediato socorro à vítima, não procura diminuir as consequências do seu ato, ou foge para evitar prisão em flagrante. Sendo DOLOSO o homicídio, a pena é aumentada de 1/3 (um terço) se o crime é praticado contra pessoa menor de 14 (quatorze) ou maior de 60 (sessenta) anos.

Art. 121, § 6º, CP A pena é aumentada de 1/3 (um terço) até a metade se o crime for praticado por milícia privada, sob o pretexto de prestação de serviço de segurança, ou por grupo de extermínio.
Art. 121, § 8º, CP Aplica-se à lesão culposa o disposto no § 5º do art. 121.
Art. 121, § 5º, CP Na hipótese de homicídio CULPOSO, o juiz poderá deixar de aplicar a pena, se as consequências da infração atingirem o próprio agente de forma tão grave que a sanção penal se torne desnecessária.

Violência doméstica
Art. 129, CP [...]
§ 9º Se a lesão for praticada contra ascendente, descendente, irmão, cônjuge ou companheiro, ou com quem conviva ou tenha convivido, ou, ainda, prevalecendo-se o agente das relações domésticas, de coabitação ou de hospitalidade:
Pena – Detenção, de 3 (três) meses a 3 (três) anos.
§ 10 Nos casos previstos nos §§ 1º a 3º deste artigo, se as circunstâncias são as indicadas no § 9º deste artigo, aumenta-se a pena em 1/3 (um terço).
§ 11 Na hipótese do § 9º deste artigo, a pena será aumentada de um terço se o crime for cometido contra pessoa portadora de deficiência.

A forma qualificada do § 9º só se aplica à lesão corporal leve.

§ 13 Se a lesão for praticada contra a mulher, por razões da condição do sexo feminino, nos termos do § 2º-A do art. 121 deste Código:
Pena – Reclusão, de 1 (um) a 4 (quatro anos).

A Lei nº 14.188/2021 acrescentou o § 13 ao art. 129. Trata-se de nova qualificadora para a lesão corporal simples (leve) cometida contra a mulher por razões da condição do sexo feminino. Assim, se a lesão for praticada contra a mulher, por razões da condição do sexo feminino, a conduta se enquadra no § 13 do art.129.

Nos demais casos (ex.: vítima homem) a conduta continua sendo tipificada no § 9º do art. 129 do CP.

Se a lesão for grave, gravíssima ou seguida de morte, aplica-se o § 1º (grave), § 2º (gravíssima) ou o § 3º (lesão seguida de morte) cumulada com a causa de aumento de pena do § 10.

Pode ser causa supralegal de exclusão da ilicitude (somente na lesão corporal leve), desde que presentes os seguintes requisitos, cumulativos:

▷ Deve ser expresso;

▷ Deve ser livre (não pode ter sido concedido em razão de coação ou ameaça);

▷ Deve ser moral e respeitar os bons costumes;

▷ Deve ser prévio à consumação da lesão;

▷ O ofendido deve ser capaz para consentir (maior de 18 anos e mentalmente capaz).

É irrelevante o consentimento do ofendido nos crimes de lesão corporal grave, gravíssima e seguida de morte, pois o bem jurídico protegido nestas hipóteses é indisponível.

Autolesão: em razão do princípio da alteridade, não se pune a autolesão. Todavia, pode caracterizar o crime descrito no art. 171, § 2º V, do CP (fraude para recebimento de indenização ou valor de seguro).

> Jogador de golfe quebra o próprio braço para receber o valor do seguro.

Lesões em atividades esportivas: há a exclusão da ilicitude em razão do exercício regular do direito.

Cirurgias emergenciais: se há risco de morte do paciente, o médico que atua sem o consentimento do operado estará amparado pelo estado de necessidade de terceiro. Se não há risco de morte, a cirurgia depende de consentimento da vítima ou de seu representante legal para afastar o crime pelo exercício regular do direito.

CRIMES CONTRA A PESSOA

Cirurgia de mudança de sexo: não há crime de lesão corporal gravíssima por ausência de dolo de lesionar a integridade corporal ou a saúde do paciente. Atualmente é permitida a realização dessa cirurgia – redesignação sexual – inclusive na rede pública de saúde (Portaria nº 1.707/2008, do Ministério da Saúde). Desse modo, o médico que realiza este procedimento não comete crime por estar acobertado pelo exercício regular de direito.

Cirurgia de esterilização sexual: não há crime na conduta do médico que realiza esta cirurgia (vasectomia, ligadura de trompas etc.) com a autorização do paciente, apesar da eliminação da função reprodutora. Exercício regular de direito.

3.3 Periclitação da vida e da saúde

3.3.1 Perigo de contágio venéreo

> *Art. 130, CP Expor alguém, por meio de relações sexuais ou qualquer ato libidinoso, a contágio de moléstia venérea, de que sabe ou deve saber que está contaminado:*
> *Pena – Detenção, de três meses a um ano, ou multa.*
> *§ 1º Se é intenção do agente transmitir a moléstia:*
> *Pena – Reclusão, de um a quatro anos, e multa.*
> *§ 2º Somente se procede mediante representação.*

Esse crime configura-se quando o agente transmite ou expõe a perigo de contágio de uma doença venérea (sífilis, gonorreia etc.), bem como, caso ele a desconheça, venha a infectar uma possível vítima.

A forma de transmitir a doença pode ser por meio de relações sexuais (conjunção carnal), ou por qualquer outro ato libidinoso (ação que satisfaça a libido do agente, beijo lascivo, sexo oral, sexo anal, masturbação etc.).

Se a intenção do agente é transmitir a doença, por tratar-se de crime formal, não é necessário o contágio.

> **Fique ligado**
> A Aids não é considerada uma moléstia venérea, visto que pode ser contraída ou transmitida de diversas formas, além do contato sexual.

O § 1º traz a forma qualificada do crime, ou seja, quando o agente tem a intenção (dolo) de transmitir a doença.

3.3.2 Perigo de contágio de moléstia grave

> *Art. 131, CP Praticar, com o fim de transmitir a outrem moléstia grave de que está contaminado, ato capaz de produzir o contágio:*
> *Pena – Reclusão, de um a quatro anos, e multa.*

Trata-se de crime de dano (caso exponha a perigo sem querer ou assumir o risco será hipótese do art. 132 do CP), Formal (não precisa transmitir) e de forma livre.

Nesse delito, o agente tem o fim especial de agir, ou seja, pratica um ato (diverso do contato sexual) com a intenção de transmitir uma moléstia grave (qualquer doença que acarrete prejuízo a saúde da vítima – não sendo venérea), por exemplo, sarampo, tuberculose etc.

Ademais, em relação à AIDS, visto seu grau letal, é considerado como tentativa de homicídio (art. 121, CP), não há possibilidade alguma de enquadrá-la como moléstia grave.

3.3.3 Perigo para vida ou saúde de outrem

> *Art. 132, CP Expor a vida ou a saúde de outrem a perigo direto e iminente:*
> *Pena – Detenção, de três meses a um ano, se o fato não constitui crime mais grave.*
> *Parágrafo único. A pena é aumentada de um sexto a um terço se a exposição da vida ou da saúde de outrem a perigo decorre do transporte de pessoas para a prestação de serviços em estabelecimentos de qualquer natureza, em desacordo com as normas legais.*

Estará configurado o crime quando o agente, de qualquer forma, expõe ao perigo a vida de uma pessoa determinada. Tal ação pode ser praticada de forma livre, ou seja, não exige uma conduta específica.

Soltar uma pedra do alto de um viaduto sobre um carro que passa pela rodovia com intenção de causar um acidente.

Caso a conduta do agente não seja contra uma pessoa determinada, restará configurado crime diverso que será avaliado de acordo com a situação (arts. 250 a 259, CP).

3.3.4 Abandono de incapaz

> *Art. 133, CP Abandonar pessoa que está sob seu cuidado, guarda, vigilância ou autoridade, e, por qualquer motivo, incapaz de defender-se dos riscos resultantes do abandono:*
> *Pena – Detenção, de seis meses a três anos.*
> *§ 1º Se do abandono resulta lesão corporal de natureza grave:*
> *Pena – Reclusão, de um a cinco anos.*
> *§ 2º Se resulta a morte:*
> *Pena – Reclusão, de quatro a doze anos.*
> **Aumento de pena**
> *§ 3º As penas cominadas neste artigo aumentam-se de um terço:*
> *I – Se o abandono ocorre em lugar ermo;*
> *II – Se o agente é ascendente ou descendente, cônjuge, irmão, tutor ou curador da vítima.*
> *III – Se a vítima é maior de 60 (sessenta) anos.*

Trata-se de crime próprio. O tipo penal incrimina a conduta do agente, que tendo o dever de cuidado, guarda, vigilância ou autoridade abandona, desampara, deixa de prestar o devido cuidado com aquele que seja incapaz de se proteger (defender). O agente possui a condição de garantidor – dever de agir.

> A mãe deixa o filho em um parque central enquanto percorre lojas realizando compras, ou então, deixa-o dentro do veículo enquanto está no interior de um supermercado. Uma babá, que deixa a criança sozinha dentro de casa enquanto vai à feira.

O incapaz não precisa ser necessariamente uma criança. Por exemplo, uma instrutora de escola de natação que deixa os alunos sozinhos na piscina enquanto vai ao banheiro.

Se o abandono se dá em uma situação em que não há risco, não haverá crime. Para a existência do delito deve haver o dolo de perigo.

Ademais, os parágrafos primeiro e segundo qualificam o crime quando do abandono resultar lesão corporal de natureza grave, ou a morte do incapaz. Por conseguinte, a pena será aumentada (majorante) quando o abandono ocorrer em local ermo, se o incapaz for ascendente, descendente, cônjuge, irmão, tutor, curador, ou se a vítima for maior de 60 anos, conforme o § 3º do referido artigo.

3.3.5 Exposição ou abandono de recém-nascido

> *Art. 134, CP Expor ou abandonar recém-nascido, para ocultar desonra própria:*
> *Pena – Detenção, de seis meses a dois anos.*
> *§ 1º Se do fato resulta lesão corporal de natureza grave:*
> *Pena – Detenção, de um a três anos.*
> *§ 2º Se resulta a morte:*
> *Pena – Detenção, de dois a seis anos.*

Esse delito é considerado uma forma privilegiada do crime de abandono de incapaz, artigo anterior, no entanto, nesse caso, a vítima é determinada (o recém-nascido) ademais, tal conduta visa a proteção da honra do agente.

Pode-se citar o exemplo de uma jovem de 18 anos, mãe solteira, que abandona seu filho recém-nascido para preservar sua imagem perante a família.

Por conseguinte, também existe a forma qualificada do crime, expressa nos parágrafos primeiro e segundo, no caso de a ação resultar em lesão corporal de natureza grave ou a morte do recém-nascido.

3.3.6 Omissão de socorro

Art. 135, CP Deixar de prestar assistência, quando possível fazê-lo sem risco pessoal, à criança abandonada ou extraviada, ou à pessoa inválida ou ferida, ao desamparo ou em grave e iminente perigo; ou não pedir, nesses casos, o socorro da autoridade pública:
Pena – Detenção, de um a seis meses, ou multa.
Parágrafo único. A pena é aumentada de metade, se da omissão resulta lesão corporal de natureza grave, e triplicada, se resulta a morte.

Essa norma penal tipifica a conduta omissa do agente que não presta auxílio – desde que tal prestação não incorra em risco pessoal – ou, quando não puder fazê-lo, deixa de pedir o socorro da autoridade pública.

Classificação

É considerado um crime comum, visto que pode ser praticado por qualquer pessoa.

É um crime omissivo próprio ou puro, pois a conduta omissiva está prevista no artigo em análise, ocorrendo quando o agente deixa de fazer o que lhe é imposto por lei – prestar socorro.

Comumente é praticado apenas por uma pessoa, sendo que é perfeitamente possível que haja o concurso de agentes (art. 29, CP).

Sujeitos do crime

Sendo crime comum, o sujeito ativo pode ser qualquer pessoa, enquanto o sujeito passivo são as pessoas elencadas no *caput* do próprio artigo: criança abandonada ou extraviada (perigo abstrato). Pessoa ferida ou inválida com sérias dificuldades de movimentação (perigo abstrato). Ao desamparo ou em grave e eminente perigo (perigo concreto).

Consumação e tentativa

O crime se consuma no momento da omissão. Ademais, não se configura o crime quando a vítima ofereça resistência que torne impossível a prestação de auxílio, ou então, caso ela esteja manifestamente em óbito.

Não admite tentativa.

Descrição do crime

O crime pode ser cometido de duas formas distintas:
▷ **Falta de assistência imediata:** o agente pode prestar socorro, sem risco pessoal, mas deliberadamente não o faz.
▷ **Falta de assistência mediata:** o agente não pode prestar pessoalmente o socorro, mas também não solicita o auxílio da autoridade pública.

A simples condição de médico não o coloca como garantidor.

Pessoa inválida e pessoa ferida: é imprescindível que se encontrem ao desamparo no momento da omissão.

Se apenas uma pessoa presta o socorro, quando diversas poderiam tê-lo feito sem risco pessoal, não há crime para ninguém.

Omissão de socorro a pessoa idosa (igual ou superior a 60 anos), responde conforme o art. 97, da Lei nº 10.741/2003 (Estatuto do Idoso) – princípio da especialidade.

Parágrafo único. A pena é aumentada de metade, se da omissão resulta lesão corporal de natureza grave, e triplicada, se resulta a morte.

A causa de aumento de pena é exclusivamente preterdolosa, o agente tem o dolo de se omitir (não presta o socorro) e disto, acaba resultando uma consequência não desejada pelo omitente.

3.3.7 Condicionamento de atendimento médico-hospitalar emergencial

Art. 135-A, CP Exigir cheque-caução, nota promissória ou qualquer garantia, bem como o preenchimento prévio de formulários administrativos, como condição para o atendimento médico-hospitalar emergencial:
Pena – Detenção, de 3 (três) meses a 1 (um) ano, e multa.
Parágrafo único. A pena é aumentada até o dobro se da negativa de atendimento resulta lesão corporal de natureza grave, e até o triplo se resulta a morte.

Esse delito tipifica a conduta do estabelecimento que presta atendimento médico-hospitalar emergencial e venha a exigir cheque, nota promissória ou qualquer garantia, como também, que sejam preenchidos formulários como condição necessária para que o socorro/atendimento médico seja prestado.

Existe ainda o aumento de pena, tratado no parágrafo único, que incide quando a conduta negativa resulta em lesão corporal grave ou morte.

Inserido no Código Penal pela Lei nº 12.653/2012, a fim de coibir uma prática que era comum em estabelecimentos médico-hospitalares particulares.

3.3.8 Maus-tratos

Art. 136, CP Expor a perigo a vida ou a saúde de pessoa sob sua autoridade, guarda ou vigilância, para fim de educação, ensino, tratamento ou custódia, quer privando-a de alimentação ou cuidados indispensáveis, quer sujeitando-a a trabalho excessivo ou inadequado, quer abusando de meios de correção ou disciplina:
Pena – Detenção, de dois meses a um ano, ou multa.
§ 1º Se do fato resulta lesão corporal de natureza grave:
Pena – Reclusão, de um a quatro anos.
§ 2º Se resulta a morte:
Pena – Reclusão, de quatro a doze anos.
§ 3º Aumenta-se a pena de um terço, se o crime é praticado contra pessoa menor de 14 (catorze) anos.

Esse artigo tipifica a conduta do agente que pratica, sob a pessoa que esteja subordinada à sua autoridade, guarda ou vigilância, atos não condizentes como forma ou a pretexto de educá-la, ensiná-la, tratá-la ou reprimi-la.

Classificação

Trata-se de crime próprio, ou seja, o sujeito ativo deve ser superior hierárquico do sujeito passivo.

É um crime comissivo ou omissivo, porém suas condutas são vinculadas, ou seja, o artigo traz, expressamente, a forma como a conduta do agente deve ocorrer.

Haverá crime único desde que as condutas sejam praticadas contra a mesma vítima e no mesmo contexto fático.

Sujeitos do crime

Sujeito ativo: é um crime próprio, ou seja, somente aquele que tem o sujeito passivo sob sua autoridade, guarda ou vigilância, para fins de educação, ensino, tratamento ou custódia.

Sujeito passivo: é aquele que se encontra sob a autoridade, guarda ou vigilância de outra pessoa, para fins de educação, ensino, tratamento ou custódia.

Consumação e tentativa

O crime consuma-se com a exposição da vítima ao perigo. Não se exige o dano efetivo.

CRIMES CONTRA A PESSOA

A conduta de privação de alimentos ou cuidados indispensáveis (modalidade omissiva) não admite tentativa. Contudo, as demais condutas admitem a tentativa.

Descrição do crime

Apenas pode ser executado pelos meios/condutas indicados no tipo penal, sendo as seguintes:
▷ Privar a vítima de alimentos ou cuidados indispensáveis: caso a intenção do agente, ao privar a vítima de alimentos, seja matá-la, responderá pelo crime de homicídio (tentado ou consumado);
▷ Sujeitar a vítima a trabalhos excessivos ou inadequados;
▷ Abusar dos meios de disciplina ou correção.

As formas qualificadas do crime de maus-tratos (lesão corporal de natureza grave e morte) são exclusivamente preterdolosas – conduta dolosa no antecedente e culpa no consequente.

Aumenta-se a pena de 1/3 se o crime é praticado contra pessoa menor de 14 anos.

A esposa não pode ser vítima de maus-tratos pelo marido, visto que não se encontra sob sua autoridade, guarda ou vigilância. Desse modo, o marido poderá responder pelo crime de lesão corporal (art. 129, CP).

Tratando-se de criança ou adolescente sujeita à autoridade, guarda ou vigilância de alguém e submetida a vexame ou constrangimento, aplica-se o art. 232 da Lei nº 8.069/1990 (ECA): submeter criança ou adolescente sob sua autoridade, guarda ou vigilância a vexame ou a constrangimento: *Pena – Detenção de seis meses a dois anos.*

A diferença entre o crime de maus-tratos e o crime de tortura (Lei nº 9.455/1997), reside no fato de que nessa a vítima é submetida a intenso sofrimento físico ou mental como forma de aplicar castigo pessoal ou medida de caráter preventivo (art. 1º, II, Lei nº 9.455/1997).

Caso a vítima seja idosa, incide o crime previsto no art. 99 da Lei nº 10.741/2003 (Estatuto do Idoso).

3.4 Rixa

Art. 137, CP Participar de rixa, salvo para separar os contendores: Pena – Detenção, de quinze dias a dois meses, ou multa.

Parágrafo único. Se ocorre morte ou lesão corporal de natureza grave, aplica-se, pelo fato da participação na rixa, a pena de detenção, de seis meses a dois anos.

A rixa é um conflito tumultuoso que ocorre entre três ou mais pessoas, acompanhada de vias de fato (luta, briga), em que os participantes desferem violências recíprocas, não sendo possível identificar dois grupos distintos.

Trata-se de crime comum, pois pode ser praticado por qualquer pessoa. Ainda, enquadra-se em um delito plurissubjetivo, plurilateral ou de concurso necessário, visto que, para configurar o crime, devem existir no mínimo três pessoas. Por conseguinte, basta que apenas um dos participantes seja imputável (dois menores e um maior de 18 anos).

Também é considerado um crime de condutas contrapostas, ou seja, todos os participantes trocam agressões entre si, ora apanham, ora batem.

Sujeitos do crime

No crime de rixa, ao mesmo tempo em que o agente é sujeito ativo, ele também é sujeito passivo, pois assim como agride também sofre agressão – reciprocidade.

Consumação e tentativa

A consumação ocorre quando os participantes iniciam as vias de fato ou ainda as violências recíprocas.

Admite a tentativa, quando ocorre, por exemplo, a intervenção policial quando se iniciariam as agressões.

Descrição do crime

Os três ou mais rixosos devem combater entre si, pois participa da rixa quem nela pratica, agressivamente, atos de violência material.

Não há rixa quando lutam entre si dois ou mais grupos contrários, perfeitamente definidos. Nesse caso, os membros de cada grupo devem ser responsabilizados pelos ferimentos produzidos nos membros do grupo contrário.

> O crime pode ser praticado de forma comissiva (o agente participa efetivamente da rixa) ou omissiva (quando o omitente podia e devia agir para evitar o resultado). O policial que assiste a três pessoas brigando entre si e nada faz para impedir o resultado.

Não há crime na conduta de quem ingressou no tumulto somente para separar os contendores.

Sendo considerado um crime de perigo abstrato, para que se configure o delito não há necessidade de que os participantes sofram lesões, o simples fato de participar da rixa já configura o em crime.

O contato físico é dispensável, sendo perfeitamente possível a rixa a distância com o arremesso de objetos, tiros etc.

Na possibilidade em que ocorrer lesão corporal de natureza leve em algum dos participantes e o agente que a causou possa ser identificado, nessa hipótese, ele responderá pelo crime de rixa em concurso material com o crime de lesão, se resulta em lesão corporal grave/gravíssima ou a morte, estará configurado o crime de rixa qualificada.

A briga entre torcidas não configura rixa, mas, sim, o tipo penal descrito no art. 41-B da Lei nº 10.671/2003 (Estatuto do Torcedor). Trata-se de um tipo penal específico incluído pela Lei nº 12.299/2010.

Rixa qualificada também é conhecida como rixa complexa.

Parágrafo único. Se ocorre morte ou lesão corporal de natureza grave, aplica-se, pelo fato da participação na rixa, a pena de detenção, de seis meses a dois anos.

Trata-se de um dos últimos resíduos da responsabilidade penal objetiva – antigamente adotada pelo ordenamento jurídico brasileiro –, pois, nessa hipótese, independe qual dos rixosos foi o responsável pela produção do resultado agravador (lesão corporal grave ou morte) todos aqueles que participaram responderão na modalidade qualificada.

Ainda, não importa se a morte ou a lesão corporal grave seja produzida em um dos rixosos ou então em uma terceira pessoa, alheia à rixa (apaziguador ou mero transeunte).

Há aqui três sistemas de punição:
▷ **Sistema da solidariedade absoluta:** se da rixa resultar lesão grave ou morte, todos os participantes respondem pelo evento (lesão grave ou homicídio), independentemente de se apurar quem foi seu real autor.
▷ **Sistema da cumplicidade correspectiva:** havendo lesão grave ou morte, e não sendo apurado seu autor, todos os participantes respondem por esse resultado, sofrendo, entretanto, sanção intermediária à de um autor e de um partícipe.
▷ **Sistema da autonomia:** a rixa é punida por si mesma, independentemente do resultado morte ou lesão grave, o qual, se ocorrer, somente qualificará o delito. Apenas o causador da lesão grave ou morte, se identificado, é que responderá também pelos delitos dos arts. 121 e 129 do CP.

O CP adotou o princípio ou sistema da autonomia, nos termos do art. 137, parágrafo único:

Parágrafo único. Se ocorre morte ou lesão corporal de natureza grave, aplica-se, pelo fato da participação na rixa, a pena de detenção, de seis meses a dois anos.

Até mesmo o rixoso que sofreu lesão corporal grave responde pela rixa qualificada (todos os que se envolvem no tumulto, daí sobrevindo lesão corporal grave ou morte respondem pela rixa qualificada).

O resultado agravador (lesão corporal grave ou a morte) pode ser doloso ou culposo, não se tratando de crime essencialmente preterdoloso.

Caso o resultado seja lesões leves ou ocorra uma tentativa de homicídio, não é capaz de qualificar a rixa.

> "A" participou da rixa, mas abandonou antes da produção do resultado agravador (lesão corporal grave ou morte). "A" responde por rixa qualificada, pois concorreu com seu comportamento anterior para a produção do resultado. "A" ingressou na rixa depois da produção do resultado agravador (lesão corporal grave ou morte). "A" responde por rixa simples.

3.4.1 Rixa × legítima defesa

Durante uma rixa um dos participantes, "A" empunha uma arma para matar "B"; este, em sua defesa, consegue defender-se, toma a arma de "A" e o mata. Nessa situação, caso "A" conseguisse matar "B", deveria responder pelo crime de rixa qualificada (resultando morte de um dos participantes) em concurso material com o crime de homicídio. Contudo, como "B" conseguiu reagir, em relação ao crime de homicídio que "A" tentara contra ele, caberá à exclusão de ilicitude (legítima defesa) em relação ao crime de homicídio (morte de "A"), porém, ainda assim, "B" e "C" responderão por rixa qualificada, pois a legítima defesa não é relevante para excluir a qualificação do crime de rixa.

4 CRIMES CONTRA A HONRA

▷ **Calúnia:** art. 138, CP:
- **Conduta:** imputar fato criminoso sabidamente falso.
- **Honra ofendida:** há ofensa da honra objetiva. Ofende-se a reputação, diz respeito ao conceito perante terceiros.

▷ **Difamação:** art. 139, CP:
- **Conduta:** imputar fato desonroso, em regra não importando se verdadeiro ou falso.
- **Honra ofendida:** ofende-se a honra objetiva.

▷ **Injúria:** art. 140, CP:
- **Conduta:** é a atribuição de qualidade negativa.
- **Honra ofendida:** ofende-se a honra subjetiva, a autoestima, ou seja, o que a vítima pensa dela mesma.

4.1 Calúnia

> *Art. 138, CP Caluniar alguém, imputando-lhe falsamente fato definido como crime:*
> *Pena – Detenção, de seis meses a dois anos, e multa.*
> *§ 1º Na mesma pena incorre quem, sabendo falsa a imputação, a propala ou divulga.*
> *§ 2º É punível a calúnia contra os mortos.*
> **Exceção da verdade**
> *§ 3º Admite-se a prova da verdade, salvo:*
> *I – Se, constituindo o fato imputado crime de ação privada, o ofendido não foi condenado por sentença irrecorrível;*
> *II – Se o fato é imputado a qualquer das pessoas indicadas no nº I do art. 141;*
> *III – Se do crime imputado, embora de ação pública, o ofendido foi absolvido por sentença irrecorrível.*

Honra objetiva é o que os outros pensam sobre o indivíduo.

Sujeitos do crime

Sujeito ativo/passivo: qualquer pessoa (crime comum).

Os mortos também podem ser caluniados, mas seus parentes é que serão os sujeitos passivos do crime. Não há regra semelhante no tocante aos demais crimes contra a honra. Podem, ainda, ser vítimas os menores e os loucos.

A pessoa jurídica também pode ser sujeito passivo do crime de calúnia, pois pode cometer crimes ambientais (Lei nº 9.605/1998).

Observe-se que não podem praticar tal crime pessoas que desfrutam de inviolabilidade funcional. Ex.: parlamentares.

Aqui, indaga-se se advogados são imunes à prática do crime de calúnia. A resposta é que os causídicos não possuem imunidade profissional na calúnia, possuindo a imunidade somente no que tange à difamação e à injúria.

Objeto material

É a pessoa que tem sua honra objetiva ofendida.

Núcleo do tipo

A conduta típica consiste em caluniar alguém (imputar falsamente um fato definido como crime).

A imputação de fato definido como contravenção penal (Decreto-lei nº 3.688/1941) não constitui calúnia, pois não é crime, mas poderá caracterizar difamação.

Atribuir falsamente a alguém a prática de um fato atípico não constitui crime de calúnia, mas poderá configurar outro crime contra a honra. Ex.: dano culposo.

Fato determinado

É imprescindível a imputação da prática de um fato determinado, ou seja, de uma situação concreta, contendo autor, objeto e suas circunstâncias.

Pessoa certa e determinada

A ofensa deve se dirigir a pessoa certa e determinada. Ex.: dizer que no dia 25 de dezembro, por volta de 20 horas, Edson fantasiou-se de Papai Noel e praticou um furto na casa de Marcelo, o qual reside no centro da cidade de Cascavel (PR).

Falsidade da imputação

Deve ser falsa a imputação do fato definido como crime. Essa falsidade pode recair sobre o fato (o crime imputado à vítima não ocorreu) ou sobre o envolvimento no fato (o crime ocorreu, mas a vítima não praticou tal delito).

Quando o ofensor, agindo de boa-fé, supõe erroneamente ser verdadeira a afirmação, incidirá em erro de tipo. Desse modo, o fato será atípico, pois excluirá o dolo do fato típico.

Consumação

O crime de calúnia se consuma quando terceira pessoa toma conhecimento do fato imputado. Não é necessário que a vítima tome conhecimento da ofensa.

4.1.1 Calúnia × denunciação caluniosa

▷ **Calúnia (art. 138, CP):**
- Caluniar alguém, imputando-lhe falsamente fato definido como crime;
- É crime contra honra;
- **Regra:** ação penal privada;
- Não admite a imputação falsa de contravenção.

▷ **Denunciação caluniosa (art. 339, CP):**
- Dar causa à instauração de inquérito policial, de procedimento investigatório criminal, de processo judicial, de processo administrativo disciplinar, de inquérito civil ou de ação de improbidade administrativa contra alguém, imputando-lhe crime, infração ético-disciplinar ou ato ímprobo de que o sabe inocente;
- É crime contra a administração da justiça;
- Ação penal pública incondicionada;
- Admite (é circunstância que importa na diminuição da pena pela metade (art. 339, § 2º, CP).

> *Art. 138, CP [...]*
> *§ 1º Na mesma pena incorre quem, sabendo falsa a imputação, a propala ou divulga.*

▷ Propalar: relatar verbalmente;
▷ Divulgar: relatar por qualquer outro meio (panfletos, *outdoors*, gestos etc.).

Observa-se que também é punível a conduta daquele que propaga e divulga a calúnia criada por outrem.

Responde pelo *caput* quem cria a falsidade e responde pelo § 1º do CP a pessoa que divulga (diversa da pessoa que criou – se for a mesma pessoa, o § 1º configura *post factum* impunível).

Exclui-se o crime quando o agente age:
▷ Com *animus jocandi*: intenção de brincar;
▷ Com *animus consulendi*: intenção de aconselhar;
▷ Com *animus narrandi*: intenção de narrar (é o *animus* da testemunha);

▷ Com *animus corrigendi*: intenção de corrigir;
▷ Com *animus defendendi*: intenção de defender direito.

Exceção da verdade

Art. 138, § 3º, CP *Admite-se a prova da verdade, salvo:*
I – Se, constituindo o fato imputado crime de ação privada, o ofendido não foi condenado por sentença irrecorrível;
II – Se o fato é imputado a qualquer das pessoas indicadas no nº I do art. 141;
III – Se do crime imputado, embora de ação pública, o ofendido foi absolvido por sentença irrecorrível.

Trata-se de incidente processual, forma de defesa indireta, por meio da qual o acusado de ter praticado a calúnia pretende provar a veracidade do que alegou.

Somente haverá o crime de calúnia quando o fato for falso. Desse modo, se a imputação é verdadeira o fato é atípico.

A exceção da verdade é o instrumento adequado para se provar a veracidade do fato imputado a outrem.

A regra é a admissibilidade da exceção da verdade. Todavia, em três situações previstas pelo CP não será admitida sua utilização:

▷ Se, constituindo o fato imputado crime de ação privada, o ofendido não foi condenado por sentença irrecorrível;
▷ Se o fato é imputado a qualquer das pessoas indicadas no inciso I do art. 141;
▷ Se do crime imputado, embora de ação pública, o ofendido foi absolvido por sentença irrecorrível.

4.2 Difamação

Art. 139, CP *Difamar alguém, imputando-lhe fato ofensivo à sua reputação:*
Pena – Detenção, de três meses a um ano, e multa.

Difamar é imputar a alguém um fato ofensivo à sua reputação.

Subsiste o crime de difamação ainda que seja verdadeira a imputação (salvo quando o ofendido é funcionário público e a ofensa é relativa ao exercício de suas funções), desde que dirigida a ofender a honra alheia.

Objetividade jurídica

▷ Honra objetiva (o que os outros pensam do indivíduo);
▷ O fato pode ser: verdadeiro ou falso/criminoso ou não criminoso/contravenção penal;
▷ O fato deve ser determinado.

Objeto material

É a pessoa que tem sua honra objetiva ofendida.

Espécie de honra ofendida

A difamação ofende a honra objetiva.

Consumação e tentativa

Consuma-se quando um terceiro toma conhecimento da ofensa.
Morto não pode ser vítima de difamação.

Tendo em vista que pessoa jurídica tem reputação, então pode ser vítima de difamação.

O crime é punido a título de dolo, sendo imprescindível a vontade de ofender a reputação, a intenção de ofender a honra.

Em regra, admite tentativa. No caso de difamação verbal, não se admite a tentativa.

Exceção da verdade

Parágrafo único. *A exceção da verdade somente se admite se o ofendido é funcionário público e a ofensa é relativa ao exercício de suas funções.*

Na difamação, a exceção da verdade somente é admitida se o ofendido é funcionário público e a ofensa é relativa ao exercício de suas funções. É indispensável a relação de causalidade entre a imputação e o exercício da função pública.

Na difamação, a consequência da exceção da verdade, ao contrário da calúnia, atinge a ilicitude, e não a atipicidade da conduta, pois é uma hipótese especial de exercício regular do direito.

A procedência da exceção da verdade na difamação gera a absolvição, sendo uma forma especial de exercício regular de direito.

▷ Art. 138:
  • Admite prova da verdade;
  • Exceções: art. 138, § 3º, incisos I, II e III;
  • Procedência gera a absolvição sob o fundamento da atipicidade;
  • Admite exceção de notoriedade.
▷ Art. 139:
  • A regra é não admitir a prova da verdade,
  • Exceção: art. 139, parágrafo único. Ofendido funcionário público mais ofensa funcional;
  • Procedência gera a absolvição, pois se trata de hipótese de exercício regular de direito. Descriminante especial;
  • Admite exceção de notoriedade.

4.3 Injúria

Art. 140, CP *Injuriar alguém, ofendendo-lhe a dignidade ou o decoro:*
Pena – Detenção, de um a seis meses, ou multa.
§ 1º O juiz pode deixar de aplicar a pena:
I – Quando o ofendido, de forma reprovável, provocou diretamente a injúria;
II – No caso de retorsão imediata, que consista em outra injúria.
§ 2º Se a injúria consiste em violência ou vias de fato, que, por sua natureza ou pelo meio empregado, se considerem aviltantes:
Pena – Detenção, de três meses a um ano, e multa, além da pena correspondente à violência.
§ 3º Se a injúria consiste na utilização de elementos referentes a raça, cor, etnia, religião, origem ou a condição de pessoa idosa ou portadora de deficiência:
Pena – Reclusão de um a três anos e multa.

Injuriar é atribuir qualidade negativa a alguém.

Espécie de honra ofendida

Ofende a honra subjetiva da pessoa (o que a pessoa acha de si própria). A consumação ocorre quando a ofensa chega ao conhecimento da vítima.

Ofende a dignidade ou o decoro da vítima: na injúria, é irrelevante o fato de a qualidade negativa atribuída à vítima ser ou não verdadeira. Desse modo, se o agente chama uma pessoa de gorda, com a intenção de injuriar, estará configurado o crime de injúria, mesmo que a vítima seja mesmo gorda ou obesa.

▷ **Dignidade:** ofende as qualidades morais da pessoa. Ex.: chamar alguém de vagabundo.
▷ **Decoro:** ofende as qualidades físicas. Ex.: chamar alguém de monstro, retardado ou idiota.

Queixa-crime ou denúncia: oferecida pelo crime de injúria deve descrever, minuciosamente sob pena de inépcia, quais foram as ofensas proferidas contra a vítima, por mais baixas e repudiáveis que possam ser.

CRIMES CONTRA A HONRA

Formas de execução

Pode ser praticado por ação ou omissão. Ex.: "A" estende a mão para cumprimentar "B" e este recusa o cumprimento.

Consumação e tentativa

É crime de execução livre: pode ser praticado por meio de palavras, gestos, escritos etc. Aliás, pode ser praticado por ação ou omissão (o único exemplo dado pela doutrina de injúria por omissão é ignorar ou não retribuir um cumprimento, como forma de humilhar a pessoa na frente de outras).

Como a injúria protege a honra subjetiva, o crime se consuma quando a vítima toma conhecimento da injúria, dispensando-se o efetivo dano à sua honra (é crime formal). Consuma quando o fato chega ao conhecimento da vítima, dispensando efetivo dano a sua dignidade ou decoro.

A tentativa é possível somente na forma escrita. A injúria realizada verbalmente não admite tentativa.

Exceção da verdade: a injúria não admite exceção da verdade, pois o ofensor atribui uma qualidade negativa à vítima e não um fato.

Elemento subjetivo

É o dolo (direto ou eventual). Não admite a modalidade culposa de injúria.

4.3.1 Injúria contra funcionário público × desacato

▷ **Injúria contra funcionário público:**
- Atribuir qualidade negativa ao funcionário público durante sua ausência;
- É crime contra a honra;
- Ação penal privada (regra).
| "A" fala a seus vizinhos que o promotor da cidade é bandido.

▷ **Desacato (art. 331, CP):**
- A ofensa é realizada na presença do funcionário público no exercício da função ou em razão dela;
- É crime contra a administração pública;
- Ação penal pública incondicionada.
| "A", durante uma audiência judicial, chama o juiz de corrupto.

> **Fique ligado**
> Atenção às imunidades!
> Quem detém imunidade por palavras, opiniões e votos não pratica calúnia, injúria ou difamação. São eles: senadores, deputados federais, deputados estaduais/distritais, vereadores no limite da vereança, advogado (que tem imunidade profissional na injúria – art. 7º, § 2º, do Estatuto da Advocacia e a Ordem dos Advogados do Brasil [EOAB] – a calúnia foi afastada pelo STF).

Pessoa jurídica pode ser vítima de injúria? Não, vez que não possui honra subjetiva, não tem dignidade, decoro. Quanto a isso não há divergência.

Mirabete entende que pessoa jurídica não pode ser vítima de nenhum crime contra a honra, pois esse capítulo se aplicaria apenas às pessoas físicas.

4.3.2 Perdão judicial

§ 1º O juiz pode deixar de aplicar a pena:
I – Quando o ofendido, de forma reprovável, provocou diretamente a injúria;
II – No caso de retorsão imediata, que consista em outra injúria.

O perdão judicial é causa de extinção da punibilidade (art. 107, IX, CP). A sentença que concede o perdão judicial é declaratória da extinção da punibilidade (Súmula nº 18 – STJ).

Só o perdão do ofendido tem de ser aceito, o perdão do juiz não é oferecido, mas, sim, imposto.

Trata-se de um direito subjetivo do acusado, e não uma faculdade do juiz. Preenchidos os requisitos, o juiz deve perdoar.

▷ Quando o ofendido, de forma reprovável, provocou diretamente a injúria;
▷ A provocação tem que ser reprovável e direta.
▷ No caso de retorsão imediata, que consista em outra injúria.

Retorsão é o revide. Deve ser imediata. É modalidade anômala de legítima defesa. Não há retorsão contra ofensa passada; existe apenas retorsão imediata no crime de injúria.

4.3.3 Injúria real

§ 2º Se a injúria consiste em violência ou vias de fato, que, por sua natureza ou pelo meio empregado, se considerem aviltantes:
Pena – Detenção, de três meses a um ano, e multa, além da pena correspondente à violência.

É a injúria praticada com meio de execução especial: mediante violência ou vias de fato. Aqui, a violência ou as vias de fato são o meio e a injúria é o fim. O agente usa da violência para injuriar. Ex.: jogar ovos em um cantor, cuspir na cara, dar tapa no rosto.

O meio de execução é a violência ou, então, as vias de fato. Se a injúria real for praticada com vias de fato, esta é absorvida.

A lei impõe o concurso material obrigatório entre as penas de injúria real e do resultado da violência (homicídio, lesão corporal etc.).

> **Fique ligado**
> Não se pode confundir a injúria preconceito (art. 140, § 3º, CP) com o crime de racismo (Lei nº 7.716/1989). Na injúria, ocorre a atribuição de qualidade negativa. Já no racismo, ocorre a segregação da vítima do convívio social.

4.3.4 Injúria qualificada

§ 3º Se a injúria consiste na utilização de elementos referentes a raça, cor, etnia, religião, origem ou a condição de pessoa idosa ou portadora de deficiência:
Pena – Reclusão de um a três anos e multa.

Assim como nos demais crimes contra a honra, a ofensa deve ser dirigida a pessoa ou pessoas determinadas.

4.3.5 Injúria qualificada × crime de racismo

▷ **Injúria qualificada (art. 140, § 3º, CP):**
- É crime afiançável;
- Ação penal pública condicionada a representação;
- Prescritível;
- Atribuir a alguém qualidade negativa.
| Chamar uma pessoa negra de macaco.

▷ **Crime de racismo (Lei nº 7.716/1989):**
- É crime inafiançável;
- Ação pública incondicionada;
- Imprescritível;
- Manifestações preconceituosas generalizadas ou segregação racial.
| Hotel que proíbe a hospedagem de pessoas negras. Empresa que não contrata pessoas da religião evangélica.

Prevalece, na doutrina, que a injúria preconceito não admite o perdão judicial do art. 140, § 1º, tratando-se de violação mais séria à honra da vítima, ferindo um dos fundamentos do Estado Democrático de Direito, qual seja, a dignidade da pessoa humana.

4.3.6 Disposições comuns

Art. 141, CP *As penas cominadas neste Capítulo aumentam-se de um terço, se qualquer dos crimes é cometido:*
I – contra o presidente da República, ou contra chefe de governo estrangeiro;
II – contra funcionário público, em razão de suas funções, ou contra os presidentes do Senado Federal, da Câmara dos Deputados ou do Supremo Tribunal Federal;
III – na presença de várias pessoas, ou por meio que facilite a divulgação da calúnia, da difamação ou da injúria.
IV – contra pessoa maior de 60 (sessenta) anos ou portadora de deficiência, exceto no caso de injúria.
§ 1º Se o crime é cometido mediante paga ou promessa de recompensa, aplica-se a pena em dobro.
§ 2º Se o crime é cometido ou divulgado em quaisquer modalidades das redes sociais da rede mundial de computadores, aplica-se em triplo a pena.

Este artigo não traz qualificadoras, mas, sim, causas de aumento de pena, majorantes (a serem consideradas pelo juiz na terceira fase de aplicação da pena).

É uma majorante aplicada a todos os crimes do capítulo – injúria, difamação e calúnia. Nenhum desses crimes escapa do aumento quando preenchidos os requisitos.

Aumentam-se de um terço, se qualquer dos crimes é cometido:

I – Contra o presidente da República, ou contra chefe de governo estrangeiro;

A pena é aumentada de 1/3, em razão da importância das funções desempenhadas pelo presidente da República e pelo chefe de governo estrangeiro. A conduta criminosa, além de atentar contra a honra de uma pessoa, ofende também os interesses de toda a nação que ela representa.

II – Contra funcionário público, em razão de suas funções, ou contra os presidentes do Senado Federal, da Câmara dos Deputados ou do Supremo Tribunal Federal;

Esse aumento de pena não se aplica quando a conduta se refere à vida privada do funcionário público. É necessário o nexo de causalidade entre a ofensa e o exercício da função pública.

Ainda, vale destacar que a Lei nº 14.197/2021 acrescentou ao inciso, na parte final, a previsão de que também constitui causa de aumento de pena de 1/3, quando qualquer dos crimes contra a honra é cometido contra os presidentes do Senado Federal, da Câmara dos Deputados ou do Supremo Tribunal Federal.

III – Na presença de várias pessoas, ou por meio que facilite a divulgação da calúnia, da difamação ou da injúria.

A expressão "várias pessoas" refere-se a no mínimo três pessoas, não se incluindo neste número o ofensor, a vítima e eventuais coautores e partícipes.

O STF, após o julgamento da ADPF nº 130-7/DF, decidiu que a Lei de Imprensa (Lei nº 5.250/1967) não foi recepcionada pela CF/1988. Desse modo, aos crimes contra a honra praticados por meio da imprensa (oral ou escrita) serão aplicadas as disposições do Código Penal (arts. 138 a 145).

IV – Contra pessoa maior de 60 (sessenta) anos ou portadora de deficiência, exceto no caso de injúria.

Esse inciso foi inserido no CP pela Lei nº 10.741/2003 (Estatuto do Idoso). O ofensor tem que ter conhecimento da idade da vítima no momento do crime.

Não se aplica este inciso no caso de injúria, pois nesse crime já existe a figura da injúria qualificada (art. 140, § 3º, CP) razão pela qual se evita o *bis in idem* desta forma.

§ 1º Se o crime é cometido mediante paga ou promessa de recompensa, aplica-se a pena em dobro.

Hipótese de crime plurissubjetivo ou de concurso necessário. O pagamento, em ambos os casos, pode ser em dinheiro ou qualquer outro bem e a vantagem não precisa ser necessariamente econômica. Ex.: promessa de emprego, de casamento, de favores sexuais.

Essa majorante não se aplica ao mandante, apenas ao executor.

§ 2º Se o crime é cometido ou divulgado em quaisquer modalidades das redes sociais da rede mundial de computadores, aplica-se em triplo a pena.

A majorante havia sido vetada pelo presidente da República, contudo, em abril de 2021 o veto foi derrubado pelo Congresso Nacional. Assim, o crime contra honra cometido por meio das redes sociais (Facebook, Twitter, Instagram, YouTube, LinkedIn etc.) terá a incidência da referida causa de aumento.

4.3.7 Exclusão do crime

Art. 142, CP *Não constituem injúria ou difamação punível:*
I – A ofensa irrogada em juízo, na discussão da causa, pela parte ou por seu procurador;
II – A opinião desfavorável da crítica literária, artística ou científica, salvo quando inequívoca a intenção de injuriar ou difamar;
III – O conceito desfavorável emitido por funcionário público, em apreciação ou informação que preste no cumprimento de dever do ofício.
Parágrafo único. *Nos casos dos nºs I e III, responde pela injúria ou pela difamação quem lhe dá publicidade.*

Esse dispositivo não se aplica ao crime de calúnia, pois há nesse crime o interesse do Estado e da sociedade em realizar sua apuração. Ex.: advogado diz que o promotor foi subornado pelo réu para pedir sua absolvição.

A imunidade é relativa: para a maioria, a ressalva exarada pela expressão salvo quando se tem intenção de injuriar ou difamar se aplica não apenas ao inciso II, como também aos incisos I e III. Esse é o entendimento da maioria.

Nas hipóteses dos incisos I e III, responde pela injúria ou difamação aquele que dá publicidade ao fato. É imprescindível, para tanto, o *animus* em ofender a vítima.

I – A ofensa irrogada em juízo, na discussão da causa, pela parte ou por seu procurador;

Esta excludente de ilicitude não se aplica quando a ofensa é dirigida ao juiz (magistrado), pois este não é parte na causa.

Para o advogado, de acordo com o art. 7º, § 2º, da Lei nº 8.906/1994 (EOAB): o advogado tem imunidade profissional, não constituindo injúria, difamação ou desacato puníveis em qualquer manifestação de sua parte, no exercício de sua atividade, em juízo ou fora dele, sem prejuízo das sanções disciplinares perante a Ordem dos Advogados do Brasil (OAB), pelos excessos que cometer.

A expressão desacato foi declarada inconstitucional pelo STF, nos autos da ADIN nº 1.127-8. Desse modo, o advogado pode praticar o crime de desacato.

II – A opinião desfavorável da crítica literária, artística ou científica, salvo quando inequívoca a intenção de injuriar ou difamar;

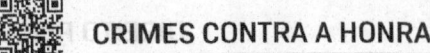

III – *O conceito desfavorável emitido por funcionário público, em apreciação ou informação que preste no cumprimento de dever do ofício. Cuida-se de modalidade especial de estrito cumprimento do dever legal. Ex.: delegado de Polícia que, ao relatar o inquérito policial, refere-se ao indiciado como pessoa de alta periculosidade, covarde e impiedoso.*

4.3.8 Retratação

Art. 143, CP *O querelado que, antes da sentença, se retrata cabalmente da calúnia ou da difamação, fica isento de pena.*

Parágrafo único. *Nos casos em que o querelado tenha praticado a calúnia ou a difamação utilizando-se de meios de comunicação, a retratação dar-se-á, se assim desejar o ofendido, pelos mesmos meios em que se praticou a ofensa.*

É necessário observar que retratação não se confunde com confissão da calúnia ou da difamação. Retratar-se é escusar-se, retirar o que disse, trazer a verdade novamente à tona. Trata-se de causa extintiva da punibilidade.

Se o querelado se retrata, há exclusão do crime, mas isso não importa em exclusão de indenização na seara cível.

Atente-se que, somente em relação a calúnia e a difamação há possibilidade de retratação, não abrangendo a injúria. Atente-se que, na Lei de Imprensa, havia previsão relativa à injúria, mas esta não foi recepcionada pela CF/1988, nos termos de decisão proferida pelo STF.

Na retratação, não se exige a concordância do ofendido. A retratação deve ser total e incondicional. Deve, ainda, abranger tudo o que foi dito pelo ofensor.

Fique ligado

É possível retratação extintiva da punibilidade no crime contra a honra de funcionário público no exercício da função? Em regra, não, pois não haverá querelado (a ação penal é pública).

4.3.9 Pedido de explicações

Art. 144, CP *Se, de referências, alusões ou frases, se infere calúnia, difamação ou injúria, quem se julga ofendido pode pedir explicações em juízo. Aquele que se recusa a dá-las ou, a critério do juiz, não as dá satisfatórias, responde pela ofensa.*

Possui as seguintes características:

▷ É medida facultativa, pois a vítima não precisa dele se valer para o oferecimento da ação penal;
▷ Somente pode ser utilizado antes do ajuizamento da ação penal;
▷ Não possui procedimento específico;
▷ Não interrompe ou suspende o prazo decadencial.

O requerido não pode ser compelido a prestar as informações solicitadas. Desse modo, caso se omita, não poderá sofrer qualquer espécie de sanção.

4.3.10 Ação penal

Art. 145, CP *Nos crimes previstos neste Capítulo somente se procede mediante queixa, salvo quando, no caso do art. 140, § 2º, da violência resulta lesão corporal.*

Parágrafo único. *Procede-se mediante requisição do ministro da Justiça, no caso do inciso I do caput do art. 141 deste Código, e mediante representação do ofendido, no caso do inciso II do mesmo artigo, bem como no caso do § 3º do art. 140 deste Código.*

4.3.11 Espécies de ação penal

A regra geral é que os crimes contra a honra (calúnia/difamação/injúria) são de ação penal privada. Todavia, há três exceções:

▷ Pública condicionada a requisição do ministro da Justiça (crime contra o presidente da República ou chefe de governo estrangeiro);
▷ Pública condicionada a representação do ofendido (crime contra funcionário público em razão de suas funções ou crime de injúria qualificada – discriminação);
▷ Pública incondicionada: injúria real se resulta lesão corporal.

Crime contra a honra de funcionário público: tratando-se de ofensa em razão da função, a ação penal é pública condicionada a representação.

Tratando-se de ofensa sem vínculo com a função pública, a ação penal é privada.

Súmula nº 714 – STF *É concorrente a legitimidade do ofendido mediante queixa e do MP condicionada a representação do ofendido, para a ação penal por crime contra a honra de servidor público em razão do exercício de suas funções.*

É importante destacar que no caso da injúria qualificada pelo preconceito (art. 140, § 3º, CP), até meados de 2009, o referido crime era processado mediante ação penal privada, dependendo do oferecimento de queixa-crime pelo ofendido. Entretanto, sobreveio a Lei nº 12.033/2009 que alterou a natureza da ação penal do delito, deixando de ser de ação penal privada, passando, então, a ser processado mediante ação penal pública condicionada à representação do ofendido, consoante previsão do art. 145, parágrafo único, do CP.

Não obstante, é fundamental ressaltar que a alteração promovida não possui caráter retroativo, pois configura norma mais gravosa, de modo que aos fatos cometidos antes da vigência da Lei nº 12.033/2009, a ação penal continua sendo de natureza privada, dependendo do oferecimento de queixa pelo ofendido, pois do contrário, se a nova previsão legal retroagisse para alcançar fatos pretéritos, diversos institutos extintivos da punibilidade seriam subtraídos do acusado (renúncia, perdão do ofendido, peremção etc.).

5 CRIMES CONTRA LIBERDADE INDIVIDUAL

5.1 Constrangimento ilegal

Art. 146, CP Constranger alguém, mediante violência ou grave ameaça, ou depois de lhe haver reduzido, por qualquer outro meio, a capacidade de resistência, a não fazer o que a lei permite, ou a fazer o que ela não manda:
Pena – Detenção, de três meses a um ano, ou multa.

Aumento de pena

§ 1º As penas aplicam-se cumulativamente e em dobro, quando, para a execução do crime, se reúnem mais de três pessoas, ou há emprego de armas.
§ 2º Além das penas cominadas, aplicam-se as correspondentes à violência.
§ 3º Não se compreendem na disposição deste artigo:
I – A intervenção médica ou cirúrgica, sem o consentimento do paciente ou de seu representante legal, se justificada por iminente perigo de vida;
II – A coação exercida para impedir suicídio.

5.2 Ameaça

Art. 147, CP Ameaçar alguém, por palavra, escrito ou gesto, ou qualquer outro meio simbólico, de causar-lhe mal injusto e grave:
Pena – Detenção, de um a seis meses, ou multa.
Parágrafo único. Somente se procede mediante representação.

5.3 Perseguição

Art. 147-A, CP Perseguir alguém, reiteradamente e por qualquer meio, ameaçando-lhe a integridade física ou psicológica, restringindo-lhe a capacidade de locomoção ou, de qualquer forma, invadindo ou perturbando sua esfera de liberdade ou privacidade.
Pena – Reclusão, de 6 (seis) meses a 2 (dois) anos, e multa.
§ 1º A pena é aumentada de metade se o crime é cometido:
I – contra criança, adolescente ou idoso;
II – contra mulher por razões da condição de sexo feminino, nos termos do § 2º-A do art. 121 deste Código;
III – mediante concurso de 2 (duas) ou mais pessoas ou com o emprego de arma.
§ 2º As penas deste artigo são aplicáveis sem prejuízo das correspondentes à violência.
§ 3º Somente se procede mediante representação.

A Lei nº 14.132/2021 acrescentou o art. 147-A ao CP, para tipificar o crime de perseguição, também chamado *stalking*.

A perseguição ou *stalking* é uma forma de violência na qual o agente invade a esfera de privacidade da vítima, praticando reiteradamente a mesma ação por maneiras e atos variados. O sujeito utiliza-se de chamadas por telefone, mensagens amorosas, telegramas, ramalhetes de flores, presentes não solicitados, mensagens em faixas afixadas na rua, permanência na saída do trabalho, frequência no mesmo local de lazer da vítima etc.

O novo tipo objetiva coibir e punir a conduta de pessoas que praticam esse tipo de perseguição.

Sujeito ativo: pode ser qualquer pessoa (crime comum).
Sujeito passivo: é qualquer pessoa que (homem ou mulher).

O § 1º prevê as circunstâncias que aumentam a pena (majorantes): quando o crime é praticado contra criança, adolescente, idoso ou mulher por razões da condição de sexo feminino.

Trata-se de crime de ação penal pública condicionada. A consumação do delito exige a perseguição reiterada. Trata-se de crime habitual. Não se exige produção de resultado naturalístico. É crime formal.

5.4 Violência psicológica contra a mulher

Art. 147-B, CP Causar dano emocional à mulher que a prejudique e perturbe seu pleno desenvolvimento ou que vise a degradar ou a controlar suas ações, comportamentos, crenças e decisões, mediante ameaça, constrangimento, humilhação, manipulação, isolamento, chantagem, ridicularização, limitação do direito de ir e vir ou qualquer outro meio que cause prejuízo à sua saúde psicológica e autodeterminação:
Pena – Reclusão, de 6 (seis) meses a 2 (dois) anos, e multa, se a conduta não constitui crime mais grave.

A Lei Maria da Penha (Lei nº 11.340/2006) prevê que a violência doméstica também pode ser violência psicológica. Contudo, não havia um tipo penal específico para punir o agente que cometesse violência psicológica contra a mulher.

Assim, o art. 147-B foi acrescentado para suprir essa lacuna, pois, até então, isso gerava uma proteção deficiente para a mulher.

A violência psicológica pode ser praticada, por exemplo, por meio de: ameaça; constrangimento, humilhação, manipulação, isolamento, chantagem, ridicularização, limitação do direito de ir e vir etc.

Sujeito ativo: trata-se de crime comum, pode ser praticado por qualquer pessoa (homem ou mulher).

Sujeito passivo: é crime próprio, pois a vítima deve ser mulher (criança, adulta, idosa, desde que do sexo feminino).

O crime é punido a título de dolo, não prevê a modalidade culposa. O delito consuma-se com a provocação do dano emocional à vítima. Admite tentativa. É processado mediante ação penal pública incondicionada.

5.5 Sequestro e cárcere privado

Art. 148, CP Privar alguém de sua liberdade, mediante sequestro ou cárcere privado:
Pena – Reclusão, de um a três anos.
§ 1º A pena é de reclusão, de dois a cinco anos:
I – Se a vítima é ascendente, descendente, cônjuge ou companheiro do agente ou maior de 60 (sessenta) anos;
II – Se o crime é praticado mediante internação da vítima em casa de saúde ou hospital;
III – Se a privação da liberdade dura mais de quinze dias.
IV – Se o crime é praticado contra menor de 18 (dezoito) anos;
V – Se o crime é praticado com fins libidinosos.
§ 2º Se resulta à vítima, em razão de maus-tratos ou da natureza da detenção, grave sofrimento físico ou moral:
Pena – Reclusão, de dois a oito anos.

Trata-se de infração de médio potencial ofensivo, admitindo-se a suspensão condicional do processo.

As pessoas que são impossibilitadas de se locomover podem ser vítimas do delito? A liberdade de movimento não deixa de existir quando se exerce à custa de aparelhos ou com o auxílio de outrem.

Essa é a posição que prevalece no Brasil. Há doutrinadores estrangeiros que afirmam que não seria esse o delito, mas, sim, o de constrangimento ilegal em se tratando de pessoas que não podem se locomover.

▷ **Conduta:** é a privação da liberdade. Pode ser executada mediante:
- **Sequestro:** é privação da liberdade sem confinamento. Ex.: sítio, casa.
- **Cárcere privado:** é a privação da liberdade com confinamento. Ex.: porão.

Quando o crime for praticado mediante cárcere privado, deve fixar esse meio mais gravoso na fixação da pena.

O crime pode ser praticado por ação ou omissão.

Médico que não concede alta para paciente já curado.

CRIMES CONTRA LIBERDADE INDIVIDUAL

Tipo subjetivo: o dolo é a finalidade especial do crime.

Se a finalidade for obter vantagem econômica, o delito será o previsto no art. 159 do CP. Se o fim for satisfazer pretensão, deixa de ser o delito do art. 148 e passa a ser o delito previsto no art. 345 (exercício arbitrário das próprias razões). Ex.: médico que não concede alta para paciente com a finalidade de satisfazer pretensão tida como legítima (pagamento do tratamento), o delito será de exercício arbitrário das próprias razões.

Na hipótese em que a finalidade é causar sofrimento físico ou mental, o delito será o de tortura.

▷ **Consumação e tentativa:** trata-se de delito permanente, e sua consumação se protrai no tempo. Consuma-se com a efetiva privação da liberdade ou locomoção da vítima.

A tentativa é perfeitamente difícil já que a privação da liberdade pode ser antecedida de violência e se o agente age de forma violenta, mas não consegue privar sua liberdade por circunstâncias alheias a sua vontade, terá havido tentativa.

▷ **Qualificadoras: art. 148, § 1º:**

I – Ascendente, descendente, cônjuge ou companheiro do agente ou maior de 60 anos.

Neste caso, para qualificar não abrange o parentesco colateral, por afinidade, padrasto, ou madrasta do agente.

O idoso deve ter mais de 60 anos quando de sua libertação, não importando se quando da privação da liberdade tinha menos de 60 anos.

II – Se o crime é praticado mediante internação da vítima em casa de saúde ou hospital: Neste caso, tem que ser internação simulada ou fraudulenta.

III – Se a privação da liberdade dura mais de quinze dias: Este prazo inicia-se no momento da privação da vítima, até sua libertação.

IV – Crime praticado contra menor de 18 anos: neste inciso basta que a vítima seja maior de 18 anos ao final do sequestro, pouco importando se tinha menos que 18 anos no início do cárcere.

V – Se praticado com fins libidinosos: trata-se de ação penal pública incondicionada (e não ação privada, como era anterior a 2005).

5.6 Redução à condição análoga à de escravo

Art. 149, CP Reduzir alguém a condição análoga à de escravo, quer submetendo-o a trabalhos forçados ou a jornada exaustiva, quer sujeitando-o a condições degradantes de trabalho, quer restringindo, por qualquer meio, sua locomoção em razão de dívida contraída com o empregador ou preposto:

Pena – Reclusão, de dois a oito anos, e multa, além da pena correspondente à violência.

§ 1º Nas mesmas penas incorre quem:

I – Cerceia o uso de qualquer meio de transporte por parte do trabalhador, com o fim de retê-lo no local de trabalho;

II – Mantém vigilância ostensiva no local de trabalho ou se apodera de documentos ou objetos pessoais do trabalhador, com o fim de retê-lo no local de trabalho.

§ 2º A pena é aumentada de metade, se o crime é cometido:

I – Contra criança ou adolescente;

II – Por motivo de preconceito de raça, cor, etnia, religião ou origem.

5.7 Tráfico de pessoas

Art. 149-A, CP Agenciar, aliciar, recrutar, transportar, transferir, comprar, alojar ou acolher pessoa, mediante grave ameaça, violência, coação, fraude ou abuso, com a finalidade de:

I – remover-lhe órgãos, tecidos ou partes do corpo;

II – submetê-la a trabalho em condições análogas à de escravo;

III – submetê-la a qualquer tipo de servidão;

IV – adoção ilegal; ou

V – exploração sexual.

Pena – Reclusão, de 4 (quatro) a 8 (oito) anos, e multa.

§ 1º A pena é aumentada de um terço até a metade se:

I – o crime for cometido por funcionário público no exercício de suas funções ou a pretexto de exercê-las;

II – o crime for cometido contra criança, adolescente ou pessoa idosa ou com deficiência;

III – o agente se prevalecer de relações de parentesco, domésticas, de coabitação, de hospitalidade, de dependência econômica, de autoridade ou de superioridade hierárquica inerente ao exercício de emprego, cargo ou função; ou

IV – a vítima do tráfico de pessoas for retirada do território nacional.

§ 2º A pena é reduzida de um a dois terços se o agente for primário e não integrar organização criminosa.

6 CRIMES CONTRA A INVIOLABILIDADE DO DOMICÍLIO

6.1 Violação de domicílio

Art. 150, CP Entrar ou permanecer, clandestina ou astuciosamente, ou contra a vontade expressa ou tácita de quem de direito, em casa alheia ou em suas dependências:

Pena – Detenção, de um a três meses, ou multa.

§ 1º Se o crime é cometido durante a noite, ou em lugar ermo, ou com o emprego de violência ou de arma, ou por duas ou mais pessoas:
Pena – Detenção, de seis meses a dois anos, além da pena correspondente à violência.

§ 2º (Revogado.)

§ 3º Não constitui crime a entrada ou permanência em casa alheia ou em suas dependências:

I – durante o dia, com observância das formalidades legais, para efetuar prisão ou outra diligência;

II – a qualquer hora do dia ou da noite, quando algum crime está sendo ali praticado ou na iminência de o ser.

§ 4º A expressão "casa" compreende:

I – qualquer compartimento habitado;

II – aposento ocupado de habitação coletiva;

III – compartimento não aberto ao público, onde alguém exerce profissão ou atividade.

§ 5º Não se compreendem na expressão "casa":

I – hospedaria, estalagem ou qualquer outra habitação coletiva, enquanto aberta, salvo a restrição do nº II do parágrafo anterior;

II – taverna, casa de jogo e outras do mesmo gênero

7 CRIMES CONTRA A INVIOLABILIDADE DE CORRESPONDÊNCIA

7.1 Violação de correspondência

Art. 151, CP Devassar indevidamente o conteúdo de correspondência fechada, dirigida a outrem:
Pena – Detenção, de um a seis meses, ou multa.

7.2 Sonegação ou destruição de correspondência

§ 1º Na mesma pena incorre:
I – Quem se apossa indevidamente de correspondência alheia, embora não fechada e, no todo ou em parte, a sonega ou destrói;

7.3 Violação de comunicação telegráfica, radioelétrica ou telefônica

II – Quem indevidamente divulga, transmite a outrem ou utiliza abusivamente comunicação telegráfica ou radioelétrica dirigida a terceiro, ou conversação telefônica entre outras pessoas;
III – Quem impede a comunicação ou a conversação referidas no número anterior;
IV – Quem instala ou utiliza estação ou aparelho radioelétrico, sem observância de disposição legal.
§ 2º As penas aumentam-se de metade, se há dano para outrem.
§ 3º Se o agente comete o crime, com abuso de função em serviço postal, telegráfico, radioelétrico ou telefônico:
Pena – Detenção, de um a três anos.
§ 4º Somente se procede mediante representação, salvo nos casos do § 1º, IV, e do § 3º.

7.4 Correspondência comercial

Art. 152, CP Abusar da condição de sócio ou empregado de estabelecimento comercial ou industrial para, no todo ou em parte, desviar, sonegar, subtrair ou suprimir correspondência, ou revelar a estranho seu conteúdo:
Pena – Detenção, de três meses a dois anos.
***Parágrafo único.** Somente se procede mediante representação.*

8 CRIMES CONTRA A INVIOLABILIDADE DOS SEGREDOS

8.1 Divulgação de segredo

Art. 153, CP *Divulgar alguém, sem justa causa, conteúdo de documento particular ou de correspondência confidencial, de que é destinatário ou detentor, e cuja divulgação possa produzir dano a outrem:*
Pena – Detenção, de um a seis meses, ou multa.
§ 1º Somente se procede mediante representação.
§ 1º-A Divulgar, sem justa causa, informações sigilosas ou reservadas, assim definidas em lei, contidas ou não nos sistemas de informações ou banco de dados da Administração Pública:
Pena – Detenção, de 1 (um) a 4 (quatro) anos, e multa.
§ 2º Quando resultar prejuízo para a Administração Pública, a ação penal será incondicionada.

8.2 Violação do segredo profissional

Art. 154, CP *Revelar alguém, sem justa causa, segredo, de que tem ciência em razão de função, ministério, ofício ou profissão, e cuja revelação possa produzir dano a outrem:*
Pena – Detenção, de três meses a um ano, ou multa.
Parágrafo único. *Somente se procede mediante representação.*

8.3 Invasão de dispositivo informático

Art. 154-A, CP *Invadir dispositivo informático de uso alheio, conectado ou não à rede de computadores, com o fim de obter, adulterar ou destruir dados ou informações sem autorização expressa ou tácita do usuário do dispositivo ou de instalar vulnerabilidades para obter vantagem ilícita: (Redação dada pela Lei nº 14.155, de 2021)*
Pena – Reclusão, de 1 (um) a 4 (quatro) anos, e multa
§ 1º Na mesma pena incorre quem produz, oferece, distribui, vende ou difunde dispositivo ou programa de computador com o intuito de permitir a prática da conduta definida no caput.
§ 2º Aumenta-se a pena de 1/3 (um terço) a 2/3 (dois terços) se da invasão resulta prejuízo econômico. (Redação dada pela Lei nº 14.155, de 2021)
§ 3º Se da invasão resultar a obtenção de conteúdo de comunicações eletrônicas privadas, segredos comerciais ou industriais, informações sigilosas, assim definidas em lei, ou o controle remoto não autorizado do dispositivo invadido:
Pena – Reclusão, de 2 (dois) a 5 (cinco) anos, e multa. (Redação dada pela Lei nº 14.155, de 2021)
§ 4º Na hipótese do § 3º, aumenta-se a pena de um a dois terços se houver divulgação, comercialização ou transmissão a terceiro, a qualquer título, dos dados ou informações obtidos.
§ 5º Aumenta-se a pena de um terço à metade se o crime for praticado contra:
I – Presidente da República, governadores e prefeitos;
II – Presidente do Supremo Tribunal Federal;
III – Presidente da Câmara dos Deputados, do Senado Federal, de Assembleia Legislativa de Estado, da Câmara Legislativa do Distrito Federal ou de Câmara Municipal; ou
IV – dirigente máximo da administração direta e indireta federal, estadual, municipal ou do Distrito Federal.
Ação penal
Art. 154-B, CP *Nos crimes definidos no art. 154-A, somente se procede mediante representação, salvo se o crime é cometido contra a administração pública direta ou indireta de qualquer dos Poderes da União, Estados, Distrito Federal ou Municípios ou contra empresas concessionárias de serviços públicos.*

9 CRIMES CONTRA O PATRIMÔNIO

9.1 Furto

Art. 155, CP Subtrair, para si ou para outrem, coisa alheia móvel: Pena – Reclusão, de um a quatro anos, e multa.

§ 1º A pena aumenta-se de um terço, se o crime é praticado durante o repouso noturno.

§ 2º Se o criminoso é primário, e é de pequeno valor a coisa furtada, o juiz pode substituir a pena de reclusão pela de detenção, diminuí-la de um a dois terços, ou aplicar somente a pena de multa.

§ 3º Equipara-se à coisa móvel a energia elétrica ou qualquer outra que tenha valor econômico.

Furto qualificado

§ 4º A pena é de reclusão de dois a oito anos, e multa, se o crime é cometido:

I – com destruição ou rompimento de obstáculo à subtração da coisa;

II – com abuso de confiança, ou mediante fraude, escalada ou destreza;

III – com emprego de chave falsa;

IV – mediante concurso de duas ou mais pessoas.

§ 4º-A A pena é de reclusão de 4 (quatro) a 10 (dez) anos e multa, se houver emprego de explosivo ou de artefato análogo que cause perigo comum.

§ 4º-B A pena é de reclusão, de 4 (quatro) a 8 (oito) anos, e multa, se o furto mediante fraude é cometido por meio de dispositivo eletrônico ou informático, conectado ou não à rede de computadores, com ou sem a violação de mecanismo de segurança ou a utilização de programa malicioso, ou por qualquer outro meio fraudulento análogo.

§ 4º-C. A pena prevista no § 4º-B deste artigo, considerada a relevância do resultado gravoso:

I – aumenta-se de 1/3 (um terço) a 2/3 (dois terços), se o crime é praticado mediante a utilização de servidor mantido fora do território nacional;

II – aumenta-se de 1/3 (um terço) ao dobro, se o crime é praticado contra idoso ou vulnerável.

§ 5º A pena é de reclusão de três a oito anos, se a subtração for de veículo automotor que venha a ser transportado para outro Estado ou para o exterior.

§ 6º A pena é de reclusão de 2 (dois) a 5 (cinco) anos se a subtração for de semovente domesticável de produção, ainda que abatido ou dividido em partes no local da subtração.

§ 7º A pena é de reclusão de 4 (quatro) a 10 (dez) anos e multa, se a subtração for de substâncias explosivas ou de acessórios que, conjunta ou isoladamente, possibilitem sua fabricação, montagem ou emprego.

O crime de furto está descrito no rol dos crimes contra o patrimônio, mais precisamente, no Título II do Código Penal. Furto é se apropriar de algo alheio para si ou para outra pessoa.

Existem várias modalidades de furto, dentre as quais se destacam: o furto de coisa comum, furto privilegiado e o furto qualificado. Há que se distinguir furto de roubo: a principal diferença entre os dois é que no roubo há emprego de violência e no furto não há.

Bem jurídico tutelado

Tutela-se o patrimônio, a posse e a detenção, desde que legítimas.

Classificação

É considerado um crime comum (praticado por qualquer pessoa) e material (para sua consumação exige um resultado naturalístico).

É um crime doloso (ânimo de assenhoramento definitivo da coisa. Vontade de se tornar dono/proprietário do bem).

Sujeitos do crime

Sujeito ativo: qualquer pessoa (exceto o proprietário).

Sujeito passivo: qualquer pessoa (proprietário, possuidor ou detentor do bem). Pode ser pessoa física ou jurídica.

Consumação e tentativa

De acordo com a teoria da inversão da posse, ocorre a consumação do furto quando o bem sai da esfera de disponibilidade da vítima e passa para a do autor do delito.

De acordo com o STJ, não se exige a posse mansa e pacífica do bem para a sua consumação, bastando que o agente obtenha a simples posse do bem, ainda que por um curto período.

Precedentes do STJ e STF considera-se consumado o crime de furto com a simples posse, ainda que breve, do bem subtraído, não sendo necessária que ela se dê de forma mansa e pacífica, bastando que cesse a clandestinidade, ainda que por curto espaço de tempo.

▷ Pungista (vulgarmente conhecido como batedor de carteira) coloca a mão no bolso da vítima, mas a carteira está no outro bolso: tentativa de furto;

▷ Pungista coloca a mão no bolso da vítima, mas a carteira está em casa: crime impossível (art. 17, CP).

Furto consumado

▷ Há perda dos bens subtraídos.

▷ Auto de Prisão em Flagrante (APF) de apenas um dos agentes e fuga dos comparsas.

▷ Subtração e posse de apenas parte dos bens.

▷ APF no caso de flagrante presumido.

▷ Por circunstâncias alheias à vontade do agente, este não consegue consumar o furto. É admitida a tentativa, pois se trata de crime material (exige resultado).

Tipo subjetivo

O delito é punido a título de dolo, mas, atente-se que é necessária a vontade de apoderamento definitivo, ou seja, a intenção de não mais devolver a coisa à vítima.

O furto de uso é fato atípico. Mas, para ser caracterizado o furto de uso são necessários três requisitos: a intenção desde o início de uso momentâneo da coisa, ser coisa não consumível (infungível) e restituição seja imediata e integral à vítima.

Qual crime pratica o proprietário que subtrai coisa sua na legítima posse de terceiro? Há prática do delito de exercício arbitrário das próprias razões. Aqui, pode se enquadrar no art. 345 ou no art. 346 do CP, a depender da qualidade da posse do agente.

▷ **A coisa pública de uso comum, pode ser objeto material de furto?**

A coisa pública, de uso comum, a todos pertence, não podendo ser subtraída e configurar furto. Sucede que, dependendo da situação, há possibilidade da prática de crime ambiental, do delito de usurpação de águas e do crime de dano. Ex.: furto de parte de estátua.

A vigilância física ou eletrônica em estabelecimentos comerciais torna o crime impossível? Primeiramente, deve-se analisar a natureza do equipamento. Se, por exemplo, há um equipamento que impede por si só a saída do estabelecimento com o bem, seria configurado crime impossível. O fato de haver câmeras ou seguranças apenas dificulta a consumação.

9.1.1 Furto noturno

Art. 155, § 1º, CP A pena aumenta-se de um terço, se o crime é praticado durante o repouso noturno.

O repouso noturno só era aplicado ao furto simples (*caput*). Porém, atualmente a jurisprudência admite a previsão do aumento de pena tanto para o furto simples (*caput*) quanto para o furto qualificado (§§ 4º e 5º).

Aplica-se essa causa de aumento de pena, desde que o fato seja praticado durante o repouso noturno. Não importa se a casa estava ou não habitada, ou o seu morador estava ou não dormindo (divergência).

Aplica-se essa majorante, também, aos furtos cometidos durante o repouso noturno em veículos estacionados em vias públicas, bem como em estabelecimentos comerciais (divergência jurisprudencial).

▷ **Repouso noturno:** período em que as pessoas se recolhem em suas casas para descansarem (dormirem). Varia conforme a região: grandes metrópoles ou pequenas cidades do interior.

▷ **Noite:** ausência de luz solar. Período que vai da aurora ou crepúsculo.

9.1.2 Furto privilegiado

Art. 155, § 2º, CP Se o criminoso é primário, e é de pequeno valor a coisa furtada, o juiz pode substituir a pena de reclusão pela de detenção, diminuí-la de um a dois terços, ou aplicar somente a pena de multa.

Aplica-se apenas ao furto simples (*caput*) e ao furto noturno. Não se aplica ao furto qualificado (§§ 4º e 5º).

Criminoso primário: aquele que não é reincidente. Não precisa ser portador de bons antecedentes. Se já transcorrido o prazo de 5 anos entre a data de cumprimento ou extinção da pena e a infração penal posterior, o agente readquire a sua condição de primário (art. 64, I, CP).

Coisa subtraída de pequeno valor: bem cujo valor seja de até um salário-mínimo na data do fato.

"Coisa de pequeno valor" não se confunde com "coisa de valor insignificante". A primeira, se também presente a primariedade do agente, enseja a incidência do privilégio; a segunda conduz à atipicidade do fato, em decorrência do princípio da insignificância (criminalidade de bagatela).

Presentes esses dois requisitos legais, o juiz é obrigado a aplicar o privilégio ao criminoso (direito subjetivo do acusado).

9.1.3 Furto qualificado-privilegiado

O STF aceita a possibilidade de se aplicar o privilégio (art. 155, § 2º, CP) às figuras qualificadas (art. 155, §§ 4º e 5º, CP) desde que não haja imposição isolada de pena de multa em decorrência do privilégio.

O STF entendeu que no furto qualificado pelo concurso de agentes, não há óbice ao reconhecimento do privilégio, desde que estejam presentes os requisitos ensejadores de sua aplicação, quais sejam, a primariedade do agente e o pequeno valor da coisa furtada.

§ 3º Equipara-se à coisa móvel a energia elétrica ou qualquer outra que tenha valor econômico.

Trata-se de norma penal interpretativa. Entende por qualquer outra energia térmica, mecânica, radioatividade e genética (sêmen de animal).

9.1.4 Furto de sinal de TV a cabo

1ª corrente: não é crime. A energia se consome, se esgota e pode, inclusive, terminar, ao passo que sinal de TV não se consome, não diminui. É adotada por Bittencourt.

2ª corrente: o furto de sinal de TV encaixa-se no § 3º do art. 155, pois é uma forma de energia. É uma corrente adotada pelo STJ.

Furto de energia × estelionato no consumo de energia

▷ **Furto de energia elétrica**

No furto de energia elétrica, o agente não está autorizado via contrato, consumir energia. O agente, mediante artifício, por exemplo, ligação clandestina, subtrai a energia.

▷ **Estelionato no consumo de energia**

Nesse caso o agente está autorizado, via contrato, a consumir energia. O agente, mediante fraude, altera o medidor de consumo da energia, indicando valor menor que o efetivamente consumido.

9.1.5 Furto qualificado

§ 4º A pena é de reclusão de dois a oito anos, e multa, se o crime é cometido:

I – Com destruição ou rompimento de obstáculo à subtração da coisa;

| Arrombamento de fechaduras, janelas, portas, cadeados, cofres, trincos.

Se o obstáculo destruído for inerente à própria coisa não incidirá esta forma qualificada.

| Quebrar o vidro da porta de um carro com o objetivo de furtar o veículo (furto simples). Todavia, caso o agente quebre o vidro apenas para viabilizar o furto do *CD-player*, ou de qualquer outro objeto que se encontra em seu interior, responderá por furto qualificado.

Se o agente apenas desliga o alarme, não incidirá a qualificadora, pois não houve destruição ou rompimento de obstáculo.

Caso a violência seja empregada após a consumação do furto, o agente responderá por furto em concurso com o crime de dano (art. 163).

O furto de uma bolsa para obter o que está em seu interior não qualifica o delito, pois a bolsa não é obstáculo e, sim, forma de transportar as coisas. O obstáculo seria um cadeado.

Há decisões que entendem pela aplicabilidade da qualificadora quando há ligação direta no veículo.

Art. 155, II, CP Com abuso de confiança, ou mediante fraude, escalada ou destreza;

▷ Confiança é circunstância subjetiva incomunicável no concurso de pessoas (art. 30, CP).

| Famulato (furto praticado por empregado doméstico contra o patrão).

Essa qualificadora pressupõe dois requisitos:

▷ A vítima tem de depositar, por qualquer motivo (amizade, parentesco, relações profissionais etc.), uma especial confiança no agente.

▷ O agente deve se aproveitar de alguma facilidade decorrente da confiança nele depositada para cometer o crime.

Furto mediante abuso de confiança: o agente tem mero contato com a coisa. O agente pode até ter posse, mas essa é uma posse precária vigiada. O dolo está presente desde o início da posse.

Apropriação indébita: o agente exerce a posse em nome de outrem. O agente tem posse desvigiada. O dolo é superveniente à posse.

Fraude é o artifício (emprego de algum objeto, instrumento ou vestimenta para enganar o titular do bem) ou ardil (conversa enganosa), isto é, o meio enganoso empregado pelo agente para diminuir a vigilância da vítima ou de terceiro sobre um bem móvel, permitindo ou facilitando sua subtração.

▷ A fraude como qualificadora há de ser empregada antes ou durante a subtração da coisa, ou seja, antecede a consumação do crime.

▷ Um ponto muito relevante é a diferenciação entre furto mediante fraude e estelionato.

Destreza: trata-se de peculiar habilidade física ou manual permitindo ao agente despojar a vítima sem que esta perceba. Ex.: batedores de carteira ou punguistas.

CRIMES CONTRA O PATRIMÔNIO

▷ **Furto mediante fraude:** é qualificadora do crime. Deve ser empregada antes ou durante a subtração do bem. É utilizada para **diminuir a vigilância** da vítima sobre o bem, permitindo ou facilitando a subtração. Há subtração do bem sem que a vítima perceba.

"A" e "B", bandidos, se disfarçam de técnicos de TV a cabo e pedem para consertar a TV de "C". Enquanto "C" permanece em seu quarto "A" e "B" aproveitam sua distração para furtar objetos na sala de estar.

▷ **Estelionato (art. 171, CP):** é elementar do crime. Antecede o apossamento da coisa. É utilizada para induzir a vítima em erro, mediante uma falsa percepção da realidade. Ocorre a entrega espontânea (embora viciada) do bem pela vítima ao agente.

"A" se disfarça de manobrista e fica parado em frente a um restaurante. "B" entrega seu veículo para que o falso manobrista o estacione. "A" desaparece com o carro.

Art. 155, III, CP Com emprego de chave falsa;

Segundo alguns autores, chave falsa é todo o instrumento, com ou sem forma de chave, destinado a abrir fechaduras. Ex.: grampos, arames, estiletes, micha etc.

A chave verdadeira, obtida fraudulentamente, não gera a qualificadora do inciso III.

Art. 155, IV, CP Mediante concurso de duas ou mais pessoas.

Responderá por furto qualificado mesmo se um dos integrantes for menor de 18 anos.

§ 4º-A A pena é de reclusão de 4 (quatro) a 10 (dez) anos e multa, se houver emprego de explosivo ou de artefato análogo que cause perigo comum.

A Lei nº 13.645/2018 inseriu uma nova qualificadora ao crime de furto, com o intuito de criminalizar mais gravemente a conduta relacionada à subtração com o emprego de explosivo ou artefato análogo, como o que acontece com os caixas de banco.

§ 4º-B A pena é de reclusão, de 4 (quatro) a 8 (oito) anos, e multa, se o furto mediante fraude é cometido por meio de dispositivo eletrônico ou informático, conectado ou não à rede de computadores, com ou sem a violação de mecanismo de segurança ou a utilização de programa malicioso, ou por qualquer outro meio fraudulento análogo.

§ 4º-C A pena prevista no § 4º-B deste artigo, considerada a relevância do resultado gravoso:
I – aumenta-se de 1/3 (um terço) a 2/3 (dois terços), se o crime é praticado mediante a utilização de servidor mantido fora do território nacional;
II – aumenta-se de 1/3 (um terço) ao dobro, se o crime é praticado contra idoso ou vulnerável.

A Lei nº14.155/2021 alterou as disposições do art. 155 e inseriu o § 4º-B, prevendo nova qualificadora ao delito de furto quando cometido mediante fraude por meio de dispositivo eletrônico ou informático. Também acrescentou o § 4º-C, passando a prever duas causas de aumento para a conduta do § 4º-B, quando o delito de furto mediante fraude em dispositivo eletrônico for cometido por meio de servidor localizado fora do território brasileiro ou contra idoso ou pessoa vulnerável.

A fim de incidência da nova qualificadora, pode-se citar a conduta do agente que invade computador de terceiro e nele instala programa malicioso (*malware*) e, então, descobre senhas bancárias e subtrai valores da conta bancária da vítima, por exemplo.

§ 5º A pena é de reclusão de 3 (três) a 8 (oito) anos, se a subtração for de veículo automotor que venha a ser transportado para outro Estado ou para o exterior.

§ 6º A pena é de reclusão de 2 (dois) a 5 (cinco) anos se a subtração for de semovente domesticável de produção, ainda que abatido ou dividido em partes no local da subtração.

§ 7º A pena é de reclusão de 4 (quatro) a 10 (dez) anos e multa, se a subtração for de substâncias explosivas ou de acessórios que, conjunta ou isoladamente, possibilitem sua fabricação, montagem ou emprego.

Ademais, outra modificação feita pela Lei nº 13.654/2018 foi a inserção do § 7º no art. 155 do CP. Essa alteração pune mais gravemente a subtração de explosivos ou acessórios para a fabricação, montagem ou emprego.

9.1.6 Bens imóveis e energia elétrica

Os bens considerados imóveis pela legislação civil e que puderem ser deslocados de um local para outro podem ser objeto de furto. Ex.: navios, prédios, terrenos, carro, moto, animal de estimação, celular.

A energia elétrica ou qualquer outra que possua valor econômico é equiparada a coisa móvel (art. 155, § 3º, CP). Ex.: energia genética, energia nuclear, energia mecânica. Desse modo, a ligação clandestina de energia elétrica "gato" é crime de furto.

9.1.7 Modalidades de furto

Abigeato: furto de gado.

Famulato: furto praticado pelo empregado doméstico contra o patrão. Não precisa ser realizado na residência do patrão, pode ser em qualquer lugar.

Furto famélico: hipótese em que o agente subtrai alimentos para saciar sua fome ou de sua família, pois se encontra em situação de extrema miséria e pobreza.

O furto famélico configura estado de necessidade, preenchidos os seguintes requisitos:

▷ Fato praticado para mitigar a fome;
▷ Que haja subtração de coisa capaz de contornar imediatamente e diretamente a emergência (fome);
▷ Inevitabilidade do comportamento lesivo;
▷ Impossibilidade de trabalho ou insuficiência dos recursos auferidos.

Somente pode ser aplicado o furto famélico àquele que está desempregado? Não. Caso os recursos obtidos sejam insuficientes, pode ser reconhecido o furto famélico.

O consentimento do ofendido, antes ou durante a subtração, torna o fato atípico (bem disponível), mas após a subtração, o fato será típico.

Não existe furto culposo.

É possível o furto privilegiado + repouso noturno.

É possível o furto privilegiado + furto qualificado desde que não haja imposição isolada da pena de multa em decorrência do privilégio.

9.1.8 Princípio da insignificância no furto

O princípio da insignificância é causa supralegal de exclusão da tipicidade (o fato não será crime).

Exige a presença dos seguintes requisitos:

▷ **Requisitos objetivos:** mínima ofensividade da conduta; ausência de periculosidade social; reduzido grau de reprovabilidade do comportamento; e inexpressividade da lesão jurídica.
▷ **Requisitos subjetivos:** importância do objeto material para a vítima (situação econômica + valor sentimental do bem); e circunstâncias e resultado do crime.

O princípio da insignificância, desde que presentes seus requisitos objetivos e subjetivos, é em tese aplicável tanto ao furto simples como ao furto qualificado. Ex.: duas pessoas, em concurso de agentes, furtam uma penca de bananas.

Subtração de cartão bancário ou de crédito: não há crime de furto (princípio da insignificância). Eventual utilização do cartão, para saques em dinheiro ou compras em geral, caracteriza o crime de estelionato (art. 171, CP).

9.1.9 Furtos × outros crimes semelhantes

Principais diferenças entre os crimes que mais são confundidos em provas de concurso:

Furto × apropriação indébita

O furto é diferente da apropriação indébita (art. 168, CP), pois no primeiro a posse é vigiada e a subtração reside exatamente na retirada do bem dessa esfera de vigilância. Já no segundo, a vítima entrega ao agente a posse desvigiada de um bem.

Furto × peculato

O funcionário público que subtrai ou concorre para que seja subtraído bem público ou particular, que se encontra sob a guarda ou custódia da Administração Pública, valendo-se da facilidade que seu cargo lhe proporciona, pratica o crime de peculato furto (art. 312, § 1º, CP), também conhecido como peculato impróprio.

Furto × exercício arbitrário das próprias razões

Se um credor subtrai bens do devedor para se ressarcir de dívida não paga, o crime não será de furto, mas de exercício arbitrário das próprias razões (art. 345, CP).

É pacífico o entendimento de que a coisa abandonada (*res derelicta*), a coisa de ninguém (*res nullius*) não podem ser objeto do crime de furto, como também a coisa perdida (*res desperdita*), porém a coisa perdida constitui o crime de apropriação de coisa achada (art. 169, II, CP).

O ser humano não pode ser objeto de furto, salvo se forem partes definidas e com valor econômico. Ex.: cabelo.

Cadáver pode ser objeto de furto, desde que possua dono. Ex.: cadáver de faculdade de Medicina.

> **Art. 155, § 5º, CP** *A pena é de reclusão de três a oito anos, se a subtração for de veículo automotor que venha a ser transportado para outro Estado ou para o exterior.*

Essa qualificadora só incide quando o furto for de veículo automotor, não abrangendo embarcação nem aeronave, além disso, o veículo automotor deve ser levado para outro estado ou país. O legislador esqueceu-se de colocar o DF na qualificadora, porém a doutrina entende que o Distrito Federal está abrangido também, pois a norma ao utilizar a expressão estado considerou os entes da federação, dentre eles o Distrito Federal.

Não basta a mera intenção de ultrapassar os limites do estado ou do país, é necessária a transposição de fronteiras para que o delito qualificado seja consumado.

9.1.10 Furto de coisa comum

> **Art. 156, CP** *Subtrair o condômino, coerdeiro ou sócio, para si ou para outrem, a quem legitimamente a detém, a coisa comum:*
> *Pena – Detenção, de seis meses a dois anos, ou multa.*
> *§ 1º Somente se procede mediante representação.*
> *§ 2º Não é punível a subtração de coisa comum fungível, cujo valor não excede a quota a que tem direito o agente.*

9.2 Roubo

> **Art. 157, CP** *Subtrair coisa móvel alheia, para si ou para outrem, mediante grave ameaça ou violência a pessoa, ou depois de havê-la, por qualquer meio, reduzido à impossibilidade de resistência:*
> *Pena – Reclusão, de quatro a dez anos, e multa.*
> *§ 1º Na mesma pena incorre quem, logo depois de subtraída a coisa, emprega violência contra pessoa ou grave ameaça, a fim de assegurar a impunidade do crime ou a detenção da coisa para si ou para terceiro.*
> *§ 2º A pena aumenta-se de 1/3 (um terço) até metade:*
> *I – (Revogado.);*
> *II – se há o concurso de duas ou mais pessoas;*
> *III – se a vítima está em serviço de transporte de valores e o agente conhece tal circunstância.*
> *IV – se a subtração for de veículo automotor que venha a ser transportado para outro Estado ou para o exterior;*
> *V – se o agente mantém a vítima em seu poder, restringindo sua liberdade.*
> *VI – se a subtração for de substâncias explosivas ou de acessórios que, conjunta ou isoladamente, possibilitem sua fabricação, montagem ou emprego;*
> *VII – se a violência ou grave ameaça é exercida com emprego de arma branca;*
> *§ 2º-A A pena aumenta-se de 2/3 (dois terços):*
> *I – se a violência ou ameaça é exercida com emprego de arma de fogo;*
> *II – se há destruição ou rompimento de obstáculo mediante o emprego de explosivo ou de artefato análogo que cause perigo comum.*
> *§ 2º-B Se a violência ou grave ameaça é exercida com emprego de arma de fogo de uso restrito ou proibido, aplica-se em dobro a pena prevista no caput deste artigo.*
> *§ 3º Se da violência resulta:*
> *I – lesão corporal grave, a pena é de reclusão de 7 (sete) a 18 (dezoito) anos, e multa;*
> *II – morte, a pena é de reclusão de 20 (vinte) a 30 (trinta) anos, e multa.*

O crime de roubo está tipificado no rol dos crimes contra o patrimônio. Esse crime assemelha-se muito ao crime de furto, contudo possui elementos que, agregados à conduta "subtrair", formam um novo crime.

No roubo, há a subtração de coisa móvel alheia, porém com o emprego de violência ou grave ameaça contra a pessoa, elementos esses que empregados, fazem com que a vítima entregue a coisa móvel, funcionando como circunstâncias especiais que revelam a distinção para o crime furto.

Classificação

É crime comum/formal (STJ e STF)/instantâneo/plurissubsistente/de dano/de concurso eventual.

Ofende o patrimônio, a integridade física e a liberdade individual da vítima (crime complexo).

É crime de forma livre: admite qualquer meio de execução.

▷ **Emprego de grave ameaça:** denominada de violência moral ou *vis compulsiva* (consiste na promessa de mal grave, iminente e passível de realização);

▷ **Emprego de violência:** denominada de violência própria, violência física ou *vis absoluta* (consiste no emprego de força física sobre a vítima, mediante lesão corporal ou vias de fato, para facilitar a subtração do bem;

▷ Qualquer outro meio que reduza a vítima à impossibilidade de resistência.

Também conhecida como **violência imprópria ou violência indireta**. Abrange todos os outros meios (diferentes da violência ou grave ameaça) que impossibilitam a resistência da vítima no momento da execução do roubo. Ex.: drogar ou embriagar a vítima, usar soníferos (golpe do "boa noite, Cinderela") ou hipnose etc.

Não admite o princípio da insignificância, pois o desvalor da conduta é elevado, o que justifica a rigorosa atuação do Direito Penal.

CRIMES CONTRA O PATRIMÔNIO

O elemento subjetivo é o dolo e exige-se o fim de assenhoramento definitivo da coisa (*animus rem sibi habendi*). Não é admitida a modalidade culposa.

O crime de roubo admite arrependimento posterior? Para a maioria da doutrina, o roubo próprio admite arrependimento posterior quando praticado mediante violência imprópria (ex.: uso de psicotrópicos). Para a minoria, violência imprópria não admite arrependimento posterior, pois não deixa de ser espécie de violência.

Sujeitos do crime

Sujeito ativo: qualquer pessoa (crime comum), exceto o proprietário da coisa alheia móvel.

Sujeito passivo: o proprietário, possuidor ou detentor da coisa alheia móvel, assim como qualquer outra pessoa que seja atingida pela violência ou grave ameaça. Pessoa jurídica também pode ser sujeito passivo.

Consumação e tentativa

Consuma-se o crime de roubo quando o agente torna-se possuidor do bem subtraído mediante grave ameaça ou violência. Para que o agente torne-se possuidor, é desnecessário que a coisa saia da esfera de vigilância da vítima, bastando que cesse a clandestinidade ou a violência. Para essa corrente, o crime de roubo é formal.

A tentativa é plenamente admitida, haja vista o caráter plurissubsistente do crime de roubo.

▷ **Situações nas quais o roubo é considerado consumado:** destruição ou perda do bem subtraído. Prisão em flagrante de um dos ladrões e fuga do(s) comparsa(s) com o bem subtraído.

9.2.1 Roubo impróprio

Art. 157, § 1º, CP Na mesma pena incorre quem, logo depois de subtraída a coisa, emprega violência contra pessoa ou grave ameaça, a fim de assegurar a impunidade do crime ou a detenção da coisa para si ou para terceiro.

	Roubo próprio (*caput*)	Roubo impróprio (§ 1º)
Meios de execução	Violência ou grave ameaça ou qualquer outro meio que reduza a vítima à impossibilidade de resistência (violência imprópria)	Violência ou grave ameaça
Momento de emprego do meio de execução	Antes ou durante a subtração do bem	Logo depois de subtrair a coisa, mas antes da consumação do furto
Finalidade do meio de execução	Permitir a subtração do bem	Assegurar a impunidade do crime ou a detenção da coisa (o bem já foi subtraído)

O **roubo impróprio não admite a violência imprópria** (qualquer outro meio que reduza a vítima à impossibilidade de resistência). **Para se falar em roubo impróprio, é imprescindível o prévio apoderamento da coisa.**

O roubo impróprio consuma-se quando o sujeito utiliza a violência à pessoa ou grave ameaça, ainda que não tenha êxito em sua finalidade de assegurar a impunidade do crime ou a detenção da coisa subtraída para si ou para terceiro (**é crime formal**).

9.2.2 Causas de aumento de pena

§ 2º A pena aumenta-se de um terço até metade:
I – (Revogado.);
II – Se há o concurso de duas ou mais pessoas;
III – Se a vítima está em serviço de transporte de valores e o agente conhece tal circunstância.
IV – Se a subtração for de veículo automotor que venha a ser transportado para outro Estado ou para o exterior;
V – Se o agente mantém a vítima em seu poder, restringindo sua liberdade.

Se o crime é cometido em concurso de agentes e somente um deles utiliza a arma, a causa de aumento de pena se estende a todos os envolvidos no roubo, independentemente de serem coautores ou partícipes.

Arma de fogo	Efetivo uso: incide a causa de aumento. Porte ostensivo: incide a causa de aumento. Porte simulado de arma: não incide a causa de aumento, mas caracteriza o roubo simples (grave ameaça).
Arma com defeito	Absoluta ineficácia de arma: não incide a causa de aumento, mas caracteriza o roubo simples (grave ameaça). Relativa ineficácia de arma: incide a causa do aumento.
Arma desmuniciada	Não incide a causa de aumento, mas caracteriza o roubo simples (grave ameaça). Conforme entendimento do STF, a arma desmuniciada ou sem possibilidade de pronto municiamento não configura o crime tipificado no art. 14 da Lei nº 10.826/2003 (Estatuto do Desarmamento).
Arma de brinquedo	Não incide a causa de aumento, mas caracteriza o roubo simples (grave ameaça).

▷ Se há o concurso de duas ou mais pessoas: incide essa qualificadora ainda que um dos envolvidos seja inimputável (ex.: menor de 18 anos) ou não possa ser identificado. Essa qualificadora incide ainda que apenas um dos envolvidos no roubo pratique atos executórios ou esteja presente no local do crime. Desse modo, aplica-se tanto aos coautores quanto aos partícipes.

▷ Se a vítima está em serviço de transporte de valores e o agente conhece tal circunstância: tem por finalidade conceder maior proteção às pessoas que prestam serviços relacionados ao transporte de valores, excluindo-se o proprietário dos bens. Ex.: carros-fortes, *office-boys*, estagiários, funcionários de bancos etc. Exige-se que o agente tenha conhecimento dessa circunstância.

▷ Se a subtração for de veículo automotor que venha a ser transportado para outro estado ou para o exterior: fundamenta-se na maior dificuldade de recuperação do bem pela vítima, quando ocorre a transposição de fronteiras estaduais ou internacionais.

Não incide essa causa de aumento de pena na hipótese de transporte de componentes isolados (peças) do veículo automotor para outro estado ou para o exterior.

Essa majorante só incide quando o roubo for de veículo automotor, não abrangendo embarcação nem aeronave. Além disso, a causa de aumento de pena somente terá incidência quando o veículo automotor efetivamente for transportado para outro estado ou para o exterior.

A majorante é compatível com a forma tentada em uma única hipótese: quando o agente é perseguido logo após a subtração e foge em direção à fronteira de outro país ou estado, mas acaba sendo preso antes que transponha a fronteira. Nesse caso, basta a intenção do agente de transpor a fronteira para a aplicação do aumento de pena.

> Um veículo foi roubado e desmanchado em Cascavel (PR) e suas peças foram encaminhadas para São Paulo ou para o Paraguai.

▷ Se o agente mantém a vítima em seu poder, restringindo sua liberdade: na hipótese dessa qualificadora, a vítima deve ter restringida sua liberdade por tempo juridicamente relevante. Ex.: Marcelo, mediante grave ameaça, subtrai o carro de Rafael e com ele permanece até abandoná-lo em um local distante, evitando, dessa forma, o pedido de socorro às autoridades.

▷ Se a subtração for de substâncias explosivas ou de acessórios que, conjunta ou isoladamente, possibilitem sua fabricação, sua montagem ou seu emprego.

Trata-se de mais uma alteração marcada pela Lei nº 13.654/2018. Nesse caso, vale a pena destacar o objeto material do roubo. Em se tratando de explosivos ou acessórios para fabricação, montagem ou emprego, haverá aumento de pena.

> **Fique ligado**
> Em se tratando de simulacro, permanece o entendimento de que ainda é roubo (pois tem capacidade de constranger), mas é descaracterizado do aumento de pena!

9.2.3 Se a violência ou ameaça é exercida com emprego de arma de fogo

Aqui incide o aumento apenas com o uso da arma de fogo (arma própria) e desde que não seja de uso restrito ou proibido (já que, com a alteração do Pacote Anticrime, agora há a previsão do § 2º-B com aumento de pena até o dobro).

Outra inovação do mesmo pacote legislativo foi a "ressurreição" do uso de arma branca (ou arma imprópria) no § 2º em seu inciso VII (aumento de 1/3 a 1/2).

§ 2º-A A pena aumenta-se de 2/3 (dois terços):
I – se a violência ou ameaça é exercida com emprego de arma de fogo.

A Lei nº 13.654/2018 inseriu o § 2º-A, restringindo o aumento de pena no crime de furto. Agora, será considerado aumento de pena apenas em se tratando de arma própria (fogo), não abrangendo mais a arma imprópria. Além disso, entende o STF que é desnecessária a perícia na arma e a apreensão (desde que haja outros meios de prova) para o enquadramento do aumento. Cabe à parte comprovar a ineficácia do meio.

II – se há destruição ou rompimento de obstáculo mediante o emprego de explosivo ou de artefato análogo que cause perigo comum.

Perceba aqui a única diferença com furto (art. 155), já que lá, no furto, há a previsão de qualificadora para rompimento ou destruição de obstáculo em qualquer modalidade de ruptura ou destruição. Ao contrário aqui, no roubo (art. 157), não se trata de qualificadora, mas, sim, de majorante (ou causa de aumento) em que apenas incidirá tal majoração caso de rompimento ou destruição com explosivos ou artefato análogo.

A inovação do **Pacote Anticrime** consistiu no aumento em dobro para tal utilização de arma de uso proibido como fruto da violência ou ameaça empregada pelo agente, além de também ter inserido tal previsão no rol dos crimes hediondos.

9.2.4 Roubo qualificado

§ 3º Se da violência resulta:
I – lesão corporal grave, a pena é de reclusão de 7 (sete) a 18 (dezoito) anos, e multa;
II – morte, a pena é de reclusão de 20 (vinte) a 30 (trinta) anos, e multa.

Assim, existem duas qualificadoras do crime de roubo: a qualificação por lesão grave e ou pela morte, fato conhecido como latrocínio.

De acordo com o texto legal, somente é possível a incidência das qualificadoras quando o resultado agravador resultar de violência. Desse modo, se resultar de grave ameaça não incidirá esta qualificadora.

Imagine a seguinte situação hipotética: "A" apontou uma arma de fogo para "B", senhora de 80 anos, e anunciou o assalto. "B", com o susto da situação, sofreu um infarto fulminante e morreu em razão da grave ameaça empregada, momento em que "A" subtrai a bolsa da vítima. Nessa situação, "A" responderá por roubo consumado em concurso formal com homicídio culposo.

Segundo o art. 1º, II, "c" da Lei nº 8.072/1990, o latrocínio, consumado ou tentado, **é crime hediondo**.

De acordo com a Súmula nº 603 do STF, a competência para o processo e julgamento do latrocínio é do juiz singular e não do Tribunal do Júri. Isso ocorre porque o latrocínio é crime contra o patrimônio e o Tribunal do Júri só é competente para julgar os crimes dolosos contra a vida.

O resultado agravador (morte) pode ter sido causado de forma **dolosa ou culposa**. Percebe-se, então, que o latrocínio não é crime exclusivamente preterdoloso (dolo no antecedente e culpa no consequente). Admite-se a tentativa se o resultado agravador, morte, ocorrer de forma dolosa.

Qual crime pratica o assaltante que, duas semanas após o delito, mata gerente que o reconheceu como um dos criminosos? Não pode ser o art. 157, § 3º, uma vez que exige o fator tempo e o fator nexo. O crime será de roubo em concurso material com homicídio qualificado pela conexão consequencial.

Súmula nº 610 – STF Há crime de latrocínio, quando o homicídio se consuma, ainda que não realize o agente a subtração de bens da vítima.

Atenção para as seguintes situações:

Subtração do bem	Morte da vítima	Latrocínio
Consumada	Consumada	Consumado
Tentada	Consumada	Consumado
Tentada	Tentada	Tentado
Consumada	Tentada	Tentado

9.3 Extorsão

Art. 158, CP Constranger alguém, mediante violência ou grave ameaça, e com o intuito de obter para si ou para outrem indevida vantagem econômica, a fazer, tolerar que se faça ou deixar fazer alguma coisa:
Pena – Reclusão, de quatro a dez anos, e multa.
§ 1º Se o crime é cometido por duas ou mais pessoas, ou com emprego de arma, aumenta-se a pena de um terço até metade.
§ 2º Aplica-se à extorsão praticada mediante violência o disposto no § 3º do artigo anterior.
§ 3º Se o crime é cometido mediante a restrição da liberdade da vítima, e essa condição é necessária para a obtenção da vantagem econômica, a pena é de reclusão, de 6 (seis) a 12 (doze) anos, além da multa; se resulta lesão corporal grave ou morte, aplicam-se as penas previstas no art. 159, §§ 2º e 3º, respectivamente.

A extorsão, ao contrário do roubo, não pode ser praticada mediante violência imprópria (qualquer outro meio que reduza a vítima à impossibilidade de resistência).

Segundo Nelson Hungria, uma das formas mais frequentes de extorsão é a famosa "chantagem" (praticada mediante ameaça de

CRIMES CONTRA O PATRIMÔNIO

revelação de fatos escandalosos ou difamatórios, para coagir o ameaçado a "comprar" o silêncio do ameaçador). Trata-se de crime de ação penal pública incondicionada.

Classificação

Extorsão é crime comum/de forma livre/formal/instantâneo/plurissubsistente/de dano/doloso (não admite a modalidade culposa)/de concurso eventual.

É considerado um crime complexo, pois protege vários bens jurídicos (patrimônio, integridade física e liberdade individual).

É crime formal de consumação antecipada. A obtenção da indevida vantagem econômica pelo agente é exaurimento do crime que será levado em consideração na dosimetria da pena-base (art. 59, CP).

Sujeitos do crime

Por ser um crime comum, não se exige uma qualidade especial do sujeito ativo ou passivo, portanto pode ser cometido/sofrido por qualquer pessoa.

Consumação e tentativa

Súmula nº 96 – STJ O crime de extorsão consuma-se independentemente da obtenção da vantagem indevida.

A tentativa é admitida.

9.3.1 Aumento de pena

▷ Se o crime é cometido por duas ou mais pessoas;
▷ Se o crime é cometido com emprego de arma.

9.3.2 Extorsão qualificada

Art. 158, § 2º, CP Aplica-se à extorsão praticada mediante violência o disposto no § 3º do artigo anterior.

Se, da **violência** resulta lesão corporal grave (7 a 18 anos), se resulta morte (20 a 30 anos).

Se o resultado agravador (lesão corporal grave ou morte) ocorrer em razão da grave ameaça empregada, o agente responderá pelo crime de extorsão simples (*caput*).

A extorsão qualificada pela morte, consumada ou tentada é **crime hediondo** (art. 1º, III, Lei nº 8.072/1990).

9.3.3 Extorsão mediante restrição da liberdade da vítima

§ 3º Se o crime é cometido mediante a restrição da liberdade da vítima, e essa condição é necessária para a obtenção da vantagem econômica, a pena é de reclusão, de 6 (seis) a 12 (doze) anos, além da multa; se resulta lesão corporal grave ou morte, aplicam-se as penas previstas no art. 159, §§ 2º e 3º, respectivamente.

Popularmente conhecido como o crime de "sequestro relâmpago". Esse delito, além de atentar contra o patrimônio da vítima, viola também sua liberdade de locomoção. Ex.: "A", mediante uso de arma de fogo, ameaça de morte "B", que estava saindo de sua residência, e o constrange a dirigir seu veículo até um caixa eletrônico para que "B" saque dinheiro para entregar a "A".

Diferencia-se do Roubo (art. 157, § 2º, V, CP), pois é imprescindível um comportamento de "B" (digitar a senha do cartão do banco) para a consumação do crime de extorsão.

9.3.4 Sequestro relâmpago × extorsão mediante sequestro

▷ **Sequestro relâmpago (art. 158, § 3º, CP):** restrição da liberdade. Não há encarceramento da vítima. Finalidade de se obter indevida vantagem econômica.

▷ **Extorsão mediante sequestro (art. 159, CP):** privação da liberdade. A vítima é colocada no cárcere. Finalidade de se obter qualquer vantagem, como condição ou preço do resgate.

Se a vantagem é devida (legítima), verdadeira ou supostamente, o agente responderá pelo crime de exercício arbitrário das próprias razões (art. 345, CP).

A vantagem indevida deve ser econômica, pois se não o for, estará afastado o crime de extorsão. Ex.: "A", mediante violência ou grave ameaça, coage "B" a assumir a autoria de um crime de difamação praticado contra "C".

9.3.5 Diferenças entre o crime de extorsão e roubo

▷ **Roubo:** o ladrão subtrai. O agente busca vantagem imediata. Não admite bens imóveis. Admite violência imprópria. A colaboração da vítima é dispensável.

▷ **Extorsão:** o extorsionário faz com que a vítima lhe entregue. O agente busca vantagem mediata (futura). Admite bens imóveis também. Não admite violência imprópria. A colaboração da vítima é indispensável.

9.3.6 Diferenças entre o crime de extorsão e constrangimento ilegal

A **extorsão** distingue-se do crime de constrangimento ilegal (art. 146, CP), pois, no primeiro, há a presença de um elemento subjetivo do tipo (especial fim de agir do agente) representado pela vontade de **obter indevida vantagem econômica, para si ou para outrem**.

9.3.7 Diferenças entre o crime de extorsão e concussão

▷ **Extorsão (art. 158):** crime contra o patrimônio. Há emprego de violência ou grave ameaça. Em regra, é praticado por particular, mas funcionário público pode praticar caso empregue violência ou grave ameaça.

▷ **Concussão (art. 316):** crime contra a Administração Pública. Não há emprego de violência ou grave ameaça. Em regra, é praticado por funcionário público, mas particular pode ser coautor ou partícipe.

É possível concurso de crimes de roubo e extorsão, por exemplo o agente, após roubar o carro da vítima, a obriga a entregar o cartão bancário com a senha, conforme STJ.

9.4 Extorsão mediante sequestro

Art. 159, CP Sequestrar pessoa com o fim de obter, para si ou para outrem, qualquer vantagem, como condição ou preço do resgate:
Pena – Reclusão, de oito a quinze anos.
§ 1º Se o sequestro dura mais de 24 (vinte e quatro) horas, se o sequestrado é menor de 18 (dezoito) ou maior de 60 (sessenta) anos, ou se o crime é cometido por bando ou quadrilha:
Pena – Reclusão, de doze a vinte anos.
§ 2º Se do fato resulta lesão corporal de natureza grave:
Pena – Reclusão, de dezesseis a vinte e quatro anos.
§ 3º Se resulta a morte:
Pena – Reclusão, de vinte e quatro a trinta anos.
§ 4º Se o crime é cometido em concurso, o concorrente que o denunciar à autoridade, facilitando a libertação do sequestrado, terá sua pena reduzida de um a dois terços.

Objetividade jurídica

Patrimônio e liberdade individual. Integridade física e vida humana (§§ 2º e 3º).

▷ **É crime complexo.** Resulta da fusão da extorsão (art. 158) e sequestro (art. 148).

Objeto material

A pessoa privada de sua liberdade e também aquela lesada em seu patrimônio.

É crime hediondo em todas as suas modalidades (tentados ou consumados) (art. 1º, IV, Lei nº 8.072/1990).

Núcleo do tipo

"Sequestrar": privar uma pessoa de sua liberdade de locomoção por tempo juridicamente relevante.

Sujeitos do crime

Sujeito ativo: qualquer pessoa (crime comum). Se o sujeito ativo for funcionário público e cometer o crime no exercício de suas funções, responderá também pelo crime de abuso de autoridade (Lei nº 13.869/2019). Pessoa que simula o próprio sequestro para extorquir seus pais, mediante o auxílio de terceiros, responde por extorsão (art. 158).

Sujeito passivo: pessoa que sofre a lesão patrimonial e pessoa privada de sua liberdade. A vítima deve ser necessariamente uma pessoa humana. Desse modo, a privação da liberdade de um animal (de extinção ou raça) configura o crime de extorsão (art. 158, CP). Se a vítima for menor de 18 anos ou maior de 60 anos, o crime será qualificado (§ 1º).

Supondo que haja subtração de animal de outrem e informa que somente será devolvido caso seja pago resgate. Há prática do crime de extorsão mediante sequestro? Não haverá tal crime já que o tipo penal se remete à pessoa. Nessa hipótese, será configurado o delito de extorsão.

Elemento subjetivo

Dolo + (especial fim de agir) com o fim de obter, para si ou para outrem, qualquer vantagem, como condição ou preço do resgate. Não se admite a modalidade culposa.

Espécie da vantagem

A maioria da doutrina entende que a vantagem deve ser econômica e indevida.

Se a vantagem for devida, o agente responderá pelos crimes de sequestro (art. 148) e exercício arbitrário das próprias razões (art. 345) em concurso formal.

Consumação e tentativa

Consuma-se com a privação da liberdade da vítima, independente da obtenção da vantagem pelo agente. É crime formal. A tentativa é possível.

Juízo competente

O juízo competente para julgamento é o do local em que ocorreu o sequestro da vítima, e não o da entrega do eventual resgate.

Se os parentes da vítima realizarem o pagamento do resgate, ocorrerá o exaurimento do crime.

Crime permanente

É crime permanente (a consumação se prolonga no tempo e dura todo o período em que a vítima estiver privada de sua liberdade).

Por ser crime permanente, é cabível a prisão em flagrante a qualquer tempo, enquanto durar a permanência.

A privação da liberdade do sequestrado há de ser mantida por tempo juridicamente relevante.

Classificação doutrinária

Crime comum/de forma livre/formal/permanente/plurissubsistente/de dano/de concurso eventual.

Ação penal

A ação penal é pública incondicionada em todas as espécies do crime.

Figuras qualificadas

§ 1º Se o sequestro dura mais de 24 (vinte e quatro) horas, se o sequestrado é menor de 18 (dezoito) ou maior de 60 (sessenta) anos, ou se o crime é cometido por bando ou quadrilha.
Pena – Reclusão de 12 a 20 anos.

Incide a qualificadora quando na data do sequestro a vítima possuía, por exemplo, 59 anos e 11 meses e na data da libertação possuía mais de 60 anos, pois o crime de extorsão mediante sequestro é crime permanente (a consumação prolonga-se no tempo por vontade do agente).

E se o crime se deu em exatas 24 horas, incide a qualificadora? Não. Tem que ser mais de 24 horas.

Se o crime é cometido por associação criminosa e esta for usada para qualificar o delito, não pode haver a punição pelo art. 288 do CP, sob pena de ocorrência do *bis in idem*.

§ 2º Se do fato resulta lesão corporal de natureza grave:
Pena – Reclusão de 16 a 24 anos.
§ 3º Se resulta a morte:
Pena – Reclusão de 24 a 30 anos.

No roubo e na extorsão só existe a qualificadora quando a lesão corporal de natureza grave ou a morte resultam da "violência", ao passo que, nessa hipótese, o crime será qualificado quando do fato resultar lesão corporal de natureza grave ou morte. Portanto o resultado agravador pode ser provocado por violência própria, violência imprópria ou grave ameaça.

Não incidirá esta qualificadora se o resultado agravador for produzido por força maior, caso fortuito ou culpa de terceiro. Ex.: cai um raio no barraco onde a vítima era mantida em cativeiro e esta morre.

A morte ou lesão corporal grave podem ter sido provocadas dolosa ou culposamente. Não é crime exclusivamente preterdoloso (dolo no antecedente e culpa no consequente).

A pena da extorsão mediante sequestro qualificada pela morte (24 a 30 anos) é a maior do Código Penal.

Delação premiada

*§ 4º Se o crime é cometido em concurso, o concorrente que o denunciar à autoridade, **facilitando a libertação do sequestrado**, terá sua pena reduzida de um a dois terços.*

É causa especial de diminuição da pena que somente pode ser aplicada pelo juiz (delegados e promotores não podem).

Requisitos para a incidência deste parágrafo:

▷ Prática do crime em concurso de pessoas: não é exigível associação criminosa, basta o concurso de pessoas;
▷ Esclarecimento por parte de um dos criminosos a autoridade sobre o crime;
▷ Facilitação da libertação do sequestrado, ou seja, que a delação seja eficaz.

De acordo com a jurisprudência, deve ser aplicada a delação premiada quando a vítima é libertada diretamente por um dos sequestradores.

A redução de pena é proporcional conforme a maior ou menor colaboração do agente. Quanto mais auxiliar, maior a redução.

A delação deve ser eficaz, ou seja, deve ter contribuído decisivamente para a libertação da vítima. Desse modo, a pena não será diminuída se o refém foi solto por outro motivo qualquer, diverso da informação prestada pelo sequestrador.

Presentes os requisitos legais, o juiz é obrigado a reduzir a pena do criminoso (é direito subjetivo do réu).

A redução da pena da delação premiada não se comunica aos demais coautores ou partícipes que não denunciaram o fato à autoridade (circunstância pessoal), pois não facilitaram a libertação do refém.

9.5 Extorsão indireta

Art. 160, CP Exigir ou receber, como garantia de dívida, abusando da situação de alguém, documento que pode dar causa a procedimento criminal contra a vítima ou contra terceiro:
Pena – Reclusão, de um a três anos, e multa.

O crime de extorsão se consuma quando é realizada a conduta de constrangimento mediante o uso de violência ou grave ameaça, portanto, considerado crime formal. A obtenção da vantagem indevida configura mero exaurimento do crime.

9.6 Usurpação

Alteração de limites

Art. 161, CP Suprimir ou deslocar tapume, marco, ou qualquer outro sinal indicativo de linha divisória, para apropriar-se, no todo ou em parte, de coisa imóvel alheia:
Pena – Detenção, de um a seis meses, e multa.
§ 1º Na mesma pena incorre quem:

Usurpação de águas

I – Desvia ou represa, em proveito próprio ou de outrem, águas alheias;

Esbulho possessório

II – Invade, com violência a pessoa ou grave ameaça, ou mediante concurso de mais de duas pessoas, terreno ou edifício alheio, para o fim de esbulho possessório.
§ 2º Se o agente usa de violência, incorre também na pena a esta cominada.
§ 3º Se a propriedade é particular, e não há emprego de violência, somente se procede mediante queixa.

9.6.1 Supressão ou alteração de marca em animais

Art. 162, CP Suprimir ou alterar, indevidamente, em gado ou rebanho alheio, marca ou sinal indicativo de propriedade:
Pena – Detenção, de seis meses a três anos, e multa.

9.7 Dano

Art. 163, CP Destruir, inutilizar ou deteriorar coisa alheia:
Pena – Detenção, de um a seis meses, ou multa.
Parágrafo único. Se o crime é cometido:
I – Com violência à pessoa ou grave ameaça;
II – Com emprego de substância inflamável ou explosiva, se o fato não constitui crime mais grave;
III – Contra o patrimônio da União, de Estado, do Distrito Federal, de Município ou de autarquia, fundação pública, empresa pública, sociedade de economia mista ou empresa concessionária de serviços públicos;
IV – Por motivo egoístico ou com prejuízo considerável para a vítima:
Pena – Detenção, de seis meses a três anos, e multa, além da pena correspondente à violência.

Objetividade jurídica

Patrimônio das pessoas físicas ou jurídicas.

Não há crime de dano quando a conduta do agente recair sobre *res derelicta* (coisa abandonada) ou *res nullius* (coisa de ninguém). Todavia, se a conduta recair sobre *res desperdita* (coisa perdida) haverá crime, pois se trata de coisa alheia.

Objeto material

Coisa alheia, móvel ou imóvel, sobre a qual incide a conduta do agente.

Dano em documentos (públicos ou privados)

Se o agente danificou para impedir utilização do documento como prova de algum fato juridicamente relevante, responderá pelo crime de supressão de documento (art. 305, CP). Todavia, se a conduta foi praticada unicamente com o objetivo de prejudicar o patrimônio da vítima, responderá o agente pelo crime de dano (art. 163, CP).

Tipo misto alternativo, crime de ação múltipla ou de conteúdo variado

Haverá crime único na prática de várias condutas com objeto material no mesmo contexto fático.

É crime de forma livre = admite qualquer meio de execução.

Pode ser praticado por omissão, desde que presente o dever jurídico de agir (art. 13, § 2º, CP).

Empregada doméstica deixa, dolosamente, de fechar as janelas da casa da patroa durante uma chuva para que sejam danificados os objetos eletrônicos da casa.

O agente que pratica a conduta de pichar, grafitar ou por qualquer outro meio conspurcar (poluir) edificação ou monumento urbano responderá pelo crime previsto no art. 65 da Lei nº 9.605/1998 (Lei dos Crimes Ambientais).

Núcleos do tipo

Destruir: extinguir a coisa (dano físico total). Ex.: quebrar totalmente um espelho; queimar um telefone celular.

Inutilizar: tornar uma coisa imprestável aos fins a que se destina. Retirar a bateria de um carro.

Deteriorar: estragar parcialmente um bem, diminuindo-lhe o valor ou a utilidade (dano físico parcial). Ex.: riscar a lataria de um veículo.

Conduta de fazer desaparecer coisa alheia não é crime de dano.

Ex. 1: Pedro faz sumir o celular de Rafael, seu desafeto. Nessa situação, Pedro responderá civilmente por sua conduta. Não responderá pelo crime de dano (art. 163, CP).

Ex. 2: "A" abre a porteira da fazenda de "B", seu desafeto, para que desapareça o cavalo de propriedade deste último. "A" responderá civilmente por sua conduta.

Sujeitos do crime

Sujeito ativo: é crime comum, pode ser praticado por qualquer pessoa, exceto o proprietário da coisa.

Se o proprietário danificar coisa própria, que se acha em poder de terceiro por determinação judicial ou convenção, responderá pelo previsto no art. 346 do CP.

Sujeito passivo: qualquer pessoa (proprietário ou possuidor legítimo da coisa).

Elemento subjetivo

É o dolo. A finalidade do agente deve ser unicamente destruir, inutilizar ou deteriorar coisa alheia.

> **Fique ligado**
>
> **Não existe o crime de dano culposo.**
> Se o dano se constituir em meio para a prática de outro crime, ou então como qualificadora de outro crime, será por este absorvido. Ex.: furto qualificado pela destruição ou rompimento de obstáculo (art. 155, § 4º, I, CP): o dano, crime-meio, será absorvido pelo furto, crime-fim.

Consumação e tentativa

É crime material. Desse modo, ele se consuma quando o agente efetivamente destrói, inutiliza ou deteriora a coisa alheia. A tentativa é plenamente possível.

9.7.1 Dano simples

O crime de dano simples (*caput*) é Infração de Menor Potencial Ofensivo (IMPO), de competência do juizado especial e de ação penal privada (art. 167, CP).

Classificação doutrinária

Crime comum/material/doloso/de forma livre/instantâneo/plurissubjetivo/de concurso eventual e não transeunte (deixa vestígios materiais).

9.7.2 Dano qualificado

Art. 163, CP [...]
Parágrafo único. Se o crime é cometido:
I – Com violência à pessoa ou grave ameaça;
II – Com emprego de substância inflamável ou explosiva, se o fato não constitui crime mais grave;
III – Contra o patrimônio da União, de Estado, do Distrito Federal, de Município ou de autarquia, fundação pública, empresa pública, sociedade de economia mista ou empresa concessionária de serviços públicos;
IV – Por motivo egoístico ou com prejuízo considerável para a vítima:
Pena – Detenção, de seis meses a três anos, e multa, além da pena correspondente à violência.

9.7.3 Com violência à pessoa ou grave ameaça

A vítima da violência ou grave ameaça pode ser pessoa diversa da vítima do dano. Ex.: ameaçar a empregada doméstica de seu vizinho para quebrar a vidraça de sua janela.

A violência ou grave ameaça deve ocorrer antes ou durante a prática do crime de dano, pois, se ocorrer depois, o agente responderá pelo crime de dano simples em concurso material com o crime de lesão corporal (art. 129) ou ameaça (art. 147).

De acordo com o art. 167, do CP, nesta hipótese de dano a ação penal será pública incondicionada.

9.7.4 Com emprego de substância inflamável ou explosiva, se o fato não constitui crime mais grave

A expressão "**se o fato não constitui crime mais grave**" informa que essa qualificadora é expressamente subsidiária, ou seja, somente incidirá o dano qualificado quando a lesão ao patrimônio alheio não caracterizar um crime mais grave, nem funcionar como meio de execução de um delito mais grave. Ex.: "A" explode o carro de "B" que estava no estacionamento: "A" responderá pelo crime de dano qualificado. Todavia se "A" explodiu o carro de "B" com a intenção de matá-lo, e efetivamente alcançou esse resultado responderá pelo crime de homicídio qualificado (art. 121, § 2º, III, CP).

De acordo com o art. 167 do CP, nesta hipótese de dano, **a ação penal será pública incondicionada.**

9.7.5 Contra o patrimônio da União, de estado, do DF, de município ou de autarquia, fundação pública, empresa pública, sociedade de economia mista ou empresa concessionária de serviços públicos

A Lei nº 13.531/2017 adicionou ao crime de dano qualificado todos os entes da Administração Direta mais os concessionários de serviços públicos, o que de fato foi bem aplicado ao que acontece no dia a dia.

De acordo com o entendimento do STJ, o preso que danifica (destrói, deteriora ou inutiliza) as paredes e grades da cela dos presídios ou delegacias, com o objetivo de fuga não responde pelo crime de dano. Vejamos uma jurisprudência sobre o tema:

Art. 163, III, parágrafo único, CP
1. Conforme entendimento, há muito fixado nesta Corte Superior (STF), para a configuração do crime de dano, previsto no art. 163 do CPB, é necessário que a vontade seja voltada para causar prejuízo patrimonial ao dono da coisa (animus nocendi). Dessa forma, o preso que destrói ou inutiliza as grades da cela onde se encontra, com o intuito exclusivo de empreender fuga, não comete crime de dano. 2. Parecer do MPF pela concessão da ordem. 3. Ordem concedida, para absolver o paciente do crime de dano contra o patrimônio público.

De acordo com o art. 167, do CP, nesta hipótese de dano **a ação penal será pública incondicionada.**

9.7.6 Por motivo egoístico ou com prejuízo considerável para a vítima

Motivo egoístico é aquele ligado à obtenção de um futuro benefício, de ordem moral ou econômica. Ex.: "A" e "B" foram aprovados na segunda fase do concurso de delegado de Polícia Civil de um estado qualquer. Então, no dia da prova oral, "A" sabota o carro de "B" para que este não consiga chegar a tempo para realizar o exame e seja eliminado do concurso.

De acordo com o art. 167 do CP, nesta hipótese de dano, **a ação penal é privada.**

> **Fique ligado**
>
> Aquele que destrói cadáver ou parte dele responde pelo crime previsto no art. 211 do CP.

9.8 Introdução ou abandono de animais em propriedade alheia

Art. 164, CP Introduzir ou deixar animais em propriedade alheia, sem consentimento de quem de direito, desde que o fato resulte prejuízo:
Pena – Detenção, de quinze dias a seis meses, ou multa.

9.9 Dano em coisa de valor artístico, arqueológico ou histórico

Art. 165, CP Destruir, inutilizar ou deteriorar coisa tombada pela autoridade competente em virtude de valor artístico, arqueológico ou histórico:
Pena – Detenção, de seis meses a dois anos, e multa.

9.10 Alteração de local especialmente protegido

Art. 166, CP Alterar, sem licença da autoridade competente, o aspecto de local especialmente protegido por lei:
Pena – Detenção, de um mês a um ano, ou multa.

Ação penal

Art. 167, CP Nos casos do art. 163, do inciso IV do seu parágrafo e do art. 164, somente se procede mediante queixa.

9.11 Apropriação indébita

Art. 168, CP Apropriar-se de coisa alheia móvel, de que tem a posse ou a detenção:
Pena – Reclusão, de um a quatro anos, e multa.
§ 1º A pena é aumentada de um terço, quando o agente recebeu a coisa:
I – Em depósito necessário;
II – Na qualidade de tutor, curador, síndico, liquidatário, inventariante, testamenteiro ou depositário judicial;
III – Em razão de ofício, emprego ou profissão.

A principal característica do crime de apropriação indébita é a existência de uma situação de quebra de confiança, pois a vítima entrega, voluntariamente, uma coisa móvel ao agente, e este, logo em seguida, inverte seu ânimo no tocante ao bem, passando a comportar-se como seu dono.

Objetividade jurídica

Apoderamento de coisa alheia móvel, sem o consentimento do proprietário.

Objeto material

Coisa alheia móvel sobre a qual recai a conduta criminosa (imóveis não).

Para o STJ, é possível a prática do crime de apropriação indébita de coisas fungíveis (móveis que podem substituir-se por outros da mesma espécie, qualidade e quantidade). Ex.: dinheiro.

Núcleo do tipo

É o verbo "apropriar" que significa tomar para si, fazer sua coisa alheia.

Posse/detenção legítima e desvigiada

A posse ou a detenção do bem deve ser legítima e também desvigiada. Desse modo, o crime de apropriação indébita deve preencher os seguintes requisitos.

A vítima entrega o bem voluntariamente: se houver fraude para a entrega o crime será de estelionato, se houver violência ou grave ameaça à pessoa o crime será de roubo ou de extorsão.

O agente tem a posse ou detenção desvigiada do bem: se a posse ou detenção for vigiada e o bem for retirado da vítima sem sua autorização o crime será de furto.

O agente recebe o bem de boa-fé: se ao receber o bem o agente já tinha a intenção de apropriar-se dele, o crime será de estelionato. Observação: a boa-fé é presumida.

Modificação posterior no comportamento do agente: após entrar licitamente (de boa-fé) na posse ou detenção da coisa, o agente passa a se comportar como se fosse dono. Momento em que apresenta seu ânimo de assenhoramento definitivo (*animus rem sibi habendi*). Essa alteração no comportamento do agente ocorre de duas formas:

Prática de algum ato de disposição (venda, doação, locação, troca etc.). Também conhecida como apropriação indébita própria.

Recusa na restituição (a vítima solicita a devolução do bem e o agente expressamente se recusa a devolver). Também denominada **negativa de restituição**.

Sujeitos do crime

Sujeito ativo: qualquer pessoa, desde que tenha a posse ou detenção lícita da coisa alheia móvel. Sempre pessoa diversa do proprietário.

Sujeito passivo: proprietário ou possuidor (pessoa física ou jurídica) do bem.

> Se o agente é funcionário público e apropria-se de dinheiro, valor ou qualquer outro bem móvel, público ou particular (sob a guarda ou custódia da Administração Pública), de que tem a posse em razão do cargo, responderá pelo crime de peculato-apropriação (art. 312, *caput*, 1ª parte, CP). Em regra, a prova desse delito depende da prática de algum ato incompatível com a vontade de restituir.

Elemento subjetivo

Dolo. Doutrina e jurisprudência defendem a necessidade do ânimo de assenhoramento definitivo da coisa. Desse modo, não responderá por este crime aquele que simplesmente se esquece de devolver o bem na data previamente combinada. Não se admite a modalidade culposa.

Apropriação indébita "de uso"

Não se pune a apropriação indébita "de uso": situação em que a pessoa usa momentaneamente a coisa alheia, para, em seguida, restituí-la integralmente ao seu proprietário.

Diferenças entre apropriação indébita e estelionato

▷ **Apropriação indébita (art. 168, CP):** o dolo é posterior ou subsequente. A pessoa recebe a posse ou detenção de coisa de maneira legítima, surgindo a vontade de se apropriar posteriormente. Ex.: pessoa vai a uma locadora de veículos, aluga um veículo, gosta dele e decide não devolver.

▷ **Estelionato (art. 171, CP):** o dolo é anterior ou antecedente. O agente já possuía a intenção de se apropriar do bem antes de alcançar a sua posse ou detenção. Ex.: pessoa vai a uma locadora de veículos, já com a intenção de alugar o veículo e não o devolver.

Consumação

Ocorre quando o agente inverte seu ânimo em relação a coisa alheia móvel, ou seja, ele passa a se comportar como dono do bem. Pode se dar de duas maneiras:

▷ **Apropriação indébita própria:** consuma-se com a prática de algum ato de disposição do bem, incompatível com a condição de possuidor ou detentor. Ex.: vender, doar, permutar, emprestar o bem.

▷ **Negativa de restituição:** consuma-se no momento em que o agente se recusar expressamente a devolver o bem ao seu proprietário.

Tentativa

A apropriação indébita própria admite tentativa. Ex.: "A" é preso em flagrante quando doava os DVDs de "B", do qual tinha a posse legítima e desvigiada.

A apropriação indébita negativa de restituição não admite tentativa (*conatus*), pois é crime unissubsistente: ou o sujeito recusa a devolver o bem, e o crime estará consumado, ou o devolve ao dono, e o fato será atípico.

Ação penal

A ação penal é pública incondicionada.

Competência

Local em que o agente se apropria da coisa alheia móvel, dela dispondo ou negando-se a restituí-la ao seu titular. (art. 70, *caput*, CPP).

Quando o crime de apropriação indébita for praticado por algum representante (comercial ou não) da vítima, a competência será do local em que o agente deveria ter prestado contas dos valores recebidos.

Classificação doutrinária

Crime comum/material/de forma livre/de concurso eventual/doloso/em regra plurissubsistente, ou unissubsistente (negativa de restituição) /instantâneo. Ex.: o art. 102 do Estatuto do Idoso (Lei nº 10.741/2003) prevê uma modalidade especial de apropriação indébita, quando praticada contra idoso:

Art. 102, CP. Apropriar-se de ou desviar bens, proventos, pensão ou qualquer outro rendimento do idoso, dando-lhes aplicação diversa da de sua finalidade:
Pena – Reclusão de 1 a 4 anos.

O art. 5º, *caput*, da Lei nº 7.492/1986 (Lei dos Crimes contra o Sistema Financeiro Nacional) também contém uma modalidade especial de apropriação indébita:

Art. 5º, CP. Apropriar-se, quaisquer das pessoas mencionadas no art. 25 desta lei, de dinheiro, título, valor ou qualquer outro bem móvel de que tem a posse, ou desviá-lo em proveito próprio ou alheio:
Pena – Reclusão de 2 a 6 anos e multa.

Trata-se de crime próprio, pois somente pode ser praticado pelo controlador e pelos administradores de instituição financeira (diretores e gerentes).

9.11.1 Aumento de pena

§ 1º A pena é aumentada de um terço, quando o agente recebeu a coisa:
I – Em depósito necessário;
II – Na qualidade de tutor, curador, síndico, liquidatário, inventariante, testamenteiro ou depositário judicial;
III – Em razão de ofício, emprego ou profissão.

A pena será aumentada de um terço quando o agente recebeu a coisa:

▷ Em depósito necessário:

De acordo com a doutrina majoritária, essa causa de aumento de pena incide apenas no **depósito necessário miserável, previsto no art. 647, II, do Código Civil** (é o que se efetua por ocasião de alguma calamidade, como inundação, incêndio, saque ou naufrágio).

▷ Na qualidade de tutor, curador, síndico, liquidatário, inventariante, testamenteiro ou depositário judicial:

O fundamento do tratamento penal mais rigoroso repousa na relevância das funções exercidas pelas pessoas indicadas neste inciso, as quais recebem coisas alheias para guardar consigo, necessariamente, até o momento da devolução.

> **Fique ligado**
>
> A palavra "síndico" deve ser substituída pela expressão "administrador judicial", em razão da alteração ocorrida pela Lei nº 11.101/2005 (Lei de Falência e Recuperação Judicial do Empresário e da Sociedade Empresária).

▷ Em razão de ofício, emprego ou profissão: não necessita de relação de confiança entre o agente e a vítima.
▷ **Emprego:** prestação de serviço em subordinação e dependência. Ex.: dono de um supermercado e seus funcionários.
▷ **Ofício:** ocupação mecânica ou manual, que necessita de um determinado grau de habilidade, e que seja útil ou necessário às pessoas em geral. Ex.: mecânico, sapateiro etc.
▷ **Profissão:** atividade em que não há hierarquia e necessita de conhecimentos específicos (técnico e intelectual). Ex.: advogado, dentista, médico, arquiteto, contador etc.

9.11.2 Apropriação indébita privilegiada

O art. 170 do CP dispõe o seguinte: nos crimes previstos neste capítulo, aplica-se o disposto no art. 155, § 2º.

Art. 155, § 2º, CP Se o criminoso é primário, e é de pequeno valor a coisa furtada, o juiz pode substituir a pena de reclusão pela de detenção, diminuí-la de um a dois terços, ou aplicar somente a pena de multa.

Portanto, é possível a caracterização da apropriação indébita privilegiada, em qualquer de suas espécies.

Art. 168-A, CP Deixar de repassar à previdência social as contribuições recolhidas dos contribuintes, no prazo e forma legal ou convencional:
Pena – Reclusão, de 2 (dois) a 5 (cinco) anos, e multa.
§ 1º Nas mesmas penas incorre quem deixar de:
I – Recolher, no prazo legal, contribuição ou outra importância destinada à previdência social que tenha sido descontada de pagamento efetuado a segurados, a terceiros ou arrecadada do público;
II – Recolher contribuições devidas à previdência social que tenham integrado despesas contábeis ou custos relativos à venda de produtos ou à prestação de serviços;
III – Pagar benefício devido a segurado, quando as respectivas cotas ou valores já tiverem sido reembolsados à empresa pela previdência social.
§ 2º É extinta a punibilidade se o agente, espontaneamente, declara, confessa e efetua o pagamento das contribuições, importâncias ou valores e presta as informações devidas à previdência social, na forma definida em lei ou regulamento, antes do início da ação fiscal.
§ 3º É facultado ao juiz deixar de aplicar a pena ou aplicar somente a de multa se o agente for primário e de bons antecedentes, desde que:
I – Tenha promovido, após o início da ação fiscal e antes de oferecida a denúncia, o pagamento da contribuição social previdenciária, inclusive acessórios; ou
II – O valor das contribuições devidas, inclusive acessórios, seja igual ou inferior àquele estabelecido pela previdência social, administrativamente, como sendo o mínimo para o ajuizamento de suas execuções fiscais.
§ 4º A faculdade prevista no § 3º deste artigo não se aplica aos casos de parcelamento de contribuições cujo valor, inclusive dos acessórios, seja superior àquele estabelecido, administrativamente, como sendo o mínimo para o ajuizamento de suas execuções fiscais.

Objetividade jurídica

Seguridade social (saúde, previdência e assistência social – art. 194, CF/1988). Não se trata de crime contra o patrimônio.

Objeto material

Contribuição previdenciária arrecadada e não recolhida.

Núcleo do tipo

Deixar de repassar, significa **deixar de recolher**. Recolher é depositar a quantia recebida – descontada ou cobrada.

É crime omissivo próprio ou puro (não admite tentativa).

Lei penal em branco homogênea

Deve ser complementada pela legislação previdenciária em relação aos prazos de recolhimento.

CRIMES CONTRA O PATRIMÔNIO

Sujeitos do crime

Sujeito ativo: qualquer pessoa, crime comum (admite coautoria e participação).

> **Fique ligado**
> Pessoa jurídica não pode ser sujeito ativo.

Sujeito passivo: União Federal.

Competência

Sendo o sujeito ativo União Federal, a competência será da Justiça Federal (crime praticado em detrimento dos interesses da União).

Elemento subjetivo

É o dolo.

É dispensável (prescindível) o fim de assenhoramento definitivo (*animus rem sibi habendi*), pois o núcleo do tipo é "deixar de repassar", e não "se apropriar" como no crime de apropriação indébita.

Não admite a forma culposa.

Consumação

Para a maioria da doutrina, é crime formal. Para o STF, é crime material, pois deve haver a efetiva lesão aos cofres da União.

Se a conduta for praticada mediante fraude, o crime será de sonegação de contribuição previdenciária, previsto no art. 337-A do CP.

É crime unissubsistente

A conduta se exterioriza em um único ato, suficiente para a consumação.

Ação penal

Ação penal pública incondicionada.

Hipótese de dificuldades financeiras

Firmou-se o entendimento de que há inexigibilidade de conduta diversa (causa supralegal de exclusão da culpabilidade).

O STJ já decidiu que o fato é atípico em face da ausência de dolo.

Extinção da punibilidade

§ 2º É extinta a punibilidade se o agente, espontaneamente, declara, confessa e efetua o pagamento das contribuições, importâncias ou valores e presta as informações devidas à previdência social, na forma definida em lei ou regulamento, antes do início da ação fiscal.

A ação fiscal tem início com a lavratura do Termo de Início da Ação Fiscal (TIAF).

Para que ocorra a extinção da punibilidade, devem-se preencher, cumulativamente, três requisitos:

▷ Espontânea declaração e confissão do débito;
▷ Prestação de informações à Previdência Social;
▷ Pagamento integral do débito previdenciário antes do início da ação fiscal.

Perdão judicial e aplicação isolada de pena de multa

§ 3º É facultado ao juiz deixar de aplicar a pena ou aplicar somente a de multa se o agente for primário e de bons antecedentes, desde que:
I – Tenha promovido, após o início da ação fiscal e antes de oferecida a denúncia, o pagamento da contribuição social previdenciária, inclusive acessórios; ou

> **Fique ligado**
> Para o STJ, o pagamento integral do débito previdenciário, antes ou depois do recebimento da denúncia, é causa de extinção da punibilidade (art. 9º, § 2º, Lei nº 10.684/2003) (HC 63.168/SC).

A hipótese do inciso I não se aplica mais, em razão regra contida no art. 9, § 2º, da Lei nº 10.684/2003, e do entendimento do STJ sobre o assunto.

II – O valor das contribuições devidas, inclusive acessórios, seja igual ou inferior àquele estabelecido pela previdência social, administrativamente, como sendo o mínimo para o ajuizamento de suas execuções fiscais.

Perdão judicial e parcelamento

§ 4º A faculdade prevista no § 3º deste artigo não se aplica aos casos de parcelamento de contribuições cujo valor, inclusive dos acessórios, seja superior àquele estabelecido, administrativamente, como sendo o mínimo para o ajuizamento de suas execuções fiscais.

Justa causa e prévio esgotamento da via administrativa

A Lei nº 9.430/1996 dispõe sobre a legislação tributária federal, as contribuições para a seguridade social, o processo administrativo de consulta; e dá outras providências:

Art. 83, CP A representação fiscal para fins penais relativa aos crimes contra a ordem tributária previstos nos arts. 1º e 2º da Lei nº 8.137, de 27 de dezembro de 1990, e aos crimes contra a Previdência Social, previstos nos arts. 168-A e 337-A do Decreto-lei nº 2.848, de 7 de dezembro de 1940 (Código Penal), será encaminhada ao Ministério Público depois de proferida a decisão final, na esfera administrativa, sobre a exigência fiscal do crédito tributário correspondente.

§ 1º Na hipótese de concessão de parcelamento do crédito tributário, a representação fiscal para fins penais somente será encaminhada ao Ministério Público após a exclusão da pessoa física ou jurídica do parcelamento.

§ 2º É suspensa a pretensão punitiva do Estado referente aos crimes previstos no caput, durante o período em que a pessoa física ou a pessoa jurídica relacionada com o agente dos aludidos crimes estiver incluída no parcelamento, desde que o pedido de parcelamento tenha sido formalizado antes do recebimento da denúncia criminal.

§ 3º A prescrição criminal não corre durante o período de suspensão da pretensão punitiva.

§ 4º Extingue-se a punibilidade dos crimes referidos no caput quando a pessoa física ou a pessoa jurídica relacionada com o agente efetuar o pagamento integral dos débitos oriundos de tributos, inclusive acessórios, que tiverem sido objeto de concessão de parcelamento.

Forma privilegiada

Nos termos do art. 170 do CP, aplica-se o art. 155, § 2º para esse crime (forma privilegiada).

9.11.3 Apropriação de coisa havida por erro, caso fortuito ou força da natureza

Art. 169, CP Apropriar-se alguém de coisa alheia vinda ao seu poder por erro, caso fortuito ou força da natureza:
Pena – Detenção, de um mês a um ano, ou multa.
Parágrafo único. Na mesma pena incorre:
I – Quem acha tesouro em prédio alheio e se apropria, no todo ou em parte, da quota a que tem direito o proprietário do prédio;
II – Quem acha coisa alheia perdida e dela se apropria, total ou parcialmente, deixando de restituí-la ao dono ou legítimo possuidor ou de entregá-la à autoridade competente, dentro no prazo de quinze dias.
Art. 170, CP Nos crimes previstos neste Capítulo, aplica-se o disposto no art. 155, § 2º.

9.12 Estelionato e outras fraudes

Art. 171, CP Obter, para si ou para outrem, vantagem ilícita, em prejuízo alheio, induzindo ou mantendo alguém em erro, mediante artifício, ardil, ou qualquer outro meio fraudulento:
Pena – Reclusão, de um a cinco anos, e multa, de quinhentos mil réis a dez contos de réis.
§ 1º Se o criminoso é primário, e é de pequeno valor o prejuízo, o juiz pode aplicar a pena conforme o disposto no art. 155, § 2º.
§ 2º Nas mesmas penas incorre quem:
I – vende, permuta, dá em pagamento, em locação ou em garantia coisa alheia como própria;
II – vende, permuta, dá em pagamento ou em garantia coisa própria inalienável, gravada de ônus ou litigiosa, ou imóvel que prometeu vender a terceiro, mediante pagamento em prestações, silenciando sobre qualquer dessas circunstâncias;
III – defrauda, mediante alienação não consentida pelo credor ou por outro modo, a garantia pignoratícia, quando tem a posse do objeto empenhado;
IV – defrauda substância, qualidade ou quantidade de coisa que deve entregar a alguém;
V – destrói, total ou parcialmente, ou oculta coisa própria, ou lesa o próprio corpo ou a saúde, ou agrava as consequências da lesão ou doença, com o intuito de haver indenização ou valor de seguro;
VI – emite cheque, sem suficiente provisão de fundos em poder do sacado, ou lhe frustra o pagamento.
§ 2º-A A pena é de reclusão, de 4 (quatro) a 8 (oito) anos, e multa, se a fraude é cometida com a utilização de informações fornecidas pela vítima ou por terceiro induzido a erro por meio de redes sociais, contatos telefônicos ou envio de correio eletrônico fraudulento, ou por qualquer outro meio fraudulento análogo. (Incluído pela Lei nº 14.155, de 2021)
§ 2º-B A pena prevista no § 2º-A deste artigo, considerada a relevância do resultado gravoso, aumenta-se de 1/3 (um terço) a 2/3 (dois terços), se o crime é praticado mediante a utilização de servidor mantido fora do território nacional.
§ 3º A pena aumenta-se de um terço, se o crime é cometido em detrimento de entidade de direito público ou de instituto de economia popular, assistência social ou beneficência.
§ 4º A pena aumenta-se de 1/3 (um terço) ao dobro, se o crime é cometido contra idoso ou vulnerável, considerada a relevância do resultado gravoso.
§ 5º Somente se procede mediante representação, salvo se a vítima for:
I – a Administração Pública, direta ou indireta;
II – criança ou adolescente;
III – pessoa com deficiência mental; ou
IV – maior de 70 (setenta) anos de idade ou incapaz.

Esse crime tem o objetivo de punir a conduta do agente que, utilizando-se de **fraude**, induz ou mantém alguém em erro, no intuito de obter uma vantagem ilícita sobre a vítima.

Classificação

Trata-se de comum, ou seja, pode ser praticado por qualquer pessoa.

É um crime instantâneo – consuma-se no momento da prática do ato – com efeitos permanentes.

Admite a modalidade comissiva (pratica a conduta do estelionato) ou omissiva (mantém a vítima em erro).

Sujeitos do crime

Sujeito ativo: sendo um crime comum, admite qualquer pessoa.

Sujeito passivo: qualquer pessoa – física ou jurídica – que seja mantida em erro, desde que seja determinada, NÃO se admite uma vítima incerta.

O crime de estelionato exige vítima certa e determinada, logo, se a vítima for incerta ou indeterminada, trata-se de crime contra a economia popular (art. 2º, XI, Lei nº 1.521/1951).

▷ Adulteração de balança, de bomba de combustível, de taxímetro.

Se a vítima for incapaz ou alienada, o crime será o do art. 173 do CP: abuso de incapazes.

Art. 173, CP Abusar, em proveito próprio ou alheio, de necessidade, paixão ou inexperiência de menor, ou da alienação ou debilidade mental de outrem, induzindo qualquer deles à prática de ato suscetível de produzir efeito jurídico, em prejuízo próprio ou de terceiro.

Consumação e tentativa

Admite tentativa, ademais a fraude deve ser idônea a ludibriar a vítima, pois, do contrário, será **crime impossível** em face da ineficácia absoluta do meio de execução (art. 17, CP).

Consuma-se com a obtenção da vantagem ilícita causando o prejuízo à vítima, passando pelos momentos de:
▷ Emprego de fraude pelo agente;
▷ Situação de erro na qual a vítima é colocada ou mantida;
▷ Obtenção de vantagem ilícita pelo agente;
▷ Prejuízo sofrido pela vítima.

Descrição

A vantagem **ilícita** deve ser de natureza econômica (patrimonial): se a vantagem for **lícita**, estará configurado o crime de exercício arbitrário das próprias razões, art. 345 do CP: *fazer justiça pelas próprias mãos, para satisfazer pretensão, embora legítima, salvo quando a lei o permite.*

▷ O STF entendeu que o ponto eletrônico, ou a cola eletrônica são fatos atípicos em face da inexistência de vantagem econômica. Esse foi o entendimento prevalecente, apesar de haver minoria do STF que afirma tratar-se de fato típico.
▷ O silêncio pode ser usado como meio fraudulento para a prática de estelionato, bem como a mentira (tem que ser fraudulenta).
▷ A fraude bilateral não exclui o crime.

Formas de execução

Ardil: caracteriza-se pela fraude de forma intelectual, fraude moral, representada pela conversa enganosa. É a lábia. Ex.: "A", alegando ser especialista em manutenção de computadores, convence "B" a entregar-lhe seu notebook para conserto.

Artifício: caracteriza-se pela fraude de forma material. O agente utiliza algum instrumento ou objeto para enganar a vítima. Ex.: "A" se disfarça de manobrista e fica parado na porta de um restaurante para que "B" voluntariamente lhe entregue seu carro. Ou ainda, aquele que utiliza o bilhete premiado ou um documento falso.

Qualquer outro meio fraudulento: é uma situação de interpretação analógica. O silêncio. "A" comerciante entrega a "B", cliente, troco além do devido, mas este nada fala e nada faz, ficando com o dinheiro para si.

Estelionato e crime impossível: qualquer que seja o meio de execução (artifício, ardil ou outro meio fraudulento) empregado na prática da conduta, somente haverá a tentativa quando apresentar idoneidade para enganar a vítima. A idoneidade leva em conta as condições pessoais do ofendido. Se o meio fraudulento for capaz de enganar a vítima, estará caracterizado o *conatus*. Caso não tenha intenção de iludir a vítima ou apresente-se grosseiro será crime impossível, pois há impropriedade absoluta do meio de execução (art. 17, CP).

CRIMES CONTRA O PATRIMÔNIO

Estelionato e reparação do dano: a reparação do dano não apaga o crime de estelionato, porém, dependendo do momento que ocorrer a indenização à vítima, podem ocorrer as seguintes situações:

▷ Se anterior ao recebimento da denúncia ou queixa, é possível o reconhecimento do arrependimento posterior, isso diminuirá a pena de 1/3 a 2/3, nos termos do art. 16 do CP.

▷ Se antes da sentença, pode ser aplicada a atenuante genérica de acordo com o art. 65, III, "b", parte final, do CP.

▷ Se posterior à sentença, não surte efeito algum.

Pratica estelionato em sua modalidade fundamental (art. 171, *caput*, CP):

Ex. 1: "A" portando folha de cheque de "B" chega ao comércio e, passando-se por "B", emite a cártula e obtém vantagem em prejuízo alheio.

Ex. 2: "A" se apodera (furto, roubo) de folha de cheque de "B" e a preenche indevidamente utilizando-a como meio fraudulento para induzir ou manter alguém em erro, e, por consequência, obtém vantagem ilícita em prejuízo alheio.

Ex. 3: "A" está com sua conta bancária encerrada, mas continua comprando objetos e pagando com as folhas de cheques que ainda possui.

Ex. 4: "A" cria uma conta bancária com documentos falsos e, posteriormente, emite cheques sem suficiente provisão de fundos para comprar objetos.

9.12.1 Estelionato privilegiado

§1º Se o criminoso é primário, e é de pequeno valor o prejuízo, o juiz pode aplicar a pena conforme o disposto no art. 155, §2º.

O prejuízo de "pequeno valor" deve ser dano igual ou inferior a um salário-mínimo vigente à época do fato.

9.12.2 Absorção do crime de falso

Súmula nº 17 – STJ Quando o falso se exaure no estelionato, sem mais potencialidade lesiva, é por este absorvido.

Empregando a fraude, sem a intenção de se enriquecer e só com a intenção de prejudicar alguém, não se trata de estelionato. É necessário buscar a obtenção de indevida vantagem econômica.

Quando o agente, mediante fraude, consegue obter da vítima um título de crédito, o delito está consumado? Não, enquanto o título não é convertido em valor material, não há efetivo proveito do agente, podendo ser impedido de realizar a conversão por circunstâncias alheias a sua vontade. Assim, o crime ainda está na fase de execução. (**majoritária**).

9.12.3 Figuras equiparadas

§ 2º Nas mesmas penas incorre quem:

Disposição de coisa alheia como própria

I – Vende, permuta, dá em pagamento, em locação ou em garantia coisa alheia como própria;

Nessa situação, admite-se que o bem seja móvel ou imóvel. É quando o agente, na posse do bem de um terceiro, utiliza-o como se fosse próprio.

O inquilino de um imóvel, que aluga para uma terceira pessoa por um valor superior, na intenção de obter lucro, sem o consentimento ou ciência do proprietário real do imóvel.

Alienação ou oneração fraudulenta de coisa própria

II – Vende, permuta, dá em pagamento ou em garantia coisa própria inalienável, gravada de ônus ou litigiosa, ou imóvel que prometeu vender a terceiro, mediante pagamento em prestações, silenciando sobre qualquer dessas circunstâncias;

Nessa situação, o bem é da própria pessoa, podendo também ser imóvel ou móvel.

Ex.: o agente vende veículo para três pessoas ao mesmo tempo, no entanto, tal bem se encontra em busca e apreensão por falta de pagamento, existe um ônus judicial sobre o patrimônio.

Trata-se de crime de duplo resultado: vantagem + prejuízo, punindo-se aquele que pratica um dos núcleos do tipo, silenciando sobre a circunstância.

Defraudação de penhor

III – Defrauda, mediante alienação não consentida pelo credor ou por outro modo, a garantia pignoratícia, quando tem a posse do objeto empenhado;

Seria a hipótese em que, um devedor, recebendo algo como penhor (garantia) de um credor, pratica ato de posse do bem, sem o consentimento dele (credor).

Ex.: um empresário resolve penhorar seu veículo para levantar fundos para o investimento na sua empresa, entretanto a empresa que penhorou o veículo decide alugá-lo para que possa obter lucro.

Fraude na entrega de coisa

IV – Defrauda substância, qualidade ou quantidade de coisa que deve entregar a alguém;

Pode ocorrer tanto em bens móveis quanto imóveis. Ex.: uma construtora vende imóveis na planta com dimensão de 200 m², contudo, ao cabo das obras, na entrega da chave aos proprietários, esses constatam que os imóveis só possuem 170 m².

Caso a qualidade, quantidade do objeto seja superior, não existe o crime (se o imóvel tivesse 230 m², por exemplo).

Deve-se ter em mente que, na hipótese de relação comercial, pode-se estar diante do art. 175 do CP.

Fraude para recebimento de indenização ou valor de seguro

V – Destrói, total ou parcialmente, ou oculta coisa própria, ou lesa o próprio corpo ou a saúde, ou agrava as consequências da lesão ou doença, com o intuito de haver indenização ou valor de seguro;

É pressuposto fundamental deste crime, a prévia existência de um contrato de seguro em vigor. Caso não exista seguro, será crime impossível, diante da impropriedade absoluta do objeto material (art. 17, CP). Nessa situação, o sujeito passivo desse crime será necessariamente a seguradora, sendo também admissível a hipótese de tentativa.

Por conseguinte, é um crime formal, ou seja, consuma-se com a prática da conduta típica (destruir, ocultar, autolesionar e agravar), ainda que o sujeito não consiga alcançar a indevida vantagem econômica pretendida.

Fique ligado

Somente existe o crime, quando provado que, desde o início, existe a má-fé do agente, ou seja, desde o momento em que colocou o cheque em circulação ele já não tinha intenção de honrar seu pagamento; seja pela ausência de suficiência de provisão de fundos, seja pela frustração de seu pagamento. Assim, deve haver a finalidade específica que é a intenção de fraudar/enganar a vítima. Cuidado para não confundir esta hipótese de estelionato com o crime de incêndio doloso qualificado (art. 250, § 1º, I, CP). Ex.: Marcelo ateou fogo em sua loja de tecidos, com a finalidade de obter o respectivo seguro, colocando em risco os imóveis vizinhos. Em razão dessa conduta, Marcelo responderá por crime de incêndio doloso qualificado pelo intuito de obter vantagem econômica em proveito próprio.

Na hipótese em que a fraude é perpetrada por terceiro, sem o conhecimento do segurado, sabendo que esse será o beneficiário do valor da apólice, o delito será o previsto no art. 171, *caput*, do CP.

Fraude no pagamento por meio de cheque

VI – Emite cheque, sem suficiente provisão de fundos em poder do sacado, ou lhe frustra o pagamento.

Sujeito ativo: é um crime próprio (o titular da conta bancária), ademais, admite coautoria e participação.

Sujeito passivo: a pessoa física ou jurídica que suporta prejuízo patrimonial.

> **Súmula nº 246 – STF** *Comprovado não ter havido fraude, não se configura crime de emissão de cheque sem fundos.*

"A" compra um produto na loja de "B", no momento da compra não possui dinheiro na conta. Ocorre que pretendia realizar o depósito na conta antes que "B" apresentasse a folha de cheque ao banco. Todavia, acaba se esquecendo de realizar o depósito. Desse modo, o cheque é devolvido por falta de fundos. **Não é crime**, pois o inciso VI do art. 171 do CP, não admite a forma culposa.

Essa modalidade de estelionato se consuma no instante em que o banco se nega a efetuar o pagamento do cheque, quer pela ausência de fundos, quer pelo recebimento de contraordem (sustação) expedida pelo correntista, daí resulta o prejuízo patrimonial do ofendido. É crime material.

A falsidade ideológica é *ante factum* impunível, pois quem assina o cheque é o responsável pela fraude e não outra pessoa.

O crime do inciso VI do art. 171, pode ser praticado de duas formas:

▷ O agente coloca o cheque em circulação sem ter dinheiro suficiente na conta;

▷ O agente possui fundos quando da emissão do cheque, no entanto, antes do beneficiário apresentar o título, o agente retira todo o numerário depositado ou apresenta uma contraordem de pagamento (sustação).

Fraude do cheque ocorre pelo agente que tem a conta encerrada, não é este estelionato do inciso VI, é estelionato simples do *caput*.

Competência até o recebimento da denúncia

A Lei nº 14.155/2021 realizou importante alteração na competência para o julgamento do crime de estelionato, sobretudo a fraude no pagamento por meio de cheque.

Até então, as Súmulas nº 521 do STF e nº 244 do STJ, previam que o foro do local onde se deu a recusa do pagamento pelo sacado era competente para o processo e julgamento dos crimes de estelionato.

Não obstante, a Lei nº 14.155/2021, inseriu o § 4º ao art. 70 do CPP, prevendo o seguinte:

> *§ 4º Nos crimes previstos no art. 171 do Código Penal, quando praticados mediante depósito, mediante emissão de cheques sem suficiente provisão de fundos em poder do sacado ou com o pagamento frustrado ou mediante transferência de valores, a competência será definida pelo local do domicílio da vítima, e, em caso de pluralidade de vítimas, a competência firmar-se-á pela prevenção.*

Como se observa, agora a regra é que o Juízo competente é do local do domicílio da vítima, independentemente de onde se deu a recusa do cheque, ou no caso de transferência de valores, o local onde o autor obteve a vantagem.

Assim, restam superadas as Súmulas nº 521 do STF e nº 244 do STJ.

Desse modo, entende-se que o pagamento de cheque sem previsão de fundos, até o recebimento da denúncia, impede o prosseguimento da ação penal, ou seja, é causa extintiva de punibilidade.

Na hipótese do inciso VI do art. 171, a tentativa é possível, ex.: o correntista dolosamente emite um cheque sem suficiente provisão de fundos, mas seu pai, agindo sem seu conhecimento, deposita montante superior em sua conta corrente antes da apresentação da folha de cheque.

Segundo STJ, a emissão de cheques como garantia de dívida (pós-datado), e não como ordem de pagamento à vista, não constitui crime de estelionato, na modalidade prevista no art. 171, § 2º, VI, do CP. Entretanto, é possível a responsabilização do agente pelo estelionato na modalidade fundamental, se demonstrado seu dolo em obter vantagem ilícita em prejuízo alheio no momento da emissão fraudulenta do cheque.

Mas se atente que, se o agente pós-datar o cheque sabendo da inexistência de fundos, há má-fé e configurará o art. 171, *caput*, do CP. Assim, se emissão do cheque é fraudulenta (presente a má-fé) caracteriza o art. 171, *caput*.

Não é crime de estelionato a emissão de cheque sem fundos para pagamento de:

▷ Dívida anteriormente existente: nessa hipótese a razão do prejuízo da vítima é diferente da fraude no pagamento por meio de cheque. Ex.: "A" compra algumas roupas fiado na loja de "B" e não efetua o pagamento na data combinada. Seis meses após a compra, após insistentes cobranças de "B", "A" emite um cheque sem fundos para quitar a dívida.

▷ Dívidas de jogos ilícitos. Ex.: apostas ilegais ou jogo do bicho.

▷ Programas sexuais com prostitutas ou garotos de programa.

Cheque

▷ Emitir cheque, encerrando, logo após, a conta: tem-se o art. 171, § 2º, VI, aplicando-se as Súmulas nº 521 do STF e nº 224 do STJ.

▷ Emitir cheque de conta encerrada: aplica-se o art. 171, *caput*, sem aplicação das súmulas.

▷ Frustrar pagamento de cheque para não pagamento de dívida de jogo é crime? Nos termos do art. 814 do CC, as dívidas de jogo não obrigam a pagamento, mas não se pode recobrar dívida dessa natureza então paga.

Fraude eletrônica

> *§ 2º A pena é de reclusão, de 4 (quatro) a 8 (oito) anos, e multa, se a fraude é cometida com a utilização de informações fornecidas pela vítima ou por terceiro induzido a erro por meio de redes sociais, contatos telefônicos ou envio de correio eletrônico fraudulento, ou por qualquer outro meio fraudulento análogo.*

> **Súmula nº 73 – STJ** *A utilização de papel-moeda grosseiramente falsificado configura, em tese, o crime de estelionato, de competência da Justiça Estadual.*

A Lei nº 14.155/2021 inseriu o § 2º-A, que prevê a qualificadora do estelionato mediante fraude eletrônica. Nesse caso, o agente obtém vantagem ilícita com a utilização de informações fornecidas pela vítima ou por terceiro induzido a erro por meio de redes sociais (Facebook, Instagram etc.), contatos telefônicos ou e-mail fraudulento.

A título de exemplo, tem-se a situação típica em que o agente insere anúncio falso em página clonada na internet, e a vítima, confiando na idoneidade da oferta e do produto, realiza o pagamento, mas não recebe o bem ofertado.

> *§ 2º-B A pena prevista no § 2º-A deste artigo, considerada a relevância do resultado gravoso, aumenta-se de 1/3 (um terço) a 2/3 (dois terços), se o crime é praticado mediante a utilização de servidor mantido fora do território nacional.*

A Lei nº 14.155/2021 também inseriu causa de aumento nos casos em que a conduta prevista no § 2º-A ocorra mediante servidor localizado no exterior, sendo a pena majorada de 1/3 a 2/3 (art. 171, § 3º, CP). A pena aumenta-se de 1/3 se o crime for cometido em detrimento

CRIMES CONTRA O PATRIMÔNIO

de entidade de direito público ou de instituto de economia popular, assistência social ou beneficência.

Fundamenta-se na maior extensão dos danos produzidos, pois com a lesão ao patrimônio público e ao interesse social toda coletividade é prejudicada.

> *Súmula nº 24 – STJ Aplica-se ao crime de estelionato, em que figure como vítima entidade autárquica da Previdência Social, a qualificadora do § 3º do art. 171, CP.*

Não se aplica o § 3º no caso de estelionato contra o Banco do Brasil, considerando que esta não é entidade de Direito Público.

Jogos de azar: há o crime de estelionato caso seja empregado meio fraudulento visando eliminar totalmente a possibilidade de vitória por parte dos jogadores.

Adulteração de máquina de caça-níquel para que os apostadores nunca vençam.

Falsidade documental: o sujeito que falsifica documento (público ou particular) e, posteriormente, dele se vale para enganar alguém, obtendo vantagem ilícita em prejuízo alheio responderia, EM TESE, por dois crimes: estelionato e falsidade documental (art. 171, *caput*, e art. 297 [documento público] ou art. 298 [documento particular]), contudo, nessa situação, o crime de estelionato absorve o crime de falsidade documental. É esse o teor da súmula do STJ:

> *Súmula nº 17 – STJ Quando o falso se exaure no estelionato, sem mais potencialidade lesiva, é por este absorvido.*

Ocorre o princípio da consunção, que é quando o crime-fim (estelionato) absorve o crime-meio (falsidade documental). Isso desde que a fé pública, o patrimônio ou outro bem jurídico qualquer não possam mais ser atacados pelo documento falsificado e utilizado por alguém como meio fraudulento para obtenção de vantagem ilícita em prejuízo alheio.

> *§ 4º A pena aumenta-se de 1/3 (um terço) ao dobro, se o crime é cometido contra idoso ou vulnerável, considerada a relevância do resultado gravoso.*

Por fim, a Lei nº 14.155/2021 também alterou o art. 171, § 4º, do CP. Anteriormente, nos casos em que o crime era cometido contra idoso, a pena era aplicada em dobro. Contudo, a nova previsão determina que a pena pode ser majorada de 1/3 até o dobro. Assim, trata-se de *novatio legis in mellius* (mais benéfica).

9.12.4 Competência

O art. 70 do CPP prevê que a competência será, em regra, determinada pelo lugar em que se consumar a infração. Verifica-se nessa regra que no estelionato o juízo competente será o do local em que o sujeito obteve a vantagem ilícita em prejuízo alheio. Contudo, cumpre destacar que nos casos da prática de estelionato mediante depósito, mediante emissão de cheques sem suficiente provisão de fundos em poder do sacado ou com o pagamento frustrado ou mediante transferência de valores, a competência será definida pelo local do domicílio da vítima, nos termos do art. 70, § 4º, do CPP (Lei nº 14.155/2021).

> *Súmula nº 107 – STJ Compete à justiça comum estadual processar e julgar crime de estelionato praticado mediante falsificação das guias de recolhimento das contribuições previdenciárias, quando não ocorre lesão à autarquia federal.*

É crime de competência da Justiça Estadual. No entanto, será de competência da Justiça Federal quando for praticado em detrimento de bens, serviços ou interesses da União ou suas entidades autárquicas ou empresas públicas (art. 109, IV, CF/1988).

> *Súmula nº 48 – STJ Compete ao juízo do local da obtenção da vantagem ilícita processar e julgar crime de estelionato cometido mediante falsificação de cheque. Esta súmula está relacionada ao crime definido pelo estelionato em sua modalidade fundamental (caput).*

9.12.5 Ação penal

Perceba *mais uma alteração do Pacote Anticrime, estabelecendo o § 5º, agora expressamente, que a ação penal será condicionada à representação, salvo quando a vítima for:*

▷ *a Administração Pública, direta ou indireta;*
▷ *criança ou adolescente;*
▷ *pessoa com deficiência mental;*
▷ *maior de 70 anos de idade ou incapaz.*

9.13 Duplicata simulada

> *Art. 172, CP Emitir fatura, duplicata ou nota de venda que não corresponda à mercadoria vendida, em quantidade ou qualidade, ou ao serviço prestado.*
>
> *Pena – Detenção, de 2 (dois) a 4 (quatro) anos, e multa.*
>
> *Parágrafo único. Nas mesmas penas incorrerá aquele que falsificar ou adulterar a escrituração do Livro de Registro de Duplicatas.*

9.14 Abuso de incapazes

> *Art. 173, CP Abusar, em proveito próprio ou alheio, de necessidade, paixão ou inexperiência de menor, ou da alienação ou debilidade mental de outrem, induzindo qualquer deles à prática de ato suscetível de produzir efeito jurídico, em prejuízo próprio ou de terceiro:*
>
> *Pena – Reclusão, de dois a seis anos, e multa.*

9.15 Induzimento à especulação

> *Art. 174, CP Abusar, em proveito próprio ou alheio, da inexperiência ou da simplicidade ou inferioridade mental de outrem, induzindo-o à prática de jogo ou aposta, ou à especulação com títulos ou mercadorias, sabendo ou devendo saber que a operação é ruinosa:*
>
> *Pena – Reclusão, de um a três anos, e multa.*

9.16 Fraude no comércio

> *Art. 175, CP Enganar, no exercício de atividade comercial, o adquirente ou consumidor:*
>
> *I – Vendendo, como verdadeira ou perfeita, mercadoria falsificada ou deteriorada;*
>
> *II – Entregando uma mercadoria por outra:*
>
> *Pena – Detenção, de seis meses a dois anos, ou multa.*
>
> *§ 1º Alterar em obra que lhe é encomendada a qualidade ou o peso de metal ou substituir, no mesmo caso, pedra verdadeira por falsa ou por outra de menor valor; vender pedra falsa por verdadeira; vender, como precioso, metal de outra qualidade:*
>
> *Pena – Reclusão, de um a cinco anos, e multa.*
>
> *§ 2º É aplicável o disposto no art. 155, § 2º.*

9.17 Outras fraudes

> *Art. 176, CP Tomar refeição em restaurante, alojar-se em hotel ou utilizar-se de meio de transporte sem dispor de recursos para efetuar o pagamento:*
>
> *Pena – Detenção, de quinze dias a dois meses, ou multa.*
>
> *Parágrafo único. Somente se procede mediante representação, e o juiz pode, conforme as circunstâncias, deixar de aplicar a pena.*

9.18 Fraudes e abusos na fundação ou administração de sociedade por ações

> *Art. 177, CP Promover a fundação de sociedade por ações, fazendo, em prospecto ou em comunicação ao público ou à assembleia, afirmação falsa sobre a constituição da sociedade, ou ocultando fraudulentamente fato a ela relativo:*
>
> *Pena – Reclusão, de um a quatro anos, e multa, se o fato não constitui crime contra a economia popular.*

DIREITO PENAL

§ 1º Incorrem na mesma pena, se o fato não constitui crime contra a economia popular:

I – O diretor, o gerente ou o fiscal de sociedade por ações, que, em prospecto, relatório, parecer, balanço ou comunicação ao público ou à assembleia, faz afirmação falsa sobre as condições econômicas da sociedade, ou oculta fraudulentamente, no todo ou em parte, fato a elas relativo;

II – O diretor, o gerente ou o fiscal que promove, por qualquer artifício, falsa cotação das ações ou de outros títulos da sociedade;

III – O diretor ou o gerente que toma empréstimo à sociedade ou usa, em proveito próprio ou de terceiro, dos bens ou haveres sociais, sem prévia autorização da assembleia geral;

IV – O diretor ou o gerente que compra ou vende, por conta da sociedade, ações por ela emitidas, salvo quando a lei o permite;

V – O diretor ou o gerente que, como garantia de crédito social, aceita em penhor ou em caução ações da própria sociedade;

VI – O diretor ou o gerente que, na falta de balanço, em desacordo com este, ou mediante balanço falso, distribui lucros ou dividendos fictícios;

VII – O diretor, o gerente ou o fiscal que, por interposta pessoa, ou conluiado com acionista, consegue a aprovação de conta ou parecer;

VIII – O liquidante, nos casos dos nºs I, II, III, IV, V e VII;

IX – O representante da sociedade anônima estrangeira, autorizada a funcionar no País, que pratica os atos mencionados nos nºs I e II, ou dá falsa informação ao governo.

§ 2º Incorre na pena de detenção, de seis meses a dois anos, e multa, o acionista que, a fim de obter vantagem para si ou para outrem, negocia o voto nas deliberações de assembleia geral.

9.19 Emissão irregular de conhecimento de depósito ou warrant

Art. 178, CP *Emitir conhecimento de depósito ou warrant, em desacordo com disposição legal:*

Pena – Reclusão, de um a quatro anos, e multa.

9.20 Fraude à execução

Art. 179, CP *Fraudar execução, alienando, desviando, destruindo ou danificando bens, ou simulando dívidas:*

Pena – Detenção, de seis meses a dois anos, ou multa.

Parágrafo único. Somente se procede mediante queixa.

9.21 Receptação

Art. 180, CP *Adquirir, receber, transportar, conduzir ou ocultar, em proveito próprio ou alheio, coisa que sabe ser produto de crime, ou influir para que terceiro, de boa-fé, a adquira, receba ou oculte:*

Pena – Reclusão, de um a quatro anos, e multa.

Receptação qualificada

§ 1º Adquirir, receber, transportar, conduzir, ocultar, ter em depósito, desmontar, montar, remontar, vender, expor à venda, ou de qualquer forma utilizar, em proveito próprio ou alheio, no exercício de atividade comercial ou industrial, coisa que deve saber ser produto de crime:

Pena – Reclusão, de três a oito anos, e multa.

§ 2º Equipara-se à atividade comercial, para efeito do parágrafo anterior, qualquer forma de comércio irregular ou clandestino, inclusive o exercício em residência.

§ 3º Adquirir ou receber coisa que, por sua natureza ou pela desproporção entre o valor e o preço, ou pela condição de quem a oferece, deve presumir-se obtida por meio criminoso:

Pena – Detenção, de um mês a um ano, ou multa, ou ambas as penas.

§ 4º A receptação é punível, ainda que desconhecido ou isento de pena o autor do crime de que proveio a coisa.

§ 5º Na hipótese do § 3º, se o criminoso é primário, pode o juiz, tendo em consideração as circunstâncias, deixar de aplicar a pena. Na receptação dolosa aplica-se o disposto no § 2º do art. 155.

§ 6º Tratando-se de bens e instalações do patrimônio da União, Estado, Município, empresa concessionária de serviços públicos ou sociedade de economia mista, a pena prevista no caput deste artigo aplica-se em dobro.

Receptação de animal

Art. 180-A, CP *Adquirir, receber, transportar, conduzir, ocultar, ter em depósito ou vender, com a finalidade de produção ou de comercialização, semovente domesticável de produção, ainda que abatido ou dividido em partes, que deve saber ser produto de crime:*

Pena – Reclusão, de 2 (dois) a 5 (cinco) anos, e multa.

O art. 180 do CP tipifica a conduta do agente que adquire, recebe, transporta, conduz, dentre outras condutas, com intuito de obter vantagem, produto de crime (furto, roubo, extorsão, estelionato etc.). É considerado como delito, a conduta de adquirir (receptação própria), como a de influenciar para que uma terceira pessoa adquira esses produtos (receptação imprópria).

Classificação

A conduta do *caput* é considerada como um crime comum, pois pode ser praticada por qualquer agente. Ademais, no § 1º, considera-se crime próprio, pois exige uma qualidade específica do agente, devendo ele ser comerciante ou industrial, mesmo que ele exerça de forma clandestina ou ilegal. Ex.: um ferro velho que vende peças de veículos furtados.

A receptação é crime acessório, pois depende da existência do crime anterior. Não é necessário que o crime anterior seja contra o patrimônio. Ex.: receptar bem oriundo do crime de corrupção passiva.

É um crime de ação múltipla e conteúdo variado, ou seja, a prática de várias condutas contra o mesmo bem, caracteriza crime único (adquire e vende).

O bem imóvel não pode ser objeto material do crime de receptação, somente bens móveis.

Sujeitos do crime

Sujeito ativo (*caput*): pode ser qualquer pessoa, exceto quem seja autor ou coautor do crime antecedente (furto, extorsão, roubo).

Sujeito ativo (da receptação qualificada § 1º): é um crime próprio, somente aquela pessoa que desempenha atividade comercial ou industrial.

Dono de ferro velho de carros e peças usadas.
▷ Admite a participação.
▷ A atividade deve ser habitual ou contínua.

Sujeito passivo: é a vítima do crime anterior, ou seja, donde veio o produto do furto.

Consumação e tentativa

Receptação própria (*caput*): adquirir, receber – crime material/instantâneo – transportar, conduzir ou ocultar – crime permanente – ambos admitem a tentativa.

Receptação imprópria (2ª parte do *caput*): influir – crime formal e unissubsistente – não admite tentativa.

9.21.1 Receptação própria × imprópria

Própria: adquirir, receber, transportar, conduzir ou ocultar, em proveito próprio ou alheio, coisa que sabe ser produto de crime.

Imprópria: ou **influir** para que terceiro, de boa-fé, a adquira, receba ou oculte.

Na receptação **imprópria**, caso o agente influenciador seja o autor do crime antecedente, responderá **apenas** por esse delito, e não pela

CRIMES CONTRA O PATRIMÔNIO

receptação. Trata-se de *post factum impunível*. Ex.: "A" coautor do furto de um computador, influi para que "B", de boa-fé, o compre.

A expressão "coisa que sabe" é indicativa de dolo direto e implicitamente abrange o dolo eventual? Prevalece que, a expressão coisa que sabe indica apenas dolo direto. Assim, o *caput* do artigo não pune o dolo eventual.

Imagine que Rogério venda um carro à Vânia. Uma semana após a venda, Vânia ficou sabendo que o carro é produto de crime, mas permanece com ele. Houve prática de receptação? Nesse caso, não se pode esquecer que se trata de dolo superveniente, e esse não configura o crime. Assim, o dolo superveniente não configura o crime. A má-fé deve ser contemporânea a qualquer das condutas previstas no tipo.

9.21.2 Receptação culposa

> § 3º Adquirir ou receber coisa que, por sua natureza ou pela desproporção entre o valor e o preço, ou pela condição de quem a oferece, deve presumir-se obtida por meio criminoso:
> Pena – Detenção, de 1 (um) mês a 1 (um) ano, ou multa, ou ambas as penas.

É necessário observar três circunstâncias que indicam ser o bem produto de crime:

▷ Sua natureza;
▷ Desproporção entre valor e preço;
▷ Condição de quem a oferece.

No crime de receptação simples (*caput*), é necessário que o agente tenha certeza de que o bem é produto de crime, pois, em caso de dúvida (culpa ou dolo eventual), o agente responderá pelo crime de receptação culposa (§ 3º).

9.21.3 Norma penal explicativa

> § 4º A receptação é punível, ainda que desconhecido ou isento de pena o autor do crime de que proveio a coisa.

Ainda que ocorra a extinção da punibilidade do crime antecedente, haverá o crime de receptação (art. 180, CP).

| A morte do agente do crime anterior, prescrição etc.

Esse parágrafo dá certa autonomia ao crime de receptação em relação ao crime antecedente.

| Ricardo, menor de idade, subtrai o DVD de um veículo e o vende a Marcelo, o qual conhece a origem criminosa do bem. Nesta situação, mesmo sendo Ricardo inimputável, Marcelo responderá pelo crime de receptação.

Segundo alguns autores, a receptação é crime acessório e pressupõe outro crime para que exista. Sucede que não há submissão à punição do crime principal para que seja punido, ou seja, sua punição é independente.

Se o crime pressuposto está prescrito ou teve extinta a punibilidade, não desaparece a receptação.

9.21.4 Receptação privilegiada

> § 5º Na hipótese do § 3º Receptação culposa, se o criminoso é primário, pode o juiz, tendo em consideração as circunstâncias, deixar de aplicar a pena. Na receptação dolosa aplica-se o disposto no § 2º do art. 155.
> Art. 155, § 2º Se o criminoso é primário, e é de pequeno valor a coisa furtada, o juiz pode substituir a pena de reclusão pela de detenção, diminuí-la de um a dois terços, ou aplicar somente a pena de multa.

A receptação privilegiada (2ª parte do § 5º) somente se aplica à receptação dolosa (própria ou imprópria); culposa e qualificada, não!

Receptação culposa (§ 3º)
+
Criminoso primário
+
Tendo em consideração as circunstâncias
=
Perdão judicial
(juiz deixa de aplicar a pena)

Receptação dolosa (*caput*)
+
Criminoso primário
+
Coisa de pequeno valor
=
Art. 155, § 2º, CP:
Substituir a pena de reclusão pena de detenção;
Diminuí-la de 1/3 a 2/3 ou aplicar somente a pena de multa

9.21.5 Aumento de pena

> § 6º Tratando-se de bens e instalações do patrimônio da União, estado, município, empresa concessionária de serviços públicos ou sociedade de economia mista, a pena prevista no caput deste artigo aplica-se em dobro.

> **Fique ligado**
> Caso o bem seja produto de contravenção penal, não existirá o crime de receptação. O fato será atípico, pois esse delito somente existe em caso de bem produto de crime.

Aplicável somente para a receptação **simples** (*caput*). Não se aplica à receptação qualificada nem à culposa.

É possível a **receptação da receptação**, por exemplo, "A" adquire um relógio produto de furto e o vende a "B", este vende o mesmo bem a "C" ciente de sua origem criminosa.

> Art. 180-A, CP Adquirir, receber, transportar, conduzir, ocultar, ter em depósito ou vender, com a finalidade de produção ou comercialização, semovente domesticável de produção, ainda que abatido ou dividido em partes, que deve saber ser produto de crime:
> Pena – Reclusão, de 2 (dois) a 5 (cinco) anos, e multa.

9.22 Disposições gerais

9.22.1 Imunidades penais absolutas ou escusas absolutórias

> Art. 181, CP É isento de pena quem comete qualquer dos crimes previstos neste título, em prejuízo:
> I – Do cônjuge, na constância da sociedade conjugal;
> II – De ascendente ou descendente, seja o parentesco legítimo ou ilegítimo, seja civil ou natural.

Trata-se de causa de extinção da punibilidade. No caso do inciso I, abrange-se também a união estável, os separados de fato e ainda as uniões homoafetivas. Não importa o regime de comunhão de bens do casamento. Ex.: separação total de bens.

No caso do inciso II, não se aplica esta escusa na hipótese de parentesco por afinidade (sogra, genro, cunhado...). Outrossim, verifica-se que não há abrangência aos colaterais e afins.

9.22.2 Imunidade patrimonial relativa

> Art. 182, CP Somente se procede mediante representação, se o crime previsto neste título é cometido em prejuízo:
> I – Do cônjuge desquitado ou judicialmente separado;
> II – De irmão, legítimo ou ilegítimo;
> III – De tio ou sobrinho, com quem o agente coabita.

Após a entrada em vigor da Lei nº 6.515/1977, o desquite não existe mais no ordenamento jurídico brasileiro.

Aos ex-cônjuges divorciados não se aplica essa imunidade.

No caso dos incisos II e III, é necessária efetiva coabitação, para incidência dessa imunidade.

DIREITO PENAL

> **Fique ligado**
> Esse é um dos artigos do Código Penal que mais caem em concurso. Portanto, é muito importante decorá-lo!

9.22.3 Inaplicabilidade das imunidades

Art. 183, CP Não se aplica o disposto nos dois artigos anteriores:

I – Se o crime é de roubo ou de extorsão, ou, em geral, quando haja emprego de grave ameaça ou violência à pessoa;

II – Ao estranho que participa do crime;

III – Se o crime é praticado contra pessoa com idade igual ou superior a 60 (sessenta) anos.

> **Fique ligado**
> Esse inciso foi incluído pelo Estatuto do Idoso (Lei nº 10.741/2003). **Preste muita atenção,** pois este é um dos dispositivos deste assunto que mais cai em concurso público.

▷ **É aplicada a imunidade na violência doméstica e familiar contra a mulher no ambiente familiar?**

- **1ª corrente:** para Maria Berenice Dias, jurista brasileira, não se admite imunidade patrimonial na violência doméstica e familiar contra a mulher, benefício afastado pelo art. 7º, IV, da Lei nº 11.340/2006.
- **2ª corrente:** diz que a Lei Maria da Penha não vedou, expressamente, qualquer imunidade, diferente do Estatuto do Idoso que vedou a imunidade para o idoso.

Tem prevalecido a 2ª corrente.

10 CRIMES CONTRA A DIGNIDADE SEXUAL

10.1 Crimes contra a liberdade sexual

10.1.1 Estupro

> **Art. 213, CP** *Constranger alguém, mediante violência ou grave ameaça, a ter conjunção carnal ou a praticar ou permitir que com ele se pratique outro ato libidinoso:*
> *Pena – Reclusão, de 6 (seis) a 10 (dez) anos.*
> *§ 1º Se da conduta resulta lesão corporal de natureza grave ou se a vítima é menor de 18 (dezoito) ou maior de 14 (catorze) anos:*
> *Pena – Reclusão, de 8 (oito) a 12 (doze) anos.*
> *§ 2º Se da conduta resulta morte:*
> *Pena – Reclusão, de 12 (doze) a 30 (trinta) anos.*

Sujeitos

Sujeito ativo: na conjunção carnal, podem ser sujeitos ativo e passivo tanto homem quanto mulher. Trata-se de crime comum. Da mesma forma, os atos libidinosos diversos podem ter como sujeitos passivo e ativo qualquer pessoa, ainda que do mesmo sexo.

Sujeito passivo: trata-se de delito comum, qualquer um pode ser vítima do crime, inclusive a prostituta e a esposa, quando cometido pelo marido.

> **Art. 7º, III, Lei nº 11.340/2006** *Estabelece que a violência sexual é forma de violência contra a mulher.*
> **Art. 226, II, CP** *Prevê causa de aumento de pena nos crimes sexuais se o crime é cometido por cônjuge ou companheiro:*

Conduta

O art. 213 pune a conduta de "constranger", que é o núcleo do tipo. Esse constrangimento deve se dar mediante violência ou grave ameaça. É necessário observar que a violência é uma das formas de se executar o crime. A outra forma é a grave ameaça, e aqui é necessário observar que não basta a ameaça, devendo essa ser grave.

O constrangimento se dá para a prática de conjunção carnal ou para a prática de ato libidinoso diverso da conjunção carnal.

Abrange o beijo lascivo? Beijo lascivo, de acordo com Nelson Hungria, é aquele beijo que causa desconforto para quem olha. É interessante observar que beijo lascivo já foi considerado atentado violento ao pudor por conta dessa expressão porosa (atos libidinosos).

Assim, atos libidinosos são considerados os atos de natureza sexual que atentam, de forma intolerável e relevante, contra a dignidade sexual da vítima.

Aqui, indaga-se se o contato físico é ou não dispensável para a prática de estupro.

▷ **1ª corrente:** o contato físico entre os sujeitos é indispensável.
▷ **2ª corrente:** diz que o contato físico entre os sujeitos é dispensável. Ex.: obrigar a vítima a se masturbar. Atente-se que, aqui, deve haver resistência da vítima.

Tipo subjetivo: o crime é punido a título de dolo.

▷ Consumação e tentativa: consuma-se o delito com a prática do ato de libidinagem, que é gênero de conjunção carnal e atos libidinosos, visado pelo agente.

Trata-se de delito plurissubsistente, admitindo tentativa.

> **Fique ligado**
>
> Se o agente, após a prática de conjunção carnal, pratica sexo anal e sexo oral, quantos crimes comete? Entendem o STF e STJ que comete apenas um crime, que a pluralidade de atos não desnatura a unidade do crime, podendo essa interferir na dosagem da pena.

A depender do caso concreto, já entendeu o STJ que poderá haver o concurso de crimes, levando-se em conta os momentos da prática de cada conduta.

Qualificadora idade da vítima:

> *§ 1º Se da conduta resulta lesão corporal de natureza grave ou se a vítima é menor de 18 (dezoito) ou maior de 14 (catorze) anos:*
> *Pena – Reclusão, de 8 (oito) a 12 (doze) anos.*

Essa questão deve ser analisada antes e depois da Lei nº 12.015/2009.

▷ **Antes da Lei nº 12.015/2009:** a idade da vítima era mera circunstância judicial a ser analisada pelo juiz no momento do art. 59 do CP. Estavam previstos no art. 223 do CP; se da violência resultar lesão grave, a pena era de 8 a 12 anos. Nessa hipótese, a grave ameaça não estava abrigada. A expressão "do fato" amplia exageradamente o espectro punição.

▷ **Após a Lei nº 12.015/2009:** atualmente, trata-se de qualificadora prevista no § 1º, cuja pena varia de 8 a 12 anos. É qualificadora irretroativa, vez que maléfica. Previu o art. 213, § 1º que, se da conduta resultar lesão grave, a pena será de 8 a 12 anos. Se da conduta resultar morte, nos termos do § 2º, a pena é de 12 a 30 anos.

Tratando-se de resultado qualificador morte, o agente responderá pelos dois crimes e, em se tratando de morte dolosa, o agente responderá perante o Tribunal do Júri.

10.1.2 Violação sexual mediante fraude

> **Art. 215, CP** *Ter conjunção carnal ou praticar outro ato libidinoso com alguém, mediante fraude ou outro meio que impeça ou dificulte a livre manifestação de vontade da vítima:*
> *Pena – Reclusão, de 2 (dois) a 6 (seis) anos.*
> *Parágrafo único. Se o crime é cometido com o fim de obter vantagem econômica, aplica-se também multa.*

Trata-se de crime comum, podendo ser praticado por qualquer pessoa, contra qualquer pessoa, devendo ser observado que, no que tange à conjunção carnal.

Conduta

Esse tipo penal visa punir o ato de ter conjunção carnal ou praticar atos libidinosos diversos da conjunção carnal, mediante:

▷ **Fraude:** quando, por exemplo, há o relacionamento amoroso com o irmão gêmeo.
▷ **Outro meio que impeça ou dificulte a livre manifestação de vontade da vítima:** quando ocorre por exemplo, o temor reverencial, a embriaguez moderada.

A fraude utilizada na execução do crime não pode anular a capacidade de resistência da vítima, caso em que estará configurado o delito de estupro de vulnerável. Ex.: "boa noite, Cinderela".

Consumação e tentativa

O crime consuma-se com a prática do ato de libidinagem pelo agente, sendo admissível a tentativa.

10.1.3 Importunação sexual

Art. 215-A, CP *Praticar contra alguém e sem a sua anuência ato libidinoso com o objetivo de satisfazer a própria lascívia ou a de terceiro: (Incluído pela Lei nº 13.718, de 2018)*

Pena – Reclusão, de 1 (um) a 5 (cinco) anos, se o ato não constitui crime mais grave. (Incluído pela Lei nº 13.718, de 2018).

A Lei nº 13.718/2018 acrescentou no art. 215-A o crime de importunação sexual, a fim de punir a conduta do agente que pratica contra a vítima ato libidinoso, com o objetivo de satisfazer a própria lascívia ou a lascívia de terceiro.

Antes da previsão do art. 215-A, a conduta relativa à importunação sexual era tipificada, normalmente, nos arts. 61 ou 65 da Lei de Contravenção Penal (Decreto-lei nº 3.688/1941).

Sujeito ativo: é crime comum. Pode ser praticado por qualquer pessoa (homem ou mulher).

Sujeito passivo: pode ser praticado contra qualquer pessoa (homem ou mulher). Assim, o art. 215-A do CP é crime bicomum.

10.1.4 Assédio sexual

Art. 216-A, CP *Constranger alguém com o intuito de obter vantagem ou favorecimento sexual, prevalecendo-se o agente da sua condição de superior hierárquico ou ascendência inerente ao exercício de emprego, cargo ou função.*

Pena – Detenção, de 1 (um) a 2 (dois) anos.

Parágrafo único. *(Vetado) [...]*

§ 2º A pena é aumentada em até um terço se a vítima é menor de 18 (dezoito) anos.

Objetividade jurídica

Trata-se de delito pluriofensivo, resguardando a dignidade sexual do indivíduo e a liberdade de exercício do trabalho, o direito de não ser discriminado.

Sujeitos

Sujeito ativo: só pode ser praticado por superior hierárquico ou ascendente em relação de emprego, cargo ou função.

Sujeito passivo: é o subalterno ou subordinado do autor.

Conduta

É a insistência inoportuna de alguém em posição privilegiada, que usa dessa vantagem para obter favores sexuais de um subalterno.

Crime habitual

Alguns autores ditam que não é crime a mera relação entre docente e aluno, por ausência entre os dois sujeitos do vínculo do trabalho. Trata-se de crime habitual, logo é imprescindível a prática de reiterados atos constrangedores. Neste caso, não se admite tentativa.

10.1.5 Registro não autorizado da intimidade sexual

Art. 216-B, CP *Produzir, fotografar, filmar ou registrar, por qualquer meio, conteúdo com cena de nudez ou ato sexual ou libidinoso de caráter íntimo e privado sem autorização dos participantes:*

Pena – Detenção, de 6 (seis) meses a 1 (um) ano, e multa.

Parágrafo único. *Na mesma pena incorre quem realiza montagem em fotografia, vídeo, áudio ou qualquer outro registro com o fim de incluir pessoa em cena de nudez ou ato sexual ou libidinoso de caráter íntimo.*

A Lei nº 13.772/2018 acrescentou o art. 216-B a fim de preencher a lacuna que existia quanto à punição da conduta de indivíduos que registravam a prática sexual de terceiros em ambientes privados.

O bem jurídico protegido é a intimidade sexual da vítima. Quantos aos sujeitos do crime, podem ser qualquer pessoa, tanto o ativo como o passivo.

O elemento subjetivo do tipo é o dolo. Logo, não admite modalidade culposa.

Ademais, a cena de nudez ou de ato libidinoso registrada deve ter sido praticado em caráter íntimo e privado.

Assim, se o agente filma um casal mantendo relações sexuais em uma praça, por exemplo, não configura o crime.

10.2 Crimes sexuais contra vulnerável

10.2.1 Sedução

Esse crime foi revogado pelo art. 217, CP.

10.2.2 Estupro de vulnerável

Art. 217-A, CP *Ter conjunção carnal ou praticar outro ato libidinoso com menor de 14 (catorze) anos:*

Pena – Reclusão, de 8 (oito) a 15 (quinze) anos;

§ 1º Incorre na mesma pena quem pratica as ações descritas no caput com alguém que, por enfermidade ou deficiência mental, não tem o necessário discernimento para a prática do ato, ou que, por qualquer outra causa, não pode oferecer resistência.

§ 2º (Vetado.)

§ 3º Se da conduta resulta lesão corporal de natureza grave:

Pena – Reclusão, de 10 (dez) a 20 (vinte) anos.

§ 4º Se da conduta resulta morte:

Pena – Reclusão, de 12 (doze) a 30 (trinta) anos.

§ 5º As penas previstas no caput e nos §§ 1º, 3º e 4º deste artigo aplicam-se independentemente do consentimento da vítima ou do fato de ela ter mantido relações sexuais anteriormente ao crime. (Incluído pela Lei nº 13.718, de 2018)

10.2.3 Corrupção de menores

Art. 218, CP *Induzir alguém menor de 14 (catorze) anos a satisfazer a lascívia de outrem:*

Pena – Reclusão, de 2 (dois) a 5 (cinco) anos.

Parágrafo único. *(Vetado.).*

Sujeitos

Sujeito ativo: qualquer pessoa.

Sujeito passivo: somente a pessoa menor de 14 anos.

Consumação e tentativa

Consuma-se com a prática do ato que importa na satisfação da lascívia de outrem, independentemente deste considerar-se satisfeito. Admite tentativa.

O ato a que o menor vulnerável é induzido a praticar, não pode consistir em conjunção carnal ou atos libidinosos diversos da cópula normal, casos em que, ocorrendo a sua prática efetiva, configurado estará o crime de estupro de vulnerável (art. 217-A, CP), tanto para quem induz, quanto para quem deles participa diretamente.

10.2.4 Satisfação de lascívia mediante presença de criança ou adolescente

Art. 218-A, CP *Praticar, na presença de alguém menor de 14 (catorze) anos, ou induzi-lo a presenciar, conjunção carnal ou outro ato libidinoso, a fim de satisfazer lascívia própria ou de outrem:*

Pena – Reclusão, de 2 (dois) a 4 (quatro) anos.

CRIMES CONTRA A DIGNIDADE SEXUAL

10.2.5 Favorecimento da prostituição ou outra forma de exploração sexual de vulnerável

Art. 218-B, CP Submeter, induzir ou atrair à prostituição ou outra forma de exploração sexual alguém menor de 18 (dezoito) anos ou que, por enfermidade ou deficiência mental, não tem o necessário discernimento para a prática do ato, facilitá-la, impedir ou dificultar que a abandone:
Pena – Reclusão, de 4 (quatro) a 10 (dez) anos.
§ 1º Se o crime é praticado com o fim de obter vantagem econômica, aplica-se também multa.
§ 2º Incorre nas mesmas penas:
I – quem pratica conjunção carnal ou outro ato libidinoso com alguém menor de 18 (dezoito) e maior de 14 (catorze) anos na situação descrita no caput deste artigo;
II – o proprietário, o gerente ou o responsável pelo local em que se verifiquem as práticas referidas no caput deste artigo.
§ 3º Na hipótese do inciso II do § 2º, constitui efeito obrigatório da condenação a cassação da licença de localização e de funcionamento do estabelecimento.

Por falta de previsão legal, não haverá crime na conduta daquele que contratar, diretamente com pessoa maior de 14 anos, serviços sexuais.

10.2.6 Divulgação de cena de estupro ou de cena de estupro de vulnerável, de cena de sexo ou de pornografia

Art. 218-C, CP Oferecer, trocar, disponibilizar, transmitir, vender ou expor à venda, distribuir, publicar ou divulgar, por qualquer meio – inclusive por meio de comunicação de massa ou sistema de informática ou telemática –, fotografia, vídeo ou outro registro audiovisual que contenha cena de estupro ou de estupro de vulnerável ou que faça apologia ou induza a sua prática, ou, sem o consentimento da vítima, cena de sexo, nudez ou pornografia:
Pena – Reclusão, de 1 (um) a 5 (cinco) anos, se o fato não constitui crime mais grave.
Aumento de pena
§ 1º A pena é aumentada de 1/3 (um terço) a 2/3 (dois terços) se o crime é praticado por agente que mantém ou tenha mantido relação íntima de afeto com a vítima ou com o fim de vingança ou humilhação.
Exclusão de ilicitude
§ 2º Não há crime quando o agente pratica as condutas descritas no caput deste artigo em publicação de natureza jornalística, científica, cultural ou acadêmica com a adoção de recurso que impossibilite a identificação da vítima, ressalvada sua prévia autorização, caso seja maior de 18 (dezoito) anos.

A Lei nº 13.718/2018 incluiu o art. 218-C para punir o agente que divulga fotografia ou vídeo que contém uma cena de estupro (relação sexual sem consentimento) ou uma cena que faça apologia ou induza à prática de estupro. Bem como o agente que divulga fotografia ou vídeo que contém cena de sexo (consensual), nudez ou pornografia.

A divulgação é feita sem o consentimento da pessoa que aparece na fotografia ou vídeo.

Ademais, as pessoas que recebem a fotografia ou vídeo, por WhatsApp, por exemplo, não cometem o crime, pois essa conduta não se amolda na previsão do art. 218-C.

A consumação do delito independe da forma como o agente obteve a fotografia ou vídeo. Contudo, se a obtenção da mídia se deu por meio de invasão de dispositivo informático, tem-se a incidência do art. 154-A do CP.

Trata-se de crime comum. Pode ser praticado por qualquer pessoa (homem ou mulher). Quanto à vítima, é a pessoa que aparece na fotografia ou no vídeo. O delito pode ser praticado contra qualquer pessoa (homem ou mulher).

É processado mediante ação penal pública incondicionada. O § 1º prevê causa de aumento para os casos em que o agente possui ou mantinha relação íntima de afeto com a vítima. Por fim, o § 2º trata da hipótese de **exclusão de ilicitude**, quando o agente pratica a conduta em publicação de natureza jornalística, científica, cultural ou acadêmica com a adoção de recurso que impossibilite a identificação da vítima.

10.3 Rapto

Os arts. 219 a 222 foram revogados pela Lei nº 11.106/2005.

10.4 Disposições gerais

10.4.1 Ação penal

Art. 225, CP Nos crimes definidos nos Capítulos I e II deste Título, procede-se mediante ação penal pública incondicionada.
Parágrafo único. (Revogado.)

Regra: com a Lei nº 13.718/2018, todos os crimes contra a dignidade sexual são processados mediante **ação penal pública incondicionada**.

10.4.2 Aumento de pena

Art. 226, CP A pena é aumentada:
I – de quarta parte, se o crime é cometido com o concurso de 2 (duas) ou mais pessoas;
II – de metade, se o agente é ascendente, padrasto ou madrasta, tio, irmão, cônjuge, companheiro, tutor, curador, preceptor ou empregador da vítima ou por qualquer outro título tiver autoridade sobre ela;
III – (Revogado.)
IV – de 1/3 (um terço) a 2/3 (dois terços), se o crime é praticado:
Estupro coletivo
a) mediante concurso de 2 (dois) ou mais agentes;
Estupro corretivo
b) para controlar o comportamento social ou sexual da vítima.

10.5 Lenocínio e tráfico de pessoa para fim de prostituição ou outra forma de exploração sexual

10.5.1 Mediação para servir a lascívia de outrem

Art. 227, CP Induzir alguém a satisfazer a lascívia de outrem:
Pena – Reclusão, de um a três anos.
§ 1º Se a vítima é maior de 14 (catorze) e menor de 18 (dezoito) anos, ou se o agente é seu ascendente, descendente, cônjuge ou companheiro, irmão, tutor ou curador ou pessoa a quem esteja confiada para fins de educação, de tratamento ou de guarda:
Pena – Reclusão, de dois a cinco anos.
§ 2º Se o crime é cometido com emprego de violência, grave ameaça ou fraude:
Pena – Reclusão, de dois a oito anos, além da pena correspondente à violência.
§ 3º Se o crime é cometido com o fim de lucro, aplica-se também multa.

10.5.2 Favorecimento da prostituição ou outra forma de exploração sexual

Art. 228, CP *Induzir ou atrair alguém à prostituição ou outra forma de exploração sexual, facilitá-la, impedir ou dificultar que alguém a abandone:*

Pena – Reclusão, de 2 (dois) a 5 (cinco) anos, e multa.

§ 1º Se o agente é ascendente, padrasto, madrasta, irmão, enteado, cônjuge, companheiro, tutor ou curador, preceptor ou empregador da vítima, ou se assumiu, por lei ou outra forma, obrigação de cuidado, proteção ou vigilância:

Pena – Reclusão, de 3 (três) a 8 (oito) anos.

§ 2º Se o crime é cometido com emprego de violência, grave ameaça ou fraude:

Pena – Reclusão, de quatro a dez anos, além da pena correspondente à violência.

§ 3º Se o crime é cometido com o fim de lucro, aplica-se também multa.

10.5.3 Casa de prostituição

Art. 229, CP *Manter, por conta própria ou de terceiro, estabelecimento em que ocorra exploração sexual, haja, ou não, intuito de lucro ou mediação direta do proprietário ou gerente:*

Pena – Reclusão, de dois a cinco anos, e multa.

10.5.4 Rufianismo

Art. 230, CP *Tirar proveito da prostituição alheia, participando diretamente de seus lucros ou fazendo-se sustentar, no todo ou em parte, por quem a exerça:*

Pena – Reclusão, de um a quatro anos, e multa.

§ 1º Se a vítima é menor de 18 (dezoito) e maior de 14 (catorze) anos ou se o crime é cometido por ascendente, padrasto, madrasta, irmão, enteado, cônjuge, companheiro, tutor ou curador, preceptor ou empregador da vítima, ou por quem assumiu, por lei ou outra forma, obrigação de cuidado, proteção ou vigilância:

Pena – Reclusão, de 3 (três) a 6 (seis) anos, e multa.

§ 2º Se o crime é cometido mediante violência, grave ameaça, fraude ou outro meio que impeça ou dificulte a livre manifestação da vontade da vítima:

Pena – Reclusão, de 2 (dois) a 8 (oito) anos, sem prejuízo da pena correspondente à violência.

10.5.5 Promoção de migração ilegal

Art. 232-A, CP *Promover, por qualquer meio, com o fim de obter vantagem econômica, a entrada ilegal de estrangeiro em território nacional ou de brasileiro em país estrangeiro:*

Pena – Reclusão, de 2 (dois) a 5 (cinco) anos, e multa.

§ 1º Na mesma pena incorre quem promover, por qualquer meio, com o fim de obter vantagem econômica, a saída de estrangeiro do território nacional para ingressar ilegalmente em país estrangeiro.

§ 2º A pena é aumentada de 1/6 (um sexto) a 1/3 (um terço) se:

I – o crime é cometido com violência; ou

II – a vítima é submetida a condição desumana ou degradante.

§ 3º A pena prevista para o crime será aplicada sem prejuízo das correspondentes às infrações conexas.

10.6 Ultraje público ao pudor

10.6.1 Ato obsceno

Art. 233, CP *Praticar ato obsceno em lugar público, ou aberto ou exposto ao público:*

Pena – Detenção, de três meses a um ano, ou multa.

10.6.2 Escrito ou objeto obsceno

Art. 234, CP *Fazer, importar, exportar, adquirir ou ter sob sua guarda, para fim de comércio, de distribuição ou de exposição pública, escrito, desenho, pintura, estampa ou qualquer objeto obsceno:*

Pena – Detenção, de seis meses a dois anos, ou multa.

Parágrafo único. *Incorre na mesma pena quem:*

I – vende, distribui ou expõe à venda ou ao público qualquer dos objetos referidos neste artigo;

II – realiza, em lugar público ou acessível ao público, representação teatral, ou exibição cinematográfica de caráter obsceno, ou qualquer outro espetáculo, que tenha o mesmo caráter;

III – realiza, em lugar público ou acessível ao público, ou pelo rádio, audição ou recitação de caráter obsceno.

10.7 Disposições gerais

10.7.1 Aumento de pena

Art. 234-A, CP *Nos crimes previstos neste Título a pena é aumentada:*

I – (Vetado.);

II – (Vetado.);

III – de metade a 2/3 (dois terços), se do crime resulta gravidez; (Redação dada pela Lei nº 13.718, de 2018)

IV – de 1/3 (um terço) a 2/3 (dois terços), se o agente transmite à vítima doença sexualmente transmissível de que sabe ou deveria saber ser portador, ou se a vítima é idosa ou pessoa com deficiência. (Redação dada pela Lei nº 13.718, de 2018)

Art. 234-B, CP *Os processos em que se apuram crimes definidos neste Título correrão em segredo de justiça.*

Art. 234-C, CP *(Vetado.).*

11 CRIMES CONTRA A INCOLUMIDADE PÚBLICA

Este capítulo está inserido no Título VIII, da Parte Especial, do Código Penal: **crimes contra a incolumidade pública**. Incolumidade significa manter em segurança sem nenhum dano físico ou moral, inato, intato.

11.1 Crimes de perigo comum

11.1.1 Uso de gás tóxico ou asfixiante

> *Art. 252, CP Expor a perigo a vida, a integridade física ou o patrimônio de outrem, usando de gás tóxico ou asfixiante:*
> *Pena – Reclusão, de um a quatro anos, e multa.*
> *Modalidade culposa*
> *Parágrafo único. Se o crime é culposo:*
> *Pena – Detenção, de três meses a um ano.*

Objetividade jurídica: incolumidade pública.

Sujeito ativo: comum (qualquer pessoa pode cometer) e **unissubjetivo** (de concurso eventual de agentes).

Sujeito passivo: é a coletividade (**crime vago**); eventualmente, as vítimas propriamente ditas do delito (vida das pessoas ou proprietárias dos patrimônios).

Objeto material: gás tóxico ou asfixiante.

Conduta: *expor* a perigo (**crime de perigo concreto**) a vida, a integridade física ou o patrimônio de outrem, *usando* (empregando) gás tóxico ou asfixiante (**crime ação única ou de tipo simples**).

Prova da materialidade: é imprescindível a prova pericial do delito de uso de gás tóxico ou asfixiante para se verificar a natureza e eficiência dos instrumentos utilizados no crime, como é delito que deixa vestígios materiais (**crime não transeunte**), não poderá ser suprida pela confissão do acusado (art. 158, CPP). Caso os vestígios tenham desaparecido, então poderá a prova testemunhal supri-la (art. 167, CPP).

Consumação e tentativa: consuma-se no momento específico (**crime instantâneo**) em que há produção de perigo a vida, a integridade física ou o patrimônio de terceiros mediante o uso de gás tóxico ou asfixiante. A tentativa é admissível (**crime plurissubsistente**).

Majorantes decorrentes do resultado (art. 258, CP): tanto na forma dolosa, quanto na culposa, se o uso de gás tóxico ou asfixiante, além de gerar perigo comum, atingir a vida humana gerando lesão corporal (de natureza grave, se doloso; ou de qualquer natureza, se culposo) ou morte, então haverá aumento de pena de acordo com o *quantum* previsto no artigo em referência.

Caso o uso de gás tóxico ou asfixiante, com intuito de homicídio (art. 121, § 2º, CP), também gere perigo concreto a coletividade (perigo comum), então o agente responderá pelos dois delitos em **concurso formal de crimes**; do contrário, haverá apenas **crime único**. Por exemplo, o agente faz uso de gás tóxico ou asfixiante expondo a perigo a coletividade e, embora não deseje a morte, um cidadão acaba morrendo. Nessa situação hipotética, haverá **crime único** de uso de gás tóxico ou asfixiante na forma majorada do art. 258 do CP.

Classificações doutrinárias: comum (qualquer pessoa pode cometê-lo); **vago** (o sujeito passivo é a coletividade); **doloso** (art. 252, *caput*, CP) ou **culposo** (art. 252, parágrafo único, CP); **comissivo** (regra) ou **omissivo** (excepcionalmente, admite-se a omissão imprópria, na figura de agente garantidor do art. 13, § 2º, do CP, em que o agente tem o dever legal e o poder de agir para evitar o resultado e nada faz); **de perigo comum e concreto**; **unissubjetivo** (de concurso eventual); **instantâneo** (consuma-se em momento certo); admite a tentativa (plurissubsistente); na *forma dolosa*, é **crime de médio potencial ofensivo** (em regra, é admissível o *sursis* processual, pois a pena mínima é de até 1 ano; contudo não se admite transação penal e será julgado pelo juizado comum, uma vez que a pena máxima é superior a 2 anos); e **admite a fiança em sede policial** (pena máxima de até 4 anos).

Conflito de normas:

▷ **Crime ambiental:** a doutrina cita que, em se tratando de **poluição**, de qualquer natureza, em níveis tais que resultem ou possam resultar em danos à saúde humana, ou que provoquem a mortandade de animais ou a destruição significativa da flora, incorrerá em *crime ambiental* (art. 54, Lei nº 9.605/1998).

▷ **Crime militar:** caso o uso de gás tóxico ou asfixiante seja em **local sujeito à administração militar**, expondo a perigo a vida, a integridade física ou o patrimônio de outrem, então haverá *crime militar* (art. 270, CPM).

▷ **Contravenção penal:** a **provocação abusiva de vapor**, fumaça ou gases, que possa ofender ou molestar alguém, sem que gere perigo coletivo (*no que tange a gás tóxico ou asfixiante*) ou poluição, haverá apenas *contravenção penal* (art. 38, LCP).

▷ **Armas químicas:** o uso de **armas químicas** é *crime previsto em legislação específica (CPAQ)*, sendo este de **perigo abstrato** (art. 4º, I, Lei nº 11.254/2005).

▷ **Terrorismo:** quem usar ou ameaçar usar *gases tóxicos*, por razões de **xenofobia, discriminação ou preconceito de raça, cor, etnia e religião**, quando cometidos com a finalidade de provocar terror social ou generalizado, expondo a perigo pessoa, o patrimônio, a paz pública ou a incolumidade pública, incorrerá no *crime de terrorismo* (art. 2º, § 1º, I, Lei nº 13.260/2016).

11.1.2 Fabricação, fornecimento, aquisição, posse ou transporte de explosivos ou gás tóxico ou asfixiante

> *Art. 253, CP Fabricar, fornecer, adquirir, possuir ou transportar, sem licença da autoridade, substância ou engenho explosivo, gás tóxico ou asfixiante, ou material destinado à sua fabricação:*
> *Pena – Detenção, de seis meses a dois anos, e multa.*

Objetividade jurídica: incolumidade pública.

Sujeito ativo: comum (qualquer pessoa pode cometer) e **unissubjetivo** (de concurso eventual de agentes).

Sujeito passivo: é a coletividade (**crime vago**).

Objeto material: substância ou engenho explosivo, gás tóxico ou asfixiante, ou material destinado à sua fabricação, sem licença da autoridade.

Conduta: punem-se as condutas de *fabricar, fornecer, adquirir, possuir ou transportar* (**ação múltipla, de conteúdo variado, tipo misto alternativo ou multinuclear**), *sem licença da autoridade* (**norma penal em branco**), substância ou engenho explosivo, gás tóxico ou asfixiante, ou material destinado à sua fabricação. Assim, trata-se de **atos preparatórios** (**crime de obstáculo**) para a confecção de explosivos ou gases tóxicos ou asfixiantes, não havendo a necessidade de efetiva exposição de perigo à vida, à integridade física ou patrimonial alheia. Dessa forma, há presunção absoluta (*juris et de jure*) pela lei com o resultado normativo (jurídico) da infração penal (**crime de perigo abstrato**).

Consumação e tentativa: é **crime instantâneo** nas condutas de *fabricar, fornecer e adquirir*, consumando-se no momento específico da prática da conduta; será, no entanto, **crime permanente** nas condutas de *possuir* e *transportar*, em que a consumação se protrai no tempo enquanto perdurar a conduta. Para a doutrina majoritária, a tentativa não é possível, por se tratar de atos preparatórios.

Classificações doutrinárias: comum (qualquer pessoa pode cometê-lo); **vago** (o sujeito passivo é a coletividade); **exclusivamente doloso** (não comporta a forma culposa pela ausência legal); **comissivo** (regra) ou **omissivo** (excepcionalmente, admite-se a omissão imprópria, na figura de agente garantidor do art. 13, § 2º, do CP, em que o agente tem o dever legal e o poder de agir para evitar o resultado e nada faz); **de perigo comum e abstrato**; **unissubjetivo** (de concurso eventual); **instantâneo** (nas condutas de fabricar, fornecer e adquirir) ou **permanente** (nas condutas de possuir e transportar); não admite a tentativa (crime de obstáculo; punem-se os atos preparatórios); e é **infração de menor potencial ofensivo** (pena máxima de até 2 anos, admitindo-se as benesses da Lei nº 9.099/1995, como exemplo a transação penal, reparação do dano, *sursis* processual e julgamento pelo Juizado Especial Criminal [JECrim]).

Conflito de normas:

▷ **Estatuto do desarmamento:** em se tratando de **artefato explosivo ou incendiário**, por força do princípio da especialidade, as condutas de **possuir, deter, fabricar ou empregar**, sem autorização ou em desacordo com determinação legal ou regulamentar, foram derrogadas pelo Estatuto do Desarmamento (art. 16, III, parágrafo único, Lei nº 10.826/2003). No entanto, ainda haverá incriminação pelo art. 253 do CP acerca do material destinado à fabricação de explosivos, bem como no que tange a gás tóxico ou asfixiante.

▷ **Fabricação de minas terrestres antipessoal e comercialização:** o emprego, o desenvolvimento, a fabricação, a comercialização, a importação, a exportação, a aquisição, a estocagem, a retenção ou a transferência, direta ou indiretamente, de **minas terrestres antipessoal**, é delito previsto em legislação especial que, a não ser pelas Forças Armadas, criminaliza o emprego de minas terrestres antipessoal (art. 2º, Lei nº 10.300/2001).

▷ **Crime ambiental:** tratando-se de **outros produtos ou substâncias tóxicas**, perigosas ou nocivas à saúde humana ou ao meio ambiente, em desacordo com as exigências estabelecidas em leis ou nos seus regulamentos, haverá crime ambiental (art. 56, Lei nº 9.605/1998).

▷ **Terrorismo:** quem transportar, guardar, portar ou trazer consigo explosivos ou gases tóxicos, por razões de **xenofobia, discriminação ou preconceito de raça, cor, etnia e religião**, quando cometidos com a finalidade de provocar terror social ou generalizado, expondo a perigo pessoa, patrimônio, a paz pública ou a incolumidade pública, incorrerá no crime de terrorismo (art. 2º, § 1º, I, Lei nº 13.260/2016).

11.1.3 Inundação (art. 254, CP)

Art. 254, CP Causar inundação, expondo a perigo a vida, a integridade física ou o patrimônio de outrem:

Pena – Reclusão, de três a seis anos, e multa, no caso de dolo, ou detenção, de seis meses a dois anos, no caso de culpa.

Objetividade jurídica: incolumidade pública.

Sujeito ativo: comum (qualquer pessoa pode cometer) e **unissubjetivo** (de concurso eventual de agentes).

Sujeito passivo: é a coletividade **(crime vago)**; eventualmente, as vítimas propriamente ditas do delito (vida das pessoas ou proprietárias dos patrimônios).

Objeto material: é a grande quantidade de água liberada para efeito do cometimento do delito.

Conduta: causar (provocar) inundação **(crime de ação única ou de tipo simples)**, expondo a perigo efetivo a vida, a integridade física ou o patrimônio de outrem **(número indeterminado de pessoas)**.

Entende-se por **inundação**, segundo Nélson Hungria:

> [...] *o alagamento de um local de notável extensão, não destinado a receber águas. As águas são desviadas de seus limites naturais ou artificiais, expandindo-se em tal quantidade que criam perigo de dano a indeterminado número de pessoas ou coisas. Como observam Liszt-Schmidt, não basta, para o crime de inundação, qualquer alagamento ou transbordamento: é necessário que não esteja mais no poder do agente dominar a força natural das águas, cujo desencadeamento provocou, criando uma situação de perigo comum, a que se refere o legislador como a uma das características do crime. [grifo nosso]*

Consumação e tentativa: consuma-se no momento específico (crime instantâneo) em que ocorrer a inundação gerando o perigo à vida, à integridade física ou ao patrimônio de terceiros (crime de perigo concreto). A tentativa é admissível (crime plurissubsistente).

Majorantes decorrentes do resultado (art. 258, CP): tanto na forma dolosa (art. 254, 1ª parte, preceito secundário, CP), quanto na culposa (art. 254, 2ª parte, preceito secundário, CP), se da efetiva inundação atingir a vida humana gerando lesão corporal (de natureza grave, se doloso; ou de qualquer natureza, se culposo) ou morte, então haverá aumento de pena de acordo com o *quantum* previsto no artigo em referência.

Caso a inundação, com intuito de homicídio (art. 121, § 2º, CP), também gere perigo concreto à coletividade (perigo comum), então o agente responderá pelos dois delitos em **concurso formal de crimes**; do contrário, haverá apenas **crime único**. Por exemplo, o agente causa inundação expondo a perigo a coletividade e, embora não deseje a morte, um cidadão acaba morrendo. Nessa situação hipotética, haverá **crime único** de inundação na forma majorada do art. 258 do CP.

Classificações doutrinárias: comum (qualquer pessoa pode cometê-lo); **vago** (o sujeito passivo é a coletividade); **doloso** (art. 254, 1ª parte, preceito secundário, CP) ou **culposo** (art. 254, 2ª parte, preceito secundário, CP); **comissivo** (regra) ou **omissivo** (excepcionalmente, admite-se a omissão imprópria, na figura de agente garantidor do art. 13, § 2º, do CP, em que o agente tem o dever legal e o poder de agir para evitar o resultado e nada faz); **de perigo comum e concreto**; **unissubjetivo** (de concurso eventual); **instantâneo** (consuma-se em momento certo); admite a tentativa (plurissubsistente); na forma dolosa, é **crime de alto potencial ofensivo** (pena mínima superior a 1 ano e pena máxima superior a 2 anos) e **não admite a fiança em sede policial** (pena máxima superior a 4 anos).

Conflito de normas

Usurpação de águas ou crime de dano: para se incorrer no delito de inundação, deve existir o efetivo **perigo concreto** à **coletividade**, de outro modo haverá crime de usurpação de águas (art. 161, § 1º, I, CP) ou de dano (art. 163, CP).

Crime militar: caso a inundação seja em **local sujeito à administração militar**, com perigo concreto à vida, à integridade ou ao patrimônio de outrem, então haverá crime militar (art. 272, CPM).

11.1.4 Perigo de inundação

Art. 255, CP Remover, destruir ou inutilizar, em prédio próprio ou alheio, expondo a perigo a vida, a integridade física ou o patrimônio de outrem, obstáculo natural ou obra destinada a impedir inundação:

Pena – Reclusão, de um a três anos, e multa.

Objetividade jurídica: incolumidade pública.

Sujeito ativo: comum (qualquer pessoa pode cometer) e **unissubjetivo** (de concurso eventual de agentes).

Sujeito passivo: é a coletividade **(crime vago)**; eventualmente, as vítimas propriamente ditas do delito (vida das pessoas ou proprietárias dos patrimônios).

CRIMES CONTRA A INCOLUMIDADE PÚBLICA

Objeto material: obstáculo natural ou obra destinada a impedir inundação.

Conduta: remover, destruir ou inutilizar (**crime de ação múltipla, de conteúdo variado, tipo misto alternativo ou multinuclear**) artefato (barragem) natural ou de obra humana que vise ao impedimento de inundação, gerando situação de perigo efetivo (**crime de perigo concreto**) à vida, à integridade física ou ao patrimônio de outrem (**número indeterminado de pessoas**), em imóvel próprio ou alheio.

Ressalta-se que, nesse crime, o agente **não tem o dolo da inundação**, mas apenas o dolo de remover o obstáculo. Caso a inundação ocorra e o agente não tenha pretendido nem assumido o risco de sua produção, então haverá **concurso de formal de crimes** entre o perigo de inundação (art. 255, CP) e a inundação culposa (art. 254, CP).

Consumação e tentativa: consuma-se no momento (**crime instantâneo**) em que gerar perigo à vida, à integridade física ou ao patrimônio de terceiros. Embora haja controvérsia doutrinária, alguns doutrinadores sustentam que não se admite a tentativa por se tratar de atos preparatórios (**delito de obstáculo**) para o crime de inundação, enquanto a outra parte doutrinária entende que a tentativa é admissível (**crime plurissubsistente**).

Classificações doutrinárias: comum (qualquer pessoa pode cometê-lo); **vago** (o sujeito passivo é a coletividade); **exclusivamente doloso** (não se admite a forma culposa por ausência legal); **comissivo** (regra) ou **omissivo** (excepcionalmente, admite-se a omissão imprópria, na figura de agente garantidor do art. 13, § 2º, do CP, em que o agente tem o dever legal e o poder de agir para evitar o resultado e nada faz); **de perigo comum e concreto; unissubjetivo** (de concurso eventual); **instantâneo** (consuma-se em momento certo); não admite a tentativa (como regra); **crime de médio potencial ofensivo** (em regra, é admissível o *sursis* processual, pois a pena mínima é de até 1 ano; contudo, não se admite transação penal e será julgado pelo juizado comum, uma vez que a pena máxima é superior a 2 anos); e **admite a fiança em sede policial** (pena máxima inferior a 4 anos).

▷ **Colocação de obstáculo com a finalidade de inundação:** o delito de perigo de inundação possui como condutas remover, destruir ou inutilizar obstáculo natural ou obra destinada a impedir inundação. Assim, **colocar obstáculo para a inundação**, gerando perigo comum, incorrerá no crime de inundação (art. 254, CP); ou, gerando perigo individual, no crime de perigo para a vida ou saúde de outrem (art. 132, CP).

▷ **Crime militar:** caso o perigo de inundação seja em **local sujeito à administração militar**, com perigo concreto à vida, à integridade ou ao patrimônio de outrem, então haverá crime militar (art. 273, CPM).

11.1.5 Desabamento ou desmoronamento

> **Art. 256, CP** *Causar desabamento ou desmoronamento, expondo a perigo a vida, a integridade física ou o patrimônio de outrem:*
> *Pena – Reclusão, de um a quatro anos, e multa.*
> *Modalidade culposa*
> **Parágrafo único.** *Se o crime é culposo:*
> *Pena – Detenção, de seis meses a um ano.*

Objetividade jurídica: incolumidade pública.

Sujeito ativo: comum (qualquer pessoa pode cometer) e **unissubjetivo** (de concurso eventual de agentes).

Sujeito passivo: é a coletividade (**crime vago**); eventualmente, as vítimas propriamente ditas do delito (vida das pessoas ou proprietárias dos patrimônios).

Objeto material: construção, morro, pedreira etc.

Conduta: causar (provocar) desabamento ou desmoronamento (**crime de ação** única ou **de tipo simples**), gerando situação de perigo efetivo (**crime de perigo concreto**) à vida, à integridade física ou ao patrimônio de outrem (**número indeterminado de pessoas**).

Desabamento: é ruir uma construção.

Desmoronamento: é característica do solo, do chão, de morros, da terra, de barrancos, de rochas, de pedreiras etc.

Explicita Nélson Hungria:

> [...] **desabamento** *refere-se à queda de construções em geral (edifícios, paredões, pontes, andaimes etc.), enquanto* **desmoronamento** *mais se ajusta à queda de formações telúricas (barrancos, ravinas, abas de morro, rochedos, pedreiras etc.).* [grifo nosso]

Consumação e tentativa: consuma-se no momento específico (**crime instantâneo**) em que ocorrer o desabamento ou desmoronamento gerando o perigo à vida, à integridade física ou ao patrimônio de terceiros. A tentativa é admissível (**crime plurissubsistente**).

Majorantes decorrentes do resultado (art. 258, CP): tanto na forma dolosa, quanto na culposa, se o efetivo desabamento ou desmoronamento atingir a vida humana gerando lesão corporal (de natureza grave, se doloso; ou de qualquer natureza, se culposo) ou morte, então haverá aumento de pena de acordo com o *quantum* previsto no artigo em referência.

Caso o desabamento ou desmoronamento, com intuito de homicídio (art. 121, § 2º, CP), também gere perigo concreto à coletividade (perigo comum), então o agente responderá pelos dois delitos em **concurso formal de crimes**; do contrário haverá apenas **crime único**. Por exemplo, o agente causa desabamento ou desmoronamento expondo a perigo a coletividade e, embora não deseje a morte, um cidadão acaba morrendo. Nessa situação hipotética, haverá **crime único** de desabamento ou desmoronamento, na forma majorada do art. 258 do CP.

Classificações doutrinárias: comum (qualquer pessoa pode cometê-lo); **vago** (o sujeito passivo é a coletividade); **doloso** (art. 256, *caput*, CP) ou **culposo** (art. 256, parágrafo único, CP); **comissivo** (regra) ou **omissivo** (excepcionalmente, admite-se a omissão imprópria, na figura de agente garantidor do art. 13, § 2º, do CP, em que o agente tem o dever legal e o poder de agir para evitar o resultado e nada faz); **de perigo comum e concreto; unissubjetivo** (de concurso eventual); **instantâneo** (consuma-se em momento certo); **admite a tentativa** (plurissubsistente); na forma dolosa, é **crime de médio potencial ofensivo** (em regra, é admissível o *sursis* processual, pois a pena mínima é de até 1 ano; contudo não se admite transação penal e será julgado pelo juizado comum, uma vez que a pena máxima é superior a 2 anos) e **admite a fiança em sede policial** (pena máxima de até 4 anos).

Conflito de normas

Desabamento ou desmoronamento mediante explosivo: se o fato for praticado mediante emprego de **dinamite** ou **explosivo de efeito análogo**, o crime será o de explosão, **absorvido** o de desabamento ou desmoronamento.

Desabamento ou desmoronamento sem perigo concreto e comum: caso o desabamento ou desmoronamento não tenha provocado perigo efetivo à coletividade, então poderá responder pelo crime de dano (art. 163, CP) ou pela contravenção de desabamento de construção (art. 29, LCP).

Crime militar: caso o desabamento ou desmoronamento seja em **local sujeito à administração militar**, com perigo concreto à vida, à integridade ou ao patrimônio de outrem, então haverá crime militar (art. 274, CPM).

11.1.6 Subtração, ocultação ou inutilização de material de salvamento

> **Art. 257, CP** *Subtrair, ocultar ou inutilizar, por ocasião de incêndio, inundação, naufrágio, ou outro desastre ou calamidade, aparelho, material ou qualquer meio destinado a serviço de combate ao perigo, de socorro ou salvamento; ou impedir ou dificultar serviço de tal natureza:*
> *Pena – Reclusão, de dois a cinco anos, e multa.*

Objetividade jurídica: incolumidade pública.

Sujeito ativo: comum (qualquer pessoa pode cometer) e **unissubjetivo** (de concurso eventual de agentes).

Sujeito passivo: é a coletividade **(crime vago)**; eventualmente, as vítimas propriamente ditas do delito (vida das pessoas ou proprietárias dos patrimônios). Sopesa-se o entendimento de que o crime inserido está capitulado como "dos crimes de perigo comum", portanto, o perigo deve atingir a coletividade, um número indeterminado de pessoas (indeterminação do alvo).

Esclarece Greco (2015):

> Tendo em vista o fato de que o delito tipificado no art. 257 do Código Penal se encontra inserido no capítulo correspondente aos crimes de perigo comum, para que se verifique a infração penal em estudo faz-se necessário comprovar que a conduta do agente trouxe, efetivamente, perigo a um **número indeterminado de pessoas**.
>
> Caso contrário, se do comportamento praticado pelo agente não pudermos deduzir uma exposição a perigo, não restará caracterizado o delito de subtração, ocultação ou inutilização de material de salvamento, por mais que o seu comportamento tenha sido praticado por ocasião, por exemplo, de incêndio, inundação, naufrágio ou outro desastre ou calamidade.
>
> Assim, como já deixamos antever, se o agente vier a subtrair um machado que se encontrava junto a tantos outros localizados no interior de um carro do corpo de bombeiros, se desse comportamento **não se puder concluir, concretamente, pela exposição a perigo de um número indeterminado de pessoas** e se a sua finalidade for a de ter a coisa alheia móvel para si ou para outrem, **deverá responder pelo delito de furto**; se tiver, por outro lado, a intenção de subtraí-lo para usá-lo momentaneamente, o fato deverá ser considerado atípico. [grifo nosso]

Objeto material: aparelho, material ou qualquer meio destinado a serviço de combate ao perigo, de socorro ou salvamento.

Conduta: punem-se as condutas de subtrair, ocultar ou inutilizar **(ação múltipla, de conteúdo variado, tipo misto alternativo ou multinuclear)** dos **objetos materiais:** aparelho, material ou qualquer meio destinado a serviço de combate ao perigo, de socorro ou salvamento; **por ocasião de:** incêndio, inundação, naufrágio, ou outro desastre ou calamidade.

Igualmente, nas condutas de impedir ou dificultar serviço de combate ao perigo, de socorro ou salvamento **(ação múltipla, de conteúdo variado, tipo misto alternativo ou multinuclear)** não há necessidade de objeto material, mas o dolo de não permitir ou fazer evitar os serviços de tais naturezas.

São exemplos de objeto material, segundo Luiz Regis Prado (*apud* Masson, 2016):

> [...] o objeto material é constituído por aparelho, material ou meio destinado a serviço de combate ao perigo (v.g., extintores de incêndio, alarmes), de socorro (v.g., ambulância, maca, medicamentos) ou salvamento (v.g., salva-vidas, escadas, cordas, redes de salvamento, barcos).

Consumação e tentativa: a doutrina entende se tratar de **crime formal (de consumação antecipada ou resultado cortado)** e **de perigo abstrato** em que se consumará independentemente de conseguir evitar o combate ao perigo, de socorro ou salvamento. Assim, estará consumado no momento específico (crime instantâneo) em que o agente subtrair, ocultar ou inutilizar os objetos materiais descritos no tipo e naquelas ocasiões e serviços; ou mesmo quando impedir ou dificultar os serviços de combate ao perigo, de socorro ou salvamento. A tentativa é possível (crime plurissubsistente).

Majorantes decorrentes do resultado (art. 258, CP): se da efetiva subtração, ocultação ou inutilização de material de salvamento; ou mesmo o impedimento ou dificultação dos serviços de tal natureza; atingir a vida humana gerando lesão corporal (de natureza grave, se doloso; ou de qualquer natureza, se culposo) ou morte, então haverá aumento de pena de acordo com o *quantum* previsto no artigo em referência.

Classificações doutrinárias: comum (qualquer pessoa pode cometê-lo); **vago** (o sujeito passivo é a coletividade); **exclusivamente doloso** (não se admite a forma culposa por ausência legal); **comissivo** (regra) ou **omissivo** (excepcionalmente, admite-se a omissão imprópria, na figura de agente garantidor do art. 13, § 2º, do CP, em que o agente tem o dever legal e o poder de agir para evitar o resultado e nada faz); **formal** (de consumação antecipada ou resultado cortado); **de perigo comum e abstrato**; **unissubjetivo** (de concurso eventual); **instantâneo** (nas condutas de subtrair, inutilizar, impedir e dificultar); permanente (na conduta de ocultar); admite a tentativa (plurissubsistente); **crime de alto potencial ofensivo** (pena mínima superior a 1 ano e pena máxima superior a 2 anos); e **não admite a fiança em sede policial** (pena máxima superior a 4 anos).

Conflito de normas

Crime militar: caso a subtração, ocultação ou inutilização de material de socorro se der em **local sujeito à administração militar**, então haverá crime militar (art. 275, CPM).

11.1.7 Formas qualificadas de crime de perigo comum

> *Art. 258, CP* Se do crime doloso de perigo comum resulta lesão corporal de natureza grave, a pena privativa de liberdade é aumentada de metade; se resulta morte, é aplicada em dobro. No caso de culpa, se do fato resulta lesão corporal, a pena aumenta-se de metade; se resulta morte, aplica-se a pena cominada ao homicídio culposo, aumentada de um terço.

O referido artigo possui o *nomen juris* (nome jurídico) de **"formas qualificadas de crime de perigo comum"**. Contudo, a doutrina normalmente conceitua as hipóteses previstas como **majorantes**, pois preveem **causas de aumento de pena**.

O art. 258 é aplicável, exclusivamente, aos resultados **preterdolosos** (dolo + culpa), uma vez que, se o agente possuir a finalidade de crime mais grave, responderá pelo que ele queria fazer.

Cabível, **na forma dolosa** (art. 258, 1ª parte, CP), a todo o capítulo dos crimes de perigo comum; todavia, **na forma culposa** (art. 258, 2ª parte, CP), apenas aos crimes que possuem a tipicidade da culpa.

▷ **Admitem a forma culposa:** incêndio (art. 250, § 2º), explosão (art. 251, § 3º), uso de gás tóxico ou asfixiante (art. 252, parágrafo único), inundação (art. 254, parte final, preceito secundário), desabamento ou desmoronamento (art. 256, parágrafo único) e difusão de doença ou praga (art. 259, parágrafo único).

▷ **Apenas dolosos:** fabrico, fornecimento, aquisição posse ou transporte de explosivos ou gás tóxico, ou asfixiante (art. 253); perigo de inundação (art. 255); e subtração, ocultação ou inutilização de material de salvamento (art. 257).

Tanto na forma dolosa quanto na culposa, se o efetivo crime de perigo comum atingir a vida humana gerando lesão corporal (de natureza grave, se doloso; ou de qualquer natureza, se culposo) ou morte, então haverá aumento de pena de acordo com o *quantum* previsto no artigo em referência.

▷ **Crime de perigo comum doloso:** se resultar lesão corporal de natureza grave (ou gravíssima), aumenta-se metade da pena. Se resultar morte, a pena é aplicada em dobro.

▷ **Crime de perigo comum culposo:** se resultar lesão corporal (leve, grave ou gravíssima), aumenta-se metade da pena. Se resultar morte, aplica-se a pena do homicídio culposo (art. 121, § 3º, CP) aumentada de 1/3.

CRIMES CONTRA A INCOLUMIDADE PÚBLICA

11.1.8 Difusão de doença ou praga (art. 259, CP)

Art. 259, CP Difundir doença ou praga que possa causar dano a floresta, plantação ou animais de utilidade econômica:
Pena – Reclusão, de dois a cinco anos, e multa.
Modalidade culposa
Parágrafo único. No caso de culpa, a pena é de detenção, de um a seis meses, ou multa.

▷ **Revogação tácita:** pelo art. 61 da Lei nº 9.605/1998 – Lei de Crimes Ambientais (LCA).

Art. 61, Lei nº 9.605/1998 Disseminar doença ou praga ou espécies que possam causar dano à agricultura, à pecuária, à fauna, à flora ou aos ecossistemas:
Pena – Reclusão, de um a quatro anos, e multa.

A doutrina, de forma unânime, declara que a difusão de doença ou praga na **forma dolosa** foi tacitamente revogada pela LCA; no entanto, ainda há certa divergência acerca da **modalidade culposa**, na medida em que esta não foi prevista na LCA.

Majoritariamente, afirma-se que a conduta culposa não mais subsiste no direito pátrio, entendendo pela atipicidade da conduta culposa de difusão de doença ou praga.

Masson (2016) descreve:

*Finalmente, é de se observar que a modalidade culposa do delito de difusão de doença ou praga, originariamente disciplinada no parágrafo único do art. 259 do Código Penal, deixou de existir. Atualmente, esse fato é atípico, uma vez que não foi contemplado pela Lei 9.605/1998. Operou-se, em verdade, a '**abolitio criminis' da forma culposa da difusão de doença ou praga**, pois, além da revogação tácita do art. 259 do Código Penal, o fato perdeu seu caráter criminoso perante o ordenamento jurídico em geral. [grifo nosso]*

Minoritariamente, ainda continua válida a forma culposa de difusão de doença ou praga (art. 259, parágrafo único, CP), uma vez que o art. 61 da LCA só previu a forma dolosa.

Expõe Gonçalves (2017):

*A **modalidade culposa ainda está em vigor** por não haver figura semelhante na lei ambiental. Pressupõe que, por falta de cuidado, o agente dê causa à difusão de doenças ou pragas potencialmente perigosas a florestas, plantações ou animais de utilidade doméstica. [grifo nosso]*

Objetividade jurídica: incolumidade pública.

Sujeito ativo: comum (qualquer pessoa pode cometer) e **unissubjetivo** (de concurso eventual de agentes).

Sujeito passivo: é a coletividade **(crime vago)**; e eventualmente, as vítimas propriamente ditas do delito (vida das pessoas ou proprietárias dos patrimônios).

Objeto material: doença ou praga.

Conduta: difundir (disseminar) doença ou praga **(crime de ação única ou de tipo simples)** que possa causar dano **(crime de perigo concreto)** a floresta, plantação ou animais de utilidade econômica **(número indeterminado de pessoas)**.

Consumação e tentativa: consuma-se no momento (crime instantâneo) em que gerar perigo a floresta, plantação ou animais de utilidade econômica. A tentativa é possível (crime plurissubsistente).

Comenta Greco (2015) que:

A conduta dolosa de disseminar doença ou praga deve ser dirigida finalisticamente a causar dano em floresta, plantação ou animais de utilidade econômica.

Classificações doutrinárias: comum (qualquer pessoa pode cometê-lo), **vago** (o sujeito passivo é a coletividade), **doloso** (art. 259, *caput*, CP), **culposo** (art. 259, parágrafo único, CP), **comissivo** (regra), **omissivo** (excepcionalmente, admite-se a omissão imprópria, na figura de agente garantidor do art. 13, § 2º, do CP, em que o agente tem o dever legal e o poder de agir para evitar o resultado e nada faz), **de perigo comum e concreto**, **unissubjetivo** (de concurso eventual), **instantâneo** (consuma-se em momento certo), admite a tentativa (plurissubsistente), na forma dolosa é **crime de alto potencial ofensivo** (pena mínima superior a 1 ano e pena máxima superior a 2 anos) e **não admite a fiança em sede policial** (pena máxima superior a 4 anos).

Conflito de normas

▷ **Crime ambiental:** a doutrina majoritária entende que houve a revogação tácita do crime de difusão de doença ou praga, ocorrendo tão somente crime ambiental (art. 61, Lei nº 9.605/1998).

▷ **Crime militar:** caso a difusão de doença ou praga seja em **local sujeito à administração militar**, então haverá crime militar (art. 278, CPM).

12 CRIMES CONTRA A SEGURANÇA DOS MEIOS DE COMUNICAÇÃO E TRANSPORTE

12.1 Perigo de desastre ferroviário

Art. 260, CP Impedir ou perturbar serviço de estrada de ferro:
I – destruindo, danificando ou desarranjando, total ou parcialmente, linha férrea, material rodante ou de tração, obra de arte ou instalação;
II – colocando obstáculo na linha;
III – transmitindo falso aviso acerca do movimento dos veículos ou interrompendo ou embaraçando o funcionamento de telégrafo, telefone ou radiotelegrafia;
IV – praticando outro ato de que possa resultar desastre:
Pena – Reclusão, de dois a cinco anos, e multa.
Desastre ferroviário
§ 1º Se do fato resulta desastre:
Pena – Reclusão, de quatro a doze anos, e multa.
Modalidade culposa
§ 2º No caso de culpa, ocorrendo desastre:
Pena – Detenção, de seis meses a dois anos.
Conceito de estrada de ferro
§ 3º Para os efeitos deste artigo, entende-se por estrada de ferro qualquer via de comunicação em que circulem veículos de tração mecânica, em trilhos ou por meio de cabo aéreo.

Cuidado, pois o art. 260 prevê **dois crimes autônomos**, e não três: o perigo de desastre ferroviário (art. 260, caput, CP) e o efetivo desastre ferroviário (art. 260, §§ 1º e 2º, CP).

Objetividade jurídica: incolumidade pública.

Sujeito ativo: comum (qualquer pessoa pode cometer) e **unissubjetivo** (pode ser praticado por um só agente ou em concurso eventual de agentes).

Sujeito passivo: é a coletividade **(crime vago)**; eventualmente, as vítimas propriamente ditas do delito (vida das pessoas ou proprietárias dos patrimônios).

Objeto material: linha férrea, material rodante ou de tração, obra de arte, instalação, telégrafo, telefone e radiotelegrafia.

Conduta: impedir (não permitir) ou perturbar (dificultar) serviço de estrada de ferro. Tratando-se de **crime de conduta conjugada** em que os núcleos do tipo (no *caput*) são associados a outras quatro condutas previstas nos seus incisos I a IV.

Estrada de ferro (§ 3º): qualquer via de comunicação em que circulem veículos de tração mecânica, em trilhos ou por meio de cabo aéreo.

▷ **Surfista ferroviário:** fato atípico (não é crime). Imputação do crime definido no art. 260, IV do Código Penal em função da pratica conhecida como "surf ferroviário", que consiste em viajar sobre o teto do trem. Evidente atipicidade de tal conduta, visto não se poder vislumbrar em quem a realiza outra intenção que não a de expor a perigo a própria vida, faltando, portanto, o elemento subjetivo do tipo, que é a vontade livre e consciente de criar situação concreta de perigo de desastre ferroviário.

Consumação e tentativa: consuma-se no momento (crime instantâneo) em que gerar perigo de desastre ferroviário expondo a risco a vida, a integridade física ou o patrimônio de terceiros (crime de perigo concreto e comum). A tentativa é admissível (crime plurissubsistente).

Forma qualificada (§ 1º): se do perigo de desastre ferroviário ocorrer o efetivo desastre ferroviário, então a pena abstrata será aumentada nos limites mínimo e máximo: reclusão, de 4 a 12 anos, e multa. Portanto, a forma simples (*caput*) só é aplicável se o desastre não ocorrer.

Forma culposa (§ 2º): a forma culposa somente é aplicável quando ocorrer o **efetivo desastre ferroviário**, que se dará o resultado por descuido do agente (imprudência, negligência ou imperícia). Portanto, a pena relativa à modalidade culposa **não é aplicável ao perigo de desastre ferroviário** (art. 260, *caput*, CP).

Majorantes decorrentes do resultado agravado do desastre (art. 263, CP): caso ocorra o desastre, tanto na forma qualificada, quanto na culposa, atingindo a vida humana e gerando lesão corporal (de natureza grave, no desastre ferroviário doloso; ou de qualquer natureza, no desastre ferroviário culposo) ou morte, então haverá aumento de pena de acordo com o *quantum* previsto no art. 258 do CP.

Forma qualificada
Art. 263, CP Se de qualquer dos crimes previstos nos arts. 260 a 262, no caso de desastre ou sinistro, resulta lesão corporal ou morte, aplica-se o disposto no art. 258.

Art. 258, CP Se do crime doloso de perigo comum resulta lesão corporal de natureza grave, a pena privativa de liberdade é aumentada de metade; se resulta morte, é aplicada em dobro. No caso de culpa, se do fato resulta lesão corporal, a pena aumenta-se de metade; se resulta morte, aplica-se a pena cominada ao homicídio culposo, aumentada de um terço.

▷ **Desastre ferroviário doloso:** se resultar lesão corporal de natureza grave (ou gravíssima), aumenta-se metade da pena. Se resultar morte, a pena é aplicada em dobro.

▷ **Desastre ferroviário culposo:** se resultar lesão corporal (leve, grave ou gravíssima), aumenta-se metade da pena. Se resultar morte, aplica-se a pena do homicídio culposo (art. 121, § 3º, CP) aumentada de 1/3.

Classificações doutrinárias: comum (qualquer pessoa pode cometê-lo); **vago** (o sujeito passivo é a coletividade); no perigo de desastre ferroviário (art. 260, *caput*, CP), é **exclusivamente doloso** (não se admite a forma culposa por ausência legal); contudo, em se tratando de desastre ferroviário (art. 260, §§ 1º e 2º, CP), poderá ser **doloso** ou **culposo; comissivo** (regra); **omissivo** (excepcionalmente, admite-se a omissão imprópria, na figura de agente garantidor do art. 13, § 2º, do CP, em que o agente tinha o dever legal e o poder de agir para evitar o resultado e nada faz); **de perigo comum e concreto; unissubjetivo** (de concurso eventual); **instantâneo** (consuma-se com a exposição de perigo); nas formas dolosas (*caput* e § 1º), admite a tentativa, é **crime de alto potencial ofensivo** (cujas penas mínimas são superiores a 1 ano; e as máximas, superiores a 2 anos) e **não admite a fiança em sede policial** (penas máximas são superiores a 4 anos).

Conflito de normas

▷ **Crime militar:** caso o serviço de estrada de ferro esteja **sob administração ou requisição militar** emanada de ordem legal, então haverá crime militar (art. 282, CPM).

▷ **Terrorismo:** quem sabotar o funcionamento ou apoderar-se, com violência, grave ameaça a pessoa, ou servindo-se de mecanismos cibernéticos, do controle total ou parcial, ainda que de modo temporário, de meios de transporte, de portos, aeroportos, estações ferroviárias ou rodoviárias, por razões de **xenofobia, discriminação ou preconceito de raça, cor, etnia e religião**, quando cometidos com a finalidade de provocar terror social ou generalizado, expondo a perigo pessoa, patrimônio, a paz pública ou a incolumidade pública, incorrerá no crime de terrorismo (art. 2º, § 1º, IV, Lei nº 13.260/2016).

CRIMES CONTRA A SEGURANÇA DOS MEIOS DE COMUNICAÇÃO E TRANSPORTE

12.2 Atentado contra a segurança de transporte marítimo, fluvial ou aéreo (art. 261, CP)

Art. 261, CP Expor a perigo embarcação ou aeronave, própria ou alheia, ou praticar qualquer ato tendente a impedir ou dificultar navegação marítima, fluvial ou aérea:
Pena – Reclusão, de dois a cinco anos.
Sinistro em transporte marítimo, fluvial ou aéreo
§ 1º Se do fato resulta naufrágio, submersão ou encalhe de embarcação ou a queda ou destruição de aeronave:
Pena – Reclusão, de quatro a doze anos.
Prática do crime com o fim de lucro
§ 2º Aplica-se, também, a pena de multa, se o agente pratica o crime com o intuito de obter vantagem econômica, para si ou para outrem.
Modalidade culposa
§ 3º No caso de culpa, se ocorre o sinistro:
Pena – Detenção, de seis meses a dois anos.

O art. 261 – igualmente ao art. 260 – prevê **dois crimes autônomos**: o atentado contra a segurança de transporte marítimo, fluvial ou aéreo (art. 261, *caput*, CP) e o efetivo sinistro em transporte marítimo, fluvial ou aéreo (art. 261, §§ 1º e 3º, CP).

Objetividade jurídica: incolumidade pública.

Sujeito ativo: comum (qualquer pessoa pode cometer) e **unissubjetivo** (pode ser praticado por um só agente ou em concurso eventual de agentes).

Sujeito passivo: é a coletividade **(crime vago)**; eventualmente, as vítimas propriamente ditas do delito (vida das pessoas ou proprietárias dos patrimônios).

Objeto material: embarcação ou aeronave.

Conduta: expor (colocar) a perigo **(crime de perigo concreto)** embarcação ou aeronave, própria ou alheia, ou praticar (cometer) qualquer ato tendente a impedir (não permitir) ou dificultar (embaraçar) navegação marítima, fluvial ou aérea.

Consumação e tentativa: consuma-se no momento **(crime instantâneo)** em que gerar perigo à embarcação ou aeronave expondo a risco a vida, a integridade física ou o patrimônio de terceiros **(crime contra a incolumidade pública)**. A tentativa é admissível **(crime plurissubsistente)**.

Forma qualificada (§ 1º): se ocorrer o **efetivo sinistro em transporte marítimo, fluvial ou aéreo**, então a pena abstrata será aumentada nos limites mínimo e máximo: reclusão, de 4 a 12 anos. Portanto, a forma simples (*caput*) só é aplicável se não ocorrer o sinistro.

Multa ao lucro (§ 2º): caso o agente pratique o crime com a finalidade de obter vantagem econômica, para si ou para outrem, haverá também a aplicação de multa.

Forma culposa (§ 3º): a forma culposa somente é aplicável quando ocorrer o **efetivo sinistro em transporte marítimo, fluvial ou aéreo**, cujo resultado dará por descuido do agente (imprudência, negligência ou imperícia). Dessa forma, a pena relativa à modalidade culposa **não é aplicável ao atentado contra a segurança de transporte marítimo, fluvial ou aéreo** (art. 261, *caput*, CP).

Majorantes decorrentes do resultado agravado do sinistro (art. 263, CP): caso ocorra o sinistro, tanto na forma qualificada, quanto na culposa, atingindo a vida humana e gerando lesão corporal (de natureza grave, no sinistro doloso; ou de qualquer natureza, no sinistro culposo) ou morte, então haverá aumento de pena de acordo com o *quantum* previsto no art. 258 do CP.

Forma qualificada
Art. 263, CP Se de qualquer dos crimes previstos nos arts. 260 a 262, no caso de desastre ou sinistro, resulta lesão corporal ou morte, aplica-se o disposto no art. 258.
Art. 258, CP Se do crime doloso de perigo comum resulta lesão corporal de natureza grave, a pena privativa de liberdade é aumentada de metade; se resulta morte, é aplicada em dobro. No caso de culpa, se do fato resulta lesão corporal, a pena aumenta-se de metade; se resulta morte, aplica-se a pena cominada ao homicídio culposo, aumentada de um terço. [grifo nosso]

▷ **Sinistro de transporte doloso:** se resultar lesão corporal de natureza grave (ou gravíssima), aumenta-se metade da pena. Se resultar morte, a pena é aplicada em dobro.

▷ **Sinistro de transporte culposo:** se resultar lesão corporal (leve, grave ou gravíssima), aumenta-se metade da pena. Se resultar morte, aplica-se a pena do homicídio culposo (art. 121, § 3º, CP) aumentada de 1/3.

Classificações doutrinárias: comum (qualquer pessoa pode cometê-lo); **vago** (o sujeito passivo é a coletividade); no atentado contra a segurança de transporte marítimo, fluvial ou aéreo (art. 261, *caput*, CP), é **exclusivamente doloso** (não se admite a forma culposa por ausência legal); contudo, em se tratando de superveniência de sinistro (art. 261, §§ 1º e 3º, CP), poderá ser **doloso** ou **culposo**; **comissivo** (regra); **omissivo** (excepcionalmente, admite-se a omissão imprópria, na figura de agente garantidor do art. 13, § 2º, do CP, em que o agente tinha o dever legal e o poder de agir para evitar o resultado e nada faz); **de perigo comum e concreto**; **unissubjetivo** (de concurso eventual); **instantâneo** (consuma-se com a exposição de perigo); nas formas dolosas (*caput* e § 1º), admite a tentativa, é **crime de alto potencial ofensivo** (cujas penas mínimas são superiores a 1 ano; e as máximas, superiores a 2 anos) e **não admite a fiança em sede policial** (penas máximas são superiores a 4 anos).

Conflito de normas

▷ **Direção de embarcação ou aeronave sob efeito de drogas:** conduzir embarcação ou aeronave **após o consumo de drogas**, expondo a dano potencial **(crime de perigo concreto)** a incolumidade de outrem, será delito previsto na Lei Antidrogas (art. 39, Lei nº 11.343/2006).

▷ **Crime militar:** caso o perigo contra a segurança de transporte marítimo, fluvial ou aéreo; ou a superveniência de sinistro, doloso ou culposo; seja **sob administração ou requisição militar** emanada de ordem legal, então haverá crime militar (art. 283, CPM).

▷ **Terrorismo:** quem sabotar o funcionamento ou apoderar-se, com violência, grave ameaça a pessoa, ou servindo-se de mecanismos cibernéticos, do controle total ou parcial, ainda que de modo temporário, de meios de transporte, de portos, aeroportos, estações ferroviárias ou rodoviárias, por razões de **xenofobia, discriminação ou preconceito de raça, cor, etnia e religião**, quando cometidos com a finalidade de provocar terror social ou generalizado, expondo a perigo pessoa, patrimônio, a paz pública ou a incolumidade pública, incorrerá no crime de terrorismo (art. 2º, § 1º, IV, Lei nº 13.260/2016).

12.3 Atentado contra a segurança de outro meio de transporte (art. 262, CP)

Art. 262, CP Expor a perigo outro meio de transporte público, impedir-lhe ou dificultar-lhe o funcionamento:
Pena – Detenção, de um a dois anos.
Desastre efetivo
§ 1º Se do fato resulta desastre, a pena é de reclusão, de dois a cinco anos.
Modalidade culposa
§ 2º No caso de culpa, se ocorre desastre:
Pena – Detenção, de três meses a um ano.

DIREITO PENAL

Atenção à diferença existente, no art. 262 do CP, entre **atentado** (*caput*) e **desastre efetivo** (§ 1º).

Objetividade jurídica: incolumidade pública.

Sujeito ativo: comum (qualquer pessoa pode cometer) e **unissubjetivo** (pode ser praticado por um só agente ou em concurso eventual de agentes).

Sujeito passivo: é a coletividade **(crime vago)**; eventualmente, as vítimas propriamente ditas do delito (vida das pessoas ou proprietárias dos patrimônios).

Objeto material: outro meio de transporte público, desde que não sejam os abarcados pelos arts. 260 e 261. Por exemplo, ônibus.

Conduta: expor (colocar) a perigo **(crime de perigo concreto)** outro meio de transporte coletivo, impedir-lhe (não permitir) ou dificultar-lhe (embaraçar) o funcionamento.

Consumação e tentativa: consuma-se no momento (crime instantâneo) em que gerar perigo a outro meio de transporte coletivo expondo a risco a vida, a integridade física ou o patrimônio de terceiros (crime contra a incolumidade pública). A tentativa é admissível (crime plurissubsistente).

Forma qualificada (§ 1º): se ocorrer o **desastre efetivo**, a pena abstrata será aumentada nos limites mínimo e máximo: reclusão, de 2 a 5 anos. Portanto, a forma simples (*caput*) só é aplicável se não ocorrer o desastre.

Forma culposa (§ 2º): a forma culposa somente é aplicável quando ocorrer o **desastre efetivo**, que se dará o resultado por descuido do agente (imprudência, negligência ou imperícia). Dessa forma, a pena relativa à modalidade culposa **não é aplicável** ao atentado contra a segurança de outro meio de transporte público (art. 262, *caput*, CP).

Majorantes decorrentes do resultado agravado do desastre (art. 263, CP): caso ocorra o desastre, tanto na forma qualificada, quanto na culposa, atingindo a vida humana e gerando lesão corporal (de natureza grave, no desastre doloso; ou de qualquer natureza, no desastre culposo) ou morte, então haverá aumento de pena de acordo com o *quantum* previsto no art. 258 do CP.

Forma qualificada
Art. 263, CP Se de qualquer dos crimes previstos nos arts. 260 a 262, no caso de desastre ou sinistro, resulta lesão corporal ou morte, aplica-se o disposto no art. 258.

Art. 258, CP Se do crime doloso de perigo comum resulta lesão corporal de natureza grave, a pena privativa de liberdade é aumentada de metade; se resulta morte, é aplicada em dobro. No caso de culpa, se do fato resulta lesão corporal, a pena aumenta-se de metade; se morte, aplica-se a pena cominada ao homicídio culposo, aumentada de um terço.

▷ **Desastre efetivo doloso:** se resultar lesão corporal de natureza grave (ou gravíssima), aumenta-se metade da pena. Se resultar morte, a pena é aplicada em dobro.

▷ **Desastre efetivo culposo:** se resultar lesão corporal (leve, grave ou gravíssima), aumenta-se metade da pena. Se resultar morte, aplica-se a pena do homicídio culposo (art. 121, § 3º, CP) aumentada de 1/3.

Classificações doutrinárias: comum (qualquer pessoa pode cometê-lo); vago (o sujeito passivo é a coletividade); no atentado contra a segurança de outro meio de transporte público (art. 262, *caput*, CP), é **exclusivamente doloso** (não se admite a forma culposa por ausência legal); contudo, em se tratando de desastre efetivo (art. 262, §§ 1º e 2º, CP), poderá ser **doloso ou culposo**; **comissivo** (regra); **omissivo** (excepcionalmente, admite-se a omissão imprópria, na figura de agente garantidor do art. 13, § 2º, CP, em que o agente tinha o dever legal e o poder de agir para evitar o resultado e nada faz); **de perigo comum e concreto**; **unissubjetivo** (de concurso eventual); **instantâneo** (consuma-se com a exposição de perigo); nas formas dolosas (*caput* e § 1º), **admite a tentativa**; o atentado contra a segurança de outro meio de transporte público (art. 262, *caput*, CP) é **infração penal de menor potencial ofensivo** (pena máxima de até 2 anos, admitindo-se as benesses da Lei nº 9.099/1995, como exemplo, a transação penal, reparação do dano, *sursis* processual e julgamento pelo JECrim); todavia, o desastre efetivo (art. 262, § 1º, CP) é **crime de alto potencial ofensivo** (pena mínima superior a 1 ano e pena máxima superior a 2 anos) e **não admite a fiança em sede policial** (pena máxima superior a 4 anos).

Conflito de normas

▷ **Embriaguez ao volante:** conduzir veículo automotor sob o efeito de álcool ou de outra substância psicoativa que determine dependência, mesmo que não exponha a vida ou patrimônios alheios a risco efetivo, tratando-se de **crime de perigo abstrato**, haverá delito de trânsito (art. 306, CTB).

▷ **Crime militar:** caso o perigo contra a segurança de **viatura** ou outro meio de **transporte militar**, ou então que esteja **sob a guarda, a proteção ou a requisição militar** emanada de ordem legal, então haverá crime militar (art. 284, CPM).

▷ **Terrorismo:** quem sabotar o funcionamento ou apoderar-se, com violência, grave ameaça a pessoa, ou servindo-se de mecanismos cibernéticos, do controle total ou parcial, ainda que de modo temporário, de meios de transporte, de portos, aeroportos, estações ferroviárias ou rodoviárias, por razões de **xenofobia, discriminação ou preconceito de raça, cor, etnia e religião**, quando cometidos com a finalidade de provocar terror social ou generalizado, expondo a perigo pessoa, patrimônio, a paz pública ou a incolumidade pública, incorrerá no crime de terrorismo (art. 2º, § 1º, IV, Lei nº 13.260/2016).

Forma qualificada
Art. 263, CP Se de qualquer dos crimes previstos nos arts. 260 a 262, no caso de desastre ou sinistro, resulta lesão corporal ou morte, aplica-se o disposto no art. 258.

Este artigo possui o *nomen juris* (nome jurídico) de **"forma qualificada"**. Contudo, a doutrina normalmente conceitua as hipóteses previstas como **majorantes**, pois preveem **causas de aumento de pena**.

O art. 263, com referência ao art. 258, é aplicável, exclusivamente, aos efetivos sinistros ou desastres com resultados **preterdolosos** (dolo + culpa); uma vez que, se o agente possuir a finalidade de crime mais grave, responderá pelo que ele queria fazer. Portanto, **não se aplicará ao perigo ou atentado** (condutas simples dos *caputs* dos arts. 260, 261 e 262).

12.4 Arremesso de projétil

Art. 264, CP Arremessar projétil contra veículo, em movimento, destinado ao transporte público por terra, por água ou pelo ar:
Pena – Detenção, de um a seis meses.
Modalidades qualificadas
Parágrafo único. Se do fato resulta lesão corporal, a pena é de detenção, de seis meses a dois anos; se resulta morte, a pena é a do art. 121, § 3º, aumentada de um terço.

Objetividade jurídica: incolumidade pública.

Sujeito ativo: comum (qualquer pessoa pode cometer) e **unissubjetivo** (pode ser praticado por um só agente ou em concurso eventual de agentes).

Sujeito passivo: é a coletividade **(crime vago)**; eventualmente, as vítimas propriamente ditas do delito (vida das pessoas ou proprietárias dos patrimônios).

CRIMES CONTRA A SEGURANÇA DOS MEIOS DE COMUNICAÇÃO E TRANSPORTE

Objeto material: é o veículo (de tração mecânica ou animal), em movimento (em trânsito), destinado ao **transporte público** (de natureza pública, seja de coisas, seja de pessoas) por terra (estradas, rodovias ou ferrovias), por água (fluviais, marítimos ou lacustres) ou pelo ar (espaço aéreo, com ou sem cabos). Dessa forma, o veículo deve possuir a natureza pública de transporte, pelo Estado ou por particulares em regime de concessão ou permissão, por exemplo, ônibus, navios, aviões, entre outros.

Conduta: arremessar (lançar) projétil (corpo sólido que se move livremente no espaço em consequência de um impulso recebido) contra veículo, em movimento, destinado ao **transporte público** por terra, por água ou pelo ar.

▷ **Jogar uma bolinha de papel contra um ônibus:** fato atípico (não é crime).

Ensina Luiz Flávio Gomes (*apud* Arnaldo Esteves Lima, 2009):

> *No delito de arremesso de projétil (CP, art. 264: "Arremessar projétil contra veículo, em movimento, destinado ao transporte público por terra, por água ou pelo ar: Pena – Detenção de 1 a 6 meses"), **quem arremessa contra um ônibus em movimento um bolinha de papel pratica uma conduta absolutamente insignificante**; no delito de inundação (CP, art. 254: "Causar inundação, expondo a perigo a vida, a integridade física ou o patrimônio de outrem: Pena – Reclusão de 3 a 6 anos, no caso de dolo, ou detenção de 6 meses a 2 anos, no caso de culpa"), quem joga um copo d'água numa represa de 10 milhões de litros de água pratica uma conduta absolutamente insignificante. Nessas hipóteses, o risco criado (absolutamente insignificante) não pode ser imputado à conduta (teoria da imputação objetiva em conjugação com o princípio da insignificância). Estamos diante de fatos atípicos. [grifo nosso]*

Consumação e tentativa: majoritariamente, a doutrina e a jurisprudência têm dito que se trata de crime de perigo abstrato. Dessa forma, consumando-se quando o projétil é arremessado (crime instantâneo) contra o veículo de transporte coletivo em movimento, mesmo que não se atinja o veículo.

> *Tratando-se de **crime de perigo abstrato ou presumido** que, portanto, resulta da própria ação, basta provar o comportamento comissivo previsto pelo tipo para que se entenda criada a situação de perigo. Além disso, em geral o crime de perigo possui natureza subsidiária, sendo absorvido pelo crime de dano quando este acontecer. Em especial ao **arremesso de projétil** que resulta lesão corporal ou morte, pena é aplicada conforme o artigo 264, parágrafo único, do Código Penal. [grifo nosso]*

Acerca da tentativa, também há certa controvérsia, todavia, a doutrina hodierna tem se firmado no sentido de que a tentativa é admissível (crime plurissubsistente).

Exemplifica Masson (2016) sobre a possibilidade da tentativa:

> *[...] em face do caráter plurissubsistente do delito, permitindo o fracionamento do "iter criminis". Exemplo: "A" faz o movimento de lançar um tijolo na direção de um ônibus em movimento, mas seu braço é seguro por um policial que passava pelo local.*

Modalidades qualificadas (art. 264, parágrafo único, CP): caso o arremesso de projétil resulte **lesão corporal**, então a pena abstrata será aumentada nos limites mínimo e máximo: detenção, de 6 meses a 2 anos; caso resulte morte, então será aplicada a pena referente ao homicídio culposo (art. 121, § 3º, CP): detenção, de 1 a 3 anos, com aumento de 1/3. Portanto, a forma simples (*caput*) só é aplicável se não gerar lesão corporal ou morte a pessoa.

Classificações doutrinárias: comum (qualquer pessoa pode cometê-lo); **vago** (o sujeito passivo é a coletividade); **exclusivamente doloso** (não se admite a forma culposa por ausência legal); **comissivo** (excepcionalmente, admite-se a omissão imprópria, na figura de agente garantidor do art. 13, § 2º, do CP, em que o agente tinha o dever legal e o poder de agir para evitar o resultado e nada faz); **de perigo comum e abstrato** (majoritariamente); **unissubjetivo** (de concurso eventual); **instantâneo** (consuma-se ao arremessar); admite a tentativa (plurissubsistente); nas formas simples e qualificada pela lesão corporal, é **infração penal de menor potencial ofensivo** (pena máxima de até 2 anos, admitindo-se as benesses da Lei nº 9.099/1995, como exemplo a transação penal, reparação do dano, *sursis* processual e julgamento pelo JECrim).

Conflito de normas

▷ **Disparo de arma de fogo:** desde que não tenha finalidade de crime mais grave, o disparo de arma de fogo em **lugar habitado** ou em **suas adjacências**, em **via pública** ou em **direção a ela**, é crime previsto no Estatuto do Desarmamento (art. 15, Lei nº 10.826/2003).

▷ **Crime militar:** caso o projétil arremessado seja **contra veículo militar**, em movimento, destinado a transporte por terra, por água ou pelo ar, então haverá crime militar (art. 286, CPM).

▷ **Finalidade de atingir pessoa determinada:** se o arremesso de projétil contra veículo de transporte público **com o fito de atingir um viajante determinado**, querendo-o ferir ou matar, então haverá incriminação pelo crime desejado, seja lesão corporal (com a agravante do art. 61, II, "d", CP), seja homicídio (art. 121, § 2º, III, CP), tentado ou consumado. Contudo, existe divergência doutrinária, se haverá crime único ou concurso formal de crimes.

▷ **Terrorismo:** atentar contra a vida ou a integridade física de pessoa, por razões de **xenofobia, discriminação ou preconceito de raça, cor, etnia e religião**, quando cometido com a finalidade de provocar terror social ou generalizado, expondo a perigo pessoa, patrimônio, a paz pública ou a incolumidade pública, incorrerá no crime de terrorismo (art. 2º, § 1º, V, Lei nº 13.260/2016).

Defendendo a tese em que haverá **concurso formal de crimes**, Cunha (2017) discorre:

> *Se o escopo do agente é o de atingir pessoa determinada que se encontre no veículo, responderá por lesões corporais ou homicídio, tentado ou consumado, em concurso formal (art. 70, do CP) com o delito em estudo.*

Na opinião de que o delito-fim absorverá o arremesso de projétil, respondendo por **crime único**, mesmo que produza perigo comum, Greco (2017) diz:

> *[...] o delito de dano (homicídio) afastará o reconhecimento do crime de perigo (arremesso de projétil), mesmo que com a sua conduta tenha exposto a perigo a incolumidade pública.*

12.5 Atentado contra a segurança de serviço de utilidade pública

> *Art. 265, CP Atentar contra a segurança ou o funcionamento de serviço de água, luz, força ou calor, ou qualquer outro de utilidade pública:*
>
> *Pena – Reclusão, de um a cinco anos, e multa.*
>
> *Aumento de pena*
>
> *Parágrafo único. Aumentar-se-á a pena de 1/3 (um terço) até a metade, se o dano ocorrer em virtude de subtração de material essencial ao funcionamento dos serviços.*

Objetividade jurídica: incolumidade pública, em especial a segurança de serviço de utilidade pública **(número indeterminado de pessoas)**.

Sujeito ativo: comum (qualquer pessoa pode cometer) e **unissubjetivo** (pode ser praticado por um só agente ou em concurso eventual de agentes).

Sujeito passivo: é a coletividade (**crime vago**); eventualmente, as pessoas lesadas pela falta ou pelo mau funcionamento de serviço de utilidade pública.

Conduta: atentar (empreender) contra a segurança ou o funcionamento de serviço de água, luz, força ou calor, ou qualquer outro de **utilidade pública**. Não configura o crime em estudo atentar contra o serviço à pessoa individual, mas em outra infração penal compatível. Por exemplo, imagine que um morador, enfurecido com a música alta do vizinho em horário prologando, quebre o contador de energia até que desligue o fornecimento de energia elétrica, haverá crime de dano (art. 163, parágrafo único, III, CP).

Objeto material: serviço de água, luz, força ou calor, ou qualquer outro de utilidade pública.

> [...] o dispositivo faz casuística, para rematar com uma cláusula genérica. São expressamente mencionados os serviços de **água, luz, força** e **calor** (aquecimento, calefação), mas vários outros podem ser exemplificados: serviço de **assistência hospitalar**, serviço de **gás**, serviço de **limpeza pública** etc.
>
> O elemento material do crime é todo ato tendente a perturbar, de modo mais ou menos extenso, os serviços mencionados no texto legal. "In exemplis": danificação ou inutilização de usinas, represas, reservatórios, cabines de distribuição, aparelhos, fios, postes, encanamentos, ou quaisquer instalações necessárias à produção, prestação ou continuado fornecimento de luz, energia, gás, água etc. ao público em geral. O **perigo comum** é, na espécie, **presumido pela lei**. Não importa que o serviço seja exercido **pelo Estado ou por particular (concessionário)**. [grifo nosso]

Consumação e tentativa: majoritariamente, a doutrina leciona que se trata de crime de perigo abstrato e formal (de consumação antecipada ou de resultado cortado). Dessa forma, consuma-se quando o agente atentar contra a segurança de serviço de utilidade pública (crime instantâneo).

Acerca da tentativa, também há certa controvérsia, a maior parte da doutrina entende que **a tentativa é admissível**, embora de difícil configuração, afirmando-se que a palavra "atentar" utilizada pelo legislador não é no sentido de "tentar" e que, por isso, tratando-se de **crime plurissubsistente**, seria possível o fracionamento o *iter criminis*.

Aumento de pena (parágrafo único): se o agente subtrair (furto) material essencial ao funcionamento dos serviços de água, luz, força ou calor, ou qualquer outro de utilidade pública e gerar a parada ou o mau funcionamento (gerando dano) de serviço de água, luz, força ou calor, ou qualquer outro de utilidade pública, então haverá aumento de pena de 1/3 a 1/2.

Ressalta-se que só incorrerá na majorante se o dano efetivamente ocorrer, igualmente, caso o meliante furte fios telefônicos (fios de cobre) e não produza perigo comum (risco à coletividade), então responderá apenas pelo crime de furto (art. 155, CP).

Nesse mesmo diapasão, mesmo que o agente tenha a intenção de furtar e produzir o perigo comum, **não haverá concurso de crimes**, pois o parágrafo único do art. 265 possui a subtração como elemento do tipo, ou seja, é uma forma qualificada de furto, assim, ou se pratica furto, ou se pratica atentado contra a segurança de serviço de utilidade pública majorada.

Descreve Greco (2017):

> O mencionado parágrafo único cuida, na verdade, de um crime de furto, cuja pena a ele cominada, em virtude do maior juízo de reprovação que recai sobre a conduta do agente, é maior do que aquela prevista para o furto simples.

Classificações doutrinárias: comum (qualquer pessoa pode cometê-lo); **vago** (o sujeito passivo é a coletividade); **exclusivamente doloso** (não se admite a forma culposa por ausência legal); **comissivo** (excepcionalmente, admite-se a omissão imprópria, na figura de agente garantidor do art. 13, § 2º, do CP, em que o agente tinha o dever legal e o poder de agir para evitar o resultado e nada faz); **de perigo comum e abstrato**; **unissubjetivo** (de concurso eventual); **instantâneo** (consuma-se no ato de atentado); admite a tentativa (plurissubsistente); na forma simples, é **crime de médio potencial ofensivo** (em regra, é admissível o *sursis* processual, pois a pena mínima é de até 1 ano, contudo não se admite transação penal e será julgado pelo juizado comum, uma vez que a pena máxima é superior a 2 anos); na forma majorada, é **crime de alto potencial ofensivo** (não admite o *sursis* processual, à medida que se aplica a majorante, a pena mínima se torna superior a 1 ano); em qualquer caso **não admite a fiança em sede policial** (pena máxima superior a 4 anos).

Conflito de normas

▷ **Invasão de estabelecimento industrial, comercial ou agrícola:** invadir ou ocupar estabelecimento industrial, comercial ou agrícola, **com o intuito de impedir ou embaraçar o curso normal do trabalho**, ou com o mesmo fim danificar o estabelecimento ou as coisas nele existentes ou delas dispor, configura o delito previsto no art. 202 do CP.

▷ **Crime militar:** caso o serviço esteja **em lugar sujeito** à **administração militar**, então haverá crime militar (art. 287, CPM).

▷ **Atentado contra instalação nuclear:** em se tratando de **instalação nuclear** ou **transporte de material nuclear**, incorrerá em delito previsto em legislação especial (art. 27, Lei nº 6.453/1977).

▷ **Atentado contra os serviços de utilidade pública mediante incêndio ou explosivo:** se o agente atentar contra a segurança ou o funcionamento de serviços de utilidade pública mediante **artefatos incendiários ou explosivos**, gerando perigo comum, então responderá, ou pelo crime de incêndio (art. 250, CP), ou pelo de explosão (art. 251, CP).

▷ **Terrorismo:** quem sabotar o funcionamento ou apoderar-se, com violência, grave ameaça a pessoa, ou servindo-se de mecanismos cibernéticos, do controle total ou parcial, ainda que de modo temporário, de hospitais, casas de saúde, escolas, estádios esportivos, instalações públicas ou locais onde funcionem serviços públicos essenciais, instalações de geração ou transmissão de energia, instalações militares, instalações de exploração, refino e processamento de petróleo e gás e instituições bancárias e sua rede de atendimento, por razões de **xenofobia, discriminação ou preconceito de raça, cor, etnia e religião**, quando cometidos com a finalidade de provocar terror social ou generalizado, expondo a perigo pessoa, patrimônio, a paz pública ou a incolumidade pública, incorrerá no crime de terrorismo (art. 2º, § 1º, IV, Lei nº 13.260/2016).

12.6 Interrupção ou perturbação de serviço telegráfico, telefônico, informático, telemático ou de informação de utilidade pública

Art. 266, CP Interromper ou perturbar serviço telegráfico, radiotelegráfico ou telefônico, impedir ou dificultar-lhe o restabelecimento:
Pena – Detenção, de um a três anos, e multa.

Formas equiparadas

§ 1º Incorre na mesma pena quem interrompe serviço telemático ou de informação de utilidade pública, ou impede ou dificulta-lhe o restabelecimento.

Aumento de pena

§ 2º Aplicam-se as penas em dobro se o crime é cometido por ocasião de calamidade pública.

CRIMES CONTRA A SEGURANÇA DOS MEIOS DE COMUNICAÇÃO E TRANSPORTE

Objetividade jurídica: incolumidade pública, em especial a continuidade do serviço telegráfico, telefônico, informático, telemático ou de informação de utilidade pública (**número indeterminado de pessoas**).

Sujeito ativo: comum (qualquer pessoa pode cometer) e **unissubjetivo** (pode ser praticado por um só agente ou em concurso eventual de agentes).

Sujeito passivo: é a coletividade (**crime vago**); eventualmente, as pessoas lesadas pela falta ou pelo mau funcionamento desses serviços de comunicação pública ou de informação de utilidade pública.

Conduta: interromper (fazer parar) ou perturbar (estorvar) serviço telegráfico, radiotelegráfico, telefônico, telemático ou de informação de utilidade pública, impedir (não permitir) ou dificultar-lhe (tornar custoso) o restabelecimento (**ação múltipla, de conteúdo variado, tipo misto alternativo ou multinuclear**).

Objeto material: com relação aos serviços de:

▷ **Telegrafia:** processo de transmissão de mensagens e textos escritos (telegramas) a grandes distâncias por meio de um código de sinais (código Morse), por intermédio do telégrafo, de fios condutores ou sem estes (radiotelegrafia).

▷ **Radiotelegrafia:** telegrafia na qual a transmissão das informações se faz por ondas radioelétricas; telegrafia sem fio.

▷ **Telefonia: sistema de transmissão de voz e outros sons que utiliza diferentes métodos:** a telefonia por cabo coaxial, os emissores de micro-ondas, as fibras óticas, a telefonia por satélite e a comunicação celular móvel.

▷ **Informática:** ciência que se ocupa do tratamento automático e racional da informação considerada como suporte dos conhecimentos e das comunicações, que se encontra associada à utilização de computador e seus programas.

▷ **Telemática:** ciência que trata da manipulação e utilização da informação por meio do uso combinado de computador e meios de telecomunicação.

▷ **Informação de utilidade pública:** ao utilizar a expressão "serviço de informação de utilidade pública", o legislador socorreu-se da interpretação analógica (ou intra legem), com a finalidade de proteger qualquer outro meio diverso dos serviços telegráfico, radiotelegráfico, telefônico ou telemático, a exemplo dos jornais e revistas impressos.

O **rol é taxativo** e não cabe ampliação por analogia e, por conseguinte, não compreende no tipo o serviço postal, conforme o exposto por Nélson Hungria:

> O elemento material é tanto o emprego de violência contra as instalações ou aparelhos, como também contra o pessoal dos serviços mencionados no texto legal, de modo a resultar interrupção (paralisação) ou perturbação (desarranjo parcial, retardamento) de tais serviços, ou obstáculo ou embaraço ao seu restabelecimento. A enumeração dos serviços de telecomunicação é taxativa. **Assim, não poderia, por analogia, ser incluído o serviço postal.** [grifo nosso]

Não configura o crime em estudo atentar contra o serviço à pessoa individual, mas em outra infração penal compatível. Por exemplo, imagine que o ex-namorado de uma jovem, não conformado com o término do namoro, corte os cabos de telefonia da casa de sua ex-namorada, interrompendo o serviço de internet banda larga via ADSL dela, haverá crime de dano (art. 163, parágrafo único, III, CP).

Consumação e tentativa: consuma-se no momento (crime instantâneo) em que o agente praticar quaisquer das condutas previstas no tipo penal, independentemente do efetivo transtorno aos serviços de telecomunicação (crime de perigo abstrato). A tentativa é admissível (crime plurissubsistente).

Aumento de pena (§ 2º): a pena será duplicada (2×) caso o delito seja cometido por ocasião de calamidade pública.

Classificações doutrinárias: comum (qualquer pessoa pode cometê-lo); **vago** (o sujeito passivo é a coletividade); **exclusivamente doloso** (não se admite a forma culposa por ausência legal); **comissivo** (excepcionalmente, admite-se a omissão imprópria, na figura de agente garantidor do art. 13, § 2º, do CP, em que o agente tinha o dever legal e o poder de agir para evitar o resultado e nada faz); **de perigo comum e abstrato; unissubjetivo** (de concurso eventual); **instantâneo** (consuma-se com a interrupção, perturbação, impedimento ou dificultação do serviço de telecomunicação); **admite a tentativa** (plurissubsistente); na forma simples (*caput*), é **crime de médio potencial ofensivo** (em regra, é admissível o *sursis* processual, pois a pena mínima é de até 1 ano, contudo não se admite transação penal e será julgado pelo juizado comum, uma vez que a pena máxima é superior a 2 anos); na forma majorada (§ 2º), é **crime de alto potencial ofensivo** (não admite o *sursis* processual, à medida que se aplica a majorante, a pena mínima torna-se superior a um ano); apenas na modalidade simples se **admite a fiança em sede policial** (pena máxima de até 4 anos).

Conflito de normas

▷ **Violação de correspondência ou de comunicação telegráfica, radioelétrica ou telefônica:** se a finalidade é atingir **pessoa determinada**, incorrerá no crime previsto no art. 151 do *CP*.

▷ **Invasão de dispositivo informático:** invadir **dispositivo informático alheio**, conectado ou não à rede de computadores, mediante violação indevida de mecanismo de segurança e com o fim de obter, adulterar ou destruir dados ou informações **sem autorização expressa ou tácita** do titular do dispositivo ou instalar vulnerabilidades para obter vantagem ilícita, configura o delito previsto no art. 154-A do CP.

▷ **Crime militar:** caso o serviço seja de **comunicação militar** ou esteja **em lugar sujeito** à **administração militar**, então haverá *crime militar* (art. 288, CPM).

▷ **Estação clandestina de telecomunicações:** instalação de **estação clandestina de telecomunicações** ou a utilização de aparelhos ilegais é crime previsto no Código Brasileiro de Telecomunicações (art. 70, Lei nº 4.117/1962).

▷ **Terrorismo:** quem sabotar o funcionamento ou apoderar-se, com violência, grave ameaça a pessoa, ou servindo-se de mecanismos cibernéticos, do controle total ou parcial, ainda que de modo temporário, de meio de comunicação, por razões de **xenofobia, discriminação ou preconceito de raça, cor, etnia e religião**, quando cometidos com a finalidade de provocar terror social ou generalizado, expondo a perigo pessoa, patrimônio, a paz pública ou a incolumidade pública, incorrerá no crime de terrorismo (art. 2º, § 1º, IV, Lei nº 13.260/2016).

13 CRIMES CONTRA A SAÚDE PÚBLICA

As disposições previstas neste título, correspondem incolumidade pública referente a proteção a saúde pública da coletividade.

13.1 Epidemia

Art. 267, CP Causar epidemia, mediante a propagação de germes patogênicos:
Pena – Reclusão, de dez a quinze anos.
§ 1º Se do fato resulta morte, a pena é aplicada em dobro.
§ 2º No caso de culpa, a pena é de detenção, de um a dois anos, ou, se resulta morte, de dois a quatro anos.

O tipo penal desse delito é "causar" epidemia mediante propagação ou disseminação de germes patogênicos.

Epidemia e germes patogênicos, significa uma doença que acomete, em curto espaço de tempo e em determinado lugar, várias pessoas. Exemplos: peste, sarampo, varíola, tifo, febre amarela, dengue e suas variantes, gripe H1N1, Covid-19, difteria etc. Germes patogênicos são os microrganismos capazes de gerar doenças, como os vírus, os bacilos e as bactérias, entre outros.

A consumação ocorre no momento que há a disseminação da moléstia (crime material). Admite-se ocorrência da tentativa.

Classificação

Esse crime pode ser classificado em **crime comum** (pode ser praticado por qualquer pessoa); **crime material** (necessário a produção do resultado naturalístico); **comissivo** (exige uma ação do agente); **crime de dano** (deve haver a comprovação de efetiva lesão ao bem jurídico tutelado); **instantâneo**; **unissubjetivo** (pode ser praticado por um único agente); **plurissubsistente** (pode ser praticado por vários atos); **unissubsistente** (pode ser praticado por um único ato) e de **forma livre**.

Vale mencionar que Guilherme Nucci entende ser **crime de perigo concreto**, "pois objeto jurídico protegido não é a incolumidade individual, e sim coletiva, além de ser crime contra a saúde pública, e não individual. Logo, a ocorrência da doença em alguns faz parte do perigo concreto determinado pelo tipo penal. Fosse a conduta do agente voltada somente a alguns indivíduos e estaríamos diante de um crime de lesão corporal, cuja pena é muito menor. Quem espalha doença, no entanto, pode terminar condenado a uma pena elevada de dez anos de reclusão".

13.1.1 Aumento de pena

Art. 267, § 1º, CP Se do fato resulta morte, a pena é aplicada em dobro.

Aumenta-se a pena quando ocorre o resultado morte como destaca o art. 267, § 1º, do CP. Neste caso, aplica-se o dobro da pena.

13.1.2 Modalidade culposa

§ 2º No caso de culpa, a pena é de detenção, de um a dois anos, ou, se resulta morte, de dois a quatro anos.

É prevista a modalidade culposa em duas situações: sem resultado morte e com resultado morte, a primeira configura pena de detenção e a segunda pena, de 2 a 4 anos.

13.2 Infração de medida sanitária preventiva

Art. 268, CP Infringir determinação do poder público, destinada a impedir introdução ou propagação de doença contagiosa:
Pena – Detenção, de um mês a um ano, e multa.
Parágrafo único. A pena é aumentada de um terço, se o agente é funcionário da saúde pública ou exerce a profissão de médico, farmacêutico, dentista ou enfermeiro.

Trata-se de crime em que o agente infringe determinação legal quando destinado a impedir introdução ou prorrogação de doença contagiosa.

A "determinação do poder público" significa descumprimento de lei, decreto, portaria, regulamentos, entre outros, proferidas por qualquer autoridade pública.

O tipo penal deste delito é **"infringir"**, consumando-se quando o agente "infringe" a determinação legal dada por autoridade pública a fim de impedir introdução ou propagação de doença contagiosa (ou seja, transmissão de uma pessoa a outro por contato direto ou indireto).

Importante destacar que se trata de **norma penal em branco**, já que depende de norma regulamentadora.

Classificação

Classifica-se em **crime comum** (pode ser praticado por qualquer pessoa); **crime formal** (não é necessário a produção do resultado naturalístico, com a existência do perigo ou dano já configura o delito); de **perigo comum e abstrato** (coloca um número indeterminado de pessoas em perigo, neste caso, presume-se o risco de dano ou lesão ao bem jurídico tutelado); **instantâneo**; **unissubjetivo** (pode ser praticado por um único agente); **plurissubsistente** (pode ser praticado por vários atos); e de **forma livre**.

13.2.1 Aumento de pena

Art. 268, parágrafo único, CP A pena é aumentada de um terço, se o agente é funcionário da saúde pública ou exerce a profissão de médico, farmacêutico, dentista ou enfermeiro.

Ocorre o aumento de pena quando o crime é praticado por funcionário de saúde pública ou aquele que exerce a profissão de médico, farmacêutico, dentista ou enfermeiro. A pena é aumentada de 1/3.

13.3 Omissão de notificação de doença

Art. 269, CP Deixar o médico de denunciar à autoridade pública doença cuja notificação é compulsória:
Pena – Detenção, de seis meses a dois anos, e multa.

Revela-se em crime contra incolumidade pública realizado, particularmente, por médico no âmbito da saúde pública, quando este deixa de denunciar à autoridade pública doença que deve ser compulsoriamente comunicada.

Notificação compulsória consiste na comunicação obrigatória aos órgãos públicos devidos.

O elemento do núcleo penal é **"deixar de comunicar"**, ou seja, não passar ou comunicar a informação sobre determinada doença à autoridade competente. Portanto, trata-se, também, de uma **norma penal em branco**.

Consuma-se no momento que o agente se omite "deixa" de denunciar. Além disso, consiste em crime omissivo puro, não admitindo a tentativa, haja vista a impossibilidade do crime ser fracionado (unissubjetivo).

Classificação

É classificado em **crime próprio** (exige uma condição especial do agente, ou seja, ser médico); **crime de mera conduta** (consumando o delito com a pratica da conduta, não necessitando de resultado naturalístico); **omissivo** (exige uma omissão do agente – deixar de fazer algo – conduta negativa); de **perigo comum e abstrato** (coloca um número indeterminado de pessoas em perigo, neste caso, presume-se o risco de dano ou lesão ao bem jurídico tutelado); de **forma vinculada** (só pode ser cometido por meio indicado no dispositivo legal, o não envio da notificação à autoridade pública) **instantâneo**; **unissubjetivo** (pode ser praticado por um único agente); **unissubsistente** (pode ser praticado por um único ato); e de **forma livre**.

13.4 Envenenamento de água potável ou de substância alimentícia ou medicinal

Art. 270, CP Envenenar água potável, de uso comum ou particular, ou substância alimentícia ou medicinal destinada a consumo:
Pena – Reclusão, de dez a quinze anos.
§ 1º Está sujeito à mesma pena quem entrega a consumo ou tem em depósito, para o fim de ser distribuída, a água ou a substância envenenada.

Consiste em crime na qual o agente envenena água potável, de uso comum ou particular, ou substância alimentícia ou medicinal destinada a consumo.

Sobre seus elementos o autor Guilherme Nucci conceitua como:

▷ **Água potável** é a água boa para beber, sem risco à saúde;
▷ **Envenenar** significa misturar substância que altera ou destrói as funções vitais do organismo em alguma coisa ou intoxicar;
▷ **Uso comum ou particular**, significando que pode a água estar situada numa fonte, lago ou qualquer lugar de livre acesso público, portanto, de uso comum, ou mesmo em propriedade particular, sendo de uso privativo de alguém;
▷ **Substância alimentícia** é a matéria que se destina a nutrir e sustentar o organismo;
▷ **Substância medicinal** é a matéria voltada à cura de algum mal orgânico.

Ocorre a consumação quando a pessoa "envenena" água potável, substância alimentícia ou medicinal de consumo, causando dano à saúde de outrem. É cabível a tentativa.

Classificação

Classifica-se em **crime comum** (pode ser praticado por qualquer pessoa); **crime formal** (não é necessário a produção do resultado naturalístico, com a existência do perigo ou dano já configura o delito); de **perigo comum e abstrato** (coloca um número indeterminado de pessoas em perigo, neste caso, presume-se o risco de dano ou lesão ao bem jurídico tutelado); **comissivo** (exige uma ação do agente); **instantâneo**; **unissubjetivo** (pode ser praticado por um único agente); **plurissubsistente** (pode ser praticado por vários atos); **unissubsistente** (pode ser praticado por um único ato); e de **forma livre**.

13.4.1 Modalidade culposa

Art. 270, § 2º, CP Se o crime é culposo:
Pena – Detenção, de seis meses a dois anos.

Há a modalidade culposa, quando o agente age com imprudência, negligência ou imperícia; neste caso, é previsto a pena de detenção de 6 meses a 2 anos.

13.5 Corrupção ou poluição de água potável

Art. 271, CP Corromper ou poluir água potável, de uso comum ou particular, tornando-a imprópria para consumo ou nociva à saúde:
Pena – Reclusão, de dois a cinco anos.

O núcleo do tipo penal deste delito é "**corromper**" ou "**poluir**" água potável, de uso comum ou particular, tornando-a imprópria para consumo ou nociva à saúde. Corromper significa estragar, adulterar ou infectar, e poluir significa sujar ou degradar.

Aqui, ocorre a consumação quando o agente corrompe ou polui, causando perigo à vida ou integridade física de outrem. Admite-se a tentativa.

Classificação

Classifica-se em **crime comum** (pode ser praticado por qualquer pessoa); **crime formal** (não é necessário a produção do resultado naturalístico, com a existência do perigo ou dano já configura o delito); de **perigo comum e abstrato** (coloca um número indeterminado de pessoas em perigo, neste caso, presume-se o risco de dano ou lesão ao bem jurídico tutelado); **comissivo** (exige uma ação do agente); **instantâneo**; **unissubjetivo** (pode ser praticado por um único agente); **plurissubsistente** (pode ser praticado por vários atos); **unissubsistente** (pode ser praticado por um único ato); e de **forma livre**.

13.5.1 Modalidade culposa

Art. 271, parágrafo único, CP Se o crime é culposo:
Pena – Detenção, de dois meses a um ano.

Admite-se a modalidade culposa deste delito, sendo aplicado a pena de detenção de 2 meses a 1 ano.

13.6 Falsificação, corrupção, adulteração ou alteração de substância ou produtos alimentícios

Art. 272, CP Corromper, adulterar, falsificar ou alterar substância ou produto alimentício destinado a consumo, tornando-o nociva à saúde ou reduzindo-lhe o valor nutritivo:
Pena – Reclusão, de 4 (quatro) a 8 (oito) anos, e multa.
§ 1º-A Incorre nas penas deste artigo quem fabrica, vende, expõe à venda, importa, tem em depósito para vender ou, de qualquer forma, distribui ou entrega a consumo a substância alimentícia ou o produto falsificado, corrompido ou adulterado.
§ 1º Está sujeito às mesmas penas quem pratica as ações previstas neste artigo em relação a bebidas, com ou sem teor alcoólico.

Há quatro núcleos do tipo penal: **corromper** (estragar, viciar a composição), **adulterar** (deturpar, piorar a qualidade), **falsificar** (reproduzir por imitação, dando aparência de genuíno ao que não é) e **alterar** (modificar, transformar). Deste modo, ocorre a consumação do crime quando praticado pelo agente um dos verbos anteriormente mencionado.

Além disso, todas essas condutas devem tornar a substância ou produto alimentício nocivo à saúde de pessoas ou, então, reduzir o valor nutritivo do alimento.

Nocivo à saúde significa algo prejudicial às normais funções orgânicas, físicas e mentais.

Valor nutritivo é a qualidade de servir para alimentar e sustentar, própria dos alimentos.

Ainda, pode ser caracterizado em **tipo misto alternativo**, se o agente praticar mais de uma conduta na mesma situação fática estará caracterizado apenas um crime.

13.6.1 Classificação

Classifica-se em **crime comum** (pode ser praticado por qualquer pessoa); **crime formal** (não é necessário a produção do resultado naturalístico, com a existência do perigo ou dano já configura o delito); de **perigo comum e abstrato** (coloca um número indeterminado de pessoas em perigo, neste caso, presume-se o risco de dano ou lesão ao bem jurídico tutelado); **comissivo** (exige uma ação do agente); **instantâneo**; **unissubjetivo** (pode ser praticado por um único agente); **plurissubsistente** (pode ser praticado por vários atos); **unissubsistente** (pode ser praticado por um único ato); e de **forma livre**.

13.6.2 Formas equiparadas

Art. 272, § 1º-A, CP Incorre nas penas deste artigo quem fabrica, vende, expõe à venda, importa, tem em depósito para vender ou, de qualquer forma, distribui ou entrega a consumo a substância alimentícia ou o produto falsificado, corrompido ou adulterado.

§ 1º Está sujeito às mesmas penas quem pratica as ações previstas neste artigo em relação a bebidas, com ou sem teor alcoólico.

O legislador, ainda, tratou das formas equiparadas no § 1º-A do art. 272 no CP: **fabricar** significa manufaturar ou construir; **vender**, alienar por certo preço; **expor à venda**, pôr à vista para ser alienado; **importar**, trazer de fora para dentro do País; **ter em depósito para vender**, manter guardado até que seja alienado; **distribuir**, espalhar ou entregar a uns e outros; **entregar a consumo**, passar às mãos de alguém para que seja ingerido. O objeto das condutas é a substância alimentícia ou o produto falsificado, corrompido ou adulterado.

13.6.3 Modalidade culposa

Art. 272, § 2º, CP Se o crime é culposo:
Pena – Detenção, de 1 (um) a 2 (dois) anos, e multa.

É previsto a modalidade culposa no caso de negligência, imprudência ou imperícia do agente, sendo apenado em detenção de 1 a 2 anos, além de multa.

13.7 Falsificação, corrupção, adulteração ou alteração de produto destinado a fins terapêuticos ou medicinais

Art. 273, CP Falsificar, corromper, adulterar ou alterar produto destinado a fins terapêuticos ou medicinais:
Pena – Reclusão, de 10 (dez) a 15 (quinze) anos, e multa.
§ 1º Nas mesmas penas incorre quem importa, vende, expõe à venda, tem em depósito para vender ou, de qualquer forma, distribui ou entrega a consumo o produto falsificado, corrompido, adulterado ou alterado.
§ 1º-A Incluem-se entre os produtos a que se refere este artigo os medicamentos, as matérias-primas, os insumos farmacêuticos, os cosméticos, os saneantes e os de uso em diagnóstico.
§ 1º-B Está sujeito às penas deste artigo quem pratica as ações previstas no § 1º em relação a produtos em qualquer das seguintes condições: [...]
II – em desacordo com a fórmula constante do registro previsto no inciso anterior;
III – sem as características de identidade e qualidade admitidas para a sua comercialização;
IV – com redução de seu valor terapêutico ou de sua atividade;
V – de procedência ignorada;
VI – adquiridos de estabelecimento sem licença da autoridade sanitária competente.

Consiste no crime de falsificar, adulterar, corromper ou alterar produto destinado a fins medicinais ou terapêuticos, trata-se de substância voltada a curar, tratar ou aliviar dor ou doença, ou mesmo, a prevenir moléstias.

Este crime é classificado como **tipo misto alternativo**, ocorrendo um ou mais condutas do tipo penal no mesmo contexto fático configurará apenas um único delito.

Para sua consumação basta o agente praticar qualquer um dos núcleos deste tipo penal, quais sejam: **falsificar, corromper, adulterar ou alterar**. É aceito a modalidade tentada.

13.7.1 Classificação

Classifica-se em **crime comum** (pode ser praticado por qualquer pessoa); **crime formal** (não é necessário a produção do resultado naturalístico, com a existência do perigo ou dano já configura o delito); de **perigo comum e abstrato** (coloca um número indeterminado de pessoas em perigo, neste caso, presume-se o risco de dano ou lesão ao bem jurídico tutelado); **comissivo** (exige uma ação do agente); **instantâneo**; **unissubjetivo** (pode ser praticado por um único agente); **plurissubsistente** (pode ser praticado por vários atos); **unissubsistente** (pode ser praticado por um único ato); e de **forma livre**.

13.7.2 Formas equiparadas

Art. 273, § 1º-A, CP Incluem-se entre os produtos a que se refere este artigo os medicamentos, as matérias-primas, os insumos farmacêuticos, os cosméticos, os saneantes e os de uso em diagnóstico.
§ 1º-B Está sujeito às penas deste artigo quem pratica as ações previstas no § 1º em relação a produtos em qualquer das seguintes condições:
I – sem registro, quando exigível, no órgão de vigilância sanitária competente;
II – em desacordo com a fórmula constante do registro previsto no inciso anterior;
III – sem as características de identidade e qualidade admitidas para a sua comercialização;
IV – com redução de seu valor terapêutico ou de sua atividade;
V – de procedência ignorada;
VI – adquiridos de estabelecimento sem licença da autoridade sanitária competente.

No § 1º do art. 273 estão elencadas as formas equiparadas ao delito de falsificar ou alterar produtos terapêuticos e medicinais, necessário se faz a leitura na integra do dispositivo legal. **Importar** (trazer algo de fora para dentro do País); **vender** (alienar por certo preço); **expor à venda** (colocar à vista com o fim de alienar a certo preço); **ter em depósito para vender** (manter algo guardado com o fim de alienar a certo preço); **distribuir** (dar para várias pessoas em várias direções ou espalhar); **entregar a consumo** (passar algo às mãos de terceiros para que seja ingerido ou gasto). O objeto é produto falsificado, corrompido, adulterado ou alterado.

Sobre inciso V, do § 1º-B, do art. 273 do CP, temos o seguinte julgado do STJ:

[...] O crime de ter em depósito, para venda, produto destinado a fins terapêuticos ou medicinais de procedência ignorada é de perigo abstrato e independe da prova da ocorrência de efetivo risco para quem quer que seja. E a indispensabilidade do dano concreto à saúde do pretenso usuário do produto evidencia ainda mais a falta de harmonia entre o delito e a pena abstratamente cominada (de 10 a 15 anos de reclusão) se comparado, por exemplo, com o crime de tráfico ilícito de drogas – notoriamente mais grave e cujo bem jurídico também é a saúde pública. 5. A ausência de relevância penal da conduta, a desproporção da pena em ponderação com o dano ou perigo de dano à saúde pública decorrente da ação e a inexistência de consequência calamitosa do agir convergem para que se conclua pela falta de razoabilidade da pena prevista na lei. A restrição da liberdade individual não pode ser excessiva, mas compatível e proporcional à ofensa causada pelo comportamento humano criminoso. 6. Arguição acolhida para declarar inconstitucional o preceito secundário da norma. (STJ – AI no HC: 239363 PR 2012/0076490-1, Relator: Ministro Sebastião Reis Júnior, Data de Julgamento: 26/02/2015, CE – Corte Especial, Data de Publicação: DJe 10/04/2015)

13.7.3 Modalidade culposa

Art. 273, § 2º, CP Se o crime é culposo:
Pena – Detenção, de 1 (um) a 3 (três) anos, e multa.

Ocorre a modalidade culposa quando a conduta do agente for praticada com imprudência, negligência ou imperícia, aplica-se a pena de detenção de 1 ano a 3 anos, além de multa.

CRIMES CONTRA A SAÚDE PÚBLICA

Vejamos a jurisprudência relacionada:

> A jurisprudência desta Corte Superior é firme em assinalar que o simples fato de colocar à venda medicamentos estrangeiros de uso proibido em território nacional não atrai a competência da Justiça Federal para apuração da suposta prática do delito previsto no art. 273, §§ 1º e 1º-B, I, do Código Penal. Faz-se necessária, ainda, a demonstração da internacionalidade do delito, ou seja, a indicação de elementos aptos a evidenciar que o acusado adquiriu tais produtos no exterior. Precedentes. 2. A moldura fática delineada na denúncia e no acórdão evidencia que o corréu admitiu que buscava, pessoalmente, os medicamentos com ele apreendidos no Paraguai. Logo, em relação a esse acusado, não restam dúvidas da competência da Justiça Federal. 3. Ainda que se admita que o recorrente não soubesse que os medicamentos eram trazidos do Paraguai pelo coinvestigado, está configurada hipótese de prorrogação legal da competência, diante da nítida conexão probatória. 4. Recurso não provido. (STJ – RHC: 65435 SP 2015/0282397-5, Relator: Ministro Rogerio Schietti Cruz, Data de Julgamento: 09/10/2018, 6T – Sexta Turma, Data de Publicação: DJe 30/10/2018).

13.8 Emprego de processo proibido ou de substância não permitida

> **Art. 274, CP** Empregar, no fabrico de produto destinado a consumo, revestimento, gaseificação artificial, matéria corante, substância aromática, anti-séptica, conservadora ou qualquer outra não expressamente permitida pela legislação sanitária:
> Pena – Reclusão, de 1 (um) a 5 (cinco) anos, e multa.

Trata-se do crime de empregar "fazer uso de algo ou aplicar", sendo o objeto o fabrico de produto destinado ao consumo gaseificação artificial, matéria corante, substância aromática, antisséptica, conservadora ou qualquer outra não expressamente permitida. Vejamos os exemplos deste crime: empregar brometo de potássio no preparo de produtos de panificação, usar amianto na confecção de uma caixa d'água, e utilizar substância aromática não permitida pela legislação sanitária na fabricação de um brinquedo ou de um perfume.

Por ser **crime formal**, consuma-se o delito no momento que há o efetivo **"emprego"** do processo ou substância não permitida em legislação sanitária, mesmo que não ocorra o efetivo dano ou lesão a vida de outrem. Admite-se a tentativa.

13.8.1 Classificação

Classifica-se em **crime comum** (pode ser praticado por qualquer pessoa); **crime formal** (não é necessário a produção do resultado naturalístico, com a existência do perigo ou dano já configura o delito); de **perigo comum e abstrato** (coloca um número indeterminado de pessoas em perigo, neste caso, presume-se o risco de dano ou lesão ao bem jurídico tutelado); **comissivo** (exige uma ação do agente); **instantâneo**; **unissubjetivo** (pode ser praticado por um único agente); **plurissubsistente** (pode ser praticado por vários atos); **unissubsistente** (pode ser praticado por um único ato); e de **forma livre**.

13.9 Invólucro ou recipiente com falsa indicação

> **Art. 275, CP** Inculcar, em invólucro ou recipiente de produtos alimentícios, terapêuticos ou medicinais, a existência de substância que não se encontra em seu conteúdo ou que nele existe em quantidade menor que a mencionada:
> Pena – Reclusão, de 1 (um) a 5 (cinco) anos, e multa.

Esse delito consiste na conduta de **"inculcar"**, isto é, indicar ou citar na embalagem, rótulo ou qualquer outra forma equiparada, a existência de substância que não se encontra em seu conteúdo ou que nele existe em quantidade menor que a mencionada.

Guilherme Nucci conceitua os elementos desse tipo penal da seguinte forma:

▷ **Inculcar** significa apontar, citar, gravar ou imprimir.
▷ **Invólucro** é tudo aquilo que serve para encerrar ou conter alguma coisa, como capa plástica ou de papel; **recipiente** é o objeto destinado a encerrar em si substâncias líquidas ou sólidas, como frascos ou sacos plásticos.
▷ **Produtos alimentícios, terapêuticos e medicinais** são as substâncias destinadas a nutrir ou sustentar o organismo (alimentícias), a aliviar ou curar doenças (terapêuticos) ou a combater males e enfermidades (medicinais).

A consumação ocorre quando o agente **falsamente indica** a existência de substância que não há no produto ou quando menciona a quantidade menor que a existente.

13.9.1 Classificação

Classifica-se em **crime comum** (pode ser praticado por qualquer pessoa); **crime formal** (não é necessário a produção do resultado naturalístico, com a existência do perigo ou dano já configura o delito); de **perigo comum e abstrato** (coloca um número indeterminado de pessoas em perigo, neste caso, presume-se o risco de dano ou lesão ao bem jurídico tutelado); **comissivo** (exige uma ação do agente); **instantâneo**; **unissubjetivo** (pode ser praticado por um único agente); **plurissubsistente** (pode ser praticado por vários atos); e de **forma livre**.

13.10 Produto ou substância nas condições dos dois artigos anteriores

> **Art. 276, CP** Vender, expor à venda, ter em depósito para vender ou, de qualquer forma, entregar a consumo produto nas condições dos arts. 274 e 275.
> Pena – Reclusão, de 1 (um) a 5 (cinco) anos, e multa.

O objeto material deste delito se refere as condições apresentadas no arts. 274 ou 275 do mesmo diploma legal, caracterizando-se pela conduta de **vender, expor à venda, ter em depósito para vender ou**, de qualquer forma, **entregar** a consumo produto nas condições dos arts. 274 e 275.

Consuma-se quando é praticado qualquer das condutas tratadas anteriormente **"vender, expor à venda, ter em depósito para vender ou entregar"**. Neste caso, também, admite-se a tentativa.

13.10.1 Classificação

Classifica-se em **crime comum** (pode ser praticado por qualquer pessoa); **crime formal** (não é necessário a produção do resultado naturalístico, com a existência do perigo ou dano já configura o delito); de **perigo comum e abstrato** (coloca um número indeterminado de pessoas em perigo, neste caso, presume-se o risco de dano ou lesão ao bem jurídico tutelado); **comissivo** (exige uma ação do agente); **instantâneo**; **unissubjetivo** (pode ser praticado por um único agente); **plurissubsistente** (pode ser praticado por vários atos); e de **forma livre**.

13.11 Substância destinada à falsificação

> **Art. 277, CP** Vender, expor à venda, ter em depósito ou ceder substância destinada à falsificação de produtos alimentícios, terapêuticos ou medicinais:
> Pena – Reclusão, de 1 (um) a 5 (cinco) anos, e multa.

Trata-se do crime em que o agente "vende, expõe à venda, tem em depósito ou cede substância destinada à falsificação de produtos alimentícios, terapêuticos ou medicinais", ocorrendo a sua consumação no momento que se pratica um dos núcleos deste tipo penal: **"vender, expor à venda, ter em depósito ou ceder"**. É aceito a tentativa.

A substância deve ser especificamente voltada falsificação, embora se deva verificar essa finalidade no caso concreto, e não de maneira geral. Assim, quando uma substância tiver múltipla destinação, sendo uma delas a de produzir alimentos ou remédios falsos, é preciso que fique bem demonstrado na situação concreta ser essa a razão de agir do autor. No mais, parece-nos extremado rigorismo pretender que a substância sirva unicamente para falsificar os produtos mencionados. É o mesmo modo de interpretar utilizado no caso do art. 253 ("substância ou engenho explosivo, gás tóxico ou asfixiante, ou material destinado à sua fabricação"). Há posição em sentido contrário, exigindo que a substância tenha finalidade inequívoca de falsificação.

13.11.1 Classificação

Classifica-se em **crime comum** (pode ser praticado por qualquer pessoa); **crime formal** (não é necessário a produção do resultado naturalístico, com a existência do perigo ou dano já configura o delito); de **perigo comum e abstrato** (coloca um número indeterminado de pessoas em perigo, neste caso, presume-se o risco de dano ou lesão ao bem jurídico tutelado); **comissivo** (exige uma ação do agente); **instantâneo**; **unissubjetivo** (pode ser praticado por um único agente); **plurissubsistente** (pode ser praticado por vários atos); e de **forma livre**.

13.12 Outras substâncias nocivas à saúde pública

> *Art. 278, CP Fabricar, vender, expor à venda, ter em depósito para vender ou, de qualquer forma, entregar a consumo coisa ou substância nociva à saúde, ainda que não destinada à alimentação ou a fim medicinal:*
> *Pena – Detenção, de um a três anos, e multa.*

Aqui, o delito é referente a coisa ou substância nociva à saúde de outrem, a conduta é **fabricar, vender, expor** à venda, **ter em depósito** para vender ou, de qualquer forma, **entregar** a consumo coisa ou substância nociva à saúde, ainda que não destinada à alimentação ou a fim medicina, consumando-se no momento que se pratica qualquer uma destas condutas. É admitida a tentativa, já que os atos podem ser fracionados (*iter criminis*).

13.12.1 Classificação

Pode ser classificado em **crime comum** (pode ser praticado por qualquer pessoa); **crime formal** (não é necessário a produção do resultado naturalístico, com a existência do perigo ou dano já configura o delito); de **perigo comum e abstrato** (coloca um número indeterminado de pessoas em perigo, neste caso, presume-se o risco de dano ou lesão ao bem jurídico tutelado); **comissivo** (exige uma ação do agente); **instantâneo**; **unissubjetivo** (pode ser praticado por um único agente); **plurissubsistente** (pode ser praticado por vários atos); e de **forma livre**.

13.12.2 Modalidade culposa

> *Art. 278, parágrafo único, CP Se o crime é culposo:*
> *Pena – Detenção, de dois meses a um ano.*

É prevista a modalidade culposa com pena de detenção de 2 meses a 1 ano.

13.13 Medicamento em desacordo com receita médica

> *Art. 280, CP Fornecer substância medicinal em desacordo com receita médica:*
> *Pena – Detenção, de um a três anos, ou multa.*

Consiste no crime de fornecer substância medicinal em desacordo com receita médica, poder ser praticado por qualquer pessoa, consumando-se no momento que **fornece** a substância medicinal.

13.13.1 Classificação

Pode ser classificado em **crime comum** (pode ser praticado por qualquer pessoa); **crime formal** (não é necessário a produção do resultado naturalístico, com a existência do perigo ou dano já configura o delito); de **perigo comum e abstrato** (coloca um número indeterminado de pessoas em perigo, neste caso, presume-se o risco de dano ou lesão ao bem jurídico tutelado); **comissivo** (exige uma ação do agente); **instantâneo**; **unissubjetivo** (pode ser praticado por um único agente); **plurissubsistente** (pode ser praticado por vários atos); e de **forma livre**.

13.13.2 Modalidade culposa

> *Art. 280, parágrafo único, CP Se o crime é culposo:*
> *Pena – Detenção, de dois meses a um ano.*

Há previsão da modalidade culposa do delito, sendo aplicado a pena de detenção de 2 meses a 1 ano.

Tipo culposo estará configurado quando o agente, descurando-se do cuidado objetivo necessário, der causa ao resultado perigoso resultante do fornecimento do medicamento em desacordo com receita médica.

13.14 Exercício ilegal da Medicina, Arte Dentária ou Farmacêutica

> *Art. 282, CP Exercer, ainda que a título gratuito, a profissão de médico, dentista ou farmacêutico, sem autorização legal ou excedendo-lhe os limites:*
> *Pena – Detenção, de seis meses a dois anos.*
> *Parágrafo único. Se o crime é praticado com o fim de lucro, aplica-se também multa.*

O exercício da profissão é regulado pela nossa Constituição Federal, especificamente, no art. 5º, XIII, estabelecendo que "é livre o exercício de qualquer trabalho, ofício ou profissão, atendidas as qualificações profissionais que a lei estabelecer", ou seja, algumas profissões são reguladas por lei, devendo ser exercidas conforme seu regulamento, isto para garantir a saúde, a integridade física, moral e patrimonial da coletividade.

O legislador destacou algumas profissões como a de médico, dentista ou farmacêutico, que devem ser observadas as disposições legais visando à saúde pública. Desse modo, tipificando a conduta de "exercer, ainda que a título gratuito, a profissão de médico, dentista ou farmacêutico, sem autorização legal ou excedendo-lhe os limites".

Consequentemente, consuma-se o delito quando uma pessoa que não tem autorização legal "exerce" a profissão de médico, dentista e farmacêutico, podendo esse exercício ser tanto de forma onerosa como gratuita. Entende-se que não é cabível a tentativa, pois a característica do crime é a sua habitualidade, ou seja, a reiteração dos atos, neste caso o crime já estaria consumado. No entanto, há doutrinadores como Pierageli, que entende de forma contraria admitindo a modalidade tentada.

Importante destacar que se trata de **crime habitual**, haja vista a exigência da reiteração de atos do agente, devendo ser um hábito, um modo de vida não tolerado pela lei. Portanto, a prática de forma esporádica, de alguns atos, não configura o delito em questão.

13.14.1 Forma qualificada

> *Art. 282, parágrafo único, CP Se o crime é praticado com o fim de lucro, aplica-se também multa.*

O legislador, ainda, destacou a figura típica qualificada quando o crime é praticado com fim de lucro, aplicando-se de forma cumulativa a multa.

Segundo Damásio de Jesus, "não é necessário que o sujeito aufira, efetivamente, o lucro visado. Basta que pratique, reiteradamente, atos privativos das profissões de médico, dentista ou farmacêutico, visando lucro, para que incida a qualificadora.

CRIMES CONTRA A SAÚDE PÚBLICA

13.14.2 Classificação

Pode ser classificado em **crime comum** (pode ser praticado por qualquer pessoa); **crime formal** (não é necessário a produção do resultado naturalístico, com a existência do perigo ou dano já configura o delito); de **perigo comum e abstrato** (coloca um número indeterminado de pessoas em perigo, neste caso, presume-se o risco de dano ou lesão ao bem jurídico tutelado); **comissivo** (exige uma ação do agente); **crime habitual** (pressupõe a reiteração de atos, praticado de forma habitual); **unissubjetivo** (pode ser praticado por um único agente); **plurissubsistente** (pode ser praticado por vários atos); e de **forma livre**.

13.15 Charlatanismo

Art. 283, CP Inculcar ou anunciar cura por meio secreto ou infalível:
Pena – Detenção, de três meses a um ano, e multa.

Consiste na prática de **inculcar** ou **anunciar cura** por meio secreto ou infalível, "inculta" corresponde a **apregoar** ou dar a entender, e **anunciar** é divulgar. O agente anuncia ou promete algo que muitas das vezes é ineficaz, fazendo a vítima acreditar ser algo infalível.

O delito consuma-se com a inculcação ou anúncio da cura, independentemente de qualquer outro resultado. A tentativa é admissível, desde que, tendo o charlatão iniciado a execução do delito, é interrompido e obstado de alcançar o momento consumativo do delito por circunstâncias alheias à sua vontade. Admite-se a tentativa.

Diferentemente do crime de exercício ilegal da Medicina, ao qual é necessário a habitualidade, no "crime de charlatanismo não exige a habitualidade da conduta criminosa. Basta à configuração do delito a prática, ainda que só uma vez, do ato descrito no tipo", conforme destaca Damásio de Jesus.

13.15.1 Classificação

Classifica-se em **crime comum** (pode ser praticado por qualquer pessoa); **crime formal** (não é necessário a produção do resultado naturalístico, com a existência do perigo ou dano já configura o delito); de **perigo comum e abstrato** (coloca um número indeterminado de pessoas em perigo, neste caso, presume-se o risco de dano ou lesão ao bem jurídico tutelado); **comissivo** (exige uma ação do agente); **instantâneo**; **unissubjetivo** (pode ser praticado por um único agente); **plurissubsistente** (pode ser praticado por vários atos); e de **forma livre**.

13.16 Curandeirismo

Art. 284, CP Exercer o curandeirismo:
I – prescrevendo, ministrando ou aplicando, habitualmente, qualquer substância;
II – usando gestos, palavras ou qualquer outro meio;
III – fazendo diagnósticos:
Pena – Detenção, de seis meses a dois anos.
Parágrafo único. Se o crime é praticado mediante remuneração, o agente fica também sujeito à multa.

Configura-se como crime a prática de exercer o curandeirismo, ou seja, o agente não possui qualquer noção ou conhecimento sobre medicina ou farmácia, e se presta a curar pessoas sem qualquer título profissional.

O termo **curandeirismo** já possui uma significação peculiar, que é a atividade desempenhada pela pessoa que promove curas sem ter qualquer título ou habilitação para tanto, fazendo-o, geralmente, por meio de reza ou emprego de magia. Não haveria, em tese, necessidade de existir o complemento dado pelos incisos, mas, no caso presente, o tipo é de forma vinculada, exigindo que os atos somente sejam considerados penalmente relevantes quando tiverem a roupagem prescrita em lei.

A forma de exercício do curandeirismo é prevista nos incisos I, II e III do art. 284 do CP, o núcleo do tipo penal é **exercer, prescrever, ministrar** ou **aplicar**, habitualmente, qualquer substância; **usando gestos, palavras** ou **qualquer outro meio**; **fazer diagnósticos**.

Consuma-se os delitos pela reiteração dos atos descritos nos incisos I, II e III do art. 284 do CP, isto é, pela sua habitualidade, do mesmo modo que ocorre no delito do exercício ilegal da profissão. Portanto, não é cabível a tentativa, pois como há reiteração dos atos o crime já foi consumado.

13.16.1 Classificação

Classifica-se em **crime comum** (pode ser praticado por qualquer pessoa); **crime formal** (não é necessário a produção do resultado naturalístico, com a existência do perigo ou dano já configura o delito); de **perigo comum e abstrato** (coloca um número indeterminado de pessoas em perigo, neste caso, presume-se o risco de dano ou lesão ao bem jurídico tutelado); **comissivo** (exige uma ação do agente); **crime habitual** (pressupõe a reiteração de atos, praticado de forma habitual); **unissubjetivo** (pode ser praticado por um único agente); **plurissubsistente** (pode ser praticado por vários atos); e de **forma livre**.

13.16.2 Forma qualificada

Art. 285, CP Aplica-se o disposto no art. 258 aos crimes previstos neste Capítulo, salvo quanto ao definido no art. 267.

O legislador, ainda, possibilitou a forma qualificada aos delitos contra a saúde pública, aplicando-se o disposto do art. 258 do CP, excepcionando o delito do art. 267.

Art. 258, CP Se do crime doloso de perigo comum resulta lesão corporal de natureza grave, a pena privativa de liberdade é aumentada de metade; se resulta morte, é aplicada em dobro. No caso de culpa, se do fato resulta lesão corporal, a pena aumenta-se de metade; se resulta morte, aplica-se a pena cominada ao homicídio culposo, aumentada de um terço.

14 CRIMES CONTRA A FÉ PÚBLICA

14.1 Moeda falsa

Art. 289, CP Falsificar, fabricando-a ou alterando-a, moeda metálica ou papel-moeda de curso legal no país ou no estrangeiro:
Pena – Reclusão, de três a doze anos, e multa.

§ 1º Nas mesmas penas incorre quem, por conta própria ou alheia, importa ou exporta, adquire, vende, troca, cede, empresta, guarda ou introduz na circulação moeda falsa.

§ 2º Quem, tendo recebido de boa-fé, como verdadeira, moeda falsa ou alterada, a restitui à circulação, depois de conhecer a falsidade, é punido com detenção, de seis meses a dois anos, e multa.

§ 3º É punido com reclusão, de três a quinze anos, e multa, o funcionário público ou diretor, gerente, ou fiscal de banco de emissão que fabrica, emite ou autoriza a fabricação ou emissão:
I – De moeda com título ou peso inferior ao determinado em lei;
II – De papel-moeda em quantidade superior à autorizada.

§ 4º Nas mesmas penas incorre quem desvia e faz circular moeda, cuja circulação não estava ainda autorizada.

Modos de falsificar

Fabricando a moeda (manufaturando, fazendo a cunhagem): o próprio agente produz (cria) a moeda.

Alterando (modificando, adulterando): utilizando moeda verdadeira (autêntica), a altera (transforma cédula de R$ 2 em R$ 100).

Objeto material

O objeto material também pode ser a moeda estrangeira, desde que tenha curso legal no Brasil, ou no país de origem, ou seja, quando circulada não pode ser recusada como meio de pagamento.

Heleno Fragoso ensina que inexistirá o crime quando houver adulteração para que o valor nominal seja diminuído em relação ao verdadeiro. É imprescindível, além das características apontadas, que a falsificação seja convincente, isto é, capaz de iludir os destinatários da moeda.

Nem sempre a falsificação grosseira constituirá fato atípico, já que este ocorrerá somente quando não haja qualquer possibilidade de iludir alguém. Do contrário, poderá se configurar o crime de estelionato. Este, aliás, é o entendimento do Superior Tribunal de Justiça:

Súmula nº 73 – STJ A utilização de papel-moeda grosseiramente falsificado configura, em tese, o crime de estelionato, de competência da Justiça Estadual.

14.1.1 Crimes assimilados ao de moeda falsa

Art. 290, CP Formar cédula, nota ou bilhete representativo de moeda com fragmentos de cédulas, notas ou bilhetes verdadeiros; suprimir, em nota, cédula ou bilhete recolhidos, para o fim de restituí-los à circulação, sinal indicativo de sua inutilização; restituir à circulação cédula, nota ou bilhete em tais condições, ou já recolhidos para o fim de inutilização:
Pena – Reclusão, de dois a oito anos, e multa.

Parágrafo único. O máximo da reclusão é elevado a doze anos e multa, se o crime é cometido por funcionário que trabalha na repartição onde o dinheiro se achava recolhido, ou nela tem fácil ingresso, em razão do cargo.

Consumação

Nesse delito, é necessário que a formação da moeda com fragmentos e a supressão do sinal indicativo sejam capazes de iludir. Não é necessário o dano para consumar-se o delito; basta a mera formação da cédula a partir dos fragmentos, com a supressão do sinal identificador de recolhimento.

Há autores que ditam que, ao contrário do que ocorre com o crime de moeda falsa (art. 298, CP), a aquisição e o recebimento da moeda nas condições descritas no art. 290, *caput*, não foram elevados à categoria de crime principal, subsistindo o delito de receptação.

14.1.2 Petrechos para falsificação de moeda

Art. 291, CP Fabricar, adquirir, fornecer, a título oneroso ou gratuito, possuir ou guardar maquinismo, aparelho, instrumento ou qualquer objeto especialmente destinado à falsificação de moeda:
Pena – Reclusão, de dois a seis anos, e multa.

14.1.3 Emissão de título ao portador sem permissão legal

Art. 292, CP Emitir, sem permissão legal, nota, bilhete, ficha, vale ou título que contenha promessa de pagamento em dinheiro ao portador ou a que falte indicação do nome da pessoa a quem deva ser pago:
Pena – Detenção, de um a seis meses, ou multa.

Parágrafo único. Quem recebe ou utiliza como dinheiro qualquer dos documentos referidos neste artigo incorre na pena de detenção, de quinze dias a três meses, ou multa.

14.2 Falsidade de títulos e outros papéis públicos

14.2.1 Falsificação de papéis públicos

Art. 293, CP Falsificar, fabricando-os ou alterando-os:
I – Selo destinado a controle tributário, papel selado ou qualquer papel de emissão legal destinado à arrecadação de tributo;
II – Papel de crédito público que não seja moeda de curso legal;
III – Vale postal;
IV – Cautela de penhor, caderneta de depósito de caixa econômica ou de outro estabelecimento mantido por entidade de direito público;
V – Talão, recibo, guia, alvará ou qualquer outro documento relativo à arrecadação de rendas públicas ou a depósito ou caução por que o poder público seja responsável;
VI – Bilhete, passe ou conhecimento de empresa de transporte administrada pela União, por Estado ou por Município:
Pena – Reclusão, de dois a oito anos, e multa.

§ 1º Incorre na mesma pena quem:
I – Usa, guarda, possui ou detém qualquer dos papéis falsificados a que se refere este artigo;
II – Importa, exporta, adquire, vende, troca, cede, empresta, guarda, fornece ou restitui à circulação selo falsificado destinado a controle tributário;
III – Importa, exporta, adquire, vende, expõe à venda, mantém em depósito, guarda, troca, cede, empresta, fornece, porta ou, de qualquer forma, utiliza em proveito próprio ou alheio, no exercício de atividade comercial ou industrial, produto ou mercadoria:
a) em que tenha sido aplicado selo que se destine a controle tributário, falsificado;
b) sem selo oficial, nos casos em que a legislação tributária determina a obrigatoriedade de sua aplicação.

§ 2º Suprimir, em qualquer desses papéis, quando legítimos, com o fim de torná-los novamente utilizáveis, carimbo ou sinal indicativo de sua inutilização:
Pena – Reclusão, de um a quatro anos, e multa.

§ 3º Incorre na mesma pena quem usa, depois de alterado, qualquer dos papéis a que se refere o parágrafo anterior.

§ 4º Quem usa ou restitui à circulação, embora recebido de boa-fé, qualquer dos papéis falsificados ou alterados, a que se referem este artigo e o seu § 2º, depois de conhecer a falsidade ou alteração, incorre na pena de detenção, de seis meses a dois anos, ou multa.

§ 5º Equipara-se a atividade comercial, para os fins do inciso III do § 1º, qualquer forma de comércio irregular ou clandestino, inclusive o exercido em vias, praças ou outros logradouros públicos e em residências.

CRIMES CONTRA A FÉ PÚBLICA

> **Fique ligado**
> O inciso III (vale postal) foi revogado pelo art. 36 da Lei nº 6.538/1976. Assim, só é passível de cobrança em concursos que cobrem especificamente essa lei.

Esse artigo do Código Penal traz a tipificação da conduta daquele agente que pratica atos de falsificação de papéis públicos, ou seja, aqueles que são chancelados pelo Estado como sendo verdadeiros. Dessa forma, o crime possui diversas condutas típicas, mas a principal está no *caput*, pois pune quem: **falsifica** ou **adultera o documento**.

De acordo com o § 1º, pune-se com a mesma pena do *caput* (reclusão de 2 a 8 anos) quem **guarda, possui ou detém** quaisquer dos papéis que constam no inciso I ao VI do *caput*. Ademais, a falsificação prevista nos incisos II e III desse parágrafo, aplica punição às outras condutas ligadas, especificamente, à falsificação de selo destinado ao controle tributário, ou então, de produtos ou mercadorias sobre os quais incide o controle tributário.

> **Fique ligado**
> Se a falsificação for usada como meio para a fraude, configura-se o crime de estelionato (art. 171, CP), o qual absorve o crime de falsificação, de acordo com o princípio da consunção.

Em relação ao § 2º, **pune-se quem efetuou a supressão** do sinal indicativo de inutilização com intenção de tornar novamente utilizável.

O **§ 3º prevê que é punido quem usa**, desde que este não seja o mesmo autor que suprimiu o documento, pois, senão, responderá pelo *caput*.

O **§ 4º é a figura privilegiada** do art. 293, pois pune quem recebe de **boa-fé** e repassa o documento falsificado após reconhecer sua falsidade.

Por fim, o **§ 5º trata da equiparação das condutas reconhecidas como atividade comercial** expressa no art. 1º, III, exercidas em locais irregulares e clandestinos, em locais públicos ou até mesmo se praticada dentro da própria residência do agente.

14.2.2 Petrechos de falsificação

> *Art. 294, CP Fabricar, adquirir, fornecer, possuir ou guardar objeto especialmente destinado à falsificação de qualquer dos papéis referidos no artigo anterior:*
> *Pena – Reclusão, de um a três anos, e multa.*
> *Art. 295, CP Se o agente é funcionário público, e comete o crime prevalecendo-se do cargo, aumenta-se a pena de sexta parte.*

Caso o agente seja **funcionário público**, e pratique quaisquer das condutas descritas no art. 293, utilizando-se de privilégios que seu cargo ofereça, responderá com aumento de pena (art. 295, CP).

A figura típica do art. 294 prevê a conduta do agente que possua objetos que tenham como fim específico a falsificação de quaisquer papéis públicos mencionados no art. 293 do Código Penal. Caso esse objeto possua a capacidade de falsificar, mas sua função principal não seja essa, sua posse não será considerada como objeto (petrecho).

O art. 295 trata especificamente da hipótese em que o agente é **funcionário público**, o qual responderá com aumento de pena de **sexta parte** caso tenha utilizado de atributos da sua função pública para a prática do crime. Ex.: uma impressora de alta capacidade que tenha condições de imprimir cédulas falsas. Contudo, depende, logicamente, do contexto fático em que se apresente.

14.3 Falsidade documental

14.3.1 Falsificação do selo ou sinal público

> *Art. 296, CP Falsificar, fabricando-os ou alterando-os:*
> *I – Selo público destinado a autenticar atos oficiais da União, de Estado ou de Município;*
> *II – Selo ou sinal atribuído por lei à entidade de direito público, ou a autoridade, ou sinal público de tabelião:*

Na situação em que o agente é **funcionário público** responderá com aumento de pena de **sexta parte** (art. 327, CP).

> *Pena – Reclusão, de dois a seis anos, e multa.*
> *§ 1º Incorre nas mesmas penas:*
> *I – Quem faz uso do selo ou sinal falsificado;*
> *II – Quem utiliza indevidamente o selo ou sinal verdadeiro em prejuízo de outrem ou em proveito próprio ou alheio.*
> *III – Quem altera, falsifica ou faz uso indevido de marcas, logotipos, siglas ou quaisquer outros símbolos utilizados ou identificadores de órgãos ou entidades da Administração Pública.*
> *§ 2º Se o agente é funcionário público, e comete o crime prevalecendo-se do cargo, aumenta-se a pena de sexta parte.*

Esse delito visa incriminar o agente que **falsifica selos ou sinais públicos** - objetos que atestam um documento como verdadeiro – por meio da **fabricação** (contrafação – próprio agente fabrica um selo ou sinal falso), ou pela **alteração** (modificação de selo ou sinal verdadeiro).

Tais itens (selo ou sinal) não são considerados documentos públicos, e sim, objetos que o criminoso utiliza para falsificação. Ex.: carimbo, selo de identificação etc.

A falsidade tipificada nesse artigo é **material**, ou seja, a forma do documento é modificada (alteração) ou fabricada (contrafação).

14.3.2 Falsificação de documento público

> *Art. 297, CP Falsificar, no todo ou em parte, documento público, ou alterar documento público verdadeiro:*
> *Pena – Reclusão, de dois a seis anos, e multa.*
> *§ 1º Se o agente é funcionário público, e comete o crime prevalecendo-se do cargo, aumenta-se a pena de sexta parte.*
> *§ 2º Para os efeitos penais, equiparam-se a documento público o emanado de entidade paraestatal, o título ao portador ou transmissível por endosso, as ações de sociedade comercial, os livros mercantis e o testamento particular.*
> *§ 3º Nas mesmas penas incorre quem insere ou faz inserir:*
> *I – Na folha de pagamento ou em documento de informações que seja destinado a fazer prova perante a previdência social, pessoa que não possua a qualidade de segurado obrigatório;*
> *II – Na Carteira de Trabalho e Previdência Social do empregado ou em documento que deva produzir efeito perante a previdência social, declaração falsa ou diversa da que deveria ter sido escrita;*
> *III – Em documento contábil ou em qualquer outro documento relacionado com as obrigações da empresa perante a previdência social, declaração falsa ou diversa da que deveria ter constado.*
> *§4º Nas mesmas penas incorre quem omite, nos documentos mencionados no § 3º, nome do segurado e seus dados pessoais, a remuneração, a vigência do contrato de trabalho ou de prestação de serviços.*

Para provar a **materialidade** do crime, é **indispensável** a realização de exame de corpo de delito, direto ou indireto, no documento, não podendo supri-lo pela confissão do acusado (art. 158, CPP), ou seja, pela perícia no documento.

Esse título do Código Penal tem por objetivo tipificar a conduta do agente que **falsifica, total ou parcialmente, documento público**, bem como aquele que **altera** documentos públicos **verdadeiros** com intenção de obter **vantagem ilícita**.

A falsidade tipificada nesse artigo é material, ou seja, a forma do documento é modificada (alteração) ou falsificada (contrafação), total ou parcialmente.

Documento para o Direito Penal deve possuir as seguintes características:

▷ Forma escrita;
▷ Elaborado por pessoa determinada;
▷ Conteúdo revestido de relevância jurídica;
▷ Possuir eficácia probatória.

Portanto, **documento público** é aquele confeccionado pelo funcionário público, nacional ou estrangeiro, **no desempenho de suas atividades**, em conformidade com as formalidades legais.

Caso a agente seja funcionário público, responde com aumento de pena de sexta parte, conforme preceitua o § 1º desse artigo. A fotocópia (xerox/traslado), sem autenticação, não tem eficácia probatória. Desse modo, não é classificado como documento público para fins penais.

§ 2º Para os efeitos penais, equiparam-se a documento público o emanado de entidade paraestatal, o título ao portador ou transmissível por endosso, as ações de sociedade comercial, os livros mercantis e o testamento particular.

Entidades paraestatais, integrantes do Terceiro Setor, são as pessoas jurídicas de direito privado, sem fins lucrativos, que atuam ao lado e em colaboração com o Estado. Ex.: Sesc, Senai, Sesi, Senac e ONGs.

Título ao portador: cheque ao portador (nominal).

Título transmissível por endosso: cheque, duplicata, nota promissória, letra de câmbio.

Ações de sociedade comercial: sociedades anônimas, sociedades em comandita por ações.

Livros mercantis: destinados a registrar as atividades empresariais.

Testamento particular: trata-se de um testamento elaborado pelo próprio testador, seja a punho próprio ou digitado, sendo totalmente elaborado por ele, sem interferências.

Documento escrito a lápis é documento público? É necessário observar que documento escrito a lápis, ainda que feito por servidor público, não é documento, considerando a insegurança na manutenção de seu conteúdo. Sobre substituir fotografia em documento de identidade, prevalece que é o delito do art. 297 do CP. Atualmente, a jurisprudência dispensa a perícia nesses casos.

Na hipótese em que o agente que faz uso do documento falsificado ou modificado seja o mesmo que falsificou - os papéis públicos – esse delito (art. 297) será absorvido pelo (art. 171), estelionato, do Código Penal, visto que a conduta visa obter vantagem indevida mediante o uso de fraude. Assim, a falsificação é "meio" (uso da fraude) para o fim (a vantagem), que é o crime de estelionato. Por conseguinte, de acordo com o **princípio da consunção**, o crime mais grave absorve o menos grave.

Súmula nº 17 - STJ Quando o falso se exaure no estelionato, sem mais potencialidade lesiva, é por ele absorvido.

14.3.3 Falsificação de documento particular

Art. 298, CP Falsificar, no todo ou em parte, documento particular ou alterar documento particular verdadeiro:
Pena – Reclusão, de um a cinco anos, e multa.

Esse artigo tem por objetivo tipificar a conduta do agente que falsifica, total ou parcialmente, documento **particular**, bem como aquele que altera documentos particulares verdadeiros com intenção de obter vantagem ilícita.

Para configurar o crime de falsificação, faz-se necessário que a conduta tenha capacidade de ludibriar terceiros, pois a falsificação ou modificação **grosseira** ou sem potencialidade lesiva **não** configura o crime, ou seja, de acordo com o art. 17 do CP, é um crime impossível por absoluta impropriedade do objeto, podendo configurar estelionato.

Nessa situação, o documento em si é falso, porém os dados podem ser verdadeiros, pois o agente que emite/falsifica o documento, não tem competência para fazê-lo.

Para provar a materialidade do crime, é **indispensável** a realização de exame de corpo de delito, direto ou indireto, no documento, não podendo supri-lo a confissão do acusado (art. 158, CPP).

Considerações

Se a falsidade do documento é material, o agente responde pelo art. 298 do CP, falsificação de documento particular; caso seja **ideológica**, o agente responderá pelo art. 299 (falsidade ideológica).

Caso o agente que utilize o documento falsificado ou modificado seja o mesmo que o falsificou, responderá pelo crime do art. 304 do CP, que corresponde ao uso de documento particular falsificado. O documento público nulo torna-se documento particular. Atos públicos nulos, feitos por oficiais incompetentes, são documentos particulares.

Na hipótese de documento particular, com firma reconhecida em cartório, temos um documento público? Falsificando os escritos do documento, o delito será o do art. 298 do CP. Porém, se a conduta for para falsificar o selo do tabelião, o delito é o do art. 297.

Na hipótese em que um indivíduo falsifica um documento particular com o objetivo de praticar o **crime de sonegação fiscal**, responderá pelo crime previsto no art. 1º, III e IV, da Lei nº 8.137/1990.

14.3.4 Falsidade ideológica

Art. 299, CP Omitir, em documento público ou particular, declaração que dele devia constar, ou nele inserir ou fazer inserir declaração falsa ou diversa da que devia ser escrita, com o fim de prejudicar direito, criar obrigação ou alterar a verdade sobre fato juridicamente relevante:
Pena – Reclusão, de um a cinco anos, e multa, se o documento é público, e reclusão de um a três anos, e multa, se o documento é particular.
Parágrafo único. Se o agente é funcionário público, e comete o crime prevalecendo-se do cargo, ou se a falsificação ou alteração é de assentamento de registro civil, aumenta-se a pena de sexta parte.

Diferentemente dos arts. 297 e 298, que tratam da falsidade material, em que o conteúdo pode ser verdadeiro, mas o documento em si é falso, este artigo aborda a falsidade ideológica, em que o documento é verdadeiro, mas o conteúdo, a ideia é falsa. A falsidade ideológica também é conhecida como falso ideal, falso intelectual ou falso moral.

▷ **Falsidade material:** a forma do documento é falsa, porém os dados podem ser verdadeiros.
▷ **Falsidade ideológica:** a forma do documento é verdadeira, mas a ideia contida é falsa.

Núcleos do tipo

Omitir: o funcionário público no momento da elaboração de um documento, **deixa de inserir** (omissão) informação que nesse deveria constar. É a falsidade imediata.

Inserir: aquele que **insere** no documento público ou particular informação falsa ou diversa que deveria ser escrita. É a falsidade **imediata**.

Fazer inserir: é o particular que fornece a informação falsa ao funcionário público competente, que, **por erro,** a insere no documento verdadeiro. É chamada falsidade **mediata**.

Caso o agente que utilizar o documento falsificado ou modificado seja o mesmo, esse delito (art. 299) será absorvido pelo art. 171

CRIMES CONTRA A FÉ PÚBLICA

(estelionato) do Código Penal, visto que a conduta busca obter vantagem indevida mediante o uso de fraude.

Para que seja configurado o crime de falsidade ideológica, o agente deve ter um especial fim de agir, ou seja, um **dolo específico**, de prejudicar um direito, criar uma obrigação ou alterar a verdade sobre um fato.

14.3.5 Falso reconhecimento de firma ou letra

Art. 300, CP Reconhecer, como verdadeira, no exercício de função pública, firma ou letra que o não seja:

Pena – Reclusão, de um a cinco anos, e multa, se o documento é público; e de um a três anos, e multa, se o documento é particular.

Esse crime é classificado como **próprio**, pois somente pode ser cometido por funcionário público no exercício da função, ou seja, aquele que tem a competência para o reconhecimento.

O delito configura-se quando o funcionário público reconhece (atesta, afirma) como verdadeira a firma ou letra que **sabe ser falsa**.

Não admite a modalidade culposa, porém o agente poderá vir a responder na esfera administrativa e civil (STJ, RMS 26.548/PR – 2010).

14.3.6 Certidão ou atestado ideologicamente falso

Art. 301, CP Atestar ou certificar falsamente, em razão de função pública, fato ou circunstância que habilite alguém a obter cargo público, isenção de ônus ou de serviço de caráter público, ou qualquer outra vantagem:

Pena – Detenção, de dois meses a um ano.

Esse delito tipifica a conduta do funcionário público que, devido às qualidades que seu cargo **propicia, atesta ou certifica** aquilo que sabe ser falso, em benefício de terceiros, para que obtenham vantagem, isenção ou ônus de obrigações junto à Administração Pública (*caput*).

A **certidão ou atestado** são verdadeiros, porém **os dados** informados para que tal pessoa obtenha vantagem sobre a Administração são falsos.

14.3.7 Falsidade material de atestado ou certidão

§ 1º Falsificar, no todo ou em parte, atestado ou certidão, ou alterar o teor de certidão ou de atestado verdadeiro, para prova de fato ou circunstância que habilite alguém a obter cargo público, isenção de ônus ou de serviço de caráter público, ou qualquer outra vantagem:

Pena – Detenção, de três meses a dois anos.

§ 2º Se o crime é praticado com o fim de lucro, aplica-se, além da pena privativa de liberdade, a de multa.

Configura também a conduta do agente que, ao contrário de atestar ou certificar, **falsifica** atestado, certidões ou **altera** seu conteúdo em benefício de terceiros que desejam obter as mesmas vantagens já mencionadas no *caput* (§ 1º).

De acordo com o § 2º, caso a conduta tenha o fim de obtenção de lucro, além da pena de restrição de liberdade, o agente será apenado também com o pagamento de multa.

Se o agente é funcionário público e comete o crime prevalecendo-se do cargo, ou se a falsificação ou alteração é de assentamento de registro civil, aumenta-se a pena em 1/6. A falsidade ideológica é crime que não pode ser comprovado pericialmente, pois o documento é verdadeiro em seu aspecto formal, sendo falso apenas seu conteúdo. Assim, não se exige o exame pericial (corpo de delito). O juiz é quem deve avaliar no caso concreto se o conteúdo é verdadeiro ou falso.

14.3.8 Falsidade de atestado médico

Art. 302, CP Dar o médico, no exercício da sua profissão, atestado falso:

Pena – Detenção, de um mês a um ano.

Parágrafo único. Se o crime é cometido com o fim de lucro, aplica-se também multa.

O artigo visa punir o médico que, no exercício da sua profissão, fornece atestado falso independente de ele ser especialista ou não na área, imputando diagnóstico falso ao paciente que o solicita.

Não é necessário que o médico seja especialista da área a qual ele tenha fornecido o atestado falso.

> Um médico cirurgião plástico, atesta um distúrbio psiquiátrico para que a pessoa consiga obter licença ou qualquer alguma outra vantagem. Embora ele não seja neurologista, responderá pelo crime de falso atestado.

Caso o médico seja funcionário público, responderá pelo crime do art. 301, *caput* do Código Penal.

Sendo a conduta realizada com o objetivo de obter lucros, além da pena de detenção, será aplicada também uma multa (parágrafo único).

14.3.9 Reprodução ou adulteração de selo ou peça filatélica

Art. 303, CP Reproduzir ou alterar selo ou peça filatélica que tenha valor para coleção, salvo quando a reprodução ou a alteração está visivelmente anotada na face ou no verso do selo ou peça:

Pena – Detenção, de um a três anos, e multa.

Parágrafo único. Na mesma pena incorre quem, para fins de comércio, faz uso do selo ou peça filatélica.

14.3.10 Uso de documento falso

Art. 304, CP Fazer uso de qualquer dos papéis falsificados ou alterados, a que se referem os arts. 297 a 302:

Pena – A cominada à falsificação ou à alteração.

Esse artigo foi revogado pelo art. 39 da Lei nº 6.538/1978, que trata do mesmo crime.

O crime de documento falso é um crime classificado doutrinariamente como remetido e acessório.

Crime remetido: tem a conduta típica descrita em artigos diferentes (arts. 297 a 302) e é quando o agente efetivamente faz o uso dos documentos mencionados nesses artigos.

Crime acessório: necessita da prática de crime anterior (art. 297 a 302) para se caracterizar crime. Antes de ocorrer efetivamente o uso do documento falso, já houve um crime anterior, consumado quando este foi fabricado, alterado, modificado etc.

Apontamentos

A consumação ocorre no momento da utilização de quaisquer dos documentos falsificados dos arts. 297 a 302 do Código Penal.

É necessário que haja o uso, não sendo suficiente a simples alusão ao documento falso.

Para configurar o instituto da tentativa, dependerá de que maneira que o crime de uso de documento falso seja praticado.

No caso de o comento ser malfeito e a falsidade seja evidente (grosseira), afasta a falsidade do documento.

Apesar de haver corrente sustentando que, para a caracterização do crime, basta que o escrito saia da esfera de disponibilidade do agente, ainda que empregado em finalidade diversa daquela a que se destinava, de acordo com a maioria, é imprescindível que o documento falso seja utilizado em sua específica destinação probatória.

Quando o agente utiliza o documento falso para cometer o crime de estelionato, responderá apenas por este último, e o outro restará absorvido. Ex.: "A" usa o documento falso para enganar "B", com o fim de obter vantagem.

O agente deve apresentar de forma espontânea o documento a terceiros. A doutrina vem aceitando que, se o agente for solicitado a entregar por agente policial, o crime persiste. Ex.: em uma *blitz* de trânsito, quando o condutor apresenta uma Carteira Nacional de Habilitação (CNH) ao ser essa solicitada pelo agente público. Caso o agente que utilize o documento falsificado ou modificado seja o mesmo que praticou a falsificação, responderá apenas pelo crime da falsificação do documento.

Independentemente da forma que será realizada a apresentação do documento, se voluntária ou por solicitação de autoridade pública, o agente responderá pelo crime do art. 304 do CP.

14.3.11 Supressão de documento

Art. 305, CP Destruir, suprimir ou ocultar, em benefício próprio ou de outrem, ou em prejuízo alheio, documento público ou particular verdadeiro, de que não podia dispor:

Pena – Reclusão, de dois a seis anos, e multa, se o documento é público, e reclusão, de um a cinco anos, e multa, se o documento é particular.

O crime desse artigo tem por objetivo tipificar a conduta do agente que dispõe de documento público ou particular verdadeiro, quando não o podia, com intuito de destruir, suprimir ou ocultar informações na intenção de causar prejuízo para outrem ou vantagem para si ou para terceiros.

É necessário que o documento suprimido, o alterado ou ocultado tenha seu valor probatório insubstituível, ou seja, caso seja cópia do documento original, **não** estará configurado o crime.

O autor deve agir com finalidade específica, qual seja, executar o crime em benefício próprio ou de outrem, ou em prejuízo alheio (ausente esse elemento, outro poderá ser o delito).

14.4 Outras falsidades

14.4.1 Falsificação do sinal empregado no contraste de metal precioso ou na fiscalização alfandegária, ou para outros fins

Art. 306, CP Falsificar, fabricando-o ou alterando-o, marca ou sinal empregado pelo poder público no contraste de metal precioso ou na fiscalização alfandegária, ou usar marca ou sinal dessa natureza, falsificado por outrem:

Pena – Reclusão, de 2 (dois) a 6 (seis) anos, e multa.

14.4.2 Falsa identidade

Art. 307, CP Atribuir-se ou atribuir a terceiro falsa identidade para obter vantagem, em proveito próprio ou alheio, ou para causar dano a outrem:

Pena – Detenção, de três meses a um ano, ou multa, se o fato não constitui elemento de crime mais grave.

Esse delito torna típica a conduta de atribuir, para si próprio ou parar terceira pessoa, falsa identidade para obtenção de vantagem ou causar dano a terceiro, na tentativa de incriminá-lo, por exemplo.

Da leitura do verbo "atribuir", conclui-se que o crime é comissivo (praticado por ação), não ocorrendo a hipótese em que o agente silencia acerca da identidade equivocada que lhe atribuem.

Não ocorre o uso de documento falso (art. 304, CP), quando o agente somente atribui – verbalmente – ser outra pessoa, deve ser capaz de iludir.

O crime de falsa identidade é um **crime subsidiário**, ou seja, caso venha a ser utilizado para prática de um crime mais grave, será atribuída a pena desse. Seria o caso do estelionato (art. 171, CP), por exemplo, pois o agente utiliza-se da fraude da falsa identidade para obtenção de vantagem. Ocorre o chamado princípio da consunção, em que o crime fim (estelionato) absorve o crime meio (falsa identidade).

14.4.3 Uso de documento de identidade alheia

Art. 308, CP Usar, como próprio, passaporte, título de eleitor, caderneta de reservista ou qualquer documento de identidade alheia ou ceder a outrem, para que dele se utilize, documento dessa natureza, próprio ou de terceiro:

Pena – Detenção, de quatro meses a dois anos, e multa, se o fato não constitui elemento de crime mais grave.

Esse crime descreve a conduta do agente que **utiliza de documento (verdadeiro)** de uma terceira pessoa para se passar por ela, sendo conhecido como o "uso de documento de identidade alheia". Utilizar documento falso corresponde ao art. 304 do CP. O agente efetivamente **utiliza** o documento alheio como se fosse próprio, sendo que a simples posse de documentos de terceiro não caracteriza o crime.

É punido tanto o agente que fez o uso do documento alheio, quanto a pessoa que o emprestou/cedeu para que aquele o utilizasse.

O crime de falsa identidade é subsidiário, ou seja, caso constituir crime mais grave será atribuído ao autor o crime mais grave. Desse modo, se o agente **usar** documento falso, embora em nome de 3ª pessoa (ex.: colar sua fotografia em um documento de identidade alheio), responderá pelo crime de uso de documento falso (art. 304, CP), haja vista que a substituição de fotografia em documento público caracteriza o crime de falsificação de documento público (art. 297, CP).

14.4.4 Fraude de lei sobre estrangeiro

Art. 309, CP Usar o estrangeiro, para entrar ou permanecer no território nacional, nome que não é o seu:

Pena – Detenção, de 1 (um) a 3 (três) anos, e multa.

Parágrafo único. Atribuir a estrangeiro falsa qualidade para promover-lhe a entrada em território nacional:

Pena – Reclusão, de 1 (um) a 4 (quatro) anos, e multa.

A expressão território nacional deve ser tomada no seu sentido jurídico, incluindo, portanto, o mar territorial e o espaço aéreo correspondente à coluna atmosférica.

O parágrafo único traz um crime comum, cuja conduta típica consiste em atribuir a estrangeiro falsa qualidade para lhe promover a entrada em território nacional.

Art. 310, CP Prestar-se a figurar como proprietário ou possuidor de ação, título ou valor pertencente a estrangeiro, nos casos em que seja vedada por lei a propriedade ou a posse de tais bens:

Pena – Detenção, de 6 (seis) meses a 3 (três) anos, e multa.

14.4.5 Adulteração de sinal identificador de veículo automotor

Art. 311, CP Adulterar ou remarcar número de chassi ou qualquer sinal identificador de veículo automotor, de seu componente ou equipamento:

Pena – Reclusão, de três a seis anos, e multa.

§ 1º Se o agente comete o crime no exercício da função pública ou em razão dela, a pena é aumentada de um terço.

§ 2º Incorre nas mesmas penas o funcionário público que contribui para o licenciamento ou registro do veículo remarcado ou adulterado, fornecendo indevidamente material ou informação oficial.

O sinal de identificação é a placa do veículo, numeração do motor, marcação dos vidros etc.

A pessoa que recebe o veículo já adulterado, sabendo dessa circunstância, não pratica o crime do art. 311, mas, sim, o do art. 180

(recepção). O § 1º é uma causa especial de aumento de pena, caso o funcionário público cometa o crime prevalecendo-se do cargo. Exige-se, para incidir o aumento de pena, uma qualidade especial do agente, ser funcionário público, ou seja, um crime próprio. O § 2º é uma figura equiparada. Esse parágrafo versa uma forma **própria** de crime, podendo ser cometido somente por funcionário público que tenha competência legítima para tais condutas.

Fita adesiva

A alteração de placa com a utilização de fita adesiva é objeto de controvérsia. Para alguns autores, não se apresentando adulteração concreta e definitiva com objetivo de fraudar a propriedade, o licenciamento ou o registro do veículo, trata-se de simples infração administrativa. Para outros doutrinadores, há o crime do art. 311 do CP.

A falsificação grosseira não constitui o delito, mas mera infração administrativa. Ex.: o agente modifica a placa do carro utilizando uma fita isolante preta.

14.5 Fraudes em certames de interesse público

Art. 311-A, CP Utilizar ou divulgar, indevidamente, com o fim de beneficiar a si ou a outrem, ou de comprometer a credibilidade do certame, conteúdo sigiloso de:

I – Concurso público;

II – Avaliação ou exame público;

III – Processo seletivo para ingresso no ensino superior;

IV – Exame ou processo seletivo previstos em lei:

Pena – Reclusão, de 1 (um) a 4 (quatro) anos, e multa.

§ 1º Nas mesmas penas incorre quem permite ou facilita, por qualquer meio, o acesso de pessoas não autorizadas às informações mencionadas no caput.

§ 2º Se da ação ou omissão resulta dano à administração pública:

Pena – Reclusão, de 2 (dois) a 6 (seis) anos, e multa.

§ 3º Aumenta-se a pena de 1/3 (um terço) se o fato é cometido por funcionário público.

Introduzido no Código Penal pela Lei nº 12.550/2001, visa evitar as fraudes cometidas em provas de concursos públicos, devido às precárias condições de fiscalização do Estado. Protege o sigilo da boa administração pública, vestibulares, processos seletivos, concursos públicos etc.

Por ser um crime comum, pode ser praticado por qualquer pessoa e, se praticado por funcionário público, a **pena aumenta-se de 1/3** (art. 311-A, § 3º, CP).

Figura equiparada (art. 311-A, § 1º): em análise ao tipo referido, a conduta é autenticamente um concurso de pessoas na modalidade participação, ou seja, um agente auxilia o outro na prática do crime.

Qualificadora (art. 311-A, § 2º): o dano que afeta a Administração Pública é analisado em sentido amplo, e não somente o dano material. Por ser um crime contra a fé pública, afeta principalmente a moral da Administração e abala a credibilidade depositada pelas pessoas no Estado.

Consumação: consuma-se com a simples prática dos núcleos, dispensando a obtenção da vantagem particular buscada pelo agente ou mesmo eventual dano à credibilidade do certame.

Princípio da especialidade

Aplicando-se o princípio da especialidade, a violação de sigilo funcional envolvendo certames de interesse público, não caracteriza o crime do art. 325, mas, sim, o do art. 311-A do CP.

Entendeu o STF que o uso de cola eletrônica não é crime. Entretanto, se o candidato teve acesso privilegiado ao gabarito da prova, pratica o crime junto com a pessoa que lhe forneceu.

15 CRIMES CONTRA A ADMINISTRAÇÃO PÚBLICA

15.1 Crimes praticados por funcionário público contra a administração em geral

15.1.1 Peculato

Art. 312, CP Apropriar-se o funcionário público de dinheiro, valor ou qualquer outro bem móvel, público ou particular, de que tem a posse em razão do cargo, ou desviá-lo, em proveito próprio ou alheio: Pena – Reclusão, de dois a doze anos, e multa.

§ 1º Aplica-se a mesma pena, se o funcionário público, embora não tendo a posse do dinheiro, valor ou bem, o subtrai, ou concorre para que seja subtraído, em proveito próprio ou alheio, valendo-se de facilidade que lhe proporciona a qualidade de funcionário.

Peculato culposo

§ 2º Se o funcionário concorre culposamente para o crime de outrem: Pena – Detenção, de três meses a um ano.

§ 3º No caso do parágrafo anterior, a reparação do dano, se precede à sentença irrecorrível, extingue a punibilidade; se lhe é posterior, reduz de metade a pena imposta.

Esse artigo tem por objetivo tipificar a conduta do funcionário público que, aproveitando do cargo que ocupa, apropria-se de bem público ou particular. É necessário que o agente utilize das facilidades do seu cargo, pois, se não o fizer, responderá normalmente, a depender do caso concreto, nos crimes elencados no Título II – Dos Crimes Contra o Patrimônio, do Código Penal. Por exemplo, o furto (art. 155, CP).

Peculato apropriação

*Art. 312, CP Apropriar-se o funcionário público de dinheiro, valor ou qualquer outro bem **móvel, público ou particular**, de que tem a posse em razão do cargo. [...]*

Nessa situação, o funcionário público já possui a posse ou detenção lícita do bem (em razão do cargo que ocupa), porém passa a se comportar como se fosse o dono (pratica atos de disposição da coisa, venda, troca, doação etc.), não mais devolvendo ou restituindo o bem à Administração Pública.

Peculato-desvio

Art. 312, CP [...] ou desviá-lo, em proveito próprio ou alheio.

Também chamado de **peculato próprio**, valendo-se do cargo, o agente desvia, em proveito próprio ou de outrem, dinheiro, valor ou qualquer outro bem móvel, público ou particular.

Peculato furto

Também chamado de **peculato impróprio**. Só haverá esse crime se o funcionário público se valer dessa qualidade para subtrair o bem; caso contrário, o crime será o de furto (art. 155, CP). Caso o particular não tenha conhecimento da qualidade de funcionário público, responderá por furto, enquanto esse último responderá por peculato. Ex.: a) "A", funcionário público, valendo-se do cargo, subtrai bem móvel da administração com auxílio de "B", o qual conhecia sua função. Ambos respondem por peculato (art. 312, CP); b) "A", funcionário público, valendo-se do cargo, subtrai bem móvel da administração com auxílio de "B", o qual desconhecia a função de "A". "A" responderá por peculato (art. 312, CP) e "B", por furto (art. 155, CP); c) "A", funcionário público, sem aproveitar do cargo que ocupa, com auxílio de "B", subtrai bem móvel da repartição em que "A" trabalha. Ambos respondem por furto (art. 155, CP).

São considerados crimes próprios, pois exigem a qualidade de funcionário público para sua classificação. A conduta é sempre dolosa (apropriar-se, desviar, subtrair). Existe, no entanto, previsão para modalidade culposa (vide § 2º, peculato culposo).

É um crime comissivo, por conseguinte, pode incorrer em omissão imprópria, quando o agente, como garantidor, podendo evitar, nada faz para que o crime não seja consumado (art. 13, § 2º, CP).

Sujeitos do crime

Sujeito ativo: o funcionário público (crime próprio), mas se admite coautoria e participação de particulares, desde que tenham conhecimento da qualidade de funcionário público do agente. Se comprovado que o particular desconhecia a qualidade funcional do agente, responde por apropriação indébita.

Sujeito passivo: o Estado e, secundariamente, o particular (pessoa física ou jurídica), diretamente lesada em seu patrimônio.

Consumação e tentativa

Admite tentativa, salvo o peculato culposo, pois os crimes culposos não admitem a modalidade culposa.

Peculato apropriação e peculato furto são crimes materiais, pois estarão consumados com a efetiva posse do bem móvel. No caso do peculato-desvio, é um crime formal, pois se consuma quando ocorre o desvio do destino da verba.

Figura culposa

Art. 312, § 2º, CP Se o funcionário concorre culposamente para o crime de outrem:

Essa situação ocorre quando o funcionário público, por imprudência, imperícia ou negligência, permite que um terceiro pratique um crime contra a Administração Pública. Caso o agente não seja funcionário público, ou sendo, não se utilize das facilidades que o cargo lhe proporciona para a subtração, incorrerá no crime de furto.

É importante considerar que:

▷ É o único crime culposo da espécie dos delitos funcionais;
▷ É o único crime de menor potencial ofensivo entre os delitos funcionais.

O funcionário público só responderá por esse crime se o crime doloso de outrem (terceiro) chegar a se consumar.

Qual crime de outrem? Qualquer crime ou apenas algumas modalidades de crime? O § 2º merece uma interpretação topográfica. Então, esse crime de outrem só pode ser o do § 1º. Desse modo, só existe o crime de peculato culposo quando o funcionário público concorre culposamente para um peculato-furto ou peculato próprio (apropriação ou desvio), de outrem. Prevalece essa corrente, que é a restritiva.

No que tange ao diretor de sindicato que se apropria de quantia, ele não praticará peculato, pois não é funcionário público, sequer por equiparação. Não é o diretor de sindicato funcionário público típico ou atípico.

§ 3º No caso do parágrafo anterior, a reparação do dano, se precede à sentença irrecorrível, extingue a punibilidade; se lhe é posterior, reduz de metade a pena imposta.

No crime de peculato culposo, a reparação do dano, se precede (é anterior) à sentença irrecorrível, extingue a punibilidade; se é posterior, reduz pela metade a pena imposta – somente para o caso de peculato culposo. No peculato doloso, não é possível aplicação do § 3º.

Sentença irrecorrível

Antes da sentença irrecorrível, extingue a punibilidade. Para a reparação do dano após a sentença irrecorrível, há redução de metade da pena imposta, e isso é feito pelo juiz da execução penal.

Peculato × roubo

Se a posse do bem (peculato apropriação ou desvio) decorre de violência ou grave ameaça, há crime de roubo (art. 157) ou extorsão (art. 158, CP).

O peculato de uso não é crime, mas pode caracterizar ato de improbidade administrativa (art. 9º, Lei nº 8.429/1992). É o fato em que, por exemplo, um funcionário público apropria-se temporariamente de veículo público, no intuito de realizar diligências de caráter pessoal, restituindo o veículo ao pátio da repartição logo após o uso.

Se há desvio da verba em proveito da própria Administração, com utilização diversa da prevista em sua destinação, configura-se o crime do art. 315 do CP.

Princípio da insignificância

O princípio da insignificância é causa supralegal de exclusão da tipicidade, ou seja, o fato não será considerado crime. Assim, há duas posições sobre o assunto:

▷ **STJ: não admite** a incidência do princípio da insignificância nos crimes contra a Administração Pública, pois a norma penal busca resguardar o aspecto patrimonial e a moral administrativa (Súmula nº 599).

▷ **STF: admite** a aplicação do princípio da insignificância nos crimes contra a administração pública (HC 107370/SP, rel. Min. Gilmar Mendes, 26/04/2011).

15.1.2 Peculato mediante erro de outrem

Art. 313, CP Apropriar-se de dinheiro ou qualquer utilidade que, no exercício do cargo, recebeu por erro de outrem:
Pena – Reclusão, de um a quatro anos, e multa.

Conduta

Pune-se a conduta do agente que inverter, no exercício do seu cargo, a posse de valores recebidos por erro de terceiro. O bem apoderado, ao contrário do que ocorre no peculato apropriação, não está naturalmente na posse do agente, derivando de erro alheio.

O erro do ofendido deve ser espontâneo, pois, se provocado pelo funcionário, poderá configurar o crime de estelionato.

Classificação

É considerado crime próprio, pois exige a qualidade de funcionário público para sua classificação.

A conduta é sempre dolosa (apropriar-se). Não existe, no entanto, a forma culposa.

É um crime comissivo, por conseguinte, pode incorrer em omissão imprópria, quando o agente, como garantidor, podendo evitar, nada faz para que o crime não seja consumado (art. 13, § 2º, CP).

Sujeitos do crime

Sujeito ativo: o funcionário público (crime próprio), mas se admite coautoria e participação de particulares, desde que tenham conhecimento da qualidade de funcionário público do agente.

Sujeito passivo: o Estado e, secundariamente, o particular (pessoa física ou jurídica), diretamente lesada em seu patrimônio.

Consumação e tentativa

Admite tentativa!

Sendo um crime material, consuma-se com a efetiva apropriação. Nesse caso, há divergência – alguns autores sustentam que a consumação se dará somente quando o agente percebe o erro de terceiro e não o desfaz, ou seja, a consumação não se dá no momento do recebimento da coisa, mas no instante em que o agente se apropria da coisa recebida por erro, agindo como se fosse dono.

Descrição

O funcionário público que, no exercício do cargo, recebeu de terceiro, o qual estava em erro, dinheiro ou qualquer outra utilidade e não prossegue com a efetiva destinação correta do recurso.

Apropriação coisa havida por erro

Se o funcionário público apropriou-se de dinheiro ou qualquer utilidade que recebeu fora do exercício do cargo, responderá pelo crime de apropriação de coisa havida por erro, caso fortuito ou força da natureza.

Art. 169, CP Apropriar-se alguém de coisa alheia vinda ao seu poder por erro, caso fortuito ou força da natureza.

Se o particular, por engano quanto à pessoa, coisa ou obrigação, entrega objeto a funcionário público, em razão do cargo deste, e se ele se apropria do bem, há crime de peculato mediante erro de outrem (art. 313, CP).

15.1.3 Inserção de dados falsos em sistema de informações

Art. 313-A, CP Inserir ou facilitar, o funcionário autorizado, a inserção de dados falsos, alterar ou excluir indevidamente dados corretos nos sistemas informatizados ou bancos de dados da Administração Pública com o fim de obter vantagem indevida para si ou para outrem ou para causar dano:
Pena – Reclusão, de 2 (dois) a 12 (doze) anos, e multa.

Pune-se a conduta do funcionário público autorizado que insere ou facilita inserção de dados falsos, altera ou exclui indevidamente dados nos sistemas de informação da Administração Pública com o objetivo de receber vantagem indevida. Tal crime é também conhecido como **peculato eletrônico**.

Classificação

Trata-se de crime de mão própria, pois exige a qualidade de funcionário público autorizado para sua classificação, ou seja, não é qualquer funcionário público, mas, sim, aquele autorizado a inserir, alterar ou excluir dados nos sistemas informatizados ou banco de dados.

A conduta é sempre dolosa (inserir, alterar ou excluir). Não existe, no entanto, a possibilidade da forma culposa.

É um crime comissivo, por conseguinte, pode incorrer em omissão imprópria, quando o agente, como garantidor, podendo evitar, nada faz para que o crime não seja consumado (art. 13, § 2º, CP).

Sujeitos do crime

Sujeito ativo: o funcionário público autorizado (crime de mão própria), sendo possível a coautoria e participação do particular que tenha consciência da função pública do agente.

Sujeito passivo: o Estado e, secundariamente, o particular (pessoa física ou jurídica), diretamente lesada em seu patrimônio.

Consumação e tentativa

Admite tentativa: sendo um crime formal, consuma-se com a devida inserção, alteração ou exclusão, não sendo necessário o efetivo recebimento da vantagem indevida, considerada apenas mero exaurimento do crime.

Visa punir o funcionário autorizado, o qual detém acesso aos sistemas de informação da Administração Pública e, aproveitando-se dessa situação, realiza condutas indevidas causando prejuízo para Administração, bem como aos particulares.

DIREITO PENAL

Erro de tipo

É possível a ocorrência do erro do tipo, escusável ou inescusável, do agente que acredita estar agindo corretamente e acaba inserindo, excluindo ou alterando de forma equivocada dados verdadeiros.

Mesmo sendo um crime de mão própria, é possível a figura da participação e coautoria, seja ela material ou moral.

15.1.4 Modificação ou alteração não autorizada de sistema de informações

> **Art. 313-B, CP** *Modificar ou alterar, o funcionário, sistema de informações ou programa de informática sem autorização ou solicitação de autoridade competente:*
> *Pena – Detenção, de 3 (três) meses a 2 (dois) anos, e multa.*
> **Parágrafo único.** *As penas são aumentadas de um terço até a metade se da modificação ou alteração resulta dano para a Administração Pública ou para o administrado.*

Consiste em punir a conduta do funcionário público que modifica ou altera, sem autorização, os sistemas de informações da Administração Pública.

Classificação

É considerado crime próprio, pois exigem a qualidade de funcionário público para sua classificação.

A conduta é sempre dolosa (modificar, alterar). Não existe, no entanto, a possibilidade da forma culposa.

É um crime comissivo, por conseguinte, pode incorrer em omissão imprópria, quando o agente, como garantidor, podendo evitar, nada faz para que o crime não seja consumado (art. 13, § 2º, CP).

Sujeitos do crime

Sujeito ativo: funcionário público (crime próprio), não exigindo a qualidade de ser funcionário autorizado; ademais, é possível a coautoria e a participação do particular que tenha consciência da função pública do agente.

Sujeito passivo: o Estado e, secundariamente, o particular (pessoa física ou jurídica), diretamente prejudicada.

Consumação e tentativa

Admite tentativa.

O crime consuma-se no momento da efetiva modificação ou alteração do sistema de informação, sendo que, se resultar em dano, é causa de aumento de pena conforme parágrafo único do art. 313-B, CP.

Descrição

Para configuração do crime em tela, é necessário que a modificação ou alteração ocorra sem autorização, pois tal conduta resume-se ao dolo do agente, à vontade livre de provocar as modificações.

Os crimes previstos nos arts. 313-A e 313-B, do CP, são conhecidos como peculato eletrônico.

15.1.5 Extravio, sonegação ou inutilização de livro ou documento

> **Art. 314, CP** *Extraviar livro oficial ou qualquer documento, de que tem a guarda em razão do cargo; sonegá-lo ou inutilizá-lo, total ou parcialmente:*
> *Pena – Reclusão, de um a quatro anos, se o fato não constitui crime mais grave.*

Para a configuração desse crime, é indispensável que o funcionário público tenha a posse do livro ou documento em razão do cargo que ocupa. É considerado um **crime subsidiário**.

Classificação

É considerado crime próprio, pois exige a qualidade de funcionário público para sua classificação. A conduta é sempre dolosa (extravio, inutilização, sonegação). Não existe, no entanto, a possibilidade da forma culposa.

É um crime comissivo, por conseguinte, pode incorrer em omissão imprópria, quando o agente, como garantidor, podendo evitar, nada faz para que o crime não seja consumado (art. 13, § 2º, CP).

Sujeitos do crime

Sujeito ativo: somente funcionário público (crime próprio); ademais, é possível a coautoria e participação do particular que tenha consciência da função pública do agente. Sendo o sujeito ativo servidor em exercício junto à repartição fiscal ou tributária, o extravio de livre oficial, processo fiscal ou qualquer documento por ele causado, configura crime especial previsto no art. 3º, I, da Lei nº 8.137/1990.

Sujeito passivo: o Estado e, por conseguinte, o particular (pessoa física ou jurídica) prejudicada.

Consumação e tentativa

Admite tentativa.

O crime consuma-se no momento do efetivo extravio ou inutilização, mesmo que seja de forma parcial, bem como com a sonegação.

Descrição

Por ser um crime subsidiário, a depender do resultado naturalístico que ocasionar, o crime será absorvido de acordo com sua especificidade (princípio da consunção), conforme em alguns dos casos expostos a seguir:

▷ Quando há o dolo específico de agir, responde pelo art. 305 do CP;
▷ Caso o funcionário não seja o responsável pela guarda do livro ou do documento, responderá pelo art. 337 do CP;
▷ Se praticado por advogado ou procurador, responderá pelo art. 356 do CP.

O crime tipificado no art. 314, além de ser próprio, é subsidiário em relação ao delito previsto no art. 305, que exige dolo específico. O quadro a seguir apresenta as diferenças.

	Art. 305 Supressão de documento público.	**Art. 314** Extravio, sonegação ou inutilização de livro ou documento.
Objetividade jurídica	Crime contra a fé pública	Crime contra a Administração Pública
Sujeito ativo	Qualquer pessoa (crime comum)	Funcionário público (crime próprio)
Conduta	Destruir, suprimir ou ocultar documento público ou particular verdadeiro	Extraviar, sonegar ou inutilizar livro oficial ou qualquer documento de que tem guarda em razão do cargo
Tipo subjetivo	Há finalidade específica de tirar proveito próprio ou de outrem, ou visando causar prejuízo alheio	Não se exige qualquer finalidade específica
Pena	Reclusão, de 2 a 6 anos, e multa, se o documento é público, e reclusão, de 1 a 5 anos, e multa, se o documento é particular	Reclusão de 1 a 4 anos, se o fato não constitui crime mais grave

CRIMES CONTRA A ADMINISTRAÇÃO PÚBLICA

15.1.6 Emprego irregular de verbas ou rendas públicas

Art. 315, CP Dar às verbas ou rendas públicas aplicação diversa da estabelecida em lei:
Pena – Detenção, de um a três meses, ou multa.

Esse tipo penal visa penalizar o administrador público que destina verba pública para projetos, despesas ou gastos que não foram previstos no Orçamento Público (OP) ou, então, que não foram autorizados pela Lei Orçamentária Anual.

Classificação

São considerados crimes próprios, pois exigem a qualidade específica do funcionário público dotado de competência para utilizar e destinar as verbas públicas.

A conduta é sempre dolosa (destinar a verba para outra situação a qual não era prevista). Não existe possibilidade para modalidade culposa.

É um crime comissivo, por conseguinte, pode incorrer em omissão imprópria, quando o agente, como garantidor, podendo evitar, nada faz para que o crime não seja consumado (art. 13, § 2º, CP).

Sujeitos do crime

Sujeito ativo: é crime próprio, pois o sujeito ativo será somente aquele funcionário público que tenha o poder de administração de verbas ou rendas pública (ex.: presidente da República, ministros, governadores etc.); ademais, é possível a coautoria e a participação do particular que tenha consciência da função pública do agente. Tratando-se de prefeito municipal, há crime próprio, prevalecendo pelo princípio da especialidade o disposto no art. 1º, III, do Decreto-lei nº 201/1967.

Sujeito passivo: o Estado e, secundariamente, o particular (pessoa física ou jurídica), diretamente prejudicada.

Consumação e tentativa

Admite tentativa.

O crime consuma-se no momento da efetiva destinação ou aplicação das verbas ou rendas públicas. A simples destinação, sem posterior aplicação, constitui tentativa, gerando perigo para a regularidade administrativa.

Descrição

Caso o agente público seja o presidente da República, ele responderá pela Lei de Improbidade Administrativa (art. 11, Lei nº 1.079/1950). Por conseguinte, sendo prefeito, responderá pelo art. 1º, III, do Decreto-lei nº 201/1967.

Entendimento do STF

Segundo o STF:

RT 617/396: se o orçamento for aprovado por decreto do próprio Poder Executivo, e não por lei, não há o que se falar nesse crime.

RT 883/462: para que caracterize esse crime, é necessário que a lei que destina as verbas ou rendas públicas seja em sentido formal e material.

15.1.7 Concussão

Art. 316, CP Exigir, para si ou para outrem, direta ou indiretamente, ainda que fora da função ou antes de assumi-la, mas em razão dela, vantagem indevida:
Pena – Reclusão, de 2 (dois) a 12 (doze) anos, e multa.
§ 1º Se o funcionário exige tributo ou contribuição social que sabe ou deveria saber indevido, ou, quando devido, emprega na cobrança meio vexatório ou gravoso, que a lei não autoriza:
Pena – Reclusão, de três a oito anos, e multa.
§ 2º Se o funcionário desvia, em proveito próprio ou de outrem, o que recebeu indevidamente para recolher aos cofres públicos:
Pena – Reclusão, de dois a doze anos, e multa.

No crime de concussão, o funcionário público exige uma vantagem indevida e a vítima, temendo represálias, cede a essa exigência. Trata-se de uma forma especial de extorsão, executada por funcionário público.

Classificação

São considerados crimes próprios, pois exigem uma qualidade específica: ser funcionário público.

A conduta é sempre dolosa (exigir). Não existe possibilidade para modalidade culposa.

É um crime comissivo, por conseguinte, pode incorrer em omissão imprópria, quando o agente, como garantidor, podendo evitar, nada faz para que o crime não seja consumado (art. 13, § 2º, CP).

Sujeitos do crime

Sujeito ativo: somente funcionário público (crime próprio); ademais, é possível a coautoria e participação do particular que tenha consciência da função pública do agente.

Sujeito passivo: o Estado e, por conseguinte, o particular (pessoa física ou jurídica) prejudicada.

Consumação e tentativa

Admite tentativa.

O crime é formal, assim, está consumado no momento da exigência.

Descrição

Sendo um crime formal, e a consumação ocorrendo com a mera exigência da vantagem indevida, pouco importa se o funcionário público recebe ou não. Porém, caso receba, haverá o exaurimento do crime.

> **Fique ligado**
> É atípica a conduta do particular (vítima) que efetivamente entregou o dinheiro exigido pelo funcionário público, pois ele agiu dessa forma por medo de represálias.

Vantagem devida

Se a vantagem for devida, o agente funcionário público responderá pelo crime de abuso de autoridade (Lei nº 13.869/2019).

O particular que se disfarça de policial e exige dinheiro (vantagem indevida) para não efetuar a prisão de alguém responderá pelo crime de extorsão (art. 158, CP).

Caso a vantagem seja para a própria Administração Pública, poderá haver o crime de excesso de exação (art. 316, § 1º, CP).

Mesmo que seja funcionário público, mas não tenha a competência para a prática do mal prometido, não responde por esse crime, mas por extorsão.

No crime de concussão, o agente exige a vantagem indevida. Ademais, no crime de corrupção passiva (art. 317, CP), o agente solicita, recebe ou aceita promessa de vantagem indevida.

15.1.8 Excesso de exação

Art. 316, CP [...]
§ 1º Se o funcionário exige tributo ou contribuição social que sabe ou deveria saber indevido, ou, quando devido, emprega na cobrança meio vexatório ou gravoso, que a lei não autoriza:
Pena – Reclusão, de três a oito anos, e multa.
§2º Se o funcionário desvia, em proveito próprio ou de outrem, o que recebeu indevidamente para recolher aos cofres públicos:
Pena – Reclusão, de dois a doze anos, e multa.

Trata-se da cobrança integral e pontual de tributos, em que o funcionário público exige ilegalmente tributo ou contribuição social em benefício da Administração Pública.

Classificação

É considerado crime próprio, pois exige uma qualidade específica, ser funcionário público.

A conduta é sempre dolosa (exigir tributo ou contribuição social ou desviar o recebimento indevido). Não existe possibilidade para modalidade culposa.

É um crime comissivo, por conseguinte, pode incorrer em omissão imprópria, quando o agente, como garantidor, podendo evitar, nada faz para que o crime não seja consumado (art. 13, § 2º, CP).

Sujeitos do crime

Sujeito ativo: somente funcionário público (crime próprio); ademais, é possível a coautoria e a participação do particular que tenha consciência da função pública do agente.

Sujeito passivo: o Estado e, por conseguinte, o particular (pessoa física ou jurídica) prejudicada.

Consumação e tentativa

Admite tentativa.

O § 1º do art. 316, do CP diz que o crime é formal, assim, está consumado no momento da exigência do tributo ou contribuição social por meio vexatório e gravoso, mesmo que a vítima não realize o pagamento. Já o § 2º refere-se ao crime material, sendo consumado no momento que ocorre o desvio em proveito próprio ou de outrem, tendo recebido indevidamente.

Descrição

▷ Art. 316, 1ª parte, § 1º do excesso de exação: Exigir um tributo ou contribuição social que sabe ou deveria saber indevido. Ex.: tributo que já foi pago pelo contribuinte; ou quantia cobrada é superior à fixada em lei.

O referido tipo penal configura-se com a conduta do funcionário público exigir um tributo ou contribuição social devido, porém empregando meio vexatório ou gravoso, que a lei não autoriza. Ex.: meio vexatório = humilhar, causar vergonha ou constrangimento na vítima. Meio gravoso = causar despesas adicionais ao contribuinte.

▷ **Art. 316, § 2º, CP (forma qualificada):** o desvio do tributo ou contribuição social indevido ocorre antes de sua incorporação aos cofres públicos, pois, caso ocorra depois, o funcionário público responderá pelo crime de peculato desvio.

Tributos

De acordo com o STF, existem cinco espécies de tributos: **impostos, taxas, contribuições de melhoria, empréstimos compulsórios e contribuições sociais.**

Segundo o STJ, **a custa e os emolumentos concernentes aos serviços notariais e registrais possuem natureza tributária**, qualificando-se como taxas remuneratórias de serviços públicos. Desse modo, comete o crime de excesso de exação aquele que exige custas ou emolumentos que sabe ou deveria saber indevido.

Prevalece que a expressão "deveria saber" configura dolo eventual, entretanto, há doutrina no sentido de que se trata de modalidade culposa do tipo.

15.1.9 Corrupção passiva

Art. 317, CP Solicitar ou receber, para si ou para outrem, direta ou indiretamente, ainda que fora da função ou antes de assumi-la, mas em razão dela, vantagem indevida, ou aceitar promessa de tal vantagem:
Pena – Reclusão, de 2 (dois) a 12 (doze) anos, e multa.

§ 1º A pena é aumentada de um terço, se, em consequência da vantagem ou promessa, o funcionário retarda ou deixa de praticar qualquer ato de ofício ou o pratica infringindo dever funcional.
§ 2º Se o funcionário pratica, deixa de praticar ou retarda ato de ofício, com infração de dever funcional, cedendo a pedido ou influência de outrem:
Pena – Detenção, de três meses a um ano, ou multa.

Apesar de possuir certas semelhanças com o delito de concussão, nesse delito, pode-se dizer que é menos constrangedor para a vítima, pois não há a coação moral da exigência, a honra da imagem do emprego vexatório; ocorre apenas a solicitação, o recebimento ou a simples promessa de recebimento.

Classificação

É considerado crime próprio, pois exigem uma qualidade específica: ser funcionário público.

A conduta é sempre dolosa (solicita, recebe ou aceita promessa). Não existe possibilidade para modalidade culposa.

É um crime comissivo, por conseguinte, pode incorrer em omissão imprópria, quando o agente, como garantidor, podendo evitar, nada faz para que o crime não seja consumado (art. 13, § 2º, CP).

Sujeitos do crime

Sujeito ativo: é o funcionário público no exercício da função, aquele fora da função, mas em razão dela, ou o particular que está na iminência de assumir, e atue criminosamente em razão dela. Pode ter a participação do particular que tenha consciência da função pública do agente.

Sujeito passivo: o Estado e, por conseguinte, o particular (pessoa física ou jurídica) prejudicada. O particular só será vítima se a corrupção partir do funcionário corrupto.

Consumação e tentativa

Admite tentativa somente na modalidade solicitar, quando formulada por meio escrito (carta interceptada).

O crime é formal, assim, nesse delito, existem três momentos em que o crime pode se consumar. No momento da **solicitação**, no momento do **recebimento** ou, então, no instante em que o agente aceita a **promessa de recebimento**. Independe do efetivo pagamento ou recebimento para o crime estar consumado; caso ocorra, será mero exaurimento do crime.

Descrição

Solicitar: a conduta parte do funcionário público, que pede a vantagem indevida. Nessa situação, o funcionário público responde por corrupção passiva e **o particular, caso entregue a vantagem indevida, não responderá por crime algum (fato atípico).**

Receber: a conduta parte do particular que oferece a vantagem indevida e o funcionário público recebe. Nessa situação, o funcionário público responde por corrupção passiva e o particular, por corrupção ativa.

Aceitar promessa de tal vantagem: a conduta parte do particular, que promete vantagem indevida ao funcionário público e este aceita a promessa. Nessa situação, o funcionário público responde por corrupção passiva e o particular, por corrupção ativa.

> **Fique ligado**
> Não é necessário que o funcionário público efetivamente receba a vantagem prometida, pois o crime estará consumado com a mera aceitação de promessa.

CRIMES CONTRA A ADMINISTRAÇÃO PÚBLICA

Espécies de corrupção passiva

▷ **Corrupção passiva própria:** o funcionário público negocia um ato ilícito. Ex.: a Polícia Rodoviária Federal (PRF) solicita R$ 100,00 para não multar motorista sem carteira de habilitação.

▷ **Corrupção passiva imprópria:** o funcionário público negocia um ato lícito. Ex.: juiz de Direito recebe dinheiro de autor de ação judicial para agilizar os trâmites do processo.

Mesmo que a propina seja para a prática de ato legal, ocorrerá o crime em estudo. Ex.: comerciantes dão dinheiro para que policiais militares realizem rondas diárias no bairro onde os comerciantes trabalham. É crime, pois os servidores públicos já são remunerados pelo Estado para realizarem essas atividades.

Promessa vantagem indevida

Particular que oferece ou promete vantagem indevida: o particular que oferece ou promete vantagem indevida ao funcionário público responde pelo crime de corrupção ativa (art. 333, CP).

Exceção à teoria unitária ou monista no concurso de pessoas:

Art. 29, CP Quem, de qualquer modo, concorre para o crime incide nas penas a este cominadas, na medida de sua culpabilidade.

Portanto, a regra é que todos aqueles que concorrem para a prática de um crime responderão pelo mesmo crime. Como se trata de **exceção**, o funcionário público que recebe ou aceita promessa de vantagem indevida responde por corrupção passiva (art. 317), enquanto o particular que oferece ou promete vantagem indevida responde por corrupção ativa (art. 333).

Não configura o crime de corrupção passiva o recebimento, pelo funcionário público, de gratificações usuais de pequeno valor por serviços extraordinários (desde que não se trate de ato contrário à lei) ou pequenas doações ocasionais, geralmente no Natal ou no Ano Novo.

Caso a vantagem recebida seja revertida em favor da própria Administração Pública não haverá o crime de corrupção passiva. Todavia, o funcionário público estará sujeito à prática de ato de improbidade administrativa (Lei nº 8.429/1992).

Aumento de pena

Art. 317, § 1º, CP pena é aumentada de um terço, se, em consequência da vantagem ou promessa, o funcionário retarda ou deixa de praticar qualquer ato de ofício ou o pratica infringindo dever funcional.

O que seria o exaurimento do crime funciona como causa de aumento de pena para o funcionário público. A pena será aumentada em 1/3.

Se a violação praticada pelo agente público constitui, por si só, um novo crime, haverá concurso formal ou material entre a corrupção e a infração dela resultante. Todavia, nessa hipótese, a corrupção deixa de ser qualificada, pois, do contrário, incidirá no *bis in idem*, considerando-se o mesmo fato duas vezes em prejuízo do funcionário réu.

Corrupção passiva privilegiada

Art. 317, § 2º, CP Se o funcionário pratica, deixa de praticar ou retarda ato de ofício, com infração de dever funcional, cedendo a pedido ou influência de outrem:

Pena – Detenção, de três meses a um ano, ou multa.

Punem-se, nesse dispositivo, os famigerados favores administrativos. Nessa hipótese, o particular não oferece ou promete vantagem indevida ao funcionário público; ele apenas pede para que este "dê um jeitinho" de praticar, deixar de praticar ou retardar ato de ofício, com infração de dever funcional.

Marcelo é abordado em uma *blitz* e seu veículo está com o Imposto sobre Propriedades de Veículos Automotores (IPVA) atrasado. Diante disso, ele pede ao policial rodoviário que não aplique a devida multa ou apreenda seu veículo. O policial atende ao pedido. Nessa situação, o policial praticou o crime de corrupção passiva privilegiada e Marcelo é partícipe desse crime.

O § 2º tem grande incidência em concursos. É o famoso "dar um jeitinho".

Diferenças importantes

▷ **Corrupção passiva privilegiada (art. 317, § 2º, CP):** ocorre quando o funcionário pratica, deixa de praticar ou retarda ato de ofício, com infração de dever funcional, **cedendo a pedido ou influência de outrem**.

▷ **Prevaricação (art. 319, CP):** ocorre quando se retarda ou deixa de praticar, indevidamente, ato de ofício, ou ao praticá-lo contra disposição expressa de lei **para satisfazer interesse ou sentimento pessoal**. Não há intervenção alheia nesse crime.

15.1.10 Facilitação de contrabando ou descaminho

Art. 318, CP Facilitar, com infração de dever funcional, a prática de contrabando ou descaminho (art. 334):

Pena – Reclusão, de 3 (três) a 8 (oito) anos, e multa.

Conduta: a conduta criminosa consiste em facilitar, por ação ou omissão, o contrabando ou o descaminho.

Sujeitos do crime

Sujeito ativo: é crime próprio; somente o funcionário público incumbido de impedir a prática do contrabando ou descaminho poderá intentá-lo. Caso não ostente essa atribuição funcional, responderá pelo delito de contrabando ou descaminho, na condição de partícipe.

Sujeito passivo: o Estado.

Exceção à teoria unitária ou monista no concurso de pessoas (art. 29, CP)

O funcionário público que facilita, com infração de dever funcional, a prática de contrabando ou descaminho, responde pelo crime do art. 318. Já o particular que realiza o contrabando ou descaminho responde pelo crime do art. 334 ou art. 334-A.

Conceito

Se a mercadoria importada ou exportada for arma de fogo, acessório ou munição, sem autorização da autoridade competente, o agente responderá pelo crime previsto no art. 18 da Lei nº 10.826/2003 (Estatuto do Desarmamento) = tráfico internacional de arma de fogo.

Contrabando: é a importação ou exportação de mercadoria cuja entrada ou saída é proibida no Brasil. Ex.: máquinas caça-níquel, cigarros, quando em desacordo com autorização legal.

Descaminho: a importação ou exportação é permitida, porém o agente frauda o pagamento do tributo devido.

Consumação

Ocorre quando o funcionário público efetivamente facilita o contrabando ou descaminho. É crime formal ou de consumação antecipada.

Não é necessário que a outra pessoa (autor do crime de contrabando ou descaminho – art. 334) tenha sucesso em sua empreitada criminosa. Desse modo, mesmo que essa outra pessoa não obtenha êxito na realização do crime do art. 334, o crime de contrabando e descaminho estará consumado, pois é crime formal.

Tentativa

Admitida somente na forma comissiva (ação). A forma omissiva não admite o *conatus*.

Elemento subjetivo

Súmula nº 151 – STJ *A competência para o processo e julgamento por crime de contrabando e descaminho define-se pela prevenção do Juízo Federal do lugar da apreensão dos bens.*

Não se admite a modalidade culposa, somente dolosa.

Competência

Os crimes de contrabando e descaminho é da competência da **Justiça Federal**, pois ofende interesse da União (art. 109, IV, CF/1988).

Prevenir e reprimir o contrabando e o descaminho são atribuições da Polícia Federal (art. 144, § 1º, II, CF/1988).

15.1.11 Prevaricação

Art. 319, CP *Retardar ou deixar de praticar, indevidamente, ato de ofício, ou praticá-lo contra disposição expressa de lei, para satisfazer interesse ou sentimento pessoal:*
Pena – Detenção, de três meses a um ano, e multa.

Para que configure o delito de prevaricação, faz-se necessário que a ação ou omissão seja praticada de maneira indevida e infrinja o dever funcional do agente público.

Classificação

É considerado crime de mão própria, pois exige uma qualidade específica (ser funcionário público) e possuir determinado dever funcional. Assim, é imprescindível que o funcionário tenha a atribuição para a prática do ato, pois, do contrário, não se pode considerar violação ao dever funcional.

A conduta é sempre dolosa, a qual se divide em três tipos:
▷ Retardar indevidamente ato de ofício;
▷ Deixar de praticar ato de ofício;
▷ Praticar contra disposição expressa em lei.

Não admite a forma culposa.

Sujeitos do crime

Sujeito ativo: somente funcionário público (crime próprio).
Sujeito passivo: o Estado e, por conseguinte, o particular (pessoa física ou jurídica) prejudicada.

Consumação e tentativa

Consuma-se o crime com o retardamento, a omissão ou a prática do ato, sendo dispensável a satisfação do interesse visado pelo servidor.

A tentativa não é admitida nas condutas de retardar ou deixar de praticar, pois é crime omissivo próprio ou puro. Já a conduta de praticá-lo contra disposição expressa de lei admite a tentativa por ser crime comissivo, ou seja, que exige uma ação.

É um crime formal. Para sua consumação, basta a intenção do funcionário público de satisfazer interesse ou sentimento pessoal, mesmo que não consiga êxito na concretização desse resultado.

Descrição

Crime de ação múltipla ou de conteúdo variado: retardar, deixar de praticar ou praticá-lo. A realização de mais de uma dessas ações, no mesmo contexto fático, caracteriza crime único. Todavia, tal fato será levado em conta pelo juiz no momento de fixação da pena-base (art. 59, CP).

Considerações

Retardar (atrasar/adiar): o funcionário público não realiza o ato de ofício dentro do prazo legal.
Deixar de praticar (abster-se de praticar): não praticar o ato de ofício

+

Indevidamente (injustificavelmente/ilegalmente)

=

Prevaricação

Nessas duas hipóteses, a prevaricação é crime omissivo próprio ou puro (condutas omissivas). Não admite tentativa (*conatus*). Não há crime quando o funcionário público deixa de agir em razão de caso fortuito ou força maior. Ex.: a falta de efetivo (pessoal) na repartição, incêndio, inundação etc.

Praticar (realizar um ato)

+

Contra disposição expressa de lei

=

Prevaricação

Nessa hipótese, a prevaricação é crime comissivo. Admite tentativa (*conatus*).

Pessoalidade

Interesse pessoal: é qualquer vantagem ou proveito de caráter moral ou patrimonial. Caso o funcionário público exija ou receba uma vantagem indevida a pretexto de praticar, retardar ou omitir a prática de um ato de ofício, o crime será de concussão (art. 316, CP) ou corrupção passiva (art. 317, CP).

Sentimento pessoal: vingança, ódio, amizade, inimizade, inveja, amor.

> Promotor de Justiça solicita o arquivamento de inquérito policial que investiga crime que supostamente foi praticado por seu amigo de infância.

A desídia (preguiça), a negligência ou o comodismo (sem o fim de satisfazer interesse ou sentimento pessoal): não há crime de prevaricação. Todavia, o funcionário público poderá incorrer em ato de improbidade administrativa.

Diferenças importantes
▷ **Prevaricação (art. 319, CP):** retardar ou deixar de praticar indevidamente ato de ofício, ou praticá-lo contra disposição expressa de lei, para satisfazer interesse ou sentimento pessoa.
▷ **Condescendência criminosa (art. 320, CP):** deixar o funcionário, por indulgência, de responsabilidade subordinado que cometeu infração no exercício do cargo ou, quando lhe falte competência, não levar o fato ao conhecimento da autoridade competente.

15.1.12 Prevaricação imprópria

Art. 319-A, CP *Deixar o Diretor de Penitenciária e/ou agente público de cumprir seu dever de vedar ao preso o acesso a aparelho telefônico, de rádio ou similar, que permita a comunicação com outros presos ou com o ambiente externo:*
Pena – Detenção, de 3 (três) meses a 1 (um) ano.

Esse crime foi introduzido pela Lei nº 11.466/2007 e recebe várias denominações por parte da doutrina –prevaricação imprópria, prevaricação em presídios, omissão do dever de vedar ao preso o acesso a aparelhos de comunicação. Todas essas classificações são aceitáveis, haja vista o legislador não conferir, na elaboração do tipo, o *nomem iuris* da conduta, deixando para que a doutrina o fizesse.

Classificação

É um crime doloso, não exigindo qualquer fim específico da conduta. Não é admitida a culpa.

É um crime simples, pois ofende um único bem jurídico, e é um crime próprio, ou seja, podendo ser cometido somente por agente público que tenha o dever funcional de impedir a entrada de aparelhos de comunicação, como o diretor de Penitenciária e/ou agente público.

Sujeitos do crime

Sujeito ativo: por ser um crime próprio, pode ser cometido por agente público, que deve ser interpretado de forma restrita, pois o agente deve ser incumbido de evitar a conduta descrita no tipo. Para exemplificar, podemos citar os agentes penitenciários, carcereiros e até mesmo pelos policiais responsáveis pela escolta.

O preso que for encontrado na posse de aparelho de comunicação não comete esse crime, contudo, incide em falta grave. Já o particular que fornece o aparelho para o preso comete o crime do art. 349-A do CP.

Consumação e tentativa

Por ser um crime formal, dá-se a consumação quando o agente público ou diretor de Penitenciária não faz nada para impedir a entrada de aparelho de comunicação ao preso, contudo, devendo saber que tal situação é ilícita. É dispensável o efetivo acesso do preso ao aparelho de comunicação.

Não é possível a tentativa, haja vista ser esse um crime omissivo próprio.

Descrição do crime

A finalidade desse crime é impedir que o preso tenha acesso a qualquer tipo de aparelho de comunicação que possa se comunicar com qualquer pessoa (familiares, advogados, outros presos). Os aparelhos eletrônicos podem ser telefones (fixos ou móveis) *walkie-talkies* ou uma *webcam*, por exemplo.

O fato é atípico quando o aparelho não tem nenhuma capacidade de comunicação ou, de qualquer forma, impossibilitado de funcionar. O mesmo acontece para cópias falsas de aparelhos.

Telefones celulares sem crédito tipificam a conduta, pois se verifica a possibilidade da obtenção de créditos de formas ilícitas, por exemplo, extorsões baseadas em falsos sequestros. Caracteriza-se a conduta até mesmo quando o aparelho não tiver bateria, visto que existem meios alternativos para sua ativação.

15.1.13 Condescendência criminosa

Art. 320, CP Deixar o funcionário, por indulgência, de responsabilizar subordinado que cometeu infração no exercício do cargo ou, quando lhe falte competência, não levar o fato ao conhecimento da autoridade competente:
Pena – Detenção, de quinze dias a um mês, ou multa.

Esse tipo penal tem por objetivo punir o superior hierárquico que, por indulgência (clemência), deixa de punir seu subordinado, bem como aquele que, sem competência para responsabilização, tendo conhecimento de alguma infração, não leva a informação aquém de competência para punir o agente público.

Tem como base o poder disciplinar da Administração Pública.

Classificação

É considerado um crime próprio: omissivo próprio, ou seja, ato está na inação (deixar de agir).

O dolo está na conduta de se **omitir**, assim, não admite a forma culposa.

Sujeitos do crime

Sujeito ativo: somente funcionário público hierarquicamente superior ao servidor infrator.

Sujeito passivo: o Estado e, por conseguinte, o particular, pessoa física ou jurídica prejudicada.

Consumação e tentativa

Não admite tentativa.

É um crime formal e omissivo próprio ou puro. Consuma-se quando o funcionário superior, depois de tomar conhecimento da infração, suplanta prazo legalmente previsto para a tomada de providências contra o subordinado infrator.

Descrição do crime

O crime ocorre com a mera omissão do funcionário público que, ao tomar conhecimento da infração (administrativa ou penal) cometida pelo subordinado no exercício do cargo, deixa de tomar qualquer providência para responsabilizá-lo ou, quando lhe faltar competência para tanto, não levar o fato ao conhecimento da autoridade competente. Não necessita da efetiva impunidade do infrator.

Se o funcionário público superior hierárquico omite-se para atender sentimento ou interesse pessoal, responderá pelo crime de prevaricação. Se o superior hierárquico omite-se com o objetivo de receber alguma vantagem indevida do funcionário público infrator, responderá pelo crime de corrupção passiva (art. 317, CP). Não configura o crime em tela eventuais irregularidades praticadas pelo subordinado extra officio (fora do cargo) e toleradas pelo superior hierárquico.

O fato será atípico quando o superior hierárquico, por negligência, não tomar conhecimento da infração cometida pelo funcionário público subalterno no exercício do cargo.

Nexo funcional

Deve haver o nexo funcional, ou seja, a infração deve ter sido praticada no exercício do cargo público ocupado pelo funcionário público.

Policial civil pratica peculato e o delegado, após tomar conhecimento do caso, por indulgência (tolerância), não faz nada.

Indulgência: é sinônimo de tolerância, perdão, clemência.

15.1.14 Advocacia administrativa

Art. 321, CP Patrocinar, direta ou indiretamente, interesse privado perante a administração pública, valendo-se da qualidade de funcionário:
Pena – Detenção, de um a três meses, ou multa.
Parágrafo único. Se o interesse é ilegítimo:
Pena – Detenção, de três meses a um ano, além da multa.

Esse delito visa tipificar a conduta do agente que tem por objetivo defender, apadrinhar, advogar, interesse alheio perante a Administração Pública.

Classificação

É considerado crime próprio, pois exige uma qualidade específica: ser funcionário público.

A conduta é sempre dolosa. Pode ser praticada pela ação ou omissão. Não existe possibilidade para modalidade culposa.

É um crime comissivo, por conseguinte, pode incorrer em omissão imprópria, quando o agente, como garantidor, podendo evitar, nada faz para que o crime não seja consumado (art. 13, § 2º, CP).

Sujeitos do crime

Sujeito ativo: somente funcionário público (crime próprio). Não necessariamente advogado, como diversas questões afirmam. Admite-se o concurso de terceiro não qualificado, na modalidade de coautoria ou participação, desde que conhecedor da condição funcional do agente público.

Sujeito passivo: o Estado e, por conseguinte, o particular (pessoa física ou jurídica) prejudicada.

Consumação e tentativa

Admite tentativa.

Consuma-se com a prática de ato revelador do patrocínio, que ofenda a moralidade administrativa, independentemente de obtenção de vantagem.

Descrição do crime

Utilizando da qualidade de funcionário, o agente público defende interesse alheio de forma direta: pelo próprio funcionário ou, então, de forma indireta, pela participação de terceiro.

Necessidade de patrocínio

A advocacia administrativa exige mais do que um mero ato de encaminhamento ou protocolado de papéis. É necessário que se verifique o efetivo patrocínio de uma causa, complexa ou não, perante a administração.

Figura qualificadora

Parágrafo único. Se o interesse é ilegítimo:

Para ensejar na qualificadora, o agente que pratica o ato de patrocínio deve ter conhecimento de que o pleito é ilegítimo.

Responsabilidade

Caso o patrocínio seja referente à instauração de processo licitatório ou à celebração de contrato junto à Administração Pública, cuja invalidação seja decretada pelo Judiciário, o agente responderá pelo delito do art. 337-G do CP.

15.1.15 Violência arbitrária

Art. 322, CP Praticar violência, no exercício de função ou a pretexto de exercê-la:

Pena – Detenção, de seis meses a três anos, além da pena correspondente à violência.

Esse delito tem por objetivo tipificar a conduta do agente público que atua com violência no exercício da sua função ou a pretexto dela. A Lei nº 13.869/2019 (Abuso de Autoridade) deve revitalizar a aplicação, ainda que subsidiária, do delito de violência arbitrária, visto que parcela doutrina entendia que ter ocorrido sua revogação tácita pela revogada Lei nº 4.898/1965.

Classificação

A conduta é sempre dolosa: pode ser praticada pela ação ou omissão. Não existe possibilidade para modalidade culposa.

É um crime comissivo, por conseguinte, pode incorrer em omissão imprópria, quando o agente, como garantidor, podendo evitar, nada faz para que o crime não seja consumado (art. 13, § 2º, CP).

Sujeitos do crime

Sujeito ativo: somente funcionário público (crime próprio); não exige a qualidade específica de ser um policial; ademais, é possível a coautoria e participação do particular que tenha consciência da função pública do agente.

Sujeito passivo: o Estado e, por conseguinte, o particular (pessoa física ou jurídica) prejudicada.

Consumação e tentativa

Admite tentativa.

Consuma-se no momento da prática do ato de violência (ação), com a lesão provocada.

Descrição do crime

Não é condição necessária que para incidir em violência arbitrária ou abuso de autoridade a condição específica de policial. Ex.: um fiscal sanitário que, no gozo de suas atribuições, ao encontrar uma bandeja de iogurte vencida, decide por lacrar o estabelecimento pelo prazo de 90 dias, além da aplicação da multa de R$ 100 mil. Nessa hipótese, é claro observar que o agente abusou da atribuição do seu cargo prejudicando um particular, pois sua decisão não foi proporcional ao agravo.

Figura qualificadora especial

Caso o agente seja ocupante de cargo em comissão, função de direção ou assessoramento (art. 327, § 2º, CP). O simples emprego de intimidação moral, formada por ameaças, não é suficiente para caracterizar o crime desse artigo.

A pena do crime de violência arbitrária será somada à pena correspondente à violência.

15.1.16 Abandono de função

Art. 323, CP Abandonar cargo público, fora dos casos permitidos em lei:

Pena – Detenção, de quinze dias a um mês, ou multa.

§ 1º Se do fato resulta prejuízo público:

Pena – Detenção, de três meses a um ano, e multa.

§ 2º Se o fato ocorre em lugar compreendido na faixa de fronteira:

Pena – Detenção, de um a três anos, e multa.

Tutela-se o regular desenvolvimento das atividades administrativas, punindo-se a interrupção do trabalho do servidor público que abandona suas atividades, fora dos casos permitidos em lei.

Classificação

Trata-se de um crime de mão própria, ou seja, que só pode ser cometido pelo próprio agente.

É um crime omissivo próprio, cometido por um funcionário específico, quando não cumpre com suas funções.

Pune-se somente na modalidade dolosa.

Sujeitos do crime

Sujeito ativo: embora o dispositivo diga abandono de função, entende a doutrina que somente o funcionário ocupante de cargo público pode cometer o crime, logo, não prevalece a regra do art. 327 do CP.

Sujeito passivo: a Administração Pública.

Consumação e tentativa

Não admite tentativa.

É consumado após um tempo relevante, sendo previsto uma probabilidade de dano à Administração, porém sem necessidade que esse realmente ocorra para a efetiva consumação do crime.

Há doutrinadores que dizem que só haverá o crime de abandono após 31 dias ou mais de ausência injustificada no trabalho.

Descrição do crime

Forma qualificada pelo prejuízo

§ 1º Se do fato resulta prejuízo público:
Pena – Detenção, de três meses a um ano, e multa.

Nessa hipótese, compreende duas espécies de prejuízo, sendo o prejuízo social ou coleto, bem como aquele que afeta os serviços públicos e o interesse da coletividade.

Forma qualificada pelo lugar de fronteira

§ 2º Se o fato ocorre em lugar compreendido na faixa de fronteira:
Pena – Detenção, de um a três anos, e multa.

Considera-se fronteira a faixa situada até 150 km de largura, ao longo das fronteiras terrestres.

15.1.17 Exercício funcional ilegalmente antecipado ou prolongado

Art. 324, CP Entrar, no exercício de função pública antes de satisfeitas as exigências legais, ou continuar a exercê-la, sem autorização, depois de saber oficialmente que foi exonerado, removido, substituído ou suspenso:
Pena – Detenção, de quinze dias a um mês, ou multa.

O exercício ilegal de função pública afeta toda uma estrutura organizacional da Administração Pública, influindo diretamente na prestação de serviço público e no seu normal funcionamento. O referido crime tem por finalidade punir quem entra, exerce ou continua no serviço público de forma ilegal. É um crime de ação penal pública incondicionada.

Classificação

É um crime simples, de mão própria e formal.
É um crime doloso, não existindo a modalidade culposa.

Sujeitos do crime

Sujeito ativo: é o funcionário público já nomeado que ainda não cumpriu todas as exigências para entrar no cargo ou que deixou de ser funcionário por ter sido exonerado, suspenso, removido etc. Se for pessoa inteiramente alheia à função pública, o crime é o previsto no art. 328 do CP.

Sujeito passivo: é o Estado.

Consumação e tentativa

Por ser um crime formal, o delito consuma-se com o primeiro ato realizado pelo funcionário público em alguma das condições do tipo penal, não necessitando que a Administração Pública sofra um efetivo dano ou prejuízo. A tentativa é possível, haja vista o caráter plurissubsistente do crime.

Descrição do crime

A primeira parte do *caput* versa uma norma penal em branco homogênea, pois necessita de complementação por legislação específica para saber quais são as exigências legais. Já a segunda parte do *caput* descreve um elemento normativo específico, sendo necessário que o agente tenha o efetivo conhecimento de sua situação perante a Administração Pública.

Aquele que ingressa no exercício da função pública, antes de apresentar sua declaração de bens, incide no crime em tela se praticar algum ato inerente ao cargo.

15.1.18 Violação de sigilo funcional

Art. 325, CP Revelar fato de que tem ciência em razão do cargo e que deva permanecer em segredo, ou facilitar-lhe a revelação:
Pena – Detenção de seis meses a dois anos, ou multa, se o fato não constitui crime mais grave.

§ 1º Nas mesmas penas deste artigo incorre quem:
I – Permite ou facilita, mediante atribuição, fornecimento e empréstimo de senha ou qualquer outra forma, o acesso de pessoas não autorizadas a sistemas de informações ou banco de dados da Administração Pública;
II – Se utiliza, indevidamente, do acesso restrito.

§ 2º Se da ação ou omissão resulta dano à Administração Pública ou a outrem:
Pena – Reclusão, de dois a seis anos, e multa.

Certos assuntos da Administração Pública possuem caráter sigiloso e são imprescindíveis à segurança da sociedade e do Estado. Esse artigo tem por finalidade preservar os interesses públicos, privados e coletivos do sigilo das informações necessárias ao normal funcionamento da máquina pública. É um crime de ação penal pública incondicionada.

Classificação

É um crime simples, de mão própria (somente pode ser cometido por funcionário público que tenha o dever de assegurar o sigilo) e formal. É considerado um crime doloso, não tendo especificado em seu tipo penal um especial fim de agir. Não admite a modalidade culposa.

Sujeitos do crime

Sujeito ativo: por ser um crime de mão própria, exige-se uma qualidade especial do sujeito ativo do crime, podendo ser tanto o funcionário público em efetivo exercício, quanto o aposentado, afastado ou em disponibilidade, podendo o particular ser partícipe do crime (art. 325, CP) se concorreu de qualquer modo com a revelação da informação.

Sujeito passivo: é o ente público que teve seu segredo revelado e, eventualmente, o particular lesado pela revelação do segredo.

Consumação e tentativa

O delito passa a ser consumado quando a informação sigilosa é revelada à terceira pessoa, não exigindo que tal informação seja de conhecimento geral do público. A tentativa somente é aceita se for uma conduta por escrito e, por circunstâncias alheias à vontade do agente, a carta não chega ao destino.

Descrição do crime

▷ **Figuras equiparadas do § 1º:** inciso I. Ex.: "A", analista da Receita Federal, revela a senha do banco de dados do cadastro dos contribuintes, para que sua amiga encontre o endereço de seu ex-namorado; "A", analista da Receita Federal, utiliza a senha restrita do banco de dados dos servidores para descobrir informações fiscais de seus colegas de repartição.

▷ **Qualificadora do § 2º:** existe a lesão à Administração Pública ou a algum particular, ou seja, é considerado um crime de dano. Aplicando-se o princípio da especialidade, a violação de sigilo funcional envolvendo certames de interesse público não caracteriza o crime do art. 325, mas, sim, o do art. 311-A do CP.

15.1.19 Violação de sigilo de proposta de concorrência

Art. 326, CP *Devassar o sigilo de proposta de concorrência pública, ou proporcionar a terceiro o ensejo de devassá-lo:*
Pena – Detenção, de três meses a um ano, e multa.

Revogado tacitamente pelo art. 337-J do Código Penal, pois se trata de norma contemporânea, que incrimina a prática do delito não só em concorrência, mas em qualquer modalidade de licitação.

15.1.20 Funcionário público

Art. 327, CP *Considera-se funcionário público, para os efeitos penais, quem, embora transitoriamente ou sem remuneração, exerce cargo, emprego ou função pública.*

§ 1º Equipara-se a funcionário público: quem exerce cargo, emprego ou função em entidade paraestatal, e quem trabalha para empresa prestadora de serviço contratada ou conveniada para a execução de atividade típica da Administração Pública.

§ 2º A pena será aumentada da terça parte quando os autores dos crimes previstos neste Capítulo forem ocupantes de cargos em comissão ou de função de direção ou assessoramento de órgão da administração direta, sociedade de economia mista, empresa pública ou fundação instituída pelo poder público.

Para fins penais, considera-se funcionário público aquele que trabalha para uma empresa particular que mantém convênio com o Poder Público, e para este presta serviço.

São funcionários públicos não só aqueles que desempenham cargos criados por lei, regularmente investidos e nomeados, remunerados pelos cofres públicos, como também os que exercem emprego público (contratados, mensalistas, diaristas, tarefeiros, nomeados a título precário) e, ainda, todos que, de qualquer forma, exercem função pública.

16 CRIMES PRATICADOS POR PARTICULAR CONTRA A ADMINISTRAÇÃO EM GERAL

16.1 Usurpação de função pública

Art. 328, CP Usurpar o exercício de função pública:
Pena – Detenção, de três meses a dois anos, e multa.
Parágrafo único. Se do fato o agente aufere vantagem:
Pena – Reclusão, de dois a cinco anos, e multa.

Introdução

Esse tipo penal foi criado com o intuito de punir aquele que exerce função pública sem possuir legitimidade para tanto, pois o Estado tem interesse em preservação da função das pessoas realmente investidas ao exercício das funções públicas. É um crime de ação penal pública incondicionada.

Classificação

É um crime simples, comum e formal.

É considerado um crime doloso, não dependendo de nenhuma finalidade. Não é admitida a culpa.

Sujeitos do crime

Sujeito ativo: por ser um crime comum, pode ser praticado por qualquer pessoa, inclusive por funcionário público. Ex.: um escrivão que atue exercendo tarefas exclusivas de um delegado de Polícia.

Sujeito passivo: imediatamente é a Administração Pública e, secundariamente, a pessoa física ou jurídica à qual recaiu a conduta criminosa.

Consumação e tentativa

Trata-se de crime formal. Consuma-se o delito com a prática de ato exclusivo, que só pode ser praticado por pessoa legalmente investida no ofício usurpado.

A tentativa é plenamente possível, como quando o sujeito chega à função, mas não pratica nenhum ato inerente a ela.

Descrição do crime

A figura qualificada (art. 328, parágrafo único) refere-se a um crime material, visto que o agente aufere vantagem do delito, sendo a vantagem de qualquer natureza.

16.2 Resistência

Art. 329, CP Opor-se à execução de ato legal, mediante violência ou ameaça a funcionário competente para executá-lo ou a quem lhe esteja prestando auxílio:
Pena – Detenção, de dois meses a dois anos.
§ 1º Se o ato, em razão da resistência, não se executa:
Pena – Reclusão, de um a três anos.
§ 2º As penas deste artigo são aplicáveis sem prejuízo das correspondentes à violência.

Introdução

É um crime de ação penal pública incondicionada.

Esse artigo visa proteger a Administração Pública e, também, a atuação do funcionário público na realização de atos legais e a integridade física e moral do particular que lhe presta auxílio.

Classificação

É um crime **pluriofensivo** (atinge mais de um bem jurídico), comum e formal.

É um crime doloso e mais a intenção de impedir a execução de ato legal (especial fim de agir). Não se admite a modalidade culposa.

Sujeitos do crime

Sujeito ativo: pode ser praticado por qualquer pessoa (crime comum). O funcionário público pode ser sujeito ativo desse crime nas situações em que age como particular.

> **Fique ligado**
>
> É indispensável que o particular esteja efetivamente acompanhado do funcionário público competente para a execução do ato, para que se caracterize o crime de resistência, pois caso o particular esteja sozinho, o agente responderá por outro crime (lesão corporal, ameaça, tentativa de homicídio etc.).

O sujeito ativo (autor) pode ser pessoa alheia à execução do ato legal. Ex.: filho que procura resistir à prisão legítima do pai mediante violência ou grave ameaça.

Sujeito passivo: primariamente o Estado e, secundariamente, o funcionário público agredido ou ameaçado pela resistência.

Consumação e tentativa

É crime formal. Não importa se o agente consegue ou não impedir a execução do ato legal, o crime estará consumado. Em regra, admite tentativa, com exceção de ameaça verbal.

Descrição do crime

Opor-se: impedir a execução do ato legal. O ato legal deve ser específico e concreto, isto é, apto a gerar efeitos imediatos e dirigido a pessoa determinada.

Espécies de resistência

Resistência ativa: é o crime de resistência do art. 329, *caput*, do Código Penal.

Resistência passiva: o agente, sem o emprego de violência ou ameaça a funcionário público competente ou a quem lhe presta auxílio, opõe-se à execução de ato legal. Ex.: "A", policial civil, cumprirá um mandado de prisão preventiva expedido em face de "B"; este, por sua vez, agarra-se a um poste para não ser preso. Nessa hipótese, (resistência passiva) não se configura o crime de resistência. Todavia, o agente responderá pelo crime de desobediência (art. 330, CP).

Violência: a violência deve ser dirigida contra pessoa, pois, se for dirigida contra coisa, o agente responderá pelo crime de dano qualificado (art. 163, parágrafo único, III, CP). A violência deve ser empregada durante a execução do ato legal, pois, se for empregada antes ou depois, o agente responderá pelo crime de ameaça (art. 147, CP) ou lesão corporal (art. 129, CP). A violência deve ser empregada para impedir o cumprimento da ordem; se for outra a causa, o crime será outro.

Figura qualificada (art. 329, § 1º, CP): o que seria o exaurimento do crime funciona como uma qualificadora. Nessa hipótese, o crime é material.

Legalidade do ato

Legalidade do ato: o ato deve ser legal, mesmo que injusto. Ex.: o juiz decretou a prisão preventiva de "A", pois ele é o principal suspeito de ter estuprado oito mulheres em uma pequena cidade do interior. No momento da realização da prisão, "A" agrediu os policiais militares, pois jurava ser inocente. Uma semana após a prisão, "B", o verdadeiro estuprador, fez duas novas vítimas e foi preso em flagrante. O juiz mandou soltar "A", mas este responderá pelo crime de resistência, pois o ato, apesar de injusto, era legal.

16.3 Desobediência

Art. 330, CP Desobedecer a ordem legal de funcionário público:
Pena – Detenção, de quinze dias a seis meses, e multa.

O crime de desobediência, também conhecido como "resistência passiva", apresenta pontos em comum com o crime de resistência (art.

DIREITO PENAL

329, CP), porém se diferencia pela ausência de violência ou grave ameaça ao funcionário público ou a pessoa que está auxiliando o funcionário. É um crime de ação penal pública incondicionada.

Classificação

É um crime simples, comum e formal. Pode ser praticado por ação ou por omissão.

Dolo. O agente deve ter consciência da legalidade da ordem e da competência do funcionário público, sob pena de atipicidade do fato (o fato não será crime). Não se admite a modalidade culposa.

Sujeitos do crime

Sujeito ativo: qualquer pessoa, desde que vinculada ao cumprimento da ordem legal imposta pela autoridade pública. Se o agente devia cumprir a ordem, por dever de ofício, tipifica-se, em tese, o delito de prevaricação.

Sujeito passivo: é o Estado de forma imediata e mediatamente é o funcionário público o qual teve a ordem descumprida injustificadamente.

Consumação e tentativa

▷ A consumação depende do tipo de ordem:

Se for uma **omissão** do agente: quando o agente atuar, violando, assim, a ordem de abster-se.

Se for uma **ação** do agente: quando transcorrer o prazo para que o agente realize determinado ato e este não cumpra a ordem dada.

Admite-se a tentativa na modalidade comissiva (ação). Não é cabível na modalidade omissiva.

Conduta

Desobedecer (recusar cumprimento/desatender/descumprir) ordem legal de funcionário público competente para emiti-la. Necessita da presença de dois requisitos:

Existência de uma ordem legal: não se trata de uma mera solicitação ou pedido.

Ordem emanada de funcionário público competente: o funcionário deve possuir competência funcional para emitir a ordem.

Legalidade

Segundo a Jurisprudência, pratica o crime de desobediência o indivíduo que se recusa a identificar-se criminalmente nos casos previstos em lei. Assim, como o indiciado que se recusa a identificar-se civilmente.

Pratica o crime previsto no art. 307, da Lei nº 9.503/1997 (Código de Trânsito Brasileiro), o indivíduo que viola a suspensão ou proibição de se obter a permissão ou a habilitação para dirigir veículo automotor.

Desobediência × resistência

▷ **Desobediência (art. 330, CP)**: não há emprego de violência ou ameaça.

▷ **Resistência (art. 329, CP)**: há emprego de violência ou ameaça.

Apontamentos

▷ Não é crime de desobediência a conduta do agente que se recusa a realizar:
  • Teste de bafômetro;
  • Exame de sangue (hematológico);
  • Exame de DNA;
  • Dosagem alcoólica;
  • Exame grafotécnico.

Lembre-se de que ninguém é obrigado a produzir prova contra si mesmo, pois se trata de desdobramento lógico da garantia constitucional ao silêncio.

16.4 Desacato

Art. 331, CP *Desacatar funcionário público no exercício da função ou em razão dela:*
Pena – Detenção, de seis meses a dois anos, ou multa.

Todo funcionário público representa o Estado e age em seu nome a todo o momento em que exerce sua função. O crime de desacato (art. 331, CP) foi criado com o intuito de proteger o agente público e o prestígio da função exercida pelo funcionário público. É um crime de ação penal pública incondicionada.

Classificação

Crime de forma livre, admitindo qualquer meio de execução.

É um crime formal. Independe, para sua consumação, de um resultado naturalístico.

Dolo. Vontade livre e consciente de agir com a finalidade de desprestigiar a função pública do ofendido. Não se admite a modalidade culposa.

Sujeitos do crime

Sujeito ativo: crime comum (pode ser praticado por qualquer pessoa).

É possível que o funcionário público seja autor do crime de desacato, pois, ao cometer este delito, ele se despe de sua qualidade de funcionário público e passa a atuar como um particular. Nessa situação, não importa se o agente é ou não superior hierárquico do funcionário público ofendido.

> **Fique ligado**
>
> Não há crime de desacato na hipótese em que o ofendido, no momento da conduta, não possui mais a condição de funcionário público (ex.: aposentado, demitido etc.). Todavia, poderá haver crime contra a honra (calúnia/difamação/injúria), pois nesse caso há lesão contra um particular e não contra a Administração Pública.

O advogado pode praticar (ser sujeito ativo) o crime de desacato caso ofenda funcionário público no exercício da função ou em razão dela.

Sujeito passivo: o Estado, primariamente, e o funcionário público ofendido, secundariamente.

Será vítima somente o funcionário público assim definido no *caput* do art. 327 do CP, não abrangendo o equiparado.

Consumação e tentativa

É crime formal. Ocorre quando o funcionário público é ofendido. Não importa se sente ou não ofendido com os atos praticados. Não é necessário que outras pessoas presenciem a ofensa proferida.

Admite-se a tentativa, salvo quando a ofensa é praticada verbalmente.

Descrição do crime

O autor desse crime deve ter ciência de que o ofendido é funcionário público e encontra-se no exercício da função pública ou que a ofensa é proferida em razão dela. Deve ter ainda o propósito de desprestigiar a função pública do funcionário público (especial fim de agir).

Não é necessário que o funcionário público se encontre no interior da repartição pública; basta que esteja no exercício da função pública. Ex.: Marcelo encontra o juiz de Direito no supermercado e o chama de corrupto. Haverá crime único de desacato caso o agente ofenda vários funcionários públicos no mesmo contexto fático, pois o sujeito passivo é a Administração Pública.

Considerações

Não haverá o crime de desacato caso a ofensa diga respeito à vida particular do funcionário público. Todavia, poderá caracterizar crime

CRIMES PRATICADOS POR PARTICULAR CONTRA A ADMINISTRAÇÃO EM GERAL

contra a honra. Ex.: afirmar que o promotor de Justiça foi visto saindo de um prostíbulo.

Vejamos as diferenças entre os crimes de injúria (art. 140, CP) e desacato (art. 331, CP).

▷ **Desacato (art. 331, CP):**
- A ofensa é proferida na **presença** do funcionário público;
- Crime contra a administração pública;
- Ação penal pública incondicionada.

▷ **Injúria (art. 140, CP):**
- A ofensa é proferida na ausência do funcionário público;
- Crime contra a honra;
- **Regra:** ação penal iniciativa privada.

16.5 Tráfico de influência

Art. 332, CP Solicitar, exigir, cobrar ou obter, para si ou para outrem, vantagem ou promessa de vantagem, a pretexto de influir em ato praticado por funcionário público no exercício da função:
Pena – Reclusão, de 2 (dois) a 5 (cinco) anos, e multa
Parágrafo único. A pena é aumentada da metade, se o agente alega ou insinua que a vantagem é também destinada ao funcionário.

O crime de tráfico de influência foi criado pela Lei nº 9.127/1995, porém, antes de sua criação, o delito era chamado de exploração de prestígio (art. 357, CP), sendo um crime contra a administração da Justiça e o tráfico de influência (art. 332, CP) contra a Administração Pública. O crime em apreço é de ação penal pública incondicionada.

Classificação

É classificado como crime simples, comum e formal.

É um crime doloso e com um especial fim de agir (vantagem para si ou para outrem). Não é admitida a modalidade culposa.

Sujeitos do crime

Sujeito ativo: por ser um crime comum, pode ser praticado por qualquer pessoa.

Sujeito passivo: de maneira imediata, é o Estado e, mediatamente, o comprador da influência (pessoa que paga ou promete vantagem), com o fim de obter benefício do funcionário público.

Consumação e tentativa

É um crime de consumação antecipada ou formal, caracterizando-se pela realização da conduta descrita no tipo penal, independentemente da obtenção da vantagem.

> **Fique ligado**
> Com o núcleo do tipo "obter", o crime é material, consumando o delito no momento da obtenção da vantagem.

Tentativa é possível em determinados casos, do contrário não será admitida, pois se a conduta for realizada verbalmente não há que se falar em tentativa.

Descrição do crime

Por haver vários núcleos do tipo (exigir, solicitar, obter, cobrar), o crime de tráfico de influência é classificado como crime de ação múltipla ou de conteúdo variado, respondendo o agente se praticado no mesmo contexto fático, por crime único, mesmo se realizar mais de um núcleo do tipo.

Segundo STJ, é dispensável para a caracterização do delito que o agente efetivamente influa em ato praticado por funcionário público; basta que ele alegue ter condições para tanto. Ex.: "A", dizendo ser amigo de um delegado de Polícia, sem realmente sê-lo, solicita a "B" que entregue certo valor a pretexto de convencer (influir) o delegado a não instaurar uma investigação contra o filho de "A".

Influência

Caso a aludida influência seja real, poderá haver outro crime (corrupção).

Causa de aumento de pena, parágrafo único

Caso o agente, além de toda a fraude empregada, alegue que a vantagem também se destina ao funcionário público, será aquele merecedor de pena majorada, visto que o bem jurídico tutelado no tipo é mais gravemente afetado, qual seja, o prestígio da Administração Pública.

16.6 Corrupção ativa

Art. 333, CP Oferecer ou prometer vantagem indevida a funcionário público, para determiná-lo a praticar, omitir ou retardar ato de ofício:
Pena – Reclusão, de 2 (dois) a 12 (doze) anos, e multa.
Parágrafo único. A pena é aumentada de um terço, se, em razão da vantagem ou promessa, o funcionário retarda ou omite ato de ofício, ou o pratica infringindo dever funcional.

O crime de corrupção ativa está tipificado no art. 333 do Código Penal e faz parte dos crimes cometidos por particular contra a Administração Pública. Isso não quer dizer que não possa ser cometido por funcionário público que, se praticá-lo, se despirá de sua função pública e agirá como particular.

É um crime de ação penal pública incondicionada.

Classificação

É considerado um crime formal que, para sua consumação, não se exige um resultado.

Classificado como plurissubsistente, podendo sua conduta ser fracionada em diversos atos.

É um crime doloso, acrescido de um especial fim de agir (determinar o funcionário público a praticar, omitir ou retardar ato de ofício).

Sujeitos do crime

Sujeito ativo: crime comum (qualquer pessoa).

Funcionário público também pode ser sujeito ativo desse crime, desde que realize a conduta sem se aproveitar das facilidades inerentes à sua condição funcional. Ex.: Marcelo, analista judiciário do TRF, oferece dinheiro a um delegado de Polícia para que este não o prenda em flagrante pela prática do crime de porte ilegal de arma de fogo.

O particular só responderá por corrupção ativa se este oferecer ou prometer vantagem indevida. A simples entrega de vantagem ilícita solicitada por funcionário público não configura crime nesses casos, o particular será vítima secundária de corrupção passiva (art. 317, CP).

Sujeito passivo: o Estado e, secundariamente, a pessoa física ou jurídica prejudicada pela conduta criminosa.

Consumação e tentativa

É crime formal. Ocorre a consumação com a oferta ou promessa de vantagem indevida ao funcionário público, independentemente de sua aceitação. Ao oferecer ou prometer algo, o crime já está consumado.

Também não é necessária a prática, omissão ou retardamento do ato de ofício. Desse modo, se o agente oferece ou promete a vantagem indevida ao funcionário público, o crime estará consumado. A tentativa é possível, salvo quando o crime é praticado verbalmente.

Descrição do crime

Vantagem indevida: não precisa ser necessariamente patrimonial/econômica. Pode ter qualquer natureza: patrimonial, sexual, moral etc.

Meios de execução: o delito de corrupção ativa pode ser praticado de duas formas:

DIREITO PENAL

▷ **Oferecer vantagem indevida:** a conduta parte do particular que põe à disposição a vantagem indevida ao funcionário público e este a recebe. Desse modo, o particular praticou o crime de corrupção ativa (art. 333, CP) e o funcionário público, o crime de corrupção passiva (art. 317, CP).

▷ **Promete vantagem indevida:** a conduta parte do particular que promete a vantagem indevida ao funcionário público e este a aceita. Desse modo, o particular praticou o crime de corrupção ativa (art. 333, CP) e o funcionário público, o crime de corrupção passiva (art. 317, CP). Não é necessário que o particular efetivamente cumpra sua promessa para que ocorra a consumação do delito; basta a simples promessa.

Não se configura a infração penal quando a oferta ou promessa tem o fim de impedir ou retardar ato ilegal.

Aumento de pena

Parágrafo único. A pena é aumentada de um terço, se, em razão da vantagem ou promessa, o funcionário retarda ou omite ato de ofício, ou o pratica infringindo dever funcional.

A corrupção ativa é um crime formal. Desse modo, o que seria o exaurimento do crime (retardar ou omitir ato de ofício, ou o praticar infringindo dever funcional) funciona como uma causa de aumento de pena.

Considerações

O crime de corrupção ativa é uma exceção à Teoria Unitária ou Monista do concurso de pessoas (art. 29, CP), pois o particular que oferece ou promete vantagem indevida responde pelo crime de corrupção ativa (art. 333, CP); já funcionário público que recebe ou aceita promessa de vantagem indevida responde pelo crime de corrupção passiva (art. 317, CP).

É possível que ocorra o crime de corrupção ativa sem que ocorra corrupção passiva. Ex.: Marcelo oferece ou promete dinheiro, vantagem indevida, para que Lucas, que é delegado de Polícia, não o prenda em flagrante, mas Lucas não recebe ou aceita a promessa.

Também é possível que ocorra o crime de corrupção passiva sem que ocorra corrupção ativa. Ex.: Ronaldo, auditor fiscal, solicita vantagem indevida a André, empresário, para não aplicar uma multa milionária na empresa deste último. Duas situações podem ocorrer: André realiza a entrega da vantagem indevida, ou não. Nas duas hipóteses, apenas Ronaldo praticou crime, pois a conduta de André é atípica.

Apontamentos

Na hipótese em que o particular pede para o funcionário público "dar um jeitinho", ele não responderá pelo crime de corrupção ativa, pois o agente não ofereceu nem prometeu vantagem indevida. Nessa hipótese, duas situações podem ocorrer:

▷ O funcionário público "dá o jeitinho". Ele responderá por corrupção passiva privilegiada (art. 317, § 2º, CP) e o particular será partícipe desse crime;

▷ O funcionário público não "dá o jeitinho". Assim, o fato é atípico para ambos.

16.7 Contrabando e descaminho

Antes da publicação da Lei nº 13.008/2014, o art. 334 do Código Penal tipificava a prática dos crimes de contrabando e descaminho como crime único, atribuindo pena de reclusão de 1 a 4 anos. Com a atual redação, ocorre a separação dos crimes de contrabando e descaminho, tornando-os crimes autônomos.

16.7.1 Descaminho

Art. 334, CP Iludir, no todo ou em parte, o pagamento de direito ou imposto devido pela entrada, pela saída ou pelo consumo de mercadoria
Pena – Reclusão, de 1 (um) a 4 (quatro) anos.
§ 1º Incorre na mesma pena quem:
I – pratica navegação de cabotagem, fora dos casos permitidos em lei;
II – pratica fato assimilado, em lei especial, a descaminho;
III – vende, expõe à venda, mantém em depósito ou, de qualquer forma, utiliza em proveito próprio ou alheio, no exercício de atividade comercial ou industrial, mercadoria de procedência estrangeira que introduziu clandestinamente no País ou importou fraudulentamente ou que sabe ser produto de introdução clandestina no território nacional ou de importação fraudulenta por parte de outrem;
IV – adquire, recebe ou oculta, em proveito próprio ou alheio, no exercício de atividade comercial ou industrial, mercadoria de procedência estrangeira, desacompanhada de documentação legal ou acompanhada de documentos que sabe serem falsos.
§ 2º Equipara-se às atividades comerciais, para os efeitos deste artigo, qualquer forma de comércio irregular ou clandestino de mercadorias estrangeiras, inclusive o exercido em residências.
§ 3º A pena aplica-se em dobro se o crime de descaminho é praticado em transporte aéreo, marítimo ou fluvial.

No descaminho, as mercadorias apreendidas são legais no território brasileiro, porém não há o devido pagamento de tributos pela entrada e saída de mercadorias.

Descrição do crime

> **Fique ligado**
>
> Apesar de existir divergência entre o STF e o STJ, é cabível o princípio da insignificância no crime de descaminho. Para a aplicação desse princípio, o STJ estipula o valor de R$ 10 mil, enquanto o STF entende que o valor é de R$ 20 mil. Diante disso, é de suma importância atentar-se para o comando da questão e observar qual dos posicionamentos a banca abordará.

Objeto material: tributos não recolhidos.

Núcleo do tipo: iludir, ou seja, ludibriar, frustrar o pagamento do tributo.

Sujeito ativo: crime comum (qualquer pessoa). Por ser um crime comum, pode ser praticado por qualquer pessoa, até mesmo um funcionário público, desde que o funcionário não tenha o dever funcional de impedir a prática do crime de contrabando e descaminho.

Sujeito passivo: o Estado. Ex.: Tício, policial civil, auxilia Caio a contrabandear caixas de cigarro para o outro lado da fronteira. Tício não tem um especial dever funcional de evitar tal conduta, portanto, responderá pelo crime de descaminho ou contrabando capitulados, respectivamente, nos arts. 334 e 334-A do CP, como partícipe ou coautor, a depender do contexto fático.

16.7.2 Contrabando

Art. 334-A, CP Importar ou exportar mercadoria proibida:
Pena – Reclusão, de 2 (dois) a 5 (cinco) anos.
§ 1º Incorre na mesma pena quem:
I – pratica fato assimilado, em lei especial, a contrabando;
II – importa ou exporta clandestinamente mercadoria que dependa de registro, análise ou autorização de órgão público competente;
III – reinsere no território nacional mercadoria brasileira destinada à exportação;
IV – vende, expõe à venda, mantém em depósito ou, de qualquer forma, utiliza em proveito próprio ou alheio, no exercício de atividade comercial ou industrial, mercadoria proibida pela lei brasileira;
V – adquire, recebe ou oculta, em proveito próprio ou alheio, no exercício de atividade comercial ou industrial, mercadoria proibida pela lei brasileira.
§ 2º Equipara-se às atividades comerciais, para os efeitos deste artigo, qualquer forma de comércio irregular ou clandestino de mercadorias estrangeiras, inclusive o exercido em residências.
§ 3º A pena aplica-se em dobro se o crime de contrabando é praticado em transporte aéreo, marítimo ou fluvial.

Diferentemente do que ocorre no descaminho, no crime de contrabando as mercadorias são proibidas no território brasileiro. Dessa forma, não é possível a aplicação do princípio da insignificância.

CRIMES PRATICADOS POR PARTICULAR CONTRA A ADMINISTRAÇÃO EM GERAL

Descrição do crime

Objeto material: mercadoria contrabandeada.
Núcleos do tipo: importar, exportar mercadoria contrabandeada.
Sujeito ativo: crime comum (qualquer pessoa).
Sujeito passivo: o Estado.

> **Fique ligado**
>
> A importação de bebidas é legal, porém a legislação traz uma restrição quanto à quantidade. Caso ocorra o excesso da quantidade permitida, incidirá o contrabando (art. 334-A). Diferentemente ocorre no caso do crime de descaminho (art. 334), no qual ocorre a sonegação do tributo devido.
> É mais uma exceção à Teoria Monista ou Unitária no concurso de pessoas (art. 29, *caput*, CP). Haja vista a conduta do funcionário público que facilita o contrabando ou descaminho (art. 318, CP) ser mais reprovável em razão de sua natureza funcional perante a Administração Pública, as condutas foram separadas e com penas distintas, porém, ambos os crimes tipificam o mesmo resultado, qual seja, o descaminho ou o contrabando.

O funcionário público que:

▷ Não possui o dever funcional de impedir o contrabando ou descaminho. Será coautor ou partícipe do crime de contrabando ou descaminho (art. 334, CP).

▷ Possui o dever funcional de impedir a prática do contrabando ou descaminho e concorre para a realização de qualquer destes crimes. Responderá pelo crime de facilitação de contrabando ou descaminho (art. 318, CP).

Trata-se de mais uma exceção à Teoria Unitária ou Monista do concurso de pessoas (art. 29, CP).

São crimes materiais (consumam-se com a produção de um resultado):

▷ **Contrabando:** o agente importa ou exporta a mercadoria proibida pelas vias ordinárias (caminhos normais), ou seja, pela fiscalização alfandegária. O crime estará consumado no instante em que a mercadoria é liberada pela autoridade alfandegária. O agente se vale dos meios clandestinos para importar ou exportar a mercadoria proibida. O crime estará consumado no momento da entrada ou saída da mercadoria do território nacional.

▷ **Descaminho:** consuma-se com a liberação da mercadoria (permitida) sem o pagamento de tributo devido pela sua entrada ou saída do Brasil.

No crime de contrabando, a mercadoria não precisa ser necessariamente estrangeira (produzida no exterior). Desse modo, é possível a fabricação da mercadoria em território nacional desde que seja destinada exclusivamente à exportação. Ex.: empresa fabrica explosivos no Brasil e exporta-os para a Coreia do Norte. Posteriormente, um norte-coreano ingressa com esses explosivos em território brasileiro.

Crimes específicos: por ter natureza genérica ou residual, o crime de contrabando e descaminho somente será aplicado quando a conduta de descaminho ou contrabando de mercadoria não configurar algum crime específico. Ex.: o indivíduo que importar ou exportar drogas, sem autorização ou em desacordo com determinação legal, responderá pelo crime de tráfico internacional de drogas (art. 33, Lei nº 11.343/2006 – Lei de Drogas).

Súmula nº 151 – STJ A competência para o processo e julgamento por crime de contrabando ou descaminho define-se pela prevenção do Juízo Federal do lugar da apreensão dos bens.

O indivíduo que importar ou exportar arma de fogo, acessório ou munição, sem autorização da autoridade competente, responderá pelo crime de tráfico internacional de arma de fogo (art. 18, Lei nº 10.826/2003 – Estatuto do Desarmamento).

Competência para julgamento: Justiça Federal, pois ofendem interesses da União (art. 109, IV, CF/1988).

16.7.3 Impedimento, perturbação ou fraude de concorrência

Art. 335, CP Impedir, perturbar ou fraudar concorrência pública ou venda em hasta pública, promovida pela administração federal, estadual ou municipal, ou por entidade paraestatal; afastar ou procurar afastar concorrente ou licitante, por meio de violência, grave ameaça, fraude ou oferecimento de vantagem:

Pena – Detenção, de seis meses a dois anos, ou multa, além da pena correspondente à violência.

Parágrafo único. Incorre na mesma pena quem se abstém de concorrer ou licitar, em razão da vantagem oferecida.

Revogado tacitamente pelos pelo art. 337-I do Código Penal, visto que o tipo penal possui maior abrangência.

16.7.4 Inutilização de edital ou de sinal

Art. 336, CP Rasgar ou, de qualquer forma, inutilizar ou conspurcar edital afixado por ordem de funcionário público; violar ou inutilizar selo ou sinal, empregado por determinação legal ou por ordem de funcionário público, para identificar ou cerrar qualquer objeto:

Pena – Detenção, de um mês a um ano, ou multa.

O que é protegido nesse crime é a Administração Pública, pois acarreta complicação ao interesse público e o normal desenvolvimento de suas atividades.

Classificação

É considerado um crime simples, pois ofende um único bem jurídico e material, pois, para sua consumação, gera um resultado naturalístico.

É um crime doloso, não possuindo um especial fim de agir. Não é admitida a modalidade culposa.

Sujeitos do crime

Sujeito ativo: por ser um crime comum, pode ser praticado por qualquer pessoa, inclusive funcionário público.

Sujeito passivo: o Estado.

Consumação e tentativa

É exigido para sua consumação um resultado naturalístico, não sendo suficiente para a consumação a conduta descrita no tipo. É possível que haja o fracionamento do *iter criminis*, portanto, é admitida a tentativa.

Descrição do crime

Edital: tem natureza administrativa (licitação) ou judicial (citação).
Selo ou sinal: qualquer tipo de marca feita por determinação legal (lacre de interdição da vigilância sanitária).
Núcleos do tipo: rasgar, inutilizar, conspurcar (sujar) e violar.

Não haverá o crime se os objetos materiais referidos no tipo perderam utilidade, como na hipótese do edital com prazo vencido.

Não pratica o crime aquele que reage, moderadamente, contra ato abusivo (ilegal) de funcionário público, rasgando, por exemplo, tira de papel afixada por oficial de Justiça na porta de sua moradia, anunciando seu despejo.

16.7.5 Subtração ou inutilização de livro ou documento

Art. 337, CP Subtrair, ou inutilizar, total ou parcialmente, livro oficial, processo ou documento confiado à custódia de funcionário, em razão de ofício, ou de particular em serviço público:

Pena – Reclusão, de dois a cinco anos, se o fato não constitui crime mais grave.

Essa conduta de subtração, inutilização de livro oficial, processo ou documento é prevista em vários tipos do Código Penal. As leituras dos arts. 305, 314, 337 e 356 são relativamente semelhantes, porém cada crime possui uma especificação diferente que os caracteriza. Esse crime é de ação penal pública incondicionada.

Classificação

Considerado um crime simples, pois ofende um único bem jurídico e comum, podendo ser praticado por qualquer pessoa.

É um crime doloso e não depende de nenhuma finalidade específica. Não admite a modalidade culposa.

Sujeitos do crime

Sujeito ativo: por ser um crime comum, pode ser cometido por qualquer pessoa, desde que não seja pelo funcionário público responsável pela custódia dos documentos. Caso o agente seja funcionário público, incumbido em razão do ofício (*ratione officcio*) da guarda dos objetos materiais, a conduta será enquadrada no art. 314 do CP. Se o agente for advogado ou procurador que, nessa qualidade, tiver retirado o processo ou documentos, o crime será o do art. 356 do CP.

Sujeito passivo: primeiramente é o Estado, e secundariamente, a pessoa jurídica ou física que foi prejudicada pela ação criminosa.

Consumação e tentativa

Consuma-se o crime no momento da subtração de livro oficial, processo ou documento, mediante apoderamento do agente ou no momento da inutilização total ou parcial da coisa.

A tentativa é possível pelo fato de o crime ser de caráter plurissubsistente.

Descrição do crime

Subtrair e inutilizar são os núcleos do tipo. Subtrair é retirar um dos elementos do tipo (livro oficial, processo ou documento) da custódia do funcionário público, apoderando-se do item.

16.7.6 Sonegação de contribuição previdenciária

> *Art. 337-A, CP Suprimir ou reduzir contribuição social previdenciária e qualquer acessório, mediante as seguintes condutas:*
> *I – Omitir de folha de pagamento da empresa ou de documento de informações previsto pela legislação previdenciária segurados, empregado, empresário, trabalhador avulso ou trabalhador autônomo ou a este equiparado que lhe prestem serviços;*
> *II – Deixar de lançar mensalmente nos títulos próprios da contabilidade da empresa as quantias descontadas dos segurados ou as devidas pelo empregador ou pelo tomador de serviços;*
> *III – Omitir, total ou parcialmente, receitas ou lucros auferidos, remunerações pagas ou creditadas e demais fatos geradores de contribuições sociais previdenciárias;*
> *Pena – Reclusão, de 2 (dois) a 5 (cinco) anos, e multa.*
> *§ 1º É extinta a punibilidade se o agente, espontaneamente, declara e confessa as contribuições, importâncias ou valores e presta as informações devidas à previdência social, na forma definida em lei ou regulamento, antes do início da ação fiscal.*

No caso do § 1º, preenchidos os requisitos para a concessão, é dever do juiz conceder o perdão ou aplicar a pena de multa. Trata-se de direito público subjetivo do réu.

> *§ 2º É facultado ao juiz deixar de aplicar a pena ou aplicar somente a de multa se o agente for primário e de bons antecedentes, desde que: [...]*
> *II – O valor das contribuições devidas, inclusive acessórios, seja igual ou inferior àquele estabelecido pela previdência social, administrativamente, como sendo o mínimo para o ajuizamento de suas execuções fiscais.*
> *§ 3º Se o empregador não é pessoa jurídica e sua folha de pagamento mensal não ultrapassa R$ 1.510,00 (um mil, quinhentos e dez reais), o juiz poderá reduzir a pena de um terço até a metade ou aplicar apenas a de multa.*
> *§ 4º O valor a que se refere o parágrafo anterior será reajustado nas mesmas datas e nos mesmos índices do reajuste dos benefícios da previdência social.*

17 CRIMES PRATICADOS POR PARTICULAR CONTRA A ADMINISTRAÇÃO PÚBLICA ESTRANGEIRA

17.1 Corrupção ativa em transação comercial internacional

> **Art. 337-B, CP** Prometer, oferecer ou dar, direta ou indiretamente, vantagem indevida a funcionário público estrangeiro, ou a terceira pessoa, para determiná-lo a praticar, omitir ou retardar ato de ofício relacionado à transação comercial internacional:
> Pena – Reclusão, de 1 (um) a 8 (oito) anos, e multa.
> **Parágrafo único.** A pena é aumentada de 1/3 (um terço), se, em razão da vantagem ou promessa, o funcionário público estrangeiro retarda ou omite o ato de ofício, ou o pratica infringindo dever funcional.

17.2 Tráfico de influência em transação comercial internacional

> **Art. 337-C, CP** Solicitar, exigir, cobrar ou obter, para si ou para outrem, direta ou indiretamente, vantagem ou promessa de vantagem a pretexto de influir em ato praticado por funcionário público estrangeiro no exercício de suas funções, relacionado a transação comercial internacional:
> Pena – Reclusão, de 2 (dois) a 5 (cinco) anos, e multa.
> **Parágrafo único.** A pena é aumentada da metade, se o agente alega ou insinua que a vantagem é também destinada a funcionário estrangeiro.

17.3 Funcionário público estrangeiro

> **Art. 337-D, CP** Considera-se funcionário público estrangeiro, para os efeitos penais, quem, ainda que transitoriamente ou sem remuneração, exerce cargo, emprego ou função pública em entidades estatais ou em representações diplomáticas de país estrangeiro.
> **Parágrafo único.** Equipara-se a funcionário público estrangeiro quem exerce cargo, emprego ou função em empresas controladas, diretamente ou indiretamente, pelo Poder Público de país estrangeiro ou em organizações públicas internacionais.

18 CRIMES EM LICITAÇÕES E CONTRATOS ADMINISTRATIVOS

A Lei nº14.133/2021 (Lei de Licitações), que revogou e alterou dispositivos da Lei nº 8.666/1993, sobretudo no que se refere aos crimes em licitações e contratos administrativos, incluiu no Código Penal 12 novos tipos penais entre os arts. 337-E e 337-P, objetivando reprimir as condutas ilícitas que fraudam os processos licitatórios no Brasil.

Apesar de a Lei nº 8.666/1993 ainda continuar aplicável aos contratos iniciados antes da vigência da nova lei, os crimes previstos na antiga legislação foram revogados pela Lei nº 14.133/2021 e passaram a ter previsão no Código Penal.

18.1 Contratação direta ilegal

> *Art. 337-E, CP* Admitir, possibilitar ou dar causa à contratação direta fora das hipóteses previstas em lei:
> Pena – Reclusão, de 4 (quatro) a 8 (oito) anos, e multa.

O art. 337-E do CP pune aquele que admite, possibilita ou dá causa à contratação direta fora das hipóteses previstas em lei. A previsão legal concentra em um mesmo tipo penal a punição tanto do agente público contratante, quanto do particular contratado sem o devido processo licitatório.

Cumpre destacar que o delito de dispensa de licitação, anteriormente previsto na Lei nº 8.666/1993, teve as penas mínima e máxima aumentadas. Antes, a punição era de 3 a 5 anos, agora, a pena é de 4 a 8 anos.

A nova previsão impede, inclusive, a celebração de acordo de não persecução penal – previsto no art. 28-A do CPP.

Ademais, o tipo penal é norma penal em branco, pois requer o complemento de lei diversa, que atualmente pode ser a Lei nº 14.133/2021 ou a Lei nº 8.666/1993, no que se refere às hipóteses de dispensa de licitação.

Quanto ao elemento subjetivo especial do tipo, ainda que não previsto expressamente na anterior previsão da Lei nº 8.666/1993, o entendimento do STF e do STJ manifesta a necessidade de dolo específico do agente para a consumação do delito.

Trata-se de crime doloso, não admitindo culpa. Admite a tentativa. É unissubjetivo ou de concurso eventual. É processado mediante ação penal pública incondicionada.

18.2 Frustração do caráter competitivo de licitação

> *Art. 337-F, CP* Frustrar ou fraudar, com o intuito de obter para si ou para outrem vantagem decorrente da adjudicação do objeto da licitação, o caráter competitivo do processo licitatório:
> Pena – Reclusão, de 4 (quatro) anos a 8 (oito) anos, e multa.

Os núcleos do tipo penal "frustrar ou fraudar" objetivam tipificar a conduta do indivíduo que busca impedir, atrapalhar, iludir ou burlar o caráter competitivo da licitação, impossibilitando que a Administração Pública obtenha a proposta mais vantajosa. Dessa forma, comete o crime do art. 337-F aquele que, com o intuito de obter para si ou para outrem vantagem decorrente da adjudicação do objeto da licitação, frustrar ou fraudar o caráter competitivo do processo licitatório.

Para sua consumação, exige conduta dolosa e presença da finalidade específica de agir, ou seja, o objetivo de obter para si ou para outrem vantagem decorrente da adjudicação do objeto da licitação. Não admite a modalidade culposa.

Trata-se de crime formal, pois não é necessário que o agente obtenha a vantagem prevista no tipo penal.

É crime comum, podendo ser cometido por qualquer indivíduo. Não se exige qualidade específica do sujeito ativo.

18.3 Patrocínio de contratação indevida

> *Art. 337-G, CP* Patrocinar, direta ou indiretamente, interesse privado perante a Administração Pública, dando causa à instauração de licitação ou à celebração de contrato cuja invalidação vier a ser decretada pelo Poder Judiciário:
> Pena – Reclusão, de 6 (seis) meses a 3 (três) anos, e multa.

Trata-se de modalidade especial do crime de advocacia administrativa (art. 321, CP). É crime próprio, pois há a exigência de que o sujeito ativo seja funcionário público – crime funcional.

O tipo penal pune a conduta do agente que, valendo-se da função pública, favorece, ampara, patrocina interesse privado.

É crime material, pois exige a ocorrência de resultado naturalístico, ou seja, o patrocínio de interesse privado deve dar causa à instauração de licitação ou à celebração de contrato.

Por fim, prevê uma condição objetiva de punibilidade, ou seja, a licitação ou contrato deve ser invalidado pelo Poder Judiciário.

18.4 Modificação ou pagamento irregular em contrato administrativo

> *Art. 337-H, CP* Admitir, possibilitar ou dar causa a qualquer modificação ou vantagem, inclusive prorrogação contratual, em favor do contratado, durante a execução dos contratos celebrados com a Administração Pública, sem autorização em lei, no edital da licitação ou nos respectivos instrumentos contratuais, ou, ainda, pagar fatura com preterição da ordem cronológica de sua exigibilidade:
> Pena – Reclusão, de 4 (quatro) anos a 8 (oito) anos, e multa.

Esse delito se dá na fase posterior à própria licitação, já durante a fase de execução do contrato.

É crime material, pois a consumação ocorre somente com o efetivo favorecimento do contratado.

A conduta de modificação irregular em contrato administrativo, prevista na primeira parte do tipo penal, exige o elemento normativo do tipo, ou seja, requer a ausência de autorização da conduta em lei, no edital da licitação ou nos respectivos instrumentos contratuais. Caso a modificação seja permitida por lei, pelo edital ou pelo contrato, será penalmente atípica.

Já a segunda parte do artigo trata do pagamento irregular em contrato administrativo, ou seja, a conduta incriminada é pagar fatura com preterição da ordem cronológica de sua exigibilidade, a fim de favorecer determinado contratado pela Administração, violando o princípio da impessoalidade.

Ademais, quanto ao verbo núcleo do tipo "possibilitar" ou "dar causa a", tem-se o entendimento de que o delito é crime comum, mesmo que o verbo "admitir" refira-se ao funcionário público. Já em relação à conduta do pagamento irregular, o crime é próprio.

Por fim, o tipo penal do art. 337-H é crime doloso, sem previsão da modalidade culpa e sem exigência de elemento subjetivo especial do tipo.

18.5 Perturbação de processo licitatório

> *Art. 337-I, CP* Impedir, perturbar ou fraudar a realização de qualquer ato de processo licitatório:
> Pena – Detenção, de 6 (seis) meses a 3 (três) anos, e multa.

CRIMES EM LICITAÇÕES E CONTRATOS ADMINISTRATIVOS

O artigo em análise busca punir o agente que atua para impedir, perturbar ou fraudar qualquer ato de um processo licitatório. Trata-se de crime material, a consumação ocorre com o efetivo impedimento ou fraude de qualquer ato do processo licitatório. Admite a tentativa.

18.6 Violação de sigilo em licitação

Art. 337-J, CP Devassar o sigilo de proposta apresentada em processo licitatório ou proporcionar a terceiro o ensejo de devassá-lo:
Pena – Detenção, de 2 (dois) anos a 3 (três) anos, e multa.

É crime comum, podendo ser praticado por qualquer indivíduo. Não há exigência de qualidade específica do sujeito ativo. O tipo penal em análise tutela a inviolabilidade do sigilo das propostas da licitação.

A conduta incriminada nesse artigo é o ato de quebrar o sigilo da proposta ou propiciar que um terceiro o viole.

Devassar é fazer conhecer, corromper, enquanto o verbo "proporcionar" significa dar a oportunidade de propiciar, oferecer. Trata-se de crime comum, que pode ser praticado por qualquer pessoa, funcionário público ou não.

É crime formal. A consumação se dá com a violação da informação sigilosa, independentemente de prejuízo. É crime doloso; não há modalidade culposa.

18.7 Afastamento de licitante

Art. 337-K, CP Afastar ou tentar afastar licitante por meio de violência, grave ameaça, fraude ou oferecimento de vantagem de qualquer tipo:
Pena – Reclusão, de 3 (três) anos a 5 (cinco) anos, e multa, além da pena correspondente à violência.
Parágrafo único. Incorre na mesma pena quem se abstém ou desiste de licitar em razão de vantagem oferecida.

Esse artigo trata de hipótese do chamado crime de atentado ou de mero empreendimento, pois o tipo penal equiparou a forma consumada com forma tentada, em razão dos verbos núcleos "afastar" e "tentar afastar". Afastar significa remover, impedir a participação de licitante. A conduta deve se dar com violência, grave ameaça, fraude ou oferecimento de vantagem de qualquer tipo.

O parágrafo único prevê uma modalidade equiparada ao *caput*, ou seja, aquele que se abstém (afasta-se) de participar da licitação em razão de vantagem recebida incorre na mesma pena.

Trata-se de crime formal; não é necessário que haja o efetivo afastamento do licitante (comprovação do prejuízo).

É crime comum, que pode ser cometido por qualquer pessoa, funcionário público ou não.

18.8 Fraude em licitação ou contrato

Art. 337-L, CP Fraudar, em prejuízo da Administração Pública, licitação ou contrato dela decorrente, mediante:
I – entrega de mercadoria ou prestação de serviços com qualidade ou em quantidade diversas das previstas no edital ou nos instrumentos contratuais;
II – fornecimento, como verdadeira ou perfeita, de mercadoria falsificada, deteriorada, inservível para consumo ou com prazo de validade vencido;
III – entrega de uma mercadoria por outra;
IV – alteração da substância, qualidade ou quantidade da mercadoria ou do serviço fornecido;
V – qualquer meio fraudulento que torne injustamente mais onerosa para a Administração Pública a proposta ou a execução do contrato:
Pena – Reclusão, de 4 (quatro) anos a 8 (oito) anos, e multa.

O tipo penal busca tutelar a garantia da respeitabilidade, probidade, integridade e moralidade do certame licitatório, especialmente no que tange à preservação do patrimônio da Administração Pública.

Trata-se de crime comum, que pode ser praticado por qualquer pessoa, funcionário público ou não. É crime doloso, sem previsão de modalidade culposa e sem exigência de elemento subjetivo especial do tipo.

Os incisos I a V preveem as condutas que podem ser empregadas para fraudar a licitação ou o contrato administrativo. Não se trata de rol taxativo, pois o inciso V menciona a expressão "qualquer meio fraudulento". Assim, o rol é exemplificativo, podendo ser utilizadas diversas outras condutas que tornem injustamente mais onerosa para a Administração Pública a proposta ou a execução do contrato.

18.9 Contratação inidônea

Art. 337-M, CP Admitir à licitação empresa ou profissional declarado inidôneo:
Pena – Reclusão, de 1 (um) ano a 3 (três) anos, e multa.
§ 1º Celebrar contrato com empresa ou profissional declarado inidôneo:
Pena – Reclusão, de 3 (três) anos a 6 (seis) anos, e multa.
§ 2º Incide na mesma pena do caput deste artigo aquele que, declarado inidôneo, venha a participar de licitação e, na mesma pena do § 1º deste artigo, aquele que, declarado inidôneo, venha a contratar com a Administração Pública.

O tipo penal em análise objetiva proteger a integridade do certame licitatório, a fim de impedir que empresas ou profissionais inidôneos licitem e contratem com o Poder Público.

Assim, aquele que admite a participação em processo licitatório ou celebra contrato com empresa ou profissional declarado inidôneo, comete o crime do art. 337-M.

Trata-se de crime comum, que pode ser cometido por qualquer pessoa. É crime formal, uma vez que sua consumação se dá com a mera admissão à licitação ou contratação. Não há a necessidade de comprovar prejuízo. É crime doloso, não havendo previsão da modalidade culposa.

18.10 Impedimento indevido

Art. 337-N, CP Obstar, impedir ou dificultar injustamente a inscrição de qualquer interessado nos registros cadastrais ou promover indevidamente a alteração, a suspensão ou o cancelamento de registro do inscrito:
Pena – Reclusão, de 6 (seis) meses a 2 (dois) anos, e multa.

Da análise do tipo penal, na primeira parte, a conduta do agente deve consistir em "obstar, impedir ou dificultar injustamente a inscrição de qualquer interessado nos registros cadastrais". Vê-se que o termo "injustamente" é elemento normativo, pois, se o impedimento tiver fundamento legal, o fato é atípico. Já segunda parte do tipo penal, o agente deve "promover indevidamente a alteração, a suspensão ou o cancelamento de registro do inscrito. O elemento normativo é o termo "indevidamente", pois se houver fundamento idôneo para a alteração, suspensão ou cancelamento do registro, o fato é atípico.

Trata-se de crime próprio, só pode ser praticado por funcionário público. Exige conduta dolosa, não havendo previsão da modalidade culposa.

18.11 Omissão grave de dado ou de informação por projetista

Art. 337-O, CP Omitir, modificar ou entregar à Administração Pública levantamento cadastral ou condição de contorno em relevante dissonância com a realidade, em frustração ao caráter competitivo da licitação ou em detrimento da seleção da proposta mais vantajosa para a Administração Pública, em contratação para a elaboração de projeto básico, projeto executivo ou anteprojeto, em diálogo competitivo ou em procedimento de manifestação de interesse:
Pena – Reclusão, de 6 (seis) meses a 3 (três) anos, e multa.

§ 1º Consideram-se condição de contorno as informações e os levantamentos suficientes e necessários para a definição da solução de projeto e dos respectivos preços pelo licitante, incluídos sondagens, topografia, estudos de demanda, condições ambientais e demais elementos ambientais impactantes, considerados requisitos mínimos ou obrigatórios em normas técnicas que orientam a elaboração de projetos.

§ 2º Se o crime é praticado com o fim de obter benefício, direto ou indireto, próprio ou de outrem, aplica-se em dobro a pena prevista no caput deste artigo.

O tipo penal objetiva coibir a omissão, modificação ou entrega à Administração Pública de informações relevantes ao procedimento licitatório, no que se refere ao levantamento cadastral ou condição de contorno, que estejam em dissonância com a realidade. Para que o delito se configure, a conduta deve frustrar o caráter competitivo da licitação e afastar a proposta mais vantajosa para a Administração Pública.

O § 2º prevê causa de aumento de pena, no caso de o crime ser praticado "com o fim de obter benefício, direto ou indireto, próprio ou de outrem" será aplicada a pena prevista em dobro.

Trata-se de crime formal, visto que não exige dano ao erário. É crime comum, podendo ser praticado por qualquer pessoa, em razão do verbo núcleo "entregar". É crime doloso, e não admite a modalidade culposa.

Art. 337-P, CP *A pena de multa cominada aos crimes previstos neste Capítulo seguirá a metodologia de cálculo prevista neste Código e não poderá ser inferior a 2% (dois por cento) do valor do contrato licitado ou celebrado com contratação direta.*

O artigo prevê a aplicação da multa de acordo com o critério trifásico adotado pelo art. 49, *caput*, do Código Penal.

O art. 337-P prevê maior rigor no cálculo dos percentuais da pena de multa, pois antes, com a previsão do art. 99 da Lei nº 8.666/1993, o valor da multa era limitado a 5% do valor contrato, o que não ocorre na nova previsão. Assim, a pena de multa pode atingir valores maiores.

19 CRIMES CONTRA A ADMINISTRAÇÃO DA JUSTIÇA

19.1 Reingresso de estrangeiro expulso

Art. 338, CP Reingressar no território nacional o estrangeiro que dele foi expulso:
Pena – Reclusão, de um a quatro anos, sem prejuízo de nova expulsão após o cumprimento da pena.

A expulsão do estrangeiro está regulada na Lei nº 13.445/2017 (Estatuto do Estrangeiro). Ocorrendo qualquer das hipóteses elencadas no art. 54 dessa lei, caberá ao presidente da República, por meio de decreto, analisar o cabimento e conveniência da expulsão (ato discricionário administrativo).

Para tipificar a conduta, é indispensável, após a edição do decreto de expulsão, que o agente tenha efetivamente saído do País, retornando em seguida. Dessa forma, não configura o crime a recusa do estrangeiro expulso em deixar o País.

19.2 Denunciação caluniosa

Art. 339, CP Dar causa à instauração de inquérito policial, de procedimento investigatório criminal, de processo judicial, de processo administrativo disciplinar, de inquérito civil ou de ação de improbidade administrativa contra alguém, imputando-lhe crime, infração ético-disciplinar ou ato ímprobo de que o sabe inocente: (Redação dada pela Lei nº 14.110, de 2020)
Pena – Reclusão, de dois a oito anos, e multa.
§ 1º A pena é aumentada de sexta parte, se o agente se serve de anonimato ou de nome suposto.
§ 2º A pena é diminuída de metade, se a imputação é de prática de contravenção.

O crime de denunciação caluniosa – também chamado de calúnia qualificada – está capitulado no art. 339 do Código Penal e versa sobre dar causa à instauração de algum procedimento de investigação contra alguém, imputando-lhe falsamente crime, sabendo que esse não o cometeu. O crime de denunciação caluniosa é de ação penal pública incondicionada.

Classificação

É considerado um crime pluriofensivo, ou seja, ofende mais de um bem jurídico como estudaremos no tópico **sujeitos do crime**, desse mesmo artigo.

É um crime comum, podendo ser praticado por qualquer pessoa e unissubjetivo, praticado por um só agente, mas admite concurso de pessoas.

O elemento subjetivo é o dolo direto, pois é indispensável que o agente tenha o conhecimento da inocência da pessoa a quem imputou falsamente o crime, segundo STJ.

Sujeitos do crime

Sujeito ativo: qualquer pessoa (crime comum).
Sujeito passivo: o Estado e a pessoa acusada falsamente de crime.

Consumação e tentativa

Por ser um crime material, consuma-se quando se tem a efetiva instauração da investigação policial, de processo judicial, instauração de investigação administrativa, inquérito civil ou ação de improbidade administrativa contra alguém que o sabe ser inocente. É admitida a tentativa. Ex.: "A" vai à Delegacia e, de forma dolosa, imputa "B" à prática de um crime de roubo, de que o sabia não ter cometido, com o fim de instaurar inquérito policial contra "B". O delegado, contudo, já havia encerrado o referido caso e prendido o verdadeiro responsável pelo crime. Constatando a manobra de "A", o delegado o prendeu em flagrante.

É importante observar que não é necessário que a informação seja formalizada no inquérito policial. Basta que a conduta criminosa desencadeie atos preliminares de investigação. Aqui já se encontra consumado o crime e esse é o entendimento que prevalece.

Descrição do crime

A falsa imputação deve estar relacionada com crime, se for contravenção, estará caracterizada a forma privilegiada de denunciação caluniosa (art. 339, § 2º, CP).

A expressão "contra alguém" versa que deve ser dada a falsa imputação de pessoa determinada, indicando nome e atributos pessoais.

Considerações

Diferenças entre o crime de calúnia e denunciação caluniosa:

▷ **Calúnia (art. 138, CP):** caluniar alguém, imputando-lhe falsamente fato definido como crime. É crime contra a honra. Regra: ação penal privada. Não admite a imputação falsa de contravenção penal.

▷ **Denunciação caluniosa (art. 339, CP):** dar causa à instauração de investigação policial, de processo judicial, instauração de investigação administrativa, inquérito civil ou ação de improbidade administrativa contra alguém, imputando-lhe crime de que o sabe inocente. É crime contra a Administração da Justiça. Ação Penal Pública Incondicionada.

> José assaltou o banco → calúnia.

> José assaltou o banco: eu afirmo isso para o Delegado, querendo a instauração de procedimento inútil e criminoso → denunciação caluniosa.

O advogado não tem imunidade penal na calúnia, tampouco na denunciação caluniosa.

Fique ligado

Pode ser praticado o crime de denunciação caluniosa até mesmo pelo promotor de Justiça, que denuncia alguém sabendo ser inocente. Essa denúncia criminosa do promotor de Justiça é denominada denúncia temerária ou abusiva.

19.2.1 Denunciação caluniosa privilegiada

§ 2º A pena é diminuída de metade, se a imputação é de prática de contravenção.

A pena é reduzida de metade se a imputação é de contravenção penal. Passa-se a ter infração de menor potencial ofensivo, admitindo-se a suspensão condicional do processo.

19.3 Comunicação falsa de crime ou contravenção

Art. 340, CP Provocar a ação de autoridade, comunicando-lhe a ocorrência de crime ou contravenção que sabe não se ter verificado:
Pena – Detenção, de um a seis meses, ou multa.

Introdução

Em que pese ser muito semelhante o *caput* ao crime de denunciação caluniosa, veremos que suas diferenças são facilmente perceptíveis.

Classificação

É considerado um **crime simples** por ofender um único bem jurídico, e **comum**, podendo ser cometido por qualquer pessoa.

É um crime **causal** ou **material**, sendo que a consumação depende de alguma medida tomada pela autoridade.

O elemento subjetivo do agente é o dolo direto, portanto, se a pessoa tem **dúvida** sobre a existência da infração o fato é atípico. Ex.: "A" não tem certeza se seu relógio foi furtado ou foi perdido e, mesmo assim, comunica à autoridade), não tendo previsão da modalidade culposa.

Sujeitos do crime

Sujeito ativo: por ser um crime comum ou geral, pode ser cometido por qualquer pessoa.

Sujeito passivo: o Estado.

Consumação e tentativa

Por ser um crime material, a mera comunicação falsa não é suficiente para a consumação do delito, exigindo a provocação da ação da autoridade para fazer algo (conduta positiva). Consuma-se quando a autoridade toma providência para apurar a ocorrência do crime, ou contravenção, comunicado falsamente.

A tentativa é possível. Ex.: um indivíduo comunica à autoridade um crime ou contravenção que sabe inexistente e, por circunstâncias alheias à sua vontade, a autoridade não toma nenhuma providência. Nesse caso, tem-se o crime tentado.

Descrição do crime

O delito é comunicação falsa de crime ou contravenção (art. 340, CP). O agente não acusa nenhuma pessoa, mas registra a ocorrência de um crime inexistente. Se o agente vier a individualizar o autor, o STF já decidiu: responde por denunciação caluniosa (art. 339, CP).

"Provocar" significa dar causa à ação da autoridade, podendo ocorrer de várias formas; uma delas é que o crime ou contravenção penal comunicado não existiu ou houve o fato, mas foi absolutamente diverso do comunicado para a autoridade. Por isso, é considerado um crime de forma livre.

Considerações

Caracteriza uma figura equiparada de estelionato (art. 171, § 2º, V, CP) quando a comunicação falsa de crime ou contravenção é um meio fraudulento para que o agente obtenha o valor do seguro. O delito (art. 340, CP) torna-se um *antefactum* impunível. Aplica-se o princípio da consunção. Ex.: "A" esconde seu automóvel, que é amparado por contrato de seguro, e comunica à autoridade que sofreu um furto, já com a intenção de receber o dinheiro do seguro.

Atentem-se às diferenças:
▷ Na **denunciação caluniosa**, o agente imputa a infração penal imaginária à pessoa certa e determinada.
▷ Na **comunicação falsa de crime**, apenas comunica a fantasiosa infração, não a imputando a ninguém ou, imputando, aponta personagem fictício.

19.4 Autoacusação falsa

Art. 341, CP Acusar-se, perante a autoridade, de crime inexistente ou praticado por outrem:
Pena – Detenção, de três meses a dois anos, ou multa.

O que leva uma pessoa a se autoacusar falsamente tem fundamento em vários motivos. Ex.: alguém que recebe certa vantagem para assumir um crime praticado por outra pessoa ou o próprio pai diz ter sido o autor de um delito para que o filho não seja preso.

Para evitar esse comportamento, o crime de autoacusação falsa está tipificado no art. 341 do Código Penal – crime de ação penal pública incondicionada.

Classificação

É um crime simples por ofender um único bem jurídico, que é a Administração da Justiça; e comum, podendo ser cometido por qualquer pessoa. É um crime doloso, não tendo previsão para crime culposo.

Trata-se de crime formal, não exigindo, para sua consumação, um resultado naturalístico, sendo possível a tentativa.

Sujeitos do crime

Sujeito ativo: por ser um crime comum, pode ser praticado por qualquer pessoa; porém, se ocorreu realmente o crime, não pode ser sujeito ativo o próprio autor, coautor ou partícipe do crime ocorrido.

Sujeito passivo: o Estado.

Consumação e tentativa

É um crime formal, consumando-se quando o sujeito efetua a autoacusação perante a autoridade, independentemente se a autoridade tomou alguma providência. A tentativa só é possível quando a autoacusação é cometida por meio escrito, não se admitindo quando praticado verbalmente.

Descrição do crime

Não há que se falar em autoacusação falsa quando essa conduta for de **contravenção penal**.

O agente que se autoacusa não pode ser autor, coautor ou partícipe do delito anterior.

A autoridade que recebe essa notícia de crime legalmente deve ter poderes de investigar a prática de delitos.

Não configura o crime quando o réu chama para si a exclusiva responsabilidade de ilícito penal, de que deve ser considerado concorrente (RT 371/160).

Considerações

Para facilitar o entendimento do crime, vejamos alguns exemplos.

Vantagem pecuniária. Ex.: "A" recebe dinheiro do verdadeiro autor do crime para se autoacusar.

Sacrifício. Ex.: mãe autoacusa-se para livrar o filho que cometeu um crime.

Exibicionismo. Ex.: criminoso autoacusa-se para que tenha reputação entre a bandidagem de sua comunidade.

Álibi. Ex.: "A" imputa a si próprio crime menos grave para se livrar de crime mais grave, alegando ser no mesmo horário, porém em lugar diferente. Supondo que Lucas assuma autoria de crime praticado por outrem, e não só assume a autoria, mas também imputa a coautoria a outrem, que não o autor do delito.

19.5 Falso testemunho ou falsa perícia

Art. 342, CP Fazer afirmação falsa, ou negar ou calar a verdade como testemunha, perito, contador, tradutor ou intérprete em processo judicial, ou administrativo, inquérito policial, ou em juízo arbitral:
Pena – Reclusão, de um a três anos, e multa.
§ 1º As penas aumentam-se de um sexto a um terço se o crime é praticado mediante suborno ou se cometido com o fim de obter prova destinada a produzir efeito em processo penal, ou em processo civil em que for parte entidade da administração pública direta ou indireta.
§ 2º O fato deixa de ser punível se, antes da sentença no processo em que ocorreu o ilícito, o agente se retrata ou declara a verdade.

Muitas vezes, o testemunho é o único meio probatório para a autoridade competente louvar-se da decisão. A testemunha que mente,

CRIMES CONTRA A ADMINISTRAÇÃO DA JUSTIÇA

nega ou cala a verdade não sacrifica apenas interesses individuais, mas atinge o Estado, responsável por assegurar a eficácia da justiça.

O Código Penal, visando preservar a busca pela verdade, versa em seu art. 342 sobre o crime de falso testemunho ou falsa perícia, sendo esse um crime de ação penal pública incondicionada.

Classificação

É um crime de ação múltipla ou de conteúdo variado, pois a prática de várias condutas típicas no tocante ao mesmo objeto material acarreta crime único.

Trata-se de crime de médio potencial ofensivo, admitindo-se a suspensão condicional do processo.

É um crime doloso, não exigindo qualquer finalidade específica. Trata-se de um crime de mão própria, comissivo ou omissivo e instantâneo.

Sujeitos do crime

Sujeito ativo: crime de mão própria, somente podendo ser praticado pela testemunha, perito, contador, tradutor ou intérprete.

▷ **Crime de mão própria:** em que pese o STF já ter admitido a coautoria quando o advogado instrui a testemunha, são frequentes as decisões de Tribunais afirmando a incompatibilidade do instituto com o delito de falso testemunho, face à sua característica de mão própria. Assim, deve tratar-se de mera participação.

Toda testemunha pratica o delito, ou apenas aquela que presta compromisso? A corrente majoritária entende que se a lei não submete a testemunha informante ao compromisso de dizer a verdade, não pode cometer o ilícito do art. 342 do CP. Entretanto, já teve julgados no STF dizendo ser crime.

A vítima, por não ser testemunha (sequer equiparada), não pratica o crime do art. 322, podendo ser autora de outro delito, como denunciação caluniosa (art. 339, CP).

Sujeito passivo: é o Estado e, secundariamente, a pessoa prejudicada pelo falso testemunho ou pela falsa perícia.

Consumação e tentativa

Consumação ocorre quando o depoimento é encerrado ou que o laudo pericial, os cálculos, a tradução ou a interpretação são entregues concluídos. É admitida a tentativa.

É fato atípico a conduta de mentir para evitar sua própria incriminação, pois ninguém é obrigado a produzir prova contra si mesmo.

Descrição do crime

Testemunha: pessoa chamada para depor no processo, sob o compromisso de dizer a verdade fática.

Perito: quem fornece laudos técnicos de conhecimentos específicos, que escapam da ciência do juiz.

Contador: especialista em assuntos contábeis. Pessoa que apresenta os cálculos a serem eventualmente efetuados.

Tradutor: tem a função de adaptar textos em língua estrangeira para o idioma pátrio.

Intérprete: responsável pela comunicação daquele que não conhece o idioma nacional.

O crime em tela possui três núcleos:

▷ **Fazer afirmação falsa:** falsidade positiva; mentir para a autoridade. Ex.: Marcelo mente para o juiz, dizendo que, na data do crime, estava viajando com Ronaldo (acusado) para Florianópolis.

▷ **Negar a verdade:** falsidade negativa; recusar-se a confirmar a veracidade de um fato. Ex.: "A" nega que presenciou o latrocínio praticado por "B" contra "C".

▷ **Calar a verdade:** reticência; permanecer em silêncio sobre a verdade de determinado fato.

O juiz, durante a oitiva da testemunha, formula várias perguntas a esta, mas ela nada responde.

O agente deve saber que falta com a verdade. Não há crime quando a testemunha ou o perito é acometido por erro indesejado, pelo esquecimento dos fatos ou mesmo pela deformação inconsciente da lembrança em razão da passagem do tempo.

É imprescindível que a falsidade verse sobre fato juridicamente relevante (apto a influir de algum modo na decisão final da causa). Desse modo, exige-se que a falsidade tenha potencialidade lesiva, de modo a influir no futuro julgamento da causa.

Considerações

Falso testemunho e carta precatória: na hipótese de falso testemunho prestado por meio de carta precatória, o foro competente para processar e julgar esse crime é do juízo deprecado (comarca onde o falso testemunho foi prestado e onde o delito consumou-se).

Falso testemunho em CPI: responde pelo crime previsto no art. 4º, II da Lei nº 1.579/1952 a pessoa que presta falso testemunho perante Comissão Parlamentar de Inquérito (CPI).

O compromisso de dizer a verdade (art. 203, CPP) representa mera formalidade relacionada ao procedimento para a oitiva do juiz. Desse modo, tal ato é dispensável para a caracterização do crime.

> **Fique ligado**
>
> O depoimento falso, prestado perante autoridade incompetente, não exclui o crime. O depoimento falso, prestado em processo nulo, exclui o crime.

Apontamentos

Teoria subjetiva: o crime em estudo adotou a teoria subjetiva – só há crime quando o depoente (testemunha) tem consciência da divergência entre sua versão e o fato presenciado. Desse modo, é possível que haja o crime de falso testemunho ainda que o fato seja verdadeiro. Nessa hipótese, é necessário que a testemunha narre um fato que realmente ocorreu, mas não foi presenciado por ela.

Se o falso testemunho ou a falsa perícia se der perante a Justiça do Trabalho, seu processo e seu julgamento estarão afetos ao juízo criminal federal, por ser atingido interesse da União.

> **Fique ligado**
>
> É perfeitamente possível o falso testemunho sobre fato verdadeiro, como no caso do agente que detalha minuciosamente episódios verdadeiros/ocorridos que jamais presenciou.

19.5.1 Aumento de pena

§ 1º As penas aumentam-se de um sexto a um terço, se o crime é praticado mediante suborno ou se cometido com o fim de obter prova destinada a produzir efeito em processo penal, ou em processo civil em que for parte entidade da administração pública direta ou indireta.

São três as causas de aumento de pena: mediante suborno; com o fim de obter prova destinada a produzir efeito em processo penal; e com o fim de obter prova destinada a produzir efeito em processo civil em que for parte entidade da Administração Pública Direta ou Indireta.

Fique ligado

Se o perito, contador, tradutor ou intérprete solicitar, receber ou aceitar promessa de vantagem indevida a fim de fazer afirmação falsa, negar ou calar a verdade, mas não o faz, incorrerá no crime de corrupção ativa, pois o crime em estudo depende da efetiva afirmação falsa, negação ou omissão da verdade.

Retratação – art. 342, § 2º: o fato deixa de ser punível se, antes da sentença, no processo em que ocorreu o ilícito, o agente retrata-se ou declara a verdade. Trata-se de causa de extinção da punibilidade (art. 107, VI, CP).

A retratação formulada pelo autor deve comunicar-se aos partícipes do delito.

Em processo de competência do Tribunal do Júri, é possível a retratação extintiva da punibilidade, mesmo após a decisão de pronúncia, desde que anterior à sentença de mérito.

19.6 Corrupção ativa de testemunha ou perito

Art. 343, CP Dar, oferecer ou prometer dinheiro ou qualquer outra vantagem a testemunha, perito, contador, tradutor ou intérprete, para fazer afirmação falsa, negar ou calar a verdade em depoimento, perícia, cálculos, tradução ou interpretação:

Pena – Reclusão, de três a quatro anos, e multa.

Fique ligado

O tipo pode ser executado de forma livre (palavras, escritos, gestos etc.). Entretanto, se o agente utilizar-se de violência ou grave ameaça, o crime será o de coação no curso do processo (art. 344, CP).

Parágrafo único. As penas aumentam-se de um sexto a um terço, se o crime é cometido com o fim de obter prova destinada a produzir efeito em processo penal ou em processo civil em que for parte entidade da administração pública direta ou indireta.

Conduta: trata-se de modalidade especial de corrupção ativa, abrangendo o mesmo comportamento criminoso, acrescido do núcleo dar. Para configurar o delito em tela, é necessário que haja algum procedimento oficial em andamento.

Consumação: trata-se de crime formal, logo, consuma-se com a simples realização de uma das condutas previstas no *caput*, sendo desnecessária a prática de qualquer ato pelos possíveis corrompidos.

19.7 Coação no curso do processo

Art. 344, CP Usar de violência ou grave ameaça, com o fim de favorecer interesse próprio ou alheio, contra autoridade, parte, ou qualquer outra pessoa que funciona ou é chamada a intervir em processo judicial, policial ou administrativo, ou em juízo arbitral:

Pena – Reclusão, de um a quatro anos, e multa, além da pena correspondente à violência.

Parágrafo único. A pena aumenta-se de 1/3 (um terço) até a metade se o processo envolver crime contra a dignidade sexual.

A razão pela qual existe esse crime é para impedir que frustrem a eficiência da Administração da Justiça com violência ou ameaças e para garantir o regular andamento dos processos ou em juízo arbitral. Crime este de ação penal pública incondicionada.

Classificação

É um crime **pluriofensivo**, pois atinge mais de um bem jurídico, primeiramente a Administração da Justiça e, secundariamente, a integridade física ou a liberdade individual.

Doloso e com um especial fim de agir, apresentado no tipo com o fim de favorecer interesse próprio ou alheio. Não admite a modalidade culposa.

Considerado um crime comum, instantâneo, de concurso eventual, e em regra comissivo.

Sujeitos do crime

Sujeito ativo: por ser um crime comum, pode ser cometido por qualquer pessoa, não sendo necessário que o agente tenha interesse no próprio processo.

Sujeito passivo: é o Estado, de forma mediata, e secundariamente, figurará no polo passivo o indivíduo que sofreu a coação. Magistrado, delegado, réu, testemunha, jurado etc.

Consumação e tentativa

Ocorre a consumação no momento do emprego da violência ou grave ameaça do agente. A tentativa é possível, visto que o crime tem caráter plurissubsistente. Ex.: "A" manda uma carta ameaçadora para uma testemunha de um processo judicial, mas, por circunstâncias alheias à sua vontade, a carta extravia-se nos Correios.

Segundo STJ, o crime de coação no curso do processo, por ser um crime formal, consuma-se apenas com o emprego da grave ameaça ou violência contra qualquer das pessoas referidas no art. 344 do CP, independentemente do efetivo resultado pretendido ou de a vítima ter ficado intimidada (STJ. REsp 819.763/PR).

Descrição do crime

Se a conduta descrita no tipo penal for realizada no curso de processo de uma CPI, o agente incidirá no crime previsto no art. 4º, I, da Lei nº 1.579/1952, que versa sobre as Comissões Parlamentares de Inquérito.

Não basta para a configuração do delito que a violência ou grave ameaça seja proferida às pessoas do art. 344. É necessário que haja o interesse de favorecimento próprio ou alheio. Ex.: "A", amigo do réu, ameaça a testemunha a depor em favor do amigo; "B", réu em processo judicial, intimida o perito a não revelar o verdadeiro resultado do laudo pericial.

Considerações

Se da conduta criminosa resulta violência, restarão caracterizados dois crimes, incidindo em concurso material obrigatório, somando as penas da coação no curso do processo mais o crime de violência (lesão corporal ou homicídio).

19.7.1 Aumento de pena

A Lei nº 14.245/2021, conhecida como Lei Mariana Ferrer, inovou ao acrescentar ao art. 344, parágrafo único, prevendo nova hipótese de causa de aumento de 1/3 até a 1/2, no caso de a coação ocorrer o curso do processo nos casos que envolvam crimes contra dignidade sexual.

Assim, o aumento de pena incidirá caso a coação seja referente a algum crime contra a dignidade sexual, como estupro, violação, importunação ou assédio.

19.8 Exercício arbitrário das próprias razões

Art. 345, CP Fazer justiça pelas próprias mãos, para satisfazer pretensão, embora legítima, salvo quando a lei o permite:

Pena – Detenção, de quinze dias a um mês, ou multa, além da pena correspondente à violência.

Parágrafo único. Se não há emprego de violência, somente se procede mediante queixa.

CRIMES CONTRA A ADMINISTRAÇÃO DA JUSTIÇA

Como disposto no art. 345 do Código Penal, não é aceita a justiça entre particulares, e a ninguém é dado o direito de versar sobre a justiça privada se não o próprio Poder Judiciário, que tem a competência para resolver as divergências existentes entre os indivíduos. Em regra, esse crime é de ação penal privada, contudo, será de ação penal pública incondicionada se estiver presente a violência.

Classificação

É um crime simples, pois atinge um único bem jurídico, e comum, cometido por qualquer pessoa.

É um crime doloso, acompanhado com um elemento subjetivo específico "para satisfazer pretensão, embora legítima. Não é admitida a modalidade culposa. Em regra, é comissivo e instantâneo, consumando-se em um momento determinado.

A ação penal será pública incondicionada quando o crime é praticado em detrimento do patrimônio ou interesse da União, do estado ou do município.

Sujeitos do crime

Sujeito ativo: pode ser cometido por qualquer pessoa, mas se o agente for funcionário público e cometer o delito prevalecendo-se de sua condição, serão imputados dois crimes: exercício arbitrário das próprias razões + abuso de autoridade (Lei nº 4.898/1965). Ex.: "A", policial, proprietário de uma casa, encosta a viatura na frente de seu imóvel, entra na residência e, de arma em punho, expulsa "B", que não pagou o aluguel do mês anterior.

Sujeito passivo: primeiramente é o Estado e, secundariamente, a pessoa física ou jurídica prejudicada pela conduta criminosa.

> **Fique ligado**
> Não é regra que, sendo funcionário, responda por abuso de autoridade, somente se ele se prevalecer das condições de seu cargo.

Consumação e tentativa

Existe divergência entre os doutrinadores, mas majoritariamente foi classificado como um crime formal, consumando-se mesmo que a pretensão não seja atingida.

É plenamente aceitável a tentativa, visto o caráter plurissubsistente (ação composta por vários atos) do crime.

Descrição do crime

O núcleo do tipo "fazer justiça pelas próprias mãos" tem o sentido de satisfazer pretensão pessoal. Essa pretensão pode ser de qualquer natureza, ligada ou não à propriedade, mas se exigindo ao menos uma aparência de direito legítimo. Ex.: marido indignado com a traição da esposa, expulsa-a da casa que construíram juntos.

A pretensão deve ser legítima, pois, do contrário, a conduta acarretará a incidência de outros crimes, como furto, roubo, estelionato, apropriação indébita, entre outros. Ex.: "A", indignado com a traição de sua esposa, vai até a casa de "B", que é o homem que se deitou com ela e, para fazer justiça com as próprias mãos, obriga a mulher de "B" a manter relações sexuais com "A".

19.9 Subtração ou dano de coisa própria em poder de terceiro

Art. 346, CP Tirar, suprimir, destruir ou danificar coisa própria, que se acha em poder de terceiro por determinação judicial ou convenção:
Pena – Detenção, de seis meses a dois anos, e multa.

Sujeitos do crime

Sujeito ativo: somente pode ser executado pelo proprietário da coisa (crime próprio). O concurso de pessoas é plenamente possível.

Sujeito passivo: será o Estado e, secundariamente, o indivíduo possuidor da coisa ou aquele contra quem foi empregada violência.

19.10 Fraude processual

Art. 347, CP Inovar artificiosamente, na pendência de processo civil ou administrativo, o estado de lugar, de coisa ou de pessoa, com o fim de induzir a erro o juiz ou o perito:
Pena – Detenção, de três meses a dois anos, e multa.
Parágrafo único. Se a inovação se destina a produzir efeito em processo penal, ainda que não iniciado, as penas aplicam-se em dobro.

O crime de fraude processual é um crime tacitamente subsidiário, somente sendo aplicável quando o fato não constituir crime mais grave. Delito este de ação penal pública incondicionada.

Classificação

Considera-se um **crime simples**, pois ofende um único bem jurídico, que é a Administração da Justiça.

O crime de fraude processual também é considerado um **crime formal** ou de consumação antecipada, pois independe do resultado naturalístico. Em regra, é comissivo, considerado também um crime de dano, pois causa lesão à Administração da Justiça.

Crime de concurso eventual, normalmente praticado por um só agente, mas o concurso é plenamente possível.

Sujeitos do crime

Sujeito ativo: crime comum, é passível de ser cometido por qualquer pessoa (vítima, acusado ou mesmo advogado). Foge ao alcance do tipo o perito, uma vez que, se inovar o estado de coisa, pessoa ou lugar no decorrer dos exames periciais, incorrerá no crime previsto no art. 342 do CP.

Sujeito passivo: de forma imediata é o Estado e, de forma mediata, é a pessoa prejudicada no processo administrativo, penal ou civil.

Consumação e tentativa

Consuma-se no momento em que o agente utiliza o meio fraudulento para a inovação na pendência do processo.

A tentativa, entretanto, deve apresentar potencialidade real para enganar o juiz ou o perito. Se o artifício (fraude) for grosseiro ou perceptível, é crime impossível (art. 17, CP) por ineficácia absoluta do meio.

Para o STJ, não é exigido para a consumação do crime de fraude processual que o juiz ou o perito sejam realmente induzidos a erro; basta que a inovação seja apta para produzir o resultado, mesmo que a pessoa não tenha interesse no processo (STJ. HC 137.206/SP).

Descrição do crime

É um crime doloso e também necessita de um elemento subjetivo específico, que é a intenção de induzir a erro o juiz ou perito, não sendo admitida a modalidade culposa. Estado de lugar, de coisa ou de pessoa é onde deve recair a conduta artificiosa, para enganar o juiz ou perito. Ex.: limpar as manchas de sangue onde ocorreu o crime/colocar uma arma de fogo na mão de uma pessoa assassinada para simular um suicídio.

Nem toda inovação caracteriza o surgimento do crime de fraude processual, pois esse elemento normativo do tipo deve ser empregado de forma artificiosa (ardil, fraude).

O parágrafo único aparentemente versa **uma causa especial de aumento de pena** sendo um tipo penal autônomo, pois a conduta de inovar artificiosamente foi cometida em processo penal que ainda não foi iniciado.

▷ Trata-se de infração subsidiária, logo absorvida quando a finalidade constituir crime mais grave.

Conduta: os objetos materiais do crime são taxativos e, dessa forma, descabida qualquer integração analógica em relação às inovações que poderão ser praticadas pelo agente. Pressupõe-se a existência de processo (civil ou administrativo) em andamento.

Em atenção ao princípio da inexigibilidade de conduta diversa, já se entendeu que não ocorre o ilícito quando o autor de um crime de homicídio nega a autoria e dá sumiço à arma, atuando no direito natural de autodefesa (RT 258/356).

19.11 Favorecimento pessoal

Art. 348, CP Auxiliar a subtrair-se à ação de autoridade pública autor de crime a que é cominada pena de reclusão:
Pena – Detenção, de um a seis meses, e multa.
§ 1º Se ao crime não é cominada pena de reclusão:
Pena – Detenção, de quinze dias a três meses, e multa.
§ 2º Se quem presta o auxílio é ascendente, descendente, cônjuge ou irmão do criminoso, fica isento de pena.

O crime de favorecimento pessoal basicamente consiste em prestar auxílio ao agente condenado com pena de reclusão, para que escape da ação da autoridade pública. É um crime de ação penal pública incondicionada.

Classificação

Em análise ao art. 348 do CP, pode ser verificado que se trata de um crime acessório, pois depende da prática anterior de um crime com pena de reclusão (contravenção não).

Somente pode ser praticado de forma comissiva (ação), não havendo possibilidade de auxílio à subtração de autor de crime mediante uma conduta omissiva.

Sujeitos do crime

Sujeito ativo: não é exigida qualquer qualidade específica do agente.

A vítima do crime anterior pode ser sujeito ativo do crime de favorecimento pessoal (art. 348, CP). Ex.: uma vítima de roubo (art. 157, CP), logo após a ocorrência do crime, engana os policiais, prestando-lhes falsas informações do paradeiro do criminoso para que tenha êxito em sua fuga.

Sujeito passivo: o Estado.

Consumação e tentativa

Por ser um crime material, o crime consuma-se com o efetivo auxílio, ainda que seja por curto período. Caso o criminoso tenha sido pego, o agente responderá pelo crime da mesma forma, já que a conduta de auxiliar o criminoso teve êxito, mesmo que breve. É plenamente possível a tentativa.

O agente que deixa de comunicar à autoridade pública o local onde está escondido o autor do crime. Mesmo que essa circunstância seja de conhecimento do agente, não comete crime algum.

Descrição do crime

Não é necessário que o autor do crime esteja em perseguição, fuga ou sendo procurado pela autoridade pública no momento em que recebe o auxílio; basta que, de forma idônea, o agente auxilie o criminoso a escapar da ação da autoridade pública.

É importante ressaltar que, se quem presta o auxílio é cônjuge, ascendente, descendente ou irmão do criminoso, fica isento de pena. É a chamada escusa absolutória, presente no art. 348, § 2º, do CP.

Não existe o crime de favorecimento pessoal (art. 348, CP) quando a conduta de auxiliar a subtrair-se à ação de autoridade pública for referente a um crime cometido por um agente menor de idade ou qualquer outro inimputável, já que estes inimputáveis não cometem crimes, mas atos infracionais que acabarão sofrendo medidas de proteção ou medidas socioeducativas no caso dos menores de idade ou medidas de segurança quando forem doentes mentais ou tiverem desenvolvimento mental incompleto ou retardado.

Não há crime quando o agente estiver em escusa absolutória (cônjuge, ascendente, descendente ou irmão), quando o agente que cometeu o crime anterior estiver acobertado por uma excludente de ilicitude ou causa excludente de culpabilidade. Se o agente for absolvido pelo crime anterior, estará excluído o crime de favorecimento pessoal.

O favorecimento deve ocorrer após o cometimento do crime e nunca para o cometimento do crime. Se o favorecimento for ajustado previamente, antes da consumação do crime, incidirá o agente como partícipe segundo o art. 29 do Código Penal: *Quem, de qualquer modo, concorre para o crime, incide nas penas a este cominadas, na medida de sua culpabilidade.*

O agente que presta o auxílio deve ter ciência da atual situação do criminoso, se não, tem-se excluído o dolo. Ex.: Tício, de forma voluntária, empresta seu carro a Mévio para que este faça uma viagem de negócios, quando, na verdade, Mévio, que acabara de cometer um crime, pretendia fugir da polícia. Dessa forma, Tício não responde pelo crime.

19.12 Favorecimento real

Art. 349, CP Prestar a criminoso, fora dos casos de coautoria ou de receptação, auxílio destinado a tornar seguro o proveito do crime:
Pena – Detenção, de um a seis meses, e multa.

O Código Penal prevê mais uma espécie de favorecimento, demonstrando ser este um crime acessório, pois necessita de algum crime já praticado anteriormente não alcançando as contravenções penais.

Classificação

É um crime de forma livre, ou seja, o favorecimento pode acontecer de diversas formas, como esconder o bem subtraído, aplicar no banco os valores provenientes de um estelionato, deixar um cofre aberto para que o agente que cometeu o crime guarde os documentos roubados no assalto etc.

É um crime doloso com um elemento subjetivo específico, no qual a finalidade do agente é tornar seguro o proveito do crime, porquanto o agente deve ter a ciência de que seu comportamento será efetivo para auxiliar o criminoso, não se admitindo, portanto, a modalidade culposa.

Sujeitos do crime

Sujeito ativo: o crime de favorecimento real é comum, podendo ser praticado por qualquer pessoa, salvo coautor ou partícipe do crime que antecede o favorecimento. Ex.: Tício, conhecido de Mévio, dispõe-se a auxiliar Mévio a esconder o dinheiro que será roubado de uma casa lotérica. Se efetivamente vier a ocorrer o roubo, Tício será partícipe do crime por auxiliar Mévio. O intuito de auxiliar deve vir de forma posterior ao cometimento do crime.

Sujeito passivo: o Estado e, secundariamente, a vítima de delito cometido anteriormente.

Consumação e tentativa

É considerado um crime formal ou de consumação antecipada, ou seja, o crime consuma-se no instante em que o agente presta devido auxílio ao criminoso no intuito de tornar seguro o proveito do crime, mesmo que não venha a ocorrer efetivamente essa finalidade. A tentativa é plenamente aceitável em face do caráter plurissubsistente do delito.

Descrição do crime

O auxílio deve ser destinado a tornar seguro o proveito do crime.

▷ **Favorecimento pessoal (art. 348, CP):**

- **Objeto material:** autor de crime anterior; busca-se a fuga do criminoso.
- **Resultado:** crime material (prevalece).
- **Escusa absolutória:** possui hipótese de escusa absolutória, se quem presta o auxílio é cônjuge, ascendente, descendente ou irmão do criminoso, fica isento de pena. É a chamada escusa absolutória, presente no art. 348, § 2º, do CP.

▷ **Favorecimento real (art. 349, CP):**

- **Objeto material:** proveito de crime anterior; presta-se auxílio não ao criminoso em si, mas indiretamente, assegurando para ele a ocultação da coisa, proveito do crime (real).
- **Resultado:** crime formal.
- **Escusa absolutória:** não tem previsão de escusa absolutória.

Para que possa ocorrer o crime do art. 349, é necessário que o crime anterior tenha alcançado a consumação e, se no crime não houve qualquer tipo de proveito, também não haverá o crime de favorecimento real.

Considerações

Quem estuda de maneira superficial o crime de favorecimento real certamente poderia interpretar de forma errônea as diferenças entre os crimes de receptação própria (art. 180, *caput*, CP) na modalidade "ocultar" e favorecimento real (art. 349, CP). Vamos observar as diferenças:

- **Receptação própria "ocultar" (art. 180, *caput*, 1ª parte, CP):** crime contra o patrimônio. Quem se beneficia é qualquer outra pessoa que não seja o autor do crime anteriormente praticado. Exige-se que o proveito seja econômico.
- **Favorecimento real (art. 349, CP):** crime contra a Administração da Justiça. O próprio autor do crime anteriormente cometido é o beneficiado pela conduta. O proveito pode ser tanto econômico quanto de outra natureza.

19.13 Favorecimento real impróprio

Art. 349-A, CP. Ingressar, promover, intermediar, auxiliar ou facilitar a entrada de aparelho telefônico de comunicação móvel, de rádio ou similar, sem autorização legal, em estabelecimento prisional.
Pena – Detenção, de 3 (três) meses a 1 (um) ano.

Esse crime foi introduzido pela Lei nº 12.012/2009, não tendo sido atribuída a ele nenhuma denominação, transferindo, assim, essa tarefa à jurisprudência e à doutrina.

Classificação

É um crime de ação múltipla ou de conteúdo variado, ou seja, se o agente vier a cometer mais de um núcleo do tipo no mesmo contexto fático, configurará crime único. É um crime de forma livre, admitindo qualquer meio de execução. Ex.: a esposa de um detento que oculta um aparelho celular em suas partes íntimas e leva ao interno no dia de visita, joga o aparelho por cima dos muros da cadeia ou coloca-o no interior de alimentos como bolo ou torta.

Sujeitos do crime

Sujeito ativo: por se tratar de um crime comum, pode ser praticado por qualquer pessoa. Vale ressaltar que até mesmo um preso pode ser sujeito ativo do crime tipificado no art. 349-A, se ele estiver em alguma permissão de saída ou saída temporária. Também pode ser partícipe, por exemplo, o preso que induz sua esposa a levar a ele o aparelho de comunicação.

Sujeito passivo: o Estado.

Consumação e tentativa

É considerado crime de mera conduta, ou seja, a lei não prevê qualquer resultado naturalístico. Consuma-se o crime quando é praticada qualquer das condutas descritas no tipo, como ingressar, promover, intermediar, auxiliar ou facilitar a entrada de aparelho de comunicação ou similar em estabelecimento prisional.

A tentativa é plenamente possível. Ex.: Tício, em horário de visita, ao tentar ingressar no presídio onde seu primo está preso, esconde em sua blusa um aparelho celular e acaba sendo preso em flagrante durante a revista pessoal.

Descrição do crime

O objeto material do crime pode ser qualquer instrumento que tenha potencial de comunicação. Ex.: aparelho telefônico, *walkie-talkie*, *webcam*.

Não é exigido qualquer fim específico; basta o dolo, por parte do agente, de levar ao poder do preso o aparelho de comunicação.

19.14 Exercício arbitrário ou abuso de poder

Art. 350, CP (Revogado.)

Os crimes de exercício arbitrário e abuso de poder, tanto o *caput* como as figuras equiparadas do parágrafo único, foram revogados pela Lei nº 13.869/2019 (abuso de autoridade).

19.15 Fuga de pessoa presa ou submetida à medida de segurança

Súmula nº 75 – STJ Compete à justiça comum estadual processar e julgar o policial militar por crime de promover ou facilitar a fuga de preso de estabelecimento penal.

Art. 351, CP Promover ou facilitar a fuga de pessoa legalmente presa ou submetida a medida de segurança detentiva:
Pena – Detenção, de seis meses a dois anos.
§ 1º Se o crime é praticado à mão armada, ou por mais de uma pessoa, ou mediante arrombamento, a pena é de reclusão, de dois a seis anos.
§ 2º Se há emprego de violência contra pessoa, aplica-se também a pena correspondente à violência.
§ 3º A pena é de reclusão, de um a quatro anos, se o crime é praticado por pessoa sob cuja custódia ou guarda está o preso ou o internado.
§ 4º No caso de culpa do funcionário incumbido da custódia ou guarda, aplica-se a pena de detenção, de três meses a um ano, ou multa.

19.16 Evasão mediante violência contra a pessoa

Art. 352, CP Evadir-se ou tentar evadir-se o preso ou o indivíduo submetido a medida de segurança detentiva, usando de violência contra a pessoa:
Pena – Detenção, de três meses a um ano, além da pena correspondente à violência.

19.17 Arrebatamento de preso

Art. 353, CP Arrebatar preso, a fim de maltratá-lo, do poder de quem o tenha sob custódia ou guarda:
Pena – Reclusão, de um a quatro anos, além da pena correspondente à violência.

Conduta

Somente uma conduta é prevista para a prática do crime, consubstanciada no núcleo "arrebatar preso", com o fim de maltratá-lo (linchamento). Arrebatar significa arrancar, levar, retirar com violência. Se não tiver o fim de maltratá-lo, não configurará esse crime, mas poderá incorrer no art. 351 do CP.

O arrebatamento de pessoa submetida à medida de segurança (ou adolescente apreendido) com a finalidade de maltratá-la não configurará o crime do art. 353 do CP. Nesses casos, a retirada do internado da custódia da autoridade será atípica, respondendo o agente somente por eventual conduta posterior praticada contra o arrebatado (morte, lesões corporais etc.).

19.18 Motim de presos

Art. 354, CP Amotinarem-se presos, perturbando a ordem ou disciplina da prisão:
Pena – Detenção, de seis meses a dois anos, além da pena correspondente à violência.

Considerações

No tipo penal, não há descrição de quantos presos são necessários para configurar o motim. Para alguns autores, três presos são suficientes. Já Mirabete exige no mínimo quatro. Todavia, nenhum entendimento está consolidado, sendo essencial que constitua um ajuntamento tumultuário de aprisionados.

19.19 Patrocínio infiel

Art. 355, CP Trair, na qualidade de advogado ou procurador, o dever profissional, prejudicando interesse, cujo patrocínio, em juízo, lhe é confiado:
Pena – Detenção, de seis meses a três anos, e multa.

Patrocínio simultâneo ou tergiversação

Parágrafo único. Incorre na pena deste artigo o advogado ou procurador judicial que defende na mesma causa, simultânea ou sucessivamente, partes contrárias.

Sujeitos

Sujeito ativo: o crime em tela somente poderá ser praticado por advogado ou procurador judicial devidamente inscrito nos quadros da OAB. Não estão incluídos no dispositivo os promotores e procuradores de Justiça.

Sujeito passivo: o Estado e, possivelmente, o outorgante do mandato que foi prejudicado.

Conduta

Pode se dar por ação (ex.: manifesta-se no processo de forma contrária aos interesses da parte defendida) ou por omissão (ex.: deixa de recorrer).

O patrocínio infiel deve ser empreendido em causa judicial, pouco importando a natureza ou espécie. Dessa forma, a atuação extrajudicial do profissional, como em inquérito policial, sindicância etc. não caracteriza o crime em estudo, sendo o agente passível apenas de punição disciplinar.

Consumação e tentativa

O crime consuma-se com a ocorrência do efetivo prejuízo ao patrocinado, ainda que a situação possa ser revertida.

A tentativa é possível apenas na forma comissiva.

O dispositivo traz duas formas de infidelidade profissional:

▷ **Patrocínio simultâneo:** consiste na conduta do advogado ou procurador que, concomitantemente, zela (ainda que por interposta pessoa) pelos interesses de partes contrárias.

▷ **Patrocínio sucessivo ou tergiversação:** consiste na conduta do advogado que renuncia ao mandato de uma parte (ou por ela é dispensado) e passa, em seguida, a representar a outra.

De acordo com o parágrafo único, é dispensável a comprovação de efetivo prejuízo ao patrocinado traído – delito formal.

19.20 Sonegação de papel ou objeto de valor probatório

Art. 356, CP Inutilizar, total ou parcialmente, ou deixar de restituir autos, documento ou objeto de valor probatório, que recebeu na qualidade de advogado ou procurador:
Pena – Detenção, de seis meses a três anos, e multa.

19.21 Exploração de prestígio

Art. 357, CP Solicitar ou receber dinheiro ou qualquer outra utilidade, a pretexto de INFLUIR em juiz, jurado, órgão do Ministério Público, funcionário de justiça, perito, tradutor, intérprete ou testemunha:
Pena – Reclusão, de um a cinco anos, e multa.
Parágrafo único. As penas aumentam-se de um terço, se o agente alega ou insinua que o dinheiro ou utilidade também se destina a qualquer das pessoas referidas neste artigo.

Introdução

Versa de forma similar ao crime de tráfico de influência (art. 332, CP). Com a edição da Lei nº 9.127/1995, esses dois crimes foram diferenciados e o art. 332 passou a ser o crime de tráfico de influência. Esse delito é de ação penal pública incondicionada.

Classificação

É um **crime simples**, pois ofende um único bem jurídico: a Administração da Justiça.

É considerado um **crime comum**, podendo ser praticado por qualquer pessoa.

É um **crime formal** quando o agente **solicitar** ou **receber** material.

É conhecido como um **crime de ação múltipla ou de conteúdo variado**, pois, mesmo o agente praticando mais de uma ação do tipo no mesmo contexto, responderá por um único crime.

Sujeitos do crime

Sujeito ativo: por ser considerado um crime comum, pode ser cometido por qualquer pessoa, pois a própria descrição do crime não exige qualquer qualidade do agente.

Sujeito passivo: o Estado, o servidor utilizado na fraude e a pessoa ludibriada pelo agente.

Consumação e tentativa

A consumação dependerá da conduta praticada. Se a conduta do agente for solicitar, o crime consuma-se com o simples pedido, independentemente do aceite da vítima enganada (crime formal).

A tentativa é possível, porém dependerá de como será praticado o delito. Ex.: "A", alegando conhecer um jurado, sem realmente conhecê-lo, solicita a "B" determinada vantagem para supostamente convencer o jurado a absolver seu irmão, réu em determinada ação penal.

CRIMES CONTRA A ADMINISTRAÇÃO DA JUSTIÇA

Descrição do crime

Exige-se um especial fim de agir por parte do agente, portanto, só caracteriza o crime na forma dolosa, não admitindo a forma culposa.

19.21.1 Aumento de pena

Parágrafo único. As penas aumentam-se de um terço, se o agente alega ou insinua que o dinheiro ou utilidade também se destina a qualquer das pessoas referidas no artigo.

Não é exigida a afirmação explícita de qualquer das pessoas indicadas no *caput* do art. 357; basta a insinuação.

Se restar provado que o destinatário da vantagem é uma das pessoas indicadas no tipo penal, restará a este a corrupção passiva (art. 317, CP). Ao particular e ao intermediador, restará o crime de corrupção ativa (art. 333, CP).

Considerações

▷ **Exploração de prestígio (art. 357, CP):** solicitar ou receber. Ato de disposição específica relativa aos órgãos ou funcionários da administração da justiça.

▷ **Tráfico de influência (art. 332, CP):** solicitar, exigir, cobrar ou obter. Ato praticado por funcionário público no exercício da função.

19.22 Violência ou fraude em arrematação judicial

Art. 358, CP Impedir, perturbar ou fraudar arrematação judicial; afastar ou procurar afastar concorrente ou licitante, por meio de violência, grave ameaça, fraude ou oferecimento de vantagem:
Pena – Detenção, de dois meses a um ano, ou multa, além da pena correspondente à violência.

19.23 Desobediência à decisão judicial sobre perda ou suspensão de direito

Art. 359, CP Exercer função, atividade, direito, autoridade ou múnus, de que foi suspenso ou privado por decisão judicial:
Pena – Detenção, de três meses a dois anos, ou multa.

20 CRIMES CONTRA AS FINANÇAS PÚBLICAS

20.1 Contração de operação de crédito

Art. 359-A, CP Ordenar, autorizar ou realizar operação de crédito, interno ou externo, sem prévia autorização legislativa:

Pena – Reclusão, de 1 (um) a 2 (dois) anos.

Parágrafo único. Incide na mesma pena quem ordena, autoriza ou realiza operação de crédito, interno ou externo:

I – Com inobservância de limite, condição ou montante estabelecido em lei ou em resolução do Senado Federal;

II – Quando o montante da dívida consolidada ultrapassa o limite máximo autorizado por lei.

20.2 Inscrição de despesas não empenhadas em restos a pagar

Art. 359-B, CP Ordenar ou autorizar a inscrição em restos a pagar, de despesa que não tenha sido previamente empenhada ou que exceda limite estabelecido em lei:

Pena – Detenção, de 6 (seis) meses a 2 (dois) anos.

20.3 Assunção de obrigação no último ano do mandato ou legislatura

Art. 359-C, CP Ordenar ou autorizar a assunção de obrigação, nos dois últimos quadrimestres do último ano do mandato ou legislatura, cuja despesa não possa ser paga no mesmo exercício financeiro ou, caso reste parcela a ser paga no exercício seguinte, que não tenha contrapartida suficiente de disponibilidade de caixa:

Pena – Reclusão, de 1 (um) a 4 (quatro) anos.

20.4 Ordenação de despesa não autorizada

Art. 359-D, CP Ordenar despesa não autorizada por lei:

Pena – Reclusão, de 1 (um) a 4 (quatro) anos.

20.5 Prestação de garantia graciosa

Art. 359-E, CP Prestar garantia em operação de crédito sem que tenha sido constituída contragarantia em valor igual ou superior ao valor da garantia prestada, na forma da lei:

Pena – Detenção, de 3 (três) meses a 1 (um) ano.

20.6 Não cancelamento de restos a pagar

Art. 359-F, CP Deixar de ordenar, de autorizar ou de promover o cancelamento do montante de restos a pagar inscrito em valor superior ao permitido em lei:

Pena – Detenção, de 6 (seis) meses a 2 (dois) anos.

20.7 Aumento de despesa total com pessoal no último ano do mandato ou legislatura

Art. 359-G, CP Ordenar, autorizar ou executar ato que acarrete aumento de despesa total com pessoal, nos cento e oitenta dias anteriores ao final do mandato ou da legislatura:

Pena – Reclusão, de 1 (um) a 4 (quatro) anos.

20.8 Oferta pública ou colocação de títulos no mercado

Art. 359-H, CP Ordenar, autorizar ou promover a oferta pública ou a colocação no mercado financeiro de títulos da dívida pública sem que tenham sido criados por lei ou sem que estejam registrados em sistema centralizado de liquidação e de custódia:

Pena – Reclusão, de 1 (um) a 4 (quatro) anos.

DIREITO PROCESSUAL PENAL

1 INTRODUÇÃO AO DIREITO PROCESSUAL PENAL

Toda vez que ocorre a prática de um delito, nasce para o Estado o *jus puniendi*, ou seja, o direito de punir do Estado, sempre pautado no devido processo legal. Tal mandamento deriva do Estado Democrático de Direito. Cumpre frisar que o Estado não pode simplesmente aplicar qualquer pena, mas, sim, seguir o mandamento constitucional previsto no art. 5º, XLVII:

> *Art. 5º, CF/1988 [...]*
> *XLVII – não haverá penas:*
> *a) de morte, salvo em caso de guerra declarada, nos termos do art. 84, XIX;*
> *b) de caráter perpétuo;*
> *c) de trabalhos forçados;*
> *d) de banimento;*
> *e) cruéis.*

Assim, visa-se respeitar a dignidade da pessoa humana, harmonizando-a com as medidas legais pertinentes à elucidação de um delito, bem como a consequente aplicação posterior da pena.

Desse modo, definimos o processo penal como um conjunto de normas jurídicas tendentes a direcionar a atuação da polícia judiciária, assim como de todo o Poder Judiciário criminal, objetivando uma investigação, um processo e uma sentença justa, que se fundamentem na verdade dos fatos, a fim de respeitar todos os direitos constitucionais do homem, a ampla defesa, a presunção de inocência, dentre outros. Nesse sentido, verificamos nos comandos a seguir relacionados, previstos no art. 5º da CF/1988:

> *Art. 5º, CF/1988 [...]*
> *III – ninguém será processado nem sentenciado senão pela autoridade competente;*
> *LIV – ninguém será privado da liberdade ou de seus bens sem o devido processo legal;*
> *LV – aos litigantes, em processo judicial ou administrativo, e aos acusados em geral são assegurados o contraditório e ampla defesa, com os meios e recursos a ela inerentes;*
> *LVI – são inadmissíveis, no processo, as provas obtidas por meios ilícitos;*
> *LVII – ninguém será considerado culpado até o trânsito em julgado de sentença penal condenatória.*

Por fim, cabe ressaltar que a prisão ocorre no Brasil conforme mandamento também presente no inciso LXI do art. 5º da CF/1988:

> *Art. 5º, LXI, CF/1988 Ninguém será preso senão em flagrante delito ou por ordem escrita e fundamentada de autoridade judiciária competente, salvo nos casos de transgressão militar ou crime propriamente militar, definidos em lei.*

1.1 Lei Processual Penal no espaço

O Código de Processo Penal, em seu art. 1º, estabelece o princípio da territorialidade da Lei Processual Penal *(Locus Regit Actum ou Lex Fori)*, de modo que se aplicam em território brasileiro as normas de cunho processual penal a todas as infrações penais relacionadas com o Estado brasileiro, de maneira a não haver hipóteses de extraterritorialidade de Lei Processual Penal.

> *Art. 1º, CPP O processo penal reger-se-á, em todo o território brasileiro, por este Código, ressalvados:*
> *I – os tratados, as convenções e regras de Direito Internacional;*
> *II – as prerrogativas constitucionais do presidente da República, dos ministros de Estado, nos crimes conexos com os do presidente da República, e dos ministros do Supremo Tribunal Federal, nos crimes de responsabilidade;*
> *III – os processos da competência da Justiça Militar;*
> *IV – os processos da competência do tribunal especial;*
> *V – os processos por crimes de imprensa.*

> *Parágrafo único. Aplicar-se-á, entretanto, este Código aos processos referidos nºs IV e V, quando as leis especiais que os regulam não dispuserem de modo diverso.*

Ao falar sobre território, faz-se necessário buscar seu conceito na própria lei, ou seja, no Código Penal Brasileiro, conforme esculpido definição presente no em seu art. 5º:

> *Art. 5º, CP Aplica-se a lei brasileira, sem prejuízo de convenções, tratados e regras de direito internacional, ao crime cometido no território nacional.*
> *§ 1º Para os efeitos penais, consideram-se como extensão do território nacional as embarcações e aeronaves brasileiras, de natureza pública ou a serviço do governo brasileiro onde quer que se encontrem, bem como as aeronaves e as embarcações brasileiras, mercantes ou de propriedade privada, que se achem, respectivamente, no espaço aéreo correspondente ou em alto-mar.*
> *§ 2º É também aplicável a lei brasileira aos crimes praticados a bordo de aeronaves ou embarcações estrangeiras de propriedade privada, achando-se aquelas em pouso no território nacional ou em voo no espaço aéreo correspondente, e estas em porto ou mar territorial do Brasil.*

1.2 Lei Processual Penal no tempo

> *Art. 2º, CPP A lei processual penal aplicar-se-á desde logo, sem prejuízo da validade dos atos realizados sob a vigência da lei anterior.*

Este artigo contempla o princípio da aplicação imediata (*tempus regit actum*). Deste princípio derivam duas regras fundamentais:

▷ A lei genuinamente processual tem aplicação imediata;
▷ A vigência dessa nova lei não invalida os atos processuais anteriores já praticados.

1.3 Interpretação da Lei Processual Penal

> *Art. 3º, CPP A lei processual penal admitirá interpretação extensiva e aplicação analógica, bem como o suplemento dos princípios gerais de direito.*

A aplicação da Lei Processual Penal segue as mesmas regras de hermenêutica que disciplinam a interpretação da legislação em geral. Interpretar significa definir o sentido e o alcance de determinado conceito.

Em função da impossibilidade de se poder escrever na lei todo seu significado ou, ainda, de se prever todas as situações possíveis de ocorrer efetivamente, o art. 3º do Código de Processo Penal prevê que a Lei Processual Penal admitirá:

▷ Interpretação extensiva;
▷ Aplicação analógica;
▷ Suplemento dos princípios gerais de Direito.

2 INQUÉRITO POLICIAL

A persecução criminal apresenta dois momentos distintos: o da investigação e o da ação penal. A investigação é a atividade preparatória da ação penal, de caráter preliminar e informativo. Já a ação penal consiste no pedido de julgamento da pretensão punitiva.

Em outros termos, a persecução penal estatal se constitui de duas etapas:

▷ Investigação preliminar: gênero do qual é espécie o inquérito policial, cujo objetivo é formar lastro probatório mínimo para a deflagração válida da fase seguinte;

▷ Processo penal: é desencadeado pela propositura de ação penal perante o judiciário.

Crime	Persecução	Pena
	Investigações + Processo judicial	

2.1 Conceito de inquérito policial

Inquérito policial (IP) é um **procedimento administrativo** inquisitivo, anterior ao processo, presidido pela autoridade policial (delegado de Polícia) que conduz diligências, as quais objetivam apurar: autoria (responsável pelo crime); materialidade (existência) e circunstâncias com a finalidade de possibilitar que o titular da ação penal possa ingressar em juízo.

2.2 Natureza jurídica

Trata-se de um **procedimento administrativo**, quando verificamos o quesito Procedimento – uma vez que não se trata de processo judicial nem de processo administrativo, porquanto dele não resulta a imposição direta de nenhuma sanção.

O IP é um procedimento administrativo, porque é realizado pela polícia judiciária, que é um órgão do Poder Executivo, que tem como função típica administrar a coisa pública.

2.3 Características do inquérito policial

2.3.1 Inquisitivo

No inquérito policial não há partes, acusação e defesa; temos somente o delegado de Polícia investigando um crime e, consequentemente, um suspeito. Nele, não há contraditório nem ampla defesa.

A investigação não observa o contraditório, pois a Polícia não tem a obrigação de avisar um suspeito que o está investigando; e não há ampla defesa, porque o inquérito não pode, em regra, fundamentar uma sentença condenatória, tendo o suspeito possibilidade de se defender durante o processo.

> *Art. 5º, LV, CF/1988* Aos litigantes, em processo judicial ou administrativo, e aos acusados em geral são assegurados o contraditório e ampla defesa, com os meios e recursos a ela inerentes.

Como na fase da investigação não existe nenhuma acusação nem partes, não há que se falar em contraditório e ampla defesa, pois o Direito Constitucional previsto no art. 5º, LV, da CF/1988 é válido para as partes de um processo. Além do inquérito policial não ter partes, é um procedimento e não um processo, conforme descrito na Constituição Federal.

2.3.2 Escrito

Todas as diligências realizadas no curso de um inquérito policial devem ser passadas a termo (escritas), para que seja facilitada a troca de informações entre os órgãos responsáveis pela persecução penal.

O delegado de Polícia tem a faculdade de filmar ou gravar diligências realizadas, mas isso não afasta a obrigação de transcrever todas por escrito.

> *Art. 405, § 1º, CPP* Sempre que possível, o registro dos depoimentos do investigado, indiciado, ofendido e testemunhas será feito pelos meios ou recursos de gravação magnética, estenotipia, digital ou técnica similar, inclusive audiovisual, destinada a obter maior fidelidade das informações.

Assim, é possível que o delegado, havendo meios, documente os atos do IP por meio das tecnologias existentes, inclusive captação de som e imagem.

2.3.3 Discricionário

Discricionariedade é a liberdade dentro da lei (esta determina ou autoriza a atuação do Estado). Assim, o delegado tem liberdade para a adoção e condução das diligências adotadas no curso de um inquérito policial.

O art. 6º do CPP traz um rol de possíveis procedimentos que podem ser adotados pela Polícia na condução de um inquérito; ele não é taxativo, pois a Polícia pode adotar qualquer uma daquelas diligências na ordem que entender melhor, ou seja, o rol é exemplificativo.

Não podemos entender discricionariedade como uma faculdade do delegado de iniciar ou não uma investigação, porque, conforme veremos adiante, em alguns casos a investigação é obrigatória. A discricionariedade refere-se ao fato de o delegado, sendo obrigado ou não a investigar, poder adotar as diligências que considere convenientes para a solução do crime, desde que esteja prevista tal diligência na lei.

Explica essa regra o fato de que cada crime é um acontecimento único no mundo e, assim, a solução deles não tem uma receita certa, devendo a autoridade policial saber utilizar, dentre os meios disponíveis, aqueles adequados à solução do caso.

2.3.4 Oficial

A realização do inquérito policial é atribuição de um órgão oficial do Estado (Polícia Judiciária), com a presidência deste incumbida à autoridade policial do respectivo órgão (delegado de Polícia – art. 2º, § 1º, Lei nº 12.830/2013).

> *Art. 2º, Lei nº 12.830/2013* As funções de polícia judiciária e a apuração de infrações penais exercidas pelo delegado de polícia são de natureza jurídica, essenciais e exclusivas de Estado.

2.3.5 Oficioso

Ao tomar conhecimento de notícia de crime de ação penal pública incondicionada, a autoridade policial é obrigada a agir de ofício, independentemente de provocação da vítima e/ou qualquer outra pessoa.

Deve instaurar o inquérito policial de ofício, nos termos do art. 5º, I, do CPP, procedendo, então, às diligências investigatórias para obter elementos de informação quanto à infração penal e sua autoria.

No caso de crimes de ação penal pública condicionada à representação e de ação penal de iniciativa privada, a instauração do IP está condicionada à manifestação da vítima ou de seu representante legal.

2.3.6 Sigiloso

Ao contrário do que ocorre no processo, o inquérito não comporta publicidade, sendo procedimento essencialmente sigiloso, disciplinando o art. 20, do CPP:

> *Art. 20, CPP* A autoridade assegurará no inquérito o sigilo necessário à elucidação do fato ou exigido pelo interesse da sociedade.

Classificação do sigilo:

▷ **Sigilo externo**: destinado aos terceiros desinteressados e à imprensa;

▷ **Sigilo Interno**: destinado aos interessados no processo.

O sigilo do IP não atinge o juiz e o membro do Ministério Público.

Quanto ao advogado do investigado, o Estatuto da OAB traz, em art. 7º, XIV, a seguinte redação:

> *Art. 7º, EOAB* São direitos do advogado: [...]
> XIV - examinar, em qualquer instituição responsável por conduzir investigação, mesmo sem procuração, autos de flagrante e de investigações de qualquer natureza, findos ou em andamento, ainda que conclusos à autoridade, podendo copiar peças e tomar apontamentos, em meio físico ou digital.

Súmula Vinculante nº 14 – STF
É direito do defensor, no interesse do representado, ter acesso amplo aos elementos de prova que, já documentados em procedimento investigatório realizado por órgão com competência de polícia judiciária, digam respeito ao exercício do direito de defesa.

2.3.7 Indisponível

A persecução criminal é de ordem pública e, uma vez iniciado o inquérito, o delegado de Polícia não pode dispor dele. Se diante de uma circunstância fática o delegado percebe que não houve crime, nem em tese, não deve iniciar o inquérito policial. Contudo, uma vez iniciado o procedimento investigativo, deve levá-lo até o final, não podendo arquivá-lo em virtude de expressa vedação contida no art. 17 do CPP.

Art. 17, CPP A autoridade policial não poderá mandar arquivar autos de inquérito.

2.3.8 Dispensável

Da leitura de dispositivos que regem a persecução penal preliminar, a exemplo art. 39, § 5º, do CPP, podemos concluir que o inquérito não é imprescindível para a propositura da ação penal.

Art. 39, § 5º, CPP O órgão do Ministério Público dispensará o inquérito, se com a representação forem oferecidos elementos que o habilitem a promover a ação penal, e, neste caso, oferecerá a denúncia no prazo de quinze dias.

O inquérito visa coletar indícios de autoria e materialidade do crime para que o titular da ação penal possa ingressar em juízo. Assim, se ele tiver esses indícios colhidos por outros meios, como por um inquérito não policial, o inquérito policial se torna dispensável.

Súmula nº 234 – STJ
A participação de membro do Ministério Público na fase investigatória criminal não acarreta seu impedimento ou suspeição para o oferecimento da denúncia.

2.4 Valor probatório do inquérito policial

O inquérito policial tem valor probatório relativo, pois ele serve para embasar o início do processo, mas não tem a força de, sozinho, sustentar uma sentença condenatória, porque as provas colhidas durante o IP não se submeteram ao contraditório e à ampla defesa. Enfatizamos que o valor probatório é relativo, uma vez que não fundamenta uma decisão judicial, porém pode dar margem à abertura de um processo criminal contra alguém.

Art. 155, CPP O juiz formará sua convicção pela livre apreciação da prova produzida em contraditório judicial, não podendo fundamentar sua decisão exclusivamente nos elementos informativos colhidos na investigação, ressalvadas as provas cautelares, não repetíveis e antecipadas.

2.4.1 Provas cautelares, não repetíveis e antecipadas

São as provas extraídas do inquérito policial e que têm a força de, eventualmente, sustentar uma sentença condenatória, conforme orienta o art. 155 do CPP.

Provas cautelares

São aquelas em que existe um risco de desaparecimento do objeto pelo decurso do tempo. Justificam-se pela necessidade, pela urgência.

Provas não renováveis ou irrepetíveis

São colhidas na fase investigatória, porque não podem ser produzidas novamente na fase processual devido ao seu fácil perecimento.

Perícia nos vestígios do crime: para que essas provas tenham valor probatório de justificar uma sentença na fase processual, é necessário que elas sejam submetidas à ampla defesa e ao contraditório diferido ou postergado, ou seja, durante a fase processual.

Prova antecipada

Aqui, referimo-nos às provas que, em regra, deveriam ser colhidas durante o curso do processo, e não durante o inquérito policial. Em alguns casos, é possível que o juiz antecipe a oitiva de uma testemunha para a fase das investigações, quando houver receio de que ela morra (idade avançada ou doença grave) ou, então, que a vítima se mude definitivamente para outro lugar, inviabilizando sua audição.

Art. 225, CPP Se qualquer testemunha houver de ausentar-se, ou, por enfermidade ou por velhice, inspirar receio que ao tempo da instrução criminal já não exista, o juiz poderá, de ofício ou a requerimento de qualquer das partes, tomar-lhe antecipadamente o depoimento.

2.5 Vícios

Os vícios do inquérito policial são seus defeitos ou suas nulidades, e a dúvida é se aqueles podem ou não causar nulidades ao processo futuro. A resposta é negativa, pois o IP não tem a força de condenar ninguém; assim, seus defeitos serão apurados pelos órgãos competentes (Corregedoria, Ministério Público). Dessa forma, podemos concluir que o delegado não pode ser considerado impedido ou suspeito de presidir o IP pelas futuras partes.

2.6 Procedimento investigatório face aos servidores vinculados aos órgãos da segurança da pública (art. 144, CF/1988)

A Lei nº 13.964/2019 (Pacote Anticrime) incluiu o art. 14-A ao Código de Processo Penal, com a seguinte redação:

Art. 14-A, CPP Nos casos em que servidores vinculados às instituições dispostas no art. 144 da Constituição Federal figurarem como investigados em inquéritos policiais, inquéritos policiais militares e demais procedimentos extrajudiciais, cujo objeto for a investigação de fatos relacionados ao uso da força letal praticados no exercício profissional, de forma consumada ou tentada, incluindo as situações dispostas no art. 23 do Decreto-lei nº 2.848, de 7 de dezembro de 1940 (Código Penal), o indiciado poderá constituir defensor.

§ 1º Para os casos previstos no caput deste artigo, o investigado deverá ser citado da instauração do procedimento investigatório, podendo constituir defensor no prazo de até 48 (quarenta e oito) horas a contar do recebimento da citação.

§ 2º Esgotado o prazo disposto no § 1º deste artigo com ausência de nomeação de defensor pelo investigado, a autoridade responsável pela investigação deverá intimar a instituição a que estava vinculado o investigado à época da ocorrência dos fatos, para que essa, no prazo de 48 (quarenta e oito) horas, indique defensor para a representação do investigado.

§ 3º Havendo necessidade de indicação de defensor nos termos do § 2º deste artigo, a defesa caberá preferencialmente à Defensoria Pública, e, nos locais em que ela não estiver instalada, a União ou a Unidade da Federação correspondente à respectiva competência territorial do procedimento instaurado deverá disponibilizar profissional para acompanhamento e realização de todos os atos relacionados à defesa administrativa do investigado.

§ 4º A indicação do profissional a que se refere o § 3º deste artigo deverá ser precedida de manifestação de que não existe defensor público lotado na área territorial onde tramita o inquérito e com atribuição para nele atuar, hipótese em que poderá ser indicado profissional que não integre os quadros próprios da Administração.

§ 5º Na hipótese de não atuação da Defensoria Pública, os custos com o patrocínio dos interesses dos investigados nos procedimentos de que trata este artigo correrão por conta do orçamento próprio da instituição a que este esteja vinculado à época da ocorrência dos fatos investigados.

§ 6º As disposições constantes deste artigo se aplicam aos servidores militares vinculados às instituições dispostas no art. 142 da Constituição Federal, desde que os fatos investigados digam respeito a missões para a Garantia da Lei e da Ordem.

INQUÉRITO POLICIAL

2.7 Incomunicabilidade

É importante saber que a incomunicabilidade não foi recepcionada pela CF/1988 e está tacitamente sem efeitos, mas suas regras são cobradas em questão de concurso.

> **Art. 21, CPP** *A incomunicabilidade do indiciado dependerá sempre de despacho nos autos e somente será permitida quando o interesse da sociedade ou a conveniência da investigação o exigir.*
>
> **Parágrafo único.** *A incomunicabilidade, que não excederá de três dias, será decretada por despacho fundamentado do Juiz, a requerimento da autoridade policial, ou do órgão do Ministério Público, respeitado, em qualquer hipótese, o disposto no artigo 89, inciso III, do Estatuto da Ordem dos Advogados do Brasil.*

2.8 Notícia crime

Notícia crime (*notitia criminis*) é o conhecimento espontâneo ou provocado por parte da autoridade policial de um fato aparentemente criminoso. Por meio dela, a autoridade policial dará início às investigações.

2.8.1 Classificação da notícia crime

Ela é classificada em direta ou indireta, conforme veremos a seguir:

▷ **Notícia crime direta (cognição imediata ou espontânea):** a autoridade policial toma conhecimento de um fato supostamente criminoso por meio da atuação da própria Polícia, quando noticiado o crime pela imprensa ou comunicado anonimamente por um particular.

▷ **Notícia crime indireta (cognição mediata ou provocada):** a Polícia Judiciária toma conhecimento do crime por meio da comunicação de um terceiro identificado.

2.8.2 Espécies de notícia crime indireta

Requerimento

É a comunicação de um fato supostamente criminoso, realizado pela vítima ou por seu representante legal. Além de comunicar o crime, também serve como um pedido para que a Polícia inicie as investigações.

Segundo o CPP, diante de um requerimento, o delegado pode recusar-se a iniciar as investigações e, nesse caso, é cabível recurso ao chefe de Polícia (art. 5º, § 2º, CPP).

> **Art. 5º, § 2º, CPP** *Do despacho que indeferir o requerimento de abertura de inquérito caberá recurso para o chefe de Polícia.*

Requisição

É a comunicação do crime feita à autoridade policial pelo promotor ou pelo juiz e uma determinação para o início das investigações. O delegado não pode se recusar a cumprir uma requisição.

> **Art. 13, CPP** *Incumbirá ainda à autoridade policial:*
> *I – fornecer às autoridades judiciárias as informações necessárias à instrução e julgamento dos processos;*
> *II – realizar as diligências requisitadas pelo juiz ou pelo Ministério Público;*
> *III – cumprir os mandados de prisão expedidos pelas autoridades judiciárias;*
> *IV – representar acerca da prisão preventiva.*

Representação

É a comunicação do crime e, também, uma autorização para que o Estado atue, seja investigando e/ou processando o possível autor. A representação é apresentada pela vítima ou por seu representante legal nos crimes de ação penal pública condicionada a ela.

É importante saber que a falta da representação nos casos em que a investigação dependa dela impede a atuação do Estado, ou seja, a Polícia não pode investigar o fato, não pode lavrar um auto de prisão em flagrante e não haverá processo.

Requisição do ministro da justiça

É a comunicação do crime e, também, uma autorização política para que o delegado inicie as investigações. Será necessária especificamente em crimes de ação penal pública condicionada à requisição do Ministro da Justiça, a qual não tem caráter de ordem como a do juiz ou do promotor. O nome requisição foi adotado, porque o ato é praticado por uma autoridade da alta cúpula do Poder Executivo.

2.8.3 Notícia crime com força coercitiva ou notícia crime por apresentação

É comunicação de um crime decorrente de uma prisão em flagrante, porque a notícia crime manifesta-se com a simples apresentação do autor do delito à autoridade policial, pela pessoa que realizou a prisão.

2.9 Prazos para conclusão do inquérito policial

O inquérito policial não pode se estender indefinidamente (é temporário), dispondo o Código de Processo Penal e a legislação extravagante acerca dos prazos de sua conclusão.

2.9.1 Regra geral

Como regra geral, para os crimes da atribuição da Polícia Civil estadual, o prazo para a conclusão do inquérito é de 10 dias, estando o indiciado preso (prazo improrrogável), e de 30 dias, se o agente está solto. Este prazo comporta prorrogação, a requerimento do delegado e mediante autorização do juiz (art. 10, CPP), não especificando a lei qual o tempo de prorrogação nem quantas vezes poderá ocorrer, o que nos leva a crer que esta se dá em razão da natureza das diligências necessárias e a complexidade da investigação.

> **Art. 10, CPP** *O inquérito deverá terminar no prazo de 10 dias, se o indiciado tiver sido preso em flagrante, ou estiver preso preventivamente, contado o prazo, nesta hipótese, a partir do dia em que se executar a ordem de prisão, ou no prazo de 30 dias, quando estiver solto, mediante fiança ou sem ela.*

Com o advento da Lei nº 13.964/2019, foi acrescentado o art. 3º-B ao CPP, o qual se encontra no tópico "Juiz das Garantias", passando a dispor, dentre as várias competências do juiz das garantias, a possibilidade de que este possa prorrogar o inquérito policial quando o investigado estiver preso.

> **Art. 3º-B, § 2º, CPP** *Se o investigado estiver preso, o juiz das garantias poderá, mediante representação da autoridade policial e ouvido o Ministério Público, prorrogar, uma única vez, a duração do **inquérito por até 15 (quinze) dias**, após o que, se ainda assim a investigação não for concluída, a prisão será imediatamente relaxada.*

Reprodução simulada do fato

> **Art. 7º, CPP** *Para verificar a possibilidade de haver a infração sido praticada de determinado modo, a autoridade policial poderá proceder à reprodução simulada dos fatos, desde que esta não contrarie a moralidade ou a ordem pública.*

A reprodução simulada do fato é a famosa reconstituição do crime; tem a finalidade de verificar se a infração foi praticada de determinado modo. Nesse caso, o suspeito não é obrigado a contribuir com a diligência, mas é obrigado a comparecer.

Indiciamento

É o ato da autoridade policial que comunica a uma pessoa que ela é a suspeita de ter praticado determinado crime e está sendo investigada em um inquérito policial. O indiciamento não é um ato discricionário, pois se fundamenta nas provas colhidas durante as diligências. Se as provas apontam um suspeito, ele deve ser indiciado; se não apontam, o delegado não pode indiciar ninguém.

> **Art. 2º, § 6º, Lei nº 12.830/2013** *O indiciamento, privativo do delegado de polícia, dar-se-á por ato fundamentado, mediante análise técnico-jurídica do fato, que deverá indicar a autoria, materialidade e suas circunstâncias.*

DIREITO PROCESSUAL PENAL

Procedimento especial no CPP

Art. 13-A, CPP Nos crimes previstos nos arts. 148, 149 e 149-A, no § 3º do art. 158 e no art. 159 do Decreto-lei nº 2.848, de 7 de dezembro de 1940 (Código Penal), e no art. 239 da Lei nº 8.069, de 13 de julho de 1990 (Estatuto da Criança e do Adolescente), o membro do Ministério Público ou o delegado de polícia poderá requisitar, de quaisquer órgãos do poder público ou de empresas da iniciativa privada, dados e informações cadastrais da vítima ou de suspeitos.

Parágrafo único. A requisição, que será atendida no prazo de 24 (vinte e quatro) horas, conterá:

I – o nome da autoridade requisitante;

II – o número do inquérito policial; e

III – a identificação da unidade de polícia judiciária responsável pela investigação.

Art. 13-B Se necessário à prevenção e à repressão dos crimes relacionados ao tráfico de pessoas, o membro do Ministério Público ou o delegado de polícia poderão requisitar, mediante autorização judicial, às empresas prestadoras de serviço de telecomunicações e/ou telemática que disponibilizem imediatamente os meios técnicos adequados – como sinais, informações e outros – que permitam a localização da vítima ou dos suspeitos do delito em curso.

§ 1º Para os efeitos deste artigo, sinal significa posicionamento da estação de cobertura, setorização e intensidade de radiofrequência.

§ 2º Na hipótese de que trata o caput, o sinal:

I – não permitirá acesso ao conteúdo da comunicação de qualquer natureza, que dependerá de autorização judicial, conforme disposto em lei;

II – deverá ser fornecido pela prestadora de telefonia móvel celular por período não superior a 30 (trinta) dias, renovável por uma única vez, por igual período;

III – para períodos superiores àquele de que trata o inciso II, será necessária a apresentação de ordem judicial.

§ 3º Na hipótese prevista neste artigo, o inquérito policial deverá ser instaurado no prazo máximo de 72 (setenta e duas) horas, contado do registro da respectiva ocorrência policial.

§ 4º Não havendo manifestação judicial no prazo de 12 (doze) horas, a autoridade competente requisitará às empresas prestadoras de serviço de telecomunicações e/ou telemática que disponibilizem imediatamente os meios técnicos adequados – como sinais, informações e outros – que permitam a localização da vítima ou dos suspeitos do delito em curso, com imediata comunicação ao juiz.

Final do inquérito policial

O inquérito policial é finalizado com a produção de um documento chamado relatório. Nele, o delegado relatará as diligências realizadas.

O delegado não deve emitir opinião no relatório – ressalva feita à Lei nº 11.343/2006 (Lei de Drogas), prevendo que, na elaboração do relatório, a autoridade policial deva justificar as razões que a levaram à classificação do delito (art. 52).

Após a confecção do relatório, o IP estará concluído.

Destino dos autos do inquérito policial

Os autos do inquérito, integrados ao relatório, serão remetidos ao Judiciário (art. 10, § 1º, CPP), para que sejam acessados pelo titular da ação penal.

Art. 10, § 1º, CPP A autoridade fará minucioso relatório do que tiver sido apurado e enviará autos ao juiz competente.

Arquivamento do inquérito

Art. 28, CPP Ordenado o arquivamento do inquérito policial ou de quaisquer elementos informativos da mesma natureza, o órgão do Ministério Público comunicará à vítima, ao investigado e à autoridade policial e encaminhará os autos para a instância de revisão ministerial para fins de homologação, na forma da lei. (Redação dada pela Lei nº 13.964/2019)

Ordenado o arquivamento do IP, o membro do Ministério Público comunicará à vítima, ao investigado e à autoridade policial, devendo, ainda, encaminhar os autos para a instância de revisão ministerial para fins de homologação.

Assim, atualmente, o controle do arquivamento é feito pelo próprio órgão ministerial (MP) e não mais pelo juiz.

Efeitos do arquivamento do inquérito policial

Arquivado o inquérito policial, por despacho do juiz, a requerimento do promotor de Justiça, não pode a ação penal ser iniciada sem novas provas (Súmula nº 524 – STF). Assim, o arquivamento do IP veda o oferecimento da denúncia para a promoção da ação penal, mas tal vedação não é absoluta, pois, se surgirem novas provas, a acusação poderá ser oferecida e ser iniciada a ação penal.

Art. 18, CPP Depois de ordenado o arquivamento do inquérito pela autoridade judiciária, por falta de base para a denúncia, a autoridade policial poderá proceder a novas pesquisas, se de outras provas tiver notícia.

3 AÇÃO PENAL

A ação penal é o início para todo o processo penal.

3.1 Condições da ação penal

Possibilidade jurídica do pedido

Para atender a essa condição, a ação penal precisa apenas ter sido ajuizada com base em conduta que demonstre fato típico.

Essa conduta típica se mostra quando cumprido o requisito da possibilidade jurídica do pedido.

Interesse de agir

No Processo Penal, a lide tem, **obrigatoriamente**, que ser resolvida pelas vias judiciárias. Assim, o titular da ação penal deverá provocar o Judiciário.

O interesse de agir, no Processo Penal, está muito ligado à utilização da via correta para dar andamento na lide.

Legitimidade *ad causam*

Trata-se de quem é pertinente para estar em determinado polo da demanda. O Ministério Público, por exemplo, deve estar no polo ativo no caso de denúncia de crimes hediondos, assim como o réu deve estar em polo passivo no processo.

3.2 Espécies de ação penal

Pública

- Incondicionada;
- Condicionada:
  - Representação ofendido;
  - Requisição Ministro da Justiça.

Privada

- Exclusiva;
- Personalíssima;
- Subsidiária da Pública;

3.3 Ação penal incondicionada

É a regra em nosso ordenamento processual penal. A titularidade é do Ministério Público de forma privativa, ou seja, somente ele possui o poder postulatório como pressuposto processual para a provocação do Poder Judiciário.

Há, no entanto, exceções a essa titularidade:
- Nesse caso, a lei deverá determinar se é **ação penal pública condicionada** ou **ação penal privada**;
- Nos casos em que o crime praticado atenta contra patrimônio ou interesse da União, estados e municípios, a ação penal **será sempre pública**.

Art. 24, CPP *Nos crimes de ação pública, esta será promovida por denúncia do Ministério Público, mas dependerá, quando a lei o exigir, de requisição do Ministro da Justiça, ou de representação do ofendido ou de quem tiver qualidade para representá-lo. [...]*
§ 2º Seja qual for o crime, quando praticado em detrimento do patrimônio ou interesse da União, Estado e Município, a ação penal será pública.

3.4 Princípios que regem a ação penal incondicionada

Obrigatoriedade

Se houver todos os indícios da materialidade do fato (delito), o MP **deverá** oferecer a denúncia.

Exceção: nos juizados especiais, já que nesses casos o titular da ação e o infrator transacionam de forma que não haja o ajuizamento da demanda.

Indisponibilidade

Após ter sido ajuizada a ação penal pública, seu titular **não poderá desistir ou transigir**.

O MP **não** poderá desistir da ação penal.

Art. 42, CPP *O Ministério Público não poderá desistir da ação penal.*

Oficialidade

A ação penal pública **deverá** ser ajuizada por um órgão oficial. Se passado o prazo legal para ajuizamento da ação e o MP não o tiver feito, a lei prevê que o ofendido poderá promover a ação penal privada subsidiária da pública.

Durante o **prazo legal**, a ação penal pública é **exclusiva do MP**. O prazo legal para que o ofendido possa ajuizar a ação penal privada subsidiária da pública é de **6 meses**. Após este prazo, caso o ofendido não tenha ajuizado a ação, **a legitimidade volta a ser do MP, exclusivamente**, desde que não tenha sido extinta a punibilidade.

Divisibilidade

Caso haja **mais de 1 infrator**, o MP pode ajuizar a demanda apenas a um ou alguns deles, podendo deixar os demais para a demanda posterior. O MP **não** está obrigado a oferecer a denúncia sempre que uma investigação criminal for instaurada. Há casos em que o inquérito policial será arquivado.

Art. 28, CPP *Ordenado o arquivamento do inquérito policial ou de quaisquer elementos informativos da mesma natureza, o órgão do Ministério Público comunicará à vítima, ao investigado e à autoridade policial e encaminhará os autos para a instância de revisão ministerial para fins de homologação, na forma da lei.*

3.5 Ação penal pública condicionada

Nesse caso, para que o MP possa ser o titular da ação penal e exercer de forma legítima tal direito, deverá estar presente o critério de **procedibilidade**, que nada mais é do que a requisição do ministro da Justiça ou, ainda, a representação do ofendido.

Nos casos de requisição do Ministro da Justiça, bem como do condicionamento à representação do ofendido, a representação admite retratação, desde que feita até o momento do oferecimento da denúncia.

No caso em que for ajuizada a ação penal sem a representação, tal nulidade poderá ser sanada se a vítima a apresentar em juízo dentro do prazo de 6 meses – já mencionado anteriormente.

A representação **não poderá ser dividida no que diz respeito aos autores do fato**. Mesmo não podendo haver fracionamento da representação, nada impede o MP de denunciar apenas um infrator por vez, de acordo como o que vimos no processo de divisibilidade.

Ofendido menor ou incapaz

Representante legal tem legitimidade.
Não tem representante legal?
Interesses colidem com os do representante?
- Juiz deverá nomear curador (art. 33, CPP);
- Tal curador não está obrigado a oferecer representação, apenas a analisar o que é bom ou não para o ofendido.

Prazo para representação: **6 meses**, a contar da data em que se é conhecido o autor do delito.

Representação poderá ser feita perante:
- MP;
- Autoridade policial;
- Juiz.

DIREITO PROCESSUAL PENAL

Nos casos de ação penal pública condicionada à requisição do ministro da Justiça:

▷ Apenas para determinados crimes;
▷ **Não** há prazo decadencial para o oferecimento da requisição, desde que não esteja extinta a punibilidade do crime em questão.

3.6 Ação penal privada exclusiva

A vontade do ofendido em oferecer ou não a denúncia se sobrepõe ao interesse público.

Princípios

▷ **Oportunidade:** o ofendido ou demais legitimados poderão avaliar se darão ou não início ao processo, levando em consideração a **conveniência do ajuizamento da ação**.
▷ **Disponibilidade:** o ofendido (titular) pode desistir da ação penal.
▷ **Indivisibilidade:** não será possível fracionar a ação penal no que diz respeito aos infratores.

> *Art. 48, CPP A queixa contra qualquer dos autores do crime obrigará ao processo de todos, e o Ministério Público velará pela sua indivisibilidade.*
>
> *Art. 49 A renúncia ao exercício do direito de queixa, em relação a um dos autores do crime, a todos se estenderá.*

Prazo decadencial: 6 meses contados a partir do momento em que o ofendido fica ciente de quem foi o infrator.

A queixa poderá ser oferecida:

▷ Pessoalmente;
▷ Por procurador com poderes especiais.

Ofendido faleceu. Quem pode ajuizar a ação penal?

▷ Cônjuge;
▷ Ascendente;
▷ Descendente;
▷ Irmão.

A ordem acima deverá ser respeitada.

Início do prazo para os legitimados

▷ **Ação penal já ajuizada:** prazo de **60 dias** para prosseguir na ação.
▷ **Ação penal ainda não ajuizada:** prazo se inicia com o óbito do ofendido.
▷ **Exceção:** ainda não era sabido o provável infrator.

3.7 Ação penal privada subsidiária da pública

Trata-se do caso em que a ação penal é pública, no entanto, por inércia do MP, é concedido por lei o direito de ajuizar a ação ao ofendido.

> *Art. 29, CPP Será admitida ação privada nos crimes de ação pública, se esta não for intentada no prazo legal, cabendo ao Ministério Público aditar a queixa, repudiá-la e oferecer denúncia substitutiva, intervir em todos os termos do processo, fornecer elementos de prova, interpor recurso e, a todo tempo, no caso de negligência do querelante, retomar a ação como parte principal.*

O ofendido terá o prazo de **6 meses** para oferecer a denúncia, que começa a correr a partir de findo o prazo para que o MP a ofereça.

> *Art. 38, CPP Salvo disposição em contrário, o ofendido, ou seu representante legal, decairá no direito de queixa ou de representação, se não o exercer dentro do prazo de seis meses, contado do dia em que vier a saber quem é o autor do crime, ou, no caso do art. 29 do dia em que se esgotar o prazo para o oferecimento da denúncia.*

Iniciado tal prazo para o ofendido, tanto ele quanto o MP têm legitimidade para oferecer a denúncia. Findo o prazo de **6 meses**, o ofendido perde o direito de ajuizar a ação penal, retornando tal direito exclusivamente para o MP.

Na ação penal privada subsidiária da pública, o MP atua como fiscal da lei, porém com atribuições mais amplas.

Nesses casos, o MP pode:

▷ **Aditar a queixa:** pode se referir a diversos aspectos (inclusão de réus, por exemplo).
▷ **Repudiar a queixa:** somente poderá fazê-lo quando alegar que não houve inércia.
▷ **Retomar a ação como parte principal:** o ofendido deixa a desejar na forma como conduz a causa e o MP retoma a ação como parte principal.

3.8 Ação penal personalíssima

Tipo de ação penal personalíssima exclusiva, na qual apenas o ofendido pode ajuizar a ação.

Caso o ofendido venha a falecer, não há a hipótese de estender a legitimidade aos sucessores.

Se o ofendido for menor, não há a possibilidade de o representante ajuizar a demanda.

3.9 Denúncia e queixa

Elementos

▷ **Exposição do fato criminoso:** a inicial deverá expor de forma detalhada o fato criminoso.
▷ **Qualificação do acusado:** a inicial deverá conter a qualificação do acusado. Caso não haja qualificação suficiente, deverão ser indicados elementos que tornem possível a identificação (tatuagem, marcas no corpo, características físicas).
▷ **Tipificação do delito:** deverá indicar qual dispositivo legal o acusado violou. Não é elemento indispensável.
▷ **Rol de testemunhas:** a inicial deverá conter o rol de testemunhas, caso haja.
▷ **Endereçamento:** a peça acusatória deverá ser endereçada ao juiz competente para apreciação do caso. O endereçamento errado não invalidará a peça.
▷ **Redação em vernáculo:** todos os atos processuais deverão ser redigidos em língua portuguesa.
▷ **Subscrição:** a inicial deverá ser assinada pelo membro do MP ou advogado querelante, quando for o caso.

3.10 Acordo de não persecução penal

Trata-se de uma espécie de transação, entre o MP e o suposto infrator, em que há uma transação penal buscando evitar o ajuizamento da ação.

> *Art. 28-A, CPP Não sendo caso de arquivamento e tendo o investigado confessado formal e circunstancialmente a prática de infração penal sem violência ou grave ameaça e com pena mínima inferior a 4 (quatro) anos, o Ministério Público poderá propor acordo de não persecução penal, desde que necessário e suficiente para reprovação e prevenção do crime, **mediante as seguintes condições ajustadas cumulativa e alternativamente:***
>
> *I – **reparar o dano ou restituir a coisa à vítima**, exceto na impossibilidade de fazê-lo;*
>
> *II – **renunciar voluntariamente a bens e direitos indicados pelo Ministério Público** como instrumentos, produto ou proveito do crime;*
>
> *III – **prestar serviço à comunidade ou a entidades públicas por período correspondente à pena mínima** cominada ao delito diminuída de um a dois terços, em local a ser indicado pelo juízo da execução, na forma do art. 46 do Decreto-lei nº 2.848, de 7 de dezembro de 1940 (Código Penal);*
>
> *IV – **pagar prestação pecuniária**, a ser estipulada nos termos do art. 45 do Decreto-lei nº 2.848, de 7 de dezembro de 1940 (Código Penal), a entidade pública ou de interesse social, a ser indicada pelo juízo da execução, que tenha, preferencialmente, como função proteger bens jurídicos iguais ou semelhantes aos aparentemente lesados pelo delito; ou*
>
> *V – **cumprir, por prazo determinado, outra condição indicada pelo Ministério Público**, desde que proporcional e compatível com a infração penal imputada.*

AÇÃO PENAL

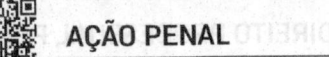

§ 1º Para aferição da pena mínima cominada ao delito a que se refere o caput deste artigo, serão consideradas as causas de aumento e diminuição aplicáveis ao caso concreto.

§ 2º O disposto no caput deste artigo não se aplica nas seguintes hipóteses:

I – se for cabível transação penal de competência dos Juizados Especiais Criminais, nos termos da lei;

II – se o investigado for reincidente ou se houver elementos probatórios que indiquem conduta criminal habitual, reiterada ou profissional, exceto se insignificantes as infrações penais pretéritas;

III – ter sido o agente beneficiado nos 5 anos anteriores ao cometimento da infração, em acordo de não persecução penal, transação penal ou suspensão condicional do processo; e

IV – nos crimes praticados no âmbito de violência doméstica ou familiar, ou praticados contra a mulher por razões da condição de sexo feminino, em favor do agressor.

§ 3º O acordo de não persecução penal será formalizado por escrito e será firmado pelo membro do Ministério Público, pelo investigado e por seu defensor.

§ 4º Para a homologação do acordo de não persecução penal, será realizada audiência na qual o juiz deverá verificar a sua voluntariedade, por meio da oitiva do investigado na presença do seu defensor, e sua legalidade.

§ 5º Se o juiz considerar inadequadas, insuficientes ou abusivas as condições dispostas no acordo de não persecução penal, devolverá os autos ao Ministério Público para que seja reformulada a proposta de acordo, com concordância do investigado e seu defensor.

§ 6º Homologado judicialmente o acordo de não persecução penal, o juiz devolverá os autos ao Ministério Público para que inicie sua execução perante o juízo de execução penal.

§ 7º O juiz poderá recusar homologação à proposta que não atender aos requisitos legais ou quando não for realizada a adequação a que se refere o § 5º deste artigo.

§ 8º Recusada a homologação, o juiz devolverá os autos ao Ministério Público para a análise da necessidade de complementação das investigações ou o oferecimento da denúncia.

§ 9º A vítima será intimada da homologação do acordo de não persecução penal e de seu descumprimento.

§ 10 Descumpridas quaisquer das condições estipuladas no acordo de não persecução penal, o Ministério Público deverá comunicar ao juízo, para fins de sua rescisão e posterior oferecimento de denúncia.

§ 11 O descumprimento do acordo de não persecução penal pelo investigado também poderá ser utilizado pelo Ministério Público como justificativa para o eventual não oferecimento de suspensão condicional do processo.

§ 12 A celebração e o cumprimento do acordo de não persecução penal não constarão de certidão de antecedentes criminais, exceto para os fins previstos no inciso III do § 2º deste artigo.

§ 13 Cumprido integralmente o acordo de não persecução penal, o juízo competente decretará a extinção de punibilidade.

§ 14 No caso de recusa, por parte do Ministério Público, em propor o acordo de não persecução penal, o investigado poderá requerer a remessa dos autos a órgão superior, na forma do art. 28 deste Código.

Pressupostos para proposição

▷ Infração penal;
▷ Sem violência ou grave ameaça;
▷ Pena **mínima inferior a 4 anos**;
▷ Acordo suficiente e necessário para prevenção do crime.

3.11 Da ação penal

Art. 24, CPP Nos crimes de **ação pública**, esta **será promovida por denúncia do Ministério Público**, mas dependerá, quando a lei o exigir, de requisição do Ministro da Justiça, ou de representação do ofendido ou de quem tiver qualidade para representá-lo.

§ 1º No **caso de morte do ofendido ou quando declarado ausente por decisão judicial**, o **direito de representação** passará ao **cônjuge, ascendente, descendente ou irmão**.

§ 2º Seja qual for o **crime**, quando **praticado em detrimento do patrimônio** ou **interesse da União, Estado e Município**, a **ação penal será pública**.

Art. 25 A representação será irretratável, depois de oferecida a denúncia.

Art. 26 A ação penal, nas contravenções, será iniciada com o auto de prisão em flagrante ou por meio de portaria expedida pela autoridade judiciária ou policial.

Art. 27 Qualquer pessoa do povo poderá provocar a iniciativa do Ministério Público, nos casos em que caiba a ação pública, fornecendo-lhe, por escrito, informações sobre o fato e a autoria e indicando o tempo, o lugar e os elementos de convicção.

Art. 28 Ordenado o arquivamento do inquérito policial ou de quaisquer elementos informativos da mesma natureza, o órgão do Ministério Público comunicará à vítima, ao investigado e à autoridade policial e encaminhará os autos para a instância de revisão ministerial para fins de homologação, na forma da lei.

§ 1º Se a vítima, ou seu representante legal, não concordar com o arquivamento do inquérito policial, poderá, no prazo de 30 dias do recebimento da comunicação, submeter a matéria à revisão da instância competente do órgão ministerial, conforme dispuser a respectiva lei orgânica.

§ 2º Nas ações penais relativas a crimes praticados em detrimento da União, Estados e Municípios, a revisão do arquivamento do inquérito policial poderá ser provocada pela chefia do órgão a quem couber a sua representação judicial.

Art. 28-A Não sendo caso de arquivamento e tendo o investigado confessado formal e circunstancialmente a prática de infração penal sem violência ou grave ameaça e com pena mínima inferior a **4 anos**, o Ministério Público poderá propor acordo de não persecução penal, desde que necessário e suficiente para reprovação e prevenção do crime, mediante as seguintes condições ajustadas cumulativa e alternativamente:

I – **reparar o dano** ou restituir a coisa à vítima, exceto na impossibilidade de fazê-lo;

II – **renunciar voluntariamente** a bens e direitos indicados pelo Ministério Público como instrumentos, produto ou proveito do crime;

III – **prestar serviço à comunidade** ou a entidades públicas por período correspondente à pena mínima cominada ao delito diminuída de um a dois terços, em local a ser indicado pelo juízo da execução, na forma do art. 46 do Decreto-lei nº 2.848, de 7 de dezembro de 1940 (Código Penal);

IV – **pagar prestação pecuniária**, a ser estipulada nos termos do art. 45 do Decreto-lei nº 2.848, de 7 de dezembro de 1940 (Código Penal), a entidade pública ou de interesse social, a ser indicada pelo juízo da execução, que tenha, preferencialmente, como função proteger bens jurídicos iguais ou semelhantes aos aparentemente lesados pelo delito; ou

V – **cumprir, por prazo determinado, outra condição indicada pelo Ministério Público**, desde que proporcional e compatível com a infração penal imputada.

§ 1º Para aferição da pena mínima cominada ao delito a que se refere o caput deste artigo, serão consideradas as causas de aumento e diminuição aplicáveis ao caso concreto.

§ 2º O disposto no caput deste artigo não se aplica nas seguintes hipóteses:

I – se for cabível transação penal de competência dos Juizados Especiais Criminais, nos termos da lei;

II – se o investigado for reincidente ou se houver elementos probatórios que indiquem conduta criminal habitual, reiterada ou profissional, exceto se insignificantes as infrações penais pretéritas;

III – ter sido o agente beneficiado nos **5 anos** anteriores ao cometimento da infração, em acordo de não persecução penal, transação penal ou suspensão condicional do processo; e

IV – nos crimes praticados no âmbito de violência doméstica ou familiar, ou praticados contra a mulher por razões da condição de sexo feminino, em favor do agressor.

§ 3º O acordo de não persecução penal será formalizado por escrito e será firmado pelo membro do Ministério Público, pelo investigado e por seu defensor.

§ 4º Para a homologação do acordo de não persecução penal, será realizada audiência na qual o juiz deverá verificar a sua voluntariedade, por meio da oitiva do investigado na presença do seu defensor, e sua legalidade.

§ 5º Se o juiz considerar inadequadas, insuficientes ou abusivas as condições dispostas no acordo de não persecução penal, devolverá os autos ao Ministério Público para que seja reformulada a proposta de acordo, com concordância do investigado e seu defensor.

§ 6º Homologado judicialmente o acordo de não persecução penal, o juiz devolverá os autos ao Ministério Público para que inicie sua execução perante o juízo de execução penal.

§ 7º O juiz poderá recusar homologação à proposta que não atender aos requisitos legais ou quando não for realizada a adequação a que se refere o § 5º deste artigo.

§ 8º Recusada a homologação, o juiz devolverá os autos ao Ministério Público para a análise da necessidade de complementação das investigações ou o oferecimento da denúncia.

§ 9º A vítima será intimada da homologação do acordo de não persecução penal e de seu descumprimento.

§ 10 Descumpridas quaisquer das condições estipuladas no acordo de não persecução penal, o Ministério Público deverá comunicar ao juízo, para fins de sua rescisão e posterior oferecimento de denúncia.

§ 11 O descumprimento do acordo de não persecução penal pelo investigado também poderá ser utilizado pelo Ministério Público como justificativa para o eventual não oferecimento de suspensão condicional do processo.

§ 12 A celebração e o cumprimento do acordo de não persecução penal não constarão de certidão de antecedentes criminais, exceto para os fins previstos no inciso III do § 2º deste artigo

§ 13 Cumprido integralmente o acordo de não persecução penal, o juízo competente decretará a extinção de punibilidade.

§ 14 No caso de recusa, por parte do Ministério Público, em propor o acordo de não persecução penal, o investigado poderá requerer a remessa dos autos a órgão superior, na forma do art. 28 deste Código.

Art. 29 Será admitida ação privada nos crimes de ação pública, se esta não for intentada no prazo legal, cabendo ao Ministério Público aditar a queixa, repudiá-la e oferecer denúncia substitutiva, intervir em todos os termos do processo, fornecer elementos de prova, interpor recurso e, a todo tempo, no caso de negligência do querelante, retomar a ação como parte principal.

Art. 30 Ao ofendido ou a quem tenha qualidade para representá-lo caberá intentar a **ação privada**.

Art. 31 No caso de morte do ofendido ou quando declarado ausente por decisão judicial, o direito de oferecer queixa ou prosseguir na ação passará ao cônjuge, ascendente, descendente ou irmão.

Art. 32 Nos crimes de ação privada, o juiz, a requerimento da parte que comprovar a sua pobreza, nomeará advogado para promover a ação penal.

§ 1º Considerar-se-á pobre a pessoa que não puder prover às despesas do processo, sem privar-se dos recursos indispensáveis ao próprio sustento ou da família.

§ 2º Será prova suficiente de pobreza o atestado da autoridade policial em cuja circunscrição residir o ofendido.

Art. 33 Se o ofendido for **menor de 18 anos**, ou **mentalmente enfermo**, ou **retardado mental**, e não tiver representante legal, ou colidirem os interesses deste com os daquele, o direito de queixa poderá ser exercido por curador especial, nomeado, de ofício ou a requerimento do Ministério Público, pelo juiz competente para o processo penal.

Art. 34 Se o ofendido for **menor de 21 e maior de 18 anos**, o direito de queixa poderá ser exercido por ele ou por seu representante legal.

Art. 36 Se comparecer mais de uma pessoa com direito de queixa, terá preferência o cônjuge, e, em seguida, o parente mais próximo na ordem de enumeração constante do art. 31. Podendo, entretanto, qualquer delas prosseguir na ação, caso o querelante desista da instância ou a abandone.

Art. 37 As fundações, associações ou sociedades legalmente constituídas poderão exercer a ação penal, devendo ser representadas por quem os respectivos contratos ou estatutos designarem ou, no silêncio destes, pelos seus diretores ou sócios-gerentes.

Art. 38 Salvo disposição em contrário, o ofendido, ou seu representante legal, decairá no direito de queixa ou de representação, se não o exercer dentro do prazo de seis meses, contado do dia em que vier a saber quem é o autor do crime, ou, no caso do art. 29 do dia em que se esgotar o prazo para o oferecimento da denúncia.

Parágrafo único. Verificar-se-á a decadência do direito de queixa ou representação, dentro do mesmo prazo, nos casos dos arts. 24, parágrafo único, e 31.

Art. 39 O direito de representação poderá ser exercido, pessoalmente ou por procurador com poderes especiais, mediante declaração, escrita ou oral, feita ao juiz, ao órgão do Ministério Público, ou à autoridade policial.

§ 1º A representação feita oralmente ou por escrito, sem assinatura devidamente autenticada do ofendido, de seu representante legal ou procurador, será reduzida a termo, perante o juiz ou autoridade policial, presente o órgão do Ministério Público, quando a este houver sido dirigida.

§ 2º A representação conterá todas as informações que possam servir à apuração do fato e da autoria.

§ 3º Oferecida ou reduzida a termo a representação, a autoridade policial procederá a inquérito, ou, não sendo competente, remetê-lo-á à autoridade que o for.

§ 4º A representação, quando feita ao juiz ou perante este reduzida a termo, será remetida à autoridade policial para que esta proceda a inquérito.

§ 5º O órgão do Ministério Público dispensará o inquérito, se com a representação forem oferecidos elementos que o habilitem a promover a ação penal, e, neste caso, oferecerá a denúncia no prazo de quinze dias.

Art. 40 Quando, em autos ou papéis de que conhecerem, os juízes ou tribunais verificarem a existência de crime de ação pública, remeterão ao Ministério Público as cópias e os documentos necessários ao oferecimento da denúncia.

Art. 41 A denúncia ou queixa conterá a exposição do fato criminoso, com todas as suas circunstâncias, a qualificação do acusado ou esclarecimentos pelos quais se possa identificá-lo, a classificação do crime e, quando necessário, o rol das testemunhas.

Art. 42 O **Ministério Público não poderá desistir da ação penal**.

Art. 43. (Revogado pela Lei nº 11.719/2008).

Art. 44 A queixa poderá ser dada por procurador com poderes especiais, devendo constar do instrumento do mandato o nome do querelante e a menção do fato criminoso, salvo quando tais esclarecimentos dependerem de diligências que devem ser previamente requeridas no juízo criminal.

Art. 45 A queixa, ainda quando a ação penal for privativa do ofendido, poderá ser aditada pelo Ministério Público, a quem caberá intervir em todos os termos subsequentes do processo.

Art. 46 O prazo para oferecimento da denúncia, estando o réu preso, será de **5 dias**, contado da data em que o órgão do Ministério Público receber os autos do inquérito policial, e de **15 dias**, se o réu estiver solto ou afiançado. No último caso, se houver devolução do inquérito à autoridade policial (art. 16), contar-se-á o prazo da data em que o órgão do Ministério Público receber novamente os autos.

§ 1º Quando o Ministério Público dispensar o inquérito policial, o prazo para o oferecimento da denúncia contar-se-á da data em que tiver recebido as peças de informações ou a representação

§ 2º O prazo para o aditamento da queixa será de **3 dias**, contado da data em que o órgão do Ministério Público receber os autos, e, se este não se pronunciar dentro do tríduo, entender-se-á que não tem o que aditar, prosseguindo-se nos demais termos do processo.

Art. 47 Se o Ministério Público julgar necessários maiores esclarecimentos e documentos complementares ou novos elementos de convicção, deverá requisitá-los, diretamente, de quaisquer autoridades ou funcionários que devam ou possam fornecê-los.

Art. 48 A queixa contra qualquer dos autores do crime obrigará ao processo de todos, e o Ministério Público velará pela sua indivisibilidade.

AÇÃO PENAL

Art. 49 *A renúncia ao exercício do direito de queixa, em relação a um dos autores do crime, a todos se estenderá.*

Art. 50 *A renúncia expressa constará de declaração assinada pelo ofendido, por seu representante legal ou procurador com poderes especiais.*

Parágrafo único. *A renúncia do representante legal do menor que houver completado 18 (dezoito) anos não privará este do direito de queixa, nem a renúncia do último excluirá o direito do primeiro.*

Art. 51 *O perdão concedido a um dos querelados aproveitará a todos, sem que produza, todavia, efeito em relação ao que o recusar.*

Art. 52 *Se o querelante for* **menor de 21 e maior de 18 anos***, o direito de perdão poderá ser exercido por ele ou por seu representante legal, mas o perdão concedido por um, havendo oposição do outro, não produzirá efeito.*

Art. 53 *Se o querelado for mentalmente enfermo ou retardado mental e não tiver representante legal, ou colidirem os interesses deste com os do querelado, a aceitação do perdão caberá ao curador que o juiz lhe nomear.*

Art. 54 *Se o querelado for* **menor de 21 anos***, observar-se-á, quanto à aceitação do perdão, o disposto no art. 52.*

Art. 55 *O perdão poderá ser aceito por procurador com poderes especiais.*

Art. 56 *Aplicar-se-á ao perdão extraprocessual expresso o disposto no art. 50.*

Art. 57 *A renúncia tácita e o perdão tácito admitirão todos os meios de prova.*

Art. 58 *Concedido o perdão, mediante declaração expressa nos autos, o querelado será intimado a dizer, dentro de três dias, se o aceita, devendo, ao mesmo tempo, ser cientificado de que o seu silêncio importará aceitação.*

Parágrafo único. Aceito o perdão, o juiz julgará extinta a punibilidade.

Art. 59 *A aceitação do perdão fora do processo constará de declaração assinada pelo querelado, por seu representante legal ou procurador com poderes especiais.*

Art. 60 *Nos casos em que somente se procede mediante queixa, considerar-se-á perempta a ação penal:*

I – quando, iniciada esta, o querelante deixar de promover o andamento do processo durante **30 dias** *seguidos;*

II – quando, falecendo o querelante, ou sobrevindo sua incapacidade, não comparecer em juízo, para prosseguir no processo, dentro do prazo de **60 dias***, qualquer das pessoas a quem couber fazê-lo, ressalvado o disposto no art. 36;*

III – quando o querelante deixar de comparecer, sem motivo justificado, a qualquer ato do processo a que deva estar presente, ou deixar de formular o pedido de condenação nas alegações finais;

IV – quando, sendo o querelante pessoa jurídica, esta se extinguir sem deixar sucessor.

Art. 61 *Em qualquer fase do processo, o juiz, se reconhecer extinta a punibilidade, deverá declará-lo de ofício.*

Parágrafo único. *No caso de requerimento do Ministério Público, do querelante ou do réu, o juiz mandará autuá-lo em apartado, ouvirá a parte contrária e, se o julgar conveniente, concederá o prazo de cinco dias para a prova, proferindo a decisão dentro de cinco dias ou reservando-se para apreciar a matéria na sentença final.*

Art. 62 *No caso de morte do acusado, o juiz somente à vista da certidão de óbito, e depois de ouvido o Ministério Público, declarará extinta a punibilidade.*

DIREITO PROCESSUAL PENAL

4 PROVAS

4.1 Conceito

É tudo aquilo que é apresentado ao juiz com o objetivo de contribuir na formação da sua opinião quanto aos fatos ou atos do processo que sejam relevantes para auxiliá-lo a chegar à sentença.

4.2 Cadeia de custódia

Cadeia de custódia da prova consiste no caminho que deve ser percorrido pela prova até sua análise pelo magistrado, sendo certo que qualquer interferência indevida durante esse trâmite processual pode resultar na sua imprestabilidade.

Note que o tema "cadeia de custódia" é um tema totalmente novo incluído pelo Pacote Anticrime (Lei nº 13.721/2018), portanto, a probabilidade de constar em provas será enorme. Atente à letra da lei, pois, sendo novidade e como não há jurisprudência envolvendo o tema ainda, assim, as bancas devem abusar a lei seca.

Considera-se cadeia de custódia o conjunto de todos os procedimentos utilizados para manter e documentar a história cronológica do vestígio coletado em locais ou em vítimas de crimes, para rastrear sua posse e manuseio a partir de seu reconhecimento até o descarte.

Início da cadeia de custódia: dá-se com a preservação do local de crime ou com procedimentos policiais ou periciais nos quais seja detectada a existência de vestígio.

O agente público que reconhecer um elemento como de potencial interesse para a produção da prova pericial **fica responsável por sua preservação.**

A coleta dos vestígios deverá ser realizada **preferencialmente** por perito oficial.

É proibida a entrada em locais isolados, bem como a remoção de quaisquer vestígios de locais de crime antes da liberação por parte do perito responsável, **sendo tipificada como fraude processual a sua realização.**

Art. 158-A, CPP Considera-se cadeia de custódia o conjunto de todos os procedimentos utilizados para manter e documentar a história cronológica do vestígio coletado em locais ou em vítimas de crimes, para rastrear sua posse e manuseio a partir de seu reconhecimento até o descarte.

§ 1º O início da cadeia de custódia dá-se com a preservação do local de crime ou com procedimentos policiais ou periciais nos quais seja detectada a existência de vestígio.

§ 2º O agente público que reconhecer um elemento como de potencial interesse para a produção da prova pericial fica responsável por sua preservação.

§ 3º Vestígio é todo objeto ou material bruto, visível ou latente, constatado ou recolhido, que se relaciona à infração penal.

Art. 158-B A cadeia de custódia compreende o rastreamento do vestígio nas seguintes etapas:

I – reconhecimento: ato de distinguir um elemento como de potencial interesse para a produção da prova pericial;

II – isolamento: ato de evitar que se altere o estado das coisas, devendo isolar e preservar o ambiente imediato, mediato e relacionado aos vestígios e local de crime;

III – fixação: descrição detalhada do vestígio conforme se encontra no local de crime ou no corpo de delito, e a sua posição na área de exames, podendo ser ilustrada por fotografias, filmagens ou croqui, sendo indispensável a sua descrição no laudo pericial produzido pelo perito responsável pelo atendimento;

IV – coleta: ato de recolher o vestígio que será submetido à análise pericial, respeitando suas características e natureza;

V – acondicionamento: procedimento por meio do qual cada vestígio coletado é embalado de forma individualizada, de acordo com suas características físicas, químicas e biológicas, para posterior análise, com anotação da data, hora e nome de quem realizou a coleta e o acondicionamento;

VI – transporte: ato de transferir o vestígio de um local para o outro, utilizando as condições adequadas (embalagens, veículos, temperatura, entre outras), de modo a garantir a manutenção de suas características originais, bem como o controle de sua posse;

VII – recebimento: ato formal de transferência da posse do vestígio, que deve ser documentado com, no mínimo, informações referentes ao número de procedimento e unidade de polícia judiciária relacionada, local de origem, nome de quem transportou o vestígio, código de rastreamento, natureza do exame, tipo do vestígio, protocolo, assinatura e identificação de quem o recebeu;

VIII – processamento: exame pericial em si, manipulação do vestígio de acordo com a metodologia adequada às suas características biológicas, físicas e químicas, a fim de se obter o resultado desejado, que deverá ser formalizado em laudo produzido por perito;

IX – armazenamento: procedimento referente à guarda, em condições adequadas, do material a ser processado, guardado para realização de contraperícia, descartado ou transportado, com vinculação ao número do laudo correspondente;

X – descarte: procedimento referente à liberação do vestígio, respeitando a legislação vigente e, quando pertinente, mediante autorização judicial.

Art. 158-C A coleta dos vestígios deverá ser realizada preferencialmente por perito oficial, que dará o encaminhamento necessário para a central de custódia, mesmo quando for necessária a realização de exames complementares.

§ 1º Todos os vestígios coletados no decurso do inquérito ou processo devem ser tratados como descrito nesta Lei, ficando órgão central de perícia oficial de natureza criminal responsável por detalhar a forma do seu cumprimento.

§ 2º É proibida a entrada em locais isolados bem como a remoção de quaisquer vestígios de locais de crime antes da liberação por parte do perito responsável, sendo tipificada como fraude processual a sua realização.

Art. 158-D O recipiente para acondicionamento do vestígio será determinado pela natureza do material.

§ 1º Todos os recipientes deverão ser selados com lacres, com numeração individualizada, de forma a garantir a inviolabilidade e a idoneidade do vestígio durante o transporte.

§ 2º O recipiente deverá individualizar o vestígio, preservar suas características, impedir contaminação e vazamento, ter grau de resistência adequado e espaço para registro de informações sobre seu conteúdo.

§ 3º O recipiente só poderá ser aberto pelo perito que vai proceder à análise e, motivadamente, por pessoa autorizada.

§ 4º Após cada rompimento de lacre, deve se fazer constar na ficha de acompanhamento de vestígio o nome e a matrícula do responsável, a data, o local, a finalidade, bem como as informações referentes ao novo lacre utilizado.

§ 5º O lacre rompido deverá ser acondicionado no interior do novo recipiente.

Art. 158-E Todos os Institutos de Criminalística deverão ter uma central de custódia destinada à guarda e controle dos vestígios, e sua gestão deve ser vinculada diretamente ao órgão central de perícia oficial de natureza criminal.

§ 1º Toda central de custódia deve possuir os serviços de protocolo, com local para conferência, recepção, devolução de materiais e documentos, possibilitando a seleção, a classificação e a distribuição de materiais, devendo ser um espaço seguro e apresentar condições ambientais que não interfiram nas características do vestígio.

§ 2º Na central de custódia, a entrada e a saída de vestígio deverão ser protocoladas, consignando-se informações sobre a ocorrência no inquérito que a eles se relacionam.

§ 3º Todas as pessoas que tiverem acesso ao vestígio armazenado deverão ser identificadas e deverão ser registradas a data e a hora do acesso.

§ 4º Por ocasião da tramitação do vestígio armazenado, todas as ações deverão ser registradas, consignando-se a identificação do responsável pela tramitação, a destinação, a data e horário da ação.

PROVAS

Art. 158-F Após a realização da perícia, o material deverá ser devolvido à central de custódia, devendo nela permanecer.

Parágrafo único. Caso a central de custódia não possua espaço ou condições de armazenar determinado material, deverá a autoridade policial ou judiciária determinar as condições de depósito do referido material em local diverso, mediante requerimento do diretor do órgão central de perícia oficial de natureza criminal.

4.3 Classificação das provas

4.3.1 Provas nominadas

São aquelas cujo meio de produção está previsto em lei (arts. 158 a 250, CPP).

Art. 226, CPP Quando houver necessidade de fazer-se o reconhecimento de pessoa, proceder-se-á pela seguinte forma:

I – a pessoa que tiver de fazer o reconhecimento será convidada a descrever a pessoa que deva ser reconhecida;

II – a pessoa, cujo reconhecimento se pretender, será colocada, se possível, ao lado de outras que com ela tiverem qualquer semelhança, convidando-se quem tiver de fazer o reconhecimento a apontá-la;

III – se houver razão para recear que a pessoa chamada para o reconhecimento, por efeito de intimidação ou outra influência, não diga a verdade em face da pessoa que deve ser reconhecida, a autoridade providenciará para que esta não veja aquela;

IV – do ato de reconhecimento lavrar-se-á auto pormenorizado, subscrito pela autoridade, pela pessoa chamada para proceder ao reconhecimento e por duas testemunhas presenciais.

4.3.2 Provas inominadas

São aquelas cujos meios de produção não estão previstos na lei. Por exemplo: recognição visuográfica de local de crime.

4.3.3 Princípio da liberdade na produção de provas

É possível a utilização de qualquer uma das duas modalidades de provas anteriormente descritas, ou seja, as nominadas e as inominadas, em razão do princípio da liberdade na produção da prova.

Não há nenhuma hierarquia entre as provas, ou seja, tanto as nominadas quanto as inominadas têm o mesmo valor. Tal princípio encontra exceção na seguinte hipótese: estado civil das pessoas.

Art. 155, parágrafo único, CPP Somente quanto ao estado das pessoas serão observadas as restrições estabelecidas na lei civil.

Para provar o estado civil, é necessária a apresentação de certidão, não admitindo nenhum outro modo, como a prova testemunhal.

4.3.4 Provas ilícitas

Recebem conceituação diferente pelo Código de Processo Penal e, também, pela doutrina.

▷ **Conceito de provas ilícitas dentro do CPP:** não há distinção entre as provas ilícitas e ilegítimas, sendo todas elas espécies de provas ilícitas, ou seja, estas, para o CPP, são aquelas que ferem normas constitucionais e infraconstitucionais. Assim, tanto faz se fere norma de Direito Penal ou de Direito Processual Penal.

Art. 157, CPP São inadmissíveis, devendo ser desentranhadas do processo, as provas ilícitas, assim entendidas as obtidas em violação a normas constitucionais ou legais.

▷ **Conceito de provas ilícitas para a doutrina:** as provas ilícitas recebem uma subclassificação: ilícitas e ilegítimas.

- **Provas ilícitas:** são as que ofendem o direito material (Código Penal ou legislação penal extravagante) e aquelas que ofendem os princípios constitucionais penais. Por exemplo: violar uma correspondência para conseguir uma prova.

- **Provas Ilegítimas:** são as provas que ofendem o direito formal, processual, ou seja, o Código de Processo Penal e a legislação processual penal extravagante. Também são aquelas que violam os princípios constitucionais processuais penais. Por exemplo: laudo pericial confeccionado somente por um perito não oficial.

Distinção entre prova ilícita e prova ilegítima

▷ **Prova ilícita:** é aquela produzida mediante a violação de norma de direito material prevista na Constituição Federal ou em lei ordinária.

▷ **Prova ilegítima:** é aquela produzida mediante violação de norma de direito processual.

Art. 479, CPP Durante o julgamento não será permitida a leitura de documento ou a exibição de objeto que não tiver sido juntado aos autos com a antecedência mínima de 3 (três) dias úteis, dando-se ciência à outra parte.

Inutilização da prova Ilícitas

Art. 157, CPP São inadmissíveis, devendo ser desentranhadas do processo, as provas ilícitas, assim entendidas as obtidas em violação a normas constitucionais ou legais. [...]

§ 3º Preclusa a decisão de desentranhamento da prova declarada inadmissível, esta será inutilizada por decisão judicial, facultado às partes acompanhar o incidente.

Teoria dos frutos da árvore envenenada (*fruits of the poisonous tree*): teoria da prova ilícita por derivação.

Art. 157, § 1º, 1ª parte, CPP São também inadmissíveis as provas derivadas das ilícitas.

As provas que decorrem de uma ilícita também estarão contaminadas, não devendo ser utilizadas no processo.

▷ **Teoria da descoberta inevitável:** prova originária de fonte independente.

Art. 157, §§ 1º e 2º, CPP São também inadmissíveis as provas derivadas das ilícitas, salvo quando não evidenciado o nexo de causalidade entre umas e outras, ou quando as derivadas puderem ser obtidas por uma fonte independente das primeiras. Considera-se fonte independente aquela que por si só, seguindo os trâmites típicos e de praxe, próprios da investigação ou instrução criminal, seria capaz de conduzir ao fato objeto da prova.

A prova derivada de uma ilícita poderá ser utilizada quando, seguindo os trâmites típicos e de praxe da investigação, ou da instrução criminal, pudermos chegar à mesma prova obtida por meio de uma ilícita.

Por meio de uma escuta ilegal, obtém-se a localização de um documento incriminador em relação ao indiciado. Ocorre que uma testemunha, depondo regularmente, também indicou à Polícia o lugar onde se encontrava a referida prova. Podemos concluir que mesmo que esse documento não fosse confeccionado por meio de um procedimento ilegal, ele seria produzido após o interrogatório, por fonte independente.

▷ **Teoria da prova absolutamente independente:**

Art. 157, § 3º, CPP Preclusa a decisão de desentranhamento da prova declarada inadmissível, esta será inutilizada por decisão judicial, facultado às partes acompanhar o incidente.

A mera existência de uma prova ilícita no processo não necessariamente o contamina, pois, havendo outras provas lícitas absolutamente independentes da ilícita no processo serão aproveitadas.

A prova declarada ilícita pelo juiz será desentranhada dos autos e destruída com a presença facultativa das partes.

4.3.5 Ônus da prova

Art. 156, CPP A prova da alegação incumbirá a quem a fizer.

▷ **Prova emprestada:** é aceita no Brasil e é aquela produzida em outro processo.

▷ **Requisitos:** ser entre as partes envolvidas e ser colhida perante o juiz.

4.3.6 Exame de corpo delito

Art. 158, CPP Quando a infração deixar vestígios, será indispensável o exame de corpo de delito, direto ou indireto, não podendo supri-lo a confissão do acusado.

Parágrafo único. Dar-se-á prioridade à realização do exame de corpo de delito quando se tratar de crime que envolva:
I – violência doméstica e familiar contra mulher;
II – violência contra criança, adolescente, idoso ou pessoa com deficiência.

▷ **Obrigatoriedade do exame de corpo de delito:** quando ocorrer infrações que deixam vestígios.

Não podendo supri-lo a confissão do acusado:

▷ **Prioridade à realização do exame de corpo de delito:** violência doméstica e familiar contra a mulher, contra criança, adolescente, idoso ou pessoa com deficiência.

O exame de corpo de delito pode ser negado pelo juiz ou delegado?

Art. 184, CPP Salvo o caso de exame de corpo de delito, o juiz ou a autoridade policial negará a perícia requerida pelas partes, quando não for necessária ao esclarecimento da verdade.

Diferença entre corpo de delito e exame de corpo de delito

▷ **Corpo de delito:** é um conjunto de vestígios deixados, pode ser qualquer coisa, como corpo, documentos etc.

▷ **Exame de corpo de delito:** é a perícia que será realizada nos vestígios.

Art. 158, CPP Quando a infração deixar vestígios, será indispensável o exame de corpo de delito, direto ou indireto, não podendo supri-lo a confissão do acusado.

Diferença entre corpo de delito direto e indireto

▷ **Direto:** é aquele realizado exatamente nos vestígios deixados pelo crime.

▷ **Indireto:** é aquele realizado por outros meios, pois não foi possível fazer o direto, uma vez que ocorreu desaparecimento (por exemplo: prontuários médicos, atestados).

É possível a prova testemunhal no exame de corpo de delito indireto?

Art. 167, CPP Não sendo possível o exame de corpo de delito, por haverem desaparecido os vestígios, a prova testemunhal poderá suprir-lhe a falta.

4.3.7 Peritos

Art. 159, CPP O exame de corpo de delito e outras perícias serão realizados por perito oficial, portador de diploma de curso superior.

O exame de corpo de delito e outras perícias serão realizadas por **perito oficial**, portador de diploma de curso superior.

Art. 159, § 1º, CPP Na falta de perito oficial, o exame será realizado por 2 (duas) pessoas idôneas, portadoras de diploma de curso superior preferencialmente na área específica, dentre as que tiverem habilitação técnica relacionada com a natureza do exame.

§ 2º Os peritos não oficiais prestarão o compromisso de bem e fielmente desempenhar o encargo.

Portanto, o perito não oficial deve:

▷ Ser pessoa idônea (obrigatório);
▷ Ser portador de curso superior (obrigatório);
▷ Estar **preferencialmente** na área específica da matéria examinada.

4.3.8 Reconhecimento de pessoas e objetos

É o meio de prova que tem por finalidade identificar se determinada pessoa ou objeto teve algum tipo de ligação com o crime apurado no processo. Assim, alguém que já tenha visto uma coisa ou outra será chamado a identificá-lo.

Reconhecimento de pessoas

Por meio deste expediente, busca-se identificar não somente o infrator, mas, em alguns casos, até mesmo a vítima e as testemunhas.

Art. 226, CPP [...]
I – A pessoa que tiver de fazer o reconhecimento será convidada a descrever a pessoa que deva ser reconhecida;
II – A pessoa, cujo reconhecimento se pretender, será colocada, se possível, ao lado de outras que com ela tiverem qualquer semelhança, convidando-se quem tiver de fazer o reconhecimento a apontá-la;

Reconhecimento de objetos

Se for necessário proceder ao reconhecimento de objetos que tenham algum tipo de vínculo com o crime, será adotará adotado o mesmo procedimento realizado para reconhecer uma pessoa.

Art. 227, CPP No reconhecimento de objeto, proceder-se-á com as cautelas estabelecidas no artigo anterior, no que for aplicável.

É possível o reconhecimento de pessoas tanto por fotografias como pela voz (modalidade de provas inominadas).

Acareação

É o meio de prova que tem por finalidade esclarecer divergências nas declarações de qualquer cidadão sobre fatos ou circunstâncias relevantes. A acareação pode se dar tanto entre acusados, acusado e testemunha etc.

Art. 229, CPP A acareação será admitida entre acusados, entre acusado e testemunha, entre testemunhas, entre acusado ou testemunha e a pessoa ofendida, e entre as pessoas ofendidas, sempre que divergirem, em suas declarações, sobre fatos ou circunstâncias relevantes.

Natureza: meio de prova

▷ **Pressupostos:** divergência substancial sobre fato ou circunstância relevante, prestada previamente pelos confrontantes.

▷ **Procedimento:** os acareados serão convocados à presença da autoridade (juiz ou delegado). Na sequência, serão provocados pela autoridade a mudar ou ratificar o depoimento anteriormente prestado.

Documentos

É o papel ou meio digital, fotográfico etc., que tem por finalidade transmitir uma informação. É o documento produzido com a finalidade de provar algo. Por exemplo: um comprovante de pagamento, declaração do IR.

Documentos eventuais

Não possuem a finalidade de provar nada, mas, excepcionalmente, podem funcionar como prova. Por exemplo: uma foto familiar.

Tradução

Os documentos em língua estrangeira poderão ser traduzidos para que se obtenha a exata compreensão.

Segundo a doutrina, o que estiver escrito em língua estrangeira, para que tenha valor de prova, deve ser traduzido para o português, respeitando-se o princípio da publicidade.

Restituição

Após a sentença transitar em julgado, será possível a devolução dos documentos originais ao proprietário, adotando-se o seguinte procedimento:

▷ Requerimento do proprietário;
▷ Prévia oitiva do MP antes da decisão juiz;
▷ Se o juiz deferir o pedido, deve ficar cópia nos autos.

Art. 238, CPP Os documentos originais, juntos a processo findo, quando não exista motivo relevante que justifique a sua conservação nos autos, poderão, mediante requerimento, e ouvido o Ministério Público, ser entregues à parte que os produziu, ficando traslado nos autos.

Indícios

Art. 239, CPP *Considera-se indício a circunstância conhecida e provada, que, tendo relação com o fato, autorize, por indução, concluir-se a existência de outra ou outras circunstâncias.*

Por exemplo: alguém passeia pela rua e depara-se com uma pessoa com a roupa suja de sangue e uma faca na mão. Essa pessoa passa pela outra correndo e, após alguns metros, encontra um cidadão caído no chão com várias facadas no corpo. Pode-se concluir, logicamente, que aquela primeira que passou com a faca cometeu a agressão, mesmo que não se tenha visto o crime acontecer.

Busca e apreensão

▷ **Busca:** é a procura de determinada pessoa ou objeto do rol do art. 240 do CPP.

▷ **Apreensão:** é resultante da busca bem-sucedida, em que se apreende a respectiva pessoa ou objeto procurado.

Para a doutrina moderna, a busca e apreensão seria uma medida cautelar que tem por finalidade prospectar objetos ou pessoas.

▷ **Momento:** pode ser produzida a qualquer momento, antes, durante ou até mesmo após a persecução penal, ou seja, durante a execução da pena.

Laudo pericial (art. 160, CPP)

Art. 160, CPP *Os peritos elaborarão o laudo pericial, onde descreverão minuciosamente o que examinarem, e responderão aos quesitos formulados.*

Parágrafo único. *O laudo pericial será elaborado no prazo máximo de 10 dias, podendo este prazo ser prorrogado, em casos excepcionais, a requerimento dos peritos.*

É um documento por meio do qual o perito expõe suas conclusões e deve conter:

▷ Informações detalhadas do objeto periciado;
▷ Respostas elaboradas para os quesitos formulados pelas partes;
▷ Conclusões.

Art. 161 *O exame de corpo de delito poderá ser feito em qualquer dia e a qualquer hora.*

Autopsia é obrigatória?

Art. 16, parágrafo único, CPP *Nos casos de morte violenta, bastará o simples exame externo do cadáver, quando não houver infração penal que apurar, ou quando as lesões externas permitirem precisar a causa da morte e não houver necessidade de exame interno para a verificação de alguma circunstância relevante.*

Interrogatório

▷ Trata-se de um meio de prova e um meio de defesa;
▷ Ato personalíssimo do réu.

Via de regra será oral. As exceções estão previstas nos arts. 192 e 193 do CPP:

Art. 192, CPP *O interrogatório do mudo, do surdo ou do surdo-mudo será feito pela forma seguinte:*

I – ao surdo serão apresentadas por escrito as perguntas, que ele responderá oralmente

II – ao mudo as perguntas serão feitas oralmente, respondendo-as por escrito

III – ao surdo-mudo as perguntas serão formuladas por escrito e do mesmo modo dará as respostas

Parágrafo único. *Caso o interrogando não saiba ler ou escrever, intervirá no ato, como intérprete e sob compromisso, pessoa habilitada a entendê-lo*

Art. 193 *Quando o interrogando não falar a língua nacional, o interrogatório será feito por meio de intérprete.*

Individualidade

Art. 191 *Havendo mais de um acusado, serão interrogados separadamente.*

Procedimentos

Art. 185 *O acusado que comparecer perante a autoridade judiciária, no curso do processo penal, será qualificado e interrogado na presença de seu defensor, constituído ou nomeado. [...]*

§ 5º Em qualquer modalidade de interrogatório, o juiz garantirá ao réu o direito de entrevista prévia e reservada com o seu defensor; [...]

§ 10 Do interrogatório deverá constar a informação sobre a existência de filhos, respectivas idades e se possuem alguma deficiência e o nome e o contato de eventual responsável pelos cuidados dos filhos, indicado pela pessoa presa

Qualificação – 2 fases

Art. 187 *O interrogatório será constituído de duas partes: sobre a pessoa do acusado e sobre os fatos*

§ 1º Na primeira parte o interrogando será perguntado sobre a residência, meios de vida ou profissão, oportunidades sociais, lugar onde exerce a sua atividade, vida pregressa, notadamente se foi preso ou processado alguma vez e, em caso afirmativo, qual o juízo do processo, se houve suspensão condicional ou condenação, qual a pena imposta, se a cumpriu e outros dados familiares e sociais

§ 2º Na segunda parte será perguntado sobre:

I – ser verdadeira a acusação que lhe é feita;

II – não sendo verdadeira a acusação, se tem algum motivo particular a que atribuí-la, se conhece a pessoa ou pessoas a quem deva ser imputada a prática do crime, e quais sejam, e se com elas esteve antes da prática da infração ou depois dela;

III – onde estava ao tempo em que foi cometida a infração e se teve notícia desta;

IV – as provas já apuradas;

V – se conhece as vítimas e testemunhas já inquiridas ou por inquirir, e desde quando, e se tem o que alegar contra elas;

VI – se conhece o instrumento com que foi praticada a infração, ou qualquer objeto que com esta se relacione e tenha sido apreendido;

VII – todos os demais fatos e pormenores que conduzam à elucidação dos antecedentes e circunstâncias da infração;

VIII – se tem algo mais a alegar em sua defesa.

Pode ser invocado o *nemo tenetur se detegere* no interrogatório?

Art. 186, CPP *Depois de devidamente qualificado e cientificado do inteiro teor da acusação, o acusado será informado pelo juiz, antes de iniciar o interrogatório, do seu direito de permanecer calado e de não responder perguntas que lhe forem formuladas.*

Parágrafo único. *O silêncio, que não importará em confissão, não poderá ser interpretado em prejuízo da defesa.*

Uma vez interrogado o acusado, ele pode ser inquirido novamente?

Art. 196, CPP *A todo tempo o juiz poderá proceder a novo interrogatório de ofício ou a pedido fundamentado de qualquer das partes.*

Interrogatório por videoconferência

Art. 185, § 2º, CPP *Excepcionalmente, o juiz, por decisão fundamentada, de ofício ou a requerimento das partes, poderá realizar o interrogatório do réu preso por sistema de videoconferência ou outro recurso tecnológico de transmissão de sons e imagens em tempo real, desde que a medida seja necessária para atender a uma das seguintes finalidades:*

I – prevenir risco à segurança pública, quando exista fundada suspeita de que o preso integre organização criminosa ou de que, por outra razão, possa fugir durante o deslocamento;

II – viabilizar a participação do réu no referido ato processual, quando haja relevante dificuldade para seu comparecimento em juízo, por enfermidade ou outra circunstância pessoal;

III – impedir a influência do réu no ânimo de testemunha ou da vítima, desde que não seja possível colher o depoimento destas por videoconferência, nos termos do art. 217 deste Código;

IV – responder à gravíssima questão de ordem pública.

§ 3º Da decisão que determinar a realização de interrogatório por videoconferência, as partes serão intimadas com 10 (dez) dias de antecedência

§ 4º Antes do interrogatório por videoconferência, o preso poderá acompanhar, pelo mesmo sistema tecnológico, a realização de todos os atos da audiência única de instrução e julgamento

§ 6º A sala reservada no estabelecimento prisional para a realização de atos processuais por sistema de videoconferência será fiscalizada pelos corregedores e pelo juiz de cada causa, como também pelo Ministério Público e pela Ordem dos Advogados do Brasil.

Confissão

Art. 197, CPP *O valor da confissão se aferirá pelos critérios adotados para os outros elementos de prova, e para a sua apreciação o juiz deverá confrontá-la com as demais provas do processo, verificando se entre ela e estas existe compatibilidade ou concordância.*

Art. 198 *O silêncio do acusado não importará confissão, mas poderá constituir elemento para a formação do convencimento do juiz.*

Art. 199 *A confissão, quando feita fora do interrogatório, será tomada por termo nos autos, observado o disposto no art. 195.*

Art. 200 *A confissão será divisível e retratável, sem prejuízo do livre convencimento do juiz, fundado no exame das provas em conjunto.*

5 PRISÕES

5.1 Conceito

Prisão é uma restrição à liberdade de ir e vir (liberdade ambulatorial ou de locomoção), por meio do recolhimento ao cárcere por ordem fundamentada do juiz ou derivada da prisão em flagrante.

5.2 Espécies de prisão cautelar

Atualmente, existem três espécies de prisão cautelar: 1) prisão em flagrante, 2) preventiva e 3) temporária.

5.2.1 Prisão preventiva

É a medida cautelar de constrição da liberdade pessoal, cabível durante toda a persecução penal (inquérito policial + processo), decretada pelo juiz *ex-officio* no curso da ação penal, ou a requerimento do MP, do querelante, do assistente ou por representação da autoridade policial. Não tem prazo e justifica-se na presença dos requisitos estabelecidos na lei.

Note que a prisão preventiva teve alterações consideráveis conforme o Pacote Anticrime.

Tempo da prisão preventiva

Não há prazo definido em lei acerca da duração dela e estende-se no tempo enquanto houver necessidade, que é dosada pela presença de seus requisitos legais. Se eventualmente estes desaparecem, a prisão preventiva será revogada e nada impede que ela seja decretada novamente, caso algum dos requisitos reapareça.

Por sua vez, se ela se estende no tempo de maneira desproporcional, transforma-se em prisão ilegal e, nesse caso, merecerá relaxamento.

Cabimento

Será possível tanto na investigação policial como no processo.

Art. 311, CPP Em qualquer fase da investigação policial ou do processo penal, caberá a prisão preventiva decretada pelo juiz, a requerimento do Ministério Público, do querelante ou do assistente, ou por representação da autoridade policial.

Decretação

Art. 312, CPP A prisão preventiva poderá ser decretada como garantia da ordem pública, da ordem econômica, por conveniência da instrução criminal ou para assegurar a aplicação da lei penal, quando houver prova da existência do crime e indício suficiente de autoria e de perigo gerado pelo estado de liberdade do imputado.

§ 1º A prisão preventiva também poderá ser decretada em caso de descumprimento de qualquer das obrigações impostas por força de outras medidas cautelares (art. 282, § 4º).

§ 2º A decisão que decretar a prisão preventiva deve ser motivada e fundamentada em receio de perigo e existência concreta de fatos novos ou contemporâneos que justifiquem a aplicação da medida adotada.

Admissibilidade

Art. 313, CPP Nos termos do art. 312 deste Código, será admitida a decretação da prisão preventiva:

I – nos crimes dolosos punidos com pena privativa de liberdade máxima superior a 4 (quatro) anos.

II – se tiver sido condenado por outro crime doloso, em sentença transitada em julgado, ressalvado o disposto no inciso I do caput do art. 64 do Decreto-lei nº 2.848, de 7 de dezembro de 1940 – Código Penal.

III – se o crime envolver violência doméstica e familiar contra a mulher, criança, adolescente, idoso, enfermo ou pessoa com deficiência, para garantir a execução das medidas protetivas de urgência.

§ 1º Também será admitida a prisão preventiva quando houver dúvida sobre a identidade civil da pessoa ou quando esta não fornecer elementos suficientes para esclarecê-la, devendo o preso ser colocado imediatamente em liberdade após a identificação, salvo se outra hipótese recomendar a manutenção da medida.

§ 2º Não será admitida a decretação da prisão preventiva com a finalidade de antecipação de cumprimento de pena ou como decorrência imediata de investigação criminal ou da apresentação ou recebimento de denúncia.

Excludentes de ilicitude

Art. 314, CPP A prisão preventiva em nenhum caso será decretada se o juiz verificar pelas provas constantes dos autos ter o agente praticado o fato nas condições previstas nos incisos I, II e III do caput do art. 23 do Decreto-lei nº 2.848, de 7 de dezembro de 1940 – Código Penal.

Motivação

Art. 315, CPP A decisão que decretar, substituir ou denegar a prisão preventiva será sempre motivada e fundamentada.

§ 1º Na motivação da decretação da prisão preventiva ou de qualquer outra cautelar, o juiz deverá indicar concretamente a existência de fatos novos ou contemporâneos que justifiquem a aplicação da medida adotada.

§ 2º Não se considera fundamentada qualquer decisão judicial, seja ela interlocutória, sentença ou acórdão, que:

I – limitar-se à indicação, à reprodução ou à paráfrase de ato normativo, sem explicar sua relação com a causa ou a questão decidida.

II – empregar conceitos jurídicos indeterminados, sem explicar o motivo concreto de sua incidência no caso.

III – invocar motivos que se prestariam a justificar qualquer outra decisão.

IV – não enfrentar todos os argumentos deduzidos no processo capazes de, em tese, infirmar a conclusão adotada pelo julgador.

V – limitar-se a invocar precedente ou enunciado de súmula, sem identificar seus fundamentos determinantes nem demonstrar que o caso sob julgamento se ajusta àqueles fundamentos.

VI – deixar de seguir enunciado de súmula, jurisprudência ou precedente invocado pela parte, sem demonstrar a existência de distinção no caso em julgamento ou a superação do entendimento.

Art. 316 O juiz poderá, de ofício ou a pedido das partes, revogar a prisão preventiva se, no correr da investigação ou do processo, verificar a falta de motivo para que ela subsista, bem como novamente decretá-la, se sobrevierem razões que a justifiquem.

Parágrafo único. Decretada a prisão preventiva, deverá o órgão emissor da decisão revisar a necessidade de sua manutenção a cada 90 (noventa) dias, mediante decisão fundamentada, de ofício, sob pena de tornar a prisão ilegal.

5.2.2 Prisão temporária

É a prisão cautelar cabível apenas ao longo do inquérito policial, decretada pelo juiz a requerimento do MP ou por representação da autoridade policial (o juiz não pode decretar a medida de ofício e não pode ser requerida pelo querelante nos casos de ação penal privada), com prazo pré-estabelecido em lei, uma vez presente os requisitos do art. 1º da Lei nº 7.960/1989.

Prisão temporária

- É a prisão cautelar;
- Cabível apenas ao longo do IP;
- Decretada pelo juiz;
- Requerida pelo MP ou pelo delegado;
- Com prazo pré-estabelecido em lei;
- Uma vez presente os seus requisitos.

Cabimento

Art. 1º, Lei nº 7.960/1989 Caberá prisão temporária:

I – quando imprescindível para as investigações do inquérito policial;
II – quando o indicado não tiver residência fixa ou não fornecer elementos necessários ao esclarecimento de sua identidade;

III – quando houver fundadas razões, de acordo com qualquer prova admitida na legislação penal, de autoria ou participação do indiciado nos seguintes crimes:

a) homicídio doloso (art. 121, caput, e seu § 2º);
b) sequestro ou cárcere privado (art. 148, caput, e seus §§ 1º e 2º);
c) roubo (art. 157, caput, e seus §§ 1º, 2º e 3º);
d) extorsão (art. 158, caput, e seus §§ 1º e 2º.);
e) extorsão mediante sequestro (art. 159, caput, e seus §§ 1º, 2º e 3º);
f) estupro (art. 213, caput, e sua combinação com o art. 223, caput, e parágrafo único);
g) atentado violento ao pudor (art. 214, caput, e sua combinação com o art. 223, caput, e parágrafo único);
h) rapto violento (art. 219, e sua combinação com o art. 223, caput, e parágrafo único);
i) epidemia com resultado de morte (art. 267, § 1º);
j) envenenamento de água potável ou substância alimentícia ou medicinal qualificado pela morte (art. 270, caput, combinado com art. 285);
l) quadrilha ou bando (art. 288), todos do Código Penal;
m) genocídio (arts. 1º, 2º e 3º da Lei nº 2.889, de 1º de outubro de 1956), em qualquer de suas formas típicas;
n) tráfico de drogas (art. 12 da Lei nº 6.368, de 21 de outubro de 1976);
o) crimes contra o sistema financeiro (Lei nº 7.492, de 16 de junho de 1986).
p) crimes previstos na Lei de Terrorismo.

O rol de crimes descrito é taxativo, o que significa que somente esses delitos comportam a medida e mais nenhum.

5.2.3 Prisão em flagrante

É a prisão cautelar de natureza administrativa que funciona como ferramenta de preservação social, autorizando a captura daquele que é surpreendido no instante em que pratica ou termina de concluir a infração penal. Caracteriza-se pela imediatidade entre o crime e a prisão. Essa modalidade de prisão comporta várias delas e, a seguir, exemplificaremos cada hipótese de flagrante, conforme o que vem sendo cobrado nos principais concursos do país.

Modalidades de flagrante

▷ **Flagrante obrigatório/coercitivo:** é aquele flagrante das autoridades policiais e seus agentes. A autoridade policial não tem qualquer discricionariedade quanto a prisão em flagrante ou não.

*Art. 301, CPP Qualquer do povo poderá e as autoridades policiais e seus agentes **deverão** prender quem quer que seja encontrado em flagrante delito.*

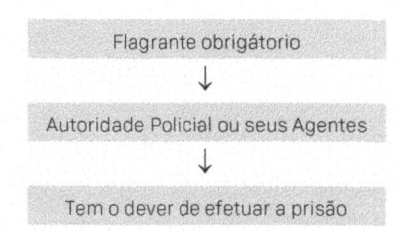

```
Flagrante obrigatório
        ↓
Autoridade Policial ou seus Agentes
        ↓
Tem o dever de efetuar a prisão
```

▷ **Flagrante facultativo:** é o flagrante que se aplica a qualquer pessoa do povo, não tendo o sujeito a obrigação de agir.

Art. 301, CPP Qualquer do povo poderá e as autoridades policiais e seus agentes deverão prender quem quer que seja encontrado em flagrante delito.

```
Flagrante facultativo
        ↓
Qualquer pessoa do povo
        ↓
Poderá realizar o flagrante
```

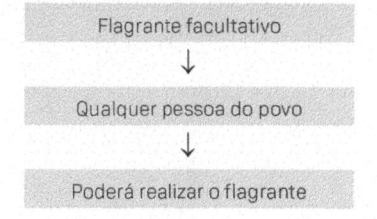

Esquematizando o tema:

Art. 301	Espécie de flagrante
Qualquer do povo PODERÁ	FACULTATIVO
As autoridades policiais e seus agentes DEVERÃO	OBRIGATÓRIO

Excludente de licitude	Infração em tese
Exercício regular do direito	Constrangimento ilegal
Estrito cumprimento do dever legal	Abuso de autoridade

▷ **Flagrante próprio (real/perfeito/propriamente dito)** tem cabimento em duas hipóteses:
- Quando o agente está cometendo o delito, ou seja, está em plena prática dos atos executórios;
- Acaba de cometer o delito, isto é, o agente terminou de concluir a prática da infração penal, ficando evidente que é o autor do crime.

Art. 302, CPP Considera-se em flagrante delito quem:
I – Está cometendo a infração penal;
II – Acaba de cometê-la;

▷ **Flagrante impróprio (irreal/imperfeito/quase flagrante):** é a espécie de flagrante que ocorre quando o criminoso conclui o crime ou é interrompido pela chegada de terceiros e foge, sem ser preso no local, fazendo com que se inicie uma perseguição, seja pela polícia, pela vítima ou por terceiro.

Art. 302 Considera-se em flagrante delito quem: [...]
III – É perseguido, logo após, pela autoridade, pelo ofendido ou por qualquer pessoa, em situação que faça presumir ser autor da infração.

▷ **Flagrante presumido (ficto ou assimilado):** o criminoso é encontrado logo depois de praticar o crime, com objetos, armas ou papéis que faça presumir ser ele o autor do delito. Nesse caso, não há perseguição.

Art. 302 Considera-se em flagrante delito quem: [...]
IV – É encontrado, logo depois, com instrumentos, armas, objetos ou papéis que façam presumir ser ele autor da infração.

▷ **Flagrante forjado:** é o flagrante realizado para incriminar um inocente. A prisão é ilegal e o forjador responderá criminalmente por denunciação caluniosa (art. 339, CP).

▷ **Flagrante esperado:** ocorre quando a Polícia toma conhecimento da possibilidade da ocorrência de um crime, então, fica em campana, aguardando que se iniciem os primeiros atos executórios, na expectativa de concretizar a captura. Devido à falta de previsão legal do flagrante esperado, quando a tomada se concretiza, ele se transforma em flagrante próprio. Assim, essa é uma modalidade viável para autorizar a prisão em flagrante.

No flagrante esperado, a Polícia em nada contribui com a prática do delito; ela simplesmente toma conhecimento do crime que está por vir e aguarda o delito acontecer para realizar a prisão. Não confundir com o flagrante preparado.

▷ **Flagrante preparado (provocado/delito putativo por obra do agente provocador):** ocorre quando o agente provocador (em regra, a Polícia, podendo também ser terceiro) induz ou instiga alguém a cometer um crime. Não é admitida no Brasil a prisão – é ilegal –, e o fato praticado não constitui crime, pois é atípico, sendo a consumação da ação impossível, haja vista que, durante os atos executórios, haverá a prisão.

Súmula nº 145 – STF
Não há crime, quando a preparação do flagrante pela polícia torna impossível a sua consumação.

PRISÕES

▷ **Flagrante postergado (diferido/estratégico/ação controlada):** caracteriza-se pela possibilidade que a Polícia – e somente ela – tem de retardar a prisão em flagrante, na expectativa de realizá-la em um momento mais adequado para a colheita de provas, para a captura do maior número de infratores e, também, a fim de conseguir o enquadramento no delito principal da facção criminosa. Ele é possível no **art. 53, Lei nº 11.343/2006.**

> *Art. 53, Lei nº 11.343/2006 Em qualquer fase da persecução criminal relativa aos crimes previstos nesta Lei, são permitidos, além dos previstos em lei, mediante autorização judicial e ouvido o Ministério Público, os seguintes procedimentos investigatórios:*
>
> *I – A infiltração por agentes de polícia, em tarefas de investigação, constituída pelos órgãos especializados pertinentes;*
>
> *II – A não atuação policial sobre os portadores de drogas, seus precursores químicos ou outros produtos utilizados em sua produção, que se encontrem no território brasileiro, com a finalidade de identificar e responsabilizar maior número de integrantes de operações de tráfico e distribuição, sem prejuízo da ação penal cabível.*
>
> *Parágrafo único. Na hipótese do inciso II deste artigo, a autorização será concedida desde que sejam conhecidos o itinerário provável e a identificação dos agentes do delito ou de colaboradores.*

Fases da prisão em flagrante

▷ **Captura:** emprego da força – a força pode ser utilizada, porém com moderação. Referente ao tema, importante o teor constante do art. 292 do CPP.

> *Art. 292, CPP Se houver, ainda que por parte de terceiros, resistência à prisão em flagrante ou à determinada por autoridade competente, o executor e as pessoas que o auxiliarem poderão usar dos meios necessários para defender-se ou para vencer a resistência, do que tudo se lavrará auto subscrito também por duas testemunhas.*
>
> **Uso de algemas**
>
> *Trata-se de uma medida de natureza excepcional, devendo ser utilizado utilizada quando houver risco de fuga OU agressão do preso contra policiais, membros da sociedade ou até a si mesmo.*
>
> **Súmula Vinculante nº 11 – STF**
>
> *Só é lícito o uso de algemas em casos de resistência e de fundado receio de fuga ou de perigo à integridade física própria ou alheia, por parte do preso ou de terceiros, justificada a excepcionalidade por escrito, sob pena de responsabilidade disciplinar, civil e penal do agente ou da autoridade e de nulidade da prisão ou do ato processual a que se refere, sem prejuízo da responsabilidade civil do Estado.*
>
> *Art. 292, parágrafo único, CPP É vedado o uso de algemas em mulheres grávidas durante os atos médico-hospitalares preparatórios para a realização do parto e durante o trabalho de parto, bem como em mulheres durante o período de puerpério imediato.*

▷ **Condução coercitiva:** não se imporá prisão em flagrante.
- Lei dos Juizados Especiais Criminais;
- Porte de drogas para consumo pessoal;
- CTB.

▷ **Lavratura do auto de prisão em flagrante:** possibilidade de concessão de fiança pela própria autoridade policial, nos moldes previstos pelo art. 322 do CPP.

> *Art. 322, CPP A autoridade policial **somente** poderá conceder fiança nos casos de infração cuja pena privativa de liberdade máxima não seja superior a 4 (quatro) anos.*
>
> *Parágrafo único. Nos demais casos, a fiança será requerida ao juiz, que decidirá em 48 (quarenta e oito) horas.*

▷ **Convalidação judicial da prisão em flagrante:** essa convalidação judicial constitui-se no procedimento que deverá ser observado pelo juiz quando do recebimento do auto de prisão em flagrante.

Cumpre recordarmos que a obrigatoriedade de comunicação da prisão ao juiz encontra-se prevista na legislação ao teor do art. 306, do Código de Processo Penal, o que dispõe:

> *Art. 306 A prisão de qualquer pessoa e local onde se encontre serão comunicados imediatamente ao juiz competente, ao Ministério Público e a família do preso ou a pessoa por ele indicada.*
>
> *§ 1º Em até 24 (vinte e quatro horas) após a realização da prisão, será encaminhado ao juiz competente o auto de prisão em flagrante e, caso o autuado não informe o nome de seu advogado, cópia integral para Defensoria Pública.*
>
> *§ 2º No mesmo prazo, será entregue ao preso, mediante recibo, a nota de culpa (termo de ciência das garantias constitucionais), assinada pela autoridade, com o motivo da prisão, o nome do condutor e os das testemunhas.*

Audiência de custódia: audiência de custódia consiste no direito que a pessoa presa em flagrante possui de ser conduzida (levada), sem demora, à presença de uma autoridade judicial (magistrado) que analisará se os direitos fundamentais dessa pessoa foram respeitados (por exemplo: se não houve tortura), se a prisão em flagrante foi legal e se a prisão cautelar deve ser decretada ou se o preso poderá receber a liberdade provisória ou medida cautelar diversa da prisão.

> *Art. 310, CPP Após receber o auto de prisão em flagrante, no prazo máximo de até 24 (vinte e quatro) horas após a realização da prisão, o juiz deverá promover audiência de custódia com a presença do acusado, seu advogado constituído ou membro da Defensoria Pública e o membro do Ministério Público, e, nessa audiência, o juiz deverá, fundamentadamente.*
>
> *I – relaxar a prisão ilegal; o.*
>
> *II – converter a prisão em flagrante em preventiva, quando presentes os requisitos constantes do art. 312 deste Código, e se revelarem inadequadas ou insuficientes as medidas cautelares diversas da prisão; o.*
>
> *III – conceder liberdade provisória, com ou sem fiança.*
>
> *§ 1º Se o juiz verificar, pelo auto de prisão em flagrante, que o agente praticou o fato em qualquer das condições constantes dos incisos I, II ou III do caput do art. 23 do Decreto-lei nº 2.848, de 7 de dezembro de 1940 (Código Penal), poderá, fundamentadamente, conceder ao acusado liberdade provisória, mediante termo de comparecimento obrigatório a todos os atos processuais, sob pena de revogação.*
>
> *§ 2º Se o juiz verificar que o agente é reincidente ou que integra organização criminosa armada ou milícia, ou que porta arma de fogo de uso restrito, deverá denegar a liberdade provisória, com ou sem medidas cautelares.*
>
> *§ 3º A autoridade que deu causa, sem motivação idônea, à não realização da audiência de custódia no prazo estabelecido no caput deste artigo responderá administrativa, civil e penalmente pela omissão.*
>
> *§ 4º Transcorridas 24 (vinte e quatro) horas após o decurso do prazo estabelecido no caput deste artigo, a não realização de audiência de custódia sem motivação idônea ensejará também a ilegalidade da prisão, a ser relaxada pela autoridade competente, sem prejuízo da possibilidade de imediata decretação de prisão preventiva.*

LEGISLAÇÃO DE TRÂNSITO

1 LEI Nº 9.503/97 – CÓDIGO DE TRÂNSITO BRASILEIRO

A Lei nº 9.503 foi publicada no Diário Oficial em 23 de setembro de 1997, entrando em vigor a partir de 22 de janeiro de 1998. E, portanto, com 120 dias de *vacatio legis*, que é o período compreendido entre a publicação e a entrada em vigor de uma lei.

Trata-se de legislação de trânsito que define as atribuições das diversas autoridades e órgãos ligados ao trânsito, fornecendo diretrizes para a Engenharia de Tráfego e estabelecendo normas de conduta, infrações e penalidades para os diversos usuários desse complexo sistema.

É importante observar, desde já, o previsto na Constituição Federal de 1988, em seu art. 22:

> **Art. 22** *Compete privativamente à União legislar sobre: [...]*
> *XI – trânsito e transporte;*

Outro dispositivo constitucional relativo ao trânsito está no art. 23, sendo este de competência comum dos entes federados.

> **Art. 23** *É competência comum da União, dos Estados, do Distrito Federal e dos Municípios: [...]*
> *XII – estabelecer e implantar política de educação para a segurança do trânsito.*

Cabe salientar que não há necessidade de ser bacharel em Direito para interpretar corretamente o Código de Trânsito Brasileiro (CTB).

> *A sistematização das leis mais complexas observa, entre nós, o seguinte esquema básico: Livros, Títulos, Capítulos, Seções, Subseções e Artigos. (Manual de Redação Oficial da Presidência da República – MRPR)*

Faz-se necessário apenas observar que os textos de lei são organizados em: artigos (art.), sendo representados por números ordinais do 1º ao 9º e, a partir disso, por números cardinais, como 10, 11...; parágrafos (§§), que constituem, na técnica legislativa, a imediata divisão de um artigo; incisos utilizados como elementos discriminativos de artigos; alíneas ou letras constituem desdobramentos dos incisos e dos parágrafos.

No caso do CTB temos, ainda:

▷ ANEXO I – DOS CONCEITOS E DEFINIÇÕES;
▷ ANEXO II – AS SINALIZAÇÕES, que instituiu e aprovou as sinalizações, tendo sido atualizado diversas vezes.

Outro ponto essencial é entender que os 341 artigos do Código de Trânsito Brasileiro (CTB) estão dispostos, doutrinariamente, em duas partes.

A primeira parte é **administrativa/educativa** (arts. 1º a 290 e 313 a 341), caracterizando uma atividade de Administração Pública, pautada em princípios basilares da administração, como: **a supremacia do interesse público sobre o particular** e a **indisponibilidade do interesse público**. Vale ressaltar que o ônus da prova é do condutor/infrator, ou seja, basta o agente de trânsito verificar a infração e relatá-la à autoridade com circunscrição sobre a via, em documento próprio, para que seja iniciado o processo de penalização. Portanto, o agente da autoridade não precisa produzir provas do fato imputado, sendo assegurado o Direito Constitucional da ampla defesa e do contraditório (art. 5º, LV, CF/1988). A isto as doutrinas denominam de inversão do ônus da prova.

A principal característica educativa é a penalidade de multa: além de um valor pecuniário que, a depender da gravidade, pode ser multiplicado em até 10 vezes, o condutor infrator é submetido a outras regras criadas no CTB. Por exemplo, pontuação no prontuário.

> **Art. 259** *A cada infração cometida são computados os seguintes números de pontos:*
> *I – Gravíssima. sete pontos;*
> *II – Grave. cinco pontos;*
> *III – Média. quatro pontos;*
> *IV – Leve. três pontos.*

A segunda parte é **penal/criminal** (arts. 291 a 312), ou seja, algumas ações, devido à sua gravidade, são tratadas como crimes e, para tanto, são aplicadas as previsões legais do Código Penal (CP), Decreto-lei nº 2.848, de 7 de dezembro de 1940, e de outros diplomas legais, com o ônus da prova cabendo a quem alegar. Logo, o agente da autoridade de trânsito deve produzir provas da existência do crime de trânsito. Vejamos, então, a tipificação do art. 291 do CTB:

> **Art. 291** *Aos crimes cometidos na direção de veículos automotores, previstos neste Código, aplicam-se as normas gerais do Código Penal e do Código de Processo Penal, se este Capítulo não dispuser de modo diverso, bem como a Lei nº 9.099, de 26 de setembro de 1995, no que couber.*

1.1 Conceito

Ao conceituar o CTB, deve ser observado o previsto no art. 1º e em seus parágrafos:

> **Art. 1º** *O trânsito de qualquer natureza nas vias terrestres do território nacional, abertas à circulação, rege-se por este Código.*
> *§ 1º Considera-se trânsito a utilização das vias por pessoas, veículos e animais, isolados ou em grupos, conduzidos ou não, para fins de circulação, parada, estacionamento e operação de carga ou descarga.*
> *§ 2º O trânsito, em condições seguras, é um direito de todos e dever dos órgãos e entidades componentes do Sistema Nacional de Trânsito, a estes cabendo, no âmbito das respectivas competências, adotar as medidas destinadas a assegurar esse direito.*
> *§ 3º Os órgãos e entidades componentes do Sistema Nacional de Trânsito respondem, no âmbito das respectivas competências, objetivamente, por danos causados aos cidadãos em virtude de ação, omissão ou erro na execução e manutenção de programas, projetos e serviços que garantam o exercício do direito do trânsito seguro.*
> *§ 4º (Vetado)*
> *§ 5º Os órgãos e entidades de trânsito pertencentes ao Sistema Nacional de Trânsito darão prioridade em suas ações à defesa da vida, nela incluída a preservação da saúde e do meio-ambiente.*

1.2 Aplicação

Territorialidade

> **Art. 5º, Código Penal** *Aplica-se a lei brasileira, sem prejuízo de convenções, tratados e regras de direito internacional, ao crime cometido no território nacional.*
> *§ 1º Para os efeitos penais, consideram-se como extensão do território nacional as embarcações e aeronaves brasileiras, de natureza pública ou a serviço do governo brasileiro onde quer que se encontrem, bem como as aeronaves e as embarcações brasileiras, mercantes ou de propriedade privada, que se achem, respectivamente, no espaço aéreo correspondente ou em alto-mar.*
> *§ 2º É também aplicável a lei brasileira aos crimes praticados a bordo de aeronaves ou embarcações estrangeiras de propriedade privada, achando-se aquelas em pouso no território nacional ou em voo no espaço aéreo correspondente, e estas em porto ou mar territorial do Brasil.*

Com esta previsão do Código Penal, infere-se que, nos crimes de trânsito, as partes envolvidas respondem pelo CTB, quer seja em via pública, quer seja em via particular, a menos que a questão deixe explícita a palavra "via pública", restringindo o tipo penal (princípio da especificidade da lei).

LEGISLAÇÃO DE TRÂNSITO

Nesse sentido, o legislador teve o cuidado de conceituar o que é via terrestre, no art. 2º do CTB:

Art. 2º, CTB São vias terrestres urbanas e rurais as ruas, as avenidas, os logradouros, os caminhos, as passagens, as estradas e as rodovias, que terão seu uso regulamentado pelo órgão ou entidade com circunscrição sobre elas, de acordo com as peculiaridades locais e as circunstâncias especiais.

Parágrafo único. Para os efeitos deste Código, são consideradas vias terrestres as praias abertas à circulação pública, as vias internas pertencentes aos condomínios constituídos por unidades autônomas e as vias e áreas de estacionamento de estabelecimentos privados de uso coletivo.

Art. 3º As disposições deste Código são aplicáveis a qualquer veículo, bem como aos proprietários, condutores dos veículos nacionais ou estrangeiros e às pessoas nele expressamente mencionadas.

Art. 4º Os conceitos e definições estabelecidos para os efeitos deste Código são os constantes do Anexo I.

1.3 Sistema Nacional de Trânsito (SNT)

Agora que já se conhece a territorialidade do CTB, passa-se a conhecer os agentes que formam esse sistema. Vamos ressaltar que os órgãos de trânsito – sejam eles executivos, normativos ou julgadores – fazem parte do Poder Executivo, da União, dos estados, do Distrito Federal e dos municípios. Em vias urbanas ou rurais:

Art. 5º O Sistema Nacional de Trânsito é o conjunto de órgãos e entidades da União, dos Estados, do Distrito Federal e dos Municípios que tem por finalidade o exercício das atividades de planejamento, administração, normatização, pesquisa, registro e licenciamento de veículos, formação, habilitação e reciclagem de condutores, educação,

engenharia, operação do sistema viário, policiamento, fiscalização, julgamento de infrações e de recursos e aplicação de penalidades.[1]

Qual seria a diferença entre operação e fiscalização de trânsito?

Na operação, há atividades ligadas à fluidez do trânsito. Aquele que a faz não necessariamente deve ser um servidor, por isso, pode não ter o poder de polícia.

Já na fiscalização, o agente deve ter o chamado poder de polícia administrativa. Por exemplo, Polícia Rodoviária Federal (PRF), Polícia Militar (PM) e entidades executivas estaduais, do Distrito Federal (DF) e municipais. Tem a ver com a segurança no trânsito urbano ou rodoviário.

Art. 6º, CTB São objetivos básicos do Sistema Nacional de Trânsito:

I – Estabelecer diretrizes da Política Nacional de Trânsito, com vistas à segurança, à fluidez, ao conforto, à defesa ambiental e à educação para o trânsito, e fiscalizar seu cumprimento;

II – Fixar, mediante normas e procedimentos, a padronização de critérios técnicos, financeiros e administrativos para a execução das atividades de trânsito;

III – Estabelecer a sistemática de fluxos permanentes de informações entre os seus diversos órgãos e entidades, a fim de facilitar o processo decisório e a integração do Sistema.[2]

Art. 7º Compõem o Sistema Nacional de Trânsito os seguintes órgãos e entidades:

I – O Conselho Nacional de Trânsito. Contran, coordenador do Sistema e órgão máximo normativo e consultivo;

II – Os Conselhos Estaduais de Trânsito. Cetran e o Conselho de Trânsito do Distrito Federal. Contrandife, órgãos normativos, consultivos e coordenadores;[3]

III – Os órgãos e entidades executivos de trânsito da União, dos Estados, do Distrito Federal e dos Municípios;

IV – Os órgãos e entidades executivos rodoviários da União, dos Estados, do Distrito Federal e dos Municípios;[4]

Art. 178, CF A lei disporá sobre a ordenação dos transportes aéreo, aquático e terrestre, devendo, quanto à ordenação do transporte internacional, observar os acordos firmados pela União, atendido o princípio da reciprocidade. (Redação dada pela Emenda Constitucional nº 7, de 1995).

Parágrafo único. Na ordenação do transporte aquático, a lei estabelecerá as condições em que o transporte de mercadorias na cabotagem e a navegação interior poderão ser feitos por embarcações estrangeiras. [...]

V – A Polícia Rodoviária Federal;

VI – As Polícias Militares dos Estados e do Distrito Federal; e

VII – As Juntas Administrativas de Recursos de Infrações. Jari.

Art. 7º-A, CTB A autoridade portuária ou a entidade concessionária de porto organizado poderá celebrar convênios com os órgãos previstos no art. 7º, com a interveniência dos Municípios e Estados, juridicamente interessados, para o fim específico de facilitar a autuação por descumprimento da legislação de trânsito.

§ 1º O convênio valerá para toda a área física do porto organizado, inclusive, nas áreas dos terminais alfandegados, nas estações de transbordo, nas instalações portuárias públicas de pequeno porte e nos respectivos estacionamentos ou vias de trânsito internas.

---

1 Resolução Contran nº 576/2016: Dispõe sobre o intercâmbio de informações, entre órgãos e entidades executivos de trânsito dos Estados e do Distrito Federal e os demais órgãos e entidades executivos de trânsito e executivos rodoviários da União, dos Estados, Distrito Federal e dos Municípios que compõem o Sistema Nacional de Trânsito e dá outras providências.
Resolução Contran nº 351/2010: Estabelece procedimentos para veiculação de mensagens educativas de trânsito em toda peça publicitária destinada à divulgação ou promoção, nos meios de comunicação social, de produtos oriundos da indústria automobilística ou afins.
Resolução Contran nº 360/2010: Dispõe sobre a habilitação do candidato ou condutor estrangeiro para direção de veículos em território nacional.
2 Resolução Contran nº 142/2003: Dispõe sobre o funcionamento do Sistema Nacional de Trânsito (SNT), a participação dos órgãos e entidades de trânsito nas reuniões do sistema e as suas modalidades.
3 Resolução nº 688 substituída pela Resolução nº 779/2019: Altera o item 8 do Anexo da Resolução Contran nº 688, de 15 de agosto de 2017, que estabelece diretrizes para a elaboração do Regimento Interno, gestão e operacionalização das atividades dos Conselhos Estaduais de Trânsito (Cetran) e do Conselho de Trânsito do Distrito Federal (Contrandife).
4 Lei nº 10.233/2001: Dispõe sobre a reestruturação dos transportes aquaviário e terrestre, cria o Conselho Nacional de Integração de Políticas de Transporte, a Agência Nacional de Transportes Terrestres, a Agência Nacional de Transportes Aquaviários e o Departamento Nacional de Infraestrutura de Transportes e dá outras providências.

LEI Nº 9.503/97 – CÓDIGO DE TRÂNSITO BRASILEIRO

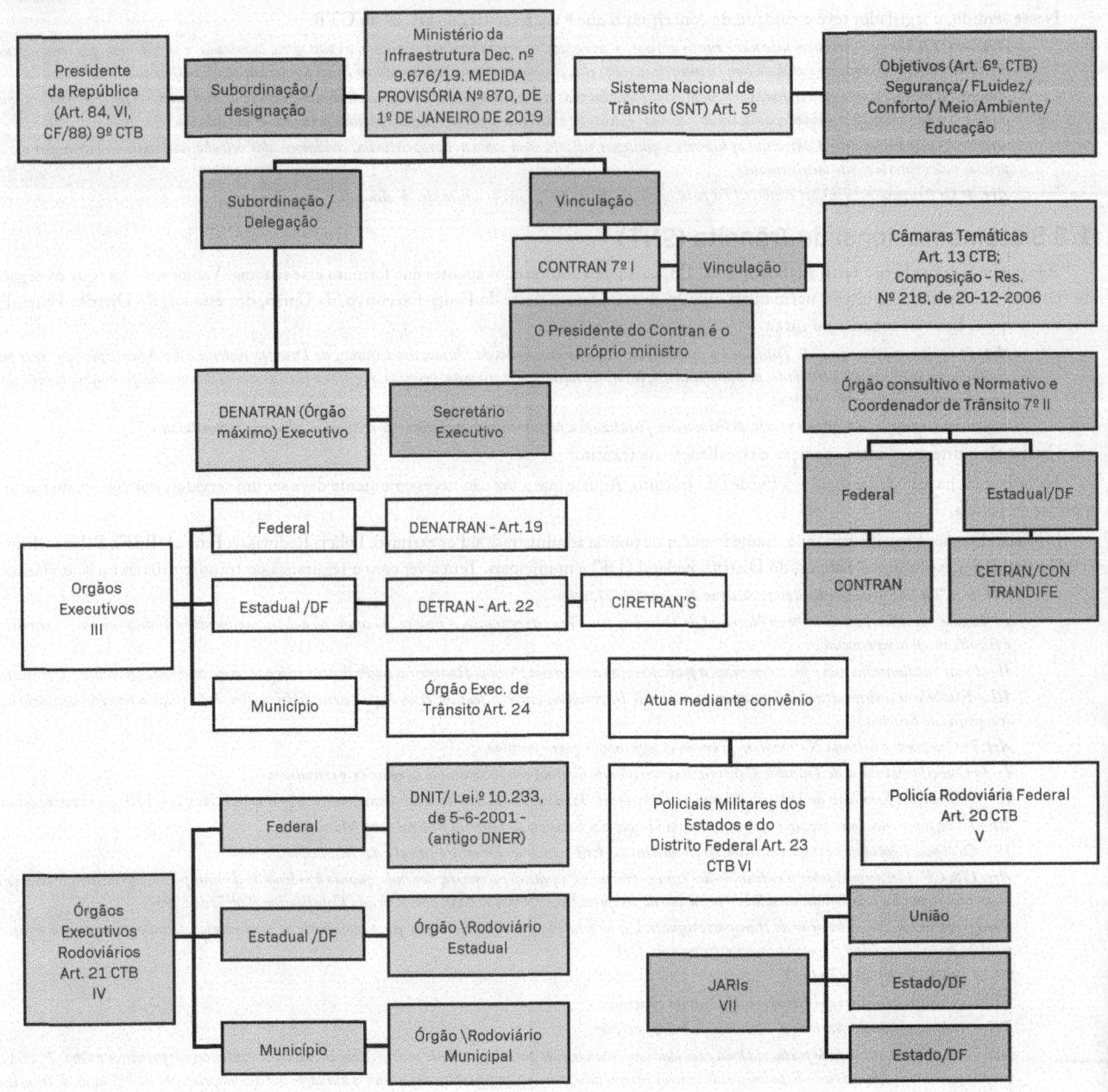

- **Presidente da República** (Art. 84, VI, CF/88) 9º CTB
  - Subordinação / designação
- **Ministério da Infraestrutura** Dec. nº 9.676/19. MEDIDA PROVISÓRIA Nº 870, DE 1º DE JANEIRO DE 2019
- **Sistema Nacional de Trânsito (SNT)** Art. 5º
- **Objetivos** (Art. 6º, CTB): Segurança / Fluidez / Conforto / Meio Ambiente / Educação

Ministério da Infraestrutura:
- Subordinação / Delegação
  - **DENATRAN (Órgão máximo) Executivo**
    - Secretário Executivo
- Vinculação
  - **CONTRAN 7º I**
    - Vinculação → **Câmaras Temáticas** Art. 13 CTB; Composição – Res. Nº 218, de 20-12-2006
    - O Presidente do Contran é o próprio ministro

Órgão consultivo e Normativo e Coordenador de Trânsito 7º II
- Federal → CONTRAN
- Estadual/DF → CETRAN/CONTRANDIFE

Órgãos Executivos III
- Federal → DENATRAN - Art. 19
- Estadual/DF → DETRAN - Art. 22 → CIRETRAN'S
- Município → Órgão Exec. de Trânsito Art. 24

Atua mediante convênio
- Policiais Militares dos Estados e do Distrito Federal Art. 23 CTB VI
- Polícia Rodoviária Federal Art. 20 CTB V

Órgãos Executivos Rodoviários Art. 21 CTB IV
- Federal → DNIT / Lei.º 10.233, de 5-6-2001 – (antigo DNER)
- Estadual/DF → Órgão Rodoviário Estadual
- Município → Órgão Rodoviário Municipal

JARIs VII
- União
- Estado/DF
- Estado/DF

LEGISLAÇÃO DE TRÂNSITO

2 DAS NORMAS GERAIS DE CIRCULAÇÃO E CONDUTA

Estas normas procuram regular a convivência entre todos os usuários das vias terrestres, principalmente em locais não sinalizados. É importante estudar essas regras, tendo em mente o previsto no art. 89 do CTB, no que se refere à ordem de prevalência. Vejamos este dispositivo legal:

Art. 89, CTB A sinalização terá a seguinte ordem de prevalência:

I – As ordens do agente de trânsito sobre as normas de circulação e outros sinais;

II – As indicações do semáforo sobre os demais sinais;

III – As indicações dos sinais sobre as demais normas de trânsito.

2.1 Regras gerais para colocar um veículo em circulação

O usuário do sistema de trânsito, antes de utilizar a via pública, deve se atentar à seguinte regra geral: o proprietário e o condutor serão responsabilizados sempre que legalmente possível, individual ou solidariamente.

Art. 257, CTB [...]

§ 2º Ao proprietário caberá sempre a responsabilidade pela infração referente à prévia regularização e preenchimento das formalidades e condições exigidas para o trânsito do veículo na via terrestre, conservação e inalterabilidade de suas características, componentes, agregados, habilitação legal e compatível de seus condutores, quando esta for exigida, e outras disposições que deva observar.

§ 3º Ao condutor caberá a responsabilidade pelas infrações decorrentes de atos praticados na direção do veículo.

Observe este quadro-resumo

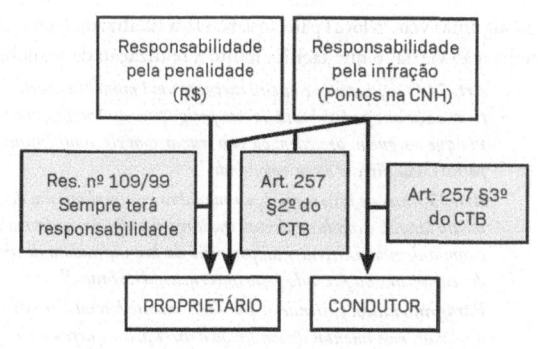

```
┌─────────────────────┐      ┌─────────────────────┐
│ Responsabilidade    │      │ Responsabilidade    │
│ pela penalidade     │      │ pela infração       │
│ (R$)                │      │ (Pontos na CNH)     │
└─────────────────────┘      └─────────────────────┘
        │      │                   │         │
        ▼      ▼                   ▼         ▼
┌──────────────┐ ┌──────────┐ ┌──────────────┐
│ Res. nº 109/99│ │ Art. 257 │ │ Art. 257 §3º │
│ Sempre terá   │ │ §2º do   │ │ do CTB       │
│ responsabilidade│ │ CTB     │ │              │
└──────────────┘ └──────────┘ └──────────────┘
        │              │              │
        ▼              ▼              ▼
   ┌──────────────┐       ┌──────────┐
   │ PROPRIETÁRIO │       │ CONDUTOR │
   └──────────────┘       └──────────┘
```

Art. 26 Os usuários das vias terrestres devem:

I – Abster-se de todo ato que possa constituir perigo ou obstáculo para o trânsito de veículos, de pessoas ou de animais, ou ainda causar danos a propriedades públicas ou privadas;

II – Abster-se de obstruir o trânsito ou torná-lo perigoso, atirando, depositando ou abandonando na via objetos ou substâncias, ou nela criando qualquer outro obstáculo;[1]

Art. 27 Antes de colocar o veículo em circulação nas vias públicas, o condutor deverá verificar a existência e as boas condições de funcionamento dos equipamentos de uso obrigatório, bem como assegurar-se da existência de combustível suficiente para chegar ao local de destino.[2]

Art. 28 O condutor deverá, a todo momento, ter domínio de seu veículo, dirigindo-o com atenção e cuidados indispensáveis à segurança do trânsito;[3]

2.2 Regras de preferência de passagem em cruzamentos

As regras de preferências são utilizadas quando nenhum outro tipo de sinalização está presente na via. Quando houver sinalização, segue-se a ordem do art. 89 já elencado, e também, do art. 29:

Art. 29 O trânsito de veículos nas vias terrestres abertas à circulação obedecerá às seguintes normas:

I – A circulação far-se-á pelo lado direito da via, admitindo-se as exceções devidamente sinalizadas;[4]

II – O condutor deverá guardar distância de segurança lateral e frontal entre o seu e os demais veículos, bem como em relação ao bordo da pista, considerando-se, no momento, a velocidade e as condições do local, da circulação, do veículo e as condições climáticas;[5]

III – Quando veículos, transitando por fluxos que se cruzem, se aproximarem de local não sinalizado, terá preferência de passagem:

a) No caso de apenas um fluxo ser proveniente de rodovia, aquele que estiver circulando por ela;

b) No caso de rotatória, aquele que estiver circulando por ela;

c) Nos demais casos, o que vier pela direita do condutor;[6]

2.3 Regras para ultrapassagem

Os conceitos de ultrapassagem e passagem, conforme constam no Anexo I do CTB, são:

Ultrapassagem: movimento de passar à frente de outro veículo que se desloca no mesmo sentido, em menor velocidade e na mesma faixa de tráfego, necessitando sair e retornar à faixa de origem.

Passagem: movimento de passagem à frente de outro veículo que se desloca no mesmo sentido, em menor velocidade, mas em faixas distintas da via.

Art. 29 O trânsito de veículos nas vias terrestres abertas à circulação obedecerá às seguintes normas:

IV – Quando uma pista de rolamento comportar várias faixas de circulação no mesmo sentido, são as da direita destinadas ao deslocamento dos veículos mais lentos e de maior porte, quando não houver faixa especial a eles destinada, e as da esquerda, destinadas à ultrapassagem e ao deslocamento dos veículos de maior velocidade;[7]

V – O trânsito de veículos sobre passeios, calçadas e nos acostamentos, só poderá ocorrer para que se adentre ou se saia dos imóveis ou áreas especiais de estacionamento;

VI – Os veículos precedidos de batedores terão prioridade de passagem, respeitadas as demais normas de circulação;

VII – os veículos destinados a socorro de incêndio e salvamento, os de polícia, os de fiscalização e operação de trânsito e as ambulâncias, além de prioridade no trânsito, gozam de livre circulação, estacionamento e parada, quando em serviço de urgência, de policiamento ostensivo ou de preservação da ordem pública, observadas as seguintes disposições: (NR. Lei nº 14.071/2020)[8]

a) quando os dispositivos regulamentares de alarme sonoro e iluminação intermitente estiverem acionados, indicando a proximidade dos veículos, todos os condutores deverão deixar livre a passagem pela faixa da esquerda, indo para a direita da via e parando, se necessário; (NR - Lei nº 14.071/2020);

b) os pedestres, ao ouvirem o alarme sonoro ou avistarem a luz intermitente, deverão aguardar no passeio e somente atravessar a via quando o veículo já tiver passado pelo local; (NR - Lei nº 14.071/2020);

c) O uso de dispositivos de alarme sonoro e de iluminação vermelha intermitente só poderá ocorrer quando da efetiva prestação de serviço de urgência;

---

1 Arts. 173 e 245 do CTB.
2 Obs.: arts. 180 e 230,IX, do CTB.
Resolução nº 556/2015: torna facultativo o uso do extintor de incêndio para os automóveis, utilitários, camionetas, caminhonetes e triciclos de cabine fechada.
3 Art. 169 do CTB, ; Aart. 13, § 1º, da CTVV.
4 Arts. 184, 185 e 186 do CTB; art. 10, § 1º, da CTVV.
5 Arts. 192 e 201 do CTB; art. 13, § 3º, da CTVV.
6 Art. 215, I, do CTB.
7 Art. 185 do CTB.
8 Arts. 189, 190, 222 e 230, XII e XIII, do CTB.

DAS NORMAS GERAIS DE CIRCULAÇÃO E CONDUTA

d) A prioridade de passagem na via e no cruzamento deverá se dar com velocidade reduzida e com os devidos cuidados de segurança, obedecidas as demais normas deste Código;

e) as prerrogativas de livre circulação e de parada serão aplicadas somente quando os veículos estiverem identificados por dispositivos regulamentares de alarme sonoro e iluminação intermitente; (NR - Lei nº 14.071/2020);

f) a prerrogativa de livre estacionamento será aplicada somente quando os veículos estiverem identificados por dispositivos regulamentares de iluminação intermitente; (NR - Lei nº 14.071/2020)

VIII – Os veículos prestadores de serviços de utilidade pública, quando em atendimento na via, gozam de livre parada e estacionamento no local da prestação de serviço, desde que devidamente sinalizados, devendo estar identificados na forma estabelecida pelo Contran;[9]

IX – A ultrapassagem de outro veículo em movimento deverá ser feita pela esquerda, obedecida a sinalização regulamentar e as demais normas estabelecidas neste Código, exceto quando o veículo a ser ultrapassado estiver sinalizando o propósito de entrar à esquerda;[10]

X – Todo condutor deverá, antes de efetuar uma ultrapassagem, certificar-se de que:

a) Nenhum condutor que venha atrás haja começado uma manobra para ultrapassá-lo;

b) Quem o precede na mesma faixa de trânsito não haja indicado o propósito de ultrapassar um terceiro;

c) A faixa de trânsito que vai tomar esteja livre numa extensão suficiente para que sua manobra não ponha em perigo ou obstrua o trânsito que venha em sentido contrário;[11]

XI – Todo condutor ao efetuar a ultrapassagem deverá:

a) Indicar com antecedência a manobra pretendida, acionando a luz indicadora de direção do veículo ou por meio de gesto convencional de braço;[12]

b) Afastar-se do usuário ou usuários aos quais ultrapassa, de tal forma que deixe livre uma distância lateral de segurança;[13]

c) Retomar, após a efetivação da manobra, a faixa de trânsito de origem, acionando a luz indicadora de direção do veículo ou fazendo gesto convencional de braço, adotando os cuidados necessários para não pôr em perigo ou obstruir o trânsito dos veículos que ultrapassou;

XII – Os veículos que se deslocam sobre trilhos terão preferência de passagem sobre os demais, respeitadas as normas de circulação.[14]

§ 1º As normas de ultrapassagem previstas nas alíneas a e b do inciso X e a e b do inciso XI aplicam-se à transposição de faixas, que pode ser realizada tanto pela faixa da esquerda como pela da direita.

§ 2º Respeitadas as normas de circulação e conduta estabelecidas neste Art., em ordem decrescente, os veículos de maior porte serão sempre responsáveis pela segurança dos menores, os motorizados pelos não motorizados e, juntos, pela incolumidade dos pedestres.

§ 3º Compete ao Contran regulamentar os dispositivos de alarme sonoro e iluminação intermitente previstos no inciso VII do caput deste artigo. (NR - Lei nº 14.071/2020)

§ 4º Em situações especiais, ato da autoridade máxima federal de segurança pública poderá dispor sobre a aplicação das exceções tratadas no inciso VII do caput deste artigo aos veículos oficiais descaracterizados. (NR - Lei nº 14.071/2020)

Art. 30 Todo condutor, ao perceber que outro que o segue tem o propósito de ultrapassá-lo, deverá:

I – Se estiver circulando pela faixa da esquerda, deslocar-se para a faixa da direita, sem acelerar a marcha;

II – Se estiver circulando pelas demais faixas, manter-se naquela qual está circulando, sem acelerar a marcha.[15]

Parágrafo único. Os veículos mais lentos, quando em fila, deverão manter distância suficiente entre si para permitir que veículos que os ultrapassem possam se intercalar na fila com segurança.

Art. 31 O condutor que tenha o propósito de ultrapassar um veículo de transporte coletivo que esteja parado, efetuando embarque ou desembarque de passageiros, deverá reduzir a velocidade, dirigindo com atenção redobrada ou parar o veículo com vistas à segurança dos pedestres.[16]

Art. 32 O condutor não poderá ultrapassar veículos em vias com duplo sentido de direção e pista única, nos trechos em curvas e em aclives sem visibilidade suficiente, nas passagens de nível, nas pontes e viadutos e nas travessias de pedestres, exceto quando houver sinalização permitindo a ultrapassagem.[17]

Art. 33 Nas interseções e suas proximidades, o condutor não poderá efetuar ultrapassagem.[18]

2.4 Regras para manobras à esquerda, à direita e retornos

Esse caso é muito encontrado em rodovias, em que se faz necessária a entrada a lotes lindeiros e quase sempre não existe nenhum tipo de sinalização. Nesses casos, o motorista deve sinalizar a manobra à direita, parar seu veículo no acostamento, sinalizar a manobra à esquerda, ceder a preferência de passagem aos pedestres, condutores de veículos não motorizados e aos condutores que estejam usando a via nos dois sentidos de circulação e depois efetuar a manobra de conversão.

No caso de realizar uma conversão à esquerda, em uma via de sentido duplo de circulação, desprovida de acostamento, o condutor deve aproximar-se do eixo central divisor de faixas, ceder a preferência a pedestres, veículos não motorizados e outros veículos que circulem em sentido contrário e, só então, realizar a manobra com segurança.

Em algumas vias, o local para aguardo fica sinalizado com marcas de canalização viária, o que facilita muito a realização da manobra.

Art. 34 O condutor que queira executar uma manobra deverá certificar-se de que pode executá-la sem perigo para os demais usuários da via que o seguem, precedem ou vão cruzar com ele, considerando sua posição, sua direção e sua velocidade.

Art. 35 Antes de iniciar qualquer manobra que implique um deslocamento lateral, o condutor deverá indicar seu propósito de forma clara e com a devida antecedência, por meio da luz indicadora de direção de seu veículo, ou fazendo gesto convencional de braço.[19]

Parágrafo único. Entende-se por deslocamento lateral a transposição de faixas, movimentos de conversão à direita, à esquerda e retornos.

Art. 36 O condutor que for ingressar numa via, procedente de um lote lindeiro a essa via, deverá dar preferência aos veículos e pedestres que por ela estejam transitando.[20]

Art. 37 Nas vias providas de acostamento, a conversão à esquerda e a operação de retorno deverão ser feitas nos locais apropriados e, onde estes não existirem, o condutor deverá aguardar no acostamento, à direita, para cruzar a pista com segurança.[21]

Art. 38 Antes de entrar à direita ou à esquerda, em outra via ou em lotes lindeiros, o condutor deverá:

I – Ao sair da via pelo lado direito, aproximar-se o máximo possível do bordo direito da pista e executar sua manobra no menor espaço possível;

---

9 Art. 230, XII e XIII, do CTB.
Resolução nº 614/2016. Acrescenta o inciso VII ao § 1º do art. 3º, da Resolução Contran nº 268/2008, que dispõe sobre o uso de luzes intermitentes ou rotativas em veículos, e dá outras providências.
10 Arts. 199, 200 e 202, I, do CTB; art. 11, § 1º, alíneas "a" a "c", da CTVV.
11 Art. 191 do CTB; Art. 11, § 2º "A" a "C", da CTVV.
12 Art. 196 do CTB.
13 Art. 192 e 201 do CTB; Art. 11, §4º, da CTVV.
14 Art. 212 do CTB.
15 Art. 198 do CTB.
16 Art. 200 do CTB.
17 Art. 203 do CTB.
18 Art. 202, II, do CTB.
19 Art. 196 do CTB.
20 Arts. 214, V, e 216 do CTB.
21 Art. 204 do CTB.

II – Ao sair da via pelo lado esquerdo, aproximar-se o máximo possível de seu eixo ou da linha divisória da pista, quando houver, caso se trate de uma pista com circulação nos dois sentidos, ou do bordo esquerdo, tratando-se de uma pista de um só sentido;[22]

Parágrafo único. *Durante a manobra de mudança de direção, o condutor deverá ceder passagem aos pedestres e ciclistas, aos veículos que transitem em sentido contrário pela pista da via da qual vai sair, respeitadas as normas de preferência de passagem.*

Art. 39 *Nas vias urbanas, a operação de retorno deverá ser feita nos locais para isto determinados, quer por meio de sinalização, quer pela existência de locais apropriados, ou, ainda, em outros locais que ofereçam condições de segurança e fluidez, observadas as características da via, do veículo, das condições meteorológicas e da movimentação de pedestres e ciclistas.[23]*

Portanto, levando-se em consideração que, em regra geral, no Brasil, os veículos transitam pelo lado direito, pode-se afirmar que, para uma conversão à direita, o condutor deve: manter o seu conduzido mais à direita, sinalizar a intenção e executar a manobra.

Porém, quando se trata de realizar conversões para o lado esquerdo da via, há algumas peculiaridades às quais não se pode aplicar a regra geral.

2.5 Regras para o uso de luzes e buzina

Quando se tratar do uso de luzes em veículos, deve-se levar em conta o disposto no art. 40 do CTB e seus incisos, a saber:

Art. 40 *O uso de luzes em veículo obedecerá às seguintes determinações:*
I – o condutor manterá acesos os faróis do veículo, por meio da utilização da luz baixa: (NR. Lei nº 14.071/2020)
a) à noite; (NR - Lei nº 14.071/2020)
b) mesmo durante o dia, em túneis e sob chuva, neblina ou cerração; (NR - Lei nº 14.071/2020)

A luz baixa deve estar acesa em estradas também de acordo com a doutrina.[24]

Art. 250 *[...]*
II – Nas vias não iluminadas o condutor deve usar luz alta, exceto ao cruzar com outro veículo ou ao segui-lo;[25]
III – A troca de luz baixa e alta, de forma intermitente e por curto período de tempo, com o objetivo de advertir outros motoristas, só poderá ser utilizada para indicar a intenção de ultrapassar o veículo que segue à frente ou para indicar a existência de risco à segurança para os veículos que circulam no sentido contrário;
IV – (Revogado)
V – O condutor utilizará o pisca-alerta nas seguintes situações:
a) Em imobilizações ou situações de emergência;
b) Quando a regulamentação da via assim o determinar;[26]
VI – Durante a noite, em circulação, o condutor manterá acesa a luz de placa;[27]
VII – O condutor manterá acesas, à noite, as luzes de posição quando o veículo estiver parado para fins de embarque ou desembarque de passageiros e carga ou descarga de mercadorias.[28]

§ 1º Os veículos de transporte coletivo de passageiros, quando circularem em faixas ou pistas a eles destinadas, e as motocicletas, motonetas e ciclomotores deverão utilizar-se de farol de luz baixa durante o dia e à noite. (NR - Lei nº 14.071/2020)[29]

§ 2º Os veículos que não dispuserem de luzes de rodagem diurna deverão manter acesos os faróis nas rodovias de pista simples situadas fora dos perímetros urbanos, mesmo durante o dia. (NR - Lei nº 14.071/2020)

O condutor poderá fazer uso da buzina somente por meio de um breve toque e apenas nos casos previstos no art. 41 do CTB. Não é admitido, pelo código, o uso prolongado de dispositivo sonoro de buzina veicular, assim como não é admitido seu uso, mesmo que de forma intermitente, por longo espaço de tempo.

Art. 41 *O condutor de veículo só poderá fazer uso de buzina, desde que em toque breve, nas seguintes situações:*
I – Para fazer as advertências necessárias a fim de evitar acidentes;
II – Fora das áreas urbanas, quando for conveniente advertir a um condutor que se tem o propósito de ultrapassá-lo.[30]

Art. 42 *Nenhum condutor deverá frear bruscamente seu veículo, salvo por razões de segurança.*

Situações excepcionais do uso do sistema de iluminação:

- A troca de luz alta e baixa por um curto período só é permitida para informar outros usuários da via de perigos na via, ou para alertar o veículo que vai à frente de sua intenção de ultrapassá-lo.
- Os condutores de ciclos motorizados (motocicletas, motonetas, ciclomotor) deverão manter as luzes de seus conduzidos ligadas com facho baixo em todo o deslocamento e mesmo durante o dia.
- Os condutores de veículos regulares de transporte de passageiros, quando circulando em faixas próprias, devem manter ligado o farol no facho baixo, inclusive durante o dia.
- Resolução Contran nº 36/1998: estabelece a forma de sinalização de advertência para os veículos que, em situação de emergência, estiverem imobilizados no leito viário.

2.6 Regras de limites de velocidades máxima e mínima

2.6.1 Velocidade máxima

A velocidade máxima da via deve ser estabelecida por meio de sinalização vertical. Por exemplo: placas R-19 (velocidade máxima permitida).

---

22 Art. 197 do CTB.
23 Art. 206 do CTB.
24 Resolução nº 681/2017: Dispõe sobre os requisitos dos sistemas de iluminação e de sinalização para motocicletas, motonetas, ciclomotores, triciclos e quadriciclos. Obs.: 1º com relação ao novo texto, e o 2º com relação a referência do art. 250, I, alíneas "a" e "b", do CTB.
25 Art. 223 do CTB.
26 Arts. 179 e 251, I, do CTB.
27 Art. 250, III, do CTB.
28 Art. 249 do CTB.

29 Art. 250, I, alíneas "c" e "d", do CTB. Resolução Contran nº 18/1998: recomenda o uso, nas rodovias, de farol baixo aceso durante o dia, e dá outras providências.
30 Art. 227 do CTB. Resolução nº 35 foi revogada a partir de 1º de janeiro de 2022 pela Resolução nº 764/2018. Assunto: estabelece método de ensaio para medição de pressão sonora por buzina ou equipamento similar.

DAS NORMAS GERAIS DE CIRCULAÇÃO E CONDUTA

Em locais onde não há sinalização, os condutores devem observar o previsto nos arts. 60 e 61 do CTB, como veremos posteriormente.

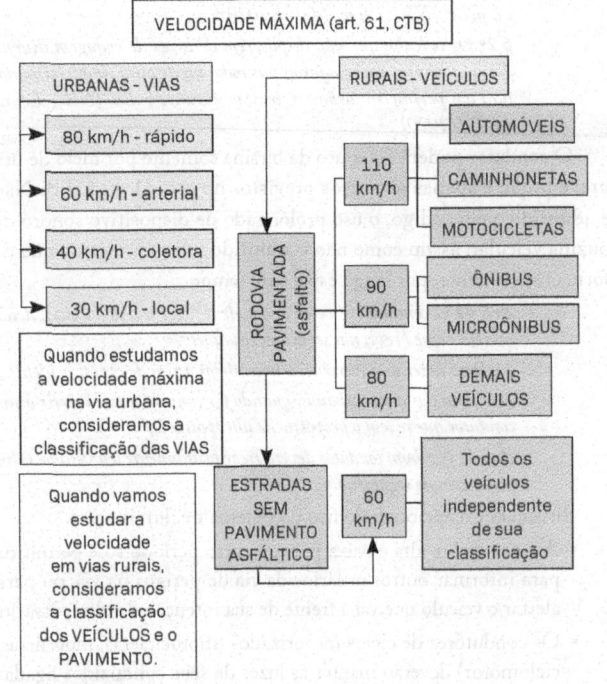

VELOCIDADE MÁXIMA (art. 61, CTB)

URBANAS - VIAS
- 80 km/h - rápido
- 60 km/h - arterial
- 40 km/h - coletora
- 30 km/h - local

Quando estudamos a velocidade máxima na via urbana, consideramos a classificação das VIAS.

Quando vamos estudar a velocidade em vias rurais, consideramos a classificação dos VEÍCULOS e o PAVIMENTO.

RURAIS - VEÍCULOS

RODOVIA PAVIMENTADA (asfalto):
- 110 km/h: AUTOMÓVEIS, CAMINHONETAS, MOTOCICLETAS
- 90 km/h: ÔNIBUS, MICROÔNIBUS
- 80 km/h: DEMAIS VEÍCULOS

ESTRADAS SEM PAVIMENTO ASFÁLTICO:
- 60 km/h: Todos os veículos independente de sua classificação

Vale lembrar que, tanto o art. 218 do CTB quanto a Resolução Contran nº 798/2020, levam em conta critérios objetivos, não sendo, portanto, considerada infração a transgressão de velocidade média desenvolvida na via, mesmo que essa seja muito superior à velocidade estabelecida.

Somente existe punição para o excesso de velocidade instantânea, e apenas se sinalizada devidamente a via.

> ***Art. 43** Ao regular a velocidade, o condutor deverá observar constantemente as condições físicas da via, do veículo e da carga, as condições meteorológicas e a intensidade do trânsito, obedecendo aos limites máximos de velocidade estabelecidos para a via, além de:*
>
> *I – Não obstruir a marcha normal dos demais veículos em circulação sem causa justificada, transitando a uma velocidade anormalmente reduzida;*
>
> *II – Sempre que quiser diminuir a velocidade de seu veículo deverá antes certificar-se de que pode fazê-lo sem risco nem inconvenientes para os outros condutores, a não ser que haja perigo iminente;*
>
> *III – Indicar, de forma clara, com a antecedência necessária e a sinalização devida, a manobra de redução de velocidade.*
>
> ***Art. 44** Ao aproximar-se de qualquer tipo de cruzamento, o condutor do veículo deve demonstrar prudência especial, transitando em velocidade moderada, de forma que possa deter seu veículo com segurança para dar passagem a pedestre e a veículos que tenham o direito de preferência.*
>
> ***Art. 44-A** É livre o movimento de conversão à direita diante de sinal vermelho do semáforo onde houver sinalização indicativa que permita essa conversão, observados os arts. 44, 45 e 70 deste Código. (NR - Lei nº 14.071/2020)*
>
> ***Art. 45** Mesmo que a indicação luminosa do semáforo lhe seja favorável, nenhum condutor pode entrar em uma interseção se houver possibilidade de ser obrigado a imobilizar o veículo na área do cruzamento, obstruindo ou impedindo a passagem do trânsito transversal.[31]*
>
> ***Art. 46** Sempre que for necessária a imobilização temporária de um veículo no leito viário, em situação de emergência, deverá ser providenciada a imediata sinalização de advertência, na forma estabelecida pelo CONTRAN.[32]*

Quando se trata de velocidade, a primeira lembrança que surge é a da desobediência e a da penalidade imposta quando do descumprimento da norma. Para tanto, o CTB dispõe no art. 218 as regras no caso de descumprimento da velocidade máxima permitida. É necessário que esse artigo seja utilizado de acordo com a Resolução nº 798/2020 dispõe sobre requisitos técnicos mínimos para a fiscalização da velocidade de veículos automotores, elétricos, reboques e semirreboques.

2.6.2 Velocidade mínima

Assim como o excesso de velocidade deve ser punido, o legislador também pensou no transtorno gerado se o condutor desenvolve velocidade muito abaixo daquela estabelecida para a via, uma vez que prejudica o fluxo viário ali estabelecido. Para tanto, o CTB definiu de forma simples a velocidade mínima a ser estabelecida na via.

É interessante ressaltar que existem exceções a esta regra. As excludentes estão tipificadas nos arts. 62 e 219 do CTB.

> ***Art. 62** A velocidade mínima não poderá ser inferior à metade da velocidade máxima estabelecida, respeitadas as condições operacionais de trânsito e da via.*
>
> ***Art. 219** Transitar com o veículo em velocidade inferior à metade da velocidade máxima estabelecida para a via, retardando ou obstruindo o trânsito, a menos que as condições de tráfego e meteorológicas não o permitam, salvo se estiver na faixa da direita*

Resumindo as exceções:
- Condições de tráfego.
- Condições meteorológicas.
- Transitar na faixa da direita.

2.7 Regras de estacionamento, paradas e operações de carga e de descarga

O uso da via pública não se restringe apenas à circulação de veículos, mas também à utilização dos bordos da via para estacionamento, paradas, operações de embarque e desembarque de passageiros e de carga e de descarga, que devem seguir as normas gerais, quando não houver sinalização específica.

> ***Art. 47** Quando proibido o estacionamento na via, a parada deverá restringir-se ao tempo indispensável para embarque ou desembarque de passageiros, desde que não interrompa ou perturbe o fluxo de veículos ou a locomoção de pedestres.*
>
> ***Parágrafo único.** A operação de carga ou descarga será regulamentada pelo órgão ou entidade com circunscrição sobre a via e é considerada estacionamento.*
>
> ***Art. 48** Nas paradas, operações de carga ou descarga e nos estacionamentos, o veículo deverá ser posicionado no sentido do fluxo, paralelo ao bordo da pista de rolamento e junto à guia da calçada (meio-fio), admitidas as exceções devidamente sinalizadas.[33]*
>
> *§ 1º Nas vias providas de acostamento, os veículos parados, estacionados ou em operação de carga ou descarga deverão estar situados fora da pista de rolamento.*
>
> *§ 2º O estacionamento dos veículos motorizados de duas rodas será feito em posição perpendicular à guia da calçada (meio-fio) e junto a ela, salvo quando houver sinalização que determine outra condição.*
>
> *§ 3º O estacionamento dos veículos sem abandono do condutor poderá ser feito somente nos locais previstos neste Código ou naqueles regulamentados por sinalização específica.[34]*
>
> ***Art. 49** O condutor e os passageiros não deverão abrir a porta do veículo, deixá-la aberta ou descer do veículo sem antes se certificarem de que isso não constitui perigo para eles e para outros usuários da via.[35]*

---

31 Art. 183 do CTB.

32 Arts. 179, 180 e 225, I, do CTB. Resolução Contran nº 36/1998: *Estabelece a forma de sinalização de advertência para os veículos que, em situação de emergência, estiverem imobilizados no leito viário.*
Resolução nº 551/2015: *Disciplina o uso do cinto de segurança em veículos de uso bélico.*

33 Arts. 181, IV, e 182, IV, do CTB.

34 Resolução Contran nº 302/2008: define e regulamenta as áreas de segurança e de estacionamentos específicos de veículos.

35 Art. 24 da CTVV.

LEGISLAÇÃO DE TRÂNSITO

Parágrafo único. O embarque e o desembarque devem ocorrer sempre do lado da calçada, exceto para o condutor.

Art. 50 O uso de faixas laterais de domínio e das áreas adjacentes às estradas e rodovias obedecerá às condições de segurança do trânsito estabelecidas pelo órgão ou entidade com circunscrição sobre a via.

Art. 51 Nas vias internas pertencentes a condomínios constituídos por unidades autônomas, a sinalização de regulamentação da via será implantada e mantida às expensas do condomínio, após aprovação dos projetos pelo órgão ou entidade com circunscrição sobre a via.[36]

2.8 Regras para veículos de tração animal, propulsão humana, ciclos e motos

Art. 52 Os veículos de tração animal serão conduzidos pela direita da pista, junto à guia da calçada (meio-fio) ou acostamento, sempre que não houver faixa especial a eles destinada, devendo seus condutores obedecer, no que couber, às normas de circulação previstas neste Código e às que vierem a ser fixadas pelo órgão ou entidade com circunscrição sobre a via.

Art. 53 Os animais isolados ou em grupos só podem circular nas vias quando conduzidos por um guia, observado o seguinte:

I – Para facilitar os deslocamentos, os rebanhos deverão ser divididos em grupos de tamanho moderado e separados uns dos outros por espaços suficientes para não obstruir o trânsito;

II – Os animais que circularem pela pista de rolamento deverão ser mantidos junto ao bordo da pista (art. 10, § 2º, da CTVV).

Art. 54 Os condutores de motocicletas, motonetas e ciclomotores só poderão circular nas vias:

I – Utilizando capacete de segurança, com viseira ou óculos protetores;[37]

II – Segurando o guidom com as duas mãos;[38]

III – Usando vestuário de proteção, de acordo com as especificações do Contran.[39]

Art. 55 Os passageiros de motocicletas, motonetas e ciclomotores só poderão ser transportados:

I – Utilizando capacete de segurança;[40]

II – Em carro lateral acoplado aos veículos ou em assento suplementar atrás do condutor;[41]

III – Usando vestuário de proteção, de acordo com as especificações do CONTRAN.

Art. 56 *(Vetado)*

Art. 56-A *(Vetado)*

Art. 57 Os ciclomotores devem ser conduzidos pela direita da pista de rolamento, preferencialmente no centro da faixa mais à direita ou no bordo direito da pista sempre que não houver acostamento ou faixa própria a eles destinada, proibida a sua circulação nas vias de trânsito rápido e sobre as calçadas das vias urbanas.

Parágrafo único. Quando uma via comportar duas ou mais faixas de trânsito e a da direita for destinada ao uso exclusivo de outro tipo de veículo, os ciclomotores deverão circular pela faixa adjacente à da direita.[42]

Art. 58 Nas vias urbanas e nas rurais de pista dupla, a circulação de bicicletas deverá ocorrer, quando não houver ciclovia, ciclofaixa, ou acostamento, ou quando não for possível a utilização destes, nos bordos da pista de rolamento, no mesmo sentido de circulação regulamentado para a via, com preferência sobre os veículos automotores.

Parágrafo único. A autoridade de trânsito com circunscrição sobre a via poderá autorizar a circulação de bicicletas no sentido contrário ao fluxo dos veículos automotores, desde que dotado o trecho com ciclofaixa.

Art. 59 Desde que autorizado e devidamente sinalizado pelo órgão ou entidade com circunscrição sobre a via, será permitida a circulação de bicicletas nos passeios.

2.9 Classificação de vias

Este tema merece atenção, pois vem sendo cobrado com frequência nos últimos concursos. O assunto é correlato com os limites de velocidade, e se forem estudados concomitantemente, ficará mais fácil para memorizar a matéria.

Art. 60 As vias abertas à circulação, de acordo com sua utilização, classificam-se em:

I – Vias urbanas:

a) Via de trânsito rápido;

b) Via arterial;

c) Via coletora;

d) Via local;

II – Vias rurais:

a) Rodovias;

b) Estradas.

Art. 61 A velocidade máxima permitida para a via será indicada por meio de sinalização, obedecidas suas características técnicas e as condições de trânsito.

§ 1º Onde não existir sinalização regulamentadora, a velocidade máxima será de:

I – Nas vias urbanas:

a) Oitenta quilômetros por hora, nas vias de trânsito rápido;

b) Sessenta quilômetros por hora, nas vias arteriais;

c) Quarenta quilômetros por hora, nas vias coletoras;

d) Trinta quilômetros por hora, nas vias locais;

II – Nas vias rurais:

a) Nas rodovias de pista dupla:

1) 110 (cento e dez) quilômetros por hora para automóveis, camionetas e motocicletas; (Redação dada pela Lei nº 10.830/2003)

2) 90 km/h (noventa quilômetros por hora) para os demais veículos;

3) oitenta quilômetros por hora, para os demais veículos; (Revogado)

b) nas rodovias de pista simples: sessenta quilômetros por hora.[43]

1) 100 km/h (cem quilômetros por hora) para automóveis, camionetas e motocicletas; (Incluído pela Lei nº 13.281/2016)

2) 90 km/h (noventa quilômetros por hora) para os demais veículos; (Incluído pela Lei nº 13.281/2016)

§ 2º O órgão ou entidade de trânsito ou rodoviário com circunscrição sobre a via poderá regulamentar, por meio de sinalização, velocidades superiores ou inferiores àquelas estabelecidas no parágrafo anterior.

Art. 62 A velocidade mínima não poderá ser inferior à metade da velocidade máxima estabelecida, respeitadas as condições operacionais de trânsito e da via.[44]

Art. 63 *(Vetado)*

2.10 Regras para o uso do cinto de segurança

Art. 64 As crianças com idade inferior a 10 (dez) anos que não tenham atingido 1,45 m (um metro e quarenta e cinco centímetros) de altura devem ser transportadas nos bancos traseiros, em dispositivo de retenção adequado para cada idade, peso e altura, salvo exceções relacionadas a tipos específicos de veículos regulamentadas pelo Contran.

Parágrafo único. O Contran disciplinará o uso excepcional de dispositivos de retenção no banco dianteiro do veículo e as especificações técnicas dos dispositivos de retenção a que se refere o caput deste artigo."

(NR - Lei nº 14.071/2020)[45]

---

36 Arts. 2º, parágrafo único; 90, § 1º; e 95, § 1º, do CTB.
37 Arts. 230, XI, e 244, I, do CTB.
38 Art. 244, VII, do CTB.
39 Art. 244, I, do CTB.
40 Arts. 230, X, e 244, II, do CTB.
41 Art. 244, II, do CTB.
42 Arts. 185, I; 193; e 244, § 2º, do CTB.
43 Art. 218 do CTB.
44 Art. 219 do CTB.
45 Art. 168 do CTB, Resolução Contran nº 277/2008: Dispõe sobre o transporte de menores de 10 anos e a utilização do dispositivo de retenção para o transporte de crianças em veículos.
Resolução Contran nº 48/1998: Estabelece requisitos de instalação e procedimentos para ensaios de cintos de segurança de acordo com o inciso I do art. 105 do Código de Trânsito Brasileiro.

DAS NORMAS GERAIS DE CIRCULAÇÃO E CONDUTA

Art. 65 É obrigatório o uso do cinto de segurança para condutor e passageiros em todas as vias do território nacional, salvo em situações regulamentadas pelo Contran.

Art. 66 (Vetado)

Art. 67 As provas ou competições desportivas, inclusive seus ensaios, em via aberta à circulação, só poderão ser realizadas mediante prévia permissão da autoridade de trânsito com circunscrição sobre a via e dependerão de:[46]

I – Autorização expressa da respectiva confederação desportiva ou de entidades estaduais a ela filiadas;

II – Caução ou fiança para cobrir possíveis danos materiais à via;

III – Contrato de seguro contra riscos e acidentes em favor de terceiros;

IV – Prévio recolhimento do valor correspondente aos custos operacionais em que o órgão ou entidade permissionária incorrerá.

Parágrafo único. A autoridade com circunscrição sobre a via arbitrará os valores mínimos da caução ou fiança e do contrato de seguro. (arts. 173, 174 e 308 do CTB)

Art. 67-A O disposto neste Capítulo aplica-se aos motoristas profissionais: (Redação dada pela Lei nº 13.103/2015)

I – De transporte rodoviário coletivo de passageiros;

II – De transporte rodoviário de cargas.

Art. 67-B (Vetado)

Art. 67-C É vedado ao motorista profissional dirigir por mais de 5 (cinco) horas e meia ininterruptas veículos de transporte rodoviário coletivo de passageiros ou de transporte rodoviário de cargas.

§ 1º Serão observados 30 (trinta) minutos para descanso dentro de cada 6 (seis) horas na condução de veículo de transporte de carga, sendo facultado o seu fracionamento e o do tempo de direção desde que não ultrapassadas 5 (cinco) horas e meia contínuas no exercício da condução.

§ 1º-A Serão observados 30 (trinta) minutos para descanso a cada 4 (quatro) horas na condução de veículo rodoviário de passageiros, sendo facultado o seu fracionamento e o do tempo de direção.

§ 2º Em situações excepcionais de inobservância justificada do tempo de direção, devidamente registradas, o tempo de direção poderá ser elevado pelo período necessário para que o condutor, o veículo e a carga cheguem a um lugar que ofereça a segurança e o atendimento demandados, desde que não haja comprometimento da segurança rodoviária.

§ 3º O condutor é obrigado, dentro do período de 24 (vinte e quatro) horas, a observar o mínimo de 11 (onze) horas de descanso, que podem ser fracionadas, usufruídas no veículo e coincidir com os intervalos mencionados no § 1º, observadas no primeiro período 8 (oito) horas ininterruptas de descanso.

§ 4º Entende-se como tempo de direção ou de condução apenas o período em que o condutor estiver efetivamente ao volante, em curso entre a origem e o destino.

§ 5º Entende-se como início de viagem a partida do veículo na ida ou no retorno, com ou sem carga, considerando-se como sua continuação as partidas nos dias subsequentes até o destino.

§ 6º O condutor somente iniciará uma viagem após o cumprimento integral do intervalo de descanso previsto no § 3º deste artigo.

§ 7º Nenhum transportador de cargas ou coletivo de passageiros, embarcador, consignatário de cargas, operador de terminais de carga, operador de transporte multimodal de cargas ou agente de cargas ordenará a qualquer motorista a seu serviço, ainda que subcontratado, que conduza veículo referido no caput sem a observância do disposto no § 6º.

Art. 67-D (Vetado)

Art. 67-E O motorista profissional é responsável por controlar e registrar o tempo de condução estipulado no art. 67-C, com vistas à sua estrita observância.

§ 1º A não observância dos períodos de descanso estabelecidos no art. 67-C sujeitará o motorista profissional às penalidades daí decorrentes, previstas neste Código.

§ 2º O tempo de direção será controlado mediante registrador instantâneo inalterável de velocidade e tempo e, ou por meio de anotação em diário de bordo, ou papeleta ou ficha de trabalho externo, ou por meios eletrônicos instalados no veículo, conforme norma do Contran.

§ 3º O equipamento eletrônico ou registrador deverá funcionar de forma independente de qualquer interferência do condutor, quanto aos dados registrados.

§ 4º A guarda, a preservação e a exatidão das informações contidas no equipamento registrador instantâneo inalterável de velocidade e de tempo são de responsabilidade do condutor.

2.11 Regras para pedestres e condutores de veículos não motorizados

Os pedestres e os condutores de veículos não motorizados também devem seguir regras específicas no trânsito, as quais são tratadas nas normas gerais de circulação e ainda recebem um capítulo especial, Capítulo IV, no CTB devido à sua importância.

Art. 68 É assegurada ao pedestre a utilização dos passeios ou passagens apropriadas das vias urbanas e dos acostamentos das vias rurais para circulação, podendo a autoridade competente permitir a utilização de parte da calçada para outros fins, desde que não seja prejudicial ao fluxo de pedestres.

Neste momento, é interessante revisar o Anexo I, do CTB, para as corretas definições de passeio e calçada.

Passeio: parte da calçada ou da pista de rolamento, neste último caso, separada por pintura ou elemento físico separador, livre de interferências, destinada à circulação exclusiva de pedestres e, excepcionalmente, de ciclistas.

Calçada: parte da via, normalmente segregada e em nível diferente, não destinada à circulação de veículos, reservada ao trânsito de pedestres e, quando possível, à implantação de mobiliário urbano, sinalização, vegetação e outros fins.

§ 1º O ciclista desmontado empurrando a bicicleta equipara-se ao pedestre em direitos e deveres.

§ 2º Nas áreas urbanas, quando não houver passeios ou quando não for possível a utilização destes, a circulação de pedestres na pista de rolamento será feita com prioridade sobre os veículos, pelos bordos da pista, em fila única, exceto em locais proibidos pela sinalização e nas situações em que a segurança ficar comprometida.

§ 3º Nas vias rurais, quando não houver acostamento ou quando não for possível a utilização dele, a circulação de pedestres, na pista de rolamento, será feita com prioridade sobre os veículos, pelos bordos da pista, em fila única, em sentido contrário ao deslocamento de veículos, exceto em locais proibidos pela sinalização e nas situações em que a segurança ficar comprometida.

§ 4º (Vetado)

§ 5º Nos trechos urbanos de vias rurais e nas obras de arte a serem construídas, deverá ser previsto passeio destinado à circulação dos pedestres, que não deverão, nessas condições, usar o acostamento.

§ 6º Onde houver obstrução da calçada ou da passagem para pedestres, o órgão ou entidade com circunscrição sobre a via deverá assegurar a devida sinalização e proteção para circulação de pedestres.

---

[46] Arts. 167 e 230, IX, do CTB.
Resolução Contran nº 278/2008: proíbe a utilização de dispositivos que travem, afrouxem ou modifiquem o funcionamento dos cintos de segurança.

LEGISLAÇÃO DE TRÂNSITO

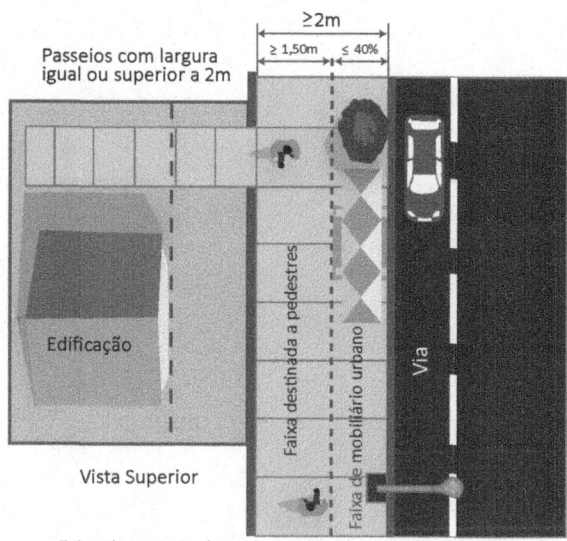

Passeios com largura igual ou superior a 2m
≥2m
≥ 1,50m
≤ 40%
Edificação
Faixa destinada a pedestres
Faixa de mobiliário urbano
Via
Vista Superior

Faixa de passeio de pedestre em passeios com largura maior ou igual a 2,00m (dois metros)

Art. 69 Para cruzar a pista de rolamento o pedestre tomará precauções de segurança, levando em conta, principalmente, a visibilidade, a distância e a velocidade dos veículos, utilizando sempre as faixas ou passagens a ele destinadas sempre que estas existirem numa distância de até cinquenta metros dele, observadas as seguintes disposições:

I – Onde não houver faixa ou passagem, o cruzamento da via deverá ser feito em sentido perpendicular ao de seu eixo;

II – Para atravessar uma passagem sinalizada para pedestres ou delimitada por marcas sobre a pista:

a) Onde houver foco de pedestres, obedecer às indicações das luzes;

b) Onde não houver foco de pedestres, aguardar que o semáforo ou o agente de trânsito interrompa o fluxo de veículos;

III – Nas interseções e em suas proximidades, onde não existam faixas de travessia, os pedestres devem atravessar a via na continuação da calçada, observadas as seguintes normas:

a) Não deverão adentrar na pista sem antes se certificar de que podem fazê-lo sem obstruir o trânsito de veículos;

b) Uma vez iniciada a travessia de uma pista, os pedestres não deverão aumentar o seu percurso, demorar-se ou parar sobre ela sem necessidade.

Art. 70 Os pedestres que estiverem atravessando a via sobre as faixas delimitadas para esse fim terão prioridade de passagem, exceto nos locais com sinalização semafórica, onde deverão ser respeitadas as disposições deste Código.[47]

Parágrafo único. Nos locais em que houver sinalização semafórica de controle de passagem será dada preferência aos pedestres que não tenham concluído a travessia, mesmo em caso de mudança do semáforo liberando a passagem dos veículos.

Art. 71 O órgão ou entidade com circunscrição sobre a via manterá, obrigatoriamente, as faixas e passagens de pedestres em boas condições de visibilidade, higiene, segurança e sinalização.

Art. 72 Todo cidadão ou entidade civil tem o direito de solicitar, por escrito, aos órgãos ou entidades do Sistema Nacional de Trânsito, sinalização, fiscalização e implantação de equipamentos de segurança, bem como sugerir alterações em normas, legislação e outros assuntos pertinentes a este Código.

Art. 73 Os órgãos ou entidades pertencentes ao Sistema Nacional de Trânsito têm o dever de analisar as solicitações e responder, por escrito, dentro de prazos mínimos, sobre a possibilidade ou não de atendimento, esclarecendo ou justificando a análise efetuada, e, se pertinente, informando ao solicitante quando tal evento ocorrerá.

Parágrafo único. As campanhas de trânsito devem esclarecer quais as atribuições dos órgãos e entidades pertencentes ao Sistema Nacional de Trânsito e como proceder a tais solicitações.

Art. 74 A educação para o trânsito é direito de todos e constitui dever prioritário para os componentes do Sistema Nacional de Trânsito.

§ 1º É obrigatória a existência de coordenação educacional em cada órgão ou entidade componente do Sistema Nacional de Trânsito.

§ 2º Os órgãos ou entidades executivos de trânsito deverão promover, dentro de sua estrutura organizacional ou mediante convênio, o funcionamento de Escolas Públicas de Trânsito, nos moldes e padrões estabelecidos pelo Contran.[48]

Art. 75 O Contran estabelecerá, anualmente, os temas e os cronogramas das campanhas de âmbito nacional que deverão ser promovidas por todos os órgãos ou entidades do Sistema Nacional de Trânsito, em especial nos períodos referentes às férias escolares, feriados prolongados e à Semana Nacional de Trânsito.[49] [...]

§ 2º As campanhas de que trata este artigo são de caráter permanente, e os serviços de rádio e difusão sonora de sons e imagens explorados pelo poder público são obrigados a difundi-las gratuitamente, com a frequência recomendada pelos órgãos competentes do Sistema Nacional de Trânsito.

Art. 76 A educação para o trânsito será promovida na pré-escola e nas escolas de 1º, 2º e 3º graus, por meio de planejamento e ações coordenadas entre os órgãos e entidades do Sistema Nacional de Trânsito e de Educação, da União, dos Estados, do Distrito Federal e dos Municípios, nas respectivas áreas de atuação.

Parágrafo único. Para a finalidade prevista neste artigo, o Ministério da Educação e do Desporto, mediante proposta do Contran e do Conselho de Reitores das Universidades Brasileiras, diretamente ou mediante convênio, promoverá:

I – A adoção, em todos os níveis de ensino, de um currículo interdisciplinar com conteúdo programático sobre segurança de trânsito;

II – A adoção de conteúdos relativos à educação para o trânsito nas escolas de formação para o magistério e o treinamento de professores e multiplicadores;

III – A criação de corpos técnicos interprofissionais para levantamento e análise de dados estatísticos relativos ao trânsito;

IV – A elaboração de planos de redução de acidentes de trânsito junto aos núcleos interdisciplinares universitários de trânsito, com vistas à integração universidades-sociedade na área de trânsito.

Art. 77 No âmbito da educação para o trânsito caberá ao Ministério da Saúde, mediante proposta do Contran, estabelecer campanha nacional esclarecendo condutas a serem seguidas nos primeiros socorros em caso de acidente de trânsito.

Parágrafo único. As campanhas terão caráter permanente por intermédio do Sistema Único de Saúde - SUS, sendo intensificadas nos períodos e na forma estabelecidos no art. 76.

Art. 77-A São assegurados aos órgãos ou entidades componentes do Sistema Nacional de Trânsito os mecanismos instituídos nos arts. 77-B a 77-E para a veiculação de mensagens educativas de trânsito em todo o território nacional, em caráter suplementar às campanhas previstas nos arts. 75 e 77.[50]

Art. 77-B Toda peça publicitária destinada à divulgação ou promoção, nos meios de comunicação social, de produto oriundo da indústria

---

[47] Resolução nº 704/2017 altera a Resolução Contran nº 515/2014: estabelece critérios de padronização para funcionamento das Escolas Públicas de Trânsito.
Resolução Contran nº 314/2009: estabelece procedimentos para a execução das campanhas educativas de trânsito a serem promovidas pelos órgãos e entidades do Sistema Nacional de Trânsito.

[48] Resolução Contran nº 265/2007: *Dispõe sobre a formação teórico-técnica do processo de habilitação de condutores de veículos automotores elétricos como atividade extracurricular no Ensino Médio e define os procedimentos para implementação nas escolas interessadas.*

[49] Resolução nº 722/2018: *Estabelece o tema e o cronograma das campanhas educativas de trânsito a serem realizadas em 2018.*
Resolução Contran nº 30/1998: *Dispõe sobre campanhas permanentes de segurança no trânsito.*
§ 1º Os órgãos ou entidades do Sistema Nacional de Trânsito deverão promover outras campanhas no âmbito de sua circunscrição e de acordo com as peculiaridades locais.
Resolução Contran nº 351/2010: *Estabelece procedimentos para veiculação de mensagens educativas de trânsito em toda peça publicitária destinada à divulgação ou promoção, nos meios de comunicação social, de produtos oriundos da indústria automobilística ou afins.*

[50] Artigo acrescentado pela Lei nº 12.006/2009, que estabelece mecanismos para a veiculação de mensagens educativas de trânsito, nas modalidades de propaganda que especifica, em caráter suplementar, as campanhas previstas nos arts. 75 e 77.

automobilística ou afim, incluirá, obrigatoriamente, mensagem educativa de trânsito a ser conjuntamente veiculada.

§ 1º Para os efeitos dos arts. 77-A a 77-E, consideram-se produtos oriundos da indústria automobilística ou afins:

I – Os veículos rodoviários automotores de qualquer espécie, incluídos os de passageiros e os de carga;

II – Os componentes, as peças e os acessórios utilizados nos veículos mencionados no inciso I;

§ 2º O disposto no caput deste artigo aplica-se à propaganda de natureza comercial, veiculada por iniciativa do fabricante do produto, em qualquer das seguintes modalidades:

I – Rádio;

II – Televisão;

III – Jornal;

IV – Revista;

V – Outdoor.

§ 3º Para efeito do disposto no § 2º, equiparam-se ao fabricante o montador, o encarroçador, o importador e o revendedor autorizado dos veículos e demais produtos discriminados no § 1º deste artigo.

Art. 77-C Quando se tratar de publicidade veiculada em outdoor instalado à margem de rodovia, dentro ou fora da respectiva faixa de domínio, a obrigação prevista no art. 77-B estende-se à propaganda de qualquer tipo de produto e anunciante, inclusive àquela de caráter institucional ou eleitoral.

Art. 77-D O Conselho Nacional de Trânsito (Contran) especificará o conteúdo e o padrão de apresentação das mensagens, bem como os procedimentos envolvidos na respectiva veiculação, em conformidade com as diretrizes fixadas para as campanhas educativas de trânsito a que se refere o Art. 75.

Art. 77-E A veiculação de publicidade feita em desacordo com as condições fixadas nos arts. 77-A a 77-D constitui infração punível com as seguintes sanções:

I – Advertência por escrito;

II – Suspensão, nos veículos de divulgação da publicidade, de qualquer outra propaganda do produto, pelo prazo de até 60 (sessenta) dias;

III – Multa de R$ 1.627,00 (mil, seiscentos e vinte e sete reais) a R$ 8.135,00 (oito mil, cento e trinta e cinco reais), cobrada do dobro até o quíntuplo em caso de reincidência. (Nova redação dada pela Lei nº 13.281/2016)

§ 1º As sanções serão aplicadas isolada ou cumulativamente, conforme dispuser o regulamento.

§ 2º Sem prejuízo do disposto no caput deste Art., qualquer infração acarretará a imediata suspensão da veiculação da peça publicitária até que sejam cumpridas as exigências fixadas nos arts. 77-A a 77-D.

Art. 78 Os Ministérios da Saúde, da Educação e do Desporto, do Trabalho, dos Transportes e da Justiça, por intermédio do Contran, desenvolverão e implementarão programas destinados à prevenção de acidentes.

Parágrafo único. O percentual de 10% do total dos valores arrecadados, destinados à Previdência Social, do Prêmio do Seguro Obrigatório de Danos Pessoais, causados por Veículos Automotores de Via Terrestre - DPVAT, de que trata a Lei nº 6.194, de 19 de dezembro de 1974, serão repassados, mensalmente, ao Coordenador do Sistema Nacional de Trânsito para aplicação exclusiva em programas de que trata este artigo.[51]

Art. 79 Os órgãos e entidades executivos de trânsito poderão firmar convênio com os órgãos de educação da União, dos Estados, do Distrito Federal e dos Municípios, objetivando o cumprimento das obrigações estabelecidas neste capítulo.[52]

---

51 Art. 320, parágrafo único, do CTB. Resolução Contran nº 143/2003: *Dispõe sobre a utilização de percentual dos recursos do Seguro Obrigatório de Danos Pessoais, Causados por Veículos Automotores de Via Terrestre (DPVAT), destinados ao órgão coordenador de Sistema Nacional de Trânsito.*

52 Resolução Contran nº 265/2007: *Dispõe sobre a formação teórico-técnica do processo de habilitação de condutores de veículos automotores elétricos, como atividade extracurricular no Ensino Médio e define os procedimentos para implementação nas escolas interessadas.*

LEGISLAÇÃO DE TRÂNSITO

3 DA SINALIZAÇÃO DE TRÂNSITO

A sinalização de trânsito e a conservação das vias públicas são de responsabilidade da autoridade com circunscrição sobre a via, sendo esta autoridade objetivamente responsabilizada em caso de acidente com danos por falta de sinalização adequada ou de má conservação da via.

3.1 Princípios da sinalização

- Legalidade: ter previsão legal no CTB, ou estar autorizada pelo Contran, em caso de sinalização experimental.
- Suficiência: ser facilmente percebida pelos usuários da via e estar em quantidade compatível com a sua extensão.
- Padronização: deve seguir o padrão legal, previamente determinado no Anexo II do CTB.
- Uniformidade: situações iguais devem ser sinalizadas com os mesmos critérios.
- Clareza: deve transmitir mensagens objetivas e de fácil compreensão.
- Precisão e confiabilidade: deve corresponder à situação existente.
- Visibilidade e legibilidade: deve ser vista à distância necessária para ser interpretada em tempo hábil para a tomada de decisão do condutor.
- Manutenção e conservação: estar permanentemente limpa e visível.

Caso não atenda aos princípios supracitados, a sinalização pode ser considerada como inexistente e o órgão responsabilizado por sua falta.

Para se ter uma padronização em nível nacional, a sinalização é definida com base no Anexo II do CTB, que foi regulamentado pela Resolução Contran nº 160/2004.

> *Art. 80 Sempre que necessário, será colocada ao longo da via, sinalização prevista neste Código e em legislação complementar, destinada a condutores e pedestres, vedada a utilização de qualquer outra.*
> *§ 1º A sinalização será colocada em posição e condições que a tornem perfeitamente visível e legível durante o dia e a noite, em distância compatível com a segurança do trânsito, conforme normas e especificações do Contran.*
> *§ 2º O Contran poderá autorizar, em caráter experimental e por período prefixado, a utilização de sinalização não prevista neste Código.*
> *§ 3º A responsabilidade pela instalação da sinalização nas vias internas pertencentes aos condomínios constituídos por unidades autônomas e nas vias e áreas de estacionamento de estabelecimentos privados de uso coletivo é de seu proprietário.*[1]
> *Art. 81 Nas vias públicas e nos imóveis é proibido colocar luzes, publicidade, inscrições, vegetação e mobiliário que possam gerar confusão, interferir na visibilidade da sinalização e comprometer a segurança do trânsito.*
> *Art. 82 É proibido afixar sobre a sinalização de trânsito e respectivos suportes, ou junto a ambos, qualquer tipo de publicidade, inscrições, legendas e símbolos que não se relacionem com a mensagem da sinalização.*
> *Art. 83 A afixação de publicidade ou de quaisquer legendas ou símbolos ao longo das vias condiciona-se à prévia aprovação do órgão ou entidade com circunscrição sobre a via.*
> *Art. 84 O órgão ou entidade de trânsito com circunscrição sobre a via poderá retirar ou determinar a imediata retirada de qualquer elemento que prejudique a visibilidade da sinalização viária e a segurança do trânsito, com ônus para quem o tenha colocado.*
> *Art. 85 Os locais destinados pelo órgão ou entidade de trânsito com circunscrição sobre a via à travessia de pedestres deverão ser sinalizados com faixas pintadas ou demarcadas no leito da via.*

> *Art. 86 Os locais destinados a postos de gasolina, oficinas, estacionamentos ou garagens de uso coletivo deverão ter suas entradas e saídas devidamente identificadas, na forma regulamentada pelo Contran.*
> *Art. 86-A As vagas de estacionamento regulamentado de que trata o inciso XVII do art. 181 desta Lei deverão ser sinalizadas com as respectivas placas indicativas de destinação e com placas informando os dados sobre a infração por estacionamento indevido. (Incluído pela Lei nº 13.146/2015)*

A Resolução Contran nº 38/1998 regulamenta o art. 86 do CTB, que dispõe sobre a identificação das entradas e saídas de postos de gasolina e de abastecimento de combustíveis, oficinas, estacionamentos e/ou garagens de uso coletivo.

> *Art. 87 Os sinais de trânsito classificam-se em:*
> *I – Verticais;*
> *II – Horizontais;*
> *III – Dispositivos de sinalização auxiliar;*
> *IV – Luminosos;*
> *V – Sonoros;*
> *VI – Gestos do agente de trânsito e do condutor.*

Mesmo observando o art. 87, com seus 6 incisos, podemos, doutrinariamente, dividir a sinalização de trânsito em sete subsistemas que são extraídos do CTB. Veja o quadro-resumo:

Sistema de Sinalização de Trânsito

Art. 87, I, CTB - Verticais		
Regulamentação	Advertência	Indicação
Caráter Imperativo	Caráter aviso de perigo	Caráter Informativo

Art. 87, II, CTB - Horizontal	Pinturas: longitudinais, delimitadoras canalização e inscrições do pavimento
Art. 87, III, CTB - disp.sinº auxiliar	Tachões/ Barreiras/ Cones
Art. 87, IV, CTB - Luminosos	Semáforos/ Painéis Luminosos
Art. 87, V, CTB - Sonoros	Silvos/ Apitos
Art. 87, VI, CTB - Gestos	Agente/ Condutor
Art. 89, par. único, CTB Obras	Cavaletes/ Placa (cor laranja) de Caráter temporário ou transitório

3.2 Sinalização vertical

3.2.1 Placas de regulamentação

Constitui infração de trânsito somente o desrespeito à sinalização de regulamentação. O infrator será autuado e, a depender da transgressão, responderá por uma infração leve, média, grave ou gravíssima. As placas de regulamentação têm a função imperativa de proibir, obrigar e restringir.

Por padrão, elas têm o formato circular com cor de fundo branca e orla externa vermelhas, com inscrições em preto. Essas placas sempre iniciarão com a letra "R" (podemos associar a regulamentação) e, em seguida, um número, para facilitar a identificação.

O Anexo II apresenta duas exceções de formato, sendo uma a R-1 (octogonal), que significa parada obrigatória, e R-2 (triangular), que significa dê a preferência.

O motivo dessas exceções é que outros usuários da via também saibam do conteúdo de sua regulamentação dada sua importância, mesmo se aproximando de um cruzamento, no sentido contrário do fluxo dessa via.

---
[1] Resolução Contran nº 550/2015: *Estabelece em caráter experimental conforme Resolução do Contran nº 348/2010, que estabelece o procedimento e os requisitos para apreciação dos equipamentos de trânsito e de sinalização não previstos no Código de Trânsito Brasileiro - CTB.*
Resolução Contran nº 348/2010: *Estabelece o procedimento e os requisitos para apreciação dos equipamentos de trânsito e de sinalização não previstos no Código de Trânsito Brasileiro - CTB.*

DA SINALIZAÇÃO DE TRÂNSITO

3.2.2 Placas de advertência

As placas de advertência não obrigam e nem proíbem nada. Sua função é simplesmente de ALERTAR e dar aos usuários da via condições de potencial perigo.

O formato é o quadrado, porém é colocada de uma forma inclinada, justamente para chamar a atenção. A cor de fundo é amarela com orla interna preta e externa amarela e inscrições/caracteres em preto.

Essas placas são chamadas de "A" (podemos associar "A" de advertência), seguidas de um número que as identifica.

Existem duas exceções no formato:
- Placa A-26 a: sentido único – formato retangular.
- Placa A-26 b: sentido duplo – formato retangular.
- Placa A-41: cruz de Santo André – adverte o condutor da existência, no local de um cruzamento, de linha férrea em nível.

Existe ainda uma exceção com relação à cor de fundo de uma placa de advertência:
- Placa "A": na sinalização de obras, o fundo e a orla externa devem ser na cor laranja.

3.2.3 Placas de indicação

As placas de indicação têm a função de mostrar e orientar. Esse grupo de placas tem uma divisão em subgrupos, a saber:
- Identificação de rodovias;
- Marcos quilométricos;
- Identificação de limites territoriais;
- Orientação de locais e distâncias;
- Educativa;
- Serviços auxiliares;
- Atrativos turísticos.

Art. 88 Nenhuma via pavimentada poderá ser entregue após sua construção, ou reaberta ao trânsito após a realização de obras ou de manutenção, enquanto não estiver devidamente sinalizada, vertical e horizontalmente, de forma a garantir as condições adequadas de segurança na circulação.

Parágrafo único. Nas vias ou trechos de vias em obras deverá ser afixada sinalização específica e adequada.

3.3 Sinalização horizontal

São pinturas feitas no pavimento que servem para organizar o fluxo dos veículos e orientar os demais usuários da via. Estas pinturas foram estipuladas pelo Contran, por meio de resoluções.

Neste subsistema, o descumprimento de algumas sinalizações horizontais pode gerar notificação. Para facilitar o estudo, vamos relacionar alguns casos:

Art. 181 [...]
VIII – Proíbe o estacionamento do veículo sobre faixas de pedestres, ciclofaixa e marcas de canalização. GRAVE;
Medida administrativa – remoção do veículo;
XIII – Proíbe o estacionamento do veículo onde houver sinalização horizontal delimitadora de ponto de embarque e desembarque de passageiro de transporte coletivo. MÉDIA;
Medida administrativa – remoção do veículo;
Art. 182 [...]
VI – Proíbe a parada do veículo sobre faixa destinada a pedestres e marcas de canalização. LEVE;
Penalidade – multa;
VII – Proíbe a parada do veículo na área de cruzamento de vias - MÉDIA;
Penalidade – multa;

Art. 185 [...]
I – Quando o veículo estiver em movimento, deixar de conservá-lo na faixa a ele destinada (ultrapassagem e passagem) – MÉDIA;
Penalidade – multa;
Art. 193 Proíbe o trânsito em ciclovias e ciclofaixas e marcas de canalização - GRAVÍSSIMA x 3;
Penalidade – multa;
Art. 203 [...]
II – Ultrapassar na contramão nas faixas de pedestre – GRAVÍSSIMA; Fator multiplicativo de "X5"
Penalidade – multa;
V – Proíbe a ultrapassagem pela contramão onde houver linha de divisão de fluxos opostos do tipo linha dupla contínua ou simples contínua amarela – GRAVÍSSIMA; Fator multiplicativo de "X5"
Penalidade – multa;
Art. 206 [...]
I – Proíbe a operação de retorno em locais proibidos pela sinalização (faixa pintada no pavimento amarela contínua) – GRAVÍSSIMA;
Penalidade – multa;
III – Proíbe a operação de retorno passando por cima de faixas de pedestres. GRAVÍSSIMA;
Penalidade – multa;
Art. 207 Proíbe a operação de conversão à direita ou à esquerda em locais proibidos pela sinalização (faixa pintada no pavimento amarela contínua) - GRAVE;
Penalidade – multa;
Art. 214 [...]
I – Não dar preferência de passagem a pedestre e a veículo não motorizado que se encontre na faixa a ele destinada – GRAVÍSSIMA;
Penalidade – multa;

3.3.1 Cores

Apresentam-se em cinco de acordo com a Resolução:
- Amarela: regula o fluxo de veículos em sentido oposto, bem como os espaços proibidos para operações de parada e estacionamento e de carga e descarga.
- Branca: regula o fluxo de veículos em mesmo sentido, bem como os espaços permitidos para parada, estacionamento e operações de carga e descarga.
- Azul: regula os espaços destinados ao estacionamento de pessoas com necessidades especiais, e também embarque e desembarque.
- Vermelha: proporciona contraste com o pavimento, delimita ciclofaixas e ciclovias, linhas de marcação de cruzamento de rodocicloviário e símbolos de socorro (cruz) no caso de estacionamento de farmácias e hospitais.
- Preta: assim como a vermelha, proporciona contraste entre a pintura e o pavimento.

3.3.2 Classificação

Classificação da Sinalização Horizontal

Longitudinal			
Simples	Contínua	Sentidos Opostos (amarela)
	Seccionada	
Dupla	Contínua	
	Seccionada	
	Contínua e seccionada	

Contínua	Mesmo Sentido Somente simples (branca)
Seccionada	

LEGISLAÇÃO DE TRÂNSITO

Transversal
Retenção	Continuada / parada obrigatória
	Seccionada / dê a preferência
Travessia de pedestre	Zebrada
	Paralela
Estímulo à redução de velocidade	
Cruzamento Rodocicloviário	
Área de Conflito	
Área de Cruzamento	

Canalizador
Principais funções	Separar fluxo de sentidos opostos (Amarela)
	Separa Fluxo de mesmo sentido (Branca)
	Acomodar canteiro central
	Aceleração desaceleração
	Ordenar movimento de retorno
	Proteção para área de estacionamento em ângulo

- **Marcas longitudinais (ML):** marcas que acompanham a pista, ao centro, dividindo em fluxos de mesmo sentido, ou sentidos opostos. Ou nas laterais (bordo da pista) nas cores amarela ou branca.

Pista dupla

Canteiro central

- **Marcas transversais (MT):** marcas que atravessam a pista. Exemplos: faixas de pedestres, obstáculo transversal (lombada), faixa de estímulo à redução de velocidade.

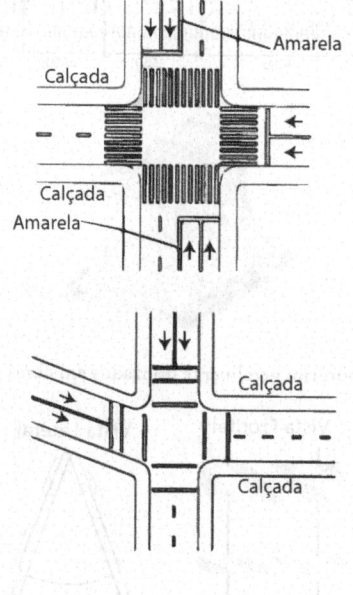

- **Marcas de canalização (MC):** servem para orientar, separar, ordenar retorno, acelerar, desacelerar veículos.

Marca de alternância do movimento de faixas por sentido

Ilhas de canalização envolvendo obstáculos na pista
Sentido Único

- Quanto à cor, a mesma regra: amarela para sentidos opostos e branca para mesmo sentido.

- **Marcas de delimitação e controle de estacionamento e/ou parada (MD):** marcas que servem para delimitar onde é: "permitido parar ou estacionar" (marcação branca)/"proibido parar ou estacionar" (marcação amarela)/"restrito parar ou estacionar", no caso de estacionamento privativo para serviço de saúde, e em casos de ciclofaixa ou ciclovias (marcação vermelha). Vaga destinada a pessoas com necessidades especiais (marcação azul).

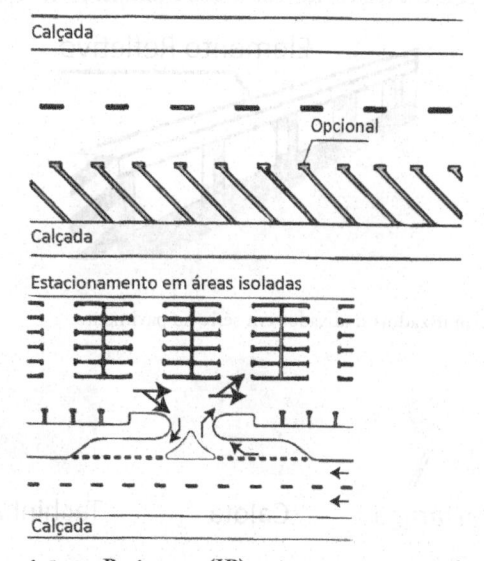

- **Inscrição no Pavimento (IP):** orientam a operacionalização da via, melhorando a visibilidade, para que os condutores tenham tempo hábil para tomar atitudes seguras.

Siga em frente — Vire à esquerda — Vire à direita — Retorno à direita

Retorno à esquerda — Siga em frente ou vire à direita — Siga em frente ou vire à esquerda

DA SINALIZAÇÃO DE TRÂNSITO

3.4 Dispositivos de sinalização auxiliar – luminosos, sonoros e gestos

Esses dispositivos têm a função de chamar a atenção do condutor para obstáculos na via, reduzindo, assim, a velocidade, aumentando a segurança e a proteção aos usuários da via. São constituídos de formas e cores diversas, e agrupados de acordo com sua função, podendo ser:[2]

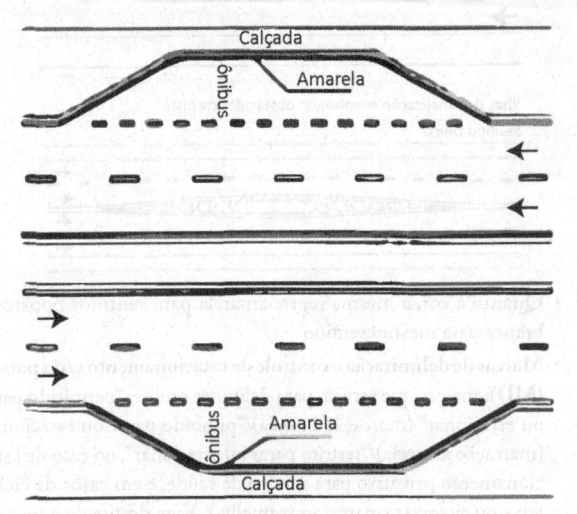

- **Delimitadores:** reforçam as marcas viárias, para melhorar a percepção dos condutores com ou sem elementos refletivos.

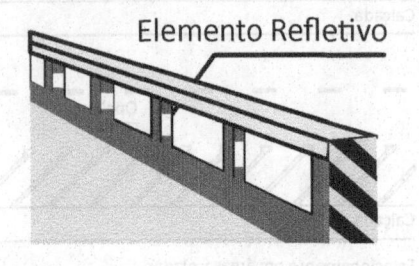

- **Canalizadores:** afixados em série no pavimento.

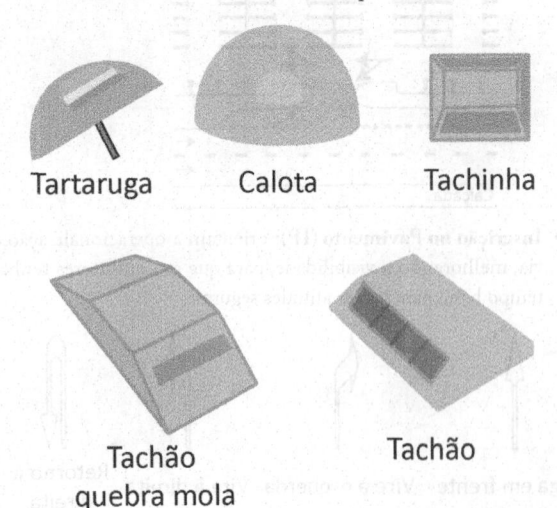

  Tartaruga   Calota   Tachinha

  Tachão quebra mola   Tachão

- **Sinalização de alerta:** chamam a atenção dos condutores para obstáculos na via que gerem risco, em potencial.

- **Luminosos:** a mais comum é o semáforo, mas existem outras.

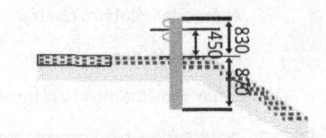

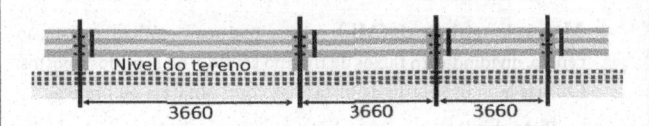

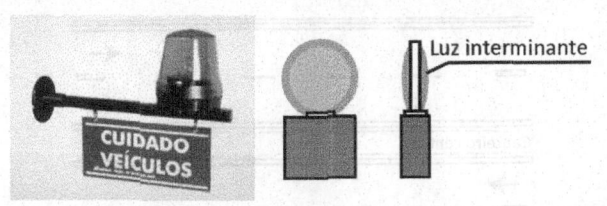

- **Proteção:** defensas metálicas ou concreto, podem ser simples ou dupla.

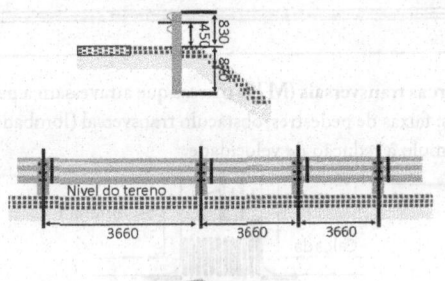

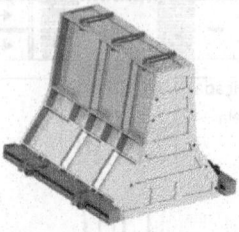

- **Uso temporário:** geralmente utilizados em obras no leito da via.

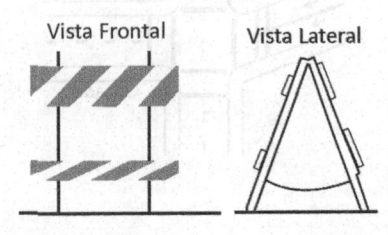

  Vista Frontal   Vista Lateral

---

[2] Resolução nº 704/2017: *Estabelece padrões e critérios para sinalização semafórica com sinal sonoro para travessia de pedestres com deficiência visual.*

3.5 Ordem de prevalência da sinalização

Art. 89 *A sinalização terá a seguinte ordem de prevalência:*

I – As ordens do agente de trânsito sobre as normas de circulação e outros sinais; (art. 195 do CTB)[3]

II – As indicações do semáforo sobre os demais sinais;

III – As indicações dos sinais sobre as demais normas de trânsito.[4]

Os sinais mais utilizados em sinalização vertical temporária são:

- Sinais de advertência: para alertar os usuários sobre a intervenção e identificar seu caráter temporário.
- Sinais especiais de advertência: sinais que contêm informações que advertem sobre situações específicas de obra ou serviço.
- Sinais de regulamentação: contêm mensagens imperativas, cujo desrespeito constitui infração de trânsito.
- Sinais de orientação de destino: contêm mensagens informativas de trajetos para motoristas ou pedestres.
- Sinais de orientação para pedestres: contêm mensagens informativas de localização, de equipamentos, de restrições de percurso ou de novos trajetos para pedestres.
- Sinais de orientação para ciclistas: contêm mensagens informativas de localização, de restrições de percurso ou de novos trajetos para ciclistas.

Art. 90 *Não serão aplicadas as sanções previstas neste Código por inobservância à sinalização quando esta for insuficiente ou incorreta.*

§ 1º O órgão ou entidade de trânsito com circunscrição sobre a via é responsável pela implantação da sinalização, respondendo pela sua falta, insuficiência ou incorreta colocação. (art. 51 do CTB)

§ 2º O Contran editará normas complementares no que se refere à interpretação, colocação e uso da sinalização.

3.6 Engenharia de tráfego

Assim como a sinalização deve atender parâmetros para garantir a segurança e a padronização, deve também as obras, que tem impacto direto no fluxo de uma via, ter sua parcela de responsabilidade com os efeitos causados com o tempo.

Neste capítulo, observaremos que operações e fiscalização precisam se ater a todo um disposto legal para que o usuário da via não seja prejudicado em seu direito.

Art. 91 *O Contran estabelecerá as normas e regulamentos a serem adotados em todo o território nacional quando da implementação das soluções adotadas pela Engenharia de Tráfego, assim como padrões a serem praticados por todos os órgãos e entidades do Sistema Nacional de Trânsito.*[5]

Art. 92 *(Vetado)*

Art. 93 *Nenhum projeto de edificação que possa transformar-se em polo atrativo de trânsito poderá ser aprovado sem prévia anuência do órgão ou entidade com circunscrição sobre a via e sem que do projeto conste área para estacionamento e indicação das vias de acesso adequadas.*[6]

Art. 94 *Qualquer obstáculo à livre circulação e à segurança de veículos e pedestres, tanto na via quanto na calçada, caso não possa ser retirado, deve ser devida e imediatamente sinalizado.*[7]

Parágrafo único. *É proibida a utilização das ondulações transversais e de sonorizadores como redutores de velocidade, salvo em casos especiais definidos pelo órgão ou entidade competente, nos padrões e critérios estabelecidos pelo Contran.*[8]

Art. 95 *Nenhuma obra ou evento que possa perturbar ou interromper a livre circulação de veículos e pedestres, ou colocar em risco sua segurança, será iniciada sem permissão prévia do órgão ou entidade de trânsito com circunscrição sobre a via.*[9]

§ 1º A obrigação de sinalizar é do responsável pela execução ou manutenção da obra ou do evento.

§ 2º Salvo em casos de emergência, a autoridade de trânsito com circunscrição sobre a via avisará a comunidade, por intermédio dos meios de comunicação social, com quarenta e oito horas de antecedência, de qualquer interdição da via, indicando-se os caminhos alternativos a serem utilizados.

§ 3º O descumprimento do disposto neste artigo será punido com multa de R$ 81,35 (oitenta e um reais e trinta e cinco centavos) a R$ 488,10 (quatrocentos e oitenta e oito reais e dez centavos), independentemente das cominações cíveis e penais cabíveis, além de multa diária no mesmo valor até a regularização da situação, a partir do prazo final concedido pela autoridade de trânsito, levando-se em consideração a dimensão da obra ou do evento e o prejuízo causado ao trânsito.

§ 4º Ao servidor público responsável pela inobservância de qualquer das normas previstas neste e nos Arts. 93 e 94, a autoridade de trânsito aplicará multa diária na base de cinquenta por cento do dia de vencimento ou remuneração devida enquanto permanecer a irregularidade.

---

3   Art. 6º, §§ 2º e 4º, da CTVV.
4   Resolução nº 690/2017: *Aprova o Volume VII – Sinalização Temporária, do Manual Brasileiro de Sinalização de Trânsito.*
5   Art. 333 do CTB.
6   Resolução Contran nº 302/2008: *Define e regulamenta as áreas de segurança e de estacionamentos específicos de veículos.*
Resolução Contran nº 390/2011: *Dispõe sobre a padronização dos procedimentos administrativos na lavratura de auto de infração, na expedição de notificação de autuação e de notificação de penalidades por infrações de responsabilidade de pessoas físicas ou jurídicas, sem a utilização de veículos.*
7   Art. 95, § 4º, do CTB.
8   Art. 334 do CTB. Resolução Contran nº 600/2016: *Estabelece os padrões e critérios para a instalação de ondulação transversal (lombada física) em vias públicas, disciplinada pelo parágrafo único do art. 94 do Código de Trânsito Brasileiro e proíbe a utilização de tachas, tachões e dispositivos similares implantados transversalmente à via pública.*
9   Arts. 21, IX; e 24, IX, do CTB.
Resolução Contran nº 371/2010: aprova o Manual Brasileiro de Fiscalização de Trânsito, Volume I – Infrações de competência municipal, incluindo as concorrentes dos órgãos e entidades estaduais de trânsito e rodoviários.

4 DOS VEÍCULOS

Para que um veículo possa ser produzido ou importado para o país, é necessário que atenda a padrões de segurança e que se tenha registro no SNT por meio do Registro Nacional de Veículos Automotores (Renavam), para que possa receber uma placa de identificação que o acompanhará até sua baixa definitiva, sendo vedado o reaproveitamento em outro veículo. Assim, o Capítulo IX do CTB especifica os veículos com suas classificações, finalidades e equipamentos de segurança indispensáveis.

Todos os veículos são classificados no art. 96 e seguintes do CTB. Assim, vejamos o texto do CTB e, na sequência, um quadro-resumo.

Classificação de veículos art. 96, CTB

Tração - inc. I	Espécie - inc. II	Categoria - inc. III
a) automotor	a) passageiro	a) oficial
b) elétrico	b) carga	b) repre. diplom.
c) pro. humana	c) misto	c) particular
d) tração animal	d) competição	d) aluguel
e) rebo./ semirreboque	e) tração	e) aprendizagem
	f) especial	
	g) coleção	

4.1 Classificação dos veículos

Art. 96 Os veículos classificam-se em:

4.1.1 Quanto à tração

I – Quanto à tração:
a) Automotor;
b) Elétrico;
c) De propulsão humana;
d) De tração animal;
e) Reboque ou semirreboque;

Classificação de veículos art. 96, CTB

Tração - inc. I	
a) automotor	Todo veículo que circule com seus(s) motor(es) próprio(s) e que consome algum tido de combustível - serve para deslocamento viários inclusive contatados a linhas elétricas - trólebus e bondes, estes sobre trilhos. Excluem-se deste conceito os trens e metrôs e qualquer tipo de composição similar a estas duas ultimas citadas.
b) elétrico	É uma classificação que o CTB não apresenta conceituação mais elaborada, porém podemos concluir que o legislador e o CONTRAN previram a possibilidade de Registro, Licenciamento destes veículos, bem como Habilitação de seus condutores. Arts. 120, 130, 140.
c) propulsão Humana	No anexo I, temos a previsão da Bicicleta/ Carro de Mão/Ciclo. Existe previsão no CTB de regulamentação municipal, logicamente desde que o município tenha efetivado sua integração ao SNT através de pedido ao DENATRAN e seja autorizado por este a criação daquele órgão executivo de trânsito municipal. Art. 24, XVII e XVIII e Art. 129
d) tração animal	No anexo I, temos as seguintes previsões: Carroças - destinados a transportar Carga, e Charretes - destinadas a transportar pessoas e bagagens. Seguem a mesma regra com relação a municipalização e devida regulamentação. Art. 24, XVII e XVIII e Art. 129.
e) rebo. / semirreboque	Não de deslocam sozinhos necessitando sempre de outros veículos para tracioná-los; Unidade tratora+ reboque engatado = Veículo conjugado. Unidade tratora + Semirreboqure Apoiado = Veículo Articulado

4.1.2 Quanto à espécie

II – Quanto à espécie:
a) De passageiros:
1. Bicicleta;
2. Ciclomotor;
3. Motoneta;
4. Motocicleta;
5. Triciclo;
6. Quadriciclo;
7. Automóvel;
8. Micro-ônibus;
9. Ônibus;
10. Bonde;
11. Reboque ou semirreboque;
12. Charrete;
b) De carga:
1. Motoneta;
2. Motocicleta;
3. Triciclo;
4. Quadriciclo;
5. Caminhonete;
6. Caminhão;
7. Reboque ou semirreboque;
8 - Carroça;
9 - Carro de mão;
c) Misto:
1 - Camioneta;
2 - Utilitário;
3 - Outros;
d) De Competição;
e) De Tração:
1 - Caminhão-trator;
2 - Trator de rodas;
3 - Trator de esteiras;
4 - Trator misto;
f) Especial;
g) De coleção;

Classificação de veículos art. 96, CTB

Espécie - inc. II	
a) passageiro	Bicicleta, ciclomotor, motoneta, motocicleta, triciclo, quadriciclo, bonde, semirreboque/ reboque, charrete. Exclusivamente: automóvel/ micro-ônibus/ ônibus.
b) carga	Motoneta, motocicleta, triciclo, quadriciclo e reboque /semirreboque. Exclusivamente: carroça, carro de mão, caminhonete, caminhão.

LEGISLAÇÃO DE TRÂNSITO

c) misto	Caminhoneta (pass.+carga), utilitário (Off Road), outros Ex.: Veículos (Funerária, Ambulância, Viaturas).
d) competição	Art. 110 CTB - Res. do CONTRAN nº 292 veículo que circulavam nas vias e foram alterado para competir, e veículos protótipos criados para competir(Ex. Fórmula 1).
e) tração	Caminhão trator, trator Art. 144 CTB e 115 §4º, de rodas de esteiras e misto Res. CONTRAN nº 587 e 14.
f) especial	Lei nº 12.452/11 - Trailer e Motor - casa (automotor).
g) coleção	Res. CONTRAN nº 127 de 21/08/01 mais de 30 anos de fabricação - ostenta valor histórico - conserva características originais e o pleno funcionamento dos equipamentos de segurança fabricados.

4.1.3 Quanto à categoria

III – Quanto à categoria:
a) Oficial;
b) De representação diplomática, de repartições consulares de carreira ou organismos internacionais acreditados junto ao Governo brasileiro;
c) Particular;
d) De aluguel;
e) De aprendizagem.

Classificação de veículos Art. 96, CTB
Categoria - inc. III
a) oficial
b) representação Diplomática, de repartição consular de carreiras ou de organismos internacionais acreditados junto ao Governo brasileiro
c) particular
d) aluguel
e) aprendizagem

A categoria refere-se à destinação dada ao veículo em caráter permanente, constantes do CRV e CRLV. Se, porventura, for alterada a categoria do veículo (art. 123 do CTB), somente a cor da placa deve se alterar, sendo que os caracteres permanecem os mesmos até sua baixa.

Somente quatro as hipóteses de alteração de categoria e CRV e CRLV (art. 123 do CTB):

- Transferência de proprietário.
- Mudança de município de domicílio ou residência.
- Alteração de características do veículo, se houver mudança de categoria.

Categoria do veículo	Cor	
	Placa e tarjeta	
	Fundo	Caracteres
Particular	Cinza	Preto
Aluguel	Vermelho	Branco
Experiência/fabricante	Verde	Branco
Aprendizagem	Branco	Vermelho
Coleção	Preto	Cinza
Oficial	Branco	Preto

Categoria do veículo	Cor	
	Placa e tarjeta	
	Fundo	Caracteres
Missão diplomática	Azul	Branco
Corpo consular	Azul	Branco
Organismo internacional	Azul	Branco
Corpo diplomático	Azul	Branco
Organismo Consular/Internacional	Azul	Branco
Acordo de cooperação internacional	Azul	Branco
Representação	Preto	Dourado

***Art. 97** As características dos veículos, suas especificações básicas, configuração e condições essenciais para registro, licenciamento e circulação serão estabelecidas pelo CONTRAN, em função de suas aplicações.[1]*

***Art. 98** Nenhum proprietário ou responsável poderá, sem prévia autorização da autoridade competente, fazer ou ordenar que sejam feitas no veículo modificações de suas características de fábrica.*

§ 1º Os veículos e motores novos ou usados que sofrerem alterações ou conversões são obrigados a atender aos mesmos limites e exigências de emissão de poluentes e ruído previstos pelos órgãos ambientais competentes e pelo Contran, cabendo à entidade executora das modificações e ao proprietário do veículo a responsabilidade pelo cumprimento das exigências.[2]

§ 2º Veículos classificados na espécie misto, tipo utilitário, carroçaria jipe poderão ter alterado o diâmetro externo do conjunto formado por roda e pneu, observadas restrições impostas pelo fabricante e exigências fixadas pelo Contran. (NR - Lei nº 14.071/2020).

§ 4º Somente poderá haver autuação, por ocasião da pesagem do veículo, quando o veículo ou a combinação de veículos ultrapassar os limites de peso fixados, acrescidos da respectiva tolerância.

§ 5º O fabricante fará constar em lugar visível da estrutura do veículo e no Renavam o limite técnico de peso por eixo, na forma definida pelo Contran.

***Art. 99** Somente poderá transitar pelas vias terrestres o veículo cujo peso e dimensões atenderem aos limites estabelecidos pelo Contran.[3]*

§ 1º O excesso de peso será aferido por equipamento de pesagem ou pela verificação de documento fiscal, na forma estabelecida pelo Contran.

§ 2º Será tolerado um percentual sobre os limites de peso bruto total e peso bruto transmitido por eixo de veículos à superfície das vias, quando aferido por equipamento, na forma estabelecida pelo Contran.

§ 3º Os equipamentos fixos ou móveis utilizados na pesagem de veículos serão aferidos de acordo com a metodologia e na periodicidade estabelecidas pelo Contran, ouvido o órgão ou entidade de metrologia legal.

***Art. 100** Nenhum veículo ou combinação de veículos poderá transitar com lotação de passageiros, com peso bruto total, ou com peso bruto total combinado com peso por eixo, superior ao fixado pelo fabricante, nem ultrapassar a capacidade máxima de tração da unidade tratora.*

§ 1º Os veículos de transporte coletivo de passageiros poderão ser dotados de pneus extralargos.

§ 2º O Contran regulamentará o uso de pneus extralargos para os demais veículos.

§ 3º É permitida a fabricação de veículos de transporte de passageiros de até 15 m (quinze metros) de comprimento na configuração de chassi 8x2.[4]

---

[1] Resolução Contran nº 210/2006: Estabelece os limites de peso e dimensões para veículos que transitem por vias terrestres e dá outras providências. Resolução Contran nº 479/2014: altera o art. 6º da Resolução Contran nº 292/2008, que dispõe sobre modificações de veículos previstas nos arts. 98 e 106 da Lei nº 9503, de 23 de setembro de 1997, que instituiu o Código de Trânsito Brasileiro.
[2] Art. 230 do CTB.
[3] Art. 231 do CTB.
[4] Resolução nº 719/2017: conjunto roda e pneu sobressalente e sistemas alternativos. Um símbolo de aviso de velocidade máxima de 120 km/h, deve ser permanentemente visível e colocado em posição de destaque na face exterior da roda. Art. 231, V, VII e X, do CTB.

DOS VEÍCULOS

Art. 101 Ao veículo ou à combinação de veículos utilizados no transporte de carga que não se enquadre nos limites de peso e dimensões estabelecidos pelo Contran, poderá ser concedida, pela autoridade com circunscrição sobre a via, autorização especial de trânsito, com prazo certo, válida para cada viagem ou por período, atendidas as medidas de segurança consideradas necessárias, conforme regulamentação do Contran. (NR - Lei nº 14.071/2020).[5]

§ 1º (Vetado)

§ 2º A autorização não exime o beneficiário da responsabilidade por eventuais danos que o veículo ou a combinação de veículos causar à via ou a terceiros.

§ 3º Aos guindastes autopropelidos ou sobre caminhões poderá ser concedida, pela autoridade com circunscrição sobre a via, autorização especial de trânsito, com prazo de seis meses, atendidas as medidas de segurança consideradas necessárias.

§ 4º O Contran estabelecerá os requisitos mínimos e específicos a serem observados pela autoridade com circunscrição sobre a via para a concessão da autorização de que trata o caput deste artigo quando o veículo ou a combinação de veículos trafegar exclusivamente em via rural não pavimentada, os quais deverão contemplar o caráter diferenciado e regional dessas vias. (NR - em vigor a partir de 21/04/2022)

Art. 102 O veículo de carga deverá estar devidamente equipado quando transitar, de modo a evitar o derramamento da carga sobre a via.

Parágrafo único. O Contran fixará os requisitos mínimos e a forma de proteção das cargas de que trata este artigo, de acordo com a sua natureza.

Art. 103 O veículo só poderá transitar pela via quando atendidos os requisitos e condições de segurança estabelecidos neste Código e em normas do Contran.

§ 1º Os fabricantes, os importadores, os montadores e os encarroçadores de veículos deverão emitir certificado de segurança, indispensável ao cadastramento no Renavam, nas condições estabelecidas pelo Contran.

§ 2º O Contran deverá especificar os procedimentos e a periodicidade para que os fabricantes, os importadores, os montadores e os encarroçadores comprovem o atendimento aos requisitos de segurança veicular, devendo, para isso, manter disponíveis a qualquer tempo os resultados dos testes e ensaios dos sistemas e componentes abrangidos pela legislação de segurança veicular.

Art. 104 Os veículos em circulação terão suas condições de segurança, de controle de emissão de gases poluentes e de ruído avaliadas mediante inspeção, que será obrigatória, na forma e periodicidade estabelecidas pelo Contran para os itens de segurança e pelo Conama para emissão de gases poluentes e ruído.

§§ 1º a 4º (Vetados)

§ 5º Será aplicada a medida administrativa de retenção aos veículos reprovados na inspeção de segurança e na de emissão de gases poluentes e ruído.

§ 6º Estarão isentos da inspeção de que trata o caput, durante 3 (três) anos a partir do primeiro licenciamento, os veículos novos classificados na categoria particular, com capacidade para até 7 (sete) passageiros, desde que mantenham suas características originais de fábrica e não se envolvam em acidente de trânsito com danos de média ou grande monta.

§ 7º Para os demais veículos novos, o período de que trata o § 6º será de 2 (dois) anos, desde que mantenham suas características originais de fábrica e não se envolvam em acidente de trânsito com danos de média ou grande monta.

Art. 105 São equipamentos obrigatórios dos veículos, entre outros a serem estabelecidos pelo Contran:[6]

I – Cinto de segurança, conforme regulamentação específica do Contran, com exceção dos veículos destinados ao transporte de passageiros em percursos em que seja permitido viajar em pé;[7]

II – Para os veículos de transporte e de condução escolar, os de transporte de passageiros com mais de dez lugares e os de carga com peso bruto total superior a quatro mil, quinhentos e trinta e seis quilogramas, equipamento registrador instantâneo inalterável de velocidade e tempo;[8]

III – Encosto de cabeça, para todos os tipos de veículos automotores, segundo normas estabelecidas pelo Contran;

IV – (Vetado)

V – Dispositivo destinado ao controle de emissão de gases poluentes e de ruído, segundo normas estabelecidas pelo Contran.

VI – Para as bicicletas, a campainha, sinalização noturna dianteira, traseira, lateral e nos pedais, e espelho retrovisor do lado esquerdo.[9]

VII – Equipamento suplementar de retenção air bag frontal para o condutor e o passageiro do banco dianteiro.[10]

VIII – luzes de rodagem diurna. (NR. Lei nº 14.071/2020)

§ 1º O Contran disciplinará o uso dos equipamentos obrigatórios dos veículos e determinará suas especificações técnicas.

§ 2º Nenhum veículo poderá transitar com equipamento ou acessório proibido, sendo o infrator sujeito às penalidades e medidas administrativas previstas neste Código.

§ 3º Os fabricantes, os importadores, os montadores, os encarroçadores de veículos e os revendedores devem comercializar os seus veículos com os equipamentos obrigatórios definidos neste Art., e com os demais estabelecidos pelo Contran.

§ 4º O Contran estabelecerá o prazo para o atendimento do disposto neste artigo.

§ 5º A exigência estabelecida no inciso VII do caput deste artigo será progressivamente incorporada aos novos projetos de automóveis e dos veículos deles derivados, fabricados, importados, montados ou encarroçados, a partir do 1º (primeiro) ano após a definição pelo Contran das especificações técnicas pertinentes e do respectivo cronograma de implantação e a partir do 5º (quinto) ano, após esta definição, para os demais automóveis zero quilômetro de modelos ou projetos já existentes e veículos deles derivados.

§ 6º A exigência estabelecida no inciso VII do caput deste artigo não se aplica aos veículos destinados à exportação.

Art. 106 No caso de fabricação artesanal ou de modificação de veículo ou, ainda, quando ocorrer substituição de equipamento de segurança especificado pelo fabricante, será exigido, para licenciamento e registro, certificado de segurança expedido por instituição técnica credenciada por órgão ou entidade de metrologia legal, conforme norma elaborada pelo Contran.[11]

Parágrafo único. Quando se tratar de blindagem de veículo, não será exigido qualquer outro documento ou autorização para o registro ou o licenciamento. (NR - Lei nº 14.071/2020)

Art. 107 Os veículos de aluguel, destinados ao transporte individual ou coletivo de passageiros, deverão satisfazer, além das exigências previstas neste Código, às condições técnicas e aos requisitos de segurança, higiene e conforto estabelecidos pelo poder competente para autorizar, permitir ou conceder a exploração dessa atividade.

---

5 Art. 231, IV e VI, do CTB.
6 Resolução Contran nº 348/2010: *Estabelece o procedimento e os requisitos para apreciação dos equipamentos de trânsito e de sinalização não previstos no Código de Trânsito Brasileiro - CTB.*
7 Resolução Contran nº 48/1998: *Estabelece requisitos de instalação e procedimentos para ensaios de cintos de segurança.*
8 Resolução Contran nº 406/2012: *Altera a Resolução nº 92, de 4 de maio de 1999, que dispõe sobre requisitos técnicos mínimos do registrador instantâneo e inalterável de velocidade e tempo.*
9 Resolução nº 799/2020.
Resolução Contran nº 46/1998: *Estabelece os equipamentos de segurança obrigatórios para as bicicletas.*
10 Resolução Contran nº 534/2015, a qual dispõe sobre a obrigatoriedade do uso do sistema antitravamento das rodas (ABS).
11 Resolução nº 699/2017: *Disciplina o registro e licenciamento de veículos de fabricação artesanal, nos termos do art. 106 do Código de Trânsito.* Considera-se veículo de fabricação artesanal todo e qualquer veículo de uso próprio, concebido e fabricado unitariamente sob responsabilidade individual de pessoa natural ou jurídica, atendendo a todos os preceitos de construção veicular.
Resolução Contran nº 292/2008: *Dispõe sobre modificações de veículos, previstas nos arts. 98 e 106 da Lei nº 9.503, de 23 de setembro de 1997, que instituiu o Código de Trânsito Brasileiro e dá outras providências.*

Art. 108 Onde não houver linha regular de ônibus, a autoridade com circunscrição sobre a via poderá autorizar, a título precário, o transporte de passageiros em veículo de carga ou misto, desde que obedecidas às condições de segurança estabelecidas neste Código e pelo Contran.

Parágrafo único. A autorização citada no caput não poderá exceder a doze meses, prazo a partir do qual a autoridade pública responsável deverá implantar o serviço regular de transporte coletivo de passageiros, em conformidade com a legislação pertinente e com os dispositivos deste Código.[12]

Art. 110 O veículo que tiver alterada qualquer de suas características para competição ou finalidade análoga só poderá circular nas vias públicas com licença especial da autoridade de trânsito, em itinerário e horário fixados.

Art. 111 É vedado, nas áreas envidraçadas do veículo:

I – (Vetado)

II – O uso de cortinas, persianas fechadas ou similares nos veículos em movimento, salvo nos que possuam espelhos retrovisores em ambos os lados.[13]

III – Aposição de inscrições, películas refletivas ou não, painéis decorativos ou pinturas, quando comprometer a segurança do veículo, na forma de regulamentação do Contran.[14]

Parágrafo único. É proibido o uso de inscrição de caráter publicitário ou qualquer outra que possa desviar a atenção dos condutores em toda a extensão do pára-brisa e da traseira dos veículos, salvo se não colocar em risco a segurança do trânsito.[15]

Art. 113 Os importadores, as montadoras, as encarroçadoras e fabricantes de veículos e autopeças são responsáveis civil e criminalmente por danos causados aos usuários, a terceiros, e ao meio ambiente, decorrentes de falhas oriundas de projetos e da qualidade dos materiais e equipamentos utilizados na sua fabricação.

4.2 Identificação do veículo

Este é um vasto assunto na legislação. A placa é um elemento de identificação externa que, ao mesmo tempo em que individualiza o veículo, também tem a finalidade de fazer uma conexão entre o proprietário e os órgãos do SNT. Por esse motivo, os concursos públicos têm cobrado este conhecimento com bastante frequência.

Existem também outros números de identificação interna, gravados no chassi ou monobloco, bem como em peças e demais agregados. O número do chassi, por sua vez, é subdividido em três partes, a saber:

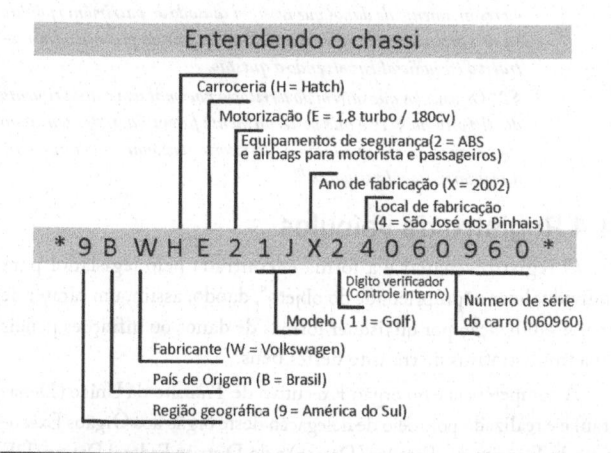

Entendendo o chassi

```
* 9 B W H E 2 1 J X 2 4 0 6 0 9 6 0 *
```

- Região geográfica (9 = América do Sul)
- País de Origem (B = Brasil)
- Fabricante (W = Volkswagen)
- Modelo (1J = Golf)
- Carroceria (H = Hatch)
- Motorização (E = 1,8 turbo / 180cv)
- Equipamentos de segurança (2 = ABS e airbags para motorista e passageiros)
- Ano de fabricação (X = 2002)
- Local de fabricação (4 = São José dos Pinhais)
- Dígito verificador (Controle interno)
- Número de série do carro (060960)

Vejamos a previsão do texto legal, bem como as resoluções pertinentes:

Art. 114 O veículo será identificado obrigatoriamente por caracteres gravados no chassi ou no monobloco, reproduzidos em outras partes, conforme dispuser o Contran.[16]

As placas de identificação veicular de que trata o caput deste artigo deverão:

I – Ter fundo branco com a margem superior azul, contendo ao lado esquerdo o logotipo do MERCOSUL, ao lado direito a Bandeira do Brasil e ao centro o nome BRASIL; [...]

III – Conter 7 (sete) caracteres alfanuméricos estampados em alto relevo, com combinação aleatória, a ser fornecida e controlada pelo Denatran, com o último caractere obrigatoriamente numeral e com distribuição equânime.

Estarão dispensadas da utilização dos lacres de segurança as placas que possuírem tecnologia que permita a identificação do veículo, nos termos do § 9º do art. 115 do Código de Trânsito Brasileiro, em conformidade com o Sistema Nacional de Identificação Automática de Veículos (Siniav).

Figura I – Placa de veículos

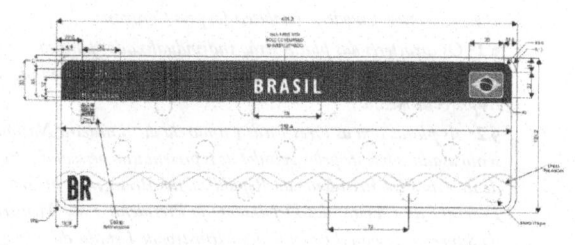

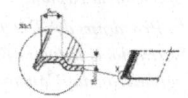

Figura II – Placas de motocicletas, triciclos, motonetas, quadriciclos, ciclo elétricos e ciclomotores

---

12 Art. 109 O transporte de carga em veículos destinados ao transporte de passageiros só pode ser realizado de acordo com as normas estabelecidas pelo Contran. Resolução Contran nº 349/2010: *Dispõe sobre o transporte eventual de cargas ou de bicicletas nos veículos classificados nas espécies automóvel, caminhonete, camioneta e utilitário.* Art. 248 do CTB.

13 Art. 230, XVII, do CTB.

14 Art. 230, XVI, do CTB. Resolução Contran nº 386: dá nova redação aos arts. 4º e 5º da Resolução Contran nº 254/2007, que estabelece requisitos para os vidros de segurança e critérios para aplicação de inscrições, pictogramas e películas nas áreas envidraçadas dos veículos automotores, de acordo com o inciso III, do art. 111 do CTB.

15 Art. 230, XV, do CTB.

16 Resolução nº 780/2019 dispõe sobre o novo sistema de Placas de Identificação Veicular.
Art. 21. A PIV de que trata esta Resolução deverá ser implementada pelos DETRAN até o dia 31 de janeiro de 2020, sendo exigida nos casos de primeiro emplacamento do veículo.

DOS VEÍCULOS

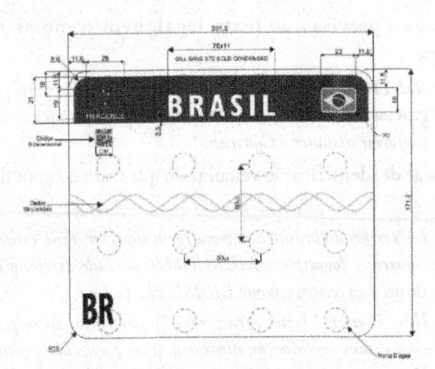

A Resolução Contran nº 332/2009, dispõe sobre identificações de veículos importados por detentores de privilégios e imunidades em todo o território nacional. Já a Resolução Contran nº 433/2013, altera a Resolução nº 412/2012, que dispõe sobre a implantação do Siniav.

§ 1º A gravação será realizada pelo fabricante ou montador, de modo a identificar o veículo, seu fabricante e as suas características, além do ano de fabricação, que não poderá ser alterado.

§ 2º As regravações, quando necessárias, dependerão de prévia autorização da autoridade executiva de trânsito e somente serão processadas por estabelecimento por ela credenciado, mediante a comprovação de propriedade do veículo, mantida a mesma identificação anterior, inclusive o ano de fabricação.

§ 3º Nenhum proprietário poderá, sem prévia permissão da autoridade executiva de trânsito, fazer, ou ordenar que se faça, modificações da identificação de seu veículo.

Art. 115 *O veículo será identificado externamente por meio de placas dianteira e traseira, sendo esta lacrada em sua estrutura, obedecidas as especificações e modelos estabelecidos pelo Contran.*

§ 1º Os caracteres das placas serão individualizados para cada veículo e o acompanharão até a baixa do registro, sendo vedado seu reaproveitamento.

§ 2º As placas com as cores verde e amarela da Bandeira Nacional serão usadas somente pelos veículos de representação pessoal do Presidente e do Vice-Presidente da República, dos Presidentes do Senado Federal e da Câmara dos Deputados, do Presidente e dos Ministros do Supremo Tribunal Federal, dos Ministros de Estado, do Advogado-Geral da União e do Procurador-Geral da República.

§ 3º Os veículos de representação dos Presidentes dos Tribunais Federais, dos Governadores, Prefeitos, Secretários Estaduais e Municipais, dos Presidentes das Assembleias Legislativas, das Câmaras Municipais, dos Presidentes dos Tribunais Estaduais e do Distrito Federal, e do respectivo chefe do Ministério Público e ainda dos Oficiais Generais das Forças Armadas terão placas especiais, de acordo com os modelos estabelecidos pelo Contran.[17]

§ 4º Os aparelhos automotores destinados a puxar ou a arrastar maquinaria de qualquer natureza ou a executar trabalhos de construção ou de pavimentação são sujeitos ao registro na repartição competente, se transitarem em via pública, dispensados o licenciamento e o emplacamento. (Redação dada pela Lei nº 13.154/2015)

§ 4º-A Os tratores e demais aparelhos automotores destinados a puxar ou a arrastar maquinaria agrícola ou a executar trabalhos agrícolas, desde que facultados a transitar em via pública, são sujeitos ao registro único, sem ônus, em cadastro específico do Ministério da Agricultura, Pecuária e Abastecimento, acessível aos componentes do Sistema Nacional de Trânsito. (Redação dada pela Lei nº 13.154/2015)

§ 5º O disposto neste artigo não se aplica aos veículos de uso bélico.

§ 6º Os veículos de duas ou três rodas são dispensados da placa dianteira.

§ 7º Excepcionalmente, mediante autorização específica e fundamentada das respectivas corregedorias e com a devida comunicação aos órgãos de trânsito competentes, os veículos utilizados por membros do Poder Judiciário e do Ministério Público que exerçam competência ou atribuição criminal poderão temporariamente ter placas especiais, de forma a impedir a identificação de seus usuários específicos, na forma de regulamento a ser emitido, conjuntamente, pelo Conselho Nacional de Justiça - CNJ, pelo Conselho Nacional do Ministério Público - CNMP e pelo Conselho Nacional de Trânsito - Contran.

§ 8º Os veículos artesanais utilizados para trabalho agrícola (jericos), para efeito do registro de que trata o § 4º-A, ficam dispensados da exigência prevista no art. 106. (Incluído pela Lei nº 13.154/2015)

§ 9º As placas que possuírem tecnologia que permita a identificação do veículo ao qual estão atreladas são dispensadas da utilização do lacre previsto no caput, na forma a ser regulamentada pelo Contran.

Art. 116 *Os veículos de propriedade da União, dos Estados e do Distrito Federal, devidamente registrados e licenciados, somente quando estritamente usados em serviço reservado de caráter policial, poderão usar placas particulares, obedecidos os critérios e limites estabelecidos pela legislação que regulamenta o uso de veículo oficial.*

Art. 117 *Os veículos de transporte de carga e os coletivos de passageiros deverão conter, em local facilmente visível, a inscrição indicativa de sua tara, do peso bruto total (PBT), do peso bruto total combinado (PBTC) ou capacidade máxima de tração (CMT) e de sua lotação, vedado o uso em desacordo com sua classificação.[18]*

4.3 Veículos em circulação internacional

Alguns países possuem, com o Brasil, tratados e acordos que permitem a circulação de veículos em seus territórios. Esses veículos devem sempre respeitar as normas de circulação vigentes no país em que se encontrarem e ficará registrado o seu período de permanência.

Art. 118 *A circulação de veículo no território nacional, independentemente de sua origem, em trânsito entre o Brasil e os países com os quais exista acordo ou tratado internacional, reger-se-á pelas disposições deste Código, pelas convenções e acordos internacionais ratificados.*

Art. 119 *As repartições aduaneiras e os órgãos de controle de fronteira comunicarão diretamente ao Renavam a entrada e saída temporária ou definitiva de veículos.*

§ 1º Os veículos licenciados no exterior não poderão sair do território nacional sem o prévio pagamento ou o depósito, judicial ou administrativo, dos valores correspondentes às infrações de trânsito cometidas e ao ressarcimento de danos que tiverem causado ao patrimônio público ou de particulares, independentemente da fase do processo administrativo ou judicial envolvendo a questão.

§ 2º Os veículos que saírem do território nacional sem o cumprimento do disposto no § 1º e que posteriormente forem flagrados tentando ingressar ou já em circulação no território nacional serão retidos até a regularização da situação.[19]

4.4 Registro de veículos

O registro veicular é a forma encontrada pelo legislador para individualizar a "propriedade do objeto", dando, assim, um caráter de responsabilização por quaisquer formas de danos ou infrações penais ou administrativas de trânsito destes bens.

A competência é do órgão Executivo de Trânsito da União (Denatran) e é realizado por meio de delegação deste órgão aos Órgãos Executivos de Trânsito dos Estados (Detran) e do Distrito Federal Detran/DF.

Art. 120 *Todo veículo automotor, elétrico, articulado, reboque ou semirreboque, deve ser registrado perante o órgão executivo de trânsito do Estado ou do Distrito Federal, no Município de domicílio ou residência de seu proprietário, na forma da lei.[20]*

---

[17] Resolução Contran nº 275/2008: *Estabelece modelo de placa para veículos de representação de que trata este §3º.*

[18] Art. 230, XXI, do CTB.

[19] Resolução nº 602/2016: *Dispõe sobre notificação e cobrança de multa por infração de trânsito praticada com veículo licenciado no exterior em trânsito no território nacional.*

[20] Art. 230, V, do CTB.

§ 1º Os órgãos executivos de trânsito dos Estados e do Distrito Federal somente registrarão veículos oficiais de propriedade da administração direta, da União, dos Estados, do Distrito Federal e dos Municípios, de qualquer um dos poderes, com indicação expressa, por pintura nas portas, do nome, sigla ou logotipo do órgão ou entidade em cujo nome o veículo será registrado, excetuando-se os veículos de representação e os previstos no art. 116.[21]

§ 2º O disposto neste artigo não se aplica ao veículo de uso bélico.[22]

Art. 121 Registrado o veículo, expedir-se-á o Certificado de Registro de Veículo (CRV), em meio físico e/ou digital, à escolha do proprietário, de acordo com os modelos e com as especificações estabelecidos pelo Contran, com as características e as condições de invulnerabilidade à falsificação e à adulteração." (NR - Lei nº 14.071/2020).[23]

A Resolução Contran nº 209/2006, criou o código numérico de segurança para o Certificado de Registro de Veículo (CRV) e estabeleceu sua configuração e utilização.

Art. 122 Para a expedição do Certificado de Registro de Veículo o órgão executivo de trânsito consultará o cadastro do Renavam e exigirá do proprietário os seguintes documentos:

I – Nota fiscal fornecida pelo fabricante ou revendedor, ou documento equivalente expedido por autoridade competente;

II – Documento fornecido pelo Ministério das Relações Exteriores, quando se tratar de veículo importado por membro de missões diplomáticas, de repartições consulares de carreira, de representações de organismos internacionais e de seus integrantes.

Art. 123 Será obrigatória a expedição de novo Certificado de Registro de Veículo quando:

I – For transferida a propriedade;

II – O proprietário mudar o Município de domicílio ou residência;

III – For alterada qualquer característica do veículo;

IV – Houver mudança de categoria.[24]

§ 1º No caso de transferência de propriedade, o prazo para o proprietário adotar as providências necessárias à efetivação da expedição do novo Certificado de Registro de Veículo é de trinta dias, sendo que nos demais casos as providências deverão ser imediatas.

§ 2º No caso de transferência de domicílio ou residência no mesmo Município, o proprietário comunicará o novo endereço num prazo de trinta dias e aguardará o novo licenciamento para alterar o Certificado de Licenciamento Anual.

§ 3º A expedição do novo certificado será comunicada ao órgão executivo de trânsito que expediu o anterior e ao Renavam.[25]

Art. 124 Para a expedição do novo Certificado de Registro de Veículo serão exigidos os seguintes documentos:

I – Certificado de Registro de Veículo anterior;

II – Certificado de Licenciamento Anual;

III – Comprovante de transferência de propriedade, quando for o caso, conforme modelo e normas estabelecidas pelo Contran;

IV – Certificado de Segurança Veicular e de emissão de poluentes e ruído, quando houver adaptação ou alteração de características do veículo;

V – Comprovante de procedência e justificativa da propriedade dos componentes e agregados adaptados ou montados no veículo, quando houver alteração das características originais de fábrica;

VI – Autorização do Ministério das Relações Exteriores, no caso de veículo da categoria de missões diplomáticas, de repartições consulares de carreira, de representações de organismos internacionais e de seus integrantes;

VII – Certidão negativa de roubo ou furto de veículo, expedida no Município do registro anterior, que poderá ser substituída por informação do Renavam;

VIII – Comprovante de quitação de débitos relativos a tributos, encargos e multas de trânsito vinculados ao veículo, independentemente da responsabilidade pelas infrações cometidas;

IX – (Revogado)

X – Comprovante relativo ao cumprimento do disposto no art. 98, quando houver alteração nas características originais do veículo que afetem a emissão de poluentes e ruído;

XI – Comprovante de aprovação de inspeção veicular e de poluentes e ruído, quando for o caso, conforme regulamentações do Contran e do Conama.[26]

Art. 125 As informações sobre o chassi, o monobloco, os agregados e as características originais do veículo deverão ser prestadas ao Renavam:

I – Pelo fabricante ou montadora, antes da comercialização, no caso de veículo nacional;

II – Pelo órgão alfandegário, no caso de veículo importado por pessoa física;

III – Pelo importador, no caso de veículo importado por pessoa jurídica.

Parágrafo único. As informações recebidas pelo Renavam serão repassadas ao órgão executivo de trânsito responsável pelo registro, devendo este comunicar ao Renavam, tão logo seja o veículo registrado.

Art. 126 O proprietário de veículo irrecuperável, ou destinado à desmontagem, deverá requerer a baixa do registro, no prazo e forma estabelecidos pelo Contran, vedada a remontagem do veículo sobre o mesmo chassi de forma a manter o registro anterior. (Redação dada pela Lei nº 12.977/2014).

Parágrafo único. A obrigação de que trata este Art. é da companhia seguradora ou do adquirente do veículo destinado à desmontagem, quando estes sucederem ao proprietário.[27]

Art. 127 O órgão executivo de trânsito competente só efetuará a baixa do registro após prévia consulta ao cadastro do Renavam.

Parágrafo único. Efetuada a baixa do registro, deverá ser esta comunicada, de imediato, ao Renavam.

Art. 128 Não será expedido novo Certificado de Registro de Veículo enquanto houver débitos fiscais e de multas de trânsito e ambientais, vinculadas ao veículo, independentemente da responsabilidade pelas infrações cometidas.

Art. 129 O registro e o licenciamento dos veículos de propulsão humana, dos ciclomotores e dos veículos de tração animal obedecerão à regulamentação estabelecida em legislação municipal do domicílio ou residência de seus proprietários.

Art. 129-A O registro dos tratores e demais aparelhos automotores destinados a puxar ou a arrastar maquinaria agrícola ou a executar trabalhos agrícolas será efetuado, sem ônus, pelo Ministério da Agricultura, Pecuária e Abastecimento, diretamente ou mediante convênio. (Incluído pela Lei nº 13.154/2015)

Art. 129-B O registro de contratos de garantias de alienação fiduciária em operações financeiras, consórcio, arrendamento mercantil, reserva de domínio ou penhor será realizado nos órgãos ou entidades executivos de trânsito dos Estados e do Distrito Federal, em observância ao disposto no § 1º do art. 1.361 da Lei nº 10.406, de 10 de janeiro de 2002 (Código Civil) e na Lei nº 13.709, de 14 de agosto de 2018 (Lei Geral de Proteção de Dados Pessoais). (NR - Lei nº 14.071/2020).

---

21 Art. 237 do CTB.
22 Resolução Contran nº 507/2014: *Dispõe sobre a formação de motorista de viatura militar blindada das Forças Armadas e Auxiliares e dá outras providências.*
23 Art. 311 do Decreto-lei nº 2.848/40.
24 Art. 233 do CTB.
25 A Resolução nº 466 está alterada pela Resolução nº 737/2018: *Altera a Resolução Contran nº 466, de 11 de dezembro de 2013, que estabelece procedimentos para o exercício da atividade de vistoria de identificação veicular.*
26 Resolução Contran nº 22/1998: *Estabelece, para efeito da fiscalização, forma para comprovação do exame de inspeção veicular.*
27 Art. 311 do Decreto-lei nº 2.848/40.
Resolução nº 661/2017: *Altera a Resolução Contran nº 11, de 23 de janeiro de 1998, que estabelece critérios para a baixa de registro de veículos a que se referem, bem como os prazos para efetivação.*
Resolução nº 611/2016: *Regulamenta a Lei nº 12.977, de 20 de maio de 2014, que regula e disciplina a atividade de desmontagem de veículos automotores terrestres.*

DOS VEÍCULOS

4.5 Licenciamento

Além do registro, para que os veículos possam trafegar, é necessária uma licença anual do governo. Será emitido certificado ao veículo, depois da quitação dos débitos relativos a tributos, encargos e multas de trânsito e ambientais, vinculados ao veículo, independentemente da responsabilidade pelas infrações cometidas.

Para otimizar o aprendizado, resumimos a leitura do que está tipificado nos seguintes arts: 115, § 5º; 120, § 2º; e 130, § 1º; que nos ensina o seguinte: os veículos bélicos são os únicos veículos automotores que estão isentos do uso de placas de identificação, bem como do referido registro e licenciamento.

Art. 130 Todo veículo automotor, elétrico, articulado, reboque ou semirreboque, para transitar na via, deverá ser licenciado anualmente pelo órgão executivo de trânsito do Estado, ou do Distrito Federal, onde estiver registrado o veículo.

§ 1º O disposto neste artigo não se aplica a veículo de uso bélico.

§ 2º No caso de transferência de residência ou domicílio, é válido, durante o exercício, o licenciamento de origem.

Art. 131 O Certificado de Licenciamento Anual será expedido ao veículo licenciado, vinculado ao Certificado de Registro de Veículo, em meio físico e/ou digital, à escolha do proprietário, de acordo com o modelo e com as especificações estabelecidos pelo Contran.

§ 1º O primeiro licenciamento será feito simultaneamente ao registro.

§ 2º O veículo somente será considerado licenciado estando quitados os débitos relativos a tributos, encargos e multas de trânsito e ambientais, vinculados ao veículo, independentemente da responsabilidade pelas infrações cometidas.[28]

§ 3º Ao licenciar o veículo, o proprietário deverá comprovar sua aprovação nas inspeções de segurança veicular e de controle de emissões de gases poluentes e de ruído, conforme disposto no art. 104.

§ 4º As informações referentes às campanhas de chamamento de consumidores para substituição ou reparo de veículos realizadas a partir de 1º de outubro de 2019 e não atendidas no prazo de 1 (um) ano, contado da data de sua comunicação, deverão constar do Certificado de Licenciamento Anual.

§ 5º Após a inclusão das informações de que trata o § 4º deste artigo no Certificado de Licenciamento Anual, o veículo somente será licenciado mediante comprovação do atendimento às campanhas de chamamento de consumidores para substituição ou reparo de veículos." (NR - Lei nº 14.071/2020).

§ 6º O Contran regulamentará a inserção dos dados no Certificado de Licenciamento Anual referentes às campanhas de chamamento de consumidores para substituição ou reparo de veículos realizadas antes da data prevista no § 4º deste artigo.

Art. 132 Os veículos novos não estão sujeitos ao licenciamento e terão sua circulação regulada pelo Contran durante o trajeto entre a fábrica e o Município de destino.

§ 1º O disposto neste artigo aplica-se, igualmente, aos veículos importados, durante o trajeto entre a alfândega ou entreposto alfandegário e o Município de destino.

Art. 133 É obrigatório o porte do Certificado de Licenciamento Anual.

Parágrafo único. O porte será dispensado quando, no momento da fiscalização, for possível ter acesso ao devido sistema informatizado para verificar se o veículo está licenciado.[29]

Art. 134 No caso de transferência de propriedade, expirado o prazo previsto no § 1º do art. 123 deste Código sem que o novo proprietário tenha tomado as providências necessárias à efetivação da expedição do novo Certificado de Registro de Veículo, o antigo proprietário deverá encaminhar ao órgão executivo de trânsito do Estado ou do Distrito Federal, no prazo de 60 (sessenta) dias, cópia autenticada do comprovante de transferência de propriedade, devidamente assinado e datado, sob pena de ter que se responsabilizar solidariamente pelas penalidades impostas e suas reincidências até a data da comunicação.

Parágrafo único. O comprovante de transferência de propriedade de que trata o caput deste artigo poderá ser substituído por documento eletrônico com assinatura eletrônica válida, na forma regulamentada pelo Contran. (NR)

Art. 134-A O Contran especificará as bicicletas motorizadas e equiparados não sujeitos ao registro, ao licenciamento e ao emplacamento para circulação nas vias.

Art. 135 Os veículos de aluguel, destinados ao transporte individual ou coletivo de passageiros de linhas regulares ou empregados em qualquer serviço remunerado, para registro, licenciamento e respectivo emplacamento de característica comercial, deverão estar devidamente autorizados pelo poder público concedente.[30]

4.6 Condução de escolares

Para a condução remunerada de escolares, é necessário que o condutor cumpra alguns requisitos específicos, que são inerentes à atividade. Por este motivo, o CTB destina o Capítulo XIII especialmente ao assunto. Os condutores e seus veículos devem obedecer à critérios mais rígidos de segurança.

Art. 136 Os veículos especialmente destinados à condução coletiva de escolares somente poderão circular nas vias com autorização emitida pelo órgão ou entidade executivos de trânsito dos Estados e do Distrito Federal, exigindo-se, para tanto:[31]

I – Registro como veículo de passageiros;

II – Inspeção semestral para verificação dos equipamentos obrigatórios e de segurança;

III – Pintura de faixa horizontal na cor amarela, com quarenta centímetros de largura, à meia altura, em toda a extensão das partes laterais e traseira da carroçaria, com o dístico escolar, em preto, sendo que, em caso de veículo de carroçaria pintada na cor amarela, as cores aqui indicadas devem ser invertidas;[32]

IV – Equipamento registrador instantâneo inalterável de velocidade e tempo;[33]

V – Lanternas de luz branca, fosca ou amarela dispostas nas extremidades da parte superior dianteira e lanternas de luz vermelha dispostas na extremidade superior da parte traseira;

VI – Cintos de segurança em número igual à lotação;

VII – Outros requisitos e equipamentos obrigatórios estabelecidos pelo Contran.

Art. 137 A autorização a que se refere o artigo anterior deverá ser afixada na parte interna do veículo, em local visível, com inscrição da lotação permitida, sendo vedada a condução de escolares em número superior à capacidade estabelecida pelo fabricante.

Art. 138 O condutor de veículo destinado à condução de escolares deve satisfazer os seguintes requisitos:

I – Ter idade superior a vinte e um anos;

II – Ser habilitado na categoria D;

III – (Vetado)

IV – Não ter cometido mais de uma infração gravíssima nos 12 (doze) últimos meses; (NR. Lei nº 14.071/2020)

V – Ser aprovado em curso especializado, nos termos da regulamentação do Contran.[34]

Art. 139 O disposto neste Capítulo não exclui a competência municipal de aplicar as exigências previstas em seus regulamentos, para o transporte de escolares.

---

28 Súmula nº 127 do STJ.
29 Resolução Contran nº 205/2006: *Dispõe sobre os documentos de porte obrigatório e dá outras providências.*
art. 232 do CTB.
30 art. 231, VIII; e art. 329 do CTB.
Resolução Contran nº 378/2010: *Estabelece requisitos mínimos de segurança para o transporte remunerado de passageiros (Mototáxi) e de cargas (motofrete) em motocicleta e motoneta.*
31 art. 230, XX; e art. 329 do CTB.
32 art. 237 do CTB.
33 Resolução Contran nº 406/2012: *Altera a Resolução nº 92, de 4 de maio de 1999, dispõe sobre requisitos técnicos mínimos do registrador instantâneo e inalterável de velocidade e tempo, conforme o Código de Trânsito Brasileiro.*
34 Resolução nº 778/2019: *Altera as Resoluções Contran nº 168, de 14 de dezembro de 2004, e nº 358, de 13 de agosto de 2010, para dispor sobre aula prática noturna, carga horária para obtenção da ACC e tornar facultativo o uso de simulador de direção veicular no processo de formação de condutores.*

LEGISLAÇÃO DE TRÂNSITO

4.7 Condução de moto frete

A motocicleta é um veículo de transporte de passageiros e ou de transporte de carga. Porém, quando tal transporte for realizado de forma remunerada, deve-se atender certos critérios de segurança, incluídos no CTB pela Lei nº 12.009/2009. O Capítulo XIII-A do CTB foi acrescido pela referida lei, e regulamenta o exercício das atividades de mototaxista, motoboy e moto-frete.[35]

> *Art. 139-A As motocicletas e motonetas destinadas ao transporte remunerado de mercadorias - motofrete - somente poderão circular nas vias com autorização emitida pelo órgão ou entidade executivo de trânsito dos Estados e do Distrito Federal, exigindo-se, para tanto:*[36]
>
> *I – Registro como veículo da categoria de aluguel;*
>
> *II – Instalação de protetor de motor mata-cachorro, fixado no chassi do veículo, destinado a proteger o motor e a perna do condutor em caso de tombamento, nos termos de regulamentação do Conselho Nacional de Trânsito. Contran;*
>
> *III – Instalação de aparador de linha antena corta-pipas, nos termos de regulamentação do Contran;*
>
> *IV – Inspeção semestral para verificação dos equipamentos obrigatórios e de segurança.*
>
> *§ 1º A instalação ou incorporação de dispositivos para transporte de cargas deve estar de acordo com a regulamentação do Contran.*
>
> *§ 2º É proibido o transporte de combustíveis, produtos inflamáveis ou tóxicos e de galões nos veículos de que trata este artigo, com exceção do gás de cozinha e de galões contendo água mineral, desde que com o auxílio de side car, nos termos de regulamentação do Contran.*
>
> *Art. 139-B O disposto neste Capítulo não exclui a competência municipal ou estadual de aplicar as exigências previstas em seus regulamentos para as atividades de moto-frete no âmbito de suas circunscrições.*

Observe a ilustração para memorizar o conteúdo:

Exigências para o exercício da profissão de motofretista

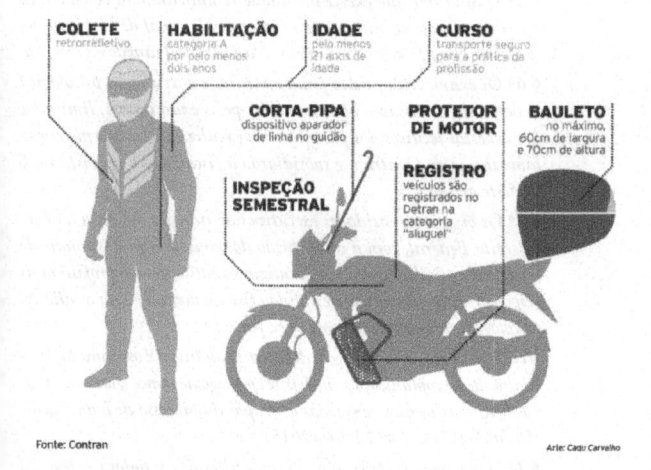

Fonte: Contran — Arte: Cadu Carvalho

4.8 Habilitação

A condução de veículos só poderá ser feita por motorista devidamente habilitado. E, para conseguir o documento de habilitação, é necessário que o candidato cumpra os requisitos legais.

Uma vez que o candidato atingiu esses requisitos, previstos em lei, ele passa a ter direito adquirido, sendo um ato vinculado da administração, não cabendo ato discricionário (de não conceder) da autoridade de trânsito. Já de posse de sua permissão provisória para conduzir veículo (tanto para CNH quanto para Autorização para Conduzir Ciclos [ACC]), ele passará, durante 1 ano, por um período probatório, para só depois receber a habilitação definitiva.

Para as aulas práticas e testes práticos, serão sempre utilizados os veículos medianos da categoria. A habilitação tem uma natureza jurídica de licença. Essa licença tem um caráter permanente e pode ser suspensa ou caçada a qualquer tempo, a depender da infração cometida.

Comparativo básicos entre ACC e CNH	
Registro e Licenciamento de Ciclos competência dos Municípios (Art. 24 do CTB)	Período de prova 1 ano (permissão)
ACC	CNH
Caráter de autorização	Caráter de Licença
Pena substitutiva: interdição temporária de direitos, baseado no CP (Art. 47 III)	Pena principal, Baseada no CTB (Art. 291 ao 312)
	É possível a aplicação de outras medidas pecuniária ou administrativas

> *Art. 140 A habilitação para conduzir veículo automotor e elétrico será apurada por meio de exames que deverão ser realizados junto ao órgão ou entidade executivos do Estado ou do Distrito Federal, do domicílio ou residência do candidato, ou na sede estadual ou distrital do próprio órgão, devendo o condutor preencher os seguintes requisitos:*

Com a evolução da tecnologia, é natural que tenhamos uma forma de ensinar e aprender sobre habilitação sendo feita, uma parte, a distância (EAD). Isso foi regulamentado com a Resolução nº 730/2018.

Os Centros de Formação de Condutores (CFC) terão que se adequar a essa nova modalidade.

A Resolução nº 727/2018 trata da habilitação, com novo layout requisitos de segurança. "A Carteira Nacional de Habilitação Eletrônica (CNH-e) deverá ser implantada pelos órgãos e entidades executivos de trânsito dos Estados e do Distrito Federal até 1º de julho de 2018."

Já a Resolução Contran nº 265/2007 dispõe sobre a formação teórico-técnica do processo de habilitação de condutores de veículos automotores elétricos como atividade extracurricular no Ensino Médio e define os procedimentos para implementação nas escolas interessadas.

> *I – Ser penalmente imputável;*[37]
>
> *II – Saber ler e escrever;*
>
> *III – Possuir Carteira de Identidade ou equivalente.*
>
> **Parágrafo único.** *As informações do candidato à habilitação serão cadastradas no Renach.*[38]

Mesmo sendo apenas três os requisitos para se obter a habilitação, que estão previstos no art. 140 do CTB, a Resolução Contran nº 789/2020 consolida normas sobre o processo de formação de

---

35 Resolução nº 414/2012, que regulamenta os cursos especializados obrigatórios destinados a profissionais em transporte de passageiros (mototaxista) e em entrega de mercadorias (motofretista) que exerçam atividades remuneradas na condução de motocicletas e motonetas.

36 Art. 244, VIII e IX, do CTB.

37 Arts. 26 a 28 do Decreto-lei nº 2.848/1940 (Código Penal).

38 Resolução Contran nº 432/2013: *Dispõe sobre os procedimentos a serem adotados pelas autoridades de trânsito e seus agentes, na fiscalização do consumo de álcool ou de outra substância psicoativa que determine dependência, para aplicação do disposto nos arts. 165, 276, 277 e 306 da Lei nº 9.503, de 23 de setembro de 1997 – Código de Trânsito Brasileiro (CTB).*

A Resolução Contran nº 543/2015, revoga a Resolução Contran nº 207/2006 e estabelece critérios de padronização para funcionamento das Escolas Públicas de Trânsito (Simulador).

DOS VEÍCULOS

condutores de veículos automotores e elétricos. O candidato à habilitação tem que possuir Cadastro de Pessoa Física (CPF).

Art. 141 O processo de habilitação, as normas relativas à aprendizagem para conduzir veículos automotores e elétricos e à autorização para conduzir ciclomotores serão regulamentados pelo Contran.

§ 1º A autorização para conduzir veículos de propulsão humana e de tração animal ficará a cargo dos Municípios.

§ 2º (Vetado)

Art. 142 O reconhecimento de habilitação obtida em outro país está subordinado às condições estabelecidas em convenções e acordos internacionais e às normas do Contran.[39]

Art. 143 Os candidatos poderão habilitar-se nas categorias de A a E, obedecida a seguinte gradação:

I – Categoria A. condutor de veículo motorizado de duas ou três rodas, com ou sem carro lateral;

II – Categoria B. condutor de veículo motorizado, não abrangido pela categoria A, cujo peso bruto total não exceda a três mil e quinhentos quilogramas e cuja lotação não exceda a oito lugares, excluído o do motorista;

III – Categoria C. condutor de veículo motorizado utilizado em transporte de carga, cujo peso bruto total exceda a três mil e quinhentos quilogramas;

IV – Categoria D. condutor de veículo motorizado utilizado no transporte de passageiros, cuja lotação exceda a oito lugares, excluído o do motorista;[40]

V – Categoria E. condutor de combinação de veículos em que a unidade tratora se enquadre nas categorias B, C ou D e cuja unidade acoplada, reboque, semirreboque, trailer ou articulada tenha 6.000 kg (seis mil quilogramas) ou mais de peso bruto total, ou cuja lotação exceda a 8 (oito) lugares.

§ 1º Para habilitar-se na categoria C, o condutor deverá estar habilitado no mínimo há um ano na categoria B e não ter cometido nenhuma infração grave ou gravíssima, ou ser reincidente em infrações médias, durante os últimos doze meses.

§ 2º São os condutores da categoria B autorizados a conduzir veículo automotor da espécie motor-casa, definida nos termos do Anexo I deste Código, cujo peso não exceda a 6.000 kg (seis mil quilogramas), ou cuja lotação não exceda a 8 (oito) lugares, excluído o do motorista.

§ 3º Aplica-se o disposto no inciso V ao condutor da combinação de veículos com mais de uma unidade tracionada, independentemente da capacidade de tração ou do peso bruto total.

Art. 144 O trator de roda, o trator de esteira, o trator misto ou o equipamento automotor destinado à movimentação de cargas ou execução de trabalho agrícola, de terraplenagem, de construção ou de pavimentação só podem ser conduzidos na via pública por condutor habilitado nas categorias C, D ou E.

Parágrafo único. O trator de roda e os equipamentos automotores destinados a executar trabalhos agrícolas poderão ser conduzidos em via pública também por condutor habilitado na categoria B.[41]

Art. 145 Para habilitar-se nas categorias D e E ou para conduzir veículo de transporte coletivo de passageiros, de escolares, de emergência ou de produto perigoso, o candidato deverá preencher os seguintes requisitos:

I – Ser maior de 21 (vinte e um) anos;

II – Estar habilitado:

a) No mínimo há dois anos na categoria B, ou no mínimo há um ano na categoria C, quando pretender habilitar-se na categoria D; e

b) No mínimo há um ano na categoria C, quando pretender habilitar-se na categoria E;

III – Não ter cometido nenhuma infração grave ou gravíssima ou ser reincidente em infrações médias durante os últimos doze meses;

IV – não ter cometido mais de uma infração gravíssima nos 12 (doze) últimos meses; (NR. Lei nº 14.071, de 13 de outubro de 2020).[42]

Parágrafo único. A participação em curso especializado previsto no inciso IV independe da observância do disposto no inciso III.[43]

Art. 145-A Além do disposto no art. 145, para conduzir ambulâncias, o candidato deverá comprovar treinamento especializado e reciclagem em cursos específicos a cada 5 (cinco) anos, nos termos da normatização do Contran. (Incluído pela Lei nº 12.998/2014)

Art. 146 Para conduzir veículos de outra categoria o condutor deverá realizar exames complementares exigidos para habilitação na categoria pretendida.

Art. 147 (Vetado)

§ 1º Os resultados dos exames e a identificação dos respectivos examinadores serão registrados no Renach.[44]

§ 2º O exame de aptidão física e mental, a ser realizado no local de residência ou domicílio do examinado, será preliminar e renovável com a seguinte periodicidade:

I – A cada 10 (dez) anos, para condutores com idade inferior a 50 (cinquenta) anos;

II – A cada 5 (cinco) anos, para condutores com idade igual ou superior a 50 (cinquenta) anos e inferior a 70 (setenta) anos;

III – A cada 3 (três) anos, para condutores com idade igual ou superior a 70 (setenta) anos.

§ 3º O exame previsto no § 2º incluirá avaliação psicológica preliminar e complementar sempre que a ele se submeter o condutor que exerce atividade remunerada ao veículo, incluindo-se esta avaliação para os demais candidatos apenas no exame referente à primeira habilitação.

§ 4º Quando houver indícios de deficiência física ou mental, ou de progressividade de doença que possa diminuir a capacidade para conduzir o veículo, os prazos previstos nos incisos I, II e III do § 2º deste artigo poderão ser diminuídos por proposta do perito examinador. (NR - Lei nº 14.071/2020).

§ 5º O condutor que exerce atividade remunerada ao veículo terá essa informação incluída na sua Carteira Nacional de Habilitação, conforme especificações do Conselho Nacional de Trânsito - Contran.

§ 6º Os exames de aptidão física e mental e a avaliação psicológica deverão ser analisados objetivamente pelos examinados, limitados aos aspectos técnicos dos procedimentos realizados, conforme regulamentação do Contran, e subsidiarão a fiscalização prevista no § 7º deste artigo.

§ 7º Os órgãos ou entidades executivos de trânsito dos Estados e do Distrito Federal, com a colaboração dos conselhos profissionais de medicina e psicologia, deverão fiscalizar as entidades e os profissionais responsáveis pelos exames de aptidão física e mental e pela avaliação psicológica no mínimo 1 (uma) vez por ano.

Art. 147-A Ao candidato com deficiência auditiva é assegurada acessibilidade de comunicação, mediante emprego de tecnologias assistivas ou de ajudas técnicas em todas as etapas do processo de habilitação. (Incluído pela Lei nº 13.146/2015).

§ 1º O material didático audiovisual utilizado em aulas teóricas dos cursos que precedem os exames previstos no art. 147 desta Lei deve ser acessível, por meio de subtitulação com legenda oculta associada à tradução simultânea em Libras. (Incluído pela Lei nº 13.146/2015).

§ 2º É assegurado também ao candidato com deficiência auditiva requerer, no ato de sua inscrição, os serviços de intérprete da Libras, para acompanhamento em aulas práticas e teóricas. (Incluído pela Lei nº 13.146/2015).

Art. 148 Os exames de habilitação, exceto os de direção veicular, poderão ser aplicados por entidades públicas ou privadas credenciadas pelo órgão executivo de trânsito dos Estados e do Distrito Federal, de acordo com as normas estabelecidas pelo Contran.

---

39 Resolução Contran nº 360/2010: Dispõe sobre a habilitação do candidato ou condutor estrangeiro para direção de veículos em território nacional.
40 Redação dada pela Lei nº 12.452/2011.
41 Redação dada pela Lei nº 13.097/2015.
42 Resolução nº 789/2020: Consolida normas sobre o processo de formação de condutores de veículos automotores e elétricos.
43 Incluído pela Lei nº 12.619/2012.
44 Renumerado do parágrafo único, pela Lei nº 9.602/1998.

§ 1º A formação de condutores deverá incluir, obrigatoriamente, curso de direção defensiva e de conceitos básicos de proteção ao meio ambiente relacionados com o trânsito.

§ 2º Ao candidato aprovado será conferida Permissão para Dirigir, com validade de um ano.

§ 3º A Carteira Nacional de Habilitação será conferida ao condutor no término de um ano, desde que o mesmo não tenha cometido nenhuma infração de natureza grave ou gravíssima ou seja reincidente em infração média.

§ 4º A não obtenção da Carteira Nacional de Habilitação, tendo em vista a incapacidade de atendimento do disposto no parágrafo anterior, obriga o candidato a reiniciar todo o processo de habilitação.

§ 5º O Conselho Nacional de Trânsito - Contran poderá dispensar os tripulantes de aeronaves que apresentarem o cartão de saúde expedido pelas Forças Armadas ou pelo Departamento de Aeronáutica Civil, respectivamente, da prestação do exame de aptidão física e mental.[45]

Art. 148-A Os condutores das categorias C, D e E deverão comprovar resultado negativo em exame toxicológico para a obtenção e a renovação da Carteira Nacional de Habilitação. (NR - Lei nº 14.071/2020)

§ 1º O exame de que trata este artigo buscará aferir o consumo de substâncias psicoativas que, comprovadamente, comprometam a capacidade de direção e deverá ter janela de detecção mínima de 90 (noventa) dias, nos termos das normas do Contran.

§ 2º Além da realização do exame previsto no caput deste artigo, os condutores das categorias C, D e E com idade inferior a 70 (setenta) anos serão submetidos a novo exame a cada período de 2 (dois) anos e 6 (seis) meses, a partir da obtenção ou renovação da Carteira Nacional de Habilitação, independentemente da validade dos demais exames de que trata o inciso I do caput do art. 147 deste Código. (NR - Lei nº 14.071/2020).

§ 3º (Revogado)

§ 4º É garantido o direito de contraprova e de recurso administrativo, sem efeito suspensivo, no caso de resultado positivo para os exames de que trata este artigo, nos termos das normas do Contran. (NR - Lei nº 14.071/2020)

§ 5º O resultado positivo no exame previsto no § 2º deste artigo acarretará a suspensão do direito de dirigir pelo período de 3 (três) meses, condicionado o levantamento da suspensão à inclusão, no Renach, de resultado negativo em novo exame, e vedada a aplicação de outras penalidades, ainda que acessórias. (NR - Lei nº 14.071/2020)

§ 6º O resultado do exame somente será divulgado para o interessado e não poderá ser utilizado para fins estranhos ao disposto neste Art. ou no § 6º do Art. 168 da Consolidação das Leis do Trabalho - CLT, aprovado pelo Decreto-lei nº 5.452, de 1º de maio de 1943.

§ 7º O exame será realizado, em regime de livre concorrência, pelos laboratórios credenciados pelo Departamento Nacional de Trânsito - Denatran, nos termos das normas do Contran, vedado aos entes públicos:

I – fixar preços para os exames;

II – limitar o número de empresas ou o número de locais em que a atividade pode ser exercida; e

III – estabelecer regras de exclusividade territorial.

Art. 13, Lei nº 13.103/2015 O exame toxicológico com janela de detecção mínima de 90 (noventa) dias de que tratam o art. 148-A da Lei nº 9.503, de 23 de setembro de 1997 - Código de Trânsito Brasileiro, os §§ 6º e 7º do art. 168 e o inciso VII do art. 235-B da Consolidação das Leis do Trabalho - CLT, aprovada pelo Decreto-lei nº 5.452, de 1º de maio de 1943, será exigido:

I – em 90 (noventa) dias da publicação desta Lei, para a renovação e habilitação das categorias C, D e E;

II – em 1 (um) ano a partir da entrada em vigor desta Lei, para a admissão e a demissão de motorista profissional;

III – em 3 (três) anos e 6 (seis) meses a partir da entrada em vigor desta Lei, para o disposto no § 2º do Art. 148-A da Lei nº 9.503, de 23 de setembro de 1997;

IV – em 2 (dois) anos e 6 (seis) meses a partir da entrada em vigor desta Lei, para o disposto no § 3º do Art. 148-A da Lei nº 9.503, de 23 de setembro de 1997.

Parágrafo único. Caberá ao Contran estabelecer adequações necessárias ao cronograma de realização dos exames.

Art. 149 (Vetado)

Art. 150 Ao renovar os exames previstos no artigo anterior, o condutor que não tenha curso de direção defensiva e primeiros socorros deverá a eles ser submetido, conforme normatização do Contran.

Parágrafo único. A empresa que utiliza condutores contratados para operar a sua frota de veículos é obrigada a fornecer curso de direção defensiva, primeiros socorros e outros conforme normatização do Contran.

Art. 151 (Revogado)

Art. 152 O exame de direção veicular será realizado perante comissão integrada por 3 (três) membros designados pelo dirigente do órgão executivo local de trânsito.

§ 1º Na comissão de exame de direção veicular, pelo menos um membro deverá ser habilitado na categoria igual ou superior à pretendida pelo candidato.

§ 2º Os militares das Forças Armadas e os policiais e bombeiros dos órgãos de segurança pública da União, dos Estados e do Distrito Federal que possuírem curso de formação de condutor ministrado em suas corporações serão dispensados, para a concessão do documento de habilitação, dos exames aos quais se houverem submetido com aprovação naquele curso, desde que neles sejam observadas as normas estabelecidas pelo Contran.

§ 3º O militar, o policial ou o bombeiro militar interessado na dispensa de que trata o § 2º instruirá seu requerimento com ofício do comandante, chefe ou diretor da unidade administrativa onde prestar serviço, do qual constarão o número do registro de identificação, naturalidade, nome, filiação, idade e categoria em que se habilitou a conduzir, acompanhado de cópia das atas dos exames prestados.

Art. 153 O candidato habilitado terá em seu prontuário a identificação de seus instrutores e examinadores, que serão passíveis de punição conforme regulamentação a ser estabelecida pelo Contran.

Parágrafo único. As penalidades aplicadas aos instrutores e examinadores serão de advertência, suspensão e cancelamento da autorização para o exercício da atividade, conforme a falta cometida.[46]

Art. 154 Os veículos destinados à formação de condutores serão identificados por uma faixa amarela, de vinte centímetros de largura, pintada ao longo da carroçaria, à meia altura, com a inscrição auto-escola na cor preta.

Parágrafo único. No veículo eventualmente utilizado para aprendizagem, quando autorizado para servir a esse fim, deverá ser afixada ao longo de sua carroçaria, à meia altura, faixa branca removível, de vinte centímetros de largura, com a inscrição auto-escola na cor preta.

Art. 155 A formação de condutor de veículo automotor e elétrico será realizada por instrutor autorizado pelo órgão executivo de trânsito dos Estados ou do Distrito Federal, pertencente ou não à entidade credenciada.

Parágrafo único. Ao aprendiz será expedida autorização para aprendizagem, de acordo com a regulamentação do Contran, após aprovação nos exames de aptidão física, mental, de primeiros socorros e sobre legislação de trânsito.[47]

Art. 156 O Contran regulamentará o credenciamento para prestação de serviço pelas autoescolas e outras entidades destinadas à formação de condutores e às exigências necessárias para o exercício das atividades de instrutor e examinador.[48]

Art. 157 (Vetado)

Art. 158 A aprendizagem só poderá realizar-se: Lei nº 12.217, de 2010. (Que torna obrigatória a aprendizagem noturna).

---

45 Resolução nº 724/2018: *Dispõe sobre o exame toxicológico de larga janela de detecção, em amostra queratínica, para habilitação, renovação ou mudança para as categorias C, D e E, decorrente da Lei nº 13.103, de 2 de março de 2015.*

46 Lei nº 12.302/2010: Art. 8º regulamenta o exercício da profissão de instrutor de trânsito.

47 O parágrafo único foi acrescido pela Lei nº 9.602/1998.

48 Resolução do Contran nº 321/2009: institui exame obrigatório para avaliação de instrutores e examinadores de trânsito, no exercício da função, em todo o território nacional.

DOS VEÍCULOS

I – Nos termos, horários e locais estabelecidos pelo órgão executivo de trânsito;

II – Acompanhado o aprendiz por instrutor autorizado.

§ 1º *Além do aprendiz e do instrutor, o veículo utilizado na aprendizagem poderá conduzir apenas mais um acompanhante.*

§ 2º *(Revogado)*

Art. 159 *A Carteira Nacional de Habilitação, expedida em meio físico e/ou digital, à escolha do condutor, em modelo único e de acordo com as especificações do Contran, atendidos os pré-requisitos estabelecidos neste Código, conterá fotografia, identificação e número de inscrição no Cadastro de Pessoas Físicas (CPF) do condutor, terá fé pública e equivalerá a documento de identidade em todo o território nacional.*[49]

§ 1º *É obrigatório o porte da Permissão para Dirigir ou da Carteira Nacional de Habilitação quando o condutor estiver à direção do veículo.*[50]

§ 1º-A *O porte do documento de habilitação será dispensado quando, no momento da fiscalização, for possível ter acesso ao sistema informatizado para verificar se o condutor está habilitado.*

§ 2º *(Vetado)*

§ 3 *A emissão de nova via da Carteira Nacional de Habilitação será regulamentada pelo Contran.*

§ 4º *(Vetado)*

§ 5º *A Carteira Nacional de Habilitação e a Permissão para Dirigir somente terão validade para a condução de veículo quando apresentada em original.*

§ 6º *A identificação da Carteira Nacional de Habilitação expedida e a da autoridade expedidora serão registradas no Renach.*

§ 7º *A cada condutor corresponderá um único registro no Renach, agregando-se neste todas as informações.*

§ 8º *A renovação da validade da Carteira Nacional de Habilitação ou a emissão de uma nova via somente será realizada após quitação de débitos constantes do prontuário do condutor.*

§ 9º *(Vetado)*

§ 10 *A validade da Carteira Nacional de Habilitação está condicionada ao prazo de vigência do exame de aptidão física e mental.*

§ 11 *(Revogado)*[51]

§ 12 *Os órgãos ou entidades executivos de trânsito dos Estados e do Distrito Federal enviarão por meio eletrônico, com 30 (trinta) dias de antecedência, aviso de vencimento da validade da Carteira Nacional de Habilitação a todos os condutores cadastrados no Renach com endereço na respectiva unidade da Federação. (NR - Lei nº 14.071/2020).*

Art. 160 *O condutor condenado por delito de trânsito deverá ser submetido a novos exames para que possa voltar a dirigir, de acordo com as normas estabelecidas pelo Contran, independentemente do reconhecimento da prescrição, em face da pena concretizada na sentença.*[52]

§ 1º *Em caso de acidente grave, o condutor nele envolvido poderá ser submetido aos exames exigidos neste artigo, a juízo da autoridade executiva estadual de trânsito, assegurada ampla defesa ao condutor.*[53]

§ 2º *No caso do parágrafo anterior, a autoridade executiva estadual de trânsito poderá apreender o documento de habilitação do condutor até a sua aprovação nos exames realizados.*[54]

---

49 Art. 234 do CTB.
Resolução nº 747/2018 Altera a Resolução Contran nº 718, de 07 de dezembro de 2017, que regulamenta as especificações, a produção e a expedição da Carteira Nacional de Habilitação e dá outras providências.
A 598 – Resolução nº 727/2018 Referendar a Deliberação nº 167, de 30 de janeiro de 2018, que altera a Resolução Contran nº 598/2016, que regulamenta a produção e a expedição da Carteira Nacional de Habilitação, com novo leiaute e requisitos de segurança.
50 Art. 232 do CTB.
51 Incluído pela Lei nº 9.602/1998.
52 Art. 263, III, do CTB.
53 Resolução do Contran nº 300/2008: estabelece procedimento administrativo para submissão do condutor a novos exames, para que possa voltar a dirigir quando condenado por crime de trânsito, ou quando envolvido em acidente grave, regulamentando o Art. 160 do Código de Trânsito Brasileiro.
54 Por fim novas regras para os cursos agora em EAD:
Resolução nº 730/2018 Estabelece os critérios e requisitos técnicos para a homologação dos cursos e das plataformas tecnológicas, na modalidade de ensino à distância, quando requeridos por instituições ou entidades públicas ou privadas especializadas.

5 DAS INFRAÇÕES

No Capítulo XV do CTB, que trata das infrações de trânsito, encontraremos a tipificação legal dos comportamentos irregulares no trânsito e a punição cabível. Note que os comportamentos já foram elencados, e nas infrações teremos a sua tipificação.

Quando se trata de infrações, vale ressaltar como característica principal seu teor administrativo. Assim, o ônus da prova cabe ao acusado e não ao acusador. Portanto, quando um agente flagra uma infração cometida por um usuário do sistema de trânsito, esse agente apenas relata a infração cometida e informa o infrator, quando possível, não sendo necessário que o agente produza nenhum tipo de prova. Cabe, então, ao usuário do sistema que se sentir lesado e acreditar não ter cometido a infração, produzir provas e recorrer da infração.

Como novidade trazida pelo CTB, temos a questão pedagógica da penalidade, que se reflete na pontuação do prontuário.

Quadro-resumo

A Lei nº 13.281/2016 alterou os valores das multas de trânsito, e entrou em vigor no dia 1 de novembro de 2016					
Gravidade	Pontos	Valor atual	Valor atualizado	Infração – Exemplo
Leve	3	R$ 53,20	R$ 88,38	Art. 169
Média	4	R$ 85,13	R$ 130,16	Art. 236
Grave	5	R$ 127,69	R$ 195,23	Art. 167 + retenção
Gravíssima	7	R$ 191,54	R$ 293,47	Art. 168 + retenção
Gravíssima (x2)		------	R$ 586,94	Art. 162, III + apreensão de veículo e rec. da CNH
Gravíssima (x3)		R$ 574,62	R$ 880,41	Art. 162, I
Gravíssima (x5)		R$ 957,70	R$ 1.467,35	Art. 162, II + apreensão de veículo
Gravíssima (x10)		R$ 1.915,40	R$ 2.934,70	Art. 174 + rec. da CNH e remoção do veículo
Gravíssima (x20)		R$ 3.830,80	R$ 5.869,70	Art. 253-A
Gravíssima (x60)		R$ 11.492,40	R$ 17.608,20	Art. 253-A, § 1º

Art. 161 *Constitui infração de trânsito a inobservância de qualquer preceito deste Código ou da legislação complementar, e o infrator sujeita-se às penalidades e às medidas administrativas indicadas em cada artigo deste Capítulo e às punições previstas no Capítulo XIX deste Código.*
Parágrafo único. *(Revogado). (NR - Lei nº 14.071/2020).*

5.1 Dirigir, conduzir e transportar

Art. 162 *Dirigir veículo:*
I – Sem possuir Carteira Nacional de Habilitação ou Permissão para Dirigir:
Infração – gravíssima;
Penalidade – multa (três vezes) e apreensão do veículo;
Medida administrativa – retenção do veículo até a apresentação de condutor habilitado;[1]
II – Com Carteira Nacional de Habilitação ou Permissão para Dirigir cassada ou com suspensão do direito de dirigir:
Infração – gravíssima;
Penalidade – multa (três vezes) e apreensão do veículo;[2]
III – Com Carteira Nacional de Habilitação ou Permissão para Dirigir de categoria diferente da do veículo que esteja conduzindo:
Infração – gravíssima;
Penalidade – multa (duas vezes) e apreensão do veículo;
Medida administrativa – retenção do veículo até a apresentação de condutor habilitado;[3]
IV – (Vetado)
V – Com validade da Carteira Nacional de Habilitação vencida há mais de trinta dias:
Infração – gravíssima;
Penalidade – multa;
Medida administrativa – recolhimento da Carteira Nacional de Habilitação e retenção do veículo até a apresentação de condutor habilitado;
VI – Sem usar lentes corretoras de visão, aparelho auxiliar de audição, de prótese física ou as adaptações do veículo impostas por ocasião da concessão ou da renovação da licença para conduzir:
Infração – gravíssima;
Penalidade – multa;
Medida administrativa – retenção do veículo até o saneamento da irregularidade ou apresentação de condutor habilitado.

Art. 163 *Entregar a direção do veículo a pessoa nas condições previstas no artigo anterior:*
Infração - as mesmas previstas no artigo anterior;
Penalidade - as mesmas previstas no artigo anterior;
Medida administrativa - a mesma prevista no inciso III do artigo anterior.[4]

Art. 164 *Permitir que pessoa nas condições referidas nos incisos do art. 162 tome posse do veículo automotor e passe a conduzi-lo na via:*
Infração - as mesmas previstas nos incisos do art. 162;
Penalidade - as mesmas previstas no art. 162;
Medida administrativa - a mesma prevista no inciso III do art. 162.[5]

Devemos, no artigo seguinte, dedicar especial atenção por se tratar de matéria que recebeu modificações recentes. O Código de Trânsito ainda mantém a redação da Lei nº 11.705/2008, porém, temos aqui a modificação da Lei nº 12.760/2012, sancionada pela presidente Dilma Rousseff e em vigor há dez anos.

As alterações ocorrem no artigo seguinte, além dos arts. 262, 276, 277 e 306, que serão tratados de forma individualizada a seguir.

No art. 165, a alteração se deu na penalidade aplicada, que passou a ser a maior do Código de Trânsito, indo de multa agravada de cinco vezes para multa agravada em dez vezes o valor da Infração gravíssima.

Temos também as alterações da Lei nº 12.971/2014, e da Lei nº 13.103/2015, que foi marcada pelo movimento grevista dos caminhoneiros.

Art. 165 *Dirigir sob a influência de álcool ou de qualquer outra substância psicoativa que determine dependência:*[6]
Infração - gravíssima;

---
1 Art. 309 do CTB.
2 Arts. 263, I; 307; e 309 do CTB.
3 Arts. 263, II, e 309 do CTB.
4 Arts. 263, II, e 310 do CTB.
5 Arts. 263, II, e 310 do CTB.
6 Redação dada pela Lei nº 11.705/2008 (lei seca).

DAS INFRAÇÕES

Penalidade - multa (dez vezes) e suspensão do direito de dirigir por 12 (doze) meses.
Medida administrativa - recolhimento do documento de habilitação e retenção do veículo.[7]
Parágrafo único. Aplica-se em dobro a multa prevista no caput em caso de reincidência no período de até 12 (doze) meses.[8]
Art. 165-A Recusar-se a ser submetido a teste, exame clínico, perícia ou outro procedimento que permita certificar influência de álcool ou outra substância psicoativa, na forma estabelecida pelo art. 277.
Infração - gravíssima;
Penalidade - multa (dez vezes) e suspensão do direito de dirigir por 12 (doze) meses;
Medida administrativa - recolhimento do documento de habilitação e retenção do veículo, observado o disposto no § 4º do art. 270.
Parágrafo único. Aplica-se em dobro a multa prevista no caput em caso de reincidência no período de até 12 (doze) meses
Art. 165-B Conduzir veículo para o qual seja exigida habilitação nas categorias C, D ou E sem realizar o exame toxicológico previsto no § 2º do art. 148-A deste Código, após 30 (trinta) dias do vencimento do prazo estabelecido:
Infração - gravíssima;
Penalidade - multa (cinco vezes) e suspensão do direito de dirigir por 3 (três) meses, condicionado o levantamento da suspensão à inclusão no Renach de resultado negativo em novo exame.
Parágrafo único. Incorre na mesma penalidade o condutor que exerce atividade remunerada ao veículo e não comprova a realização de exame toxicológico periódico exigido pelo § 2º do art. 148-A deste Código por ocasião da renovação do documento de habilitação nas categorias C, D ou E.
Art. 166 Confiar ou entregar a direção de veículo a pessoa que, mesmo habilitada, por seu estado físico ou psíquico, não estiver em condições de dirigi-lo com segurança:
Infração - gravíssima;
Penalidade - multa.[9]
Art. 167 Deixar o condutor ou passageiro de usar o cinto de segurança, conforme previsto no art. 65:
Infração - grave;
Penalidade - multa;
Medida administrativa - retenção do veículo até colocação do cinto pelo infrator.[10]
Art. 168 Transportar crianças em veículo automotor sem observância das normas de segurança especiais estabelecidas neste Código:
Infração - gravíssima;
Penalidade - multa;
Medida administrativa - retenção do veículo até que a irregularidade seja sanada.[11]
Art. 169. Dirigir sem atenção ou sem os cuidados indispensáveis à segurança:
Infração - leve;
Penalidade - multa.[12]
Art. 170 Dirigir ameaçando os pedestres que estejam atravessando a via pública, ou os demais veículos:
Infração - gravíssima;
Penalidade - multa e suspensão do direito de dirigir;

Medida administrativa - retenção do veículo e recolhimento do documento de habilitação.[13]
Art. 171 Usar o veículo para arremessar, sobre os pedestres ou veículos, água ou detritos.[14]
Infração - média;
Penalidade - multa.
Art. 172 Atirar do veículo ou abandonar na via objetos ou substâncias:
Infração - média;
Penalidade - multa. (art. 26 e 245, do CTB).
Art. 173 Disputar corrida por espírito de emulação:
Infração - gravíssima;
Penalidade - multa (dez vezes), suspensão do direito de dirigir e apreensão do veículo.
Medida administrativa - recolhimento do documento de habilitação e remoção do veículo.[15]

Com a Lei nº 12.971/2014, o fator multiplicativo foi de 3 para 10 vezes. E em casos de reincidência em um prazo de 12 meses para o dobro, ou seja, 20 vezes.

Art. 174 Promover, na via, competição esportiva, eventos organizados, exibição e demonstração de perícia em manobra de veículo, ou deles participar, como condutor, sem permissão da autoridade de trânsito com circunscrição sobre a via:
Infração - gravíssima;
Penalidade - multa (dez vezes), suspensão do direito de dirigir e apreensão do veículo;
Medida administrativa - recolhimento do documento de habilitação e remoção do veículo.
§ 1º As penalidades são aplicáveis aos promotores e aos condutores participantes. (Incluído pela Lei nº 12.971/2014)
§ 2º Aplica-se em dobro a multa prevista no caput em caso de reincidência no período de 12 (doze) meses da infração anterior. (Incluído pela Lei nº 12.971/2014)[16]
Art. 175 Utilizar-se de veículo para, em via pública, demonstrar ou exibir manobra perigosa, arrancada brusca, derrapagem ou frenagem com deslizamento ou arrastamento de pneus:
Infração - gravíssima;
Penalidade - multa (dez vezes), suspensão do direito de dirigir e apreensão do veículo;
Medida administrativa - recolhimento do documento de habilitação e remoção do veículo.[17]
Art. 176 Deixar o condutor envolvido em acidente com vítima:
I - de prestar ou providenciar socorro à vítima, podendo fazê-lo;[18]
II - de adotar providências, podendo fazê-lo, no sentido de evitar perigo para o trânsito no local;
III - de preservar o local, de forma a facilitar os trabalhos da polícia e da perícia;
IV - de adotar providências para remover o veículo do local, quando determinadas por policial ou agente da autoridade de trânsito;

---

7   Resolução Contran nº 432/2013: *Dispõe sobre os procedimentos a serem adotados pelas autoridades de trânsito e seus agentes na fiscalização do consumo de álcool ou de outra substância psicoativa que determine dependência, para aplicação do disposto nos Arts. 165, 276, 277 e 306 da Lei nº 9.503, de 23 de setembro de 1997 – Código de Trânsito Brasileiro (CTB).*
8   Redação dada pela Lei nº 12.760/2012.
9   Art. 310 do CTB.
10 Resolução Contran nº 278/2008: proíbe a utilização de dispositivos que travem, afrouxem ou modifiquem o funcionamento dos cintos de segurança.
11 Art. 64 do CTB (idade inferior a 10 anos).
12 Art. 28 do CTB.

13 Decreto-lei nº 2.848/40: *Perigo para a vida ou saúde de outrem.* Esse artigo 132 é do Código Penal. *Art. 132 Expor a vida ou a saúde de outrem a perigo direto e iminente: Pena - detenção, de três meses a um ano, se o fato não constitui crime mais grave. Parágrafo único. A pena é aumentada de um sexto a um terço se a exposição da vida ou da saúde de outrem a perigo decorre do transporte de pessoas para a prestação de serviços em estabelecimentos de qualquer natureza, em desacordo com as normas legais.*
14 Resolução Contran nº 480/2014: *Altera o prazo estipulado no art. 3º da Resolução Contran nº 371, de 10 de dezembro de 2010, que aprova o Manual Brasileiro de Fiscalização de Trânsito – Volume I – Infrações de competência municipal, incluindo as concorrentes dos órgãos e entidades estaduais de trânsito e rodoviários.*
15 Arts. 67; 263, II; e 308 do CTB.
16 Resolução Contran nº 390/2011: *Dispõe sobre a padronização dos procedimentos administrativos na lavratura de auto nº Infração, na expedição de notificação de autuação e de notificação de Penalidades por infrações de responsabilidade de pessoas físicas ou jurídicas, sem a utilização de veículos, expressamente mencionadas no Código de Trânsito Brasileiro – CTB, e dá outras providências.*
17 Art. 263, II, do CTB.
18 Art. 304 do CTB, art. 31,§1º, "d", da CTVV

LEGISLAÇÃO DE TRÂNSITO

V – de identificar-se ao policial e de lhe prestar informações necessárias à confecção do boletim de ocorrência:
Infração. gravíssima;
Penalidade. multa (cinco vezes) e suspensão do direito de dirigir;
Medida administrativa. recolhimento do documento de habilitação.

Art. 177 *Deixar o condutor de prestar socorro à vítima de acidente de trânsito quando solicitado pela autoridade e seus agentes:*
Infração - grave;
Penalidade - multa.[19]

Art. 178 *Deixar o condutor, envolvido em acidente sem vítima, de adotar providências para remover o veículo do local, quando necessária tal medida para assegurar a segurança e a fluidez do trânsito:*
Infração - média;
Penalidade - multa.

Art. 179 *Fazer ou deixar que se faça reparo em veículo na via pública, salvo nos casos de impedimento absoluto de sua remoção e em que o veículo esteja devidamente sinalizado:*[20]
I – Em pista de rolamento de rodovias e vias de trânsito rápido:
Infração – grave;
Penalidade – multa;
Medida administrativa. remoção do veículo;
II – Nas demais vias:
Infração – leve;
Penalidade – multa.

Art. 180 *Ter seu veículo imobilizado na via por falta de combustível:*
Infração - média;
Penalidade - multa;
Medida administrativa – remoção do veículo.[21]

Art. 181 *Estacionar o veículo:*
I – Nas esquinas e a menos de cinco metros do bordo do alinhamento da via transversal:
Infração – média;
Penalidade – multa;
Medida administrativa – remoção do veículo;
II – Afastado da guia da calçada (meio-fio) de cinquenta centímetros a um metro:
Infração – leve;
Penalidade – multa;
Medida administrativa – remoção do veículo;
III – Afastado da guia da calçada (meio-fio) a mais de um metro:
Infração – grave;
Penalidade – multa;
Medida administrativa – remoção do veículo;
IV – Em desacordo com as posições estabelecidas neste Código:
Infração – média;
Penalidade – multa;
Medida administrativa – remoção do veículo;[22]
V – Na pista de rolamento das estradas, das rodovias, das vias de trânsito rápido e das vias dotadas de acostamento:
Infração – gravíssima;
Penalidade – multa;
Medida administrativa – remoção do veículo;
VI – Junto ou sobre hidrantes de incêndio, registro de água ou tampas de poços de visita de galerias subterrâneas, desde que devidamente identificados, conforme especificação do Contran:
Infração – média;
Penalidade – multa;
Medida administrativa – remoção do veículo;[23]
VII – Nos acostamentos, salvo motivo de força maior:
Infração – leve;
Penalidade – multa;
Medida administrativa – remoção do veículo;
VIII – No passeio ou sobre faixa destinada a pedestre, sobre ciclovia ou ciclo faixa, bem como nas ilhas, refúgios, ao lado ou sobre canteiros centrais, divisores de pista de rolamento, marcas de canalização, gramados ou jardim público:
Infração. grave;
Penalidade. multa;
Medida administrativa. remoção do veículo;
IX – Onde houver guia de calçada (meio-fio) rebaixada destinada à entrada ou saída de veículos:
Infração – média;
Penalidade – multa;
Medida administrativa – remoção do veículo;
X – Impedindo a movimentação de outro veículo:
Infração – média;
Penalidade – multa;
Medida administrativa – remoção do veículo;
XI – Ao lado de outro veículo em fila dupla:
Infração – grave;
Penalidade – multa;
Medida administrativa – remoção do veículo;
XII – Na área de cruzamento de vias, prejudicando a circulação de veículos e pedestres:
Infração – grave;
Penalidade – multa;
Medida administrativa – remoção do veículo;
XIII – Onde houver sinalização horizontal delimitadora de ponto de embarque ou desembarque de passageiros de transporte coletivo ou, na inexistência desta sinalização, no intervalo compreendido entre dez metros antes e depois do marco do ponto:
Infração – média;
Penalidade – multa;
Medida administrativa – remoção do veículo;
XIV – Nos viadutos, pontes e túneis:
Infração – grave;
Penalidade – multa;
Medida administrativa – remoção do veículo;
XV – Na contramão de direção:
Infração – média;
Penalidade – multa;
XVI – Em aclive ou declive, não estando devidamente freado e sem calço de segurança, quando se tratar de veículo com peso bruto total superior a três mil e quinhentos quilogramas:
Infração – grave;
Penalidade – multa;
Medida administrativa – remoção do veículo;
XVII – Em desacordo com as condições regulamentadas especificamente pela sinalização (placa. Estacionamento Regulamentado).

Observação: o art. 47 da Lei nº 13.146/2015 determina uma regra que caso o condutor desobedeça será punido de acordo com o inciso XVII do art. 181 do CTB.

Infração - Infração - grave;
Penalidade - multa;

---

[19] Art. 135 do Código Penal.
[20] Arts. 40, V, e 46 do CTB.
[21] Art. 27 e 46 do CTB.
[22] Art. 48 do CTB.
[23] Resolução do Contran nº 31/1998: dispõe sobre a sinalização de identificação para hidrantes, registros de água, tampas de poços de visita de galerias subterrâneas.

DAS INFRAÇÕES

Medida administrativa - remoção do veículo;[24]

XVIII – Em locais e horários proibidos especificamente pela sinalização (placa. Proibido Estacionar):

Infração - média;

Penalidade - multa;

Medida administrativa - remoção do veículo;

XIX – Em locais e horários de estacionamento e parada proibidos pela sinalização (placa. Proibido Parar e Estacionar):

Infração - grave;

Penalidade - multa;

Medida administrativa - remoção do veículo.

§ 1º Nos casos previstos neste artigo, a autoridade de trânsito aplicará a penalidade preferencialmente após a remoção do veículo.

§ 2º No caso previsto no inciso XVI é proibido abandonar o calço de segurança na via.[25]

XX – nas vagas reservadas às pessoas com deficiência ou idosos, sem credencial que comprove tal condição.

Infração - gravíssima;

Penalidade - multa;

Medida administrativa - remoção do veículo.

Art. 182 Parar o veículo:

I – Nas esquinas e a menos de cinco metros do bordo do alinhamento da via transversal:

Infração - média;

Penalidade - multa;

II – Afastado da guia da calçada (meio-fio) de cinquenta centímetros a um metro:

Infração - leve;

Penalidade - multa;

III – Afastado da guia da calçada (meio-fio) a mais de um metro:

Infração - média;

Penalidade - multa;

IV – Em desacordo com as posições estabelecidas neste Código:

Infração - leve;

Penalidade - multa;[26]

V – Na pista de rolamento das estradas, das rodovias, das vias de trânsito rápido e das demais vias dotadas de acostamento:

Infração - grave;

Penalidade - multa;

VI – No passeio ou sobre faixa destinada a pedestres, nas ilhas, refúgios, canteiros centrais e divisores de pista de rolamento e marcas de canalização:

Infração - leve;

Penalidade - multa;

VII – Na área de cruzamento de vias, prejudicando a circulação de veículos e pedestres:

Infração - média;

Penalidade - multa;

VIII – Nos viadutos, pontes e túneis:

Infração - média;

Penalidade - multa;

IX – Na contramão de direção:

Infração - média;

Penalidade - multa;

X – Em local e horário proibidos especificamente pela sinalização (placa. Proibido Parar):

Infração - média;

Penalidade - multa.

XI – sobre ciclovia ou ciclofaixa:

Infração - grave;

Penalidade - multa.

Art. 183 Parar o veículo sobre a faixa de pedestres na mudança de sinal luminoso:

Infração - média;

Penalidade - multa.[27]

Art. 184 Transitar com o veículo:

I – Na faixa ou pista da direita, regulamentada como de circulação exclusiva para determinado tipo de veículo, exceto para acesso a imóveis lindeiros ou conversões à direita:

Infração - leve;

Penalidade - multa;

II – Na faixa ou pista da esquerda regulamentada como de circulação exclusiva para determinado tipo de veículo:

Infração - grave;

Penalidade - multa.

III – na faixa ou via de trânsito exclusivo, regulamentada com circulação destinada aos veículos de transporte público coletivo de passageiros, salvo casos de força maior e com autorização do poder público competente: (Incluído pela Lei nº 13.154/2015)

Infração - gravíssima; (Incluído pela Lei nº 13.154/2015)

Penalidade - multa e apreensão do veículo; (Incluído pela Lei nº 13.154/2015).

Medida Administrativa - remoção do veículo. (Incluído pela Lei nº 13.154/2015)

Art. 185 Quando o veículo estiver em movimento, deixar de conservá-lo:

I – Na faixa a ele destinada pela sinalização de regulamentação, exceto em situações de emergência;

II – Nas faixas da direita, os veículos lentos e de maior porte:

Infração - média;

Penalidade - multa.[28]

Art. 186 Transitar pela contramão de direção em:[29]

I – Vias com duplo sentido de circulação, exceto para ultrapassar outro veículo e apenas pelo tempo necessário, respeitada a preferência do veículo que transitar em sentido contrário:

Infração - grave;

Penalidade - multa;

II – Vias com sinalização de regulamentação de sentido único de circulação:

Infração - gravíssima;

Penalidade - multa.

Art. 187 Transitar em locais e horários não permitidos pela regulamentação estabelecida pela autoridade competente:

I – Para todos os tipos de veículos:

Infração - média;

Penalidade - multa;

II – (Revogado)

Art. 188 Transitar ao lado de outro veículo, interrompendo ou perturbando o trânsito:

Infração - média;

Penalidade - multa.

---

24 Resolução do Contran nº 302/2008: define e regulamenta as áreas de segurança e de estacionamentos específicos de veículos.
Resolução do Contran nº 303/2008: dispõe sobre as vagas de estacionamento de veículos destinadas exclusivamente às pessoas idosas.
Resolução do Contran nº 304/2008: dispõe sobre as vagas de estacionamento destinadas exclusivamente a veículos que transportem pessoas portadoras de deficiência e com dificuldade de locomoção.
25 Art. 172 do CTB.
26 Art. 48 do CTB.
27 Art. 45 do CTB.
28 Art. 29, I e IV, e 57 do CTB.
29 Art. 29, I, do CTB.

LEGISLAÇÃO DE TRÂNSITO

Art. 189 *Deixar de dar passagem aos veículos precedidos de batedores, de socorro de incêndio e salvamento, de polícia, de operação e fiscalização de trânsito e às ambulâncias, quando em serviço de urgência e devidamente identificados por dispositivos regulamentados de alarme sonoro e iluminação vermelha intermitentes:*

Infração - gravíssima;

Penalidade - multa.[30]

Art. 190 *Seguir veículo em serviço de urgência, estando este com prioridade de passagem devidamente identificada por dispositivos regulamentares de alarme sonoro e iluminação vermelha intermitentes:*

Infração - grave;

Penalidade - multa.[31]

Art. 191 *Forçar passagem entre veículos que, transitando em sentidos opostos, estejam na iminência de passar um pelo outro ao realizar operação de ultrapassagem:*

Infração - gravíssima;

Penalidade - multa (dez vezes) e suspensão do direito de dirigir.[32]

Parágrafo único. *Aplica-se em dobro a multa prevista no caput em caso de reincidência no período de até 12 (doze) meses da infração anterior.* [33]

Art. 192 *Deixar de guardar distância de segurança lateral e frontal entre o seu veículo e os demais, bem como em relação ao bordo da pista, considerando-se, no momento, a velocidade, as condições climáticas do local da circulação e do veículo:*

Infração - grave;

Penalidade - multa.[34]

Art. 193 *Transitar com o veículo em calçadas, passeios, passarelas, ciclovias, ciclo faixas, ilhas, refúgios, ajardinamentos, canteiros centrais e divisores de pista de rolamento, acostamentos, marcas de canalização, gramados e jardins públicos:*

Infração - gravíssima;

Penalidade - multa (três vezes).[35]

Art. 194 *Transitar em marcha à ré, salvo na distância necessária a pequenas manobras e de forma a não causar riscos à segurança:*

Infração - grave;

Penalidade - multa.

Art. 195 *Desobedecer às ordens emanadas da autoridade competente de trânsito ou de seus agentes:*

Infração - grave;

Penalidade - multa.[36]

Art. 196 *Deixar de indicar com antecedência, mediante gesto regulamentar de braço ou luz indicadora de direção do veículo, o início da marcha, a realização da manobra de parar o veículo, a mudança de direção ou de faixa de circulação:*

Infração - grave;

Penalidade - multa.[37]

Art. 197 *Deixar de deslocar, com antecedência, o veículo para a faixa mais à esquerda ou mais à direita, dentro da respectiva mão de direção, quando for manobrar para um desses lados:*

Infração - média;

Penalidade - multa.[38]

Art. 198 *Deixar de dar passagem pela esquerda, quando solicitado:*

Infração - média;

Penalidade - multa.[39]

Art. 199 *Ultrapassar pela direita, salvo quando o veículo da frente estiver colocado na faixa apropriada e der sinal de que vai entrar à esquerda:*

Infração - média;

Penalidade - multa.[40]

Art. 200 *Ultrapassar pela direita veículo de transporte coletivo ou de escolares, parado para embarque ou desembarque de passageiros, salvo quando houver refúgio de segurança para o pedestre:*

Infração - gravíssima;

Penalidade - multa.[41]

Art. 201 *Deixar de guardar a distância lateral de um metro e cinquenta centímetros ao passar ou ultrapassar bicicleta:*

Infração - média;

Penalidade - multa.[42]

Art. 202 *Ultrapassar outro veículo:*

I – Pelo acostamento;[43]

II – Em interseções e passagens de nível;

Infração - gravíssima;

Penalidade - multa de (cinco vezes).

E nos casos de reincidência a multa é em dobro, ou seja, gravíssima (x10).

Art. 203 *Ultrapassar pela contramão outro veículo:*

I – Nas curvas, aclives e declives, sem visibilidade suficiente;

II – Nas faixas de pedestre;

III – Nas pontes, viadutos ou túneis;

IV – Parado em fila junto a sinais luminosos, porteiras, cancelas, cruzamentos ou qualquer outro impedimento à livre circulação;

V – Onde houver marcação viária longitudinal de divisão de fluxos opostos do tipo linha dupla contínua ou simples contínua amarela:

Infração - gravíssima;

Penalidade - multa. (cinco vezes)

Parágrafo único. *Aplica-se em dobro a multa prevista no caput em caso de reincidência no período de até 12 (doze) meses da infração anterior.*[44]

Art. 204 *Deixar de parar o veículo no acostamento à direita, para aguardar a oportunidade de cruzar a pista ou entrar à esquerda, onde não houver local apropriado para operação de retorno:*

Infração - grave;

Penalidade - multa.[45]

Art. 205 *Ultrapassar veículo em movimento que integre cortejo, préstito, desfile e formações militares, salvo com autorização da autoridade de trânsito ou de seus agentes:*

Infração - leve;

Penalidade - multa.

Art. 206 *Executar operação de retorno:*[46]

I – Em locais proibidos pela sinalização;

II – Nas curvas, aclives, declives, pontes, viadutos e túneis;

III – Passando por cima de calçada, passeio, ilhas, ajardinamento ou canteiros de divisões de pista de rolamento, refúgios e faixas de pedestres e nas de veículos não motorizados;

IV – Nas interseções, entrando na contramão de direção da via transversal;

V – Com prejuízo da livre circulação ou da segurança, ainda que em locais permitidos:

Infração - gravíssima;

Penalidade - multa.

---

[30] Art. 29, VI e VII, do CTB.
[31] Art. 29, VII, do CTB.
[32] (Redação dada pela Lei nº 12.971/2014)
[33] (Incluído pela Lei nº 12.971/2014)
[34] Art. 29, II e XI, 'b', do CTB.
[35] Art. 29, V do CTB.
[36] Art. 89, I, do CTB. (Sinalização)
[37] Art. 29, XI, e 35 do CTB.
[38] Art. 38 do CTB.
[39] Art. 30 do CTB.
[40] Art. 29, XI, do CTB.
[41] Art. 29, XI e 31 do CTB.
[42] Art. 29, II e XI, 'b', do CTB.
[43] Art. 29, XI, do CTB.
[44] (Incluído pela Lei nº 12.971/2014)
[45] Art. 37 do CTB.
[46] Art. 39 do CTB.

DAS INFRAÇÕES

Art. 207 Executar operação de conversão à direita ou à esquerda em locais proibidos pela sinalização:

Infração - grave;

Penalidade - multa.

Art. 208 Avançar o sinal vermelho do semáforo ou o de parada obrigatória, exceto onde houver sinalização que permita a livre conversão à direita prevista no art. 44-A deste Código:

Infração - gravíssima;

Penalidade - multa.[47]

Art. 209 Transpor, sem autorização, bloqueio viário com ou sem sinalização ou dispositivos auxiliares, deixar de adentrar às áreas destinadas à pesagem de veículos ou evadir-se para não efetuar o pagamento do pedágio:

Infração - grave;

Penalidade - multa.[48]

Art. 210 Transpor, sem autorização, bloqueio viário policial:

Infração - gravíssima;

Penalidade - multa, apreensão do veículo e suspensão do direito de dirigir;

Medida administrativa - remoção do veículo e recolhimento do documento de habilitação.[49]

Art. 211 Ultrapassar veículos em fila, parados em razão de sinal luminoso, cancela, bloqueio viário parcial ou qualquer outro obstáculo, com exceção dos veículos não motorizados:

Infração - grave;

Penalidade - multa.

Art. 212 Deixar de parar o veículo antes de transpor linha férrea:

Infração - gravíssima;

Penalidade - multa.[50]

Art. 213 Deixar de parar o veículo sempre que a respectiva marcha for interceptada:

I – Por agrupamento de pessoas, como préstitos, passeatas, desfiles e outros:

Infração - gravíssima;

Penalidade - multa.

II – Por agrupamento de veículos, como cortejos, formações militares e outros:

Infração - grave;

Penalidade - multa.

Art. 214 Deixar de dar preferência de passagem a pedestre e a veículo não motorizado:

I – Que se encontre na faixa a ele destinada;[51]

II – Que não haja concluído a travessia mesmo que ocorra sinal verde para o veículo;

III – Portadores de deficiência física, crianças, idosos e gestantes:

Infração - gravíssima;

Penalidade - multa.

IV – Quando houver iniciado a travessia mesmo que não haja sinalização a ele destinada;

V – Que esteja atravessando a via transversal para onde se dirige o veículo:

Infração - grave;

Penalidade - multa.[52]

Art. 215 Deixar de dar preferência de passagem:

I – Em interseção não sinalizada:

a) A veículo que estiver circulando por rodovia ou rotatória;

b) A veículo que vier da direita;[53]

II – Nas interseções com sinalização de regulamentação de Dê a Preferência:

Infração - grave;

Penalidade - multa.

Art. 216 Entrar ou sair de áreas lindeira sem estar adequadamente posicionado para ingresso na via e sem as precauções com a segurança de pedestres e de outros veículos:

Infração - média;

Penalidade - multa.[54]

Art. 217 Entrar ou sair de fila de veículos estacionados sem dar preferência de passagem a pedestres e a outros veículos:

Infração - média;

Penalidade - multa.

Art. 218 Transitar em velocidade superior à máxima permitida para o local, medida por instrumento ou equipamento hábil, em rodovias, vias de trânsito rápido, vias Arteriais e demais vias:[55]

I – Quando a velocidade for superior à máxima em até 20% (vinte por cento):

Infração - média;

Penalidade - multa

II – Quando a velocidade for superior à máxima em mais de 20% (vinte por cento) até 50% (cinquenta por cento):

Infração - grave;

Penalidade - multa;

III – Quando a velocidade for superior à máxima em mais de 50% (cinquenta por cento):

Infração - gravíssima;

Penalidade - multa 3 (três) vezes, suspensão do direito de dirigir e apreensão do documento de habilitação.

Art. 219 Transitar com o veículo em velocidade inferior à metade da velocidade máxima estabelecida para a via, retardando ou obstruindo o trânsito, a menos que as condições de tráfego e meteorológicas não o permitam, salvo se estiver na faixa da direita:

Infração - média;

Penalidade - multa.[56]

Art. 220 Deixar de reduzir a velocidade do veículo de forma compatível com a segurança do trânsito:

I – Quando se aproximar de passeatas, aglomerações, cortejos, préstitos e desfiles:

Infração - gravíssima;

Penalidade - multa;

II – Nos locais onde o trânsito esteja sendo controlado pelo agente da autoridade de trânsito, mediante sinais sonoros ou gestos;

III – Ao aproximar-se da guia da calçada (meio-fio) ou acostamento;

IV – Ao aproximar-se de ou passar por interseção não sinalizada;

V – Nas vias rurais cuja faixa de domínio não esteja cercada;

VI – Nos trechos em curva de pequeno raio;

VII – Ao aproximar-se de locais sinalizados com advertência de obras ou trabalhadores na pista;

VIII – Sob chuva, neblina, cerração ou ventos fortes;

IX – Quando houver má visibilidade;

X – Quando o pavimento se apresentar escorregadio, defeituoso ou avariado;

XI – À aproximação de animais na pista;

XIV – Nas proximidades de escolas, hospitais, estações de embarque e desembarque de passageiros ou onde haja intensa movimentação de pedestres:

---

47 Resolução nº 458/2013, que regulamenta a utilização de sistemas automáticos não metrológicos de fiscalização, nos termos do § 2º do Art. 280 do Código de Trânsito Brasileiro.
48 Art. 278 do CTB.
49 Art. 278 do CTB, parágrafo único.
50 Art. 29, XII, do CTB.
51 Art. 70 do CTB.
52 Art. 36 do CTB.
53 Art. 29, III, do CTB.
54 Art. 36 do CTB.
55 Art. 61 do CTB.
Resolução nº 798/2020, dispõe sobre requisitos técnicos mínimos para a fiscalização da velocidade de veículos automotores, elétricos, reboques e semirreboques.
56 Art. 62 do CTB.

LEGISLAÇÃO DE TRÂNSITO

Infração - gravíssima;
Penalidade - multa.[57]

Art. 221 *Portar no veículo placas de identificação em desacordo com as especificações e modelos estabelecidos pelo Contran:*
Infração - média;
Penalidade - multa;
Medida administrativa - retenção do veículo para regularização e apreensão das placas irregulares.

Parágrafo único. *Incide na mesma Penalidade aquele que confecciona, distribui ou coloca, em veículo próprio ou de terceiros, placas de identificação não autorizadas pela regulamentação.*[58]

Art. 222 *Deixar de manter ligado, nas situações de atendimento de emergência, o sistema de iluminação vermelha intermitente dos veículos de polícia, de socorro de incêndio e salvamento, de fiscalização de trânsito e das ambulâncias, ainda que parados:*
Infração - média;
Penalidade – multa.[59]

Art. 223 *Transitar com o farol desregulado ou com o facho de luz alta de forma a perturbar a visão de outro condutor:*
Infração - grave;
Penalidade - multa;
Medida administrativa - retenção do veículo para regularização.[60]

Art. 224 *Fazer uso do facho de luz alta dos faróis em vias providas de iluminação pública:*
Infração - leve;
Penalidade - multa.

Art. 225 *Deixar de sinalizar a via, de forma a prevenir os demais condutores e, à noite, não manter acesas as luzes externas ou omitir-se quanto a providências necessárias para tornar visível o local, quando:*
I – Tiver de remover o veículo da pista de rolamento ou permanecer no acostamento;[61]
II – A carga for derramada sobre a via e não puder ser retirada imediatamente:
Infração - grave;
Penalidade - multa.

Art. 226 *Deixar de retirar todo e qualquer objeto que tenha sido utilizado para sinalização temporária da via:*
Infração - média;
Penalidade - multa.[62]

Art. 227 *Usar buzina:*[63]
I – Em situação que não a de simples toque breve como advertência ao pedestre ou a condutores de outros veículos;
II – Prolongada e sucessivamente a qualquer pretexto;
III – Entre as vinte e duas e as seis horas;
IV – Em locais e horários proibidos pela sinalização;
V – Em desacordo com os padrões e frequências estabelecidas pelo Contran:
Infração - leve;
Penalidade - multa.[64]

Art. 228 *Usar no veículo equipamento com som em volume ou frequência que não sejam autorizados pelo Contran:*
Infração - grave;
Penalidade - multa;
Medida administrativa - retenção do veículo para regularização.[65]

Art. 229 *Usar indevidamente no veículo aparelho de alarme ou que produza sons e ruído que perturbem o sossego público, em desacordo com normas fixadas pelo Contran:*[66]
Infração - média;
Penalidade - multa e apreensão do veículo;
Medida administrativa - remoção do veículo.

Art. 230 *Conduzir o veículo:*
I – Com o lacre, a inscrição do chassi, o selo, a placa ou qualquer outro elemento de identificação do veículo violado ou falsificado;[67]
II – Transportando passageiros em compartimento de carga, salvo por motivo de força maior, com permissão da autoridade competente e na forma estabelecida pelo Contran;
III – Com dispositivo antirradar;
IV – Sem qualquer uma das placas de identificação;
V – Que não esteja registrado e devidamente licenciado;[68]
VI – Com qualquer uma das placas de identificação sem condições de legibilidade e visibilidade:
Infração - gravíssima;
Penalidade - multa e apreensão do veículo;
Medida administrativa - remoção do veículo;
VII – Com a cor ou característica alterada;[69]
VIII – Sem ter sido submetido à inspeção de segurança veicular, quando obrigatória;[70]
IX – Sem equipamento obrigatório ou estando este ineficiente ou inoperante;[71]
X – Com equipamento obrigatório em desacordo com o estabelecido pelo Contran;[72]
XI – Com descarga livre ou silenciador de motor de explosão defeituoso, deficiente ou inoperante;
XII – Com equipamento ou acessório proibido;[73]
XIII – Com o equipamento do sistema de iluminação e de sinalização alterados;
XIV – Com registrador instantâneo inalterável de velocidade e tempo viciado ou defeituoso, quando houver exigência desse aparelho;
XV – Com inscrições, adesivos, legendas e símbolos de caráter publicitário afixados ou pintados no pára-brisa e em toda a extensão da parte traseira do veículo, excetuadas as hipóteses previstas neste Código;[74]
XVI – Com vidros total ou parcialmente cobertos por películas refletivas ou não, painéis decorativos ou pinturas;[75]
XVII – Com cortinas ou persianas fechadas, não autorizadas pela legislação;[76]
XVIII – Em mau estado de conservação, comprometendo a segurança, ou reprovado na avaliação de inspeção de segurança e de emissão de poluentes e ruído, prevista no art. 104;
XIX – Sem acionar o limpador de para-brisa sob chuva:
Infração - grave;
Penalidade - multa;
Medida administrativa - retenção do veículo para regularização;

---

57 Art. 311 do CTB.
58 Art. 115 do CTB.
59 Art. 29 VII do CTB.
60 Art. 40, II, do CTB.
61 Art. 46 do CTB.
62 Art. 46 do CTB.
63 Art. 41 do CTB.
64 Resolução do Contran nº 35/1998: estabelece método de ensaio para medição de pressão sonora por buzina ou equipamento similar.
65 Resolução nº 624/2016. Regulamenta a fiscalização de sons produzidos por equipamentos utilizados em veículos, a que se refere o art. 228, do Código de Trânsito Brasileiro – CTB.
66 Resolução do Contran nº 37/1998: fixa normas de utilização de alarmes sonoros e outros acessórios de segurança contra furto ou roubo para os veículos automotores Resolução.
67 Art. 108 do CTB.
68 Art. 130 do CTB.
69 Art. 98 do CTB.
70 Art. 104 do CTB.
71 Art. 27 e 105 do CTB.
72 Art. 105 do CTB.
73 Art. 105, § 2º, do CTB.
74 Art. 111, parágrafo único do CTB.
75 Art. 111, III, do CTB.
76 Art. 111, II, do CTB.

DAS INFRAÇÕES

XX – Sem portar a autorização para condução de escolares, na forma estabelecida no art. 136:

Infração - grave;

Penalidade - multa e apreensão do veículo;

XXI – De carga, com falta de inscrição da tara e demais inscrições previstas neste Código;[77]

XXII – Com defeito no sistema de iluminação, de sinalização ou com lâmpadas queimadas:

Infração - média;

Penalidade - multa.

XXIII – em desacordo com as condições estabelecidas no art. 67-C, relativamente ao tempo de permanência do condutor ao volante e aos intervalos para descanso, quando se tratar de veículo de transporte de carga ou coletivo de passageiros:

Infração - média;

Penalidade - multa;

Medida administrativa - retenção do veículo para cumprimento do tempo de descanso aplicável.

§ 1º Se o condutor cometeu infração igual nos últimos 12 (doze) meses, será convertida, automaticamente, a penalidade disposta no inciso XXIII em infração grave.

§ 2º Em se tratando de condutor estrangeiro, a liberação do veículo fica condicionada ao pagamento ou ao depósito, judicial ou administrativo, da multa.

XXIV – (Vetado)

Art. 231 Transitar com o veículo:

I – Danificando a via, suas instalações e equipamentos;

II – Derramando, lançando ou arrastando sobre a via:

a) Carga que esteja transportando;[78]

b) Combustível ou lubrificante que esteja utilizando;

c) Qualquer objeto que possa acarretar risco de acidente:

Infração - gravíssima;

Penalidade - multa;

Medida administrativa - retenção do veículo para regularização;

III – Produzindo fumaça, gases ou partículas em níveis superiores aos fixados pelo Contran;

IV – Com suas dimensões ou de sua carga superiores aos limites estabelecidos legalmente ou pela sinalização, sem autorização:[79]

Infração - grave;

Penalidade - multa;

Medida administrativa - retenção do veículo para regularização;

V – Com excesso de peso, admitido percentual de tolerância quando aferido por equipamento, na forma a ser estabelecida pelo Contran:

Infração - média;

Penalidade - multa acrescida a cada duzentos quilogramas ou fração de excesso de peso apurado, constante na seguinte tabela:

a) até 600 kg (seiscentos quilogramas) - R$ 5,32 (cinco reais e trinta e dois centavos);

b) de 601 (seiscentos e um) a 800 kg (oitocentos quilogramas) - R$ 10,64 (dez reais e sessenta e quatro centavos);

c) de 801 (oitocentos e um) a 1.000 kg (mil quilogramas) - R$ 21,28 (vinte e um reais e vinte e oito centavos);

d) de 1.001 (mil e um) a 3.000 kg (três mil quilogramas) - R$ 31,92 (trinta e um reais e noventa e dois centavos);

e) de 3.001 (três mil e um) a 5.000 kg (cinco mil quilogramas) - R$ 42,56 (quarenta e dois reais e cinquenta e seis centavos);

f) acima de 5.001 kg (cinco mil e um quilogramas) - R$ 53,20 (cinquenta e três reais e vinte centavos);

Medida administrativa - retenção do veículo e transbordo da carga excedente;[80]

VI – Em desacordo com a autorização especial, expedida pela autoridade competente para transitar com dimensões excedentes, ou quando a mesma estiver vencida:

Infração - grave;

Penalidade - multa e apreensão do veículo;

Medida administrativa - remoção do veículo;

VII – Com lotação excedente;[81]

VIII – Efetuando transporte remunerado de pessoas ou bens, quando não for licenciado para esse fim, salvo casos de força maior ou com permissão da autoridade competente:

Infração - média;

Penalidade - multa;

Medida administrativa - retenção do veículo;[82]

IX – Desligado ou desengrenado, em declive:

Infração - média;

Penalidade - multa;

Medida administrativa - retenção do veículo;

X – Excedendo a capacidade máxima de tração:

Infração - de média a gravíssima, a depender da relação entre o excesso de peso apurado e a capacidade máxima de tração, a ser regulamentada pelo Contran;

Penalidade - multa;

Medida administrativa - retenção do veículo e transbordo de carga excedente.

Parágrafo único. Sem prejuízo das multas previstas nos incisos V e X, o veículo que transitar com excesso de peso ou excedendo à capacidade máxima de tração, não computado o percentual tolerado na forma do disposto na legislação, somente poderá continuar viagem após descarregar o que exceder, segundo critérios estabelecidos na referida legislação complementar.

Art. 232 Conduzir veículo sem os documentos de porte obrigatório referidos neste Código:

Infração - leve;

Penalidade - multa;

Medida administrativa - retenção do veículo até a apresentação do documento.[83]

Art. 233 Deixar de efetuar o registro de veículo no prazo de trinta dias, junto ao órgão executivo de trânsito, ocorridas as hipóteses previstas no art. 123:

Infração - média;

Penalidade - multa;

Medida administrativa - remoção do veículo.

Art. 233-A (Vetado)

Art. 234 Falsificar ou adulterar documento de habilitação e de identificação do veículo:

Infração - gravíssima;

Penalidade - multa e apreensão do veículo;

Medida administrativa - remoção do veículo.[84]

Pena - reclusão, de dois a seis anos, e multa.

Art. 235 Conduzir pessoas, animais ou carga nas partes externas do veículo, salvo nos casos devidamente autorizados:

Infração - grave;

Penalidade - multa;

Medida administrativa - retenção do veículo para transbordo.

---

77 Art. 117 do CTB.
78 Art. 102 do CTB.
79 Arts. 99 e 101 do CTB.
80 Art. 100 do CTB.
81 Art. 100 do CTB.
82 Art. 135 do CTB.
83 Resolução do Contran nº 205/2006: dispõe sobre os documentos de porte obrigatório e dá outras providências.
Arts. 133 e 159, § 1º do CTB. LC nº 121/2006: cria o Sistema Nacional de Prevenção, Fiscalização e Representação ao Furto e Roubo de Veículos e Carga.
84 Art. 297 do Código Penal.

LEGISLAÇÃO DE TRÂNSITO

Art. 236 Rebocar outro veículo com cabo flexível ou corda, salvo em casos de emergência:
Infração - média;
Penalidade - multa.

Art. 237 Transitar com o veículo em desacordo com as especificações, e com falta de inscrição e simbologia necessárias à sua identificação, quando exigidas pela legislação:
Infração - grave;
Penalidade - multa;
Medida administrativa - retenção do veículo para regularização.[85]

Art. 238 Recusar-se a entregar à autoridade de trânsito ou a seus agentes, mediante recibo, os documentos de habilitação, de registro, de licenciamento de veículo e outros exigidos por lei, para averiguação de sua autenticidade:
Infração - gravíssima;
Penalidade - multa e apreensão do veículo;
Medida administrativa - remoção do veículo.[86]

Art. 239 Retirar do local veículo legalmente retido para regularização, sem permissão da autoridade competente ou de seus agentes:
Infração - gravíssima;
Penalidade - multa e apreensão do veículo;
Medida administrativa - remoção do veículo.

Art. 240 Deixar o responsável de promover a baixa do registro de veículo irrecuperável ou definitivamente desmontado:
Infração - grave;
Penalidade - multa;
Medida administrativa - Recolhimento do Certificado de Registro e do Certificado de Licenciamento Anual.

Art. 241 Deixar de atualizar o cadastro de registro do veículo ou de habilitação do condutor:
Infração - leve;
Penalidade - multa.

Art. 242 Fazer falsa declaração de domicílio para fins de registro, licenciamento ou habilitação:[87]
Pena - reclusão, de um a cinco anos, e multa, se o documento é público, e reclusão de um a três anos, e multa, se o documento é particular.
Infração - gravíssima;
Penalidade - multa.

Art. 243 Deixar a empresa seguradora de comunicar ao órgão executivo de trânsito competente a ocorrência de perda total do veículo e de lhe devolver as respectivas placas e documentos:
Infração - grave;
Penalidade - multa;
Medida administrativa - Recolhimento das placas e dos documentos.

Art. 244 Conduzir motocicleta, motoneta ou ciclomotor:
I – sem usar capacete de segurança ou vestuário de acordo com as normas e as especificações aprovadas pelo Contran;[88]
II – Transportando passageiro sem o capacete de segurança, na forma estabelecida no inciso anterior, ou fora do assento suplementar colocado atrás do condutor ou em carro lateral;[89]
III – Fazendo malabarismo ou equilibrando-se apenas em uma roda;
IV – (Revogado)
V – transportando criança menor de 10 (dez) anos de idade ou que não tenha, nas circunstâncias, condições de cuidar da própria segurança:

Infração - gravíssima;
Penalidade - multa e suspensão do direito de dirigir;
Medida administrativa - retenção do veículo até regularização e recolhimento do documento de habilitação

VI – Rebocando outro veículo;[90]
VII – Sem segurar o guidom com ambas as mãos, salvo eventualmente para indicação de manobras;[91]
VIII – Transportando carga incompatível com suas especificações ou em desacordo com o previsto no § 2º do art. 139-A desta Lei.
IX – Efetuando transporte remunerado de mercadorias em desacordo com o previsto no art. 139-A desta Lei ou com as normas que regem a atividade profissional dos mototaxistas:
Infração – grave;
Penalidade – multa;
Medida administrativa – apreensão do veículo para regularização.

§ 1º Para ciclos aplica-se o disposto nos incisos III, VII e VIII, além de:
a) Conduzir passageiro fora da garupa ou do assento especial a ele destinado;
b) Transitar em vias de trânsito rápido ou rodovias, salvo onde houver acostamento ou faixas de rolamento próprias;
c) Transportar crianças que não tenham, nas circunstâncias, condições de cuidar de sua própria segurança.

§ 2º Aplica-se aos ciclomotores o disposto na alínea b do parágrafo anterior:
Infração – média;
Penalidade - multa.

§ 3º A restrição imposta pelo inciso VI do "caput" deste artigo não se aplica às motocicletas e motonetas que tracionem semirreboques especialmente projetados para esse fim e devidamente homologados pelo órgão competente.[92]

Art. 245 Utilizar a via para depósito de mercadorias, materiais ou equipamentos, sem autorização do órgão ou entidade de trânsito com circunscrição sobre a via:
Infração - grave;
Penalidade - multa;
Medida administrativa - remoção da mercadoria ou do material.
Parágrafo único. A Penalidade e a Medida administrativa incidirão sobre a pessoa física ou jurídica responsável.[93]

Art. 246 Deixar de sinalizar qualquer obstáculo à livre circulação, à segurança de veículo e pedestres, tanto no leito da via terrestre como na calçada, ou obstaculizar a via indevidamente:
Infração - gravíssima;
Penalidade - multa, agravada em até cinco vezes, a critério da autoridade de trânsito, conforme o risco à segurança.
Parágrafo único. A Penalidade será aplicada à pessoa física ou jurídica responsável pela obstrução, devendo a autoridade com circunscrição sobre a via providenciar a sinalização de emergência, às expensas do responsável, ou, se possível, promover a desobstrução.

Art. 247 Deixar de conduzir pelo bordo da pista de rolamento, em fila única, os veículos de tração ou propulsão humana e os de tração animal, sempre que não houver acostamento ou faixa a eles destinados:
Infração - média;
Penalidade - multa.

Art. 248 Transportar em veículo destinado ao transporte de passageiros carga excedente em desacordo com o estabelecido no art. 109:
Infração - grave;
Penalidade - multa;
Medida administrativa - retenção para o transbordo.

---

85 Art. 120, §1º, 136, III, e 154, do CTB.
86 Art. 133 e 159, §1º, do CTB.
87 Art. 299 do CP.
88 Art. 54, I e III, do CTB.
89 Resolução nº 680/2017. O capacete motociclístico deve estar certificado por organismo acreditado pelo Instituto Nacional de Metrologia, Normalização, Qualidade e Tecnologia (INMETRO), de acordo com regulamento de avaliação da conformidade por ele aprovado. Capacetes com numeração superior a 64 estão dispensados da certificação compulsória quando adquiridos por pessoa física no exterior. Art. 55, I, e II, do CTB.
90 Art. 244, §3º, do CTB.
91 Art. 54, II, do CTB.
92 Incluído pela Lei nº 10.517/2002.
93 Art. 26, II, do CTB.

DAS INFRAÇÕES

Art. 249 *Deixar de manter acesas, à noite, as luzes de posição, quando o veículo estiver parado, para fins de embarque ou desembarque de passageiros e carga ou descarga de mercadorias:*

Infração - média;

Penalidade - multa.[94]

Art. 250 *Quando o veículo estiver em movimento:*

I – Deixar de manter acesa a luz baixa:

a) Durante a noite;

b) de dia, em túneis e sob chuva, neblina ou cerração;

c) de dia, no caso de veículos de transporte coletivo de passageiros em circulação em faixas ou pistas a eles destinadas;

d) de dia, no caso de motocicletas, motonetas e ciclomotores;

e) de dia, em rodovias de pista simples situadas fora dos perímetros urbanos, no caso de veículos desprovidos de luzes de rodagem diurna;

II – (Revogado);[95]

III – Deixar de manter a placa traseira iluminada, à noite;[96]

Infração - média;

Penalidade - multa.

Art. 251 *Utilizar as luzes do veículo:*

I – O pisca-alerta, exceto em imobilizações ou situações de emergência;

II – Baixa e alta de forma intermitente, exceto nas seguintes situações:

a) A curtos intervalos, quando for conveniente advertir a outro condutor que se tem o propósito de ultrapassá-lo;

b) Em imobilizações ou situação de emergência, como advertência, utilizando pisca-alerta;

c) Quando a sinalização de regulamentação da via determinar o uso do pisca-alerta:

Infração - média;

Penalidade - multa.

Art. 252 *Dirigir o veículo:*

I – Com o braço do lado de fora;

II – Transportando pessoas, animais ou volume à sua esquerda ou entre os braços e pernas;

III – Com incapacidade física ou mental temporária que comprometa a segurança do trânsito;

IV – Usando calçado que não se firme nos pés ou que comprometa a utilização dos pedais;

V – Com apenas uma das mãos, exceto quando deva fazer sinais regulamentares de braço, mudar a marcha do veículo, ou acionar equipamentos e acessórios do veículo;

VI – Utilizando-se de fones nos ouvidos conectados a aparelhagem sonora ou de telefone celular;

Infração - média;

Penalidade - multa.

VII – realizando a cobrança de tarifa com o veículo em movimento:

Infração - média;

Penalidade - multa.

Parágrafo único. *A hipótese prevista no inciso V caracterizar-se-á como infração gravíssima no caso de o condutor estar segurando ou manuseando telefone celular.*

Art. 253 *Bloquear a via com veículo:*

Penalidade - multa e apreensão do veículo;

Medida administrativa - remoção do veículo;

Infração - gravíssima.

Art. 253-A *Usar qualquer veículo para, deliberadamente, interromper, restringir ou perturbar a circulação na via sem autorização do órgão ou entidade de trânsito com circunscrição sobre ela:*

Infração - gravíssima;

Penalidade - multa (vinte vezes) e suspensão do direito de dirigir por 12 (doze) meses;

Medida administrativa - remoção do veículo.

§ 1º Aplica-se a multa agravada em 60 (sessenta) vezes aos organizadores da conduta prevista no caput.

§ 2º Aplica-se em dobro a multa em caso de reincidência no período de 12 (doze) meses.

§ 3º As penalidades são aplicáveis a pessoas físicas ou jurídicas que incorram na infração, devendo a autoridade com circunscrição sobre a via restabelecer de imediato, se possível, as condições de normalidade para a circulação na via.

Art. 254 *É proibido ao pedestre:*

I – Permanecer ou andar nas pistas de rolamento, exceto para cruzá-las onde for permitido;

II – Cruzar pistas de rolamento nos viadutos, pontes, ou túneis, salvo onde exista permissão;

III – Atravessar a via dentro das áreas de cruzamento, salvo quando houver sinalização para esse fim;

IV – Utilizar-se da via em agrupamentos capazes de perturbar o trânsito, ou para a prática de qualquer folguedo, esporte, desfiles e similares, salvo em casos especiais e com a devida licença da autoridade competente;

V – Andar fora da faixa própria, passarela, passagem aérea ou subterrânea;

VI – Desobedecer à sinalização de trânsito específica;

Infração - leve;

Penalidade - multa, em 50% (cinquenta por cento) do valor da Infração de natureza leve.

Art. 255 *Conduzir bicicleta em passeios onde não seja permitida a circulação desta, ou de forma agressiva, em desacordo com o disposto no Parágrafo único do art. 59:*

Infração - média;

Penalidade - multa;

Medida administrativa - remoção da bicicleta, mediante recibo para o pagamento da multa.

Veja o que mudou com a nova lei:

Lei nº 12.619/2012
Lei nº 5.452/1943 - CLT
Lei nº 9.503/1997 - CTB
Lei nº 10.233/2001 - ANTT
Lei nº 11.079/2004 - (Licitações)
Lei nº 12.023/09 - Movimentação de Mercadorias

---

94 Art. 40, VII, do CTB.
95 Art. 40, IV, do CTB.
96 Art. 40, VI, do CTB.

6 DAS PENALIDADES

Quando tratamos das penalidades, é preciso lembrar que estas somente são impostas pela autoridade de trânsito e após trânsito em julgado, ou seja quando não couber mais recurso. Nunca confunda penalidade com medida administrativa, esta pode ser aplicada na hora da ocorrência mesmo.

- Penalidade: tem o objetivo de coagir uma ação para que não ocorra, tem caráter retributivo.

De acordo com a Lei nº 13.103/2015, Art. 18: O embarcador indenizará o transportador por todos os prejuízos decorrentes de infração por transporte de carga com excesso de peso em desacordo com a nota fiscal, inclusive as despesas com transbordo de carga.

A Resolução Contran nº 127/2001 altera o Inciso I, do art. 1º, da Resolução Contran nº 56/1998, e substitui o seu anexo.

Art. 256 A autoridade de trânsito, na esfera das competências estabelecidas neste Código e dentro de sua circunscrição, deverá aplicar, às infrações nele previstas, as seguintes penalidades:

I – Advertência por escrito;

II – Multa;[1]

III – Suspensão do direito de dirigir;

IV – Apreensão do veículo;

V – Cassação da Carteira Nacional de Habilitação;

VI – Cassação da Permissão para Dirigir;

VII – Frequência obrigatória em curso de reciclagem.

§ 1º A aplicação das penalidades previstas neste Código não elide as punições originárias de ilícitos penais decorrentes de crimes de trânsito, conforme disposições de lei.

§ 2º (Vetado)

§ 3º A imposição da penalidade será comunicada aos órgãos ou entidades executivos de trânsito responsáveis pelo licenciamento do veículo e habilitação do condutor.

Art. 257 As penalidades serão impostas ao condutor, ao proprietário do veículo, ao embarcador e ao transportador, salvo os casos de descumprimento de obrigações e deveres impostos a pessoas físicas ou jurídicas expressamente mencionados neste Código.[2]

§ 1º Aos proprietários e condutores de veículos serão impostas concomitantemente as penalidades de que trata este Código toda vez que houver responsabilidade solidária em infração dos preceitos que lhes couber observar, respondendo cada um de per si pela falta em comum que lhes for atribuída.

§ 2º Ao proprietário caberá sempre a responsabilidade pela infração referente à prévia regularização e preenchimento das formalidades e condições exigidas para o trânsito do veículo na via terrestre, conservação e inalterabilidade de suas características, componentes, agregados, habilitação legal e compatível de seus condutores, quando esta for exigida, e outras disposições que deva observar.

§ 3º Ao condutor caberá a responsabilidade pelas infrações decorrentes de atos praticados na direção do veículo.

§ 4º O embarcador é responsável pela infração relativa ao transporte de carga com excesso de peso nos eixos ou no peso bruto total, quando simultaneamente for o único remetente da carga e o peso declarado na nota fiscal, fatura ou manifesto for inferior àquele aferido.

§ 5º O transportador é o responsável pela infração relativa ao transporte de carga com excesso de peso nos eixos ou quando a carga proveniente de mais de um embarcador ultrapassar o peso bruto total.

§ 6º O transportador e o embarcador são solidariamente responsáveis pela infração relativa ao excesso de peso bruto total, se o peso declarado na nota fiscal, fatura ou manifesto for superior ao limite legal.

§ 7º Quando não for imediata a identificação do infrator, o principal condutor ou o proprietário do veículo terá o prazo de 30 (trinta) dias, contado da notificação da autuação, para apresentá-lo, na forma em que dispuser o Contran, e, transcorrido o prazo, se não o fizer, será considerado responsável pela infração o principal condutor ou, em sua ausência, o proprietário do veículo.

§ 8º Após o prazo previsto no parágrafo anterior, não havendo identificação do infrator e sendo o veículo de propriedade de pessoa jurídica, será lavrada nova multa ao proprietário do veículo, mantida a originada pela infração, cujo valor é o da multa multiplicada pelo número de infrações iguais cometidas no período de doze meses.

§ 9º O fato de o infrator ser pessoa jurídica não o exime do disposto no § 3º do art. 258 e no art. 259.

§ 10 O proprietário poderá indicar ao órgão executivo de trânsito o principal condutor do veículo, o qual, após aceitar a indicação, terá seu nome inscrito em campo próprio do cadastro do veículo no Renavam. (Incluído pela Lei nº 13.495/2017)

§ 11 O principal condutor será excluído do Renavam: (Incluído pela Lei nº 13.495/2017)

I – quando houver transferência de propriedade do veículo; (Incluído pela Lei nº 13.495/2017)

II – mediante requerimento próprio ou do proprietário do veículo; (Incluído pela Lei nº 13.495/2017)

III – a partir da indicação de outro principal condutor.

- Resolução nº 710/2017. Regulamenta os procedimentos para a imposição da penalidade de multa à pessoa jurídica proprietária do veículo por não identificação do condutor infrator (multa NIC), nos termos do art. 257, § 8º do Código de Trânsito Brasileiro.

- Resolução do Contran nº 108/1999: dispõe sobre a responsabilidade pelo pagamento de multas.

Art. 258 As infrações punidas com multa classificam-se, de acordo com sua gravidade, em quatro categorias:

I – Infração de natureza gravíssima, punida com multa no valor de R$ 293,47 (duzentos e noventa e três reais e quarenta e sete centavos);

II – Infração de natureza grave, punida com multa no valor de R$ 195,23 (cento e noventa e cinco reais e vinte e três centavos);

III – Infração de natureza média, punida com multa no valor de R$ 130,16 (cento e trinta reais e dezesseis centavos);

IV – Infração de natureza leve, punida com multa no valor de R$ 88,38 (oitenta e oito reais e trinta e oito centavos).

Art. 284, parágrafo único, do CTB.

Considerando o estabelecido no § 1º, do art. 258, do Código de Trânsito Brasileiro e o disposto na Medida Provisória nº 1.973/67, de 26 de outubro de 2000, que extinguiu a Unidade de Referência Fiscal (UFIR). Cada UFIR equivale a R$ 1,064, por essa razão as multas ficaram em valores "quebrados" por exemplo:

- Infração de natureza gravíssima: 180 UFIR.

$$180 \times 1{,}064 = 191{,}54$$

- Infração de natureza grave: 120 UFIR.

$$120 \times 1{,}064 = 127{,}69$$

Este artigo de lei é muito cobrado em prova de concurso público.

Art. 259 A cada infração cometida são computados os seguintes números de pontos:

I – gravíssima. sete pontos;

II – grave. cinco pontos;

III – média. quatro pontos;

IV – leve. três pontos.

§ 1º (Vetado)

---

[1] Resolução nº 692/2017. Dispõe sobre a padronização dos procedimentos para apresentação de defesa de autuação e recurso, em 1ª e 2ª instâncias, contra a imposição de penalidade de multa de trânsito" para disciplinar a protocolização de defesa ou recurso administrativo e dá outras providências.

[2] Resolução do Contran nº 351/2010: estabelece procedimentos para veiculação de mensagens educativas de trânsito em toda peça publicitária destinada à divulgação ou promoção, nos meios de comunicação social, de produtos oriundos da indústria automobilística ou afins.

DAS PENALIDADES

§ 2º (Vetado)

§ 3º (Vetado)

§ 4º Ao condutor identificado será atribuída pontuação pelas infrações de sua responsabilidade, nos termos previstos no § 3º do art. 257 deste Código, exceto aquelas:

I – praticadas por passageiros usuários do serviço de transporte rodoviário de passageiros em viagens de longa distância transitando em rodovias com a utilização de ônibus, em linhas regulares intermunicipal, interestadual, internacional e aquelas em viagem de longa distância por fretamento e turismo ou de qualquer modalidade, excluídas as situações regulamentadas pelo Contran conforme disposto no art. 65 deste Código;

II – previstas no art. 221, nos incisos VII e XXI do art. 230 e nos arts. 232, 233, 233-A, 240 e 241 deste Código, sem prejuízo da aplicação das penalidades e medidas administrativas cabíveis;

III – puníveis de forma específica com suspensão do direito de dirigir." (NR. Lei nº 14.071/2020).

Vale lembrar que estes valores são valores básicos, mas há ainda casos de aumento nas infrações gravíssimas, com multiplicações do valor por três, cinco ou dez vezes, e, ainda, em casos de reincidência no período de doze meses os valores pecuniários são dobrados, o caso da multa do pedestre que é a metade do valor da infração de natureza leve.

Art. 260 As multas serão impostas e arrecadadas pelo órgão ou entidade de trânsito com circunscrição sobre a via onde haja ocorrido a infração, de acordo com a competência estabelecida neste Código.

§ 1º As multas decorrentes de infração cometida em unidade da Federação diversa da do licenciamento do veículo serão arrecadadas e compensadas na forma estabelecida pelo Contran.

- Resolução nº 637/2016: dispõe sobre a organização e o funcionamento do Registro Nacional de Infrações de Trânsito – RENAINF, de que trata o inciso XXX do art. 19 do Código de Trânsito Brasileiro (CTB), e dá outras providências.

§ 2º As multas decorrentes de infração cometida em unidade da Federação diversa daquela do licenciamento do veículo poderão ser comunicadas ao órgão ou entidade responsável pelo seu licenciamento, que providenciará a notificação.

§ 3º (Revogado pela Lei nº 9.602/1998)

§ 4º Quando a infração for cometida com veículo licenciado no exterior, em trânsito no território nacional, a multa respectiva deverá ser paga antes de sua saída do País, respeitado o princípio de reciprocidade.

- Resolução nº 602/2016: dispõe sobre notificação e cobrança de multa por infração de trânsito praticada com veículo licenciado no exterior em trânsito no território nacional.

Art. 261 A penalidade de suspensão do direito de dirigir será imposta nos seguintes casos:

I – sempre que, conforme a pontuação prevista no art. 259 deste Código, o infrator atingir, no período de 12 (doze) meses, a seguinte contagem de pontos:

a) 20 (vinte) pontos, caso constem 2 (duas) ou mais infrações gravíssimas na pontuação;

b) 30 (trinta) pontos, caso conste 1 (uma) infração gravíssima na pontuação;

c) 40 (quarenta) pontos, caso não conste nenhuma infração gravíssima na pontuação;

§ 1º Os prazos para aplicação da penalidade de suspensão do direito de dirigir são os seguintes:

I – No caso do inciso I do caput: de 6 (seis) meses a 1 (um) ano e, no caso de reincidência no período de 12 (doze) meses, de 8 (oito) meses a 2 (dois) anos;

II – No caso do inciso II do caput: de 2 (dois) a 8 (oito) meses, exceto para as infrações com prazo descrito no dispositivo infracional, e, no caso de reincidência no período de 12 (doze) meses, de 8 (oito) a 18 (dezoito) meses, respeitado o disposto no inciso II do art. 263.

§ 2º Quando ocorrer a suspensão do direito de dirigir, a Carteira Nacional de Habilitação será devolvida a seu titular imediatamente após cumprida a penalidade e o curso de reciclagem.

- Resolução do Contran nº 557/2015: dispõe sobre uniformização do procedimento administrativo para imposição das penalidades de suspensão do direito de dirigir e de cassação da Carteira Nacional de Habilitação.

§ 3º A imposição da penalidade de suspensão do direito de dirigir elimina a quantidade de pontos computados, prevista no inciso I do **caput** ou no § 5º deste artigo, para fins de contagem subsequente.

§ 4º (Vetado).

§ 5º No caso do condutor que exerce atividade remunerada ao veículo, a penalidade de suspensão do direito de dirigir de que trata o **caput** deste artigo será imposta quando o infrator atingir o limite de pontos previsto na alínea c do inciso I do **caput** deste artigo, independentemente da natureza das infrações cometidas, facultado a ele participar de curso preventivo de reciclagem sempre que, no período de 12 (doze) meses, atingir 30 (trinta) pontos, conforme regulamentação do Contran.

§ 6º Concluído o curso de reciclagem previsto no § 5º, o condutor terá eliminados os pontos que lhe tiverem sido atribuídos, para fins de contagem subsequente. (Incluído pela Lei nº 13.154/2015)

§ 7º O motorista que optar pelo curso previsto no § 5º não poderá fazer nova opção no período de 12 (doze) meses.

§ 8º A pessoa jurídica concessionária ou permissionária de serviço público tem o direito de ser informada dos pontos atribuídos, na forma do artigo 259, aos motoristas que integrem seu quadro funcional, exercendo atividade remunerada ao volante, na forma que dispuser o Contran. (Incluído pela Lei nº 13.154/2015)

§ 9º Incorrerá na infração prevista no inciso II do art. 162 o condutor que, notificado da penalidade de que trata este artigo, dirigir veículo automotor em via pública.

§ 10 O processo de suspensão do direito de dirigir a que se refere o inciso II do caput deste artigo deverá ser instaurado concomitantemente ao processo de aplicação da penalidade de multa, e ambos serão de competência do órgão ou entidade responsável pela aplicação da multa, na forma definida pelo Contran.

§ 11 O Contran regulamentará as disposições deste artigo.

Art. 262 O veículo apreendido em decorrência de penalidade aplicada será recolhido ao depósito e nele permanecerá sob custódia e responsabilidade do órgão ou entidade apreendedora, com ônus para o seu proprietário, pelo prazo de até trinta dias, conforme critério a ser estabelecido pelo Contran.

§ 1º No caso de infração em que seja aplicável a penalidade de apreensão do veículo, o agente de trânsito deverá, desde logo, adotar a medida administrativa de recolhimento do Certificado de Licenciamento Anual.

§ 2º A restituição dos veículos apreendidos só ocorrerá mediante o prévio pagamento das multas impostas, taxas e despesas com remoção e estada, além de outros encargos previstos na legislação específica.

§ 3º A retirada dos veículos apreendidos é condicionada, ainda, ao reparo de qualquer componente ou equipamento obrigatório que não esteja em perfeito estado de funcionamento.

§ 4º Se o reparo referido no parágrafo anterior demandar providência que não possa ser tomada no depósito, a autoridade responsável pela apreensão liberará o veículo para reparo, mediante autorização, assinando prazo para a sua reapresentação e vistoria.

§ 5º O recolhimento ao depósito, bem como a sua manutenção, ocorrerá por serviço público executado diretamente ou contratado por licitação pública pelo critério de menor preço.

- Incluído pela Lei nº 12.760/2012.

Art. 263 A cassação do documento de habilitação dar-se-á:

I – Quando, suspenso o direito de dirigir, o infrator conduzir qualquer veículo;

LEGISLAÇÃO DE TRÂNSITO

II – *No caso de reincidência, no prazo de doze meses, das infrações previstas no inciso III do Art. 162 e nos Arts. 163, 164, 165, 173, 174 e 175;*

III – *Quando condenado judicialmente por delito de trânsito, observado o disposto no Art. 160.*

§ 1º Constatada, em processo administrativo, a irregularidade na expedição do documento de habilitação, a autoridade expedidora promoverá o seu cancelamento.

§ 2º Decorridos dois anos da cassação da Carteira Nacional de Habilitação, o infrator poderá requerer sua reabilitação, submetendo-se a todos os exames necessários à habilitação, na forma estabelecida pelo Contran.

Art. 264 *(Vetado)*

Art. 265 *As penalidades de suspensão do direito de dirigir e de cassação do documento de habilitação serão aplicadas por decisão fundamentada da autoridade de trânsito competente, em processo administrativo, assegurado ao infrator amplo direito de defesa.*

Art. 266 *Quando o infrator cometer, simultaneamente, duas ou mais infrações, ser-lhe-ão aplicadas, cumulativamente, as respectivas penalidades.*

Art. 267 *Deverá ser imposta a penalidade de advertência por escrito à infração de natureza leve ou média, passível de ser punida com multa, caso o infrator não tenha cometido nenhuma outra infração nos últimos 12 (doze) meses. (NR - Lei nº 14.071/2020).*

Os §§ 1º e 2º estão revogados (NR - Lei nº 14.071/2020).

Art. 268 *O infrator será submetido a curso de reciclagem, na forma estabelecida pelo Contran:*

I – *(Revogado);*

II – *Quando suspenso do direito de dirigir;*

III – *Quando se envolver em acidente grave para o qual haja contribuído, independentemente de processo judicial;*

- Resolução do Contran nº 300/2008: estabelece procedimento administrativo para submissão do condutor a novos exames para que possa voltar a dirigir quando condenado por crime de trânsito, ou quando envolvido em acidente grave, regulamentando o art. 160, do Código de Trânsito Brasileiro.

IV – *Quando condenado judicialmente por delito de trânsito;*

V – *A qualquer tempo, se for constatado que o condutor está colocando em risco a segurança do trânsito;*

VI – *(Revogado)*

Art. 268-A *Fica criado o Registro Nacional Positivo de Condutores (RNPC), administrado pelo órgão máximo executivo de trânsito da União, com a finalidade de cadastrar os condutores que não cometeram infração de trânsito sujeita à pontuação prevista no art. 259 deste Código, nos últimos 12 (doze) meses, conforme regulamentação do Contran. (NR - Lei nº 14.071/2020)*

§ 1º O RNPC deverá ser atualizado mensalmente.

§ 2º A abertura de cadastro requer autorização prévia e expressa do potencial cadastrado.

§ 3º Após a abertura do cadastro, a anotação de informação no RNPC independe de autorização e de comunicação ao cadastrado.

§ 4º A exclusão do RNPC dar-se-á:

I – *por solicitação do cadastrado;*

II – *quando for atribuída ao cadastrado pontuação por infração;*

III – *quando o cadastrado tiver o direito de dirigir suspenso;*

IV – *quando a Carteira Nacional de Habilitação do cadastrado estiver cassada ou com validade vencida há mais de 30 (trinta) dias;*

V – *quando o cadastrado estiver cumprindo pena privativa de liberdade.*

§ 5º A consulta ao RNPC é garantida a todos os cidadãos, nos termos da regulamentação do Contran.

§ 6º A União, os Estados, o Distrito Federal e os Municípios poderão utilizar o RNPC para conceder benefícios fiscais ou tarifários aos condutores cadastrados, na forma da legislação específica de cada ente da Federação.

7 DAS MEDIDAS ADMINISTRATIVAS

Pode ser imposta pelo agente da autoridade. É realizada no momento da infração e tem como objetivo sanar uma irregularidade ou impedir a continuação de uma infração.

Art. 269 A autoridade de trânsito ou seus agentes, na esfera das competências estabelecidas neste Código e dentro de sua circunscrição, deverá adotar as seguintes medidas administrativas:

I – Retenção do veículo;

II – Remoção do veículo;

III – Recolhimento da Carteira Nacional de Habilitação;

IV – Recolhimento da Permissão para Dirigir;

V – Recolhimento do Certificado de Registro;

VI – Recolhimento do Certificado de Licenciamento Anual;

VII – (Vetado)

VIII – Transbordo do excesso de carga;

IX – Realização de teste de dosagem de alcoolemia ou perícia de substância entorpecente ou que determine dependência física ou psíquica;

X – Recolhimento de animais que se encontrem soltos nas vias e na faixa de domínio das vias de circulação, restituindo-os aos seus proprietários, após o pagamento de multas e encargos devidos.

XI – Realização de exames de aptidão física, mental, de legislação, de prática de primeiros socorros e de direção veicular.

§ 1º A ordem, o consentimento, a fiscalização, as medidas administrativas e coercitivas adotadas pelas autoridades de trânsito e seus agentes terão por objetivo prioritário a proteção à vida e à incolumidade física da pessoa.

§ 2º As medidas administrativas previstas neste Art. não elidem a aplicação das penalidades impostas por infrações estabelecidas neste Código, possuindo caráter complementar a estas.

§ 3º São documentos de habilitação a Carteira Nacional de Habilitação e a Permissão para Dirigir.

§ 4º Aplica-se aos animais recolhidos na forma do inciso X o disposto nos arts. 271 e 328, no que couber.

§ 5º No caso de documentos em meio digital, as medidas administrativas previstas nos incisos III, IV, V e VI do **caput** deste artigo serão realizadas por meio de registro no Renach ou Renavam, conforme o caso, na forma estabelecida pelo Contran. (NR - Lei nº 14.071/2020)

Art. 270 O veículo poderá ser retido nos casos expressos neste Código.

§ 1º Quando a irregularidade puder ser sanada no local da infração, o veículo será liberado tão logo seja regularizada a situação.

§ 2º Quando não for possível sanar a falha no local da infração, o veículo, desde que ofereça condições de segurança para circulação, deverá ser liberado e entregue a condutor regularmente habilitado, mediante recolhimento do Certificado de Licenciamento Anual, contra apresentação de recibo, assinalando-se ao condutor prazo razoável, não superior a 30 (trinta) dias, para regularizar a situação, e será considerado notificado para essa finalidade na mesma ocasião. (NR - Lei nº 14.071/2020)

§ 3º O Certificado de Licenciamento Anual será devolvido ao condutor no órgão ou entidade aplicadores das medidas administrativas, tão logo o veículo seja apresentado à autoridade devidamente regularizado.

§ 4º Não se apresentando condutor habilitado no local da infração, o veículo será removido a depósito, aplicando-se neste caso o disposto no art. 271.

§ 5º A critério do agente, não se dará a retenção imediata, quando se tratar de veículo de transporte coletivo transportando passageiros ou veículo transportando produto perigoso ou perecível, desde que ofereça condições de segurança para circulação em via pública.

§ 6º Não efetuada a regularização no prazo a que se refere o § 2º, será feito registro de restrição administrativa no Renavam por órgão ou entidade executivo de trânsito dos Estados e do Distrito Federal, que será retirada após comprovada a regularização.

§ 7º O descumprimento das obrigações estabelecidas no § 2º resultará em recolhimento do veículo ao depósito, aplicando-se, nesse caso, o disposto no art. 271. (Incluído pela Lei nº 13.160/2015)

Art. 271 O veículo será removido, nos casos previstos neste Código, para o depósito fixado pelo órgão ou entidade competente, com circunscrição sobre a via.

§ 1º A restituição do veículo removido só ocorrerá mediante prévio pagamento de multas, taxas e despesas com remoção e estada, além de outros encargos previstos na legislação específica.

§ 2º A liberação do veículo removido é condicionada ao reparo de qualquer componente ou equipamento obrigatório que não esteja em perfeito estado de funcionamento.

§ 3º Se o reparo referido no § 2º demandar providência que não possa ser tomada no depósito, a autoridade responsável pela remoção liberará o veículo para reparo, mediante autorização, assinalando prazo para reapresentação e vistoria.

§ 4º Os serviços de remoção, depósito e guarda de veículo poderão ser realizados por órgão público, diretamente, ou por particular contratado por licitação pública, sendo o proprietário do veículo o responsável pelo pagamento dos custos desses serviços. (Redação dada pela Lei nº 13.281/2016)

§ 5º O proprietário ou o condutor deverá ser notificado, no ato de remoção do veículo, sobre as providências necessárias à sua restituição e sobre o disposto no Art. 328, conforme regulamentação do Contran.[1]

§ 6º Caso o proprietário ou o condutor não esteja presente no momento da remoção do veículo, a autoridade de trânsito, no prazo de 10 (dez) dias contado da data da remoção, deverá expedir ao proprietário a notificação prevista no § 5º, por remessa postal ou por outro meio tecnológico hábil que assegure a sua ciência, e, caso reste frustrada, a notificação poderá ser feita por edital.

§ 7º A notificação devolvida por desatualização do endereço do proprietário do veículo ou por recusa desse de recebê-la será considerada recebida para todos os efeitos.

§ 8º Em caso de veículo licenciado no exterior, a notificação será feita por edital.

§ 9º Não caberá remoção nos casos em que a irregularidade for sanada no local da infração. (NR - Lei nº 14.071/2020)

§ 9º-A Quando não for possível sanar a irregularidade no local da infração, o veículo, desde que ofereça condições de segurança para circulação, será liberado e entregue a condutor regularmente habilitado, mediante recolhimento do Certificado de Licenciamento Anual, contra a apresentação de recibo, e prazo razoável, não superior a 15 (quinze) dias, será assinalado ao condutor para regularizar a situação, o qual será considerado notificado para essa finalidade na mesma ocasião.

§ 9º-B O disposto no § 9º-A deste artigo não se aplica às infrações previstas no inciso V do caput do art. 230 e no inciso VIII do caput do art. 231 deste Código.

§ 9º-C Não efetuada a regularização no prazo referido no § 9º-A deste artigo, será feito registro de restrição administrativa no Renavam por órgão ou entidade executivos de trânsito dos Estados ou do Distrito Federal, o qual será retirado após comprovada a regularização.

§ 9º-D O descumprimento da obrigação estabelecida no § 9º-A deste artigo resultará em recolhimento do veículo ao depósito, aplicando-se, nesse caso, o disposto neste artigo.

§ 10 O pagamento das despesas de remoção e estada será correspondente ao período integral, contado em dias, em que efetivamente o veículo permanecer em depósito, limitado ao prazo de 6 (seis) meses.

§ 11 Os custos dos serviços de remoção e estada prestados por particulares poderão ser pagos pelo proprietário diretamente ao contratado.

§ 12 O disposto no § 11 não afasta a possibilidade de o respectivo ente da Federação estabelecer a cobrança por meio de taxa instituída em lei.

---

[1] Incluído pela Lei nº 13.160/2015.

§ 1³ *No caso de o proprietário do veículo objeto do recolhimento comprovar, administrativa ou judicialmente, que o recolhimento foi indevido ou que houve abuso no período de retenção em depósito, é da responsabilidade do ente público a devolução das quantias pagas por força deste artigo, segundo os mesmos critérios da devolução de multas indevidas².*

Art. 271-A *(Revogado)*

Art. 272 *O recolhimento da Carteira Nacional de Habilitação e da Permissão para Dirigir dar-se-á mediante recibo, além dos casos previstos neste Código, quando houver suspeita de sua inautenticidade ou adulteração.*

Art. 273 *O recolhimento do Certificado de Registro dar-se-á mediante recibo, além dos casos previstos neste Código, quando:*

I – Houver suspeita de inautenticidade ou adulteração;

II – Se, alienado o veículo, não for transferida sua propriedade no prazo de trinta dias.

Art. 274 *O recolhimento do Certificado de Licenciamento Anual dar-se-á mediante recibo, além dos casos previstos neste Código, quando:*

I – Houver suspeita de inautenticidade ou adulteração;

II – Se o prazo de licenciamento estiver vencido;

III – No caso de retenção do veículo, se a irregularidade não puder ser sanada no local.

Art. 275 *O transbordo da carga com peso excedente é condição para que o veículo possa prosseguir viagem e será efetuado às expensas do proprietário do veículo, sem prejuízo da multa aplicável.*

Parágrafo único. *Não sendo possível desde logo atender ao disposto neste artigo, o veículo será recolhido ao depósito, sendo liberado após sanada a irregularidade e pagas as despesas de remoção e estada.*

Art. 276 *Qualquer concentração de álcool por litro de sangue ou por litro de ar alveolar sujeita o condutor às penalidades previstas no Art. 165.³*

Parágrafo único. *O CONTRAN disciplinará as margens de tolerância quando a infração for apurada por meio de aparelho de medição, observada a legislação metrológica.*

Art. 277 *O condutor de veículo automotor envolvido em acidente de trânsito ou que for alvo de fiscalização de trânsito poderá ser submetido a teste, exame clínico, perícia ou outro procedimento que, por meios técnicos ou científicos, na forma disciplinada pelo Contran, permita certificar influência de álcool ou outra substância psicoativa que determine dependência.*

§ 1º *(Revogado)*

§ 2º *A infração prevista no Art. 165 também poderá ser caracterizada mediante imagem, vídeo, constatação de sinais que indiquem, na forma disciplinada pelo Contran, alteração da capacidade psicomotora ou produção de quaisquer outras provas em direito admitidas.⁴*

§ 3º *Serão aplicadas as penalidades e medidas administrativas estabelecidas no art. 165-A deste Código ao condutor que se recusar a se submeter a qualquer dos procedimentos previstos no caput deste artigo.⁵*

Art. 278 *Ao condutor que se evadir da fiscalização, não submetendo veículo à pesagem obrigatória nos pontos de pesagem, fixos ou móveis, será aplicada a penalidade prevista no art. 209, além da obrigação de retornar ao ponto de evasão para fim de pesagem obrigatória.*

Parágrafo único. *No caso de fuga do condutor à ação policial, a apreensão do veículo dar-se-á tão logo seja localizado, aplicando-se, além das penalidades em que incorre, as estabelecidas no art. 210.*

Art. 278-A *O condutor que se utilize de veículo para a prática do crime de receptação, descaminho, contrabando, previstos nos arts. 180, 334 e 334-A do Decreto-lei nº 2.848, de 7 de dezembro de 1940 (Código Penal), condenado por um desses crimes em decisão judicial transitada em julgado, terá cassado seu documento de habilitação ou será proibido de obter a habilitação para dirigir veículo automotor pelo prazo de 5 (cinco) anos. (Incluído pela Lei nº 13.804/2019)*

§ 1º *O condutor condenado poderá requerer sua reabilitação, submetendo-se a todos os exames necessários à habilitação, na forma deste Código. (Incluído pela Lei nº 13.804/2019)*

§ 2º *No caso do condutor preso em flagrante na prática dos crimes de que trata o caput deste artigo, poderá o juiz, em qualquer fase da investigação ou da ação penal, se houver necessidade para a garantia da ordem pública, como medida cautelar, de ofício, ou a requerimento do Ministério Público ou ainda mediante representação da autoridade policial, decretar, em decisão motivada, a suspensão da permissão ou da habilitação para dirigir veículo automotor, ou a proibição de sua obtenção. (Incluído pela Lei nº 13.804/2019)*

Art. 279. *Em caso de acidente com vítima, envolvendo veículo equipado com registrador instantâneo de velocidade e tempo, somente o perito oficial encarregado do levantamento pericial poderá retirar o disco ou unidade armazenadora do registro.⁶*

---

2 Resolução nº 623/2016: Dispõe sobre a uniformização dos procedimentos administrativos quanto à remoção, custódia e para a realização de leilão de veículos removidos ou recolhidos a qualquer título, por órgãos e entidades componentes do Sistema Nacional de Trânsito – SNT, nos termos dos arts. 271 e 328, da Lei nº 9.503, de 23 de setembro de 1997, que instituiu o Código de Trânsito Brasileiro – CTB, e dá outras providências.

3 Arts. 165 e 306 do CTB.

4 Redação dada pela Lei nº 12.760/2012.

5 Incluído pela Lei nº 11.705/2008.
Art. 165 do CTB.

6 Resolução Contran nº 406/2012: altera a Resolução nº 92, de 4 de maio de 1999, que dispõe sobre requisitos técnicos mínimos do registrador instantâneo e inalterável de velocidade e tempo, conforme o Código de Trânsito Brasileiro.

8 DO PROCESSO ADMINISTRATIVO

O processo administrativo pode ser entendido como o processo legal ao qual o infrator de trânsito é submetido. Ele se inicia com o agente da autoridade verificando a irregularidade e lavrando o auto de infração. Logo após, o auto é encaminhado para o órgão executivo competente, que notificará o infrator e abrirá prazo para recurso. Depois de exauridos os prazos recursivos, o órgão executivo competente irá impor a penalidade cabível por aquela infração.[1]

>**Art. 280** Ocorrendo infração prevista na legislação de trânsito, lavrar-se-á auto de infração, do qual constará:
>
>I – Tipificação da infração;
>
>II – Local, data e hora do cometimento da infração;
>
>III – Caracteres da placa de identificação do veículo, sua marca e espécie, e outros elementos julgados necessários à sua identificação;
>
>IV – O prontuário do condutor, sempre que possível;
>
>V – Identificação do órgão ou entidade e da autoridade ou agente autuador ou equipamento que comprovar a infração;
>
>VI – Assinatura do infrator, sempre que possível, valendo esta como notificação do cometimento da infração.[2]
>
>§ 1º (Vetado)
>
>§ 2º A infração deverá ser comprovada por declaração da autoridade ou do agente da autoridade de trânsito, por aparelho eletrônico ou por equipamento audiovisual, reações químicas ou qualquer outro meio tecnologicamente disponível, previamente regulamentado pelo Contran.
>
>§ 3º Não sendo possível a autuação em flagrante, o agente de trânsito relatará o fato à autoridade no próprio auto de infração, informando os dados a respeito do veículo, além dos constantes nos incisos I, II e III, para o procedimento previsto no artigo seguinte.[3]
>
>§ 4º O agente da autoridade de trânsito competente para lavrar o auto de infração poderá ser servidor civil, estatutário ou celetista ou, ainda, policial militar designado pela autoridade de trânsito com jurisdição sobre a via no âmbito de sua competência.

8.1 Julgamento das autuações e penalidades

>**Art. 281** A autoridade de trânsito, na esfera da competência estabelecida neste Código e dentro de sua circunscrição, julgará a consistência do auto de infração e aplicará a penalidade cabível.[4]
>
>**Parágrafo único.** O auto de infração será arquivado e seu registro julgado insubsistente:
>
>I – Se considerado inconsistente ou irregular;
>
>II – Se, no prazo máximo de trinta dias, não for expedida a notificação da autuação.[5]
>
>**Art. 281-A** Na notificação de autuação e no auto de infração, quando valer como notificação de autuação, deverá constar o prazo para apresentação de defesa prévia, que não será inferior a 30 (trinta) dias, contado da data de expedição da notificação. (NR. Lei nº 14.071/2020)
>
>**Art. 282** Caso a defesa prévia seja indeferida ou não seja apresentada no prazo estabelecido, será aplicada a penalidade e expedida notificação ao proprietário do veículo ou ao infrator, por remessa postal ou por qualquer outro meio tecnológico hábil que assegure a ciência da imposição da penalidade.
>
>§ 1º A notificação devolvida por desatualização do endereço do proprietário do veículo ou por recusa em recebê-la será considerada válida para todos os efeitos.
>
>§ 2º A notificação a pessoal de missões diplomáticas, de repartições consulares de carreira e de representações de organismos internacionais e de seus integrantes será remetida ao Ministério das Relações Exteriores para as providências cabíveis e cobrança dos valores, no caso de multa.
>
>§ 3º Sempre que a penalidade de multa for imposta a condutor, à exceção daquela de que trata o § 1º do art. 259, a notificação será encaminhada ao proprietário do veículo, responsável pelo seu pagamento.[6]
>
>§ 4º Da notificação deverá constar a data do término do prazo para apresentação de recurso pelo responsável pela infração, que não será inferior a trinta dias contados da data da notificação da penalidade.[7]
>
>§ 5º No caso de penalidade de multa, a data estabelecida no parágrafo anterior será a data para o recolhimento de seu valor.
>
>§ 6º O prazo para expedição das notificações das penalidades previstas no art. 256 deste Código é de 180 (cento e oitenta) dias ou, se houver interposição de defesa prévia, de 360 (trezentos e sessenta) dias, contado:
>
>I – no caso das penalidades previstas nos incisos I e II do caput do art. 256 deste Código, da data do cometimento da infração;
>
>II – no caso das demais penalidades previstas no art. 256 deste Código, da conclusão do processo administrativo da penalidade que lhe der causa.
>
>§ 6º-A. Para fins de aplicação do inciso I do § 6º deste artigo, no caso das autuações que não sejam em flagrante, o prazo será contado da data do conhecimento da infração pelo órgão de trânsito responsável pela aplicação da penalidade, na forma definida pelo Contran.
>
>§ 7º O descumprimento dos prazos previstos no § 6º deste artigo implicará a decadência do direito de aplicar a respectiva penalidade.
>
>**Art. 282-A** O órgão do Sistema Nacional de Trânsito responsável pela autuação deverá oferecer ao proprietário do veículo ou ao condutor autuado a opção de notificação por meio eletrônico, na forma definida pelo Contran. (NR. Lei nº 14.071/2020)
>
>§ 1º O proprietário e o condutor autuado deverão manter seu cadastro atualizado no órgão executivo de trânsito do Estado ou do Distrito Federal.
>
>§ 2º Na hipótese de notificação prevista no caput deste artigo, o proprietário ou o condutor autuado será considerado notificado 30 (trinta) dias após a inclusão da informação no sistema eletrônico e do envio da respectiva mensagem.
>
>§ 3º O sistema previsto no caput será certificado digitalmente, atendidos os requisitos de autenticidade, integridade, validade jurídica e interoperabilidade da Infraestrutura de Chaves Públicas Brasileira (ICP-Brasil).
>
>**Art. 283** (Vetado)
>
>**Art. 284** O pagamento da multa poderá ser efetuado até a data de vencimento expressa na notificação, por oitenta por cento do seu valor.
>
>§ 1º Caso o infrator opte pelo sistema de notificação eletrônica, conforme regulamentação do Contran, e opte por não apresentar defesa prévia nem recurso, reconhecendo o cometimento da infração, poderá efetuar o pagamento da multa por 60% (sessenta por cento) do seu valor, em qualquer fase do processo, até o vencimento da multa. (NR. Lei nº 14.071/2020)
>
>§ 2º O recolhimento do valor da multa não implica renúncia ao questionamento administrativo, que pode ser realizado a qualquer momento, respeitado o disposto no § 1º.

---

1 Resolução do Contran nº 442/2013: altera a Resolução Contran nº 404/2012, que dispõe sobre padronização dos procedimentos administrativos na lavratura de Auto de Infração, na expedição de notificação de autuação e de notificação de penalidade de multa e de advertência, por infração de responsabilidade de proprietário e de condutor de veículo e da identificação de condutor infrator, e dá outras providências. Resolução nº 710/2017 Regulamenta os procedimentos para a imposição da penalidade de multa à pessoa jurídica proprietária do veículo por não identificação do condutor infrator (multa NIC), nos termos do art. 257, § 8º do Código de Trânsito Brasileiro.

2 Resolução do Contran nº 217/2006: delega competência ao órgão máximo executivo de trânsito da União para estabelecer os campos de preenchimento das informações que devem constar do Auto de Infração.

3 Resolução do Contran nº 526/2015. Referenda a Deliberação nº 142 de 17 de abril de 2015 que dispõe sobre a alteração da Resolução Contran nº 211/2006, e da Resolução Contran nº 258/2007 e revoga a Resolução Contran nº 489/2014.

4 Art. 316 do CTB.
Súmula nº 312 do STJ.

5 Redação dada pela Lei nº 9.602/1998.

6 Resolução do Contran nº 108/1999: dispõe sobre a responsabilidade pelo pagamento de multas.

7 Incluído pela Lei nº 9.602/1998.

§ 3º Não incidirá cobrança moratória e não poderá ser aplicada qualquer restrição, inclusive para fins de licenciamento e transferência, enquanto não for encerrada a instância administrativa de julgamento de infrações e penalidades.

§ 4º Encerrada a instância administrativa de julgamento de infrações e penalidades, a multa não paga até o vencimento será acrescida de juros de mora equivalentes à taxa referencial do Sistema Especial de Liquidação e de Custódia (Selic) para títulos federais acumulada mensalmente, calculados a partir do mês subsequente ao da consolidação até o mês anterior ao do pagamento, e de 1% (um por cento) relativamente ao mês em que o pagamento estiver sendo efetuado.

§ 5º O sistema de notificação eletrônica, referido no § 1º deste artigo, deve disponibilizar, na mesma plataforma, campo destinado à apresentação de defesa prévia e de recurso, quando o condutor não reconhecer o cometimento da infração, na forma regulamentada pelo Contran. (NR. Lei nº 14.071/2020).

Art. 285 O recurso contra a penalidade imposta nos termos do art. 282 deste Código será interposto perante a autoridade que imputou a penalidade e terá efeito suspensivo.

§ 1º O recurso intempestivo ou interposto por parte ilegítima não terá efeito suspensivo.

§ 2º Recebido o recurso tempestivo, a autoridade o remeterá à Jari, no prazo de 10 (dez) dias, contado da data de sua interposição.

§ 3º (Revogado).

§ 4º Na apresentação de defesa ou recurso, em qualquer fase do processo, para efeitos de admissibilidade, não serão exigidos documentos ou cópia de documentos emitidos pelo órgão responsável pela autuação." (NR. Lei nº 14.071/2020)

§ 5º O recurso intempestivo será arquivado.

§ 6º O recurso de que trata o caput deste artigo deverá ser julgado no prazo de 24 (vinte e quatro) meses, contado do recebimento do recurso pelo órgão julgador." (NR - em vigor a partir de 01/01/2024)

Art. 286 O recurso contra a imposição de multa poderá ser interposto no prazo legal, sem o recolhimento do seu valor.

§ 1º No caso de não provimento do recurso, aplicar-se-á o estabelecido no parágrafo único do art. 284.

§ 2º Se o infrator recolher o valor da multa e apresentar recurso, se julgada improcedente a penalidade, ser-lhe-á devolvida a importância paga, atualizada em UFIR ou por índice legal de correção dos débitos fiscais.

Art. 287 Se a infração for cometida em localidade diversa daquela do licenciamento do veículo, o recurso poderá ser apresentado junto ao órgão ou entidade de trânsito da residência ou domicílio do infrator.

Parágrafo único. A autoridade de trânsito que receber o recurso deverá remetê-lo, de pronto, à autoridade que impôs a penalidade acompanhado das cópias dos prontuários necessários ao julgamento.

Art. 288 Das decisões da Jari cabe recurso a ser interposto, na forma do artigo seguinte, no prazo de trinta dias contado da publicação ou da notificação da decisão.[8]

§ 1º O recurso será interposto, da decisão do não provimento, pelo responsável pela infração, e da decisão de provimento, pela autoridade que impôs a penalidade.

§ 2º (Revogado)

Art. 289 O recurso de que trata o art. 288 deste Código deverá ser julgado no prazo de 24 (vinte e quatro) meses, contado do recebimento do recurso pelo órgão julgador:

Parágrafo único. No caso do inciso I do caput deste artigo:

I – quando houver apenas 1 (uma) Jari, o recurso será julgado por seus membros;

II – quando necessário, novos colegiados especiais poderão ser formados, compostos pelo Presidente da Junta que apreciou o recurso e por mais 2 (dois) presidentes de Junta, na forma estabelecida pelo Contran. (NR. em vigor a partir de 01/01/2024)

Art. 289-A O não julgamento dos recursos nos prazos previstos no § 6º do art. 285 e no caput do art. 289 deste Código ensejará a prescrição da pretensão punitiva. (Em vigor a partir de 01/01/2024)

Art. 290 Implicam encerramento da instância administrativa de julgamento de infrações e penalidades:

I – O julgamento do recurso de que tratam os arts. 288 e 289;

II – A não interposição do recurso no prazo legal; e

III – O pagamento da multa, com reconhecimento da infração e requerimento de encerramento do processo na fase em que se encontra, sem apresentação de defesa ou recurso.

Art. 290-A. Os prazos processuais de que trata este Código não se suspendem, salvo por motivo de força maior devidamente comprovado, nos termos de regulamento do Contran.

---

[8] Súmula nº 434 do STJ.

9 DOS CRIMES DE TRÂNSITO

De maneira prática, para fins de estudo, dividiremos os crimes em duas partes: a primeira que trata dos crimes de trânsito em geral, em que aprenderemos que crimes de trânsito são todos aqueles crimes de natureza culposa, cometidos na direção de veículos. Nesta primeira parte, vale ressaltar as disposições do Código Penal (CP – art. 12) e do Código de Processo Penal (CPP – art. 1º, § 1º) que deverão ser usadas de maneira subsidiária ou quando não couber a especificidade de Lei nº 9.503, de 23 de setembro de 1997 (CTB).

Na segunda parte, encontraremos os crimes propriamente ditos, sua tipificação legal e as medidas que devem ser adotadas quando da prática destes.

Art. 291 Aos crimes cometidos na direção de veículos automotores, previstos neste Código, aplicam-se as normas gerais do Código Penal e do Código de Processo Penal, se este Capítulo não dispuser de modo diverso, bem como a Lei nº 9.099, de 26 de setembro de 1995.[1]

§ 1º Aplica-se aos crimes de trânsito de lesão corporal culposa o disposto nos arts. 74, 76 e 88 da Lei nº 9.099, de 26 de setembro de 1995, exceto se o agente estiver:

I – Sob a influência de álcool ou qualquer outra substância psicoativa que determine dependência;

II – Participando, em via pública, de corrida, disputa ou competição automobilística, de exibição ou demonstração de perícia em manobra de veículo automotor, não autorizada pela autoridade competente;

III – Transitando em velocidade superior à máxima permitida para a via em 50 km/h (cinquenta quilômetros por hora).

§ 2º Nas hipóteses previstas no § 1º deste artigo, deverá ser instaurado inquérito policial para a investigação da infração penal.

§ 3º (Vetado)

§ 4º O juiz fixará a pena-base segundo as diretrizes previstas no art. 59 do Decreto-lei nº 2.848, de 7 de dezembro de 1940 (Código Penal), dando especial atenção à culpabilidade do agente e às circunstâncias e consequências do crime.

Art. 292 A suspensão ou a proibição de se obter a permissão ou a habilitação para dirigir veículo automotor pode ser imposta como penalidade principal, isolada ou cumulativamente com outras penalidades. (Redação dada pela Lei nº 12.971/2014)

Art. 293 A penalidade de suspensão ou de proibição de se obter a permissão ou a habilitação, para dirigir veículo automotor, tem a duração de dois meses a cinco anos.

§ 1º Transitada em julgado a sentença condenatória, o réu será intimado a entregar à autoridade judiciária, em quarenta e oito horas, a Permissão para Dirigir ou a Carteira de Habilitação.[2]

§ 2º A penalidade de suspensão ou de proibição de se obter a permissão ou a habilitação para dirigir veículo automotor não se inicia enquanto o sentenciado, por efeito de condenação penal, estiver recolhido a estabelecimento prisional.

Art. 294. Em qualquer fase da investigação ou da ação penal, havendo necessidade para a garantia da ordem pública, poderá o juiz, como medida cautelar, de ofício, ou a requerimento do Ministério Público ou ainda mediante representação da autoridade policial, decretar, em decisão motivada, a suspensão da permissão ou da habilitação para dirigir veículo automotor, ou a proibição de sua obtenção.

Parágrafo único. Da decisão que decretar a suspensão ou a medida cautelar, ou da que indeferir o requerimento do Ministério Público, caberá recurso em sentido estrito, sem efeito suspensivo.[3]

Art. 295 A suspensão para dirigir veículo automotor ou a proibição de se obter a permissão ou a habilitação será sempre comunicada pela autoridade judiciária ao Conselho Nacional de Trânsito - Contran, e ao órgão de trânsito do Estado em que o indiciado ou réu for domiciliado ou residente.

Art. 296 Se o réu for reincidente na prática de crime previsto neste Código, o juiz aplicará a penalidade de suspensão da permissão ou habilitação para dirigir veículo automotor, sem prejuízo das demais sanções penais cabíveis.

Art. 297 A penalidade de multa reparatória consiste no pagamento, mediante depósito judicial em favor da vítima, ou seus sucessores, de quantia calculada com base no disposto no § 1º do art. 49 do Código Penal, sempre que houver prejuízo material resultante do crime. (Art. 49, § 1º, do CP. Decreto-lei nº 2.848/40.)

§ 1º A multa reparatória não poderá ser superior ao valor do prejuízo demonstrado no processo.

§ 2º Aplica-se à multa reparatória o disposto nos arts. 50 a 52 do Código Penal.

§ 3º Na indenização civil do dano, o valor da multa reparatória será descontado.

Art. 298 São circunstâncias que sempre agravam as penalidades dos crimes de trânsito ter o condutor do veículo cometido a infração:

I – Com dano potencial para duas ou mais pessoas ou com grande risco de grave dano patrimonial a terceiros;

II – Utilizando o veículo sem placas, com placas falsas ou adulteradas;

III – Sem possuir Permissão para Dirigir ou Carteira de Habilitação;

IV – Com Permissão para Dirigir ou Carteira de Habilitação de categoria diferente da do veículo;

V – Quando a sua profissão ou atividade exigir cuidados especiais com o transporte de passageiros ou de carga;

VI – Utilizando veículo em que tenham sido adulterados equipamentos ou características que afetem a sua segurança ou o seu funcionamento de acordo com os limites de velocidade prescritos nas especificações do fabricante;

VII – Sobre faixa de trânsito temporária ou permanentemente destinada a pedestre

Art. 299 (Vetado)

Art. 300 (Vetado)

Art. 301 Ao condutor de veículo, nos casos de acidentes de trânsito de que resulte vítima, não se imporá a prisão em flagrante, nem se exigirá fiança, se prestar pronto e integral socorro àquela.

9.1 Crimes em espécie

Depois de estudar as disposições gerais, podemos ver algumas diferenças entre os crimes de trânsito e os crimes comuns. Nota-se, por exemplo, que não há prisão em flagrante nos crimes de trânsito, exceto para a condução sob o efeito de álcool e para a disputa não autorizada em via pública (rachas).

Percebemos, ainda, que a suspensão da habilitação tem uma duração de 2 meses a 5 anos, enquanto no administrativo esta pena é de 1 a 12 meses.

Agora, iniciaremos a abordagem dos crimes em espécie. Tratemos dos dois primeiros crimes que são o homicídio e a lesão corporal. Temos em sua tipificação a modalidade culposa, sem a intenção, logo, se qualquer um destes crimes for cometido na direção de veículo automotor e tiver modalidade dolosa, ele passa imediatamente a ser um crime comum, devendo ser tipificado pela legislação penal em vigor e passando a ser o veículo apenas o meio para o cometimento do crime.

Art. 302 Praticar homicídio culposo na direção de veículo automotor.

§ 1º No homicídio culposo cometido na direção de veículo automotor, a pena é aumentada de 1/3 (um terço) à metade, se o agente:

I – não possuir Permissão para Dirigir ou Carteira de Habilitação;

II – praticá-lo em faixa de pedestres ou na calçada;

III – deixar de prestar socorro, quando possível fazê-lo sem risco pessoal, à vítima do acidente;

IV – no exercício de sua profissão ou atividade, estiver conduzindo veículo de transporte de passageiros

V – (Revogado)

§ 2º (Revogado)[4]

---

1 No que couber (Lei dos Juizados Especiais) em seu art. 61.
2 Art. 307, parágrafo único, do CTB.
3 Art. 581 do CPP.
4 Art. 121, § 3º, do CP.

§ 3º Se o agente conduz veículo automotor sob a influência de álcool ou de qualquer outra substância psicoativa que determine dependência:

Penas – reclusão, de cinco a oito anos, e suspensão ou proibição do direito de se obter a permissão ou a habilitação para dirigir veículo automotor.

Art. 303 Praticar lesão corporal culposa na direção de veículo automotor:

Penas. detenção, de seis meses a dois anos e suspensão ou proibição de se obter a permissão ou a habilitação para dirigir veículo automotor.

§ 1º Aumenta-se a pena de 1/3 (um terço) à metade, se ocorrer qualquer das hipóteses do § 1o do art. 302. (Renumerado do parágrafo único pela Lei nº 13.546/2017)

§ 2º A pena privativa de liberdade é de reclusão de dois a cinco anos, sem prejuízo das outras penas previstas neste artigo, se o agente conduz o veículo com capacidade psicomotora alterada em razão da influência de álcool ou de outra substância psicoativa que determine dependência, e se do crime resultar lesão corporal de natureza grave ou gravíssima.[5]

Art. 304 Deixar o condutor do veículo, na ocasião do acidente, de prestar imediato socorro à vítima, ou, não podendo fazê-lo diretamente, por justa causa, deixar de solicitar auxílio da autoridade pública:

Penas. detenção, de seis meses a um ano, ou multa, se o fato não constituir elemento de crime mais grave.[6]

Parágrafo único. Incide nas penas previstas neste Art. o condutor do veículo, ainda que a sua omissão seja suprida por terceiros ou que se trate de vítima com morte instantânea ou com ferimentos leves.

Art. 305 Afastar-se o condutor do veículo do local do acidente, para fugir à responsabilidade penal ou civil que lhe possa ser atribuída:

Penas. detenção, de seis meses a um ano, ou multa.

Art. 306 Conduzir veículo automotor com capacidade psicomotora alterada em razão da influência de álcool ou de outra substância psicoativa que determine dependência:

Penas. detenção, de seis meses a três anos, multa e suspensão ou proibição de se obter a permissão ou a habilitação para dirigir veículo automotor.[7]

§ 1º As condutas previstas no caput serão constatadas por:

I – Concentração igual ou superior a 6 decigramas de álcool por litro de sangue ou igual ou superior a 0,3 miligrama de álcool por litro de ar alveolar; ou

II – Sinais que indiquem, na forma disciplinada pelo CONTRAN, alteração da capacidade psicomotora.

§ 2º A verificação do disposto neste artigo poderá ser obtida mediante teste de alcoolemia ou toxicológico, exame clínico, perícia, vídeo, prova testemunhal ou outros meios de prova em direito admitidos, observado o direito à contraprova. (Redação dada pela Lei nº 12.971/2014)

§ 3º O Contran disporá sobre a equivalência entre os distintos testes de alcoolemia ou toxicológicos para efeito de caracterização do crime tipificado neste artigo.

§ 4º Poderá ser empregado qualquer aparelho homologado pelo Instituto Nacional de Metrologia, Qualidade e Tecnologia. Inmetro. para se determinar o previsto no caput. (Incluído pela Lei nº 13.840/2019)

Art. 307 Violar a suspensão ou a proibição de se obter a permissão ou a habilitação para dirigir veículo automotor imposta com fundamento neste Código:

Penas. detenção, de seis meses a um ano e multa, com nova imposição adicional de idêntico prazo de suspensão ou de proibição.

Parágrafo único. Nas mesmas penas incorre o condenado que deixa de entregar, no prazo estabelecido no § 1º do art. 293, a Permissão para Dirigir ou a Carteira de Habilitação.

Art. 308 Participar, na direção de veículo automotor, em via pública, de corrida, disputa ou competição automobilística ou ainda de exibição ou demonstração de perícia em manobra de veículo automotor, não autorizada pela autoridade competente, gerando situação de risco à incolumidade pública ou privada:

Penas. detenção, de seis meses a três anos, multa e suspensão ou proibição de se obter a permissão ou a habilitação para dirigir veículo automotor.

§ 1º Se da prática do crime previsto no caput resultar lesão corporal de natureza grave, e as circunstâncias demonstrarem que o agente não quis o resultado nem assumiu o risco de produzi-lo, a pena privativa de liberdade é de reclusão, de 3 (três) a 6 (seis) anos, sem prejuízo das outras penas previstas neste artigo. (Incluído pela Lei nº 12.971/2014)

§ 2º Se da prática do crime previsto no caput resultar morte, e as circunstâncias demonstrarem que o agente não quis o resultado nem assumiu o risco de produzi-lo, a pena privativa de liberdade é de reclusão de 5 (cinco) a 10 (dez) anos, sem prejuízo das outras penas previstas neste artigo. (Incluído pela Lei nº 12.971/2014)[8]

Art. 309 Dirigir veículo automotor, em via pública, sem a devida Permissão para Dirigir ou Habilitação ou, ainda, se cassado o direito de dirigir, gerando perigo de dano:

Penas. detenção, de seis meses a um ano, ou multa. Art. 263, do CTB.[9]

Art. 310 Permitir, confiar ou entregar a direção de veículo automotor a pessoa não habilitada, com habilitação cassada ou com o direito de dirigir suspenso, ou, ainda, a quem, por seu estado de saúde, física ou mental, ou por embriaguez, não esteja em condições de conduzi-lo com segurança:[10]

Penas. detenção, de seis meses a um ano, ou multa.

Art. 310-A (Vetado)

Art. 311 Trafegar em velocidade incompatível com a segurança nas proximidades de escolas, hospitais, estações de embarque e desembarque de passageiros, logradouros estreitos, ou onde haja grande movimentação ou concentração de pessoas, gerando perigo de dano:

Penas. detenção, de seis meses a um ano, ou multa[11].

Art. 312 Inovar artificiosamente, em caso de acidente automobilístico com vítima, na pendência do respectivo procedimento policial preparatório, inquérito policial ou processo penal, o estado de lugar, de coisa ou de pessoa, a fim de induzir a erro o agente policial, o perito, ou juiz:

Penas. detenção, de seis meses a um ano, ou multa.[12]

Parágrafo único. Aplica-se o disposto neste artigo, ainda que não iniciados, quando da inovação, o procedimento preparatório, o inquérito ou o processo aos quais se refere.

Art. 312-A Para os crimes relacionados nos arts. 302 a 312 deste Código, nas situações em que o juiz aplicar a substituição de pena privativa de liberdade por pena restritiva de direitos, esta deverá ser de prestação de serviço à comunidade ou a entidades públicas, em uma das seguintes atividades:

I – trabalho, aos fins de semana, em equipes de resgate dos corpos de bombeiros e em outras unidades móveis especializadas no atendimento a vítimas de trânsito;

II – trabalho em unidades de pronto-socorro de hospitais da rede pública que recebem vítimas de acidente de trânsito e politraumatizados;

III – trabalho em clínicas ou instituições especializadas na recuperação de acidentados de trânsito;

IV – outras atividades relacionadas ao resgate, atendimento e recuperação de vítimas de acidentes de trânsito.[13]

Art. 312-B Aos crimes previstos no § 3º do art. 302 e no § 2º do art. 303 deste Código não se aplica o disposto no inciso I do caput do art. 44 do Decreto-lei nº 2.848, de 7 de dezembro de 1940 (Código Penal). (NR. Lei nº 14.071/2020)

---

5   Art. 129, § 6º, do CP.
6   Arts. 176, I; e 177 do CTB.
    Art. 135 do CP.
7   Arts. 34 e 62, do Decreto-lei nº 3.688/41 (Lei das Contravenções Penais).
8   Arts. 67, 173 e 174 do CTB.
9   Súmula nº 720 do STF.
10 Súmula nº 575 do STJ.
    Arts. 163, 164 e 166 do CTB.
    Resolução do Contran nº 432/2013: dispõe sobre os procedimentos a serem adotados pelas autoridades de trânsito e seus agentes na fiscalização do consumo de álcool ou de outra substância psicoativa, que determine dependência, para aplicação do disposto nos Arts. 165, 276, 277 e 306 da Lei nº 9.503, de 23 de setembro de 1997 - Código de Trânsito Brasileiro (CTB).
11 Art. 220, XIV, do CTB.
12 Art. 347, CP. (Código Penal)
13 Art. 176, III, do CTB.
    Art. 347 do CP.

10 DISPOSIÇÕES FINAIS E TRANSITÓRIAS

De acordo com a Lei nº 13.103/2015, em seu art. 19:

Fica instituído o Programa de Apoio ao Desenvolvimento do Transporte de Cargas Nacional – Procargas, cujo objetivo principal é estimular o desenvolvimento da atividade de transporte terrestre nacional de cargas. O Procargas tem como finalidade o desenvolvimento de programas visando à melhoria do meio ambiente de trabalho no setor de transporte de cargas, especialmente as ações de medicina ocupacional para o trabalhador.

Art. 313 O Poder Executivo promoverá a nomeação dos membros do Contran no prazo de sessenta dias da publicação deste Código.

Art. 314 O Contran tem o prazo de duzentos e quarenta dias a partir da publicação deste Código para expedir as resoluções necessárias à sua melhor execução, bem como revisar todas as resoluções anteriores à sua publicação, dando prioridade àquelas que visam a diminuir o número de acidentes e a assegurar a proteção de pedestres.

Parágrafo único. As resoluções do Contran, existentes até a data de publicação deste Código, continuam em vigor naquilo em que não conflitem com ele.

Art. 315 O Ministério da Educação e do Desporto, mediante proposta do Contran, deverá, no prazo de duzentos e quarenta dias contado da publicação, estabelecer o currículo com conteúdo programático relativo à segurança e à educação de trânsito, a fim de atender o disposto neste Código.

Art. 316 O prazo de notificação previsto no inciso II do parágrafo único do art. 281 só entrará em vigor após duzentos e quarenta dias contados da publicação desta Lei.

Art. 317 Os órgãos e entidades de trânsito concederão prazo de até um ano para a adaptação dos veículos de condução de escolares e de aprendizagem às normas do inciso III do art. 136 e art. 154, respectivamente.

Art. 318 (Vetado)

Art. 319 Enquanto não forem baixadas novas normas pelo Contran, continua em vigor o disposto no art. 92 do Regulamento do Código Nacional de Trânsito – Decreto nº 62.127, de 16 de janeiro de 1968.

Art. 319-A Os valores de multas constantes deste Código poderão ser corrigidos monetariamente pelo Contran, respeitado o limite da variação do Índice Nacional de Preços ao Consumidor Amplo (IPCA) no exercício anterior.

Parágrafo único. Os novos valores decorrentes do disposto no caput serão divulgados pelo Contran com, no mínimo, 90 (noventa) dias de antecedência de sua aplicação.

Art. 320-A Os órgãos e as entidades do Sistema Nacional de Trânsito poderão integrar-se para a ampliação e o aprimoramento da fiscalização de trânsito, inclusive por meio do compartilhamento da receita arrecadada com a cobrança das multas de trânsito.

§ 1º O percentual de cinco por cento do valor das multas de trânsito arrecadadas será depositado, mensalmente, na conta de fundo de âmbito nacional destinado à segurança e educação de trânsito.

§ 2º O órgão responsável deverá publicar, anualmente, na rede mundial de computadores (internet), dados sobre a receita arrecadada com a cobrança de multas de trânsito e sua destinação.

Art. 320-A Os órgãos e entidades do Sistema Nacional de Trânsito poderão integrar-se para a ampliação e aprimoramento da fiscalização de trânsito, inclusive por meio do compartilhamento da receita arrecadada com a cobrança das multas de trânsito. (Incluído pela Medida Provisória nº 699/2015)

Resolução do Contran nº 289/2008

Art. 3º Dispõe sobre normas de atuação a serem adotadas pelo Departamento Nacional de Infraestrutura de Transportes - DNIT e o Departamento de Polícia Rodoviária Federal - DPRF na fiscalização do trânsito nas rodovias federais.

Art. 321 (Vetado)

Art. 322 (Vetado)

Art. 323 O Contran, em cento e oitenta dias, fixará a metodologia de aferição de peso de veículos, estabelecendo percentuais de tolerância, sendo durante este período suspensa a vigência das penalidades previstas no inciso V do art. 231, aplicando-se a penalidade de vinte UFIR por duzentos quilogramas ou fração de excesso.

Parágrafo único. Os limites de tolerância a que se refere este artigo, até a sua fixação pelo Contran, são aqueles estabelecidos pela Lei nº 7.408, de 25 de novembro de 1985.

Art. 324 (Vetado)

Art. 325 As repartições de trânsito conservarão por, no mínimo, 5 (cinco) anos os documentos relativos à habilitação de condutores, ao registro e ao licenciamento de veículos e aos autos de infração de trânsito.

§ 1º Os documentos previstos no caput poderão ser gerados e tramitados eletronicamente, bem como arquivados e armazenados em meio digital, desde que assegurada a autenticidade, a fidedignidade, a confiabilidade e a segurança das informações, e serão válidos para todos os efeitos legais, sendo dispensada, nesse caso, a sua guarda física.

§ 2º O Contran regulamentará a geração, a tramitação, o arquivamento, o armazenamento e a eliminação de documentos eletrônicos e físicos gerados em decorrência da aplicação das disposições deste Código.

§ 3º Na hipótese prevista nos §§ 1º e 2º, o sistema deverá ser certificado digitalmente, atendidos os requisitos de autenticidade, integridade, validade jurídica e interoperabilidade da Infraestrutura de Chaves Públicas Brasileira (ICP-Brasil).[1]

Art. 326 A Semana Nacional de Trânsito será comemorada anualmente no período compreendido entre 18 e 25 de setembro.

Art. 326-A A atuação dos integrantes do Sistema Nacional de Trânsito, no que se refere à política de segurança no trânsito, deverá voltar-se prioritariamente para o cumprimento de metas anuais de redução de índice de mortos por grupo de veículos e de índice de mortos por grupo de habitantes, ambos apurados por Estado e por ano, detalhando-se os dados levantados e as ações realizadas por vias federais, estaduais e municipais.

§ 1º O objetivo geral do estabelecimento de metas é, ao final do prazo de dez anos, reduzir à metade, no mínimo, o índice nacional de mortos por grupo de veículos e o índice nacional de mortos por grupo de habitantes, relativamente aos índices apurados no ano da entrada em vigor da lei que cria o Plano Nacional de Redução de Mortes e Lesões no Trânsito (Pnatrans).

§ 2º As metas expressam a diferença a menor, em base percentual, entre os índices mais recentes, oficialmente apurados, e os índices que se pretende alcançar.

§ 3º A decisão que fixar as metas anuais estabelecerá as respectivas margens de tolerância.

§ 4º As metas serão fixadas pelo Contran para cada um dos Estados da Federação e para o Distrito Federal, mediante propostas fundamentadas dos Cetran, do Contrandife e do Departamento de Polícia Rodoviária Federal, no âmbito das respectivas circunscrições.

§ 5º Antes de submeterem as propostas ao Contran, os Cetran, o Contrandife e o Departamento de Polícia Rodoviária Federal realizarão consulta ou audiência pública para manifestação da sociedade sobre as metas a serem propostas.

§ 6º As propostas dos Cetran, do Contrandife e do Departamento de Polícia Rodoviária Federal serão encaminhadas ao Contran até o dia 1º de agosto de cada ano, acompanhadas de relatório analítico a respeito do cumprimento das metas fixadas para o ano anterior e de exposição de ações, projetos ou programas, com os respectivos orçamentos, por meio dos quais se pretende cumprir as metas propostas para o ano seguinte.

§ 7º As metas fixadas serão divulgadas em setembro, durante a Semana Nacional de Trânsito, assim como o desempenho, absoluto e relativo, de cada Estado e do Distrito Federal no cumprimento das

---

[1] Lei nº 13.614/2018. Plano Nacional de Redução de Mortes e Lesões no Trânsito (Pnatrans).

metas vigentes no ano anterior, detalhados os dados levantados e as ações realizadas por vias federais, estaduais e municipais, devendo tais informações permanecer à disposição do público na rede mundial de computadores, em sítio eletrônico do órgão máximo executivo de trânsito da União.

§ 8º O Contran, ouvidos o Departamento de Polícia Rodoviária Federal e demais órgãos do Sistema Nacional de Trânsito, definirá as fórmulas para apuração dos índices de que trata este artigo, assim como a metodologia para a coleta e o tratamento dos dados estatísticos necessários para a composição dos termos das fórmulas.

§ 9º Os dados estatísticos coletados em cada Estado e no Distrito Federal serão tratados e consolidados pelo respectivo órgão ou entidade executivos de trânsito, que os repassará ao órgão máximo executivo de trânsito da União até o dia 1º de março, por meio do sistema de registro nacional de acidentes e estatísticas de trânsito.

§ 10 Os dados estatísticos sujeitos à consolidação pelo órgão ou entidade executivos de trânsito do Estado ou do Distrito Federal compreendem os coletados naquela circunscrição:

I – pela Polícia Rodoviária Federal e pelo órgão executivo rodoviário da União;

II – pela Polícia Militar e pelo órgão ou entidade executivos rodoviários do Estado ou do Distrito Federal;

III – pelos órgãos ou entidades executivos rodoviários e pelos órgãos ou entidades executivos de trânsito dos Municípios.

§ 11 O cálculo dos índices, para cada Estado e para o Distrito Federal, será feito pelo órgão máximo executivo de trânsito da União, ouvidos o Departamento de Polícia Rodoviária Federal e demais órgãos do Sistema Nacional de Trânsito.

§ 12 Os índices serão divulgados oficialmente até o dia 31 de março de cada ano.

§ 13 Com base em índices parciais, apurados no decorrer do ano, o Contran, os Cetran e o Contrandife poderão recomendar aos integrantes do Sistema Nacional de Trânsito alterações nas ações, projetos e programas em desenvolvimento ou previstos, com o fim de atingir as metas fixadas para cada um dos Estados e para o Distrito Federal.

§ 14 A partir da análise de desempenho a que se refere o § 7º deste artigo, o Contran elaborará e divulgará, também durante a Semana Nacional de Trânsito:

I – duas classificações ordenadas dos Estados e do Distrito Federal, uma referente ao ano analisado e outra que considere a evolução do desempenho dos Estados e do Distrito Federal desde o início das análises;

II – relatório a respeito do cumprimento do objetivo geral do estabelecimento de metas previsto no § 1º deste artigo.

Art. 327 A partir da publicação deste Código, somente poderão ser fabricados e licenciados veículos que obedeçam aos limites de peso e dimensões fixados na forma desta Lei, ressalvados os que vierem a ser regulamentados pelo Contran.

Parágrafo único. (Vetado)

Art. 328 O veículo apreendido ou removido a qualquer título e não reclamado por seu proprietário dentro do prazo de sessenta dias, contado da data de recolhimento, será avaliado e levado a leilão, a ser realizado preferencialmente por meio eletrônico. (Redação dada pela Lei nº 13.160/2015)

§ 1º Publicado o edital do leilão, a preparação poderá ser iniciada após trinta dias, contados da data de recolhimento do veículo, o qual será classificado em duas categorias:

I – conservado, quando apresenta condições de segurança para trafegar; e

II – sucata, quando não está apto a trafegar. (Incluído pela Lei nº 13.160/2015)

§ 2º Se não houver oferta igual ou superior ao valor da avaliação, o lote será incluído no leilão seguinte, quando será arrematado pelo maior lance, desde que por valor não inferior a cinquenta por cento do avaliado. (Incluído pela Lei nº 13.160/2015)

§ 3º Mesmo classificado como conservado, o veículo que for levado a leilão por duas vezes e não for arrematado será leiloado como sucata. (Incluído pela Lei nº 13.160/2015)

§ 4º É vedado o retorno do veículo leiloado como sucata à circulação. (Incluído pela Lei nº 13.160/2015)

§ 5º A cobrança das despesas com estada no depósito será limitada ao prazo de seis meses. (Incluído pela Lei nº 13.160/2015)

§ 6º Os valores arrecadados em leilão deverão ser utilizados para custeio da realização do leilão, dividindo-se os custos entre os veículos arrematados, proporcionalmente ao valor da arrematação, e destinando-se os valores remanescentes, na seguinte ordem, para:

I – as despesas com remoção e estada;

II – os tributos vinculados ao veículo, na forma do § 10;

III – os credores trabalhistas, tributários e titulares de crédito com garantia real, segundo a ordem de preferência estabelecida no art. 186 da Lei nº 5.172, de 25 de outubro de 1966 (Código Tributário Nacional);

IV – as multas devidas ao órgão ou à entidade responsável pelo leilão;

V – as demais multas devidas aos órgãos integrantes do Sistema Nacional de Trânsito, segundo a ordem cronológica; e

VI – os demais créditos, segundo a ordem de preferência legal. (Incluído pela Lei nº 13.160/2015)

§ 7º Sendo insuficiente o valor arrecadado para quitar os débitos incidentes sobre o veículo, a situação será comunicada aos credores. (Incluído pela Lei nº 13.160/2015)

§ 8º Os órgãos públicos responsáveis serão comunicados do leilão previamente para que formalizem a desvinculação dos ônus incidentes sobre o veículo no prazo máximo de dez dias. (Incluído pela Lei nº 13.160/2015)

§ 9º Os débitos incidentes sobre o veículo antes da alienação administrativa ficam dele automaticamente desvinculados, sem prejuízo da cobrança contra o proprietário anterior. (Incluído pela Lei nº 13.160/2015)

§ 10 Aplica-se o disposto no § 9º inclusive ao débito relativo a tributo cujo fato gerador seja a propriedade, o domínio útil, a posse, a circulação ou o licenciamento de veículo. (Incluído pela Lei nº 13.160/2015)

§ 11 Na hipótese de o antigo proprietário reaver o veículo, por qualquer meio, os débitos serão novamente vinculados ao bem, aplicando-se, nesse caso, o disposto nos §§ 1º, 2º e 3º do art. 271. (Incluído pela Lei nº 13.160/2015)

§ 12 Quitados os débitos, o saldo remanescente será depositado em conta específica do órgão responsável pela realização do leilão e ficará à disposição do antigo proprietário, devendo ser expedida notificação a ele, no máximo em trinta dias após a realização do leilão, para o levantamento do valor no prazo de cinco anos, após os quais o valor será transferido, definitivamente, para o fundo a que se refere o parágrafo único do art. 320. (Incluído pela Lei nº 13.160/2015)

§ 13 Aplica-se o disposto neste artigo, no que couber, ao animal recolhido, a qualquer título, e não reclamado por seu proprietário no prazo de sessenta dias, a contar da data de recolhimento, conforme regulamentação do Contran. (Incluído pela Lei nº 13.160/2015)

§ 14 Se identificada a existência de restrição policial ou judicial sobre o prontuário do veículo, a autoridade responsável pela restrição será notificada para a retirada do bem do depósito, mediante a quitação das despesas com remoção e estada, ou para a autorização do leilão nos termos deste artigo.

§ 15 Se no prazo de 60 (sessenta) dias, a contar da notificação de que trata o § 14, não houver manifestação da autoridade responsável pela restrição judicial ou policial, estará o órgão de trânsito autorizado a promover o leilão do veículo nos termos deste artigo.

§ 16 Os veículos, sucatas e materiais inservíveis de bens automotores que se encontrarem nos depósitos há mais de 1 (um) ano poderão ser destinados à reciclagem, independentemente da existência de restrições sobre o veículo.

DISPOSIÇÕES FINAIS E TRANSITÓRIAS

§ 17 O procedimento de hasta pública na hipótese do § 16 será realizado por lote de tonelagem de material ferroso, observando-se, no que couber, o disposto neste artigo, condicionando-se a entrega do material arrematado aos procedimentos necessários à descaracterização total do bem e à destinação exclusiva, ambientalmente adequada, à reciclagem siderúrgica, vedado qualquer aproveitamento de peças e partes.

§ 18 Os veículos sinistrados irrecuperáveis queimados, adulterados ou estrangeiros, bem como aqueles sem possibilidade de regularização perante o órgão de trânsito, serão destinados à reciclagem, independentemente do período em que estejam em depósito, respeitado o prazo previsto no caput deste artigo, sempre que a autoridade responsável pelo leilão julgar ser essa a medida apropriada.

Art. 329 Os condutores dos veículos de que tratam os arts. 135 e 136, para exercerem suas atividades, deverão apresentar, previamente, certidão negativa do registro de distribuição criminal relativamente aos crimes de homicídio, roubo, estupro e corrupção de menores, renovável a cada cinco anos, junto ao órgão responsável pela respectiva concessão ou autorização.

Art. 330 Os estabelecimentos onde se executem reformas ou recuperação de veículos e os que comprem, vendam ou desmontem veículos, usados ou não, são obrigados a possuir livros de registro de seu movimento de entrada e saída e de uso de placas de experiência, conforme modelos aprovados e rubricados pelos órgãos de trânsito.

§ 1º Os livros indicarão:

I – Data de entrada do veículo no estabelecimento;

II – Nome, endereço e identidade do proprietário ou vendedor;

III – Data da saída ou baixa, nos casos de desmontagem;

IV – Nome, endereço e identidade do comprador;

V – Características do veículo constantes do seu certificado de registro;

VI – Número da placa de experiência.

§ 2º Os livros terão suas páginas numeradas tipograficamente e serão encadernados ou em folhas soltas, sendo que, no primeiro caso, conterão termo de abertura e encerramento lavrados pelo proprietário e rubricados pela repartição de trânsito, enquanto, no segundo, todas as folhas serão autenticadas pela repartição de trânsito.

§ 3º A entrada e a saída de veículos nos estabelecimentos referidos neste artigo registrar-se-ão no mesmo dia em que se verificarem assinaladas, inclusive, as horas a elas correspondentes, podendo os veículos irregulares lá encontrados ou suas sucatas ser apreendidos ou retidos para sua completa regularização.

§ 4º As autoridades de trânsito e as autoridades policiais terão acesso aos livros sempre que o solicitarem, não podendo, entretanto, retirá-los do estabelecimento.

§ 5º A falta de escrituração dos livros, o atraso, a fraude ao realizá-lo e a recusa de sua exibição serão punidas com a multa prevista para as infrações gravíssimas, independente das demais cominações legais cabíveis.

§ 6º Os livros previstos neste artigo poderão ser substituídos por sistema eletrônico, na forma regulamentada pelo Contran. (Incluído pela Lei nº 13.154/2015)

Art. 331 Até a nomeação e posse dos membros que passarão a integrar os colegiados destinados ao julgamento dos recursos administrativos previstos na Seção II do Capítulo XVIII deste Código, o julgamento dos recursos ficará a cargo dos órgãos ora existentes.

Art. 332 Os órgãos e entidades integrantes do Sistema Nacional de Trânsito proporcionarão aos membros do Contran, Cetran e Contrandife, em serviço, todas as facilidades para o cumprimento de sua missão, fornecendo-lhes as informações que solicitarem, permitindo-lhes inspecionar a execução de quaisquer serviços e deverão atender prontamente suas requisições.

Art. 333 O Contran estabelecerá, em até cento e vinte dias após a nomeação de seus membros, as disposições previstas nos arts. 91 e 92, que terão de ser atendidas pelos órgãos e entidades executivos de trânsito e executivos rodoviários para exercerem suas competências.[2]

§ 1º Os órgãos e entidades de trânsito já existentes terão prazo de um ano, após a edição das normas, para se adequarem às novas disposições estabelecidas pelo Contran, conforme disposto neste artigo.

§ 2º Os órgãos e entidades de trânsito a serem criados exercerão as competências previstas neste Código em cumprimento às exigências estabelecidas pelo Contran, conforme disposto neste artigo, acompanhados pelo respectivo Cetran, se órgão ou entidade municipal, ou Contran, se órgão ou entidade estadual, do Distrito Federal ou da União, passando a integrar o Sistema Nacional de Trânsito.

Art. 334 As ondulações transversais existentes deverão ser homologadas pelo órgão ou entidade competente no prazo de um ano, a partir da publicação deste Código, devendo ser retiradas em caso contrário.

Art. 335 (Vetado)

Art. 336 Aplicam-se os sinais de trânsito previstos no Anexo II até a aprovação pelo Contran, no prazo de trezentos e sessenta dias da publicação desta Lei, após a manifestação da Câmara Temática de Engenharia, de Vias e Veículos e obedecidos os padrões internacionais.

Art. 337 Os Cetran terão suporte técnico e financeiro dos Estados e Municípios que os compõem e, o Contrandife, do Distrito Federal.

Art. 338 As montadoras, encarroçadoras, os importadores e fabricantes, ao comerciarem veículos automotores de qualquer categoria e ciclos, são obrigados a fornecer, no ato da comercialização do respectivo veículo, manual contendo normas de circulação, infrações, penalidades, direção defensiva, primeiros socorros e Anexos do Código de Trânsito Brasileiro.[3]

Art. 338-A As competências previstas no inciso XV do caput do art. 21 e no inciso XXII do caput do art. 24 deste Código serão atribuídas aos órgãos ou entidades descritos no caput dos referidos artigos a partir de 1º de janeiro de 2024.

Parágrafo único. Até 31 de dezembro de 2023, as competências a que se refere o caput deste artigo serão exercidas pelos órgãos e entidades executivos de trânsito dos Estados e do Distrito Federal. (NR - Lei nº 14.229/2021).

Art. 339 Fica o Poder Executivo autorizado a abrir crédito especial no valor de R$ 264.954,00 (duzentos e sessenta e quatro mil, novecentos e cinquenta e quatro reais), em favor do ministério ou órgão a que couber a coordenação máxima do Sistema Nacional de Trânsito, para atender as despesas decorrentes da implantação deste Código.

Art. 340 Este Código entra em vigor cento e vinte dias após a data de sua publicação.

Art. 341 Ficam revogadas as Leis de números: Leis nº 5.108, de 21 de setembro de 1966; 6.575, de 30 de setembro de 1978; 5.693, de 16 de agosto de 1971; 5.820, de 10 de novembro de 1972; 6.124, de 25 de outubro de 1974; 6.308, de 15 de dezembro de 1975; 6.369, de 27 de outubro de 1976; 6.731, de 4 de dezembro de 1979; 7.031, de 20 de setembro de 1982; 7.052, de 02 de dezembro de 1982; 8.102, de 10 de dezembro de 1990.

Os arts. 1º a 6º e 11 do Decreto-lei nº 237, de 28 de fevereiro de 1967, e os Decretos-leis nº 584, de 16 de maio de 1969; nº 912, de 2 de outubro de 1969; e nº 2.448, de 21 de julho de 1988.

---

2   Resolução nº 560/2015: *Dispõe sobre a integração dos órgãos e entidades executivos de trânsito e rodoviários municipais ao Sistema Nacional de Trânsito.*

3   Resolução nº 711/2017: *Estabelece conteúdo mínimo do Manual Básico de Segurança no Trânsito.*

11 COMPETÊNCIAS DOS ÓRGÃOS DO SISTEMA

11.1 Contran

É o órgão máximo normativo e consultivo do Sistema Nacional de Trânsito (SNT), sendo ele que regulamenta, por meio de resoluções, diversos dispositivos lacunosos do CTB, bem como de outras leis relacionadas ao trânsito.

Sua composição, de acordo com art. 10 do CTB, teve recente mudança com o Decreto nº 9.676, de 2 de janeiro de 2019, que alterou a composição do Conselho Nacional de Trânsito (Contran).

Vejamos o texto de lei, com as seguintes observações:

> *Art. 8º Os Estados, o Distrito Federal e os Municípios organizarão os respectivos órgãos e entidades executivos de trânsito e executivos rodoviários, estabelecendo os limites circunscricionais de suas atuações.*
>
> *Art. 9º O Presidente da República designará o ministério ou órgão da Presidência responsável pela coordenação máxima do Sistema Nacional de Trânsito, ao qual estará vinculado o Contran e subordinado o órgão máximo executivo de trânsito da União.*
>
> *Art. 10 O Conselho Nacional de Trânsito (Contran), com sede no Distrito Federal, tem a seguinte composição: [...]*
>
> *II-A – Ministro de Estado da Infraestrutura, que o presidirá;*
> *III – Ministro de Estado da Ciência, Tecnologia e Inovações;*
> *IV – Ministro de Estado da Educação;*
> *V – Ministro de Estado da Defesa;*
> *VI – Ministro de Estado do Meio Ambiente;*
> *VII – (revogado); [...]*
> *XX – (revogado); [...]*
> *XXII – Ministro de Estado da Saúde;*
> *XXIII – Ministro de Estado da Justiça e Segurança Pública;*
> *XXIV – Ministro de Estado das Relações Exteriores;*
> *XXV – (revogado);*
> *XXVI – Ministro de Estado da Economia; e*
> *XXVII – Ministro de Estado da Agricultura, Pecuária e Abastecimento. [...]*
>
> *§ 4º Os Ministros de Estado deverão indicar suplente, que será servidor de nível hierárquico igual ou superior ao nível 6 do Grupo-direção e Assessoramento Superiores - DAS ou, no caso do Ministério da Defesa, alternativamente, Oficial-general.*
>
> *§ 5º Compete ao dirigente do órgão máximo executivo de trânsito da União atuar como Secretário-executivo do Contran.*
>
> *§ 6º O quórum de votação e de aprovação no Contran é o de maioria absoluta.*
>
> *Art. 10-A Poderão ser convidados a participar de reuniões do Contran, sem direito a voto, representantes de órgãos e entidades setoriais responsáveis ou impactados pelas propostas ou matérias em exame.*
>
> *Art. 11 (Vetado)*

Vejamos o que preceitua o art. 12 CTB, quanto à sua competência:

> *Art. 12 Compete ao Contran:*
>
> *I – Estabelecer as normas regulamentares referidas neste Código e as diretrizes da Política Nacional de Trânsito;[1]*
> *II – Coordenar os órgãos do Sistema Nacional de Trânsito, objetivando a integração de suas atividades;*
> *III – (Vetado)*
> *IV – Criar Câmaras Temáticas;[2]*
> *V – Estabelecer seu regimento interno e as diretrizes para o funcionamento dos Cetran e Contrandife;*
> *VI – Estabelecer as diretrizes do regimento das Jari;[3]*
> *VII – Zelar pela uniformidade e cumprimento das normas contidas neste Código e nas resoluções complementares;*
> *VIII – estabelecer e normatizar os procedimentos para o enquadramento das condutas expressamente referidas neste Código, para a fiscalização e a aplicação das medidas administrativas e das penalidades por infrações e para a arrecadação das multas aplicadas e o repasse dos valores arrecadados;*
> *IX – Responder às consultas que lhe forem formuladas, relativas à aplicação da legislação de trânsito;*
> *X – Normatizar os procedimentos sobre a aprendizagem, habilitação, expedição de documentos de condutores, e registro e licenciamento de veículos;*
> *XI – Aprovar, complementar ou alterar os dispositivos de sinalização e os dispositivos e equipamentos de trânsito;*
> *XII – (Revogado pela Lei nº 14.071/2020);*
> *XIII – Avocar, para análise e soluções, processos sobre conflitos de competência ou circunscrição, ou, quando necessário, unificar as decisões administrativas; e*
> *XIV – Dirimir conflitos sobre circunscrição e competência de trânsito no âmbito da União, dos Estados e do Distrito Federal;*
> *XV – Normatizar o processo de formação do candidato à obtenção da Carteira Nacional de Habilitação, estabelecendo seu conteúdo didático-pedagógico, carga horária, avaliações, exames, execução e fiscalização.*
>
> *§ 1º As propostas de normas regulamentares de que trata o inciso I do caput deste artigo serão submetidas a prévia consulta pública, por meio da rede mundial de computadores, pelo período mínimo de 30 (trinta) dias, antes do exame da matéria pelo Contran.*
>
> *§ 2º As contribuições recebidas na consulta pública de que trata o § 1º deste artigo ficarão à disposição do público pelo prazo de 2 (dois) anos, contado da data de encerramento da consulta pública.*
>
> *§ 3º Em caso de urgência e de relevante interesse público, o Presidente do Contran poderá editar deliberação, ad referendum do Conselho e com prazo de validade máximo de 90 (noventa) dias, para estabelecer norma regulamentar prevista no inciso I do caput, dispensado o cumprimento do disposto nos §§ 1º e 2º deste artigo, vedada a reedição.*
>
> *§ 4º Encerrado o prazo previsto no § 3º deste artigo sem o referendo do Contran, a deliberação perderá a sua eficácia, e permanecerão válidos os efeitos dela decorrentes.*
>
> *§ 5º Norma do Contran poderá dispor sobre o uso de sinalização horizontal ou vertical que utilize técnicas de estímulos comportamentais para a redução de acidentes de trânsito.*

11.2 Câmaras temáticas

São órgãos criados pelo Contran, com o intuito de embasarem cientificamente a edição de suas resoluções.[4]

As câmaras temáticas, órgãos técnicos vinculados ao Contran, têm como objetivo estudar e oferecer sugestões e embasamento técnico sobre assuntos específicos para decisões do Conselho, nos termos do art. 13 do CTB.

Vejamos o que preceitua o CTB, com relação ao assunto:

> *Art. 13 As Câmaras Temáticas, órgãos técnicos vinculados ao Contran, são integradas por especialistas e têm como objetivo estudar e oferecer sugestões e embasamento técnico sobre assuntos específicos para decisões daquele colegiado.*
>
> *§ 1º Cada Câmara é constituída por especialistas representantes de órgãos e entidades executivos da União, dos Estados, ou do Distrito Federal e dos Municípios, em igual número, pertencentes ao Sistema Nacional de Trânsito, além de especialistas representantes dos diversos segmentos da sociedade relacionados com o trânsito, todos indicados segundo regimento específico definido pelo Contran e designados pelo ministro ou dirigente coordenador máximo do Sistema Nacional de Trânsito.*

---

[1] Resolução Contran nº 514/2014: *Dispõe sobre a Política Nacional de Trânsito, seus fins e aplicação, e dá outras providências.*
[2] Art. 13 do CTB.
[3] Resolução Contran nº 357/2010: *Estabelece diretrizes para a elaboração do Regimento Interno das Juntas Administrativas de Recursos de Infrações - Jari.*
[4] Resolução nº 777/2019: *Estabelece o Regimento Interno das Câmaras Temáticas do Contran.*

COMPETÊNCIAS DOS ÓRGÃOS DO SISTEMA

§ 2º Os segmentos da sociedade, relacionados no parágrafo anterior, serão representados por pessoa jurídica e devem atender aos requisitos estabelecidos pelo Contran.

§ 3º A coordenação das Câmaras Temáticas será exercida por representantes do órgão máximo executivo de trânsito da União ou dos Ministérios representados no Contran, conforme definido no ato de criação de cada Câmara Temática. (Lei nº 14.071/2020).

Apenas o Contran tem a prerrogativa de criar câmaras temáticas, sendo vedada esta atribuição aos Cetrans.

As câmaras temáticas são formadas por dezoito membros com seus respectivos suplentes, indicados pelos ministérios e órgãos de trânsito da sociedade, sendo custeado pela entidade que o indicou. Essas câmaras não possuem subordinação ao Contran e, sim, apenas vinculação.

O mandato dos membros da Câmara terá duração de dois anos, admitidas reconduções.

11.3 Cetran e Contrandife

São os conselhos estaduais e distrital, respectivamente, elencados no art. 7º, II, do CTB, e têm funções consultivas e normativas. Cabe ao Cetran/Contrandife, atipicamente, o julgamento, em segunda instância, dos recursos das infrações aplicadas por órgãos executivos e rodoviários de trânsito, de estradas e rodovias estaduais e distritais.

Ainda com relação aos recursos, o Cetran é a única instância recursal quando as decisões do Detran indeferirem, definitivamente, o candidato por inaptidão psicológica, mental ou física nos exames para a habilitação ou permissão.

Vejamos o que está previsto referente ao assunto no CTB:

Art. 14 Compete aos Conselhos Estaduais de Trânsito - Cetran e ao Conselho de Trânsito do Distrito Federal - Contrandife:

I – Cumprir e fazer cumprir a legislação e as normas de trânsito, no âmbito das respectivas atribuições;

II – Elaborar normas no âmbito das respectivas competências;

III – Responder a consultas relativas à aplicação da legislação e dos procedimentos normativos de trânsito;

IV – Estimular e orientar a execução de campanhas educativas de trânsito;[5]

V – Julgar os recursos interpostos contra decisões:

a) das Jari;

b) dos órgãos e entidades executivos estaduais, nos casos de inaptidão permanente constatados nos exames de aptidão física, mental ou psicológica;

VI – Indicar um representante para compor a comissão examinadora de candidatos portadores de deficiência física à habilitação para conduzir veículos automotores;

VII – (Vetado)

VIII – Acompanhar e coordenar as atividades de administração, educação, engenharia, fiscalização, policiamento ostensivo de trânsito, formação de condutores, registro e licenciamento de veículos, articulando os órgãos do Sistema no Estado, reportando-se ao Contran;

IX – Dirimir conflitos sobre circunscrição e competência de trânsito no âmbito dos Municípios;

X – Informar o Contran sobre o cumprimento das exigências definidas nos §§ 1º e 2º do art. 333.

XI – Designar, em caso de recursos deferidos e na hipótese de reavaliação dos exames, junta especial de saúde para examinar os candidatos à habilitação para conduzir veículos automotores.

Parágrafo único. Dos casos previstos no inciso V, julgados pelo órgão, não cabe recurso na esfera administrativa.

Art. 15 Os presidentes dos Cetran e do Contrandife são nomeados pelos Governadores dos Estados e do Distrito Federal, respectivamente, e deverão ter reconhecida experiência em matéria de trânsito.

§ 1º Os membros dos Cetran e do Contrandife são nomeados pelos Governadores dos Estados e do Distrito Federal, respectivamente.

§ 2º Os membros do Cetran e do Contrandife deverão ser pessoas de reconhecida experiência em trânsito.

§ 3º O mandato dos membros do Cetran e do Contrandife é de dois anos, admitida à recondução.

Art. 16 Junto a cada órgão ou entidade executivos de trânsito ou rodoviário funcionarão Juntas Administrativas de Recursos de Infrações – Jari, órgãos colegiados responsáveis pelo julgamento dos recursos interpostos contra penalidades por eles impostas.

Parágrafo único. As Jari têm regimento próprio, observado o disposto no inciso VI do art. 12, e apoio administrativo e financeiro do órgão ou entidade junto ao qual funcionem.

11.4 Jari

As Jari – ou juntas administrativas – são juntas destinadas à primeira instância de recurso de infrações.

O número de juntas é proporcional ao número de recursos do órgão, uma vez que a lei estipulou o prazo máximo de 30 dias para julgar o recurso da infração, buscando a verdade material e procurando, ainda, as próprias provas, por meio de colegiados que funcionam anexos aos órgãos executivos de trânsito, garantindo, assim, o contraditório e a ampla defesa (art. 5º, LIV e LV, CF/1988).

Caso o recurso não seja julgado no prazo, a penalidade fica com efeito suspensivo. Veja o texto da lei:

CTB
Art. 285 O recurso previsto no art. 283 será interposto perante a autoridade que impôs a penalidade, a qual remetê-lo-á à Jari, que deverá julgá-lo em até trinta dias.

§ 1º O recurso não terá efeito suspensivo.[6]

Toda Jari existente no país (União, estado, Distrito Federal, municípios) possui diretrizes de seus regimentos internos. De acordo com art. 12, VI do CTB, uma parte dessa regulamentação é comum a todas as Jari. Essas normas são padronizadas pelo Contran e têm o objetivo de dar à sociedade uma segurança jurídica.

Art. 17 Compete às Jari:

I – Julgar os recursos interpostos pelos infratores;

II – Solicitar aos órgãos e entidades executivos de trânsito e executivos rodoviários informações complementares relativas aos recursos, objetivando uma melhor análise da situação recorrida;

III – Encaminhar aos órgãos e entidades executivos de trânsito e executivos rodoviários informações sobre problemas observados nas autuações e apontados em recursos, e que se repitam sistematicamente.

Art. 18 (Vetado)

11.5 Órgão executivo da União

É um órgão conhecido como Secretária Nacional de Trânsito (Senatran). Subordinado à Secretaria Executiva do Ministério da Infraestrutura, por meio do Decreto nº 10.788/2021.

Este Decreto aprova a Estrutura Regimental e o Quadro Demonstrativo dos Cargos em Comissão e das Funções de Confiança do Ministério da Infraestrutura, remaneja e transforma cargos em comissão e funções de confiança e altera o Decreto nº 9.660/2019.

Vamos ao texto de lei e à enumeração das principais resoluções, em vigor, ligadas ao assunto:

---

5   Resolução Contran nº 351/2010: Estabelece procedimentos para veiculação de mensagens educativas de trânsito em toda peça publicitária destinada à divulgação ou promoção, nos meios de comunicação social, de produtos oriundos da indústria automobilística ou afins.

6   Resolução nº 299/2008, alterada pela Resolução nº 692/2017: Dispõe sobre a padronização dos procedimentos para apresentação de defesa de autuação e recurso, em 1ª e 2ª instâncias, contra a imposição de penalidade de multa de trânsito" para disciplinar a protocolização de defesa ou recurso administrativo e dá outras providências.

LEGISLAÇÃO DE TRÂNSITO

Art. 19 Compete ao órgão máximo executivo de trânsito da União:

I – Cumprir e fazer cumprir a legislação de trânsito e a execução das normas e diretrizes estabelecidas pelo Contran, no âmbito de suas atribuições;

II – Proceder à supervisão, à coordenação, à correição dos órgãos delegados, ao controle e à fiscalização da execução da Política Nacional de Trânsito e do Programa Nacional de Trânsito;

III – Articular-se com os órgãos dos Sistemas Nacionais de Trânsito, de Transporte e de Segurança Pública, objetivando o combate à violência no trânsito, promovendo, coordenando e executando o controle de ações para a preservação do ordenamento e da segurança do trânsito;

IV – Apurar, prevenir e reprimir a prática de atos de improbidade contra a fé pública, o patrimônio, ou a administração pública ou privada, referentes à segurança do trânsito;

V – Supervisionar a implantação de projetos e programas relacionados com a engenharia, educação, administração, policiamento e fiscalização do trânsito e outros, visando à uniformidade de procedimento;

VI – Estabelecer procedimentos sobre a aprendizagem e habilitação de condutores de veículos, a expedição de documentos de condutores, de registro e licenciamento de veículos;

VII – Expedir a Permissão para Dirigir, a Carteira Nacional de Habilitação, os Certificados de Registro e o de Licenciamento Anual mediante delegação aos órgãos executivos dos Estados e do Distrito Federal;

VIII – Organizar e manter o Registro Nacional de Carteiras de Habilitação – Renach;[7]

IX – Organizar e manter o Registro Nacional de Veículos Automotores. Renavam;

X – Organizar a estatística geral de trânsito no território nacional, definindo os dados a serem fornecidos pelos demais órgãos e promover sua divulgação;[8]

XI – Estabelecer modelo padrão de coleta de informações sobre as ocorrências de acidentes de trânsito e as estatísticas do trânsito;

XII – Administrar fundo de âmbito nacional destinado à segurança e à educação de trânsito;[9]

XIII – Coordenar a administração do registro das infrações de trânsito, da pontuação e das penalidades aplicadas no prontuário do infrator, da arrecadação de multas e do repasse de que trata o § 1º do art. 320;

XIV – Fornecer aos órgãos e entidades do Sistema Nacional de Trânsito informações sobre registros de veículos e de condutores, mantendo o fluxo permanente de informações com os demais órgãos do Sistema;

XV – Promover, em conjunto com os órgãos competentes do Ministério da Educação e do Desporto, de acordo com as diretrizes do Contran, a elaboração e a implementação de programas de educação de trânsito nos estabelecimentos de ensino;

XVI – Elaborar e distribuir conteúdos programáticos para a educação de trânsito;

XVII – Promover a divulgação de trabalhos técnicos sobre o trânsito;

XVIII – Elaborar, juntamente com os demais órgãos e entidades do Sistema Nacional de Trânsito, e submeter à aprovação do Contran, a complementação ou alteração da sinalização e dos dispositivos e equipamentos de trânsito;

XIX – Organizar, elaborar, complementar e alterar os manuais e normas de projetos de implementação da sinalização, dos dispositivos e equipamentos de trânsito aprovados pelo Contran;

XX – Expedir a permissão internacional para conduzir veículo e o certificado de passagem nas alfândegas mediante delegação aos órgãos executivos dos Estados e do Distrito Federal ou a entidade habilitada para esse fim pelo Poder Público federal; (Redação dada pela lei nº 13.258/2016)

XXI – Promover a realização periódica de reuniões regionais e congressos nacionais de trânsito, bem como propor a representação do Brasil em congressos ou reuniões internacionais;

XXII – Propor acordos de cooperação com organismos internacionais, com vistas ao aperfeiçoamento das ações inerentes à segurança e educação de trânsito;

XXIII – Elaborar projetos e programas de formação, treinamento e especialização do pessoal encarregado da execução das atividades de engenharia, educação, policiamento ostensivo, fiscalização, operação e administração de trânsito, propondo medidas que estimulem a pesquisa científica e o ensino técnico-profissional de interesse do trânsito, e promovendo a sua realização;

XXIV – Opinar sobre assuntos relacionados ao trânsito interestadual e internacional;

XXV – Elaborar e submeter à aprovação do Contran as normas e requisitos de segurança veicular para fabricação e montagem de veículos, consoante sua destinação;

XXVI – Estabelecer procedimentos para a concessão do código marca-modelo dos veículos para efeito de registro, emplacamento e licenciamento;

XXVII – Instruir os recursos interpostos das decisões do Contran, ao ministro ou dirigente coordenador máximo do Sistema Nacional de Trânsito;

XXVIII – Estudar os casos omissos na legislação de trânsito e submetê-los, com proposta de solução, ao Ministério ou órgão coordenador máximo do Sistema Nacional de Trânsito;

XXIX – Prestar suporte técnico, jurídico, administrativo e financeiro ao Contran.

XXX – Organizar e manter o Registro Nacional de Infrações de Trânsito (Renainf).

XXXI – Organizar, manter e atualizar o Registro Nacional Positivo de Condutores (RNPC).

§ 1º Comprovada, por meio de sindicância, a deficiência técnica ou administrativa ou a prática constante de atos de improbidade contra a fé pública, contra o patrimônio ou contra a administração pública, o órgão executivo de trânsito da União, mediante aprovação do Contran, assumirá diretamente ou por delegação, a execução total ou parcial das atividades do órgão executivo de trânsito estadual que tenha motivado a investigação, até que as irregularidades sejam sanadas.[10]

§ 2º O regimento interno do órgão executivo de trânsito da União disporá sobre sua estrutura organizacional e seu funcionamento.

§ 3º Os órgãos e entidades executivos de trânsito e executivos rodoviários da União, dos Estados, do Distrito Federal e dos Municípios fornecerão, obrigatoriamente, mês a mês, os dados estatísticos para os fins previstos no inciso X.

11.5.1 Observações sobre o Denatran

▷ O Senatran:

- Fiscaliza os outros órgãos do sistema.
- Não fiscaliza o trânsito, pois não tem a figura do agente da autoridade.
- Pode fazer intervenções nos Detrans, mediante autorização prévia do Contran.
- Organiza e mantém os bancos de dados alimentados pelos órgãos estaduais e municipais do Sistema Nacional de Trânsito.
- Está ligado diretamente a uma secretaria do Ministério da Infraestrutura.
- É o único órgão competente para representar o Brasil perante a comunidade internacional, quando o assunto é trânsito.
- Delega as funções do processo de habilitação aos Detrans (competência privativa).
- "Pensa" (não arrecada com multas).
- "Executa" (não aplica multas, simplesmente arrecada).

---

[7] Resolução Contran nº 19/1998: *Estabelece as competências para nomeação e homologação dos coordenadores do Renavam e do Renach.*

[8] Resolução nº 808/2020: *Dispõe sobre o Registro Nacional de Acidentes e Estatísticas de Trânsito (Renaest).*

[9] Resolução nº 677/2017: *Dispõe sobre a organização e o funcionamento do Registro Nacional de Infrações de Trânsito – Renainf, de que trata o inciso XXX do art. 19, do Código de Trânsito Brasileiro – CTB, e dá outras providências.*

[10] Lei nº 8.429, de 02 de julho 1992 (Lei da Improbidade Administrativa).

COMPETÊNCIAS DOS ÓRGÃOS DO SISTEMA

11.6 Polícia Rodoviária Federal

A Polícia Rodoviária Federal (PRF), por sua natureza policial, está prevista no Capítulo da Segurança Pública da Constituição Federal de 1988.

> *Art. 144 A segurança pública, dever do Estado, direito e responsabilidade de todos, é exercida para a preservação da ordem pública e da incolumidade das pessoas e do patrimônio, através dos seguintes órgãos: [...]*
> *II – Polícia rodoviária federal;*
> *§ 2º A polícia rodoviária federal, órgão permanente, organizado e mantido pela União e estruturado em carreira, destina-se, na forma da lei, ao patrulhamento ostensivo das rodovias federais.*

A PRF tem sua competência restrita, pelo CTB, às rodovias e estradas federais.

O Decreto Federal nº 1.655, de 3 de outubro de 1995, define a competência da Polícia Rodoviária Federal.

Uma competência legal da PRF e das Polícias Militares que atuam em rodovias e vias urbanas, e que merece total atenção por não constar no CTB, está prevista na Lei nº 8.069, de 13 de julho de 1990, que dispõe sobre o Estatuto da Criança e do Adolescente (ECA). É muito recorrente em concursos de várias instituições e de vários cargos. Veja a seguir:

> *Art. 208, Lei nº 8.069/1990 [...]*
> *§ 2º A investigação do desaparecimento de crianças ou adolescentes será realizada imediatamente após notificação aos órgãos competentes, que deverão comunicar o fato aos portos, aeroportos, Polícia Rodoviária e companhias de transporte interestaduais e internacionais, fornecendo-lhes todos os dados necessários à identificação do desaparecido.*

Lei nº 13.812/2019

Institui a Política Nacional de Busca de Pessoas Desaparecidas, cria o Cadastro Nacional de Pessoas Desaparecidas e altera o art. 208, § 2º do Estatuto da Criança e do Adolescente.

Vejamos agora o texto do CTB quanto à competência da PRF.

> *Art. 20, CTB Compete à Polícia Rodoviária Federal, no âmbito das rodovias e estradas federais:*
> *I – Cumprir e fazer cumprir a legislação e as normas de trânsito, no âmbito de suas atribuições;*
> *II – Realizar o patrulhamento ostensivo, executando operações relacionadas com a segurança pública, com o objetivo de preservar a ordem, incolumidade das pessoas, o patrimônio da União e o de terceiros;*
> *III – executar a fiscalização de trânsito, aplicar as penalidades de advertência por escrito e multa e as medidas administrativas cabíveis, com a notificação dos infratores e a arrecadação das multas aplicadas e dos valores provenientes de estadia e remoção de veículos, objetos e animais e de escolta de veículos de cargas superdimensionadas ou perigosas; (Redação dada pela Lei nº 14.071/2020).*
> *IV – Efetuar levantamento dos locais de acidentes de trânsito e dos serviços de atendimento, socorro e salvamento de vítimas;*
> *V – Credenciar os serviços de escolta, fiscalizar e adotar medidas de segurança relativas aos serviços de remoção de veículos, escolta e transporte de carga indivisível;*
> *VI – Assegurar a livre circulação nas rodovias federais, podendo solicitar ao órgão rodoviário a adoção de medidas emergenciais, zelar pelo cumprimento das normas legais relativas ao direito de vizinhança, promovendo a interdição de construções e instalações não autorizadas;*
> *VII – Coletar dados estatísticos e elaborar estudos sobre acidentes de trânsito e suas causas, adotando ou indicando medidas operacionais preventivas e encaminhando-os ao órgão rodoviário federal;*
> *VIII – Implementar as medidas da Política Nacional de Segurança e Educação de Trânsito;*
> *IX – Promover e participar de projetos e programas de educação e segurança, de acordo com as diretrizes estabelecidas pelo Contran;*
> *X – Integrar-se a outros órgãos e entidades do Sistema Nacional de Trânsito para fins de arrecadação e compensação de multas impostas na área de sua competência, com vistas à unificação do licenciamento, à simplificação e à celeridade das transferências de veículos e de prontuários de condutores de uma para outra unidade da Federação;*
> *XI – Fiscalizar o nível de emissão de poluentes e ruído produzidos pelos veículos automotores ou pela sua carga, de acordo com o estabelecido no art. 66, além de dar apoio, quando solicitado, às ações específicas dos órgãos ambientais.[11]*
> *XII – aplicar a penalidade de suspensão do direito de dirigir, quando prevista de forma específica para a infração cometida, e comunicar a aplicação da penalidade ao órgão máximo executivo de trânsito da União." (Lei nº 14.071/2020).*
> *XIII – realizar perícia administrativa nos locais de acidentes de trânsito." (NR em vigor a partir de 21/04/2022).*

COMPARAÇÃO EM PRF E PM	
PRF / Art.20 CTB	PM / Art.23 CTB
Todos os Policiais são agentes da autoridades de trânsito	Alguns são agentes da autoridade
Vias Rurais	Vias Urbanas
Estradas (sem pavimento) / Rodovia (com pavimento)	Trânsito rápido
	Via Arterial
	Via Coletora
	Via Local

Art. 144, CF/1988 – Segurança Pública
- Órgãos subordinados aos seus Respectivos chefes, dos Poderes Executivos:
- PRF - Presidente da República;
- PM - Governador de Estado;
- Características básicas: Administrativas, Ostensivas e Preventivas

11.7 Órgão executivo rodoviário da União, dos estados, Distrito Federal e dos municípios

Os órgãos executivos rodoviários têm, basicamente, a competência delimitada pela localização geográfica da via, caracterizando uma competência concorrente, ora com a PRF, ora com órgãos executivos estaduais ou municipais.

Veja o quadro-resumo:

Competências territoriais (CTB) dos Órgãos Executivos Rodoviários			
Área Rural Federal Res. nº 289/08		Área Rural Res. nº 121/01	
PRF Art.20 (CTB)	DNIT Art.21 (CTB)	Municípios Art. 24 (CTB)	Estados Art. 22 (CTB)

Vejamos o texto de lei e as principais resoluções que podem ser alvo de questionamentos no concurso:

---
11 Dica de leitura: art. 225 da CF/1988.
Lei nº 8.723/1993: *Dispõe sobre a redução de emissão de poluentes por veículos automotores.*
Resolução Contran nº 289/2008: *Dispõe sobre normas de atuação a serem adotadas pelo Departamento Nacional de Infraestrutura de Transportes - DNIT e o Departamento de Polícia Rodoviária Federal - DPRF na fiscalização do trânsito nas rodovias federais.*

LEGISLAÇÃO DE TRÂNSITO

Art. 21 *Compete aos órgãos e entidades executivos rodoviários da União, dos Estados, do Distrito Federal e dos Municípios, no âmbito de sua circunscrição:*

I – Cumprir e fazer cumprir a legislação e as normas de trânsito, no âmbito de suas atribuições;

Existe a possibilidade do descumprimento autorizado através de um instituto jurídico, **Prioridade de Trânsito**.

Art. 29 *[...]*

II – Planejar, projetar, regulamentar e operar o trânsito de veículos, de pedestres e de animais, e promover o desenvolvimento da circulação e da segurança de ciclistas;

III – Implantar, manter e operar o sistema de sinalização, os dispositivos e os equipamentos de controle viário;

IV – Coletar dados e elaborar estudos sobre os acidentes de trânsito e suas causas;

V – Estabelecer, em conjunto com os órgãos de policiamento ostensivo de trânsito, as respectivas diretrizes para o policiamento ostensivo de trânsito;

VI – Executar a fiscalização de trânsito, autuar, aplicar as penalidades de advertência, por escrito, e ainda as multas e medidas administrativas cabíveis, notificando os infratores e arrecadando as multas que aplicar;

VII – Arrecadar valores provenientes de estada e remoção de veículos e objetos, e escolta de veículos de cargas superdimensionadas ou perigosas;

VIII – Fiscalizar, autuar, aplicar as penalidades e medidas administrativas cabíveis, relativas a infrações por excesso de peso, dimensões e lotação dos veículos, bem como notificar e arrecadar as multas que aplicar;

IX – Fiscalizar o cumprimento da norma contida no art. 95 (Obras e eventos a serem feitos na via), aplicando as penalidades e arrecadando as multas nele previstas;

X – Implementar as medidas da Política Nacional de Trânsito e do Programa Nacional de Trânsito;[12]

XI – Promover e participar de projetos e programas de educação e segurança, de acordo com as diretrizes estabelecidas pelo Contran;

XII – Integrar-se a outros órgãos e entidades do Sistema Nacional de Trânsito para fins de arrecadação e compensação de multas impostas na área de sua competência, com vistas à unificação do licenciamento, à simplificação e à celeridade das transferências de veículos e de prontuários de condutores de uma para outra unidade da Federação;[13]

XIII – Fiscalizar o nível de emissão de poluentes e ruído produzidos pelos veículos automotores ou pela sua carga, de acordo com o estabelecido no art. 66, além de dar apoio às ações específicas dos órgãos ambientais locais, quando solicitado;

XIV – Vistoriar veículos que necessitem de autorização especial para transitar e estabelecer os requisitos técnicos a serem observados para a circulação desses veículos.

Parágrafo único. *(Vetado)*

XV – aplicar a penalidade de suspensão do direito de dirigir, quando prevista de forma específica para a infração cometida, e comunicar a aplicação da penalidade ao órgão máximo executivo de trânsito da União. (NR. Lei nº 14.071/2020)

11.8 Órgãos executivos dos estados, Detrans e Ciretrans

Mesmo não encontrando o nome Detran no CTB, esta nomenclatura ficou popular com a Lei nº 5.108/66, que instituía o Código Nacional de Trânsito, que foi totalmente revogado em 1997, mas o nome permaneceu, na cultura popular.

---

[12] Resolução nº 514/2014: *Dispõe sobre a Política Nacional de Trânsito, seus fins e aplicação, e dá outras providências.*

[13] O DNIT integra o Renainf, Resolução Contran nº 576/2016: *Dispõe sobre o intercâmbio de informações, entre órgãos e entidades executivos de trânsito dos Estados e do Distrito Federal e os demais órgãos e entidades executivos de trânsito e executivos rodoviários da União, dos Estados, Distrito Federal e dos Municípios que compõem o Sistema Nacional de Trânsito e dá outras providências.*

Algumas de suas atribuições são divididas com os órgãos executivos municipais de trânsito.

Mediante delegação, executa algumas atribuições do órgão federal, Denatran.

Por regulamentação constitucional, o Distrito Federal não pode ser dividido em municípios. Logo, algumas competências municipais serão naturalmente cumuladas ao Contrandife.

Vejamos agora o texto legal do CTB:

Art. 22 *Compete aos órgãos ou entidades executivos de trânsito dos Estados e do Distrito Federal, no âmbito de sua circunscrição:*

I – Cumprir e fazer cumprir a legislação e as normas de trânsito, no âmbito das respectivas atribuições;

Infere-se que são vias urbanas: trânsito rápido, arteriais, coletora e local.

II – realizar, fiscalizar e controlar o processo de formação, de aperfeiçoamento, de reciclagem e de suspensão de condutores e expedir e cassar Licença de Aprendizagem, Permissão para Dirigir e Carteira Nacional de Habilitação, mediante delegação do órgão máximo executivo de trânsito da União; (NR. Lei nº 14.071/2020)

Infere-se que o processo de habilitação é padrão em todo território nacional, delegação do Denatran, pois se trata de competência privativa, advinda do texto constitucional.

III – vistoriar, inspecionar as condições de segurança veicular, registrar, emplacar e licenciar veículos, com a expedição dos Certificados de Registro de Veículo e de Licenciamento Anual, mediante delegação do órgão máximo executivo de trânsito da União; (NR. Lei nº 14.071/2020)

Por ocasião do licenciamento do veículo, faz-se o registro, este relacionado à autenticidade do CRLV e à legitimidade da propriedade.

Por ocasião da vistoria, faz-se a inspeção, que está relacionada com a segurança, como o estado de conservação e de equipamentos obrigatórios, dentre outros.

IV – Estabelecer, em conjunto com as Polícias Militares, as diretrizes para o policiamento ostensivo de trânsito;

Implicitamente, verifica-se a questão dos convênios dos Detrans com as Polícias Militares dos Estados. Lembrando que, conforme o convênio, a PM poderá fazer o levantamento de locais de acidentes com ou sem vítima no perímetro urbano.

Outro ponto importante é a questão da presença das Polícias Militares na via pública, a fim de coibir crimes de furto e roubo de veículos entre outros, de acordo com o previsto no § 5º do art. 144 da CF/88.

V – Executar a fiscalização de trânsito, autuar e aplicar as medidas administrativas cabíveis pelas infrações previstas neste Código, excetuadas aquelas relacionadas nos incisos VI e VIII do art. 24, no exercício regular do Poder de Polícia de Trânsito;

VI – Aplicar as penalidades por infrações previstas neste Código, com exceção daquelas relacionadas nos incisos VII e VIII do art. 24, notificando os infratores e arrecadando as multas que aplicar;

VII – Arrecadar valores provenientes de estada e remoção de veículos e objetos;

VIII – Comunicar ao órgão executivo de trânsito da União a suspensão e a cassação do direito de dirigir e o recolhimento da Carteira Nacional de Habilitação;

O Denatran é responsável pelos bancos de dados, porém, estas informações são repassadas pelos Detrans dos Estados e pelas Ciretrans dos municípios. Por exemplo, o Renach.

IX – Coletar dados estatísticos e elaborar estudos sobre acidentes de trânsito e suas causas;

É também uma atribuição da PRF. Este inciso IX tem que ser estudado, combinado com art. 19, X, e art. 19, § 3º, do CTB, agindo como órgão integrado.

COMPETÊNCIAS DOS ÓRGÃOS DO SISTEMA

X – Credenciar órgãos ou entidades para a execução de atividades previstas na legislação de trânsito, na forma estabelecida em norma do Contran;

XI – Implementar as medidas da Política Nacional de Trânsito e do Programa Nacional de Trânsito;

Neste inciso X, podemos entender que, de acordo com a conveniência e oportunidade, o presidente da República determina seu plano de governo e implementa a sua gestão, por meio dos órgãos executivos do sistema.

XII – Promover e participar de projetos e programas de educação e segurança de trânsito de acordo com as diretrizes estabelecidas pelo Contran;

Por exemplo, o contido no art. 326, do CTB: a Semana Nacional de Trânsito será comemorada, anualmente, no período compreendido entre 18 e 25 de setembro.

XIII – Integrar-se a outros órgãos e entidades do Sistema Nacional de Trânsito para fins de arrecadação e compensação de multas impostas na área de sua competência, com vistas à unificação do licenciamento, à simplificação e à celeridade das transferências de veículos e de prontuários de condutores de uma para outra unidade da Federação;

XIV – Fornecer, aos órgãos e entidades executivos de trânsito e executivos rodoviários municipais, os dados cadastrais dos veículos registrados e dos condutores habilitados, para fins de imposição e notificação de penalidades e de arrecadação de multas nas áreas de suas competências;

Os Detrans são os coordenadores básicos e permanentes no fluxo de informações do sistema Renach e Renavan.

XV – Fiscalizar o nível de emissão de poluentes e ruído produzidos pelos veículos automotores ou pela sua carga, de acordo com o estabelecido no art. 66, além de dar apoio, quando solicitado, às ações específicas dos órgãos ambientais locais;

Considerando que o projeto de lei do CTB foi elaborado em meados de 1993 e, na época, o Brasil sediou a "ECO 92", havia uma preocupação acentuada com relação à emissão de poluentes e de ruídos.

XVI – Articular-se com os demais órgãos do Sistema Nacional de Trânsito no Estado, sob coordenação do respectivo Cetran.

XVII – criar, implantar e manter escolas públicas de trânsito, destinadas à educação de crianças e adolescentes, por meio de aulas teóricas e práticas sobre legislação, sinalização e comportamento no trânsito.

Parágrafo único. *As competências descritas no inciso II do caput deste artigo relativas ao processo de suspensão de condutores serão exercidas quando:*

I – o condutor atingir o limite de pontos estabelecido no inciso I do art. 261 deste Código;

II – a infração prever a penalidade de suspensão do direito de dirigir de forma específica e a autuação tiver sido efetuada pelo próprio órgão executivo estadual de trânsito." (NR. Lei nº 14.071/2020)

11.9 Polícia Militar

A Polícia Militar (PM), embora faça parte da Segurança Pública em nosso país (art. 144, V, CF/1988) e do Sistema Nacional de Trânsito (art. 23, CTB), é órgão inerte quando o assunto é trânsito, necessitando de um convênio entre a PM e os órgãos executivos de trânsito – estadual, distrital ou municipal – para estes policiais atuarem como agentes da autoridade.

Vejamos o que preceitua o CTB:

Art. 23 *Compete às Polícias Militares dos Estados e do Distrito Federal:*

I e II – (Vetados)

III – Executar a fiscalização de trânsito, quando e conforme convênio firmado, como agente do órgão ou entidade executivos de trânsito ou executivos rodoviários, concomitantemente com os demais agentes credenciados;

11.10 Órgãos executivos de trânsito dos municípios

Os municípios não faziam parte do SNT na Lei nº 5.108/66 (Código Nacional de Trânsito – CNT). A inserção foi uma novidade trazida pela Lei nº 9.503/97. Assim, os municípios têm que observar e cumprir o art. 333, § 1º e 2º, do CTB.[14]

Somente após o reconhecimento do Denatran, os municípios poderão exercer as atividades de órgão executivo de trânsito e de órgão executivo rodoviário, dentro de sua base territorial.

Vejamos a previsão legal:

Art. 24 *Compete aos órgãos e entidades executivos de trânsito dos Municípios, no âmbito de sua circunscrição:*

I – Cumprir e fazer cumprir a legislação e as normas de trânsito, no âmbito de suas atribuições;

II – Planejar, projetar, regulamentar e operar o trânsito de veículos, de pedestres e de animais e promover o desenvolvimento, temporário ou definitivo, da circulação, da segurança e das áreas de proteção de ciclistas; (NR. Lei nº 14.071/2020)

III – Implantar, manter e operar o sistema de sinalização, os dispositivos e os equipamentos de controle viário;

Por exemplo, os radares, os semáforos, dentre outros.

IV – Coletar dados estatísticos e elaborar estudos sobre os acidentes de trânsito e suas causas;

Mais uma vez, o convênio entre os municípios e os órgãos executivos de trânsito e rodoviários tem que prever esta situação.

V – Estabelecer, em conjunto com os órgãos de polícia ostensiva de trânsito, as diretrizes para o policiamento ostensivo de trânsito;

VI – Executar a fiscalização de trânsito em vias terrestres, edificações de uso público e edificações privadas de uso coletivo, autuar e aplicar as medidas administrativas cabíveis e as penalidades de advertência por escrito e multa, por infrações de circulação, estacionamento e parada previstas neste Código, no exercício regular do poder de polícia de trânsito, notificando os infratores e arrecadando as multas que aplicar, exercendo iguais atribuições no âmbito de edificações privadas de uso coletivo, somente para infrações de uso de vagas reservadas em estacionamentos;

VII – Aplicar as penalidades de advertência por escrito e multa, por infrações de circulação, estacionamento e parada previstas neste Código, notificando os infratores e arrecadando as multas que aplicar;

Ao ler o art. 22, V e VI, combinado com o art. 24, VI e VII, percebemos que a lógica da separação das competências para as autuações é a seguinte:

As notificações que dependerem da abordagem do veículo e do condutor serão feitas pelos órgãos do Estado Federado e pela Polícia Rodoviária Federal.

As notificações que puderem ser feitas sem tal abordagem ficarão a cargo dos municípios. Esta não é uma regra, mas pode ser útil na hora de resolver algumas questões.

A título de conhecimento, havia uma Resolução Contran nº 66/1998, que instituía uma tabela de distribuição de competência dos órgãos executivos de trânsito. Porém, ela foi revogada pela Resolução nº 121/2001.

VIII – Fiscalizar, autuar e aplicar as penalidades e medidas administrativas cabíveis relativas a infrações por excesso de peso, dimensões e lotação dos veículos, bem como notificar e arrecadar as multas que aplicar;

IX – Fiscalizar o cumprimento da norma contida no art. 95, aplicando as penalidades e arrecadando as multas nele previstas;[15]

X – Implantar, manter e operar sistema de estacionamento rotativo pago nas vias;

---

14 Resolução nº 811/2020: *Estabelece procedimentos para integração dos municípios ao Sistema Nacional de Trânsito (SNT), por meio dos seus órgãos e entidades executivos de trânsito e rodoviários ou diretamente por meio da prefeitura municipal, em cumprimento ao que dispõe o art. 333 do Código de Trânsito Brasileiro (CTB).*

15 O art. 95 diz respeito a obras.

LEGISLAÇÃO DE TRÂNSITO

Esta é uma forma que o legislador encontrou de motivar os municípios a aderirem ao SNT.

> *XI – Arrecadar valores provenientes de estada e remoção de veículos e objetos, e escolta de veículos de cargas superdimensionadas ou perigosas;*
> *XII – Credenciar os serviços de escolta, fiscalizar e adotar medidas de segurança relativas aos serviços de remoção de veículos, escolta e transporte de carga indivisível;*
> *XIII – Integrar-se a outros órgãos e entidades do Sistema Nacional de Trânsito para fins de arrecadação e compensação de multas impostas na área de sua competência, com vistas à unificação do licenciamento, à simplificação e à celeridade das transferências de veículos e de prontuários dos condutores de uma para outra unidade da Federação;*
> *XIV – Implantar as medidas da Política Nacional de Trânsito e do Programa Nacional de Trânsito;*
> *XV – Promover e participar de projetos e programas de educação e segurança de trânsito de acordo com as diretrizes estabelecidas pelo Contran;[16]*
> *XVI – Planejar e implantar medidas para redução da circulação de veículos e reorientação do tráfego, com o objetivo de diminuir a emissão global de poluentes;*

Exemplo disso é o rodízio de veículos nos grandes centros.

> *XVII – Registrar e licenciar, na forma da legislação, veículos de tração e propulsão humana e de tração animal, fiscalizando, autuando, aplicando penalidades e arrecadando multas decorrentes de infrações;*
> *XVIII – Conceder autorização para conduzir veículos de propulsão humana e de tração animal;*
> *XIX – Articular-se com os demais órgãos do Sistema Nacional de Trânsito no Estado, sob coordenação do respectivo Cetran;*
> *XX – Fiscalizar o nível de emissão de poluentes e ruído produzidos pelos veículos automotores ou pela sua carga, de acordo com o estabelecido no Art. 66, além de dar apoio às ações específicas de órgão ambiental local, quando solicitado;[17]*
> *XXI – Vistoriar veículos que necessitem de autorização especial para transitar (AET) e estabelecer os requisitos técnicos a serem observados para a circulação desses veículos.*
> *§ 1º As competências relativas a órgão ou entidade municipal serão exercidas no Distrito Federal por seu órgão ou entidade executivos de trânsito.*
> *§ 2º Para exercer as competências estabelecidas neste artigo, os Municípios deverão integrar-se ao Sistema Nacional de Trânsito, por meio de órgão ou entidade executivos de trânsito ou diretamente por meio da prefeitura municipal, conforme previsto no art. 333 deste Código. (NR - Lei nº 14.071/2020).[18]*
> *XXII – aplicar a penalidade de suspensão do direito de dirigir, quando prevista de forma específica para a infração cometida, e comunicar a aplicação da penalidade ao órgão máximo executivo de trânsito da União; (NR. Lei nº 14.071/2020)*
> *XXIII – criar, implantar e manter escolas públicas de trânsito, destinadas à educação de crianças e adolescentes, por meio de aulas teóricas e práticas sobre legislação, sinalização e comportamento no trânsito. (NR. Lei nº 14.071/2020)*

11.11 Circunscrição Regional de Trânsito (Ciretran)

São órgãos dos Detrans nos municípios do interior dos estados, têm a responsabilidade de exigir e impor a obediência e o devido cumprimento da legislação de trânsito, no âmbito de sua jurisdição.

Quadro-resumo dos integrantes do SNT

CTB	ÓRGÃO	SIGNIFICADO
Art. 7º, I, CTB	Contran – art. 10, CTB	Conselho Nacional de Trânsito
Art. 7º, III, CTB	Denatran – art. 19, CTB	Departamento Nacional de Trânsito
Art. 7º, III, CTB	DETRAN – art. 22, CTB	Departamento de Trânsito dos Estados e do Distrito Federal
Art. 7º, II, CTB	Cetran/Contrandife – art. 14, CTB	Conselho de Trânsito dos Estados e do Distrito Federal
Art. 7º, V, CTB	PRF – art. 20, CTB	Polícia Rodoviária Federal
Art. 7º, IV, CTB	DNIT – art. 21, CTB	Departamento Nacional de Infraestrutura de Transporte
Art. 7º, VII, CTB	Jari – art. 17, CTB	Junta Administrativa de Recurso de Infração
Art. 7º, III, CTB	Órgãos municipais – art. 24, CTB	Cada município denomina o órgão como bem entende
Art. 7º, VI, CTB	Polícia Militar – art. 23, CTB	Cada estado da federação delimita sua competência
Art. 7º, IV, CTB	Ex.: DER	Ex.: Departamento de Estrada e Rodagem

---

16 Dicas de leitura: art. 75, do CTB.
17 Dica de leitura: art. 225, da CF/1988.
Lei nº 8.723/1993: *Dispõe sobre a redução de emissão de poluentes por veículos automotores.*
18 Resolução nº 560/2015: *Dispõe sobre a integração dos órgãos e entidades executivos de trânsito e rodoviários municipais ao Sistema Nacional de Trânsito.*

12 ANEXO I - CONCEITOS E DEFINIÇÕES

Para efeito deste Código adotam-se as seguintes definições:

ACOSTAMENTO: parte da via diferenciada da pista de rolamento destinada à parada ou estacionamento de veículos, em caso de emergência, e à circulação de pedestres e bicicletas, quando não houver local apropriado para esse fim.

AGENTE DA AUTORIDADE DE TRÂNSITO: agente de trânsito e policial rodoviário federal que atuam na fiscalização, no controle e na operação de trânsito e no patrulhamento, competentes para a lavratura do auto de infração e para os procedimentos dele decorrentes, incluídos o policial militar ou os agentes referidos no art. 25-A deste Código, quando designados pela autoridade de trânsito com circunscrição sobre a via, mediante convênio, na forma prevista neste Código.

AGENTE DE TRÂNSITO: servidor civil efetivo de carreira do órgão ou entidade executivos de trânsito ou rodoviário, com as atribuições de educação, operação e fiscalização de trânsito e de transporte no exercício regular do poder de polícia de trânsito para promover a segurança viária nos termos da Constituição Federal.

AR ALVEOLAR: ar expirado pela boca de um indivíduo, originário dos alvéolos pulmonares.

AUTOMÓVEL: veículo automotor destinado ao transporte de passageiros, com capacidade para até 8 pessoas, exclusive o condutor.

AUTORIDADE DE TRÂNSITO: dirigente máximo de órgão ou entidade executivo integrante do Sistema Nacional de Trânsito (SNT) ou pessoa por ele expressamente credenciada.

ÁREA DE ESPERA: área delimitada por 2 linhas de retenção, destinada exclusivamente à espera de motocicletas, motonetas e ciclomotores, junto à aproximação semafórica, imediatamente à frente da linha de retenção dos demais veículos (incluído pela Lei nº 14.071/2020).

BALANÇO TRASEIRO: distância entre o plano vertical passando pelos centros das rodas traseiras extremas e o ponto mais recuado do veículo, considerando-se todos os elementos rigidamente fixados ao mesmo.

BICICLETA: veículo de propulsão humana, dotado de duas rodas, não sendo, para efeito deste Código, similar à motocicleta, motoneta e ciclomotor.

BICICLETÁRIO: local, na via ou fora dela, destinado ao estacionamento de bicicletas.

BONDE: veículo de propulsão elétrica que se move sobre trilhos.

BORDO DA PISTA: margem da pista, podendo ser demarcada por linhas longitudinais de bordo que delineiam a parte da via destinada à circulação de veículos.

CALÇADA: parte da via, normalmente segregada e em nível diferente, não destinada à circulação de veículos, reservada ao trânsito de pedestres e, quando possível, à implantação de mobiliário urbano, sinalização, vegetação e outros fins.

CAMINHÃO-TRATOR: veículo automotor destinado a tracionar ou arrastar outro.

CAMINHONETE: veículo destinado ao transporte de carga com peso bruto total de até 3.500 kg.

CAMIONETA: veículo misto destinado ao transporte de passageiros e carga no mesmo compartimento.

CANTEIRO CENTRAL - obstáculo físico construído como separador de duas pistas de rolamento, eventualmente substituído por marcas viárias (canteiro fictício).

CAPACIDADE MÁXIMA DE TRAÇÃO: máximo peso que a unidade de tração é capaz de tracionar, indicado pelo fabricante, baseado em condições sobre suas limitações de geração e multiplicação de momento de força e resistência dos elementos que compõem a transmissão.

CARREATA: deslocamento em fila na via de veículos automotores em sinal de regozijo, de reivindicação, de protesto cívico ou de uma classe.

CARRO DE MÃO: veículo de propulsão humana utilizado no transporte de pequenas cargas.

CARROÇA: veículo de tração animal destinado ao transporte de carga.

CATADIÓPTRICO: dispositivo de reflexão e refração da luz utilizado na sinalização de vias e veículos (olho-de-gato).

CHARRETE: veículo de tração animal destinado ao transporte de pessoas.

CICLO: veículo de pelo menos 2 rodas à propulsão humana.

CICLOFAIXA: parte da pista de rolamento destinada à circulação exclusiva de ciclos, delimitada por sinalização específica.

CICLOMOTOR: veículo de 2 ou 3 rodas, provido de motor de combustão interna, cuja cilindrada não exceda a 50 cm3, equivalente a 3,05 pol3, ou de motor de propulsão elétrica com potência máxima de 4 kW, e cuja velocidade máxima de fabricação não exceda a 50 km/h (incluído pela Lei nº 14.071/2020).

CICLOVIA: pista própria destinada à circulação de ciclos, separada fisicamente do tráfego comum.

CIRCULAÇÃO: movimentação de pessoas, animais e veículos em deslocamento, conduzidos ou não, em vias públicas ou privadas abertas ao público e de uso coletivo (incluído pela Lei nº 14.229/2021).

CONVERSÃO: movimento em ângulo, à esquerda ou à direita, de mudança da direção original do veículo.

CRUZAMENTO: interseção de duas vias em nível.

DISPOSITIVO DE SEGURANÇA: qualquer elemento que tenha a função específica de proporcionar maior segurança ao usuário da via, alertando-o sobre situações de perigo que possam colocar em risco sua integridade física e dos demais usuários da via, ou danificar seriamente o veículo.

ESTACIONAMENTO: imobilização de veículos por tempo superior ao necessário para embarque ou desembarque de passageiros.

ESTRADA: via rural não pavimentada.

ETILÔMETRO: aparelho destinado à medição do teor alcoólico no ar alveolar.

FAIXAS DE DOMÍNIO: superfície lindeira às vias rurais, delimitada por lei específica e sob responsabilidade do órgão ou entidade de trânsito competente com circunscrição sobre a via.

FAIXAS DE TRÂNSITO: qualquer uma das áreas longitudinais em que a pista pode ser subdividida, sinalizada ou não por marcas viárias longitudinais, que tenham uma largura suficiente para permitir a circulação de veículos automotores.

FISCALIZAÇÃO: ato de controlar o cumprimento das normas estabelecidas na legislação de trânsito, por meio do poder de polícia administrativa de trânsito, no âmbito de circunscrição dos órgãos e entidades executivos de trânsito e de acordo com as competências definidas neste Código.

LEGISLAÇÃO DE TRÂNSITO

FOCO DE PEDESTRES: indicação luminosa de permissão ou impedimento de locomoção na faixa apropriada.

FREIO DE ESTACIONAMENTO: dispositivo destinado a manter o veículo imóvel na ausência do condutor ou, no caso de um reboque, se este se encontra desengatado.

FREIO DE SEGURANÇA OU MOTOR: dispositivo destinado a diminuir a marcha do veículo no caso de falha do freio de serviço.

FREIO DE SERVIÇO: dispositivo destinado a provocar a diminuição da marcha do veículo ou pará-lo.

GESTOS DE AGENTES: movimentos convencionais de braço, adotados exclusivamente pelos agentes de autoridades de trânsito nas vias, para orientar, indicar o direito de passagem dos veículos ou pedestres ou emitir ordens, sobrepondo-se ou completando outra sinalização ou norma constante deste Código.

GESTOS DE CONDUTORES: movimentos convencionais de braço, adotados exclusivamente pelos condutores, para orientar ou indicar que vão efetuar uma manobra de mudança de direção, redução brusca de velocidade ou parada.

ILHA: obstáculo físico, colocado na pista de rolamento, destinado à ordenação dos fluxos de trânsito em uma interseção.

INFRAÇÃO: inobservância a qualquer preceito da legislação de trânsito, às normas emanadas do Código de Trânsito, do Conselho Nacional de Trânsito e a regulamentação estabelecida pelo órgão ou entidade executiva do trânsito.

INTERSEÇÃO: todo cruzamento em nível, entroncamento ou bifurcação, incluindo as áreas formadas por tais cruzamentos, entroncamentos ou bifurcações.

INTERRUPÇÃO DE MARCHA: imobilização do veículo para atender circunstância momentânea do trânsito.

LICENCIAMENTO: procedimento anual, relativo a obrigações do proprietário de veículo, comprovado por meio de documento específico (Certificado de Licenciamento Anual).

LOGRADOURO PÚBLICO: espaço livre destinado pela municipalidade à circulação, parada ou estacionamento de veículos, ou à circulação de pedestres, tais como calçada, parques, áreas de lazer, calçadões.

LOTAÇÃO: carga útil máxima, incluindo condutor e passageiros, que o veículo transporta, expressa em quilogramas para os veículos de carga, ou número de pessoas, para os veículos de passageiros.

LOTE LINDEIRO: aquele situado ao longo das vias urbanas ou rurais e que com elas se limita.

LUZ ALTA: facho de luz do veículo destinado a iluminar a via até uma grande distância do veículo.

LUZ BAIXA: facho de luz do veículo destinado a iluminar a via diante do veículo, sem ocasionar ofuscamento ou incômodo injustificáveis aos condutores e outros usuários da via que venham em sentido contrário.

LUZ DE FREIO: luz do veículo destinada a indicar aos demais usuários da via, que se encontram atrás do veículo, que o condutor está aplicando o freio de serviço.

LUZ INDICADORA DE DIREÇÃO (PISCA-PISCA): luz do veículo destinada a indicar aos demais usuários da via que o condutor tem o propósito de mudar de direção para a direita ou para a esquerda.

LUZ DE MARCHA À RÉ: luz do veículo destinada a iluminar atrás do veículo e advertir aos demais usuários da via que o veículo está efetuando ou a ponto de efetuar uma manobra de marcha à ré.

LUZ DE NEBLINA: luz do veículo destinada a aumentar a iluminação da via em caso de neblina, chuva forte ou nuvens de pó.

LUZ DE POSIÇÃO (lanterna): luz do veículo destinada a indicar a presença e a largura do veículo.

MANOBRA: movimento executado pelo condutor para alterar a posição em que o veículo está no momento em relação à via.

MARCAS VIÁRIAS: conjunto de sinais constituídos de linhas, marcações, símbolos ou legendas, em tipos e cores diversas, apostos ao pavimento da via.

MICROÔNIBUS: veículo automotor de transporte coletivo com capacidade para até 20 passageiros.

MOTOCICLETA: veículo automotor de 2 rodas, com ou sem side-car, dirigido por condutor em posição montada.

MOTONETA: veículo automotor de duas rodas, dirigido por condutor em posição sentada.

MOTOR-CASA (MOTOR-HOME): veículo automotor cuja carroçaria seja fechada e destinada a alojamento, escritório, comércio ou finalidades análogas.

NOITE: período do dia compreendido entre o pôr-do-sol e o nascer do sol.

ÔNIBUS: veículo automotor de transporte coletivo com capacidade para mais de 20 passageiros, ainda que, em virtude de adaptações com vista à maior comodidade destes, transporte número menor.

OPERAÇÃO DE CARGA E DESCARGA: imobilização do veículo, pelo tempo estritamente necessário ao carregamento ou descarregamento de animais ou carga, na forma disciplinada pelo órgão ou entidade executivo de trânsito competente com circunscrição sobre a via.

OPERAÇÃO DE TRÂNSITO: monitoramento técnico baseado nos conceitos de Engenharia de Tráfego, das condições de fluidez, de estacionamento e parada na via, de forma a reduzir as interferências como veículos quebrados, acidentados, estacionados irregularmente atrapalhando o trânsito, prestando socorros imediatos e informações aos pedestres e condutores.

PARADA: imobilização do veículo com a finalidade e pelo tempo estritamente necessário para efetuar embarque ou desembarque de passageiros.

PASSAGEM DE NÍVEL: todo cruzamento de nível entre uma via e uma linha férrea ou trilho de bonde com pista própria.

PASSAGEM POR OUTRO VEÍCULO: movimento de passagem à frente de outro veículo que se desloca no mesmo sentido, em menor velocidade, mas em faixas distintas da via.

PASSAGEM SUBTERRÂNEA: obra de arte destinada à transposição de vias, em desnível subterrâneo, e ao uso de pedestres ou veículos.

PASSARELA: obra de arte destinada à transposição de vias, em desnível aéreo, e ao uso de pedestres.

PASSEIO: parte da calçada ou da pista de rolamento, neste último caso, separada por pintura ou elemento físico separador, livre de interferências, destinada à circulação exclusiva de pedestres e, excepcionalmente, de ciclistas.

PATRULHAMENTO: função exercida pela Polícia Rodoviária Federal com o objetivo de garantir obediência às normas de trânsito, assegurando a livre circulação e evitando acidentes.

PATRULHAMENTO OSTENSIVO: função exercida pela Polícia Rodoviária Federal com o objetivo de prevenir e reprimir infrações penais no âmbito de sua competência e de garantir obediência às

ANEXO I - CONCEITOS E DEFINIÇÕES

normas relativas à segurança de trânsito, de forma a assegurar a livre circulação e a prevenir acidentes (incluído pela Lei nº 14.229/2021).

PATRULHAMENTO VIÁRIO: função exercida pelos agentes de trânsito dos órgãos e entidades executivos de trânsito e rodoviário, no âmbito de suas competências, com o objetivo de garantir a segurança viária nos termos do § 10 do art. 144 da Constituição Federal (incluído pela Lei nº 14.229/2021).

PERÍMETRO URBANO: limite entre área urbana e área rural.

PESO BRUTO TOTAL: peso máximo que o veículo transmite ao pavimento, constituído da soma da tara mais a lotação.

PESO BRUTO TOTAL COMBINADO: peso máximo transmitido ao pavimento pela combinação de um caminhão-trator mais seu semirreboque ou do caminhão mais seu reboque ou reboques.

PISCA-ALERTA: luz intermitente do veículo, utilizada em caráter de advertência, destinada a indicar aos demais usuários da via que o veículo está imobilizado ou em situação de emergência.

PISTA: parte da via normalmente utilizada para a circulação de veículos, identificada por elementos separadores ou por diferença de nível em relação às calçadas, ilhas ou aos canteiros centrais.

PLACAS: elementos colocados na posição vertical, fixados ao lado ou suspensos sobre a pista, transmitindo mensagens de caráter permanente e, eventualmente, variáveis, mediante símbolo ou legendas pré-reconhecidas e legalmente instituídas como sinais de trânsito.

POLICIAMENTO OSTENSIVO DE TRÂNSITO: função exercida pelas Polícias Militares com o objetivo de prevenir e reprimir atos relacionados com a segurança pública e de garantir obediência às normas relativas à segurança de trânsito, assegurando a livre circulação e evitando acidentes.

PONTE: obra de construção civil destinada a ligar margens opostas de uma superfície líquida qualquer.

REBOQUE: veículo destinado a ser engatado atrás de um veículo automotor.

REGULAMENTAÇÃO DA VIA: implantação de sinalização de regulamentação pelo órgão ou entidade competente com circunscrição sobre a via, definindo, entre outros, sentido de direção, tipo de estacionamento, horários e dias.

REFÚGIO: parte da via, devidamente sinalizada e protegida, destinada ao uso de pedestres durante sua travessia.

RENACH: Registro Nacional de Condutores Habilitados.

RENAVAM: Registro Nacional de Veículos Automotores.

RETORNO: movimento de inversão total de sentido da direção original de veículos.

RODOVIA: via rural pavimentada.

SEMIRREBOQUE: veículo de um ou mais eixos que se apoia na sua unidade tratora ou é a ela ligado por meio de articulação.

SINAIS DE TRÂNSITO: elementos de sinalização viária que se utilizam de placas, marcas viárias, equipamentos de controle luminosos, dispositivos auxiliares, apitos e gestos, destinados exclusivamente a ordenar ou dirigir o trânsito dos veículos e pedestres.

SINALIZAÇÃO: conjunto de sinais de trânsito e dispositivos de segurança colocados na via pública com o objetivo de garantir sua utilização adequada, possibilitando melhor fluidez no trânsito e maior segurança dos veículos e pedestres que nela circulam.

SONS POR APITO: sinais sonoros, emitidos exclusivamente pelos agentes da autoridade de trânsito nas vias, para orientar ou indicar o direito de passagem dos veículos ou pedestres, sobrepondo-se ou completando sinalização existente no local ou norma estabelecida neste Código.

TARA: peso próprio do veículo, acrescido dos pesos da carroçaria e equipamento, do combustível, das ferramentas e acessórios, da roda sobressalente, do extintor de incêndio e do fluido de arrefecimento, expresso em quilogramas.

TRAILER: reboque ou semirreboque tipo casa, com duas, quatro, ou seis rodas, acoplado ou adaptado à traseira de automóvel ou camionete, utilizado em geral em atividades turísticas como alojamento, ou para atividades comerciais.

TRÂNSITO: movimentação e imobilização de veículos, pessoas e animais nas vias terrestres.

TRANSPOSIÇÃO DE FAIXAS: passagem de um veículo de uma faixa demarcada para outra.

TRATOR: veículo automotor construído para realizar trabalho agrícola, de construção e pavimentação e tracionar outros veículos e equipamentos.

ULTRAPASSAGEM: movimento de passar à frente de outro veículo que se desloca no mesmo sentido, em menor velocidade e na mesma faixa de tráfego, necessitando sair e retornar à faixa de origem.

UTILITÁRIO: veículo misto caracterizado pela versatilidade do seu uso, inclusive fora de estrada.

VEÍCULO ARTICULADO: combinação de veículos acoplados, sendo um deles automotor.

VEÍCULO AUTOMOTOR: todo veículo a motor de propulsão que circule por seus próprios meios, e que serve normalmente para o transporte viário de pessoas e coisas, ou para a tração viária de veículos utilizados para o transporte de pessoas e coisas. O termo compreende os veículos conectados a uma linha elétrica e que não circulam sobre trilhos (ônibus elétrico).

VEÍCULO DE CARGA: veículo destinado ao transporte de carga, podendo transportar 2 passageiros, exclusive o condutor.

VEÍCULO DE COLEÇÃO: veículo fabricado há mais de 30 anos, original ou modificado, que possui valor histórico próprio (redação dada pela Lei nº 14.071/2020). (Vigência)

VEÍCULO CONJUGADO: combinação de veículos, sendo o primeiro um veículo automotor e os demais reboques ou equipamentos de trabalho agrícola, construção, terraplenagem ou pavimentação.

VEÍCULO DE GRANDE PORTE: veículo automotor destinado ao transporte de carga com peso bruto total máximo superior a 10 mil kg e de passageiros, superior a 20 passageiros.

VEÍCULO DE PASSAGEIROS: veículo destinado ao transporte de pessoas e suas bagagens.

VEÍCULO MISTO: veículo automotor destinado ao transporte simultâneo de carga e passageiro.

VIA: superfície por onde transitam veículos, pessoas e animais, compreendendo a pista, a calçada, o acostamento, ilha e canteiro central.

VIA DE TRÂNSITO RÁPIDO: aquela caracterizada por acessos especiais com trânsito livre, sem interseções em nível, sem acessibilidade direta aos lotes lindeiros e sem travessia de pedestres em nível.

VIA ARTERIAL: aquela caracterizada por interseções em nível, geralmente controlada por semáforo, com acessibilidade aos lotes lindeiros e às vias secundárias e locais, possibilitando o trânsito entre as regiões da cidade.

VIA COLETORA: aquela destinada a coletar e distribuir o trânsito que tenha necessidade de entrar ou sair das vias de trânsito rápido ou arteriais, possibilitando o trânsito dentro das regiões da cidade.

VIA LOCAL: aquela caracterizada por interseções em nível não semaforizadas, destinada apenas ao acesso local ou a áreas restritas.

VIA RURAL: estradas e rodovias.

VIA URBANA: ruas, avenidas, vielas, ou caminhos e similares abertos à circulação pública, situados na área urbana, caracterizados principalmente por possuírem imóveis edificados ao longo de sua extensão.

VIAS E ÁREAS DE PEDESTRES: vias ou conjunto de vias destinadas à circulação prioritária de pedestres.

VIADUTO: obra de construção civil destinada a transpor uma depressão de terreno ou servir de passagem superior.

DIREITOS HUMANOS

CONSTITUIÇÃO BRASILEIRA E TRATADOS DE DIREITOS HUMANOS

1 CONSTITUIÇÃO BRASILEIRA E TRATADOS DE DIREITOS HUMANOS

1.1 Contexto histórico

A Constituição da República Federativa do Brasil de 1988 apresenta em seu corpo, principalmente no Título I (Dos Princípios Fundamentais) e no Título II (Dos Direitos e Garantias Fundamentais), os conceitos de Direitos Humanos que foram historicamente construídos.

Para isso, os Tratados Internacionais de Direitos Humanos foram fundamentais na formação ideológica e sociocultural no contexto da Assembleia Nacional Constituinte de 1987, momento da gênese de nossa Carta Magna.

Antes de abordarmos os Tratados Internacionais de Direitos Humanos e sua relação com a Legislação brasileira e a Constituição, é necessário entendermos o que são Tratados Internacionais.

> **Tratados Internacionais:** segundo a Convenção de Viena (1969), configura um Tratado Internacional um acordo entre duas partes ou mais em âmbito internacional concretizado e formalizado por meio de texto escrito, com ciência de função de efeitos jurídicos no plano internacional. É o mecanismo pelo qual os Estados estabelecem obrigações para si em âmbito internacional e coparticipativo.

Na conjuntura histórica dos ataques à vida humana, das diversas atrocidades e atentados cometidos contra os seres humanos durante a Segunda Guerra Mundial e logo após seu fim, em guerras pontuais, a comunidade internacional passou a:

▷ Estabelecer ações que visavam punir os próprios Estados em casos de violação dos Direitos Humanos;
▷ Relativizar a Soberania dos Estados envolvidos que, a partir dos Tratados, colocavam seus acordos internacionais acima de suas vontades particulares.

Dentre as atrocidades ocorridas durante a Segunda Guerra Mundial estão:

▷ **Genocídio:** aproximadamente seis milhões de judeus mortos em campos de concentração.
▷ **Tortura e crueldade:** a polícia militar japonesa (*Kempeitai*) a serviço do Império, aplicava técnicas de tortura em prisioneiros como lascas de metal marteladas embaixo das unhas e ferro em brasa nas genitálias.
▷ **Crimes de guerra:** prisioneiros alemães na Noruega foram obrigados a limpar campos minados. O saldo foi de 392 feridos e 275 mortos.
▷ **Estupros:** o Exército Vermelho estuprou milhares de alemãs; os militares japoneses usavam mulheres capturadas em guerra como escravas sexuais.

O breve século XX fez emergir, então, o Direito Internacional dos Direitos Humanos. Era a resposta que a comunidade internacional daria:

▷ Aos Estados devastados pela guerra e que almejavam um futuro de paz;
▷ Às violações aos Direitos Humanos ocorridos em alta escala durante a guerra;
▷ Aos países como mecanismo de prevenção contra tentativas de uma nova guerra.

Apesar do movimento mundial pós-guerra, de todo empenho entre as nações para consolidar acordos e tratados que mantivessem o respeito à dignidade humana e aos Direitos Humanos e prevenissem outra "catástrofe bélica" como havia sido a Segunda Guerra Mundial, o Brasil só começou a participar intensamente do corpo internacional dos Direitos Humanos a partir de 1985, quando o país voltou a dar passos no retorno à Democracia.

Vários Tratados, Pactos e Convenções foram ratificados pelo Brasil. As propostas trazidas pela Carta Constitucional de 1988, evidenciando os Direitos Humanos como norteadores das relações internacionais, exibiram uma nova forma de compreensão a respeito desses direitos. Temos, então, uma clara relação entre Direitos Humanos e Processo de Democratização do Estado brasileiro.

1.2 A redemocratização e os tratados internacionais de Direitos Humanos

Juntamente com a necessidade de afirmação democrática, em 1985, tem início no Brasil o processo de ratificação de diversos Tratados Internacionais de Direitos Humanos. Seu ponto inicial foi a ratificação em 1989 da Convenção contra a Tortura e outros Tratamentos cruéis, Desumanos ou Degradantes.

Art. 5º, § 3º, CF/1988 Os tratados e as convenções internacionais sobre direitos humanos que forem aprovados, em cada Casa do Congresso Nacional, em dois turnos, por três quintos dos votos dos respectivos membros, serão equivalentes às emendas constitucionais.

Problema: os Tratados Internacionais anteriores à Emenda Constitucional nº 45/2004 teriam força de Emenda Constitucional com sistema de votação de maioria simples. Isto significa que haveria um ferimento no processo legislativo ao utilizar processo de votação para leis ordinárias elegendo Emendas Constitucionais.

Solução: os tratados e as convenções internacionais sobre direitos humanos incorporados ao ordenamento jurídico brasileiro pela forma comum, ou seja, sem observar o disposto no art. 5º, § 3º, da Constituição Federal, possuem, segundo a posição que prevaleceu no Supremo Tribunal Federal, *status* supralegal, mas infraconstitucional.

> **Norma supralegal:** está acima das leis, mas abaixo da Constituição Federal.
>
> **Rito ordinário:** maioria simples (todos os tratados anteriores à EC nº 45/2004).
>
> **Rito de emenda:** maioria qualificada (3/5, 2 turnos, 2 casas do Congresso Nacional).

O Direito Constitucional, depois de 1988, passou a contar com relações diferenciadas frente ao Direito Internacional dos Direitos Humanos. A visão da supralegalidade deste último encontra amparo em vários dispositivos constitucionais (art. 4º, art. 5º, §§ 2º ao 4º, CF/1988).

1.3 Localização dos tratados internacionais dos Direitos Humanos na pirâmide de Hans Kelsen

A pirâmide de Hans Kelsen é uma teoria que caminha entre a Filosofia e o Direito e que se baseia na criação de uma hierarquia entre as leis. Dessa forma, quando houver um possível conflito legal, a pirâmide de Hans Kelsen pode ser utilizada para verificar o grau de prioridade das leis em discussão.

DIREITOS HUMANOS

Dessa forma, os Tratados Internacionais dos Direitos Humanos, dentro de um contexto legal, também integram o *corpus* legislativo. Daí a importância de se entender como localizar e priorizar as diferentes leis sobre um determinado assunto.

A Constituição Federal de 1988 é um marco de ruptura com o processo jurídico ditatorial dos anos que a precederam. Neste sentido, os diversos vínculos nela existentes com os Direitos Humanos podem ser evidenciados em toda redação jurídica constitucional:

▷ **Dignidade da pessoa humana:** art. 1º, III.
▷ **Interação entre o direito brasileiro e os Tratados Internacionais de Direitos Humanos:** art. 5º, § 2º.
▷ **Sobre julgamento de causas relativas aos Direitos Humanos:** art. 109, V.

Ao considerarmos os Tratados Internacionais e seu encontro com a legislação constitucional brasileira, podemos extrair como conclusão de que a natureza do Direito encontrado no Tratado Internacional poderá:

▷ **Gerar conflitos entre um TIDH e o Direito interno:** se, na existência de conflito entre um Direito interno e os Direitos Internacionais dos Direitos Humanos, a conclusão a que chegamos é a de que sempre prevalece a norma que melhor beneficia os direitos da pessoa humana.

> **CF/1988 (art. 5º, LXVII):**
> Não haverá prisão civil por dívida, salvo a do responsável pelo inadimplemento voluntário e inescusável de obrigação alimentícia e a do depositário infiel.
>
> **Pacto de San José de Costa Rica (art. 7, VII):**
> Ninguém deve ser detido por dívidas. Este princípio não limita os mandatos de autoridade judiciária competente expedidos em virtude de inadimplemento de obrigação alimentar.

▷ Identificar-se com um direito já presente na Constituição. Exemplo:

> **CF/1988 (art. 5º, III):**
> Ninguém será submetido à tortura ou a tratamento desumano ou degradante.
>
> **Documentos Internacionais:**
> Art. 5º Declaração Universal dos Direitos Humanos (1948).
> Art. 7º Pacto Internacional de Direitos Civis e Políticos (1966).
> Art. 5º Convenção Americana de Direitos Humanos (1969).

▷ Complementar e aumentar o território dos direitos previstos constitucionalmente. Exemplo:

> Direito de toda pessoa a um nível de vida adequado para si próprio e sua família inclusive à alimentação, vestimenta e moradia.
> **Art. 11** Pacto Internacional dos Direitos Econômicos, Sociais e Culturais.
>
> Proibição de qualquer propaganda em favor da guerra.
> **Art. 20** Pacto Internacional dos Direitos Civis e Políticos.

1.3.1 Fases de incorporação

Primeira fase (celebração): é o ato de celebração do tratado, convenção ou ato internacional, para posteriormente e internamente o parlamento decidir sobre sua viabilidade, conveniência e oportunidade. Essa etapa compete privativamente ao Presidente da República, pois a este cabe celebrar todos os tratados e atos internacionais (art. 84, VIII, CF/1988). No Brasil, concedem-se poderes de negociação de convenções internacionais a pessoas específicas, ou seja, aqueles considerados aptos para negociar em nome do Presidente da República: os Chefes de Missões Diplomáticas, sob a responsabilidade do Ministério das Relações Exteriores. Com isso, exime-se o Chefe de Estado de negociação corriqueira no âmbito das relações internacionais.

Segunda fase (aprovação parlamentar): é de competência exclusiva do Congresso Nacional, pois cabe a este resolver definitivamente sobre tratados, acordos ou atos internacionais que acarretam encargos ou compromissos gravosos ao patrimônio nacional (art. 49, I, CF/1988). Se o Congresso Nacional concordar com a celebração do ato internacional, elabora-se um decreto legislativo, de acordo com o art. 59, VI da Constituição Federal, que é o instrumento adequado para referendar e aprovar a decisão do Chefe do Executivo, dando-se a este uma carta branca para ratificar ou aderir ao tratado.

Terceira fase (ratificação pelo presidente): com o objetivo de incorporar o tratado e, a partir daí, passar a ter efeitos no ordenamento jurídico interno, é a fase em que o Presidente da República, mediante decreto, promulga o texto, publicando-o em português, em órgão da imprensa oficial, dando-se, pois, ciência e publicidade da ratificação da assinatura já lançada. Com a promulgação do tratado, esse ato normativo passa a ser aplicado de forma geral e obrigatória.

A doutrina mais moderna de direito internacional defende uma força mais expressiva dos tratados e convenções sobre a legislação infraconstitucional. Defende-se, inclusive, uma equivalência entre normas constitucionais e tratados, especialmente aqueles que versarem sobre direitos humanos, de maneira que, afora o controle de constitucionalidade, o intérprete deve ainda verificar se o caso sob análise está de acordo com a "legislação" internacional (controle de convencionalidade).

1.4 Declaração Universal dos Direitos Humanos (DUDH)

O período que sucedeu a Segunda Guerra Mundial carregou consigo a memória viva das grandes atrocidades experimentadas em um conflito sangrento e de proporções alarmantes. A barbárie imposta pelos nazistas, consolidada sobre a lógica da "supremacia racial", fez com que o mundo se colocasse diante de situações de absoluta desumanidade em que os direitos mais básicos do ser humano eram negados, restando-lhe a fome, a falta de liberdade, o trabalho forçado, o sofrimento e a morte. Contudo, a consolidação das potências bélicas, vitoriosas da grande guerra, resultou no encabeçamento de um movimento que traria respeito e segurança aos direitos humanos, garantindo-lhes proteção em qualquer tempo e lugar.

A Organização das Nações Unidas (ONU), constituída por 58 Estados-membros em sua origem, entre eles o Brasil, em 10 de dezembro de 1948 instituiu, por meio da Resolução 217 A (III), a Declaração Universal dos Direitos Humanos (DUDH). Quando foi editada, era apenas uma recomendação, não possuía força vinculante. Este posicionamento, no entanto, não é mais adequado porque décadas após a Resolução que criou a DUDH, os Tribunais Internacionais consideram que essa Resolução pode ser vista como espelho do costume internacional de proteção dos Direitos Humanos.

Constituído por 30 artigos, o documento traz a defesa dos direitos básicos para a promoção da dignidade humana. Sem distinção de cor, nacionalidade, orientação sexual, política ou religiosa, a Resolução visa impedir as arbitrariedades dos indivíduos e dos Estados que firam os Direitos Humanos:

> *Considerando que o reconhecimento da dignidade inerente a todos os membros da família humana e de seus direitos iguais e inalienáveis é o fundamento da liberdade, da justiça e da paz no mundo,*
>
> *Considerando que o desprezo e o desrespeito pelos direitos humanos resultam em atos bárbaros que ultrajam a consciência da humanidade e que o advento de um mundo em que os homens gozem de liberdade de palavra, descrença e da liberdade de viverem a salvo do temor e da necessidade foi proclamado como a mais alta aspiração do homem comum, [...]*

CONSTITUIÇÃO BRASILEIRA E TRATADOS DE DIREITOS HUMANOS

Considerando que os povos das Nações Unidas reafirmaram, na Carta, sua fé nos direitos humanos fundamentais, na dignidade e no valor da pessoa humana e na igualdade de direitos dos homens e das mulheres, e que decidiram promover o progresso social e melhores condições de vida em uma liberdade mais ampla,

Considerando que uma compreensão comum desses direitos e liberdades é da mais alta importância para o pleno cumprimento desse compromisso.

Trechos retirados do Preâmbulo da DUDH, 1948.

Outros trechos da DUDH:

▷ **Objetivo:**

A presente Declaração Universal dos Direitos Humanos como o ideal comum a ser atingido por todos os povos e todas as nações, com o objetivo de que cada indivíduo e cada órgão da sociedade, tendo sempre em mente esta Declaração, se esforce, através do ensino e da educação, por promover o respeito a esses direitos e liberdades, e, pela adoção de medidas progressivas de caráter nacional e internacional, por assegurar o seu reconhecimento e a sua observância universal e efetiva, tanto entre os povos dos próprios Estados-Membros, quanto entre os povos dos territórios sob sua jurisdição.

▷ **Medidas progressivas:** não é intenção da Declaração Universal dos Direitos Humanos que suas medidas sejam compreendidas e estabelecidas de maneira absoluta.

▷ **Declaração dos Direitos do Homem e do Cidadão, 1789.**

Artigo 1 Todos os seres humanos nascem livres e iguais em dignidade e direitos. São dotados de razão e consciência e devem agir em relação uns aos outros com espírito de fraternidade.

▷ **Nenhum pré-requisito é motivo de distinção entre cidadãos em relação ao direito.**

Artigo 2

1. Todo ser humano tem capacidade para gozar os direitos e as liberdades estabelecidos nesta Declaração, sem distinção de qualquer espécie, seja de raça, cor, sexo, língua, religião, opinião política ou de outra natureza, origem nacional ou social, riqueza, nascimento, ou qualquer outra condição.

2. Não será também feita nenhuma distinção fundada na condição política, jurídica ou internacional do país ou território a que pertença uma pessoa, quer se trate de um território independente, sob tutela, sem governo próprio, quer sujeito a qualquer outra limitação de soberania.

Artigo 3

▷ **Vedação à escravidão. Para alguns autores, temos um direito que se reveste de caráter absoluto.**

Artigo 4

Ninguém será mantido em escravidão ou servidão; a escravidão e o tráfico de escravos serão proibidos em todas as suas formas.

▷ **Base para os remédios constitucionais.**

Artigo 8

Todo ser humano tem direito a receber dos tribunais nacionais competentes remédio efetivo para os atos que violem os direitos fundamentais que lhe sejam reconhecidos pela constituição ou pela lei.

▷ **Presunção de inocência e reserva legal.**

Artigo 11

1. Todo ser humano acusado de um ato delituoso tem o direito de ser presumido inocente até que a sua culpabilidade tenha sido provada de acordo com a lei, em julgamento público no qual lhe tenham sido asseguradas todas as garantias necessárias à sua defesa.

2. Ninguém poderá ser culpado por qualquer ação ou omissão que, no momento, não constituíam delito perante o direito nacional ou internacional. Também não será imposta pena mais forte do que aquela que, no momento da prática, era aplicável ao ato delituoso.

Em alguns artigos da DUDH, é possível verificar os principais **direitos tutelados** (grifos nossos):

Artigo 5

*Ninguém será submetido à tortura nem a tratamento ou **castigo cruel, desumano** ou **degradante**.*

Artigo 6

Todo ser humano tem o direito de ser, em todos os lugares, reconhecido como pessoa perante a lei.

Artigo 7

*Todos são iguais perante a lei e têm direito, sem qualquer distinção, a igual proteção da lei. **Todos têm direito a igual proteção contra qualquer discriminação** que viole a presente Declaração e contra qualquer incitamento a tal discriminação.*

Artigo 13

*1. Todo ser humano tem direito à **liberdade de locomoção** e residência dentro das fronteiras de cada Estado.*

2. Todo ser humano tem o direito de deixar qualquer país, inclusive o próprio, e a este regressar.

Artigo 14

*1. Todo ser humano, vítima de perseguição, **tem o direito de procurar e de gozar asilo em outros países**.*

2. Este direito não pode ser invocado em caso de perseguição legitimamente motivada por crimes de direito comum ou por atos contrários aos objetivos e princípios das Nações Unidas.

Artigo 15

*1. Todo ser humano tem **direito a uma nacionalidade**.*

2. Ninguém será arbitrariamente privado de sua nacionalidade, nem do direito de mudar de nacionalidade.

Artigo 16

*1. Os homens e mulheres de maior idade, sem qualquer restrição de raça, nacionalidade ou religião, têm o **direito de contrair matrimônio e fundar uma família**. Gozam de iguais direitos em relação ao casamento, sua duração e sua dissolução.*

2. O casamento não será válido senão com o livre e pleno consentimento dos nubentes.

*3. A **família** é o núcleo natural e fundamental da sociedade e **tem direito à proteção da sociedade e do Estado**.*

Artigo 17

*1. Todo ser humano tem **direito à propriedade**, só ou em sociedade com outros.*

2. Ninguém será arbitrariamente privado de sua propriedade.

Artigo 20

*1. Todo ser humano tem direito à **liberdade de reunião e associação pacífica**.*

2. Ninguém pode ser obrigado a fazer parte de uma associação.

Artigo 21

*1. Todo ser humano tem **direito de tomar parte no governo de seu** país diretamente ou por intermédio de representantes livremente escolhidos.*

*2. Todo ser humano tem igual direito de **acesso ao serviço público** do seu país.*

*3. A **vontade do povo** será a base da autoridade do governo; esta vontade será expressa em **eleições periódicas e legítimas**, por **sufrágio universal**, por **voto secreto** ou processo equivalente que assegure a liberdade de voto.*

Artigo 26

*1. Todo ser humano tem **direito à instrução**. A instrução será **gratuita, pelo menos nos graus elementares e fundamentais**. A instrução elementar será **obrigatória**. A instrução técnico-profissional será acessível a todos, bem como a **instrução superior**, está **baseada no mérito**.*

*2. A instrução **será orientada no sentido do pleno desenvolvimento da personalidade humana e do fortalecimento do respeito pelos direitos humanos e pelas liberdades fundamentais**. A instrução promoverá a compreensão, a tolerância e a amizade entre todas as nações e grupos raciais ou religiosos, e coadjuvará as atividades das Nações Unidas em prol da manutenção da paz.*

DIREITOS HUMANOS

1.4.1 Considerações sobre a Declaração Universal dos Direitos Humanos

▷ Quando a Declaração Universal dos Direitos Humanos começou a ser pensada, o mundo ainda sentia os efeitos da Segunda Guerra Mundial, encerrada em 1945.

▷ Outros documentos já haviam sido redigidos em reação a tratamentos desumanos e injustiças, como a Declaração de Direitos Inglesa (elaborada em 1689, após as Guerras Civis Inglesas, para pregar a democracia) e a Declaração dos Direitos do Homem e do Cidadão (redigida em 1789, após a Revolução Francesa, a fim de proclamar a igualdade para todos).

▷ Depois da Segunda Guerra e da criação da Organização das Nações Unidas (também em 1945), líderes mundiais decidiram complementar a promessa da comunidade internacional de nunca mais permitir atrocidades como as que haviam sido vistas na guerra. Assim, elaboraram um guia para garantir os direitos de todas as pessoas e em todos os lugares do globo.

▷ O documento foi apresentado na primeira Assembleia Geral da ONU em 1946 e repassado à Comissão de Direitos Humanos para que fosse usado na preparação de uma declaração internacional de direitos. Na primeira sessão da comissão em 1947, seus membros foram autorizados a elaborar o que foi chamado de "esboço preliminar da Declaração Internacional dos Direitos Humanos".

▷ Um comitê formado por membros de oito países recebeu a declaração e se reuniu pela primeira vez em 1947. Ele foi presidido por Eleanor Roosevelt, viúva do presidente americano Franklin D. Roosevelt. O responsável pelo primeiro esboço da declaração, o francês René Cassin, também participou.

▷ O primeiro rascunho da Declaração Universal dos Direitos Humanos, que contou com a participação de mais de 50 países na redação, foi apresentado em setembro de 1948 e teve seu texto final redigido em menos de dois anos.

1.4.2 Declaração Universal dos Direitos Humanos e a legislação brasileira

▷ Podemos afirmar que houve uma clara violação dos Direitos Humanos durante 21 anos (1964 a 1985).

▷ Temos uma violação desigual que atinge a sociedade em diferentes níveis.

▷ A Emenda Constitucional nº 01/1969 alterou o Texto Constitucional, formando, na prática, uma nova Constituição (referente a Constituição de 1967).

▷ Em 1984, como resposta à repressão imposta pela Constituição de 1967 aos Direitos Políticos, surgiu o movimento "Diretas Já", que reivindicava a volta das eleições diretas no Brasil para eleger o Presidente da República. No primeiro momento, o movimento não logrou êxito plenamente, pois a primeira eleição após o regime militar foi indireta, realizada pelo Congresso. Entretanto, obteve bom resultado quando, nestas eleições, devolveu o governo à sociedade civil.

▷ A Constituição de 1988, conhecida como "Constituição Cidadã", é a que melhor representa a harmonia do Brasil com os Direitos Humanos atualmente. Pela própria estrutura da Constituição, a forma pela qual é escrita e a organização dos artigos, percebemos maior destaque aos Direitos Humanos: eles aparecem logo nas primeiras linhas do texto constitucional, a demonstrar que o constituinte quis garanti-los e fazer deles a base para a sociedade que nascia a partir daquele momento.

▷ Logo no primeiro artigo, encontramos como fundamento da República Federativa do Brasil a "dignidade da pessoa humana", os "valores sociais do trabalho e da livre iniciativa" e o "pluralismo político". Isto prova que a nova ordem social, acolhida e inaugurada pela Constituição, rompia com aquela criada em 1967, e valorizava os direitos sociais, trabalhistas e políticos. É, porém, no art. 5º da Carta de 1988, que encontramos o maior leque de direitos garantidos; são direitos individuais e coletivos, direitos civis e instrumentos de controle judiciário da vida social e de limitações ao direito estatal de punir. É um grande avanço comparado à Constituição anterior.

1.5 Convenção Americana de Direitos Humanos (Pacto de São José da Costa Rica)

1.5.1 Considerações gerais sobre a Convenção Americana de Direitos Humanos

É um Tratado Internacional entre os países membros da Organização dos Estados Americanos (OEA) firmado durante a Conferência Interamericana Especializada de Direitos Humanos em 22 de novembro de 1969 na cidade de San José da Costa Rica (país).

Possui **82 artigos**, incluindo as disposições transitórias, que estabelecem os direitos fundamentais da pessoa humana, como o direito à vida, à liberdade, à dignidade, à integridade pessoal e moral, à educação, entre outros.

Tem como **objetivo** promover a garantia dos direitos fundamentais da pessoa humana: direito à liberdade, à vida, à dignidade, à integridade pessoal, proibir a escravidão e a servidão humana, afirmar a liberdade de consciência e liberdade de orientação religiosa, além de garantir os direitos e proteção da família.

Este Tratado busca afirmar que os direitos essenciais da dignidade humana resultam da condição humana e não de sua nacionalidade. Ou seja, em qualquer lugar, o ser humano possui os mesmos direitos essenciais, sem qualquer tipo de discriminação.

O governo brasileiro depositou a carta de adesão a essa convenção em 25 de setembro de 1992. Portanto, a Convenção Americana sobre Direitos Humanos (Pacto de São José da Costa Rica) entrou em vigor, para o Brasil, em 25 de setembro de 1992, conforme o disposto no segundo parágrafo de seu art. 74. A promulgação veio com o Decreto nº 678, de 06 de novembro de 1992.

> *Artigo 74, 2 A ratificação desta Convenção ou a adesão a ela efetuar-se-á mediante depósito de um instrumento de ratificação ou de adesão na Secretaria-Geral da Organização dos Estados Americanos. Esta Convenção entrará em vigor logo que onze Estados houverem depositado os seus respectivos instrumentos de ratificação ou de adesão. **Com referência a qualquer outro Estado que a ratificar ou que a ela aderir ulteriormente, a Convenção entrará em vigor na data do depósito do seu instrumento de ratificação ou de adesão.** (grifo nosso).*

> **Fique ligado**
>
> Segundo a Emenda Constitucional nº 45/2004, sobre a reforma no Poder Judiciário, os tratados referentes aos direitos humanos passam a vigorar imediatamente e tornam-se equiparados às normas constitucionais.

Modo de aprovação: três quintos dos votos na Câmara dos Deputados e no Senado, em dois turnos em cada casa. Vale lembrar que o Pacto de São José da Costa Rica é anterior à referida emenda.

CONSTITUIÇÃO BRASILEIRA E TRATADOS DE DIREITOS HUMANOS

PARTE I - DEVERES DOS ESTADOS E DIREITOS PROTEGIDOS

Capítulo I: Enumeração de Deveres
Art. 1 Obrigação de respeitar os direitos.
Art. 2 Dever de adotar disposições de direito interno.

Capítulo II: Direitos Civis e Políticos
Art. 3 Direito ao reconhecimento da personalidade jurídica.
Art. 4 Direito à vida.
Art. 5 Direito à integridade pessoal.
Art. 6 Proibição da escravidão e da servidão.
Art. 7 Direito à liberdade pessoal.
Art. 8 Garantias judiciais.
Art. 9 Princípios da legalidade e da retroatividade.
Art. 10 Direito à indenização.
Art. 11 Proteção da honra e dignidade.
Art. 12 Liberdade de consciência e religião.
Art. 13 Liberdade de pensamento e de expressão.
Art. 14 Direito da retificação ou resposta.
Art. 15 Direito à reunião.
Art. 16 Liberdade de associação.
Art. 17 Proteção da família.
Art. 18 Direito ao nome.
Art. 19 Direitos da criança.
Art. 20 Direito à nacionalidade.
Art. 21 Direito à propriedade privada.
Art. 22 Direito de circulação e de residência.
Art. 23 Direitos políticos.
Art. 24 Igualdade perante a lei.
Art. 25 Proteção judicial.

Capítulo III: Direitos Econômicos, Sociais e Culturais.
Art. 26 Desenvolvimento progressivo.

Capítulo IV: Suspensão de Garantias, garantias e aplicação.
Art. 27 Suspensão de garantias.
Art. 28 Cláusula federal.
Art. 29 Normas de interpretação.
Art. 30 Alcance das restrições.
Art. 31 Reconhecimento de outros direitos.

Capítulo V: Deveres das Pessoas.
Art. 32 Correlação entre deveres e direitos.

PARTE II - MEIOS DA PROTEÇÃO

Capítulo VI: Órgãos Competentes
Art. 33 São competentes para conhecer dos assuntos relacionados com o cumprimento dos compromissos assumidos pelos Estados-Partes dessa convenção:
a) a Comissão Interamericana de Direitos Humanos, doravante denominada a Comissão; e
b) a Corte Interamericana de Direitos Humanos, doravante denominada a Corte.

Capítulo VII: Comissão Interamericana de Direitos Humanos (CIDH)
Art. 34 A Comissão Interamericana de Direitos Humanos compor-se-á de sete membros, que deverão ser pessoas de alta autoridade moral e de reconhecido saber em matéria de direitos humanos.
Art. 35 A Comissão representa todos os membros da Organização dos Estados Americanos.
Art. 36 Dos membros da comissão.
Art. 37 Da Eleição dos membros da comissão e do tempo de mandato.
Art. 38 Das Vagas.
Art. 39 Do Estatuto da Comissão.
Art. 40 Dos servidores de secretaria da Comissão.
Art. 41 Da principal função da Comissão.
Art. 42 Dos relatórios dos Estados-Partes.
Art. 43 Das informações dos Estados-Partes.
Art. 44 Dos órgãos não governamentais.
Art. 45 Do reconhecimento da Comissão como representante dos Estados-Partes.
Art. 46 Dos requisitos para apresentação de petição à Comissão.
Art. 47 Da inadmissibilidade das petições apresentadas à Comissão.
Art. 48 Dos procedimentos após aceitação de petição pela Comissão.
Art. 49 Do procedimento (fim amistoso) pós-resolução de problemas pela Comissão.
Art. 50 Do procedimento (fim não amistoso) pós-resolução de problemas pela Comissão.
Art. 51 Dos procedimentos e limites temporais estabelecidos aos Estados pela Comissão.

Capítulo VIII: Corte Interamericana de Direitos Humanos.
Art. 52 Da composição da Corte.
Art. 53 Da eleição para juízes da Corte.
Art. 54 Do tempo de mandato dos juízes da corte.
Art. 55 Da Nacionalidade dos Juízes.
Art. 56 Da formação de quórum pelos juízes.
Art. 57 Da Comissão e da Corte.
Art. 58 Da Sede da Corte.
Art. 59 Da Secretaria da Corte.
Art. 60 Da elaboração do Estatuto pela Corte.
Art. 61 Do direito de submeter decisões à Corte.
Art. 62 Do reconhecimento da competência da Corte pelos Estados-Partes.
Art. 63 Das Garantias da Corte aos Estados-Partes.
Art. 64 Da relação entre Estados-Partes e a Corte.
Art. 65 Do relatório sobre as atividades da Corte.
Art. 66 Dos fundamentos de um processo na Corte.
Art. 67 Da Sentença da Corte.
Art. 68 Do Comprometimento com a Corte por parte dos Estados-Partes.
Art. 69 Das Sentenças da Corte.

Capítulo IX: Disposições Comuns
Art. 70 Das Condições de Juízes e da Corte.
Art. 71 Da incompatibilidade das atividades dos juízes com outras atividades.
Art. 72 Dos Gastos com Juízes e membros da Corte.
Art. 73 Das Sanções à Corte ou aos Juízes.

PARTE III - DISPOSIÇÕES GERAIS E TRANSITÓRIAS.

Capítulo X: Assinatura, Ratificação, Reserva, Emenda, Protocolo e Denúncia.
Art. 74 Da adesão e da Ratificação à Convenção.
Art. 75 Da Condição de objeto de reserva.
Art. 76 Das propostas de emenda à Convenção.
Art. 77 Dos projetos de protocolo por parte dos Estados- Partes.
Art. 78 Da Denúncia pelos Estados-Partes.

Capítulo XI: Disposições Transitórias
Art. 79 da apresentação dos membros dos Estados-Partes à convenção
Art. 80 Da eleição dos membros da comissão.
Art. 81 Da apresentação dos Estados-Partes.
Art. 82 Das eleições dos juízes da corte.

Os Estados signatários da Convenção de São José da Costa Rica se comprometem a respeitar os direitos e liberdades reconhecidas pela Convenção, algo essencial para o Direito Internacional e as relações diplomáticas entre os países.

Da mesma forma, os Estados Membros estão dispostos a tomar atitudes legais para que direitos acordados no Tratado sejam respeitados por todos os componentes.

DIREITOS HUMANOS

A Convenção ainda estabelece um desenvolvimento progressivo dos direitos econômicos, sociais e culturais, de acordo com os recursos disponíveis. Esse é um meio encontrado para que as nações se tornem cada vez menos desiguais em um mundo cada vez mais globalizado.

O cumprimento e a proteção dos direitos humanos ficam sob a tutela de dois órgãos criados pela convenção: Comissão Interamericana dos Direitos Humanos e a Corte Interamericana dos Direitos Humanos.

1.5.2 Comissão Interamericana de Direitos Humanos (arts. 34 a 51)

A Comissão é o órgão principal da OEA, cuja função primordial é promover a observância e a defesa dos direitos humanos, além de servir como órgão consultivo nessa matéria, incorporando a sua estrutura básica por meio da sua inclusão na Carta da Organização. Compõe-se de sete membros que deverão ser pessoas de alta autoridade moral e de reconhecido saber em matéria de direitos humanos. Os membros da Comissão são eleitos a título pessoal, pela Assembleia Geral da Organização, de uma lista de candidatos propostos pelos governos dos Estados membros. Cada um dos referidos governos pode propor até três candidatos, nacionais do Estado que os propuser ou de qualquer outro Estado membro da Organização dos Estados Americanos. Quando proposta uma lista de três candidatos, pelo menos um deles deverá ser nacional de Estado diferente do proponente.

Os membros da Comissão são eleitos por quatro anos e só poderão ser reeleitos uma vez. Não pode integrar a Comissão mais de um nacional de um mesmo Estado. A Comissão tem a função principal de promover a observância e a defesa dos direitos humanos e, no exercício do seu mandato, tem as seguintes funções e atribuições:

▷ Estimular a consciência dos direitos humanos nos povos da América.
▷ Formular recomendações aos governos dos Estados membros, quando o considerar conveniente, no sentido de que adotem medidas progressivas em prol dos direitos humanos no âmbito de suas leis internas e seus preceitos constitucionais, bem como disposições apropriadas para promover o devido respeito a esses direitos.
▷ Preparar os estudos ou relatórios que considerar convenientes para o desempenho de suas funções.
▷ Solicitar aos governos dos Estados membros que lhe proporcionem informações sobre as medidas que adotarem em matéria de direitos humanos.
▷ Atender às consultas que, por meio da Secretaria-Geral da Organização dos Estados Americanos, lhe formularem os Estados membros sobre questões relacionadas aos direitos humanos e, dentro de suas possibilidades, prestar-lhes o assessoramento que eles lhe solicitarem.
▷ Atuar com respeito às petições e outras comunicações, no exercício de sua autoridade, conforme o disposto nos arts. 44 a 51 da Convenção Americana de Direitos Humanos.
▷ Apresentar um relatório anual à Assembleia Geral da Organização dos Estados Americanos.

Qualquer pessoa ou grupo de pessoas, ou entidade não governamental legalmente reconhecida em um ou mais Estados membros da Organização, pode apresentar à Comissão petições que contenham denúncias ou queixas de violação desta Convenção por um Estado Parte.

1.5.3 Corte Interamericana de Direitos Humanos (arts. 52 a 73)

A Corte é um órgão de caráter jurisdicional criado pela Convenção com o objetivo de supervisionar o seu cumprimento, com uma função complementar àquela conferida pela mesma Convenção à Comissão. Com sede em São José, capital da Costa Rica, integra o Sistema Interamericano de Direitos Humanos. É um dos três Tribunais regionais de proteção dos Direitos Humanos, ao lado do Tribunal Europeu de Direitos Humanos e a Corte Africana de Direitos Humanos e dos Povos. Sua primeira reunião foi realizada em 1979, na sede da Organização dos Estados Americanos (OEA), em Washington, EUA.

A Corte é composta de sete juízes, nacionais dos Estados membros da Organização, eleitos a título pessoal dentre juristas da mais alta autoridade moral, de reconhecida competência em matéria de direitos humanos, que reúnam as condições requeridas para o exercício das mais elevadas funções judiciais, de acordo com a lei do Estado do qual sejam nacionais, ou do Estado que os propuser como candidatos. Não deve haver dois juízes da mesma nacionalidade.

Os juízes da Corte são eleitos, em votação secreta e pelo voto da maioria absoluta dos Estados Partes na Convenção, na Assembleia Geral da Organização, de uma lista de candidatos propostos pelos mesmos Estados. Cada um dos Estados Partes pode propor até três candidatos, nacionais do Estado que os propuser ou de qualquer outro Estado membro da Organização dos Estados Americanos. Quando se propuser uma lista de três candidatos, pelo menos um deles deverá ser nacional de Estado diferente do proponente. Os juízes da Corte serão eleitos por um período de seis anos e só poderão ser reeleitos uma vez. Somente os Estados Partes e a Comissão têm direito de submeter caso à decisão da Corte.

A Corte tem competência para conhecer de qualquer caso relativo à interpretação e aplicação das disposições da Convenção Americana de Direitos Humanos que lhe seja submetido, desde que os Estados Partes no caso tenham reconhecido ou reconheçam a referida competência. Quando decidir que houve violação de um direito ou liberdade protegidos nesta Convenção, a Corte determinará que se assegure ao prejudicado o gozo do seu direito ou liberdade violados. Determinará, também, se isso for procedente, que sejam reparadas as consequências da medida ou situação que haja configurado a violação desses direitos, além do pagamento de indenização justa à parte lesada.

Em casos de extrema gravidade e urgência, e quando se fizer necessário evitar danos irreparáveis às pessoas, a Corte, nos assuntos de que estiver conhecendo, poderá tomar as medidas provisórias consideradas pertinentes. Se se tratar de assuntos que ainda não estiverem submetidos ao seu conhecimento, poderá atuar a pedido da Comissão.

LEGISLAÇÃO ESPECIAL

1 LEI Nº 12.037/2009 - LEI DE IDENTIFICAÇÃO CRIMINAL

A identificação é o emprego de meios adequados para determinar a identidade ou a não identidade. É a descrição de uma pessoa que quer se fazer reconhecer. Identificar-se significa dar conhecimento acerca da pessoa, possibilitando a persecução criminal e a legitimidade nos polos ativo e passivo.

Para a CF/1988 (art. 5º, LVIII), basta a identificação civil para que a pessoa seja identificada, não submetendo o indivíduo à identificação criminal. Identificar criminalmente significa expor a pessoa à situação que, muitas vezes, causa constrangimento (fotografia sinalética, captura de digitais, banco de DNA etc.).

Vamos entender como a identificação se dará no Brasil.

Art. 1º O civilmente identificado não será submetido a identificação criminal, salvo nos casos previstos nesta Lei.

A lei fala sobre identificação civil, o que significa identificar-se mediante o uso de documentos oficiais. Assim, o art. 2º pauta quais são os documentos idôneos para comprovar a identificação.

Art. 2º A identificação civil é atestada por qualquer dos seguintes documentos:

I – carteira de identidade;

II – (Revogado pela Medida Provisória nº 905/2019);

III – carteira profissional;

IV – passaporte;

V – carteira de identificação funcional;

VI – outro documento público que permita a identificação do indiciado.

Parágrafo único. Para as finalidades desta Lei, equiparam-se aos documentos de identificação civis os documentos de identificação militares.

Como se percebe, a regra é a não realização da identificação criminal. No entanto, existem hipóteses excepcionais que legitimam a identificação criminal, ainda que haja a identificação civil. São elas:

Art. 3º Embora apresentado documento de identificação, poderá ocorrer identificação criminal quando:

I – o documento apresentar rasura ou tiver indício de falsificação;

II – o documento apresentado for insuficiente para identificar cabalmente o indiciado;

III – o indiciado portar documentos de identidade distintos, com informações conflitantes entre si;

IV – a identificação criminal for essencial às investigações policiais, segundo despacho da autoridade judiciária competente, que decidirá de ofício ou mediante representação da autoridade policial, do Ministério Público ou da defesa;

V – constar de registros policiais o uso de outros nomes ou diferentes qualificações;

VI – o estado de conservação ou a distância temporal ou da localidade da expedição do documento apresentado impossibilite a completa identificação dos caracteres essenciais.

Parágrafo único. As cópias dos documentos apresentados deverão ser juntadas aos autos do inquérito, ou outra forma de investigação, ainda que consideradas insuficientes para identificar o indiciado.

Art. 4º Quando houver necessidade de identificação criminal, a autoridade encarregada tomará as providências necessárias para evitar o constrangimento do identificado.

Art. 5º A identificação criminal incluirá o processo datiloscópico e o fotográfico, que serão juntados aos autos da comunicação da prisão em flagrante, ou do inquérito policial ou outra forma de investigação.

Parágrafo único. Na hipótese do inciso IV do art. 3º, a identificação criminal poderá incluir a coleta de material biológico para a obtenção do perfil genético.

A coleta de material biológico para banco de dados de perfis genéticos leva em conta a coleta mediante uso de *swab* oral, com captura de células da mucosa da parede da bochecha. No entanto, o sangue também pode ser fonte de material genético, mas hoje não é a primeira escolha, por se tratar de um procedimento invasivo.

Art. 5º-A Os dados relacionados à coleta do perfil genético deverão ser armazenados em banco de dados de perfis genéticos, gerenciado por unidade oficial de perícia criminal.

§ 1º As informações genéticas contidas nos bancos de dados de perfis genéticos NÃO poderão revelar traços somáticos ou comportamentais das pessoas, EXCETO determinação genética de GÊNERO, consoante as normas constitucionais e internacionais sobre direitos humanos, genoma humano e dados genéticos.

§ 2º Os dados constantes dos bancos de dados de perfis genéticos terão CARÁTER SIGILOSO, respondendo civil, penal e administrativamente aquele que permitir ou promover sua utilização para fins diversos dos previstos nesta Lei ou em decisão judicial.

§ 3º As informações obtidas a partir da coincidência de perfis genéticos deverão ser consignadas em laudo pericial firmado por perito oficial devidamente habilitado.

Art. 6º É vedado mencionar a identificação criminal do indiciado em atestados de antecedentes ou em informações não destinadas ao juízo criminal, antes do trânsito em julgado da sentença condenatória.

Art. 7º No caso de não oferecimento da denúncia, ou sua rejeição, ou absolvição, é facultado ao indiciado ou ao réu, após o arquivamento definitivo do inquérito, ou trânsito em julgado da sentença, requerer a retirada da identificação fotográfica do inquérito ou processo, desde que apresente provas de sua identificação civil.

1.1 Exclusão do banco de perfis genéticos

Art. 7º-A A exclusão dos perfis genéticos dos bancos de dados ocorrerá:

I – no caso de absolvição do acusado; ou

II – no caso de condenação do acusado, mediante requerimento, após decorridos 20 (vinte) anos do cumprimento da pena.

Art. 7º-B A identificação do perfil genético será armazenada em banco de dados sigiloso, conforme regulamento a ser expedido pelo Poder Executivo.

1.2 Banco nacional multibiométrico

Art. 7º-C Fica autorizada a criação, no Ministério da Justiça e Segurança Pública, do Banco Nacional Multibiométrico e de Impressões Digitais.

§ 1º A formação, a gestão e o acesso ao Banco Nacional Multibiométrico e de Impressões Digitais serão regulamentados em ato do Poder Executivo federal.

§ 2º O Banco Nacional Multibiométrico e de Impressões Digitais tem como objetivo armazenar dados de registros biométricos, de impressões digitais e, quando possível, de íris, face e voz, para subsidiar investigações criminais federais, estaduais ou distritais.

§ 3º O Banco Nacional Multibiométrico e de Impressões Digitais será integrado pelos registros biométricos, de impressões digitais, de íris, face e voz colhidos em investigações criminais ou por ocasião da identificação criminal.

§ 4º Poderão ser colhidos os registros biométricos, de impressões digitais, de íris, face e voz dos presos provisórios ou definitivos quando não tiverem sido extraídos por ocasião da identificação criminal.

§ 5º Poderão integrar o Banco Nacional Multibiométrico e de Impressões Digitais, ou com ele interoperar, os dados de registros constantes em quaisquer bancos de dados geridos por órgãos dos Poderes Executivo, Legislativo e Judiciário das esferas federal, estadual e distrital, inclusive pelo Tribunal Superior Eleitoral e pelos Institutos de Identificação Civil.

LEI Nº 12.037/2009 - LEI DE IDENTIFICAÇÃO CRIMINAL

§ 6º No caso de bancos de dados de identificação de natureza civil, administrativa ou eleitoral, a integração ou o compartilhamento dos registros do Banco Nacional Multibiométrico e de Impressões Digitais será limitado às impressões digitais e às informações necessárias para identificação do seu titular.

§ 7º A integração ou a interoperação dos dados de registros multibiométricos constantes de outros bancos de dados com o Banco Nacional Multibiométrico e de Impressões Digitais ocorrerá por meio de acordo ou convênio com a unidade gestora.

§ 8º Os dados constantes do Banco Nacional Multibiométrico e de Impressões Digitais terão caráter sigiloso, e aquele que permitir ou promover sua utilização para fins diversos dos previstos nesta Lei ou em decisão judicial responderá civil, penal e administrativamente.

§ 9º As informações obtidas a partir da coincidência de registros biométricos relacionados a crimes deverão ser consignadas em laudo pericial firmado por perito oficial habilitado.

§ 10 É vedada a comercialização, total ou parcial, da base de dados do Banco Nacional Multibiométrico e de Impressões Digitais.

§ 11 A autoridade policial e o Ministério Público poderão requerer ao juiz competente, no caso de inquérito ou ação penal instaurados, o acesso ao Banco Nacional Multibiométrico e de Impressões Digitais.

Art. 8º Esta Lei entra em vigor na data de sua publicação.

Art. 9º Revoga-se a Lei nº 10.054, de 7 de dezembro de 2000.

Brasília, 1o de outubro de 2009; 188º da Independência e 121º da República.

2 LEI Nº 8.069/1990 - ESTATUTO DA CRIANÇA E DO ADOLESCENTE

2.1 Direito da criança e do adolescente

Inicialmente, o Estatuto da Criança e do Adolescente possui como conceito formal ser um conjunto de leis e princípios, que tem o objetivo de proteger de forma integral o melhor interessa a criança e ao adolescente.

Quando falamos do ponto de vista material, vemos o Estado exercendo um meio de garantir de forma efetiva a proteção dos direitos fundamentais da criança e do adolescente presentes no ECA. Assim, o ECA está inserido no âmbito do Direito Público, possuindo a competência concorrente.

2.2 Fases do direito da criança e do adolescente

O Direito da Infância e Juventude teve quatro fases principais:
1) fase da absoluta indiferença,
2) fase da mera imputação penal,
3) fase tutelar e
4) fase da proteção integral.

A seguir, veremos um resumo de cada uma dessas fases.

▷ **Fase da absoluta indiferença:** nesse momento, não havia preocupação direta com os direitos da criança e adolescentes por parte do Estado. Assim, não existiam normas regulamentadoras de direitos e deveres, tendo os pais o poder absoluto da vida de seus filhos, sem interferência legislativa ou social.

▷ **Fase da mera imputação penal:** aqui, o Direito veio como forma de reprimir os menores infratores. Dessa forma, em 1603 regiam as Ordenações Filipinas (o Código Legal português que possuía penalidade penal a partir de 7 anos); depois, entrou em vigor, em 1830, o Código Penal do império, no qual fixou a imputabilidade plena aos 14 anos, vindo assim o ordenamento de 1927, que imputou uma nova fase.

▷ **Fase da doutrina da situação irregular:** essa fase trouxe o menor como objeto do Direito, havendo uma discriminação gerada pela ligação de carência e delinquência, na qual o Estado intervia apenas com crianças e adolescentes em situação irregular.

É importante destacarmos que nesse momento ligava-se o menor carente (pobre ou abandonado) à condição de infrator, o que gerava ação apenas nessas condições, não havendo distinção entre os infantes. Assim, o Estado poderia retirar o menor do convívio de sua família, tendo em vista dificuldade financeira, ou seja, não se gerava meios de ajuda a família, retirava-se o menor do chamado "problema social".

Nesse momento, o destino desses menores caberia diretamente ao juiz, exercendo uma função judicial e normativa forte, uma vez que o juiz poderia editar atos normativos.

▷ **Fase da doutrina da proteção integral:** a Constituição Federal de 1988 (CF/88), junto ao ECA, trouxe a proteção integral da criança e do adolescente. O art. 1º do ECA diz que a lei trata da proteção integral da criança e do adolescente.

Ainda, o art. 227, caput, da CF/88 diz que:

> Art. 227 É dever da família, da sociedade e do Estado assegurar à criança, ao adolescente e ao jovem, com absoluta prioridade, o direito à vida, à saúde, à alimentação, à educação, ao lazer, à profissionalização, à cultura, à dignidade, ao respeito, à liberdade e à convivência familiar e comunitária, além de colocá-los a salvo de toda forma de negligência, discriminação, exploração, violência, crueldade e opressão.

Dessa forma, uma nova luz pairou sobre direito da criança e do adolescente, não mais como objeto e, sim, como ente principal dos cuidados e proteção da sociedade.

Nessa fase, diferente das demais, as normas se ampliaram a todos os menores de 18 anos, não ocorrendo mais a discriminação de nascimento, situação familiar, idade, sexo, raça, etnia/cor, religião/crença, deficiência, condição pessoal de desenvolvimento e aprendizagem, condição econômica, ambiente social, região e local de moradia ou outra condição que diferencie as pessoas, as famílias ou a comunidade em que vivem, conforme o art. 3º do ECA.

Ainda nesse contexto, o art. 4º, parágrafo único do ECA, observa a garantia de prioridade, ou seja, a primazia de receber proteção e socorro em quaisquer circunstâncias, bem como a preferência na formulação e na execução das políticas sociais e destinação privilegiada de recursos públicos.

Aqui, busca-se o melhor interesse para criança e ao adolescente, analisando o caso concreto e aplicando o que melhor se adeque ao "menor" (expressão antiquada uma vez que é familiarizada ao código de menores) e não mais aos pais e familiares.

2.3 Conceito de criança e de adolescente

A definição de criança e adolescente encontra-se no art. 2º do ECA, no qual criança é a pessoa até 12 anos de idade incompletos; já o adolescente possui entre 12 e 18 anos de idade. A distinção realizada pelo ECA é importante tendo em vista a regulamentação dos institutos, por exemplo, a medida socioeducativa, a qual se aplica apenas aos adolescentes.

2.4 Direitos Fundamentais

Com o novo olhar trazido pelo ECA, a criança e o adolescente passaram ser sujeitos de direito, gozando de direitos fundamentais da pessoa humana, além de direitos à pessoa em condição de desenvolvimento, sendo estes específicos a criança e ao adolescente. Vejamos:

▷ direito à liberdade, ao respeito e à dignidade;
▷ direito à convivência familiar e comunitária;
▷ direito à educação, à cultura, ao esporte e ao lazer;
▷ direito à profissionalização e proteção ao trabalho.

2.5 Direito à vida e à saúde

É o principal direito de todo ser humano, sendo um direito dos infantes. É o que garante a existência, separando a concepção da morte encefálica (morte cerebral), que, para a Medicina e o Judiciário, é o momento em que se encerrada a vida humana.

Assim, o direito à vida abraça a proteção da integridade corporal e psíquica, vedando os maus-tratos, a tortura, as penas degradantes e hediondas e protegendo a honra, a imagem e a privacidade. Para a criança e ao adolescente, o direito à vida é ampliado, uma vez que o infante necessita de acesso livre ao lazer e a convivência familiar.

O direito à saúde vem atrelado ao direito à vida, tendo em vista que ele preserva a integridade física e mental, prevenindo doenças e realizando tratamentos.

Para garantir o direito à vida e à saúde, é necessária a aplicação de políticas públicas que permitam condições dignas desde a concepção à maior idade, conforme o art. 7 do ECA.

Importante ressaltar que o direito à vida não é o direito a sobreviver. Para reconhecermos o direito à vida, devemos reconhecer o direito à saúde, ao lazer e à convivência em família, pois o direito à vida requer uma vida digna.

Nesse contexto, o legislador preocupou-se com os direitos da mulher, visando a uma gestação saudável e planejada, criando programas e políticas de saúde pública para a educação e o planejamento reprodutivo, criando ainda o acompanhamento gestacional do início ao puerpério, contando com a amplitude da alimentação ao conforto para o nascimento seguro e humanizado em hospitais públicos. Aqui, o direito ao pré-natal e perinatal são devidos ao nascituro, sendo implementados mesmo contra a vontade da gestante

Dessa forma, o ECA, em seu art. 9º, exigiu que o Poder Público garantisse condições adequadas ao aleitamento materno, incluindo mães em situação privativa de liberdade. Ainda, a CF/1988 em seu art. 5º, inciso L, estabelece que a mãe presidiária possa permanecer com seu filho durante o período de amamentação. Mais uma vez, destaca-se que o direito é do nascituro e não da mãe.

O art. 11 do ECA trata do acesso ao Sistema Único de Saúde, que inclui, além de atendimento médico e tratamentos, a vacinação, o fornecimento de medicamentos, próteses e qualquer outra tecnologia assistia, bem como a saúde odontológica.

Interligado ao art. 11, o art. 12 prevê o direito ao acompanhamento de um responsável ao infante em caso de internação, não abrangendo somente a figura dos pais ou tutor.

O art. 13 do ECA trata da suspeita de maus-tratos, segundo o qual é necessário comunicar obrigatoriamente o Conselho Tutelar em caso suspeita ou confirmação de castigo físico, de tratamento cruel ou degradante ou de maus tratos contra criança ou adolescente. A atual redação deu-se em razão ao caso do menino Bernardo,[1] (refere-se ao assassinato do menino de 11 anos Bernardo Ugolina, ocorrido em 4 de abril de 2014, por meio de superdose em do medicamento Midazolam, que lhe foi dado pela madrasta) sendo criada a Lei nº 13.010/2014, que ficou conhecida como Lei do Menino Bernardo ou Lei da Palmada, que resguarda o direito de a criança e o adolescente serem educados sem castigo físico ou tratamento degradante.

2.6 Direito à liberdade, ao respeito e à dignidade

2.6.1 Direito à liberdade

O art. 16 do ECA exemplifica os aspectos do direito à liberdade dos infantes:

> **Art. 16** *O direito à liberdade compreende os seguintes aspectos:*
> *I – Ir e vir e estar nos logradouros públicos e espaços comunitários, ressalvadas as restrições legais;*
> *II – Opinião e expressão;*
> *III – Crença e culto religioso;*
> *IV – Brincar, praticar esportes e divertir-se;*
> *V – Participar da vida familiar e comunitária, sem discriminação;*
> *VI – Participar da vida política, na forma da lei;*
> *VII – Buscar refúgio, auxílio e orientação.*

No que tange o direito de ir e vir, conforme explicito no art.16, I do ECA, deve-se observar as restrições legais, por exemplo, os arts. 83 a 85 do ECA, sendo restrições necessárias à integridade do infante. Já no inciso II, do mesmo artigo, vemos o direito à opinião e expressão, sendo este o direito a expressar-se intelectualmente, comunicar-se, inclusive artisticamente, expressando seus pensamentos e emitindo opiniões.

> **Fique ligado**
>
> A liberdade de crença e culto, abordada no inciso III do art. 16, compreende o direito de escolha à sua própria religião, incluindo o direito a não possuir fé ou crença religiosa.

Um assunto delicado, no entanto, são as testemunhas de Jeová, pois não aceitam receber transfusão de sangue. Aqui, vemos o direito à vida e à crença religiosa se encontrando; nesse caso, a maioria doutrinária entende que a religião não pode se sobrepor ao direito à vida, não podendo, assim, ocorrer a recusa dos pais ou responsáveis à realização da transfusão. No entanto, há uma corrente minoritária que entende que essa decisão caberia ao infante.

O inciso IV trata do direito de brincar, praticar esportes e divertir-se. Esse direito determina que o Estado proporcione lazer adequado aos infantes, como parques ou atividades gratuitas.

Quando falamos sobre participar da vida familiar e comunitária, sem discriminação, devemos entender que compreende a família natural e todos os demais, não apenas pai e mãe; quando falamos em comunidade, devemos entender que a criança deve ser acolhida por todos, e poder sair e socializar sem sofrer discriminações ou abusos.

No que tange a vida política, não falamos aqui de quando o pai ou a mãe leva o filho a urna para apertar o botão de votação e, sim, de quando o adolescente completa seus 16 anos e cria maturidade política, o que lhe faculta o direito de dar início a sua capacidade eleitoral.

Chegamos agora à liberdade ao refúgio, ao auxílio e à orientação. Isso significa que o infante tem o direito a sair de situações que lhe fazem mal e ser refugiado, auxiliado e orientado da melhor forma possível. Ex. o infante que sai de casa ao sofrer abusos. Nesse caso, o Estado deve lhe propiciar abrigo e auxílio com orientações de profissionais especializados, visando levar ao esclarecimento e melhor interesse.

2.6.2 Direito ao respeito

O art. 17 do ECA traz em seu texto os aspectos do direito ao respeito imposto aos infantes.

> **Art. 17** *O direito ao respeito consiste na inviolabilidade da integridade física, psíquica e moral da criança e do adolescente, abrangendo a preservação da imagem, da identidade, da autonomia, dos valores, ideias e crenças, dos espaços e objetos pessoais.*

Aqui, o legislador preocupou-se, mais uma vez, com a inviolabilidade física, psíquica e moral do infante, demonstrando assim o respeito aos direitos da personalidade, deixando expressa a inviolabilidade da imagem, da identidade, das ideias e crenças, dos objetos pessoais.

Vemos como exemplo do direito ao respeito, o segredo de justiça que é imposto em qualquer processo que tenha como parte infantes.

2.6.3 Direito à dignidade

Ao falamos sobre o direito à dignidade, é normal remetermos nosso pensamento diretamente aos direitos humanos e à dignidade da pessoa humana. No entanto, nesse momento "abraçamos" no ECA a proteção integral da criança e do adolescente, uma vez que o infante nessa fase passou a ser reconhecido e protegido pelo Estado.

O legislador passou a proteger o infante de qualquer forma de tratamento desumano, violento, que lhe cause medo ou sofrimento, até mesmo os que lhe causem vergonha.

Assim, não se admitem castigos físicos, humilhações, terror psicológico, nem mesmo se feito pelos pais, pois, como vimos anteriormente, a Lei nº 13.010/2014 inseriu no ECA a proibição a tais castigos.

---

1 Referente ao assassinato do menino Bernardo Ugolina, de 11 anos, ocorrido em 4 de abril de 2014, por meio de superdose do medicamento Midazolam, que lhe foi dado por sua madrasta.

Assim, em caso de castigo físico que cause lesão corporal, será o autor enquadrado no art. 129 do Código Penal e haverá punição com base neste, bem como se responsável pelo infante correrá o risco de perder sua guarda.

2.7 Direito à convivência familiar

Inicialmente, devemos destacar que quando falamos sobre convivência familiar, falamos apenas em pai e mãe; a convivência estende-se aos avós, tios, primos, entre outros. Essa convivência é a garantia de um ambiente adequado ao desenvolvimento do infante de forma integral.

Vejamos a classificação de família pelo art. 25 do ECA:

> **Art. 25** *Entende-se por família natural a comunidade formada pelos pais ou qualquer deles e seus descendentes.*
>
> **Parágrafo único.** *Entende-se por família extensa ou ampliada aquela que se estende para além da unidade pais e filhos ou da unidade do casal, formada por parentes próximos com os quais a criança ou adolescente convive e mantém vínculos de afinidade e afetividade.*

O ECA visa sempre ao melhor interesse da criança e do adolescente. Nessa linha, entende-se que se manter no núcleo família ou próximo a ele sempre será o melhor, sendo a preferência auxiliar a família e reestabelecer a convivência.

Aqui, podemos incluir família cujos pais estejam em situação privativa de liberdade, em que o ECA prevê a convivência por visitas.

Podemos ver que a diferença histórica é gigante, pois antigamente retirava-se o menor do problema e hoje resolve-se o núcleo do problema para manter o infante próximo à sua família.

Excepcionalmente, caso a convivência do núcleo familiar natural (pai e mãe) não seja o melhor interesse ao infante, ele será inserido no núcleo familiar extensivo ou, em último caso, em família substituta conforme art. 28 do ECA.

2.7.1 Família substituta

A família substituta é a solução temporária para retirar o infante de uma situação de risco, conforme art. 98 do ECA, sendo o acolhimento de forma familiar ou institucional, conforme art. 101, incisos VII e VIII.

> **Art. 101** *Verificada qualquer das hipóteses previstas no art. 98, a autoridade competente poderá determinar, dentre outras, as seguintes medidas: [...]*
>
> *VII – Acolhimento institucional;*
>
> *VIII – Inclusão em programa de acolhimento familiar;*

O acolhimento família é a retirada do infante de uma situação de risco, na qual o mesmo é levado para um lar de alguma família previamente cadastrada junto ao judiciário, como solução temporária para o manter em segurança, e posteriormente reintegrá-lo ao seio familiar. Durante o acolhimento a família acolhedora receberá um valor para cuidar do infante.

Já no acolhimento institucional, o infante é levado a um "abrigo" ou entidade de atendimento.

A permanência desses infantes no acolhimento é avaliada a cada 3 meses, em que há a tentativa de reintrodução no núcleo familiar.

2.7.2 Entrega de recém-nascido para adoção

Ocorre a entrega do recém-nascido para a adoção quando a gestante não se sente preparada para iniciar o vínculo materno. Dessa forma, a entrega da criança para a adoção visa inclui-la em um núcleo familiar seguro, no qual ela se desenvolverá integralmente. No entanto, o ECA, em seu art. 19-A, prevê hipóteses em que a adoção é irregular, como a escolha de um adotante específico.

Assim, quando a mãe manifesta seu interesse em entregar seu bebê à adoção, é feita uma avaliação psicológica com uma equipe profissional da vara da infância e juventude, no intuito de entender o motivo e identificar um possível estado puerperal.

Ainda, são analisadas a indicação paterna ou família extensa que tenha o interesse em cuidar do infante e receber sua guarda, uma vez que o ECA preza pelo melhor interesse da criança e do adolescente. Caso não ocorra interesse familiar, o infante será enviado ao acolhimento para futura adoção.

Tenha atenção – sempre – ao art. 48 do ECA, uma vez que ele trata do direito do adotado de conhecer sua origem. Vejamos:

> **Art. 48** *O adotado tem direito de conhecer sua origem biológica, bem como de obter acesso irrestrito ao processo no qual a medida foi aplicada e seus eventuais incidentes, após completar 18 (dezoito) anos.*

2.7.3 Programa de apadrinhamento

Existem duas formas de apadrinhamento: afetivo e financeiro.

▷ **Apadrinhamento afetivo:** tenta promover um vínculo afetivo entre o infante e as pessoas da comunidade que se interessam pelo apadrinhamento. Tem o intuito de criar um laço de carinho, segurança e amor, uma vez que o infante em situação de espera para adoção não possui um vínculo familiar estável. Assim, o apadrinhamento busca suprir esse vínculo afetivo, fazendo com que o infante socialize com a família do padrinho e habitue-se com datas comemorativas, passeios etc.

▷ **Apadrinhamento financeiro:** é o ato de ajudar com uma contribuição mensal para cobrir os gastos financeiros do infante, não sendo necessário o contato direto, apenas o custeio de seus gastos.

O ECA estabelece ainda as regras para apadrinhar:

> **Art. 19-B** *A criança e ao adolescente em programa de acolhimento institucional ou familiar poderão participar de programa de apadrinhamento.*
>
> *§ 1º O apadrinhamento consiste em estabelecer e proporcionar à criança e ao adolescente vínculos externos à instituição para fins de convivência familiar e comunitária e colaboração com o seu desenvolvimento nos aspectos social, moral, físico, cognitivo, educacional e financeiro.*
>
> *§ 2º Podem ser padrinhos ou madrinhas pessoas maiores de 18 (dezoito) anos não inscritas nos cadastros de adoção, desde que cumpram os requisitos exigidos pelo programa de apadrinhamento de que fazem parte.*
>
> *§ 3º Pessoas jurídicas podem apadrinhar criança ou adolescente a fim de colaborar para o seu desenvolvimento.*
>
> *§ 4º O perfil da criança ou do adolescente a ser apadrinhado será definido no âmbito de cada programa de apadrinhamento, com prioridade para crianças ou adolescentes com remota possibilidade de reinserção familiar ou colocação em família adotiva.*
>
> *§ 5º Os programas ou serviços de apadrinhamento apoiados pela Justiça da Infância e da Juventude poderão ser executados por órgãos públicos ou por organizações da sociedade civil.*
>
> *§ 6º Se ocorrer violação das regras de apadrinhamento, os responsáveis pelo programa e pelos serviços de acolhimento deverão imediatamente notificar a autoridade judiciária competente.*

2.7.4 Poder familiar

O poder familiar é o conjunto de direitos e deveres que tem o intuito de prezar pela proteção segurança, educação, e desenvolvimento integral da criança e do adolescente, sendo ele atribuído aos pais mesmo que de filhos adotados ou fora do casamento.

Dessa forma, o poder familiar é um múnus público, ou seja, é um poder-dever (é um poder que gera a obrigação de zelar pelo desenvolvimento integral do infante). Além disso, é irrenunciável, tendo em vista que não há como abrir mão dele; é inalienável, ou seja, não pode ser transferido; é imprescritível, tendo em vista que não possuem validade; e é incompatível com a tutela, ou seja, não pode ser nomeado algum tutor.

Vejamos o rol exemplificativo dos deveres inerentes ao poder familiar de acordo com o art. 1.634 do CC:

> *Art. 1.634 Compete a ambos os pais, qualquer que seja a sua situação conjugal, o pleno exercício do poder familiar, que consiste em, quanto aos filhos:*
>
> *I – Dirigir-lhes a criação e a educação;*
>
> *II – Exercer a guarda unilateral ou compartilhada nos termos do art. 1.584;*
>
> *III – Conceder-lhes ou negar-lhes consentimento para casarem;*
>
> *IV – Numera-lhes tutor por testamento ou documento autêntico, se o outro dos pais não lhe sobreviver, ou o sobrevivo não puder exercer o poder familiar;*
>
> *V – Conceder-lhes ou negar-lhes consentimento para mudarem sua residência permanente para outro Município;*
>
> *VI – Numera-lhes tutor por testamento ou documento autêntico, se o outro dos pais não lhe sobreviver, ou o sobrevivo não puder exercer o poder familiar;*
>
> *VII – Representá-los judicial e extrajudicialmente até os 16 (dezesseis) anos, nos atos da vida civil, e assisti-los, após essa idade, nos atos em que forem partes, suprindo-lhes o consentimento;*
>
> *VIII – Reclamá-los de quem ilegalmente os detenha;*
>
> *IX – Exigir que lhes prestem obediência, respeito e os serviços próprios de sua idade e condição.*

Ainda, neste mesmo raciocínio, perderá o poder familiar aquele que praticar algum dos atos descritos no art. 1.638 do CC:

> *Parágrafo único. Perderá também por ato judicial o poder familiar aquele que:*
>
> *I - Praticar contra outrem igualmente titular do mesmo poder familiar:*
>
> *a) Homicídio, feminicídio ou lesão corporal de natureza grave ou seguida de morte, quando se tratar de crime doloso envolvendo violência doméstica e familiar ou menosprezo ou discriminação à condição de mulher;*
>
> *b) Estupro ou outro crime contra a dignidade sexual sujeito à pena de reclusão;*
>
> *II - Praticar contra filho, filha ou outro descendente:*
>
> *a) Homicídio, feminicídio ou lesão corporal de natureza grave ou seguida de morte, quando se tratar de crime doloso envolvendo violência doméstica e familiar ou menosprezo ou discriminação à condição de mulher;*
>
> *b) Estupro, estupro de vulnerável ou outro crime contra a dignidade sexual sujeito à pena de reclusão.*

Portanto, o poder familiar é destituído apenas em casos de crime doloso contra outro titular do poder familiar ou contra os filhos.

2.7.5 Família substituta

Quando falamos em família substituta, estamos falando da retirada de um infante da sua família natural para a inserção em uma nova família, sempre em prol do melhor interesse ao infante, podendo ser atribuída a guarda, a tutela ou a adoção àquela família.

Assim, quando possível, o infante é ouvido por uma equipe profissional, e sua opinião é respeitada. No entanto, sempre objetivando do melhor interesse e levando-se em conta a afinada de parentesco, e manter grupos de irmãos juntos, sempre observando o art. 29 do ECA, in versus:

> *Art. 29 Não se deferirá colocação em família substituta a pessoa que revele, por qualquer modo, incompatibilidade com a natureza da medida ou não ofereça ambiente familiar adequado.*

2.7.6 Guarda

A guarda pode ser definida como um poder, temporário ou definitivo, de um adulto com um infante no intuito de prezar pelo bem-estar físico e psíquico do infante, bem como a responsabilidade quanto às necessidades dele, sendo o infante dependente do guardião para todos os fins. Existem diversas formas de guarda. Dentre elas, destacam-se pela doutrina:

▷ **Guarda de fato:** é a guarda sem autorização, o chamado guardião não possui nenhum vínculo formal com o infante e não é seu responsável legal.

▷ **Guarda provisória:** a guarda provisória é uma transição judicial decorrente do pedido de tutela ou adoção.

▷ **Guarda definitiva:** nesse caso, o processo judicial é simples e puramente de guarda, não objetivando uma tutela ou adoção, sendo comum em casos de avós que cuidam se seus netos.

▷ **Guarda subsidiada:** é a guarda concedida em casos de acolhimento regulamenta pelo art. 34 do ECA.

▷ **Guarda derivada:** deferida em casos de pedido de tutela. Uma vez que quem detém a tutela detém a guarda.

▷ **Guarda peculiar:** visa suprir a falta eventual dos pais e se encontra prevista no art. 33, § 2º do ECA.

2.7.7 Tutela

A tutela é o momento em que o infante passa a ser de total responsabilidade legal do tutor, ou seja, ocorre o fim do poder familiar, sendo por perda ou suspensão desse poder. Geralmente, a tutela ocorre em caso de falecimento dos pais, ou com pais ausentes.

O tutor poderá ser nomeado em testamento pelos pais ou até mesmo por declaração de vontade, possuindo após a abertura da sucessão 30 dias para se manifestar judicialmente, no entanto, o juiz irá decidir em face do melhor interesse ao infante.

2.7.8 Adoção

Na adoção, retira-se totalmente o vínculo familiar, inserindo o infante em família substituta, quando não há mais meios de manter o vínculo familiar, sendo um ato jurídico em sentido estrito, conferindo ao infante o direito ao sobrenome, herança e formação de vínculo irrevogável.

> **ATENÇÃO**
>
> Importante ressaltar que a adoção se dá apenas por meio judicial!

Dessa forma, existem as seguintes espécies de adoção:

▷ **Adoção conjunta ou bilateral:** quando há um casal para a adoção, havendo rompimento do vínculo familiar materno e paterno.

▷ **Adoção unilateral:** quando o companheiro da mãe ou a do pai adota o filho do cônjuge.

▷ **Adoção póstuma:** quando o adotante falece no decorrer do processo, no entanto, a adoção é finalizada, pois houve manifestação de vontade.

▷ **Adoção intuito personae:** quando os pais escolhem diretamente a família substituta para quem entregarão o infante (Lei nº 12.010/2009), visando evitar que ocorressem favorecimentos ou até mesmo promessas de recompensa pela entrega do infante, restringiu esta forma de adoção, sendo permitidas apenas nos casos do art. 50, § 13 do ECA.

- **Adoção internacional:** quando o adotante é domiciliado fora do Brasil.
- **Adoção à brasileira:** quando o adotante registra o filho de outro como próprio, sendo caracterizado como crime perante o art. 242 do CP/40.

O ECA também estabelece alguns requisitos em seus artigos para a adoção.

> *Art. 42 Podem adotar os maiores de 18 (dezoito) anos, independentemente do estado civil.*
>
> *Art. 43 A adoção será deferida quando apresentar reais vantagens para o adotando e fundar-se em motivos legítimos.*
>
> *Art. 45 A adoção depende do consentimento dos pais ou do representante legal do adotando.*
>
> *§ 1º O consentimento será dispensado em relação à criança ou adolescente cujos pais sejam desconhecidos ou tenham sido destituídos do pátrio poder, poder familiar.*
>
> *Art. 46 A adoção será precedida de estágio de convivência com a criança ou adolescente, pelo prazo máximo de 90 (noventa) dias, observadas a idade da criança ou adolescente e as peculiaridades do caso.*

Além destes requisitos, é necessário o prévio cadastro do adotante no Cadastro Nacional de Adoção, passando por todas as etapas de preparação psicológica e jurídica.

Após as etapas, ocorrerá a sentença de deferimento da adoção, que possui natureza constitutiva, criando o vínculo com a nova família e destituindo o vínculo anterior, sendo feito um novo registro de nascimento, constando o nome dos adotantes e do infante.

2.8 Direito à educação, à cultura, ao esporte e ao lazer

Um dos principais direitos do infante, que lhe garante o desenvolvimento pleno, é o direito a educação. Tal direito consta no art. 205 da CF/1988, que prevê a educação como direito de todos e dever do Estado e da família, e no art. 6º do ECA, que prevê a educação como um direito fundamental.

Vejamos o art. 54 do ECA:

> *Art. 54 É dever do Estado assegurar à criança e ao adolescente:*
>
> *I – Ensino Fundamental, obrigatório e gratuito, inclusive para os que a ele não tiveram acesso na idade própria;*
>
> *II – Progressiva extensão da obrigatoriedade e gratuidade ao ensino médio;*
>
> *III – Atendimento educacional especializado aos portadores de deficiência, preferencialmente na rede regular de ensino;*
>
> *IV – (Revogado)*
>
> *IV – Atendimento em creche e pré-escola às crianças de zero a cinco anos de idade;*
>
> *V – Acesso aos níveis mais elevados do ensino, da pesquisa e da criação artística, segundo a capacidade de cada um;*
>
> *VI – Oferta de ensino noturno regular, adequado às condições do adolescente trabalhador;*
>
> *VII – Atendimento no Ensino Fundamental, através de programas suplementares de material didático-escolar, transporte, alimentação e assistência à saúde.*
>
> *§ 1º O acesso ao ensino obrigatório e gratuito é direito público subjetivo.*
>
> *§ 2º O não oferecimento do ensino obrigatório pelo poder público ou sua oferta irregular importa responsabilidade da autoridade competente.*
>
> *§ 3º Compete ao poder público recensear os educandos no ensino fundamental, fazer-lhes a chamada e zelar, junto aos pais ou responsável, pela frequência à escola.*

Dessa forma, vemos a importância da educação, sendo garantida a todos, sem distinção de qualquer natureza, não podendo ser vetada a inscrição do aluno na escola, consoante o art. 6º da Lei nº 7.716/1989, que constitui crime o ato de recusar a matrícula do aluno ou até mesmo seu ingresso na escola.

Já o direito à cultura é facilitado criando-se programas culturais e esportivos voltados para os infantes. Vemos em locais que há a política de meia entrada, como uma forma de facilitar o acesso do estudante ou do menor de 18 anos, bem como os centros esportivos públicos criados nos estados e municípios.

2.9 Direito à profissionalização e à proteção no trabalho

Inicialmente, nossa Constituição prevê que o trabalho infantil pode iniciar-se aos 14 anos em casos de jovem aprendiz, sendo em outras hipóteses previsto apenas aos 16 anos.

Importante lembrar que ao adolescente que trabalha são garantidos todos os direitos trabalhistas e previdenciários, devendo, no entanto, respeitar a necessidade de capacitação profissional adequada ao mercado, sendo aqui o trabalho uma forma de aprendizado.

Por essa razão, existem algumas proibições que visam à proteção do adolescente, como a proibição ao trabalho noturno, perigoso e insalubre, proibição de labor em locais que prejudiquem sua formação física, ou proibição de labor em horário escolar.

3 DA PREVENÇÃO NO ECA

A prevenção instituída no ECA é o ato de prevenir, ou seja, promover formas de evitar a violação dos direitos do infante. Vejamos o art. 70 do ECA:

> *Art. 70 É dever de todos prevenir a ocorrência de ameaça ou violação dos direitos da criança e do adolescente.*

Já o art. 70-A traz em seu texto um rol exemplificativo das prevenções necessárias:

> *Art. 70-A A União, os Estados, o Distrito Federal e os Municípios deverão atuar de forma articulada na elaboração de políticas públicas e na execução de ações destinadas a coibir o uso de castigo físico ou de tratamento cruel ou degradante e difundir formas não violentas de educação de crianças e de adolescentes, tendo como principais ações:*
>
> *I – A promoção de campanhas educativas permanentes para a divulgação do direito da criança e do adolescente de serem educados e cuidados sem o uso de castigo físico ou de tratamento cruel ou degradante e dos instrumentos de proteção aos direitos humanos;*
>
> *II – A integração com os órgãos do Poder Judiciário, do Ministério Público e da Defensoria Pública, com o Conselho Tutelar, com os Conselhos de Direitos da Criança e do Adolescente e com as entidades não governamentais que atuam na promoção, proteção e defesa dos direitos da criança e do adolescente;*
>
> *III – A formação continuada e a capacitação dos profissionais de saúde, educação e assistência social e dos demais agentes que atuam na promoção, proteção e defesa dos direitos da criança e do adolescente para o desenvolvimento das competências necessárias à prevenção, à identificação de evidências, ao diagnóstico e ao enfrentamento de todas as formas de violência contra a criança e ao adolescente;*
>
> *IV – O apoio E o incentivo às práticas de resolução pacífica de conflitos que envolvam violência contra a criança e ao adolescente;*
>
> *V – A inclusão, nas políticas públicas, de ações que visem a garantir os direitos da criança e do adolescente, desde a atenção pré-natal, e de atividades junto aos pais e responsáveis com o objetivo de promover a informação, a reflexão, o debate e a orientação sobre alternativas ao uso de castigo físico ou de tratamento cruel ou degradante no processo educativo;*
>
> *VI – A promoção de espaços Inter setoriais locais para a articulação de ações e a elaboração de planos de atuação conjunta focados nas famílias em situação de violência, com participação de profissionais de saúde, de assistência social e de educação e de órgãos de promoção, proteção e defesa dos direitos da criança e do adolescente.*
>
> *Parágrafo único. As famílias com crianças e adolescentes com deficiência terão prioridade de atendimento nas ações e políticas públicas de prevenção e proteção.*

Não obstante, o art. 70-B visa dar concretude à prevenção contra maus-tratos e violação de direitos de crianças e adolescentes, vejamos seu texto:

> *Art. 70-B As entidades, públicas e privadas, que atuem nas áreas a que se refere o art. 71, dentre outras, devem contar, em seus quadros, com pessoas capacitadas a reconhecer e comunicar ao Conselho Tutelar suspeitas ou casos de maus-tratos praticados contra crianças e adolescentes.*
>
> *Parágrafo único. São igualmente responsáveis pela comunicação de que trata este artigo, as pessoas encarregadas, por razão de cargo, função, ofício, ministério, profissão ou ocupação, do cuidado, assistência ou guarda de crianças e adolescentes, punível, na forma deste Estatuto, o injustificado retardamento ou omissão, culposos ou dolosos.*

Assim, podemos ver que a prevenção deve ser feita por todos da sociedade, englobando-se a responsabilidade social, política e judiciária para que o direito dos infantes seja respeitado, sem a ocorrência de violações e maus-tratos.

3.1 Prevenção especial referente à informação, à cultura, ao lazer, aos esportes, às diversões e aos espetáculos

Dentro da doutrina instituída na infância e juventude, há a prevenção especial que trata do acesso a eventos e espetáculos públicos, devendo regulamentar o acesso de qualificando sua natureza e indicando a faixa etária recomendada.

> *Art. 74 O poder público, através do órgão competente, regulará as diversões e espetáculos públicos, informando sobre a natureza deles, as faixas etárias a que não se recomendem, locais e horários em que sua apresentação se mostre inadequada.*
>
> *Parágrafo único. Os responsáveis pelas diversões e espetáculos públicos deverão afixar, em lugar visível e de fácil acesso, à entrada do local de exibição, informação destacada sobre a natureza do espetáculo e a faixa etária especificada no certificado de classificação.*
>
> *Art. 75 Toda criança ou adolescente terá acesso às diversões e espetáculos públicos classificados como adequados à sua faixa etária.*
>
> *Parágrafo único. As crianças menores de dez anos somente poderão ingressar e permanecer nos locais de apresentação ou exibição quando acompanhadas dos pais ou responsável.*

O STF entende que não é apenas o Estado que deve determinar o que é próprio ou não ao infante, sendo dever da família contribuir com a análise da programação correta, uma vez que os programas de rádio e televisão devem exibir os programas recomendados em horários adequados ao público infanta juvenil.

> *Art. 76 As emissoras de rádio e televisão somente exibirão, no horário recomendado para o público infanta juvenil, programas com finalidades educativas, artísticas, culturais e informativas.*
>
> *Parágrafo único. Nenhum espetáculo será apresentado ou anunciado sem aviso de sua classificação, antes de sua transmissão, apresentação ou exibição.*

Já os proprietários e funcionários de empresas que explorem a venda ou aluguel de fitas[1] de programação em vídeo cuidarão para que não haja venda ou locação em desacordo com a classificação atribuída pelo órgão competente, bem como a comercialização de revistas contendo imagens impróprias.

> *Art. 77 Os proprietários, diretores, gerentes e funcionários de empresas que explorem a venda ou aluguel de fitas de programação em vídeo cuidarão para que não haja venda ou locação em desacordo com a classificação atribuída pelo órgão competente.*
>
> *Parágrafo único. As fitas a que alude este artigo deverão exibir, no invólucro, informação sobre a natureza da obra e a faixa etária a que se destinam.*
>
> *Art. 78 As revistas e publicações contendo material impróprio ou inadequado a crianças e adolescentes deverão ser comercializadas em embalagem lacrada, com a advertência de seu conteúdo.*
>
> *Parágrafo único. As editoras cuidarão para que as capas que contenham mensagens pornográficas ou obscenas sejam protegidas com embalagem opaca.*
>
> *Art. 79 As revistas e publicações destinadas ao público infanto-juvenil não poderão conter ilustrações, fotografias, legendas, crônicas ou anúncios de bebidas alcoólicas, tabaco, armas e munições, e deverão respeitar os valores éticos e sociais da pessoa e da família.*

O art. 80 trata dos estabelecimentos que explores jogos de azar ou apostas, que devem vetar a entrada de infantes.

> *Art. 80 Os responsáveis por estabelecimentos que explorem comercialmente bilhar, sinuca ou congênere ou por casas de jogos, assim entendidas as que realizem apostas, ainda que eventualmente, cuidarão para que não seja permitida a entrada e a permanência de crianças e adolescentes no local, afixando aviso para orientação do público.*

---

1 Vale lembrar que o ECA é um estatuto antigo, da época em que existiam fitas cassetes, sendo hoje em dia o pensamento voltado para *sites*, *streaming* e DVDs.

3.2 Prevenção à venda de produtos e serviços

No âmbito do ECA, há diversas restrições de acesso a produtos e serviços, sendo seu rol exemplificativo no art. 81 do ECA:

> **Art. 81** *É proibida a venda à criança ou ao adolescente de:*
> *I – Armas, munições E explosivos;*
> *II – Bebidas alcoólicas;*
> *III – Produtos cujos componentes possam causar dependência física ou psíquica ainda que por utilização indevida;*
> *IV – Fogos de estampido e de artifício, exceto aqueles que pelo seu reduzido potencial sejam incapazes de provocar qualquer dano físico em caso de utilização indevida;*
> *V – Revistas e publicações a que alude o art. 78;*
> *VI – Bilhetes lotéricos e equivalentes.*

No art. 82 do ECA, existe a restrição de hospedagem de criança ou adolescente, nos seguintes termos:

> **Art. 82** *É proibida a hospedagem de criança ou adolescente em hotel, motel, pensão ou estabelecimento congênere, salvo se autorizado ou acompanhado pelos pais ou responsável. Assim, a lei deixou claro que somente acompanhado pelos pais ou responsável, a criança ou adolescente poderá se hospedar em hotel, motel, pensão ou estabelecimento congênere.*

3.3 Autorização para viajar

A Lei nº 13.812/2019 trouxe mudanças quanto à liberdade de trânsito de crianças e adolescentes sem os pais pelo País, sendo disposto no art. 83 do ECA que nenhuma criança ou adolescente menor de 16 anos poderá viajar para fora da comarca onde reside desacompanhado dos pais ou dos responsáveis sem expressa autorização judicial.

Ainda, o próprio art. 83 demonstra exceções em que não se exigirá autorização judicial:

> **Art. 83** *Nenhuma criança poderá viajar para fora da comarca onde reside, desacompanhada dos pais ou responsável, sem expressa autorização judicial.*
> *§ 1º A autorização não será exigida quando:*
> *a) Tratar-se de comarca contígua à da residência da criança, se na mesma unidade da Federação, ou incluída na mesma região metropolitana;*
> *b) A criança estiver acompanhada:*
> *1) De ascendente ou colateral maior, até o terceiro grau, comprovado documentalmente o parentesco;*
> *2) De pessoa maior, expressamente autorizada pelo pai, mãe ou responsável.*
> *§ 2º A autoridade judiciária poderá, a pedido dos pais ou responsável, conceder autorização válida por dois anos.*

No entanto, em se tratando de viagem ao exterior, o art. 84 do ECA prevê algumas necessidades:

> **Art. 84** *Quando se tratar de viagem ao exterior, a autorização é dispensável, se a criança ou adolescente:*
> *I – Estiver acompanhado de ambos os pais ou responsável;*
> *II – Viajar na companhia de um dos pais, autorizado expressamente pelo outro através de documento com firma reconhecida.*
> **Art. 85** *Sem prévia e expressa autorização judicial, nenhuma criança ou adolescente nascido em território nacional poderá sair do País em companhia de estrangeiro residente ou domiciliado no exterior.*

Ainda a Resolução nº 131/2011, do Conselho Nacional de Justiça (CNJ), dispõe sobre a concessão de autorização de viagem para o exterior de crianças e adolescentes.

4 POLÍTICA DE ATENDIMENTO E ENTIDADES DE ATENDIMENTO NO ECA

O art. 86 do ECA aborda que a política de atendimento dos direitos da criança e do adolescente deve ser feita por meio de um conjunto de ações governamentais e não governamentais. Vejamos:

> **Art. 86** *A política de atendimento dos direitos da criança e do adolescente far-se-á através de um conjunto articulado de ações governamentais e não-governamentais, da União, dos estados, do Distrito Federal e dos municípios.*

Tendo em vista que existem diversas linhas de ações públicas, principalmente nos art. 87 e 88 do ECA, é importante nos atentarmos à leitura deles para não nos confundirmos.

> **Art. 87** *São linhas de ação da política de atendimento:*
> *I – Políticas sociais básicas;*
> *II – Serviços, programas, projetos e benefícios de assistência social de garantia de proteção social e de prevenção e redução de violações de direitos, seus agravamentos ou reincidências;*
> *III – Serviços especiais de prevenção e atendimento médico e psicossocial às vítimas de negligência, maus-tratos, exploração, abuso, crueldade e opressão;*
> *IV – Serviço de identificação e localização de pais, responsável crianças e adolescentes desaparecidos;*
> *V – proteção jurídico-social por entidades de defesa dos direitos da criança e do adolescente.*
> *VI – Políticas e programas destinados a prevenir ou abreviar o período de afastamento do convívio familiar e a garantir o efetivo exercício do direito à convivência familiar de crianças e adolescentes*
> *VII – Campanhas de estímulo ao acolhimento sob forma de guarda de crianças e adolescentes afastados do convívio familiar e à adoção, especificamente inter-racial, de crianças maiores ou de adolescentes, com necessidades específicas de saúde ou com deficiências e de grupos de irmãos.*

> **Art. 88** *São diretrizes da política de atendimento:*
> *I – Municipalização do atendimento;*
> *II – Criação de conselhos municipais, estaduais e nacional dos direitos da criança e do adolescente, órgãos deliberativos e controladores das ações em todos os níveis, assegurada a participação popular paritária por meio de organizações representativas, segundo leis federal, estaduais e municipais;*
> *III – Criação e manutenção de programas específicos, observada a descentralização político-administrativa;*
> *IV – Manutenção de fundos nacional, estaduais e municipais vinculados aos respectivos conselhos dos direitos da criança e do adolescente;*
> *V – Integração operacional de órgãos do Judiciário, Ministério Público, Defensoria, Segurança Pública e Assistência Social, preferencialmente em um mesmo local, para efeito de agilização do atendimento inicial a adolescente a quem se atribua autoria de ato infracional;*
> *VI – Integração operacional de órgãos do Judiciário, Ministério Público, Defensoria, Conselho Tutelar e encarregados da execução das políticas sociais básicas e de assistência social, para efeito de agilização do atendimento de crianças e de adolescentes inseridos em programas de acolhimento familiar ou institucional, com vista na sua rápida reintegração à família de origem ou, se tal solução se mostrar comprovadamente inviável, sua colocação em família substituta, em quaisquer das modalidades previstas no art. 28 desta Lei;*
> *VII – Mobilização da opinião pública para a indispensável participação dos diversos segmentos da sociedade;*
> *VIII – Especialização e formação continuada dos profissionais que trabalham nas diferentes áreas da atenção à primeira infância, incluindo os conhecimentos sobre direitos da criança e sobre desenvolvimento infantil;*
> *IX – Formação profissional com abrangência dos diversos direitos da criança e do adolescente que favoreça a intersetorialidade no atendimento da criança e do adolescente e seu desenvolvimento integral;*
> *X – Realização e divulgação de pesquisas sobre desenvolvimento infantil e sobre prevenção da violência.*

Insta salientarmos aqui que, em meio as diretrizes da política de atendimento a municipalização e a criação de conselhos nacionais, estaduais e municipais dos direitos da criança e do adolescente, temos uma função que é de interesse público, sendo a de membro do conselho nacional e dos conselhos estaduais e municipais.

4.1 Entidades de atendimento

As entidades de atendimento são as responsáveis por executar as políticas de atendimento, possuindo programas de proteção direcionados os infantes em situação de risco e programas de medidas sócio educativos

Destacamos a orientação e o apoio físico e psíquico necessários ao infante, bem como sua colocação em acolhimento familiar ou institucional.

O ECA diferencia as entidades governamentais e não governamentais, em seu art. 91:

> **Art. 91** *As entidades não-governamentais somente poderão funcionar depois de registradas no Conselho Municipal dos Direitos da Criança e do Adolescente, o qual comunicará o registro ao Conselho Tutelar e à autoridade judiciária da respectiva localidade.*
> *§ 1º Será negado o registro à entidade que:*
> *I – Não ofereça instalações físicas em condições adequadas de habitabilidade, higiene, salubridade e segurança;*
> *II - Não apresente plano de trabalho compatível com os princípios desta Lei;*
> *III - Esteja irregularmente constituída;*
> *IV - Tenha em seus quadros pessoas inidôneas.*
> *V – Não se adequar ou deixar de cumprir as resoluções e deliberações relativas à modalidade de atendimento prestado expedidas pelos Conselhos de Direitos da Criança e do Adolescente, em todos os níveis.*
> *§ 2º O registro terá validade máxima de 4 (quatro) anos, cabendo ao Conselho Municipal dos Direitos da Criança e do Adolescente, periodicamente, reavaliar o cabimento de sua renovação, observado o disposto no § 1º deste artigo.*

4.1.1 Entidades de acolhimento institucional ou familiar

Os arts. 92 e 93 do ECA trazem as entidades de acolhimento institucional e familiar. Como vimos anteriormente, essas entidades visam acolher o infante para retorno a sua família ou em último caso adoção.

Para que os infantes sejam acolhidos deve-se haver uma decisão judicial, menos em casos urgentes em que não há tempo para tal ato, necessitando apenas da comunicação a vara de infância e juventude conforme art. 93 do ECA.

No máximo a cada 6 meses, o dirigente da entidade de acolhimento deverá enviar relatórios ao juiz, sobre a situação de cada infante.

Não obstante, o dirigente do acolhimento torna-se o guardião legal do infante, devendo cumprir o dever de zelar por ele. Em caso de descumprimento das obrigações o dirigente de entidade terá sua responsabilidade administrativa, civil e criminal apurada.

4.1.2 Entidades voltadas à internação

As entidades voltadas a internação visam à aplicação de medidas socioeducativa de aspecto pedagógico e punitivo.

O art. 94 do ECA institui observações necessárias as entidades:

Art. 94 As entidades que desenvolvem programas de internação têm as seguintes obrigações, entre outras:

I – Observar os direitos e garantias de que são titulares os adolescentes;

II – Não restringir nenhum direito que não tenha sido objeto de restrição na decisão de internação;

III – Oferecer atendimento personalizado, em pequenas unidades e grupos reduzidos;

IV – Preservar a identidade e oferecer ambiente de respeito e dignidade ao adolescente;

V – Diligenciar no sentido do restabelecimento e da preservação dos vínculos familiares;

VI – Comunicar à autoridade judiciária, periodicamente, os casos em que se mostre inviável ou impossível o reatamento dos vínculos familiares;

VII – Oferecer instalações físicas em condições adequadas de habitabilidade, higiene, salubridade e segurança e os objetos necessários à higiene pessoal;

VIII – Oferecer vestuário e alimentação suficientes e adequados à faixa etária dos adolescentes atendidos;

IX – Oferecer cuidados médicos, psicológicos, odontológicos e farmacêuticos;

X – Propiciar escolarização e profissionalização;

XI – Propiciar atividades culturais, esportivas e de lazer;

XII – Propiciar assistência religiosa àqueles que desejarem, de acordo com suas crenças;

XIII – Proceder a estudo social e pessoal de cada caso;

XIV – Reavaliar periodicamente cada caso, com intervalo máximo de seis meses, dando ciência dos resultados à autoridade competente;

XV – Informar, periodicamente, o adolescente internado sobre sua situação processual;

XVI – Comunicar às autoridades competentes todos os casos de adolescentes portadores de moléstias infectocontagiosas;

XVII – Fornecer comprovante de depósito dos pertences dos adolescentes;

XVIII – Manter programas destinados ao apoio e acompanhamento de egressos;

XIX – Providenciar os documentos necessários ao exercício da cidadania àqueles que não os tiverem;

XX – Manter arquivo de anotações onde constem data e circunstâncias do atendimento, nome do adolescente, seus pais ou responsável, parentes, endereços, sexo, idade, acompanhamento da sua formação, relação de seus pertences e demais dados que possibilitem sua identificação e a individualização do atendimento.

§ 1º Aplicam-se, no que couber, as obrigações constantes deste artigo às entidades que mantêm programas de acolhimento institucional e familiar.

§ 2º No cumprimento das obrigações a que alude este artigo as entidades utilizarão preferencialmente os recursos da comunidade.

4.2 Fiscalização das entidades

As entidades serão fiscalizadas pelo Judiciário, pelo Ministério Público e pelos Conselhos Tutelares, caso sejam encontradas irregularidades o art. 97 do ECA prevê as sanções aplicáveis administrativamente, sem prejuízo a responsabilidade civil e criminal pelas irregularidades.

5 MEDIDAS DE PROTEÇÃO NO ECA

5.1 Conceito e princípio

As medidas de proteção visam evitar ou afastar o risco do infante, conforme a interpretação do art. 98 do ECA que nos traz as situações de risco.

Na aplicação das medidas de proteção, devem ser observadas as necessidades pedagógicas principalmente de vínculo familiar e social, conforme disposto no art. 100 do ECA.

> **Art. 100** Na aplicação das medidas levar-se-ão em conta as necessidades pedagógicas, preferindo-se aquelas que visem ao fortalecimento dos vínculos familiares e comunitários.
>
> **Parágrafo único.** São também princípios que regem a aplicação das medidas:
>
> I – Condição da criança e do adolescente como sujeitos de direitos: crianças e adolescentes são os titulares dos direitos previstos nesta e em outras Leis, bem como na Constituição Federal;
>
> II – Proteção integral e prioritária: a interpretação e aplicação de toda e qualquer norma contida nesta Lei deve ser voltada à proteção integral e prioritária dos direitos de que crianças e adolescentes são titulares;
>
> III – Responsabilidade primária e solidária do poder público: a plena efetivação dos direitos assegurados a crianças e a adolescentes por esta Lei e pela Constituição Federal, salvo nos casos por esta expressamente ressalvados, é de responsabilidade primária e solidária das 3 (três) esferas de governo, sem prejuízo da municipalização do atendimento e da possibilidade da execução de programas por entidades não governamentais;
>
> IV – Interesse superior da criança e do adolescente: a intervenção deve atender prioritariamente aos interesses e direitos da criança e do adolescente, sem prejuízo da consideração que for devida a outros interesses legítimos no âmbito da pluralidade dos interesses presentes no caso concreto;
>
> V – Privacidade: a promoção dos direitos e proteção da criança e do adolescente deve ser efetuada no respeito pela intimidade, direito à imagem e reserva da sua vida privada;
>
> VI – Intervenção precoce: a intervenção das autoridades competentes deve ser efetuada logo que a situação de perigo seja conhecida;
>
> VII – Intervenção mínima: a intervenção deve ser exercida exclusivamente pelas autoridades e instituições cuja ação seja indispensável à efetiva promoção dos direitos e à proteção da criança e do adolescente;
>
> VIII – Proporcionalidade e atualidade: a intervenção deve ser a necessária e adequada à situação de perigo em que a criança ou o adolescente se encontram no momento em que a decisão é tomada;
>
> IX – Responsabilidade parental: a intervenção deve ser efetuada de modo que os pais assumam os seus deveres para com a criança e ao adolescente;
>
> X – Prevalência da família: na promoção de direitos e na proteção da criança e do adolescente deve ser dada prevalência às medidas que os mantenham ou reintegrem na sua família natural ou extensa ou, se isso não for possível, que promovam a sua integração em família adotiva;
>
> XI – Obrigatoriedade da informação: a criança e ao adolescente, respeitado seu estágio de desenvolvimento e capacidade de compreensão, seus pais ou responsável devem ser informados dos seus direitos, dos motivos que determinaram a intervenção e da forma como está se processa
>
> XII – Oitiva obrigatória e participação: a criança e ao adolescente, em separado ou na companhia dos pais, de responsável ou de pessoa por si indicada, bem como os seus pais ou responsável, têm direito a ser ouvidos e a participar nos atos e na definição da medida de promoção dos direitos e de proteção, sendo sua opinião devidamente considerada pela autoridade judiciária competente, observado o disposto nos §§ 1º e 2º do art. 28 desta Lei.

5.2 Medidas pertinentes aos pais e responsáveis

A situação de risco em sua maioria decorre de um problema familiar, dessa forma, a preocupação do ECA visa melhorar o núcleo familiar para o regresso do infante, assim o art. 129 do ECA prevê as medidas cabíveis aos pais.

> **Art. 129** São medidas aplicáveis aos pais ou responsável:
>
> I – Encaminhamento a serviços e programas oficiais ou comunitários de proteção, apoio e promoção da família;
>
> II – Inclusão em programa oficial ou comunitário de auxílio, orientação e tratamento a alcoólatras e toxicômanos;
>
> III – Encaminhamento a tratamento psicológico ou psiquiátrico;
>
> IV – Encaminhamento a cursos ou programas de orientação;
>
> V – Obrigação de matricular o filho ou pupilo e acompanhar sua frequência e aproveitamento escolar;
>
> VI – Obrigação de encaminhar a criança ou adolescente a tratamento especializado;
>
> VII – Advertência;
>
> VIII – Perda da guarda;
>
> IX – Destituição da tutela;
>
> X – Suspensão ou destituição do pátrio poder, poder familiar.
>
> **Parágrafo único.** Na aplicação das medidas previstas nos incisos IX e X deste artigo, observar-se-á o disposto nos artes. 23 e 24.

Vale ressaltar que não há aplicação de penalidades aos pais e responsáveis por ato infracional do infante.

5.3 Ato Infracional

Entrando na esfera criminal, é importante lembrar sempre que a criança e ao adolescente não cometem crimes, apenas ato infracional, não sendo criminalmente responsabilizados.

Assim, a criança que comete ato infracional fica sujeita a medidas de proteção elencadas no art. 101 do ECA; já os adolescentes, além de medidas de proteção, terão as medidas socioeducativas.

Quando o ato infracional é praticado pelo infante, o Estado é o responsável pela "reeducação". No entanto, o ECA, em seus art. 106 a 111, preocupou-se em garantir os direitos processuais e individuais do infante. (Importante realizar a leitura destes artigos!)

Importante mencionar que o adolescente só será privado de liberdade em casos de flagrante ou por ordem fundamentada do judiciário, devendo ser informado de seus direitos na apreensão.

O prazo máximo para a internação provisória é de 45 dias, não podendo esse prazo ser prorrogado, devendo a internação ser em entidade de internação específica.

5.4 Garantias processuais

As garantias processuais do adolescente, estão previstas no art. 111 do ECA:

> **Art. 111** São asseguradas ao adolescente, entre outras, as seguintes garantias:
>
> I – Pleno e formal conhecimento da atribuição de ato infracional, mediante citação ou meio equivalente;
>
> II – Igualdade na relação processual, podendo confrontar-se com vítimas e testemunhas e produzir todas as provas necessárias à sua defesa;
>
> III – Defesa técnica por advogado;
>
> IV – Assistência judiciária gratuita e integral aos necessitados, na forma da lei;
>
> V – Direito de ser ouvido pessoalmente pela autoridade competente;
>
> VI – Direito de solicitar a presença de seus pais ou responsável em qualquer fase do procedimento.

5.5 Medidas socioeducativas

As medidas socioeducativas são medidas que visam reeducar o infante que cometeu ato infracional, e decorre de uma sentença judicial.

Tem como objetivo, responsabilizar o adolescente quanto às consequências de seus atos, e incentivá-lo a reparar, bem como sua reintegração social e a garantia de seus direitos individuais.

Assim, no art. 112 do ECA, temos o rol taxativo das medidas socioeducacionais:

> *Art. 112 Verificada a prática de ato infracional, a autoridade competente poderá aplicar ao adolescente as seguintes medidas:*
> *I – Advertência;*
> *II – Obrigação de reparar o dano;*
> *III – prestação de serviços à comunidade;*
> *IV – Liberdade assistida;*
> *V – Inserção em regime de semiliberdade;*
> *VI – Internação em estabelecimento educacional;*
> *VII – Qualquer uma das previstas no art. 101, I a VI.*
> *§ 1º A medida aplicada ao adolescente levará em conta a sua capacidade de cumpri-la, as circunstâncias e a gravidade da infração.*
> *§ 2º Em hipótese alguma e sob pretexto algum, será admitida a prestação de trabalho forçado.*
> *§ 3º Os adolescentes portadores de doença ou deficiência mental receberão tratamento individual e especializado, em local adequado às suas condições.*

5.5.1 Medidas socioeducativas em espécie

▷ **Advertência**

De acordo com o art. 115 do ECA, a advertência é a repreensão verbal, que será escrita e assinada.

▷ **Obrigação de reparar o dano**

Caso o ato infracional tenha causado danos patrimoniais, poderá a autoridade determinar que seja restituída a coisa ou o dano, no entanto, tal ato só é possível se o infante possuir patrimônio próprio.

▷ **Prestação de serviços à comunidade**

Essa modalidade é a prestação gratuita de serviços pelo infante a entidades comunitárias, hospitais ou outros estabelecimentos do governo, tendo sua jornada no máximo 8 horas semanais.

▷ **Liberdade assistida**

Sendo umas das medidas mais difíceis, a liberdade assistida é a forma de evitar uma reincidência, sendo o adolescente assistido e acompanhado por uma assistência interdisciplinar. Seu prazo mínimo é de 3 meses e deve ser fixada por juiz.

▷ **Semiliberdade**

Essa medida priva a liberdade do infante em parte, como um regime semiaberto, podendo ser fixada em sentença ou em transição de regime.

▷ **Internação**

A internação é à medida que priva a liberdade do infante, e tem aspecto pedagógico com assistência ao infante. Essa internação terá prazo determinado, no entanto, podendo durar no máximo 3 anos, sendo possível apenas nas hipóteses do art. 122 do ECA.

5.6 Remissão

A remissão é o perdão ao adolescente que comete ato infracional, sendo aplicada a medida menos rigorosa ao caso ou nenhuma medida.

Há quatro formas de remissão:

▷ **Remissão simples:** quando o perdão é simples, ou seja, sem nenhuma medida aplicada.
▷ **Remissão imprópria:** quando o perdão vem com alguma medida socioeducativa menos gravosa.
▷ **Remissão ministerial:** quando o perdão é dado pelo Ministério Público antes do início do processo conforme art. 126 do ECA.
▷ **Remissão pela autoridade judiciária:** quando já instaurado o processo há o perdão judicial, que implicará na suspensão ou extinção do processo conforme art. 188 do ECA.

Importante lembrar que a remissão não implica no reconhecimento da responsabilidade, não servindo como antecedente.

6 CONSELHO TUTELAR

O Conselho Tutelar é um órgão que atua na promoção e fiscalização dos direitos dos infantes, sendo um órgão do Poder Executivo municipal, permanentemente autônomo.

O art. 132 do ECA dispõe que "em cada Município e em cada Região Administrativa do Distrito Federal haverá, no mínimo, 01 Conselho Tutelar como órgão integrante da administração pública local, composto de 5 (cinco) membros, escolhidos pela população local através de pleito eleitoral para mandato de 4 (quatro) anos, permitida recondução por novos processos de escolha."

Os membros do conselho tutelar são eleitos, as eleições acontecem de forma unificada no primeiro domingo após as eleições presidenciais no Brasil, sendo a posse no dia 10 de janeiro do subsequente.

São atribuições do Conselho Tutelar, dispostas no art. 136 do ECA:

> **Art. 136** *São atribuições do Conselho Tutelar:*
>
> *I – Atender as crianças e adolescentes nas hipóteses previstas nos artes. 98 e 105, aplicando as medidas previstas no art. 101, I a VII;*
>
> *II – Atender e aconselhar os pais ou responsável, aplicando as medidas previstas no art. 129, I a VII;*
>
> *III – Promover a execução de suas decisões, podendo para tanto:*
>
> *a) requisitar serviços públicos nas áreas de saúde, educação, serviço social, previdência, trabalho e segurança;*
>
> *b) Representar junto à autoridade judiciária nos casos de descumprimento injustificado de suas deliberações.*
>
> *IV – Encaminhar ao Ministério Público notícia de fato que constitua infração administrativa ou penal contra os direitos da criança ou adolescente;*
>
> *V – Encaminhar à autoridade judiciária os casos de sua competência;*
>
> *VI – Providenciar a medida estabelecida pela autoridade judiciária, dentre as previstas no art. 101, de I a VI, para o adolescente autor de ato infracional;*
>
> *VII – Expedir notificações;*
>
> *VIII – Requisitar certidões de nascimento e de óbito de criança ou adolescente quando necessário;*
>
> *IX – Assessorar o Poder Executivo local na elaboração da proposta orçamentária para planos e programas de atendimento dos direitos da criança e do adolescente;*
>
> *X – Representar, em nome da pessoa e da família, contra a violação dos direitos previstos no art. 220, § 3º, inciso II, da Constituição Federal;*
>
> *XI – Representar ao Ministério Público para efeito das ações de perda ou suspensão do poder familiar, após esgotadas as possibilidades de manutenção da criança ou do adolescente junto à família natural.*
>
> *XII – Promover e incentivar, na comunidade e nos grupos profissionais, ações de divulgação e treinamento para o reconhecimento de sintomas de maus-tratos em crianças e adolescentes.*
>
> **Parágrafo único.** *Se, no exercício de suas atribuições, o Conselho Tutelar entender necessário o afastamento do convívio familiar, comunicará incontinenti o fato ao Ministério Público, prestando-lhe informações sobre os motivos de tal entendimento e as providências tomadas para a orientação, o apoio e a promoção social da família.*

7 JUSTIÇA DA INFÂNCIA E DA JUVENTUDE

O art. 141 em seu texto trata do acesso à justiça dos infantes, bem como à Defensoria Pública, ao Ministério Público e ao Judiciário, por qualquer de seus órgãos.

O art. 142 do ECA traz a previsão legal de que os menores de 16 anos serão representados por seus pais; já os maiores de 16 anos e menores de 18 apenas serão assistidos dos mesmos.

Nessa mesma linha, o art. 145 dispõe sobre a possibilidade de os estados criarem varas especializadas na infância e juventude.

7.1 Competência da justiça da infância e da juventude

Iniciamos as competências, falando da competência material da justiça da infância e juventude, sendo prevista pelo art. 148 do ECA. Vemos aqui quando a competência será da vara da infância e juventude:

Art. 148 A Justiça da Infância e da Juventude é competente para:

I – Conhecer de representações promovidas pelo Ministério Público, para apuração de ato infracional atribuído a adolescente, aplicando as medidas cabíveis;

II – Conceder a remissão, como forma de suspensão ou extinção do processo;

III – Conhecer de pedidos de adoção e seus incidentes;

IV – Conhecer de ações civis fundadas em interesses individuais, difusos ou coletivos afetos à criança e ao adolescente, observado o disposto no art. 209;

V – Conhecer de ações decorrentes de irregularidades em entidades de atendimento, aplicando as medidas cabíveis;

VI – Aplicar penalidades administrativas nos casos de infrações contra norma de proteção à criança ou adolescente;

VII – Conhecer de casos encaminhados pelo Conselho Tutelar, aplicando as medidas cabíveis.

Parágrafo único. Quando se tratar de criança ou adolescente nas hipóteses do art. 98, é também competente a Justiça da Infância e da Juventude para o fim de:

a) Conhecer de pedidos de guarda e tutela;

b) Conhecer de ações de destituição do pátrio poder, poder familiar, perda ou modificação da tutela ou guarda;

c) Suprir a capacidade ou o consentimento para o casamento;

d) Conhecer de pedidos baseados em discordância paterna ou materna, em relação ao exercício do pátrio poder familiar;

e) Conceder a emancipação, nos termos da lei civil, quando faltarem os pais;

f) Designar curador especial em casos de apresentação de queixa ou representação, ou de outros procedimentos judiciais ou extrajudiciais em que haja interesses de criança ou adolescente;

g) Conhecer de ações de alimentos;

h) Determinar o cancelamento, a retificação e o suprimento dos registros de nascimento e óbito.

Já quando falamos da competência territorial que envolva a criança ou o adolescente, falamos do art. 147 do ECA:

Art 147 A competência será determinada:

I – Pelo domicílio dos pais ou responsável;

II – Pelo lugar onde se encontre a criança ou adolescente, à falta dos pais ou responsável.

§ 1º Nos casos de ato infracional, será competente a autoridade do lugar da ação ou omissão, observadas as regras de conexão, continência e prevenção.

§ 2º A execução das medidas poderá ser delegada à autoridade competente da residência dos pais ou responsável, ou do local onde sediar-se a entidade que abrigar a criança ou adolescente.

§ 3º Em caso de infração cometida através de transmissão simultânea de rádio ou televisão, que atinja mais de uma comarca, será competente, para aplicação da penalidade, a autoridade judiciária do local da sede estadual da emissora ou rede, tendo a sentença eficácia para todas as transmissoras ou retransmissoras do respectivo estado.

O art. 147 do ECA prevê duas hipóteses, porém, segundo a jurisprudência atual, em vias de regra, sempre será o judio mais próximo ao infante.

Já o art. 149 do ECA trata da competência da autoridade judiciária:

Art. 149 Compete à autoridade judiciária disciplinar, através de portaria, ou autorizar, mediante alvará:

I – A entrada e permanência de criança ou adolescente, desacompanhado dos pais ou responsável, em:

a) Estádio, ginásio e campo desportivo;

b) Bailes ou promoções dançantes;

c) Boate ou congêneres;

d) Casa que explore comercialmente diversões eletrônicas;

e) Estúdios cinematográficos, de teatro, rádio e televisão.

II – A participação de criança e adolescente em:

a) Espetáculos públicos e seus ensaios;

b) Certames de beleza.

§ 1º Para os fins do disposto neste artigo, a autoridade judiciária levará em conta, dentre outros fatores:

a) Os princípios desta Lei;

b) As peculiaridades locais;

c) A existência de instalações adequadas;

d) O tipo de frequência habitual ao local;

e) A adequação do ambiente a eventual participação ou frequência de crianças e adolescentes;

f) A natureza do espetáculo.

§ 2º As medidas adotadas na conformidade deste artigo deverão ser fundamentadas, caso a caso, vedadas as determinações de caráter geral.

7.2 Procedimentos

Primeiramente, vale ressaltarmos que o ECA utiliza-se do CPC e do CPP de modo subsidiário, nos casos de lacunas legislativas.

É importante ressaltar que os prazos são contados em dias corridos, excluído o dia do começo e incluído o dia do vencimento, sendo o prazo em dobro apenas para a Defensoria Pública.

7.2.1 Perda ou suspensão do poder familiar e destituição de tutela

A suspensão ou a perda do poder familiar será iniciada pelo Ministério Público ou por legítimo interessado. Em alguns casos, o juiz concederá liminarmente, dependendo da gravidade.

No curso do processo, caso tenha ocorrido a suspensão, a criança ou o adolescente deverá ser encaminhado a uma entidade de acolhimento.

Após receber a inicial, o juiz determinará a realização de um estudo social por equipe interprofissional para comprovar se há necessidade de destituir o poder familiar, sempre em prol do melhor interesse do infante. Depois, ocorrerá a citação do requerido para se manifestar em 10 dias; essa citação se dá de forma pessoal.

Quando concluído o estudo social, o Ministério Público será intimado para se manifestar em 5 dias, salvo quando este for o requerente, podendo ainda ser necessária a oitava do infante.

Após o prazo de 10 dias, caso os requeridos não se apresentem, ocorrerá à revelia; no entanto, for apresentada a resposta, será aberta vista ao MP novamente por 5 dias

Será, então, designada audiência, na qual serão ouvidas as testemunhas, abrindo o prazo para manifestação oral de 20 minutos ao MP

JUSTIÇA DA INFÂNCIA E DA JUVENTUDE

prorrogável por mais 10 minutos, sendo a decisão judicial proferida em audiência ou com data para leitura da decisão proferida em, no máximo, 5 dias.

Assim, o prazo máximo para conclusão do processo será de 120 dias, cabendo ao juiz, em caso de impossibilidade de retorno do infante ao poder familiar, iniciar os preparativos para colocação em família substituta.

7.2.2 Colocação em família substituta

A colocação em família substituta se divide em dois procedimentos:

▷ **Procedimento simplificado:** quando há concordância dos pais, ocorrendo geralmente com pais falecidos, ou destituídos do poder familiar.
▷ **Procedimento litigioso:** ocorre nos casos em que os pais se opõem à colocação do infante em família substituta.

7.2.3 Habilitação dos pretendentes à adoção

Para iniciar este tópico, devemos entender que para o adotante ser habilitado ao ato de adotar, há uma previa requisição judicial, bem como uma fila a ser seguida, dessa forma, o requerente deve segundo o art. 197-A do ECA, apresentar uma petição inicial.

Todo esse requerimento tem o intuito de verificar a vida do adotante, bem como se existe um bom núcleo para inserir o infante.

Vejamos um passo a passo da habilitação:

> Apresentação do requerimento inicial.
> – Aqui, os futuros adotantes apresentam a petição inicial para requisição.

↓

> O MP é intimado para se manifestar.
> – Após o recebimento da inicial, o Ministerio Público é intimado para se manifestar em 5 dias.

↓

> É realizado um estudo social.
> – A equipe interprofissional elaborará o estudo psicossocial com o intuito de verificar a capacidade dos postulantes.

↓

> Os postulantes participam de um programa oferecido pela vara da infância e juventude.

↓

> É designada a audiência na qual o juiz deferirá ou não a habilitação e inclusão dos postulantes na fila de adoção.

↓

> Se deferido, o postulante será inscrito nos cadastros de adoção, sendo sua convocação para a adoção feita de acordo com ordem cronológica e disponibilidade do infante.

7.2.4 Infiltração de policiais para investigar crimes contra a dignidade sexual de criança e de adolescente

A infiltração de agentes na internet visa combater os crimes virtuais contra a criança e ao adolescente. O ECA prevê em seus arts. 190-A a 190-F meios para regular os procedimentos de infiltração dos agentes.

Enquanto a infiltração estiver ocorrendo, o juiz ou o MP pode requerer relatórios de atualização da operação. Ao fim da operação, antes de sua conclusão, o juiz colocará os relatórios em sigilo com acesso apenas ao MP e ao delegado responsável.

7.2.5 Apuração de ato infracional – apreensão e encaminhamento

Quando falamos na apreensão de um adolescente, sabemos que ela se dá pelo flagrante de ato infracional ou por ordem judicial de apreensão.

Assim, o adolescente será enviado à entidade adequada (caso não possua repartição adequada o adolescente deverá se apresentar em uma dependência adequada no prazo máximo de 24 horas) pela autoridade policial. Caso o ato infracional tenha sido praticado mediante violência ou grave ameaça à pessoa, será lavrado um Auto de Apreensão em Flagrante, e as partes e testemunhas serão ouvidas.

No entanto, caso o ato infracional tenha sido praticado sem violência ou grave ameaça à pessoa, a autoridade policial poderá optar por realizar um Boletim de Ocorrência Circunstanciado (BOC).

Tomadas as providências, os pais ou o responsável legal deverão comparecer para levar o adolescente com um termo de responsabilidade, no qual constará que o adolescente se apresentará ao MP no primeiro dia útil subsequente.

8 RECURSOS NO ECA

O Recurso é um remédio jurídico, com o intuito de reformar, invalidar, esclarecer ou integrar a decisão judicial. Na justiça da infância e juventude, o recurso é disposto pelo art. 198 do ECA, no qual se adota o sistema recursal do Código de Processo Civil.

As ações que envolvem a infância ou juventude são isentas de forma geral de custas, emolumentos e preparo.

Importante mencionarmos que os prazos recursais do Ministério Público sempre serão de 10 dias, salvo os embargos de declaração que são 5 dias, sempre contados em dias corridos como todos os prazos do ECA.

Ao contarmos os prazos no ECA, contamos em dias corridos, excluindo o dia do começo e incluindo o dia do vencimento.

Tendo em vista a prioridade dos temas relativos ao infante, o relator deverá julgar o processo em, no máximo, 60 dias, contado da sua conclusão, sendo o MP intimado para se entender apresentar parecer oral.

Dessa forma, podemos observar que os recursos no ECA possuem as seguintes características:

▷ adoção do sistema do CPC;
▷ dispensa de preparo recursal;
▷ prioridade no julgamento;
▷ dispensa de revisor;
▷ prazo em dias corrido.

9 MINISTÉRIO PÚBLICO, ADVOCACIA E TUTELA DE DIREITOS NO ECA

9.1 Ministério público

O Ministério Público (MP) exerce papel importantíssimo quando falamos sobre justiça da criança e do adolescente, atuando judicial e extrajudicialmente, atuando como fiscal. Suas atribuições constam no art. 201 do ECA, sendo este muito cobrado em concursos.

Art. 201 Compete ao Ministério Público:

I – Conceder a remissão como forma de exclusão do processo;

II – Promover e acompanhar os procedimentos relativos às infrações atribuídas a adolescentes;

III – Promover e acompanhar as ações de alimentos e os procedimentos de suspensão e destituição do pátrio poder, poder familiar, nomeação e remoção de tutores, curadores e guardiães, bem como oficiar em todos os demais procedimentos da competência da Justiça da Infância e da Juventude;

IV – Promover, de ofício ou por solicitação dos interessados, a especialização e a inscrição de hipoteca legal e a prestação de contas dos tutores, curadores e quaisquer administradores de bens de crianças e adolescentes nas hipóteses do art. 98;

V – Promover o inquérito civil e a ação civil pública para a proteção dos interesses individuais, difusos ou coletivos relativos à infância e à adolescência, inclusive os definidos no art. 220, § 3º, inciso II, da Constituição Federal;

VI – Instaurar procedimentos administrativos e, para instruí-los:

a) Expedir notificações para colher depoimentos ou esclarecimentos e, em caso de não comparecimento injustificado, requisitar condução coercitiva, inclusive pela polícia civil ou militar;

b) Requisitar informações, exames, perícias e documentos de autoridades municipais, estaduais e federais, da administração direta ou indireta, bem como promover inspeções e diligências investigatórias;

c) Requisitar informações e documentos a particulares e instituições privadas;

VII – Instaurar sindicâncias, requisitar diligências investigatórias e determinar a instauração de inquérito policial, para apuração de ilícitos ou infrações às normas de proteção à infância e à juventude;

VIII – Zelar pelo efetivo respeito aos direitos e garantias legais assegurados às crianças e adolescentes, promovendo as medidas judiciais e extrajudiciais cabíveis;

IX – Impetrar mandado de segurança, de injunção e habeas corpus, em qualquer juízo, instância ou tribunal, na defesa dos interesses sociais e individuais indisponíveis afetos à criança e ao adolescente;

X – Representar ao juízo visando à aplicação de penalidade por infrações cometidas contra as normas de proteção à infância e à juventude, sem prejuízo da promoção da responsabilidade civil e penal do infrator, quando cabível;

XI – Inspecionar as entidades públicas e particulares de atendimento e os programas de que trata esta Lei, adotando de pronto as medidas administrativas ou judiciais necessárias à remoção de irregularidades porventura verificadas;

XII – Requisitar força policial, bem como a colaboração dos serviços médicos, hospitalares, educacionais e de assistência social, públicos ou privados, para o desempenho de suas atribuições.

§ 1º A legitimação do Ministério Público para as ações cíveis previstas neste artigo não impede a de terceiros, nas mesmas hipóteses, segundo dispuserem a Constituição e esta Lei.

§ 2º As atribuições constantes deste artigo não excluem outras, desde que compatíveis com a finalidade do Ministério Público.

§ 3º O representante do Ministério Público, no exercício de suas funções, terá livre acesso a todo local onde se encontre criança ou adolescente.

§ 4º O representante do Ministério Público será responsável pelo uso indevido das informações e documentos que requisitar, nas hipóteses legais de sigilo.

§ 5º Para o exercício da atribuição de que trata o inciso VIII deste artigo, poderá o representante do Ministério Público:

a) Reduzir a termo as declarações do reclamante, instaurando o competente procedimento, sob sua presidência;

b) Entender-se diretamente com a pessoa ou autoridade reclamada, em dia, local e horário previamente notificados ou acertados;

c) Efetuar recomendações visando à melhoria dos serviços públicos e de relevância pública afetos à criança e ao adolescente, fixando prazo razoável para sua perfeita adequação.

9.2 Advocacia

O advogado poderá ser solicitado por qualquer uma das partes interessadas na lide, vindo a intervir nos procedimentos, podendo ser advogado particular ou gratuito.

No âmbito criminal, nenhum adolescente a quem se atribua ato infracional será processado sem a presença de advogado ou defensor a ser nomeado pelo juiz.

9.3 Tutela de direitos individuais, difusos e coletivos

O art. 208, em seu texto, dispõe que se regem pelas disposições do ECA as ações de responsabilidade por ofensa aos direitos assegurados à criança e ao adolescente, referentes ao não oferecimento ou oferta irregular. Vejamos:

Art. 208 Regem-se pelas disposições desta Lei as ações de responsabilidade por ofensa aos direitos assegurados à criança e ao adolescente, referentes ao não oferecimento ou oferta irregular:

I – Do ensino obrigatório;

II – De atendimento educacional especializado aos portadores de deficiência;

III – De atendimento em creche e pré-escola às crianças de zero a cinco anos de idade;

IV – De ensino noturno regular, adequado às condições do educando;

V – De programas suplementares de oferta de material didático-escolar, transporte e assistência à saúde do educando do ensino fundamental;

VI – De serviço de assistência social visando à proteção à família, à maternidade, à infância e à adolescência, bem como ao amparo às crianças e adolescentes que dele necessitem;

VII – De acesso às ações e serviços de saúde;

VIII – De escolarização e profissionalização dos adolescentes privados de liberdade;

IX – De ações, serviços e programas de orientação, apoio e promoção social de famílias e destinados ao pleno exercício do direito à convivência familiar por crianças e adolescentes;

X – De programas de atendimento para a execução das medidas socioeducativas e aplicação de medidas de proteção;

XI – De políticas e programas integrados de atendimento à criança e ao adolescente vítima ou testemunha de violência;

§ 1º As hipóteses previstas neste artigo não excluem da proteção judicial outros interesses individuais, difusos ou coletivos, próprios da infância e da adolescência, protegidos pela Constituição e pela Lei.

§ 2º A investigação do desaparecimento de crianças ou adolescentes será realizada imediatamente após notificação aos órgãos competentes, que deverão comunicar o fato aos portos, aeroportos, Polícia Rodoviária e companhias de transporte interestaduais e internacionais, fornecendo-lhes todos os dados necessários à identificação do desaparecido.

Aqui é importante mencionar que o rol do art. 208 é exemplificativo e não taxativo, não excluindo, assim, da proteção judicial outros interesses da infância e da adolescência.

Tendo em vista que ingressamos com os direitos coletivos, importante definir o que é um direito coletivo e um direito difuso.

▷ **Direito coletivo:** são direitos indivisíveis de um grupo, categoria ou classe de pessoas ligadas entre si ou contra a mesma parte.

▷ **Direito difuso:** são direitos indivisíveis de pessoas ligadas a um fato.

9.4 Legitimidade

A legitimidade poderá ser individual, ou seja, pelo próprio adolescente ou forma coletiva. Por meio de Ação Civil Pública, promovida por qualquer dos seus legitimados, admitindo o litisconsórcio entre eles. O art. 210 dispõe:

> *Art. 210 Para as ações cíveis fundadas em interesses coletivos ou difusos, consideram-se legitimados concorrentemente:*
>
> *I – O Ministério Público;*
>
> *II – A União, os estados, os municípios, o Distrito Federal e os territórios;*
>
> *III – a associação legalmente constituída há pelo menos um ano e que incluam entre seus fins institucionais a defesa dos interesses e direitos protegidos por esta Lei, dispensada a autorização da assembleia, se houver prévia autorização estatutária.*
>
> *§ 1º Admitir-se-á litisconsórcio facultativo entre os Ministérios Públicos da União e dos estados na defesa dos interesses e direitos de que cuida esta Lei.*
>
> *§ 2º Em caso de desistência ou abandono da ação por associação legitimada, o Ministério Público ou outro legitimado poderá assumir a titularidade ativa.*

Cabe destacar que a ADIN nº 3.943/2015, houve o reconhecimento do STF quanto à legitimidade da Defensoria Pública para propor ação civil pública.

9.5 Competência

A competência para as ações de tutela de direitos individuais e coletivos sempre será no foro do local onde ocorreu a ação ou omissão, conforme disposto pelo art. 209 do ECA.

10 CRIMES E INFRAÇÕES ADMINISTRATIVAS NO ECA

Os crimes praticados contra a criança e ao adolescente, seja por ação ou omissão, estão previstos nos arts. 228 ao 244-B do ECA, aplicando-se concomitantemente as normas penais da parte geral do CP e do CPP para aplicação da pena.

Importante mencionar que todos os crimes previstos no ECA terão ação penal pública incondicionada, sendo sua titularidade do Ministério Público.

Vejamos alguns dos principais tipos de crime:

▷ **Quanto ao sujeito ativo**
- **Crime comum:** não exige qualidade específica do sujeito ativo para sua prática.
- **Crime próprio:** exige qualidade específica do sujeito ativo para sua prática.
- **Crime de mão própria:** é aquele que somente pode ser praticado pela própria pessoa.

▷ **Quanto à necessidade de resultado naturalístico para sua consumação**
- **Crime material:** prevê um resultado naturalístico para sua consumação.
- **Crime formal:** descreve um resultado naturalístico, do qual sua ocorrência é desnecessária para consumar o delito.
- **Crime de mera conduta:** quando o resultado naturalístico nem mesmo poderia ocorrer por ausência de descrição.

▷ **Quanto à necessidade de lesão ao bem jurídico para sua consumação**
- **Crime de dano:** necessita para ocorrer de lesão ou danos a um bem jurídico protegido penalmente.
- **Crime de perigo:** necessita para a consumação de exposição do bem jurídico a perigo.

▷ **Quanto à forma da conduta**
- **Crime comissivo:** é praticado por um ato positivo do agente, ou seja, o ato de fazer algo.
- **Crime omissivo:** é praticado por um ato negativo do agente, ou seja, o ato de não fazer algo.
- **Crime de conduta mista:** prevê a ação seguida de uma omissão.
- **Crime de esquecimento:** é um crime do qual o agente pratica sem prevê o resultado havendo a culpa inconsciente.

▷ **Quanto ao tempo da consumação**
- **Crime instantâneo:** consuma-se imediatamente.
- **Crime permanente:** a consumação se protrai no tempo.
- **Crime instantâneo de efeitos permanentes:** consuma-se imediatamente, mas os efeitos se prolongam no tempo.
- **Crime a prazo:** depende prazo para sua consumação.
  - **Quanto à unicidade ou não do tipo penal**
- **Crime simples:** formado por um único tipo penal.
- **Crime complexo:** é formado pela junção ou fusão de outros tipos penais.
- **Crime de forma livre:** é aquele que não prevê uma forma específica de realização do núcleo do tipo, como o furto e o homicídio.
- **Crime de forma vinculada:** é aquele que tem forma ou formas de realização do núcleo do tipo especificamente previstas em lei. É o caso do curandeirismo, que possui algumas formas previstas nos incisos do art. 284 em que o núcleo do tipo pode ser realizado.

10.1 Crimes em espécie

O art. 228 do ECA tem como características principais que em o caput e o parágrafo único trazem infrações de menor potencial ofensivo. O tipo penal se refere as obrigações do art. 10 do ECA.

Os crimes descritos são omissivos próprios, formais, próprios e de perigo abstrato. Já o parágrafo único prevê a modalidade culposa.

> *Art. 228 Deixar o encarregado de serviço ou o dirigente de estabelecimento de atenção à saúde de gestante de manter registro das atividades desenvolvidas, na forma e prazo referidos no art. 10 desta Lei, bem como de fornecer à parturiente ou a seu responsável, por ocasião da alta médica, declaração de nascimento, onde constem as intercorrências do parto e do desenvolvimento do neonato:*
>
> *Pena - detenção de 6 (seis) meses a 2 (dois) anos.*
>
> *Parágrafo único. Se o crime é culposo:*
>
> *Pena - detenção de 2 (dois) a 2 (seis) meses, ou multa.*
>
> *Art. 229 Deixar o médico, enfermeiro ou dirigente de estabelecimento de atenção à saúde de gestante de identificar corretamente o neonato e a parturiente, por ocasião do parto, bem como deixar de proceder aos exames referidos no art. 10 desta Lei:*
>
> *Pena - detenção de 6 (seis) meses a 2 (dois) anos.*
>
> *Pena - detenção de 2 (dois) a 6 (seis) meses, ou multa.*

O art. 229 do ECA, em seu caput e parágrafo único, trazem infrações de menor potencial ofensivo. O tipo penal refere-se as obrigações do art. 10 do ECA.

Os crimes descritos são omissivos próprios, formais, próprios e de perigo abstrato. Já o parágrafo único prevê a modalidade culposa.

> *Art. 230 Privar a criança ou o adolescente de sua liberdade, procedendo à sua apreensão sem estar em flagrante de ato infracional ou inexistindo ordem escrita da autoridade judiciária competente:*
>
> *Pena - detenção de 6 (seis) meses a 2 (dois) anos.*
>
> *Parágrafo único. Incide na mesma pena aquele que procede à apreensão sem observância das formalidades legais.*

O caput e o parágrafo único do art. 230 trazem infrações de menor potencial ofensivo. O crime descrito é comum, material, doloso, permanente.

> *Art. 231 Deixar a autoridade policial responsável pela apreensão de criança ou adolescente de fazer imediata comunicação à autoridade judiciária competente e à família do apreendido ou à pessoa por ele indicada*
>
> *Pena - detenção de 6 (seis) meses a 2 (dois) anos.*

O art. 231 do ECA, em seu caput e no parágrafo único, trazem infrações de menor potencial ofensivo. O crime descrito é próprio, formal, omissivo, de perigo abstrato.

> *Art. 232 Submeter criança ou adolescente sob sua autoridade, guarda ou vigilância a vexame ou a constrangimento:*
>
> *Pena - detenção de 6 (seis) meses a 2 (dois) anos.*

O caput e o parágrafo único do art. 232 do ECA trazem infrações de menor potencial ofensivo. O crime descrito é próprio, material, comissivo, admite tentativa.

> *Art. 234 Deixar a autoridade competente, sem justa causa, de ordenar a imediata liberação de criança ou adolescente, tão logo tenha conhecimento da ilegalidade da apreensão:*
>
> *Pena - detenção de 6 (seis) meses a 2 (dois) anos.*

O art. 234 do ECA, em seu caput e no parágrafo único, trazem infrações de menor potencial ofensivo. O crime descrito é próprio, material, omissivo, permanente.

> *Art. 235 Descumprir, injustificadamente, prazo fixado nesta Lei em benefício de adolescente privado de liberdade:*
>
> *Pena - detenção de 6 (seis) meses a 2 (dois) anos.*

O art. 235 do ECA, em seu caput e no parágrafo único, trazem infrações de menor potencial ofensivo. O crime descrito é próprio, material, omissivo, permanente. Sendo ainda uma norma penal em branco, tendo em vista que exige que o agente descumpra os prazos fixados no ECA.

> **Art. 236** Impedir ou embaraçar a ação de autoridade judiciária, membro do Conselho Tutelar ou representante do Ministério Público no exercício de função prevista nesta Lei:
> **Pena** - detenção de 6 (seis) meses a 2 (dois) anos.

O caput e o parágrafo único do art. 236 do ECA trazem infrações de menor potencial ofensivo. O crime descrito é comum, formal, omissivo, de perigo abstrato.

> **Art. 237** Subtrair criança ou adolescente ao poder de quem o tem sob sua guarda em virtude de lei ou ordem judicial, com o fim de colocação em lar substituto:
> **Pena** - reclusão de 2 (dois) a 6 (seis) anos, e multa.

O crime descrito tem como características principais ser comum, formal, forma livre. Sendo uma norma penal em branco, tendo em vista que o conceito de lar substituto é retirado do ECA.

> **Art. 238** Prometer ou efetivar a entrega de filho ou pupilo a terceiro, mediante paga ou recompensa: [...]
> **Pena** - Reclusão de 1 (um) a 4 (quatro) anos, e multa.
> **Parágrafo único.** Incide nas mesmas penas quem oferece ou efetiva a paga ou recompensa.

O art. 235 do ECA tem como características principais ser infração de médio potencial ofensivo; no caput há um crime próprio, e no parágrafo único, um crime comum. O crime descrito é comissivo, formal e material, doloso e instantâneo.

> **Art. 239** Promover ou auxiliar a efetivação de ato destinado ao envio de criança ou adolescente para o exterior com inobservância das formalidades legais ou com o fito de obter lucro:
> **Pena** - reclusão de quatro a seis anos, e multa.
> **Parágrafo único.** Se há emprego de violência, grave ameaça ou fraude:
> **Pena** - reclusão, de 6 (seis) a 8 (oito) anos, além da pena correspondente à violência.

O art. 236 do ECA tem como características principais ser crime comum, formal, de forma livre. Sendo norma penal em branco tendo em vista a referência à violação de formalidades legais de envio de criança ou adolescente ao exterior conforme previsto no ECA.

> **Art. 240** Produzir, reproduzir, dirigir, fotografar, filmar ou registrar, por qualquer meio, cena de sexo explícito ou pornográfica, envolvendo criança ou adolescente:
> **Pena** – reclusão, de 4 (quatro) a 8 (oito) anos, e multa.
> § 1º Incorre nas mesmas penas quem agencia, facilita, recruta, coage, ou de qualquer modo intermedeia a participação de criança ou adolescente nas cenas referidas no caput deste artigo, ou ainda quem com esses contracena.
> § 2º Aumenta-se a pena de 1/3 se o agente comete o crime:
> I - No exercício de cargo ou função pública ou a pretexto de exercê-la;
> II - Prevalecendo-se de relações domésticas, de coabitação ou de hospitalidade; ou
> III - prevalecendo-se de relações de parentesco consanguíneo ou afim até o terceiro grau, ou por adoção, de tutor, curador, preceptor, empregador da vítima ou de quem, a qualquer outro título, tenha autoridade sobre ela, ou com seu consentimento.

O art. 240 do ECA tem como finalidade punir qualquer um vinculado à produção de conteúdo sexual ou pornográfico envolvendo crianças ou adolescentes, mesmo que autorizado. É um crime comum, formal, doloso e instantâneo. Admite-se nesse crime o de erro de tipo, no que se refere à idade do infante.

> **Art. 241** Vender ou expor à venda fotografia, vídeo ou outro registro que contenha cena de sexo explícito ou pornográfica envolvendo criança ou adolescente:
> **Pena** - Reclusão, de 4 (quatro) a 8 (oito) anos, e multa.

O presente artigo tem como alvo o comerciante de material de pornografia infantil, tendo como características do crime ser um crime comum, formal, comissivo, instantâneo.

> **Art. 241-A** Oferecer, trocar, disponibilizar, transmitir, distribuir, publicar ou divulgar por qualquer meio, inclusive por meio de sistema de informática ou telemático, fotografia, vídeo ou outro registro que contenha cena de sexo explícito ou pornográfica envolvendo criança ou adolescente:
> **Pena** - Reclusão, de 3 (três) a 6 (seis) anos, e multa.
> § 1º Nas mesmas penas incorre quem:
> I - Assegura os meios ou serviços para o armazenamento das fotografias, cenas ou imagens de que trata o caput deste artigo;
> II - Assegura, por qualquer meio, o acesso por rede de computadores às fotografias, cenas ou imagens de que trata o caput deste artigo.
> § 2º As condutas tipificadas nos incisos I e II do § 1º deste artigo são puníveis quando o responsável legal pela prestação do serviço, oficialmente notificado, deixa de desabilitar o acesso ao conteúdo ilícito de que trata o caput.

Neste artigo, a punição é ao dispersor de material pornográfico, incluindo para adquirir para si ou para compartilhar. Tem como classificação ser um crime comum, formal, comissivo.

> **Art. 241-B** Adquirir, possuir ou armazenar, por qualquer meio, fotografia, vídeo ou outra forma de registro que contenha cena de sexo explícito ou pornográfica envolvendo criança ou adolescente:
> **Pena** - Reclusão, de 1 (um) a 4 (quatro) anos, e multa.
> § 1º A pena é diminuída de 1 a 2/3 se de pequena quantidade o material a que se refere o caput deste artigo.
> § 2º Não há crime se a posse ou o armazenamento tem a finalidade de comunicar às autoridades competentes a ocorrência das condutas descritas nos arts. 240, 241, 241-A e 241-C desta Lei, quando a comunicação for feita por:
> I - Agente público no exercício de suas funções;
> II - Membro de entidade, legalmente constituída, que inclua, entre suas finalidades institucionais, o recebimento, o processamento e o encaminhamento de notícia dos crimes referidos neste parágrafo;
> III - Representante legal e funcionários responsáveis de provedor de acesso ou serviço prestado por meio de rede de computadores, até o recebimento do material relativo à notícia feita à autoridade policial, ao Ministério Público ou ao Poder Judiciário.
> § 3º As pessoas referidas no § 2º deste artigo deverão manter sob sigilo o material ilícito referido.

O art. 241-B trata do criminoso, que é o consumidor da pornografia infantil. Tem como característica ser uma infração de potencial ofensivo, é crime comum, formal, comissivo, instantâneo na modalidade "adquirir" e permanente nas modalidades "armazenar e possuir".

> **Art. 241-C** Simular a participação de criança ou adolescente em cena de sexo explícito ou pornográfica por meio de adulteração, montagem ou modificação de fotografia, vídeo ou qualquer outra forma de representação visual:
> **Pena** - Reclusão, de 1 a 3 anos, e multa.
> **Parágrafo único.** Incorre nas mesmas penas quem vende, expõe à venda, disponibiliza, distribui, publica ou divulga por qualquer meio, adquire, possui ou armazena o material produzido na forma do caput deste artigo.

Tem como características ser infração de médio potencial ofensivo, crime comum, formal, de forma livre, comissivo, instantâneo.

> **Art. 241-D** Aliciar, assediar, instigar ou constranger, por qualquer meio de comunicação, criança, com o fim de com ela praticar ato libidinoso:
> **Pena** - Reclusão, de 1 a 3 anos, e multa.
> **Parágrafo único.** Nas mesmas penas incorre quem:

CRIMES E INFRAÇÕES ADMINISTRATIVAS NO ECA

I - Facilita ou induz o acesso à criança de material contendo cena de sexo explícito ou pornográfica com o fim de com ela praticar ato libidinoso;
II - Pratica as condutas descritas no caput deste artigo com o fim de induzir criança a se exibir de forma pornográfica ou sexualmente explícita.

Neste artigo, o legislado engloba a conduta de quem, mesmo não produzindo o material pornográfico, recruta os infantes. Tem como características ser uma infração de médio potencial ofensivo, um crime comum, formal, de forma livre, comissivo e instantâneo.

10.1.1 Norma penal explicativa

Art. 241-E Para efeito dos crimes previstos nesta Lei, a expressão "cena de sexo explícito ou pornográfica" compreende qualquer situação que envolva criança ou adolescente em atividades sexuais explícitas, reais ou simuladas, ou exibição dos órgãos genitais de uma criança ou adolescente para fins primordialmente sexuais.

Aqui, o legislador quis evitar contrariedades de interpretação, definindo exatamente o contexto de cena de sexo explícito ou pornográfica, deixando, no entanto, de mencionar a exposição dos seios, uma vez que não são órgãos genitais.

Art. 242 Vender, fornece ainda que gratuitamente ou entregar, de qualquer forma, a criança ou adolescente arma, munição ou explosivo:
Pena - reclusão, de 3 (três) a 6 (seis) anos.

Assim, o art. 242 é um crime comum, formal, forma livre, comissivo e instantâneo.

Art. 243 Vender, fornecer, servir, ministrar ou entregar, ainda que gratuitamente, de qualquer forma, a criança ou a adolescente, bebida alcoólica ou, sem justa causa, outros produtos cujos componentes possam causar dependência física ou psíquica:
Pena - detenção de 2 (dois) a 4 (quatro) anos, e multa, se o fato não constitui crime mais grave.

O art. 243 tem como características principais ser um crime comum, doloso, comissivo, formal e uma infração penal subsidiária, incidindo apenas na falta de outro mais gravoso.

Art. 244 Vender, fornece ainda que gratuitamente ou entregar, de qualquer forma, a criança ou adolescente fogos de estampido ou de artifício, exceto aqueles que, pelo seu reduzido potencial, sejam incapazes de provocar qualquer dano físico em caso de utilização indevida:
Pena - detenção de 6 (seis) meses a 2 (dois) anos, e multa.

O art. 244 tem como características principais ser uma infração de menor potencial ofensivo, bem como ser um crime comum, formal, de forma livre, comissivo.

Art. 244-A Submeter criança ou adolescente, como tais definidos no caput do art. 2º desta Lei, à prostituição ou à exploração sexual:
Pena - reclusão de quatro a dez anos e multa, além da perda de bens e valores utilizados na prática criminosa em favor do Fundo dos Direitos da Criança e do Adolescente da unidade da Federação (Estado ou Distrito Federal) em que foi cometido o crime, ressalvado o direito de terceiro de boa-fé.
§ 1º Incorrem nas mesmas penas o proprietário, o gerente ou o responsável pelo local em que se verifique a submissão de criança ou adolescente às práticas referidas no caput deste artigo.
§ 2º Constitui efeito obrigatório da condenação a cassação da licença de localização e de funcionamento do estabelecimento.

O conteúdo do artigo em questão foi reproduzido pelo art. 218-B do Código Penal, sendo assim, o tipo do art. 244-A foi revogado pela alteração do Código Penal, segundo a doutrina em geral.

Art. 244-B Corromper ou facilitar a corrupção de menor de 18 (dezoito) anos, com ele praticando infração penal ou induzindo-o a praticá-la:
Pena - reclusão, de 1 (um) a 4 (quatro) anos.

§ 1º Incorre nas penas previstas no caput deste artigo quem pratica as condutas ali tipificadas utilizando-se de quaisquer meios eletrônicos, inclusive salas de bate-papo da internet.
§ 2º As penas previstas no caput deste artigo são aumentadas de um terço no caso de a infração cometida ou induzida estar incluída no rol do art. 1º da Lei nº 8.072/90.

Aqui encontramos o crime conhecido por corrupção de menores. Sendo um crime de médio potencial ofensivo, bem como um crime comum, formal, comissivo.

10.2 Infrações administrativas

Em primeiro lugar, quando falamos das infrações administrativas, não estamos falando de crime não havendo penas privativas de liberdade se sim penas de multa serão revertidas a fundos municipais dos direitos da criança e do adolescente. Ocorre a prescrição das infrações em 5 anos.

Art. 245 Deixar o médico, professor ou responsável por estabelecimento de atenção à saúde e de ensino fundamental, pré-escola ou creche, de comunicar à autoridade competente os casos de que tenha conhecimento, envolvendo suspeita ou confirmação de maus-tratos contra criança ou adolescente:
Pena - multa de 3 (três) a 20 (vinte) salários de referência, aplicando-se o dobro em caso de reincidência.

Este artigo tem como características um sujeito ativo é próprio e conduta omissiva.

Art. 246 Impedir o responsável ou funcionário de entidade de atendimento o exercício dos direitos de: [...] Peticionar diretamente a qualquer autoridade; avistar-se reservadamente com seu defensor; receber visitas, ao menos, semanalmente; corresponder-se com seus familiares e amigos; receber escolarização e profissionalização;
Pena - multa de 3 (três) a 20 (vinte) salários de referência, aplicando-se o dobro em caso de reincidência.

Aqui, o sujeito ativo é funcionário de entidade de medida socioeducativa.

Art. 247 Divulgar, total ou parcialmente, sem autorização devida, por qualquer meio de comunicação, nome, ato ou documento de procedimento policial, administrativo ou judicial relativo à criança ou adolescente a que se atribua ato infracional.
Pena - multa de 3 (três) a 20 (vinte) salários de referência, aplicando-se o dobro em caso de reincidência.
§ 1º Incorre na mesma pena quem exibe, total ou parcialmente, fotografia de criança ou adolescente envolvido em ato infracional, ou qualquer ilustração que lhe diga respeito ou se refira a atos que lhe sejam atribuídos, de forma a permitir sua identificação, direta ou indiretamente.
§ 2º Se o fato for praticado por órgão de imprensa ou emissora de rádio ou televisão, além da pena prevista neste artigo, a autoridade judiciária poderá determinar a apreensão da publicação ou a suspensão da programação da emissora até por 2 dias, bem como da publicação do periódico até por dois números. (Expressão declara inconstitucional pela ADIN 869-2).

Neste artigo, o sujeito é qualquer pessoa. A expressão riscada foi declarada inconstitucional pelo STF.

Art. 249 Descumprir, dolosa ou culposamente, os deveres inerentes ao poder familiar ou decorrente de tutela ou guarda, bem assim determinação da autoridade judiciária ou Conselho Tutelar.
Pena - multa de 3 (três) a 20 (vinte) salários de referência, aplicando-se o dobro em caso de reincidência.

Art. 250 Hospedar criança ou adolescente desacompanhado dos pais ou responsável, ou sem autorização escrita desses ou da autoridade judiciária, em hotel, pensão, motel ou congênere.
Pena – multa.

§ 1º Em caso de reincidência, sem prejuízo da pena de multa, a autoridade judiciária poderá determinar o fechamento do estabelecimento por até 15 dias.

§ 2º Se comprovada a reincidência em período inferior a 30 dias, o estabelecimento será definitivamente fechado e terá licença cassada.

Art. 251 *Transportar criança ou adolescente, por qualquer meio, com inobservância do das regras de autorização de viagem.*

Pena *- multa de 3 (três) a 20 (vinte) salários de referência, aplicando-se o dobro em caso de reincidência.*

Art. 252 *Deixar o responsável por diversão ou espetáculo público de afixar, em lugar visível e de fácil acesso, à entrada do local de exibição, informação destacada sobre a natureza da diversão ou espetáculo e a faixa etária especificada no certificado de classificação.*

Pena *- multa de 3 (três) a 20 (vinte) salários de referência, aplicando-se o dobro em caso de reincidência.*

Art. 253 *Anunciar peças teatrais, filmes ou quaisquer representações ou espetáculos, sem indicar os limites de idade a que não se recomendem.*

Pena *- multa de 3 (três) a 20 (vinte) salários de referência, duplicada em caso de reincidência, aplicável, separadamente, à casa de espetáculo e aos órgãos de divulgação ou publicidade.*

Art. 254 *Transmitir, através de rádio ou televisão, espetáculo em horário diverso do autorizado ou sem aviso de sua classificação.*

Pena *- multa de 20 (vinte) a 100 (cem) salários de referência; duplicada em caso de reincidência, a autoridade judiciária poderá determinar a suspensão da programação da emissora por até 2 dias.*

O STF, no bojo da ADI nº 2.404, julgou inconstitucional a limitação de horários, argumentando que o Estado não pode determinar que os programas possam ser exibidos somente em determinados horários, o que seria uma imposição, vedado pela CF/88. O Poder Público pode apenas recomendar horários adequados, sendo a classificação dos programas meramente indicativa.

Art. 255 *Exibir filmes, trailer, peça, amostra ou congênere classificado pelo órgão competente como inadequado às crianças ou adolescentes admitidos ao espetáculo.*

Pena *- multa de 20 (vinte) a 100 (cem) salários de referência. Na reincidência, a autoridade poderá determinar a suspensão do espetáculo ou o fechamento do estabelecimento por até 15 dias.*

Art. 256 *Vender ou locar a criança ou adolescente fita de programação em vídeo, em desacordo com a classificação atribuída pelo órgão competente.*

Pena *- multa de 3 (três) a 20 (vinte) salários de referência. Em caso de reincidência, a autoridade judiciária poderá determinar o fechamento do estabelecimento por até 15 dias.*

Art. 257 *Descumprir obrigação de:*

I - Comercializar revistas de material impróprio com embalagem lacrada e advertência de seu conteúdo;

II - Não conter em revistas e publicações destinadas ao público infanto-juvenil ilustrações, fotografias, legendas, crônicas ou anúncios de bebidas alcoólicas, tabaco, armas e munições, e respeitar os valores éticos e sociais da pessoa e da família.

Pena *- multa de 3 (três) a 20 (vinte) salários de referência, duplicando-se a pena em caso de reincidência, sem prejuízo de apreensão da revista ou publicação.*

Art. 258 *Deixar o responsável pelo estabelecimento ou o empresário de observar o que dispõe esta Lei sobre o acesso de criança ou adolescente aos locais de diversão, ou sobre sua participação no espetáculo.*

Pena *- multa de 3 (três) a 20 (vinte) salários de referência. Em caso de reincidência, a autoridade judiciária poderá determinar o fechamento do estabelecimento por até 15 dias.*

Art. 258-A *Deixar a autoridade competente de providenciar a instalação e operacionalização dos:*

I - Cadastro do registro de crianças e adolescentes em condições de serem adotados e Cadastro de pessoas interessadas na adoção

II - Cadastro que contenha informações atualizadas sobre as crianças e adolescentes em regime de acolhimento familiar e institucional sob sua responsabilidade.

Pena *- multa de R$ 1.000,00 a R$ 3.000,00.*

Parágrafo único. *Incorre nas mesmas penas a autoridade que deixa de efetuar o cadastramento de crianças e de adolescentes em condições de serem adotadas, de pessoas ou casais habilitados à adoção e de crianças e adolescentes em regime de acolhimento institucional ou familiar.*

Art. 258-B *Deixar o médico, enfermeiro ou dirigente de estabelecimento de atenção à saúde de gestante de efetuar imediato encaminhamento ao juiz de caso de que tenha conhecimento de mãe ou gestante interessada em entregar seu filho para adoção.*

Pena *- multa de R$ 1.000,00 a R$ 3.000,00.*

Parágrafo único. *Incorre na mesma pena o funcionário de programa oficial ou comunitário destinado à garantia do direito à convivência familiar que deixa de efetuar a comunicação referida no caput deste artigo.*

Art. 258-C *Descumprir a proibição de vender bebidas alcoólicas para crianças e adolescentes.*

Pena *- multa de R$ 3.000,00 a R$ 10.000,00.*

Medida administrativa - interdição do estabelecimento comercial até o recolhimento da multa aplicada.

11 SISTEMA NACIONAL DE ATENDIMENTO SOCIOEDUCATIVO

O Sistema Nacional de Atendimento Socioeducativo (Sinase), instituído pela Lei nº 12.594/2012, tem como função regulamentar a execução e cumprimento das medidas socioeducativas, para que a reinserção dos adolescentes funcione de forma eficaz.

O conceito do Sinase encontra-se no art. 1º da Lei nº 12.594/2012:

> **Art. 1º** Esta Lei institui o Sistema Nacional de Atendimento Socioeducativo (Sinase) e regulamenta a execução das medidas destinadas a adolescente que pratique ato infracional.
>
> § 1º Entende-se por Sinapse o conjunto ordenado de princípios, regras e critérios que envolvem a execução de medidas socioeducativas, incluindo-se nele, por adesão, os sistemas estaduais, distrital e municipais, bem como todos os planos, políticas e programas específicos de atendimento a adolescente em conflito com a lei.
>
> § 2º Entendem-se por medidas socioeducativas as previstas no art. 112 da Lei nº 8.069, de 13 de julho de 1990 (Estatuto da Criança e do Adolescente), as quais têm por objetivos:
>
> I - A responsabilização do adolescente quanto às consequências lesivas do ato infracional, sempre que possível incentivando a sua reparação;
>
> II - A integração social do adolescente e a garantia de seus direitos individuais e sociais, por meio do cumprimento de seu plano individual de atendimento; e
>
> III - a desaprovação da conduta infracional, efetivando as disposições da sentença como parâmetro máximo de privação de liberdade ou restrição de direitos, observados os limites previstos em lei.
>
> § 3º Entendem-se por programa de atendimento a organização e o funcionamento, por unidade, das condições necessárias para o cumprimento das medidas socioeducativas.
>
> § 4º Entende-se por unidade a base física necessária para a organização e o funcionamento de programa de atendimento.
>
> § 5º Entendem-se por entidade de atendimento a pessoa jurídica de direito público ou privado que instala e mantém a unidade e os recursos humanos e materiais necessários ao desenvolvimento de programas de atendimento.

Assim, é importante mencionarmos que recursos financeiros do Sinase dependem do Orçamento Fiscal, da Seguridade social e de outras fontes.

11.1 Programas de atendimento

Os programas de atendimento do Sinase serão executados por uma unidade de atendimento previamente inscritas conforme os requisitos obrigatórios do art. 11 da Lei nº 12.594/2012.

> **Art. 11** Além da especificação do regime, são requisitos obrigatórios para a inscrição de programa de atendimento:
>
> I – A exposição das linhas gerais dos métodos e técnicas pedagógicas, com a especificação das atividades de natureza coletiva;
>
> II – A indicação da estrutura material, dos recursos humanos e das estratégias de segurança compatíveis com as necessidades da respectiva unidade;
>
> III – regimento interno que regule o funcionamento da entidade, no qual deverá constar, no mínimo:
>
> a) o detalhamento das atribuições e responsabilidades do dirigente, de seus prepostos, dos membros da equipe técnica e dos demais educadores;
>
> b) a previsão das condições do exercício da disciplina e concessão de benefícios e o respectivo procedimento de aplicação; e
>
> c) a previsão da concessão de benefícios extraordinários e enaltecimento, tendo em vista tornar público o reconhecimento ao adolescente pelo esforço realizado na consecução dos objetivos do plano individual;
>
> IV – A política de formação dos recursos humanos;
>
> V – A previsão das ações de acompanhamento do adolescente após o cumprimento de medida socioeducativa;
>
> VI – A indicação da equipe técnica, cuja quantidade e formação devem estar em conformidade com as normas de referência do sistema e dos conselhos profissionais e com o atendimento socioeducativo a ser realizado; e
>
> VII – a adesão ao Sistema de Informações sobre o Atendimento Socioeducativo, bem como sua operação efetiva.
>
> **Parágrafo único.** O não cumprimento do previsto neste artigo sujeita as entidades de atendimento, os órgãos gestores, seus dirigentes ou prepostos à aplicação das medidas previstas no art. 97 da Lei nº 8.069, de 13 de julho de 1990 (Estatuto da Criança e do Adolescente).

11.2 Programas de meio aberto

Os programas de atendimento meio aberto são a liberdade assistida e a prestação de serviços à comunidade, sendo ambos executados pelo município. Vejamos os arts. 117 e 118 do ECA:

> **Art. 117** A prestação de serviços comunitários consiste na realização de tarefas gratuitas de interesse geral, por período não excedente a seis meses, junto a entidades assistenciais, hospitais, escolas e outros estabelecimentos congêneres, bem como em programas comunitários ou governamentais.
>
> **Parágrafo único.** As tarefas serão atribuídas conforme as aptidões do adolescente, devendo ser cumpridas durante jornada máxima de oito horas semanais, aos sábados, domingos e feriados ou em dias úteis, de modo a não prejudicar a frequência à escola ou à jornada normal de trabalho.
>
> **Art. 118** A liberdade assistida será adotada sempre que se afigurar a medida mais adequada para o fim de acompanhar, auxiliar e orientar o adolescente.
>
> § 1º A autoridade designará pessoa capacitada para acompanhar o caso, a qual poderá ser recomendada por entidade ou programa de atendimento.
>
> § 2º A liberdade assistida será fixada pelo prazo mínimo de seis meses, podendo a qualquer tempo ser prorrogada, revogada ou substituída por outra medida, ouvido o orientador, o Ministério Público e o defensor.

11.3 Programas em meio fechado

Já os programas de meio fechado são a semiliberdade e a internação, sendo a execução pelo Estado. Seus requisitos estão presentes no art. 15 da Lei nº 12.594/2012.

> **Art. 15** São requisitos específicos para a inscrição de programas de regime de semiliberdade ou internação:
>
> I – A comprovação da existência de estabelecimento educacional com instalações adequadas e em conformidade com as normas de referência;
>
> II – A previsão do processo e dos requisitos para a escolha do dirigente;
>
> III – a apresentação das atividades de natureza coletiva;
>
> IV – A definição das estratégias para a gestão de conflitos, vedada a previsão de isolamento cautelar, exceto nos casos previstos no § 2º do art. 49 desta Lei; e
>
> V – A previsão de regime disciplinar nos termos do art. 72 desta Lei.

11.4 Execução das medidas socioeducativas

A execução das medidas socioeducativas está disposta no art. 35 e 49 da Lei nº 12.594/2012. Vejamos:

> **Art. 35** A execução das medidas socioeducativas reger-se-á pelos seguintes princípios:
>
> I - Legalidade, não podendo o adolescente receber tratamento mais gravoso do que o conferido ao adulto;
>
> II - Excepcionalidade da intervenção judicial e da imposição de medidas, favorecendo-se meios de auto composição de conflitos;
>
> III - prioridade a práticas ou medidas que sejam restaurativas e, sempre que possível, atendam às necessidades das vítimas;
>
> IV - Proporcionalidade em relação à ofensa cometida;

V - Brevidade da medida em resposta ao ato cometido, em especial o respeito ao que dispõe o art. 122 da Lei nº 8.069, de 13 de julho de 1990 (Estatuto da Criança e do Adolescente);

VI - Individualização, considerando-se a idade, capacidades e circunstâncias pessoais do adolescente;

VII - mínima intervenção, restrita ao necessário para a realização dos objetivos da medida;

VIII - não discriminação do adolescente, notadamente em razão de etnia, gênero, nacionalidade, classe social, orientação religiosa, política ou sexual, ou associação ou pertencimento a qualquer minoria ou status; e

IX - Fortalecimento dos vínculos familiares e comunitários no processo socioeducativo.

Art. 49 *São direitos do adolescente submetido ao cumprimento de medida socioeducativa, sem prejuízo de outros previstos em lei:*

I - Ser acompanhado por seus pais ou responsável e por seu defensor, em qualquer fase do procedimento administrativo ou judicial;

II - Ser incluído em programa de meio aberto quando inexistir vaga para o cumprimento de medida de privação da liberdade, exceto nos casos de ato infracional cometido mediante grave ameaça ou violência à pessoa, quando o adolescente deverá ser internado em Unidade mais próxima de seu local de residência;

III - ser respeitado em sua personalidade, intimidade, liberdade de pensamento e religião e em todos os direitos não expressamente limitados na sentença;

IV - Peticionar, por escrito ou verbalmente, diretamente a qualquer autoridade ou órgão público, devendo, obrigatoriamente, ser respondido em até 15 (quinze) dias;

V - Ser informado, inclusive por escrito, das normas de organização e funcionamento do programa de atendimento e também das previsões de natureza disciplinar;

VI - Receber, sempre que solicitar, informações sobre a evolução de seu plano individual, participando, obrigatoriamente, de sua elaboração e, se for o caso, reavaliação;

VII - receber assistência integral à sua saúde, conforme o disposto no art. 60 desta Lei; e

VIII - ter atendimento garantido em creche e pré-escola aos filhos de 0 (zero) a 5 (cinco) anos.

§ 1º As garantias processuais destinadas a adolescente autor de ato infracional previstas na Lei nº 8.069, de 13 de julho de 1990 (Estatuto da Criança e do Adolescente), aplicam-se integralmente na execução das medidas socioeducativas, inclusive no âmbito administrativo.

§ 2º A oferta irregular de programas de atendimento socioeducativo em meio aberto não poderá ser invocada como motivo para aplicação ou manutenção de medida de privação da liberdade.

A decisão decorrente da execução deve ser proferida após a manifestação do defensor e do Ministério Público.

11.5 Plano individual de atendimento

O Plano Individual de Atendimento (PIA) será necessário na execução de medidas socioeducativas como a prestação de serviços à comunidade, liberdade assistida, semiliberdade e internação.

O objetivo é prever e registrar as atividades que a adolescente realizará, devendo contemplar a participação dos pais ou responsáveis, com a meta de ressocializador o adolescente.

Vejamos os artigos que regulamentam o PIA:

Art. 53 *O PIA será elaborado sob a responsabilidade da equipe técnica do respectivo programa de atendimento, com a participação efetiva do adolescente e de sua família, representada por seus pais ou responsável.*

Art. 54 *Constarão do plano individual, no mínimo:*

I - Os resultados da avaliação interdisciplinar;

II - Os objetivos declarados pelo adolescente;

III - A previsão de suas atividades de integração social e/ou capacitação profissional;

IV - Atividades de integração e apoio à família;

V - Formas de participação da família para efetivo cumprimento do plano individual; e

VI - As medidas específicas de atenção à sua saúde.

Art. 55 *Para o cumprimento das medidas de semiliberdade ou de internação, o plano individual conterá, ainda:*

I - A designação do programa de atendimento mais adequado para o cumprimento da medida;

II - A definição das atividades internas e externas, individuais ou coletivas, das quais o adolescente poderá participar; e

III - a fixação das metas para o alcance de desenvolvimento de atividades externas.

Parágrafo único. *O PIA será elaborado no prazo de até 45 (quarenta e cinco) dias da data do ingresso do adolescente no programa de atendimento*

Art. 56 *Para o cumprimento das medidas de prestação de serviços à comunidade e de liberdade assistida, o PIA será elaborado no prazo de até 15 (quinze) dias do ingresso do adolescente no programa de atendimento.*

Art. 57 *Para a elaboração do PIA, a direção do respectivo programa de atendimento, pessoalmente ou por meio de membro da equipe técnica, terá acesso aos autos do procedimento de apuração do ato infracional e aos dos procedimentos de apuração de outros atos infracionais atribuídos ao mesmo adolescente.*

§ 1º O acesso aos documentos de que trata o caput deverá ser realizado por funcionário da entidade de atendimento, devidamente credenciado para tal atividade, ou por membro da direção, em conformidade com as normas a serem definidas pelo Poder Judiciário, de forma a preservar o que determinam os arts. 143 e 144 da Lei nº 8.069, de 13 de julho de 1990 (Estatuto da Criança e do Adolescente).

§ 2º A direção poderá requisitar, ainda:

I - Ao estabelecimento de ensino, o histórico escolar do adolescente e as anotações sobre o seu aproveitamento;

II - Os dados sobre o resultado de medida anteriormente aplicada e cumprida em outro programa de atendimento; e

III - os resultados de acompanhamento especializado anterior.

Art. 58 *Por ocasião da reavaliação da medida, é obrigatória a apresentação pela direção do programa de atendimento de relatório da equipe técnica sobre a evolução do adolescente no cumprimento do plano individual.*

Art. 59 *O acesso ao plano individual será restrito aos servidores do respectivo programa de atendimento, ao adolescente e a seus pais ou responsável, ao Ministério Público e ao defensor.*

11.6 Direito de visita a adolescente em unidade de internação

O adolescente internado para aplicação de medida socioeducativa terá o direito a visitas familiares, de amigos e até mesmo conjugal desde que comprovadamente viva em união estável.

11.7 Extinção de medida socioeducativa

O art. 46 da Lei do Sinase regulamenta os motivos de extinção da medida socioeducativa.

Art. 46 *A medida socioeducativa será declarada extinta:*

I - Pela morte do adolescente;

II - Pela realização de sua finalidade;

III - pela aplicação de pena privativa de liberdade, a ser cumprida em regime fechado ou semiaberto, em execução provisória ou definitiva;

IV - Pela condição de doença grave, que torne o adolescente incapaz de submeter-se ao cumprimento da medida; e

V - Nas demais hipóteses previstas em lei.

§ 1º No caso de o maior de 18 (dezoito) anos, em cumprimento de medida socioeducativa, responder a processo-crime, caberá à autoridade judiciária decidir sobre eventual extinção da execução, cientificando da decisão o juízo criminal competente.

§ 2º Em qualquer caso, o tempo de prisão cautelar não convertida em pena privativa de liberdade deve ser descontado do prazo de cumprimento da medida socioeducativa.

11.8 Regimes disciplinares

O regime disciplinar das entidades é regulamentado pelos art. 71 a 75, devendo as entidades realizarem e obedecerem a seus princípios.

Art. 71 Todas as entidades de atendimento socioeducativo deverão, em seus respectivos regimentos, realizar a previsão de regime disciplinar que obedeça aos seguintes princípios:

I - Tipificação explícita das infrações como leves, médias e graves e determinação das correspondentes sanções;

II - Exigência da instauração formal de processo disciplinar para a aplicação de qualquer sanção, garantidos a ampla defesa e o contraditório;

III - obrigatoriedade de audiência do soco educando nos casos em que seja necessária a instauração de processo disciplinar;

IV - Sanção de duração determinada;

V - enumeração das causas ou circunstâncias que eximam, atenuem ou agravem a sanção a ser imposta ao socioeducando, bem como os requisitos para a extinção dessa;

VI - enumeração explícita das garantias de defesa;

VII - garantia de solicitação e rito de apreciação dos recursos cabíveis; e

VIII - apuração da falta disciplinar por comissão composta por, no mínimo, 3 (três) integrantes, sendo 1 (um), obrigatoriamente, oriundo da equipe técnica.

Art. 72 O regime disciplinar é independente da responsabilidade civil ou penal que advenha do ato cometido.

Art. 73 Nenhum socioeducando poderá desempenhar função ou tarefa de apuração disciplinar ou aplicação de sanção nas entidades de atendimento socioeducativo.

Art. 74 Não será aplicada sanção disciplinar sem expressa e anterior previsão legal ou regulamentar e o devido processo administrativo.

Art. 75 Não será aplicada sanção disciplinar ao socioeducando que tenha praticado a falta:

I - Por coação irresistível ou por motivo de força maior;

II - Em legítima defesa, própria ou de outrem.

SÚMULAS SOBRE DIREITO DA INFÂNCIA E JUVENTUDE

Súmula nº 605 – A superveniência da maioridade penal não interfere na apuração de ato infracional nem na aplicabilidade de medida socioeducativa em curso, inclusive na liberdade assistida, enquanto não atingida a idade de 21 anos.

Súmula nº 594 – O Ministério Público tem legitimidade ativa para ajuizar ação de alimentos em proveito de crianças e adolescentes independentemente do exercício do poder familiar dos pais ou do fato de o menor se encontrar nas situações de risco descritas no artigo 98 do ECA ou de quaisquer outros questionamentos acerca da existência ou eficiência da Defensoria Pública na comarca.

Súmula nº 500 – A configuração do crime do art. 244-B do ECA independe da prova da efetiva corrupção do menor, por se tratar de delito formal.

Súmula nº 492 – O ato infracional análogo ao tráfico de drogas, por si só, não conduz obrigatoriamente à imposição de medida socioeducativa de internação do adolescente.

Súmula nº 383 – A competência para processar e julgar as ações conexas de interesse de menor é, em princípio, do foro do domicílio do detentor de sua guarda.

Súmula nº 342 – No procedimento para aplicação de medida socioeducativa, é nula a desistência de outras provas em face da confissão do adolescente.

Súmula nº 338 – A prescrição penal é aplicável nas medidas socioeducativas.

Súmula nº 301 – Em ação investigatória, a recusa do suposto pai a submeter-se ao exame de DNA induz presunção juris tantum de paternidade.

Súmula nº 265 – É necessária a oitiva do menor infrator antes de decretar-se a regressão da medida socioeducativa.

Súmula nº 108 – A aplicação de medidas socioeducativas ao adolescente, pela prática de ato infracional, é da competência exclusiva do juiz.

Súmula nº 01 – O foro do domicílio ou da residência do alimentando é o competente para a ação de investigação de paternidade, quando cumulada com a de alimentos.

12 LEI Nº 9.099/1995 – JUIZADOS ESPECIAIS CÍVEIS E CRIMINAIS

Os Juizados Especiais Cíveis e Criminais, órgãos da Justiça Ordinária, serão criados pela União, no Distrito Federal e nos territórios, e pelos estados, para conciliação, processo, julgamento e execução, nas causas de sua competência.

Essa lei aplica-se para a Justiça Comum Estadual. Na **Justiça Federal,** ela pode ser utilizada de forma **subsidiária,** pois o Juizado Especial Federal tem legislação própria (Lei nº 10.259/2001).

O processo orientar-se-á pelos critérios da **oralidade, simplicidade, informalidade, economia processual e celeridade,** buscando, sempre que possível, a conciliação ou a transação.

O sistema dos **Juizados Especiais Civis** (JEC) aplica-se para **causas cíveis de menor complexidade,** enquanto os **Juizados Especiais Criminais** (JECrim) são utilizados **em infrações penais de menor potencial ofensivo.**

12.1 Juizados Especiais Cíveis

12.1.1 Competência

O Juizado Especial Cível tem competência para conciliação, processo e julgamento das causas cíveis de **menor complexidade,** sendo que essa Lei define quais são esses casos.

Podem ser apreciadas pelo JEC:

▷ Causas que não excedam 40 vezes o salário-mínimo;
▷ Hipóteses enumeradas no art. 275, II, do Código de Processo Civil (rito sumário do CPC);
▷ A ação de despejo para uso próprio;
▷ As ações possessórias sobre bens imóveis de valor não excedente a 40 salários-mínimos.

Essa competência é **facultativa,** isto é, o autor pode optar por ingressar com ação na Justiça Comum, mesmo que esteja enquadrada uma dessas hipóteses.

Se determinada ação for de valor superior a 40 salários-mínimos e a parte optar por esse procedimento, estará **renunciando ao crédito excedente ao teto** estabelecido, salvo conciliação (as partes podem fazer um acordo de valor superior).

O Juizado Especial também é competente para **executar seus próprios julgados e dos títulos executivos extrajudiciais de valor até 40 salários-mínimos** (observadas as restrições estabelecidas na Lei nº 9.099/1995).

Algumas ações, independentemente do valor, não podem ser apreciadas pelo Juizado Especial Cível, devendo tramitar na via comum.

São **excluídas** da competência do JEC as causas:

▷ De natureza alimentar, falimentar e fiscal;
▷ De interesse da Fazenda Pública;
▷ Relativas a acidentes de trabalho, a resíduos e ao estado das pessoas (ainda que de cunho patrimonial).

Mesmo quando o valor for igual ou inferior a 40 salários-mínimos, essas causas não poderão tramitar no JEC. A Lei nº 9.099/1995 também traz algumas regras de competência (locais em que a ação deve ser proposta).

Competência do foro:

▷ **Domicílio do réu:** autor pode optar pelo local onde o réu exerça atividades profissionais ou econômicas ou mantenha estabelecimento, filial, agência, sucursal ou escritório;
▷ **Local onde a obrigação deva ser satisfeita;**
▷ **Domicílio do autor ou do local do ato/fato:** reparação de danos de qualquer natureza.

Apesar dessas regras, em qualquer hipótese o autor pode optar por propor a ação no domicílio do réu.

12.1.2 Juiz, conciliadores e juízes leigos

A Lei nº 9.099/1995 traz um procedimento simplificado. O juiz possui **ampla liberdade** para determinar as provas a serem produzidas, para apreciá-las e dar especial valor às regras de experiência comum ou técnica.

Ele adotará em cada caso a decisão que reputar **mais justa e equânime,** atendendo aos **fins sociais da lei** e às **exigências do bem comum.**

O Juizado Especial é fortemente caracterizado pelos princípios da **conciliação** e da **celeridade.** Para privilegiar esses princípios, a Lei nº 9.099/1995 traz a figura de dois auxiliares da justiça no âmbito da competência dessa lei.

São auxiliares da Justiça:

▷ **Conciliadores** (bacharéis em Direito);
▷ **Juízes leigos** (advogados com mais de 5 anos de experiência – impedidos de exercer a advocacia perante os Juizados Especiais enquanto no desempenho de suas funções).

12.1.3 Partes no Juizado Especial

No Juizado Especial **não podem ser partes:**

▷ O incapaz;
▷ O preso;
▷ As pessoas jurídicas de direito público;
▷ As empresas públicas da União;
▷ A massa falida;
▷ O insolvente civil.

Independentemente do valor da causa ou matéria tratada, não poderão ser partes no JEC qualquer um dos acima indicados. Somente podem **propor ação** perante o Juizado Especial (legitimados ativos):

▷ **Pessoas físicas capazes** (cessionários de direito de pessoas jurídicas são excluídos; considera-se capaz o **maior de 18 anos,** inclusive para conciliação);
▷ **Microempresas;**
▷ **Oscip** (pessoas jurídicas qualificadas como Organização da Sociedade Civil de Interesse Público);
▷ **Sociedades de crédito ao microempreendedor.**

Nos termos dessa Lei, a obrigatoriedade de assistência por advogado depende do valor da causa:

▷ **Até 20 salários-mínimos: facultativa** (as partes comparecem pessoalmente, elas constituem advogados apenas se quiserem).
▷ **Valor superior: obrigatória** (devem obrigatoriamente constituir um advogado, não podem praticar os atos processuais pessoalmente).

No caso de **assistência facultativa,** se uma das partes comparecer assistida por advogado, ou se o réu for pessoa jurídica ou firma individual, terá a **outra parte, se quiser, assistência judiciária prestada por órgão instituído junto ao Juizado Especial, na forma da lei local.**

O juiz alertará as partes da conveniência do patrocínio por advogado, quando a causa o recomendar.

O mandato ao advogado **poderá ser verbal,** salvo quanto aos poderes especiais (não precisa de procuração escrita para conferir poderes gerais de foro para o advogado).

Não é admitida, no processo, nenhuma forma de intervenção de terceiro ou de assistência (mas o litisconsórcio é admitido).

O Ministério Público intervirá nos casos previstos em lei.

12.2 Atos processuais

Os atos processuais são **públicos** e poderão ser realizados em **horário noturno,** de acordo com o disposto nas **normas de organização judiciária.**

Na contagem de prazo em dias, estabelecido por lei ou pelo juiz, para a prática de qualquer ato processual, inclusive para a interposição

LEI Nº 9.099/1995 – JUIZADOS ESPECIAIS CÍVEIS E CRIMINAIS

de recursos, computar-se-ão somente os dias úteis. Sempre que **preencherem as finalidades** para as quais forem realizados, eles serão **considerados válidos** (atendidos os critérios definidos no art. 2º da Lei nº 9.099/2005).

Aqui, a lei adota o princípio da **instrumentalidade das formas**, isto é, caso a lei preveja determinada forma para a prática de um ato, sem cominação de nulidade, e o ato seja praticado de forma diversa, tendo ele alcançado a sua finalidade essencial, não será o mesmo anulado.

A prática de atos processuais em outras comarcas poderá ser solicitada por qualquer meio idôneo de comunicação.

▷ **Registro dos atos:** serão registrados apenas aqueles atos que forem considerados essenciais (de forma resumida), em notas manuscritas, datilografada ou estenotipadas.

- Os demais atos (não considerados essenciais) poderão ser gravados em fita magnética ou equivalente, que será **inutilizada após o trânsito em julgado da decisão.**

12.2.1 Pedido

O processo é instaurado com a **apresentação do pedido** à Secretaria do Juizado (isso pode ser feito **por escrito** ou de **forma oral**). Nele, constará de forma simples e em linguagem acessível:

▷ O nome, a qualificação e o endereço das partes;
▷ Os fatos e os fundamentos, de forma sucinta;
▷ O objeto e seu valor (pode ser formulado pedido genérico quando não for possível determinar, desde logo, a extensão da obrigação).

No caso de **pedido oral**, ele será **reduzido a escrito pela Secretaria do Juizado**, podendo ser utilizado o sistema de fichas ou formulários impressos.

Os pedidos poderão ser **alternativos** ou **cumulados**. No caso de cumulação de pedidos, eles devem ser conexos e a **soma não deve ultrapassar o limite fixado na lei** (40 salários-mínimos).

Registrado o pedido, independentemente de distribuição e autuação, a Secretaria do Juizado designará a sessão de conciliação, a realizar-se no prazo de **15 dias**. Comparecendo inicialmente ambas as partes, instaurar-se-á, desde logo, a sessão de conciliação, dispensados o registro prévio de pedido e a citação.

Havendo pedidos contrapostos, poderá ser dispensada a contestação formal e ambos serão apreciados na mesma sentença.

12.2.2 Citações e intimações

A citação é a forma pela qual o réu tem ciência de que contra ele, corre um processo, sendo, nesse ato, chamado para integrar a relação processual.

A **citação** é feita:

▷ Por correspondência, com aviso de recebimento em mão própria;
▷ Tratando-se de pessoa jurídica ou firma individual, mediante entrega ao encarregado da recepção, que será obrigatoriamente identificado;
▷ Sendo necessário, por oficial de justiça, independentemente de mandado ou carta precatória.

O **comparecimento espontâneo suprirá a falta ou nulidade da citação.** Dessa forma, caso o réu não tenha sido citado ou a citação tenha ocorrido de maneira nula (citou por engano o vizinho, por exemplo), mas ele compareça espontaneamente em juízo, esse vício estará sanado.

A citação conterá cópia do pedido inicial, dia e hora para comparecimento do citando e advertência de que, não comparecendo este, considerar-se-ão verdadeiras as alegações iniciais, e será proferido julgamento, de plano (efeitos gerados pela revelia do réu).

▷ **Intimações:** feitas na forma prevista para citação, ou por qualquer outro meio idôneo de comunicação.

Dos atos praticados na audiência, considerar-se-ão, desde logo, cientes as partes (não precisam ser intimados, pois tiveram ciência desses atos quando eles foram praticados).

As partes devem comunicar as mudanças de endereço que ocorrerem no curso do processo. Se não o fizerem, as intimações enviadas ao local anteriormente indicado serão **reputadas eficazes**.

12.2.3 Revelia

Não comparecendo o demandado à sessão de conciliação ou à audiência de instrução e julgamento, reputar-se-ão verdadeiros os fatos alegados no pedido inicial, salvo se o contrário resultar da convicção do Juiz.

12.2.4 Conciliação e juízo arbitral

Aberta a sessão, o juiz togado ou leigo esclarecerá as partes presentes sobre as vantagens da conciliação, mostrando-lhes os riscos e as consequências do litígio, especialmente quanto ao disposto no § 3º do art. 3º desta alei (renúncia ao crédito que exceder a 40 salários-mínimos).

A conciliação será conduzida pelo juiz togado ou leigo ou por conciliador sob sua orientação. Obtida a conciliação, esta será **reduzida a escrito e homologada** pelo juiz togado, mediante **sentença com eficácia de título executivo.**

É cabível a conciliação não presencial conduzida pelo Juizado mediante o emprego dos recursos tecnológicos disponíveis de transmissão de sons e imagens em tempo real, devendo o resultado da tentativa de conciliação ser reduzido a escrito com os anexos pertinentes.

Se o demandado não comparecer ou recusar-se a participar da tentativa de conciliação não presencial, o juiz togado proferirá sentença.

Não obtida a conciliação, as partes poderão optar, de comum acordo, pelo juízo arbitral. O juízo arbitral considerar-se-á instaurado, **independentemente de termo de compromisso**, com a escolha do árbitro pelas partes. Se este não estiver presente, o juiz convocá-lo-á e designará, de imediato, a data para a audiência de instrução. Esse árbitro será escolhido dentre os juízes leigos.

O árbitro conduzirá o processo com os mesmos critérios do juiz (dirigirá o processo com liberdade para determinar as provas a serem produzidas, para apreciá-las e para dar especial valor às regras de experiência comum ou técnica), **podendo decidir por equidade**.

O árbitro apresentará o **laudo ao juiz togado para homologação por sentença irrecorrível** ao término da instrução, ou nos 5 dias subsequentes.

12.2.5 Instrução e julgamento

Caso não seja instituído o juízo arbitral, proceder-se-á imediatamente à audiência de instrução e julgamento, desde que não resulte prejuízo para a defesa.

Não sendo possível sua realização imediata, será a audiência designada para um dos **15 dias subsequentes**, cientes, desde logo, as partes e testemunhas eventualmente presentes.

Na audiência de instrução e julgamento, serão ouvidas as partes, colhidas as provas e, em seguida, proferida a sentença (as partes serão inquiridas ou interrogadas antes da produção das demais provas).

Serão **decididos de plano** (imediatamente) todos os incidentes que **possam interferir** no regular prosseguimento da audiência. As demais questões serão decididas na sentença.

As partes se **manifestarão imediatamente** sobre os documentos apresentados pela parte contrária, **sem interrupção da audiência.**

12.2.6 Resposta do réu

A contestação pode ser apresentada de **forma escrita ou oral**. Na contestação, deve estar contida **toda a matéria de defesa**, exceto arguição de suspeição ou impedimento do Juiz, que se processará na forma da legislação em vigor.

No âmbito dos Juizados Especiais, não se admitirá a reconvenção. Entretanto, é lícito ao réu, na contestação, formular pedido em seu favor, nos limites do art. 3º desta lei, desde que fundado nos mesmos fatos que constituem objeto da controvérsia (pedido contraposto).

O autor poderá responder ao pedido do réu na própria audiência ou requerer a designação da nova data, que será desde logo fixada, cientes todos os presentes.

12.2.7 Provas

Todos os meios de prova moralmente legítimos, ainda que não especificados em lei, são hábeis para provar a veracidade dos fatos alegados pelas partes.

Dessa forma, mesmo que determinado meio de prova não esteja previsto na legislação, mas seja moralmente legítimo, ele poderá ser utilizado para demonstrar a veracidade dos fatos narrados pelas partes.

Todas as provas serão produzidas na audiência de instrução e julgamento, **ainda que não requeridas previamente**, podendo o juiz limitar ou excluir as que considerar excessivas, impertinentes ou protelatórias. Assim, não é requisito para a produção da prova que a parte a tenha requerido previamente.

No Juizado Especial Cível, é possível trazer até **três testemunhas**. Essas testemunhas comparecem à audiência de instrução e julgamento levadas pela parte que as tenha arrolado, **independentemente de intimação**, ou mediante esta, se assim for requerido (só ocorre a intimação de testemunha se a parte o requerer).

Esse requerimento para intimação das testemunhas será apresentado à Secretaria, no **mínimo, 5 dias antes** da audiência de instrução e julgamento.

Se, mesmo após regularmente intimada, a testemunha não comparecer, o juiz poderá determinar sua imediata condução, valendo-se, se necessário, do auxílio da Força Pública (condução coercitiva).

Quando a prova do fato exigir, o juiz poderá inquirir técnicos de sua confiança, permitida às partes a apresentação de parecer técnico. No curso da audiência, poderá o juiz, de ofício ou a requerimento das partes, realizar inspeção em pessoas ou coisas, ou determinar que o faça pessoa de sua confiança, que lhe relatará informalmente o verificado.

A prova oral não será reduzida a escrito; a sentença deverá referir, no essencial, os informes trazidos nos depoimentos.

A instrução do processo poderá ser dirigida por juiz leigo, sob a supervisão de juiz togado.

12.2.8 Sentença

A sentença mencionará os elementos de convicção do juiz (com breve resumo dos fatos relevantes ocorridos em audiência), **dispensado o relatório**.

Não se admitirá sentença condenatória por quantia ilíquida, **ainda que genérico o pedido**. Dessa forma, mesmo que a parte tenha formulado um pedido genérico, o juiz não pode proferir sentença ilíquida, ela já deve apresentar o valor da condenação.

É ineficaz a sentença condenatória na parte que exceder a alçada estabelecida nesta lei. Dessa forma, caso a sentença condene o réu em quantia superior a 40 salários-mínimos, ela será ineficaz (sem produção de efeitos) no que ultrapassar esse valor.

O juiz leigo que tiver dirigido a instrução proferirá sua decisão e, imediatamente a submeterá ao juiz togado, que **poderá homologá-la, proferir outra em substituição** ou, antes de se manifestar, determinar a realização de atos probatórios indispensáveis.

Da sentença proferida, caberá recurso para o próprio Juizado (excetuada a homologatória de conciliação ou laudo arbitral). Esse recurso será julgado por uma turma composta por três juízes togados, em exercício no primeiro grau de jurisdição, reunidos na sede do Juizado (Turma Recursal).

Apesar de, em determinados casos, a assistência de advogado ser facultativa no âmbito dos Juizados Especiais, no recurso, as partes serão obrigatoriamente representadas por advogado.

O prazo para interposição de recurso é de **10 dias**, contados da ciência da sentença, por petição escrita, da qual constarão as razões e o pedido do recorrente.

Após a interposição, a parte recorrente tem que realizar o preparo em 48 horas, independentemente de intimação, sob pena de deserção. Após o preparo, a Secretaria intimará o recorrido para oferecer resposta escrita no prazo de 10 dias.

O recurso terá somente efeito devolutivo, mas o juiz poderá dar-lhe efeito suspensivo, para evitar dano irreparável para a parte.

O julgamento em segunda instância constará apenas da ata, com a indicação suficiente do processo, fundamentação sucinta e parte dispositiva. **Se a sentença for confirmada pelos próprios fundamentos, a súmula do julgamento servirá de acórdão.**

12.2.9 Embargos de declaração

Os embargos de declaração constituem o recurso cabível quando, na sentença ou acórdão, houver **obscuridade, contradição, omissão ou dúvida**. Tratando-se apenas de erros materiais, esses podem ser corrigidos de ofício.

Os embargos de declaração serão interpostos **por escrito ou oralmente**, no prazo de **5 dias**, contados da ciência da decisão. Os embargos de declaração interrompem o prazo para a interposição de recurso.

12.2.10 Extinção do processo sem julgamento do mérito

O processo será extinto (sem resolução do mérito), além dos casos previstos em lei, quando:

▷ O autor deixar de comparecer a qualquer das audiências do processo (caso comprove ter sido por motivo de força maior, a parte poderá ser isentada pelo juiz do pagamento das custas);
▷ Inadmissível o procedimento instituído por esta lei ou seu prosseguimento, após a conciliação;
▷ For reconhecida a incompetência territorial;
▷ Falecido o autor, a habilitação depender de sentença ou não se der no prazo de 30 dias;
▷ Falecido o réu, o autor não promover a citação dos sucessores no prazo de 30 dias da ciência do fato.

A extinção do processo **independerá**, em qualquer hipótese, de prévia intimação pessoal das partes.

12.2.11 Execução

O juizado possui competência para executar suas próprias decisões. A execução da sentença processar-se-á, no próprio juizado, aplicando-se, no que couber, o disposto no Código de Processo Civil, com as seguintes alterações:

▷ As sentenças serão necessariamente líquidas, contendo a conversão em Bônus do Tesouro Nacional (BTN) ou índice equivalente;
▷ Os cálculos de conversão de índices, de honorários, de juros e de outras parcelas serão efetuados por servidor judicial;
▷ A intimação da sentença será feita, sempre que possível, na própria audiência em que for proferida. Nessa intimação, o vencido será instado a cumprir a sentença tão logo ocorra seu trânsito em julgado, e advertido dos efeitos do seu descumprimento (inciso V);
▷ Não cumprida voluntariamente a sentença transitada em julgado, e tendo havido solicitação do interessado, que poderá ser verbal, proceder-se-á desde logo à execução, dispensada nova citação;
▷ Nos casos de obrigação de entregar, de fazer, ou de não fazer, o juiz, na sentença ou na fase de execução, cominará multa diária, arbitrada de acordo com as condições econômicas do devedor, para a hipótese de inadimplemento. Não cumprida a obrigação, o credor poderá requerer a elevação da multa ou a transformação da condenação em perdas e danos, que o juiz de imediato arbitrará, seguindo-se a execução por quantia certa, incluída a multa vencida de obrigação de dar, quando evidenciada a malícia do devedor na execução do julgado;

LEI Nº 9.099/1995 – JUIZADOS ESPECIAIS CÍVEIS E CRIMINAIS

- Na obrigação de fazer, o juiz pode determinar o cumprimento por outrem, fixado o valor que o devedor deve depositar para as despesas, sob pena de multa diária;
- Na alienação forçada dos bens, o juiz poderá autorizar o devedor, o credor ou terceira pessoa idônea a tratar da alienação do bem penhorado, a qual se aperfeiçoará em juízo até a data fixada para a praça ou leilão. Sendo o preço inferior ao da avaliação, as partes serão ouvidas. Se o pagamento não for à vista, será oferecida caução idônea, nos casos de alienação de bem móvel, ou hipotecado o imóvel;
- É dispensada a publicação de editais em jornais, quando se tratar de alienação de bens de pequeno valor;
- **O devedor poderá oferecer embargos, nos autos da execução, versando sobre:**
  - Falta ou nulidade da citação no processo, se ele correu à revelia;
  - Manifesto excesso de execução;
  - Erro de cálculo;
  - Causa impeditiva, modificativa ou extintiva da obrigação, superveniente à sentença.

A execução de **título executivo extrajudicial**, no valor de **até 40 salários-mínimos**, obedecerá ao disposto no Código de Processo Civil, com as modificações introduzidas por esta lei.

Efetuada a penhora, o devedor será intimado a comparecer à audiência de conciliação, quando poderá oferecer embargos (art. 52, IX, Lei nº 9.099/1995), por escrito ou verbalmente.

Na audiência, será buscado o **meio mais rápido e eficaz para a solução do litígio**, se possível com dispensa da alienação judicial, devendo o conciliador propor, entre outras medidas cabíveis, o pagamento do débito a prazo ou a prestação, a dação em pagamento ou a imediata adjudicação do bem penhorado.

Não apresentados os embargos em audiência, ou julgados improcedentes, qualquer das partes poderá requerer ao juiz a adoção de uma das alternativas descritas anteriormente.

Não encontrado o devedor ou inexistindo bens penhoráveis, o processo será imediatamente extinto, devolvendo-se os documentos ao autor.

12.2.12 Despesas

Em primeiro grau de jurisdição, o acesso ao Juizado Especial independerá do pagamento de custas, taxas ou despesas.

O preparo do recurso, na forma do § 1º do art. 42 desta lei (o preparo será feito, independentemente de intimação, nas 48 horas seguintes à interposição, sob pena de deserção), compreenderá todas as despesas processuais, inclusive aquelas dispensadas em primeiro grau de jurisdição, ressalvada a hipótese de assistência judiciária gratuita.

Em primeiro grau de jurisdição, não há condenação do vencido em custas e honorários de advogado (salvo se configurada litigância de má-fé).

Em segundo grau, o recorrente, vencido, **pagará as custas e honorários de advogado**, que serão fixados entre 10% e 20% do valor de condenação (não havendo condenação, utiliza-se do valor corrigido da causa como base de cálculo).

Na execução não serão contadas custas, salvo quando:
- Reconhecida a litigância de má-fé;
- Improcedentes os embargos do devedor;
- Tratar-se de execução de sentença que tenha sido objeto de recurso improvido do devedor.

12.2.13 Disposições finais

Instituído o Juizado Especial, serão implantadas as curadorias necessárias e o serviço de assistência judiciária.

O **acordo extrajudicial**, de qualquer natureza ou valor, **poderá ser homologado**, no juízo competente, independentemente de termo, valendo a sentença como **título executivo judicial**.

Valerá como **título extrajudicial** o acordo celebrado pelas partes, por instrumento escrito, **referendado pelo órgão competente do Ministério Público**.

Nas causas sujeitas ao procedimento instituído pela Lei nº 9.099/1995, **não é admitida a ação rescisória**.

12.3 Juizados Especiais Criminais (JECRIM)

12.3.1 Disposições gerais

O Juizado Especial Criminal, **provido por juízes togados ou togados e leigos**, tem competência para a conciliação, o julgamento e a execução das **infrações penais de menor potencial ofensivo**, respeitadas as regras de conexão e continência.

Na hipótese de reunião de processos, perante o juízo comum ou o tribunal do júri, decorrentes da aplicação das regras de conexão e continência, **observar-se-ão os institutos da transação penal e da composição dos danos civis**.

- **Consideram-se infrações penais de menor potencial ofensivo (para os efeitos da Lei nº 9.099/1995):**
  - As contravenções penais;
  - Os crimes a que a lei comine pena máxima não superior a 2 anos (cumulada ou não com multa).

O processo perante o Juizado Especial orientar-se-á pelos critérios de oralidade, simplicidade, informalidade, economia processual e celeridade, objetivando, sempre que possível, a reparação dos danos sofridos pela vítima e a aplicação de pena não privativa de liberdade.

12.3.2 Competência e atos processuais

A competência do Juizado é determinada pelo lugar em que foi praticada a infração penal.

Os atos processuais serão públicos e poderão realizar-se em horário noturno e em qualquer dia da semana, conforme dispuserem as normas de organização judiciária.

Os atos processuais serão válidos sempre que preencherem as finalidades para as quais foram realizados, atendidos os critérios indicados no art. 62 da Lei nº 9.099/1995 (critérios da oralidade, informalidade, economia processual e celeridade, objetivando, sempre que possível, a reparação dos danos sofridos pela vítima e a aplicação de pena não privativa de liberdade).

No âmbito do Juizado Especial Criminal, a nulidade somente será pronunciada se houver prejuízo para alguma das partes.

A prática de atos processuais em outras comarcas poderá ser solicitada por qualquer meio hábil de comunicação.

Somente serão registrados por escrito os atos havidos por essenciais. Os atos realizados em audiência de instrução e julgamento poderão ser gravados em fita magnética ou equivalente.

A citação será pessoal e far-se-á no próprio Juizado, sempre que possível, ou por mandado. Não encontrado o acusado para ser citado, o juiz encaminhará as peças existentes ao Juízo comum para adoção do procedimento previsto em lei.

A intimação far-se-á por correspondência, com aviso de recebimento pessoal ou, tratando-se de pessoa jurídica ou firma individual, mediante entrega ao encarregado da recepção, que será obrigatoriamente identificado, ou, sendo necessário, por oficial de justiça, independentemente de mandado ou carta precatória, ou ainda por qualquer meio idôneo de comunicação.

Dos atos que forem praticados em audiência, são consideradas intimadas desde logo cientes as partes, os interessados e defensores.

Do ato de intimação do autor do fato e do mandado de citação do acusado, constará a necessidade de seu comparecimento acompanhado de advogado, com a advertência de que, na sua falta, ser-lhe-á designado defensor público.

12.3.3 Fase preliminar

A autoridade policial que tomar conhecimento da ocorrência lavrará termo circunstanciado e o encaminhará imediatamente ao Juizado, com o autor do fato e a vítima, providenciando-se as requisições dos exames periciais necessários.

Depois da ocorrência do fato, a autoridade policial lavra o Termo Circunstanciado (TC) e encaminha para o Juizado. Não há inquérito nesse momento.

Se o autor do fato (trata-se do réu, mas a lei usa o termo "autor do fato") que, após a lavratura do termo, for imediatamente encaminhado ao juizado ou assumir o compromisso de a ele comparecer, não se imporá prisão em flagrante nem se exigirá fiança.

Em caso de violência doméstica, o juiz poderá determinar, como medida de cautela, seu afastamento do lar, domicílio ou local de convivência com a vítima.

Comparecendo o autor do fato e a vítima, e não sendo possível a realização imediata da audiência preliminar, será designada data próxima, da qual ambos sairão cientes.

Na falta do comparecimento de qualquer dos envolvidos, a Secretaria providenciará sua intimação e, se for o caso, a do responsável civil (intimação feita na forma dos arts. 67 e 68 da Lei nº 9.099/1995).

Na audiência preliminar, presente o representante do Ministério Público, o autor do fato e a vítima e, se possível, o responsável civil, acompanhados por seus advogados, o juiz esclarecerá sobre a possibilidade da composição dos danos e da aceitação da proposta de aplicação imediata de pena não privativa de liberdade.

A conciliação será conduzida pelo juiz ou também por conciliador (sob orientação do juiz).

Esses conciliadores são auxiliares da Justiça, recrutados, na forma da lei local, **preferentemente** entre bacharéis em Direito (mas aqueles que exerçam funções na administração da Justiça Criminal estão excluídos, não podem atuar como conciliadores).

Na audiência de conciliação, devem estar presentes o juiz, o promotor, a vítima e o autor do fato. Nessa audiência, eles podem fazer acordo.

A composição (acordo) dos danos civis:

▷ Será reduzida a escrito;
▷ Homologada pelo juiz (sentença irrecorrível);
▷ Eficácia de título a ser executado no juízo civil competente.

Tratando-se de ação penal de iniciativa privada ou de ação penal pública condicionada à representação, o acordo homologado acarreta a **renúncia ao direito de queixa ou representação**.

Não obtida a composição dos danos civis, será dada imediatamente ao ofendido a oportunidade de exercer o direito de **representação verbal, que será reduzida a termo**. O não oferecimento da representação na audiência preliminar não implica decadência do direito, que poderá ser exercido no prazo previsto em lei.

Havendo representação ou tratando-se de crime de ação penal pública incondicionada, não sendo caso de arquivamento, o Ministério Público poderá propor a aplicação imediata de pena restritiva de direitos ou multas, a ser especificada na proposta.

Nas hipóteses de ser a pena de multa a única aplicável, o juiz poderá reduzi-la **até a metade**.

Entretanto, **não se admitirá a proposta** se ficar comprovado:

▷ Ter sido o autor da infração **condenado**, pela prática de crime, à pena **privativa de liberdade**, por **sentença definitiva**;
▷ Ter sido o agente beneficiado anteriormente, no prazo de **5 anos**, pela aplicação de pena restritiva ou multa;
▷ **Não indicarem** os antecedentes, a conduta social e a personalidade do agente, bem como os motivos e as circunstâncias, **ser necessária e suficiente a adoção da medida**.

Se a proposta for aceita pelo autor da infração e seu defensor, será submetida à apreciação do juiz.

Se acolher essa proposta, o juiz aplicará a pena restritiva de direitos ou multa, que não importará em reincidência, sendo registrada apenas para impedir novamente o mesmo benefício no prazo de 5 anos.

A imposição dessa sanção não constará de certidão de antecedentes criminais, salvo para os fins previstos no mesmo dispositivo, e não terá efeitos civis, cabendo aos interessados propor ação cabível no juízo cível.

Dessa sentença cabe apelação (mas ela segue as regras previstas para esse recurso na Lei nº 9.099/1995).

12.3.4 Procedimento sumaríssimo

Na ação penal de iniciativa pública, quando não houver aplicação de pena, pela ausência do autor do fato (ou pela não ocorrência da aceitação da proposta), o Ministério Público oferecerá ao juiz, de imediato, denúncia oral, se não houver necessidade de diligências imprescindíveis.

Para o oferecimento da denúncia, que será elaborada com base no termo de ocorrência, com dispensa do inquérito policial, prescindir-se-á do exame do corpo de delito quando a materialidade do crime estiver aferida por boletim médico ou prova equivalente (nesse caso, então, não é preciso o exame de corpo de delito).

Se a complexidade ou circunstâncias do caso não permitirem a formulação da denúncia, o Ministério Público poderá requerer ao juiz o encaminhamento das peças existentes, na forma do parágrafo único do art. 66 da Lei nº 9.099/1995. Não encontrado o acusado para ser citado, o juiz encaminhará as peças existentes ao Juízo comum para adoção do procedimento previsto em lei.

Na ação penal **de iniciativa do ofendido**, poderá ser oferecida **queixa oral**, cabendo ao juiz verificar se a complexidade e as circunstâncias do caso determinam a adoção das providências previstas no parágrafo único do art. 66 dessa lei.

Oferecida a denúncia ou queixa, será reduzida a termo, entregando-se cópia ao acusado, que com ela ficará citado e imediatamente cientificado da designação de dia e hora para a audiência de instrução e julgamento, da qual também tomarão ciência o Ministério Público, o ofendido, o responsável civil e seus advogados.

Se o acusado não estiver presente, será citado na forma dos arts. 66 e 68 da Lei nº 9.099/1995 (pessoalmente no próprio Juizado ou por mandado) e cientificado da data da audiência de instrução e de julgamento, devendo a ela trazer suas testemunhas ou apresentar requerimento para intimação, no mínimo, 5 dias antes de sua realização.

Não estando presentes o ofendido e o responsável civil, serão intimados nos termos do art. 67 desta lei para comparecerem à audiência de instrução e julgamento (intimado por carta com aviso de recebimento ou qualquer outro meio idôneo).

As testemunhas arroladas serão intimadas por correspondência com aviso de recebimento ou qualquer outro meio idôneo.

No dia e hora designados para a audiência de instrução e julgamento, se na fase preliminar não tiver havido possibilidade de tentativa de conciliação e de oferecimento de proposta pelo Ministério Público, proceder-se-á a tentativa de conciliação (na forma estudada – fase preliminar).

Nenhum ato será adiado, determinando o juiz, **quando imprescindível a condução coercitiva** de quem deva comparecer.

Aberta a audiência, será dada a palavra ao defensor para responder à acusação. Após isso, o juiz receberá, ou não, a denúncia ou queixa; havendo recebimento, serão ouvidas a vítima e as testemunhas de acusação e defesa, interrogando-se a seguir o acusado, se presente, passando-se imediatamente aos debates orais e à prolação da sentença.

Todas as provas serão produzidas na audiência de instrução e julgamento, podendo o juiz limitar ou excluir as que considerar excessivas, impertinentes ou protelatórias.

Art. 81 [...]
§ 1º-A Durante a audiência, todas as partes e demais sujeitos processuais presentes no ato deverão respeitar a dignidade da vítima, sob

pena de responsabilização civil, penal e administrativa, cabendo ao juiz garantir o cumprimento do disposto neste artigo, vedadas:

I – a manifestação sobre circunstâncias ou elementos alheios aos fatos objeto de apuração nos autos;

II – a utilização de linguagem, de informações ou de material que ofendam a dignidade da vítima ou de testemunhas.

De todo o ocorrido na audiência, será lavrado termo, assinado pelo juiz e pelas partes, contendo breve resumo dos fatos relevantes ocorridos em audiência e a sentença. A sentença, dispensado o relatório, mencionará os elementos de convicção do juiz.

O recurso cabível no caso de decisão que rejeite a denúncia ou queixa e também da sentença é a **apelação**, que poderá ser julgada por turma composta de três juízes em exercício no primeiro grau de jurisdição, reunidos na sede do Juizado.

A apelação será interposta no prazo de **10 dias**, contados da ciência da sentença pelo Ministério Público, pelo réu e seu defensor, por petição escrita, da qual constarão as razões e o pedido do recorrente (o recorrido será intimado para oferecer resposta escrita também no prazo de 10 dias).

As partes poderão requerer a transcrição da gravação da fita magnética e serão intimadas da data da sessão de julgamento pela imprensa.

Se a sentença for confirmada pelos próprios fundamentos, a súmula do julgamento servirá de acórdão (nesse caso, a turma recursal confirmou a sentença dada, o acórdão é simplificado, consistirá apenas na súmula do julgamento).

Embargos de declaração:

▷ Recurso cabível quando houver obscuridade, contradição, omissão ou dúvida (em sentença ou em acórdão);

▷ Serão opostos por escrito ou oralmente;

▷ Opostos no prazo de cinco dias (contados da ciência da decisão).

Os embargos de declaração interrompem o prazo para a interposição de recurso.

Os erros materiais podem ser corrigidos de ofício (o próprio juiz corrige, sem que ninguém requeira).

12.3.5 Execução

Se a única pena aplicada for a de multa, seu cumprimento se dará mediante pagamento na Secretaria do Juizado. Efetuado o pagamento, o juiz declarará extinta a punibilidade, determinando que a condenação **não fique constando** dos registros criminais, exceto para fins de requisição judicial.

Mas, caso não seja efetuado o pagamento de multa, será feita a conversão **em pena privativa da liberdade**, ou **restritiva de direitos**, nos termos previstos em lei.

A execução das penas privativas de liberdade e restritivas de direitos, ou de multa cumulada com estas, será processada perante o órgão competente, nos termos da lei.

12.3.6 Despesas processuais

Nos casos de homologação do acordo civil e aplicação de pena restritiva de direitos ou multa, as despesas processuais serão reduzidas, conforme dispuser lei estadual.

12.3.7 Disposições finais

Além das hipóteses do Código Penal e da legislação especial, dependerá de representação a ação penal relativa aos crimes de lesões corporais leves e lesões culposas.

Nos crimes em que a pena mínima cominada for igual ou inferior a 1 ano, abrangidas ou não por esta lei, o Ministério Público, ao oferecer a denúncia, poderá propor a suspensão do processo, por 2 a 4 anos, desde que o acusado não esteja sendo processado ou não tenha sido condenado por outro crime, presentes os demais requisitos que autorizariam a suspensão condicional da pena (os requisitos para suspensão da pena são tratados no art. 77 do Código Penal).

Aceita a proposta pelo acusado e seu defensor, na presença do juiz, este, recebendo a denúncia, **poderá suspender o processo**, submetendo o acusado **a período de prova**, sob as **seguintes condições**:

▷ Reparação do dano (salvo impossibilidade de fazê-lo);

▷ Proibição de frequentar determinados lugares;

▷ Proibição de ausentar-se da comarca onde reside, sem autorização do juiz;

▷ Comparecimento pessoal e obrigatório a juízo, mensalmente, para informar e justificar suas atividades.

O juiz **poderá especificar outras condições** a que fica subordinada a suspensão, desde que adequadas ao fato e à situação pessoal do acusado.

A suspensão poderá ser revogada se o acusado vier a ser processado, no curso do prazo, por contravenção, ou descumprir qualquer outra condição imposta.

Se no curso do prazo da suspensão o beneficiário vier a ser processado por outro crime ou não efetuar a reparação do dano (sem motivo justificado), a suspensão será revogada.

Expirado o prazo sem revogação, o juiz declarará extinta a punibilidade. Não correrá a prescrição durante o prazo de suspensão do processo.

Se o acusado não aceitar a proposta para que seja feita a suspensão, o processo prosseguirá em seus ulteriores termos.

As disposições desta lei não se aplicam aos processos penais cuja instrução já estiver iniciada.

Sobre esse assunto, veja a ADIN nº 1.719/1990 do STF:

O Tribunal, por votação unânime, deferiu, em parte, o pedido de medida cautelar, para, sem redução de texto e dando interpretação conforme à Constituição, excluir, com eficácia ex tunc, da norma constante do art. 90 da Lei nº 9099/1995, o sentido que impeça a aplicação de normas de direito penal, com conteúdo mais favorável ao réu, aos processos penais com instrução já iniciada à época da vigência desse diploma legislativo.

As disposições previstas na Lei nº 9.099/1995 **não se aplicam no âmbito da Justiça Militar.**

Nos casos em que esta lei passa a exigir representação para a propositura da ação penal pública, o ofendido ou seu representante legal será **intimado para oferecê-la no prazo de 30 dias, sob pena de decadência.**

Aplicam-se subsidiariamente as disposições dos Códigos Penal e de Processo Penal, no que não forem incompatíveis com esta lei.

12.3.8 Disposições finais comuns

A lei estadual disporá sobre o Sistema de Juizados Especiais Cíveis e Criminais, sua organização, composição e competência.

Os serviços de cartório poderão ser prestados, e as audiências realizadas fora da sede da Comarca, em bairros ou cidades a ela pertencentes, ocupando instalações de prédios públicos, de acordo com audiências previamente anunciadas.

Os estados, o Distrito Federal e os territórios criarão e instalarão os Juizados Especiais no prazo de 6 meses, a contar da vigência desta Lei.

No prazo de 6 meses, contado da publicação da Lei nº 9.099/1995, serão criados e instalados os Juizados Especiais Itinerantes, que deverão dirimir, prioritariamente, os conflitos existentes nas áreas rurais ou nos locais de menor concentração populacional.

13 LEI Nº 9.455/1997 – LEI DE TORTURA

A prática da tortura encontra proibição expressa no art. 5º, inciso III, da Constituição Federal:

> *III – ninguém será submetido a tortura nem a tratamento desumano ou degradante.*

No mesmo sentido, a Convenção contra a Tortura e outros Tratamentos ou Penas Cruéis, Desumanos ou Degradantes (Decreto nº 40/1991) define que o termo "tortura" designa qualquer ato pelo qual dores ou sofrimentos agudos, físicos ou mentais, são infligidos intencionalmente a uma pessoa a fim de obter, dela ou de uma terceira pessoa, informações ou confissões; de castigá-la por ato que ela ou uma terceira pessoa tenha cometido ou seja suspeita de ter cometido; de intimidar ou coagir essa pessoa ou outras pessoas; ou por qualquer motivo baseado em discriminação de qualquer natureza; quando tais dores ou sofrimentos são infligidos por um funcionário público ou outra pessoa no exercício de funções públicas, ou por sua instigação, ou com seu consentimento ou sua aquiescência. Não se considerará como tortura as dores ou os sofrimentos que sejam consequência unicamente de sanções legítimas, ou que sejam inerentes a tais sanções ou delas decorram (art. 1º, 1).

Essa convenção determinou, em seu art. 4º, que cada Estado-Parte assegurará que os atos de tortura sejam considerados crimes segundo sua legislação penal.

A Lei nº 12.847/2013 instituiu o Sistema Nacional de Prevenção e Combate à Tortura (SNPCT), com o objetivo de fortalecer a prevenção e o combate à tortura, por meio de articulação e atuação cooperativa de seus integrantes, dentre outras formas, permitindo as trocas de informações e o intercâmbio de boas práticas.

Com esse objetivo, o Brasil editou a Lei nº 9.455/1997, para atender à Convenção assinada pelo País, com a finalidade de proteção de todos os seres humanos contra a prática de tortura.

Antes de dar prosseguimento a este estudo, devemos definir o que efetivamente se entende por tortura, levando em consideração a Lei nº 9.455/1997. Isso porque essa lei não seguiu integralmente o parâmetro legislativo que a fundamentou, permitindo a punição da tortura praticada não só por funcionário público, mas também por particulares. Nesse contexto, podemos entender a tortura como todo sofrimento físico ou mental que tenha como finalidade a obtenção de informação, declaração ou confissão; provocar uma ação ou omissão criminosa; causar sofrimento em razão de discriminação pela raça ou religião; ou ainda como meio de aplicação de castigo ou medida preventiva contra alguém sob sua guarda, poder ou autoridade.

Todos os crimes previstos na Lei de Tortura visam tutelar de maneira imediata o bem jurídico "dignidade humana". Sobre o tema, é relevante mencionar o precedente do Supremo Tribunal Federal sobre a definição de dignidade humana:

> [...] a dignidade da pessoa humana precede a Constituição de 1988 e esta não poderia ter sido contrariada, em seu art. 1º, III, anteriormente a sua vigência. [...] Tem razão a arguente ao afirmar que a dignidade não tem preço. As coisas têm preço, as pessoas têm dignidade. A dignidade não tem preço, vale para todos quantos participam do humano. Estamos, todavia, em perigo quando alguém se arroga o direito de tomar o que pertence à dignidade da pessoa humana como um seu valor (valor de quem se arrogue a tanto). É que, então, o valor do humano assume forma na substância e medida de quem o afirme e o pretende impor na qualidade e quantidade em que o mensure. Então o valor da dignidade da pessoa humana já não será mais valor do humano, de todos quantos pertencem à humanidade, porém de quem o proclame conforme o seu critério particular. Estamos então em perigo, submissos à tirania dos valores. (STF, Pleno, ADPF 153, voto do rel. Min. Eros Grau, j. 29.04.2010, DJe 06.08.2010). (grifo nosso)

De forma mediata, indireta, também se pretende tutelar a vida e a integralidade física da pessoa torturada.

Vale lembrar, ainda, que todos os crimes de tortura são dolosos, isto é, dependem da vontade consciente do agente que o realiza para sua caracterização. Em outras palavras, não há tortura culposa.

Em todos os casos, ademais, a ação penal será pública incondicionada, isto é, o Ministério Público não dependerá de representação da vítima para ingressar com a denúncia contra o suspeito.

Para facilitar o entendimento, vamos dividir a tortura em duas partes: inciso I e inciso II. Depois que tal assunto for compreendido, dividiremos cada parte conforme sua modalidade.

> **Art. 1º** *Constitui crime de tortura:*
> *I – constranger alguém com emprego de violência ou grave ameaça, causando-lhe sofrimento físico ou mental:*
> *a) com o fim de obter informação, declaração ou confissão da vítima ou de terceira pessoa;*
> *b) para provocar ação ou omissão de natureza criminosa;*
> *c) em razão de discriminação racial ou religiosa; (grifo nosso)*

A tortura prevista no inciso I fica condicionada ao preenchimento cumulativo de três elementos: o meio utilizado + as consequências sofridas pela vítima + a finalidade pretendida ou as razões do crime.

Meio utilizado	Violência ou grave ameaça
Consequências sofridas	Físicas ou mentais
Finalidades ou razões	Fim de obter informação, declaração ou confissão Provocar ação ou omissão de natureza criminosa Discriminação racial ou religiosa

Nessas hipóteses, o sujeito ativo pode ser qualquer pessoa, não se exigindo qualidade especial, de modo que o inciso I tratará de um crime comum.

> *II – submeter alguém, sob sua guarda, poder ou autoridade, com emprego de violência ou grave ameaça, a intenso sofrimento físico ou mental, como forma de aplicar castigo pessoal ou medida de caráter preventivo. (grifo nosso)*

Este inciso apresenta uma importante diferença com relação ao inciso anterior, pois trata de uma hipótese de crime próprio de tortura. Assim, o sujeito ativo nesse caso tem uma qualidade definida no tipo penal, de modo que somente os indivíduos nele descritos é que podem praticá-lo. Então, o crime descrito no inciso II somente será praticado por aquele que tem a guarda, o poder ou a autoridade sobre a vítima.

Sujeito ativo	Detentor	
		Guarda
		Poder
		Autoridade

E, ainda, devemos nos atentar à palavra "intenso". O legislador teve o cuidado de ressaltar que não será qualquer sofrimento a ser punido nesse tipo incriminador, apenas os que ensejam intenso sofrimento. A questão é que o intenso sofrimento é um tipo penal aberto, ou seja, dependerá do caso concreto para verificar sua aplicação, devendo o delegado de polícia apurar a intensidade do sofrimento recebido pela vítima, bem como ao Ministério Público comprovar a intensidade desse sofrimento e o juiz justificá-lo na sentença. Caso não seja verificado

LEI Nº 9.455/1997 - LEI DE TORTURA

o "intenso sofrimento", o agente poderá responder pelo crime de maus-tratos.

Outro aspecto importante sobre este inciso é que há dolo específico nele, ou seja, a vontade de aplicar o sofrimento como forma de castigo pessoal ou medida de caráter preventivo.

O castigo se refere a uma conduta já praticada pela vítima. Assim, o agente tem a intenção de puni-la por algo já feito. Já a medida de caráter preventivo tem a finalidade de evitar que determinada conduta seja praticada, ela antecede a conduta, visando evitar sua ocorrência.

> STJ. Recurso ordinário em habeas corpus. Tortura. Lesão corporal e cárcere privado. Crimes praticados em contexto de violência doméstica. Prisão em temporária convertida em preventiva. Circunstâncias dos crimes. Gravidade excessiva. Periculosidade social. Garantia da ordem pública. Custódia fundamentada e necessária. Condições pessoais favoráveis. Irrelevância. Coação ilegal não demonstrada. Reclamo improvido. 1. Não há o que se falar em constrangimento ilegal quando a constrição está devidamente justificada na garantia da ordem pública, em razão da gravidade efetiva dos delitos em tese praticados e da periculosidade social do acusado, bem demonstradas pelas circunstâncias em que ocorreu o fato criminoso. 2. Caso em que o recorrente foi denunciado pelos crimes de tortura, lesão corporal e cárcere privado, acusado de haver submetido um bebê de pouco mais de 1 ano de idade, que estava sob a sua autoridade, a intenso sofrimento físico e mental, utilizando de violência como forma de castigo pessoal, ofendendo também a sua integridade corporal. Além disso, o agente teria privado a liberdade da mãe da vítima, sua companheira, mediante cárcere privado, tentando evitar que a mesma prestasse socorro a filha que, em razão das agressões sofridas, se encontrava desfalecida. 3. Condições pessoais favoráveis não têm, em princípio, o condão de, isoladamente, revogar a prisão cautelar, se há nos autos elementos suficientes a demonstrar a necessidade da custódia. 4. Recurso ordinário improvido. (STJ – (5ªT.) – Rec. em HC 83785 – SP – Rel.: Min. Jorge Mussi – J. em 22/08/2017 – DJ 30/08/2017 – Doc. LEGJUR 177.1642.4004.6200)

Depois de termos nos dedicado à observação de cada inciso, analisaremos o que eles têm de semelhante e depois os dividiremos conforme sua modalidade.

Primeiramente, é pertinente compreender que, em todas as modalidades descritas anteriormente, o crime de tortura é material, isto é, para que o crime se configure, é necessário que ocorra o resultado naturalístico. Em ambos, admite-se a tentativa e, ainda, a desistência voluntária. E em todos os casos, a ação será pública incondicionada.

Modalidades de tortura	
Tortura-prova	Art. 1º, I, "a"
Tortura-crime	Art. 1º, I, "b"
Tortura discriminatória	Art. 1º, I, "c"
Tortura-castigo	Art. 1º, II

Art. 1º [...]

§ 1º Na mesma pena incorre quem submete pessoa presa ou sujeita à medida de segurança a sofrimento físico ou mental, por intermédio da prática de ato não previsto em lei ou não resultante de medida legal. (grifo nosso)

Pena – Reclusão, de dois a oito anos.

Neste parágrafo, é possível observar que a exigência é quanto ao sujeito passivo, de modo que apenas poderão ser vítimas nesse tipo incriminador as pessoas que estão presas ou sujeitas à medida de segurança.

Art. 1º [...]

§ 2º Aquele que se omite em face dessas condutas, quando tinha o dever de evitá-las ou apurá-las, incorre na pena de detenção de um a quatro anos. (grifo nosso)

Agora, falaremos da omissão diante da tortura. Nesse caso, o agente tinha o dever de evitar o cometimento da tortura ou de efetuar sua apuração, mas não o fez. Esse tipo penal tem uma peculiaridade, primeiramente temos que dividir o § 2º em duas partes.

A primeira parte diz respeito ao trecho "Aquele que se omite em face dessas condutas, quando tinha o dever de evitá-las"; portanto, estamos falando de um crime próprio, no qual somente podem ser sujeitos ativos as pessoas que tinham o dever de agir, as quais estão descritas no art. 13, § 2º do CP:

Art. 13, CP [...]

§ 2º A omissão é penalmente relevante quando o omitente devia e podia agir para evitar o resultado. O dever de agir incumbe a quem:

a) tenha por lei obrigação de cuidado, proteção ou vigilância;

b) de outra forma, assumiu a responsabilidade de impedir o resultado;

c) com seu comportamento anterior, criou o risco da ocorrência do resultado.

E a segunda parte se relaciona ao trecho "A omissão é penalmente relevante quando o omitente devia e podia agir para evitar o resultado". Neste caso, estamos falando de um crime próprio em que o sujeito ativo só poderá ser a autoridade competente para a apuração do fato.

Então, podemos concluir que o crime de omissão diante da tortura se divide em conduta omissiva de evitação e conduta omissiva de apuração.

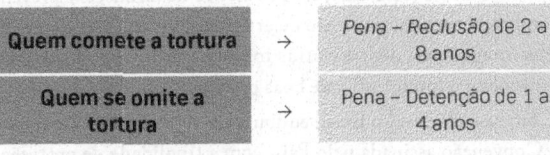

Quem comete a tortura	→	Pena – Reclusão de 2 a 8 anos
Quem se omite a tortura	→	Pena – Detenção de 1 a 4 anos

Art. 1º [...]

§ 3º Se resulta lesão corporal de natureza grave ou gravíssima, a pena é de reclusão de quatro a dez anos; se resulta morte, a reclusão é de oito a dezesseis anos.

A tortura será qualificada se dela houver como resultado lesão corporal de natureza grave, que são as hipóteses previstas no art. 129, § 1º, do CP, ou gravíssima, hipóteses previstas no art. 129, § 2º, do CP, ou se da tortura se resulta a morte.

13.1 Lesão corporal de natureza grave

Art. 129, CP [...]

§ 1º Se resulta:

I – Incapacidade para as ocupações habituais, por mais de trinta dias;

II – perigo de vida;

III – debilidade permanente de membro, sentido ou função;

IV – aceleração de parto.

13.2 Lesão corporal de natureza gravíssima

Art. 129, CP [...]

§ 2º Se resulta:

I – Incapacidade permanente para o trabalho;

II – enfermidade incurável;

III – perda ou inutilização do membro, sentido ou função;

IV – deformidade permanente;

V – aborto.

LEGISLAÇÃO ESPECIAL

Tortura que resulta lesão corporal grave	→	Pena – Reclusão de 4 a 10 anos
Tortura que resulta lesão corporal gravíssima	→	Pena – Reclusão em 4 a 10 anos
Tortura que resulta morte	→	Pena – Reclusão de 8 a 16 anos

A tortura qualificada pelo resultado morte ocorre quando há dolo na conduta antecedente (tortura) e dolo ou culpa na consequente (lesão ou morte), exatamente o que ocorreu. A vítima era agredida consecutivamente pelo réu, culminando com sua morte, e condená-lo pelo art. 121, § 2°, inciso III, do CP, e pelo art. 1°, inciso II, § 4°, inciso II, da Lei n° 9.455/1997, incidiria no bis in idem (TJRJ, Apelação Criminal 7.584/2009, rel. Des. Suely Lopes Magalhães, j. em 25/11/2009).

Art. 1° [...]

§ 4° Aumenta-se a pena de um sexto até um terço:
I – se o crime é cometido por agente público;
II – se o crime é cometido contra criança, gestante, portador de deficiência, adolescente ou maior de 60 (sessenta) anos;
III – se o crime é cometido mediante sequestro.

Aumenta-se a pena de 1/6 a 1/3	Se cometido por agente público	**Funcionário público:** de acordo com o art. 327, do Código Penal, considera-se funcionário público, para os efeitos penais, quem, embora transitoriamente ou sem remuneração, exerce cargo, emprego ou função pública.
	Se cometido contra criança, gestante, portador de deficiência, adolescente ou maior de 60 anos	**Criança:** pessoa até 12 anos de idade incompletos (art. 2° da Lei 8.069/1990). **Adolescente:** pessoa entre 12 e 18 anos de idade (art. 2° da Lei 8.069/1990). **Portador de deficiência:** considera-se pessoa com deficiência aquela que tem impedimento de longo prazo de natureza física, mental, intelectual ou sensorial, o qual, em interação com uma ou mais barreiras, pode obstruir sua participação plena e efetiva na sociedade em igualdade de condições com as demais pessoas (art. 2° da Lei n° 13.146/2015). **Maior de 60 anos:** é a pessoa idosa conforme estabelece art. 1° do Estatuto do Idoso (Lei n° 10.741/2003).
	Se cometido mediante sequestro	**Sequestro:** é a privação da liberdade da vítima por tempo juridicamente relevante.

As causas de aumento de pena se aplicam também ao crime de omissão à tortura e às hipóteses de tortura qualificada, não se limitando aos crimes previstos no art. 1°.

Art. 1° [...]

§ 5° A condenação acarretará a perda do cargo, função ou emprego público e a interdição para seu exercício pelo dobro do prazo da pena aplicada.

Existem algumas pessoas que têm o dever de agir, ou seja, têm como obrigação o dever de proteger o indivíduo. Tanto no § 4°, inciso I, quanto no § 5°, o legislador visa garantir que o crime de tortura, quando praticado por agente público, tenha uma pena mais severa, uma vez que o agente público, dentro de suas funções, não age em nome próprio, mas, sim, em nome do Estado, sendo que é dever do Estado garantir a proteção aos indivíduos.

Assim, o crime de tortura, quando praticado por agente público, acarreta causa de aumento de pena e, ainda, perda do cargo e interdição para seu exercício.

Suponhamos que Afonso, carcereiro de determinado presídio, torture Daniel, sendo este um dos presos sob sua responsabilidade; suponhamos que Afonso seja condenado pelo crime de tortura e o juiz o sentencie a pena de 6 anos. Além da perda do cargo automática, Afonso só poderá exercer qualquer outra função pública depois de transcorrido o prazo de 12 anos, por força o previsto neste § 5°.

Vale ressaltar que a perda do cargo é, segundo o Supremo Tribunal Federal, efeito automático da condenação:

[...] a perda do cargo, função ou emprego público – que configura efeito extrapenal secundário – constitui consequência necessária que resulta, automaticamente, de pleno direito, da condenação penal imposta ao agente público pela prática do crime de tortura, ainda que se cuide de integrante da Polícia Militar, não se lhe aplicando, a despeito de tratar-se de Oficial da Corporação, a cláusula inscrita no art. 125, § 4°, da Constituição da República. Doutrina. Precedentes. (STF, 2ª T., AI 769.637, rel. Min. Celso de Melo, j. 25/06/2013, DJe 15/10/2013).

No mesmo sentido: "A perda do cargo, função ou emprego público é efeito automático da condenação pela prática do crime de tortura, não sendo necessária fundamentação concreta para a sua aplicação (STJ, 6ª T., AgRg no Ag 1388953/SP, rel. Min. Maria Thereza de Assis Moura, j. 20/06/2013, DJe 28/06/2013)."

Art. 1° [...]

§ 6° O crime de tortura é inafiançável e insuscetível de graça ou anistia.

Temos aqui um aspecto muito importante que merece atenção: o § 6° segue estritamente o que dispõe a Constituição Federal:

Art. 5°, CF/1988 [...]

XLIII – A lei considerará crimes inafiançáveis e insuscetíveis de graça ou anistia a prática da tortura, o tráfico ilícito de entorpecentes e drogas afins, o terrorismo e os definidos como crimes hediondos, por eles respondendo os mandantes, os executores e os que, podendo evitá-los, se omitirem.

Devemos frisar é que, para fins de concurso, o crime de tortura é equiparado a crime hediondo. Então, além da regra constitucional e da Lei de Tortura, seguimos ainda a regra da Lei n° 8.072/1990:

Art. 2°, Lei n° 8.072/1990 Os crimes hediondos, a prática da tortura, o tráfico ilícito de entorpecentes e drogas afins e o terrorismo são insuscetíveis de:
I – anistia, graça e indulto;
II – fiança.

Fique ligado!

Não esqueça que, para fins de concurso público, o crime de tortura é inafiançável, insuscetível de graça, anistia e indulto.

Embora haja discussão na doutrina, o Supremo Tribunal Federal decidiu que a Constituição Federal veda, implicitamente, o indulto àqueles que tenham praticado crimes hediondos e assemelhados (como é o caso da tortura), veja-se:

Crime hediondo: vedação de graça: inteligência. (...) é constitucional o art. 2°, I, da Lei n° 8.072/1990, porque, nele, a menção ao indulto é meramente expletiva da proibição de graça aos condenados por crimes hediondos ditada pelo art. 5°, XLIII, da Constituição. Na Constituição, a graça individual e o indulto coletivo - que ambos, tanto podem ser totais ou parciais, substantivando, nessa última hipótese, a comutação de pena - são modalidades do poder de graça do Presidente da República (art. 84, XII) - que, no entanto, sofre a restrição do art. 5°,

LEI Nº 9.455/1997 - LEI DE TORTURA

XLIII, *para excluir a possibilidade de sua concessão, quando se trata de condenação por crime hediondo. Proibida a comutação de pena, na hipótese do crime hediondo, pela Constituição, é irrelevante que a vedação tenha sido omitida no D. 3.226/99 (STF, 1ª T., HC 81.565, rel. Min. Sepúlveda Pertence, j. 19/02/2002, DJ 22/03/2002).*

Art. 1º [...]

***§ 7º** O condenado por crime previsto nesta Lei, salvo a hipótese do § 2º, iniciará o cumprimento da pena em regime fechado. (grifo nosso)*

Com exceção do crime de omissão à tortura, todos os crimes previstos nessa lei terão como regime inicial o fechado, sendo possível assim a progressão de regimes.

Súmula nº 698 – STF

Não se estende aos demais crimes hediondos a admissibilidade de progressão no regime de execução da pena aplicada ao crime de tortura.

Caso a questão pergunte sobre o início do cumprimento de pena de acordo com a jurisprudência do Supremo Tribunal Federal, a resposta será diferente do texto legal, pois a Corte Suprema entende inconstitucional qualquer determinação abstrata para o início do cumprimento de pena no regime fechado.

***Art. 2º** O disposto nesta Lei aplica-se ainda quando o crime não tenha sido cometido em território nacional, sendo a vítima brasileira ou encontrando-se o agente em local sob jurisdição brasileira.*

Aplicação extra territorial da Lei nº 9.455/1997	Caso o crime seja cometido **fora do território nacional** quando:	a vítima for brasileira ou o agente esteja em local sob jurisdição brasileira.

14 LEI Nº 9.605/1998 – CRIMES CONTRA O AMBIENTE

De acordo com o art. 225 da Constituição Federal:

> *Art. 255, CF/1988 Todos têm direito ao meio ambiente ecologicamente equilibrado, bem de uso comum do povo e essencial à sadia qualidade de vida, impondo-se ao Poder Público e à coletividade o dever de defendê-lo e preservá-lo para as presentes e futuras gerações.*

Devido à importância do meio ambiente, fez-se necessária a edição de uma lei que protegesse das agressões mais relevantes esse importante bem jurídico. Nesse contexto, surgiu a Lei nº 9.605/1998, que instituiu regras acerca da proteção ao meio ambiente. Ela determinou, dentre outras medidas, normas referentes à apreensão de produtos e instrumentos das infrações administrativas ou dos crimes ambientais, instituindo, ainda, os chamados crimes ambientais.

Vale ressaltar que essa lei é aplicada em conjunto com outras leis que tratem do mesmo tema, pois nada impede que outras leis tipifiquem crimes ambientais, além da aplicação subsidiária do próprio Código Penal no que couber. Contudo, convém observar os princípios que regem as normas jurídicas e, em caso de conflito entre elas, deve-se verificar, por meio do princípio da especialidade ou ainda da anterioridade, qual deverá ser aplicado ao caso concreto.

14.1 Apreensão do produto e do instrumento de infração administrativa ou de crime

> *Art. 25 Verificada a infração, serão apreendidos seus produtos e instrumentos, lavrando-se os respectivos autos.*
>
> *§ 1º Os animais serão prioritariamente libertados em seu habitat ou, sendo tal medida inviável ou não recomendável por questões sanitárias, entregues a jardins zoológicos, fundações ou entidades assemelhadas, para guarda e cuidados sob a responsabilidade de técnicos habilitados.*
>
> *§ 2º Até que os animais sejam entregues às instituições mencionadas no § 1º deste artigo, o órgão autuante zelará para que eles sejam mantidos em condições adequadas de acondicionamento e transporte que garantam o seu bem-estar físico.*
>
> *§ 3º Tratando-se de produtos perecíveis ou madeiras, serão estes avaliados e doados a instituições científicas, hospitalares, penais e outras com fins beneficentes.*
>
> *§ 4º Os produtos e subprodutos da fauna não perecíveis serão destruídos ou doados a instituições científicas, culturais ou educacionais.*
>
> *§ 5º Os instrumentos utilizados na prática da infração serão vendidos, garantida a sua descaracterização por meio da reciclagem.*

Poderá ocorrer, por meio das autoridades administrativas ambientais ou pela polícia, desde que havendo indícios de crime ambiental, a apreensão dos instrumentos e produtos da infração ambiental.

A Lei nº 13.052/2014 trouxe algumas modificações nesta lei.

O § 1º dispõe que os animais devem, de forma prioritária, ser liberados em seu habitat e somente serão entregues a instituições responsáveis caso não seja recomendável a sua soltura na natureza por questões sanitárias. Nessa hipótese, até que os animais sejam entregues às instituições, será dever do órgão autuante o fornecimento de condições adequadas de acondicionamento e transporte que garantam o bem-estar do animal.

No que se refere à doação de madeiras e doação ou destruição de produtos e subprodutos da fauna não perecíveis, somente poderá ocorrer após verificada a infração, ou seja, após o esgotamento do processo administrativo ou criminal, com a definitiva constatação da infração.

O termo "verificada a infração" não deve ser entendido de outro modo, sob pena de permitir o confisco de bens sem o devido processo.

14.1.1 Confisco dos instrumentos de crime ambiental

Esta Lei prevê o confisco genérico, aplicado aos instrumentos de crimes ambientais, independentemente se constituem objetos ilícitos, diferentemente do que prevê o Código Penal.

> **Fique ligado!**
>
> O Código Penal determina que somente será possível o confisco de objetos cujo porte, fabricação ou alienação constituam objeto ilícito. No entanto, como a Lei nº 9.605/1998 não traz essa ressalva, então todo objeto poderá ser confiscado.

Contudo, os objetos que poderão sofrer o confisco são aqueles que são usualmente utilizados para a prática de infrações ambientais, ou seja, não pode ser qualquer objeto, evitando o cometimento de injustiças ou abusos.

14.2 Crimes contra o meio ambiente

A aplicação da legislação penal ambiental necessita de uma adequada construção dos tipos penais e da sua real aplicação. Não é um trabalho fácil redigir essas normas, principalmente porque, em sua maioria, são mal elaboradas e confusas. Algumas trazem até mesmo dúvida sobre a constitucionalidade. Isso ocorre porque geralmente essas leis são inspiradas por especialistas do setor afetado, muitas vezes leigos com relação às normas jurídicas.

Perceberemos, ao longo deste estudo, a presença das chamadas "normas penais em branco": são normas que necessitam de uma complementação para que o ilícito penal seja totalmente construído, visto que diversos crimes necessitam de lei ou regulamentos para definir como será sua aplicação ao caso concreto. Em outras palavras, poderemos dizer que normas "administrativas" deverão servir como complemento da lei penal ambiental.

> **Fique ligado!**
>
> Diferentemente do âmbito civil, a responsabilidade penal será sempre subjetiva, ou seja, invariavelmente dependerá da demonstração do dolo do agente (vontade consciente direcionada a um fim) ou da culpa (infração de um dever de cuidado). Cumpre lembrar, ainda, que a culpa é exceção, somente sendo punida quando expressamente prevista.

Vale lembrar que a jurisprudência entende ser desnecessária a punição concorrente de uma pessoa física para que a pessoa jurídica possa ser punida por crime ambiental. Vejamos:

> *O art. 225, § 3º, da CF não condiciona a responsabilização penal da pessoa jurídica por crimes ambientais à simultânea persecução penal da pessoa física em tese responsável no âmbito da empresa. A norma constitucional não impõe a necessária dupla imputação. As organizações corporativas complexas da atualidade se caracterizam pela descentralização e distribuição de atribuições e responsabilidades, sendo inerentes, a esta realidade, as dificuldades para imputar o fato ilícito a uma pessoa concreta. Condicionar a aplicação do art. 225, § 3º, da Carta Política a uma concreta imputação também a pessoa física implica indevida restrição da norma constitucional, expressa a intenção do constituinte originário não apenas de ampliar o alcance das sanções penais, mas também de evitar a impunidade pelos crimes ambientais frente às imensas dificuldades de individualização dos responsáveis internamente às corporações, além de reforçar a tutela do bem jurídico ambiental. A identificação dos setores e agentes internos da empresa determinantes da produção do fato ilícito tem relevância e deve ser buscada no caso concreto como forma de esclarecer se esses indivíduos ou órgãos atuaram ou deliberaram no exercício regular de suas atribuições internas à sociedade, e ainda para verificar se a*

LEI Nº 9.605/1998 - CRIMES CONTRA O AMBIENTE

atuação se deu no interesse ou em benefício da entidade coletiva. Tal esclarecimento, relevante para fins de imputar determinado delito à pessoa jurídica, não se confunde, todavia, com subordinar a responsabilização da pessoa jurídica à responsabilização conjunta e cumulativa das pessoas físicas envolvidas. Em não raras oportunidades, as responsabilidades internas pelo fato estarão diluídas ou parcializadas de tal modo que não permitirão a imputação de responsabilidade penal individual (STF, 1ª T., RE 548.181, rel. Min. Rosa Weber, j. 06/08/2013, DJE 30/10/2014).

> **Fique ligado!**
>
> É possível a aplicação da insignificância nos crimes ambientais.

É muito importante lembrar que, de acordo com o Superior Tribunal de Justiça, é possível a aplicação do princípio da insignificância no caso de crimes ambientais, devendo ser feita, no entanto, uma análise rigorosa, por se tratar de bem jurídico de natureza difusa e protegido constitucionalmente. Vejamos:

> *Esta Corte tem entendimento pacificado no sentido de que é possível a aplicação do denominado princípio da insignificância aos delitos ambientais, quando demonstrada a ínfima ofensividade ao bem ambiental tutelado (AgRg no Resp n. 1558312/ES, de minha lavra, Quinta Turma, julgado em 02/02/2016) (STJ, 5ª T., AgRg no AREsp 1.051.541, rel. Min. Felix Fischer, j. 28/11/2017, DJe 04/12/2017). Vale lembrar que o Supremo Tribunal Federal estabelece quatro requisitos para a aplicação desse princípio, são eles: mínima ofensividade da conduta do agente; ausência de periculosidade social da ação; reduzido grau de reprovabilidade do comportamento; inexpressividade da lesão jurídica provocada (cf. STF, 1ª T., RHC 145.447, rel. Min. Luiz Fux, j. 01/09/2017, DJe 28/09/2017).*

Em relação aos crimes ambientais em espécie, a Lei nº 9.605/1998 realiza a seguinte divisão:

Crimes contra o meio ambiente
Crimes contra a fauna (arts. 29 a 37)
Crimes contra a flora (arts. 38 a 53)
Poluição e outros crimes ambientais (arts. 54 a 61)
Crimes contra o ordenamento urbano e o patrimônio cultural (arts. 62 a 65)
Crimes contra a administração ambiental (arts. 66 a 69)

14.2.1 Crimes contra a fauna

Compreende-se por fauna o conjunto de animais que vivem em determinada região ou ambiente, incluindo nesse conceito os animais da fauna terrestre e da fauna aquática.

Para complementar esse conceito, temos o § 3º do art. 29 desta lei (reproduzido a seguir).

> **Art. 29** Matar, perseguir, caçar, apanhar, utilizar espécimes da fauna silvestre, nativos ou em rota migratória, sem a devida permissão, licença ou autorização da autoridade competente, ou em desacordo com a obtida:
>
> **Pena – Detenção** de seis meses a um ano, e multa.
>
> **§ 1º** Incorre nas mesmas penas:
>
> I – quem impede a procriação da fauna, sem licença, autorização ou em desacordo com a obtida;
>
> II – quem modifica, danifica ou destrói ninho, abrigo ou criadouro natural;
>
> III – quem vende, expõe à venda, exporta ou adquire, guarda, tem em cativeiro ou depósito, utiliza ou transporta ovos, larvas ou espécimes da fauna silvestre, nativa ou em rota migratória, bem como produtos e objetos dela oriundos, provenientes de criadouros não autorizados ou sem a devida permissão, licença ou autorização da autoridade competente.
>
> **§ 2º** No caso de guarda doméstica de espécie silvestre não considerada ameaçada de extinção, pode o juiz, considerando as circunstâncias, deixar de aplicar a pena.
>
> **§ 3º** São espécimes da fauna silvestre todos aqueles pertencentes às espécies nativas, migratórias e quaisquer outras, aquáticas ou terrestres, que tenham todo ou parte de seu ciclo de vida ocorrendo dentro dos limites do território brasileiro, ou águas jurisdicionais brasileiras.
>
> **§ 4º** A pena é aumentada de metade, se o crime é praticado:
>
> I – contra espécie rara ou considerada ameaçada de extinção, ainda que somente no local da infração;
>
> II – em período proibido à caça;
>
> III – durante a noite;
>
> IV – com abuso de licença;
>
> V – em unidade de conservação;
>
> VI – com emprego de métodos ou instrumentos capazes de provocar destruição em massa.
>
> **§ 5º** A pena é aumentada até o triplo, se o crime decorre do exercício de caça profissional.
>
> **§ 6º** As disposições deste artigo não se aplicam aos atos de pesca.

São definidos como espécimes silvestres todos aqueles animais que pertencem às espécies nativas, migratórias ou qualquer outra, aquática ou terrestre, que tenham seu ciclo de vida, seja ele todo ou em parte, ocorrendo dentro do território ou das águas jurisdicionais brasileiras.

Existe uma exceção com relação à criação doméstica de animais da fauna silvestre. Desde que estes não estejam ameaçados de extinção, o juiz pode deixar de aplicar a pena. Trata-se de uma questão de bom senso, visto que a pessoa desenvolveu laços afetivos com o animal, então não haveria motivo para o Judiciário intervir.

Convém ainda mencionar o § 1º do art. 29, que visa à criminalização das condutas de quem, usando qualquer meio, impede a procriação dos animais silvestres, qualquer que seja o meio utilizado. Além disso, o referido dispositivo criminaliza quem modifica, danifica ou destrói o local de reprodução.

Causa de aumento de pena	
A pena é aumentada **de metade** se o crime é cometido	• contra **espécie rara** ou considerada **ameaçada** de extinção, ainda que somente no local da infração; • em **período proibido à caça**; • durante a **noite**; • com **abuso de licença**; • em **unidade de conservação**; • com emprego de métodos ou instrumentos capazes de provocar **destruição em massa.**
A pena é aumentada **até o triplo**	• se o crime decorre do **exercício de caça profissional.**

A pesca é definida na Lei nº 9.605/1998 como todo ato tendente a retirar, extrair, coletar, apanhar, apreender ou capturar espécimes dos grupos dos peixes, crustáceos, moluscos e vegetais hidróbios, suscetíveis ou não de aproveitamento econômico, ressalvadas as espécies ameaçadas de extinção, constantes nas listas oficiais da fauna e da flora.

Caso o crime contra a fauna venha a ser praticado no período de caça proibida, a pena será aumenta de metade. Contudo, independentemente do período, se o caçador desenvolver a atividade de forma profissional, ou seja, visando ao lucro, deverá ser aplicado o aumento de pena de até o triplo.

Art. 30 *Exportar para o exterior peles e couros de anfíbios e répteis em bruto, sem a autorização da autoridade ambiental competente:*
Pena – Reclusão, *de um a três anos, e multa.*

O crime se consuma com a exportação, independentemente se o agente visava ao lucro. Exportar significa enviar para fora do país. O agente que incorre nesse crime, portanto, remete para fora do país peles e couros de anfíbios e répteis em bruto. O termo "em bruto" significa o couro não manufaturado, não tratado e transformado em produto.

O elemento normativo do tipo está no termo "sem autorização de autoridade competente": se o indivíduo tiver a autorização para realizar a exportação, o fato será atípico; contudo, se abusar de sua autorização, ele incorre na causa agravante constante no art. 15, inciso II, alínea "o" da Lei nº 9.605/1998.

Art. 31 *Introduzir espécime animal no País, sem parecer técnico oficial favorável e licença expedida por autoridade competente:*
Pena – Detenção, *de três meses a um ano, e multa.*

Tal crime consiste na importação, ou seja, na entrada do espécime animal no Brasil. Como o tipo prevê apenas o termo "animal", então podemos compreender todo e qualquer espécime, sem nenhum tipo de classificação.

O elemento normativo do tipo consiste em: sem parecer técnico oficial favorável e licença expedida por autoridade competente. São elementos cumulativos. Não basta um deles para que o fato se torne atípico; são necessários o parecer E a licença.

Introduzir espécime animal no País			
+ Sem parecer técnico oficial favorável	+	Sem licença expedida por autoridade competente	= Art. 31
+ Sem parecer técnico oficial favorável	+	Com licença expedida por autoridade competente	= Art. 31
+ Com parecer técnico oficial favorável	+	Sem licença expedida por autoridade competente	= Art. 31
+ Com parecer técnico oficial favorável	+	Com licença expedida por autoridade competente	= Fato atípico

Art. 32 *Praticar ato de abuso, maus-tratos, ferir ou mutilar animais silvestres, domésticos ou domesticados, nativos ou exóticos:*
Pena – Detenção, *de três meses a um ano, e multa.*

§ 1º Incorre nas mesmas penas quem realiza experiência dolorosa ou cruel em animal vivo, ainda que para fins didáticos ou científicos, quando existirem recursos alternativos.

§ 1º-A Quando se tratar de cão ou gato, a pena para as condutas descritas no caput deste artigo será de reclusão, de 2 (dois) a 5 (cinco) anos, multa e proibição da guarda.

§ 2º A pena é aumentada de um sexto a um terço, se ocorre morte do animal.

O crime se divide em quatro condutas, são elas:

▷ **Ato de abuso:** exploração do animal, por exemplo, a submissão do animal a trabalhos excessivos.
▷ **Maus-tratos:** causar sofrimento ao animal, colocando em risco sua integridade física.
▷ **Ferir:** machucar o animal, causar lesões físicas.
▷ **Mutilar:** cortar membros ou partes do corpo do animal.

Existe, ainda, a figura de crime equiparado, chamado de "vivissecção", ou seja, a experiência em animal vivo, visando a fins didáticos ou científicos, quando existirem meios diversos de evitá-la.

Causa de aumento de pena

A pena é aumentada de 1/6 a 1/3 se, em consequência do crime praticado, **ocorre a morte do animal.**

Art. 33 *Provocar, pela emissão de efluentes ou carreamento de materiais, o perecimento de espécimes da fauna aquática existentes em rios, lagos, açudes, lagoas, baías ou águas jurisdicionais brasileiras:*
Pena – Detenção, *de um a três anos, ou multa, ou ambas cumulativamente.*

Parágrafo único. Incorre nas mesmas penas:
I – quem causa degradação em viveiros, açudes ou estações de aquicultura de domínio público;
II – quem explora campos naturais de invertebrados aquáticos e algas, sem licença, permissão ou autorização da autoridade competente;
III – quem fundeia embarcações ou lança detritos de qualquer natureza sobre bancos de moluscos ou corais, devidamente demarcados em carta náutica.

Este artigo se relaciona exclusivamente à flora aquática, que consiste na população animal que tem por habitat natural a água, subdividindo-se em fauna marinha, onde habitam os animais de água salgada, e fauna de água doce, onde habitam os animais que vivem em rios e riachos de certa região.

Figuras equiparadas

Quem causa degradação em viveiros, açudes ou estações de aquicultura de domínio público.	Degradar que dizer deteriorar, danificar.
Quem explora campos naturais de invertebrados aquáticos e algas, sem licença, permissão ou autorização da autoridade competente.	Explorar significa se beneficiar, abusar, tirar proveito. Note que o termo "ou" quer dizer que a licença ou a autorização são independentes; ao possuir qualquer uma delas, o fato se torna atípico.
Quem fundeia embarcações ou lança detritos de qualquer natureza sobre bancos de moluscos ou corais, devidamente demarcados em carta náutica.	Fundeia quer dizer ancorar e lançar quer dizer atirar, jogar.

Art. 34 *Pescar em período no qual a pesca seja proibida ou em lugares interditados por órgão competente:*
Pena – Detenção *de um ano a três anos ou multa, ou ambas as penas cumulativamente.*

Parágrafo único. Incorre nas mesmas penas quem:
I – pesca espécies que devam ser preservadas ou espécimes com tamanhos inferiores aos permitidos;
II – pesca quantidades superiores às permitidas, ou mediante a utilização de aparelhos, petrechos, técnicas e métodos não permitidos;
III – transporta, comercializa, beneficia ou industrializa espécimes provenientes da coleta, apanha e pesca proibidas.

A regra no Brasil é a de que a pesca seja permitida para fins comerciais, esportivos e científicos. A pesca, contudo, em períodos ou em locais interditados por órgão competente, configura fato típico (criminoso). Trata-se de uma norma penal em branco, que deverá ser complementada pelas normas dos entes federativos, os quais estabelecem os períodos e os locais proibidos.

LEI Nº 9.605/1998 – CRIMES CONTRA O AMBIENTE

Pesca + Locais interditados ou períodos proibidos = Art. 34

O órgão competente mencionado é aquele que compõe o Sistema Nacional do Meio Ambiente (Sisnama) (art. 6º, Lei nº 6.938/1981).

Fique ligado!
O fato somente será considerado como crime quando o local interditado ou o período proibitivo for determinado por órgão competente; se o órgão for incompetente o fato será considerado atípico.

Figuras equiparadas

Pesca espécies que devam ser preservadas ou espécimes com tamanhos inferiores aos permitidos.	Nessas três hipóteses, a pesca ocorre em épocas e locais permitidos, contudo, a ilicitude está nos casos descritos ao lado. Vale ressaltar que ambas são consideradas normas penais em branco, devendo lei complementar definir as espécies a serem preservadas, o tamanho dos peixes e as quantidades que podem ser pescadas, e os petrechos que serão permitidos ou proibidos.
Pesca quantidades superiores às permitidas, ou mediante a utilização de aparelhos, petrechos, técnicas e métodos não permitidos.	
Transporta, comercializa, beneficia ou industrializa espécimes provenientes da coleta, apanha e pesca proibidas.	

É importante lembrar que o Superior Tribunal de Justiça entende que, somente se do uso de apetrecho de pesca proibido restou evidente ausência de ofensividade, ao menos em tese, ao bem jurídico tutelado pela norma penal, qual seja, a fauna aquática, configura atipicidade da conduta. Portanto, é necessário que o uso de petrechos proibidos cause efetivo risco às espécies ou ao ecossistema. Nesse sentido:

> É de se reconhecer a atipicidade material da conduta de uso de apetrecho de pesca proibido se resta evidente a completa ausência de ofensividade, ao menos em tese, ao bem jurídico tutelado pela norma penal, qual seja, a fauna aquática. (STJ, 6º T., HC 93.859, rel. Min. Maria Thereza de Assis Moura, j. 13/08/2009, DJe 31/08/2009).

Art. 35 Pescar mediante a utilização de:
I – explosivos ou substâncias que, em contato com a água, produzam efeito semelhante;
II – substâncias tóxicas, ou outro meio proibido pela autoridade competente:
Pena – Reclusão de um ano a cinco anos.

Fique ligado!
Esse artigo é explicado pelo art. 36 da Lei nº 9.605/1998, que determina que, para os efeitos da lei, considera-se pesca: "todo ato tendente a retirar, extrair, coletar, apanhar, apreender ou capturar espécimes dos grupos dos peixes, crustáceos, moluscos e vegetais hidróbios, suscetíveis ou não de aproveitamento econômico, ressalvadas as espécies ameaçadas de extinção, constantes nas listas oficiais da fauna e da flora".

Art. 37 Não é crime o abate de animal, quando realizado:
I – em estado de necessidade, para saciar a fome do agente ou de sua família;
II – para proteger lavouras, pomares e rebanhos da ação predatória ou destruidora de animais, desde que legal e expressamente autorizado pela autoridade competente;
III – (Vetado)
IV – por ser nocivo o animal, desde que assim caracterizado pelo órgão competente.

São causas específicas de excludentes de ilicitude nos crimes contra a fauna. Cumpre lembrar que nada impede que as causas genéricas previstas no Código Penal (art. 23) venham, também, a ser aplicadas.

I – Estado de Necessidade: caça ou pesca famélica;

Veio apenas para reforçar o que já prevê o art. 24 do Código Penal. Nesse caso, será afastada a ilicitude no caso de abate de animal com a finalidade de saciar a fome do agente ou de sua família. Contudo, o método utilizado pelo agente para abater o animal pode configurar crime autônomo; nesse caso, ele será responsabilizado penalmente (por exemplo, no caso de o animal ter sido abatido por um tiro derivado de arma de fogo de porte ilegal).

II – Proteção de lavouras, pomares e rebanhos;

Assemelha-se à legítima defesa, contudo, é importante lembrar: legítima defesa cabe contra pessoa e não contra animal. Aqui, o agente abate o animal que agia de forma predatória ou destruidora. Além disso, deve a conduta ser legal e autorizada por lei. A doutrina tem entendido que essa autorização deve ser individual: cada indivíduo deve requerer a sua junto ao órgão ambiental competente.

III – Animal nocivo.

Desde que definido pelo órgão competente como sendo nocivo, o abate desse animal será permitido por ser considerado um risco ao sistema ambiental.

14.3 Crimes contra a flora

Entende-se por flora a totalidade das espécies vegetais que compreendem a vegetação de uma determinada região, sem qualquer expressão de importância individual. Compreende também as algas e os fitoplânctons marinhos flutuantes.

A flora se organiza em estratos, que determinam formações específicas, como campos e pradarias, savanas e estepes, bosques e florestas etc.

Art. 38 Destruir ou danificar floresta considerada de preservação permanente, mesmo que em formação, ou utilizá-la com infringência das normas de proteção:
Pena – Detenção, de um a três anos, ou multa, ou ambas as penas cumulativamente.
Parágrafo único. Se o crime for culposo, a pena será reduzida à metade.

As normas de proteção serão constadas em leis e atos normativos, e ainda que não haja qualquer finalidade lucrativa, haverá o crime, pois a degradação da fauna ocorrerá independentemente de lucros ou qualquer outra vantagem auferida com a infração.

As florestas de preservação permanente são espécies do gênero áreas de preservação permanentes, que estão previstas dentro do Código Florestal. Ocorre, contudo, que as florestas de preservação permanentes podem ser tanto determinadas legalmente quanto por interesse social por ato do chefe do Executivo.

Florestas de preservação permanente

Determinação legal	Ato do chefe do Executivo

Art. 38-A Destruir ou danificar vegetação primária ou secundária, em estágio avançado ou médio de regeneração, do Bioma Mata Atlântica, ou utilizá-la com infringência das normas de proteção:
Pena – Detenção, de 1 (um) a 3 (três) anos, ou multa, ou ambas as penas cumulativamente.
Parágrafo único. Se o crime for culposo, a pena será reduzida à metade.

Um bioma é entendido como um grande ecossistema que compreende várias comunidades bióticas em diferentes estágios de evolução, em vasta extensão geográfica. É, assim, uma unidade ecológica imediatamente superior ao ecossistema.

Existem biomas terrestres e aquáticos; no Brasil, são considerados grandes biomas: a Floresta Amazônica, a Mata Atlântica, o Pantanal Mato-grossense, o Cerrado, a Caatinga, o Domínio das Araucárias, as Pradarias e os ecossistemas litorâneos.

Art. 39 Cortar árvores em floresta considerada de preservação permanente, sem permissão da autoridade competente:

Pena – Detenção, de um a três anos, ou multa, ou ambas as penas cumulativamente.

A conduta definida é a de cortar árvores contidas em preservação permanente, desde que sem permissão da autoridade competente. Se houver autorização, o fato se torna atípico.

Fique ligado!
Se a árvore cortada for considerada, por ato do Poder Público, como "madeira de lei" o agente incorrerá no crime do art. 45, e não no do art. 39.

Art. 40. Causar dano direto ou indireto às Unidades de Conservação e às áreas de que trata o art. 27 do Decreto nº 99.274, de 6 de junho de 1990, independentemente de sua localização:

Pena – Reclusão, de um a cinco anos.

§ 1º Entende-se por Unidades de Conservação de Proteção Integral as Estações Ecológicas, as Reservas Biológicas, os Parques Nacionais, os Monumentos Naturais e os Refúgios de Vida Silvestre.

§ 2º A ocorrência de dano afetando espécies ameaçadas de extinção no interior das Unidades de Conservação de Proteção Integral será considerada circunstância agravante para a fixação da pena.

§ 3º Se o crime for culposo, a pena será reduzida à metade.

Art. 40-A (Vetado)

§ 1º Entende-se por Unidades de Conservação de Uso Sustentável as Áreas de Proteção Ambiental, as Áreas de Relevante Interesse Ecológico, as Florestas Nacionais, as Reservas Extrativistas, as Reservas de Fauna, as Reservas de Desenvolvimento Sustentável e as Reservas Particulares do Patrimônio Natural.

§ 2º A ocorrência de dano afetando espécies ameaçadas de extinção no interior das Unidades de Conservação de Uso Sustentável será considerada circunstância agravante para a fixação da pena.

§ 3º Se o crime for culposo, a pena será reduzida à metade.

Os dois artigos deverão ser vistos conjuntamente, uma vez que constituem um único tipo penal, pois há uma relação entre seus parágrafos, posto que prevalecerá a figura ilícita constante no caput do art. 40 e os parágrafos do art. 40-A.

Nesse caso, o agente causa dano diretamente à Unidade de Conservação ou, então, pratica algum ato que, como consequência, atinge a Unidade de Conservação, sendo esta prevista no art. 27 do Decreto nº 99.274/1990:

Art. 27 Nas áreas circundantes das Unidades de Conservação, num raio de dez quilômetros, qualquer atividade que possa afetar a biota ficará subordinada às normas editadas pelo Conama.

Causas agravantes	
Art. 40, § 2º A ocorrência de dano afetando espécies ameaçadas de extinção no interior das Unidades de Conservação de Proteção Integral será considerada circunstância agravante para a fixação da pena.	Contudo, o art. 15, inciso II, alínea "q", da Lei nº 9.605/1998 determina que será causa agravante de pena o crime que atingir espécies ameaçadas, listadas em relatórios oficiais. Em vedação ao bis in idem, será aplicado nesse caso somente o art. 40, § 2º.

Art. 41 Provocar incêndio em mata ou floresta:

Pena – Reclusão, de dois a quatro anos, e multa.

Parágrafo único. Se o crime é culposo, a pena é de detenção de seis meses a um ano, e multa.

A conduta é a de atear fogo em matas e florestas, podendo esse crime ser praticado de diversas formas. Esse fato típico não específica o termo "floresta". Entende-se assim que se trata de todas, não há necessidade de ser apenas a de preservação permanente.

Art. 42 Fabricar, vender, transportar ou soltar balões que possam provocar incêndios nas florestas e demais formas de vegetação, em áreas urbanas ou qualquer tipo de assentamento humano:

Pena – Detenção de um a três anos ou multa, ou ambas as penas cumulativamente.

Será punida a conduta de fazer, de alienar de forma onerosa, conduzir ou fazer subir balão que tenha condição de provocar incêndios. O termo "possam" determinará que o balão deverá ser submetido a exame pericial para verificar a existência da periculosidade, exceto se o balão desaparecer.

O perigo de incêndio deve ocorrer em florestas e demais formas de vegetação ou mesmo em áreas urbanas ou qualquer assentamento urbano.

Art. 44 Extrair de florestas de domínio público ou consideradas de preservação permanente, sem prévia autorização, pedra, areia, cal ou qualquer espécie de minerais:

Pena – Detenção, de seis meses a um ano, e multa.

Extrair quer dizer retirar, arrancar as espécies minerais de florestas de domínio público ou de preservação permanente. Já sabemos o que quer dizer o termo "florestas de preservação aparente", contudo, as de domínio público são aquelas pertencentes aos entes públicos, mas de uso da população.

Art. 45 Cortar ou transformar em carvão madeira de lei, assim classificada por ato do Poder Público, para fins industriais, energéticos ou para qualquer outra exploração, econômica ou não, em desacordo com as determinações legais:

Pena – Reclusão, de um a dois anos, e multa.

O objeto protegido é a "madeira de lei", que é a madeira assim considerada por ato do Poder Público. Geralmente, é uma madeira mais forte, mais nobre e resistente, utilizada em construções e obras que exijam esse tipo de material.

O crime só ocorre se seu corte ou sua transformação ocorrerem em desacordo com as determinações legais.

Art. 46 Receber ou adquirir, para fins comerciais ou industriais, madeira, lenha, carvão e outros produtos de origem vegetal, sem exigir a exibição de licença do vendedor, outorgada pela autoridade competente, e sem munir-se da via que deverá acompanhar o produto até final beneficiamento:

Pena – Detenção, de seis meses a um ano, e multa.

Parágrafo único. Incorre nas mesmas penas quem vende, expõe à venda, tem em depósito, transporta ou guarda madeira, lenha, carvão e outros produtos de origem vegetal, sem licença válida para todo o tempo da viagem ou do armazenamento, outorgada pela autoridade competente.

O termo "para fins comerciais ou industriais" determina que o sujeito ativo só poderá ser a pessoa que exerce atividade comercial ou industrial de produtos vegetais, excluindo desse caso o consumidor final ou a pessoa que vende ilegalmente esses produtos. Assim, o crime só ocorre se o fato for praticado com o intuito de revenda ou de algum tipo de benefício, não havendo crime se o agente adquire ou recebe esses produtos para uso próprio.

Cumpre ainda informar que, embora o tipo penal utilize o termo "e", na verdade o fato se consuma se não se exigir a exibição

LEI Nº 9.605/1998 – CRIMES CONTRA O AMBIENTE

de licença do vendedor, outorgada pela autoridade competente ou se não estiver munido da via que deverá acompanhar o produto até final beneficiamento.

Figuras equiparadas
Incorre nas mesmas penas quem: • vende; • expõe à venda; • tem em depósito; • transporta ou guarda madeira, lenha, carvão e outros produtos de origem vegetal, sem licença válida para todo o tempo da viagem ou do armazenamento, outorgada pela autoridade competente.

Art. 48 *Impedir ou dificultar a regeneração natural de florestas e demais formas de vegetação:*
Pena – Detenção, *de seis meses a um ano, e multa.*

A regeneração natural é aquela realizada pela própria natureza, sem intervenção humana. Desse modo, não se inclui o processo de regeneração artificial, causada pelo homem. Nesses crimes, o exame pericial será necessário, para comprovar que a vegetação estava sendo regenerada naturalmente e em qual estágio ele se encontrava, e ainda como meio de obter provas por meio dos vestígios deixados pela conduta delitiva.

Art. 49 *Destruir, danificar, lesar ou maltratar, por qualquer modo ou meio, plantas de ornamentação de logradouros públicos ou em propriedade privada alheia:*
Pena – Detenção, *de três meses a um ano, ou multa, ou ambas as penas cumulativamente.*
Parágrafo único. *No crime culposo, a pena é de um a seis meses, ou multa.*

Convém atentar ao termo "propriedade privada alheia"; ele não faz menção se são áreas urbanas ou rurais. Desse modo, deve ser interpretado de maneira ampla, aplicando-se aos dois.

O crime em análise pode ser praticado de qualquer forma, bastando que tenha por consequência uma das condutas, não importa o meio empregado. Contudo, há uma grande discussão na doutrina a respeito da constitucionalidade desse artigo, quanto à sua modalidade culposa. Pensemos: tropeçar e pisar em um vaso de begônias de um vizinho será considerado crime? E quanto ao caso de um condutor de veículo automotor que perde o controle e avança sobre as bromélias de um jardim público?

Com base no princípio da intervenção mínima do Direito Penal, a modalidade culposa não deveria ser considerada, apenas se o crime fosse cometido com dolo.

Art. 50 *Destruir ou danificar florestas nativas ou plantadas ou vegetação fixadora de dunas, protetora de mangues, objeto de especial preservação:*
Pena – Detenção, *de três meses a um ano, e multa.*

Esse artigo visa à proteção das florestas nativas ou plantadas e da vegetação fixadora de dunas, protetora de mangues, objeto de especial preservação. Contudo, é pertinente lembrar que, em se tratando de florestas de preservação permanente, o crime será o do art. 38, com base no princípio da especialidade.

Dunas são montes e colinas formados de areia pela ação de ventos à beira-mar. Já o manguezal é um ecossistema litorâneo de vegetação, localizado em terrenos baixos sujeitos à ação das marés, de modo a formar uma cadeia alimentar com rica produção biológica.

A "especial proteção" pode decorrer de lei ou qualquer ato normativo federal, estadual, municipal ou distrital.

Art. 50-A *Desmatar, explorar economicamente ou degradar floresta, plantada ou nativa, em terras de domínio público ou devolutas, sem autorização do órgão competente:*
Pena – *Reclusão de 2 (dois) a 4 (quatro) anos e multa.*
§ 1º Não é crime a conduta praticada quando necessária à subsistência imediata pessoal do agente ou de sua família.
§ 2º Se a área explorada for superior a 1.000 ha (mil hectares), a pena será aumentada de 1 (um) ano por milhar de hectare.

Esse é um crime que foi introduzido na lei em 2006. Ele visa proteger florestas do desmatamento (derrubada de grande quantidade de árvores), da exploração econômica (exercício de atividade lucrativa) ou da degradação (ocorrência de estragos, destruição).

A degradação se difere da conduta de destruir ou de danificar; a degradação ocorre durante um tempo, não acontecendo de imediato os estragos.

E, ainda, temos que nos atentar à necessidade da falta de autorização de órgão competente, já que, havendo autorização, o fato se torna atípico. Essa autorização deve vir do Instituto Brasileiro do Meio Ambiente e dos Recursos Naturais Renováveis (Ibama) se a floresta pertencer à União, ou por órgãos municipais, estaduais ou distritais quando pertencente aos demais entes federativos.

Estado de necessidade	Não é crime a conduta praticada quando necessária à subsistência imediata pessoal do agente ou de sua família.
Aumentado de pena	Se a área explorada for superior a mil hectares, a pena será aumentada de 1 ano por milhar de hectare.

Fique ligado!
As condutas do art. 50 atingem florestas, objeto de especial preservação, enquanto as do art. 50-A estão relacionadas às florestas situadas em áreas de domínio público ou desocupadas, não sendo necessária a existência de norma específica de proteção editada.

Art. 51 *Comercializar motosserra ou utilizá-la em florestas e nas demais formas de vegetação, sem licença ou registro da autoridade competente:*
Pena – Detenção, *de três meses a um ano, e multa.*

A primeira atenção que devemos ter é sobre a conduta de comercializar, a qual não ser confundida com vender ou expor à venda. Nesse caso, a conduta diz respeito ao exercício de atividade comercial, de modo que somente o sujeito que exerce como atividade o comércio de motosserras poderá ser o sujeito ativo.

A motosserra é uma serra com motor, e ao comercializá-la ou utilizá-la em florestas e demais formas de vegetação, comete-se o crime em estudo, desde que não haja a devida licença ou registro da autoridade competente.

Art. 52 *Penetrar em Unidades de Conservação conduzindo substâncias ou instrumentos próprios para caça ou para exploração de produtos ou subprodutos florestais, sem licença da autoridade competente:*
Pena – *Detenção, de seis meses a um ano, e multa.*

Penetrar significa entrar. Dessa maneira, o crime consiste na entrada em Unidades de Conservação levando substâncias ou instrumentos próprios para a caça ou para a exploração de produtos ou subprodutos florestais sem licença da autoridade competente. Ou seja, havendo licença, o fato se torna atípico.

Art. 53. Nos crimes previstos nesta Seção, a pena é aumentada de um sexto a um terço se:

I – do fato resulta a diminuição de águas naturais, a erosão do solo ou a modificação do regime climático;

II – o crime é cometido:

a) no período de queda das sementes;

b) no período de formação de vegetações;

c) contra espécies raras ou ameaçadas de extinção, ainda que a ameaça ocorra somente no local da infração;

d) em época de seca ou inundação;

e) durante a noite, em domingo ou feriado.

Causas de aumento de pena – crimes previstos nos arts. 38 a 52	
Aumenta-se de 1/6 a 1/3 a pena se	Do fato **resulta a diminuição de águas** naturais, a **erosão do solo** ou a **modificação do regime climático**.
	O crime é cometido **no período de queda das sementes**.
	O crime é cometido no **período de formação de vegetações**.
	O crime é **cometido contra espécies raras ou ameaçadas de extinção**, ainda que a ameaça ocorra somente no local da infração.
	O crime é cometido em época de seca ou inundação.
	O crime é cometido **durante a noite, em domingo ou feriado**.

14.4 Poluição e outros crimes ambientais

Os crimes aqui previstos tutelam, além do meio ambiente, outros bens jurídicos humanos, como a vida, a integridade física, a moradia etc.

É importante ressaltar que, no momento de aplicação da pena, o juiz deverá verificar as consequências que o crime causou no meio ambiente e para a saúde humana. Então, embora essa lei vise à proteção ao meio ambiente, prevê, em alguns casos, a tutela direta e específica das pessoas.

Art. 54 Causar poluição de qualquer natureza em níveis tais que resultem ou possam resultar em danos à saúde humana, ou que provoquem a mortandade de animais ou a destruição significativa da flora:

Pena – Reclusão, de um a quatro anos, e multa.

§ 1º Se o crime é culposo:

Pena – Detenção, de seis meses a um ano, e multa.

§ 2º Se o crime:

I – tornar uma área, urbana ou rural, imprópria para a ocupação humana;

II – causar poluição atmosférica que provoque a retirada, ainda que momentânea, dos habitantes das áreas afetadas, ou que cause danos diretos à saúde da população;

III – causar poluição hídrica que torne necessária a interrupção do abastecimento público de água de uma comunidade;

IV – dificultar ou impedir o uso público das praias;

V – ocorrer por lançamento de resíduos sólidos, líquidos ou gasosos, ou detritos, óleos ou substâncias oleosas, em desacordo com as exigências estabelecidas em leis ou regulamentos:

Pena – Reclusão, de um a cinco anos.

§ 3º Incorre nas mesmas penas previstas no parágrafo anterior quem deixar de adotar, quando assim o exigir a autoridade competente, medidas de precaução em caso de risco de dano ambiental grave ou irreversível.

A conduta de dar causa à poluição de qualquer tipo pode resultar em danos à saúde humana ou provocar a mortandade de animais ou a destruição significativa da flora.

Sobre o termo "poluição", devemos entender como o lançamento ou, então, a adição de substância ou matéria ao meio ambiente. A poluição definida por esse artigo abrange a poluição atmosférica, hídrica, térmica, do solo e sonora.

A expressão "níveis tais" determina que somente haverá o crime se ocorrer poluição em níveis altos que resultem ou possam resultar danos à saúde humana, a mortandade de animais ou a destruição significativa da flora, de modo que não é qualquer poluição que se enquadra no tipo penal.

Por ser um crime que causa danos, será indispensável o exame pericial para verificar se a poluição causou os prejuízos mencionados, e mesmo para aplicação das qualificadoras abaixo descritas.

Se o crime é culposo	Pena de detenção, de 6 meses a 1 ano, e multa
Qualificadoras Pena de reclusão de 1 a 5 anos	Tornar uma área, urbana ou rural, imprópria para a ocupação humana;
	Causar poluição atmosférica que provoque a retirada, ainda que momentânea, dos habitantes das áreas afetadas, ou que cause danos diretos à saúde da população;
	Causar poluição hídrica que torne necessária a interrupção do abastecimento público de água de uma comunidade;
	Dificultar ou impedir o uso público das praias;
	Ocorrer por lançamento de resíduos sólidos, líquidos ou gasosos, ou detritos, óleos ou substâncias oleosas, em desacordo com as exigências estabelecidas em leis ou regulamentos;
	Incorre na mesma pena quem deixar de adotar, quando assim o exigir a autoridade competente, medidas de precaução em caso de risco de dano ambiental grave ou irreversível.

Art. 55 Executar pesquisa, lavra ou extração de recursos minerais sem a competente autorização, permissão, concessão ou licença, ou em desacordo com a obtida:

Pena – Detenção, de seis meses a um ano, e multa.

Parágrafo único. Nas mesmas penas incorre quem deixa de recuperar a área pesquisada ou explorada, nos termos da autorização, permissão, licença, concessão ou determinação do órgão competente.

A conduta diz respeito à execução, ou seja, à realização de pesquisa, lavra ou extração de recursos minerais, desde que o agente não esteja munido pela competente autorização, permissão, concessão ou licença ou, ainda, se agir em desacordo a qual dela tiver obtido. Assim como os demais casos, se o agente tiver um dos documentos exigidos ou ainda estiver agindo em regularidade, o fato se torna atípico.

Fique ligado!

É pertinente lembrar: as autorizações, permissões, concessões e licenças são individuais. Se o agente tem licença para executar a lavra, mas se utiliza dela para pesquisa, o agente está, sim, cometendo crime. Esses meios autorizadores são concedidos pela Agência Nacional de Mineração.

Aquele que deixa de recuperar a área pesquisada ou explorada, nos termos da autorização, permissão, licença, concessão ou determinação do órgão competente, comete crime equiparado ao caput.

LEI Nº 9.605/1998 – CRIMES CONTRA O AMBIENTE

Art. 56 *Produzir, processar, embalar, importar, exportar, comercializar, fornecer, transportar, armazenar, guardar, ter em depósito ou usar produto ou substância tóxica, perigosa ou nociva à saúde humana ou ao meio ambiente, em desacordo com as exigências estabelecidas em leis ou nos seus regulamentos:*

Pena – Reclusão, *de um a quatro anos, e multa.*

§ 1º Nas mesmas penas incorre quem:

I – abandona os produtos ou substâncias referidos no caput ou os utiliza em desacordo com as normas ambientais ou de segurança;

II – manipula, acondiciona, armazena, coleta, transporta, reutiliza, recicla ou dá destinação final a resíduos perigosos de forma diversa da estabelecida em lei ou regulamento.

§ 2º Se o produto ou a substância for nuclear ou radioativa, a pena é aumentada de um sexto a um terço.

§ 3º Se o crime é culposo:

Pena – Detenção, *de seis meses a um ano, e multa.*

Esse crime consiste em um tipo misto alternativo, isto é, independentemente do número de condutas, haverá a prática de um crime único pelo agente, que prevê 12 condutas consideradas puníveis:

Os objetos materiais do crime são as substâncias e os produtos tóxicos (venenosos), perigosos (que causam perigo) ou nocivos (que prejudicam ou causam danos). E, ainda, por entendimento doutrinário não basta somente a comprovação pericial; necessita-se que essas substâncias estejam classificadas em leis ou atos normativos, caso contrário o fato será considerado como atípico.

"Em desacordo com as exigências estabelecidas em leis ou nos seus regulamentos" trata de uma norma penal em branco, que necessita de complementação.

Figuras equiparadas
Nas mesmas penas incorre quem: • abandona os produtos ou substâncias referidos no *caput* ou os utiliza em desacordo com as normas ambientais ou de segurança; • manipula, acondiciona, armazena, coleta, transporta, reutiliza, recicla ou dá destinação final a resíduos perigosos de forma diversa da estabelecida em lei ou regulamento.

Penas	
Aumenta-se de 1/6 a 1/3	se o produto ou a substância forem nucleares ou radioativos.
6 meses a 1 ano + multa	se o crime for culposo.

Art. 58 *Nos crimes dolosos previstos nesta Seção, as penas serão aumentadas:*

I – de um sexto a um terço, se resulta dano irreversível à flora ou ao meio ambiente em geral;

II – de um terço até a metade, se resulta lesão corporal de natureza grave em outrem;

III – até o dobro, se resultar a morte de outrem.

Parágrafo único. *As penalidades previstas neste artigo somente serão aplicadas se do fato não resultar crime mais grave.*

Causas de aumento de pena – crimes previstos nos arts. 54 a 61	
Aumenta-se de 1/6 a 1/3	Se **resulta dano irreversível** à flora ou ao meio ambiente em geral.
Aumenta-se de 1/3 até a metade	Se **resulta lesão corporal** de natureza grave em outrem.
Aumenta-se até o dobro	Se **resultar a morte de outrem.**

Art. 60 *Construir, reformar, ampliar, instalar ou fazer funcionar, em qualquer parte do território nacional, estabelecimentos, obras ou serviços potencialmente poluidores, sem licença ou autorização dos órgãos ambientais competentes, ou contrariando as normas legais e regulamentares pertinentes:*

Pena – Detenção, *de um a seis meses, ou multa, ou ambas as penas cumulativamente.*

Art. 61 *Disseminar doença ou praga ou espécies que possam causar dano à agricultura, à pecuária, à fauna, à flora ou aos ecossistemas:*

Pena – Reclusão, *de um a quatro anos, e multa.*

Disseminar consiste em espalhar, propagar a doença ou praga ou espécies que possam causar danos:

- **à agricultura:** lavoura destinada à produção de alimentos;
- **à pecuária:** criação de gados;
- **à fauna:** conjunto de animais de determinada localidade;
- **à flora:** conjunto de plantas de determinada localidade;
- **ao ecossistema:** qualquer unidade que inclua todos os organismos de uma determinada área.

Esse crime se consuma com a mera disseminação da doença ou da praga, independentemente de o dano ocorrer.

14.5 Crimes contra o ordenamento urbano e o patrimônio cultural

Inclui-se no conceito de meio ambiente o meio ambiente artificial e o cultural.

O meio ambiente artificial é aquele construído pelo homem, é composto pelo espaço urbano fechado e pelo espaço urbano aberto. Já o patrimônio cultural encontra-se determinado pelo art. 216 da CF/1988.

Art. 216, CF/1988 *Constituem patrimônio cultural brasileiro os bens de natureza material e imaterial, tomados individualmente ou em conjunto, portadores de referência à identidade, à ação, à memória dos diferentes grupos formadores da sociedade brasileira, nos quais se incluem:*

I – as formas de expressão;

II – os modos de criar, fazer e viver;

III – as criações científicas, artísticas e tecnológicas;

IV – as obras, objetos, documentos, edificações e demais espaços destinados às manifestações artístico-culturais;

V – os conjuntos urbanos e sítios de valor histórico, paisagístico, artístico, arqueológico, paleontológico, ecológico e científico.

Portanto, a proteção ao meio ambiente não se limita a apenas à flora e à fauna, mas, sim, aos patrimônios culturais existentes na sociedade.

Art. 62 *Destruir, inutilizar ou deteriorar:*

I – bem especialmente protegido por lei, ato administrativo ou decisão judicial;

II – arquivo, registro, museu, biblioteca, pinacoteca, instalação científica ou similar protegido por lei, ato administrativo ou decisão judicial:

Pena – Reclusão, *de um a três anos, e multa.*

Parágrafo único. *Se o crime for culposo, a pena é de seis meses a um ano de detenção, sem prejuízo da multa.*

Trata-se dos bens especialmente protegidos por lei, ato administrativo ou judicial. A lei pode ser tanto federal, quanto municipal, estadual ou distrital, visto que é de competência concorrente entre os entes federativos a proteção ao patrimônio cultural brasileiro; do mesmo modo, a decisão judicial pode ser derivada de qualquer instância do Poder Judiciário; e o ato administrativo será o tombamento, que também pode ser feito por órgão de qualquer dos entes.

Serão também objetos materiais protegidos por este artigo o arquivo, o registro, o museu, a biblioteca, a pinacoteca, a instalação científica ou similar protegidos por lei, ato administrativo ou decisão judicial.

>   **Art. 63** *Alterar o aspecto ou estrutura de edificação ou local especialmente protegido por lei, ato administrativo ou decisão judicial, em razão de seu valor paisagístico, ecológico, turístico, artístico, histórico, cultural, religioso, arqueológico, etnográfico ou monumental, sem autorização da autoridade competente ou em desacordo com a concedida:*
>   **Pena – Reclusão**, *de um a três anos, e multa.*

Qualquer modificação, ainda que superficial, na aparência ou na organização do objeto material protegido na norma configura o crime em análise. Esses objetos são protegidos exatamente por seu valor original, de modo que qualquer alteração pode fazer com que ele perca esse valor histórico, paisagístico, artístico, cultural etc. Contudo, para que o crime se configure, não basta a mera modificação; esta não deve ter sido autorizada por autoridade competente ou, então, deve estar em desacordo com a autorização concedida. Caso contrário, o ato se torna atípico.

>   **Art. 64** *Promover construção em solo não edificável, ou no seu entorno, assim considerado em razão de seu valor paisagístico, ecológico, artístico, turístico, histórico, cultural, religioso, arqueológico, etnográfico ou monumental, sem autorização da autoridade competente ou em desacordo com a concedida:*
>   **Pena – Detenção**, *de seis meses a um ano, e multa.*

Fazer qualquer obra ou edificação em solo onde não pode haver construções, bem como em seu entorno, consiste em crime contra o meio ambiente, desde que não haja autorização competente ou que o agente aja em descordo com a autorização concedida. Caso contrário, o fato se torna atípico.

>   **Art. 65** *Pichar ou por outro meio conspurcar edificação ou monumento urbano:*
>   **Pena – Detenção**, *de 3 (três) meses a 1 (um) ano, e multa*
>   **§ 1º** *Se o ato for realizado em monumento ou coisa tombada em virtude do seu valor artístico, arqueológico ou histórico, a pena é de 6 (seis) meses a 1 (um) ano de detenção e multa.*
>   **§ 2º** *Não constitui crime a prática de grafite realizada com o objetivo de valorizar o patrimônio público ou privado mediante manifestação artística, desde que consentida pelo proprietário e, quando couber, pelo locatário ou arrendatário do bem privado e, no caso de bem público, com a autorização do órgão competente e a observância das posturas municipais e das normas editadas pelos órgãos governamentais responsáveis pela preservação e conservação do patrimônio histórico e artístico nacional.*

A pichação consiste no ato de escrever ou rabiscar em muros, paredes etc., enquanto conspurcar consiste em sujar, ambos em construções ou obra artística de grande valor cultural.

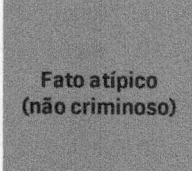

Fato atípico (não criminoso)	Não constitui crime a prática de grafite realizada com o objetivo de valorizar o patrimônio público ou privado mediante manifestação artística, desde que **consentida pelo proprietário** e, quando couber, **pelo locatário ou arrendatário do bem privado** e, no caso de bem público, com a autorização do órgão competente e a observância das posturas municipais e das normas editadas pelos órgãos governamentais responsáveis pela preservação e conservação do patrimônio histórico e artístico nacional.

A pena será de 6 meses a 1 ano	Se o ato for realizado em **monumento ou coisa tombada em virtude do seu valor artístico, arqueológico ou histórico.**

14.6 Crimes contra a administração ambiental

>   **Art. 66** *Fazer o funcionário público afirmação falsa ou enganosa, omitir a verdade, sonegar informações ou dados técnico-científicos em procedimentos de autorização ou de licenciamento ambiental:*
>   **Pena – Reclusão**, *de um a três anos, e multa.*

Esse delito seria uma forma de falsidade ideológica ambiental, praticado por funcionário público que faz uma afirmação que não corresponde à verdade ou que leva a engano ou, então, não menciona a verdade ou ainda esconde dados técnico-científicos em procedimentos autorizadores e licenciadores ambientais. Desse modo, esse crime pode ser praticado tanto por meio de uma ação quanto de uma omissão.

>   **Art. 67** *Conceder o funcionário público licença, autorização ou permissão em desacordo com as normas ambientais, para as atividades, obras ou serviços cuja realização depende de ato autorizativo do Poder Público:*
>   **Pena – Detenção**, *de um a três anos, e multa.*
>   **Parágrafo único.** *Se o crime é culposo, a pena é de três meses a um ano de detenção, sem prejuízo da multa.*

O funcionário público fornece a alguém autorização ou permissão ou licença infringindo a legislação ambiental para atividades, obras ou serviços que dependam de ato autorizativo do Poder Público.

>   **Art. 68** *Deixar, aquele que tiver o dever legal ou contratual de fazê-lo, de cumprir obrigação de relevante interesse ambiental:*
>   **Pena – Detenção**, *de um a três anos, e multa.*
>   **Parágrafo único.** *Se o crime é culposo, a pena é de três meses a um ano, sem prejuízo da multa.*

O agente, que tem como dever legal ou contratual cumprir obrigação de relevante interesse ambiental, se não o fizer, incorre no crime acima descrito.

O grande problema concentra-se no termo "relevante interesse ambiental", posto que a lei não menciona o que efetivamente seria isso, ferindo diretamente o princípio da taxatividade, até porque o meio ambiente constitui, por si só, um relevante interesse. Contudo, entende-se que o art. 52 da Lei nº 12.305/2010 resolve este problema ao dispor que: "a observância do disposto no caput do art. 23 e no § 2º do art. 39 desta Lei é considerada obrigação de relevante interesse ambiental para efeitos do art. 68 da Lei nº 9.605, de 1998, sem prejuízo da aplicação de outras sanções cabíveis nas esferas penal e administrativa".

>   **Art. 69** *Obstar ou dificultar a ação fiscalizadora do Poder Público no trato de questões ambientais:*
>   **Pena – Detenção**, *de um a três anos, e multa.*

O crime consiste no impedimento ou na criação de obstáculos para a ação fiscalizadora do Poder Público em questões ambientais.

>   **Art. 69-A** *Elaborar ou apresentar, no licenciamento, concessão florestal ou qualquer outro procedimento administrativo, estudo, laudo ou relatório ambiental total ou parcialmente falso ou enganoso, inclusive por omissão:*
>   **Pena – Reclusão**, *de 3 (três) a 6 (seis) anos, e multa.*
>   **§ 1º** *Se o crime é culposo:*
>   **Pena – Detenção**, *de 1 (um) a 3 (três) anos.*
>   **§ 2º** *A pena é aumentada de 1/3 (um terço) a 2/3 (dois terços), se há dano significativo ao meio ambiente, em decorrência do uso da informação falsa, incompleta ou enganosa.*

O crime ocorre com a formulação ou utilização de análise, conclusão pericial ou mesmo parecer ambiental, integral ou parcialmente falso ou enganoso. A falsidade ou o engano documental podem ocorrer com a inserção de dados falsos ou enganosos, bem como pela ausência de dados verdadeiros, podendo ser a falsidade tanto material quanto ideológica.

O documento elaborado ou utilizado deve ocorrer em casos de licenciamento, concessão florestal ou qualquer outro procedimento administrativo.

Por conta do princípio da especialidade, esse crime prevalece sobre os de falsidade previstos no Código Penal.

Causas de aumento de pena	
Aumenta-se de 1/3 a 2/3	se há **dano significativo** ao meio ambiente, em decorrência do uso da informação falsa, incompleta ou enganosa.

15 LEI Nº 10.826/2003 - ESTATUTO DO DESARMAMENTO

15.1 Conceitos introdutórios

O Estatuto do Desarmamento é uma lei que possui normas de Direito Administrativo, Penal e Processual Penal, iremos focar o estudo acerca das infrações penais; contudo, para entender determinados pontos existentes na Lei, será necessário o conhecimento básico de alguns conceitos iniciais.

Por exemplo, o órgão responsável pela autorização e pelo registro de arma de fogo, em regra, é o SINARM (Sistema Nacional de Armas), alocado na Polícia Federal e instituído pelo Ministério da Justiça, cujas competências são exauridas do art. 3º da referida Lei.

15.1.1 Objetivo

▷ **Os objetivos estão expostos na ementa da Lei, quais sejam:**
- Dispõe sobre registro, posse, porte e comercialização de armas de fogo e munição;
- Dispõe sobre o Sistema Nacional de Armas – SINARM;
- Define crimes; e
- Dá outras providências.

O Estatuto tem incriminação apenas das armas de fogo, acessórios, munições e artefatos explosivos ou incendiários, não se aplicando às armas brancas (arts. 18 e 19 da LCP, ou art. 242 do ECA).

15.1.2 Norma penal em branco

▷ **A Lei nº 10.826/2003 não definiu o conceito do que é:**
- Arma de fogo, acessório e munição;
- De uso permitido, restrito e proibido; e
- Artefato explosivo ou incendiário.

Tais definições e outros complementos são regulados por diversos decretos, dentre eles: Decreto nº 9.607/2018 (Política Nacional de Exportação e Importação de Produtos de Defesa), , Decreto nº 9.847/2019 (Regulamento acerca do porte, da comercialização, do SIN'ARM e do SIGMA), Decreto nº 10.030/2019 (Regulamento de Produtos Controlados pelo Comando do Exército), Decreto nº 11.366/2023, além de outros.

Definições dadas pelo Decreto nº 10.030/2019 (Anexo III) e Inclusões e alterações dadas pelo Decreto nº 10.627/2021	
Acervo de cidadão	Acervo de cidadão - Relação das armas de fogo pertencentes a uma pessoa física, destinadas à sua defesa pessoal para segurança própria.
Acessório de arma de fogo	artefatos listados nominalmente na legislação como Produto Controlado pelo Exército - PCE que, acoplados a uma arma, possibilitam a alteração da configuração normal do armamento, tal como um supressor de som.
Acessório explosivo	Engenho não muito sensível, de elevada energia de ativação, que tem por finalidade fornecer energia suficiente à continuidade de um trem explosivo e que necessita de um acessório iniciador para ser ativado.
Arma de fogo	Arma que arremessa projéteis empregando a força expansiva dos gases, gerados pela combustão de um propelente confinado em uma câmara, normalmente solidária a um cano, que tem a função de dar continuidade à combustão do propelente, além de direção e estabilidade ao projétil.
Carregador	Depósito ou receptáculo para armazenamento de cartuchos de munição para disparo em armas de fogo, integrante ou destacável do armamento.
Explosivo	Tipo de matéria que, quando iniciada, sofre decomposição muito rápida, com grande liberação de calor e desenvolvimento súbito de pressão.

Definições dadas pelo Anexo I do Decreto nº 10.030/2019	
Arma de fogo de uso permitido	As armas de fogo semiautomáticas ou de repetição que sejam: a) de porte, cujo calibre nominal, com a utilização de munição comum, não atinja, na saída do cano de prova, energia cinética superior a mil e duzentas libras-pé ou mil seiscentos e vinte joules; b) portáteis de alma lisa; ou c) portáteis de alma raiada, cujo calibre nominal, com a utilização de munição comum, não atinja, na saída do cano de prova, energia cinética superior a mil e duzentas libras-pé ou mil seiscentos e vinte joules.
Arma de fogo de uso restrito	As armas de fogo automáticas e as semiautomáticas ou de repetição que sejam: a) não portáteis; b) de porte, cujo calibre nominal, com a utilização de munição comum, atinja, na saída do cano de prova, energia cinética superior a mil e duzentas libras-pé ou mil seiscentos e vinte joules; ou c) portáteis de alma raiada, cujo calibre nominal, com a utilização de munição comum, atinja, na saída do cano de prova, energia cinética superior a mil e duzentas libras-pé ou mil seiscentos e vinte joules.
Arma de fogo de uso proibido	a) as armas de fogo classificadas de uso proibido em acordos e tratados internacionais dos quais a República Federativa do Brasil seja signatária; ou b) as armas de fogo dissimuladas, com aparência de objetos inofensivos.
Munição de uso restrito	As munições que: a) atinjam, na saída do cano de prova de armas de porte ou portáteis de alma raiada, energia cinética superior a mil e duzentas libras-pé ou mil seiscentos e vinte joules; b) sejam traçantes, perfurantes ou fumígenas; c) sejam granadas de obuseiro, de canhão, de morteiro, de mão ou de bocal; ou d) sejam rojões, foguetes, mísseis ou bombas de qualquer natureza.
Munição de uso proibido	As munições que sejam assim definidas em acordo ou tratado internacional de que a República Federativa do Brasil seja signatária e as munições incendiárias ou químicas.

LEI Nº 10.826/2003 - ESTATUTO DO DESARMAMENTO

Arma de fogo de porte	As armas de fogo de dimensões e peso reduzidos que podem ser disparadas pelo atirador com apenas uma de suas mãos, a exemplo de pistolas, revólveres e garruchas.
Arma de fogo portátil	As armas de fogo que, devido às suas dimensões ou ao seu peso, podem ser transportadas por uma pessoa, tais como fuzil, carabina e espingarda.
Arma de fogo não portátil art. 2º, IX)	As armas de fogo que, devido às suas dimensões ou ao seu peso, precisam ser transportadas por mais de uma pessoa, com a utilização de veículos, automotores ou não, ou sejam fixadas em estruturas permanentes.

Classificação e definição das armas de fogo: a classificação e definição das armas de fogo de uso permitido, restrito ou proibido, além das obsoletas e de valor histórico, serão disciplinadas por ato do chefe do Poder Executivo Federal, por meio de proposta do Comando do Exército, conforme expõe o caput do art. 23 do referido estatuto.

Art. 23 A classificação legal, técnica e geral bem como a definição das armas de fogo e demais produtos controlados, de usos proibidos, restritos, permitidos ou obsoletos e de valor histórico serão disciplinadas em ato do chefe do Poder Executivo Federal, mediante proposta do Comando do Exército.

§ 1º Todas as munições comercializadas no País deverão estar acondicionadas em embalagens com sistema de código de barras, gravado na caixa, visando possibilitar a identificação do fabricante e do adquirente, entre outras informações definidas pelo regulamento desta Lei.

§ 2º Para os órgãos referidos no art. 6º, somente serão expedidas autorizações de compra de munição com identificação do lote e do adquirente no culote dos projéteis, na forma do regulamento desta Lei.

§ 3º As armas de fogo fabricadas a partir de 1 (um) ano da data de publicação desta Lei conterão dispositivo intrínseco de segurança e de identificação, gravado no corpo da arma, definido pelo regulamento desta Lei, exclusive para os órgãos previstos no art. 6º.

§ 4º As instituições de ensino policial e as guardas municipais referidas nos incisos III e IV do 'caput' do art. 6º desta Lei e no seu § 7º Poderão adquirir insumos e máquinas de recarga de munição para o fim exclusivo de suprimento de suas atividades, mediante autorização concedida nos termos definidos em regulamento.

Em muitos lugares na referida Lei, haverá expressões que determinam a necessidade de complemento normativo, tais como: na forma [...], nas condições [...], nos termos do regulamento desta Lei; sem autorização ou em desacordo com determinação legal ou regulamentar.

15.1.3 SINARM e registro

Art. 1º O Sistema Nacional de Armas – SINARM, instituído no Ministério da Justiça, no âmbito da Polícia Federal, tem circunscrição em todo o território nacional.

O SINARM é órgão vinculado à Polícia Federal e o responsável pelo cadastramento e registro das armas de fogo em território nacional, salvo as das Forças Armadas e Auxiliares, bem como as dos órgãos que constem em seus registros próprios (art. 2º, parágrafo único) — estas serão cadastradas no SIGMA.

Art. 2º Ao SINARM compete:
I – identificar as características e a propriedade de armas de fogo, mediante cadastro;
II – cadastrar as armas de fogo produzidas, importadas e vendidas no País;
III – cadastrar as autorizações de porte de arma de fogo e as renovações expedidas pela Polícia Federal;
IV – cadastrar as transferências de propriedade, extravio, furto, roubo e outras ocorrências suscetíveis de alterar os dados cadastrais, inclusive as decorrentes de fechamento de empresas de segurança privada e de transporte de valores;
V – identificar as modificações que alterem as características ou o funcionamento de arma de fogo;
VI – integrar no cadastro os acervos policiais já existentes;
VII – cadastrar as apreensões de armas de fogo, inclusive as vinculadas a procedimentos policiais e judiciais;
VIII – cadastrar os armeiros em atividade no País, bem como conceder licença para exercer a atividade;
IX – cadastrar mediante registro os produtores, atacadistas, varejistas, exportadores e importadores autorizados de armas de fogo, acessórios e munições;
X – cadastrar a identificação do cano da arma, as características das impressões de raiamento e de microestriamento de projétil disparado, conforme marcação e testes obrigatoriamente realizados pelo fabricante;
XI – informar às Secretarias de Segurança Pública dos Estados e do Distrito Federal os registros e autorizações de porte de armas de fogo nos respectivos territórios, bem como manter o cadastro atualizado para consulta.

Parágrafo único. As disposições deste artigo não alcançam as armas de fogo das Forças Armadas e Auxiliares, bem como as demais que constem dos seus registros próprios.

Armas de fogo de uso restrito: compete ao Comando do Exército autorizar a aquisição e registrar as armas de fogo de uso restrito (art. 3º, parágrafo único).

Art. 3º É obrigatório o registro de arma de fogo no órgão competente.
Parágrafo único. As armas de fogo de uso restrito serão registradas no Comando do Exército, na forma do regulamento desta Lei.
Art. 27 Caberá ao Comando do Exército autorizar, excepcionalmente, a aquisição de armas de fogo de uso restrito.
Parágrafo único. O disposto neste artigo não se aplica às aquisições dos Comandos Militares.

15.1.4 Da posse de arma de fogo

A regra geral é que a população não tenha arma de fogo, daí o nome "Estatuto do Desarmamento". Contudo, um particular poderá obter a autorização para **posse de arma de fogo de uso permitido** (há diferença entre "posse" e "porte") caso preencha os requisitos necessários do art. 4º, que são, entre outros: curso técnico, avaliação psicológica, pagamento de taxas; bem como a idade mínima de 25 anos (art. 28).

Art. 4º Para adquirir arma de fogo de uso permitido o interessado deverá, além de declarar a efetiva necessidade, atender aos seguintes requisitos:
I – comprovação de idoneidade, com a apresentação de certidões negativas de antecedentes criminais fornecidas pela Justiça Federal, Estadual, Militar e Eleitoral e de não estar respondendo a inquérito policial ou a processo criminal, que poderão ser fornecidas por meios eletrônicos;
II – apresentação de documento comprobatório de ocupação lícita e de residência certa;
III – comprovação de capacidade técnica e de aptidão psicológica para o manuseio de arma de fogo, atestadas na forma disposta no regulamento desta Lei.
§ 1º O SINARM expedirá autorização de compra de arma de fogo após atendidos os requisitos anteriormente estabelecidos, em nome do requerente e para a arma indicada, sendo intransferível esta autorização.

§ 2º A aquisição de munição somente poderá ser feita no calibre correspondente à arma registrada e na quantidade estabelecida no regulamento desta Lei.

§ 3º A empresa que comercializar arma de fogo em território nacional é obrigada a comunicar a venda à autoridade competente, como também a manter banco de dados com todas as características da arma e cópia dos documentos previstos neste artigo.

§ 4º A empresa que comercializa armas de fogo, acessórios e munições responde legalmente por essas mercadorias, ficando registradas como de sua propriedade enquanto não forem vendidas.

§ 5º A comercialização de armas de fogo, acessórios e munições entre pessoas físicas somente será efetivada mediante autorização do SINARM.

§ 6º A expedição da autorização a que se refere o §1º será concedida, ou recusada com a devida fundamentação, no prazo de 30 (trinta) dias úteis, a contar da data do requerimento do interessado.

§ 7º O registro precário a que se refere o §4º prescinde do cumprimento dos requisitos dos incisos I, II e III deste artigo.

§ 8º Estará dispensado das exigências constantes do inciso III do 'caput' deste artigo, na forma do regulamento, o interessado em adquirir arma de fogo de uso permitido que comprove estar autorizado a portar arma com as mesmas características daquela a ser adquirida.

Art. 28 É vedado ao menor de 25 (vinte e cinco) anos adquirir arma de fogo, ressalvados os integrantes das entidades constantes dos incisos I, II, III, V, VI, VII e X do 'caput' do art. 6º desta Lei.

Diferenciação entre posse e porte: a posse de arma de fogo restringe-se à circunscrição residencial ou empresarial – desde que seja o proprietário ou o responsável legal. Já o porte é a autorização de levar a arma de fogo consigo além desses locais.

Art. 5º O certificado de Registro de Arma de Fogo, com validade em todo o território nacional, autoriza o seu proprietário a manter a arma de fogo exclusivamente no interior de sua residência ou domicílio, ou dependência desses, ou, ainda, no seu local de trabalho, desde que seja ele o titular ou o responsável legal pelo estabelecimento ou empresa.

§ 1º O certificado de registro de arma de fogo será expedido pela Polícia Federal e será precedido de autorização do SINARM.

§ 2º Os requisitos de que tratam os incisos I, II e III do art. 4º deverão ser comprovados periodicamente, em período não inferior a 3 (três) anos, na conformidade do estabelecido no regulamento desta Lei, para a renovação do Certificado de Registro de Arma de Fogo.

§ 3º O proprietário de arma de fogo com certificados de registro de propriedade expedido por órgão estadual ou do Distrito Federal até a data da publicação desta Lei que não optar pela entrega espontânea prevista no art. 32 desta Lei deverá renová-lo mediante o pertinente registro federal, até o dia 31 de dezembro de 2008, ante a apresentação de documento de identificação pessoal e comprovante de residência fixa, ficando dispensado do pagamento de taxas e do cumprimento das demais exigências constantes dos incisos I a III do 'caput' do art. 4º desta Lei.

§ 4º Para fins do cumprimento do disposto no §3º deste artigo, o proprietário de arma de fogo poderá obter, no Departamento de Polícia Federal, certificado de registro provisório, expedido na rede mundial de computadores — internet, na forma do regulamento e obedecidos os procedimentos a seguir:

I – emissão de certificado de registro provisório pela internet, com validade inicial de 90 (noventa) dias; e

II – revalidação pela unidade do Departamento de Polícia Federal do certificado de registro provisório pelo prazo que estimar como necessário para a emissão definitiva do certificado de registro de propriedade.

§5º Aos residentes em área rural, para os fins do disposto no 'caput' deste artigo, considera-se residência ou domicílio toda a extensão do respectivo imóvel rural.

Do porte de arma de fogo

Art. 6º É proibido o porte de arma de fogo em todo o território nacional, salvo para os casos previstos em legislação própria e para:

I – os integrantes das Forças Armadas;

II – os integrantes de órgãos referidos nos incisos I, II, III, IV e V do 'caput' do art. 144 da Constituição Federal e os da Força Nacional de Segurança Pública (FNSP);

III – os integrantes das guardas municipais das capitais dos Estados e dos Municípios com mais de 500.000 (quinhentos mil) habitantes, nas condições estabelecidas no regulamento desta Lei;

IV – os integrantes das guardas municipais dos Municípios com mais de 50.000 (cinquenta mil) e menos de 500.000 (quinhentos mil) habitantes, quando em serviço;

V – os agentes operacionais da Agência Brasileira de Inteligência e os agentes do Departamento de Segurança do Gabinete de Segurança Institucional da Presidência da República;

VI – os integrantes dos órgãos policiais referidos no art. 51, IV, e no art. 52, XIII, da Constituição Federal;

VII – os integrantes do quadro efetivo dos agentes e guardas prisionais, os integrantes das escoltas de presos e as guardas portuárias;

VIII – as empresas de segurança privada e de transporte de valores constituídas, nos termos desta Lei;

IX – para os integrantes das entidades de desporto legalmente constituídas, cujas atividades esportivas demandem o uso de armas de fogo, na forma do regulamento desta Lei, observando-se, no que couber, a legislação ambiental.

X – integrantes das Carreiras de Auditoria da Receita Federal do Brasil e de Auditoria-Fiscal do Trabalho, cargos de Auditor-Fiscal e Analista Tributário.

XI – os tribunais do Poder Judiciário descritos no art. 92 da Constituição Federal e os Ministérios Públicos da União e dos Estados, para uso exclusivo de servidores de seus quadros pessoais que efetivamente estejam no exercício de funções de segurança, na forma de regulamento a ser emitido pelo Conselho Nacional de Justiça – CNJ e pelo Conselho Nacional do Ministério Público – CNMP.

§1º As pessoas previstas nos incisos I, II, III, V e VI do 'caput' deste artigo terão direito de portar arma de fogo de propriedade particular ou fornecida pela respectiva corporação ou instituição, mesmo fora de serviço, nos termos do regulamento desta Lei, com validade em âmbito nacional para aquelas constantes dos incisos I, II, V e VI.

§ 1º-A (Revogado)

§ 1º-B Os integrantes do quadro efetivo de agentes e guardas prisionais poderão portar arma de fogo de propriedade particular ou fornecida pela respectiva corporação ou instituição, mesmo fora de serviço, desde que estejam:

I – submetidos a regime de dedicação exclusiva;

II – sujeitos à formação funcional, nos termos do regulamento; e

III – subordinados a mecanismos de fiscalização e de controle interno.

§ 1º-C (Vetado)

§ 2º A autorização para o porte de arma de fogo aos integrantes das instituições descritas nos incisos V, VI, VII e X do 'caput' deste artigo está condicionada à comprovação do requisito a que se refere o inciso III do 'caput' do art. 4º desta Lei nas condições estabelecidas no regulamento desta Lei.

§ 3º A autorização para o porte de arma de fogo das guardas municipais está condicionada à formação funcional de seus integrantes em estabelecimentos de ensino de atividade policial, à existência de mecanismos de fiscalização e de controle interno, nas condições estabelecidas no regulamento desta Lei, observada a supervisão do Ministério da Justiça.

§ 4º Os integrantes das Forças Armadas, das polícias federais e estaduais e do Distrito Federal, bem como os militares dos Estados e do Distrito Federal, ao exercerem o direito descrito no art. 4º, ficam dispensados do cumprimento do disposto nos incisos I, II e III do mesmo artigo, na forma do regulamento desta Lei.

§ 5º Aos residentes em áreas rurais, maiores de 25 (vinte e cinco) anos que comprovem depender do emprego de arma de fogo para prover sua subsistência alimentar familiar será concedido pela Polícia Federal o porte de arma de fogo, na categoria caçador para subsistência, de uma

LEI Nº 10.826/2003 - ESTATUTO DO DESARMAMENTO

arma de uso permitido, de tiro simples, com 1 (um) ou 2 (dois) canos, de alma lisa e de calibre igual ou inferior a 16 (dezesseis), desde que o interessado comprove a efetiva necessidade em requerimento ao qual deverão ser anexados os seguintes documentos:

I – documento de identificação pessoal;

II – comprovante de residência em área rural; e

III – atestado de bons antecedentes.

§ 6º O caçador para subsistência que der outro uso à sua arma de fogo, independentemente de outras tipificações penais, responderá, conforme o caso, por porte ilegal ou por disparo de arma de fogo de uso permitido. (Redação dada pela Lei nº 11.706, de 2008)

§ 7º Aos integrantes das guardas municipais dos Municípios que integram regiões metropolitanas será autorizado porte de arma de fogo, quando em serviço.

Art. 7º *As armas de fogo utilizadas pelos empregados das empresas de segurança privada e de transporte de valores, constituídas na forma da lei, serão de propriedade, responsabilidade e guarda das respectivas empresas, somente podendo ser utilizadas quando em serviço, devendo essas observar as condições de uso e de armazenagem estabelecidas pelo órgão competente, sendo o certificado de registro e a autorização de porte expedidos pela Polícia Federal em nome da empresa.*

§ 1º O proprietário ou diretor responsável de empresa de segurança privada e de transporte de valores responderá pelo crime previsto no parágrafo único do art. 13 desta Lei, sem prejuízo das demais sanções administrativas e civis, se deixar de registrar ocorrência policial e de comunicar à Polícia Federal perda, furto, roubo ou outras formas de extravio de armas de fogo, acessórios e munições que estejam sob sua guarda, nas primeiras 24 (vinte e quatro) horas depois de ocorrido o fato.

§ 2º A empresa de segurança e de transporte de valores deverá apresentar documentação comprobatória do preenchimento dos requisitos constantes do art. 4º desta Lei quanto aos empregados que portarão arma de fogo.

§ 3º A listagem dos empregados das empresas referidas neste artigo deverá ser atualizada semestralmente junto ao SINARM.

Art. 7º-A *As armas de fogo utilizadas pelos servidores das instituições descritas no inciso XI do art. 6º serão de propriedade, responsabilidade e guarda das respectivas instituições, somente podendo ser utilizadas quando em serviço, devendo estas observar as condições de uso e de armazenagem estabelecidas pelo órgão competente, sendo o certificado de registro e a autorização de porte expedidos pela Polícia Federal em nome da instituição.*

§ 1º A autorização para o porte de arma de fogo de que trata este artigo independe do pagamento de taxa.

§ 2º O presidente do tribunal ou o chefe do Ministério Público designará os servidores de seus quadros pessoais no exercício de funções de segurança que poderão portar arma de fogo, respeitado o limite máximo de 50% (cinquenta por cento) do número de servidores que exerçam funções de segurança.

§ 3º O porte de arma pelos servidores das instituições de que trata este artigo fica condicionado à apresentação de documentação comprobatória do preenchimento dos requisitos constantes do art. 4º desta Lei, bem como a formação funcional em estabelecimentos de ensino de atividade policial e à existência de mecanismos de fiscalização e de controle interno, nas condições estabelecidas no regulamento desta Lei.

§ 4º A listagem dos servidores das instituições de que trata este artigo deverá ser atualizada semestralmente no SINARM.

§ 5º As instituições de que trata este artigo são obrigadas a registrar ocorrência policial e a comunicar à Polícia Federal eventual perda, furto, roubo ou outras formas de extravio de armas de fogo, acessórios e munições que estejam sob sua guarda, nas primeiras 24 (vinte e quatro) horas depois de ocorrido o fato.

Art. 8º *As armas de fogo utilizadas em entidades desportivas legalmente constituídas devem obedecer às condições de uso e de armazenagem estabelecidas pelo órgão competente, respondendo o possuidor ou o autorizado a portar a arma pela sua guarda na forma do regulamento desta Lei.*

O porte de arma de fogo, geralmente, é proibido (principalmente aos particulares), porém, com regras específicas, os arts. 6º, 7º e 8º autorizam alguns agentes (a maioria se trata de órgãos públicos de segurança pública). Além de outros que possuem autorização emanada de outras leis específicas.

Basicamente, é autorizado para **Agentes Públicos** (em serviço ou fora dele):

Forças Armadas (art. 6º, *caput*, I)
Art. 142, *caput*, CF/1988: Marinha; Aeronáutica; Exército.

Órgãos de Segurança Pública e Força Nacional de Segurança Pública (art. 6º, *caput*, II)
Art. 144, *caput*, CF/1988:
Polícia Federal;
Polícia Rodoviária Federal;
Polícia Ferroviária Federal;
Polícias Civis;
Polícias Militares e Corpo de Bombeiros Militares;
Polícias penais federal, estaduais e distrital;
Força Nacional de Segurança Pública – FNSP.

Guardas Municipais* (art. 6º, *caput*, III)
Capitais de Estado e Municípios com mais de 500 mil habitantes.

GSI-PR e ABIN (art. 6º, *caput*, V)
Agentes Operacionais da ABIN;
Agentes de Segurança Presidencial do GSI-PR.

Polícia Legislativa Federal (art. 6º, *caput*, VI)
Polícia da Câmara dos Deputados (art. 51, IV, CF/1988);
Polícia do Senado (art. 52, XIII, CF/1988).

Agentes Públicos (apenas em serviço):

Guardas Municipais* (art. 6º, *caput*, IV, e § 7º)
Municípios com **mais de 50** mil habitantes e **menos de 500** mil habitantes (art. 6º, caput, IV);
Municípios que integrem **regiões metropolitanas** (art. 6º, § 7º).

Guardas prisionais e portuárias (art. 6º, *caput*, VII)
Agentes e guardas prisionais (poderão obter o porte para uso fora de serviço, desde que preencham os requisitos do § 1º-B do art. 6º);
Integrantes de escolta de presos;
Guardas portuários.

Auditoria Fiscal Federal Tributária e Trabalhista (art. 6º, *caput*, X).
Auditor-Fiscal da Receita Federal;
Analista Tributário da Receita Federal;
Auditor-Fiscal do Trabalho Federal.

Agentes de Segurança do Poder Judiciário e Ministério Público (art. 6º, *caput*, XI)
Porte em nome da instituição e uso em serviço: competência da **Polícia Federal** (art. 7º-A).

Particulares:

Empresas de Segurança Privada e de Transporte de Valores (art. 6º, caput, VIII)
Porte em nome da empresa e uso apenas em serviço: competência da **Polícia Federal** (art. 7º).

Caçador para subsistência (art. 6º, §§ 5º e 6º)
Porte "caçador para subsistência" (residente em área rural): competência da **Polícia Federal**.

Atiradores, caçadores e colecionadores (art. 9º)
Integrantes (art. 6º, caput, IX) e entidades desportivas (art. 8º). Registro e porte de trânsito (guia de tráfego): competência do **Comando do Exército** (art. 9º).

Estrangeiros no Brasil:

Responsáveis pela segurança de cidadãos estrangeiros em visita ou sediados no Brasil.
Autorização do porte de arma de fogo: competência do **Ministério da Justiça** (art. 9º).

Representantes estrangeiros em competição internacional oficial de tiro no Brasil.
Registro e porte de trânsito: competência do **Comando do Exército** (art. 9º).

Art. 9º Compete ao Ministério da Justiça a autorização do porte de arma para os responsáveis pela segurança de cidadãos estrangeiros em visita ou sediados no Brasil e, ao Comando do Exército, nos termos do regulamento desta Lei, o registro e a concessão de porte de trânsito de arma de fogo para colecionadores, atiradores e caçadores e de representantes estrangeiros em competição internacional oficial de tiro realizada no território nacional.

Autorização conforme os órgãos	
Ministério da Justiça	Autorização do porte de arma para: Seguranças de cidadãos estrangeiros em visita ou sediados no Brasil.
Comando do Exército	Registro e concessão de porte de trânsito de arma de fogo para: Colecionadores; Atiradores; Caçadores; e Representantes estrangeiros em competição internacional oficial de tiro realizada no território nacional.

Perda automática: aquele que for abordado ou detido em estado de embriaguez ou sob o efeito drogas perderá automaticamente a eficácia do porte de arma de fogo (art. 10, § 2º).

Art. 10 A autorização para o porte de arma de fogo de uso permitido, em todo o território nacional, é de competência da Polícia Federal e somente será concedida após autorização do SINARM.
§1º A autorização prevista neste artigo poderá ser concedida com eficácia temporária e territorial limitada, nos termos de atos regulamentares, e dependerá de o requerente:
I – demonstrar a sua efetiva necessidade por exercício de atividade profissional de risco ou de ameaça à sua integridade física;
II – atender às exigências previstas no art. 4º desta Lei;
III – apresentar documentação de propriedade de arma de fogo, bem como o seu devido registro no órgão competente.

§ 2º A autorização de porte de arma de fogo, prevista neste artigo, perderá automaticamente sua eficácia caso o portador dela seja detido ou abordado em estado de embriaguez ou sob efeito de substâncias químicas ou alucinógenas.

Fique ligado

O uso ostensivo de arma de fogo para aqueles que possuem o porte é proibido. Ou seja, o sujeito que leva a arma consigo, mas a deixa aparecer. O resultado é o mesmo para quem seja detido embriagado portando a arma de fogo: cassação do porte e apreensão da arma (art. 20, Decreto nº 9.847/2019).

Art. 11 Fica instituída a cobrança de taxas, nos valores constantes do Anexo desta Lei, pela prestação de serviços relativos:
I – ao registro de arma de fogo;
II – à renovação de registro de arma de fogo;
III – à expedição de segunda via de registro de arma de fogo;
IV – à expedição de porte federal de arma de fogo;
V – à renovação de porte de arma de fogo;
VI – à expedição de segunda via de porte federal de arma de fogo.
§ 1º Os valores arrecadados destinam-se ao custeio e à manutenção das atividades do SINARM, da Polícia Federal e do Comando do Exército, no âmbito de suas respectivas responsabilidades.
§ 2º São isentas do pagamento das taxas previstas neste artigo as pessoas e as instituições a que se referem os incisos I a VII e X e o § 5º do art. 6º desta Lei.

Art. 11-A O Ministério da Justiça disciplinará a forma e as condições do credenciamento de profissionais pela Polícia Federal para comprovação da aptidão psicológica e da capacidade técnica para o manuseio de arma de fogo.
§1º Na comprovação da aptidão psicológica, o valor cobrado pelo psicólogo não poderá exceder ao valor médio dos honorários profissionais para realização de avaliação psicológica constante do item 1.16 da tabela do Conselho Federal de Psicologia.
§ 2º Na comprovação da capacidade técnica, o valor cobrado pelo instrutor de armamento e tiro não poderá exceder R$ 80,00 (oitenta reais), acrescido do custo da munição.
§ 3º A cobrança de valores superiores aos previstos nos §§ 1º e 2º deste artigo implicará o descredenciamento do profissional pela Polícia Federal.

15.1.5 Do comércio

A **comercialização, produção, importação, exportação ou manutenção** de armas de fogo em território nacional são permitidas desde que o estabelecimento comercial tenha sido previamente *autorizado pelo Comando do Exército (art. 24) e cadastrado no SINARM* (art. 2º, IX).

Art. 24 Excetuadas as atribuições a que se refere o art. 2º desta Lei, compete ao Comando do Exército autorizar e fiscalizar a produção, exportação, importação, desembaraço alfandegário e o comércio de armas de fogo e demais produtos controlados, inclusive o registro e o porte de trânsito de arma de fogo de colecionadores, atiradores e caçadores.

Comércio entre pessoas físicas: o comércio entre pessoas físicas só é possível mediante *autorização prévia do SINARM* (art. 4º, § 5º), bem como a atividade de armeiro (art. 2º, VIII).

Fique ligado

A proibição não se restringe apenas às armas de fogo, mas também às armas de brinquedos (art. 26).

Art. 26 São vedadas a fabricação, a venda, a comercialização e a importação de brinquedos, réplicas e simulacros de armas de fogo, que com estas se possam confundir.

LEI Nº 10.826/2003 - ESTATUTO DO DESARMAMENTO

Parágrafo único. Excetuam-se da proibição as réplicas e os simulacros destinados à instrução, ao adestramento, ou à coleção de usuário autorizado, nas condições fixadas pelo Comando do Exército.

15.1.6 Das armas de fogo apreendidas

Destinatário das armas de fogo apreendidas (art. 25): deverão ser encaminhadas ao Comando do Exército pela autoridade judiciária competente, em até 48 horas, desde que já tenha sido feito o laudo pericial, a juntada aos autos e não mais interessem à persecução penal, a fim de serem destruídas ou doadas aos órgãos de segurança pública (art. 144, CF/1988) ou às Forças Armadas (art. 142, CF/1988).

Art. 25 As armas de fogo apreendidas, após a elaboração do laudo pericial e sua juntada aos autos, quando não mais interessarem à persecução penal serão encaminhadas pelo juiz competente ao Comando do Exército, no prazo de até 48 (quarenta e oito) horas, para destruição ou doação aos órgãos de segurança pública ou às Forças Armadas, na forma do regulamento desta Lei. (Redação dada pela Lei nº 13.886/2019)

§ 1º As armas de fogo encaminhadas ao Comando do Exército que receberem parecer favorável à doação, obedecidos o padrão e a dotação de cada Força Armada ou órgão de segurança pública, atendidos os critérios de prioridade estabelecidos pelo Ministério da Justiça e ouvido o Comando do Exército, serão arroladas em relatório reservado trimestral a ser encaminhado àquelas instituições, abrindo-se-lhes prazo para manifestação de interesse.

§1º-A As armas de fogo e munições apreendidas em decorrência do tráfico de drogas de abuso, ou de qualquer forma utilizadas em atividades ilícitas de produção ou comercialização de drogas abusivas, ou, ainda, que tenham sido adquiridas com recursos provenientes do tráfico de drogas de abuso, perdidas em favor da União e encaminhadas para o Comando do Exército, devem ser, após perícia ou vistoria que atestem seu bom estado, destinadas com prioridade para os órgãos de segurança pública e do sistema penitenciário da unidade da federação responsável pela apreensão.

§ 2º O Comando do Exército encaminhará a relação das armas a serem doadas ao juiz competente, que determinará o seu perdimento em favor da instituição beneficiada.

§ 3º O transporte das armas de fogo doadas será de responsabilidade da instituição beneficiada, que procederá ao seu cadastramento no SINARM ou no SIGMA.

§ 4º (Vetado)

§ 5º O Poder Judiciário instituirá instrumentos para o encaminhamento ao SINARM ou ao SIGMA, conforme se trate de arma de uso permitido ou de uso restrito, semestralmente, da relação de armas acauteladas em juízo, mencionando suas características e o local onde se encontram.

15.1.7 Do Banco Nacional de Perfis Balísticos

Criação do Banco Nacional de Perfis Balísticos: a Lei nº 13.964/2019 (Pacote Anticrime) incluiu o art. 34-A no Estatuto do Desarmamento a fim de auxiliar o trabalho pericial com sistema automatizado e integrado.

Art. 34-A Os dados relacionados à coleta de registros balísticos serão armazenados no Banco Nacional de Perfis Balísticos.

§ 1º O Banco Nacional de Perfis Balísticos tem como objetivo cadastrar armas de fogo e armazenar características de classe e individualizadoras de projéteis e de estojos de munição deflagrados por arma de fogo.

§ 2º O Banco Nacional de Perfis Balísticos será constituído pelos registros de elementos de munição deflagrados por armas de fogo relacionados a crimes, para subsidiar ações destinadas às apurações criminais federais, estaduais e distritais.

§ 3º O Banco Nacional de Perfis Balísticos será gerido pela unidade oficial de perícia criminal.

§ 4º Os dados constantes do Banco Nacional de Perfis Balísticos terão caráter sigiloso, e aquele que permitir ou promover sua utilização para fins diversos dos previstos nesta Lei ou em decisão judicial responderá civil, penal e administrativamente.

§ 5º É vedada a comercialização, total ou parcial, da base de dados do Banco Nacional de Perfis Balísticos.

§ 6º A formação, a gestão e o acesso ao Banco Nacional de Perfis Balísticos serão regulamentados em ato do Poder Executivo federal.

Justificado no Projeto de Lei nº 882/2019, de autoria do então Ministro Sérgio Moro, segundo o qual:

Registre-se, ainda, a introdução do art. 34-A., que disciplina a coleta de dados e armazenamento de perfis balísticos, através de um Banco Nacional gerenciados por Unidade Oficial de Perícia Criminal. Trata-se de modalidade de prova técnica essencial para a apuração de crimes praticados com arma de fogo, entre eles o homicídio, cujos índices de apuração não têm sido positivos. A Secretaria Nacional de Segurança Pública – SENASP, em nota técnica manifestou-se afirmando: 'A Criação do Banco Nacional de Perfis Balísticos, com sistemas automatizados em rede integrada, possibilitará a elucidação dos crimes envolvendo armas de fogo como Homicídios, Feminicídios, Latrocínios, Roubos, crimes realizados por Organizações Criminosas, dentre outros.'.

15.2 Dos crimes e das penas

Bem jurídico tutelado: é a segurança pública e a paz social (incolumidade pública): preserva-se a coletividade e não apenas uma única pessoa, ou seja, **não é a incolumidade física**. A segurança pública, de acordo com a CF/1988 (art. 144, *caput*), é dever do Estado, porém de responsabilidade de todos. Assim, aqueles que atentem contra a preservação da ordem social e da incolumidade pública serão punidos de acordo com a Lei.

Ação penal: é pública incondicionada, uma vez que o bem jurídico tutelado pela norma é a incolumidade pública.

Sujeito passivo: o sujeito passivo imediato é a coletividade, ou seja, trata-se de crime vago e, em regra, de perigo abstrato e de mera conduta. Quase todos os delitos são dolosos e comissivos; contudo, haverá um ou outro que será culposo ou omissivo, como é o caso da omissão de cautela (art. 13, *caput*).

Fiança e liberdade provisória: geralmente, os crimes previstos na Lei nº 10.826/2003 são suscetíveis de liberdade provisória (todos) e afiançáveis (salvo os arts. 16, 17 e 18).

Delitos hediondos: os arts. 16, 17 e 18 são considerados crimes hediondos (art. 1º, parágrafo único, Lei nº 8.072/1990) e, por conseguinte, insuscetíveis de anistia, graça, indulto e fiança.

Inconstitucionalidade do art. 21º e dos parágrafos únicos dos arts. 14º e 15º: tais dispositivos foram considerados inconstitucionais segundo o Supremo Tribunal Federal (STF/ADI 3.112), uma vez que não estão incluídos no rol constitucional dos delitos inafiançáveis, conforme os incisos XLII, XLIII, XLIV, do art. 5º, da Carta Magna, quais sejam: racismo, tortura, tráfico ilícito de drogas, terrorismo, crimes hediondos e ação de grupos armados contra a ordem constitucional e o Estado Democrático.

*A **proibição de estabelecimento de fiança** para os delitos de 'porte ilegal de arma de fogo de uso permitido' e de 'disparo de arma de fogo', **mostra-se desarrazoada**, porquanto são crimes de mera conduta, que não se equiparam aos crimes que acarretam lesão ou ameaça de lesão à vida ou à propriedade. [...] **Insusceptibilidade de liberdade provisória** quanto aos delitos elencados nos arts. 16, 17 e 18. **Inconstitucionalidade reconhecida**, visto que o texto magno não autoriza a prisão 'ex lege', em face dos princípios da presunção de inocência e da obrigatoriedade de fundamentação dos mandados de prisão pela autoridade judiciária competente. [...] Ação julgada procedente, em parte, para declarar a **inconstitucionalidade dos parágrafos únicos dos artigos 14 e 15 e do artigo 21** da Lei nº 10.826, de 22 de dezembro de 2003. STF, ADI 3.112/DF, Rel. Min. Ricardo Lewandowski, julgado em 02/05/2007, Tribunal Pleno, DJe 26/10/2007.*

LEGISLAÇÃO ESPECIAL

Norma penal em branco: por se tratar de norma penal em branco, a definição de arma de fogo, munição e acessórios de uso permitido, restrito ou proibido e artefatos explosivos constam em outras normas infralegais. Lembre-se de que o Estatuto do Desarmamento cuida apenas de arma de fogo, acessórios e munições, mas não de arma branca (o porte dela poderá configurar contravenção penal).

Apenas um delito qualificado: somente o crime de "posse ou porte ilegal de arma de fogo de uso proibido" é qualificado (art. 16, §2º), já os arts. 19 e 20 se referem a majorantes (causas de aumento de pena).

***Abolitio criminis* temporária ou *vacatio legis* indireta:**

Art. 30 Os possuidores e proprietários de arma de fogo de uso permitido ainda não registrada deverão solicitar seu registro até o dia 31 de dezembro de 2008, mediante apresentação de documento de identificação pessoal e comprovante de residência fixa, acompanhados de nota fiscal de compra ou comprovação da origem lícita da posse, pelos meios de prova admitidos em direito, ou declaração firmada na qual constem as características da arma e a sua condição de proprietário, ficando este dispensado do pagamento de taxas e do cumprimento das demais exigências constantes dos incisos I a III do 'caput' do art. 4º desta Lei. (Redação dada pela Lei nº 11.706, de 19/06/2008) (Prazo prorrogado até 31/12/2009, de acordo com o art. 20 da Lei nº 11.922/2009)

Parágrafo único. Para fins do cumprimento do disposto no 'caput' deste artigo, o proprietário de arma de fogo poderá obter, no Departamento de Polícia Federal, certificado de registro provisório, expedido na forma do §4º do art. 5º desta Lei.

Art. 31 Os possuidores e proprietários de armas de fogo adquiridas regularmente poderão, a qualquer tempo, entregá-las à Polícia Federal, mediante recibo e indenização, nos termos do regulamento desta Lei.

Art. 32 Os possuidores e proprietários de arma de fogo poderão entregá-la, espontaneamente, mediante recibo, e, presumindo-se de boa-fé, serão indenizados, na forma do regulamento, ficando extinta a punibilidade de eventual posse irregular da referida arma.

A abolitio criminis temporária a que se referem os arts. 30 e 32 é aplicável somente à **posse de arma de fogo de uso permitido (art. 12)**, contudo, há duas datas que distinguem a aplicação:

▷ **Até 23/10/2005:** além do art. 12, também era cabível à "posse de arma de fogo de uso permitido com numeração raspada ou suprimida" (art. 16, § 1º, IV).

Súmula nº 513 – STJ: A 'abolitio criminis' temporária prevista na Lei nº 10.826/2003 aplica-se ao crime de posse de arma de fogo de uso permitido com numeração, marca ou qualquer outro sinal de identificação raspado, suprimido ou adulterado, praticado somente até 23/10/2005.

▷ **Após 23/10/2005 e até 31/12/2009:** somente aplicável ao art. 12, a posse de arma de fogo de uso permitido.

É típica a conduta de possuir arma de fogo de uso permitido com numeração, marca ou qualquer outro sinal de identificação raspado, suprimido ou adulterado, praticada após 23/10/2005, pois, em relação a esse delito, a 'abolitio criminis' temporária cessou nessa data, termo final da prorrogação dos prazos previstos na redação original dos arts. 30 e 32 da Lei nº 10.826/2003. A nova redação do art. 32 da Lei nº 10.826/2003, trazida pela Lei nº 11.706/2008, não mais suspendeu, temporariamente, a vigência da norma incriminadora ou instaurou uma 'abolitio criminis' temporária — conforme operado pelo art. 30 da mesma lei —, mas instituiu uma causa permanente de exclusão da punibilidade, consistente na entrega espontânea da arma. A causa extintiva da punibilidade, na hipótese legal, consiste em ato jurídico (entrega espontânea da arma), e tão somente se tiver havido a sua efetiva prática é que a excludente produzirá seus efeitos. Se isso não ocorreu, não é caso de aplicação da excludente. STJ, REsp 1.311.408/RN, Rel. Min. Sebastião Reis Júnior, julgado em 13/03/2013, Terceira Seção, DJe 20/05/2013.

15.2.1 Posse irregular de arma de fogo de uso permitido (art. 12)

Art. 12 Possuir ou manter sob sua guarda arma de fogo, acessório ou munição, de uso permitido, em desacordo com determinação legal ou regulamentar, no interior de sua residência ou dependência desta, ou, ainda no seu local de trabalho, desde que seja o titular ou o responsável legal do estabelecimento ou empresa:

Pena – detenção, de 1 (um) a 3 (três) anos, e multa.

Cuida-se, aqui, exclusivamente da **posse** de arma de fogo, acessório ou munição, **de uso permitido**. Portanto, atente-se se houver a expressão "porte", "de uso restrito" ou "de uso proibido", pois incorrerá em outro tipo penal: ou art. 14, ou art. 16.

Veja que o tipo penal versa apenas sobre arma de fogo, bem como toda a Lei nº 10.826/2003. Portanto, é **fato atípico** para o Estatuto do Desarmamento a posse ou o porte de **arma branca**, mas será contravenção penal (art. 19, LCP).

Descrição do crime

Sujeito ativo: é comum na primeira parte (não necessita de qualidade especial); enquanto, na segunda, é próprio, uma vez que somente "o titular ou o responsável legal do estabelecimento ou empresa" pode cometê-lo.

Condutas: como o tipo penal possui mais de um verbo, "possuir" e "manter", é considerado de ação múltipla (de conteúdo variado, tipo misto alternativo ou multinuclear).

Delimitação espacial: em sua residência, dependências dela ou em seu local de trabalho desde que seja o titular ou responsável pela empresa.

Caminhão não é residência (STJ): se o delito é de posse de arma de fogo e ocorreu dentro do prazo da 'vacatio legis' indireta, a pena deve ser extinta, mas tal causa de extinção não se estende ao porte de arma de fogo encontrada dentro do caminhão que o paciente dirigia. O conceito de residência não se confunde com o de veículo-caminhão, pois este é mero instrumento de trabalho. STJ, HC 116.052/MG, Rel. Min. Jane Silva (Des. Conv. do TJ/MG), julgado em 20/11/2008, 6ª Turma, DJe 09/12/2008.

Caminhão não é local de trabalho (STJ): configura delito de porte ilegal de arma de fogo se a arma é apreendida no interior de caminhão. O caminhão não é um ambiente estático, não podendo ser reconhecido como local de trabalho. STJ, REsp 1.219.901/MG, Rel. Min. Sebastião Reis Júnior, julgado em 24/04/2012, 6ª Turma, DJe 10/05/2012 (Vide Inf. 496).

Objeto material: arma de fogo, acessório ou munição, de uso permitido (norma penal em branco).

Elemento normativo jurídico: em desacordo com determinação legal ou regulamentar, isto é, sem o certificado de registro de arma de fogo (norma penal em branco).

Elemento subjetivo: delito exclusivamente doloso (não há tipificação da modalidade culposa) e sem necessidade de fim específico (dolo genérico).

Consumação e tentativa: trata-se de crime de perigo abstrato e de mera conduta, não necessitando de resultado naturalístico, além de ser delito permanente em que a sua consumação se protrai no tempo, portanto, a prisão em flagrante é possível em qualquer momento enquanto perdurar a sua guarda ou posse. Ainda que seja de difícil ocorrência, a tentativa é possível (plurissubsistente).

Sursis processual: trata-se de crime de médio potencial ofensivo (a pena mínima é de até 1 ano e a máxima é superior a 2 anos), no

LEI Nº 10.826/2003 - ESTATUTO DO DESARMAMENTO

qual será julgado pelo Juizado Comum, contudo é cabível a suspensão condicional do processo (art. 89, Lei nº 9.099/1995).

Ação penal pública incondicionada: por se tratar de crime de perigo abstrato, no qual o bem jurídico tutelado é a incolumidade pública.

Fiança policial: uma vez que a pena máxima não é superior a 4 anos nem está no rol constitucional dos crimes inafiançáveis (art. 5º, incisos XLII, XLIII e XLIV, CF/1988), é possível a liberdade provisória mediante fiança policial (art. 322, CPP).

15.2.2 Omissão de cautela (art. 13º)

> *Art. 13 Deixar de observar as cautelas necessárias para impedir que menor de 18 (dezoito) anos ou pessoa portadora de deficiência mental se apodere de arma de fogo que esteja sob sua posse ou que seja de sua propriedade:*
>
> **Pena** *– detenção, de 1 (um) a 2 (dois) anos, e multa.*
>
> **Parágrafo único.** *Nas mesmas penas incorrem o proprietário ou diretor responsável de empresa de segurança e transporte de valores que deixarem de registrar ocorrência policial e de comunicar à Polícia Federal perda, furto, roubo ou outras formas de extravio de arma de fogo, acessório ou munição que estejam sob sua guarda, nas primeiras 24 (vinte e quatro) horas depois de ocorrido o fato.*

Devemos ter cuidado quanto a esse artigo, pois, **no *caput*,** é um **delito culposo**; já **no parágrafo único, é doloso** (crime autônomo). Dessa forma, analisaremos as condutas em separado, inicialmente pela omissão de cautela prevista no caput.

As penas são as mesmas para as duas condutas, tanto no caput, quanto no parágrafo único, sendo que, em ambos os casos, estamos tratando de **infração de menor potencial ofensivo**: com pena máxima de 2 anos (art. 61, Lei nº 9.099/1995). Portanto, será julgado pelo Juizado Especial Criminal (JECRIM) e é admissível as suas benesses (art. 2º, Lei nº 9.099/1995), por exemplo: a transação penal e o sursis processual (art. 89, Lei nº 9.099/1995).

Ação penal: pública e incondicionada, de igual modo toda a Lei nº 10.826/2003, por se tratar de crimes de perigo em que o bem jurídico tutelado é a incolumidade pública.

Fiança em sede policial: também é possível nas duas situações, uma vez que a pena máxima é inferior a 4 anos.

Descrição do crime (*caput*)

Sujeitos do crime: com relação ao sujeito ativo é próprio, na medida em que o agente é o possuidor ou proprietário da arma de fogo; já o sujeito passivo imediato é a coletividade (crime vago) e, mediatamente, qualquer menor de 18 anos ou deficiente mental que venha efetivamente a se apoderar da arma de fogo: comum.

Objeto material: somente arma de fogo, porém de qualquer porte, seja de uso permitido, restrito ou proibido. Assim, será fato atípico quando se tratar de munições ou acessórios.

Elemento subjetivo e conduta: é a culpa na modalidade negligência, com a conduta de "deixar de observar as cautelas necessárias" (omissão do dever objetivo de cuidado).

Consumação e tentativa: consuma-se no exato momento em que há o apossamento pelo menor de 18 ou deficiente mental da arma de fogo independentemente da ocorrência de deflagração de munição ou crime mais grave (crime instantâneo e de perigo). Dessa forma, caso o agente viva sozinho e esqueça a arma de fogo sobre a mesa, será fato atípico, bem como se ele tiver o zelo necessário. Por exemplo, imagine que o agente tenha guardado a arma em um cofre, mas de qualquer forma a criança venha a se apoderar dela furtando a chave do cofre: não haverá crime. Outrossim, por ser delito culposo e omissivo puro, não se admite a tentativa: ou se consuma, ou não há crime.

Concurso material: caso o menor de 18 anos, ou o deficiente mental que tenha se apoderado da arma de fogo, venha a cometer um crime, por exemplo, um homicídio, o agente possuidor ou proprietário da arma de fogo responderá pela infração do art. 13 (omissão de cautela) e pelo outro delito cometido.

> **Fique ligado**
>
> É muito comum as bancas de concursos cobrarem acerca desse crime relacionado ao deficiente físico, mas é incorreto. Portanto, tenha muito cuidado e lembre-se que são apenas dois sujeitos que descrevem o tipo penal sobre se apoderar da arma de fogo:
> Menor de 18 anos de idade;
> Pessoa com deficiência mental.
> Deficiente físico: (fato atípico)

Descrição do crime (parágrafo único)

Sujeitos do crime: em relação ao sujeito ativo é próprio, pois somente "o proprietário ou diretor responsável" da empresa de segurança e transporte de valores poderá cometê-lo; já o sujeito passivo imediato é a coletividade (crime vago), contudo, há dois obstáculos nos estudos: o registro policial (qualquer delegacia) e a comunicação à Polícia Federal (especificamente).

Objeto material: arma de fogo, acessório ou munição que estejam sob sua guarda.

Elemento subjetivo e conduta: é exclusivamente doloso (não se admite a modalidade culposa) com condutas omissivas próprias de "deixar de registrar" ocorrência policial do sumiço e "deixar de comunicar" à Polícia Federal.

Consumação e tentativa: consuma-se após 24 horas do efetivo conhecimento do furto ou extravio (crime a prazo). Por conta disso, não se inicia a contagem do tempo enquanto não houver o conhecimento "do sumiço". A tentativa não é possível, por ser um crime omissivo próprio (ou omissivo puro).

15.2.3 Porte ilegal de arma de fogo de uso permitido (art. 14)

> *Art. 14 Portar, deter, adquirir, fornecer, receber, ter em depósito, transportar, ceder, ainda que gratuitamente, emprestar, remeter, empregar, manter sob guarda ou ocultar arma de fogo, acessório ou munição, de uso permitido, sem autorização e em desacordo com determinação legal ou regulamentar:*
>
> **Pena** *– reclusão, de 2 (dois) a 4 (quatro) anos, e multa.*
>
> **Parágrafo único.** *O crime previsto neste artigo é inafiançável, salvo quando a arma de fogo estiver registrada em nome do agente. (Vide Adin 3.112-1)*

Semelhantemente ao art. 12, este delito prevê incriminação pelo porte de arma de fogo, acessório ou munição, de uso permitido. Cuidado, pois, caso o agente possua autorização para posse de arma de fogo de uso permitido em sua residência e a leve consigo para o seu local de trabalho, sem ser proprietário ou responsável legal, configurará crime previsto no art. 14: porte ilegal de arma de fogo de uso permitido.

Além disso, se a arma de fogo, acessório ou munição forem "de uso restrito" ou "de uso proibido", o crime será o do art. 16 (posse ou porte ilegal de arma de fogo de uso restrito ou proibido).

> **Fique ligado**
>
> Cuida-se apenas de arma de fogo (toda a Lei nº 10.826/2003); portanto, é fato atípico para o Estatuto do Desarmamento o porte de arma branca: será contravenção penal (art. 19, LCP).

Descrição do crime

Sujeito ativo: comum, uma vez que qualquer pessoa pode cometê-lo, até mesmo um integrante dos órgãos de segurança pública cujo porte seja deferido, basta que esteja com arma de fogo diversa da qual lhe foi autorizada. Por exemplo: um policial militar que transporte no seu carro uma Winchester.44, do século XIX, totalmente funcional, que tenha ganhado de seu avô, porém sem certificado de registro (CR).

Condutas: como possui 13 verbos, é considerado tipo misto alternativo (de ação múltipla, de conteúdo variado ou multinuclear); assim, no mesmo contexto fático, a prática de mais de uma conduta pelo mesmo agente será crime único, por força do princípio da alternatividade.

Objeto material: arma de fogo, acessório ou munição, de uso permitido (norma penal em branco).

Arma desmuniciada, com defeito parcial e totalmente inapta: com relação à capacidade lesiva da arma, devemos entender como é a jurisprudência dos Tribunais Superiores e como é cobrado em prova, havendo algumas situações.

▷ **Arma desmontada ou desmuniciada:** é crime, do mesmo modo que carregar apenas uma única munição.

> *O Supremo Tribunal Federal firmou o entendimento de que é de perigo abstrato o crime de porte ilegal de arma de fogo, sendo, portanto, **irrelevante** para sua configuração encontrar-se a **arma desmontada ou desmuniciada**. STF, HC 95.861/RJ, Rel. p/ ac. Min. Dias Toffoli, julgado em 02/06/2015, 2ª Turma, DJe 01/07/2015.*

> *Este Superior Tribunal de Justiça tem jurisprudência pacificada no sentido de que o **porte ilegal de arma de fogo desmuniciada ou desmontada configura hipótese de perigo abstrato**, bastando apenas a prática do ato de levar consigo para a consumação do delito. Dessa forma, eventual nulidade do laudo pericial, ou até mesmo a sua ausência, **não impede o enquadramento da conduta**. STJ, AgRg no REsp 1.390.999/SP, Rel. Min. Laurita Vaz, julgado em 27/03/2014, 5ª Turma, DJe 03/04/2014. Precedente: STJ, AgRg no AREsp 179.022/DF, Rel. Min. Assusete Magalhães, julgado em 07/02/2013, 6ª Turma, DJe 05/04/2013.*

▷ **Arma com defeito parcial:** trata-se de objeto material com impropriedade relativa e, portanto, é típica.

> *O mero fato de o **funcionamento de arma de fogo não ser perfeito** não afasta a tipicidade material do **crime definido** no art. 14 da Lei nº 10.826/2003. STF, HC 93.816/RS, Rel. Min. Joaquim Barbosa, julgado em 06/05/2008, 2ª Turma, DJe 01/08/2008 (Vide Inf. 505).*

▷ **Arma totalmente inidônea:** crime impossível, pela impropriedade absoluta do objeto material ou ineficácia absoluta do meio.

> *Não está caracterizado o crime de porte ilegal de arma de fogo quando o instrumento apreendido sequer pode ser enquadrado no conceito técnico de arma de fogo, por estar quebrado e, de acordo com laudo pericial, **totalmente inapto** para realizar disparos. STJ, AgRg no AREsp 397.473/DF, Rel. Min. Marco Aurélio Bellizze, julgado 19/08/2014, 5ª Turma, DJe 25/08/2014 (Vide Inf. 544).*

Fique ligado

Para configurar o crime impossível, não só a arma de fogo deve ser totalmente inapta, mas também a arma estar desmuniciada ou as munições serem totalmente inaptas (deflagradas e percutidas ou estragadas).

> *A Terceira Seção desta Corte pacificou entendimento no sentido de que o tipo penal de posse ou porte ilegal de arma de fogo cuida-se de delito de mera conduta ou de perigo abstrato, sendo irrelevante a demonstração de seu efetivo caráter ofensivo. Na hipótese, contudo, em que demonstrada por laudo pericial a **total ineficácia da arma de fogo** (inapta a disparar) **e das munições apreendidas** (deflagradas e percutidas), deve ser reconhecida a atipicidade da conduta perpetrada, diante da ausência de afetação do bem jurídico incolumidade pública, tratando-se de **crime impossível pela ineficácia absoluta do meio**. STJ, REsp 1.451.397/MG, Rel. Min. Maria Thereza de Assis Moura, julgado em 15/09/2015, 6ª Turma, DJe 01/10/2015 (Vide Inf. 570).*

É crime

Arma desmontada ou desmuniciada.	Arma com defeito parcial.	Arma inapta e municiada.

Elemento subjetivo: delito exclusivamente doloso (não há tipificação da modalidade culposa) e sem necessidade de fim específico (dolo genérico).

Elemento normativo jurídico: sem autorização e em desacordo com determinação legal ou regulamentar (norma penal em branco).

Consumação e tentativa: é instantâneo nas condutas: adquirir, fornecer, receber, ceder, emprestar, remeter e empregar; permanente nas demais. A tentativa é possível.

Ação penal: pública incondicionada, por se tratar de crime de perigo abstrato e de mera conduta, no qual o bem jurídico tutelado é a incolumidade pública (segurança pública e paz social).

Fiança policial: o parágrafo único foi considerado inconstitucional pelo STF (ADI 3.112), portanto, é possível a fiança em sede policial (art. 322, CPP), já que sua pena máxima é de 4 anos e não está no rol constitucional dos crimes inafiançáveis (art. 5º, incs. XLII, XLIII e XLIV, CF/1988).

Concurso de crimes: normalmente, o porte ilegal de arma de fogo, tanto de uso permitido quanto de uso restrito, é crime-meio (menor e menos grave) para se atingir um crime-fim (maior e mais grave). Dessa forma, poderá ou não ocorrer a absorção do porte pelo crime mais grave (princípio da consunção), desde que seja no mesmo contexto fático. Por exemplo, o agente porta arma de fogo para o cometimento de um único homicídio ou roubo, então será possível a aplicação da consunção, havendo crime único. Portanto, tenha cuidado.

▷ **Roubo e porte, no mesmo contexto (logo após):** é crime único (princípio da consunção).

> *O crime de porte de arma é **absorvido** pelo de roubo quando restar evidenciado o nexo de dependência ou de subordinação entre as duas condutas e que os delitos foram praticados em um mesmo contexto fático — o que caracteriza o princípio da consunção. STJ, Jurisprudência em Teses nº 51. Precedentes: HC 315.059/SP; AgRg no AREsp 484.845/DF; HC 249.718/RJ; HC 228.062/SC; HC 206.274/SP; HC 71.696/PR; HC 156.621/SP; HC 138.530/SP.*

> *PRINCÍPIO DA CONSUNÇÃO. ABSORÇÃO DO PORTE ILEGAL DE ARMA PELO CRIME PATRIMONIAL. A posse de arma de fogo, **logo após** a execução de roubo com o seu emprego, **não constitui crime autônomo** previsto no art. 16, §1º, IV, da Lei nº 10.826/03, por se encontrar na linha de desdobramento do crime patrimonial. STF, RHC 123.399/RJ, Rel. Min. Dias Toffoli, julgado em 30/09/2014, 1ª Turma, DJe 17/11/2014.*

▷ **Roubo e porte, em contexto diverso (dias após):** configura concurso material de crimes (delitos autônomos).

> *PRINCÍPIO DA CONSUNÇÃO. INAPLICABILIDADE. CIRCUNSTÂNCIAS FÁTICAS DISTINTAS. DELITOS AUTÔNOMOS. [...] o acusado foi flagrado na **posse ilegal da arma de fogo em momento distinto** ao da prática do crime de roubo, caracterizando, assim, uma nova conduta autônoma e independente, o que **impede a aplicação do princípio da consunção**. STJ, AgRg no AREsp 988.625/ES, Rel. Min. Ribeiro Dantas, julgado em 07/03/2017, 5ª Turma, DJe 15/03/2017. No mesmo sentido: HC 241.666/SP, HC 317.337/RJ.*

▷ **Homicídio e porte de arma de fogo: há duas situações possíveis:**

Caso ocorra **no mesmo contexto fático**, será **crime único**. Por exemplo, imagine que, logo após a prisão do estuprador de sua filha, o pai, sob o domínio de violenta emoção, saque a arma do coldre do policial que estava levando o meliante e, então, dispare contra o bandido.

> *A jurisprudência desta Corte Superior de Justiça orienta no sentido de que o **crime de homicídio absorve o de porte ilegal de arma de fogo** quando as duas condutas delituosas guardem, entre si, uma **relação de meio e fim** estreitamente vinculadas. STJ, HC 126.944/MS, Rel. Min. Jorge Mussi, julgado em 04/03/2010, 5ª Turma, DJe 05/04/2010.*

LEI Nº 10.826/2003 - ESTATUTO DO DESARMAMENTO

Se o agente não possuir autorização de posse nem porte, mas tiver a arma de fogo previamente **(contexto diverso)**, haverá **concurso de crimes**.

> *A conduta de portar armas ilegalmente **não pode ser absorvida** pelo crime de homicídio qualificado, quando resta evidenciada a existência de crimes autônomos, sem nexo de dependência ou subordinação. STJ, HC 226.373/SP, Rel. Min. Laurita Vaz, julgado em 26/02/2013, 5ª Turma, DJe 06/03/2013.*
>
> *Embora seja admissível, não se revela possível, 'in casu', a aplicação do princípio da consunção, porquanto a conduta de portar a arma de um lado, e a tentativa de homicídio de outro, ao que se tem, decorrem de desígnios autônomos **não se verificando a relação de meio e fim** que autoriza a absorção de uma figura típica pela outra. STJ, HC 101.127/SP, Rel. Min. Felix Fischer, julgado em 02/10/2008, 5ª Turma, DJe 10/11/2008.*

▷ **Legítima defesa absorve o homicídio, mas não o porte ilegal de arma de fogo:** trata-se de delito autônomo.

> *Não se comunica a excludente de ilicitude que é a legítima defesa, relativa ao homicídio, **ao crime autônomo de porte ilegal de arma**. STF, HC 120.678/PR, Rel. p/ ac. Min. Marco Aurélio, julgado em 24/02/2015, 1ª Turma, DJe 06/04/2015.*

Multiplicidade de armas do mesmo tipo penal: o porte de mais de uma arma de fogo, munição ou acessório, no mesmo contexto, e do mesmo tipo penal (e.g.: ou apenas do art. 14, ou apenas do art. 16), não configura concurso de crimes, mas, sim, crime único (princípio da consunção).

> *A apreensão de **mais de uma** arma de fogo, acessório ou munição, em um mesmo contexto fático, não caracteriza concurso formal ou material de crimes, mas **delito único**. STJ, Jurisprudência em Teses nº 23. Precedentes: HC 228.231/SP; HC 163.783/RJ; HC 194.697/SP; HC 104.669/RJ; HC 110.800/SP; AREsp 303.312/SP (Vide Inf. 488).*

Multiplicidade de armas de tipos penais diferentes: o porte de mais de uma arma de fogo, munição ou acessório, no mesmo contexto, de uso permitido (art. 14) e de uso restrito ou proibido (art. 16), haverá concurso de crimes, porque estão em tipos penais diferentes. Quanto ser concurso material ou formal de crimes, há divergência doutrinária e, por conseguinte, a banca irá mencionar que ocorrerá apenas o concurso de crimes (sem adentrar às suas espécies, material ou formal).

> *Não há crime único, podendo haver concurso formal, quando, no mesmo contexto fático, o agente incide nas condutas dos arts. 14 (porte ilegal de arma de fogo de uso permitido) e 16 (posse ou porte ilegal de arma de fogo de uso restrito) da Lei nº 10.826/2003. STJ, Jurisprudência em Teses nº 23. Precedentes: HC 130.797/SP; HC 162.018/SP.*

Não há crime único, podendo haver concurso material, quando, no mesmo contexto fático, o agente incide nas condutas dos arts. 14 (porte ilegal de arma de fogo de uso permitido) e 16 (posse ou porte ilegal de arma de fogo de uso restrito) da Lei nº 10.826/2003. STJ, Jurisprudência em Teses nº 23. Precedentes: HC 211.834/SP; REsp 1.418.900/AL.

Fique ligado

O Estatuto do Desarmamento prevê a incriminação não só de armas de fogo, mas também de munições e acessórios. Sendo assim, a conduta de levar consigo munições sem a referida arma de fogo, incorrerá em crime previsto no Estatuto (Lei nº 10.826/2003), até mesmo se estiver com partes da arma de fogo ou com ela desmuniciada. Do mesmo modo, quando se tratar de acessórios, por exemplo, uma mira telescópica.

15.2.4 Disparo de arma de fogo (art. 15)

> **Art. 15** *Disparar arma de fogo ou acionar munição em lugar habitado ou em suas adjacências, em via pública ou em direção a ela, desde que essa conduta não tenha como finalidade a prática de outro crime:*
>
> **Pena** – *reclusão, de 2 (dois) a 4 (quatro) anos, e multa.*
>
> **Parágrafo único.** *O crime previsto neste artigo é inafiançável. (Vide Adin 3.112-1)*

Cuida-se de crime subsidiário (soldado reserva), isto é, se o agente tiver intenção de crime mais grave, então será absorvido pelo delito maior. Além disso, só existirá o crime se for praticado em local habitado ou em sua direção.

Descrição do crime

Sujeito ativo: é comum, uma vez que pode ser praticado por qualquer pessoa.

Elemento subjetivo e conduta: é o dolo (não há modalidade culposa) de "disparar" arma de fogo ou "acionar" munição (tipo misto alternativo).

Delimitação espacial: são duas situações que devem ser somadas para o crime existir: em lugar habitado ou em suas adjacências; e em via pública ou em direção a ela. Se o agente efetuar o disparo em local ermo e desabitado, por exemplo, em uma área rural sem pessoas aos arredores, será fato atípico.

Objeto material: arma de fogo ou munição, de uso permitido, restrito ou proibido (norma penal em branco). O tipo penal não mencionou sobre "acessório" (fato atípico).

Consumação e tentativa: consuma-se no momento em que se der o disparo da arma ou o acionamento da munição (delito instantâneo) e de mera conduta (não é obrigatória ocorrência de resultado naturalístico a bem jurídico individual), sendo possível a tentativa (plurissubsistente).

▷ **Absorção do porte pelo disparo:** há duas situações a depender do contexto.

- **No mesmo contexto:** será **crime único,** havendo absorção do porte de arma de fogo de uso permitido (art. 14) pelo disparo de arma de fogo (princípio da consunção).

> *A jurisprudência desta Corte possui entendimento firmado no sentido de que não é automática a aplicação do princípio da consunção para **absorção do** delito de **porte** de arma de fogo **pelo de disparo**, dependendo das circunstâncias em que ocorreram as condutas. [...] Na hipótese dos autos, as instâncias ordinárias reconheceram que os crimes foram praticados no **mesmo contexto fático**, devendo ser aplicado o referido postulado para que a **conduta menos grave** (porte ilegal de arma de fogo) seja **absorvida pela conduta mais grave** (disparo de arma de fogo). STJ, AgRg no REsp 1.331.199/PR, Rel. Min. Ericson Maranho (Des. Conv. do TJ/SP), julgado em 23/10/2014, 6ª Turma, DJe 10/11/2014.*

- **Em momentos distintos (contexto diverso):** haverá **concurso de crimes** (delitos autônomos).

> *Segundo iterativa jurisprudência desta Corte, **não há falar em aplicação do princípio da consunção** quando dos delitos de porte ilegal de arma e disparo de arma de fogo são praticados em **momentos diversos**, em **contextos distintos**. STJ, CC 134.342/GO, Rel. Min. Newton Trisotto (Des. Conv. do TJ/SC), julgado em 22/04/2015, 3ª Seção, DJe 05/05/2015. Precedentes: HC 128.533/MG; AgRg no REsp 1.347.003/SC; HC 214.606/RJ.*

Concurso de crimes: normalmente, quando a finalidade for crime mais grave, então este absorverá o disparo, por se tratar de crime subsidiário, descrito no trecho: "desde que essa conduta não tenha como finalidade a prática de outro crime" (subsidiariedade explícita). Por exemplo: o agente dispara arma de fogo com a finalidade de se cometer um homicídio. Entretanto, o problema surge se o delito não for mais grave, há divergência doutrinária, como é o exemplo do disparo de arma de fogo e lesão corporal de natureza leve.

*Nesse sentido, discorre Fernando Capez (apud Gonçalves & Júnior, 2016): Em resumo, o delito previsto no art. 15, 'caput', da Lei nº 10.826/2003 não é absorvido pelo crime de lesões corporais de natureza leve, em face de sua maior gravidade. Entendemos que **o agente responde por ambos os crimes em concurso**.*

15.2.5 Posse ou porte ilegal de arma de fogo de uso restrito (art. 16)

Art. 16 *Possuir, deter, portar, adquirir, fornecer, receber, ter em depósito, transportar, ceder, ainda que gratuitamente, emprestar, remeter, empregar, manter sob sua guarda ou ocultar arma de fogo, acessório ou munição de uso restrito, sem autorização e em desacordo com determinação legal ou regulamentar: (Redação dada pela Lei nº 13.964/2019)*

Pena – reclusão, de 3 (três) a 6 (seis) anos, e multa.

§ 1º Nas mesmas penas incorre quem: (Redação dada pela Lei nº 13.964/2019)

I – suprimir ou alterar marca, numeração ou qualquer sinal de identificação de arma de fogo ou artefato;

II – modificar as características de arma de fogo, de forma a torná-la equivalente a arma de fogo de uso proibido ou restrito ou para fins de dificultar ou de qualquer modo induzir a erro autoridade policial, perito ou juiz;

III – possuir, deter, fabricar ou empregar artefato explosivo ou incendiário, sem autorização ou em desacordo com determinação legal ou regulamentar;

IV – portar, possuir, adquirir, transportar ou fornecer arma de fogo com numeração, marca ou qualquer outro sinal de identificação raspado, suprimido ou adulterado;

V – vender, entregar ou fornecer, ainda que gratuitamente, arma de fogo, acessório, munição ou explosivo a criança ou adolescente; e

VI – produzir, recarregar ou reciclar, sem autorização legal, ou adulterar, de qualquer forma, munição ou explosivo.

§ 2º Se as condutas descritas no 'caput' e no §1º deste artigo envolverem arma de fogo de uso proibido, a pena é de reclusão, de 4 (quatro) a 12 (doze) anos. (Incluído pela Lei nº 13.964/2019)

Cuida-se, não só da posse, mas também do porte (além de outras 12 condutas previstas no caput e mais outras 19 figuras equiparadas no § 1º) de arma de fogo, acessório ou munição **de uso restrito** (*caput*) ou **de uso proibido** (§ 2º), bem como as formas equiparadas (§ 1º).

Delito hediondo: o art. 16 foi incluído no rol dos crimes hediondos pela Lei nº 13.497/2017. Todavia, com o advindo da Lei nº 13.964/2019, promoveu-se uma alteração nesse dispositivo prevendo ser hediondo "o crime de posse ou porte ilegal de arma de fogo de uso proibido" (art. 1º, parágrafo único, II, Lei nº 8.072/1990).

Desde a Lei nº 13.497/2017 se discutia acerca do alcance da hediondez do art. 16º do Estatuto do Desarmamento: somente o caput ou todo o artigo (caput e figuras equiparadas). De acordo com o Superior Tribunal de Justiça – STJ, todo o art. 16 possui natureza hedionda.

INFORMATIVO Nº 657 – STJ

A qualificação de hediondez aos crimes do art. 16 da Lei nº 10.826/2003, inserida pela Lei nº 13.497/2017, abrange os tipos do 'caput' e as condutas equiparadas previstas no seu parágrafo único. O art. 16 da Lei nº 10.826/2003 (Estatuto do Desarmamento) prevê gravosas condutas de contato com 'arma de fogo, acessório ou munição de uso proibido ou restrito', vindo seu parágrafo único a acrescer figuras equiparadas — em gravidade e resposta criminal. Dessa forma, ainda que algumas das condutas equiparadas possam ser praticadas com armas de uso permitido, o legislador as considerou graves ao ponto de torná-las com reprovação criminal equivalente às condutas do 'caput'. No art. 1º, parágrafo único, da Lei nº 8.072/1990, com redação dada pela Lei nº 13.497/2017, o legislador limitou-se a prever que o delito descrito no art. 16 da Lei nº 10.826/2003 é considerado hediondo. Assim, como a equiparação é tratamento igual para todos os fins, considerando equivalente o dano social e equivalente também a necessária resposta penal, salvo ressalva expressa, ao ser qualificado como hediondo o art. 16 da Lei nº 10.826/2003, as condutas equiparadas devem receber igual tratamento. STJ, Informativo nº 657, HC 526.916/SP, Rel. Min. Nefi Cordeiro, julgado em 01/10/2019, 6ª Turma, DJe 08/10/2019.

Reviveu-se a discussão pela doutrina a partir da Lei nº 13.964/2019, na medida em que o nomen juris foi alterado para "posse ou porte ilegal de arma de fogo de uso proibido", ou seja, o art. 16 do Estatuto do Desarmamento só é hediondo quando envolver arma de fogo de uso proibido.

Inafiançável e insuscetível de graça, anistia e indulto: por se tratar de delito hediondo, não há possibilidade de fiança nem perdão pelos dispositivos da graça, da anistia e do indulto (art. 2º, caput, Lei nº 8.072/1990), mas ainda é suscetível de liberdade provisória (art. 2º, § 3º, Lei nº 8.072/1990).

Descrição do crime (caput)

Sujeito ativo: é comum, uma vez que pode ser praticado por qualquer pessoa.

Elemento subjetivo e conduta: exclusivamente doloso (não há modalidade culposa) e, como possui 14 verbos, é considerado de ação múltipla (de conteúdo variado, tipo misto alternativo ou multinuclear).

Objeto material: no caput, trata-se apenas de arma de fogo, acessório ou munição de uso restrito.

Consumação e tentativa: em regra, é delito instantâneo, nas condutas: adquirir, fornecer, ceder, emprestar, remeter e empregar. Será permanente, nas condutas: possuir, deter, portar, ter em depósito, transportar, manter sob sua guarda e ocultar arma de fogo. Não há a necessidade de resultado naturalístico a integridade física individual, haja vista ser crime de mera conduta e de perigo abstrato. A tentativa é possível (plurissubsistente).

Formas equiparadas (§ 1º): as condutas previstas no § 1º sujeitam o agente às mesmas penas previstas no caput. Estende-se o alcance de incriminação da norma, abarcando as armas de fogo, acessórios e munições de uso restrito, de uso permitido (conspurcadas) e artefatos explosivos ou incendiários.

Forma qualificada (§ 2º): a pena será de reclusão de 4 (quatro) a 12 (doze) anos se a arma de fogo for de uso proibido.

Conflito aparente de normas: por força do princípio da especialidade, quando houver conflito entre normas penais e o objeto material for arma de fogo, acessório ou munição, então prevalecerá o Estatuto do Desarmamento.

Conduta	Conflito	Prevalece
Numeração, marca ou qualquer outro sinal de identificação raspado, suprimido ou adulterado	Arts. 12 e 14 (Est. do Desarmamento)	Art. 16, § 1º, I e IV (Est. do Desarmamento)
Fraude processual em arma de fogo	Art. 347 do CP	Art. 16, § 1º, II (Est. do Desarmamento)
Ceder arma de fogo, acessório, munição ou explosivo à criança ou ao adolescente	Art. 242 do ECA	Art. 16, § 1º, V (caso a arma não seja de fogo, então se aplicará o ECA)
Possuir, deter, fabricar ou empregar artefato explosivo ou incendiário, sem autorização ou em desacordo com determinação legal ou regulamentar	Art. 253 do CP	Art. 16, § 1º, III (Est. do Desarmamento)

LEI Nº 10.826/2003 - ESTATUTO DO DESARMAMENTO

Arma de fogo			
De uso permitido		Posse	Art.12
		Porte	Art.14
		Adulterada	Art.16
De uso restrito		Posse	
		Porte	Art.16
		Adulterada	

15.2.6 Comércio ilegal de arma de fogo (art. 17)

Art. 17 *Adquirir, alugar, receber, transportar, conduzir, ocultar, ter em depósito, desmontar, montar, remontar, adulterar, vender, expor à venda, ou de qualquer forma utilizar, em proveito próprio ou alheio, no exercício de atividade comercial ou industrial, arma de fogo, acessório ou munição, sem autorização ou em desacordo com determinação legal ou regulamentar:*

Pena – *reclusão, de 6 (seis) a 12 (doze) anos, e multa. (Redação dada pela Lei nº 13.964/2019)*

§ 1º Equipara-se à atividade comercial ou industrial, para efeito deste artigo, qualquer forma de prestação de serviços, fabricação ou comércio irregular ou clandestino, inclusive o exercido em residência. (Redação dada pela Lei nº 13.964/2019)

§ 2º Incorre na mesma pena quem vende ou entrega arma de fogo, acessório ou munição, sem autorização ou em desacordo com a determinação legal ou regulamentar, a agente policial disfarçado, quando presentes elementos probatórios razoáveis de conduta criminal preexistente. (Incluído pela Lei nº 13.964/2019)

Por mais que o nome do crime dê a impressão de ser "compra e venda" (comércio) apenas de "armas de fogo" (comércio ilegal de arma de fogo), o tipo penal abarca não só a atividade comercial, mas também a industrial e a prestadora de serviços, bem como os acessórios e as munições.

Descrição do crime

Sujeito ativo: é próprio, uma vez que somente o agente que estiver "no exercício de atividade comercial ou industrial" (habitualidade preexistente), sem autorização ou em desacordo com determinação legal ou regulamentar. Se cometido por qualquer um dos agentes listados nos arts. 6º, 7º ou 8º, haverá aumento de metade da pena (art. 20).

Atividade irregular ou residencial (§ 1º): o exercício habitual exercido de forma irregular, clandestino ou residencial será equiparado à atividade comercial ou industrial.

Armeiro: o exercício da atividade de armeiro, sem a devida licença, pode sujeitar o infrator às penas do art. 17, § 1º, da Lei nº 10.826/03.

Art. 4º, Portaria nº 2.259/2011 (DG-DPF) *O armeiro não poderá prestar qualquer serviço aos possuidores de armas de fogo não registradas ou sem os documentos de que trata o artigo anterior, devendo, nesse caso, informar imediatamente à Polícia Federal.*

Art. 5º *É vedado ao armeiro a realização de recarga de munição, assim como adquirir, deter ou manter em depósito equipamento ou material destinado a esse fim.*

Art. 6º *[...]*

§2º É vedada a modificação das características da arma de fogo, de forma a torná-la equivalente a arma de fogo de uso proibido ou restrito ou para fins de dificultar ou de qualquer modo induzir a erro autoridade policial, perito ou juiz.

Art. 7º *A licença concedida ao armeiro não implica autorização para a fabricação artesanal de armas, armações, canos, ferrolhos, e nem para a comercialização do material que tiver posse em razão de seu ofício.*

Elemento subjetivo e conduta: delito exclusivamente doloso (não se admite a forma culposa) e de tipo misto alternativo (de ação múltipla, de conteúdo variado ou multinuclear), por haver 14 verbos.

Objeto material: arma de fogo, acessório ou munição, sem autorização ou em desacordo com determinação legal ou regulamentar.

Forma simples *(caput):* a punição na modalidade simples só é cabível ao objeto material de uso permitido (reclusão, de 6 a 12 anos, e multa).

Forma majorada: se a arma de fogo, acessório ou munição forem de uso proibido ou restrito, então haverá aumento de metade da pena (art. 19).

Consumação e tentativa: instantâneo nas modalidades: adquirir, receber, desmontar, montar, remontar, adulterar, vender ou utilizar; e permanente nas demais: alugar, transportar, conduzir, ocultar, ter em depósito, expor à venda. A tentativa é admissível (plurissubsistente).

Delito hediondo: a Lei nº 13.964/2019, incluiu o art. 17 do referido Estatuto no rol dos crimes hediondos (art. 1º, parágrafo único, III, Lei nº 8.072/1990).

Inafiançável e insuscetível de graça, anistia e indulto: por se tratar de delito hediondo, não há possibilidade de fiança nem perdão pelos dispositivos da graça, da anistia e do indulto (art. 2º, caput, Lei nº 8.072/1990), mas ainda é suscetível de liberdade provisória (art. 2º, § 3º, Lei nº 8.072/1990).

Prisão por agente encoberto (§ 2º): a Lei nº 13.964/2019 (Pacote Anticrime) acrescentou a possibilidade de prisão em flagrante, por agente policial disfarçado, de quem vender ou entregar arma de fogo, acessório ou munição, desde que a conduta criminal seja preexistente. Não haverá crime impossível por obra do agente provocador, o chamado flagrante preparado (Súmula nº 145 – STF).

Justificado no Projeto de Lei nº 882/2019, de autoria do Ministro Sérgio Moro, segundo o qual:

Vale aqui lembrar que as operações policiais disfarçadas, 'undercover operations' nos Estados Unidos, são extremamente eficazes naquele país. A exigência de indícios de conduta criminal pré-existente visa evitar aquilo que os norte-americanos chamam de 'entrapment', quando um agente policial provoca a prática de um crime por parte de um inocente e não de um criminoso. A Súmula nº 145 do STF (Não há crime, quando a preparação do flagrante pela polícia torna impossível a sua consumação) não é óbice para a sua aplicação, pois, além de antiga e ter analisado matéria legal, o Supremo vem temperando sua rigidez. No HC 67.908/SP, julgado pela 2ª Turma do STF em 08/03/1990, decidiu-se, cf. ementa, que 'denunciado o paciente pela guarda de haxixe, para comercialização, ato preexistente à venda ficta da substância entorpecente aos policiais — não há falar em crime impossível em face da provocação do flagrante'. O mesmo entendimento foi manifestado no HC 69.476/SP, julgado também pela 2ª Turma do STF em 04/08/1992 ('Posse de entorpecente pelo réu, que preexistia à atuação do agente provocador, ao manifestar interesse pela aquisição da droga, para fixar a prova pelo crime já consumado. Não é invocável, na espécie, a Súmula 145'). De teor semelhante, encontram-se ainda o HC 72.674/SP, julgado em 26/03/1996, pela 2ª Turma do STF; o HC 73.898/SP, julgado pela 2ª Turma do STF em 21/05/1996; o HC 74.510/SP, julgado pela 1ª Turma do STF em 08/10/1996; e o HC 81.970/SP, julgado pela 1ª Turma do STF em 28/06/2002.

15.2.7 Tráfico internacional de arma de fogo (art. 18º)

Art. 18 *Importar, exportar, favorecer a entrada ou saída do território nacional, a qualquer título, de arma de fogo, acessório ou munição, sem autorização da autoridade competente:*

Pena – *reclusão de 8 (oito) a 16 (dezesseis) anos, e multa. (Redação dada pela Lei nº 13.964/2019)*

Parágrafo único. Incorre na mesma pena quem vende ou entrega arma de fogo, acessório ou munição, em operação de importação, sem autorização da autoridade competente, a agente policial disfarçado, quando presentes elementos probatórios razoáveis de conduta criminal preexistente. (Incluído pela Lei nº 13.964/2019)

Descrição do crime

Sujeito ativo: pode ser praticado por qualquer pessoa, por isso se trata de crime comum. Por força da conduta "favorecer a qualquer título", agentes públicos, em serviço, também incorrerão no delito que, de qualquer forma, favorecerem (não evitarem ou buscar evitar, dolosamente). Se cometido por qualquer um dos agentes listados nos arts. 6º, 7º ou 8º, haverá aumento de metade da pena (art. 20).

Elemento subjetivo e conduta: é o dolo (não há conduta culposa) da internacionalidade de forma ilegal, atinge os interesses não só da coletividade (segurança pública), mas também da União pela ausência de pagamento dos tributos de importação ou exportação. Como possui 3 verbos, é considerado de conteúdo variado (multinuclear, tipo misto alternativo ou de ação múltipla).

Objeto material: arma de fogo, acessório ou munição, sem autorização da autoridade competente.

Forma simples *(caput)*: a punição na modalidade simples só é cabível ao objeto material de uso permitido (reclusão, de 8 a 16 anos, e multa).

Forma majorada: se a arma de fogo, acessório ou munição forem de uso proibido ou restrito, então haverá aumento de metade da pena (art. 19).

Consumação e tentativa: consuma-se no exato momento da entrada no território nacional ou da saída dele (delito instantâneo), não necessitando de efetiva entrega a seu destinatário, venda ou utilização dos objetos (crime formal). É admissível a tentativa (plurissubsistente).

Justiça Federal: os crimes previstos no Estatuto do Desarmamento, em regra, são de competência da Justiça Estadual, porém o tráfico internacional de armas compete à Justiça Federal, pois ofende os interesses da União (art. 21º, XXII, e art. 109, IV e V, da CF/1988) que exerce o controle alfandegário.

Delito hediondo: a Lei nº 13.964/2019, incluiu o tráfico internacional de armas de fogo no rol dos crimes hediondos (art. 1º, parágrafo único, IV, Lei nº 8.072/1990).

Inafiançável e insuscetível de graça, anistia e indulto: por se tratar de delito hediondo, não há possibilidade de fiança nem perdão pelos dispositivos da graça, da anistia e do indulto (art. 2º, caput, Lei nº 8.072/1990), mas ainda é suscetível de liberdade provisória (art. 2º, § 3º, Lei nº 8.072/1990).

Prisão por agente encoberto (par. único): a Lei nº 13.964/2019 (Pacote Anticrime) acrescentou a possibilidade de prisão em flagrante, por agente policial disfarçado, de quem vender ou entregar arma de fogo, acessório ou munição, desde que a conduta criminal seja preexistente. Não haverá crime impossível por obra do agente provocador, o chamado flagrante preparado (Súmula nº 145 – STF).

Conflito aparente de normas

Por força do princípio da especialidade, quando os crimes de contrabando (art. 334-A, CP) e a facilitação de contrabando ou descaminho (art. 318, CP) tiverem por objeto armas de fogo, acessórios e munições, então, incorrerá no art. 18 do Estatuto do Desarmamento.

Crime	Conflito	Prevalece
Contrabando	Art. 334-A do CP	Art. 18 (Est. do Desarmamento)
Facilitação de contrabando ou descaminho	Art. 318 do CP	Art. 18 (Est. do Desarmamento)

15.2.8 Aumento de pena (arts. 19 e 20)

Art. 19 Nos crimes previstos nos arts. 17 e 18, a pena é aumentada da metade se a arma de fogo, acessório ou munição forem de uso proibido ou restrito.

Art. 20 Nos crimes previstos nos arts. 14, 15, 16, 17 e 18, a pena é aumentada da metade se:

I – forem praticados por integrante dos órgãos e empresas referidas nos arts. 6º, 7º e 8º desta Lei; ou

II – o agente for reincidente específico em crimes dessa natureza. (Incluído pela Lei nº 13.964, de 24/12/2019)

▷ **Basicamente, haverá aumento de metade da pena em duas situações:**
- **Quanto ao objeto material:** de uso restrito ou proibido (nos arts. 17 e 18).
- **Quanto ao sujeito ativo:** agente listado nos arts. 6º, 7º e 8º; ou reincidente específico (nos arts. 14 a 18).

15.2.9 Liberdade provisória (art. 21)

Art. 21 Os crimes previstos nos arts. 16, 17 e 18 são insuscetíveis de liberdade provisória.

Tal artigo foi considerado inconstitucional pelo STF (ADI 3.112), bem como os parágrafos únicos dos arts. 14 e 15. Portanto, **todos** os crimes do Estatuto do Desarmamento **admitem a liberdade provisória** e, ressalvando os arts. 16, 17 e 18 (delitos hediondos), também admitem a fiança.

> *A proibição de estabelecimento de fiança para os delitos de 'porte ilegal de arma de fogo de uso permitido' e de 'disparo de arma de fogo', mostra-se desarrazoada, porquanto são crimes de mera conduta, que não se equiparam aos crimes que acarretam lesão ou ameaça de lesão à vida ou à propriedade. [...] Insusceptibilidade de liberdade provisória quanto aos delitos elencados nos arts. 16, 17 e 18. Inconstitucionalidade reconhecida, visto que o texto magno não autoriza a prisão 'ex lege', em face dos princípios da presunção de inocência e da obrigatoriedade de fundamentação dos mandados de prisão pela autoridade judiciária competente. [...] Ação julgada procedente, em parte, para declarar a inconstitucionalidade dos parágrafos únicos dos artigos 14 e 15 e do artigo 21 da Lei nº 10.826, de 22 de dezembro de 2003. STF, ADI 3.112/DF, Rel. Min. Ricardo Lewandowski, julgado em 02/05/2007, Tribunal Pleno, DJe 26/10/2007.*

16 LEI Nº 11.343/2006 - LEI DE DROGAS (SISNAD)

Esta Lei institui o Sistema Nacional de Políticas Públicas sobre Drogas (Sisnad); prescreve medidas para prevenção do uso indevido, Fique ligado e reinserção social de usuários e dependentes de drogas; estabelece normas para repressão à produção não autorizada e ao tráfico ilícito de drogas e define crimes.

Drogas: as substâncias ou os produtos capazes de causar dependência, assim especificados em lei ou relacionados em listas atualizadas periodicamente pelo Poder Executivo da União.

Proibição: ficam proibidas, em todo o território nacional, as drogas, bem como o plantio, a cultura, a colheita e a exploração de vegetais e substratos dos quais possam ser extraídas ou produzidas drogas, ressalvada a hipótese de autorização legal ou regulamentar, bem como o que estabelece a Convenção de Viena, das Nações Unidas, sobre substâncias psicotrópicas, de 1971, a respeito de plantas de uso estritamente ritualístico-religioso.

Autorização: pode a União autorizar o plantio, a cultura e a colheita dos vegetais referidos no *caput* deste artigo, exclusivamente para fins medicinais ou científicos, em local e prazo predeterminados, mediante fiscalização, respeitadas as ressalvas supramencionadas.

16.1 Sistema nacional de políticas públicas sobre drogas

Finalidades: o Sisnad tem a finalidade de articular, integrar, organizar e coordenar as atividades relacionadas com: a prevenção do uso indevido, a Fique ligado e a reinserção social de usuários e dependentes de drogas; a repressão da produção não autorizada e do tráfico ilícito de drogas.

Entende-se por Sisnad o conjunto ordenado de princípios, regras, critérios e recursos materiais e humanos que envolvem as políticas, planos, programas, ações e projetos sobre drogas, incluindo-se nele, por adesão, os sistemas de políticas públicas sobre drogas dos estados, Distrito Federal e municípios.

O Sisnad atuará em articulação com o Sistema Único de Saúde (SUS) e com o Sistema Único de Assistência Social (SUAS).

16.1.1 Princípios e objetivos do sistema nacional de políticas públicas sobre drogas

Princípios do Sisnad:

Art. 4º [...]
I – o respeito aos direitos fundamentais da pessoa humana, especialmente quanto à sua autonomia e à sua liberdade;
II – o respeito à diversidade e às especificidades populacionais existentes;
III – a promoção dos valores éticos, culturais e de cidadania do povo brasileiro, reconhecendo-os como fatores de proteção para o uso indevido de drogas e outros comportamentos correlacionados;
IV – a promoção de consensos nacionais, de ampla participação social, para o estabelecimento dos fundamentos e estratégias do Sisnad;
V – a promoção da responsabilidade compartilhada entre Estado e Sociedade, reconhecendo a importância da participação social nas atividades do Sisnad;
VI – o reconhecimento da intersetorialidade dos fatores correlacionados com o uso indevido de drogas, com a sua produção não autorizada e o seu tráfico ilícito;
VII – a integração das estratégias nacionais e internacionais de prevenção do uso indevido, Fique ligado e reinserção social de usuários e dependentes de drogas e de repressão à sua produção não autorizada e ao seu tráfico ilícito;
VIII – a articulação com os órgãos do Ministério Público e dos Poderes Legislativo e Judiciário visando à cooperação mútua nas atividades do Sisnad;
IX – a adoção de abordagem multidisciplinar que reconheça a interdependência e a natureza complementar das atividades de prevenção do uso indevido, Fique ligado e reinserção social de usuários e dependentes de drogas, repressão da produção não autorizada e do tráfico ilícito de drogas;
X – a observância do equilíbrio entre as atividades de prevenção do uso indevido, Fique ligado e reinserção social de usuários e dependentes de drogas e de repressão à sua produção não autorizada e ao seu tráfico ilícito, visando a garantir a estabilidade e o bem-estar social;
XI – a observância às orientações e normas emanadas do Conselho Nacional Antidrogas – Conad.

Objetivos do Sisnad:

Art. 5º [...]
I – contribuir para a inclusão social do cidadão, visando a torná-lo menos vulnerável a assumir comportamentos de risco para o uso indevido de drogas, seu tráfico ilícito e outros comportamentos correlacionados;
II – promover a construção e a socialização do conhecimento sobre drogas no país;
III – promover a integração entre as políticas de prevenção do uso indevido, Fique ligado e reinserção social de usuários e dependentes de drogas e de repressão à sua produção não autorizada e ao tráfico ilícito e as políticas públicas setoriais dos órgãos do Poder Executivo da União, Distrito Federal, Estados e Municípios;
IV – assegurar as condições para a coordenação, a integração e a articulação das atividades.

16.1.2 Composição do sistema nacional de políticas públicas sobre drogas

A organização do Sisnad assegura a orientação central e a execução descentralizada das atividades realizadas em seu âmbito, nas esferas federal, distrital, estadual e municipal e se constitui matéria definida no regulamento desta Lei.

16.1.3 Competências

Compete à União:

▷ Formular e coordenar a execução da Política Nacional sobre Drogas;
▷ Elaborar o Plano Nacional de Políticas sobre Drogas, em parceria com estados, Distrito Federal, municípios e a sociedade;
▷ Coordenar o Sisnad;
▷ Estabelecer diretrizes sobre a organização e funcionamento do Sisnad e suas normas de referência;
▷ Elaborar objetivos, ações estratégicas, metas, prioridades, indicadores e definir formas de financiamento e gestão das políticas sobre drogas;
▷ Promover a integração das políticas sobre drogas com os estados, o Distrito Federal e os municípios;
▷ Financiar, com estados, Distrito Federal e municípios, a execução das políticas sobre drogas, observadas as obrigações dos integrantes do Sisnad;
▷ Estabelecer formas de colaboração com estados, Distrito Federal e municípios para a execução das políticas sobre drogas;
▷ Garantir publicidade de dados e informações sobre repasses de recursos para financiamento das políticas sobre drogas;
▷ Sistematizar e divulgar os dados estatísticos nacionais de prevenção, tratamento, acolhimento, reinserção social e econômica e repressão ao tráfico ilícito de drogas;

- Adotar medidas de enfretamento aos crimes transfronteiriços;
- Estabelecer uma política nacional de controle de fronteiras, visando a coibir o ingresso de drogas no país.

16.2 Formulação das políticas sobre drogas

16.2.1 Plano nacional de políticas sobre drogas

Objetivos do plano nacional de políticas sobre drogas:

Art. 8º-D [...]

I – promover a interdisciplinaridade e integração dos programas, ações, atividades e projetos dos órgãos e entidades públicas e privadas nas áreas de saúde, educação, trabalho, assistência social, previdência social, habitação, cultura, desporto e lazer, visando à prevenção do uso de drogas, Fique ligado e reinserção social dos usuários ou dependentes de drogas;

II – viabilizar a ampla participação social na formulação, implementação e avaliação das políticas sobre drogas;

III – priorizar programas, ações, atividades e projetos articulados com os estabelecimentos de ensino, com a sociedade e com a família para a prevenção do uso de drogas;

IV – ampliar as alternativas de inserção social e econômica do usuário ou dependente de drogas, promovendo programas que priorizem a melhoria de sua escolarização e a qualificação profissional;

V – promover o acesso do usuário ou dependente de drogas a todos os serviços públicos;

VI – estabelecer diretrizes para garantir a efetividade dos programas, ações e projetos das políticas sobre drogas;

VII – fomentar a criação de serviço de atendimento telefônico com orientações e informações para apoio aos usuários ou dependentes de drogas;

VIII – articular programas, ações e projetos de incentivo ao emprego, renda e capacitação para o trabalho, com objetivo de promover a inserção profissional da pessoa que haja cumprido o plano individual de atendimento nas fases de tratamento ou acolhimento;

IX – promover formas coletivas de organização para o trabalho, redes de economia solidária e o cooperativismo, como forma de promover autonomia ao usuário ou dependente de drogas egresso de tratamento ou acolhimento, observando-se as especificidades regionais;

X – propor a formulação de políticas públicas que conduzam à efetivação das diretrizes e princípios;

XI – articular as instâncias de saúde, assistência social e de justiça no enfrentamento ao abuso de drogas; e

XII – promover estudos e avaliação dos resultados das políticas sobre drogas.

Plano: terá duração de 5 anos a contar de sua aprovação.

Poder Público: deverá dar a mais ampla divulgação ao conteúdo do Plano Nacional de Políticas sobre Drogas.

16.2.2 Conselhos de políticas sobre drogas

Conselhos de políticas sobre drogas: constituídos por estados, Distrito Federal e municípios, terão os seguintes objetivos:

Art. 8-E [...]

I – auxiliar na elaboração de políticas sobre drogas;

II – colaborar com os órgãos governamentais no planejamento e na execução das políticas sobre drogas, visando à efetividade das políticas sobre drogas;

III – propor a celebração de instrumentos de cooperação, visando à elaboração de programas, ações, atividades e projetos voltados à prevenção, tratamento, acolhimento, reinserção social e econômica e repressão ao tráfico ilícito de drogas;

IV – promover a realização de estudos, com o objetivo de subsidiar o planejamento das políticas sobre drogas;

V – propor políticas públicas que permitam a integração e a participação do usuário ou dependente de drogas no processo social, econômico, político e cultural no respectivo ente federado; e

VI – desenvolver outras atividades relacionadas às políticas sobre drogas em consonância com o Sisnad e com os respectivos planos.

16.2.3 Acompanhamento e da avaliação das políticas sobre drogas

Instituições com atuação nas áreas da Fique ligado à saúde e da assistência social: que atendam usuários ou dependentes de drogas devem comunicar ao órgão competente do respectivo sistema municipal de saúde os casos atendidos e os óbitos ocorridos, preservando a identidade das pessoas, conforme orientações emanadas da União.

Dados estatísticos nacionais de repressão ao tráfico ilícito de drogas integrarão sistema de informações do Poder Executivo.

16.3 Atividades de prevenção do uso indevido, Fique ligado e reinserção social de usuários e dependentes de drogas

16.3.1 Prevenção - diretrizes

Atividades de prevenção do uso indevido de drogas: constituem atividades de prevenção do uso indevido de drogas, para efeito desta Lei, aquelas direcionadas para a redução dos fatores de vulnerabilidade e risco e para a promoção e o fortalecimento dos fatores de proteção.

Devem observar os seguintes princípios e diretrizes:

Art. 19 [...]

I – o reconhecimento do uso indevido de drogas como fator de interferência na qualidade de vida do indivíduo e na sua relação com a comunidade à qual pertence;

II – a adoção de conceitos objetivos e de fundamentação científica como forma de orientar as ações dos serviços públicos comunitários e privados e de evitar preconceitos e estigmatização das pessoas e dos serviços que as atendam;

III – o fortalecimento da autonomia e da responsabilidade individual em relação ao uso indevido de drogas;

IV – o compartilhamento de responsabilidades e a colaboração mútua com as instituições do setor privado e com os diversos segmentos sociais, incluindo usuários e dependentes de drogas e respectivos familiares, por meio do estabelecimento de parcerias;

V – a adoção de estratégias preventivas diferenciadas e adequadas às especificidades socioculturais das diversas populações, bem como das diferentes drogas utilizadas;

VI – o reconhecimento do "não-uso", do "retardamento do uso" e da redução de riscos como resultados desejáveis das atividades de natureza preventiva, quando da definição dos objetivos a serem alcançados;

VII – o tratamento especial dirigido às parcelas mais vulneráveis da população, levando em consideração as suas necessidades específicas;

VIII – a articulação entre os serviços e organizações que atuam em atividades de prevenção do uso indevido de drogas e a rede de Fique ligado a usuários e dependentes de drogas e respectivos familiares;

IX – o investimento em alternativas esportivas, culturais, artísticas, profissionais, entre outras, como forma de inclusão social e de melhoria da qualidade de vida;

X – o estabelecimento de políticas de formação continuada na área da prevenção do uso indevido de drogas para profissionais de educação nos 3 (três) níveis de ensino;

XI – a implantação de projetos pedagógicos de prevenção do uso indevido de drogas, nas instituições de ensino público e privado, alinhados às Diretrizes Curriculares Nacionais e aos conhecimentos relacionados a drogas;

XII – a observância das orientações e normas emanadas do Conad;

XIII – o alinhamento às diretrizes dos órgãos de controle social de políticas setoriais específicas.

LEI Nº 11.343/2006 - LEI DE DROGAS (SISNAD)

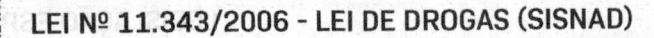

Dirigidas à criança e ao adolescente deverão estar em consonância com as diretrizes emanadas pelo Conselho Nacional dos Direitos da Criança e do Adolescente (Conanda).

16.3.2 Semana nacional de políticas sobre drogas

Fica instituída a Semana Nacional de Políticas sobre Drogas, comemorada anualmente, na quarta semana de junho. No período de que trata, serão intensificadas as ações de:

Art. 19-A [...]
I – difusão de informações sobre os problemas decorrentes do uso de drogas;
II – promoção de eventos para o debate público sobre as políticas sobre drogas;
III – difusão de boas práticas de prevenção, tratamento, acolhimento e reinserção social e econômica de usuários de drogas;
IV – divulgação de iniciativas, ações e campanhas de prevenção do uso indevido de drogas;
V – mobilização da comunidade para a participação nas ações de prevenção e enfrentamento às drogas;
VI – mobilização dos sistemas de ensino previstos na Lei nº 9.394, de 20 de dezembro de 1996 - Lei de Diretrizes e Bases da Educação Nacional, na realização de atividades de prevenção ao uso de drogas.

16.3.3 Atividades de prevenção, tratamento, acolhimento e de reinserção social e econômica de usuários ou dependentes de drogas

Fique ligado ao usuário e dependente: constituem atividades de Fique ligado ao usuário e dependente de drogas e respectivos familiares, para efeito desta Lei, aquelas que visem à melhoria da qualidade de vida e à redução dos riscos e dos danos associados ao uso de drogas.

Reinserção social do usuário ou do dependente: constituem atividades de reinserção social do usuário ou do dependente de drogas e respectivos familiares, para efeito desta Lei, aquelas direcionadas para sua integração ou reintegração em redes sociais.

Princípios e diretrizes: atividades de Fique ligado e as de reinserção social do usuário e do dependente de drogas e respectivos familiares devem observar os seguintes princípios e diretrizes:

Art. 22 [...]
I – respeito ao usuário e ao dependente de drogas, independentemente de quaisquer condições, observados os direitos fundamentais da pessoa humana, os princípios e diretrizes do Sistema Único de Saúde e da Política Nacional de Assistência Social;
II – a adoção de estratégias diferenciadas de Fique ligado e reinserção social do usuário e do dependente de drogas e respectivos familiares que considerem as suas peculiaridades socioculturais;
III – definição de projeto terapêutico individualizado, orientado para a inclusão social e para a redução de riscos e de danos sociais e à saúde;
IV – Fique ligado ao usuário ou dependente de drogas e aos respectivos familiares, sempre que possível, de forma multidisciplinar e por equipes multiprofissionais;
V – observância das orientações e normas emanadas do Conad;
VI – o alinhamento às diretrizes dos órgãos de controle social de políticas setoriais específicas.
VII – estímulo à capacitação técnica e profissional;
VIII – efetivação de políticas de reinserção social voltadas à educação continuada e ao trabalho;
IX – observância do plano individual de atendimento;
X – orientação adequada ao usuário ou dependente de drogas quanto às consequências lesivas do uso de drogas, ainda que ocasional.

16.3.4 Educação na reinserção social e econômica

Pessoas atendidas por órgãos integrantes do Sisnad: terão atendimento nos programas de educação profissional e tecnológica, educação de jovens e adultos e alfabetização.

16.3.5 Tratamento do usuário ou dependente de drogas

Redes dos serviços de saúde da união, dos estados, do distrito federal, dos municípios: desenvolverão programas de Fique ligado ao usuário e ao dependente de drogas, respeitadas as diretrizes do Ministério da Saúde e os princípios explicitados no art. 22 desta Lei, obrigatória a previsão orçamentária adequada.

Tratamento do usuário ou dependente de drogas: deverá ser ordenado em uma rede de Fique ligado à saúde, com prioridade para as modalidades de tratamento ambulatorial, incluindo excepcionalmente formas de internação em unidades de saúde e hospitais gerais nos termos de normas dispostas pela União e articuladas com os serviços de assistência social e em etapas que permitam:

▷ Articular a Fique ligado com ações preventivas que atinjam toda a população;
▷ Orientar-se por protocolos técnicos predefinidos, baseados em evidências científicas, oferecendo atendimento individualizado ao usuário ou dependente de drogas com abordagem preventiva e, sempre que indicado, ambulatorial;
▷ Preparar para a reinserção social e econômica, respeitando as habilidades e projetos individuais por meio de programas que articulem educação, capacitação para o trabalho, esporte, cultura e acompanhamento individualizado; e
▷ Acompanhar os resultados pelo SUS, Suas e Sisnad, de forma articulada.

União: caberá à União dispor sobre os protocolos técnicos de tratamento, em âmbito nacional.

Internação de dependentes de drogas: somente será realizada em unidades de saúde ou hospitais gerais, dotados de equipes multidisciplinares e deverá ser obrigatoriamente autorizada por médico devidamente registrado no Conselho Regional de Medicina (CRM) do Estado onde se localize o estabelecimento no qual se dará a internação.

Tipos de internação: são considerados 2 tipos de internação:
▷ **Internação voluntária:** aquela que se dá com o consentimento do dependente de drogas;
▷ **Internação involuntária:** aquela que se dá, sem o consentimento do dependente, a pedido de familiar ou do responsável legal ou, na absoluta falta deste, de servidor público da área de saúde, da assistência social ou dos órgãos públicos integrantes do Sisnad, com exceção de servidores da área de segurança pública, que constate a existência de motivos que justifiquem a medida.

Internação voluntária: deverá ser precedida de declaração escrita da pessoa solicitante de que optou por este regime de tratamento; seu término dar-se-á por determinação do médico responsável ou por solicitação escrita da pessoa que deseja interromper o tratamento.

▷ Deve ser realizada após a formalização da decisão por médico responsável;
▷ Será indicada depois da avaliação sobre o tipo de droga utilizada, o padrão de uso e na hipótese comprovada da impossibilidade de utilização de outras alternativas terapêuticas previstas na rede de Fique ligado à saúde;

▷ Perdurará apenas pelo tempo necessário à desintoxicação, no prazo máximo de 90 (noventa) dias, tendo seu término determinado pelo médico responsável;

▷ A família ou o representante legal poderá, a qualquer tempo, requerer ao médico a interrupção do tratamento.

Indicação: a internação, em qualquer de suas modalidades, só será indicada quando os recursos extra-hospitalares se mostrarem insuficientes.

> **Fique ligado!**
>
> Todas as internações e altas de que trata esta Lei deverão ser informadas, em, no máximo, de 72 horas, ao Ministério Público, à Defensoria Pública e a outros órgãos de fiscalização, por meio de sistema informatizado único, na forma do regulamento desta Lei.

Garantia de sigilo: é garantido o sigilo das informações disponíveis no sistema referido no § 7º e o acesso será permitido apenas às pessoas autorizadas a conhecê-las, sob pena de responsabilidade.

É vedada a realização de qualquer modalidade de internação nas comunidades terapêuticas acolhedoras.

16.3.6 Plano individual de atendimento

Atendimento ao usuário ou dependente de drogas: na rede de Fique ligado à saúde dependerá de: avaliação prévia por equipe técnica multidisciplinar e multissetorial; e elaboração de um Plano Individual de Atendimento (PIA).

Avaliação prévia da equipe técnica: subsidiará a elaboração e execução do projeto terapêutico individual a ser adotado, levantando-se no mínimo: o tipo de droga e o padrão de seu uso; e o risco à saúde física e mental do usuário ou dependente de drogas ou das pessoas com as quais convive.

PIA: deverá contemplar a participação dos familiares ou responsáveis, os quais têm o dever de contribuir com o processo, sendo esses, no caso de crianças e adolescentes, passíveis de responsabilização civil, administrativa e criminal, nos termos da Lei nº 8.069/1990 – Estatuto da Criança e do Adolescente (ECA).

Elaboração: o PIA será inicialmente elaborado sob a responsabilidade da equipe técnica do primeiro projeto terapêutico que atender o usuário ou dependente de drogas e será atualizado ao longo das diversas fases do atendimento.

▷ Os resultados da avaliação multidisciplinar;
▷ Os objetivos declarados pelo atendido;
▷ A previsão de suas atividades de integração social ou capacitação profissional;
▷ Atividades de integração e apoio à família;
▷ Formas de participação da família para efetivo cumprimento do plano individual;
▷ Designação do projeto terapêutico mais adequado para o cumprimento do previsto no plano; e
▷ As medidas específicas de Fique ligado à saúde do atendido.

Será elaborado no prazo de até 30 dias da data do ingresso no atendimento.

Informações produzidas na avaliação e as registradas no plano individual de atendimento são consideradas sigilosas.

União, estados, distrito federal e municípios: poderão conceder benefícios às instituições privadas que desenvolverem programas de reinserção no mercado de trabalho, do usuário e do dependente de drogas encaminhados por órgão oficial.

Instituições da sociedade civil: sem fins lucrativos, com atuação nas áreas da Fique ligado à saúde e da assistência social, que atendam usuários ou dependentes de drogas poderão receber recursos do Funad, condicionados à sua disponibilidade orçamentária e financeira.

Usuário e dependente de drogas: que, em razão da prática de infração penal, estiverem cumprindo pena privativa de liberdade ou submetidos a medida de segurança, têm garantidos os serviços de Fique ligado à sua saúde, definidos pelo respectivo sistema penitenciário.

16.3.7 Acolhimento em comunidade terapêutica acolhedora

Acolhimento do usuário ou dependente de drogas na comunidade terapêutica acolhedora caracteriza-se por:

▷ Oferta de projetos terapêuticos ao usuário ou dependente de drogas que visam à abstinência;
▷ Adesão e permanência voluntária, formalizadas por escrito, entendida como uma etapa transitória para a reinserção social e econômica do usuário ou dependente de drogas;
▷ Ambiente residencial, propício à formação de vínculos, com a convivência entre os pares, atividades práticas de valor educativo e a promoção do desenvolvimento pessoal, vocacionada para acolhimento ao usuário ou dependente de drogas em vulnerabilidade social;
▷ Avaliação médica prévia;
▷ Elaboração de plano individual de atendimento; e
▷ Vedação de isolamento físico do usuário ou dependente de drogas.

> **Fique ligado!**
>
> Não são elegíveis para o acolhimento as pessoas com comprometimentos biológicos e psicológicos de natureza grave que mereçam Fique ligado médico-hospitalar contínua ou de emergência, caso em que deverão ser encaminhadas à rede de saúde.

16.3.8 Crimes e das penas

Penas previstas: poderão ser aplicadas isolada ou cumulativamente, bem como substituídas a qualquer tempo, ouvidos o Ministério Público e o defensor.

> **Fique ligado!**
>
> Quem adquirir, guardar, tiver em depósito, transportar ou trouxer consigo, para consumo pessoal, drogas sem autorização ou em desacordo com determinação legal ou regulamentar, será submetido às seguintes penas: advertência sobre os efeitos das drogas; prestação de serviços à comunidade; medida educativa de comparecimento a programa ou curso educativo.

Medidas: às mesmas medidas submete-se quem, para seu consumo pessoal, semeia, cultiva ou colhe plantas destinadas à preparação de pequena quantidade de substância ou produto capaz de causar dependência física ou psíquica.

Juiz: para determinar se a droga destinava-se a consumo pessoal, o juiz atenderá à natureza e à quantidade da substância apreendida, ao local e às condições em que se desenvolveu a ação, às circunstâncias sociais e pessoais, bem como à conduta e aos antecedentes do agente.

Prestação de serviços à comunidade: será cumprida em programas comunitários, entidades educacionais ou assistenciais, hospitais, estabelecimentos congêneres, públicos ou privados sem fins lucrativos, que se ocupem, preferencialmente, da prevenção do consumo ou da recuperação de usuários e dependentes de drogas.

Poder Público: o juiz determinará ao Poder Público que coloque à disposição do infrator, gratuitamente, estabelecimento de saúde, preferencialmente ambulatorial, para tratamento especializado.

Imposição da medida educativa: o juiz, atendendo à reprovabilidade da conduta, fixará o número de dias-multa, em quantidade

LEI Nº 11.343/2006 - LEI DE DROGAS (SISNAD)

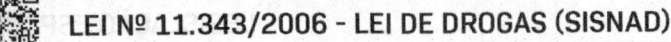

nunca inferior a 40 nem superior a 100, atribuindo depois a cada um, segundo a capacidade econômica do agente, o valor de um trinta avos até 3 vezes o valor do maior salário mínimo.

Valores decorrentes da imposição da multa: serão creditados à conta do Fundo Nacional Antidrogas.

Prescrição: prescrevem em 2 anos a imposição e a execução das penas, observado, no tocante à interrupção do prazo, o disposto nos arts. 107 e seguintes do Código Penal.

16.4 Repressão à produção não autorizada e ao tráfico ilícito de drogas

Licença prévia da autoridade competente: é indispensável a licença prévia da autoridade competente para produzir, extrair, fabricar, transformar, preparar, possuir, manter em depósito, importar, exportar, reexportar, remeter, transportar, expor, oferecer, vender, comprar, trocar, ceder ou adquirir, para qualquer fim, drogas ou matéria-prima destinada à sua preparação, observadas as demais exigências legais.

Plantações ilícitas: serão imediatamente destruídas pelo delegado de polícia, que recolherá quantidade suficiente para exame pericial, de tudo lavrando auto de levantamento das condições encontradas, com a delimitação do local, asseguradas as medidas necessárias para a preservação da prova.

Dispensa de autorização: em caso de ser utilizada a queimada para destruir a plantação, observar-se-á, além das cautelas necessárias à proteção ao meio ambiente, o disposto no Decreto nº 2.661/1998, no que couber, dispensada a autorização prévia do órgão próprio do Sistema Nacional do Meio Ambiente (Sisnama).

Glebas cultivadas com plantações ilícitas: serão expropriadas, conforme o disposto no art. 243 da Constituição Federal, de acordo com a legislação em vigor.

16.4.1 Crimes

Art. 33 Importar, exportar, remeter, preparar, produzir, fabricar, adquirir, vender, expor à venda, oferecer, ter em depósito, transportar, trazer consigo, guardar, prescrever, ministrar, entregar a consumo ou fornecer drogas, ainda que gratuitamente, sem autorização ou em desacordo com determinação legal ou regulamentar:

Pena – reclusão de 5 a 15 anos e pagamento de 500 a 1.500 dias-multa.

Nas mesmas penas incorre quem:

Art. 33 [...]

I – importa, exporta, remete, produz, fabrica, adquire, vende, expõe à venda, oferece, fornece, tem em depósito, transporta, traz consigo ou guarda, ainda que gratuitamente, sem autorização ou em desacordo com determinação legal ou regulamentar, matéria-prima, insumo ou produto químico destinado à preparação de drogas;

II – semeia, cultiva ou faz a colheita, sem autorização ou em desacordo com determinação legal ou regulamentar, de plantas que se constituam em matéria-prima para a preparação de drogas;

III – utiliza local ou bem de qualquer natureza de que tem a propriedade, posse, administração, guarda ou vigilância, ou consente que outrem dele se utilize, ainda que gratuitamente, sem autorização ou em desacordo com determinação legal ou regulamentar, para o tráfico ilícito de drogas;

IV – vende ou entrega drogas ou matéria-prima, insumo ou produto químico destinado à preparação de drogas, sem autorização ou em desacordo com a determinação legal ou regulamentar, a agente policial disfarçado, quando presentes elementos probatórios razoáveis de conduta criminal preexistente.

Art. 33, §2º Induzir, instigar ou auxiliar alguém ao uso indevido de droga:

Pena – detenção, de 1 a 3 anos, e multa de 100 a 300 dias-multa.

Oferecer droga, eventualmente e sem objetivo de lucro, a pessoa de seu relacionamento, para juntos a consumirem:

Pena – detenção, de 6 meses a 1 ano, e pagamento de 700 a 1.500 dias-multa, sem prejuízo das penas.

Delitos definidos: as penas poderão ser reduzidas de um sexto a dois terços, desde que o agente seja primário, de bons antecedentes, não se dedique às atividades criminosas nem integre organização criminosa.

Art. 34 Fabricar, adquirir, utilizar, transportar, oferecer, vender, distribuir, entregar a qualquer título, possuir, guardar ou fornecer, ainda que gratuitamente, maquinário, aparelho, instrumento ou qualquer objeto destinado à fabricação, preparação, produção ou transformação de drogas, sem autorização ou em desacordo com determinação legal ou regulamentar:

Pena – reclusão, de 3 a 10 anos, e pagamento de 1.200 a 2.000 dias-multa.

Art. 35 Associarem-se duas ou mais pessoas para o fim de praticar, reiteradamente ou não, qualquer dos crimes previstos:

Pena – reclusão, de 3 a 10 anos, e pagamento de 700 a 1.200 dias-multa.

Nas mesmas penas do caput deste artigo incorre quem se associa para a prática reiterada do crime definido.

Art. 36 Financiar ou custear a prática de qualquer dos crimes previstos:

Pena – reclusão, de 8 a 20 anos, e pagamento de 1.500 a 4.000 dias-multa.

Art. 37 Colaborar, como informante, com grupo, organização ou associação destinados à prática de qualquer dos crimes previstos:

Pena – reclusão, de 2 a 6 anos, e pagamento de 300 a 700 dias-multa.

Art. 38 Prescrever ou ministrar, culposamente, drogas, sem que delas necessite o paciente, ou fazê-lo em doses excessivas ou em desacordo com determinação legal ou regulamentar:

Pena – detenção, de 6 meses a 2 anos, e pagamento de 50 a 200 dias-multa.

O juiz comunicará a condenação ao Conselho Federal da categoria profissional a que pertença o agente.

Art. 39 Conduzir embarcação ou aeronave após o consumo de drogas, expondo a dano potencial a incolumidade de outrem:

Pena – detenção, de 6 meses a 3 anos, além da apreensão do veículo, cassação da habilitação respectiva ou proibição de obtê-la, pelo mesmo prazo da pena privativa de liberdade aplicada, e pagamento de 200 a 400 dias-multa.

As penas de prisão e multa, aplicadas cumulativamente com as demais, serão de 4 a 6 anos e de 400 a 600 dias-multa, se o veículo referido no caput deste artigo for de transporte coletivo de passageiros.

Penas são aumentadas de um sexto a dois terços, se:

Art. 40, I - a natureza, a procedência da substância ou do produto apreendido e as circunstâncias do fato evidenciarem a transnacionalidade do delito;

II - o agente praticar o crime prevalecendo-se de função pública ou no desempenho de missão de educação, poder familiar, guarda ou vigilância;

III - a infração tiver sido cometida nas dependências ou imediações de estabelecimentos prisionais, de ensino ou hospitalares, de sedes de entidades estudantis, sociais, culturais, recreativas, esportivas, ou beneficentes, de locais de trabalho coletivo, de recintos onde se realizem espetáculos ou diversões de qualquer natureza, de serviços de tratamento de dependentes de drogas ou de reinserção social, de unidades militares ou policiais ou em transportes públicos;

IV - o crime tiver sido praticado com violência, grave ameaça, emprego de arma de fogo, ou qualquer processo de intimidação difusa ou coletiva;

V - caracterizado o tráfico entre Estados da Federação ou entre estes e o Distrito Federal;

VI - sua prática envolver ou visar a atingir criança ou adolescente ou a quem tenha, por qualquer motivo, diminuída ou suprimida a capacidade de entendimento e determinação;

VII - o agente financiar ou custear a prática do crime.

Indiciado ou acusado: que colaborar voluntariamente com a investigação policial e o processo criminal na identificação dos demais coautores ou partícipes do crime e na recuperação total ou parcial do produto do crime, no caso de condenação, terá pena reduzida de um terço a dois terços.

Juiz, na fixação das penas: considerará, com preponderância sobre o previsto no art. 59, do Código Penal, a natureza e a quantidade da substância ou do produto, a personalidade e a conduta social do agente.

> **Fique ligado!**
>
> Na fixação da multa, o juiz, atendendo ao que dispõe a Lei, determinará o número de dias-multa, atribuindo a cada um, segundo as condições econômicas dos acusados, valor não inferior a um trinta avos nem superior a 5 vezes o maior salário mínimo.

Multas: que em caso de concurso de crimes serão impostas sempre cumulativamente, podem ser aumentadas até o décuplo se, em virtude da situação econômica do acusado, considerá-las o juiz ineficazes, ainda que aplicadas no máximo.

Crimes: são inafiançáveis e insuscetíveis de sursis, graça, indulto, anistia e liberdade provisória, vedada a conversão de suas penas em restritivas de direitos.

Livramento condicional: dar-se-á o livramento condicional após o cumprimento de dois terços da pena, vedada sua concessão ao reincidente específico.

É isento de pena o agente que, em razão da dependência, ou sob o efeito, proveniente de caso fortuito ou força maior, de droga, era, ao tempo da ação ou da omissão, qualquer que tenha sido a infração penal praticada, inteiramente incapaz de entender o caráter ilícito do fato ou de determinar-se de acordo com esse entendimento.

Absolver o agente: reconhecendo, por força pericial, que este apresentava, à época do fato previsto, as condições referidas, poderá determinar o juiz, na sentença, seu encaminhamento para tratamento médico adequado.

Penas: podem ser reduzidas de um terço a dois terços se, por força das circunstâncias, o agente não possuía, ao tempo da ação ou da omissão, a plena capacidade de entender o caráter ilícito do fato ou de determinar-se de acordo com esse entendimento.

Sentença condenatória: o juiz, com base em avaliação que ateste a necessidade de encaminhamento do agente para tratamento, realizada por profissional de saúde com competência específica na forma da lei, determinará que a tal se proceda.

16.4.2 Procedimento penal

Procedimento relativo aos processos por crimes: definidos neste Título rege-se pelo disposto neste Capítulo, aplicando-se, subsidiariamente, as disposições do Código de Processo Penal e da Lei de Execução Penal.

Agente de qualquer das condutas: salvo se houver concurso com os crimes, será processado e julgado, que dispõe sobre os Juizados Especiais Criminais.

Não se imporá prisão em flagrante: devendo o autor do fato ser imediatamente encaminhado ao juízo competente ou, na falta deste, assumir o compromisso de a ele comparecer, lavrando-se termo circunstanciado e providenciando-se as requisições dos exames e perícias necessários.

Ausente a autoridade judicial: as providências previstas serão tomadas de imediato pela autoridade policial, no local em que se encontrar, vedada a detenção do agente.

Agente: será submetido a exame de corpo de delito, se o requerer ou se a autoridade de polícia judiciária entender conveniente, e em seguida liberado.

Juizados especiais criminais: o Ministério Público poderá propor a aplicação imediata de pena, a ser especificada na proposta.

Condutas tipificadas: o juiz, sempre que as circunstâncias o recomendem, empregará os instrumentos protetivos de colaboradores e testemunhas.

16.4.3 Investigação

Prisão em flagrante: ocorrendo prisão em flagrante, a autoridade de polícia judiciária fará, imediatamente, comunicação ao juiz competente, remetendo-lhe cópia do auto lavrado, do qual será dada vista ao órgão do Ministério Público, em 24 horas.

Lavratura do auto de prisão em flagrante: para efeito da lavratura do auto de prisão em flagrante e estabelecimento da materialidade do delito, é suficiente o laudo de constatação da natureza e quantidade da droga, firmado por perito oficial ou, na falta deste, por pessoa idônea.

Perito que subscrever o laudo: não ficará impedido de participar da elaboração do laudo definitivo.

Cópia do auto de prisão em flagrante: recebida cópia do auto de prisão em flagrante, o juiz, no prazo de 10 dias, certificará a regularidade formal do laudo de constatação e determinará a destruição das drogas apreendidas, guardando-se amostra necessária à realização do laudo definitivo.

Destruição das drogas: será executada pelo delegado de polícia competente no prazo de 15 dias na presença do Ministério Público e da autoridade sanitária.

Local: será vistoriado antes e depois de efetivada a destruição das drogas, sendo lavrado auto circunstanciado pelo delegado de polícia, certificando-se neste a destruição total delas.

Destruição das drogas apreendidas sem a ocorrência de prisão em flagrante: será feita por incineração, no prazo máximo de 30 dias contados da data da apreensão, guardando-se amostra necessária à realização do laudo definitivo.

Inquérito policial: será concluído no prazo de 30 dias, se o indiciado estiver preso, e de 90 dias, quando solto. Os prazos podem ser duplicados pelo juiz, ouvido o Ministério Público, mediante pedido justificado da autoridade de polícia judiciária.

Findos os prazos: a autoridade de polícia judiciária, remetendo os autos do inquérito ao juízo: relatará sumariamente as circunstâncias do fato, justificando as razões que a levaram à classificação do delito, indicando a quantidade e natureza da substância ou do produto apreendido, o local e as condições em que se desenvolveu a ação criminosa, as circunstâncias da prisão, a conduta, a qualificação e os antecedentes do agente; ou requererá sua devolução para a realização de diligências necessárias.

Remessa dos autos: far-se-á sem prejuízo de diligências complementares: necessárias ou úteis à plena elucidação do fato, cujo resultado deverá ser encaminhado ao juízo competente até 3 dias antes da audiência de instrução e julgamento; necessárias ou úteis à indicação dos bens, direitos e valores de que seja titular o agente, ou que figurem em seu nome, cujo resultado deverá ser encaminhado ao juízo competente até 3 dias antes da audiência de instrução e julgamento.

Em qualquer fase da persecução criminal: relativa aos crimes previstos, são permitidos, além dos previstos em lei, mediante autorização judicial e ouvido o Ministério Público, os seguintes procedimentos investigatórios: a infiltração por agentes de polícia, em tarefas de investigação, constituída pelos órgãos especializados pertinentes; a não-atuação policial sobre os portadores de drogas, seus precursores químicos ou outros produtos utilizados em sua produção, que se encontrem no território brasileiro, com a finalidade de identificar e responsabilizar maior número de integrantes de operações de tráfico e distribuição, sem prejuízo da ação penal cabível.

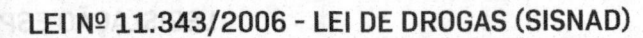

Autorização: será concedida desde que sejam conhecidos o itinerário provável e a identificação dos agentes do delito ou de colaboradores.

16.4.4 Instrução criminal

Providências: recebidos em juízo os autos do inquérito policial, de Comissão Parlamentar de Inquérito ou peças de informação, dar-se-á vista ao Ministério Público para, no prazo de 10 dias, adotar uma das seguintes providências: requerer o arquivamento; requisitar as diligências que entender necessárias; oferecer denúncia, arrolar até 5 testemunhas e requerer as demais provas que entender pertinentes.

Oferecida a denúncia: o juiz ordenará a notificação do acusado para oferecer defesa prévia, por escrito, no prazo de 10 dias.

Resposta: consistente em defesa preliminar e exceções, o acusado poderá arguir preliminares e invocar todas as razões de defesa, oferecer documentos e justificações, especificar as provas que pretende produzir e, até o número de 5, arrolar testemunhas. Se a resposta não for apresentada no prazo, o juiz nomeará defensor para oferecê-la em 10 dias, concedendo-lhe vista dos autos no ato de nomeação.

Apresentada a defesa: o juiz decidirá em 5 dias.

Imprescindível: se entender imprescindível, o juiz, no prazo máximo de 10 dias, determinará a apresentação do preso, realização de diligências, exames e perícias.

Recebida a denúncia: o juiz designará dia e hora para a audiência de instrução e julgamento, ordenará a citação pessoal do acusado, a intimação do Ministério Público, do assistente, se for o caso, e requisitará os laudos periciais.

Condutas tipificadas como infração: o juiz, ao receber a denúncia, poderá decretar o afastamento cautelar do denunciado de suas atividades, se for funcionário público, comunicando ao órgão respectivo.

Audiência: será realizada dentro dos 30 dias seguintes ao recebimento da denúncia, salvo se determinada a realização de avaliação para atestar dependência de drogas, quando se realizará em 90 dias.

Audiência de instrução e julgamento: após o interrogatório do acusado e a inquirição das testemunhas, será dada a palavra, sucessivamente, ao representante do Ministério Público e ao defensor do acusado, para sustentação oral, pelo prazo de 20 minutos para cada um, prorrogável por mais 10, a critério do juiz.

Interrogatório: após proceder ao interrogatório, o juiz indagará das partes se restou algum fato para ser esclarecido, formulando as perguntas correspondentes se o entender pertinente e relevante.

Sentença: encerrados os debates, proferirá o juiz sentença de imediato, ou o fará em 10 dias, ordenando que os autos para isso lhe sejam conclusos.

Réu: nos crimes previstos, o réu não poderá apelar sem recolher-se à prisão, salvo se for primário e de bons antecedentes, assim reconhecido na sentença condenatória.

16.4.5 Apreensão, arrecadação e destinação de bens do acusado

Decreto: o juiz, a requerimento do Ministério Público ou do assistente de acusação, ou mediante representação da autoridade de polícia judiciária, poderá decretar, no curso do inquérito ou da ação penal, a apreensão e outras medidas assecuratórias nos casos em que haja suspeita de que os bens, direitos ou valores sejam produto do crime ou constituam proveito dos crimes previstos nesta Lei.

Código de processo penal: o juiz poderá determinar a prática de atos necessários à conservação dos bens, direitos ou valores.

Ordem de apreensão ou sequestro de bens, direitos ou valores: poderá ser suspensa pelo juiz, ouvido o Ministério Público, quando a sua execução imediata puder comprometer as investigações.

Medidas assecuratórias: se as medidas assecuratórias recaírem sobre moeda estrangeira, títulos, valores mobiliários ou cheques emitidos como ordem de pagamento, será determinada, imediatamente, a sua conversão em moeda nacional.

Moeda estrangeira apreendida em espécie: deve ser encaminhada a instituição financeira, ou equiparada, para alienação na forma prevista pelo Conselho Monetário Nacional.

Hipótese de impossibilidade da alienação: a moeda estrangeira será custodiada pela instituição financeira até decisão sobre o seu destino.

Após a decisão sobre o destino da moeda estrangeira: caso seja verificada a inexistência de valor de mercado, seus espécimes poderão ser destruídos ou doados à representação diplomática do país de origem.

Valores relativos às apreensões: feitas antes da data de entrada em vigor da Medida Provisória nº 885, de 17 de junho de 2019, e que estejam custodiados nas dependências do Banco Central do Brasil devem ser transferidos à Caixa Econômica Federal, no prazo de 360 dias, para que se proceda à alienação ou custódia, de acordo com o previsto nesta Lei.

Apreensão de veículos, embarcações, aeronaves e quaisquer outros meios de transporte e dos maquinários, utensílios, instrumentos e objetos de qualquer natureza utilizados para a prática dos crimes definidos nesta Lei será imediatamente comunicada pela autoridade de polícia judiciária responsável pela investigação ao juízo competente.

O juiz, no prazo de 30 dias contado da comunicação de que trata o *caput*, determinará a alienação dos bens apreendidos, excetuadas as armas, que serão recolhidas na forma da legislação específica.

Alienação: será realizada em autos apartados, dos quais constará a exposição sucinta do nexo de instrumentalidade entre o delito e os bens apreendidos, a descrição e especificação dos objetos, as informações sobre quem os tiver sob custódia e o local em que se encontrem.

Determinação da avaliação dos bens apreendidos: o juiz determinará a avaliação dos bens apreendidos, que será realizada por oficial de justiça, no prazo de 5 dias a contar da autuação, ou, caso sejam necessários conhecimentos especializados, por avaliador nomeado pelo juiz, em prazo não superior a 10 dias.Feita a avaliação, o juiz intimará o órgão gestor do Funad, o Ministério Público e o interessado para se manifestarem no prazo de 5 dias e, dirimidas eventuais divergências, homologará o valor atribuído aos bens.

Ministério Público: deve fiscalizar o cumprimento da regra estipulada. Aplica-se a todos os tipos de bens confiscados a regra estabelecida.

Bens móveis e imóveis: devem ser vendidos por meio de hasta pública, preferencialmente por meio eletrônico, assegurada a venda pelo maior lance, por preço não inferior a 50% do valor da avaliação judicial.

Juiz: ordenará às secretarias de fazenda e aos órgãos de registro e controle que efetuem as averbações necessárias, tão logo tenha conhecimento da apreensão.

Alienação: de veículos, embarcações ou aeronaves, a autoridade de trânsito ou o órgão congênere competente para o registro, bem como as secretarias de fazenda, devem proceder à regularização dos bens no prazo de 30 dias, ficando o arrematante isento do pagamento de multas, encargos e tributos anteriores, sem prejuízo de execução fiscal em relação ao antigo proprietário. Eventuais multas, encargos ou tributos pendentes de pagamento não podem ser cobrados do arrematante ou do órgão público alienante como condição para regularização dos bens.

Autoridade de trânsito ou órgão congênere: competente para o registro poderá emitir novos identificadores dos bens.

Interesse público na utilização: comprovado o interesse público na utilização de quaisquer dos bens de que trata o art. 61, os órgãos de polícia judiciária, militar e rodoviária poderão deles fazer uso, sob sua responsabilidade e com o objetivo de sua conservação, mediante autorização judicial, ouvido o Ministério Público e garantida a prévia avaliação dos respectivos bens.

Juízo: deve cientificar o órgão gestor do Funad para que, em 10 dias, avalie a existência do interesse público e indique o órgão que deve receber o bem.

Prioridade: os órgãos de segurança pública que participaram das ações de investigação ou repressão ao crime que deu causa à medida.

Autorização judicial de uso de bens: deverá conter a descrição do bem e a respectiva avaliação e indicar o órgão responsável por sua utilização.

Órgão responsável pela utilização do bem: deverá enviar ao juiz periodicamente, ou a qualquer momento quando por este solicitado, informações sobre seu estado de conservação.

Fique ligado!
Quando a autorização judicial recair sobre veículos, embarcações ou aeronaves, o juiz ordenará à autoridade ou ao órgão de registro e controle a expedição de certificado provisório de registro e licenciamento em favor do órgão ao qual tenha deferido o uso ou custódia, ficando este livre do pagamento de multas, encargos e tributos anteriores à decisão de utilização do bem até o trânsito em julgado da decisão que decretar o seu perdimento em favor da União.

Hipótese de levantamento: se houver indicação de que os bens utilizados na forma deste artigo sofreram depreciação superior àquela esperada em razão do transcurso do tempo e do uso, poderá o interessado requerer nova avaliação judicial.

Constatada a depreciação: o ente federado ou a entidade que utilizou o bem indenizará o detentor ou proprietário dos bens.

Depósito, em dinheiro, de valores referentes ao produto da alienação ou a numerários apreendidos ou que tenham sido convertidos deve ser efetuado na Caixa Econômica Federal, por meio de documento de arrecadação destinado a essa finalidade.

Depósitos: devem ser transferidos, pela Caixa Econômica Federal, para a conta única do Tesouro Nacional, independentemente de qualquer formalidade, no prazo de 24 horas, contado do momento da realização do depósito, onde ficarão à disposição do Funad.

Absolvição do acusado em decisão judicial: o valor do depósito será devolvido a ele pela Caixa Econômica Federal no prazo de até 3 dias úteis, acrescido de juros.

Hipótese de decretação do seu perdimento em favor da união: o valor do depósito será transformado em pagamento definitivo, respeitados os direitos de eventuais lesados e de terceiros de boa-fé.

Valores devolvidos pela caixa econômica federal: por decisão judicial, devem ser efetuados como anulação de receita do Funad no exercício em que ocorrer a devolução.

Caixa econômica federal: deve manter o controle dos valores depositados ou devolvidos.

Ao proferir a sentença, o juiz decidirá sobre: o perdimento do produto, bem, direito ou valor apreendido ou objeto de medidas assecuratórias; e o levantamento dos valores depositados em conta remunerada e a liberação dos bens utilizados.

Bens, direitos ou valores apreendidos em decorrência dos crimes tipificados nesta lei ou objeto de medidas assecuratórias: após decretado seu perdimento em favor da União, serão revertidos diretamente ao Funad.

Juiz: remeterá ao órgão gestor do Funad relação dos bens, direitos e valores declarados perdidos, indicando o local em que se encontram e a entidade ou o órgão em cujo poder estejam, para os fins de sua destinação nos termos da legislação vigente.

Transitada em julgado a sentença condenatória: o juiz do processo, de ofício ou a requerimento do Ministério Público, remeterá à Senad relação dos bens, direitos e valores declarados perdidos em favor da União, indicando, quanto aos bens, o local em que se encontram e a entidade ou o órgão em cujo poder estejam, para os fins de sua destinação nos termos da legislação vigente.

Antes de encaminhar os bens ao órgão gestor do FUNAD, o juiz deve:

Art. 63, §4-A, I – ordenar às secretarias de fazenda e aos órgãos de registro e controle que efetuem as averbações necessárias, caso não tenham sido realizadas quando da apreensão; e

II – determinar, no caso de imóveis, o registro de propriedade em favor da União no cartório de registro de imóveis competente, nos termos do caput e do parágrafo único do art. 243 da Constituição Federal, afastada a responsabilidade de terceiros prevista no inciso VI do caput do art. 134 da Lei nº 5.172, de 25 de outubro de 1966 (Código Tributário Nacional), bem como determinar à Secretaria de Coordenação e Governança do Patrimônio da União a incorporação e entrega do imóvel, tornando-o livre e desembaraçado de quaisquer ônus para sua destinação.

Fique ligado!
Decorridos 360 dias do trânsito em julgado e do conhecimento da sentença pelo interessado, os bens apreendidos, os que tenham sido objeto de medidas assecuratórias ou os valores depositados que não forem reclamados serão revertidos ao Funad.

Pedido de restituição: nenhum pedido de restituição será conhecido sem o comparecimento pessoal do acusado, podendo o juiz determinar a prática de atos necessários à conservação de bens, direitos ou valores.

Juiz determinará a liberação total ou parcial dos bens, direitos e objeto de medidas assecuratórias: quando comprovada a licitude de sua origem, mantendo-se a constrição dos bens, direitos e valores necessários e suficientes à reparação dos danos e ao pagamento de prestações pecuniárias, multas e custas decorrentes da infração penal.

Senad: compete à Senad, do Ministério da Justiça e Segurança Pública, proceder à destinação dos bens apreendidos e não leiloados em caráter cautelar, cujo perdimento seja decretado em favor da União, por meio das seguintes modalidades: alienação, mediante: licitação; doação com encargo a entidades ou órgãos públicos, bem como a comunidades terapêuticas acolhedoras que contribuam para o alcance das finalidades do Funad; ou venda direta; incorporação ao patrimônio de órgão da administração pública, observadas as finalidades do Funad; destruição; ou inutilização.

Alienação por meio de licitação: deve ser realizada na modalidade leilão, para bens móveis e imóveis, independentemente do valor de avaliação, isolado ou global, de bem ou de lotes, assegurada a venda pelo maior lance, por preço não inferior a 50% do valor da avaliação.

LEI Nº 11.343/2006 - LEI DE DROGAS (SISNAD)

Edital do leilão: será amplamente divulgado em jornais de grande circulação e em sítios eletrônicos oficiais, principalmente no Município em que será realizado, dispensada a publicação em diário oficial.

Alienações realizadas por meio de sistema eletrônico da administração pública: a publicidade dada pelo sistema substituirá a publicação em diário oficial e em jornais de grande circulação.

Alienação de imóveis: o arrematante fica livre do pagamento de encargos e tributos anteriores, sem prejuízo de execução fiscal em relação ao antigo proprietário.

Alienação de veículos: embarcações ou aeronaves deverão ser observadas as disposições desta Lei.

Ministério da Justiça e Segurança Pública, pode celebrar convênios ou instrumentos congêneres com órgãos e entidades da União, dos Estados, do Distrito Federal ou dos Municípios, bem como com comunidades terapêuticas acolhedoras, a fim de dar imediato cumprimento ao estabelecido neste artigo.

Observados os procedimentos licitatórios: previstos em lei, fica autorizada a contratação da iniciativa privada para a execução das ações de avaliação, de administração e de alienação dos bens a que se refere esta Lei.

Compete ao Ministério da Justiça e Segurança Pública regulamentar os procedimentos relativos à administração, à preservação e à destinação dos recursos provenientes de delitos e atos ilícitos e estabelecer os valores abaixo dos quais se deve proceder à sua destruição ou inutilização.

Produto da alienação dos bens apreendidos ou confiscados: será revertido integralmente ao Funad, vedada a sub-rogação sobre o valor da arrematação para saldar eventuais multas, encargos ou tributos pendentes de pagamento.

Hipótese de condenação por infrações: às quais esta Lei comine pena máxima superior a 6 anos de reclusão, poderá ser decretada a perda, como produto ou proveito do crime, dos bens correspondentes à diferença entre o valor do patrimônio do condenado e aquele compatível com o seu rendimento lícito.

Decretação da perda prevista: fica condicionada à existência de elementos probatórios que indiquem conduta criminosa habitual, reiterada ou profissional do condenado ou sua vinculação a organização criminosa.

Perda prevista: entende-se por patrimônio do condenado todos os bens: de sua titularidade, ou sobre os quais tenha domínio e benefício direto ou indireto, na data da infração penal, ou recebidos posteriormente; e transferidos a terceiros a título gratuito ou mediante contraprestação irrisória, a partir do início da atividade criminal.

Condenado: poderá demonstrar a inexistência da incompatibilidade ou a procedência lícita do patrimônio.

União: por intermédio da Senad, poderá firmar convênio com os Estados, com o Distrito Federal e com organismos orientados para a prevenção do uso indevido de drogas, a Fique ligado e a reinserção social de usuários ou dependentes e a atuação na repressão à produção não autorizada e ao tráfico ilícito de drogas, com vistas na liberação de equipamentos e de recursos por ela arrecadados, para a implantação e execução de programas relacionados à questão das drogas.

16.5 Cooperação internacional

De conformidade com os princípios da não-intervenção em assuntos internos, da igualdade jurídica e do respeito à integridade territorial dos Estados e às leis e aos regulamentos nacionais em vigor, e observado o espírito das Convenções das Nações Unidas e outros instrumentos jurídicos internacionais relacionados à questão das drogas, de que o Brasil é parte, o governo brasileiro prestará, quando solicitado, cooperação a outros países e organismos internacionais e, quando necessário, deles solicitará a colaboração, nas áreas de:

Art. 65 [...]
I – intercâmbio de informações sobre legislações, experiências, projetos e programas voltados para atividades de prevenção do uso indevido, de Fique ligado e de reinserção social de usuários e dependentes de drogas;
II – intercâmbio de inteligência policial sobre produção e tráfico de drogas e delitos conexos, em especial o tráfico de armas, a lavagem de dinheiro e o desvio de precursores químicos;
III – intercâmbio de informações policiais e judiciais sobre produtores e traficantes de drogas e seus precursores químicos.

17 LEI Nº 12.850/2013 – LEI DE ORGANIZAÇÃO CRIMINOSA

17.1 Breve histórico da organização criminosa

Embora não seja um fenômeno recente, a criminalidade organizada apresenta um dos problemas centrais decorrentes da globalização. Antes localizado em algumas partes do mundo, como na Itália, por meio da mais famosa Máfia Italiana, que se construía sob a estrutura e a hierarquia de uma verdadeira família, ganhou notoriedade especialmente com a dramaturgia. Mas não só, outras organizações criminosas pelo mundo, com o processo de globalização, acabaram por se espalhar pelo globo, chegando, inclusive, a inspirar entre nós o estabelecimento de uma verdadeira criminalidade organizada.

Na legislação brasileira, embora desde a edição do Código Penal já fosse previsto o delito de quadrilha ou bando (art. 288), essa incriminação não se mostrava suficiente diante dos novos desafios que as organizações criminosas nacionais e transnacionais apresentavam. Nesse contexto, houve a edição da Lei nº 9.034/1995, que dispunha sobre a utilização de meios operacionais para a prevenção e repressão de ações praticadas por organizações criminosas. Essa Lei, entretanto, não trazia os elementos necessários para um efetivo combate dessa criminalidade.

17.2 Convenção de Palermo

Importante documento internacional que trata sobre o tema, a Convenção de Palermo ou, mais tecnicamente, Convenção das Nações Unidas contra o Crime Organizado Transnacional, foi incorporada ao sistema normativo brasileiro pelo Decreto nº 5.015/2004.

Em seu art. 1º, a Convenção traz como objetivo "promover a cooperação para prevenir e combater mais eficazmente a criminalidade organizada transnacional". Para tanto, estabelece uma série de mecanismos para a criminalização e o combate aos crimes relacionados a esse tipo de infração penal, definindo, para efeitos da Convenção, "Grupo criminoso organizado" como "grupo estruturado de três ou mais pessoas, existente há algum tempo e atuando concertadamente com o propósito de cometer uma ou mais infrações graves ou enunciadas na presente Convenção, com a intenção de obter, direta ou indiretamente, um benefício econômico ou outro benefício material".

Registre-se que, embora a Recomendação nº 3/2006 do Conselho Nacional de Justiça tenha proposto a adoção do conceito estabelecido na Convenção de Palermo, o que motivou, inclusive precedentes do Superior Tribunal de Justiça nesse sentido. Por exemplo: no HC 77.771, 5ª T., rel. Min. Laurita Vaz, j. 30/05/2008, acabou não sendo considerada como uma definição legal válida de organização criminosa, sendo insuficiente para terminar sua punição criminal além dos casos de quadrilha ou bando (então prevista no art. 288 do Código Penal) ou associação para o tráfico (art. 35, Lei de Drogas). Nesse sentido, a conclusão do Supremo Tribunal Federal:

> *Em matéria penal, prevalece o dogma da reserva constitucional de lei em sentido formal, pois a Constituição da República somente admite a lei interna como única fonte formal e direta de regras de direito penal, a significar, portanto, que as cláusulas de tipificação e de cominação penais, para efeito de repressão estatal, subsumem-se ao âmbito das normas domésticas de direito penal incriminador, regendo-se, em consequência, pelo postulado da reserva de Parlamento. Doutrina. Precedentes (STF).* **As convenções internacionais, como a Convenção de Palermo, não se qualificam, constitucionalmente, como fonte formal direta legitimadora da regulação normativa concernente à tipificação de crimes e à cominação de sanções penais.** *(2ª T., AgR no RHC 121.835, rel. Min. Celso de Mello, j. 13/10/2015, DJe 20/11/2015).*

17.3 Conceito de organização criminosa

A Lei nº 12.850/2013 revogou a Lei nº 9.034/1995 – que até 2013 tratava sobre o crime organizado sem, contudo, definir organização criminosa. Atualmente, a Lei nº 12.850/2013 **define organização criminosa** e cuida dos crimes cometidos por elas, afirmando, em seu art. 1º, que seu objetivo é definir organização criminosa e dispor sobre a investigação criminal, os meios de obtenção da prova, infrações penais correlatas e o procedimento criminal a ser aplicado.

A Lei nº 12.850/2013 traz no § 1º do art. 1º o **conceito de organização criminosa** com a seguinte redação:

> *Art. 1º, § 1º Considera-se organização criminosa a **associação de 4 (quatro) ou mais pessoas estruturalmente ordenada** e caracterizada pela **divisão de tarefas**, ainda que informalmente, com objetivo de obter, direta ou indiretamente, **vantagem** de qualquer natureza, mediante a prática de infrações penais cujas penas máximas sejam superiores a 4 (quatro) anos, ou que sejam de caráter transnacional.*

O § 2º do art. 1º estende, ainda, a aplicabilidade da Lei nº 12.850/2013:

> *I – às infrações penais previstas em **tratado ou convenção internacional** quando, iniciada a execução no País, o resultado tenha ou devesse ter ocorrido no estrangeiro, ou reciprocamente;*
>
> *II – às **organizações terroristas**, entendidas como aquelas voltadas para a prática dos atos de terrorismo legalmente definidos.*

Podemos dizer que uma das mais importantes informações sobre o crime organizado se encontra no art. 1º, que é a definição de organização criminosa.

O Código Penal, no art. 288, trata do crime de associação criminosa, que pode facilmente ser confundido com a organização, por isso, a definição do que é e como se caracteriza a organização criminosa, trazida em lei específica, torna-se ainda mais importante, pois, além da tipificação de um novo crime, ainda nos traz as diferenças entre ela e um crime já existente na legislação comum.

A Lei nº 12.850/2013 trouxe, ainda, modificações ao Código Penal, o crime de associação criminosa antes era conhecido como crime de quadrilha ou bando.

Além do mais, a Lei do Crime Organizado se aplica também aos crimes previstos em tratados ou convenções internacionais, desde que tenha iniciado sua execução no Brasil e o resultado tenha ou devesse ocorrer no exterior, ou quando a execução se iniciar no exterior e o resultado tenha ou devesse ocorrer no Brasil. Aplica-se também às organizações terroristas internacionais, reconhecidas conforme as normas de direito internacional, por foro do qual o Brasil seja participante, desde que os atos de suporte, preparatórios ou mesmo os executórios ocorram ou possam ocorrer no Brasil.

	Associação criminosa	Organização criminosa
Previsão legal	Art. 288, CP	Art. 2º, Lei nº 12.850/2013
Quantidade de integrantes	3 ou mais pessoas	4 ou mais pessoas
Características	Finalidade específica de cometer crimes.	• Estrutura ordenada; • **Divisão de tarefas**, mesmo que informalmente; • **Objetivo de obter**, direta ou indiretamente, **vantagem** de qualquer natureza; • **Prática de infrações penais** cujas **penas máximas sejam superiores a 4 anos**, ou que tenham **caráter transnacional**.

LEI Nº 12.850/2013 – LEI DE ORGANIZAÇÃO CRIMINOSA

Os crimes de associação criminosa do Código Penal (art. 288), da Lei de drogas (art. 35, Lei nº 11.343/2006), de organização criminosa para fins de terrorismo (art. 3º, Lei nº 13.260/2016) e de organização criminosa do art. 2º da Lei nº 12.850/2013.

Na sequência, após definir o que é organização criminosa, a Lei estabelece o crime referente à promoção, à constituição (criação) ou ao financiamento de organização criminosa, equiparando a essa prática o fato de integrar organização ou mesmo de impedir ou, de qualquer forma, embaraçar a investigação de infração penal que a envolva:

> **Art. 2º Promover, constituir, financiar ou integrar**, pessoalmente ou por interposta pessoa, **organização criminosa:**
> **Pena – Reclusão**, de 3 (três) a 8 (oito) anos, e multa, sem prejuízo das penas correspondentes às demais infrações penais praticadas.
> § 1º Nas mesmas penas incorre quem impede ou, de qualquer forma, embaraça a investigação de infração penal que envolva organização criminosa.
> § 2º As penas aumentam-se até a metade se na atuação da organização criminosa houver emprego de arma de fogo.
> § 3º A pena é agravada para quem exerce o comando, individual ou coletivo, da organização criminosa, ainda que não pratique pessoalmente atos de execução.
> § 4º A pena é aumentada de 1/6 (um sexto) a 2/3 (dois terços):
> I – se há participação de criança ou adolescente;
> II – se há concurso de funcionário público, valendo-se a organização criminosa dessa condição para a prática de infração penal;
> III – se o produto ou proveito da infração penal destinar-se, no todo ou em parte, ao exterior;
> IV – se a organização criminosa mantém conexão com outras organizações criminosas independentes;
> V – se as circunstâncias do fato evidenciarem a transnacionalidade da organização.
> § 5º Se houver indícios suficientes de que o funcionário público integra organização criminosa, poderá o juiz determinar seu afastamento cautelar do cargo, emprego ou função, sem prejuízo da remuneração, quando a medida se fizer necessária à investigação ou instrução processual.
> § 6º A condenação com trânsito em julgado acarretará ao funcionário público a perda do cargo, função, emprego ou mandato eletivo e a interdição para o exercício de função ou cargo público pelo prazo de 8 (oito) anos subsequentes ao cumprimento da pena.
> § 7º Se houver indícios de participação de policial nos crimes de que trata esta Lei, a Corregedoria de Polícia instaurará inquérito policial e comunicará ao Ministério Público, que designará membro para acompanhar o feito até a sua conclusão.
> § 8º As lideranças de organizações criminosas armadas ou que tenham armas à disposição deverão iniciar o cumprimento da pena em estabelecimentos penais de segurança máxima.
> § 9º O condenado expressamente em sentença por integrar organização criminosa ou por crime praticado por meio de organização criminosa não poderá progredir de regime de cumprimento de pena ou obter livramento condicional ou outros benefícios prisionais se houver elementos probatórios que indiquem a manutenção do vínculo associativo.

Um ponto que merece destaque é o afastamento cautelar do funcionário público por determinação judicial para fins de investigação e instrução processual. Por se tratar de medida cautelar, sua remuneração é mantida durante o período de afastamento. Seria um meio de evitar que o servidor influencie, de alguma forma, nesses procedimentos.

Se condenado, o funcionário público pode perder o cargo, emprego ou função pública e ficar inabilitado para o exercício de função pública pelo prazo de 8 anos subsequentes ao cumprimento da pena, ou seja, após o cumprimento da pena se inicia a contagem do prazo de inabilitação.

Havendo indícios de participação de policial nos crimes trazidos por lei, será determinada a Corregedoria de Polícia para a instauração do inquérito e a comunicação do ocorrido ao Ministério Público, o qual determinará membro para acompanhar o feito até a sua conclusão.

Vale registrar, ademais, que a Lei nº 13.964/2019 (Pacote Anticrime) introduziu a determinação de que as lideranças de organizações criminosas – armadas ou que tenham armas à disposição – iniciarão o cumprimento da pena em estabelecimentos penais de segurança máxima (lembre-se que o regime fechado pressupõe o cumprimento em estabelecimento de segurança máxima ou média). De outro lado, os condenados por integrar organização criminosa ou por crime praticado por meio delas não poderão progredir de regime ou obter livramento condicional ou outros benefícios prisionais se persistirem elementos probatórios que indiquem que eles mantêm o vínculo associativo com a organização.

Pena – Reclusão, de 3 a 8 anos, e multa	Promover, constituir, financiar ou integrar, pessoalmente ou por interposta pessoa, organização criminosa.
	Impedir ou, de qualquer forma, embaraçar a investigação de infração penal que envolva organização criminosa.

Aumento de pena	
Aumentam-se até a metade	Se, na atuação da organização criminosa, houver emprego de arma de fogo.
Aumentam-se de 1/6 a 2/3	• se há participação de criança ou adolescente; • se há concurso de funcionário público, valendo-se a organização criminosa dessa condição para a prática de infração penal; • se o produto ou proveito da infração penal destinar-se, no todo ou em parte, ao exterior; • se a organização criminosa mantém conexão com outras organizações criminosas independentes; • se as circunstâncias do fato evidenciarem a transnacionalidade da organização.
A pena é agravada	Para quem exerce o comando, individual ou coletivo, da organização criminosa, ainda que não pratique pessoalmente atos de execução.

Importante não confundir a organização criminosa da Lei nº 12.850/2013 com a já analisada associação criminosa do art. 288 do Código Penal, nem com as demais formas de associação ou organização criminosa previstas em lei.

A Lei nº 11.343/2006, por exemplo, prevê a forma mais simples de caracterização do delito exigindo apenas duas pessoas associadas para o fim de praticar o tráfico, reiteradamente ou não, nos seguintes moldes:

> **Art. 35** Associarem-se duas ou mais pessoas para o fim de praticar, reiteradamente ou não, qualquer dos crimes previstos nos arts. 33, caput e § 1º, e 34 desta Lei:
> **Pena – Reclusão**, de 3 (três) a 10 (dez) anos, e pagamento de 700 (setecentos) a 1.200 (mil e duzentos) dias-multa.

Por sua vez, a Lei Antiterrorismo (Lei nº 13.260/2016) também estabelece sua própria incriminação relativa à organização terrorista, impondo a seguinte incriminação:

Art. 3º *Promover, constituir, integrar ou prestar auxílio, pessoalmente ou por interposta pessoa, a organização terrorista:*
Pena – Reclusão, *de cinco a oito anos, e multa.*

Há, ainda, a Lei nº 2.889/1956, que estabelece a associação para a prática de genocídio, com a seguinte redação:

Art. 2º *Associarem-se mais de 3 (três) pessoas para prática dos crimes mencionados no artigo anterior:*
Pena – Metade da cominada aos crimes ali previstos.

Note que, diante desse quadro, o delito de organização criminosa, previsto no art. 2º da Lei nº 12.850/2013, apresenta-se como norma geral com relação ao crime de associação criminosa, ao crime de organização terrorista ou mesmo à associação para a prática de genocídio.

A Lei nº 13.964/2019 (Pacote Anticrime) inclui no dispositivo a previsão de que as lideranças de organizações criminosas armadas ou que tenham armas à disposição iniciarão o cumprimento da pena em estabelecimento de segurança armada, sendo que o condenado por integrar organizações criminosas não poderá progredir de regime ou mesmo obter livramento condicional ou outros benefícios enquanto mantiver o vínculo associativo.

17.4 Meios de obtenção de prova

Diferentemente dos meios de prova, os meios de obtenção de prova são indiretos, ou seja, buscam a obtenção de meios de prova (como a apreensão, um documento ou uma testemunha, por exemplo), sendo que, ademais, para sua *obtenção*, acabam por reduzir direitos constitucionalmente assegurados, como o caso da redução do sigilo das telecomunicações para a realização de uma interceptação telefônica. Por tudo isso, devem ser usados com moderação, desde que comprovada sua necessidade no caso concreto. Diz o art. 3º da Lei nº 12.850/2013 que, em qualquer fase da persecução penal, serão permitidos, sem prejuízo de outros já previstos em lei, os seguintes meios de obtenção da prova:

São meios de obtenção de prova:

I – colaboração premiada;
II – captação ambiental de sinais eletromagnéticos, ópticos ou acústicos;
III – ação controlada;
IV – acesso a registros de ligações telefônicas e telemáticas, a dados cadastrais constantes de bancos de dados públicos ou privados e a informações eleitorais ou comerciais;
V – interceptação de comunicações telefônicas e telemáticas, nos termos da legislação específica;
VI – afastamento dos sigilos financeiro, bancário e fiscal, nos termos da legislação específica;
VII – infiltração, por policiais, em atividade de investigação, na forma do art. 11;
VIII – cooperação entre instituições e órgãos federais, distritais, estaduais e municipais na busca de provas e informações de interesse da investigação ou da instrução criminal.

Interessante mencionar que, havendo necessidade justificada de manter sigilo sobre a capacidade investigatória, poderá ser dispensada licitação para contratação de serviços técnicos especializados, aquisição ou locação de equipamentos destinados à polícia judiciária para o rastreamento e a obtenção de provas previstas nos incisos II e V do art. 3º, sendo que fica dispensada a publicação de que trata o parágrafo único do art. 61 da Lei nº 8.666/1993, devendo ser comunicado o órgão de controle interno da realização da contratação.

17.4.1 Colaboração premiada

Art. 3º-A *O acordo de colaboração premiada é negócio jurídico processual e meio de obtenção de prova, que pressupõe utilidade e interesse públicos.*

Art. 3º-B *O recebimento da proposta para formalização de acordo de colaboração demarca o início das negociações e constitui também marco de confidencialidade, configurando violação de sigilo e quebra da confiança e da boa-fé a divulgação de tais tratativas iniciais ou do documento que as formalize, até o levantamento de sigilo por decisão judicial.*

§ 1º *A proposta de acordo de colaboração premiada poderá ser sumariamente indeferida, com a devida justificativa, cientificando-se o interessado.*

§ 2º *Caso não haja indeferimento sumário, as partes deverão firmar Termo de Confidencialidade para prosseguimento das tratativas, o que vinculará os órgãos envolvidos na negociação e impedirá o indeferimento posterior sem justa causa.*

§ 3º *O recebimento de proposta de colaboração para análise ou o Termo de Confidencialidade não implica, por si só, a suspensão da investigação, ressalvado acordo em contrário quanto à propositura de medidas processuais penais cautelares e assecuratórias, bem como medidas processuais cíveis admitidas pela legislação processual civil em vigor.*

§ 4º *O acordo de colaboração premiada poderá ser precedido de instrução, quando houver necessidade de identificação ou complementação de seu objeto, dos fatos narrados, sua definição jurídica, relevância, utilidade e interesse público.*

§ 5º *Os termos de recebimento de proposta de colaboração e de confidencialidade serão elaborados pelo celebrante e assinados por ele, pelo colaborador e pelo advogado ou defensor público com poderes específicos.*

§ 6º *Na hipótese de não ser celebrado o acordo por iniciativa do celebrante, esse não poderá se valer de nenhuma das informações ou provas apresentadas pelo colaborador, de boa-fé, para qualquer outra finalidade.*

Art. 3º-C *A proposta de colaboração premiada deve estar instruída com procuração do interessado com poderes específicos para iniciar o procedimento de colaboração e suas tratativas, ou firmada pessoalmente pela parte que pretende a colaboração e seu advogado ou defensor público.*

§ 1º *Nenhuma tratativa sobre colaboração premiada deve ser realizada sem a presença de advogado constituído ou defensor público.*

§ 2º *Em caso de eventual conflito de interesses, ou de colaborador hipossuficiente, o celebrante deverá solicitar a presença de outro advogado ou a participação de defensor público.*

§ 3º *No acordo de colaboração premiada, o colaborador deve narrar todos os fatos ilícitos para os quais concorreu e que tenham relação direta com os fatos investigados.*

§ 4º *Incumbe à defesa instruir a proposta de colaboração e os anexos com os fatos adequadamente descritos, com todas as suas circunstâncias, indicando as provas e os elementos de corroboração.*

Art. 4º *O juiz poderá, a requerimento das partes, conceder o perdão judicial, reduzir em até 2/3 (dois terços) a pena privativa de liberdade ou substituí-la por restritiva de direitos daquele que tenha colaborado efetiva e voluntariamente com a investigação e com o processo criminal, desde que dessa colaboração advenha um ou mais dos seguintes resultados:*

I – a identificação dos demais coautores e partícipes da organização criminosa e das infrações penais por eles praticadas;
II – a revelação da estrutura hierárquica e da divisão de tarefas da organização criminosa;
III – a prevenção de infrações penais decorrentes das atividades da organização criminosa;
IV – a recuperação total ou parcial do produto ou do proveito das infrações penais praticadas pela organização criminosa;
V – a localização de eventual vítima com a sua integridade física preservada.

§ 1º *Em qualquer caso, a concessão do benefício levará em conta a personalidade do colaborador, a natureza, as circunstâncias, a gravidade e a repercussão social do fato criminoso e a eficácia da colaboração.*

§ 2º *Considerando a relevância da colaboração prestada, o Ministério Público, a qualquer tempo, e o delegado de polícia, nos autos do inquérito policial, com a manifestação do Ministério Público, poderão requerer ou representar ao juiz pela concessão de perdão judicial ao colaborador, ainda que esse benefício não tenha sido previsto na proposta inicial, aplicando-se, no que couber, o art. 28 do Decreto-lei nº 3.689, de 3 de outubro de 1941 (Código de Processo Penal).*

LEI Nº 12.850/2013 – LEI DE ORGANIZAÇÃO CRIMINOSA

§ 3º O prazo para oferecimento de denúncia ou o processo, relativos ao colaborador, poderá ser suspenso por até 6 (seis) meses, prorrogáveis por igual período, até que sejam cumpridas as medidas de colaboração, suspendendo-se o respectivo prazo prescricional.

§ 4º Nas mesmas hipóteses do caput deste artigo, o Ministério Público poderá deixar de oferecer denúncia se a proposta de acordo de colaboração referir-se a infração de cuja existência não tenha prévio conhecimento e o colaborador:

I – não for o líder da organização criminosa;

II – for o primeiro a prestar efetiva colaboração nos termos deste artigo.

§ 4º-A Considera-se existente o conhecimento prévio da infração quando o Ministério Público ou a autoridade policial competente tenha instaurado inquérito ou procedimento investigatório para apuração dos fatos apresentados pelo colaborador.

§ 5º Se a colaboração for posterior à sentença, a pena poderá ser reduzida até a metade ou será admitida a progressão de regime ainda que ausentes os requisitos objetivos.

§ 6º O juiz não participará das negociações realizadas entre as partes para a formalização do acordo de colaboração, que ocorrerá entre o delegado de polícia, o investigado e o defensor, com a manifestação do Ministério Público, ou, conforme o caso, entre o Ministério Público e o investigado ou acusado e seu defensor.

§ 7º Realizado o acordo na forma do § 6º deste artigo, serão remetidos ao juiz, para análise, o respectivo termo, as declarações do colaborador e cópia da investigação, devendo o juiz ouvir sigilosamente o colaborador, acompanhado de seu defensor, oportunidade em que analisará os seguintes aspectos na homologação:

I – regularidade e legalidade;

II – adequação dos benefícios pactuados àqueles previstos no caput e nos §§ 4º e 5º deste artigo, sendo nulas as cláusulas que violem o critério de definição do regime inicial de cumprimento de pena do art. 33 do Decreto-lei nº 2.848, de 7 de dezembro de 1940 (Código Penal), as regras de cada um dos regimes previstos no Código Penal e na Lei nº 7.210, de 11 de julho de 1984 (Lei de Execução Penal) e os requisitos de progressão de regime não abrangidos pelo § 5º deste artigo;

III – adequação dos resultados da colaboração aos resultados mínimos exigidos nos incisos I, II, III, IV e V do caput deste artigo;

IV – voluntariedade da manifestação de vontade, especialmente nos casos em que o colaborador está ou esteve sob efeito de medidas cautelares.

§ 7º-A O juiz ou o tribunal deve proceder à análise fundamentada do mérito da denúncia, do perdão judicial e das primeiras etapas de aplicação da pena, nos termos do Decreto-lei nº 2.848, de 7 de dezembro de 1940 (Código Penal) e do Decreto-lei nº 3.689, de 3 de outubro de 1941 (Código de Processo Penal), antes de conceder os benefícios pactuados, exceto quando o acordo prever o não oferecimento da denúncia na forma dos §§ 4º e 4º-A deste artigo ou já tiver sido proferida sentença.

§ 7º-B São nulas de pleno direito as previsões de renúncia ao direito de impugnar a decisão homologatória.

§ 8º O juiz poderá recusar a homologação da proposta que não atender aos requisitos legais, devolvendo-a às partes para as adequações necessárias.

§ 9º Depois de homologado o acordo, o colaborador poderá, sempre acompanhado pelo seu defensor, ser ouvido pelo membro do Ministério Público ou pelo delegado de polícia responsável pelas investigações.

§ 10 As partes podem retratar-se da proposta, caso em que as provas autoincriminatórias produzidas pelo colaborador não poderão ser utilizadas exclusivamente em seu desfavor.

§ 10-A Em todas as fases do processo, deve-se garantir ao réu delatado a oportunidade de manifestar-se após o decurso do prazo concedido ao réu que o delatou.

§ 11 A sentença apreciará os termos do acordo homologado e sua eficácia.

§ 12 Ainda que beneficiado por perdão judicial ou não denunciado, o colaborador poderá ser ouvido em juízo a requerimento das partes ou por iniciativa da autoridade judicial.

§ 13 O registro das tratativas e dos atos de colaboração deverá ser feito pelos meios ou recursos de gravação magnética, estenotipia, digital ou técnica similar, inclusive audiovisual, destinados a obter maior fidelidade das informações, garantindo-se a disponibilização de cópia do material ao colaborador.

§ 14 Nos depoimentos que prestar, o colaborador renunciará, na presença de seu defensor, ao direito ao silêncio e estará sujeito ao compromisso legal de dizer a verdade.

§ 15 Em todos os atos de negociação, confirmação e execução da colaboração, o colaborador deverá estar assistido por defensor.

§ 16. Nenhuma das seguintes medidas será decretada ou proferida com fundamento apenas nas declarações do colaborador:

I – medidas cautelares reais ou pessoais;

II – recebimento de denúncia ou queixa-crime;

III – sentença condenatória.

§ 17 O acordo homologado poderá ser rescindido em caso de omissão dolosa sobre os fatos objeto da colaboração.

§ 18 O acordo de colaboração premiada pressupõe que o colaborador cesse o envolvimento em conduta ilícita relacionada ao objeto da colaboração, sob pena de rescisão.

Art. 5º São direitos do colaborador:

I – usufruir das medidas de proteção previstas na legislação específica;

II – ter nome, qualificação, imagem e demais informações pessoais preservados;

III – ser conduzido, em juízo, separadamente dos demais coautores e partícipes;

IV – participar das audiências sem contato visual com os outros acusados;

V – não ter sua identidade revelada pelos meios de comunicação, nem ser fotografado ou filmado, sem sua prévia autorização por escrito;

VI – cumprir pena ou prisão cautelar em estabelecimento penal diverso dos demais corréus ou condenados.

Art. 6º O termo de acordo da colaboração premiada deverá ser feito por escrito e conter:

I – o relato da colaboração e seus possíveis resultados;

II – as condições da proposta do Ministério Público ou do delegado de polícia;

III – a declaração de aceitação do colaborador e de seu defensor;

IV – as assinaturas do representante do Ministério Público ou do delegado de polícia, do colaborador e de seu defensor;

V – a especificação das medidas de proteção ao colaborador e à sua família, quando necessário.

Art. 7º O pedido de homologação do acordo será sigilosamente distribuído, contendo apenas informações que não possam identificar o colaborador e o seu objeto.

§ 1º As informações pormenorizadas da colaboração serão dirigidas diretamente ao juiz a que recair a distribuição, que decidirá no prazo de 48 (quarenta e oito) horas.

§ 2º O acesso aos autos será restrito ao juiz, ao Ministério Público e ao delegado de polícia, como forma de garantir o êxito das investigações, assegurando-se ao defensor, no interesse do representado, amplo acesso aos elementos de prova que digam respeito ao exercício do direito de defesa, devidamente precedido de autorização judicial, ressalvados os referentes às diligências em andamento.

§ 3º O acordo de colaboração premiada e os depoimentos do colaborador serão mantidos em sigilo até o recebimento da denúncia ou da queixa-crime, sendo vedado ao magistrado decidir por sua publicidade em qualquer hipótese.

A colaboração premiada, também chamada de delação premiada, é um procedimento previsto na legislação penal de forma dispersa, com regras próprias a depender do caso, de acordo com a dicção legal pode-se definir a colaboração premiada como negócio jurídico processual e meio de obtenção de prova, que pressupõe utilidade e interesse públicos. Ela é um dos principais meios de provas da lei e auxilia na investigação e no curso do processo criminal. Deve-se registrar, contudo, que ela isolada não é suficiente para a condenação, é necessária a colaboração e mais o auxílio de outros meios de prova.

Esse meio de prova pode conceder ao colaborador três benefícios:
- O perdão judicial;
- Redução em até 2/3 da pena privativa;
- Substituição da pena privativa de liberdade por restritiva de direitos.

Mas, para isso, o agente deve colaborar efetiva e voluntariamente com a investigação, de modo que sua vontade seja livre, cabendo somente a ele a escolha de colaborar. Ainda, para que o benefício seja concedido, não basta sua boa vontade em colaborar, dessa colaboração deve-se obter um dos seguintes resultados:
- A identificação dos demais coautores e partícipes da organização criminosa e das infrações penais por eles praticadas;
- A revelação da estrutura hierárquica e da divisão de tarefas da organização criminosa;
- A prevenção de infrações penais decorrentes das atividades da organização criminosa;
- A recuperação total ou parcial do produto ou do proveito das infrações penais praticadas pela organização criminosa;
- A localização de eventual vítima com a sua integridade física preservada.

A concessão do benefício deve considerar a personalidade do colaborador, a natureza, as circunstâncias, a gravidade e a repercussão social do fato criminoso e a eficácia da colaboração. De modo que, quanto mais relevante for a colaboração, melhor é o benefício concedido. Assim, o próprio MP ou o delegado de polícia, a qualquer tempo podem requerer a concessão do perdão judicial ao colaborador.

A colaboração suspende, ainda, o prazo para oferecimento da denúncia, ou do processo, por até 6 meses, prorrogável por igual período, de modo a suspender também o prazo prescricional. O termo "por igual período" não significa a prorrogação por mais 6 meses, mas, sim, pelo prazo estabelecido para a suspensão.

Ministério Público pode deixar de oferecer a denúncia se a proposta de acordo de colaboração referir-se à infração de cuja existência não tenha prévio conhecimento e o colaborador:
- Não for o líder da organização criminosa;
- For o primeiro a prestar efetiva colaboração.

Vale registrar que se considera existente o conhecimento prévio da infração quando o Ministério Público ou a autoridade policial competente tenha instaurado inquérito ou procedimento investigatório para apuração dos fatos apresentados pelo colaborador.

Realizado o acordo, serão remetidos ao juiz, para análise, o respectivo termo, as declarações do colaborador e a cópia da investigação, devendo o juiz ouvir sigilosamente o colaborador, acompanhado de seu defensor, oportunidade em que analisará os seguintes aspectos na homologação:

Art. 4º [...]
§ 7º [...]
I – regularidade e legalidade;
II – adequação dos benefícios pactuados, sendo nulas as cláusulas que violem o critério de definição do regime inicial de cumprimento de pena e as regras de cada um dos regimes previstos no Código Penal e na Lei de Execução Penal e os requisitos de progressão de regime não abrangidos na Lei de Organização Criminosa;
III – adequação dos resultados da colaboração aos resultados mínimos exigidos pela lei;
IV – voluntariedade da manifestação de vontade, especialmente nos casos em que o colaborador está ou esteve sob efeito de medidas cautelares.

O juiz ou o tribunal deve proceder à **análise fundamentada do mérito** da denúncia, do perdão judicial e das primeiras etapas de aplicação da pena, nos termos do Código Penal e do Código de Processo Penal), antes de conceder os benefícios pactuados, exceto quando o acordo prever o não oferecimento da denúncia ou já tiver sido proferida sentença.

Serão nulas de pleno direito as previsões de renúncia ao direito de impugnar a decisão homologatória.

O juiz poderá recusar a homologação da proposta que não atender aos requisitos legais, devolvendo-a às partes para as adequações necessárias.

A colaboração, **após a sentença**, pode reduzir a pena em até metade ou poderá admitir ao colaborador a progressão de regime, ainda que ausentes os pressupostos para sua concessão.

Outro ponto de extrema importância é a proibição do juiz na participação das negociações de colaboração, essa função é do Ministério Público ou do delegado, em conjunto com o colaborador e seu defensor.

O termo de acordo deve conter, nos termos da própria lei:
- O relato da colaboração e seus possíveis resultados;
- As condições da proposta do Ministério Público ou do delegado de polícia;
- A declaração de aceitação do colaborador e de seu defensor;
- As assinaturas do representante do Ministério Público ou do delegado de polícia, do colaborador e de seu defensor;
- A especificação das medidas de proteção ao colaborador e à sua família, quando necessário.

O recebimento da proposta para formalização de acordo de colaboração determina o início das negociações e caracteriza o marco de confidencialidade. Assim, a violação de sigilo e quebra da confiança e da boa-fé, a divulgação de tais tratativas iniciais ou de documento que as formalize, até o levantamento de sigilo por decisão judicial constitui quebra dessa confidencialidade. A proposta de acordo de colaboração premiada poderá ser sumariamente indeferida, com a devida justificativa, cientificando-se o interessado. Contudo, caso não haja indeferimento sumário, as partes deverão firmar o Termo de Confidencialidade para prosseguimento das tratativas, o que vinculará os órgãos envolvidos na negociação e impedirá o indeferimento posterior sem justa causa.

O recebimento de proposta de colaboração para análise ou o Termo de Confidencialidade não implica, por si só, a suspensão da investigação, ressalvado acordo em contrário quanto à propositura de medidas processuais penais cautelares e assecuratórias, bem como medidas processuais cíveis admitidas pela legislação processual civil em vigor. O acordo de colaboração premiada poderá ser precedido de instrução, quando houver necessidade de identificação ou complementação de seu objeto, dos fatos narrados, sua definição jurídica, relevância, utilidade e interesse público.

Os termos de recebimento de proposta de colaboração e de confidencialidade serão elaborados pelo celebrante e assinados por ele, pelo colaborador e pelo advogado ou defensor público com poderes específicos.

Na hipótese de não ser celebrado o acordo por iniciativa do celebrante, esse não poderá se valer de nenhuma das informações ou provas apresentadas pelo colaborador, de boa-fé, para qualquer outra finalidade.

A proposta de colaboração premiada deve estar instruída com **procuração do interessado com poderes específicos** para iniciar o procedimento de colaboração e suas tratativas, ou firmada pessoalmente pela parte que pretende a colaboração e seu advogado ou defensor público. Importante registrar: **nenhuma tratativa sobre colaboração premiada deve ser realizada sem a presença de advogado constituído ou defensor público**. Em caso de eventual conflito de interesses, ou de colaborador hipossuficiente, o celebrante deverá solicitar a presença de outro advogado ou a participação de defensor público.

No acordo de colaboração premiada, o colaborador deve narrar todos os fatos ilícitos para os quais concorreu e que tenham relação direta com os fatos investigados.

Incumbe à defesa instruir a proposta de colaboração e os anexos com os fatos adequadamente descritos, com todas as suas circunstâncias, indicando as provas e os elementos de corroboração. O acordo será remetido ao juiz, o qual verificará sua regularidade, legalidade e voluntariedade, podendo, ainda, ouvir o colaborador sigilosamente na presença de seu defensor. Se não forem verificados os requisitos mencionados, o juiz poderá recusar a homologação da proposta ou adequá-la ao caso concreto.

O registro das tratativas e dos atos de colaboração deverá ser feito pelos meios ou recursos de gravação magnética, estenotipia, digital ou técnica similar, inclusive audiovisual, destinados a obter maior fidelidade das informações, garantindo-se a disponibilização de cópia do material ao colaborador.

Nos depoimentos que prestar, o colaborador renunciará, na presença de seu defensor, ao direito ao silêncio e estará sujeito ao compromisso legal de dizer a verdade. Em todos os atos de negociação, confirmação e execução da colaboração, o colaborador deverá estar assistido por defensor.

Vale registrar, ademais, que em todas as fases do processo, deve-se garantir ao réu delatado a oportunidade de manifestar-se após o decurso do prazo concedido ao réu que o delatou.

Nenhuma das seguintes medidas será decretada ou proferida com fundamento apenas nas declarações do colaborador:

Art. 4º [...]
§ 16 [...]
I – medidas cautelares reais ou pessoais;
II – recebimento de denúncia ou queixa-crime;
III – sentença condenatória.

Nota-se que o colaborador passa a ser titular de uma série de direitos que visam garantir sua segurança, de modo a assegurar que os demais membros da organização criminosa não saibam quem colaborou com as investigações.

O pedido de homologação do acordo será sigilosamente distribuído, contendo apenas informações que não possam identificar o colaborador e o seu objeto.

As informações pormenorizadas da colaboração serão dirigidas diretamente ao juiz a que recair a distribuição, que decidirá no prazo de 48 horas. O acesso aos autos será restrito ao juiz, ao Ministério Público e ao delegado de polícia, como forma de garantir o êxito das investigações, assegurando-se ao defensor, no interesse do representado, amplo acesso aos elementos de prova que digam respeito ao exercício do direito de defesa, devidamente precedido de autorização judicial, ressalvados os referentes às diligências em andamento.

O acordo de colaboração premiada e os depoimentos do colaborador serão **mantidos em sigilo até o recebimento da denúncia** ou da queixa-crime, sendo vedado ao magistrado decidir por sua publicidade em qualquer hipótese

Colaboração premiada	
Benefícios que podem ser concedidos	• Perdão judicial; • Redução da pena em até 2/3; • Substituição da pena privativa de liberdade em restritiva de direito.
Colaboração	• Deve ser efetiva e voluntária trazendo um dos seguintes resultados: • A identificação dos demais coautores e partícipes da organização criminosa e das infrações penais por eles praticadas; • A revelação da estrutura hierárquica e da divisão de tarefas da organização criminosa; • A prevenção de infrações penais decorrentes das atividades da organização criminosa; • A recuperação total ou parcial do produto ou do proveito das infrações penais praticadas pela organização criminosa; • A localização de eventual vítima com sua integridade física preservada.
Acordo	• O acordo é apenas homologado pelo juiz, ele não participa das negociações, cabendo ao Ministério Público ou ao Delegado firmar o acordo com o colaborador e seu defensor.
Direitos do colaborador	• Usufruir das medidas de proteção previstas na legislação específica; • Ter nome, qualificação, imagem e demais informações pessoais preservadas; • Ser conduzido, em juízo, separadamente dos demais coautores e partícipes; • Participar das audiências sem contato visual com os outros acusados; • Não ter sua identidade revelada pelos meios de comunicação, nem ser fotografado ou filmado, sem sua prévia autorização por escrito; • Cumprir pena ou prisão cautelar em estabelecimento penal diverso dos demais corréus ou condenados.

17.5 Ação controlada

A ação controlada constitui na autorização legal concedida à autoridade policial para retardar a intervenção penal diante da prática da infração penal relativa à organização criminosa, de modo a esperar um momento mais adequado, garantindo a produção de uma prova mais consistente.

Nos termos do art. 8º da Lei nº 12.850/2013:

> *Art. 8º Consiste a ação controlada em **retardar a intervenção policial ou administrativa relativa à ação praticada por organização criminosa ou a ela vinculada**, desde que mantida sob observação e acompanhamento para que a medida legal se concretize no **momento mais eficaz à formação de provas e obtenção de informações**.*

Esse meio de obtenção da prova tem como finalidade aguardar um momento mais propício para se produzir um efeito maior, de maneira a alcançar um resultado muito melhor do que se a ação tivesse sido feita de imediato. Por exemplo: o agente policial, verificando atividade de organização criminosa, vê apenas um integrante agindo; ele aguarda um pouco mais para efetuar o flagrante de delito com o intuito de prender mais integrantes e, assim, desestruturar toda a organização.

É por essa razão que essa modalidade também é conhecida como flagrante retardado. A ação controlada, contudo, **não pode ser confundida com o flagrante preparado,** que torna o crime impossível.

Esse retardamento deve ser **previamente comunicado ao juiz**, que, se achar necessário, estabelecerá seus limites e ainda fará a comunicação imediata ao Ministério Público.

Ainda toda a operação será **sigilosa** e enquanto não se encerrar as diligências os autos ficaram restritos ao acesso do juiz, Ministério Público e ao delegado de polícia.

E se caso a ação controlada envolver travessia de fronteiras, apenas pode haver o retardamento com a cooperação das autoridades dos países que sejam considerados como provável itinerário ou destinatário do investigado, com o intuito de se evitar fugas e extravio do proveito do crime.

Ação controlada	
O que é?	• Retardamento de intervenção policial ou administrativa relativa à ação praticada por organização criminosa. Por isso pode ser chamada de flagrante retardado.
Características	• Deve ser previamente comunicada ao juiz; • O ministério público deverá ser comunicado; • Os autos ficam sob sigilo até o encerramento das diligências; • No caso de a ação envolver transposição de fronteiras, somente há o retardamento se houver cooperação do país que figure como provável itinerário ou destino do investigado.

17.6 Infiltração de agentes

Art. 10 A infiltração de agentes de polícia em tarefas de investigação, representada pelo delegado de polícia ou requerida pelo Ministério Público, após manifestação técnica do delegado de polícia quando solicitada no curso de inquérito policial, será precedida de circunstanciada, motivada e sigilosa autorização judicial, que estabelecerá seus limites.

§ 1º Na hipótese de representação do delegado de polícia, o juiz competente, antes de decidir, ouvirá o Ministério Público.

§ 2º Será admitida a infiltração se houver indícios de infração penal de que trata o art. 1º e se a prova não puder ser produzida por outros meios disponíveis.

§ 3º A infiltração será autorizada pelo prazo de até 6 (seis) meses, sem prejuízo de eventuais renovações, desde que comprovada sua necessidade.

§ 4º Findo o prazo previsto no § 3º, o relatório circunstanciado será apresentado ao juiz competente, que imediatamente cientificará o Ministério Público.

§ 5º No curso do inquérito policial, o delegado de polícia poderá determinar aos seus agentes, e o Ministério Público poderá requisitar, a qualquer tempo, relatório da atividade de infiltração.

Art. 10-A Será admitida a ação de agentes de polícia infiltrados virtuais, obedecidos os requisitos do caput do art. 10, na internet, com o fim de investigar os crimes previstos nesta Lei e a eles conexos, praticados por organizações criminosas, desde que demonstrada sua necessidade e indicados o alcance das tarefas dos policiais, os nomes ou apelidos das pessoas investigadas e, quando possível, os dados de conexão ou cadastrais que permitam a identificação dessas pessoas.

§ 1º Para efeitos do disposto nesta Lei, consideram-se:

I – dados de conexão: informações referentes a hora, data, início, término, duração, endereço de Protocolo de Internet (IP) utilizado e terminal de origem da conexão;

II – dados cadastrais: informações referentes a nome e endereço de assinante ou de usuário registrado ou autenticado para a conexão a quem endereço de IP, identificação de usuário ou código de acesso tenha sido atribuído no momento da conexão.

§ 2º Na hipótese de representação do delegado de polícia, o juiz competente, antes de decidir, ouvirá o Ministério Público.

§ 3º Será admitida a infiltração se houver indícios de infração penal de que trata o art. 1º desta Lei e se as provas não puderem ser produzidas por outros meios disponíveis.

§ 4º A infiltração será autorizada pelo prazo de até 6 meses, sem prejuízo de eventuais renovações, mediante ordem judicial fundamentada e desde que o total não exceda a 720 dias e seja comprovada sua necessidade.

§ 5º Findo o prazo previsto no § 4º deste artigo, o relatório circunstanciado, juntamente com todos os atos eletrônicos praticados durante a operação, deverão ser registrados, gravados, armazenados e apresentados ao juiz competente, que imediatamente cientificará o Ministério Público.

§ 6º No curso do inquérito policial, o delegado de polícia poderá determinar aos seus agentes, e o Ministério Público e o juiz competente poderão requisitar, a qualquer tempo, relatório da atividade de infiltração.

§ 7º É nula a prova obtida sem a observância do disposto neste artigo.

Art. 10-B As informações da operação de infiltração serão encaminhadas diretamente ao juiz responsável pela autorização da medida, que zelará por seu sigilo.

Parágrafo único. Antes da conclusão da operação, o acesso aos autos será reservado ao juiz, ao Ministério Público e ao delegado de polícia responsável pela operação, com o objetivo de garantir o sigilo das investigações.

Art. 10-C Não comete crime o policial que oculta a sua identidade para, por meio da internet, colher indícios de autoria e materialidade dos crimes previstos no art. 1º desta Lei.

Parágrafo único. O agente policial infiltrado que deixar de observar a estrita finalidade da investigação responderá pelos excessos praticados.

Art. 10-D Concluída a investigação, todos os atos eletrônicos praticados durante a operação deverão ser registrados, gravados, armazenados e encaminhados ao juiz e ao Ministério Público, juntamente com relatório circunstanciado.

Parágrafo único. Os atos eletrônicos registrados citados no caput deste artigo serão reunidos em autos apartados e apensados ao processo criminal juntamente com o inquérito policial, assegurando-se a preservação da identidade do agente policial infiltrado e a intimidade dos envolvidos.

Art. 11 O requerimento do Ministério Público ou a representação do delegado de polícia para a infiltração de agentes conterão a demonstração da necessidade da medida, o alcance das tarefas dos agentes e, quando possível, os nomes ou apelidos das pessoas investigadas e o local da infiltração.

Parágrafo único. Os órgãos de registro e cadastro público poderão incluir nos bancos de dados próprios, mediante procedimento sigiloso e requisição da autoridade judicial, as informações necessárias à efetividade da identidade fictícia criada, nos casos de infiltração de agentes na internet.

Art. 12 O pedido de infiltração será sigilosamente distribuído, de forma a não conter informações que possam indicar a operação a ser efetivada ou identificar o agente que será infiltrado.

§ 1º As informações quanto à necessidade da operação de infiltração serão dirigidas diretamente ao juiz competente, que decidirá no prazo de 24 (vinte e quatro) horas, após manifestação do Ministério Público na hipótese de representação do delegado de polícia, devendo-se adotar as medidas necessárias para o êxito das investigações e a segurança do agente infiltrado.

§ 2º Os autos contendo as informações da operação de infiltração acompanharão a denúncia do Ministério Público, quando serão disponibilizados à defesa, assegurando-se a preservação da identidade do agente.

§ 3º Havendo indícios seguros de que o agente infiltrado sofre risco iminente, a operação será sustada mediante requisição do Ministério Público ou pelo delegado de polícia, dando-se imediata ciência ao Ministério Público e à autoridade judicial.

Art. 13 O agente que não guardar, em sua atuação, a devida proporcionalidade com a finalidade da investigação, responderá pelos excessos praticados.

Parágrafo único. Não é punível, no âmbito da infiltração, a prática de crime pelo agente infiltrado no curso da investigação, quando inexigível conduta diversa.

LEI Nº 12.850/2013 - LEI DE ORGANIZAÇÃO CRIMINOSA

Esse meio de obtenção de prova possivelmente é um dos que trazem mais riscos ao agente policial, pois, nesse caso, o agente age como se fosse integrante da organização criminosa, com a finalidade de obter provas dos crimes por ela cometidos. E é por essa razão que a infiltração somente será admitida quando não houver outro meio de se obter as provas necessárias.

Por ser uma ação que envolve grande risco, é necessária a autorização judicial, mediante requerimento do Ministério Público ou do delegado de polícia.

E ainda não basta a mera autorização judicial, ela deve preencher mais três requisitos:

A autorização judicial deve ser:	**Circunstanciada**: deve ser específica, trazendo os detalhes do procedimento.
	Motivada: deve conter as razões pelas quais a ação é necessária.
	Sigilosa: devendo proteger a operação a ser realizada de modo que garanta seu êxito.

A infiltração poderá ser autorizada pelo prazo de até 6 meses, podendo ser prorrogada desde que comprovada a necessidade. Além disso, o pedido de infiltração deverá ser distribuído sigilosamente a fim de garantir a integridade do agente e a eficácia da operação. Os detalhes das informações serão remetidos ao juiz após a distribuição do pedido, devendo, em 24 horas, proferir sua decisão.

O art. 13 traz uma informação extremamente importante: o agente deve atuar dentro dos seus limites, agindo proporcionalmente com a finalidade da investigação, de modo a responder pelos excessos praticados. Porém, a lei também protege o agente, garantindo que, se não houver outra forma, o crime por ele praticado não será punível.

Por fim, temos os direitos do agente, que têm como única finalidade a sua proteção. Por se tratar de operação de risco, deve tomar quantas medidas forem necessárias para garantir sua segurança.

Infiltração de agentes	
Requisitos	• Somente se a prova não puder ser obtida por outro meio. • Autorização judicial – circunstanciada, motivada e sigilosa. • Deve ser requerida pelo delegado de polícia ou pelo Ministério Público.
Características	• Vai ser autorizada por 6 meses, podendo ser prorrogado desde que comprovada a necessidade. • A distribuição do pedido será feita sigilosamente. • Após a distribuição, o pedido será remetido ao juiz, que deverá proferir a decisão em 24 horas. • O agente responde pelos excessos que praticar na infiltração. • Os crimes cometidos pelo agente no curso da infiltração, se não puderem ser evitados, não serão puníveis.
Direitos do agente	• Recusar ou fazer cessar a atuação infiltrada. • Ter sua identidade alterada, aplicando-se, no que couber, o disposto no art. 9º da Lei nº 9.807, de 13 de julho de 1999, bem como usufruir das medidas de proteção a testemunhas. • Ter seu nome, sua qualificação, sua imagem, sua voz e demais informações pessoais preservadas durante a investigação e o processo criminal, salvo se houver decisão judicial em contrário. • Não ter sua identidade revelada, nem ser fotografado ou filmado pelos meios de comunicação, sem sua prévia autorização por escrito.

17.7 Acesso a registros, dados cadastrais, documentos e informações

De acordo com o art. 15, da Lei nº 12.850/2013, o delegado de polícia e o Ministério Público terão acesso, **independentemente de autorização judicial, apenas** aos dados cadastrais do investigado que informem exclusivamente a qualificação pessoal, a filiação e o endereço mantidos pela Justiça Eleitoral, empresas telefônicas, instituições financeiras, provedores de internet e administradoras de cartão de crédito.

Em relação especificamente às **empresas de transporte**, a lei determina que elas devem possibilitar, pelo prazo de 5 anos, acesso direto e permanente do juiz, do Ministério Público ou do delegado de polícia aos bancos de dados de reservas e registro de viagens.

Já as concessionárias de **telefonia fixa ou móvel** devem manter, também pelo prazo de 5 anos, à disposição das autoridades registros de identificação dos números dos terminais de origem e de destino das ligações telefônicas internacionais, interurbanas e locais. Vale lembrar que os registros se referem unicamente à existência de ligações e não ao conteúdo delas, que dependerá, sempre, de interceptação telefônica.

Note que há limitação ao acesso do delegado de polícia e ao Ministério Público aos dados cadastrais do investigado, que se atêm somente às qualificações pessoais, filiação e endereço, não envolvendo qualquer quebra de sigilo bancário, fiscal ou de comunicações.

Note que a lei só permite o registro de números telefônicos e de viagens, não o acesso a conversas, ligações e afins. Esses registros deverão ser mantidos por essas empresas pelo prazo de 5 anos.

17.8 Crimes ocorridos na investigação e na obtenção da prova

Com o objetivo de tutelar as investigações no âmbito das organizações criminosas, especialmente protegendo as pessoas envolvidas (como o agente infiltrado) e o conteúdo das investigações (a divulgação antecipada de uma colaboração, por exemplo), o legislador estabeleceu quatro tipos penais incriminadores na Lei nº 12.850/2013. São eles:

Art. 18 Revelar a identidade, fotografar ou filmar o colaborador, sem sua prévia autorização por escrito:

Pena – Reclusão, de 1 (um) a 3 (três) anos, e multa.

Art. 19 Imputar falsamente, sob pretexto de colaboração com a Justiça, a prática de infração penal a pessoa que sabe ser inocente, ou revelar informações sobre a estrutura de organização criminosa que sabe inverídicas:

Pena – Reclusão, de 1 (um) a 4 (quatro) anos, e multa.

Art. 20 Descumprir determinação de sigilo das investigações que envolvam a ação controlada e a infiltração de agentes:

Pena – Reclusão, de 1 (um) a 4 (quatro) anos, e multa.

Art. 21 Recusar, ou omitir dados cadastrais, registros, documentos e informações requisitadas pelo juiz, Ministério Público ou delegado de polícia, no curso de investigação ou do processo:

Pena – Reclusão, de 6 (seis) meses a 2 (dois) anos, e multa.

Parágrafo único. Na mesma pena incorre quem, de forma indevida, se apossa, propala, divulga ou faz uso dos dados cadastrais de que trata esta Lei.

Os crimes cometidos dentro da investigação e no meio de obtenção de prova serão punidos cada qual com uma pena específica, conforme a gravidade da conduta. Mas note que dois desses crimes (arts. 18 e 20) têm a finalidade protetiva, pois tratam de ações que violam a segurança dos colaboradores e infiltrados.

17.8.1 Disposições finais

Os crimes previstos na lei e as infrações penais conexas devem ser apuradas mediante **procedimento comum ordinário** previsto no Código de Processo Penal, devendo a instrução ser encerrada em um prazo razoável, sendo que, se o réu estiver preso, o prazo máximo será de **120 dias**, prorrogável por igual período, desde que por decisão fundamentada e devidamente motivada pela complexidade da causa ou por fato procrastinatório atribuído ao réu.

Importante registrar que, de acordo com o art. 23 da Lei, **o sigilo da investigação** poderá ser decretado pela autoridade judicial competente, para garantia da celeridade e da eficácia das diligências investigatórias, devendo, contudo, ser assegurado ao defensor, no interesse do representado, amplo acesso aos elementos de prova que digam respeito ao exercício do direito de defesa, devidamente precedido de autorização judicial, ressalvados os referentes às diligências em andamento.

Por fim, caso determinado o depoimento do investigado, seu defensor terá assegurada a prévia vista dos autos, ainda que classificados como sigilosos, no prazo mínimo de três dias que antecedem ao ato, podendo ser ampliado, a critério da autoridade responsável pela investigação.

Prevê o art. 24 da lei que o art. 288, do Decreto-lei nº 2.848/1940 (Código Penal), passa a vigorar com a seguinte redação:

> *Art. 288, CP Associarem-se 3 (três) ou mais pessoas, para o fim específico de cometer crimes:*
> *Pena – Reclusão, de 1 (um) a 3 (três) anos.*
> *Parágrafo único. A pena aumenta-se até a metade se a associação é armada ou se houver a participação de criança ou adolescente.*

Na sequência, determina o art. 25 da Lei de Organização Criminosa que o art. 342, do Código Penal, passa a vigorar com a seguinte redação:

> *Art. 25 O art. 342 do Decreto-lei nº 2.848, de 7 de dezembro de 1940 (Código Penal), passa a vigorar com a seguinte redação*
> *Pena – Reclusão, de 2 (dois) a 4 (quatro) anos, e multa.*
> *Falso testemunho ou falsa perícia*
> *Art. 342 Fazer afirmação falsa, ou negar ou calar a verdade como testemunha, perito, contador, tradutor ou intérprete em processo judicial, ou administrativo, inquérito policial, ou em juízo arbitral:*
> *Pena – Reclusão, de 2 (dois) a 4 (quatro) anos, e multa.*
> *§ 1º As penas aumentam-se de um sexto a um terço, se o crime é praticado mediante suborno ou se cometido com o fim de obter prova destinada a produzir efeito em processo penal, ou em processo civil em que for parte entidade da administração pública direta ou indireta.*
> *§ 2º O fato deixa de ser punível se, antes da sentença no processo em que ocorreu o ilícito, o agente se retrata ou declara a verdade.*

Em conclusão, a lei revoga expressa e totalmente a Lei nº 9.034/1995, antiga Lei das Organizações Criminosas.

18 LEI Nº 13.869/2019 – ABUSO DE AUTORIDADE

18.1 Aspectos gerais

18.1.1 Contexto da lei

Em setembro de 2019 tivemos a publicação da Lei nº 13.869/2019, nossa nova Lei de Abuso de Autoridade, a qual revogou expressamente a Lei nº 4.898/1965 – antiga Lei de Abuso de Autoridade - além de alterar diversos dispositivos de outras leis em vigor.

18.1.2 Finalidade da lei

Estudamos em Direito Administrativo que o Estado e seus agentes possuem algumas prerrogativas não extensíveis aos particulares, como por exemplo a presunção de legitimidade de seus atos (são, a princípio, considerados praticados de acordo com a lei). Contudo, não raro temos a ocorrência de condutas praticadas por agentes estatais que extrapolam ou se desviam dos limites da lei, caracterizando-se em verdadeiro abuso da autoridade legitimamente conferida a eles.

Com isso, surge a necessidade de contenção e punição desses atos praticados em desconformidade com a legislação. Várias são as normas, administrativas, cíveis e penais, que visam punir o agente público que abusa de seu poder. Temos como exemplo os crimes do Código Penal, notadamente os cometidos contra a Administração Pública, que buscam, mesmo que de forma indireta quanto ao abuso, punir tais atos praticados por agentes públicos. Da mesma forma, há normas administrativas, como a Lei de Improbidade, que sancionam administrativamente tais condutas.

Ao lado dessas normas, tínhamos a Lei mº 4.898/1965, a qual, como vimos, foi revogada pela nova Lei de Abuso de Autoridade - Lei nº 13.869/2019 – atualmente em vigor e que, nas palavras de Greco e Sanches, tem por finalidade: *modernizar a prevenção e repressão aos comportamentos abusivos de poder no trato dos direitos fundamentais do cidadão, colocando em mira a conduta de autoridades e agentes públicos*[1].

18.1.3 Organização

Vale ressaltar ainda que a Lei nº 13.869/2019 é dividida nos seguintes Capítulos:

Capítulo I	DISPOSIÇÕES GERAIS
Capítulo II	DOS SUJEITOS DO CRIME
Capítulo III	DA AÇÃO PENAL
Capítulo IV	DOS EFEITOS DA CONDENAÇÃO E DAS PENAS RESTRITIVAS DE DIREITOS
Capítulo V	DAS SANÇÕES DE NATUREZA CIVIL E ADMINISTRATIVA
Capítulo VI	DOS CRIMES E DAS PENAS
Capítulo VII	DO PROCEDIMENTO
Capítulo VIII	DISPOSIÇÕES FINAIS

18.2 Sujeitos do crime e características gerais

Art. 1º Esta Lei define os crimes de abuso de autoridade, cometidos por agente público, servidor ou não, que, no exercício de suas funções ou a pretexto de exercê-las, abuse do poder que lhe tenha sido atribuído.

§ 1º As condutas descritas nesta Lei constituem crime de abuso de autoridade quando praticadas pelo agente com a finalidade específica de prejudicar outrem ou beneficiar a si mesmo ou a terceiro, ou, ainda, por mero capricho ou satisfação pessoal.

§ 2º A divergência na interpretação de lei ou na avaliação de fatos e provas não configura abuso de autoridade.

Art. 2º É sujeito ativo do crime de abuso de autoridade qualquer agente público, servidor ou não, da administração direta, indireta ou fundacional de qualquer dos Poderes da União, dos Estados, do Distrito Federal, dos Municípios e de Território, compreendendo, mas não se limitando a:

I - Servidores públicos e militares ou pessoas a eles equiparadas;

II - Membros do Poder Legislativo;

III - membros do Poder Executivo;

IV - Membros do Poder Judiciário;

V - Membros do Ministério Público;

VI - Membros dos tribunais ou conselhos de contas.

Parágrafo único. *Reputa-se agente público, para os efeitos desta Lei, todo aquele que exerce, ainda que transitoriamente ou sem remuneração, por eleição, nomeação, designação, contratação ou qualquer outra forma de investidura ou vínculo, mandato, cargo, emprego ou função em órgão ou entidade abrangidos pelo caput deste artigo.*

18.2.1 Sujeitos ativo

Quanto ao sujeito ativo (quem pratica o crime), como se extrai da leitura do art. 1°, *caput* c/c art. 2°, os crimes da Lei nº 13.869/2019 são próprios (exigirão uma condição especial do sujeito ativo), os quais somente poderão ser cometidos por **agente público**.

Mas qual o conceito "Agente Público" para os fins da mencionada Lei?

É um conceito bastante amplo. Resumindo e esquematizando o disposto no art. 2°, temos que se trata:

Aquele que exerce cargo, emprego, função ou mandato na admnistração direta ou indireta ou funcional de qualquer dos poderes da União dos Poderes da União, dos Estados, do Distrito Federal, dos Municípios e de Territórrio	
Ainda que de forma transitória ou sem remuneração (Ex.: mesários eleitorais, jurados).	Por qualquer forma de investidura ou vínculo (Ex.: eleição, nomeação, designação, contratação)

O art. 2°, em seus incisos, traz um rol exemplificativo de sujeitos ativos, sem prejuízo de vários outros exemplos: servidores públicos; empregados públicos; agentes políticos; militares, etc.

18.2.2 No exercício de suas funções ou a pretexto de exercê-las

Segundo o art. 1°, os crimes da Lei poderão ser cometidos por agente público: que estiver **no exercício da sua função pública** (Ex.: policial em serviço); bem como por aquele que, embora não esteja no exercício da função (Ex.: policial de folga), cometer o ato invocando a sua condição de autoridade pública, ou seja, **a pretexto de exercê-la**.

Exige-se, portanto, que a conduta cometida guarde relação com a função pública do sujeito ativo para que tenhamos a configuração de crime contido na lei (que pode estar exercendo-a efetivamente ou mesmo atuando a pretexto de exercê-la).

18.2.3 Agente público de férias ou licença

Poderá ser sujeito ativo de crime da Lei nº 13.869/2019. Isso porque quando está de férias ou licença o agente público conserva o seu vínculo com a Administração Pública e, como vimos, é possível que

---

[1] GRECO, Rogério. CUNHA, Rogério Sanches. Abuso de Autoridade Lei n° 13.869/2019 comentada artigo por artigo. Salvador: Juspodivm, 2020, p. 12.

o abuso seja cometido não só no exercício da função, mas também a pretexto de exercê-la.

18.2.4 Agente público aposentado ou demitido

Nesses casos, o sujeito não mais possui vínculo funcional com a Administração Pública (não é mais "agente público" para fins da lei), não podendo cometer, em regra, crime de abuso de autoridade.

18.2.5 Múnus público

Aquele que exerce múnus público (um tipo de encargo imposto pela lei) - como por exemplo o tutor, curador, inventariante - não é "agente público" para os fins da Lei de Abuso de Autoridade, não podendo assim ser considerado sujeito ativo dos delitos tipificados na mencionada norma.

18.2.6 Concurso de pessoas

Como são crimes próprios, os delitos da Lei nº 13.869/2019 admitem tanto coautoria quanto participação.

Assunto interessante diz respeito à possibilidade de o particular cometer crime da nova Lei de Abuso de Autoridade: **via de regra não cometerá**, haja vista que não é "agente público" para os fins do mencionado art. 2º.

Contudo, existe uma possibilidade de o particular responder pelo delito: quando pratica-lo conjuntamente com um "agente público", ou seja, atuando como coautor ou partícipe (concurso de pessoas). Dessa forma, sozinho, o particular nunca cometerá crime da Lei de Abuso de Autoridade.

E por qual razão o particular também responderá por crime da Lei nº 13.869/2019, nesse caso de concurso de pessoas? Explicamos. O art. 30 do Código Penal dispõe que *não se comunicam as condições de caráter pessoal, salvo quando elementares do crime*. Ou seja, quando houver uma **elementar**, essa irá se comunicar (aos coautores e partícipes do delito).

Elementares são, basicamente, os dados fundamentais/principais de uma conduta criminosa. Nos crimes da Lei nº 13.869/2019, a condição de "agente público" é uma elementar, portanto ela irá se comunicar, se transmitir do agente público ao particular, respondendo, ambos, por crime de Abuso de Autoridade. Obviamente se o particular desconhecer a condição de agente público do seu parceiro, não responderá por crime de abuso

18.3 Bem jurídico e sujeito passivo

Os bens jurídicos tutelados, ou seja, os valores fundamentais que a Lei nº 13.869/2019 buscou proteger ao criminalizar as condutas de abuso de autoridade são dois: **o regular funcionamento da Administração Pública**, a qual não pode admitir que as condutas de seus agentes estejam em desconformidade com a lei; **os direitos fundamentais das vítimas**, as quais sofreram o ato de abuso por parte do agente estatal.

Analisando os bens jurídicos protegidos pela Lei, teremos que, à semelhança, são dois os sujeitos passivos (vítimas) do crime de abuso: tanto o **Estado**, responsável pela "máquina pública", quanto a pessoa (física ou jurídica) que sofreu a conduta ilegal por parte do agente estatal.

18.4 Elemento subjetivo

Todos os crimes previstos na Lei nº 13.869/2019 são **dolosos** - não há delito de abuso de autoridade culposo - e exigem, além do dolo genérico (presente em todo crime doloso), um especial fim de agir, o qual encontra-se previsto no art. 1º, §1º

18.5 Ação penal e competência

Art. 3º Os crimes previstos nesta Lei são de ação penal pública incondicionada.

§ 1º Será admitida ação privada se a ação penal pública não for intentada no prazo legal, cabendo ao Ministério Público aditar a queixa, repudiá-la e oferecer denúncia substitutiva, intervir em todos os termos do processo, fornecer elementos de prova, interpor recurso e, a todo tempo, no caso de negligência do querelante, retomar a ação como parte principal.

§ 2º A ação privada subsidiária será exercida no prazo de 6 (seis) meses, contado da data em que se esgotar o prazo para oferecimento da denúncia.

18.5.1 Ação penal

Todos os crimes da Lei de Abuso de Autoridade serão processados e julgados mediante ação penal pública incondicionada.

O art. 3º, em seus §§ 1º e 2º, traz a chamada ação penal privada subsidiária da pública, que consiste na possibilidade de admissão da ação penal privada para crimes que se processam originariamente sob ação penal pública, caso essa não seja intentada no prazo legal[2] pelo Ministério Público (titular dessa espécie de ação penal). Aqui a lei praticamente repetiu o já previsto no Código de Processo Penal, o qual aborda essa temática com mais detalhamento.

Observe que, mesmo no caso de admissão da ação penal privada subsidiária da pública, o Ministério Público continua tendo um amplo poder de gerência, podendo: aditar ou repudiar a queixa (oferecendo denúncia substitutiva); intervir em todos os termos do processo; fornecer elementos de prova; interpor recurso; e, a todo tempo, no caso de negligência do querelante, retomar a ação como parte principal. Além disso, note que o prazo de exercício dessa espécie de ação será de 6 meses, a contar da data em que se esgotar o prazo para oferecimento da denúncia. Transcorrido o prazo mencionado sem que a vítima tenha oferecido a queixa subsidiária, opera-se a decadência do direito de ação (o MP continua legitimado a oferecer a denúncia enquanto não extinta a punibilidade do crime, Ex.: prescrição).

18.5.2 Competência

A competência para julgamento dos crimes de abuso de autoridade é, via de regra, da **Justiça Comum Estadual**.

Poderemos ter também o julgamento pela **Justiça Comum Federal** se vislumbrarmos, no caso concreto, alguma das hipóteses previstas no art. 109 da CF, com destaque para o inciso IV (ofensa a algum bem, serviço ou interesse da União, suas autarquias ou empresas públicas).

> Ex.: crime de abuso de autoridade cometido no interior de órgão público federal (bem da União).

E o crime da Lei nº 13.869/2019 praticado por militar? De qual Justiça é a competência?

Segundo a melhor doutrina, se praticado por militar **no exercício de suas funções/em serviço**, competência da **Justiça Militar**. Vamos explicar melhor. Esse é um ponto que tem que ficar bem claro, pois trata-se de uma novidade introduzida pela **Lei nº 13.491/2017**.

Antes da edição da **Lei nº 13.491/2017**, mesmo praticado por militar, os crimes previstos nas leis penais especiais seriam sempre de competência da Justiça Comum. Isso porque a Justiça Militar julga apenas crimes militares e, anteriormente à lei citada, crime militar era definido como aquele contido no Código Penal Militar. Porém, a partir

---
[2] O prazo para oferecimento da denúncia encontra-se previsto no art. 46 do CPP: 5 dias estando o réu preso; 15 dias estando o réu solto ou afiançado.

LEI Nº 13.869/2019 – ABUSO DE AUTORIDADE

da vigência da mencionada norma, houve **alteração no conceito de crime militar** (em tempo de paz), de forma que atualmente os crimes militares são, além dos previstos no CPM: **aqueles contidos nas leis penais especiais e também no Código Penal (comum)**, desde **que sejam praticados em alguma das situações elencadas no art. 9º, II do CPM**.

Dessa forma, o crime de abuso de autoridade cometido por militar, em alguma das situações do art. 9, II do CPM (Ex.: em serviço), será julgado pela **Justiça Militar** (haja vista se tratar de crime militar por extensão/equiparação).

18.6 Efeitos da condenação e penas restritivas de direitos

Art. 4º São efeitos da condenação:
I - Tornar certa a obrigação de indenizar o dano causado pelo crime, devendo o juiz, a requerimento do ofendido, fixar na sentença o valor mínimo para reparação dos danos causados pela infração, considerando os prejuízos por ele sofridos;
II - A inabilitação para o exercício de cargo, mandato ou função pública, pelo período de 1 (um) a 5 (cinco) anos;
III - a perda do cargo, do mandato ou da função pública.
Parágrafo único. Os efeitos previstos nos incisos II e III do caput deste artigo são condicionados à ocorrência de reincidência em crime de abuso de autoridade e não são automáticos, devendo ser declarados motivadamente na sentença.

18.6.1 Efeitos da condenação

No art. 4º da Lei estão previstos os efeitos extrapenais aplicáveis a quem for condenado por crime de abuso de autoridade. É interessante pontuar que alguns desses efeitos são automáticos, não necessitando de fundamentação pelo juiz quando da prolação da sentença condenatória (inciso I[3]) – uma vez condenado por crime da lei, automaticamente lhe será imposto tal efeito, quando for o caso.

Contudo, outros deles exigirão a devida fundamentação pelo magistrado para a sua caracterização (incisos II e III) – se o juiz, na sentença condenatória, nada diz a respeito desses efeitos, eles não serão impostos ao condenado. Quanto a esses, também é obrigatória a presença de reincidência específica, ou seja, que o condenado seja reincidente **em crime da Lei nº 13.869/2019** (foi condenado definitivamente por delito da Lei de Abuso de Autoridade e, posteriormente).

Para além do mencionado, o desafio do futuro aprovado aqui é memorizar o texto legal. Dessa forma, segue um esquema com as principais informações a serem gravadas:

São efeitos da condenação		
Perda de cargo, do mandato ou da função pública.	Inabilitação para o exercício de cargo, mandato ou função pública - 1 a 5 anos.	Torna certa a obrigação de indenizar o dano causado pelo crime + devendo o juiz, a requerimento do ofendido, fixar na sentença o valor mínimo para reparação dos danos, considerando os prejuízos sofridos.
Esse efeito é condicionado a ocorrência de reincidência em crime de abuso de autoridade e não automático.		

---
[3] Sendo mais específico, doutrina especializada entende que a primeira parte do inciso I é efeito automático da condenação, enquanto a segunda parte do dispositivo (*devendo o juiz, a requerimento do ofendido, fixar na sentença o valor mínimo para reparação dos danos causados pela infração, considerando os prejuízos por ele sofridos*) exigirá requerimento do ofendido para sua incidência (efeito não automático).

Art. 5º As penas restritivas de direitos substitutivas das privativas de liberdade previstas nesta Lei são:
I - Prestação de serviços à comunidade ou a entidades públicas;
II - Suspensão do exercício do cargo, da função ou do mandato, pelo prazo de 1 (um) a 6 (seis) meses, com a perda dos vencimentos e das vantagens;
Parágrafo único. As penas restritivas de direitos podem ser aplicadas autônoma ou cumulativamente.

18.6.2 Penas restritivas de direitos

O art. 5º traz as penas restritivas de direitos substitutivas das penas privativas de liberdade específicas para crimes da lei de abuso de autoridade, as quais podem ser aplicadas de forma autônoma (apenas uma delas) ou cumulativa (as duas em conjunto). Embora a lei anuncie quais são as penas substitutivas possíveis, nada diz a respeito dos requisitos para se operar essa substituição (quanto a esse ponto, deveremos observar o previsto no art. 44 do Código Penal).

Da mesma forma que o art. 4º, para provas de concursos a memorização do dispositivo é fundamental. Portanto, saiba:

Art. 5º - Penas Restritivas de Direito Substitutivas (aplicadas - autônoma ou cumulativamente):	
Prestação de serviços à comunidade ou entidades públicas.	Suspensão do exercício do cargo, função ou do mandato, pelo prazo de 1 a 6 meses + com a perda dos vencimentos e das vantagens.

18.7 Sanções de natureza civil e administrativa

Art. 6º As penas previstas nesta Lei serão aplicadas independentemente das sanções de natureza civil ou administrativa cabíveis.
Parágrafo único. As notícias de crimes previstos nesta Lei que descreverem falta funcional serão informadas à autoridade competente com vistas à apuração.
Art. 7º As responsabilidades civil e administrativa são independentes da criminal, não se podendo mais questionar sobre a existência ou a autoria do fato quando essas questões tenham sido decididas no juízo criminal.
Art. 8º Faz coisa julgada em âmbito cível, assim como no administrativo-disciplinar, a sentença penal que reconhecer ter sido o ato praticado em estado de necessidade, em legítima defesa, em estrito cumprimento de dever legal ou no exercício regular de direito.

18.7.1 Princípio da independência das instâncias

Via de regra, quanto à diversidade de punições a um ato ilícito vigora o princípio da independência das instâncias: as esferas cível, administrativa e penal são autônomas, ou seja, não guardam qualquer relação de dependência entre si. Por exemplo, para que se apure a responsabilização criminal de um ato de abuso de autoridade, não é necessário aguardar a instauração ou mesmo o encerramento do processo administrativo disciplinar (e vice-versa). É nesse sentido o teor do art. 6º, *caput* da Lei.

Além disso, é possível que um único ato de abuso de autoridade dê ensejo a três espécies diferentes de responsabilização: ADMINISTRATIVA + CIVIL + PENAL (as quais, em regra, são independes).

Contudo, pela leitura dos dispositivos seguintes – art. 7º e 8º - inferimos que o princípio mencionado não é absoluto, comportando duas exceções positivadas na Lei nº 13.869/2019:

LEGISLAÇÃO ESPECIAL

| Se o juízo do crime já decidiu a respeito da existência ou autoria do fato (materialidade e autoria): | → | Essas questões não poderão ser novamente questionadas nas esferas cível e administrativa |

Ou seja, o que foi decidido na esfera criminal em relação a existência ou autoria do fato, por meio de sentença penal condenatória (ou absolutória), torna-se imutável para as demais, retirando parcela da "independência" dessas instâncias.

| A senteça penal que reconhecer ter sido o ato praticado em estado de necessidade, legítima defesa, estrito cumprimento de dever legal ou exercício regular de direito: | → | Faz coisa julgada no âmbito cível e administrativo |

A sentença penal que reconhecer alguma das causas de exclusão da ilicitude do art. 23 CP, de igual modo, é imodificável nas demais esferas, esvaziando também parte da "independência" das mesmas.

18.7.2 Notificação falta funcional

Conforme disposto no art. 6º, parágrafo único no caso de notícia de crime que descreva também alguma falta funcional (âmbito administrativo), tal fato será comunicado à autoridade competente com vistas à respectiva apuração da responsabilidade disciplinar.

As condutas descritas na Lei constituem criem de abuso de autoridade quando praticadas pelo agente com finalidade específica de (solo específico):	
Prejudicar outrem	Benificiar a terceiro
Benificiar a si mesmo	Ou, ainda, por mero capricho ou satisfação pessoal

Portanto, pelo menos em regra, sem a existência de alguma dessas finalidades específicas não há que se falar em crime da Lei de Abuso de Autoridade. Ok!

Então para a caracterização dos delitos da Lei nº 13.869/2019 é necessário que se alcance alguma das finalidades citadas?

Não é necessário que se alcance, mas apenas que haja a pretensão, a intenção, o fim específico de abusar de seu poder, praticando alguma das condutas tipificadas na lei, para se chegar a qualquer dessas finalidades (mesmo que ela não seja alcançada).

18.8 Divergência na interpretação de lei ou na avaliação de fatos e provas

É certo que o operador do Direito, rotineiramente, se vê diante da necessidade de interpretar leis ou dispositivos de leis, bem como avaliar fatos e provas nas mais diversas situações. É comum que existam divergências entre os operadores quanto a interpretação ou avaliação desses fatos, isso é inclusive muito salutar. A divergência leva ao aprofundamento da questão, o que poderá gerar um raciocínio melhor construído, uma tese melhor trabalhada.

Atento a isso, o legislador previu no art. 1º, §2º que:

> **Art. 1º, § 2º** *A divergência na interpretação de lei ou na avaliação de fatos e provas não configura abuso de autoridade.*

Dessa forma, não que se falar em crime de abuso de autoridade no caso de mera divergência na interpretação de lei ou na avaliação de fatos e provas.

18.9 Procedimento

> **Art. 39** *Aplicam-se ao processo e ao julgamento dos delitos previstos nesta Lei, no que couber, as disposições do Decreto-Lei nº 3.689, de 3 de outubro de 1941 (Código de Processo Penal), e da Lei nº 9.099, de 26 de setembro de 1995.*

Diferentemente do previsto na antiga lei de abuso de autoridade (Lei nº 4.898/1965), a qual previa um procedimento especial aos seus crimes, a Lei nº 13.869/2019 dispõe em seu art. 39 que aplicam-se aos delitos as normas de processo e julgamento contidas no Código de Processo Penal ou na Lei nº 9.099/1995 (Juizados Especiais Criminais).

De forma objetiva, saiba que a nova Lei de Abuso de Autoridade traz um padrão quanto à sanção penal privativa de liberdade, de modo que os delitos são punidos de duas uma:

▷ **Ou detenção de 6 meses a 2 anos (menor potencial ofensivo):** nesse caso, aplicar-se-ão as disposições da Lei nº 9.099/1995: procedimento sumaríssimo, institutos despenalizadores e demais disposições da lei.

▷ **Ou detenção de 1 a 4 anos (médio potencial ofensivo):** para esses, aplicar-se-ão as disposições do CPP. Sendo mais específico, em regra incidirá o procedimento especial reservado ao processo e julgamento dos crimes de responsabilidade dos funcionários públicos (arts. 513 a 518 do CPP), aplicando-se subsidiariamente as normas do procedimento ordinário.

Ressaltamos, por fim, a possibilidade de aplicação da Lei nº 9.099/1995 (no que for compatível), em especial o instituto da suspensão condicional do processo (pois todos os crimes da nova lei de abuso de autoridade possuem pena mínima igual ou inferior a 1 ano).

18.10 Crimes em espécie

A partir do art. 9º nós temos a previsão dos crimes em espécie da nova lei de abuso de autoridade. Certamente a maior parte das questões irão exigir do candidato o conhecimento da letra da lei, principalmente nesse momento inicial, no qual são escassas as decisões jurisprudenciais sobre o tema e as discussões doutrinárias ainda embrionárias.

Inicialmente, como forma de sistematizar os temas, elencaremos aqui ensinamentos sobre os seguintes pontos (alguns já abordados anteriormente, mas que merecem atenção do futuro aprovado, pois aproveitam a todos os crimes da lei): **elemento subjetivo; modalidades da conduta; objeto material**.

18.10.1 Elemento subjetivo

Os crimes previstos na lei são todos dolosos (não há abuso de autoridade culposo). Além disso, não basta o chamado "dolo genérico" (ou simplesmente "dolo"), pois, como já estudado, os delitos exigirão também uma finalidade específica (dolo específico), constante no art. 1º, §1º da Lei.

18.10.2 Modalidades comissiva e omissiva

Em regra, os crimes da lei serão cometidos mediante ação (crimes comissivos), contudo, alguns outros delitos exigirão uma omissão por parte do agente público para sua caracterização (crimes omissivos). Saiba, portanto, que a Lei prevê tanto crimes comissivos quanto omissivos.

18.10.3 Objeto material

É a pessoa ou coisa sob a qual recai a conduta do agente, no caso dos delitos da Lei nº 13.869/2019, cuida-se da pessoa física ou jurídica que sofreu o ato consistente em crime de abuso de autoridade.

LEI Nº 13.869/2019 – ABUSO DE AUTORIDADE

18.10.4 Art. 9º

Art. 9º Decretar medida de privação da liberdade em manifesta desconformidade com as hipóteses legais:
Pena - detenção, de 1 (um) a 4 (quatro) anos, e multa.
Parágrafo único. Incorre na mesma pena a autoridade judiciária que, dentro de prazo razoável, deixar de:
I - Relaxar a prisão manifestamente ilegal;
II - Substituir a prisão preventiva por medida cautelar diversa ou de conceder liberdade provisória, quando manifestamente cabível;
III - deferir liminar ou ordem de habeas corpus, quando manifestamente cabível.

Conduta Típica

Estamos diante da conduta de agente público que decreta medida de privação da liberdade em **manifesta**[4] desconformidade com a lei. O conceito de "medida de privação de liberdade" é amplo, abrangendo a **prisão cautelar** (flagrante, preventiva, temporária), **prisão definitiva** (em razão de sentença condenatória transitada em julgado), **prisão civil** (dívida de alimentos) e internação de menor infrator (Lei nº 8.069/1990).

Portanto, trata-se da situação na qual o sujeito ativo, em manifesta desconformidade com o previsto em lei e abusando de seu poder, ordena a privação de liberdade de uma pessoa.

> **Ex.:** juiz que decreta a prisão temporária de um sujeito em razão do cometimento do crime de ameaça (art. 147 CP). Tal ordem é manifestamente ilegal, haja vista que o delito do art. 147 CP não consta no rol da Lei nº 7.960/1989 (prisão temporária).

Figuras equiparadas

No parágrafo único nós temos algumas figuras equiparadas, ou seja, cada inciso constitui um crime autônomo, mas que receberá a mesma consequência penal da conduta prevista no *caput*, incorrendo na mesma pena a autoridade judiciária que, **dentro de prazo razoável, deixar de:**

▷ **Relaxar prisão manifestamente ilegal:** juiz que ao receber o preso em flagrante, na audiência de custódia, e verificada nítida ilegalidade na prisão, deixa de relaxa-la, convertendo-a em prisão preventiva;

▷ **Substituir a prisão preventiva por medida cautelar diversa ou de conceder liberdade provisória, quando manifestamente cabível:** conduta do juiz que ao receber preso em flagrante na audiência de custódia - sendo caso de flagrante lícito - e diante da evidente ausência dos requisitos para decretação da prisão preventiva (art. 312 c/c art. 313 do CPP), mesmo assim decide ordena-la, deixando de conceder a liberdade provisória manifestamente cabível;

▷ **Deferir liminar ou ordem de *habeas corpus*, quando manifestamente cabível:** imagine que um juiz esteja há vários meses com um pedido liminar ou de *habeas corpus* concluso para seu julgamento em processo criminal e, ainda, é manifestamente cabível o pleiteado pela defesa. Mesmo diante de tal situação, o juiz dolosamente se mantém inerte, não deferindo o pedido nitidamente cabível.

Sujeitos do crime

Sujeito ativo: em relação ao *caput*, poderá ser qualquer agente público, na forma do art. 2°, pois todo agente estatal é passível de decretar medida de privação de liberdade em **manifesta** desconformidade com a lei; quanto ao parágrafo único, será apenas quem se enquadrar na qualidade de autoridade judiciária: Juiz, Desembargador, Ministro.

Sujeito passivo: tanto o Estado quanto a pessoa que sofreu a conduta ilegal por parte do agente público.

Modalidades comissiva e omissiva

O verbo "decretar" (*caput*) exige uma ação por parte do sujeito ativo (crime comissivo). Contudo, no tocante ao verbo "deixar" parágrafo único) temos delito praticado por omissão (crime omissivo próprio).

18.10.5 Art. 10

Art. 10 Decretar a condução coercitiva de testemunha ou investigado manifestamente descabida ou sem prévia intimação de comparecimento ao juízo:
Pena - detenção, de 1 (um) a 4 (quatro) anos, e multa.

Conduta típica

Em breves palavras, condução coercitiva consiste em levar alguém, ainda que contra a sua vontade, à presença de determinada autoridade para que possa realizar algum ato proveitoso à persecução penal. Segundo o CPP, existe a possibilidade de condução coercitiva em relação aos seguintes sujeitos: **vítima** (art. 201, §1°); **acusado** (art. 260); **testemunha** (art. 218); **perito** (art. 278).

Embora haja todas essas possibilidades, teremos o crime do art. 10 quando o agente público legitimado decretar condução coercitiva, de **testemunha ou investigado** (apenas esses), em uma de duas situações:

▷ **Quando manifestamente descabida a medida:** citamos como exemplo uma condução coercitiva do investigado para interrogatório em sede policial. O STF recentemente reconheceu a impossibilidade de condução coercitiva de investigado ou réu objetivando a realização de interrogatório na fase investigatória ou judicial, considerando não recepcionada a parte do art. 260 do CPP que dispõe sobre a possibilidade de aplicação da medida *"para interrogatório"*;

▷ **Quando não tenha havido prévia intimação de comparecimento ao juízo:** sem intimação prévia e o subsequente não comparecimento na data agendada de forma injustificada, a condução coercitiva de testemunha ou investigado configurará o crime do art. 10.

Sujeitos do crime

Sujeito ativo: para melhor doutrina, a condução coercitiva pode ser determinada por várias autoridades, como por exemplo: juiz; autoridade policial; membro do Ministério Público. Dessa forma, não só o juiz como também qualquer agente público com atribuição para determinar a medida poderá ser sujeito ativo do crime

18.10.6 Art. 12

Art. 12 Deixar injustificadamente de comunicar prisão em flagrante à autoridade judiciária no prazo legal:
Pena - detenção, de 6 (seis) meses a 2 (dois) anos, e multa.
Parágrafo único. Incorre na mesma pena quem:
I - Deixa de comunicar, imediatamente, a execução de prisão temporária ou preventiva à autoridade judiciária que a decretou;
II - Deixa de comunicar, imediatamente, a prisão de qualquer pessoa e o local onde se encontra à sua família ou à pessoa por ela indicada;
III - deixa de entregar ao preso, no prazo de 24 (vinte e quatro) horas, a nota de culpa, assinada pela autoridade, com o motivo da prisão e os nomes do condutor e das testemunhas;
IV - Prolonga a execução de pena privativa de liberdade, de prisão temporária, de prisão preventiva, de medida de segurança ou de internação, deixando, sem motivo justo e excepcionalíssimo, de executar o alvará de soltura imediatamente após recebido ou de promover a soltura do preso quando esgotado o prazo judicial ou legal.

Conduta típica

Os delitos do art. 12 criminalizam o descumprimento de certos deveres legais, inerentes ao momento da prisão ou à execução da pena e de observância obrigatória pelos agentes públicos encarregados. Não se trata de discutir a legalidade da prisão em si, mas sim o cumprimento ou não de deveres correlatos, previstos em lei.

---

4 Cuida-se de um elemento normativo a ser esclarecido pelo intérprete. Os mesmo acontece em relação aos termos "dentro de prazo razoável", "manifestamente cabível", presentes no parágrafo único e incisos.

O art. 12, inicialmente, pune o agente público que deixa injustificadamente[5] de comunicar prisão em flagrante à autoridade judiciária no prazo legal. Esse dever de comunicação encontra-se previsto no art. 306, *caput* do CPP (bem como no art. 5°, LXII, CF) que anuncia, dentre outros, a exigência de comunicação imediata da prisão em flagrante de qualquer pessoa ao juiz competente, o qual, uma vez descumprido, caracterizará o crime em questão.

Perceba que o prazo legal dessa comunicação - conforme extraído da letra do art. 306, *caput*, CPP - é **imediatamente**. Contudo, ressaltamos que para boa parte da **doutrina é lícito que a comunicação da prisão se dê no prazo de 24 horas** (aplicando-se, por extensão, o prazo para remessa do auto de prisão em flagrante ao juiz - art. 306, §1°, CPP), sem que haja crime algum.

Por outro lado, também encontramos entendimento que interpreta literalmente o art. 306, *caput*, CPP, assim se a comunicação da prisão ao juiz não ocorrer imediatamente haverá o delito do art. 12, *caput* da Lei n° 13.869/2019. Para prova objetiva, recomendamos essa interpretação literal do dispositivo.

Figuras equiparadas

No parágrafo único nós temos algumas figuras equiparadas, ou seja, cada inciso constitui um crime autônomo, mas que receberá a mesma consequência penal da conduta prevista no *caput*, incorrendo na mesma pena quem:

▷ **Deixa de:** comunicar, imediatamente, a **execução** de prisão temporária ou **preventiva à autoridade judiciária** que a decretou. Cuida-se de um dever prescrito pelo art. 289-A, §3° do CPP. Quanto ao alcance da expressão "imediatamente" – aqui e no inciso II - valem as mesmas observações feitas ao *caput*;

> **Fique ligado**
> Autoridade policial que cumpre prisão preventivamente legalmente autorizada por juiz, porém não o comunica imediatamente sobre a execução da medida.

▷ **Deixa de:** comunicar, imediatamente, a prisão de qualquer pessoa e o local onde se encontra **à sua família ou à pessoa por ela indicada**. Esses também são deveres, à semelhança do *caput*, previstos no art. 306 do CPP (bem como no art. 5°, LXII, CF);

▷ **Deixa de:** entregar ao preso, no prazo de 24 (vinte e quatro) horas, a **nota de culpa**, assinada pela autoridade, com o motivo da prisão e o nome do condutor e das testemunhas. O dever de entrega da nota de culpa no prazo de 24 horas encontra-se previsto no art. 306, §2° do CPP;

▷ **Deixa:** sem justo e excepcionalíssimo motivo, de **executar imediatamente** alvará de soltura de preso ou **promover a sua soltura** quando esgotado o prazo judicial ou legal, prolongando, dessa forma, a execução de **pena privativa de liberdade**, de **prisão temporária ou preventiva, de medida de segurança ou de internação**.

É certo que se houver justo motivo para a não execução imediata do alvará/não promoção de soltura, não há crime.

> **Ex.:** atraso em virtude de rebelião no presídio ou diante de falha nos sistemas de comunicação, etc.

Sujeitos do crime

Sujeito ativo: será qualquer agente público com atribuição de praticar as condutas previstas nos tipos penais.

Modalidade omissiva

O crime do art. 12 (*caput* ou parágrafo único) reclama conduta omissiva por parte do sujeito ativo (crime omissivo próprio). Excepcionalmente aqui, não há modalidade comissiva do delito.

18.10.7 Art. 13

> *Art. 13* Constranger o preso ou o detento, mediante violência, grave ameaça ou redução de sua capacidade de resistência, a:
> *I - Exibir-se ou ter seu corpo ou parte dele exibido à curiosidade pública;*
> *II - Submeter-se a situação vexatória ou a constrangimento não autorizado em lei;*
> *III - produzir prova contra si mesmo ou contra terceiro:*
> *Pena - detenção, de 1 (um) a 4 (quatro) anos, e multa, sem prejuízo da pena cominada à violência.*

Conduta típica

O crime do art. 13 objetiva tutelar a integridade física e moral do preso ou detento, a qual encontra respaldo em dispositivos constitucionais (art. 5°, XLIX - *é assegurado aos presos o respeito à integridade física e moral*) e legais (art. 41, VIII, LEP - *constituem direitos do preso: proteção contra qualquer forma de sensacionalismo*). Nesse sentido, o mencionado delito tipifica a conduta do agente público que constrange/obriga o preso ou detento, mediante violência, grave ameaça ou redução de sua capacidade de resistência (violência imprópria), a:

▷ **Exibir-se ou ter seu corpo ou parte dele exibido à curiosidade pública:** essa última expressão indica a ausência de finalidade pública na exibição da pessoa presa ou detida, ou seja, o objetivo é saciar a curiosidade de terceiros e não uma efetiva e razoável contribuição à persecução penal;

> **Ex.:** policial que coloca pessoa presa em flagrante dentro do "baú" da viatura (bagageiro adaptado) e comunica à imprensa para que possam fotografá-lo e exibi-lo à curiosidade pública. Nessa situação, o constrangimento foi realizado mediante violência imprópria, pois o preso, subjugado na parte traseira da viatura, encontrava-se com sua capacidade de resistência reduzida.

Ressaltamos que a exposição da imagem de pessoa presa, mesmo que contra sua vontade, mas com o objetivo de auxiliar na elucidação do delito e desde que dentro de limites razoáveis e proporcionais ao atingimento da finalidade pública, não configurará o delito em questão. Podemos citar a divulgação à imprensa das fotos de pessoa presa suspeita de cometer vários delitos contra a dignidade sexual, para que seja possível a identificação de outras possíveis vítimas.

▷ **Submeter-se a situação vexatória ou a constrangimento não autorizado em lei:** policial que, mediante grave ameaça, constrange pessoa presa a gravar um vídeo de desculpas, chorando e se auto ofendendo, em razão dos delitos praticados;

Vale ressaltar que se a situação causar vexame ou constrangimento, porém for autorizada pela lei, não há crime.

> **Ex.:** prisão preventiva lícita, decretada pelo juiz e executada na empresa do detido, na presença de seus funcionários.

▷ **Produzir prova contra si mesmo ou contra terceiro:** O tipo penal consagra o princípio do *nemo tenetur se detegere* ou direito a não auto incriminação, o qual garante ao réu o direito de não praticar nenhum comportamento ativo que possa auto incriminá-lo. Tipifica também o constrangimento à produção de prova contra terceiro.

> **Ex.:** escrivão de polícia que constrange pessoa detida, mediante grave ameaça, a fornecer um fio de seu cabelo para que se realize exame de DNA, necessário a comprovar a materialidade de um crime de estupro (art. 213 CP).

Sem prejuízo da pena cominada à violência

Observe que, se para cometer o delito do art. 13 o agente público se valer do emprego de violência à vítima, teremos concurso de crimes - por expressa disposição legal: *detenção, de 1 (um) a 4 (quatro) anos, e multa, **sem prejuízo da pena cominada à violência**.*

---

5 Se houver justo motivo, por exemplo falha nos sistemas de comunicação, não há crime.

LEI Nº 13.869/2019 – ABUSO DE AUTORIDADE

Sujeitos do crime

Sujeito ativo: é o agente público que praticar a conduta prevista no tipo penal (não se enquadram como sujeito ativo do delito, os profissionais da imprensa que, porventura, venham a capturar imagens do preso ou detento – não são "agentes públicos").

18.10.8 Art. 15

Art. 15 Constranger a depor, sob ameaça de prisão, pessoa que, em razão de função, ministério, ofício ou profissão, deva guardar segredo ou resguardar sigilo:
Pena - detenção, de 1 (um) a 4 (quatro) anos, e multa.
Parágrafo único. Incorre na mesma pena quem prossegue com o interrogatório:
I - de pessoa que tenha decidido exercer o direito ao silêncio; ou
II - de pessoa que tenha optado por ser assistida por advogado ou defensor público, sem a presença de seu patrono.

O núcleo do tipo (verbo) deste crime é **constranger**. Este delito só poder ser praticado por ação, não cabe imputação por omissão.

Sujeito passivo: Os sujeitos passivos deste crime estão previstos no art. 207 do Código de Processo Penal.

Art. 207 São proibidas de depor as pessoas que, em razão de função, ministério, ofício ou profissão, devam guardar segredo, salvo se, desobrigadas pela parte interessada, quiserem dar o seu testemunho.

Exemplos:
- Um padre em relação a uma confissão;
- Um psicólogo em relação ao seu paciente;
- Advogado.

Essas pessoas não podem ser constrangidas a depor, ainda que estejam desobrigadas pela parte interessada.

Esse constrangimento não é feito de qualquer forma para a caracterização deste delito. O constrangimento deve ser feito sobre a ameaça de prisão.

Pois, a maioria da doutrina, Renato Brasileiro, Renee do O', Rogério Greco e **Rogério Sanches Cunha, entende que esse crime é um crime de ação vinculada.**

Já no parágrafo único do art. 15 da Lei nº 13.869/2019 trata de um crime em que o sujeito passivo do crime só podem ser o **acusado ou réu**, uma vez que se trata de interrogatório.

O interrogatório divide-se em duas fases.
- A 1º fase trata-se da qualificação do interrogando. Na qual a autoridade policial coleta dados de identificação do acusado/réu, por exemplo, seu nome, endereço, idade;
- Já na 2º fase trata-se do mérito, do fato em si.

O crime em análise recai sobre a segunda fase do interrogatório, na qual se discute o mérito, ou seja, o que aconteceu de fato.

> **Fique ligado**
> Um delegado de polícia inicia o interrogatório. Porém, o interrogando suscita seu direito ao silêncio e o delegado continua estimulando-o a fala, não respeitando assim o direito ao silêncio do acusado. Caracteriza-se o crime do art. 15, parágrafo único, I da Lei nº 13.869/2019.

A primeira fase ou parte do interrogatório não dá ao interrogando o direito ao silêncio quanto menos a faltar com a verdade, pois trata-se de informações sobre a sua identidade. Por isso, não cabe a alegação de autodefesa neste momento do interrogatório, conforme demonstra a Súmula nº 522 do STJ.

Além disso, incorre no art. 68 da Lei de Contravenções Penais o interrogando que mentir ou silenciar seus dados pessoais na fase de qualificação do interrogatório (1º fase).

Súmula nº 522 - STJ
A conduta de atribuir-se falsa identidade perante autoridade policial é típica, ainda que em situação de alegada autodefesa.

Sujeito ativo

Qualquer agente público com atribuição de praticar as funções descritas no tipo penal.

18.10.9 Art. 15-A

Recentemente, por meio da Lei nº 14.321/2022, um novo crime foi adicionado à Lei de Abuso de Autoridade (Lei nº 13.869/2019), que trata da **violência institucional**.

Art. 15-A Submeter a vítima de infração penal ou a testemunha de crimes violentos a procedimentos desnecessários, repetitivos ou invasivos, que a leve a reviver, sem estrita necessidade:
I - a situação de violência; ou
II - outras situações potencialmente geradoras de sofrimento ou estigmatização:
Pena - detenção, de 3 (três) meses a 1 (um) ano, e multa.
§ 1º Se o agente público permitir que terceiro intimide a vítima de crimes violentos, gerando indevida revitimização, aplica-se a pena aumentada de 2/3 (dois terços).
§ 2º Se o agente público intimidar a vítima de crimes violentos, gerando indevida revitimização, aplica-se a pena em dobro.

Essa tipificação trata da possibilidade de a vítima sofrer indiretamente em razão do delito que foi praticado contra ela, através da sua submissão a procedimentos repetitivos ou desnecessários, dentro de instituições estatais (delegacia, fórum), fazendo com que ela reviva o evento traumático da violência ou sofrimento.

Esse processo de sofrimento causado é denominado de **vitimização secundária** ou **revitimização**. Em suma, são situações em que o sofrimento não decorre diretamente da violência praticada contra a vítima, mas que se dá em decorrência de procedimentos institucionais.

- Pode acontecer, por exemplo, em tomada de depoimentos ou em virtude de um mau atendimento nos órgãos públicos;

Portanto, o art. 15-A da Lei de Abuso de Autoridade visa punir a conduta de agentes públicos que submetam **vítima de infração penal ou testemunha de crime violento** a um processo de revitimização.

Outro ponto que merece destaque, diz respeito à pena cominada para o crime de violência institucional: **detenção de 3 (três) meses a 1 (um) ano**. É a menor pena da Lei nº 13.869/2019 e, por se tratar de delito de menor potencial ofensivo, é cabível o procedimento do Juizado Especial Criminal (Lei nº 9.099/1995) e os benefícios que dele decorrem.

- Ainda que incidam as causas de aumento de pena, previstas no §1º e §2º, o crime continua sendo de menor potencial ofensivo, vez que não ultrapassa o limite máximo de 2 anos.

Em seguida, vale salientar quais indivíduos podem ser vítimas desse crime:
- As vítimas de infração penal;
- A testemunha de crimes violentos. Nesse ponto, **obrigatoriamente** a testemunha deve ser de crimes violentos, não de qualquer tipo de infração penal.

Prosseguindo, ainda no *caput* do art. 15-A, a lei menciona "*procedimentos desnecessários, repetitivos ou invasivos*". Não há especificação de quais procedimentos se enquadram nesse conceito, mas são considerados quaisquer procedimentos em que a vítima é submetida perante um agente público e que diga respeito à infração penal.

Só haverá a conduta criminosa, caso a lembrança dos eventos criminosos seja desnecessária, ou seja, quando **não houver a estrita necessidade**.

▷ Imagine que determinada pessoa foi vítima de uma tentativa de homicídio. Ela deverá ser ouvida em sede policial, para a elucidação do fato, ato que **obrigatoriamente** deve ocorrer e será inevitável que ela reviva os eventos traumáticos que passou;

Ainda, a vítima foi intimada para prestar este depoimento em horário no qual ela poderá se locomover, após total recuperação de sua saúde. Chegando no órgão público, foi tratada com a cordialidade devida. Veja que ela não foi submetida a um procedimento desnecessário, portanto, não haverá crime por parte do agente público.

Agora, em sentido contrário, veja outro exemplo:

▷ Imagine uma testemunha de um crime de homicídio (crime violento). O delegado que estava conduzindo a investigação desse delito achou que o primeiro depoimento prestado por essa testemunha não seria suficiente para se chegar à identificação do autor do crime;

O delegado, por sua vez, tem a convicção de que tal testemunha sabe quem é o autor, mas não quer revelar. Diante disso, dolosamente, ordena que a testemunha seja intimada toda semana, por várias vezes, para prestar múltiplos depoimento até que ela revele o que ele deseja.

Perceba que o delegado (agente público) submeteu uma testemunha de crime violento a procedimento desnecessário e repetitivo, fazendo-a reviver os eventos traumáticos sem que houvesse estrita necessidade em fazê-lo. Nesse caso, presente o dolo específico, haverá o crime de violência institucional (art. 15-A).

Causas de aumento de pena

Primeiramente, ambas as causas de aumento possuem uma característica em comum: serão aplicadas quando há **intimidação à vítima de crime violento que cause uma indevida revitimização**.

Em segundo lugar, as duas causas são aplicáveis somente às **vítimas de crimes violentos**, de modo que as testemunhas (citadas pelo *caput*) não são abrangidas pelas causas de aumento.

Terceiro, está presente o ato de **intimidar** a vítima, que é uma postura ainda mais hostil do que aquela prevista no *caput*.

Agora, especificamente sobre o §1º, trata-se da situação em que o agente público adota uma postura omissiva e permite que um **terceiro intimide a vítima** de crime violento, causando indevida revitimização (aplica-se a pena aumentada de 2/3).

Quanto ao §2º, trata-se da situação em que o **próprio agente público intimida a vítima** de crime violento, causando indevida revitimização (aplica-se a pena em dobro).

Característica comum	§ 1º	§ 2º
Intimidação da vítima de crime violento, causando indevida revitimação.	Agente público se omite e permite que terceiro intimide a vítima.	Quando o próprio agente público pratica a intimação.

Sujeitos do crime

Em relação ao **sujeito ativo**, poderá ser qualquer agente público com atribuição de aplicar o procedimento (ex: juiz, delegado, promotor de justiça, etc). Assim, como todos os crimes da Lei de Abuso de Autoridade, trata-se de um crime próprio.

Já o **sujeito passivo** é a vítima de infração penal ou testemunha de crime violento. Lembrando que no contexto das causas de aumento (§§1º e 2º), apenas a vítima de crime violento pode figurar como sujeito passivo.

Consumação do crime

O crime de violência institucional é um **crime formal**, ou seja, consuma-se com a mera prática da conduta e não exige a ocorrência do resultado naturalístico (alteração no mundo natural).

Tal delito se consuma com a submissão da vítima aos procedimentos desnecessários, repetitivos ou invasivos que a fazem reviver, sem estrita necessidade, a situação de violência, sofrimento ou estigmatização.

A tentativa é possível. Cuida-se, ainda, de crime de perigo concreto.

18.10.10 Art. 16

> *Art. 16 Deixar de identificar-se ou identificar-se falsamente ao preso por ocasião de sua captura ou quando deva fazê-lo durante sua detenção ou prisão:*
>
> *Pena – detenção, de 6 (seis) meses a 2 (dois) anos, e multa.*
>
> *Parágrafo único. Incorre na mesma pena quem, como responsável por interrogatório em sede de procedimento investigatório de infração penal, deixa de identificar-se ao preso ou atribui a si mesmo falsa identidade, cargo ou função.*

Tem-se neste dispositivo a consagração de um direito fundamental previsto no art. 5, LXIV da CRFB/88, a saber, a identificação dos agentes responsáveis por sua prisão (art.16, caput) ou interrogatório (art. 16, parágrafo único).

> *LXIV - o preso tem direito à identificação dos responsáveis por sua prisão ou por seu interrogatório policial;*

Caput

O art. 16, *caput* pode ser praticado tanto por ação ou por omissão. Por omissão quando o agente deixar de identificar-se. Por ação quando ele utilizar-se de identificação falsa.

Sujeito passivo: é somente o **preso**, seja na captura, detenção ou prisão.

Sujeito ativo: qualquer agente público com atribuição de praticar as funções descritas no tipo penal.

Parágrafo único

É um crime equiparado ao art. 16, *caput*. Contudo, o PÚ fala em atribui a si mesmo falsa **identidade, cargo ou função** enquanto no *caput* fala-se apenas em identidade/identificação.

Neste ponto, a doutrina diverge, pois, para alguns no caput não abrangerá cargo ou função. Portanto, no art. 16, *caput*, se o agente público se identificar falsamente quanto a cargo ou função **não** haveria tipicidade.

Já no parágrafo único do mesmo dispositivo, se o agente público se identificar falsamente quanto a cargo ou função haveria tipicidade.

No parágrafo único do art. 16 também configura-se o crime por ação ou omissão.

Sujeitos do crime

Sujeito passivo: o mesmo sujeito passivo do *caput*, o preso! Contudo, apenas no momento do interrogatório de procedimento investigatório de infração penal. Por isso, a maioria da doutrina diz que este delito em fase pré-processual. Não cabe falar em caracterização do delito na fase processual penal/ fase judicial.

Sujeito ativo: qualquer agente público com atribuição de praticar as funções descritas no tipo penal, autoridade policial, membro do Ministério Público, desde que na fase pré-processual.

LEI Nº 13.869/2019 – ABUSO DE AUTORIDADE

18.10.11 Art. 18

Art. 18 *Submeter o preso a interrogatório policial durante o período de repouso noturno, salvo se capturado em flagrante delito ou se ele, devidamente assistido, consentir em prestar declarações:*
Pena – detenção, de 6 (seis) meses a 2 (dois) anos, e multa.

Em regra, o interrogatório não pode ser feito em **horário de repouso noturno**, ou seja, horário de descanso.

Contudo, há duas exceções, se o preso for capturado em flagrante delito no horário de descanso noturno ou se ele, estando assistido, desejar prestar declarações.

Sujeitos do crime

Sujeito passivo: o sujeito passivo é o preso, porém a tipificação só ocorre se o ato se der em sede de inquérito policial.

Sujeito ativo: somente a autoridade policial (Delegado de Polícia).

Repouso noturno

A lei em análise é silente a respeito do conceito de repouso noturno. Por isso, há bastante divergência doutrinária acerca do assunto.

Contudo, segundo Renato Brasileiro, aplica-se para fins de conceituação de repouso noturno o art. 22, § 1º, inciso III da Lei nº 13.869/2019, aplica-se um prazo da própria Lei de Abuso de Autoridade.

Portanto, o período compreendido entre 21h (vinte e uma horas) até 5h (cinco horas).

Art. 22 Invadir ou adentrar, clandestina ou astuciosamente, ou à revelia da vontade do ocupante, imóvel alheio ou suas dependências, ou nele permanecer nas mesmas condições, sem determinação judicial ou fora das condições estabelecidas em lei:
Pena – detenção, de 1 (um) a 4 (quatro) anos, e multa.
*§ 1º Incorre na mesma pena, na forma prevista no **caput** deste artigo, quem:*
*III – cumpre mandado de busca e apreensão domiciliar **após as 21h (vinte e uma horas) ou antes das 5h (cinco horas)**.*

Ex.: A autoridade policial inicia o interrogatório do preso antes das 20 horas, contudo, as 20 horas e 50 minutos, ele percebe que aquele interrogatório não está finalizado ainda e que seu término não está próximo, ou seja, ele precisaria continuar o interrogatório após as 21 horas.

Neste caso, ele pode continuar com o interrogatório, mesmo ultrapassando o horário das 21 horas ou ele deve interromper o interrogatório e dar continuidade após o horário de repouso noturno?

Para Renato Brasileiro, o Delegado de Polícia deverá interromper o interrogatório e retomá-lo no dia seguinte após as 5 horas. Num entendimento diferente do que se aplica aos mandados de busca e apreensão.

18.10.12 Art. 19

Art. 19 *Impedir ou retardar, injustificadamente, o envio de pleito de preso à autoridade judiciária competente para a apreciação da legalidade de sua prisão ou das circunstâncias de sua custódia:*
Pena – detenção, de 1 (um) a 4 (quatro) anos, e multa.
Parágrafo único. *Incorre na mesma pena o magistrado que, ciente do impedimento ou da demora, **deixa** de tomar as providências tendentes a saná-lo ou, não sendo competente para decidir sobre a prisão, **deixa** de enviar o pedido à autoridade judiciária que o seja.*

Este artigo busca proteger o direito fundamental ao direito de petição, art. 5, XXXIV da CRFB/88.

Art. 5º Todos são iguais perante a lei, sem distinção de qualquer natureza, garantindo-se aos brasileiros e aos estrangeiros residentes no País a inviolabilidade do direito à vida, à liberdade, à igualdade, à segurança e à propriedade, nos termos seguintes:

XXXIV - são a todos assegurados, independentemente do pagamento de taxas:
*a) o **direito de petição aos Poderes Públicos** em defesa de direitos ou contra ilegalidade ou abuso de poder;*

Caput

Para que haja a tipificação deste crime faz-se necessário que a conduta do agente público ocorra de forma **injustificada**, pois, caso exista uma justificativa a conduta será atípica.

Os núcleos do tipo penal em análise são impedir ou retardar, os quais podem ocorrer **por ação ou omissão**. Uma vez que o verbo impedir demonstra uma ação do sujeito ativo, já o verbo retardar traz uma ideia de um não fazer, ou seja, uma omissão.

Ex.: O preso redige um habeas corpus requerendo sua soltura para o juiz. Entretanto, o diretor do estabelecimento prisional, a fim de prejudicar dolosamente o preso, impede que esse habeas corpus chegue ao juiz. Restará configurado o crime do art. 19, caput da Lei nº 13.869/2019.

Sujeitos do crime

Sujeito ativo: trata-se de crime próprio, somente o agente público pode cometê-lo.

Sujeito passivo: o sujeito passivo deste crime é somente o preso.

Porém, para configuração do delito o **pedido** do preso terá de ser necessariamente **a autoridade judiciária (juiz) competente para apreciar sua prisão ou qualquer circunstância relativa a sua custódia.**

Parágrafo único

No parágrafo únci do art. 19 da Lei nº 13.869/2019 estão previstas as figuras equiparadas ao crime do *caput* do referido artigo. A conduta deste crime apenas se configura por omissão.

Sujeito ativo: também é crime próprio, porém, o sujeito ativo deste crime é somente o magistrado (juiz, desembargador ou ministro).

Art. 19 da Lei nº 13.869/2019	
Caput	Parágrafo único
Ação ou Omissão	Apenas por Omissão

18.10.13 Art. 20

Art. 20 *Impedir, sem justa causa, a entrevista pessoal e reservada do preso com seu advogado:*
Pena – detenção, de 6 (seis) meses a 2 (dois) anos, e multa.
Parágrafo único. *Incorre na mesma pena quem **impede o preso**, o réu solto ou o investigado de **entrevistar-se pessoal e reservadamente com seu advogado ou defensor, por prazo razoável, antes de audiência judicial**, e de sentar-se ao seu lado e com ele comunicar-se durante a audiência, salvo no curso de interrogatório ou no caso de audiência realizada por videoconferência.*

Caput

A conduta deste crime é impedir a entrevista pessoal e reservada do preso com seu advogado.

A entrevista pessoal e reservada do preso com seu advogado é assegurada constitucionalmente como um direito fundamental previsto no art. 5º, LXIII da CRFB/88.

*LXIII - **o preso será informado de seus direitos**, entre os quais o de permanecer calado, sendo-lhe **assegurada a assistência** da família e de advogado;*

Sujeitos do crime

Sujeito ativo: trata-se de crime próprio somente o agente público pode cometê-lo.

Sujeito passivo: no caput do art. 20 da Lei de Abuso de Autoridade o sujeito passivo é **apenas o preso**, diferentemente do parágrafo único do mesmo artigo.

Parágrafo único

Trata-se de uma figura equiparada ao art. 20, caput. Por isso, a conduta deste crime também é impedir a entrevista pessoal e reservada do preso com seu advogado, porém, por prazo razoável antes da audiência ou de sentar-se ao seu lado e com ele comunicar-se durante a audiência.

Exceções:
▷ Interrogatório em juízo;
▷ Audiência realizada por videoconferência.

Segundo a maioria da doutrina, a exceção do interrogatório é mencionada porque, no interrogatório, o sistema vigente é o presidencialista, ou seja, as perguntas serão realizadas diretamente do juiz para o interrogando. As partes levaram suas perguntas ao juiz e ele as fará diretamente ao acusado/réu.

Sujeito ativo: somente o magistrado/autoridade judiciária (juiz, desembargador ou ministro).

Sujeito passivo: o sujeito passivo deste crime pode ser preso, réu solto ou investigado.

18.10.14 Art. 21

Art. 21 Manter presos de ambos os sexos na mesma cela ou espaço de confinamento:
Pena - detenção, de 1 (um) a 4 (quatro) anos, e multa.
Parágrafo único. Incorre na mesma pena quem mantém, na mesma cela, criança ou adolescente na companhia de maior de idade ou em ambiente inadequado, observado o disposto na Lei nº 8.069, de 13 de julho de 1990 (Estatuto da Criança e do Adolescente).

Este crime visa proteger o direito do preso previsto no art. 82 da Lei de Execução Penal (LEP).

Art. 82 Os estabelecimentos penais destinam-se ao condenado, ao submetido à medida de segurança, ao preso provisório e ao egresso.
§ 1° A mulher e o maior de sessenta anos, separadamente, serão recolhidos a estabelecimento próprio e adequado à sua condição pessoal.
§ 2º - O mesmo conjunto arquitetônico poderá abrigar estabelecimentos de destinação diversa desde que devidamente isolados.

Cela ou espaço de confinamento

Cela é o local onde ficam os presos definitivos ou provisórios, seja em penitenciárias ou delegacias.

Espaço de confinamento é qualquer outro local enclausurado onde fique o preso que não seja uma cela destinado ao preso provisório ou definitivo. Ex.: baú da viatura/gaiola.

Transexuais e travestis

Há uma intensa discussão doutrinária envolvendo os transexuais e travestis no que tange a questão de qual seria a cela e espaço de confinamento adequado a este grupo de pessoas.

Alguns entendem que os transexuais, de maneira geral, devem ser recolhidos em celas femininas.

Outros doutrinadores vão entender que neste caso vale a opção do indivíduo que está preso. Caso o indivíduo do gênero masculino se identifique com o gênero feminino, mesmo não tendo realizado cirurgia de redesignação sexual, sem alteração no registro civil, deve ser recolhido em unidade prisional feminina.

Segundo Nucci, "(...)Há, certamente, a omissão legislativa – e não deveria ter acontecido - onde prender travesti e transexuais. Já que inexiste clara definição, não se pode processar por abuso de autoridade o lugar onde se coloca, preso, a pessoa travesti ou transexual, vale dizer, em cela masculina ou feminina.(...)"

Cuida-se de tema que carece de uniformização pelos tribunais superiores.

Sujeitos do crime

Sujeito ativo: Somente aquele agente público com atribuição de praticar as funções descritas no tipo penal tanto para a tipificação do *caput* quanto do parágrafo único do art. 21 da Lei de Abuso de Autoridade.

Parágrafo único

A figura descrita no parágrafo único da art. 21 é equiparada a conduta do art. 21, *caput* e nela incorre o agente que, na mesma cela, colocar criança ou adolescente na companhia de maior de idade ou em ambiente inadequado. Para a interpretação do art. 21, parágrafo único faz-se necessário remeter-se aos arts. 94 e 123 do Estatuto da Criança e do Adolescente.

Art. 94 As entidades que desenvolvem programas de internação têm as seguintes obrigações, entre outras:

I - observar os direitos e garantias de que são titulares os adolescentes;

II - não restringir nenhum direito que não tenha sido objeto de restrição na decisão de internação;

III - oferecer atendimento personalizado, em pequenas unidades e grupos reduzidos;

IV - preservar a identidade e oferecer ambiente de respeito e dignidade ao adolescente;

V - diligenciar no sentido do restabelecimento e da preservação dos vínculos familiares;

VI - comunicar à autoridade judiciária, periodicamente, os casos em que se mostre inviável ou impossível o reatamento dos vínculos familiares;

VII - oferecer instalações físicas em condições adequadas de habitabilidade, higiene, salubridade e segurança e os objetos necessários à higiene pessoal;

VIII - oferecer vestuário e alimentação suficientes e adequados à faixa etária dos adolescentes atendidos;

IX - oferecer cuidados médicos, psicológicos, odontológicos e farmacêuticos;

X - propiciar escolarização e profissionalização;

XI - propiciar atividades culturais, esportivas e de lazer;

XII - propiciar assistência religiosa àqueles que desejarem, de acordo com suas crenças;

XIII - proceder a estudo social e pessoal de cada caso;

XIV - reavaliar periodicamente cada caso, com intervalo máximo de seis meses, dando ciência dos resultados à autoridade competente;

XV - informar, periodicamente, o adolescente internado sobre sua situação processual;

XVI - comunicar às autoridades competentes todos os casos de adolescentes portadores de moléstias infecto-contagiosas;

XVII - fornecer comprovante de depósito dos pertences dos adolescentes;

XVIII - manter programas destinados ao apoio e acompanhamento de egressos;

XIX - providenciar os documentos necessários ao exercício da cidadania àqueles que não os tiverem;

XX - manter arquivo de anotações onde constem data e circunstâncias do atendimento, nome do adolescente, seus pais ou responsável, parentes, endereços, sexo, idade, acompanhamento da sua formação, relação de seus pertences e demais dados que possibilitem sua identificação e a individualização do atendimento.

§ 1° Aplicam-se, no que couber, as obrigações constantes deste artigo às entidades que mantêm programas de acolhimento institucional e familiar.

LEI Nº 13.869/2019 – ABUSO DE AUTORIDADE

§ 2º No cumprimento das obrigações a que alude este artigo as entidades utilizarão preferencialmente os recursos da comunidade.

Art. 123 A internação deverá ser cumprida em entidade exclusiva para adolescentes, em local distinto daquele destinado ao abrigo, obedecida rigorosa separação por critérios de idade, compleição física e gravidade da infração.

18.10.15 Art. 22

Art. 22 Invadir ou adentrar, clandestina ou astuciosamente, ou à revelia da vontade do ocupante, imóvel alheio ou suas dependências, ou nele permanecer nas mesmas condições, sem determinação judicial ou fora das condições estabelecidas em lei:

Pena - detenção, de 1 (um) a 4 (quatro) anos, e multa.

§ 1º Incorre na mesma pena, na forma prevista no caput deste artigo, quem:

I - coage alguém, mediante violência ou grave ameaça, a franquear-lhe o acesso a imóvel ou suas dependências;

III - cumpre mandado de busca e apreensão domiciliar após as 21h (vinte e uma horas) ou antes das 5h (cinco horas).

§ 2º Não haverá crime se o ingresso for para prestar socorro, ou quando houver fundados indícios que indiquem a necessidade do ingresso em razão de situação de flagrante delito ou de desastre (excludentes de ilicitude).

Caput

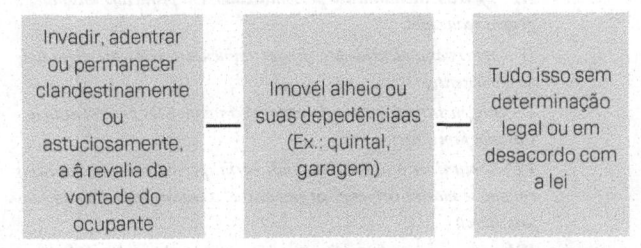

Invadir, adentrar ou permanecer clandestinamente ou astuciosamente, a à revelia da vontade do ocupante	Imóvel alheio ou suas depedênciaas (Ex.: quintal, garagem)	Tudo isso sem determinação legal ou em desacordo com a lei

Quando que o ingresso ou permanência em imóvel alheio descumprirá as condições estabelecidas na lei?

Art. 5,XI, CRFB/88 A casa é asilo inviolável do indivíduo, ninguém nela podendo penetrar sem consentimento do morador, salvo em caso de flagrante delito ou desastre, ou para prestar socorro, ou, durante o dia, por determinação judicial;

Ou seja, quando não for hipótese de:
▷ Flagrante delito;
▷ Desastre;
▷ Prestação de socorro; ou
▷ Durante o dia, por determinação judicial.

Figura equiparada

Coage alguém, mediate violência ou grave	a franquear-lhe o acesso a imóvel ou suas dependências
Cumpre mandado de busca e apreensão domiciliar	após as 21h (vinte e uma horas) ou antes das 5h (cinco horas)

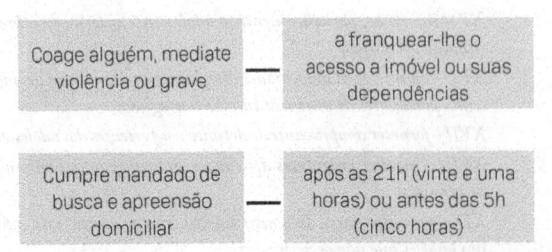

Ex.: um policial que chega na residência do suspeito da prática do crime, porém, sem ordem judicial e sem elementos para um flagrante. Esse mesmo policial começa a coagir o investigado, dizendo que já há inquérito instaurado, e que ele teria de consentir com a entrada, caso contrário ele iria "ferrar" o investigado no inquérito policial. E diz mais:

▷ Quem não deve não teme. Então, você tem de me deixar entrar, eu vou interpretar que você está devendo alguma coisa.

Nesta situação, há uma coação mediante grave ameaça para que o morador franqueie, ou seja, permita a entrada no imóvel ou sua dependência. Isso figura a conduta típica do art. 22, § 1º, I da **Lei nº 13.869/2019**.

O inciso III pressupõe que há um mandado judicial a ser realizado, portanto, ele precisa ser cumprido durante o dia.

A Constituição Federal não traz o conceito de dia deixando a cargo do legislador infraconstitucional e a jurisprudência definirem este conceito. A Lei nº 13.869/2019 definiu que o conceito de dia, para o cumprimento de mandado de busca e apreensão, abrange o horário de 5 (cinco) horas e 21 (vinte e uma) horas.

Portanto, cumprir ordem judicial de busca e apreensão, depois das 21 horas e antes das 5horas, configura crime de abuso de autoridade, na forma do art. 22, § 1º, inciso III da **Lei nº 13.869/2019**.

Antes da Lei de Abuso de Autoridade, para o conceito de dia utilizava-se o critério cronológico, ou seja, dia era o horário das 6 (seis) horas até as 18 (dezoito) horas.

▷ Imagine que policiais munidos de um mandado de busca e apreensão domiciliar ingressam no imóvel do suspeito as 20 (vinte) horas.

Nesta situação há crime de abuso de autoridade? Não!

Essa prova será considerada lícita?

Para boa parte da doutrina (Renato Brasileiro, Norberto Avena, Guilherme de Souza Nucci):

Neste caso, a prova é totalmente lícita, válida e constitucional. Isso porque o critério do art. 22, § 1º, inciso III da **Lei nº 13.869/2019**, além de definir um tipo penal, também será determinante quanto a licitude da prova, ou seja, se a prova é lícita ou não.

Sujeitos do crime

Sujeito ativo: todo o art. 22 da **Lei nº 13.869/2019** é crime próprio, apenas podendo cometê-lo o agente público.

Conduta

▷ **Omissiva:** permanecer - Caput.
▷ **Comissiva:** demais verbos do caput e § 1º.

Faz-se necessário observar que o art. 22 da Lei de Abuso de Autoridade "equivale" ao crime de invasão de domicílio, a diferença está no sujeito ativo desses delitos.

Por isso, **a Lei nº 13.869/2019 REVOGOU o art. 150, § 2º do CP** que era uma causa de aumento de pena do crime de violação de domicílio (quando o crime fosse cometido por funcionário público).

18.10.16 Art. 23

Art. 23 Inovar artificiosamente, no curso de diligência, de investigação ou de processo, o estado de lugar, de coisa ou de pessoa, com o fim de eximir-se de responsabilidade ou de responsabilizar criminalmente alguém ou agravar-lhe a responsabilidade:

Pena - detenção, de 1 (um) a 4 (quatro) anos, e multa.

Ex.: policial, autor de crime de homicídio, que no decorrer das investigações forja uma carta de comunicação de suicídio, dando a entender ter sido redigida pela vítima, com o intento de fazer cessar a persecução penal.

Ou seja, o termo "inovar artificiosamente" significa criar, montar algo que não corresponde à realidade. Ademais, esta inovação deve estar minimamente apta a enganar alguém, caso contrário não haverá crime (crime impossível).

Parágrafo único. Incorre na mesma pena quem pratica a conduta com o intuito de:

I - eximir-se de responsabilidade civil ou administrativa por excesso praticado no curso de diligência;

Imagine que em determinada diligência, o policial comete excesso no momento do cumprimento de uma ordem de busca e apreensão (quebrou vários móveis da residência). Sabendo que este excesso certamente resultaria em uma responsabilização cível ou administrativa, ele adultera as imagens das câmeras de segurança daquele local com o objetivo de eximir-se dessa provável responsabilidade.

Perceba que o agente não cometeu infração penal com o excesso, porém ele certamente lhe gerará responsabilidade na esfera cível ou administrativa. Na verdade, o crime ocorre quando, diante do excesso, o sujeito pratica a conduta para eximir-se de uma das responsabilidades mencionadas.

> *II – omitir dados ou informações ou divulgar dados ou informações incompletos para desviar o curso da investigação, da diligência ou do processo.*

A omissão ou incompletude do dado ou informação tem como finalidade necessária embaraçar o andamento de investigação, diligência ou processo.

Neste delito (como um todo), cabe salientar que o sujeito ativo pode ser qualquer agente público capaz de praticar os atos descritos.

18.10.17 Art. 24

> *Art. 24 Constranger, sob violência ou grave ameaça, funcionário ou empregado de instituição hospitalar pública ou privada a admitir para tratamento pessoa cujo óbito já tenha ocorrido, com o fim de alterar local ou momento de crime, prejudicando sua apuração:*
> *Pena – detenção, de 1 (um) a 4 (quatro) anos, e multa, além da pena correspondente à violência.*

Imagine que um policial está com um suspeito da prática de um crime e, após espanca-lo, o suspeito acaba falecendo. Diante da situação, sabendo que o indivíduo estava morto, o policial leva-o até um hospital para que o médico receba o falecido como se vivo estivesse, com o objetivo de alterar o momento da morte. O médico nega realizar o ato ilícito proposto, então o policial o ameaça de morte para que faça sua vontade.

Nesse caso, perceba que o objetivo do agente foi o de alterar o momento da morte, **prejudicando a apuração do crime**. Além disso, destaca-se que o agente necessariamente deve saber que o indivíduo já está sem vida.

No exemplo acima o agente responderá pelo delito do art. 24 da Lei nº 13.869/2019 em concurso com o art. 121, CP (homicídio – considerando o dolo de matar), haja vista o teor do preceito secundário daquele, o qual estabelece pena de detenção, de 1 a 4 anos, e multa, além da pena correspondente à violência (a grave ameaça será absorvida pelo crime da Lei nº 13.869/2019).

Novamente, o sujeito ativo, como um todo, pode ser qualquer agente público.

18.10.18 Art. 25

> *Art. 25 Proceder à obtenção de prova, em procedimento de investigação ou fiscalização, por meio manifestamente ilícito:*
> *Pena – detenção, de 1 (um) a 4 (quatro) anos, e multa.*

Observado que o *caput* menciona procedimentos de investigação ou fiscalização, pode-se afirmar que o crime também é aplicável a procedimentos administrativos (da Receita Federal, por exemplo).

Imagine que um investigador de polícia deseje colher elementos de autoria e materialidade de determinada infração penal, mas está encontrando muita dificuldade. Posteriormente, ele toma conhecimento de que o suspeito da infração se comunica através de cartas com outro criminoso e certamente ali estarão presentes elementos de autoria e materialidade do crime. No entanto não foi concedida autorização judicial para interceptação das correspondências.

Então, mesmo sem autorização, o policial vai até a caixa de correspondências do suspeito e retira as cartas lá presentes, onde realmente constam evidências da autoria e materialidade.

Claramente o policial obteve as provas de forma ilícita, violando o sigilo da correspondência (art. 5º, XII da CF) e agindo sem autorização judicial.

> *Parágrafo único. Incorre na mesma pena quem faz uso de prova, em desfavor do investigado ou fiscalizado, com prévio conhecimento de sua ilicitude.*

Perceba que no parágrafo único o agente não agiu para obter a prova ilícita (ela já existia), mas sim fez uso, em desfavor do investigado ou fiscalizado, de prova que já sabia ilícita.

O sujeito ativo deste delito, como um todo, pode ser qualquer agente público que praticar as condutas previstas no tipo.

18.10.19 Art. 27

> *Art. 27 Requisitar instauração ou instaurar procedimento investigatório de infração penal ou administrativa, em desfavor de alguém, à falta de qualquer indício da prática de crime, de ilícito funcional ou de infração administrativa:*
> *Pena – detenção, de 6 (seis) meses a 2 (dois) anos, e multa.*

> **Fique ligado**
>
> Existem duas ADINs (Ações Diretas de Inconstitucionalidade) em andamento cujo objeto é esse delito, mas nenhuma delas foi julgada até o momento. Portanto, o crime previsto neste artigo ainda é considerado constitucional.

Note que a instauração de procedimento investigatório deve ser contra alguém específico – não haverá crime se for uma investigação sem autoria definida.

> **Ex.:** imagine que um Delegado de Polícia tenha o seu vizinho como inimigo. Este vizinho recebeu uma ótima proposta de emprego e, sabendo disso, o delegado instaura um inquérito policial contra ele, acusando-o da prática de tráfico de drogas. O delegado sabe que este crime nunca ocorreu, mas tem como objetivo frustrar a contratação do vizinho no novo emprego.

Este artigo (entre outros da Lei de Abuso de Autoridade) é alvo de críticas, em razão da subjetividade por ele trazida – não é muito claro quando se caracteriza a "falta de qualquer indício", ficando a critério do intérprete na análise do caso concreto.

Além disso, alguns juristas afirmam que este crime pode servir como desestímulo ao início de novas investigações, quando os indícios ainda são muito frágeis, mas que poderiam ser enrijecidos no decurso do inquérito (ou procedimento administrativo).

> *Parágrafo único. Não há crime quando se tratar de sindicância ou investigação preliminar sumária, devidamente justificada.*

O parágrafo único prevê que não haverá o crime quando se tratar de sindicância ou investigação preliminar sumária, devidamente justificada. Assim, havendo qualquer indício, por menor que seja, da prática de crime, infração funcional ou administrativa, não responderá pelo delito em questão o agente público que instaurar ou requisitar o procedimento (aliás, esse será o seu dever).

O sujeito ativo deste delito, como um todo, pode ser qualquer agente público que praticar as condutas previstas no tipo.

18.10.20 Art. 28

> *Art. 28 Divulgar gravação ou trecho de gravação sem relação com a prova que se pretenda produzir, expondo a intimidade ou a vida privada ou ferindo a honra ou a imagem do investigado ou acusado:*
> *Pena – detenção, de 1 (um) a 4 (quatro) anos, e multa.*

Infelizmente, o legislador não deixou claro quais tipos de gravação podem ser considerados para fins deste delito. No entanto, a doutrina entende que a "gravação" é resultado de uma anterior interceptação ou de anterior escuta realizada.

Ou seja, o crime trata da divulgação da *mídia* em que está armazenada a comunicação anteriormente interceptada. Podem ser comunicações telefônicas ou ambientais (reguladas pela Lei 9.296/96).

▷ **Relembrando o que se compreende por interceptação ambiental:** são sinais ópticos (filmagens), sinais acústicos (gravação de voz) ou sinais eletromagnéticos (ondas de rádio).

Ademais, ressalta-se que a gravação que foi divulgada (inteiramente ou trechos) deve ser sido interceptada de forma **lícita**. Isso porque, na hipótese de a interceptação ter ocorrido de forma ilícita, pode-se estar diante do crime do art. 10 da Lei nº 9.296/1996.

Além disso, para que tenhamos o delito do art. 28, o tipo penal exige que a conduta do sujeito ativo:

▷ Recaia sobre gravação ou trecho de gravação sem relação com a prova que se pretenda produzir. Portanto, caso a gravação ou trecho guarde relação com a prova a ser produzida, não haverá o crime do art. 28 (podendo estar caracterizado o delito do art. 10 ou 10-A da Lei nº 9.296/1996, a depender da espécie de comunicação – telefônica ou ambiental);

▷ Exponha a intimidade ou a vida privada ou fira a honra ou a imagem. Se a conduta não atacar algum desses direitos constitucionalmente garantidos, não teremos o crime;

▷ Tenha como destinatário o investigado (fase investigativa) ou acusado (fase judicial). Dessa forma, se a conduta recair sobre qualquer outra pessoa que não alguma das citadas, não haverá o crime.

O sujeito ativo desde delito é o agente público que deva assegurar a confidencialidade da gravação.

18.10.21 Art. 29

Art. 29 Prestar informação falsa sobre procedimento judicial, policial, fiscal ou administrativo com o fim de prejudicar interesse de investigado:
Pena – detenção, de 6 (seis) meses a 2 (dois) anos, e multa.

A constitucionalidade desse delito também está sendo discutida em duas ADINs, mas até o momento não houve julgamento do feito. Por enquanto, é constitucional.

A informação falsa prestada pode estar relacionada aos âmbitos judicial, policial, fiscal ou administrativo. Outro ponto importante é que o sujeito deve saber que está prestando uma informação falsa, pois se trata de um crime doloso.

Ademais, a finalidade da informação falsa deve ser exclusivamente para prejudicar os interesses do investigado. Quando há a intenção de beneficiar o investigado, pode-se caracterizar o crime do art. 319 do Código Penal (prevaricação).

O sujeito ativo desde delito, como um todo, pode ser qualquer agente público que praticar as condutas previstas no tipo.

18.10.22 Art. 30

Art. 30 Dar início ou proceder à persecução penal, civil ou administrativa sem justa causa fundamentada ou contra quem sabe inocente:
Pena – detenção, de 1 (um) a 4 (quatro) anos, e multa.

Para a caracterização deste delito, a persecução iniciada deve ser penal, civil ou administrativa, desde **que sem justa causa fundamentada** ou contra **pessoa que o sujeito ativo sabe inocente**.

▷ A ausência de justa causa é quando não existem elementos mínimos para que se inicie uma persecução (elementos mínimos de materialidade ou autoria), ou seja, ausência de lastro probatório mínimo.

Assim como outros artigos da Lei de Abuso de Autoridade, vários doutrinadores entendem que o art. 30 é inconstitucional, pois é muito vago o conceito do que seria uma persecução penal, civil ou **administrativa "sem justa causa"**, tornando subjetiva essa avaliação.

O sujeito ativo será o agente público que praticar a conduta prevista no tipo penal.

18.10.23 Art. 31

Art. 31 Estender injustificadamente a investigação, procrastinando-a em prejuízo do investigado ou fiscalizado:
Pena – detenção, de 6 (seis) meses a 2 (dois) anos, e multa.

Primeiramente, note que o crime descrito não se restringe ao âmbito penal, pois o legislador utilizou os termos "investigado" e "fiscalizado" (englobando o âmbito administrativo também).

Outro elemento normativo fundamental é o termo *"estender injustificadamente"*. Novamente, a lei não explica o que se deve entender a partir disso. A doutrina aponta que não se trata de uma mera contagem de dias, em que há um limite máximo – deve-se considerar a **complexidade da investigação, o número de vítimas e quem de fato está procrastinando o caso.**

Parágrafo único. Incorre na mesma pena quem, inexistindo prazo para execução ou conclusão de procedimento, o estende de forma imotivada, procrastinando-o em prejuízo do investigado ou do fiscalizado.

O parágrafo único traz uma conduta equiparada ao *caput*. Independentemente de haver ou não prazo para a conclusão de determinado procedimento, a procrastinação poderá ser verificada de acordo com o caso concreto.

O sujeito ativo será o agente público que incidir na conduta prevista no tipo penal.

Por sua vez, a conduta pode ser comissiva (ação) ou omissiva (omissão).

▷ Quando um delegado toma medidas protelatórias, com o intuito de prejudicar o investigado, há conduta **comissiva**, por exemplo;

▷ Quando o delegado se omite quanto ao andamento da investigação, com o intuito de prejudicar o investigado, há conduta **omissiva**, por exemplo.

18.10.24 Art. 32

Art. 32 Negar ao interessado, seu defensor ou advogado acesso aos autos de investigação preliminar, ao termo circunstanciado, ao inquérito ou a qualquer outro procedimento investigatório de infração penal, civil ou administrativa, assim como impedir a obtenção de cópias, ressalvado o acesso a peças relativas a diligências em curso, ou que indiquem a realização de diligências futuras, cujo sigilo seja imprescindível:
Pena – detenção, de 6 (seis) meses a 2 (dois) anos, e multa.

Trata-se da conduta de negar ao interessado (ou ao seu defensor), o acesso aos autos ou à obtenção de cópias destes, podendo ser procedimento investigatório de infração penal, civil ou administrativa.

Existe ressalva quanto às diligências em andamento ou aquelas que estejam relacionadas com diligências futuras. Por exemplo, uma interceptação telefônica que está em curso. Portanto, como uma conclusão óbvia, não haverá crime quando a negativa de acesso aos autos estiver fundamentada na imprescindibilidade de sigilo da diligência (futura ou em andamento).

O presente texto legal possui inspiração no enunciado da Súmula Vinculante nº 14: *É direito do defensor, no interesse do representado, ter acesso amplo aos elementos de prova que, já documentados em procedimento investigatório realizado por órgão com competência de polícia judiciária, digam respeito ao exercício do direito de defesa.*

O sujeito ativo será o agente público que incidir na conduta prevista no tipo penal.

18.10.25 Art. 33

Art. 33 Exigir informação ou cumprimento de obrigação, inclusive o dever de fazer ou de não fazer, sem expresso amparo legal:
Pena – detenção, de 6 (seis) meses a 2 (dois) anos, e multa.

O delito do art. 33 não deve ser confundido com o crime de **constrangimento ilegal**, previsto no art. 146 do Código Penal. Neste último, faz-se necessária a presença de violência ou grave ameaça, diferentemente do crime da Lei de Abuso de Autoridade. Outra diferença, diz respeito ao sujeito ativo – no crime do Código Penal não se exige a qualidade de agente público.

Também não se deve confundir este crime com a **extorsão**, do art. 158 do Código Penal, pelas mesmas razões apresentadas acima, além do fato de o crime de extorsão envolver vantagem de natureza patrimonial.

> *Parágrafo único. Incorre na mesma pena quem se utiliza de cargo ou função pública ou invoca a condição de agente público para se eximir de obrigação legal ou para obter vantagem ou privilégio indevido.*

Enquanto no caput o agente público exige o cumprimento de obrigação ou informação sem fundamento na lei, no parágrafo único ele utilizará o seu cargo ou função para se eximir de uma obrigação prevista na lei ou obter vantagem indevida.

Entendemos que a vantagem indevida pode ser de qualquer espécie (não necessariamente patrimonial).

> **Ex.:** policial que vai a uma boate e, na bilheteria, invoca a sua função pública para conseguir adentrar no estabelecimento de forma gratuita, obtendo assim uma vantagem indevida. Crime do art. 33, parágrafo único.

O sujeito ativo será o agente público que incidir na conduta prevista no tipo penal (*caput* e parágrafo único).

18.10.26 Art. 36

> *Art. 36 Decretar, em processo judicial, a indisponibilidade de ativos financeiros em quantia que extrapole exacerbadamente o valor estimado para a satisfação da dívida da parte e, ante a demonstração, pela parte, da excessividade da medida, deixar de corrigi-la:*
> *Pena – detenção, de 1 (um) a 4 (quatro) anos, e multa.*

Veja que este crime possui dupla exigência para sua caracterização: **decretar** a indisponibilidade de ativos financeiros em quantia que extrapole exacerbadamente o valor estimado para a satisfação da dívida e, ante a demonstração, pela parte, da excessividade da medida, **deixar de corrigi-la**. O crime apenas estará configurado com a presença das duas condutas.

Ademais, é apresentada uma conduta comissiva (decretar) seguida de uma conduta omissiva (deixar de corrigir) – é o que a doutrina denomina de **crime de conduta mista**.

O sujeito ativo é a autoridade judiciária (juiz, desembargador, ministro), pois ela será a competente para decretar a indisponibilidade de ativos financeiros.

18.10.27 Art. 37

> *Art. 37 Demorar demasiada e injustificadamente no exame de processo de que tenha requerido vista em órgão colegiado, com o intuito de procrastinar seu andamento ou retardar o julgamento:*
> *Pena – detenção, de 6 (seis) meses a 2 (dois) anos, e multa.*

É bastante comum que os órgãos colegiados lidem com processos complexos, razão pela qual o pedido de vistas muitas vezes é necessário, para que o desembargador (por exemplo) analise o caso com mais atenção.

Contudo, embora salutar, em algumas ocasiões esses pedidos de vista atrasam de forma demasiada o andamento processual, podendo gerar danos irreversíveis (Ex.: prescrição). Nesse sentido foi editado o presente delito, o qual exigirá uma demora considerável e injustificada no exame de processo constante em órgão colegiado pelo sujeito ativo e, ainda, que essa conduta tenha por finalidade procrastinar seu andamento ou retardar o julgamento.

O sujeito ativo deve ser aquele que integra ou atua em órgão colegiado (desembargador, ministro, membro do Ministério Público, por exemplo). Ademais, trata-se de crime omissivo (não há modalidade comissiva do delito).

18.10.28 Art. 38

> *Art. 38 Antecipar o responsável pelas investigações, por meio de comunicação, inclusive rede social, atribuição de culpa, antes de concluídas as apurações e formalizada a acusação:*
> *Pena – detenção, de 6 (seis) meses a 2 (dois) anos, e multa.*

Estamos diante da conduta do agente público, responsável pelas investigações, que antecipa, por meio de comunicação, inclusive rede social, atribuição de culpa, antes de concluídas as apurações (investigações) e formalizada a acusação (oferecimento da peça acusatória).

Imagine que um delegado de polícia, dolosamente, atribuía a culpa pelo cometimento de um crime a um investigado, através de um programa de televisão, mas sem indiciamento, finalização das investigações ou formalização da acusação. Nesta hipótese, temos o delito do art. 38.

Exige-se que a antecipação na atribuição de culpa se dê por meio de comunicação, inclusive rede social (crime de forma vinculada).

Renato Brasileiro acrescenta que "não haverá crime se a conduta for praticada no âmbito de uma conversa privada, por exemplo (v.g., conversa particular via whatsapp). A comunicação é o processo de informação que se realiza entre os comunicadores e a audiência, heterogênea e anônima, por meio de instrumentos que são os meios de comunicação".[6]

O sujeito ativo será o agente público que incidir na conduta prevista no tipo penal.

---

[6] LIMA, Renato Brasileiro de. Legislação Criminal Especial Comentada. 9ª ed. Salvador: Juspodivm, 2021, p. 198.

19 LEI Nº 7.102/1983 - LEI DE SEGURANÇA PRIVADA

A Lei nº 7.102/1983 não traz infrações penais, mas aduz à atividade administrativa da Polícia Federal e do Ministério da Justiça, pelo fato de cuidar da atividade de vigilância ostensiva, ou seja, aquela feita com a utilização de armas de fogo (o registro e o porte de arma de fogo é feito pelo Departamento de Polícia Federal, consoante à Lei nº 10.826/2003, salvo as das Forças Armadas e Auxiliares). Há outros dispositivos infralegais que regulamentam essa lei, como o Decreto nº 89.056/1983 e a Portaria DG/DPF nº 3.233/2012.

19.1 Objetivo

▷ Dispõe sobre segurança para **estabelecimentos financeiros**;
▷ Estabelece normas para constituição e funcionamento das **empresas particulares que exploram serviços de vigilância e de transporte de valores**;
▷ Dá outras providências (por exemplo, define a atividade laborativa de "vigilante", cursos de formação de vigilantes e sanções administrativas).

19.2 Órgão competente

Ao Ministério da Justiça incumbem as competências estabelecidas nos arts. 1º, 6º e 7º, da Lei nº 7.102/1983, as quais serão exercidas pelo **Departamento de Polícia Federal**.

As atividades de segurança privada serão reguladas, autorizadas e fiscalizadas pelo Departamento de Polícia Federal e serão complementares às atividades de segurança pública nos termos da legislação específica.

19.3 Estabelecimentos financeiros

Art. 1º É vedado o funcionamento de qualquer estabelecimento financeiro onde haja guarda de valores ou movimentação de numerário, que não possua sistema de segurança com parecer favorável à sua aprovação, elaborado pelo Ministério da Justiça, na forma desta lei.

§ 1º Os estabelecimentos financeiros referidos neste artigo compreendem bancos oficiais ou privados, caixas econômicas, sociedades de crédito, associações de poupança, suas agências, postos de atendimento, subagências e seções, assim como as cooperativas singulares de crédito e suas respectivas dependências.

§ 2º O Poder Executivo estabelecerá, considerando a reduzida circulação financeira, requisitos próprios de segurança para as cooperativas singulares de crédito e suas dependências que contemplem, entre outros, os seguintes procedimentos:

I – dispensa de sistema de segurança para o estabelecimento de cooperativa singular de crédito que se situe dentro de qualquer edificação que possua estrutura de segurança instalada em conformidade com o art. 2º desta Lei;

II – necessidade de elaboração e aprovação de apenas um único plano de segurança por cooperativa singular de crédito, desde que detalhadas todas as suas dependências;

III – dispensa de contratação de vigilantes, caso isso inviabilize economicamente a existência do estabelecimento.

§ 3º Os processos administrativos em curso no âmbito do Departamento de Polícia Federal observarão os requisitos próprios de segurança para as cooperativas singulares de crédito e suas dependências.

Sistema de segurança + autorização pelo Ministério da Justiça: os estabelecimentos financeiros que realizarem guarda de valores ou movimentação de numerário **deverão** possuir **serviço orgânico de segurança**, autorizado a executar vigilância patrimonial ou transporte de valores, **ou contratar empresa especializada**, devendo, em qualquer caso, possuir plano de segurança devidamente aprovado pelo Delegado Regional Executivo da respectiva unidade da federação. Os estabelecimentos mencionados neste artigo não poderão iniciar suas atividades sem o respectivo plano de segurança aprovado. Essa competência — relacionada ao Ministério da Justiça — é exercida pelo Departamento de Polícia Federal.

Estabelecimentos financeiros: não se consideram estabelecimentos financeiros os correspondentes bancários, como exemplo, as farmácias que recebem o pagamento de contas por meio de convênio firmado com os bancos oficiais ou privados, bem como as lotéricas. Sendo, portanto, apenas os que a lei enumera, quais sejam: *"bancos oficiais ou privados, caixas econômicas, sociedades de crédito, associações de poupança; suas agências, postos de atendimento, subagências e seções; assim como as cooperativas singulares de crédito e suas respectivas dependências"* (art. 1º, § 1º).

Conforme expõe o STJ:

*DIREITO ADMINISTRATIVO E CIVIL. RESPONSABILIDADE DA CEF PELA SEGURANÇA DE CASA LOTÉRICA. A Caixa Econômica Federal – CEF não tem responsabilidade pela segurança de agência com a qual tenha firmado contrato de permissão de loterias. Isso porque as regras de segurança previstas na Lei nº 7.102/1983, que dispõe sobre segurança para estabelecimentos financeiros, **não alcançam as unidades lotéricas**.*

Cooperativa singular de crédito (sistema próprio ou dispensa): se houverem reduzida circulação financeira, então o Poder Executivo estabelecerá requisitos próprios de segurança (um sistema de segurança diferenciado), contemplando, além de outros, os seguintes procedimentos (art. 1º, § 2º).

Procedimentos às cooperativas singulares de crédito (com reduzida circulação financeira)	
Dispensa de sistema de segurança	Quando se situar em **edifício com estrutura de segurança instalada**. Por exemplo: um prédio comercial em que a entrada já conte com sistema de segurança e a cooperativa singular de crédito fique no 7º andar desse edifício (art. 1º, § 2º, I).
Dispensa de contratação de vigilantes	Caso isso inviabilize economicamente a existência do estabelecimento (art. 1º, § 2º, III).
Plano único de segurança por cooperativa singular de crédito	Necessidade de elaboração e aprovação do plano de segurança, desde que detalhadas todas as suas dependências (art. 1º, § 2º, II).

19.4 Sistema de segurança

Plano de segurança: documentação das informações que detalham os elementos e as condições de segurança dos estabelecimentos referidos no Capítulo V da Portaria DG-DPF nº 3.233/2012.

Art. 2º O sistema de segurança referido no artigo anterior inclui pessoas adequadamente preparadas, assim chamadas vigilantes; alarme capaz de permitir, com segurança, comunicação entre o estabelecimento financeiro e outro da mesma instituição, empresa de vigilância ou órgão policial mais próximo; e, pelo menos, mais um dos seguintes dispositivos:

I – equipamentos elétricos, eletrônicos e de filmagens que possibilitem a identificação dos assaltantes;

II – artefatos que retardem a ação dos criminosos, permitindo sua perseguição, identificação ou captura; e

III – cabina blindada com permanência ininterrupta de vigilante durante o expediente para o público e enquanto houver movimentação de numerário no interior do estabelecimento.

Parágrafo único. (Revogado)

O sistema de segurança a que se refere esta lei é composto de, pelo menos, 3 (três) componentes necessários, sendo 2 (dois) deles obrigatórios — *vigilantes e alarme comunicativo* — e mais um ou mais dispositivos, listados no rol do art. 2º da Lei nº 7.102/1983. Basicamente:

Elementos obrigatórios	Item obrigatório, um ou mais deles
1. Vigilantes: os estabelecimentos financeiros que realizem guarda de valores ou movimentação de numerário somente poderão utilizar vigilantes armados, ostensivos e com coletes à prova de balas;	**a) Equipamentos hábeis a captar e gravar**, de forma imperceptível, as imagens de toda movimentação de público no interior do estabelecimento, as quais deverão permanecer armazenadas em meio eletrônico por um período mínimo de trinta dias;
2. Alarme com comunicação: alarme capaz de permitir, com rapidez e segurança, comunicação com outro estabelecimento, bancário ou não, da mesma instituição financeira, empresa de segurança ou órgão policial.	**b) Artefatos que retardem a ação dos criminosos**, permitindo sua perseguição, identificação ou captura; e anteparo blindado com permanência ininterrupta de vigilante durante o expediente para o público e enquanto houver movimentação de numerário no interior do estabelecimento.

O alarme, quando não conectado diretamente a um órgão policial ou a outro estabelecimento da própria instituição, deverá estar conectado diretamente a uma empresa de segurança autorizada, responsável pelo seu monitoramento, cujo nome deverá constar do plano de segurança.

Art. 2º-A As instituições financeiras e demais instituições autorizadas a funcionar pelo Banco Central do Brasil, que colocarem à disposição do público caixas eletrônicos, são obrigadas a instalar equipamentos que inutilizem as cédulas de moeda corrente depositadas no interior das máquinas em caso de arrombamento, movimento brusco ou alta temperatura.

§ 1º Para cumprimento do disposto no caput deste artigo, as instituições financeiras poderão utilizar-se de qualquer tipo de tecnologia existente para inutilizar as cédulas de moeda corrente depositadas no interior dos seus caixas eletrônicos, tais como:

I – tinta especial colorida;

II – pó químico;

III – ácidos insolventes;

IV – pirotecnia, desde que não coloque em perigo os usuários e funcionários que utilizam os caixas eletrônicos;

V – qualquer outra substância, desde que não coloque em perigo os usuários dos caixas eletrônicos.

§ 2º Será obrigatória a instalação de placa de alerta, que deverá ser afixada de forma visível no caixa eletrônico, bem como na entrada da instituição bancária que possua caixa eletrônico em seu interior, informando a existência do referido dispositivo e seu funcionamento.

§ 3º O descumprimento do disposto acima sujeitará as instituições financeiras infratoras às penalidades previstas no art. 7º desta Lei.

§ 4º As exigências previstas neste artigo poderão ser implantadas pelas instituições financeiras de maneira gradativa, atingindo-se, no mínimo, os seguintes percentuais, a partir da entrada em vigor desta Lei:

I – nos municípios com até 50.000 (cinquenta mil) habitantes, 50% (cinquenta por cento) em nove meses e os outros 50% (cinquenta por cento) em dezoito meses;

II – nos municípios com mais de 50.000 (cinquenta mil) até 500.000 (quinhentos mil) habitantes, 100% (cem por cento) em até vinte e quatro meses;

III – nos municípios com mais de 500.000 (quinhentos mil) habitantes, 100% (cem por cento) em até trinta e seis meses.

19.5 Vigilância ostensiva e transporte de valores

Art. 3º A vigilância ostensiva e o transporte de valores serão executados:

I – por empresa especializada contratada; ou

II – pelo próprio estabelecimento financeiro, desde que organizado e preparado para tal fim, com pessoal próprio, aprovado em curso de formação de vigilante autorizado pelo Ministério da Justiça e cujo sistema de segurança tenha parecer favorável à sua aprovação emitido pelo Ministério da Justiça.

Parágrafo único. *Nos estabelecimentos financeiros estaduais, o serviço de vigilância ostensiva poderá ser desempenhado pelas Polícias Militares, a critério do Governo da respectiva Unidade da Federação.*

Empresa especializada: pessoa jurídica de direito privado autorizada a exercer as atividades de vigilância patrimonial, transporte de valores, escolta armada, segurança pessoal e cursos de formação.

Empresa possuidora de serviço orgânico de segurança: pessoa jurídica de direito privado autorizada a constituir um setor próprio de vigilância patrimonial ou de transporte de valores, nos termos do art. 10, §4º da Lei nº 7.102/1983.

Estabelecimentos financeiros estaduais: o serviço de vigilância ostensiva poderá ser desempenhado pelas Polícias Militares, a critério do Governo da respectiva Unidade da Federação (art. 3º, parágrafo único).

19.5.1 Transporte de numerário

Transporte de valores: é a atividade de transporte de numerário, bens ou valores, mediante a utilização de veículos, comuns ou especiais.

É vedada a contagem de numerário no local de acesso aos usuários por ocasião do abastecimento de caixas eletrônicos e outros terminais de autoatendimento.

Veículo especial (carro-forte)

Art. 4º O transporte de numerário em montante superior a vinte mil Unidades Fiscais de Referência (Ufir), para suprimento ou recolhimento do movimento diário dos estabelecimentos financeiros, será obrigatoriamente efetuado em veículo especial da própria instituição ou de empresa especializada. (Redação dada pela Lei nº 9.017, de 30/3/1995)

Veículos especiais (20 mil Ufir): no transporte de valores de instituições financeiras, as empresas de transporte de valores deverão utilizar veículos especiais, de sua posse ou propriedade, nos casos em que o numerário a ser transportado seja igual ou superior a 20.000 (vinte mil) Ufir.

A guarnição do veículo especial de transporte de valores será de quatro vigilantes, no mínimo, incluindo o condutor do veículo.

Veículo comum

Art. 5º O transporte de numerário entre sete mil e vinte mil Ufirs poderá ser efetuado em veículo comum, com a presença de dois vigilantes.

Veículo comum (+ 7 mil, – 20 mil Ufir): nos casos em que o numerário a ser transportado for maior que 7.000 (sete mil) e inferior a 20.000 (vinte mil) Ufir, poderá ser utilizado veículo comum, de posse ou propriedade das empresas de transporte de valores, sempre com a presença de, no mínimo, dois vigilantes especialmente habilitados.

LEI Nº 7.102/1983 - LEI DE SEGURANÇA PRIVADA

19.6 Seguro contra roubo e furto

Art. 8º *Nenhuma sociedade seguradora poderá emitir, em favor de estabelecimentos financeiros, apólice de seguros que inclua cobertura garantindo riscos de roubo e furto qualificado de numerário e outros valores, sem comprovação de cumprimento, pelo segurado, das exigências previstas nesta Lei.*

Parágrafo único. *As apólices com infringência do disposto neste artigo não terão cobertura de resseguros pelo Instituto de Resseguros do Brasil.*

Art. 9º *Nos seguros contra roubo e furto qualificado de estabelecimentos financeiros, serão concedidos descontos sobre os prêmios aos segurados que possuírem, além dos requisitos mínimos de segurança, outros meios de proteção previstos nesta Lei, na forma de seu regulamento.*

19.7 Segurança privada

Consideram-se atividades de segurança privada	
Vigilância patrimonial	Atividade exercida em eventos sociais e dentro de estabelecimentos, urbanos ou rurais, públicos ou privados, com a finalidade de garantir a incolumidade física das pessoas e a integridade do patrimônio.
Transporte de valores	Atividade de transporte de numerário, bens ou valores, mediante a utilização de veículos, comuns ou especiais.
Escolta armada	Atividade que visa garantir o transporte de qualquer tipo de carga ou de valor, incluindo o retorno da equipe com o respectivo armamento e demais equipamentos, com os pernoites estritamente necessários.
Segurança pessoal	Atividade de vigilância exercida com a finalidade de garantir a incolumidade física de pessoas, incluindo o retorno do vigilante com o respectivo armamento e demais equipamentos, com os pernoites estritamente necessários.
Curso de formação	Atividade de formação, extensão e reciclagem de vigilantes.

Art. 10 *São considerados como segurança privada as atividades desenvolvidas em prestação de serviços com a finalidade de:*

I – proceder a vigilância patrimonial das instituições financeiras e de outros estabelecimentos, públicos ou privados, bem como a segurança de pessoas físicas;

II – realizar o transporte de valores ou garantir o transporte de qualquer outro tipo de carga.

§ 1º Os serviços de vigilância e de transporte de valores poderão ser executados por uma mesma empresa.

§ 2º As empresas especializadas em prestação de serviços de segurança, vigilância e transporte de valores, constituídas sob a forma de empresas privadas, além das hipóteses previstas nos incisos do "caput" deste artigo, poderão se prestar ao exercício das atividades de segurança privada a pessoas; a estabelecimentos comerciais, industriais, de prestação de serviços e residenciais; a entidades sem fins lucrativos; e órgãos e empresas públicas.

§ 3º Serão regidas por esta Lei, pelos regulamentos dela decorrentes e pelas disposições da legislação civil, comercial, trabalhista, previdenciária e penal, as empresas definidas no parágrafo anterior.

§ 4º As empresas que tenham objeto econômico diverso da vigilância ostensiva e do transporte de valores, que utilizem pessoal de quadro funcional próprio, para execução dessas atividades, ficam obrigadas ao cumprimento do disposto nesta Lei e demais legislações pertinentes.

§ 5º (Vetado)

§ 6º (Vetado)

Atividades de segurança privada cumuladas em uma mesma empresa (exceto curso de formação): as atividades de vigilância patrimonial, de transporte de valores, de escolta armada e de segurança pessoal poderão ser executadas por uma mesma empresa, desde que devidamente autorizada em cada uma destas atividades.

Empresas de curso de formação e atividade exclusiva: as empresas de curso de formação não poderão desenvolver atividade econômica diversa da que esteja autorizada. Contudo, poderão realizar serviço de vigilância patrimonial de suas próprias instalações.

19.7.1 Requisitos

O exercício da atividade de vigilância patrimonial, cuja propriedade e administração são **vedadas a estrangeiros**, dependerá de autorização prévia do Departamento de Polícia.

olícia Federal, por meio de ato do Coordenador-Geral de Controle de Segurança Privada, publicado no Diário Oficial da União – DOU, mediante o preenchimento, além de outros, dos seguintes requisitos.

Requisitos básicos para o exercício da atividade de vigilância patrimonial	
Vedação a estrangeiros	A propriedade e a administração das empresas especializadas somente podem ser exercidas por brasileiros (art. 11).
Ausência de antecedentes criminais	Provar que os sócios, administradores, diretores e gerentes da empresa de segurança privada não tenham condenação criminal registrada, bem como de seus empregados (art. 12).
Capital integralizado de 100.000 UFIR, no mínimo	Não importa o valor registrado no estatuto empresarial do capital social a integralizar, ele deve ser efetivamente integralizado de, no mínimo, 100.000 (cem mil) UFIR (art. 13).
Contratar seguro de vida coletivo	É assegurado aos vigilantes seguro de vida em grupo, feito pela empresa empregadora (art. 19, IV).

Art. 11 *A propriedade e a administração das empresas especializadas que vierem a se constituir são vedadas a estrangeiros.*

De acordo com o STJ, o art. 11 foi *parcialmente revogado* com a edição da Emenda Constitucional nº 6/1995, havendo a possibilidade de que a empresa seja brasileira e o capital possa ser estrangeiro. A restrição veiculada pelo art. 11 da Lei nº 7.102/1983, de acordo com a CF/1988, não impede a participação de capital estrangeiro nas sociedades nacionais (art. 1.126, do Código Civil) que prestam serviço de segurança privada, sendo irrelevante que tenham na sua composição societária, direta ou indiretamente, participação ou controle pelo capital estrangeiro. Consequentemente, hoje, a interpretação, conforme o art. 11 da Lei nº 7.102/1983, deve ser a de que ele veda apenas que empresas constituídas no exterior atuem no setor de segurança privada.

Art. 12 *Os diretores e demais empregados das empresas especializadas não poderão ter antecedentes criminais registrados.*

Art. 13 *O capital integralizado das empresas especializadas não pode ser inferior a cem mil Ufirs.*

Art. 14 *São condições essenciais para que as empresas especializadas operem nos Estados, Territórios e Distrito Federal:*

I – autorização de funcionamento concedida conforme o art. 20 desta Lei; e

II – comunicação à Secretaria de Segurança Pública do respectivo Estado, Território ou Distrito Federal.

As empresas de vigilância patrimonial autorizadas a funcionar deverão comunicar o início de suas atividades à Secretaria de Segurança Pública da respectiva unidade da federação.

19.8 Vigilante

Art. 15 Vigilante, para os efeitos desta Lei, é o empregado contratado para a execução das atividades definidas nos incisos I e II do "caput" e §§ 2º, 3º e 4º do art. 10.

Vigilante: é o profissional capacitado em curso de formação, empregado de empresa especializada ou empresa possuidora de serviço orgânico de segurança, registrado no Departamento de Polícia Federal, e responsável pela execução de atividades de segurança privada.

Não se confundem as figuras do vigilante e do vigia. Vigilante é o profissional qualificado, treinado especificamente para a atividade que desempenha, integrante de categoria profissional diferenciada. Vigia, por sua vez, é o trabalhador não especializado ou, no máximo, semiespecializado, que se vincula diretamente ao tomador dos serviços.

Súmula nº 331 – TST

Não forma vínculo de emprego com o tomador a contratação de serviços de vigilância (Lei nº 7.102, de 20/06/1983) e de conservação e limpeza, bem como a de serviços especializados ligados à atividade-meio do tomador, desde que inexistente a pessoalidade e a subordinação direta.

19.8.1 Requisitos

Requisitos obrigatórios para o exercício da profissão de vigilante, comprovados documentalmente	
Ser brasileiro	Não é permitido o exercício da profissão de vigilante a estrangeiro, devendo ser brasileiro nato ou naturalizado.
Idade mínima de 21 anos	Comumente, as bancas de concurso público cobram em provas que deve ser maior de 18 (dezoito) ou de 25 (vinte e cinco) anos, na tentativa de ludibriar o candidato com, respectivamente, a imputabilidade penal (art. 27, CP) e a idade mínima para que um particular possa adquirir arma de fogo (art. 28, Lei nº 10.826/2003).
Escolaridade mínima (4ª série)	Não há necessidade de se ter concluído o ensino fundamental (1º grau) ou o ensino médio (2º grau) — exemplos que as bancas podem cobrar. Basta que tenha instrução correspondente à 4ª (quarta) série do ensino fundamental (1º grau).
Curso de formação de vigilante	Realizado por empresa devidamente autorizada e o agente deve ter sido aprovado ao final do curso.
Exames de saúde física, mental e psicotécnico	Ter sido aprovado em exames de saúde e de aptidão psicológica.
Não ter antecedentes criminais registrados:	Ter idoneidade comprovada mediante a apresentação de certidões negativas de antecedentes criminais, sem registros indiciamento em inquérito policial, de estar sendo processado criminalmente ou ter sido condenado em processo criminal de onde reside, bem como do local em que realizado o curso de formação, reciclagem ou extensão: da Justiça Federal; da Justiça Estadual ou do Distrito Federal; da Justiça Militar Federal; da Justiça Militar Estadual ou do Distrito Federal e da Justiça Eleitoral.
Obrigações eleitorais e militares quitadas:	Não poderá haver pendências, isto é, deve estar quite com ambas.
Ter CPF	Possuir registro no Cadastro de Pessoas Físicas.

Art. 16 Para o exercício da profissão, o vigilante preencherá os seguintes requisitos:

I – ser brasileiro;

II – ter idade mínima de 21 (vinte e um) anos;

III – ter instrução correspondente à quarta série do primeiro grau;

IV – ter sido aprovado, em curso de formação de vigilante, realizado em estabelecimento com funcionamento autorizado nos termos desta Lei;

V – ter sido aprovado em exame de saúde física, mental e psicotécnico;

VI – não ter antecedentes criminais registrados; e

VII – estar quite com as obrigações eleitorais e militares.

Parágrafo único. *O requisito previsto no inciso III deste artigo não se aplica aos vigilantes admitidos até a publicação da presente Lei.*

Não constituem obstáculo ao registro profissional e ao exercício da profissão de vigilante:

01. O indiciamento ou processo criminal instaurado por crimes culposos;

02. A condenação criminal quando obtida a reabilitação criminal fixada em sentença;

03. A condenação criminal quando decorrido período superior a 5 (cinco) anos contados da data de cumprimento ou extinção da pena; e

04. A instauração de termo circunstanciado, a ocorrência de transação penal, assim como a suspensão condicional do processo.

O vigilante deverá submeter-se anualmente a rigoroso exame de saúde física e mental, bem como manter-se adequadamente preparado para o exercício da atividade profissional.

Os exames de saúde física e mental e de aptidão psicológica serão renovados por ocasião da reciclagem do vigilante, às expensas do empregador. O exame psicológico será aplicado por profissionais previamente cadastrados no Departamento de Polícia Federal, conforme normatização específica.

Art. 17 O exercício da profissão de vigilante requer prévio registro no Departamento de Polícia Federal, que se fará após a apresentação dos documentos comprobatórios das situações enumeradas no art. 16.

Os vigilantes aptos a exercer a profissão terão o registro profissional em sua Carteira de Trabalho e Previdência Social (CTPS), a ser executado pela DELESP ou CV, por ocasião do registro do certificado de curso de formação, com o recolhimento da taxa de registro de certificado de formação de vigilante.

19.8.2 Uniforme

Art. 18 *O vigilante usará uniforme somente quando em efetivo serviço.*

Para os efeitos deste artigo, considera-se efetivo serviço o exercício da atividade de **vigilância ostensiva** no local de trabalho.

Vigilância ostensiva: consiste em atividade exercida no interior dos estabelecimentos e em transporte de valores, por pessoas uniformizadas e adequadamente preparadas para impedir ou inibir ação criminosa.

O uniforme do vigilante é obrigatório e de uso exclusivo em serviço, devendo possuir características que garantam a sua ostensividade. Será adequado às condições climáticas do lugar onde o vigilante prestar serviço e de modo a não prejudicar o perfeito exercício de suas atividades profissionais.

O modelo de uniforme dos vigilantes não será aprovado pelo Ministério da Justiça quando semelhante aos utilizados pelas Forças Armadas, pelos órgãos de segurança pública federais e estaduais e pelas guardas municipais.

O traje dos vigilantes empenhados na atividade de segurança pessoal não necessitará observar o caráter da ostensividade, sendo, em todo caso, adequado à missão, estabelecido pela empresa, não assemelhado ao uniforme das Forças Armadas, dos órgãos de segurança pública federais e estaduais e das guardas municipais, portando todos os documentos aptos a comprovar a regularidade da execução do serviço de segurança pessoal contratado.

19.8.3 Direitos do vigilante

Art. 19 *É assegurado ao vigilante:*
I – uniforme especial às expensas da empresa a que se vincular;
II – porte de arma, quando em serviço;
III – prisão especial por ato decorrente do serviço;
IV – seguro de vida em grupo, feito pela empresa empregadora.

Uniforme gratuito: o uniforme especial (aprovado pelo Ministério da Justiça) que o vigilante recebe da empresa não pode ser deduzido de seu pagamento; caso isto ocorra, a empresa estará sujeita à sanção administrativa.

Porte de arma (em serviço): somente no exercício da atividade de vigilância no local de trabalho, sendo apenas acautelado ao vigilante, pois a responsabilidade e o porte são da empresa, conforme expõe o art. 21 e o Estatuto do Desarmamento (art. 7º, *caput*, Lei nº 10.826/2003).

Seguro de vida coletivo: em decorrência da morte do vigilante e é feito pelo empregador (gratuito). Não se trata de seguro de vida individual, nem plano de saúde (assistência médica); cuidado, pois, as bancas de concurso comumente afirmam isso **(errado)**.

Prisão especial: ao vigilante há o benefício de prisão especial por ato decorrente do exercício da atividade de vigilância, somente até o trânsito em julgado da sentença condenatória.

Também se trata de direitos ao vigilante, assim assegurados no art. 163, da Portaria DG-DPF nº 3.233/2012: *a utilização de* **materiais** *e* **equipamentos** *em perfeito funcionamento e estado de conservação, inclusive armas e munições; a utilização de* **sistema de comunicação** *em perfeito estado de funcionamento;* **treinamento regular** *nos termos previstos na Portaria DG-DPF nº 3.233/2012.*

19.9 Armas

Art. 21 *As armas destinadas ao uso dos vigilantes serão de propriedade e responsabilidade:*
I – das empresas especializadas;
II – dos estabelecimentos financeiros quando dispuserem de serviço organizado de vigilância, ou mesmo quando contratarem empresas especializadas.

Aquisição e posse: a aquisição e a posse de armas e munições pelo curso de formação de vigilantes, estabelecimento financeiro e empresa especializada dependerão de autorização do Ministério da Justiça.

Curso de formação de vigilantes: as armas e as munições utilizadas pelos instrutores e alunos do curso de formação de vigilantes serão de propriedade e responsabilidade da instituição autorizada a ministrar o curso.

Armazenamento: as armas e munições de propriedade e responsabilidade dos cursos de formação de vigilantes, das empresas especializadas e dos estabelecimentos financeiros serão guardadas em lugar seguro, de difícil acesso a pessoas estranhas ao serviço.

Art. 22 *Será permitido ao vigilante, quando em serviço, portar revólver calibre 32 ou 38 e utilizar cassetete de madeira ou de borracha.*
Parágrafo único. *Os vigilantes, quando empenhados em transporte de valores, poderão também utilizar espingarda de uso permitido, de calibre 12, 16 ou 20, de* **fabricação nacional**.

As armas de fogo em utilização pelos vigilantes da empresa devem estar sempre acompanhadas de cópia autenticada do respectivo registro.

Vigilância patrimonial (caput)
1) Revólver: calibre 32 ou 38;
2) Cassetete: de madeira ou de borracha;

Transporte de valores (p. único):
1) Os anteriores;
2) Espingardas (de uso permitido): calibre 12, 16 ou 20, de fabricação

As empresas de segurança especializadas e as que possuem serviço orgânico de segurança somente poderão utilizar as armas, munição, coletes de proteção balística e outros equipamentos descritos na Portaria DG-DPF nº 3.233/2012, **cabendo ao Coordenador-Geral de Controle de Segurança Privada**, autorizar, em caráter excepcional e individual, a aquisição e uso pelas empresas de outras armas e equipamentos, considerando as características estratégicas de sua atividade ou sua relevância para o interesse nacional.

19.9.1 Informações complementares

É importante destacar que, normalmente, as bancas de concurso pedem apenas a Lei nº 7.102/1983 em sua literalidade. Contudo, ela se torna um pouco vaga necessitando de complemento regulamentar. Desse modo, vale citar algumas informações extras, todavia isso é apenas um complemento para entender a teoria da prática.

Informações complementares	
Empresas de vigilância patrimonial	Poderão dotar seus vigilantes, quando em efetivo serviço, de revólver calibre 32 ou 38, cassetete de madeira ou de borracha, e algemas, vedando-se o uso de quaisquer outros instrumentos não autorizados pelo Coordenador-Geral de Controle de Segurança Privada.
Empresas de transporte de valores e de escolta armada	Poderão dotar seus vigilantes de carabina de repetição calibre 38, espingardas de uso permitido nos calibres 12, 16 ou 20, e pistolas semiautomáticas calibre 380 e 7,65 mm, além dos instrumentos previstos às empresas de vigilância patrimonial.
Empresas de segurança pessoal	Poderão dotar seus vigilantes de pistolas semiautomáticas calibre 380 e 7,65 mm, além dos instrumentos previstos às empresas de vigilância patrimonial.
Empresas de curso de formação	Poderão adquirir todas as armas e munição previstas acima, bem como material e petrechos para recarga.
Empresas com serviço orgânico de segurança	Poderão adquirir as armas e munição previstas para as empresas de vigilância patrimonial e as de transporte de valores, conforme a autorização que possuir.
Empresas de vigilância patrimonial e as de serviço orgânico de segurança	Poderão, **excepcionalmente**, adquirir carabinas de repetição calibre 38, conforme as características da área vigiada, ouvida a DELESP ou CV a critério da CGCSP.
Coletes de proteção balística	De uso **obrigatório** às empresas de transporte de valores e de uso **facultativo** às demais empresas de segurança privada, observando-se a regulamentação específica do Comando do Exército.

Nas atividades de **vigilância patrimonial** e **segurança pessoal**, as empresas poderão dotar seus vigilantes das seguintes armas e munições não-letais de curta distância – até dez metros: **espargidor de agente químico lacrimogêneo, em solução (líquido), espuma ou gel; e arma de choque elétrico de contato direto e de lançamento de dardos energizados.**

As empresas de vigilância patrimonial e as que possuem serviço orgânico de segurança poderão utilizar cães em seus serviços, desde que possuam autorização de funcionamento e certificado de segurança válido.

19.10 Medidas administrativas

19.10.1 Estabelecimentos financeiros

Art. 7º O estabelecimento financeiro que infringir disposição desta lei ficará sujeito às seguintes penalidades, conforme a gravidade da infração e levando-se em conta a reincidência e a condição econômica do infrator:

I – advertência;

II – multa, de 1.000 (mil) a 20.000 (vinte) mil Ufirs;

III – interdição do estabelecimento.

Trânsito em julgado: no caso de ser aplicada, com trânsito em julgado, a pena de interdição, o estabelecimento financeiro será devidamente lacrado, notificando-se o responsável e cientificando-se o Banco Central do Brasil.

19.10.2 Empresas especializadas e cursos de formação

Art. 23 As empresas especializadas e os cursos de formação de vigilantes que infringirem disposições desta Lei ficarão sujeitos às seguintes penalidades, aplicáveis pelo Ministério da Justiça, ou, mediante convênio, pelas Secretarias de Segurança Pública, conforme a gravidade da infração, levando-se em conta a reincidência e a condição econômica do infrator:

I – advertência;

II – multa de 500 (quinhentas) até 5.000 (cinco) mil Ufirs;

III – proibição temporária de funcionamento; e

IV – cancelamento do registro para funcionar.

Parágrafo único. Incorrerão nas penas previstas neste artigo as empresas e os estabelecimentos financeiros responsáveis pelo extravio de armas e munições.

Trânsito em julgado: tanto para a proibição temporária de funcionamento (inc. III) quanto para o cancelamento do registro para funcionar (inc. IV), só poderão ser aplicadas tais medidas administrativas após o trânsito em julgado da decisão.

As empresas especializadas e as que possuem serviço orgânico de segurança devem comunicar ao Departamento de Polícia Federal, por qualquer meio hábil, as ocorrências de **furto**, **roubo**, **perda**, **extravio** ou **recuperação** das armas, munições ou coletes de proteção balística de sua propriedade, em até 24 (vinte e quatro) horas do fato. Além de constituir infração administrativa, também é um ilícito penal previsto no Estatuto do Desarmamento:

Art. 7º, Lei nº 10.826/2003 [...]

§1º O proprietário ou diretor responsável de empresa de segurança privada e de transporte de valores responderá pelo crime previsto no parágrafo único do art. 13 desta Lei, sem prejuízo das demais sanções administrativas e civis, se deixar de registrar ocorrência policial e de comunicar à Polícia Federal perda, furto, roubo ou outras formas de extravio de armas de fogo, acessórios e munições que estejam sob sua guarda, nas primeiras 24 (vinte e quatro) horas depois de ocorrido o fato.

19.11 Competências do Ministério da Justiça

Art. 6º Além das atribuições previstas no art. 20, compete ao Ministério da Justiça: (Redação dada pela Lei nº 9.017, de 30/3/1995)

I – fiscalizar os estabelecimentos financeiros quanto ao cumprimento desta lei;

II – encaminhar parecer conclusivo quanto ao prévio cumprimento desta lei, pelo estabelecimento financeiro, à autoridade que autoriza o seu funcionamento;

III – aplicar aos estabelecimentos financeiros as penalidades previstas nesta lei.

Parágrafo único. Para a execução da competência prevista no inciso I, o Ministério da Justiça poderá celebrar convênio com as Secretarias de Segurança Pública dos respectivos Estados e Distrito Federal.

Descentralização: a fiscalização dos estabelecimentos financeiros (inciso I), quanto ao cumprimento dessa lei, pode ser feita por meio de convênio celebrado entre o Ministério da Justiça e as Secretarias de Segurança Pública dos Estados ou do Distrito Federal (art. 6º, parágrafo único).

Desconcentração: os incisos II e III não podem ser descentralizados, podendo ser executados por meio da desconcentração, conforme expõe o art. 16 da Lei nº 9.107/1995, será exercido pelo Departamento de Polícia Federal (todo o art. 1º, bem como os arts. 6º e 7º).

LEI Nº 7.102/1983 - LEI DE SEGURANÇA PRIVADA

Art. 16, Lei nº 9.017/1995 As competências estabelecidas nos arts. 1º, 6º e 7º, da Lei nº 7.102, de 20 de junho de 1983, ao Ministério da Justiça, serão exercidas pelo Departamento de Polícia Federal.

As atividades de segurança privada serão reguladas, autorizadas e fiscalizadas pelo **Departamento de Polícia Federal** e serão complementares às atividades de segurança pública nos termos da legislação específica.

Art. 20 Cabe ao Ministério da Justiça, por intermédio do seu órgão competente ou mediante convênio com as Secretarias de Segurança Pública dos Estados e Distrito Federal:

I – conceder autorização para o funcionamento:

a) das empresas especializadas em serviços de vigilância;

b) das empresas especializadas em transporte de valores; e

c) dos cursos de formação de vigilantes;

II – fiscalizar as empresas e os cursos mencionados dos no inciso anterior;

III – aplicar às empresas e aos cursos a que se refere o inciso I deste artigo as penalidades previstas no art. 23 desta Lei;

IV – aprovar uniforme;

V – fixar o currículo dos cursos de formação de vigilantes;

VI – fixar o número de vigilantes das empresas especializadas em cada unidade da Federação;

VII – fixar a natureza e a quantidade de armas de propriedade das empresas especializadas e dos estabelecimentos financeiros;

VIII – autorizar a aquisição e a posse de armas e munições; e

IX – fiscalizar e controlar o armamento e a munição utilizados.

*X – rever anualmente a autorização de funcionamento das **empresas elencadas no inciso I** deste artigo.*

*Parágrafo único. As competências previstas nos **incisos I e V** deste artigo **não serão objeto de convênio.***

Os incisos I e V não poderão ser descentralizados mediante convênio com as Secretarias de Segurança Pública dos Estados ou do Distrito Federal, mas poderão ser objeto de desconcentração (exercidos pelo Departamento de Polícia Federal).

Não se incluem os estabelecimentos financeiros à revisão anual de autorização de funcionamento previsto no inciso X, o qual se refere apenas às empresas elencadas no inciso I, quais sejam: as empresas especializadas em serviços de vigilância; as empresas especializadas em transporte de valores; e os cursos de formação de vigilantes.

20 LEI Nº 10.357/2001 - CONTROLE E FISCALIZAÇÃO DE PRODUTOS QUÍMICOS

A Lei nº 10.357/2001 é **exclusivamente administrativa** e não versa sobre matéria penal, portanto, qualquer questão que diga que incorrerá em crime previsto nessa Lei é falsa — há somente infrações administrativas. Além dessa Lei, outros atos infralegais serão utilizados para regulamentá-la, como a Portaria nº 1.274/MJ, de 12 de agosto de 2003, e o Decreto Presidencial nº 4.262/2002.

20.11.1 Objetivo

Estabelece normas de controle e fiscalização sobre **produtos químicos** que direta ou indiretamente possam ser destinados à elaboração ilícita de substâncias entorpecentes, psicotrópicas ou que determinem dependência física ou psíquica, e dá outras providências.

> *Art. 1º Estão sujeitos a controle e fiscalização, na forma prevista nesta Lei, em sua fabricação, produção, armazenamento, transformação, embalagem, compra, venda, comercialização, aquisição, posse, doação, empréstimo, permuta, remessa, transporte, distribuição, importação, exportação, reexportação, cessão, reaproveitamento, reciclagem, transferência e utilização, todos os produtos químicos que possam ser utilizados como insumo na elaboração de substâncias entorpecentes, psicotrópicas ou que determinem dependência física ou psíquica.*
>
> *§ 1º Aplica-se o disposto neste artigo às substâncias entorpecentes, psicotrópicas ou que determinem dependência física ou psíquica que não estejam sob controle do órgão competente do Ministério da Saúde.*
>
> *§ 2º Para efeito de aplicação das medidas de controle e fiscalização previstas nesta Lei, considera-se produto químico as substâncias químicas e as formulações que as contenham, nas concentrações estabelecidas em portaria, em qualquer estado físico, independentemente do nome fantasia dado ao produto e do uso lícito a que se destina.*
>
> *Art. 2º O Ministro de Estado da Justiça, de ofício ou em razão de proposta do Departamento de Polícia Federal, da Secretaria Nacional Antidrogas ou da Agência Nacional de Vigilância Sanitária, definirá, em portaria, os produtos químicos a serem controlados e, quando necessário, promoverá sua atualização, excluindo ou incluindo produtos, bem como estabelecerá os critérios e as formas de controle.*

Normalmente, os produtos considerados como droga estão dispostos na Portaria nº 344/1998, do Ministério da Saúde, conforme o art. 66 da Lei Antidrogas (Lei nº 11.343/2006), no entanto, poderá o **Ministro de Estado da Justiça** determinar que outros produtos químicos que não estejam sob o controle do Ministério da Saúde sejam fiscalizados e controlados pelo Departamento de Polícia Federal (§ 1º do art. 1º), **mediante portaria**, de ofício ou proposto pelo Departamento de Polícia Federal, pela SENAD (Secretaria Nacional Antidrogas) ou pela ANVISA (Agência Nacional de Vigilância Sanitária).

20.11.2 Órgão responsável

> *Art. 3º Compete ao Departamento de Polícia Federal o controle e a fiscalização dos produtos químicos a que se refere o art. 1º desta Lei e a aplicação das **sanções administrativas** decorrentes.*

A competência é do **Departamento da Polícia Federal**; porém, é necessário ressaltar que, em se tratando de produtos químicos destinados à fabricação de armas, munições ou explosivos, a competência será do **Exército Brasileiro** (Decreto nº 3.665/2000).

Por exemplo, uma empresa comercializa sulfeto de sódio, produto químico que pode ser utilizado como insumo na elaboração de gás mostarda — sulfeto de bis — arma química. Nessa situação, as atividades dessa empresa devem ser fiscalizadas pelo Exército Brasileiro, e não pelo Departamento da Polícia Federal.

Inspeção prévia e/ou fiscalização (facultativas): é facultado ao Departamento de Polícia Federal realizar inspeção prévia e fiscalização em instalações e locais utilizados ou que venham a ser utilizados para o exercício de atividades desenvolvidas com produtos químicos controlados.

Ação conjunta: as ações de fiscalização a que se refere este artigo serão executadas, quando necessário, em conjunto com os órgãos competentes de controle ambiental, de segurança, de saúde pública e fiscal.

Por exemplo, a ação conjunta entre DCPQ (Divisão de Controle e Fiscalização de Produtos Químicos do DPF), SENAD (Secretaria Nacional de Políticas sobre Drogas), IBAMA (Instituto Brasileiro do Meio Ambiente e dos Recursos Naturais Renováveis), ANVISA (Agência Nacional de Vigilância Sanitária) e Receita Federal do Ministério da Fazenda, entre outros.

Comissão fiscalizatória: a fiscalização será realizada por Comissão criada no âmbito do Departamento de Polícia Federal.

Infração administrativa: dificultar, de qualquer maneira, a ação do órgão de controle e fiscalização (art. 12, XIII).

20.11.3 Certificado de Registro Cadastral (CRC) e Certificado de Licença de Funcionamento (CLF)

> *Art. 4º Para exercer qualquer uma das atividades sujeitas a controle e fiscalização relacionadas no art. 1º, a **pessoa física ou jurídica deverá se cadastrar e requerer licença de funcionamento** ao Departamento de Polícia Federal, de acordo com os critérios e as formas a serem estabelecidas na portaria a que se refere o art. 2º, independentemente das demais exigências legais e regulamentares.*
>
> *§ 1º As pessoas jurídicas já cadastradas, que estejam exercendo atividade sujeita a controle e fiscalização, deverão providenciar seu recadastramento junto ao Departamento de Polícia Federal, na forma a ser estabelecida em regulamento.*
>
> *§ 2º A pessoa física ou jurídica que, em caráter eventual, necessitar exercer qualquer uma das atividades sujeitas a controle e fiscalização, deverá providenciar o seu cadastro junto ao Departamento de Polícia Federal e requerer autorização especial para efetivar as suas operações.* (grifo nosso)

Essa lei é direcionada não só à **pessoa jurídica**, mas também à **pessoa física** (produtor rural) que lide com esses produtos.

Certificado de Registro Cadastral (CRC): é o documento que certifica que a pessoa jurídica ou pessoa física (no caso de produtor rural), em situação regular, está devidamente registrada na divisão de controle de produtos químicos e apta a exercer atividades com substâncias químicas controladas.

Certificado de Licença de Funcionamento (CLF): é o documento que habilita a pessoa jurídica a exercer atividade **não eventual** com produtos químicos sujeitos a controle e fiscalização, assim como, de forma equiparada e em caráter excepcional, a pessoa física que desenvolva atividade na área de produção rural.

Cadastramento + CRC + CLF: a emissão do Certificado de Registro Cadastral e do Certificado de Licença de Funcionamento está condicionada à aprovação do cadastro da pessoa jurídica.

Validade do CLF (1 ano): o Certificado de Licença de Funcionamento é válido por um ano, contado da data de sua emissão. É obrigatória a sua renovação anualmente, conforme o art. 5º.

São infrações administrativas: deixar de se cadastrar – CRC ou de se licenciar – CLF, *no* **prazo legal** (art. 12, I); exercer qualquer atividade sujeita ao controle fiscalizatório desta lei **sem a licença de funcionamento** – CLF, ou **a autorização especial** – AE (art. 12, V);

bem como o exercício dessas atividades com pessoa física ou jurídica **não autorizada ou em situação irregular** (art. 12, VI).

20.11.4 Autorização especial (AE) – de caráter eventual

Art. 4º [...]
*§2º A pessoa física ou jurídica que, **em caráter eventual**, necessitar exercer qualquer uma das atividades sujeitas a controle e fiscalização, deverá providenciar o seu cadastro junto ao Departamento de Polícia Federal e requerer autorização especial para efetivar as suas operações.*

Autorização Especial (AE): é o documento que habilita a pessoa física ou jurídica a exercer, **eventualmente,** atividade com produtos químicos sujeitos a controle e fiscalização. Constituindo em **ilícito administrativo** o exercício sem a AE (art. 12, V).

Cadastramento + AE: a emissão da Autorização Especial está condicionada à aprovação do cadastro e à natureza da atividade econômica desenvolvida pelo interessado.

Prazo de validade da AE (60+60): a Autorização Especial é intransferível, terá prazo de validade de sessenta dias, contados a partir da data de emissão, prorrogável uma vez por igual período, e cobrirá uma operação por produto.

Cadastramento + AE + AP (importar ou exportar): quando se tratar de pedido de Autorização Especial para **importar, exportar ou** *reexportar* produto químico controlado, a pessoa física ou jurídica interessada deverá atender também o disposto no art. 7º da Lei nº 10.357/2001, e o art. 11 da Portaria nº 1.274/MJ, de 2003 — Autorização Prévia (AP).

20.11.5 Renovação anual do CLF

Art. 5º A pessoa jurídica referida no 'caput' do art. 4º deverá requerer, anualmente, a Renovação da Licença de Funcionamento para o prosseguimento de suas atividades.

Momento de renovação (10º mês): a renovação da licença deverá ser requerida 60 (sessenta) dias antes do vencimento do Certificado de Licença de Funcionamento.

Cancelamento automático do CLF e do CRC: será automaticamente cancelado o cadastro da pessoa jurídica que não requerer a renovação da licença no prazo acima, sem prejuízo da aplicação das medidas administrativas previstas no art. 14 da Lei nº 10.357/2001.

Portanto, se não efetuar a renovação da licença, perderá não só o **CLF**, mas também o **CRC** e responderá por **ilícito administrativo** (art. 12, I e V). Assim, cancelado o cadastro da pessoa jurídica, deverá, então, requerer ao Departamento de Polícia Federal uma nova emissão de Certificado de Registro Cadastral – CRC e do respectivo Certificado de Licença de Funcionamento – CLF, por meio de requerimento próprio instruído com o comprovante de recolhimento da Taxa de Controle e Fiscalização de Produtos Químicos, formulário cadastral, devidamente preenchido, e cópia autenticada dos documentos que a legislação pertinente exige.

20.11.6 Obrigação de CLF ou AE para fornecedor e comprador

Art. 6º Todas as partes envolvidas deverão possuir licença de funcionamento, exceto quando se tratar de quantidades de produtos químicos inferiores aos limites a serem estabelecidos em portaria do Ministro de Estado da Justiça.

Para realizar operações com produtos químicos sujeitos a controle e fiscalização, **todas as partes envolvidas** — fornecedor e comprador — deverão possuir Certificado de Licença de Funcionamento (CLF) ou Autorização Especial (AE), ressalvados os adquirentes ou possuidores de produtos químicos sujeitos a controle e fiscalização, em quantidades iguais ou inferiores aos limites de isenção especificados nos adendos das listas constantes do Anexo I, da Portaria nº 1.274/MJ, de 2003. Embora estes adquirentes não necessitem de licença ou autorização prévia do Departamento de Polícia Federal, o fornecedor deve cumprir as normas de controle previstas na Lei nº 10.357/2001.

Infração administrativa: exercer qualquer das atividades sujeitas a controle e fiscalização, sem a devida Licença de Funcionamento – CLF ou Autorização Especial – AE (Art. 12, V); transacionar com pessoa física ou jurídica a qual não tenha autorização ou esteja em situação irregular (Art. 12, VI).

20.11.7 Autorização Prévia (AP) – importação ou exportação

Art. 7º Para importar, exportar ou reexportar os produtos químicos sujeitos a controle e fiscalização, nos termos dos arts. 1º e 2º, será necessária autorização prévia do Departamento de Polícia Federal, nos casos previstos em portaria, sem prejuízo do disposto no art. 6º e dos procedimentos adotados pelos demais órgãos competentes.

Autorização Prévia (AP): para importar, exportar ou reexportar produto químico sujeito a controle e fiscalização, a pessoa física ou jurídica deverá requerer ao Departamento de Polícia Federal a emissão da Autorização Prévia – AP, correspondente, nos casos previstos na Portaria nº 1.274/MJ, de 2003, mediante requerimento próprio instruído com os documentos listados nesta Portaria.

Prazo de validade da AP (60+60): a Autorização Prévia é intransferível, terá prazo de validade de sessenta dias, contados a partir da data de emissão, prorrogável uma vez por igual período, e cobrirá uma operação por produto.

Infração administrativa: importar, exportar ou reexportar produto químico controlado, sem autorização prévia – AP (art. 12, VIII).

20.11.8 Periodicidade de informações (envio de mapas) e arquivamento por 5 anos

Art. 8º A pessoa jurídica que realizar qualquer uma das atividades a que se refere o art. 1º desta Lei é obrigada a fornecer ao Departamento de Polícia Federal, periodicamente, as informações sobre suas operações.
Parágrafo único. *Os documentos que consubstanciam as informações a que se refere este artigo deverão ser arquivados pelo prazo de cinco anos e apresentados ao Departamento de Polícia Federal quando solicitados.*
Art. 9º Os modelos de mapas e formulários necessários à implementação das normas a que se referem os artigos anteriores serão publicados em portaria ministerial.

Envio periódico de informações ao DPF: as pessoas jurídicas que exercem atividades sujeitas a controle e fiscalização estão obrigadas a informar ao Departamento de Polícia Federal, até o décimo dia útil de cada mês.

Ressalta-se que existem atividades que não precisam enviar os mapas nem estão sujeitas a controle e fiscalização, por sua inexpressiva quantidade ou por não estar o produto classificado na portaria de controle (art. 2º), por exemplo, uma indústria privada de tintas que precise de apenas 5ml de determinado produto para testes acerca de uma coloração nova. Por isso, o dispositivo em tela é aplicável somente àqueles que se sujeitam ao controle e à fiscalização.

Mapas: o aplicativo (*software*) mapas foi desenvolvido com a **finalidade de coletar as informações** referentes à fabricação ou produção, transformação, utilização, reaproveitamento ou reciclagem, comercialização e distribuição, embalagem, armazenamento, transporte, ou outra operação envolvendo os produtos químicos controlados por força da lei em vigor.

LEGISLAÇÃO ESPECIAL

Arquivamento de documentos (5 anos): as pessoas que se sujeitam ao controle e à fiscalização previstos nessa lei devem arquivar os documentos dessa atividade, pelo menos, por 5 (cinco) anos e apresentá-los ao Departamento de Polícia Federal quando solicitados.

Infração administrativa: omitir as informações a que se refere o art. 8º desta Lei, ou prestá-las com dados incompletos ou inexatos (art. 12, III); deixar de apresentar ao órgão fiscalizador, quando solicitado, notas fiscais, manifestos e outros documentos de controle (art. 12, IV).

20.11.9 Alteração ou suspensão de atividade (comunicação obrigatória)

*Art. 10 A pessoa física ou jurídica que, por qualquer motivo, suspender o exercício de atividade sujeita a controle e fiscalização ou mudar de atividade controlada deverá comunicar a paralisação ou alteração ao Departamento de Polícia Federal, no **prazo de trinta dias** a partir da data da suspensão ou da mudança de atividade. (grifo nosso)*

Atualizações relevantes (30 dias): a pessoa jurídica possuidora de Certificado de Registro Cadastral – CRC, deverá comunicar ao Departamento de Polícia Federal, **no prazo de trinta dias**, todo e qualquer fato que justifique a atualização de seu cadastro, mediante preenchimento de formulário próprio. Constituindo em **ilícito administrativo** a não comunicação (art. 12, II).

Encerramento de atividades (30 dias): a pessoa jurídica que suspender, **em caráter definitivo**, atividade sujeita a controle e fiscalização, deverá requerer ao Departamento de Polícia Federal, **no prazo de trinta dias**, o cancelamento de sua licença, anexando ao seu pedido o Certificado de Registro Cadastral, o Certificado de Licença de Funcionamento e o documento comprobatório da destinação dada aos produtos químicos controlados que existiam em estoque na data da suspensão da atividade. Constituindo em ilícito administrativo a não comunicação (art. 12, II).

Prorrogação ou cancelamento de AE: o pedido de prorrogação ou cancelamento de Autorização Especial deverá ser formalizado ao Departamento de Polícia Federal por meio de requerimento próprio.

Prorrogação ou cancelamento de AP: o pedido de prorrogação ou cancelamento de Autorização Prévia concedida deverá ser formalizado ao Departamento de Polícia Federal por meio de requerimento próprio.

20.11.10 Suspeita de desvio de produto (comunicação imediata) – até 24h

*Art. 11 A pessoa física ou jurídica que exerça atividade sujeita a controle e fiscalização deverá informar ao Departamento de Polícia Federal, **no prazo máximo de vinte e quatro horas**, qualquer suspeita de desvio de produto químico a que se refere esta Lei.*

Suspeita de desvio (24 horas): o art. 11 dessa Lei afirma que quando houver suspeita de desvio de produto químico das empresas ou pessoa física os quais estejam sujeitos a controle e fiscalização devem comunicar ao Departamento de Polícia Federal imediatamente — **até 24 horas** —, sendo hipótese de *ilícito administrativo* a não comunicação deliberada de suspeita de desvio, para fins ilícitos (art. 12, VII).

Furto, roubo ou extravio (48 horas): diferentemente, se realmente aconteceu furto, roubo ou extravio de documentos ou produtos, então se deve **imediatamente registrar** a ocorrência em qualquer unidade policial e comunicar o Departamento de Polícia Federal em **até 48 horas**, constituindo **ilícito administrativo** (art. 12, XII).

São considerados documentos de controle: Certificado de Registro Cadastral (CRC); Certificado de Licença de Funcionamento (CLF); Autorização Especial (AE); Autorização Prévia de importação, exportação ou reexportação (AP); notificação prévia; mapas de controle; e notas fiscais, manifestos e outros documentos fiscais.

20.1 Generalidades das infrações administrativas

20.1.1 Formalidade

Art. 13 Os procedimentos realizados no exercício da fiscalização deverão ser formalizados mediante a elaboração de documento próprio.

É obrigatória a formalidade (documentação) do procedimento administrativo realizado, na medida em que se trata de um dos requisitos do ato administrativo: **a forma** (escrito). Se o procedimento fiscalizatório referente a esta Lei não for formalizado, então será nulo.

Auto de fiscalização: a fiscalização realizada será consubstanciada em auto próprio, lavrado em três vias, que deverão ser assinadas pelos agentes atuantes na fiscalização e pelo representante legal ou funcionário da pessoa jurídica fiscalizada que tenha presenciado o ato.

Igualmente deverão ser formalizados, mediante lavratura de auto próprio, os procedimentos relacionados à apreensão e restituição de produtos químicos, coleta de amostra para exame pericial, nomeação de depósito, apreensão de documentos suspeitos e outros que se fizerem necessários para a elucidação dos fatos.

Após a fiscalização, será entregue ao representante legal da pessoa jurídica fiscalizada, mediante recibo, uma via de cada documento produzido pelos agentes.

Procedimento administrativo independe de ação fiscalizatória (facultativa): é facultado ao Departamento de Polícia Federal instaurar procedimento administrativo, independentemente de ação fiscalizatória, com vistas a apurar possível prática de infração definida no art. 12 da Lei nº 10.357/2001.

20.1.2 Medidas administrativas cabíveis

São **cinco medidas administrativas** cabíveis que podem ser aplicadas de forma única (isolada) ou conjunta com outra (cumulativamente): advertência escrita; apreensão de produto irregular; suspensão ou cancelamento de licença de funcionamento – CLF; revogação de autorização especial – AE; e multa.

Art. 14 O descumprimento das normas estabelecidas nesta Lei, independentemente de responsabilidade penal, sujeitará os infratores às seguintes medidas administrativas, aplicadas cumulativa ou isoladamente:

I – advertência formal;

II – apreensão do produto químico encontrado em situação irregular;

III – suspensão ou cancelamento de licença de funcionamento;

IV – revogação da autorização especial; e

V – multa de R$ 2.128,20 (dois mil, cento e vinte e oito reais e vinte centavos) a R$ 1.064.100,00 (um milhão, sessenta e quatro mil e cem reais).

§ 1º Na dosimetria da medida administrativa, serão consideradas a situação econômica, a conduta do infrator, a reincidência, a natureza da infração, a quantidade dos produtos químicos encontrados em situação irregular e as circunstâncias em que ocorreram os fatos.

§ 2º A critério da autoridade competente, o recolhimento do valor total da multa arbitrada poderá ser feito em até cinco parcelas mensais e consecutivas.

§ 3º Das sanções aplicadas caberá recurso ao Diretor-Geral do Departamento de Polícia Federal, na forma e prazo estabelecidos em regulamento.

Independência de responsabilidade: a aplicação de sanção administrativa prevista nessa lei não afasta a de matéria penal (por exemplo, o tráfico de drogas), por serem as esferas penal, administrativa e civil independentes entre si, não havendo necessidade de se sobrestar o processo administrativo para o fim de se aguardar a decisão da ação penal ou civil.

Atos discricionários: as sanções administrativas, bem como o valor da multa, são atos discricionários da autoridade administrativa competente, que, além de respeitar os princípios da proporcionalidade e razoabilidade, devem levar em consideração as circunstâncias do § 1º, do art. 14.

Defesa prévia (30 dias): configurada qualquer uma das infrações previstas no art. 12 da Lei nº 10.357/2001, a pessoa física ou jurídica infratora será notificada para apresentar defesa, no prazo de trinta dias.

Decisão: o auto de fiscalização e outras peças que forem produzidas no ato da fiscalização serão encaminhados ao **Chefe do Órgão Central de Controle de Produtos Químicos**, para análise e decisão. Transcorrido o prazo de defesa, o chefe do Órgão Central de Controle de Produtos Químicos decidirá pela aplicação das medidas administrativas previstas no art. 14 da Lei nº 10.357/2001, ou pelo arquivamento.

Recurso: da decisão do chefe do Órgão Central de Controle de Produtos Químicos caberá recurso, no prazo de quinze dias, para o diretor-geral do Departamento de Polícia Federal, a quem compete decidir em última instância administrativa. Não é admitido recurso protocolizado fora do prazo (intempestivamente).

Parcelamento (até 5x): quando se tratar da multa — o valor é bem variável (de R$ 2.128,20 até R$ 1.064.100,00) —, será possível o seu recolhimento em até 5 parcelas mensais e consecutivas, a critério da autoridade competente (art. 14, § 2º).

Qualquer que tenha sido a decisão (deferimento ou indeferimento de defesa ou de recurso, sanção administrativa ou arquivamento), a pessoa física ou jurídica fiscalizada será notificada, mediante recebimento de termo de ciência.

20.1.3 Regularização obrigatória

As sanções administrativas previstas nessa lei são aplicáveis não só à pessoa jurídica, mas também à pessoa física que lide com esses produtos.

*Art. 15 A pessoa física ou jurídica que cometer qualquer uma das infrações previstas nesta Lei terá **prazo de trinta dias**, a contar da data da fiscalização, para sanar as irregularidades verificadas, sem prejuízo da aplicação de medidas administrativas previstas no art. 14.*

§1º Sanadas as irregularidades, os produtos químicos eventualmente apreendidos serão devolvidos ao seu legítimo proprietário ou representante legal.

§2º Os produtos químicos que não forem regularizados e restituídos no prazo e nas condições estabelecidas neste artigo serão destruídos, alienados ou doados pelo Departamento de Polícia Federal a instituições de ensino, pesquisa ou saúde pública, após trânsito em julgado da decisão proferida no respectivo processo administrativo.

§3º Em caso de risco iminente à saúde pública ou ao meio ambiente, o órgão fiscalizador poderá dar destinação imediata aos produtos químicos apreendidos.

Regularização em 30 dias: a regularização é **obrigatória e independe** da sanção administrativa aplicada (art. 14), isto é, a pessoa física ou jurídica autuada **deverá**, no prazo de 30 (trinta) dias, cumprir os termos do respectivo despacho decisório (sanar a irregularidade constatada), bem como, se for o caso, pagar a multa que lhe foi aplicada (sanção administrativa).

Devolução, destruição, alienação ou doação: depois de **sanada a irregularidade,** poderão, se for o caso, os produtos apreendidos serem devolvidos (art. 15, § 1º); não se cumprindo tais exigências, então os produtos serão destruídos, alienados ou doados depois do trânsito em julgado do processo administrativo (art. 15, § 2º).

Risco iminente: no caso de risco iminente à saúde pública ou ao meio ambiente, adotar-se-ão medidas legais imediatas, visando remover, destruir, alienar ou doar às instituições de ensino, pesquisa ou saúde pública, os produtos químicos encontrados em situação irregular.

20.2 Infrações administrativas em espécie

Há uma enumeração de 13 condutas diferentes (comissivas/omissivas), por isso estão, neste material, divididas em infrações administrativas omissivas e comissivas.

Infrações administrativas omissivas	Infrações administrativas comissivas
Art. 12 Constitui infração administrativa: I – deixar de cadastrar-se ou licenciar-se no prazo legal; II – deixar de comunicar ao Departamento de Polícia Federal, *no prazo de trinta dias*, qualquer alteração cadastral ou estatutária a partir da data do ato aditivo, bem como a suspensão ou mudança de atividade sujeita a controle e fiscalização; III – omitir as informações a que se refere o art. 8º desta Lei, ou prestá-las com dados incompletos ou inexatos; IV – deixar de apresentar ao órgão fiscalizador, quando solicitado, notas fiscais, manifestos e outros documentos de controle; [...] VII – deixar de informar qualquer suspeita de desvio de produto químico controlado, para fins ilícitos; [...] XI – deixar de informar no laudo técnico, ou nota fiscal, quando for o caso, em local visível da embalagem e do rótulo, a concentração do produto químico controlado; XII – deixar de comunicar ao Departamento de Polícia Federal furto, roubo ou extravio de produto químico controlado e documento de controle, no prazo de quarenta e oito horas;	**Art. 12** Constitui infração administrativa: [...] V – exercer qualquer das atividades sujeitas a controle e fiscalização, sem a devida Licença de Funcionamento ou Autorização Especial do órgão competente; VI – exercer atividade sujeita a controle e fiscalização com pessoa física ou jurídica não autorizada ou em situação irregular, nos termos desta Lei; [...] VIII – importar, exportar ou reexportar produto químico controlado, sem autorização prévia; IX – alterar a composição de produto químico controlado, sem prévia comunicação ao órgão competente; X – adulterar laudos técnicos, notas fiscais, rótulos e embalagens de produtos químicos controlados visando a burlar o controle e a fiscalização; [...] XIII – dificultar, de qualquer maneira, a ação do órgão de controle e fiscalização.

20.3 Taxa de controle e fiscalização de produtos químicos

Art. 16 Fica instituída a Taxa de Controle e Fiscalização de Produtos Químicos, cujo fato gerador é o exercício do poder de polícia conferido ao Departamento de Polícia Federal para controle e fiscalização das atividades relacionadas no art. 1º desta Lei.

Art. 17 São sujeitos passivos da Taxa de Controle e Fiscalização de Produtos Químicos as pessoas físicas e jurídicas que exerçam qualquer uma das atividades sujeitas a controle e fiscalização de que trata o art. 1º desta Lei.

Fato gerador: a taxa de controle e fiscalização é uma receita do Estado, sendo o momento do fato gerador dessa receita aquele em que o Departamento de Polícia Federal exerce o seu poder de polícia administrativa.

20.3.1 Isentos de pagamento

A isenção de pagamento não se refere ao ato mercantil, mas, sim, ao sujeito que exerce a atividade envolvendo produtos químicos que podem ser usados na fabricação de drogas ilícitas, sujeitos a controle e fiscalização pelo Departamento de Polícia Federal.

> **Art. 18** São **isentos do pagamento** da Taxa de Controle e Fiscalização de Produtos Químicos, sem prejuízo das demais obrigações previstas nesta Lei:
>
> I – os órgãos da Administração Pública direta federal, estadual e municipal;
>
> II – as instituições públicas de ensino, pesquisa e saúde;
>
> III – as entidades particulares de caráter assistencial, filantrópico e sem fins lucrativos que comprovem essa condição na forma da lei específica em vigor.

Nem todos os órgãos públicos são isentos de pagamento, mas somente os da **Administração Pública Direta** (federal, estadual ou municipal); bem como as instituições de saúde, de pesquisa ou de ensino desde que sejam de **natureza pública**.

Para que uma **entidade particular** seja isenta de pena, ela deve ter caráter filantrópico, assistencial e sem fins lucrativos que comprovem essa condição na forma da lei específica em vigor — certificação de entidades beneficentes de assistência social (CEBAS) ou o protocolo de renovação do CEBAS e declaração de utilidade pública.

20.3.2 Valores

Basicamente, há 3 valores diferentes para CRC, CLF e AE, os quais podem ser **integrais** (art. 19, *caput*) ou **reduzidos** — somente sobre os valores do CRC e do CLF (art. 19, parágrafo único).

> **Art. 19** A Taxa de Controle e Fiscalização de Produtos Químicos é devida pela prática dos seguintes atos de controle e fiscalização:
>
> I – no valor de R$ 500,00 (quinhentos reais) para:
>
> a) emissão de Certificado de Registro Cadastral;
>
> b) emissão de segunda via de Certificado de Registro Cadastral; e
>
> c) alteração de Registro Cadastral;
>
> II – no valor de R$ 1.000,00 (um mil reais) para:
>
> a) emissão de Certificado de Licença de Funcionamento;
>
> b) emissão de segunda via de Certificado de Licença de Funcionamento; e
>
> c) renovação de Licença de Funcionamento;
>
> III – no valor de R$ 50,00 (cinquenta reais) para:
>
> a) emissão de Autorização Especial; e
>
> b) emissão de segunda via de Autorização Especial.
>
> **Parágrafo único.** Os valores constantes dos incisos I e II deste artigo serão reduzidos de:
>
> I – quarenta por cento, quando se tratar de empresa de pequeno porte;
>
> II – cinquenta por cento, quando se tratar de filial de empresa já cadastrada;
>
> III – setenta por cento, quando se tratar de microempresa.
>
> **Art. 20** A Taxa de Controle e Fiscalização de Produtos Químicos será recolhida nos prazos e nas condições estabelecidas em ato do Departamento de Polícia Federal.

20.3.3 Destinação dos valores arrecadados

> **Art. 21** Os recursos relativos à cobrança da Taxa de Controle e Fiscalização de Produtos Químicos, à aplicação de multa e à alienação de produtos químicos previstas nesta Lei constituem receita do Fundo Nacional Antidrogas – FUNAD.
>
> **Parágrafo único.** O Fundo Nacional Antidrogas destinará oitenta por cento dos recursos relativos à cobrança da Taxa, à aplicação de multa e à alienação de produtos químicos, referidos no 'caput' deste artigo, ao Departamento de Polícia Federal, para o reaparelhamento e custeio das atividades de controle e fiscalização de produtos químicos e de repressão ao tráfico ilícito de drogas.

Os valores resultantes da cobrança da Taxa de Controle e Fiscalização de Produtos Químicos, da aplicação de multa e da alienação de produtos químicos serão **recolhidos** ao FUNAD (Fundo Nacional Antidrogas), por intermédio de **guia própria** (GRU-FUNAD) instituída pela SENAD (Secretaria Nacional Antidrogas), a quem compete a gestão do Fundo Nacional Antidrogas e a fiscalização da aplicação dos recursos repassados pelo Fundo aos órgãos e entidades conveniados.

A SENAD (Secretaria Nacional Antidrogas) repassará **80%** (oitenta por cento) do total dessa arrecadação ao Departamento de Polícia Federal, até o décimo dia útil de cada mês, para o **reaparelhamento e custeio** das atividades (1) de controle e fiscalização de produtos químicos e (2) de repressão ao tráfico ilícito de drogas.

20.4 Síntese

20.4.1 Prazos

24 horas	Suspeita de desvio de produtos
48 horas	Furto, roubo ou extravio
30 dias	Suspensão ou alteração
Anualmente	Renovação de CLF
5 anos	Arquivar documentos

20.4.2 Infrações administrativas x disposições obrigatórias

	NORMA IMPERATIVA	INFRAÇÃO ADMINISTRATIVA
Certificado de Licença de Funcionamento (CLF)	**Art. 4º** Para exercer qualquer uma das atividades sujeitas a controle e fiscalização relacionadas no art. 1º, a pessoa física ou jurídica deverá se cadastrar e requerer **licença de funcionamento** ao Departamento de Polícia Federal, de acordo com os critérios e as formas a serem estabelecidas na portaria a que se refere o art. 2º, independentemente das demais exigências legais e regulamentares.	**Art. 12, V** exercer qualquer das atividades sujeitas a controle e fiscalização, sem a devida **Licença de Funcionamento** [...] do órgão competente;

LEI Nº 10.357/2001 - CONTROLE E FISCALIZAÇÃO DE PRODUTOS QUÍMICOS

Autorização Especial (AE)	**Art. 4º, § 2º** A pessoa física ou jurídica que, em caráter eventual, necessitar exercer qualquer uma das atividades sujeitas a controle e fiscalização, deverá providenciar o seu cadastro junto ao Departamento de Polícia Federal e requerer **autorização especial** para efetivar as suas operações.	**Art. 12, V** exercer qualquer das atividades sujeitas a controle e fiscalização, sem a devida [...] **Autorização Especial** do órgão competente;	**Renovação Anual de CLF**	**Art. 5º** A pessoa jurídica referida no *caput* do art. 4º deverá requerer, anualmente, a Renovação da Licença de Funcionamento para o prosseguimento de suas atividades.	**Art. 12 [...]** **I -** deixar de cadastrar-se ou licenciar-se no prazo legal;
Autorização Prévia (AP)	**Art. 7º** Para importar, exportar ou reexportar os produtos químicos sujeitos a controle e fiscalização, nos termos dos arts. 1º e 2º, será necessária **autorização prévia** do Departamento de Polícia Federal, nos casos previstos em portaria, sem prejuízo do disposto no art. 6º e dos procedimentos adotados pelos demais órgãos competentes.	**Art. 12 [...]** **VIII** importar, exportar ou reexportar produto químico controlado, sem **autorização prévia;**	**Alteração ou Suspensão de Atividade (e alteração cadastral ou societária)**	**Art. 10** A pessoa física ou jurídica que, por qualquer motivo, suspender o exercício de atividade sujeita a controle e fiscalização ou mudar de atividade controlada deverá comunicar a paralisação ou alteração ao Departamento de Polícia Federal, **no prazo de trinta dias** a partir da data da suspensão ou da mudança de atividade.	**Art. 12 [...]** **II -** deixar de comunicar ao Departamento de Polícia Federal, **no prazo de trinta dias**, qualquer alteração cadastral ou estatutária a partir da data do ato aditivo, bem como a suspensão ou mudança de atividade sujeita a controle e fiscalização;
Obrigação de CLF para todas as partes (fornecedor e comprador), exceto quantidades ínfimas	**Art. 6º** Todas as partes envolvidas deverão possuir licença de funcionamento, exceto quando se tratar de quantidades de produtos químicos inferiores aos limites a serem estabelecidos em portaria do Ministro de Estado da Justiça.	**Art. 12 [...]** **VI** exercer atividade sujeita a controle e fiscalização **com** pessoa física ou jurídica não autorizada ou em situação irregular, nos termos desta Lei; [...] **X -** adulterar laudos técnicos, notas fiscais, rótulos e embalagens de produtos químicos controlados **visando** a burlar o controle e a fiscalização; **XI -** deixar de informar no laudo técnico, ou nota fiscal, quando for o caso, em local visível da embalagem e do rótulo, a concentração do produto químico controlado;	**Desvio de Produto (para fins ilícitos) e Furto/Roubo/Extravio**	**Art. 11** A pessoa física ou jurídica que exerça atividade sujeita a controle e fiscalização deverá informar ao Departamento de Polícia Federal, **no prazo máximo de vinte e quatro horas**, qualquer suspeita de desvio de produto químico a que se refere esta Lei.	**Art. 12 [...]** **VII -** deixar de informar qualquer suspeita de desvio de produto químico controlado, para fins ilícitos; [...] **XII -** deixar de comunicar ao Departamento de Polícia Federal furto, roubo ou extravio de produto químico controlado e documento de controle, **no prazo de quarenta e oito horas**;

LEGISLAÇÃO ESPECIAL

Periodicidade de informações e apresentação obrigatória quando requisitado	**Art. 8º** A pessoa jurídica que realizar qualquer uma das atividades a que se refere o art. 1º desta Lei é obrigada a fornecer ao Departamento de Polícia Federal, periodicamente, as informações sobre suas operações. **Parágrafo único.** Os documentos que consubstanciam as informações a que se refere este artigo deverão ser arquivados pelo prazo de cinco anos e apresentados ao Departamento de Polícia Federal quando solicitados.	**Art. 12 [...]** **III** - omitir as informações a que se refere o art. 8º desta Lei, ou prestá-las com dados incompletos ou inexatos; [...] **IV -** deixar de apresentar ao órgão fiscalizador, quando solicitado, notas fiscais, manifestos e outros documentos de controle;
Ação Fiscalizatória	**Art. 3º** Compete ao Departamento de Polícia Federal o controle e a fiscalização dos produtos químicos a que se refere o art. 1º desta Lei e a aplicação das sanções administrativas decorrentes.	**Art. 12 [...]** **XIII -** dificultar, de qualquer maneira, a ação do órgão de controle e fiscalização;
Transformação/ Adulteração de Produtos Químicos Controlados	**Art. 1º** Estão sujeitos a controle e fiscalização, na forma prevista nesta Lei, em sua [...] *transformação,* [...] todos os produtos químicos que possam ser utilizados como insumo na elaboração de substâncias entorpecentes, psicotrópicas ou que determinem dependência física ou psíquica.	**Art. 12 [...]** **IX -** alterar a composição de produto químico controlado, sem prévia comunicação ao órgão competente.

20.4.3 Isentos de taxa

▷ **Entidades públicas:** Administração Pública Direta (União, Estados e Municípios); e Instituições de Saúde, Pesquisa e Ensino.

▷ **Entidades privadas:** de caráter assistencial + filantrópico + sem fins lucrativos.

20.4.4 Tabela de taxas

Modalidade	Espécies	Valor (na Lei)
Certificado de Licença de Funcionamento (CLF)	(1) emissão de 1ª via; (2) emissão de 2ª via; (3) renovação de CLF.	R$ 1.000,00
Certificado de Registro Cadastral (CRC)	(1) emissão de 1ª via; (2) emissão de 2ª via; (3) alteração de CRC.	R$ 500,00
Autorização Especial (AE)	(1) emissão de 1ª via; (2) emissão de 2ª via.	R$ 50,00

20.4.5 Valores reduzidos

▷ EPP (Empresa de Pequeno Porte):40%
▷ Filial (matriz cadastrada):50%
▷ ME (Microempresa):70%

20.4.6 Valores atuais (2017)

CLF (emissão ou renovação)
Empresa grande, média, produtor rural ou filial de matriz não cadastrada R$1.688,97
EPP: R$1.013,38 (-40%) Filial: R$844,48 (-50%) ME: R$506,69 (-70%)

CRC (emissão ou alteração)
Empresa grande, média, produtor rural ou filial de matriz não cadastrada: R$844,49
EPP: R$506,69 (-40%) Filial:R$422,24 (-50%) ME: 253,35 (70%)

AE (emissão)
Qualquer que seja o porte (valor único): R$84,45

21 LEI Nº 10.446/2002 – INFRAÇÕES PENAIS DE REPERCUSSÃO INTERESTADUAL

A Lei nº 10.446/2002, dispõe sobre infrações penais de repercussão interestadual ou internacional que exigem repressão uniforme, para os fins do disposto no art. 144, I, § 1º, CF/1988.

> *Art. 144, CF/1988 A segurança pública, dever do Estado, direito e responsabilidade de todos, é exercida para a preservação da ordem pública e da incolumidade das pessoas e do patrimônio, através dos seguintes órgãos:*
>
> *§ 1º A polícia federal, instituída por lei como órgão permanente, organizado e mantido pela União e estruturado em carreira, destina-se a:*
>
> *I – apurar infrações penais contra a ordem política e social ou em detrimento de bens, serviços e interesses da União ou de suas entidades autárquicas e empresas públicas, assim como outras infrações cuja prática tenha repercussão interestadual ou internacional e exija repressão uniforme, segundo se dispuser em lei;*
>
> *II – prevenir e reprimir o tráfico ilícito de entorpecentes e drogas afins, o contrabando e o descaminho, sem prejuízo da ação fazendária e de outros órgãos públicos nas respectivas áreas de competência;*
>
> *III – exercer as funções de polícia marítima, aeroportuária e de fronteiras;*
>
> *IV – exercer, com exclusividade, as funções de polícia judiciária da União.*

Nos termos do art. 144, I, § 1º, CF/1988, quando houver repercussão interestadual ou internacional que exija repressão uniforme, poderá o Departamento de Polícia Federal do Ministério da Justiça, sem prejuízo da responsabilidade dos órgãos de segurança pública arrolados no art. 144, CF/1988, em especial das Polícias Militares e Civis dos Estados, proceder à investigação, dentre outras, das seguintes infrações penais:

▷ Sequestro, cárcere privado e extorsão mediante sequestro (arts. 148 e 159 do Código Penal):

Sequestro, cárcere privado e extorsão mediante sequestro (arts. 148 e 159 do Código Penal)	Se o agente foi impelido por motivação política
	OU
	quando praticado em razão da função pública exercida pela vítima.

▷ Formação de cartel: Art. 4º, I (alínea a), II, III, VII, Lei nº 8.137/1990;

▷ Infrações relativas à violação a direitos humanos:

Infrações relativas à violação dos direitos humanos → que a República Federativa do Brasil se comprometeu a reprimir → em decorrência de tratados internacionais de que seja parte.

▷ Furto, roubo ou receptação de cargas, inclusive bens e valores, em transporte:

Furto, roubo ou receptação de cargas
↓
inclusive bens e valores
↓
transportadas em operação interestadual ou internacional
↓
quando houver indícios da atuação de quadrilha ou bando em mais de um Estado da Federação.

▷ Falsificação, corrupção, adulteração ou alteração de produto destinado a fins terapêuticos ou medicinais.

▷ Furto, roubo ou dano contra instituições financeiras

Furto, roubo ou dano contra instituições financeiras → incluindo agências bancárias ou caixas eletrônicos → quando houver indícios da atuação de associação criminosa em mais de um Estado da Federação.

▷ Quaisquer crimes praticados por meio da rede mundial de computadores que difundam conteúdo misógino

Quaisquer crimes praticados por meio da rede mundial de computadores → que difundam conteúdo misógino → definidos como aqueles que propagam o ódio ou a aversão às mulheres.

Atendidos os pressupostos mencionados anteriormente, o Departamento de Polícia Federal procederá à apuração de outros casos, desde que tal providência seja autorizada ou determinada pelo Ministro de Estado da Justiça.

A Lei nº 10.446, de 8 de maio de 2002, entrou em vigor na data de sua publicação, ou seja, dia 8 de maio de 2002.

QUESTÕES COMENTADAS

Texto para as próximas 3 questões.

Determinado agente da Polícia Federal revelou um segredo sobre uma operação policial que seria realizada para deter uma quadrilha de traficantes. Ele havia se apropriado desse segredo em razão do seu cargo. Tendo a operação fracassado, a administração da Polícia recebeu uma denúncia sobre o ocorrido e abriu processo administrativo disciplinar contra o referido servidor.

Considerando essa situação hipotética, julgue os itens.

01. (CESPE/CEBRASPE – 2021 – PF – AGENTE) O servidor, em razão do seu ato, está sujeito à pena de demissão.
Certo ( )   Errado ( )

A afirmativa está correta, pois quando o servidor público revela uma informação sigilosa em razão do cargo, ele estará sujeito à pena de demissão. De acordo com a legislação:

Art. 132 A demissão será aplicada nos seguintes casos: [...]

IX - revelação de segredo do qual se apropriou em razão do cargo.

GABARITO: CERTO.

02. (CESPE/CEBRASPE – 2021 – PF – AGENTE) O processo aberto contra o servidor caracteriza poder de polícia administrativo.
Certo ( )   Errado ( )

A questão está errada, pois o poder descrito na questão é o poder disciplinar. Esse é o poder atribuído à administração pública para que sejam aplicadas sanções administrativas, como advertência, multa, suspensão e demissão. O poder de polícia é aplicado para assegurar o bem estar da coletividade, visa propiciar a harmonia ou até mesmo diminuir conflitos em sociedade.

GABARITO: ERRADO.

03. (CESPE/CEBRASPE – 2021 – PF – AGENTE) A abertura do processo contra o servidor em questão é considerada controle externo e posterior.
Certo ( )   Errado ( )

A questão está errada, pois o processo administrativo disciplinar (PAD) é interno e posterior, e não externo como afirma o enunciado. Trata-se de uma investigação interna que serve para apurar possíveis atos ilícitos praticados pelos servidores de determinado órgão. E é posterior, pois o processo é instaurado após a prática do ato.

GABARITO: ERRADO.

Texto para as próximas 2 questões.

A polícia foi acionada para atender a um chamado de suspeita de ocorrência de tráfico ilícito de entorpecentes no interior de determinada sociedade de economia mista federal. Ao chegar ao local, os policiais verificaram que um dos traficantes era um brasileiro naturalizado.

Considerando essa situação hipotética, julgue os itens.

04. (CESPE/CEBRASPE – 2021 – PF – AGENTE) O tráfico ilícito de entorpecentes é crime inafiançável.
Certo ( )   Errado ( )

O tráfico ilícito de entorpecentes é crime inafiançável. Segundo o art. 5º, XLIII, da CF/1988:

Art. 5º XLIII - a lei considerará crimes inafiançáveis e insuscetíveis de graça ou anistia a prática da tortura, o tráfico ilícito de entorpecentes e drogas afins, o terrorismo e os definidos como crimes hediondos, por eles respondendo os mandantes, os executores e os que, podendo evitá-los, se omitirem.

GABARITO: CERTO.

05. (CESPE/CEBRASPE – 2021 – PF – AGENTE) O traficante naturalizado brasileiro não poderá ser extraditado porque o crime foi praticado depois da naturalização.
Certo ( )   Errado ( )

Segundo o art. 5º, LI da CF/1988:

Art. 5º LI - nenhum brasileiro será extraditado, salvo o naturalizado, em caso de crime comum, praticado antes da naturalização, ou de comprovado envolvimento em tráfico ilícito de entorpecentes e drogas afins, na forma da lei.

Na primeira exceção (crime comum), só pode ser extraditado se o crime for praticado antes da naturalização. Já na segunda (tráfico), ele será extraditado tanto quando o crime for praticado antes como depois da naturalização, ou seja, em qualquer momento.

GABARITO: ERRADO.

06. (CESPE/CEBRASPE – 2021 – PF – AGENTE) Com relação ao direito penal e ao direito processual penal, julgue o item. Armazenamento consiste no procedimento de embalar, de forma individualizada, cada vestígio coletado, de acordo com suas características físicas, químicas e biológicas, para análise posterior.
Certo ( )   Errado ( )

Conforme o art. 158-B do CPP:

Art. 158-B IX - armazenamento: procedimento referente à guarda, em condições adequadas, do material a ser processado, guardado para realização de contraperícia, descartado ou transportado, com vinculação ao número do laudo correspondente.

O conceito citado pela afirmativa é de acondicionamento.

GABARITO: ERRADO.

07. (CESPE/CEBRASPE – 2021 – PF – AGENTE) Com relação ao direito penal e ao direito processual penal, julgue o item. A consumação do delito de descaminho independe do esgotamento da via administrativa.
Certo ( )   Errado ( )

O crime descaminho, previsto no art. 334 do Código Penal, é crime formal que se consuma com o ato de iludir o pagamento de imposto devido pela entrada ou saída de mercadoria no país, razão pela qual o resultado da conduta delituosa relacionado ao valor do imposto devido não integra o tipo penal. Assim, é desnecessária a constituição definitiva do crédito tributário por processo administrativo-fiscal para configuração do descaminho. Este é o entendimento do STJ: "O delito de descaminho é crime formal, não sendo necessária a constituição definitiva do crédito tributário para sua configuração." [...] (EDcl no AgRg no AREsp 522.758/RJ, Rel. Ministro Nefi Cordeiro, Sexta Turma, julgado em 22/05/2018, DJe 06/06/2018).

Ademais, vale destacar que o princípio da insignificância também pode ser aplicado ao descaminho. Esse é o entendimento da jurisprudência: "Incide o princípio da insignificância aos crimes tributários federais e de descaminho quando o débito tributário verificado não ultrapassar o limite de R$ 20.000,00 (vinte mil reais), a teor do disposto no art. 20 da Lei nº 10.522/2002, com as atualizações efetivadas pelas Portarias n. 75 e 130, ambas do Ministério da Fazenda." STJ. 3ª Seção. REsp 1.709.029/MG, Rel. Min. Sebastião Reis Júnior, julgado em 28/02/2018.

GABARITO: CERTO.

QUESTÕES COMENTADAS

08. (CESPE/CEBRASPE – 2021 – PF – AGENTE) Com relação ao direito penal e ao direito processual penal, julgue o item. Caracteriza-se como flagrante preparado a situação em que os policiais provocam ou induzem o cometimento do crime pelo agente.

Certo ( )   Errado ( )

No flagrante preparado, existe a figura do agente provocador, o qual prepara a cena de crime para que o agente o cometa, sendo que nas condições normais, sem que fosse realizada a preparação, o agente não teria cometido o crime.

Exemplo: Policiais colocam um carro estacionado em uma via erma, com os vidros abertos e a chave na ignição. Preparam a cena somente para provocar algum agente a cometer o furto do carro e ser preso em flagrante.

Nessa hipótese, doutrina e jurisprudência entendem ser uma modalidade ilegal de flagrante.

Atente-se para os sinônimos do flagrante preparado: flagrante provocado, delito de ensaio, delito de experiência, delito de laboratório e delito putativo por obra do agente provocador.

GABARITO: CERTO.

09. (CESPE/CEBRASPE – 2021 – PF – AGENTE) No item é apresentada uma situação hipotética seguida de uma assertiva a ser julgada. Julgue-o com base na legislação especial.
Determinada pessoa foi presa em flagrante delito, porque estava, no território brasileiro, próximo à região de fronteira com determinado país da América do Sul, transportando uma grande quantidade de drogas. Nessa situação, a configuração do tráfico transnacional depende da comprovação da transposição da fronteira, hipótese em que a pena poderá aumentar.

Certo ( )   Errado ( )

Na verdade, o Superior Tribunal de Justiça (STJ) possui entendimento sumulado no sentido de que, para que a transnacionalidade configure-se, não é necessário que a droga tenha saído do território nacional, bastando a presença de circunstâncias indicativas de que a droga seria levada ao exterior, observe:

Súmula nº 607 - STJ A majorante do tráfico transnacional de drogas (art. 40, inc. I, da Lei nº 11.343/2006) configura-se com a prova da destinação internacional das drogas, ainda que não consumada a transposição de fronteiras.

Logo, não se exige a efetiva transposição de fronteiras para a aplicação da majorante do tráfico transnacional de drogas.

Diante do exposto, o presente item foi considerado errado.

GABARITO: ERRADO.

10. (CESPE/CEBRASPE – 2021 – PF – AGENTE) No item é apresentada uma situação hipotética seguida de uma assertiva a ser julgada. Julgue-o com base na legislação especial.
No ano de 2020, um estrangeiro considerado um indivíduo nocivo e perigoso foi expulso do Brasil por ter cometido um crime comum doloso com pena privativa de liberdade. Nessa situação, ele estará impedido de reingressar no Brasil por prazo indeterminado.

Certo ( )   Errado ( )

Errado. O impedimento de reingresso do estrangeiro será por prazo determinado.

Lei nº 13.445/2017 - Lei de Migração:

Art. 54 [...] A expulsão consiste em medida administrativa de retirada compulsória de migrante ou visitante do território nacional, conjugada com o impedimento de reingresso por prazo determinado. [...]

§ 4º O prazo de vigência da medida de impedimento vinculada aos efeitos da expulsão será proporcional ao prazo total da pena aplicada e nunca será superior ao dobro de seu tempo.

GABARITO: ERRADO.

11. (CESPE/CEBRASPE – 2021 – PF – AGENTE) No item é apresentada uma situação hipotética seguida de uma assertiva a ser julgada. Julgue-o com base na legislação especial.
Uma pessoa apanhou à noite, em uma unidade de conservação, um espécime da fauna silvestre brasileira sem a devida permissão. Nessa situação, a pena deverá aumentar.

Certo ( )   Errado ( )

De fato, a Lei nº 9.605/1998 (Lei dos Crimes Ambientais) possui previsão expressa no sentido de que haverá o aumento da pena quando o crime for praticado durante a noite, observe:

Art. 29 Matar, perseguir, caçar, apanhar, utilizar espécimes da fauna silvestre, nativos ou em rota migratória, sem a devida permissão, licença ou autorização da autoridade competente, ou em desacordo com a obtida:

Pena – Detenção de seis meses a um ano, e multa.

§ 4º A pena é aumentada de metade, se o crime é praticado: [...]

III - durante a noite.

Dessa maneira, o agente que apanha à noite, em uma unidade de conservação, um espécime da fauna silvestre brasileira sem a devida permissão, incorrerá no delito do artigo 29, *caput*, c/c § 4º, inciso III, da Lei 9.605/1998, isto é, com a pena aumentada de metade.

Diante do exposto, o presente item foi considerado certo.

GABARITO: CERTO.

12. (CESPE/CEBRASPE – 2021 – PRF – POLICIAL RODOVIÁRIO FEDERAL) A respeito da ética no serviço público, da administração pública federal bem como dos servidores públicos federais e seus direitos e deveres, julgue o item.
De acordo com o Código de Ética Profissional do Servidor Público Civil do Poder Executivo Federal, ausência de servidor do seu local de trabalho é fator de desmoralização do serviço público, já que pode acarretar desordem nas relações humanas.

Certo ( )   Errado ( )

A assertiva está errada, pois, de acordo com a regra deontológica contida no número XII do Decreto nº 1.171/1994, toda ausência injustificada de servidor do seu local de trabalho é fator de desmoralização do serviço público, o que quase sempre conduz à desordem nas relações humanas. A substituição da expressão "quase sempre" por "pode" levou a julgar a questão como errada.

GABARITO: ERRADO.

13. (CESPE/CEBRASPE – 2021 – PRF – POLICIAL RODOVIÁRIO FEDERAL) A respeito da ética no serviço público, da administração pública federal bem como dos servidores públicos federais e seus direitos e deveres, julgue o item.
A estratégia, que consiste em um mecanismo para o exercício da governança pública, compreende a definição de diretrizes, objetivos, planos e ações, para que os serviços de responsabilidade da organização alcancem o resultado pretendido.

Certo ( )   Errado ( )

De acordo com o art. 5º, II, do Decreto nº 9.203/2017, é mecanismo para o exercício da governança pública a estratégia, que compreende a definição de diretrizes, objetivos, planos e ações, além de critérios de priorização e alinhamento entre organizações e partes interessadas, para que os serviços e produtos de responsabilidade da organização alcancem o resultado pretendido.

GABARITO: CERTO.

14. **(CESPE/CEBRASPE – 2021 – PRF – POLICIAL RODOVIÁRIO FEDERAL)** A respeito da ética no serviço público, da administração pública federal bem como dos servidores públicos federais e seus direitos e deveres, julgue o item.

    O investigado poderá ter vista dos autos, com direito a cópia se assim o desejar, mesmo antes da notificação da existência de procedimento investigatório em comissão de ética.

    Certo ( )   Errado ( )

Prevê expressamente o art. 14 do Decreto nº 6.209/2007, que instituiu o Sistema de Gestão da Ética do Poder Executivo Federal, que a qualquer pessoa que esteja sendo investigada é assegurado o direito de saber o que lhe está sendo imputado, de conhecer o teor da acusação e de ter vista dos autos, no recinto das Comissões de Ética, mesmo que ainda não tenha sido notificada da existência do procedimento investigatório.

GABARITO: CERTO.

15. **(CESPE/CEBRASPE – 2021 – PRF – POLICIAL RODOVIÁRIO FEDERAL)** A respeito da ética no serviço público, da administração pública federal bem como dos servidores públicos federais e seus direitos e deveres, julgue o item.

    Caso terceiro solicite, por telefone, informação sobre aquisições de determinado órgão público, o servidor deverá orientá-lo a preencher o formulário padrão, disponibilizado em meio eletrônico e físico, com os dados exigidos pela lei.

    Certo ( )   Errado ( )

Conforme prevê o art. 11 do Decreto nº 7.724/2012, que regulamenta a Lei de Acesso à Informação, qualquer pessoa, natural ou jurídica, poderá formular pedido de acesso à informação. Esse pedido será apresentado em formulário padrão, disponibilizado em meio eletrônico e físico, no sítio da internet e no SIC dos órgãos e entidades, sendo facultado, ou seja, permitido aos órgãos e entidades o recebimento de pedidos de acesso por outro meio legítimo, como o contato telefônico, ou correspondência eletrônica ou física, desde que atendidos os requisitos normativos.

GABARITO: ERRADO.

16. **(CESPE/CEBRASPE – 2021 – PRF – POLICIAL RODOVIÁRIO FEDERAL)** A respeito da ética no serviço público, da administração pública federal bem como dos servidores públicos federais e seus direitos e deveres, julgue o item.

    O diretor-geral da Polícia Rodoviária Federal, desde que satisfeitos os requisitos legais, poderá realizar a contratação direta de empresa na qual um primo seja sócio.

    Certo ( )   Errado ( )

De acordo com o Decreto nº 7.203/2010, que estabelece a vedação ao nepotismo no âmbito da Administração Pública Federal, há proibição, em cada órgão e em cada entidade, de nomeações, contratações ou designações de familiar de ministro de Estado, da máxima autoridade administrativa correspondente, ou, ainda, familiar de ocupante de cargo de comissão ou função de confiança de direção, chefia ou assessoramento. Também é proibido por esse decreto, no art. 3º, § 3º, "a contratação direta, sem licitação, de pessoa jurídica na qual haja administrador ou sócio com poder de direção, familiar de detentor de cargo em comissão ou função de confiança". A vedação existe, mas o enunciado está certo porque, para fins do decreto, a condição de primo não caracteriza hipótese de nepotismo, uma vez que se consideram familiares o cônjuge, o companheiro ou o parente em linha reta ou colateral, por consanguinidade ou afinidade, até o terceiro grau (conforme o art. 2º, III, do Decreto nº 7.203/2010). Para fins de direito civil, a relação de parentesco com primos é de quarto grau.

GABARITO: CERTO.

17. **(CESPE/CEBRASPE – 2021 – PRF – POLICIAL RODOVIÁRIO FEDERAL)** No que se refere à legislação de trânsito brasileira, julgue o item.

    Em rodovias de via dupla de zonas rurais em que não houver sinalização regulamentadora, deve-se aplicar a automóveis, camionetas e motocicletas o mesmo limite máximo de velocidade permitido para transitar.

    Certo ( )   Errado ( )

De acordo com a legislação prevista no Código de Trânsito Brasileiro (CTB), as vias abertas à circulação serão mantidas pelo poder público e também pelo particular. Tratam-se de vias mantidas pelo particular em razão das vias internas pertencentes aos condomínios constituídos por unidades autônomas e áreas de estacionamento de estabelecimentos meramente privados e de uso coletivo. Além do mais, são vias mantidas pelo próprio poder público, no que concerne às vias terrestres urbanas e as rurais.

No tocante às vias terrestres urbanas e rurais, sofrem de uma subdivisão, posto que são as estradas e rodovias.

Aponta-se que o próprio CTB traz regras no tocante à velocidade nas vias. A velocidade máxima permitida para a via será indicada por meio de sinalização, que caso não venha a existir, o CTB determina a velocidade máxima conforme o tipo de via e espécie de veículo, nos termos do art. 61, § 1º.

Em vias urbanas, o limite de velocidade máxima estabelecido será de acordo com a classificação da própria via e, nas vias rurais, tais como as rodovias, o limite de velocidade máxima será de acordo com a espécie do veículo e com a quantidade de faixa de trânsito.

Neste contexto, aponta-se os limites a seguir:

Vias Urbanas:

80 km/h – nas vias de trânsito rápido;

60 km/h – nas vias arteriais;

40 km/h – nas vias coletoras;

30 km/h – nas vias locais.

Vias Rurais:

1) rodovias de pista dupla:

1.1. 110 km/h para automóveis, camionetas e motocicletas;

1.2. 90 km/h para os demais veículos.

2) rodovias de pista simples:

2.1. 110 km/h para automóveis, camionetas e motocicletas;

2.2. 90 km/h para os demais veículos.

3) estradas: 60 km/h.

GABARITO: CERTO.

QUESTÕES COMENTADAS

18. (CESPE/CEBRASPE – 2021 – PRF – POLICIAL RODOVIÁRIO FEDERAL) No que se refere à legislação de trânsito brasileira, julgue o item.

Veículos em movimento em via pública que possuam espelhos retrovisores em ambos os lados poderão usar cortinas nas áreas envidraçadas.

Certo ( )   Errado ( )

De acordo com o CTB, há uma determinação no tocante à aplicação de critérios que deverão ser observados sob pena de infração de trânsito.

Além do mais, há aplicações das regras que deverão ser respeitadas nas áreas envidraçadas dos veículos. Logo, nos termos do art. 111, veda-se, nas áreas envidraçadas do veículo: o uso de cortinas, persianas fechadas ou similares nos veículos em movimento, salvo nos que possuam espelhos retrovisores em ambos os lados, bem como em aposição de inscrições, películas refletivas ou não, painéis decorativos ou pinturas, quando comprometer a segurança do veículo, na forma de regulamentação do Contran.

GABARITO: CERTO.

---

19. (CESPE/CEBRASPE – 2021 – PRF – POLICIAL RODOVIÁRIO FEDERAL) No que se refere à legislação de trânsito brasileira, julgue o item.

Considere, em determinada rodovia federal, tenha havido um acidente, sem vítimas, em que um veículo colidira com outro, do que resultara, para os dois veículos, em avaria e em dano patrimonial. Nessa situação hipotética, o causador do acidente deverá preservar o local, a fim de facilitar os trabalhos da polícia e da perícia, sob pena de responder por grave infração administrativa de trânsito.

Certo ( )   Errado ( )

Neste caso, aponta-se que o art. 176 do CTB aduz que o condutor envolvido de alguma forma, independentemente dele ser o causador ou não, em acidentes com vítima, terá o dever de preservar o local, de forma a facilitar os trabalhos da polícia e da perícia. Assim, ele somente poderá desfazer o local mediante autorização do policial ou agente da autoridade de trânsito.

Além do mais, o art. 178 diz que o condutor envolvido em acidente, do qual não resultou vítima, deverá adotar providências para remover o veículo do local, quando necessária tal medida para assegurar a segurança e a fluidez do trânsito. Logo, pouco importa que tenha ocorrido dano material, o condutor desfazer o local para assegurar a segurança e a fluidez do trânsito.

Tendo em vista que o enunciado aduz que em determinada rodovia federal houve um acidente, sem vítimas, em que um veículo colidira com outro, do que resultou, para os dois veículos, em avaria e em dano patrimonial, o causador do acidente deverá preservar o local, a fim de facilitar os trabalhos da polícia e da perícia, sob pena de responder por grave infração administrativa de trânsito.

GABARITO: ERRADO.

---

20. (CESPE/CEBRASPE – 2021 – PRF – POLICIAL RODOVIÁRIO FEDERAL) No que se refere à legislação de trânsito brasileira, julgue o item.

Para que autoridade ou agente policial possa autorizar a remoção de veículos envolvidos em acidente de trânsito ocorrido em leito de via pública que tenha causado lesão em pessoas e dano aos veículos envolvidos, é necessário que antes tenha sido prestado socorro às vítimas e realizada a perícia no local.

Certo ( )   Errado ( )

De acordo com o entendimento da banca examinadora, para que a autoridade ou agente policial possa autorizar a remoção de veículos envolvidos em acidente de trânsito ocorrido em leito de via pública que tenha causado lesão em pessoas e dano aos veículos envolvidos, faz-se necessário que antes tenha sido prestado socorro às vítimas e realizada a perícia no local do acidente.

GABARITO: ERRADO.

---

21. (CESPE/CEBRASPE – 2021 – PRF – POLICIAL RODOVIÁRIO FEDERAL) No que se refere à legislação de trânsito brasileira, julgue o item.

Cidadão que seja penalmente inimputável não pode obter habilitação para conduzir veículo automotor e elétrico.

Certo ( )   Errado ( )

Segundo o CTN, no tocante à habilitação para conduzir veículo automotor e elétrico, o mesmo será apurado por meio de exames que deverão ser realizados junto ao órgão ou entidade executivos do Estado ou do Distrito Federal, do domicílio ou residência do candidato, ou na sede estadual ou distrital do próprio órgão. Neste caso, cabe ao candidato preencher requisitos como ser penalmente imputável; saber ler e escrever; e possuir Carteira de Identidade ou equivalente, conforme art. 140, I, do CTB.

GABARITO: CERTO.

---

22. (CESPE/CEBRASPE – 2021 – PRF – POLICIAL RODOVIÁRIO FEDERAL) Considerando as resoluções do Conselho Nacional de Trânsito (CONTRAN) e suas alterações, julgue o item.

A fiscalização de trânsito por videomonitoramento independe de sinalização na via e, em caso de infração, a autoridade ou o agente de trânsito responsável pela lavratura de auto de infração deve indicar, no campo observação, informações relativas ao modo de constatação da referida infração.

Certo ( )   Errado ( )

Nos termos do atual CTB, uma vez ocorrendo a infração prevista na legislação de trânsito, lavrar-se-á auto de infração.

Esta infração deverá ser demonstrada e comprovada por declaração da autoridade ou do agente da autoridade de trânsito, por aparelho eletrônico ou por equipamento audiovisual, reações químicas ou qualquer outro meio tecnologicamente disponível, previamente regulamentado pelo Contran.

Além disso, a Resolução 471/2013 trouxe a regulamentação sobre a fiscalização de trânsito a partir da utilização de videomonitoramento em estradas e rodovias, conforme previsão do § 2º do art. 280, do CTB.

No caso em tela, a banca examinadora aduz que a fiscalização de trânsito por videomonitoramento independe de se destacar o papel sinalização na via e, em caso de infração, a autoridade ou o agente de trânsito responsável pela lavratura de auto de infração deve indicar, no campo observação, informações relativas ao modo de constatação da referida infração.

É certo que a autoridade ou o agente da autoridade de trânsito, responsável pela lavratura do auto de infração, terá o papel de informar, no campo "observação", a forma com que foi constatado o cometimento da infração. Todavia, a fiscalização de trânsito mediante sistema de videomonitoramento somente poderá ser realizada nas vias que estejam devidamente sinalizadas para esse fim.

GABARITO: ERRADO.

23. **(CESPE/CEBRASPE – 2021 – PRF – POLICIAL RODOVIÁRIO FEDERAL)** Considerando as resoluções do Conselho Nacional de Trânsito (CONTRAN) e suas alterações, julgue o item.

A emissão de Certificado de Registro e Licenciamento de Veículo em meio digital (CRLV-e), no qual constam o Certificado de Registro de Veículo (CRV) e o Certificado de Licenciamento Anual (CLA), é obrigatória se houver transferência de propriedade, sendo dispensável em caso de mudança de município de residência do proprietário.

Certo ( )   Errado ( )

Nos termos da Resolução 809/2020, que institui o Certificado de Registro e Licenciamento de Veículo em meio digital (CRLV-e), este será expedido de acordo com os mecanismos estabelecidos pelo órgão máximo executivo de trânsito da União, que conterá, vinculados em um único documento, o Certificado de Registro de Veículo (CRV) e o Certificado de Licenciamento Anual (CLA), conforme disposto nos arts. 121 e 131 do CTB.

Além do mais, a banca examinadora afirma que a emissão de Certificado de Registro e Licenciamento de Veículo em meio digital (CRLV-e), no qual constam o Certificado de Registro de Veículo (CRV) e o Certificado de Licenciamento Anual (CLA), é de caráter obrigatório, caso exista a transferência de propriedade, sendo a mesma dispensável se houver a mudança de município de residência do proprietário.

GABARITO: ERRADO.

24. **(CESPE/CEBRASPE – 2021 – PRF – POLICIAL RODOVIÁRIO FEDERAL)** Considerando as resoluções do Conselho Nacional de Trânsito (CONTRAN) e suas alterações, julgue o item.

Os objetivos da campanha educativa de trânsito do ano de 2021 incluem divulgar, mensalmente, temas com orientações específicas, as quais promovam, por exemplo, reflexões sobre como lesões e sequelas psicológicas e sociais decorrentes de acidentes de trânsito impactam a vida das vítimas e de seus familiares.

Certo ( )   Errado ( )

Nos termos do art. 75 do CTB, cabe ao Contran estabelecer, de maneira anual, os temas e os cronogramas das campanhas de âmbito nacional que deverão ser promovidas por todos os órgãos ou entidades do Sistema Nacional de Trânsito, especialmente nos períodos referentes às férias escolares, feriados prolongados e à Semana Nacional de Trânsito

Cabe ao Contran especificar o conteúdo e o padrão de apresentação das mensagens, além dos procedimentos que estejam envolvidos na respectiva veiculação, em conformidade com as diretrizes fixadas para as campanhas educativas de trânsito a que se refere o art. 75.

Nos termos da Resolução 806/2020, os temas e o cronograma da Campanha Educativa de Trânsito de 2021 deverão ser realizados nacionalmente de janeiro a dezembro de 2021.

GABARITO: CERTO.

25. **(CESPE/CEBRASPE – 2021 – PRF – POLICIAL RODOVIÁRIO FEDERAL)** Considerando as resoluções do Conselho Nacional de Trânsito (CONTRAN e suas alterações, julgue o item.

Para a medição de velocidade de veículos automotores elétricos, reboques e semirreboques em rodovias, utilizam-se medidores de velocidade do tipo fixo; entre estes, somente o medidor de velocidade do tipo fixo redutor deve obrigatoriamente ser dotado de *display*.

Certo ( )   Errado ( )

Com base na Resolução 798/2020, é possível observar que o medidor de velocidade é o instrumento ou equipamento de aferição destinado a fiscalizar o limite máximo de velocidade regulamentado para o local, que indique a velocidade medida e contenha dispositivo registrador de imagem que comprove o cometimento da infração.

Ademais, a medição de velocidade, por meio do medidor descrito, é indispensável para a caracterização das infrações de trânsito de excesso de velocidade.

A mesma resolução aborda os dois tipos de medidores de velocidade: fixo e portátil.

No caso do medidor fixo de velocidade com registro de imagem, ele é instalado em local definido e em caráter duradouro.

Já o portátil diz respeito ao medidor de velocidade com registro de imagem, podendo ser instalado em viatura caracterizada estacionada, em tripé, suporte fixo ou manual, usado ostensivamente como controlador em via ou em seu ponto específico, que apresente limite de velocidade igual ou superior a 60 km/h.

No caso em tela, segundo o enunciado da questão, a medição de velocidade de veículos automotores elétricos, reboques e semirreboques em rodovias, utilizam-se medidores de velocidade do tipo fixo. Desta maneira, somente o medidor de velocidade do tipo fixo redutor deve obrigatoriamente ser dotado de display.

GABARITO: CERTO.

26. **(CESPE/CEBRASPE – 2021 – PRF – POLICIAL RODOVIÁRIO FEDERAL)** Considerando as resoluções do Conselho Nacional de Trânsito (CONTRAN) e suas alterações, julgue o item.

Como os reboques e os semirreboques são identificados somente por placa de identificação veicular (PIV) traseira, caso seja necessário, veículos equipados com engates para reboques ou com carroceria intercambiável deverão obrigatoriamente usar uma segunda PIV traseira.

Certo ( )   Errado ( )

Para a banca examinadora, pontua-se que os reboques e os semirreboques são identificados somente por Placa de Identificação Veicular (PIV), traseira, se houver a necessidade, veículos equipados com engates para reboques ou com carroceria intercambiável deverão obrigatoriamente usar uma segunda PIV traseira.

Portanto, a banca apresentou um enunciado correto, pois a lei dispõe ser obrigatório o uso de segunda PIV traseira nos veículos equipados com engates para reboques ou carroceria intercambiável, transportando eventualmente carga que cobrir, total ou parcialmente, a PIV traseira.

GABARITO: CERTO.

27. **(CESPE/CEBRASPE – 2021 – PRF – POLICIAL RODOVIÁRIO FEDERAL)** Ainda com relação às resoluções do CONTRAN e suas alterações, julgue o item.

Infração de trânsito concomitante é aquela em que o cometimento de uma infração tem como pressuposto o cometimento de outra.

Certo ( )   Errado ( )

No enunciado, a banca examinadora afirma que a infração de trânsito concomitante está relacionada com aquela onde o cometimento de uma infração tem como pressuposto o cometimento de outra, logo, o enunciado está incorreto.

Ademais, em relação às infrações concomitantes são aquelas em que o cometimento de uma infração não implica o cometimento de outra, na forma do art. 266, do CTB.

As infrações concorrentes são aquelas em que o cometimento de uma infração tem como pressuposto o cometimento de outra.

GABARITO: ERRADO.

28. **(CESPE/CEBRASPE – 2021 – PRF – POLICIAL RODOVIÁRIO FEDERAL)** Ainda com relação às resoluções do CONTRAN e suas alterações, julgue o item.

    A circulação de veículos em via pode ocorrer a título precário, sendo vedado o transporte de passageiro que esteja em pé no veículo ou que tenha menos de dezoito anos de idade no caso de transporte de passageiros em veículos de carga ou misto.

    Certo ( )   Errado ( )

A banca examinadora traz em seu enunciado que a circulação de veículos em via pode ocorrer a título precário, vedando-se o transporte de passageiro que esteja em pé no veículo ou que tenha menos de dezoito anos de idade no caso de transporte de passageiros em veículos de carga ou misto.

Porém, o enunciado está incorreto, visto que nos termos da resolução, atendida as exigências estabelecidas para o transporte de passageiros em veículos de carga ou misto, é vedado transportar passageiros com idade inferior a 10 anos; transportar passageiros em pé; transportar cargas no mesmo ambiente dos passageiros; utilizar veículos de carga tipo basculante e boiadeiro; utilizar combinação de veículos; transportar passageiros nas partes externas.

A vedação quanto a idade do passageiro diz respeito a menores de 10 anos e não a menores de 18, como afirmou a banca.

GABARITO: ERRADO.

29. **(CESPE/CEBRASPE – 2021 – PRF – POLICIAL RODOVIÁRIO FEDERAL)** Ainda com relação às resoluções do CONTRAN e suas alterações, julgue o item.

    É permitido que veículos de passageiros, ônibus, micro-ônibus e caminhões transitem em rodovia com trincas em seus para-brisas, desde que elas estejam dentro do limite previsto em norma específica e não haja fratura de configuração circular.

    Certo ( )   Errado ( )

O enunciado encontra-se incorreto, posto que é permitido que veículos de passageiros, ônibus, micro-ônibus e caminhões transitem em rodovia com trincas em seus para-brisas, desde que elas estejam dentro do limite previsto em norma específica e não haja fratura de configuração circular.

Pode ocorrer a fratura circular desde que esteja dentro do limite e fora da área crítica.

GABARITO: ERRADO.

30. **(CESPE/CEBRASPE – 2021 – PRF – POLICIAL RODOVIÁRIO FEDERAL)** Acerca do registrador instantâneo e inalterável de velocidade e tempo, julgue o item.

    O equipamento em questão deve apresentar o tempo de movimentação do veículo, bem como suas interrupções.

    Certo ( )   Errado ( )

Nos termos da Resolução nº 92/1999, coube a ela dispor sobre requisitos técnicos mínimos do registrador instantâneo e inalterável de velocidade e tempo. O registrador instantâneo e inalterável de velocidade e tempo pode constituir-se num único aparelho mecânico, eletrônico ou compor um conjunto computadorizado que, além das funções específicas, exerça outros controles.

Além do mais, a banca afirma que o equipamento deve apresentar o tempo de movimentação do veículo, bem como suas interrupções.

GABARITO: CERTO.

31. **(CESPE/CEBRASPE – 2021 – PRF – POLICIAL RODOVIÁRIO FEDERAL)** Acerca do registrador instantâneo e inalterável de velocidade e tempo, julgue o item.

    Em caso de operação de fiscalização do registrador instantâneo e inalterável de velocidade e tempo, o policial rodoviário federal deve identificar-se e assinar o verso do disco ou da fita diagrama, além de mencionar o local, a data e horário em que ocorreu a fiscalização.

    Certo ( )   Errado ( )

A assertiva está correta, posto que consta nos termos da Resolução nº 92 do Contran, que nas operações de fiscalização do registrador instantâneo e inalterável de velocidade e tempo, o agente fiscalizador deverá identificar-se e assinar o verso do disco ou fita diagrama, bem como mencionar o local, a data e horário em que ocorreu a fiscalização.

GABARITO: CERTO.

32. **(CESPE/CEBRASPE – 2021 – PRF – POLICIAL RODOVIÁRIO FEDERAL)** Acerca do registrador instantâneo e inalterável de velocidade e tempo, julgue o item.

    É de seis meses o prazo em que as informações relativas às últimas vinte e quatro horas de operação do veículo devem ficar à disposição das autoridades competentes em caso de acidente.

    Certo ( )   Errado ( )

A assertiva está incorreta, posto que as informações das últimas 24h do tacógrafo deverão ficar disponíveis às autoridades pelos seguintes períodos: 90 dias - sem a ocorrência de acidentes de trânsito; 1 ano - com a ocorrência de acidentes de trânsito.

GABARITO: ERRADO.

33. **(CESPE/CEBRASPE – 2021 – PRF – POLICIAL RODOVIÁRIO FEDERAL)** Com relação a limites de peso e dimensões para a circulação de veículos em vias públicas, excetuadas as condições para a emissão das autorizações especiais de trânsito, julgue o item.

    A largura máxima autorizada para a circulação de veículos em via pública, com ou sem carga, é de 2,50 metros.

    Certo ( )   Errado ( )

Nos termos do CTB, verifica-se que somente poderá transitar pelas vias terrestres o veículo cujo peso e dimensões atenderem aos limites estabelecidos pelo Contran.

A banca afirma que a largura máxima autorizada para a circulação de veículos em via pública, com ou sem carga, é de 2,50 metros, o que torna a assertiva incorreta, pois de acordo com o art. 1º, I, da Resolução nº 210/06 do Contran, a largura máxima permitida é de 2,60 metros.

GABARITO: ERRADO.

34. **(CESPE/CEBRASPE – 2021 – PRF – POLICIAL RODOVIÁRIO FEDERAL)** Com relação a limites de peso e dimensões para a circulação de veículos em vias públicas, excetuadas as condições para a emissão das autorizações especiais de trânsito, julgue o item.

    Cumpridos os requisitos legais, para a combinação de veículos de carga com mais de duas unidades, incluída a unidade tratora, o peso bruto total deve ser de até 60 toneladas.

    Certo ( )   Errado ( )

De acordo com o CTB, somente poderá transitar pelas vias terrestres o veículo que esteja vinculado ao peso e a dimensões que atenderem aos limites estabelecidos pelo Contran.

Neste mesmo aspecto, coube à Resolução nº 210/2006 estabelecer os limites de peso e também os de dimensões relacionadas aos veículos que transitem por vias terrestres e dá outras providências.

Neste mesmo sentido, aponta-se que os limites máximos de peso bruto total e peso bruto transmitido por eixo de veículo estão descritos no art. 2º da referida resolução normativa.

No presente caso, a banca examinadora aduziu que cumpridos os requisitos legais, para a combinação de veículos de carga com mais de duas unidades, incluída a unidade tratora, o peso bruto total deve ser de até 60 toneladas, tornando a afirmação incorreta.

GABARITO: ERRADO.

---

35. (CESPE/CEBRASPE – 2021 – PRF – POLICIAL RODOVIÁRIO FEDERAL) No que se refere à fiscalização do tempo de direção e de descanso do motorista profissional, julgue o item.
A fiscalização do tempo de direção e do intervalo de descanso pode ocorrer por meio da verificação do diário de bordo, da papeleta ou da ficha de trabalho externo, fornecidos pelo empregador.
Certo ( )   Errado ( )

Nos termos do art. 2º da Resolução nº 210//2006, do Contran, a fiscalização do tempo de direção e do intervalo de descanso do motorista profissional dar-se-á por meio de: análise do disco ou fita diagrama do registrador instantâneo e inalterável de velocidade e tempo ou de outros meios eletrônicos idôneos instalados no veículo, na forma regulamentada pelo Contran; ou Verificação do diário de bordo, papeleta ou ficha de trabalho externo, fornecida pelo empregador; ou verificação da ficha de trabalho do autônomo, conforme anexo I desta Resolução.

GABARITO: CERTO.

---

36. (CESPE/CEBRASPE – 2021 – PRF – POLICIAL RODOVIÁRIO FEDERAL) No que se refere à fiscalização do tempo de direção e de descanso do motorista profissional, julgue o item.
Na condução de veículo de carga com peso bruto total superior a 4.536 kg, é permitido ao motorista profissional dirigir por até seis horas e meia ininterruptas.
Certo ( )   Errado ( )

Nos termos do art. 3º, inciso II, da Resolução nº 525, serão observados 30 (trinta) minutos para descanso dentro de cada 6 (seis) horas na condução de veículo de transporte de carga, sendo facultado o seu fracionamento e o do tempo de direção desde que não ultrapassadas 5 (cinco) horas e meia contínuas no exercício da condução.

GABARITO: ERRADO.

---

37. (CESPE/CEBRASPE – 2021 – PRF – POLICIAL RODOVIÁRIO FEDERAL) No que se refere à fiscalização do tempo de direção e de descanso do motorista profissional, julgue o item.
A responsabilidade pela guarda, pela proteção e pela precisão das informações contidas no equipamento registrador instantâneo inalterável de velocidade e de tempo é do proprietário do veículo.
Certo ( )   Errado ( )

Nos termos do art. 3º da Resolução nº 525/2015, o motorista profissional, no exercício de sua profissão e na condução de veículos mencionados no *caput* do art. 1º, fica submetido às seguintes condições, conforme estabelecido nos arts. 67-C e 67-E da Lei nº 13.103/2015, sendo que a guarda, a preservação e a exatidão das informações contidas no equipamento registrador instantâneo inalterável de velocidade e de tempo são de responsabilidade do condutor.

A responsabilidade pela guarda, pela proteção e pela precisão das informações contidas no equipamento registrador instantâneo inalterável de velocidade e de tempo é do proprietário do veículo.

GABARITO: ERRADO.

---

38. (CESPE/CEBRASPE – 2021 – PRF – POLICIAL RODOVIÁRIO FEDERAL) No que concerne a campanha educativa de trânsito e fiscalização de peso dos veículos por balança rodoviária, julgue o item.
O *slogan* da campanha educativa de trânsito de 2021, a qual deve ser veiculada, obrigatoriamente, nos meios de comunicação social, em toda peça publicitária de produtos automobilísticos, é: "No trânsito, sua responsabilidade salva vidas".
Certo ( )   Errado ( )

A questão está correta, pois diz respeito ao art. 2º da Resolução nº 806, que diz que aque a Campanha Educativa de Trânsito de 2021 terá como mensagem "No trânsito, sua responsabilidade salva vidas", que deverá ser divulgada pelos órgãos e entidades do Sistema Nacional de Trânsito.

GABARITO: CERTO.

---

39. (CESPE/CEBRASPE – 2021 – PRF – POLICIAL RODOVIÁRIO FEDERAL) No que concerne a campanha educativa de trânsito e fiscalização de peso dos veículos por balança rodoviária, julgue o item.
Excetuados os produtos perigosos e a critério do policial rodoviário federal, desde que observadas as condições de segurança, produtos perecíveis e cargas vivas podem ser dispensados do remanejamento ou transbordo em caso de excesso de peso veicular.
Certo ( )   Errado ( )

A critério do agente, observadas as condições de segurança, poderá ser dispensado o remanejamento ou transbordo de produtos perigosos, produtos perecíveis, cargas vivas e passageiros.

Os produtos perigosos são tratados na mesma regra. Afirmar que são todos os outros excetuados perigosos, torna a assertiva errônea.

Assim, conforme art. 9º da Resolução 803/2020, o veículo só poderá prosseguir viagem após sanadas as irregularidades, observadas as condições de segurança. A critério do agente, observadas as condições de segurança, poderá ser dispensado o remanejamento ou transbordo de produtos perigosos, produtos perecíveis, cargas vivas e passageiros.

GABARITO: ERRADO.

---

40. (CESPE/CEBRASPE – 2021 – PRF – POLICIAL RODOVIÁRIO FEDERAL) No que concerne a campanha educativa de trânsito e fiscalização de peso dos veículos por balança rodoviária, julgue o item.
Em rodovias federais, na fiscalização de peso dos veículos por balança rodoviária, é admitida a tolerância de 12,5 % sobre os limites de peso regulamentares por eixo de veículos transmitidos à superfície das vias públicas.
Certo ( )   Errado ( )

A questão está incorreta. Baseando-se na Resolução nº 803/2020, a fiscalização de peso dos veículos deve ser feita por equipamento de pesagem (balança rodoviária) ou, na impossibilidade, pela verificação de documento fiscal.

Além do mais, na fiscalização de peso dos veículos por balança rodoviária serão admitidas as seguintes tolerâncias: 5% sobre os limites de pesos regulamentares para o peso bruto total (PBT) e peso bruto total combinado (PBTC); e 10% sobre os limites de peso regulamentares por eixo de veículos transmitidos à superfície das vias públicas.

GABARITO: ERRADO.

---

41. (CESPE/CEBRASPE – 2021 – PRF – POLICIAL RODOVIÁRIO FEDERAL) Acerca dos requisitos mínimos de segurança para o transporte de cargas em veículos, julgue o item.
Quando não há pontos de amarração adequados ou em número suficiente, pode-se realizar a fixação dos dispositivos de amarração no próprio chassi do veículo.

Certo ( )   Errado ( )

Nos termos da Resolução nº 552, do Contran, na inexistência de pontos de amarração adequados, ou em número suficiente, fica permitida a fixação dos dispositivos de amarração no próprio chassi do veículo.

GABARITO: CERTO.

---

42. (CESPE/CEBRASPE – 2021 – PRF – POLICIAL RODOVIÁRIO FEDERAL) Acerca dos requisitos mínimos de segurança para o transporte de cargas em veículos, julgue o item.
Para a amarração da carga, devem ser utilizadas cintas têxteis, correntes ou cabos de aço, com resistência total à ruptura por tração de, no mínimo, 1,50 vez o peso da carga.

Certo ( )   Errado ( )

A Resolução nº 552/2015 busca o aperfeiçoamento dos requisitos de segurança no transporte de cargas em veículos rodoviários de carga.

Logo, é possível afirmar que todas as cargas transportadas, conforme seu tipo, devem estar devidamente amarradas, ancoradas e acondicionadas no compartimento de carga ou superfície de carregamento do veículo, de modo a prevenir movimentos relativos durante todas as condições de operação esperadas no transcorrer da viagem, como: manobras bruscas, solavancos, curvas, frenagens e desacelerações repentinas.

Na amarração da carga devem ser utilizadas cintas têxteis, correntes ou cabos de aço, com resistência total à ruptura por tração de, no mínimo, 1,50 vez o peso da carga.

GABARITO: ERRADO.

Texto para as próximas 4 questões.
Determinado órgão público firmou contrato administrativo com uma empresa de reconhecida especialização no mercado, para a prestação de serviços de treinamento de pessoal de natureza singular aos seus servidores. Durante a execução do contrato, a empresa descumpriu uma das cláusulas contratuais. A administração pública, então, aplicou multa por inexecução parcial do acordado. Insatisfeita, a empresa impetrou mandado de segurança no Poder Judiciário em face do ato administrativo que aplicara a penalidade sem prévia oitiva.
Considerando essa situação hipotética, julgue os itens.

43. (CESPE/CEBRASPE – 2021 – PRF – POLICIAL RODOVIÁRIO FEDERAL) A impetração de mandado de segurança configura controle judicial de mérito administrativo.

Certo ( )   Errado ( )

O controle judicial é exercido de forma típica pelo Poder Judiciário, ao qual cabe exclusivamente a análise do critério de legalidade dos atos administrativos editados por todos os poderes (inclusive dele mesmo, atuando como controle judicial interno), sendo cabível tanto perante atos vinculados quanto atos discricionários. Importante ressaltar e relembrar que o Poder Judiciário não revoga ato de ninguém, exceto dele próprio decorrente do controle de mérito, exercido tão-somente quando em sua função administrativa.

GABARITO: ERRADO.

---

44. (CESPE/CEBRASPE – 2021 – PRF – POLICIAL RODOVIÁRIO FEDERAL) Órgão público é ente descentralizado da administração indireta que possui personalidade jurídica de direito público.

Certo ( )   Errado ( )

Os órgãos públicos, desprovidos de personalidade jurídica, estão ligados à administração direta ou indireta de forma verticalizada, caracterizando uma relação de hierarquia e subordinação. Os órgãos são criados e extintos mediante lei e celebram contratos de gestão com a administração.

GABARITO: ERRADO.

---

45. (CESPE/CEBRASPE – 2021 – PRF – POLICIAL RODOVIÁRIO FEDERAL) Essa situação caracteriza contratação direta por dispensa de licitação.

Certo ( )   Errado ( )

O caso em tela figura como hipótese de inexigibilidade de licitação e não dispensa, conforme consta no art. 25: "É inexigível a licitação quando houver inviabilidade de competição, em especial: II – para a contratação de serviços técnicos enumerados no art. 13 desta Lei, de natureza singular, com profissionais ou empresas de notória especialização, vedada a inexigibilidade para serviços de publicidade e divulgação".

GABARITO: ERRADO.

---

46. (CESPE/CEBRASPE – 2021 – PRF – POLICIAL RODOVIÁRIO FEDERAL) O ajuizamento da ação judicial para conter eventuais abusos praticados pela administração pública caracteriza a aplicação do princípio da sindicabilidade.

Certo ( )   Errado ( )

Pelo princípio da sindicabilidade, todos os atos administrativos são passíveis de controle pela administração, ainda que não seja o da própria administração pública, sendo inclusive um princípio expressamente reconhecido pela jurisprudência do STF.

GABARITO: CERTO.

---

47. (CESPE/CEBRASPE – 2021 – PRF – POLICIAL RODOVIÁRIO FEDERAL) Acerca da carreira de policial rodoviário federal, julgue o item.
A promoção do policial rodoviário federal para a segunda classe depende de participação em cursos de capacitação cujo conteúdo seja compatível com as atribuições do cargo e que tenha duração de, no mínimo, 150 horas.

Certo ( )   Errado ( )

A questão encontra-se incorreta, pois de acordo com o que dispõe o Decreto nº 8.282 de 2014 os cursos de promoção da terceira para a segunda classe devem ter duração igual ou superior a 120 horas. Como pode ser visto no anexo do Decreto:

Classe	Requisitos
Da primeira classe para a classe especial	Cursos de capacitação específicos, com conteúdo estritamente relacionado às atividades do órgão e duração total igual ou superior a 360 horas.
Da segunda classe para a primeira classe	Cursos de capacitação com conteúdo compatíveis com as atribuições do cargo e duração total ou superior a 150 horas.
Da terceira classe para a segunda classe	Cursos de capacitação com conteúdo compatível com as atribuições do cargo e duração total igual ou superior a 120 horas.

GABARITO: ERRADO.

48. **(CESPE/CEBRASPE – 2021 – PRF – POLICIAL RODOVIÁRIO FEDERAL)** Acerca da carreira de policial rodoviário federal, julgue o item.
As atribuições do policial rodoviário federal de terceira classe, cuja jornada de trabalho é de quarenta horas semanais, incluem realizar patrulhamento e policiamento ostensivo.
Certo ( )   Errado ( )

A questão está de acordo com o que dispõe o art. 2º-A, § 1º, inciso IV, da Lei nº 9.654/98, a qual cria a Carreira de Policial Rodoviário Federal. Segundo a Lei, as atribuições do Policial Rodoviário Federal de terceira classe são: fiscalização, patrulhamento e policiamento ostensivo, atendimento e socorro às vítimas de acidentes rodoviários e demais atribuições relacionadas com a área operacional do Departamento de Polícia Rodoviária Federal. Além disso, dispõe o art. 9º que a jornada de trabalho do PRF é de quarenta horas semanais.

GABARITO: CERTO.

49. **(CESPE/CEBRASPE – 2021 – PRF – POLICIAL RODOVIÁRIO FEDERAL)** Acerca de direitos fundamentais, garantias e remédios constitucionais, julgue o item.
A manifestação pública em defesa da abolição de crime, por ser considerada incitação à prática de fato criminoso, não está protegida pela liberdade de reunião.
Certo ( )   Errado ( )

Conforme o entendimento do STF: "A mera proposta de descriminalização de determinado ilícito penal não se confundiria com ato de incitação à prática do crime, nem apologia de fato criminoso".

GABARITO: ERRADO.

50. **(CESPE/CEBRASPE – 2021 – PRF – POLICIAL RODOVIÁRIO FEDERAL)** Acerca de direitos fundamentais, garantias e remédios constitucionais, julgue o item.
Autoriza-se o confisco de bem utilizado para o tráfico de drogas nas situações em que se constatar que houve habitualidade do uso do bem para a prática do referido crime.
Certo ( )   Errado ( )

Pode ser confiscado com ou sem habitualidade. De acordo com o art. 243 da CF/1988:

Art. 243 Parágrafo único. Todo e qualquer bem de valor econômico apreendido em decorrência do tráfico ilícito de entorpecentes e drogas afins e da exploração de trabalho escravo será confiscado e reverterá a fundo especial com destinação específica, na forma da lei.

Veja também o julgado do STF: "É possível o confisco de todo e qualquer bem de valor econômico apreendido em decorrência do tráfico de drogas, sem a necessidade de se perquirir a habitualidade e reiteração do uso do bem para tal finalidade, a sua modificação para se dificultar a descoberta do local ou do acondicionamento da droga ou qualquer outro requisito além daqueles previstos expressamente no art. 243, parágrafo único da Constituição Federal".

GABARITO: CERTO.

51. **(CESPE/CEBRASPE – 2021 – PRF – POLICIAL RODOVIÁRIO FEDERAL)** Acerca de direitos fundamentais, garantias e remédios constitucionais, julgue o item.
As hipóteses de perda da nacionalidade brasileira previstas na Constituição Federal de 1988 têm natureza taxativa, de modo que nem mesmo convenções ou tratados internacionais podem ampliá-las.
Certo ( )   Errado ( )

De acordo com o STF: "A perda da nacionalidade brasileira, por sua vez, somente pode ocorrer nas hipóteses taxativamente definidas na Constituição da República, não se revelando lícito, ao Estado brasileiro, seja mediante simples regramento legislativo, seja mediante tratados ou convenções internacionais, inovar nesse tema [...]".

GABARITO: CERTO.

52. **(CESPE/CEBRASPE – 2021 – PRF – POLICIAL RODOVIÁRIO FEDERAL)** Acerca de direitos fundamentais, garantias e remédios constitucionais, julgue o item.
A Constituição Federal de 1988 não garante o direito à escusa de consciência sobre o dever de votar para os maiores de 18 anos de idade e para os menores de 70 anos de idade.
Certo ( )   Errado ( )

A escusa de consciência é direito de todos. De acordo com a CF/1988:

Art. 5º VIII - ninguém será privado de direitos por motivo de crença religiosa ou de convicção filosófica ou política, salvo se as invocar para eximir-se de obrigação legal a todos imposta e recusar-se a cumprir prestação alternativa, fixada em lei [...].

GABARITO: ERRADO.

53. **(CESPE/CEBRASPE – 2021 – PRF – POLICIAL RODOVIÁRIO FEDERAL)** Acerca de direitos fundamentais, garantias e remédios constitucionais, julgue o item.
De acordo com o Supremo Tribunal Federal, não é cabível *habeas data* para a obtenção de informações a respeito da identidade de responsáveis por agressões e denúncias feitas contra o impetrante.
Certo ( )   Errado ( )

O *habeas data* tem caráter personalíssimo, ou seja, não é meio para que se obtenha informações de terceiro. De acordo com a CF/1988:

Art. 5º [...] LXXII - conceder-se-á habeas-data:

a) para assegurar o conhecimento de informações relativas à pessoa do impetrante, constantes de registros ou bancos de dados de entidades governamentais ou de caráter público;

b) para a retificação de dados, quando não se prefira fazê-lo por processo sigiloso, judicial ou administrativo.

GABARITO: CERTO.

Texto para as próximas 5 questões.

Em uma abordagem durante *blitz* de rotina em rodovia federal, o policial constatou alteração no chassi do veículo que estava sendo fiscalizado. Questionado pelo policial, o condutor ofereceu-lhe grande quantia em dinheiro para que fosse liberado de imediato.

Considerando a situação hipotética apresentada, julgue os itens.

54. **(CESPE/CEBRASPE – 2021 – PRF – POLICIAL RODOVIÁRIO FEDERAL)** A remarcação de novo número no chassi e a falsificação do certificado de registro do veículo caracterizam crime único de falsificação de documento público.
Certo ( )   Errado ( )

Na verdade, trata-se de concurso material de crimes, previsto no art. 69, do CP, no qual o cidadão, por meio de duas ou mais condutas, pratica dois ou mais crimes. É o que nos traz a questão: a prática de dois crimes (art. 311 – adulteração de sinal identificador de veículo automotor –, e art. 297 – falsificação de documento público), que são crimes com objetos materiais e momentos consumativos distintos. Portanto, não há que se falar em crime único.

GABARITO: ERRADO.

55. **(CESPE/CEBRASPE – 2021 – PRF – POLICIAL RODOVIÁRIO FEDERAL)** A remarcação do chassi com o mesmo número original do veículo caracteriza crime contra a fé pública e infração administrativa de trânsito.
Certo ( )   Errado ( )

A questão está errada, uma vez que o fato de remarcar o chassi com o número original não configura crime contra a fé pública, pois como a remarcação foi com a numeração de origem, verdadeira, íntegra, não há que se falar em falsificação. Logo, o fato é atípico. Entretanto, de fato, pode configurar infração administrativa, conforme art. 114, §§ 2º e 3º, do Código de Trânsito Brasileiro.

GABARITO: ERRADO.

56. **(CESPE/CEBRASPE – 2021 – PRF – POLICIAL RODOVIÁRIO FEDERAL)** Ao oferecer dinheiro para ser irregularmente liberado da *blitz*, o condutor praticou o crime de corrupção ativa.
Certo ( )   Errado ( )

A conduta do particular é, de fato, tipificada como crime de corrupção ativa previsto no art. 333 do CPI, dentre os crimes contra a administração pública praticados por particulares, o qual tem a seguinte redação:

Art. 333 Oferecer ou prometer vantagem indevida a funcionário público, para determiná-lo a praticar, omitir ou retardar ato de ofício:

Pena – reclusão, de 2 (dois) a 12 (doze) anos, e multa.

GABARITO: CERTO.

57. **(CESPE/CEBRASPE – 2021 – PRF – POLICIAL RODOVIÁRIO FEDERAL)** Nessa situação, se o policial não aceitar o dinheiro oferecido, a conduta da pessoa deve ser punida na modalidade tentada.
Certo ( )   Errado ( )

A conduta do particular de oferecer dinheiro ao policial, é tipificada como crime de corrupção ativa, previsto no art. 333, do CP, dentre os crimes contra a administração pública praticados por particulares. O delito é classificado como crime formal, ou seja, para a consumação do delito, basta o oferecimento do dinheiro ou promessa de vantagem, sendo desnecessário o aceite por parte do agente. Sendo assim, a conduta deverá ser punida na modalidade consumada. Questão errada, portanto.

GABARITO: ERRADO.

58. **(CESPE/CEBRASPE – 2021 – PRF – POLICIAL RODOVIÁRIO FEDERAL)** A adulteração grosseira do chassi do veículo não caracteriza crime impossível.
Certo ( )   Errado ( )

A questão está certa, pois este é entendimento do Supremo Tribunal Federal e do Superior Tribunal de Justiça, conforme pode-se observar em diversos julgados dos tribunais. O entendimento é no sentido de que na adulteração, ainda que grosseira, perceptível a olho nu, o bem jurídico tutelado pela norma penal será atingido, já que não se faz necessária uma finalidade específica, muito embora haja divergência doutrinária, acerca da temática.

Bastante atenção para não confundir com a falsificação grosseira de moeda falsa, pois, nesse caso, o entendimento é de que configura crime impossível.

GABARITO: CERTO.

Texto para as próximas 5 questões.

Durante uma abordagem em via pública, tendo suspeitado do comportamento de determinado condutor e constatado rasura na carteira nacional de habilitação (CNH) por ele apresentada, o policial rodoviário, após efetuar busca no veículo e apreender mercadoria proibida, deu-lhe voz de prisão, em razão da prática de crime de ação penal pública.

Com referência a essa situação hipotética, julgue os itens.

59. **(CESPE/CEBRASPE – 2021 – PRF – POLICIAL RODOVIÁRIO FEDERAL)** A busca e a apreensão no veículo foram ilícitas, já que o policial as realizou sem autorização judicial.
Certo ( )   Errado ( )

Inicialmente, é importante destacar que a jurisprudência dos Tribunais Superiores entende que a busca veicular, como regra, equipara-se à busca pessoal, e por desdobramento disso, não é desnecessária a expedição de mandado/ordem judicial.

Em outras palavras, a busca e a apreensão de objeto em veículo não apresentam cláusula de reserva de jurisdição.

Contudo, deve-se tomar cuidado quanto ao contexto da questão, bem como a eventuais pegadinhas.

Se o veículo estiver dentro de uma residência, por exemplo, é possível que seja necessária autorização judicial para o ingresso na residência, e, consequentemente, medidas invasivas no veículo.

Esse posicionamento é muito cobrado em questões de prova. Vejamos:

"Ementa: RECURSO ORDINÁRIO EM *HABEAS CORPUS*. CRIME CONTRA A ORDEM ECONÔMICA. FORMAÇÃO DE CARTEL. DISTRIBUIÇÃO E REVENDA DE GÁS DE COZINHA. BUSCA PESSOAL. APREENSÃO DE DOCUMENTOS EM AUTOMÓVEL. INEXISTÊNCIA DE ILEGALIDADE.

1. Apreensões de documentos realizadas em automóvel, por constituir típica busca pessoal, prescinde de autorização judicial, quando presente fundada suspeita de que nele estão ocultados elementos de prova ou qualquer elemento de convicção à elucidação dos fatos investigados, a teor do § 2º do art. 240 do Código de Processo Penal.

2. No dia em que realizadas as diligências de busca domiciliar na residência do recorrente eram obtidas informações, via interceptação telefônica (não contestadas), de que provas relevantes à elucidação dos fatos eram ocultadas no interior de seu veículo e que poderiam, conforme ele próprio afirmou, culminar na sua prisão. Diante dessa fundada suspeita, procedeu-se a busca pessoal no veículo do recorrente, estacionado, no exato momento da apreensão dos documentos, em logradouro público. Conforme atestado pelas instâncias ordinárias, o recorrente estava presente na ocasião da vistoria do veículo.

3. Recurso ordinário a que se nega provimento.

(RHC 117767, Relator(a): Min. TEORI ZAVASCKI, Segunda Turma, julgado em 11/10/2016, PROCESSO ELETRÔNICO DJe-169 DIVULG 01-08-2017 PUBLIC 02-08-2017)."

GABARITO: ERRADO.

60. **(CESPE/CEBRASPE – 2021 – PRF – POLICIAL RODO-VIÁRIO FEDERAL)** A situação caracteriza flagrante próprio e, em até vinte e quatro horas após a realização da prisão, deverá ser entregue a nota de culpa ao preso.

Certo ( )   Errado ( )

Trata-se de clássico caso de flagrante próprio.

Note que o condutor do veículo foi interceptado pela polícia com mercadoria proibida, e, ato contínuo, os agentes públicos efetuaram a prisão em flagrante do sujeito.

Diante dos fatos apresentados pelo enunciado da questão, temos o enquadramento exato do fato à previsão contida no artigo 302, I do Código de Processo Penal, em que a doutrina convencionou conceituar como flagrante próprio/verdadeiro ou propriamente dito.

Art. 302 Considera-se em flagrante delito quem:

I - está cometendo a infração penal" (flagrante próprio).

No que diz respeito à entrega da nota de culpa, é bem verdade que esta deverá ser entregue no prazo de até 24 horas.

Trata-se, portanto, de direito fundamental do conduzido (preso em flagrante) que, por meio da nota de culpa, tomará ciência dos fatos e fundamentos jurídicos que estão sendo expostos contra ele.

Vejamos o que traz o artigo 306, § 2º do Código de Processo Penal (mesmo prazo = 24 horas):

Art. 306 § 2º No mesmo prazo, será entregue ao preso, mediante recibo, a nota de culpa, assinada pela autoridade, com o motivo da prisão, o nome do condutor e os das testemunhas.

Por fim, é importante destacar que a nova Lei de Abuso de Autoridade tipifica expressamente a conduta omissiva, de deixar de entregar a nota de culpa no prazo legal.

Contudo, destaca-se que, para configuração do crime de abuso de autoridade, é necessário que exista o dolo específico conceituado no início da sobredita legislação.

Art. 12 Deixar injustificadamente de comunicar prisão em flagrante à autoridade judiciária no prazo legal:

Pena - detenção, de 6 (seis) meses a 2 (dois) anos, e multa.

Parágrafo único. Incorre na mesma pena quem:

[...] III – deixa de entregar ao preso, no prazo de 24 (vinte e quatro) horas, a nota de culpa, assinada pela autoridade, com o motivo da prisão e os nomes do condutor e das testemunhas.

GABARITO: CERTO.

61. **(CESPE/CEBRASPE – 2021 – PRF – POLICIAL RODO-VIÁRIO FEDERAL)** A identificação criminal do condutor não poderá ser feita, uma vez que ele foi identificado civilmente pela CNH.

Certo ( )   Errado ( )

Em que pese o condutor ter apresentado a CNH para fins de identificação, é importante destacar que essa se encontrava rasurada.

É verdade que a regra constitucional apresentada como direito fundamental é que o civilmente identificado não precisará ser submetido à identificação criminal.

Contudo, no caso específico apresentado pelo enunciado, a identificação criminal é medida que se impõe diante da rasura na carteira nacional de habilitação.

Dessa forma, e complementando esses mesmos termos apresentados, a Lei nº 12.037/2009 (Lei de Identificação Criminal) prevê:

Art. 3º Embora apresentado documento de identificação, poderá ocorrer identificação criminal quando:

I - o documento apresentar rasura ou tiver indício de falsificação.

Torna-se, então, totalmente viável e possível a realização de identificação criminal por desdobramento de a identificação civil (CNH) ter sido apresentada de modo rasurado.

GABARITO: ERRADO.

62. **(CESPE/CEBRASPE – 2021 – PRF – POLICIAL RODO-VIÁRIO FEDERAL)** O policial poderá ser arrolado como testemunha, caso em que seu depoimento terá valor probatório superior ao do interrogatório do condutor.

Certo ( )   Errado ( )

O ordenamento jurídico brasileiro adota, no que diz respeito ao Processo Penal, o Sistema do Livre Convencimento Motivado, também conceituado como Sistema da Persuasão Racional.

Dessa forma, como regra, não há hierarquia entre os meios de provas apresentados no processo penal, de modo que todos possuem o mesmo valor probatório, e deverá a autoridade judicial decidir de forma fundamentada diante dos meios e elementos a ela apresentados.

Em que pese o depoimento do policial gozar de presunção de veracidade e legitimidade, apresenta o mesmo valor probatório se comparado com o interrogatório do condutor.

GABARITO: ERRADO.

63. **(CESPE/CEBRASPE – 2021 – PRF – POLICIAL RODO-VIÁRIO FEDERAL)** A prisão do condutor é uma espécie de prisão provisória, dispensa a expedição de mandado e o policial deve exigir o recibo de entrega do preso.

Certo ( )   Errado ( )

Trata-se de uma espécie de prisão cautelar, também conceituada como prisão provisória.

O ordenamento jurídico brasileiro prevê 03 (três) modalidades de prisão cautelar, quais sejam:

- Prisão preventiva;

- Prisão temporária;

- Prisão em flagrante.

Dessa forma, a prisão em flagrante tem previsão no artigo 302 e seguintes do Código de Processo Penal, e demanda sobre uma modalidade de prisão cautelar.

Art. 302 Considera-se em flagrante delito quem:

I - está cometendo a infração penal;

II - acaba de cometê-la;

III - é perseguido, logo após, pela autoridade, pelo ofendido ou por qualquer pessoa, em situação que faça presumir ser autor da infração;

IV - é encontrado, logo depois, com instrumentos, armas, objetos ou papéis que façam presumir ser ele autor da infração.

GABARITO: CERTO.

64. **(CESPE/CEBRASPE – 2021 – PRF – POLICIAL RODOVIÁRIO FEDERAL)** A respeito da identificação criminal, do crime de tortura, do abuso de direito, da prevenção do uso indevido de drogas, da comercialização de armas de fogo e dos crimes hediondos, julgue o item.
Caso três pessoas associadas, com divisão de tarefas, subtraiam substância explosiva, estará configurado crime hediondo.
Certo ( )   Errado ( )

A questão está errada, uma vez que a única modalidade de furto que é considerada crime hediondo, de acordo com a Lei nº 8.072/1990, é quando a subtração ocorre com o emprego de explosivo, como ocorre, por exemplo, no furto a caixas eletrônicos. Sendo assim, a conduta de subtrair substância explosiva não é crime hediondo, mas furto qualificado, conforme art. 155, § 7º, do CP.

GABARITO: ERRADO.

65. **(CESPE/CEBRASPE – 2021 – PRF – POLICIAL RODOVIÁRIO FEDERAL)** A respeito da identificação criminal, do crime de tortura, do abuso de direito, da prevenção do uso indevido de drogas, da comercialização de armas de fogo e dos crimes hediondos, julgue o item.
Qualquer agente público, ainda que não seja servidor e não perceba remuneração, pode ser sujeito ativo do crime de abuso de autoridade.
Certo ( )   Errado ( )

O art. 2º, parágrafo único, da Lei nº 13.869/2019, traz de forma bastante ampla quem será considerado sujeito ativo do crime de abuso de autoridade.

Art. 2º É sujeito ativo do crime de abuso de autoridade qualquer agente público, servidor ou não, da administração direta, indireta ou fundacional [...].

Parágrafo único. Reputa-se agente público, para os efeitos desta Lei, todo aquele que exerce, ainda que transitoriamente ou sem remuneração, por eleição, nomeação, designação, contratação ou qualquer outra forma de investidura ou vínculo, mandato, cargo, emprego ou função em órgão ou entidade abrangidos pelo caput deste artigo.

GABARITO: CERTO.

66. **(CESPE/CEBRASPE – 2021 – PRF – POLICIAL RODOVIÁRIO FEDERAL)** A respeito da identificação criminal, do crime de tortura, do abuso de direito, da prevenção do uso indevido de drogas, da comercialização de armas de fogo e dos crimes hediondos, julgue o item.
Mesmo em caso de apresentação do documento de identificação civil, é possível a identificação criminal em caso de constar de registros policiais o uso de outros nomes ou diferentes qualificações.
Certo ( )   Errado ( )

A questão está de acordo com a Lei nº 12.037/2009, art. 3º, inciso V. Observe o que traz a norma legal.

Art. 3º Embora apresentado documento de identificação, poderá ocorrer identificação criminal quando: [...]

V – constar de registros policiais o uso de outros nomes ou diferentes qualificações.

GABARITO: CERTO.

67. **(CESPE/CEBRASPE – 2021 – PRF – POLICIAL RODOVIÁRIO FEDERAL)** A respeito da identificação criminal, do crime de tortura, do abuso de direito, da prevenção do uso indevido de drogas, da comercialização de armas de fogo e dos crimes hediondos, julgue o item.
Entre as atividades de prevenção do uso indevido de drogas, está o fortalecimento da autonomia e da responsabilidade individual em relação ao uso indevido dessas substâncias ilícitas.
Certo ( )   Errado ( )

De acordo com a Lei nº 11.343/2006, as atividades de prevenção do uso indevido de drogas devem observar alguns princípios e diretrizes. A questão trouxe a literalidade do art. 19, inciso III, da respectiva Lei. Portanto, questão correta.

Art. 19 As atividades de prevenção do uso indevido de drogas devem observar os seguintes princípios e diretrizes: [...]

III – o fortalecimento da autonomia e da responsabilidade individual em relação ao uso indevido de drogas.

GABARITO: CERTO.

68. **(CESPE/CEBRASPE – 2021 – PRF – POLICIAL RODOVIÁRIO FEDERAL)** A respeito da identificação criminal, do crime de tortura, do abuso de direito, da prevenção do uso indevido de drogas, da comercialização de armas de fogo e dos crimes hediondos, julgue o item.
Conduzir arma de fogo, no exercício de atividade comercial, sem autorização, configura comércio ilegal de arma de fogo.
Certo ( )   Errado ( )

A conduta de conduzir arma de fogo, no exercício de atividade comercial, é tipificada no art. 17, da Lei nº 10.826/2003, o qual traz o delito de comércio ilegal de arma de fogo. Portanto, questão correta.

Art. 17. Adquirir, alugar, receber, transportar, conduzir, ocultar, ter em depósito, desmontar, montar, remontar, adulterar, vender, expor à venda, ou de qualquer forma utilizar, em proveito próprio ou alheio, no exercício de atividade comercial ou industrial, arma de fogo, acessório ou munição, sem autorização ou em desacordo com determinação legal ou regulamentar.

GABARITO: CERTO.

69. **(CESPE/CEBRASPE – 2021 – PRF – POLICIAL RODOVIÁRIO FEDERAL)** A respeito da identificação criminal, do crime de tortura, do abuso de direito, da prevenção do uso indevido de drogas, da comercialização de armas de fogo e dos crimes hediondos, julgue o item.
Praticam o crime de tortura policiais rodoviários federais que, dentro de um posto policial, submetem o autor de crime a sofrimento físico, independentemente de sua intensidade.
Certo ( )   Errado ( )

Para a configuração do crime de tortura castigo, narrada na questão, é imprescindível que alguém seja submetido a intenso sofrimento físico ou mental. A questão erra ao afirmar que independe da intensidade do sofrimento.

Art. 1º Constitui crime de tortura: [...]

II – submeter alguém, sob sua guarda, poder ou autoridade, com emprego de violência ou grave ameaça, a intenso sofrimento físico ou mental, como forma de aplicar castigo pessoal ou medida de caráter preventivo.

GABARITO: ERRADO.

70. **(CESPE/CEBRASPE – 2021 – PRF – POLICIAL RODOVIÁRIO FEDERAL)** À luz da Constituição Federal de 1988 (CF), do Pacto de São José da Costa Rica e do entendimento do Supremo Tribunal Federal, relacionado aos direitos humanos, julgue o item.

A mera intuição de que esteja havendo tráfico de drogas em uma casa não configura justa causa para autorizar o ingresso sem mandado judicial ou sem o consentimento do morador, exceto em caso de flagrante delito.

Certo ( )   Errado ( )

Conforme o STF: "a entrada forçada em domicílio sem mandado judicial é lícita, mesmo em período noturno, quando amparada em fundadas razões, devidamente justificadas a posteriori, que indiquem que dentro da casa ocorre situação de flagrante delito, sob pena de responsabilidade disciplinar, civil e penal do agente ou da autoridade e de nulidade dos atos praticados" (RE 603.616/RO, Rel. Min. Gilmar Mendes, julg. em 5/11/2015).

GABARITO: CERTO.

71. **(CESPE/CEBRASPE – 2021 – PRF – POLICIAL RODOVIÁRIO FEDERAL)** À luz da Constituição Federal de 1988, do Pacto de São José da Costa Rica e do entendimento do Supremo Tribunal Federal, relacionado aos direitos humanos, julgue o item.

O aviso prévio é uma condicionante ao exercício do direito de reunião previsto na CF/1988: a inexistência de notificação às autoridades competentes torna ilegal a manifestação coletiva.

Certo ( )   Errado ( )

Em 2021, o Supremo Tribunal Federal decidiu que são permitidas reuniões ou manifestações em locais públicos, independentemente de comunicação oficial prévia às autoridades competentes.

"A exigência constitucional de aviso prévio relativamente ao direito de reunião é satisfeita com a veiculação de informação que permita ao poder público zelar para que seu exercício se dê de forma pacífica ou para que não frustre outra reunião no mesmo local" (Recurso Extraordinário 806.339)

GABARITO: ERRADO.

72. **(CESPE/CEBRASPE – 2021 – PRF – POLICIAL RODOVIÁRIO FEDERAL)** À luz da Constituição Federal de 1988, do Pacto de São José da Costa Rica e do entendimento do Supremo Tribunal Federal, relacionado aos direitos humanos, julgue o item.

A alteração do gênero nos assentamentos de registro civil independe da realização de procedimento cirúrgico, denominado transgenitalização, ou da comprovação da realização de tratamentos hormonais ou patologizantes, por parte da pessoa interessada.

Certo ( )   Errado ( )

O STF entende que: *"Os transgêneros, que assim o desejarem, independentemente da cirurgia de transgenitalização, ou da realização de tratamentos hormonais ou patologizantes, possuem o direito à alteração do prenome e do gênero (sexo) diretamente no registro civil".* (STF. Plenário. ADI 4275/DF, rel. orig. Min. Marco Aurélio, red. p/ o acórdão Min. Edson Fachin, julgado em 28/2 e 1/3/2018 [Info 892]).

GABARITO: CERTO.

73. **(CESPE/CEBRASPE – 2021 – PRF – POLICIAL RODOVIÁRIO FEDERAL)** À luz da Constituição Federal de 1988, do Pacto de São José da Costa Rica e do entendimento do Supremo Tribunal Federal, relacionado aos direitos humanos, julgue o item.

A Declaração Universal dos Direitos Humanos, um dos primeiros instrumentos normativos gerais de direitos humanos adotados por uma organização internacional, destacou-se pelo fato de comportar a ideia de dignidade da pessoa humana como ponto de convergência da ética universal e do fundamento valorativo do sistema protetivo global dos direitos humanos.

Certo ( )   Errado ( )

A questão pode ser justificada pelo preâmbulo da Declaração Universal dos Direitos Humanos: "Agora, portanto, a Assembleia Geral proclama a presente Declaração Universal dos Direitos Humanos como o ideal comum a ser atingido por todos os povos e todas as nações, com o objetivo de que cada indivíduo e cada órgão da sociedade, tendo sempre em mente esta Declaração, esforce-se, por meio do ensino e da educação, por promover o respeito a esses direitos e liberdades, e, pela adoção de medidas progressivas de caráter nacional e internacional, por assegurar o seu reconhecimento e a sua observância universais e efetivos, tanto entre os povos dos próprios Países-Membros quanto entre os povos dos territórios sob sua jurisdição."

GABARITO: CERTO.

74. **(CESPE/CEBRASPE – 2021 – PRF – POLICIAL RODOVIÁRIO FEDERAL)** À luz da Constituição Federal de 1988, do Pacto de São José da Costa Rica e do entendimento do Supremo Tribunal Federal, relacionado aos direitos humanos, julgue o item.

A Convenção Internacional dos Direitos das Pessoas com Deficiência possui *status* supraconstitucional no ordenamento pátrio, sendo um exemplo de instrumento normativo internacional de caráter inclusivo adotado pelo Brasil para promover a acessibilidade e a autodeterminação de pessoas com deficiência.

Certo ( )   Errado ( )

Questão errada. Convenção Internacional dos Direitos das Pessoas com Deficiência foi aprovada na forma do § 3º do art. 5º da Constituição:

Art. 5º [...] § 3º Os tratados e convenções internacionais sobre direitos humanos que forem aprovados, em cada Casa do Congresso Nacional, em dois turnos, por três quintos dos votos dos respectivos membros, serão equivalentes às emendas constitucionais.

GABARITO: ERRADO.

Impresso por: